2011～2012 年

党政机关事业单位出差和会议定点饭店目录

下册·会议定点

财政部　编

中国财政经济出版社

图书在版编目（CIP）数据

党政机关事业单位出差和会议定点饭店目录：2011~2012年．下册·会议定点／中华人民共和国财政部编．—北京：中国财政经济出版社，2011.2

ISBN 978-7-5095-2755-9

Ⅰ.①党… Ⅱ.①中… Ⅲ.①饭店-中国-现代-名录 Ⅳ.①F719.2-62

中国版本图书馆CIP数据核字（2011）第022142号

责任编辑：刘 茜 王 乐 张振中　　责任校对：徐艳丽

封面设计：邹海东

中国财政经济出版社出版

URL：http：//www.cfeph.cn

E-mail：cfeph@cfeph.cn

社址：北京市海淀区阜成路甲28号 邮政编码：100142

发行电话：（010）88190555

北京财经印刷厂印刷 各地新华书店经销

787×1092毫米 16开 80.25印张 1 987 000字

2011年3月第1版 2011年3月北京第1次印刷

定价：148.00元（上、下册）

ISBN 978-7-5095-2755-9/F·2346

（图书出现印装问题，本社负责调换）

前　　言

根据《中央国家机关出差和会议定点管理办法》，对党政机关出差和会议定点饭店实行动态管理，两年一定的规定，财政部委托国务院机关事务管理局和各省、地级财政部门通过政府采购确定了地级以上城市2011～2012年定点饭店，使用有效期为2011年1月1日至2012年12月31日。

为方便党政机关和事业单位查阅各地区定点饭店相关信息和财务部门办理报销手续，财政部编辑了本《目录》。由于对定点饭店实行动态管理，本《目录》所载的饭店信息可能发生变更，有效信息应当以互联网上“党政机关出差会议定点饭店查询网（www. hotel. gov. cn）”所载信息为准。

《目录》分为上下两册，上册为“党政机关出差定点饭店目录”，下册为“党政机关会议定点饭店目录”。

由于编辑时间仓促，《目录》中各地区的表格式样不完全相同，同时可能存在有关数据的错误，在此向读者表示歉意，并再次提醒您，定点饭店的有效信息以“党政机关出差会议定点饭店查询网”为准。

财政部行政政法司

2010年12月

目　录

北京市

- 财政部委托国务院机关事务管理局负责在北京市招标采购党政机关出差和会议定点饭店并负责日常监督管理工作。
- 通过政府采购，确定北京市会议定点饭店 285 家。
- 会议定点饭店按照与国务院机关事务管理局签订《协议书》的价格向中央和地方各级党政机关和事业单位提供相应的接待服务。
- 北京市会议定点饭店的各项价格，以中央国家机关会议费综合定额标准为上限参考，各单位在会议定点饭店举办会议要统筹考虑会议类型及综合定额标准。
- 北京市部分会议定点饭店的价格是按照综合定额方式采购的，各单位在组织筹备会议时应先向会议定点饭店查询。如果对协议价格产生疑义，可以要求定点饭店出示《协议书》。
- 如有会议定点饭店变更或饭店的协议价格变化，应以“党政机关出差和会议定点饭店查询网（2011 ~ 2012）”的信息为准。
- 本目录中的北京市会议定点饭店的详细信息，可在“党政机关出差和会议定点饭店查询网”查阅。
- 北京市长途电话区号　010

北京市会议定点饭店

饭店名称	发票开具单位名称	星级	客房（价格：元/天）					会议室（数量：间；价格：元/半天）						餐费（元/人天）		地址	前台订房电话	备注
			房型	总间数	协议间数	门市价	协议价	类型	总间数	协议间数	门市价	协议价	容纳人数	类型	价格			
东城区																		
首都大酒店	首都大酒店	5	标准双人间	229	229	1600	450	紫云厅	1	1	70000	30000	900	高	550	北京市东城区前门东大街3号	58159988－3131	
			豪华双人间	164	164	1800	500	祥云厅	1	1	30000	3000	200	中	260			
			商务双人间	76	76	2200	500	锦云厅	1	1	20000	9000	400	低	80			
			标准套间	12	12	2800	650	锦云2/3厅	1	1	16000	6000	270					
			行政套间	25	25	3200	700	锦云1/3厅	3	3	8000	3000	130					
			豪华套房	12	12	3800	1200	丹枫厅	1	1	8000	1500	100					
			标准单人间	29	29	1600	450	松涛厅	1	1	8000	1500	100					
			豪华单人间	20	20	1800	500	幽兰厅	1	1	4000	1000	60					
			商务单人间	17	17	2200	500	香海厅	1	1	4000	1000	60					
			故宫观景套房	4	4	3800	700	静竹厅	1	1	4000	1000	60					
			首都套房	3	3	5000	1500	银杏厅	1	1	4000	1000	60					
			北京套房	1	1	8000	2000	风荷厅	1	1	4000	1500	100					
			总统套房	4	4	20000	2500											
北京中安之家酒店连锁有限公司安定门店	北京中安之家酒店连锁有限公司安定门店		单床标准间	30	30	388	200	第1会议室	1	1	2000	1000	250	高	120	北京市东城区安定门外大街168号	64279933	
			双床标准间	150	150	388	200	第2会议室	1	1	1600	800	210	中	100			
			普通套间	2	2	568	260	第3会议室	1	1	1000	500	100	低	80			
								第4会议室	1	1	1000	500	80					
								第5会议室	1	1	800	400	60					
								第6会议室	1	1	600	300	50					
								第7会议室	1	1	500	250	40					
								第8会议室	1	1	400	200	30					
								第9会议室	1	1	400	200	30					
								第10会议室	1	1	400	200	25					
								第11会议室	1	1	400	200	25					
								第12会议室	1	1	400	200	25					

饭店名称	发票开具单位名称	星级	客房（价格：元/天）					会议室（数量：间；价格：元/半天）						餐费（元/人天）		地址	前台订房电话	备注
			房型	总间数	协议间数	门市价	协议价	类型	总间数	协议间数	门市价	协议价	容纳人数	类型	价格			
北京平安府宾馆	北京平安府宾馆有限公司	3	豪华套间	2	2	1388	500	业务洽谈室	1	1	375	300	20	高	120	北京市东城区东四十条100号	64016660－23	
			套间	3	3	1088	350	第八会议室	1	1	375	300	20	中	100			
			高级双床标准间	8	8	968	320	第七会议室	1	1	400	300	25	低	80			
			普通双床标准间	98	98	768	300	第六会议室	1	1	500	400	25					
			商务单床间	18	18	868	300	第五会议室	1	1	500	400	25					
			单人间	76	76	668	240	第四会议室	1	1	600	500	30					
								第三会议室	1	1	600	500	35					
								平安阁会议室	1	1	1500	1200	50					
								第二会议室	1	1	985	700	80					
								第一会议室	1	1	1000	800	100					
								第一报告厅	1	1	1500	1200	200					
								多功能厅	1	1	1875	1500	220					
北京培新宾馆	北京培新宾馆	4	标准间	110	110	1280	280	小型会议室	8	8	1500	800	30	高	190	北京市东城区培新街甲5号	67125588－销售部	
			商务间	47	47	1680	380	中型会议室	2	2	2500	1800	60	中	170			
			豪华套间	15	15	2680	500	大型会议室	2	2	6000	3000	220	低	130			
北京京泰龙国际大酒店管理有限公司	北京京泰龙国际大酒店管理有限公司	5	高级间	159	159	1080	260	宴会厅	2	2	5000	2500	280	高	190	北京市东城区珠市口东大街19号	67075888	
			商务间	124	124	1280	280	中型会议室	5	5	2000	1000	80	中	150			
			豪华间	8	8	1580	340	小型会议室	5	5	800	400	25	低	80			
			豪华套间	25	25	2280	580	贵宾洽谈室	2	2	600	300	10					
北京北方佳苑饭店有限责任公司	北京北方佳苑饭店有限责任公司	4	单人间	6	6	1600	220	佳苑多功能厅	1	1	9900	6000	300	高	580	北京市东城区王府井大街218－1号	65238888－6203	
			标准间	155	155	2400	450	翠澜轩功能厅	1	1	9900	6000	300	中	300			
			豪华间	27	27	2700	480	佳苑一厅	1	1	4900	3000	150	低	80			
			商务间	14	14	3200	550	佳苑二厅	1	1	4900	3000	150					
			套间	14	14	4300	700	十二层会议厅	1	1	3400	1600	80					
								融宾厅	1	1	2900	1000	50					
								融贵厅	1	1	3400	1000	50					
								采缘厅	1	1	2900	800	40					
								合欢厅	1	1	2900	800	40					

饭店名称	发票开具单位名称	星级	客房（价格：元/天）					会议室（数量：间；价格：元/半天）						餐费（元/人天）		地址	前台订房电话	备注
			房型	总间数	协议间数	门市价	协议价	类型	总间数	协议间数	门市价	协议价	容纳人数	类型	价格			
北京北方佳苑饭店有限责任公司	北京北方佳苑饭店有限责任公司	4						闻莺厅	1	1	2900	800	40			北京市东城区王府井大街218－1号	65238888－6203	
								揽翠厅	1	1	2900	800	40					
								十一层会议厅	1	1	2900	1200	60					
								二层 VIP 会议厅	1	1	3400	800	40					
								闻莺揽翠小多功能厅	1	1	4400	1600	80					
北京华风宾馆	北京华风宾馆	3	大标准间	12	12	823	228	多功能厅	1	1	4000	3000	200	高	120	北京市东城区前门东大街5号	65241976 65247311－8402 65247311－8403	
			小标准间	45	45	702	228	一号会议室	1	1	2000	1800	60	中	100			
			单人间	9	9	702	228	二号会议室	1	1	1500	1200	50	低	80			
			商务标间	61	61	944	228	三号会议室	1	1	500	400	8					
			三人间	1	1	944	308	四号会议室	1	1	500	400	12					
			普通套间	6	6	944	408	五号会议室	1	1	600	500	15					
			高级套房	3	3	1186	418	六号会议室	1	1	400	350	8					
			豪华套间	3	3	2264	518	七号会议室	1	1	600	500	15					
北京亚洲大酒店	北京亚洲大酒店有限公司	5	高级双人间	145	145	3880	380	亚洲会堂	1	1	50000	26000	800	高	220	北京市东城区工体北路新中西街8号	65007788－25	
			高级单人间	129	129	3880	370	多功能厅	1	1	18000	8400	300	中	150			
			高级套间	5	5	6180	520	锦和厅	1	1	16000	7200	180	低	80			
			豪华套间	14	14	6280	520	亚洲厅	1	1	12000	5000	100					
								锦仁厅	1	1	6000	2800	60					
								锦义厅	1	1	3000	1500	40					
								锦诚厅	1	1	3000	1000	30					
								锦信厅	1	1	2000	1000	30					
								锦福厅	1	1	3000	1000	30					
								锦禄厅	1	1	3000	1200	30					
								锦寿厅	1	1	3000	1200	30					
								锦禧厅	1	1	3000	1000	30					
								锦和 A/B/C	3	3	4000	2400	60					
								贵宾会议室	1	1	3000	1200	30					
								锦缘厅	1	1	4000	1500	40					

饭店名称	发票开具单位名称	星级	客房（价格：元/天）					会议室（数量：间；价格：元/半天）						餐费（元/人天）		地址	前台订房电话	备注
			房型	总间数	协议间数	门市价	协议价	类型	总间数	协议间数	门市价	协议价	容纳人数	类型	价格			
北京宁夏大厦有限责任公司	北京宁夏大厦有限责任公司	4	双床标准间	106	106	960	298	小型会议室	6	6	400	260	30	高	150	北京市东城区安定门内大街分司厅胡同13号	64009999－6811	
			单床标准间	16	16	960	298	中型会议室	4	4	1000	500	60	中	120			
			商务套间	3	3	1360	728	多功能厅	1	1	4000	2000	200	低	90			
			行政套间	3	3	1600	860	大型会议室	2	2	2000	1000	150					
								贵宾接待厅	2	2	400	260	15					
北京天坛饭店有限公司	北京天坛饭店有限公司	4	标准间	158	158	1168	340	天坛厅	1	1	9000	4000	240	高	200	北京市东城区体育馆路1号	67190504	
			大床间	85	85	1168	300	318会议室	1	1	3000	1400	60	中	140			
			普通套间	17	17	1818	500	F会议室	1	1	2500	1200	40	低	80			
			高级套间	16	16	2118	600	A、B、C、D、E会议室	5	5	1400	600	25					
			行政标间	30	30	1468	450											
			行政套间	12	12	2218	650											
北京金泰恒业有限责任公司金泰绿洲大酒店	北京金泰恒业有限责任公司金泰绿洲大酒店	3	单床标准间	6	6	580	220	多功能厅	1	1	2500	1000	200	高	150	北京市东城区永外彭庄甲58号	83106666	
			双床标准间	77	77	580	220	中1会议室	1	1	1500	700	80	中	120			
			普通套间	11	11	880	380	中2会议室	1	1	1300	500	50	低	80			
			豪华套间	3	3	1280	620	贵宾室	1	1	1000	400	20					
			商务标准间	28	28	680	270											
			商务单人间	13	13	680	270											
			特价无窗房	5	5	480	188											
北京市和平里大酒店	北京市和平里大酒店	3	单床标准间	10	10	858	220	淮扬厅	1	1	6000	1000	200	高	190	北京市东城区和平里北街16楼	84222943	
			双床标准间	156	156	858	250	彩虹厅	1	1	3500	900	80	中	150			
			普通套间	2	2	1188	350	晨曦厅	1	1	2800	800	40	低	120			
			豪华套间	2	2	1308	400	和风厅	1	1	1800	700	30					
			附楼大床房	21	21	588	140	科力厅	1	1	1200	400	25					
			附楼单人间	9	9	388	120	雨露厅	1	1	1200	500	18					
								朝阳厅	1	1	1200	200	20					

饭店名称	发票开具单位名称	星级	客房（价格：元/天）					会议室（数量：间；价格：元/半天）						餐费（元/人天）		地址	前台订房电话	备注
			房型	总间数	协议间数	门市价	协议价	类型	总间数	协议间数	门市价	协议价	容纳人数	类型	价格			
北京银丰国际商务酒店有限责任公司	北京银丰国际商务酒店有限责任公司		标准间A	49	49	438	208	第一会议室	1	1	8000	4000	208	高	248	北京市东城区安德里北街25号	62045899	
			标准间B	32	32	398	208	第二会议室	1	1	1500	1200	20	中	168			
			商务标准间（大床）	18	18	498	198	第三会议室	1	1	1500	1200	20	低	80			
			商务标准间（双床）	18	18	498	208	第五会议室（贵宾洽谈室）	1	1	1000	600	15					
			豪华套间	4	4	1588	688	第六会议室	1	1	1500	1200	20					
								第七会议室	1	1	2500	1500	35					
								第四会议室	1	1	1500	1200	20					
								第十会议室	1	1	3000	2105	100					
								第八会议室	1	1	1500	1200	20					
								第九会议室（大宴会厅）	1	1	10000	6000	300					
鑫海锦江大酒店	北京鑫海大厦管理有限公司鑫海锦江大酒店	4	双床标准间	94	94	1650	360	国际会议中心	1	1	20000	5000	486	高	200	北京市东城区金宝街61号	58163388－83/88	
			高级大床间	122	122	1650	230	上海厅	1	1	4500	2000	150	中	150			
			套间	15	15	5000	1000	广州厅	1	1	3750	1000	45	低	80			
								小会议室	8	8	2300	500	30					
北京市政协会议中心	北京市政协会议中心		标准间	90	90	1180	280	多功能厅	1	1	4000	1000	220	高	120	北京市东城区建国门内大街13号	65190101	
			商务间	20	20	1180	260	小会议室	1	1	2500	800	60	中	100			
			单人间	6	6	1180	200	贵宾厅	1	1	2500	800	18	低	80			
			套间	6	6	1880	560	大会议厅	1	1	8000	2000	400					
								第一会议室	1	1	4000	1000	180					
								第二会议室	1	1	2500	600	80					
								第三会议室	1	1	2500	600	80					
								第四会议室	1	1	2500	600	60					
								第五会议室	1	1	2500	600	60					
								第六会议室	1	1	2500	600	60					
								第七会议室	1	1	2500	600	60					
								第八会议室	1	1	2500	600	20					
								第九会议室	1	1	2500	800	100					
								第十会议室	1	1	2500	800	100					

饭店名称	发票开具单位名称	星级	客房（价格：元/天）					会议室（数量：间；价格：元/半天）						餐费（元/人天）		地址	前台订房电话	备注
			房型	总间数	协议间数	门市价	协议价	类型	总间数	协议间数	门市价	协议价	容纳人数	类型	价格			
北京大宝饭店	北京大宝饭店	3	单床标准间	7	7	399	240	大会议室	1	1	1600	1000	100	高	150	东城区左安门内大街3号	67183828	
			双床标准间	85	85	399	240	中会议室	1	1	800	500	50	中	110			
			普通套间	7	7	555	340	小会议室	2	2	600	400	25	低	80			
			豪华套间	10	10	1198	718											
			小套	10	10	440	264											
北京海霸饭店	北京海霸餐饮有限公司	4	豪华标准间	78	78	580	300	大会议室	1	1	9000	5400	200	高	180	北京市东城区和平里兴化路6号	84285766 84278888	
			豪华单人间	40	40	680	380	中会议室	1	1	5000	3000	100	中	120			
			普通套间	3	3	780	468	小会议室	1	1	4000	2400	40	低	80			
			豪华套间	2	2	880	528	海霸厅1	1	1	3000	1500	30					
								齐鲁厅1	1	1	2000	1000	30					
								龙口厅1	1	1	1500	800	20					
								烟台厅	1	1	1500	800	20					
								海霸厅2	1	1	3000	1500	30					
								齐鲁厅2	1	1	2000	1000	30					
								龙口厅2	1	1	1500	800	20					
北京海南大厦	北京海南大厦		标准双人间	84	84	560	336	多功能厅	1	1	1600	1200	90	高	220	北京市东城区安定门外大街188号	64266655 - 8100	
			豪华标准间	20	20	660	360	二层小会议室	1	1	500	350	14	中	160			
			普通套间	3	3	880	480	二层五指山会议室	1	1	600	450	20	低	110			
			豪华套间	9	9	1280	680	五层会客室	1	1	500	400	16					
								五层会议室	1	1	1000	800	50					
北京和敬府宾馆	北京和敬府宾馆		双床标准间	120	120	480	220	一层多功能厅	1	1	2000	1000	160	高	180	北京市东城区张自忠路7号	64019808 84013571	
			单床标准间	14	14	480	220	二层多功能厅	1	1	2000	1000	180	中	150			
			豪华套间	7	7	960	500	贵宾室	1	1	750	400	40	低	120			
								二层会议室	1	1	750	400	30					
								三层会议室	1	1	750	400	30					
								四层会议室	1	1	750	400	30					
								五层会议室	1	1	750	400	40					

饭店名称	发票开具单位名称	星级	客房（价格：元/天）					会议室（数量：间；价格：元/半天）						餐费（元/人天）		地址	前台订房电话	备注
			房型	总间数	协议间数	门市价	协议价	类型	总间数	协议间数	门市价	协议价	容纳人数	类型	价格			
北京和平里宾馆	北京和平里宾馆	3	标准间	196	196	468	238	大会议室	1	1	2400	2000	200	高	128	北京市东城区兴化路（化工部大院4号楼）	64286868－6116/6118	
			普通套间	8	8	688	398	中会议室	4	4	1600	800	50	中	108			
			豪华套间	2	2	888	468	小会议室	2	2	500	400	30	低	88			
			单人间	46	46	468	228											
康铭大厦经营管理中心	康铭大厦经营管理中心		单床标准间	25	25	868	200	报告厅	1	1	8000	3000	400	高	160	东城区美术馆后街18号	64023388－6088	
			双床标准间	94	94	968	280	会展厅	1	1	4000	2000	220	中	120			
			普通套间	5	5	1860	500	多功能厅	2	2	3000	1500	120	低	80			
								中会议室	6	6	1500	700	40					
								小会议室	4	4	1000	500	20					
北京国林宾馆	北京国林宾馆	3	标准间	127	127	788	280	第一会议室	1	1	4200	2400	210	高	160	东城区和平里七区24号楼		
			普通套房	6	6	1288	598	第二会议室	1	1	1500	900	50	中	120			
			豪华套房	1	1	2288	1288	第三会议室	1	1	2000	1500	100	低	80			
			单人间	19	19	788	280	第四会议室	1	1	750	600	25					
								多功能厅	1	1	3200	1800	160					
								兴安厅	1	1	1200	600	40					
								贵宾厅	1	1	800	600	20					
								洽谈室	1	1	600	400	20					
北京东交民巷饭店	北京东交民巷饭店	4	无窗大床标间	5	5	1000	220	多功能厅	1	1	16800	4400	220	高	300	北京市东城区东交民巷甲23号	65243311－36	
			大床标准间	4	4	1680	320	牡丹厅	1	1	16800	5000	250	中	120			
			双床标准间	139	139	1680	360	三层会议室	1	1	5880	800	40	低	80			
			大床商务间	24	24	1880	360	香港厅	1	1	5880	800	40					
北京东交民巷饭店	北京东交民巷饭店	4	双床商务间	21	21	1880	400	天泓厅	1	1	3880	700	35			北京市东城区东交民巷甲23号	65243311－36	
			大床豪华间	8	8	2580	480	牡丹一厅	1	1	6880	1000	50					
			双床豪华间	4	4	2580	520	牡丹二厅	1	1	6800	1000	50					
			高级行政间	14	14	2180	460	富贵厅	1	1	6880	1100	55					
			标准套间	5	5	3280	600	荔景厅	1	1	3880	700	35					
			商务豪华套间	3	3	7580	700	红磡厅	1	1	3880	600	30					
								大小梅沙	1	1	3880	600	30					
								浅水湾	1	1	3880	600	30					
								铜锣湾	1	1	3880	600	30					
								尖沙嘴	1	1	3880	600	30					

饭店名称	发票开具单位名称	星级	客房（价格：元/天）					会议室（数量：间；价格：元/半天）						餐费（元/人天）		地址	前台订房电话	备注
			房型	总间数	协议间数	门市价	协议价	类型	总间数	协议间数	门市价	协议价	容纳人数	类型	价格			
北京黄河京都大酒店有限责任公司	北京黄河京都大酒店有限责任公司	3	标准间	195	195	680	220	1号	1	1	1000	500	40	高	180	北京市东城区夕照寺中街29号	51335588	
								2号	1	1	1250	800	80	中	120			
								3号	1	1	2000	1500	230	低	80			
			普通套间	9	9	880	300	4号	1	1	1000	500	40					
								5号	1	1	1000	500	40					
								6号	1	1	600	300	20					
			豪华套间	1	1	1280	300	7号	1	1	750	400	30					
								8号	1	1	600	300	20					
								9号	1	1	2000	1500	230					
			单间	15	15	680	200	10号	1	1	1250	800	80					
北京江苏大厦	北京江苏大厦	3	A座普通标间	20	20	988	400	云锦	1	1	3000	1000	16	高	150	北京市东城区安定门外大街丁88号	64271188－88866	
			A座商务单间	39	39	988	400	紫玉厅	1	1	5000	1000	50	中	100			
			A座豪华商务单间	23	23	1188	500	金荷厅	3	3	3000	1000	20	低	80			
			A座豪华标准间	24	24	1188	500	吴韵汉风厅	1	1	8000	3000	500					
			A座行政套间	5	5	2880	1280	多功能厅1	1	1	4000	1000	100					
			B座标准间A	100	100	528	240	汉风厅	1	1	8000	1500	200					
			B座标准间B（无窗）	24	24	462	200											
			B座大床间	17	17	528	240											
			B座套间	12	12	748	380											
东方花园饭店	中纺大厦置业有限责任公司东方花园饭店	4	标准间	66	66	1280	238	大会议室（牡丹厅）	1	1	10000	3000	300	高	120	东城区东直门南大街6号	64168866	
			商务大床间	75	75	1280	238	大会议室（玉兰厅）	1	1	6000	2500	140	中	100			
			普通套间	27	27	2650	298	中会议室（玉兰A厅）	1	1	4000	1500	60	低	80			
			豪华套间	10	10	3500	368	中会议室（玉兰B厅）	1	1	4000	1500	60					
			小单人间	6	6	1000	188	中会议室（郁金香厅）	1	1	3000	1500	30					
								中会议室（贵宾厅）	1	1	3000	1500	40					
								小会议室（芙蓉厅）	1	1	3000	1500	20					
								小会议室（荷花厅）	1	1	3000	1500	20					
								小会议室（多媒体会议室）	1	1	3000	1500	20					
								小会议室（商务中心）	1	1	3000	1500	15					

饭店名称	发票开具单位名称	星级	客房（价格：元/天）房型	总间数	协议间数	门市价	协议价	会议室（数量：间；价格：元/半天）类型	总间数	协议间数	门市价	协议价	容纳人数	餐费（元/人天）类型	价格	地址	前台订房电话	备注
北京市北京饭店	北京市北京饭店	5	高级标准间	569	569	3220	400	C座一层宴会厅	1	1	100000	40000	1000	高	500	北京市东长安街33号	65137766－212	
								A座二层多功能厅	1	1	40000	10000	150	中	280			
								A座楼层会议室	15	15	2500	840	40	低	200			
北京市崇文门饭店	北京市崇文门饭店	3	双床标准间	121	121	780	330	十四层会议室	1	1	2000	1500	100	高	120	北京市东城区崇文门西大街2号	65122211	
			豪华标准间	60	60	868	350	十三层会议室	1	1	1000	750	50	中	100			
			单床标准间	55	55	868	290	十一层会议室	1	1	2000	1500	100	低	80			
			标准双床套间	6	6	980	440	十层会议室	1	1	1000	750	50					
			标准单床套间	30	30	980	440	九层会议室	1	1	1000	750	50					
			商务单床套间	17	17	1080	480	八层会议室	1	1	1000	750	50					
			商务双床套间	9	9	1080	480	七层会议室	1	1	2000	1500	100					
			全景豪华套间	5	5	1280	480	五层多功能厅	1	1	3000	2500	210					
								三层会议室	1	1	1000	750	50					
								二层多功能厅	1	1	5000	4000	350					
								十二层会议室	1	1	1000	750	50					
北京国际饭店	北京国际饭店	5	商务标间	670	670	2600	360	邀月厅	1	1	3500	800	50	高	148	北京市东城区建国门内大街9号	65126688－前台	
			商务大床	155	155	2600	410	梅林厅	1	1	3500	800	35	中	128			
			商务套间	60	60	4200	550	兰亭厅	1	1	3500	800	35	低	108			
			行政套间	30	30	5200	750	竹园厅	1	1	3500	800	35					
			公主套间	1	1	29000	2000	彩虹厅	1	1	20000	14000	320					
								菊圃厅	1	1	3500	800	35					
								多功能厅1	1	1	5000	2000	110					
								多功能厅2	1	1	24000	16000	320					
								多功能厅3	1	1	20000	10000	158					
								多功能厅5	1	1	24000	15000	300					
								多功能厅6	1	1	22000	14000	210					
								多功能厅7	1	1	2000	600	50					
								多功能厅8	1	1	40000	20000	352					
								多功能厅9	1	1	7000	3000	110					

饭店名称	发票开具单位名称	星级	客房（价格：元/天）					会议室（数量：间；价格：元/半天）						餐费（元/人天）		地址	前台订房电话	备注
			房型	总间数	协议间数	门市价	协议价	类型	总间数	协议间数	门市价	协议价	容纳人数	类型	价格			
北京国际饭店	北京国际饭店	5						多功能厅10	1	1	7000	3000	110			北京市东城区建国门内大街9号	65126688－前台	
								多功能厅11	1	1	7000	3000	88					
								报告厅	1	1	20000	6000	400					
								董事长会议室	1	1	10000	3000	70					
								紫金大厅	1	1	150000	120000	2200					
								商务中心会议室A厅	1	1	1500	1000	46					
								商务中心会议室B厅	1	1	1000	800	15					
								行政楼层会议室	1	1	1500	800	20					
中国妇女活动中心	中国妇女活动中心	5	商务单人间	87	87	2400	310	多功能厅	1	1	40000	18000	800	高	200	北京市东城区建国门内大街19号	65286666－预定部 65225286	
			商务双人间	144	144	2400	400	宴会厅	1	1	28000	11000	400	中	150			
			豪华单人间	44	44	2600	360	大会议厅	1	1	12000	4800	350	低	80			
			豪华双人间	67	67	2600	450	好苑厅	1	1	7000	2800	120					
			行政单人间	30	30	2680	500	小会议厅	1	1	5000	2000	100					
			行政豪华间	12	12	2880	700	春竹厅	1	1	4000	1600	50					
			商务套间	8	8	3200	700	第二、五、六会议室	3	3	4000	1600	50					
			行政套间	6	6	3730	960	第一、三、四、七会议室	4	4	1600	650	20					
								贵宾厅	1	1	1600	650	20					
								夏荷厅	1	1	1600	650	10					
内蒙古大厦	北京内蒙古大厦有限责任公司	4	大床标准间	91	91	1280	330	多功能会议厅	1	1	11000	5000	500	高	120	北京市东城区崇文门内大街2号	65186666－3247	
			双床标准间	133	133	1280	330	多功能会议室A	1	1	6000	2500	270	中	100			
			豪华套房	4	4	2880	600	多功能会议室B	1	1	6000	2500	230	低	80			
			豪华单人间	10	8	1880	400	多功能会议室A1	1	1	4000	1400	150					
								多功能会议室A2	1	1	4000	1400	120					
								蒙泰厅	1	1	14000	5800	400					
								蒙泰厅A厅	1	1	7500	2300	150					
								蒙泰厅B厅	1	1	7500	2300	150					
								蒙泰厅C厅	1	1	7500	2300	150					

饭店名称	发票开具单位名称	星级	客房（价格：元/天）					会议室（数量：间；价格：元/半天）						餐费（元/人天）		地址	前台订房电话	备注
			房型	总间数	协议间数	门市价	协议价	类型	总间数	协议间数	门市价	协议价	容纳人数	类型	价格			
内蒙古大厦	北京内蒙古大厦有限责任公司	4						蒙泰厅 A + B 厅或 B + C 厅	1	1	11000	4800	260			北京市东城区崇文门内大街2号	65186666 – 3247	
								接待室	1	1	500	100	12					
								3 号小会议室	1	1	2100	450	14					
								2 号小会议室	1	1	2100	450	14					
								1 号小会议室	1	1	2100	450	14					
								会见厅	1	1	3000	800	45					
中国人民解放军总参谋部管理保障部招待局第一招待所	中国人民解放军总参谋部管理保障部招待局第一招待所	3	双床标准间（D）	153	153	238	200	第一会议室	1	1	16000	8000	800	高	120	北京东城区海运仓一号	66739772	
			双床标准间（C）	46	46	280	238	贵宾室	1	1	6000	3000	20	中	90			
			双床标准间（B）	102	102	320	280	第二会议室	1	1	4000	2000	80	低	80			
			双床标准间（A）	97	97	360	300	第三会议室	1	1	6000	3000	150					
			普通套间（C）	8	8	880	480	第八会议室	1	1	1000	500	20					
			普通套间（B）	1	1	1280	680	第十五会议室	1	1	5000	2500	110					
			普通套间（A）	1	1	1680	880	中型会议室	10	10	1600	800	70					
			豪华套间（B）	2	2	5800	2880											
			豪华套间（A）	2	2	6800	3880											
			单床标准间	5	5	400	360											
			普通套间（D）	2	2	680	400											
西城区																		
北京国谊宾馆	北京国谊宾馆	4	贵宾楼单人间	13	13	1080	350	贵宾楼第 1 会议室	1	1	5000	1500	40	高	200	北京市西城区文兴东街1号	68316611 – 30110	
			贵宾楼标准间	105	105	1380	350	贵宾楼第 2 会议室	1	1	10000	4000	150	中	150			
			贵宾楼豪华标准间	34	34	1580	400	贵宾楼小会议室	7	7	5000	1500	50	低	80			
			贵宾楼套间	92	92	1980	560	谊和厅	1	1	30000	15000	700					
			贵宾楼豪华套间	4	4	3880	1800	贵宾楼二层贵宾厅	1	1	5000	1500	50					
			贵宾楼总统套间	1	1	8888	1800	迎宾楼第 1 会议室	1	1	20000	10000	300					
			迎宾楼标准间	88	88	1680	400	迎宾楼第 2 会议室	1	1	8000	1500	50					
			迎宾楼套间	64	64	2180	600	迎宾楼小会议室	2	2	8000	1500	50					
			迎宾楼豪华套间	11	11	3880	1800	迎宾楼第 5 会议室	1	1	15000	5000	170					
			迎宾楼总统套间	1	1	8888	1800	迎宾楼一层贵宾厅	1	1	8000	1500	40					
								商务楼 1 号多功能厅	1	1	15000	5000	150					
								商务楼 2 号多功能厅	1	1	15000	5000	150					
								商务楼贵宾室	1	1	5000	800	10					

饭店名称	发票开具单位名称	星级	客房（价格：元/天）					会议室（数量：间；价格：元/半天）						餐费（元/人天）		地址	前台订房电话	备注
			房型	总间数	协议间数	门市价	协议价	类型	总间数	协议间数	门市价	协议价	容纳人数	类型	价格			
北京市圆山大酒店	北京市圆山大酒店	3	单人标准间	15	15	480	260	报告厅	1	1	4000	2000	350	高	150	北京市西城区裕民路2号	62010033	
			双人标准间	150	150	480	260	多功能厅	1	1	2000	1000	200	中	120			
			单人套间	19	19	780	450	第八会议室	1	1	1200	800	100	低	80			
			双人套间	2	2	780	450	第三会议室	1	1	800	600	80					
								第六会议室	1	1	1200	800	60					
								第一、第二、第七会议室	3	3	800	600	50					
								第四、第五会议室	2	2	600	400	25					
								第一、第二贵宾会议室	2	2	600	400	20					
中苑宾馆有限公司	中苑宾馆有限公司	4	标准间	283	283	2840	355	中苑厅	1	1	12000	9000	700	高	185	北京西直门外高梁桥斜街18号	51568888－158	
			标准大床间	34	34	2840	355	观苑厅	1	1	5200	3900	240	中	165			
			豪华标准间	17	17	3160	455	融苑厅	1	1	4500	3375	160	低	80			
			豪华单人间	17	17	3160	455	可容纳70人会议室	3	3	2500	1875	70					
			普通套间	21	21	5670	710	可容纳30人会议室	4	4	1300	975	30					
			豪华套间	1	1	6440	1600	可容纳20人会议室	2	2	1300	975	20					
			别墅楼标准间	40	40	3160	455	可容纳16人会议室	1	1	1000	750	16					
			别墅楼大套间	2	2	6314	910											
北京诺林大酒店有限责任公司	北京诺林大酒店有限责任公司	3	标准间	92	92	588	280	1号会议室	1	1	750	600	40	高	135	北京市西城区莱园北里29号	63551188－61	
			单人间	7	7	588	280	2号会议室	1	1	600	500	30	中	115			
			豪华标间	16	16	618	310	3号会议室	1	1	500	400	20	低	80			
			商务间	2	2	658	350	5号会议室	1	1	750	600	30					
			豪华套间	6	6	1388	650	6号会议室	1	1	600	500	20					
								电教室	1	1	2000	1500	100					
								多功能厅	1	1	2500	1500	250					
								多功能厅东侧	1	1	1500	1000	150					
								多功能厅西侧	1	1	1000	800	100					
								梅花厅	1	1	500	400	30					
								兰花厅	1	1	500	400	30					

饭店名称	发票开具单位名称	星级	客房（价格：元/天）					会议室（数量：间；价格：元/半天）						餐费（元/人天）		地址	前台订房电话	备注
			房型	总间数	协议间数	门市价	协议价	类型	总间数	协议间数	门市价	协议价	容纳人数	类型	价格			
北京诺林大酒店有限责任公司	北京诺林大酒店有限责任公司	3						玫瑰厅	1	1	500	400	30			北京市西城区菜园北里29号	63551188－61	
								郁金香厅	1	1	500	400	30					
								杜鹃厅	1	1	500	400	30					
								牡丹厅	1	1	2000	1500	120					
								报告厅	1	1	4000	2000	300					
北京新北纬饭店	北京新北纬饭店有限责任公司	3	主楼标准间大床房	13	13	888	300	第一会议室	1	1	1000	1000	180	高	180	西城区西经路11号	63012266－158	
			主楼标准间	241	241	888	320	第二会议室	1	1	1750	1500	220	中	150			
			主楼豪华双床间/套间	110	110	1380	450	第七会议室	1	1	750	500	80	低	120			
			如家标准间	187	187	259	210	第五会议室	1	1	1000	1000	60					
			如家商务大床间	13	13	299	275	第三、四、六、八会议室	4	4	300	300	20					
			如家商务标准间	28	28	299	280	第九、十、十一会议室	3	3	300	300	20					
								多功能厅	1	1	2500	2000	300					
北京市金帝雅宾馆	北京市金帝雅宾馆		单床标准间	8	8	380	200	多功能厅	1	1	5000	4000	200	高	165	北京市西城区三里河北街甲5号	58550825	
			标准间	94	94	380	228	天畅厅	1	1	2500	2100	120	中	145			
			普通套间	6	6	880	410	长和厅	1	1	1300	900	50	低	80			
			豪华套间	1	1	1280	500	日利厅	1	1	1100	800	50					
			残疾人房	1	1	380	200	新语厅	1	1	1000	500	25					
								秋水厅	1	1	500	300	10					
								会议一厅	1	1	1000	700	50					
								会议二厅	1	1	700	400	20					
								会议三厅	1	1	700	400	20					
								会议四厅	1	1	700	400	20					
								会议五厅	1	1	700	400	20					

饭店名称	发票开具单位名称	星级	客房（价格：元/天）					会议室（数量：间；价格：元/半天）						餐费（元/人天）		地址	前台订房电话	备注
			房型	总间数	协议间数	门市价	协议价	类型	总间数	协议间数	门市价	协议价	容纳人数	类型	价格			
北京翔达国际商务酒店	北京翔达国际商务酒店有限公司	4	双床标准间	107	107	1580	300	二层多功能厅	1	1	8000	3400	300	高	100	北京市西城区广安门内大街169号	83172288	
			大床标准间	88	88	1580	200	城南食府	1	1	6000	2000	200	中	90			
			豪华套间	10	10	2620	400	祥云厅	1	1	5000	1200	60	低	80			
			公寓套间	18	18	3430	400	祥聚厅	1	1	5000	1200	60					
								祥瑞厅	1	1	4000	600	30					
								至尊贵宾厅	1	1	3000	300	30					
								行政厅	1	1	600	300	30					
								御宫园	1	1	600	300	30					
								仙鹤园	1	1	600	300	30					
								小贵宾接待室	1	1	500	200	20					
								大贵宾接待室	1	1	600	300	20					
								畅舒园	1	1	600	300	20					
								留芳园	1	1	500	200	10					
								玉兰园	1	1	500	200	10					
								御南府	1	1	500	200	10					
								文南府	1	1	500	200	10					
								蓟南府	1	1	500	200	10					
								城南府	1	1	500	200	20					
								宣南府	1	1	500	200	20					
北京中民大厦	北京中民大厦有限责任公司	4	A 楼单人间	22	22	1280	310	三层大会议室	1	1	7500	4000	200	高	230	西城区白广路7号	83539988－66	
			A 楼标准间	141	141	1280	310	南楼会议室	2	2	2500	1500	70	中	160			
			B 楼套间	3	3	1980	800	北楼会议室	2	2	1500	800	30	低	80			
			A 楼套间	8	8	1980	800	贵宾接待室	1	1	2000	1300	30					
			B 楼标准间	65	65	850	250	VIP 会议室	1	1	2000	1300	40					
			B 楼单人间	3	3	850	250	三层 A 会议室	1	1	1500	1000	25					
								三层 B 会议室	1	1	1000	800	10					
								雅仕聚会议室	1	1	1500	1000	20					
								九层会议室	1	1	1500	1000	20					

饭店名称	发票开具单位名称	星级	客房（价格：元/天）					会议室（数量：间；价格：元/半天）						餐费（元/人天）		地址	前台订房电话	备注
			房型	总间数	协议间数	门市价	协议价	类型	总间数	协议间数	门市价	协议价	容纳人数	类型	价格			
北京齐鲁饭店	北京齐鲁饭店有限公司	3	商务标间	90	90	656	248	齐鲁厅(多功能厅2)	1	1	2000	1400	150	高	160	北京西城区地安门西大街103号	83223366	
			商务大床房	20	20	656	248	中会议室	3	3	1200	800	50	中	120			
			豪华套房	10	10	1128	498	小会议室	1	1	500	350	20	低	80			
			豪华大套	2	2	1668	998	聚丰堂(多功能厅1)	1	1	3000	1800	210					
北京展览馆宾馆	北京展览馆宾馆有限公司	3	标准间	220	220	798	298	小型会议室	2	2	1200	900	30	高	200	北京西城区西直门外大街135号	68316633－7130	
			商务大床间	20	20	898	398	中型会议室	3	3	1500	1000	60	中	150			
			套间	3	3	1388	688	多功能厅	1	1	2000	1600	150	低	130			
								报告厅	1	1	12000	10000	600					
								大型会议室	1	1	3000	2500	200					
北京月坛宾馆	北京月坛宾馆		大床房B	39	39	360	248	会议厅	1	1	3000	2000	200	高	150	北京市西城区月坛北小街4号	68032633	
			大床房A	3	3	480	338	第七会议室	1	1	2000	1500	110	中	130			
			标准间	80	80	360	248	第一会议室	1	1	1000	800	80	低	80			
			套间	12	12	560	378	多功能厅	1	1	1000	800	80					
			三人间	40	40	360	180	小会议室	2	2	500	350	20					
								中会议室	4	4	900	750	40					
北京凤凰苏源大厦	北京苏源大厦有限责任公司	3	标准间	206	206	1228	300	第一会议室	1	1	600	400	40	高	180	北京市西城区广安门外大街3号	63267788－88	
			单人间	12	12	1128	280	第二会议室	1	1	700	500	50	中	140			
			豪华套间	16	16	2158	500	第三会议室	1	1	900	600	100	低	100			
								玉兰堂	1	1	2400	1500	200					
								贵宾厅	1	1	1000	750	30					
								凤凰厅	1	1	1000	750	30					
								锦绣厅	1	1	500	300	15					
								锦月厅	1	1	500	300	15					
								A厅	1	1	500	300	15					
								B厅	1	1	500	300	15					

饭店名称	发票开具单位名称	星级	客房（价格：元/天）					会议室（数量：间；价格：元/半天）						餐费（元/人天）		地址	前台订房电话	备注
			房型	总间数	协议间数	门市价	协议价	类型	总间数	协议间数	门市价	协议价	容纳人数	类型	价格			
国宏宾馆	北京国宏宾馆有限公司	4	单床标准间	23	23	1400	300	B201	1	1	1200	800	35	高	150	北京市西城区木樨地北里甲11号A座	63907166	
			双床标准间	75	75	1400	300	B203	1	1	2000	1600	130	中	120			
			单床豪华标准间	12	12	1600	360	B205	1	1	1800	1200	70	低	80			
			双床豪华标准间	101	101	1600	360	B103	1	1	2500	2200	200					
			普通套间	6	6	3000	600	兰蕤厅	1	1	1200	800	30					
			豪华套间	6	6	3600	700	丽宫厅	1	1	7000	6000	350					
			单床商务间	15	15	2100	500	行政层会议室	1	1	800	600	10					
			单床行政间	4	4	2800	600	丹鹤厅	1	1	600	500	20					
			行政套间	3	3	4800	1200	银鹭厅	1	1	600	500	20					
			商务套间	2	2	4500	800	蓝翎厅	1	1	600	500	20					
			国宏套间	1	1	6000	1000	金凤厅	1	1	600	500	20					
北京建工置业有限责任公司建设大厦酒店	北京建工置业有限责任公司建设大厦酒店	4	普通标准间	34	34	750	280	多功能厅	1	1	11000	4000	400	高	220	北京市西城区广莲路甲5号、	63986611－8205	
			标准间	128	128	1060	280	建设厅	1	1	1500	1000	120	中	160			
			商务间	28	28	1060	280	9C	1	1	1500	1000	35	低	140			
			普通套间	17	17	1580	580	6C	1	1	1500	1000	60					
								6A	1	1	1000	700	30					
								6B	1	1	1000	700	18					
								7A	1	1	1000	700	25					
								7B	1	1	1000	700	25					
								9A	1	1	1000	700	30					
								9B	1	1	1000	700	25					
宣武门商务酒店	北京宣武门商务酒店有限公司	3	商务单人间	217	217	780	180	紫宣宫	1	1	10000	1000	200	高	180	北京市西城区宣武门东大街24号	63014499－2000	
			商务双人间	77	77	980	300	越秀宫	1	1	3250	400	80	中	120			
			行政商务双人间	26	26	1200	380	倚宣厅	1	1	6500	300	60	低	80			
			商务套间	12	12	1800	480	迩宣厅	1	1	3000	100	30					
			行政豪华双人套间	10	10	2200	540	僖宣厅	1	1	1900	100	20					
			行政豪华套间	3	3	2200	540											
			豪华观景房	13	13	2480	560											
			残疾人房	1	1	980	280											

饭店名称	发票开具单位名称	星级	客房（价格：元/天）					会议室（数量：间；价格：元/半天）						餐费（元/人天）		地址	前台订房电话	备注
			房型	总间数	协议间数	门市价	协议价	类型	总间数	协议间数	门市价	协议价	容纳人数	类型	价格			
北京中油宾馆	北京中油宾馆	3	豪华套间	6	6	980	480	A 型会议室	1	1	1400	600	120	高	220	北京市西城区六铺炕二巷1号院	62045522－5516	
			普通套间	7	7	880	380	B 型会议室	1	1	1250	600	80	中	160			
			普通双床标准间	85	85	280	200	C 型会议室	2	2	800	400	30	低	100			
			豪华双床标准间	125	125	398	260	D 型会议室	1	1	800	400	20					
			普通单床标准间	135	135	220	180											
			豪华单床标准间	49	49	398	220											
广电国际酒店	北京青旅广电国际酒店管理有限公司	4	单床标间	64	64	1600	380	1 号会议室	1	1	1800	1000	30	高	250	北京市西城区西便门外大街2号	68065588－6001/6002	
			双床标间	164	164	1600	380	2 号会议室	1	1	1800	1000	30	中	180			
			普通套房	10	10	3200	850	3 号会议室	1	1	1800	1000	30	低	80			
			豪华套	3	3	6600	950	4 号会议室	1	1	2500	1250	40					
								5 号会议室	1	1	2500	1250	40					
								6 号会议室	1	1	2500	1250	40					
								多功能厅	1	1	15000	10000	350					
北京中邮苑宾馆有限公司	北京中邮苑宾馆有限公司	3	标准间	89	89	580	268	一号会议厅	1	1	4000	2000	250	高	180	北京市西城区右安门内大街17号	63521978	
			套间	12	12	880	428	第二会议室	1	1	2500	1250	50	中	120			
			单人间	13	13	618	288	三号至八号会议室	6	6	1000	500	30	低	80			
								电教室	1	1	3000	1500	35					
								九号会议室	1	1	2000	1000	55					
北京同春园饭店	北京同春园饭店	2	普通套房	5	5	600	300	30 人会议室	4	4	1800	1500	30	高	260	北京市西城区新街口外大街甲14号	62003493 62353288	
			豪华套间	2	2	1000	500	60 人会议室	2	2	4000	3000	60	中	220			
			三人间	30	30	400	240	200 人报告厅	1	1	12000	10000	200	低	180			
			双人标准间	50	50	400	200	小会议室	2	2	800	500	15					
北京银龙苑宾馆	北京银龙苑宾馆	3	标准间	106	106	660	310	大会议厅	1	1	6000	3000	380	高	180	北京市西城区展览馆路甲5号	68351166－369/351	
			普通套间	6	6	3580	400	大多功能厅	1	1	2000	1000	310	中	150			
			豪华套间	4	4	3880	500	小多功能厅	1	1	2000	1000	90	低	80			
			单床标准间	40	40	520	260	第一会议室	1	1	2000	1400	60					
			小单人间	38	38	260	100	第二会议室	1	1	2000	1400	60					
			三人间	1	1	980	300	第三会议室	1	1	2000	1400	60					

饭店名称	发票开具单位名称	星级	客房（价格：元/天）					会议室（数量：间；价格：元/半天）						餐费（元/人天）		地址	前台订房电话	备注
			房型	总间数	协议间数	门市价	协议价	类型	总间数	协议间数	门市价	协议价	容纳人数	类型	价格			
北京银龙苑宾馆	北京银龙苑宾馆	3						贵宾室	1	1	1500	750	50			北京市西城区展览馆路甲5号	68351166－369/351	
								四层会议室	1	1	1200	750	40					
								五层会议室	1	1	1000	750	40					
								六层会议室	1	1	1000	750	40					
								七层会议室	1	1	1000	750	40					
								十一层会议室	1	1	1200	400	30					
北京首创股份有限公司新大都饭店	北京首创股份有限公司新大都饭店	4	1号楼标准间	232	232	2990	350	大会议室	4	4	10000－15000	4000－6000	260	高	200	北京市西城区车公庄路21号	88323558	
			3号楼标准间	129	129	480	280	中会议室	2	2	3000－4000	1200－1600	120	中	150			
			1号楼单人间	40	40	2185	330	小会议室	4	4	2000	800	30	低	80			
			1号楼套间	67	67	3335	650											
			1号楼残疾人房	2	2	2990	350											
			1号楼总统套	1	1	25300	4000											
北京潇湘大厦	北京潇湘大厦	3	商务单床标准间	19	19	960	330	6楼大会议室	1	1	1750	1500	250	高	180	北京市西城区北纬路42号	83161188－89	
			普通单床标准间	6	6	480	300	2楼中会议室	1	1	1750	1250	200	中	145			
			商务双床标准间	37	37	980	350	4至9楼小会议室	6	6	780	750	40	低	120			
			普通双床标准间	90	90	580	320	6楼贵宾室	1	1	700	500	10					
			普通套间	5	5	1280	580	6楼接待室	1	1	600	400	15					
			豪华套间	1	1	4880	2480											
			经济间	9	9	380	208											
北京京铁生达大厦	北京京铁生达大厦		标准间	100	100	380	228	三层东会议室	1	1	500	300	60	高	120	北京市西城区真武庙四条四号	68017733	
			单人间	10	10	380	228	三层西会议室	1	1	500	300	70	中	100			
			豪华套间	2	2	680	476	多功能厅	1	1	1400	800	200	低	80			
			三人间	10	10	300	270	ok中厅	1	1	900	500	100					
								ok小厅	1	1	500	300	50					
								二层会议室	1	1	500	300	40					
								二层小会议室	1	1	250	100	15					
								二层接待室	1	1	300	200	20					

饭店名称	发票开具单位名称	星级	客房（价格：元/天）					会议室（数量：间；价格：元/半天）						餐费（元/人天）		地址	前台订房电话	备注
			房型	总间数	协议间数	门市价	协议价	类型	总间数	协议间数	门市价	协议价	容纳人数	类型	价格			
中国职工之家	中国职工之家	4	标准间	500	500	1200	380	多功能厅	1	1	15000	7500	500	高	140	北京市西城区真武庙路1号	68576699－29	
			普通套间	40	40	2000	680	第一会议室	1	1	2000	1600	80	中	130			
			单人间	80	80	800	200	第二会议室	1	1	1200	750	15	低	120			
			商务间	130	130	1000	339	第三会议室	1	1	1500	900	30					
								第四会议室	1	1	1800	1250	50					
								第五会议室	1	1	1400	800	20					
								第六会议室	1	1	1500	900	30					
								第七会议室	1	1	1500	900	30					
								第八会议室	1	1	1500	900	40					
								第九会议室	1	1	1600	1000	50					
								第十会议室	1	1	1600	1000	50					
北京山水宾馆	北京山水宾馆		标准间	140	140	1280	300	大会议室	1	1	5000	1000	100	高	160	西城区西单北大街皮库胡同45号	66063388－预定部	
			单人间	24	24	1180	180	中会议室	1	1	3000	500	50	中	120			
			套间	10	10	2280	600	小会议室	5	5	2000	300	30	低	80			
								4层多功能厅	1	1	12000	3000	300					
前门饭店	北京首都旅游国际酒店集团有限公司前门饭店	4	标准间	323	323	2070	380	梨园剧场	1	1	15000	10000	1000	高	150	北京市西城区永安路175号	63016688－8871	
			单人间	40	40	2070	380	龙凤厅	1	1	4000	3000	70	中	120			
			普通套间	23	23	2530	460	群英厅	1	1	5000	4000	260	低	100			
			豪华套间	14	14	2875	560	紫薇厅	1	1	3000	25000	60					
								集贤厅	1	1	3000	2500	60					
								桃园厅	1	1	1500	1000	30					
								杜鹃厅	1	1	1500	1000	30					
								5037 会议室	1	1	1200	900	40					
								5051 会议室	1	1	1200	900	40					
								6037 会议室	1	1	1200	900	40					
								6051 会议室	1	1	1200	900	40					
								7037 会议室	1	1	1500	1000	20					
								洽谈室	1	1	1000	500	8					

饭店名称	发票开具单位名称	星级	客房（价格：元/天）					会议室（数量：间；价格：元/半天）						餐费（元/人天）		地址	前台订房电话	备注
			房型	总间数	协议间数	门市价	协议价	类型	总间数	协议间数	门市价	协议价	容纳人数	类型	价格			
北京胜利饭店	北京胜利饭店	3	标准间	157	157	478	300	大会议室	1	1	6000	4000	300	高	180	西城区德胜门北沙滩3号	64873620	
			AB套间（2+2）	29	29	580	440	中会议室1	2	2	1800	1500	50	中	150			
			AB套间（1+1）	10	10	540	540	中会议室2	1	1	1800	1500	70	低	120			
			三人间	8	8	520	450	中会议室3	1	1	1800	1500	100					
			商务间	15	15	498	320	小会议室	9	9	1000	600	30					
			豪华间	20	20	780	580											
北京国二招宾馆	北京国二招宾馆	4	标准间	216	216	686	350	小会议室	4	4	1000	800	40	高	200	北京市西城区西直门南大街6号	66180806	
			普通套间	8	8	1360	800	中会议室	1	1	2000	1500	50	中	150			
			豪华套间	4	4	1880	1200	大会议厅	1	1	5000	4500	350	低	120			
			单人间	18	18	686	350	中会议厅	1	1	4000	3500	150					
			贵宾套房	3	3	2680	1800	贵宾室	3	3	2000	1500	30					
			总统套房	1	1	6666	3600											
西直门宾馆	中国人民解放军总政治部西直门招待所		A楼标准间	88	88	860	380	大会议厅	1	1	8000	5000	320	高	160	北京市西城区西直门内大街172号	66001118 66307799	
			B楼标准间	110	110	860	350	东一会议室	1	1	4800	3000	120	中	120			
			A楼单间	16	16	860	380	东二会议室	1	1	4800	3000	120	低	100			
			B楼单间	48	48	860	350	A、B楼中会议室	2	2	3800	2000	80					
			C楼标准间	53	53	380	200	A、B楼小会议室	18	18	800	600	30					
			A楼套间	10	10	1880	800											
			A、B楼中套间	14	14	1880	900											
			总统套间	2	2	8888	3000											
北京京都紫禁城饭店有限责任公司	北京京都紫禁城饭店有限责任公司	2	标准间	102	102	320	190	大会议厅1	1	1	2500	2000	260	高	120	北京市西城区广安门南街48号	51759503	
			普通套间	6	6	380	190	大会议厅2	1	1	1500	1000	150	中	100			
			豪华套间	2	2	580	350	中会议室1	1	1	700	500	60	低	80			
			单床标间	4	4	380	190	中会议室2	1	1	700	500	60					
			其他房间	4	4	280	160	小会议室1	1	1	300	250	20					
								小会议室2	1	1	300	250	20					
								小会议室3	1	1	300	250	20					
								小会议室4	1	1	300	250	20					

饭店名称	发票开具单位名称	星级	客房（价格：元/天）					会议室（数量：间；价格：元/半天）						餐费（元/人天）		地址	前台订房电话	备注
			房型	总间数	协议间数	门市价	协议价	类型	总间数	协议间数	门市价	协议价	容纳人数	类型	价格			
北京金台饭店	北京金台饭店	4	标准间	231	231	880	350	金樽厅	1	1	8000	5000	350	高	220	西城区地安门西大街38号	66529988－21002101	
			普通单人间	21	21	980	390	第一会议室	1	1	6000	3000	120	中	150			
			豪华单人间	6	6	1280	600	南八层会议室	1	1	4000	3000	80	低	80			
			阳光房	3	3	1380	700	九层会议室	1	1	4000	3000	60					
			套间	16	16	2280	800	贵宾室	1	1	2000	1000	25					
			阳光套间	1	1	2580	800	北楼三、四、五、七、八层会议室	5	5	2000	1200	40					
			豪华套间	1	1	5888	1500											
			豪华大套间	1	1	9888	3000											
北京东方饭店	北京东方饭店	3	双床间	192	192	888	260	五洲厅	1	1	2000	1400	200	高	320	北京市西城区万明路11号	63014466－8335	
			大床间	72	72	888	260	世纪厅	1	1	2500	1750	85	中	220			
			套间	24	24	1288	480	第五会议室	1	1	1000	700	50	低	80			
								第四会议室	1	1	750	525	22					
								第三会议室	1	1	1500	1050	60					
								第一、二会议室	2	2	750	525	16					
北京港中旅维景国际大酒店	北京港中旅维景国际大酒店有限公司	4	商务单人房	61	61	1960	430	大宴会厅	1	1	8000	4000	500	高	120	北京市西城区广安门内大街338号	83529999－8105	
			标准单人房	18	18	1680	380	小宴会厅	1	1	2000	1800	50	中	100			
			标准双人房	88	88	1680	380	多功能厅	5	5	3000	2000	120	低	80			
			商务贵宾房	3	3	2400	450											
			商务双人房	18	18	1960	430											
			标准套房	12	12	3080	650											
			豪华贵宾房	4	4	2240	450											
			商务套房	4	4	3400	650											
			残疾人房	2	2	1680	380											
北京国信宾馆（国家信访局北京国信宾馆培训中心）	北京国信宾馆	4	单床标准间	3	3	688	280	1号多功能厅	1	1	5000	3000	800	高	160	北京市西城区太平街甲八号	83101102	
			普通套间	3	3	888	600	2号多功能厅	1	1	3000	2000	260	中	120			
			东楼双床标准间	55	55	588	300	电教室	1	1	4000	3000	60	低	80			
			豪华套间	1	1	1000	600	中会议室	1	1	1500	1000	50					
			西楼双床标准间	101	101	288	200	西厅会议室	3	3	1000	600	50					
								小会议室	1	1	400	300	15					

饭店名称	发票开具单位名称	星级	客房（价格：元/天）					会议室（数量：间；价格：元/半天）						餐费（元/人天）		地址	前台订房电话	备注
			房型	总间数	协议间数	门市价	协议价	类型	总间数	协议间数	门市价	协议价	容纳人数	类型	价格			
北京国宾酒店有限责任公司	北京国宾酒店有限责任公司	5	单床标准间	226	226	2200	380	小型会议室	9	9	2400	1500	40	高	200	北京市西城区阜成门外大街甲9号	58585588－8669	
			双床标准间	203	203	2200	398	中型会议室	5	5	9000	5000	150	中	155			
			普通套房	39	39	4800	610	大型会议室	1	1	24000	12000	500	低	130			
			豪华套房	15	15	6000	610											
			总统套房	3	3	48000	14000											
德宝饭店	北京德宝饭店	4	豪华间	60	60	680	380	小型会议室	5	5	2000	400	50	高	190	北京市西城区德宝新园22号楼	68318866－2480	
			标准间	129	129	680	380	中型会议室	1	1	4000	800	100	中	170			
			豪华套间	4	4	1200	600	德宝大厅	1	1	8000	1500	350	低	150			
			商务豪华套间	2	2	1500	700											
			德宝豪华套中式	1	1	6800	2000											
			德宝豪华套西式	1	1	8800	2500											
北京中环假日酒店	北京中环鑫融酒店管理有限公司	4	标准间大床	15	15	1400	330	M2 会议室 B	1	1	1400	500	10	高	220	北京市西城区莱园街1号（毗邻广安门南线阁街）	83970088	
			普通套间	5	5	2000	940	M2 会议室 A	1	1	1600	600	15	中	190			
			行政套间	5	5	2300	1240	香橙厅	1	1	1800	600	20	低	160			
			标准间双床	150	150	1400	330	青柠厅	1	1	2400	1000	50					
								柠檬厅	1	1	2400	1000	25					
								樱桃厅	1	1	2600	1000	35					
								蜜桃厅	1	1	6000	2500	100					
								兰莓厅	1	1	5000	2500	90					
								草莓厅	1	1	9000	3800	150					
								宴会厅Ⅱ	1	1	16000	6000	300					
								宴会厅Ⅰ	1	1	16000	6000	300					
								大宴会厅	1	1	30000	10000	600					
全国人大会议中心	全国人大会议中心	5	单人标准间	11	11	980	300	礼堂	1	1	19800	7800	800	高	180	北京市西城区西黄城根北街二号	63091999	
			双人标准间	266	266	1280	350	第一会议室	1	1	5800	3000	200	中	120			
			豪华单人间	41	41	1580	450	第二会议室	1	1	5800	3000	200	低	80			
			普通套房	23	23	2280	600	第三会议室	1	1	5800	2000	100					
			豪华套房	3	3	2580	1500	第四会议室	1	1	5800	2000	70					

饭店名称	发票开具单位名称	星级	客房（价格：元/天）					会议室（数量：间；价格：元/半天）						餐费（元/人天）		地址	前台订房电话	备注
			房型	总间数	协议间数	门市价	协议价	类型	总间数	协议间数	门市价	协议价	容纳人数	类型	价格			
全国人大会议中心	全国人大会议中心	5	花园套房	6	6	5280	2000	第五会议室	1	1	5800	2000	70			北京市西城区西黄城根北街二号	63091999	
			总统套房	1	1	8880	3000	第六会议室	1	1	5800	2000	70					
								第七会议室	1	1	5800	1500	50					
								第八会议室	1	1	5800	1500	50					
								第九会议室	1	1	5800	1500	50					
								第十会议室	1	1	5800	1500	50					
中国人民武装警察部队消防局招待所（佑安大酒店）	中国人民武装警察部队消防局招待所	4	豪华套间	2	2	2988	1588	报告厅	1	1	20000	6000	200	高	200	北京市西城区广安门南街70号	83550055－1006	
			普通套间	5	5	1688	800	电视电话会议室	1	1	10000	3000	150	中	160			
			双床标准间	152	152	888	320	多功能厅	1	1	6000	2500	220	低	120			
			大床标准间	16	16	888	300	第一会议室	1	1	2000	1200	80					
								第二会议室	1	1	1500	600	20					
								第三会议室	1	1	1800	800	30					
								第四会议室	1	1	2000	1200	100					
								第五会议室	1	1	1500	600	30					
								贵宾厅（一）	1	1	4000	1500	12					
								贵宾厅（二）	1	1	4000	1500	20					
								行政第一会议室	1	1	2400	1000	50					
								行政第二会议室	1	1	1500	600	30					
								谈判室	1	1	1000	500	10					
朝阳区																		
中央国家机关后勤干部培训基地	中央国家机关后勤干部培训基地		标准间	105	105	480	280	大会议室	1	1	2000	1500	230	高	180	北京市朝阳区东坝东苇路88号	52039988	
			双间套	15	15	900	600	中会议室A	1	1	1000	600	110	中	120			
			负一层标准间	6	6	380	200	中会议室B	1	1	800	500	60	低	80			
			豪华三间套	1	1	1500	1200	小会议室	6	6	600	400	30					
								B层会议室	2	2	500	400	30					
北京会议中心	北京会议中心		双床标准间	836	836	1280	280	会议楼第1会议室	1	1	2000	1400	100	高	150	北京市朝阳区来广营西路88号	84901458－59	
			普通套间	76	76	1880	400	会议楼第2会议室	1	1	2000	1200	100	中	120			
			行政单人间	73	73	1680	285	会议楼第3会议室	1	1	2000	1200	100	低	80			
								会议楼第4会议室	1	1	2000	1400	100					

饭店名称	发票开具单位名称	星级	客房（价格：元/天）					会议室（数量：间；价格：元/半天）						餐费（元/人天）		地址	前台订房电话	备注
			房型	总间数	协议间数	门市价	协议价	类型	总间数	协议间数	门市价	协议价	容纳人数	类型	价格			
北京会议中心	北京会议中心							会议楼第5会议室	1	1	2000	1200	100			北京市朝阳区来广营西路88号	84901458－59	
								会议楼第6会议室	1	1	1000	600	50					
								会议楼第8会议室	1	1	1000	800	50					
								会议楼第9会议室	1	1	1000	600	50					
								会议楼第10会议室	1	1	2000	1200	100					
								会议楼第11会议室	1	1	2000	1400	100					
								会议楼第12会议室	1	1	2000	1200	100					
								会议楼第13会议室	1	1	2000	1200	100					
								会议楼第14会议室	1	1	2000	1400	100					
								会议楼第15会议室	1	1	2000	1200	100					
								会议楼第16会议室	1	1	1000	800	50					
								会议楼第17会议室	1	1	1000	800	50					
								会议楼第18会议室	1	1	2000	1200	100					
								会议楼第19会议室	1	1	6000	4000	300					
								会议楼第20会议室	1	1	6000	4000	300					
								会议楼第21会议室	1	1	2000	1200	100					
								会议楼第22会议室	1	1	1400	800	70					
								会议楼第23会议室	1	1	1000	600	50					
								会议楼第24会议室	1	1	1400	800	70					
								东会议厅	1	1	8000	6000	400					
								东会议厅贵宾1	1	1	800	300	15					
								东会议厅贵宾2	1	1	800	300	15					
								东会议厅第1会议室	1	1	1000	800	40					
								东会议厅第2会议室	1	1	1200	1000	50					
								东会议厅第3会议室	1	1	800	600	30					
								东会议厅第4会议室	1	1	1200	1000	50					
								一号楼会议室	1	1	1400	1000	50					
								二号楼会议室	1	1	2000	1600	100					
								三号楼会议室	1	1	1000	600	50					

饭店名称	发票开具单位名称	星级	客房（价格：元/天）					会议室（数量：间；价格：元/半天）						餐费（元/人天）		地址	前台订房电话	备注
			房型	总间数	协议间数	门市价	协议价	类型	总间数	协议间数	门市价	协议价	容纳人数	类型	价格			
北京会议中心	北京会议中心							四号楼会议室	1	1	1000	800	50			北京市朝阳区来广营西路88号	84901458－59	
								五号楼第一会议室	1	1	1600	1000	80					
								五号楼第二会议室	1	1	1600	1200	80					
								六号楼第一会议室	1	1	2000	1600	100					
								六号楼第二会议室	1	1	3000	2000	150					
								六号楼第三会议室	1	1	800	600	40					
								六号楼第四会议室	1	1	1000	600	50					
								六号楼第五会议室	1	1	1000	600	50					
								六号楼第六会议室	1	1	800	600	40					
								六号楼第七会议室	1	1	800	600	30					
								会议楼报告厅	1	1	50000	36980	1849					
								九号楼多功能厅	1	1	30000	20000	600					
								九号楼贵宾1	1	1	800	300	10					
								九号楼贵宾2	1	1	800	300	10					
								九号楼第1会议室	1	1	1200	800	25					
								九号楼第2会议室	1	1	1200	600	15					
								九号楼第3会议室	1	1	1200	800	26					
								九号楼第4会议室	1	1	1200	800	28					
								九号楼第5会议室	1	1	1200	800	35					
								九号楼第6会议室	1	1	1200	800	28					
								九号楼第7会议室	1	1	1200	800	28					
								九号楼第8会议室	1	1	1200	800	39					
								九号楼第9会议室	1	1	1200	800	30					
								九号楼第10会议室	1	1	1200	800	38					
								九号楼第11会议室	1	1	1200	800	38					
								九号楼第12会议室	1	1	1200	800	28					
								九号楼第13会议室	1	1	1200	800	28					
								九号楼休息室	1	1	1200	600	15					

饭店名称	发票开具单位名称	星级	客房（价格：元/天）					会议室（数量：间；价格：元/半天）						餐费（元/人天）		地址	前台订房电话	备注
			房型	总间数	协议间数	门市价	协议价	类型	总间数	协议间数	门市价	协议价	容纳人数	类型	价格			
北京森根国际大酒店有限公司	北京森根国际大酒店有限公司	4	普通单人间	5	5	888	300	大宴会厅	1	1	12000	7500	600	高	120	北京市朝阳区来广营西路81号	84905555	
			普通标间	137	137	888	300	大会议室	1	1	3000	2250	200	中	100			
			豪华单人间	24	24	1088	380	中会议室	1	1	2000	1100	100	低	80			
			商务套间	18	18	1088	380	小会议室	10	10	1200	500	50					
			行政套房	14	14	1280	500											
北京北辰实业股份有限公司北京五洲大酒店	北京北辰实业股份有限公司北京五洲大酒店	4	双床标准间	280	280	2500	368	1#大会议厅	1	1	60000	48000	2500	高	300	北京市朝阳区北辰东路8号	84985588－72049	
			双床豪华间	142	142	2500	368	2#会议厅	1	1	36000	28000	1300	中	200			
			双床行政间	37	37	2800	368	3#阶梯厅	1	1	18000	12000	610	低	80			
			大床标准间	34	34	2500	368	多功能厅	3	3	15000	11000	450					
			单床豪华间	4	4	2500	368	中型会议厅	2	2	6000	4000	185					
			单床行政间	6	6	2800	368	小型会议厅	18	18	5000	2000	80					
			观景间	14	14	4000	588	50人小会场	6	6	3000	1500	50					
			普通套间	6	6	4000	588	30人小会场	4	4	2000	800	30					
			豪华套间	15	15	4200	588	18人小会场	3	3	2000	600	18					
北京贵州大厦	北京贵州大厦	3	单床标准间	14	14	680	300	芙蓉厅	1	1	1300	1000	200	高	140	北京市朝阳区和平西桥樱花西街18号	64444466－81	
			普通套间	13	13	980	420	1718、1118	2	2	600	400	30	中	100			
			双床标准间	145	145	580	270	613	1	1	800	500	40	低	80			
								605	1	1	400	300	20					
								1102	1	1	600	500	60					
								1701、702	2	2	500	400	50					
北京市军队离休退休干部活动中心京民大厦	北京市军队离休退休干部活动中心京民大厦	3	豪华标准间	247	247	766	300	一层大礼堂	1	1	13000	6000	500	高	180	朝阳区华严里10号	62020011－2113	
			豪华大床间	26	26	566	300	三楼大会议室	1	1	4000	2500	150	中	160			
			普通套间	12	12	1066	500	二楼报告厅	1	1	4000	2500	150	低	120			
			豪华套间	7	7	1588	700	二楼大会议室	1	1	3000	2000	120					
								二楼中会议室	1	1	1500	1000	50					
								楼层会议室（4—16层）	13	13	1000	600	30					
								礼堂北厅1、2号会议室	2	2	1000	600	30					
								贵宾室、二楼小会议室	2	2	1000	600	20					
								网球馆1号、2号会议室	2	2	1000	600	30					
								礼堂北厅会议室	1	1	1000	600	50					

饭店名称	发票开具单位名称	星级	客房（价格：元/天）					会议室（数量：间；价格：元/半天）						餐费（元/人天）		地址	前台订房电话	备注
			房型	总间数	协议间数	门市价	协议价	类型	总间数	协议间数	门市价	协议价	容纳人数	类型	价格			
北京首都旅游国际酒店集团有限公司永安宾馆	北京首都旅游国际酒店集团有限公司永安宾馆	3	如家标准间	100	100	319	280	4 号楼多功能厅	1	1	6000	3000	240	高	250	北京市朝阳区东三环农展馆北路甲 5 号	65011188－2812/2810	
			如家商务间	44	44	369	280	4 号楼多功能厅 A 段	1	1	2000	1500	100	中	200			
			高档标准间	200	200	1180	300	4 号楼多功能厅 B 段	1	1	3000	2000	140	低	150			
			商务标准间	50	50	1380	300	1#、3#会议室	2	2	1000	700	30					
			普通套间	78	78	1580	400	2#、4#、5#、6#会议室	4	4	1000	700	40					
			豪华套间	58	58	2280	450	接待室	1	1	1000	400	20					
北京紫英阁宾馆（中国民航管理干部学院）	北京紫英阁宾馆	3	高级单人间	125	125	460	210	大报告厅	1	1	6000	4000	818	高	180	北京市朝阳区花家地东路 3 号	58250000－8100	
			普通标准间	98	98	560	220	一会议厅	1	1	3000	2000	120	中	120			
			豪华标准间	94	94	660	290	二会议厅	1	1	3000	2000	180	低	80			
			普通套间	12	12	720	350	同传厅	1	1	3000	2000	120					
			豪华套间	2	2	988	600	A 座会议室	5	5	1250	1000	40					
			高级大床双人间	10	10	560	320	C 座会议室	4	4	1000	500	20					
			豪华大床双人间	5	5	720	350	3B/3C/3E/4B/5D	5	5	1000	800	25					
								4E	1	1	1000	800	30					
								2B/3F/4C/4F/5G/	5	5	1500	1000	40					
								2D	1	1	2000	1500	60					
								3D/4D	2	2	2000	1500	75					
北京外国专家大厦	北京外国专家大厦	4	标准间	70	70	1180	340	小型会议室	6	6	1000	600	20	高	185	北京市朝阳区北四环中路华严北里 8 号院 1 号楼	82858888－66	
			普通套间	84	84	1380	450	中型会议室	2	2	1800	1200	50	中	165			
			豪华套间	32	32	1680	600	大型会议室	1	1	4500	3000	200	低	80			
			专家套房	6	6	2980	1000	VIP 接待室	1	1	1000	600	12					
国家会议中心	国家会议中心		单人间	168	168	1980	300	大宴会厅（A/B/C）	3	3	50000	35000	1500	高	300	北京朝阳北辰西路 8 号院 1 号楼	84372008	
			标准间	264	264	1980	300	多功能（A/B/C）	3	3	16000	11200	540	中	200			
			套间	4	4	3280	600	贵宾厅	11	11	2000	1400	10	低	80			
			豪华套间	6	6	3980	650	小会议室 B	25	25	1500	1050	60					
								小会议室 A	14	14	2000	1400	100					
								小会议室 C	4	4	1000	700	30					

饭店名称	发票开具单位名称	星级	客房（价格：元/天）					会议室（数量：间；价格：元/半天）						餐费（元/人天）		地址	前台订房电话	备注
			房型	总间数	协议间数	门市价	协议价	类型	总间数	协议间数	门市价	协议价	容纳人数	类型	价格			
国家会议中心	国家会议中心							中会议室 A	2	2	8000	5600	400			北京朝阳北辰西路8号院1号楼	84372008	
								中会议室 B	3	3	6000	4200	320					
								中会议室 C	6	6	3000	2100	150					
								学术报告厅	1	1	15000	10500	396					
								大会议厅	1	1	180000	126000	5700					
北京共济国际酒店有限公司	北京共济国际酒店有限公司		商务大床间	80	80	1380	330	共济国际厅	1	1	6000	3000	250	高	150	北京市朝阳区太阳星城水星园E区9号楼	84410088－8888	
			豪华商务大床间	10	10	1580	350	友谊厅	1	1	4000	1500	100	中	120			
			商务双床间	89	89	1380	330	和谐厅	1	1	600	400	25	低	80			
			豪华商务双床间	18	18	1580	350	共济厅	1	1	2000	1000	70					
			商务套房	6	6	1780	500	保和厅	1	1	600	400	40					
			豪华商务套房	4	4	2180	600	中和厅	1	1	600	400	30					
			共济豪华套房	1	1	5880	1000	贵宾厅	1	1	600	400	20					
								紫金厅	1	1	1000	500	50					
								太和厅	1	1	600	400	30					
								万春厅	1	1	600	400	30					
国际竹藤大厦	北京林腾科技有限公司	4	标准双人间	90	90	780	318	第一会议室	1	1	3500	1900	80	高	180	北京市朝阳区望京阜通东大街8号	64719666	
			标准单人间	56	56	680	318	第二会议室	1	1	1500	800	20	中	120			
			豪华单人间	9	9	760	358	第三会议室	1	1	2000	1000	20	低	100			
			标准套房	8	8	1080	598	第四会议室	1	1	2400	1100	20					
			连通套房	4	4	1180	630	第五会议室	1	1	2400	1000	20					
			VIP 套房	2	2	3000	1500	第六会议室	1	1	1500	600	16					
			豪华套房	4	4	1980	1000	第七会议室	1	1	1500	600	16					
			标准单人间（小）	9	9	580	240	第八会议室	1	1	3500	1600	80					
								第九会议室	1	1	3000	1600	40					
								报告厅	1	1	5000	2800	200					
								贵宾室	1	1	1800	900	8					
								小宴会厅	1	1	4000	1600	80					

饭店名称	发票开具单位名称	星级	客房（价格：元/天）					会议室（数量：间；价格：元/半天）						餐费（元/人天）		地址	前台订房电话	备注
			房型	总间数	协议间数	门市价	协议价	类型	总间数	协议间数	门市价	协议价	容纳人数	类型	价格			
北京劳动大厦有限责任公司	北京劳动大厦有限责任公司	3	商务大床间	100	100	1180	280	多功能厅	1	1	8000	3000	380	高	160	北京市朝阳区德外北沙滩大电路甲一号	64874433－预定部	
			商务双床间	310	310	1180	290	B 会议室	1	1	1000	400	15	中	120			
			商务套间	10	10	1880	500	C 会议室	1	1	3000	1000	90	低	80			
								D 会议室	1	1	6000	2000	180					
								A 会议室	1	1	1000	500	30					
								E 会议室、F 会议室	2	2	800	300	10					
中旅大厦	中旅大厦有限责任公司	4	标准双床间	171	171	1600	380	宴会厅	1	1	20000	7200	480	高	180	北京市朝阳区北三环东路 2 号（三元桥旁）	64612656	
			标准大床间	45	45	1600	360	会议中心 A 厅	1	1	4000	1500	100	中	140			
			商务双床间	79	79	1900	440	会议中心 B 厅	1	1	6000	2250	150	低	100			
			商务大床间	93	93	1900	400	会议中心 C 厅	1	1	4000	1500	100					
			豪华大床间	54	54	2100	560	会议中心 D 厅	1	1	5000	1800	120					
			普通套间	29	29	2200	590	会议中心 E 厅	1	1	1250	450	30					
								会议中心 F 厅	1	1	1600	600	40					
北京重庆饭店	北京重庆饭店	3	普通标准间	37	37	558	280	洽谈型	1	1	300	200	8	高	110	北京市朝阳区西坝河光熙门北里 15 号	64228888－5707/5717	
			普通套房	4	4	1080	560	圆桌型	1	1	800	600	40	中	100			
			豪华标间	40	40	658	380	方桌型	1	1	900	700	32	低	90			
			豪华单间	10	10	658	370	会见型	1	1	900	700	13					
			豪华套房	8	8	1080	660	多功能厅	1	1	2000	1500	120					
			商务标间	23	23	790	480	课桌型	1	1	800	600	35					
			商务单间	28	28	790	480	会见厅	1	1	1000	800	40					
北京长白山国际酒店	北京长白山国际酒店	3	标准间	49	49	2200	140	一会议室	1	1	20 00	900	30	高	120	北京朝阳区安苑北里 25 号楼	64947678	
			标准间	45	45	2800	160	二、三会议室	2	2	10 00	450	20	中	100			
			商务间	82	82	2800	160	四、五、六会议室	3	3	1500	700	24	低	80			
			豪华间	37	37	3300	220	七会议室	1	1	3000	1400	60					
			普通套间	5	5	4200	370	八会议室	1	1	3000	1400	100					
			豪华套间	3	3	4800	440	多功能厅	1	1	9000	4158	300					

饭店名称	发票开具单位名称	星级	客房（价格：元/天）					会议室（数量：间；价格：元/半天）						餐费（元/人天）		地址	前台订房电话	备注
			房型	总间数	协议间数	门市价	协议价	类型	总间数	协议间数	门市价	协议价	容纳人数	类型	价格			
北京广西大厦	北京广西大厦	4	标准间 1	182	182	1380	340	二层多功能厅	1	1	24000/全天	7500	400	高	330	北京市朝阳区潘家园华威里26号	67705197	
			标准间 2	91	91	1380	330	三层 3 号会场	1	1	6000/全天	2000	35	中	230			
			普通套房	14	14	1980	600	三层 4 号会场	1	1	6000/全天	2000	35	低	170			
			豪华套房	4	4	3880	1000	四层 1 号会场	1	1	16000/全天	5000	200					
								四层 2 号会场	1	1	6000/全天	2000	35					
								四层 4 号会场	1	1	12000/全天	4000	100					
								四层 5 号会场	1	1	10000/全天	3000	65					
								四层 6 号会场	1	1	6000/全天	2000	36					
								十五层会场	1	1	6000/全天	2000	35					
北京城建北苑宾馆有限公司	北京城建北苑宾馆有限公司	4	A 楼标准双间	15	15	880	360	小型会议室	9	9	1600	800	20	高	188	北京市朝阳区安外北苑 5 号院	84932266－6001/6002/6003	
			B 楼标准双间	84	84	780	340		1	1	2400	1200	60	中	158			
			C 楼标准双间	82	82	680	300	中型会议室	1	1	3000	1500	80	低	148			
			标准单间	5	5	880	360		2	2	4000	2000	120					
			普通套房	4	4	1280	520		1	1	6000	3000	250					
			行政套房	5	5	1680	650	大型会议室	1	1	9000	4500	500					
			豪华套房	3	3	2880	1160											
北京河南大厦	北京河南大厦	4	标准间	235	235	1280	320	商务会议室	3	3	1400	800	25	高	200	北京市朝阳区潘家园华威里28号	67751188－82	
			豪华标间	40	40	1380	400	圆型会议室	4	4	1400	800	40	中	160			
			商务单间	15	15	1580	450	贵宾会议室	2	2	2000	1300	40	低	80			
			套间	10	10	2180	800	多媒体会议	1	1	2000	1300	80					
								宴会厅	1	1	6000	3500	160					
								多功能厅	1	1	10000	5000	300					
								国际会议厅	1	1	12000	7000	400					

饭店名称	发票开具单位名称	星级	客房（价格：元/天）					会议室（数量：间；价格：元/半天）						餐费（元/人天）		地址	前台订房电话	备注
			房型	总间数	协议间数	门市价	协议价	类型	总间数	协议间数	门市价	协议价	容纳人数	类型	价格			
劳动和社会保障部社会保障能力建设中心	劳动和社会保障部社会保障能力建设中心		公寓楼单人间	116	116	360	210	20人会议室	4	4	400	400	20	高	200	朝阳区双桥中路军马庄北院	65786100	
			公寓楼标准间	154	154	320	180	40人会议室	5	5	600	600	40	中	120			
			贵宾楼标准间	64	64	580	580	80人会议室	3	3	1000	1000	80	低	80			
			贵宾楼商务套间	10	10	1160	1160	120人会议室	1	1	1200	1200	120					
			贵宾楼高级套间	5	5	2320	2320	240人会议室	1	1	2400	2400	240					
								200人报告厅	1	1	3000	3000	200					
								20人贵宾室	2	2	800	800	20					
								30人贵宾室	1	1	1200	1200	30					
								40人高级会议室	1	1	800	800	40					
								50人高级会议室	1	1	1000	1000	50					
								100人高级会议室	1	1	1600	1600	100					
								40人高级贵宾室	1	1	1600	1600	40					
郁金香温泉花园度假村	北京金郁金香文化发展有限公司	3	单人标准间	16	16	800	220	多功能厅	1	1	1500	750	200	高	140	北京市朝阳区金盏乡东苇路旁郁金香花园内	84337801	
			双人标准间	210	210	580	265	第一会议室	1	1	800	290	50	中	120			
			普通套间	71	71	800	448	第二会议室	1	1	1000	275	60	低	100			
			豪华套间	20	20	3200	458	第三会议室	1	1	800	200	50					
			加床房	32	32	2800	376	第四会议室	1	1	800	200	50					
								大会堂	1	1	6000	3300	400					
								会议室Ⅰ	1	1	1500	750	30					
								会议室Ⅱ	1	1	4000	1800	50					
								会议室Ⅲ	1	1	2500	1375	80					
								会议室Ⅳ	1	1	2500	1375	80					
								会议室Ⅴ	1	1	1500	750	30					
								会议室Ⅵ	1	1	2000	1000	50					
								会议室Ⅶ	1	1	1500	750	30					
								会议室Ⅷ	1	1	2000	1000	50					
								会议室Ⅸ	1	1	1500	750	30					
								会议室Ⅹ	1	1	2000	1100	50					

饭店名称	发票开具单位名称	星级	客房（价格：元/天）					会议室（数量：间；价格：元/半天）						餐费（元/人天）		地址	前台订房电话	备注
			房型	总间数	协议间数	门市价	协议价	类型	总间数	协议间数	门市价	协议价	容纳人数	类型	价格			
中日青年交流中心二十一世纪饭店	中日青年交流中心二十一世纪饭店	3	标准间	152	152	700	340	小会议室	8	8	1800	1200	50	高	140	北京市朝阳区亮马桥路40号	64664813	
			高级间	112	112	800	430	中会议室	2	2	3500	2500	100	中	120			
			商务间	74	74	900	480	多功能厅	1	1	7000	4000	220	低	100			
			高务大床间	38	38	1000	500	大宴会厅	1	1	12000	6000	350					
			普通套间	5	5	1300	800											
			豪华套间	7	7	1800	900											
西藏鑫珠实业有限责任公司北京西藏大厦	西藏鑫珠实业有限责任公司北京西藏大厦	A座（3）	普通标间	135	135	880	280	三A	1	1	800	550	70	高	225	北京市朝阳区北四环东路118号	64981133	
			豪华标间	36	36	1100	330	三B	1	1	1100	750	180	中	165			
			豪华单间	23	23	1210	380	三C	1	1	600	400	60	低	115			
			普通套间	10	10	1400	600	阿里厅	1	1	1500	900	20					
			豪华套间	2	2	3800	650	那曲厅	1	1	1750	950	24					
		B座（0）	普通标间	151	151	1200	350	昌都	1	1	1750	1100	50					
			豪华单间	15	15	1210	350	日喀则	1	1	2500	1500	60					
			小商务间	19	19	1300	400	山南	1	1	2250	1400	30					
			大商务间	18	18	1400	450	林芝	1	1	1300	900	20					
			豪华套间	9	9	2600	650											
			总统套间	1	1	12000	800	多功能厅	1	1	13000	9000	350					
				1	1	12000	800											
北京兰溪宾馆	北京兰溪宾馆	3	单床标准间	10	10	568	220	大会议厅	1	1	4000	2500	300	高	100	北京市朝阳区育慧南路1号	84646377	
			标准间	96	96	588	220	中会议室	2	2	1300	800	100	中	90			
			普通套间	4	4	1088	580	小会议室	8	8	800	500	30	低	80			
北京四川五粮液龙爪树宾馆	北京四川五粮液龙爪树宾馆	4	普通标间	56	56	800	270	谈判型（二会议室）	1	1	900	630	60	高	180	北京市朝阳区龙爪树北里312号	87699988－6602	
			豪华标间	99	99	1000	320	座谈型（三会议室）	1	1	650	455	30	中	150			
			普通单间	21	21	600	165	谈判型（四会议室）	1	1	650	455	20	低	130			
			大单间	21	21	700	220	谈判型（五会议室）	1	1	900	630	50					
			豪华单间	32	32	800	270	谈判型（六会议室）	1	1	900	630	50					
			普通套间	17	17	1200	420	教室型（七会议室）	1	1	1000	700	70					
			豪华套间	5	5	2000	660	会谈型（八会议室）	1	1	1500	1050	100					

饭店名称	发票开具单位名称	星级	客房（价格：元/天）					会议室（数量：间；价格：元/半天）						餐费（元/人天）		地址	前台订房电话	备注
			房型	总间数	协议间数	门市价	协议价	类型	总间数	协议间数	门市价	协议价	容纳人数	类型	价格			
北京四川五粮液龙爪树宾馆	北京四川五粮液龙爪树宾馆	4	总统套房	1	1	8888	2090	谈判型（九会议室）	1	1	650	455	25			北京市朝阳区龙爪树北里312号	87699988－6602	
								谈判型（十会议室）	1	1	1000	700	60					
								教室型（十一会议室）	1	1	2500	1750	200					
								谈判型（十二会议室）	1	1	900	630	40					
								谈判型（十五会议室）	1	1	900	630	50					
								谈判型（十六会议室）	1	1	900	630	50					
								教室型（多功能厅）	1	1	2500	1750	400					
								座谈型（会见厅）	1	1	1500	1050	50					
北京市蟹岛绿色生态农庄有限公司	北京市蟹岛绿色生态农庄有限公司	3	标准间	380	380	160	100	1号	1	1	1400	700	50	高	150	北京市朝阳区金盏乡长店村北凌云600号	84324100－4200/4888/4889	
			普通套间	26	26	600	400	2号	1	1	1400	700	50	中	100			
			豪华套间	0	0	0	0	3号	1	1	900	450	30	低	80			
			双人标间	278	278	480	260	4号	1	1	2400	1200	80					
								5号	1	1	1100	550	20					
								6号	1	1	800	400	16					
								7号	1	1	900	450	20					
								8号	1	1	2100	1050	69					
								9号	1	1	1100	550	40					
								10号	1	1	600	300	16					
								11号	1	1	1100	550	30					
								12号	1	1	2400	1200	100					
								13号	1	1	1800	900	80					
								14号	1	1	1400	700	50					
								15号	1	1	1800	900	80					
								16号	1	1	2400	1200	100					
								报告厅	1	1	3500	1750	320					
								贵宾厅	1	1	750	375	20					
								农1	1	1	500	250	16					
								农2	1	1	600	300	30					

饭店名称	发票开具单位名称	星级	客房（价格：元/天）					会议室（数量：间；价格：元/半天）						餐费（元/人天）		地址	前台订房电话	备注
			房型	总间数	协议间数	门市价	协议价	类型	总间数	协议间数	门市价	协议价	容纳人数	类型	价格			
北京市蟹岛绿色生态农庄有限公司	北京市蟹岛绿色生态农庄有限公司	3						农3	1	1	1100	550	60			北京市朝阳区金盏乡长店村北凌云600号	84324100－4200/4888/4889	
								农5	1	1	3000	1500	200					
								村公所	1	1	500	250	30					
								万盏金	1	1	480	240	16					
								润福堂	1	1	480	240	16					
								金玉阁	1	1	800	400	40					
								郝年景	1	1	600	300	20					
								演艺厅	1	1	6000	3000	400					
								V268	1	1	1200	600	60					
								V288	1	1	1200	600	60					
								V218	1	1	800	400	30					
北京敦煌飞天商贸大厦	北京敦煌飞天商贸大厦	4	商务套房	10	10	2888	600	专业会议室	1	1	8000	2400	80	高	360	北京市广渠门外南街5号楼	67778211 67778233	
			商务豪华标间	120	120	1688	320	多功能厅	1	1	15000	4000	200	中	160			
			商务豪华大床房	70	70	1688	300	小型会议室	1	1	4500	3000	50	低	80			
			行政套房	4	4	3888	800											
北京鼎奇龙华膳园温泉饭店有限责任公司	北京鼎奇龙华膳园温泉饭店有限责任公司	4	标准单人间	12	12	1080	220	华膳园剧场	1	1	40000	16000	800	高	155	北京市朝阳区高碑店小郊亭1376号	87739999－8060	
			标准双人间	162	162	1080	200	吉祥厅	1	1	30000	10000	500	中	135			
			豪华单人间	15	15	1180	240	多功能厅	1	1	10000	3800	190	低	115			
			标准套间	4	4	1380	280	1号会议室	1	1	10000	4800	240					
			行政套间	4	4	1580	320	2号会议室	1	1	7000	3400	170					
			豪华套间	2	2	1880	380	3号、5号会议室	2	2	4500	2000	100					
			总统套间	1	1	8888	2000	6号、7号、8号、9号会议室	4	4	3500	1600	80					
								10号、11号、12号、15号会议室	4	4	2600	400	20					

饭店名称	发票开具单位名称	星级	客房（价格：元/天）					会议室（数量：间；价格：元/半天）						餐费（元/人天）		地址	前台订房电话	备注
			房型	总间数	协议间数	门市价	协议价	类型	总间数	协议间数	门市价	协议价	容纳人数	类型	价格			
渔阳饭店	渔阳饭店有限公司	4	豪华商务间	78	78	2088	450	香山厅	1	1	4000	400	20	高	200	北京市朝阳区新源西里中街18号	64669988	
			高级间	180	180	1888	400	福海厅	1	1	4000	400	20	中	150			
			套间	10	10	2988	500	雍合厅	1	1	4000	400	20	低	110			
			无障碍房	1	1	1888	200	文华厅 A	1	1	4000	800	50					
			单人间	149	149	1888	300	世纪大厅 A	1	1	30000	3000	200					
								世纪大厅 B	1	1	30000	3000	200					
								世纪宴会厅	1	1	50000	5000	500					
								多功能厅	1	1	12000	1000	100					
								紫金厅 A	1	1	5000	800	50					
								紫金厅 B	1	1	5000	800	50					
								文华厅 B	1	1	4000	800	50					
								商务中心会议	1	1	3500	200	10					
								行政楼层会议室	1	1	3500	200	10					
								序厅	1	1	4000	280	50					
北京亮马河大厦有限公司	北京亮马河大厦有限公司	4	标准大床间	269	269	2600	280	小会议室	3	3	3000	1000	30	高	150	北京市朝阳区东三环北路8号	65906688－5283/85/91	
			标准双床间	171	171	2800	340	中会议室	8	8	5000	1200	80	中	120			
			行政套间	26	26	4500	580	300 人会议室	2	2	20000	5000	300	低	80			
								800 人会议室	1	1	60000	20000	800					
								20 人以下会议室	1	1	2000	800	15					
北京凯迪克格兰云天大酒店	北京凯迪克格兰云天大酒店有限公司	4	高级双床房	122	122	2967	300	云海厅	1	1	30000	15000	500	高	180	北京市朝阳区北辰东路18号	84971188－20/21/22	
			高级大床房	64	64	2967	290	1 号会议室	1	1	9000	3000	120	中	160			
			商务套房	47	47	4577	350	2 号会议室	1	1	6000	2000	50	低	80			
			行政大床房	48	48	4462	350	3 号会议室	1	1	6000	2000	50					
			奥运景观房	13	13	4692	350	5 号会议室	1	1	2500	800	20					
			奥运景观套	10	10	5727	350	6 号会议室	1	1	3000	800	25					
								8 号会议室	1	1	3000	800	25					
								9 号会议室	1	1	3000	800	25					
								云海 A 厅	1	1	18000	8000	280					
								云海 B 厅	1	1	18000	8000	280					
								行政楼层会议室	1	1	18000	5000	60					

饭店名称	发票开具单位名称	星级	客房（价格：元/天）					会议室（数量：间；价格：元/半天）						餐费（元/人天）		地址	前台订房电话	备注
			房型	总间数	协议间数	门市价	协议价	类型	总间数	协议间数	门市价	协议价	容纳人数	类型	价格			
丽景湾国际酒店	北京新华联伟业房地产有限公司丽景湾酒店分公司	5	豪华单人间	70	70	1817	300	VIP 会议厅	1	1	2500	750	30	高	150	北京市朝阳区东四环十里堡北里28号	85858888－11	
			豪华标准间	131	131	1817	340	行政酒廊	1	1	4000	1500	60	中	120			
			商务客房	72	72	2277	300	商务洽谈室	1	1	1200	400	16	低	100			
			豪华套房	18	18	3312	650	多功能 AB 厅	1	1	25000	8000	500					
			商务套房	6	6	3657	650	多功能 A 厅	1	1	12500	5000	260					
			商务豪华套房	5	5	5037	650	多功能 B 厅	1	1	12500	5000	260					
								多功能 CD 厅	1	1	8000	3000	120					
								多功能 C 厅	1	1	4000	1500	60					
								多功能 D 厅	1	1	4000	1500	60					
								多功能 E 厅	1	1	3000	1000	40					
福建大厦	北京福建大厦有限公司	4	标准双人间	160	160	1288	300	大多功能厅	1	1	5000	2000	200	高	180	北京市朝阳区安贞西里三区11号	64428833	
			标准大床间	53	53	1288	300	影视厅	1	1	3500	2100	80	中	150			
			标准套间	12	12	1840	580	两连通会议室	1	1	3500	2100	90	低	120			
			豪华套间	2	2	2944	1180	小会议室	6	6	2500	1000	40					
			行政套间	2	2	4416	1980											
兆龙饭店有限公司	兆龙饭店有限公司	5	标准双床间	60	60	2830	300	龙禧多功能厅	1	1	8000	2500	420	高	200	北京市朝阳区工体北路2号	65972299－6313	
			标准大床间	43	43	2830	300	龙腾阁 ABC	1	1	2500	1200	220	中	150			
			商务大床房	124	124	3130	300	龙翔厅	1	1	4000	1000	60	低	120			
			商务双床房	19	19	3130	300	龙腾阁 D	1	1	2200	800	25					
			行政间	30	30	3530	300	长安厅	1	1	3500	800	50					
			标准套间	4	4	3990	450	龙禧 A 厅	1	1	5000	1500	220					
			商务套间	1	1	4690	500	龙禧 B 厅	1	1	4000	1000	200					
			总统套间	1	1	28930	1000	龙腾阁 A 厅	1	1	1500	600	50					
			兆龙套间	1	1	12890	800	龙腾阁 B 厅	1	1	1500	600	50					
								龙腾阁 C 厅	1	1	1800	800	80					

饭店名称	发票开具单位名称	星级	客房（价格：元/天）					会议室（数量：间；价格：元/半天）						餐费（元/人天）		地址	前台订房电话	备注
			房型	总间数	协议间数	门市价	协议价	类型	总间数	协议间数	门市价	协议价	容纳人数	类型	价格			
人卫大厦有限公司（北京康源瑞廷酒店）	人卫大厦有限公司	5	商务双床间	47	47	1690	320	多功能厅	1	1	88000	15000	500	高	150	北京市朝阳区潘家园南里19号	59097206－7207/7208/7209	
			商务单床间	6	6	1890	260	报告厅	1	1	96000	15000	500	中	120			
			商务湖景双床间	61	61	1890	320	大型会议室	2	2	40000	5000	220	低	80			
			商务湖景单床间	30	30	2090	260	中型会议室	1	1	24000	2500	100					
			豪华单床间	38	38	1990	260	小型会议室	12	12	20000	1100	50					
			豪华湖景单床间	26	26	2190	260	迷你会议室	6	6	17000	1000	20					
			行政双床间	15	15	1990	320											
			行政单床间	41	41	2290	260											
			商务套间	19	19	2390	400											
			行政套间	19	19	2990	400											
			湖景套间	4	4	3690	400											
北京陕西大厦（长安大饭店）	北京陕西大厦有限责任公司长安大饭店	5	标准间	199	199	2080	380	秦乐宫多功能厅	1	1	30000	10000	800	高	200	北京市朝阳区华威里27号	67731234	
			高级间	85	85	2280	480	大宴会厅	1	1	7200	4000	180	中	150			
			豪华间	42	42	2500	580	VIP1 会议室	1	1	2500	1500	30	低	80			
			行政间	29	29	3200	880	VIP2 会议室	1	1	2500	1500	30					
			豪华套间	15	15	4800	1580	VIP3 会议室	1	1	1900	1000	30					
								VIP5 会议室	1	1	1900	1000	30					
								VIP7 会议室	1	1	2500	1500	80					
								VIP8 会议室	1	1	2500	1000	12					
								VIP9 会议室	1	1	2500	1500	60					
								VIP3 + VIP5 会议室	1	1	3800	2500	120					
								宴会厅一厅	1	1	2500	1500	80					
								宴会厅二厅	1	1	2500	1500	80					
								宴会厅三厅	1	1	2500	1500	80					
北京亚丁湾商务酒店有限公司	北京亚丁湾商务酒店有限公司	3	高级间	116	116	796	270	大型会议室	1	1	4000	1200	220	高	160	北京市朝阳区民族园路9号院甲一号楼	59360606	
			高级大床间	21	21	796	270	中型会议室	2	2	2500	900	100	中	120			
			豪华商务间	8	8	996	380	小会议室	8	8	1250	600	25	低	80			
			豪华套间	5	5	1316	500											

饭店名称	发票开具单位名称	星级	客房（价格：元/天）					会议室（数量：间；价格：元/半天）						餐费（元/人天）		地址	前台订房电话	备注
			房型	总间数	协议间数	门市价	协议价	类型	总间数	协议间数	门市价	协议价	容纳人数	类型	价格			
国家奥林匹克体育中心	国家奥林匹克体育中心	4	标准间	377	377	800	200	中型会议室	10	10	3000	1000	50	高	190	北京市朝阳区安定路一号	64944008	
			普通套房	16	16	1200	500	会议厅	2	2	5000	1500	200	中	160			
			豪华套间	6	6	1600	700	大会议厅	1	1	10000	3000	800	低	120			
								小会议室	2	2	2000	680	30					
北京顺景温泉酒店	北京顺景温泉酒店有限公司顺景酒店分公司	0	大床间	10	10	1288	450	第一会议室	1	1	1800	500	36	高	150	北京市朝阳区北四环东路2号	58271888	
			标准间	146	146	1088	400	第二会议室	1	1	1800	500	30	中	120			
			普通套房	3	3	3800	800	第三会议室	1	1	1800	500	25	低	80			
			三人间	6	6	1688	450	第四会议室	1	1	1800	500	35					
			豪华套房	1	1	5800	1200	第五会议室	1	1	1800	500	38					
								第六会议室	1	1	2000	500	49					
								多功能厅	1	1	18000	10000	300					
丰台区																		
大成路九号	中国人民解放军总参谋部警卫局大成路招待所		单床标准间	111	111	1288	260	多功能厅	1	1	10000	5000	800	高	120	丰台区大成路九号	88279999	
			双床标准间	199	199	1288	260	大会议室	1	1	8000	4000	230	中	100			
			商务套间	65	65	2388	400	楼层会议室	13	13	4000	1600	60	低	80			
								智能会议室	1	1	4000	2000	100					
								贵宾休息室	2	2	4000	1600	60					
								二层会议室	1	1	4000	2000	230					
北京洋桥大厦	北京洋桥大厦	3	单床标准间	16	16	528	210	第一会议室	1	1	2500	2000	400	高	180	北京市丰台区马家堡东路88号	51215034 51215044	
			双床标准间	186	186	528	210	第二会议室	1	1	2500	1600	260	中	150			
			普通套间	1	1	1518	450	第三会议室	1	1	1500	1100	160	低	110			
			豪华套间	1	1	1800	680	第四会议室	1	1	1500	1100	160					
			商务间	4	4	700	350	第五会议室	1	1	1500	1100	140					
			水疗商务间	18	18	780	260	第六会议室	1	1	750	500	60					
								第七会议室	1	1	750	500	50					
北京洋桥大厦	北京洋桥大厦	3						第八会议室	1	1	400	350	15			北京市丰台区马家堡东路88号	51215034 51215044	
								第九会议室	1	1	400	350	15					
								第十会议室	1	1	400	350	15					
								第十一会议室	1	1	400	350	15					
								第十二会议室	1	1	1500	1100	160					

饭店名称	发票开具单位名称	星级	客房（价格：元/天）					会议室（数量：间；价格：元/半天）						餐费（元/人天）		地址	前台订房电话	备注
			房型	总间数	协议间数	门市价	协议价	类型	总间数	协议间数	门市价	协议价	容纳人数	类型	价格			
北京冠京饭店有限责任公司	北京冠京饭店有限责任公司	2	标准间 A	14	14	480	200	万事厅	1	1	2400	1400	240	高	100	北京市丰台区丰台北路 79 号华堂商场联体楼	63899988	
			标准间 B	50	50	380	180	十层会议室	1	1	1500	900	135	中	90			
			标准间 C	34	34	340	160	九层会议室	1	1	700	400	62	低	80			
			标准间 D	11	11	340	160	八层会议室	1	1	700	400	62					
			豪华套间	5	5	580	290	七层会议室	1	1	500	400	30					
			商务套间	8	8	580	280	六层会议室	1	1	500	400	30					
								五层会议室	1	1	500	400	30					
								青山厅	1	1	400	250	20					
								光华厅	1	1	400	200	15					
								祥和厅	1	1	400	250	20					
北京鸿坤国际大酒店	北京鸿坤国际大酒店有限公司		双床标准间	142	142	1080	290	香港厅	1	1	10000	7500	500	高	200	丰台区广安路 1 号	63319988－3101	
			单床标准间	70	70	1080	260	香江厅	1	1	8000	3600	240	中	160			
			普通套间	29	29	1980	450	北京厅	3	3	7000	2400	160	低	120			
			豪华套间	7	7	1980	500	小多功能厅	3	3	3000	1200	60					
			双床豪华标准间	126	126	1380	300	长江厅	5	5	2000	600	40					
			特惠双床标准间	30	30	880	200	21 层商务会议室	1	1	2000	600	15					
			特惠单床标准间	18	18	880	120	8 层商务展示厅	1	1	10000	5000	500					
北京京瑞大厦	北京京瑞房产有限公司	5	单床标准间	26	26	1472	300	阳光大厅	1	1	10000	5000	500	高	180	北京市朝阳区东三环南路 17 号	67668866－101	
			双床标准间	126	126	1472	300	会议大厅	1	1	8000	4000	200	中	150			
			单床豪华标准间	10	10	1771	360	VIP 会议室	1	1	1500	400	20	低	80			
			双床豪华标准间	125	125	1771	360	18 层小会议室	6	6	2000	1000	40					
			商务间	14	14	1771	360	宴会 A 厅	1	1	2000	1000	50					
			贵宾间	26	26	1932	400	宴会 B 厅	1	1	2500	1000	120					
			商务套间	11	11	2622	600	宴会 C 厅	1	1	2000	1000	50					
			豪华套间	2	2	3220	700	行政楼层会议室	1	1	1000	500	12					
			京瑞套	1	1	11900	2000	商务中心小会议室	1	1	500	250	8					

饭店名称	发票开具单位名称	星级	客房（价格：元/天）					会议室（数量：间；价格：元/半天）						餐费（元/人天）		地址	前台订房电话	备注
			房型	总间数	协议间数	门市价	协议价	类型	总间数	协议间数	门市价	协议价	容纳人数	类型	价格			
北京金辇酒店管理有限公司（山西大厦）	北京金辇酒店管理有限公司	5	单床标准间	31	31	1388	180	大型会议室	1	1	20000	5000	500	高	120	北京市丰台区洋桥西里甲1号	87280689	
			双床标准间	144	144	1388	300	中型会议室	3	3	10000	2000	200	中	100			
			普通套间	11	11	2788	360	小型会议室	8	8	3000	300	50	低	80			
			豪华套间	17	17	3388	300											
			豪华商务套间	24	24	3388	280											
			复式套房	1	1	26888	500											
			总统套	2	2	19999	600											
天利酒店	天利（北京）酒店管理有限公司		标准间	100	100	788	260	大会议室	2	2	6000	3000	260	高	90	丰台区大成路7号	68693388	
			标准大床间	11	11	788	260	中会议室	1	1	3000	2000	90	中	90			
			豪华套间	7	7	2088	500	小会议室	7	7	2500	1000	40	低	80			
								贵宾厅	2	2	3000	1000	20					
江西大厦股份有限公司北京江西大酒店	江西大厦股份有限公司北京江西大酒店		标准间	185	185	1136	300	一号多功能厅	1	1	9000	3500	350	高	240	北京市丰台区东铁营横一条八号	67608866－5520/5521	
			单人间	81	81	1136	300	二号多功能厅	1	1	8000	3000	250	中	180			
			商务套间	52	52	2171	550	中型会议室	5	5	3000	1200	50	低	120			
			行政套间	4	4	4471	2000	小型会议室	3	3	2000	1000	35					
								座谈型会议室	3	3	2000	750	20					
中国人民解放军总后勤部京丰宾馆	中国人民解放军总后京丰宾馆		标准间	524	524	580	360	宾馆礼堂	1	1	28000	15000	1400	高	160	北京市丰台区西四环南路61号	83295859－60	
			普通套间	24	24	1180	720	南大会议室	1	1	8000	5000	400	中	130			
			豪华套间	2	2	3800	2000	西大会议室	1	1	6000	3500	300	低	100			
								美术馆会议室	1	1	6000	3500	300					
								东大会议室	1	1	5000	3000	180					
								小会议室	8	8	1500	1000	40					
								楼层会议室	11	11	1500	1000	50					
北京一商集团有限责任公司北京商务会馆	北京商务会馆	3	标准间	240	240	680	318	小型会议室	9	9	1000	800	40	高	200	北京市丰台区右安门外玉林里1号	63292244－4100	
			单人间	21	21	620	300	中型会议室	2	2	2500	2000	100	中	180			
			套间	18	18	1280	550	大会议室	1	1	7500	6000	200	低	150			

饭店名称	发票开具单位名称	星级	客房（价格：元/天）					会议室（数量：间；价格：元/半天）						餐费（元/人天）		地址	前台订房电话	备注
			房型	总间数	协议间数	门市价	协议价	类型	总间数	协议间数	门市价	协议价	容纳人数	类型	价格			
北京金三环宾馆	北京金三环宾馆	3	标准间	123	123	720	220	大会议室	大1	1	3500	2500	250	高	180	北京市丰台区南木樨园18号	67237711－6076	
			大标间	20	20	960	300	中会议室	中1	1	2500	1500	100	中	150			
			豪华套间	26	26	1320	400	小会议室	小8	8	1500	1000	30	低	110			
			单人间	43	43	760	240											
大方饭店	北京大方饭店有限责任公司		标准间	235	235	830	280	多功能厅	1	1	5000	3000	280	高	180	西客站南广场东侧	63362288－66	
			单人间	39	39	680	260	大报告厅	1	1	4000	2000	200	中	120			
			豪华标准间	35	35	980	320	中报告厅	1	1	4000	2000	160	低	80			
			套间	8	8	2000	600	小报告厅	1	1	2500	1000	100					
								洽谈室	6	6	2000	750	60					
								洽谈室	4	4	1500	600	50					
								洽谈室	11	11	1000	500	40					
北京南粤苑宾馆	北京南粤苑宾馆	4	标准双人间	158	158	864	320	10会议室	1	1	900	500	10	高	200	北京市丰台区南三环西路86号	58053333－1026/1027	
			豪华单人间	26	26	864	320	20人会议室	8	8	1400	800	20	中	150			
			普通单人间	5	5	464	280	40人会议室	4	4	2400	1200	40	低	120			
			豪华套间	5	5	960	500	60人会议室	1	1	3600	1800	60					
			商务套间	2	2	1400	600	120人会议室	1	1	6000	3000	120					
			豪华套间	2	2	2944	2400	300人会议室	1	1	10000	4500	300					
北京燕岭宾馆	北京燕岭宾馆	3	标准间	159	159	380	280	报告厅	1	1	1800	1800	300	高	150	北京市丰台区槐树岭四号院	83809100	
				56	56	140	140	1号会议室	1	1	1200	1200	140	中	120			
			普通套间	12	12	1200	650	C、D会议室	2	2	800	800	100	低	90			
								A、B会议室	2	2	400	400	50					
			单人间	7	7	280	260	北楼小会议室	6	6	400	400	35					
				18	18	150	150	南楼小会议室	5	5	200	200	20					
北京海特饭店	北京海特饭店	3	标准间	117	117	900	220	第四、五会议室	2	2	600	500	60	高	185	北京市石景山区实兴大街1号	68811188－1000	
			单人间	20	20	900	220	第三、六会议室	2	2	600	500	30	中	140			
			豪华间	10	10	1600	488	第二会议室	1	1	800	500	40	低	80			
			行政套房	1	1	3000	650	第一会议室	1	1	800	500	30					
								海特大厅	1	1	2000	1200	180					
								海特剧场	1	1	4000	2400	400					
								贵宾会议室1	1	1	600	400	30					
								贵宾会议室2	1	1	600	400	30					

饭店名称	发票开具单位名称	星级	客房（价格：元/天）					会议室（数量：间；价格：元/半天）						餐费（元/人天）		地址	前台订房电话	备注
			房型	总间数	协议间数	门市价	协议价	类型	总间数	协议间数	门市价	协议价	容纳人数	类型	价格			
北京西国贸大酒店	北京西国贸大酒店管理有限公司	5	豪华双床间	116	116	860	340	国贸会议厅	1	1	14000	5000	800	高	150	北京市丰台区丰管路16号8号楼	83832299	
			豪华大床间	98	98	860	300	文博阁	1	1	5000	2000	120	中	120			
			行政套间	19	19	1600	650	文昌阁	1	1	3000	1500	60	低	100			
								文轩阁	1	1	4000	1500	60					
								文汇阁	1	1	3000	1000	50					
								文君阁	1	1	3000	1000	30					
								第一会议室	1	1	4000	1500	80					
								第二会议室	1	1	3000	1000	50					
								第三会议室	1	1	2000	500	8					
								第四会议室	1	1	2000	500	10					
								第五会议室	1	1	2000	500	30					
北京大红门国际会展中心	北京大红门国际会展中心	4	标准间C（特惠间）	18	18	680	236	一层报告厅	1	1	40000	16000	800	高	190	北京市丰台区永定门外高庄138号（南三环木樨园桥南800米路东）	87283388	
			标准间B	61	61	880	256	三层多功能厅	1	1	25000	10000	600	中	120			
			标准间A	23	23	1280	295	会议室2	1	1	3800	1600	80	低	80			
			豪华标准间	30	30	1680	308	会议室1	1	1	3800	2400	120					
			商务间	5	5	1480	270	小多功能厅	1	1	3800	1600	100					
			商务套间	3	3	2080	480	会议室3	1	1	3800	2400	120					
			豪华套间	4	4	3280	560	VIP1	1	1	3800	1200	30					
			家庭间	2	2	1780	380	VIP2	1	1	3800	1200	25					
			别墅A	4	4	4720	709	VIP3	1	1	3800	2400	80					
			别墅B	4	4	4220	578	贵宾接待室	1	1	3800	1200	50					
			残疾房	1	1	1280	280	中式贵宾厅	1	1	4000	3000	25					
			标准间C（特惠间2）	7	7	680	220	二层多功能厅	1	1	12500	6000	340					
								二层、三层偏厅会议室	2	2	4000	2200	150					
北京万方苑商务酒店	北京万方苑商务酒店	4	标准商务双床房	243	243	1088	280	大型会议室	1	1	30000	18000	1000	高	120	北京市丰台区南三环西路四号院1号楼	67526666－6021	
			标准商务大床房	119	119	1388	280	中型会议室	2	2	5000	2500	180	中	100			
			豪华商务大床房	8	8	1888	280	小型会议室	10	10	3000	1800	50	低	80			
			淑女双床房	16	16	1088	280	多功能厅	2	2	6000	3000	240					
			豪华商务双床房	8	8	1588	280											
			行政套房	4	4	5888	500											

饭店名称	发票开具单位名称	星级	客房（价格：元/天）					会议室（数量：间；价格：元/半天）						餐费（元/人天）		地址	前台订房电话	备注
			房型	总间数	协议间数	门市价	协议价	类型	总间数	协议间数	门市价	协议价	容纳人数	类型	价格			
北京瑞尔威连锁饭店	北京京铁天佑酒店管理有限公司瑞尔威酒店分公司	3	豪华单人间	13	13	358	180	八号会议室	1	1	400	250	30	高	170	北京市丰台区北京西站东附楼	63959988－8111	
			商务单人间	21	21	258	180	九号会议室	1	1	400	200	20	中	110			
			标准间	130	130	398	180	一号会议室	1	1	2000	1000	200	低	90			
			普通标注间	34	34	358	180	二号会议室	1	1	1000	500	50					
			商务标准间	26	26	258	180	三号会议室	1	1	500	300	16					
			普通套间	9	9	688	400	四号会议室	1	1	500	300	30					
			豪华套间	6	6	688	400	五号会议室	1	1	1500	600	100					
			普通单人间	5	5	268	180	六号会议室	1	1	500	300	12					
								七号会议室	1	1	500	300	12					
北京京铁天佑酒店管理有限公司京铁饭店分公司	北京京铁天佑酒店管理有限公司京铁饭店分公司	3	双人标准间	185	185	418	230	十层会议室	1	1	1500	1000	130	高	150	北京市丰台区广莲路13号	63955511－6101/6102	
			单人标准间	3	3	418	230	二层大会议室	1	1	10000	6000	860	中	120			
			经济标准间	40	40	328	200	四层、六层会议室	2	2	1500	1000	100	低	90			
			单人套间	12	12	880	480	五层会议室	1	1	1500	1000	60					
			双人套间	9	9	880	480	7－1会议室	1	1	1000	750	50					
			三人间	5	5	458	300	7－2会议室	1	1	1000	750	30					
			六人套间	1	1	880	500	8－1会议室	1	1	1000	750	60					
			豪华套间	2	2	1580	600	8－2会议室	1	1	1000	750	30					
								C四、C五会议室	2	2	750	500	25					
								C六会议室	1	1	750	500	30					
石景山区																		
北京海特饭店	北京海特饭店	3	标准间	117	117	900	220	第四、五会议室	2	2	600	500	60	高	185	北京市石景山区实兴大街1号	68811188－1000	
			单人间	20	20	900	220	第三、六会议室	2	2	600	500	30	中	140			
			豪华间	10	10	1600	488	第二会议	1	1	800	500	40	低	80			
			行政套房	1	1	3000	650	第一会议	1	1	800	500	30					
								海特大厅	1	1	2000	1200	180					
								海特剧场	1	1	4000	2400	400					
								贵宾会议	1	1	600	400	30					

饭店名称	发票开具单位名称	星级	客房（价格：元/天）					会议室（数量：间；价格：元/半天）						餐费（元/人天）		地址	前台订房电话	备注
			房型	总间数	协议间数	门市价	协议价	类型	总间数	协议间数	门市价	协议价	容纳人数	类型	价格			
北京京燕饭店有限公司	北京京燕饭店有限公司	3	行政标间	160	160	960	260	五层会议厅	1	1	5000	3000	350	高	120	北京市石景山区石景山路29号	68876666－前台	
			商务单人间	35	35	880	260	三层第一会议室	1	1	2000	1200	110	中	100			
			商务套间	20	20	1680	460	三层第二会议室	1	1	1200	800	80	低	80			
			商务标间	30	30	880	260	三层第三会议室	1	1	1200	800	50					
								三层第四会议室	1	1	1000	700	50					
								三层第五会议室	1	1	500	350	16					
								五层贵宾室	1	1	600	400	16					
北京铁路职工培训中心	北京铁路职工培训中心		单人间	22	22	880	180	多功能厅	1	1	5000	3000	300	高	180	北京市石景山区金顶山路33号	51028161	
			标准间	140	140	980	175	多功能宴会厅	1	1	3000	1800	260	中	140			
								多媒体电教室	1	1	4000	1500	45	低	80			
			普通套间	18	18	1680	500	中型会议室	1	1	3000	1200	60					
									1	1	2000	900	50					
									2	2	2000	900	45					
			豪华套间	2	2	6800	1500	中小型会议室	1	1	2000	800	40					
									1	1	1500	750	35					
			三人间	15	15	1080	230	小型会议室	3	3	1000	250	20					
									1	1	1000	500	17					
国家体育总局自行车击剑运动管理中心运动员公寓	国家体育总局自行车摩托击剑运动管理中心公寓		标准间	206	206	388	180	5、7会议室、多功能厅、	3	3	1500	800	200 300 150	高	120	北京市石景山区老山西街5号院	68826350	
													300	中	90			
													150	低	80			
			普通套间	0	0	0	0	2会议室、网络教室	2	2	800	600	80 47					
			豪华套间	8	8	600	300	1、3、4、6、8会议室	5	5	700	500	40 50					
								接待室1	2	2	500	200	20					
								接待室2	2	2	500	200	20					

饭店名称	发票开具单位名称	星级	客房（价格：元/天）					会议室（数量：间；价格：元/半天）						餐费（元/人天）		地址	前台订房电话	备注
			房型	总间数	协议间数	门市价	协议价	类型	总间数	协议间数	门市价	协议价	容纳人数	类型	价格			
北京万商花园酒店	北京万商花园酒店	4	标准单床间	54	54	529	280	宴会厅	1	1	7500	6000	800	高	150	北京市石景山区银河大街一号	68681199－7810	
			标准双床间	34	34	529	280	多功能厅	1	1	5000	4000	350	中	120			
			豪华单床间	34	34	644	280	郁金香厅	1	1	1800	1500	100	低	90			
			豪华双床间	111	111	644	280	中型会议室一	3	3	1500	1200	70					
			行政间	30	30	897	350	中型会议室二	1	1	1500	1200	50					
			普通套间	15	15	1069.5	450	小型会议室一	4	4	1000	800	30					
			豪华套间	1	1	2162	550	小型会议室二	3	3	900	700	25					
海淀区																		
京西宾馆	中国人民解放军总参谋部管理保障部京西宾馆管理局	5	标准间	923	923	896	538	礼堂（开会）	1	1	50000	30000	1300	高	180	北京市海淀区羊坊店路1号	68536633－560003	
			两套间	10	10	3588	1200	礼堂前厅（舞会）	1	1	12000	7200	400	中	150			
			南楼多人间	50	50	480	240	一层大会议室	1	1	40000	24000	800	低	120			
								第一会议室	1	1	30000	18000	500					
								第二会议室	1	1	3500	2100	70					
								第三会议室	1	1	3500	2100	70					
								第四会议室	1	1	4800	2880	120					
								第五会议室	1	1	4800	2880	120					
								第六会议室	1	1	3500	2100	70					
								第七会议室	1	1	3500	2100	70					
								第八会议室	1	1	4800	2880	100					
								第九会议室	1	1	4800	2880	100					
								第十会议室	1	1	2800	1680	40					
								第十一会议室	1	1	4800	2880	120					
								第十二会议室	1	1	4800	2880	120					
								第十三会议室	1	1	3500	2100	70					
								第十四会议室	1	1	8000	4800	200					
								第十五会议室	1	1	3000	1800	55					
								第十六会议室	1	1	3500	2100	70					
								贵宾休息室	1	1	2000	1200	16					

饭店名称	发票开具单位名称	星级	客房（价格：元/天）					会议室（数量：间；价格：元/半天）						餐费（元/人天）		地址	前台订房电话	备注
			房型	总间数	协议间数	门市价	协议价	类型	总间数	协议间数	门市价	协议价	容纳人数	类型	价格			
京西宾馆	中国人民解放军总参谋部管理保障部京西宾馆管理局	5						第一休息室	1	1	2000	1200	20			北京市海淀区羊坊店路1号	68536633－560003	
								第二休息室	1	1	1500	900	15					
								第三休息室	1	1	1500	900	15					
								第四休息室	1	1	1500	900	15					
								楼层会议室（小）	21	21	1500	900	40					
								楼层会议室（大）	11	11	2250	1350	50					
国务院机关事务管理局西山服务局（杏林山庄）	国务院机关事务管理局西山服务局		新楼单间	20	20	880	580	综合楼一层大会议室	1	1	2000	800	100	高	200	北京市海淀区香山路正蓝旗甲一号	83081375 83081376	
			接待楼标准间	78	78	586	300	综合楼一层中会议室	1	1	1800	600	60	中	150			
			8号楼标准间	52	52	586	280	综合楼二层贵宾厅	1	1	1600	600	40	低	80			
			综合楼标准间	89	89	828	380	综合楼二层小会议室	1	1	800	300	20					
			新楼标准间	24	24	880	600	综合楼三层中会议室	1	1	1800	600	60					
			接待楼普通套间	5	5	928	770	综合楼四层中会议室	1	1	1800	600	60					
			8号楼普通套间	2	2	928	770	综合楼五层中会议室	1	1	1800	600	60					
			综合楼普通套间	11	11	1228	900	综合楼六层大会议室	1	1	4000	1600	200					
			新楼豪华套间	5	5	1800	1520	新楼贵宾厅	1	1	4000	1600	40					
			综合楼豪华套间	3	3	2228	1320	新楼G层中会议室	1	1	4000	1600	60					
								8号楼中会议室	3	3	1600	600	50					
								大礼堂	1	1	6000	2400	300					
中建商务大厦	中建商务大厦有限责任公司		标准间	152	152	380	216	第一会议室	1	1	1000	600	60	高	140	北京市海淀区北洼西里12号	88515588	
			普通套间	7	7	860	420	第二会议室	1	1	750	450	60	中	100			
			豪华套间	1	1	1160	480	第三会议室	1	1	1250	750	60	低	80			
								多功能厅	1	1	2500	1500	280					
								小型会议室	4	4	500	300	22					
								贵宾室	3	3	900	540	28					
								小贵宾室	2	2	500	300	16					
华融大厦	华融大厦		单人间	50	50	660	300	大会议室	2	2	6000	3000	400	高	100	北京市海淀区阜成路18号	68401028－1030	
			标准间	125	125	720	360	中会议室	1	1	3000	1000	100	中	90			
			套间	6	6	1680	800	小会议室	11	11	1000	800	35	低	80			
			豪华套间	2	2	1880	1000											

饭店名称	发票开具单位名称	星级	客房（价格：元/天）					会议室（数量：间；价格：元/半天）						餐费（元/人天）		地址	前台订房电话	备注
			房型	总间数	协议间数	门市价	协议价	类型	总间数	协议间数	门市价	协议价	容纳人数	类型	价格			
新兴宾馆	新兴宾馆	3	单床标准间	7	7	1080	300	多功能厅	1	1	2500	1250	400	高	120	北京市海淀区西三环中路17号	88236688－5120	
			双床标准间	197	197	800	300	会议大厅	1	1	2500	1250	300	中	100			
			普通套间	15	15	1160	420	第一会议室	1	1	750	375	50	低	80			
			豪华套间	8	8	1360	480	第二会议室	1	1	600	300	50					
								第三会议室	1	1	1000	500	120					
								第四会议室	1	1	400	200	50					
								第五会议室	1	1	900	450	100					
								第六会议室	1	1	1500	750	150					
								第七会议室	1	1	1500	750	150					
								第八会议室	1	1	1300	650	130					
								第九会议室	1	1	750	375	60					
								第十会议室	1	1	750	375	60					
								第十一会议室	1	1	400	200	50					
国家行政学院学员公寓	国家行政学院机关服务中心		单间	121	121	380	260	第一会议室	1	1	1000	800	16	高	120	北京市海淀区长春桥路6号国家行政学院	68929665 68929667	
			标准间	317	317	480	288	第二会议室	1	1	1000	800	26	中	100			
			套间	106	106	580	368	第三会议室	1	1	1000	800	36	低	80			
								第四会议室	1	1	1000	800	24					
								第五会议室	1	1	1000	800	16					
								第六、第七会议室	2	2	1200	1000	50					
								第八会议室	1	1	1600	1200	100					
								小会议厅	1	1	1200	1000	72					
								中会议厅	1	1	2800	2500	208					
								大会议厅	1	1	5600	5000	418					
								一层贵宾室	1	1	1000	800	11					
								三层贵宾室	1	1	1000	800	12					
								主楼研讨室	1	1	800	600	40					
								教室	10	10	1100	1000	50					
								109 教室	1	1	1800	1500	104					

饭店名称	发票开具单位名称	星级	客房（价格：元/天）					会议室（数量：间；价格：元/半天）						餐费（元/人天）		地址	前台订房电话	备注
			房型	总间数	协议间数	门市价	协议价	类型	总间数	协议间数	门市价	协议价	容纳人数	类型	价格			
国家行政学院学员公寓	国家行政学院机关服务中心							309 教室	1	1	2000	1600	140			北京市海淀区长春桥路6号国家行政学院	68929665 68929667	
								报告厅	1	1	7500	5000	1002					
								多功能厅	1	1	1500	1200	100					
								1 号公寓大教室	1	1	1800	1500	100					
								1 号公寓研讨室	5	5	1000	800	25					
中协宾馆	中协宾馆	3	标准单人间	16	16	680	280	多功能厅	1	1	3500	1750	220	高	120	北京市海淀区法华寺街22号	68413355－101/102/103	
			标准间	120	120	680	260	第一会议厅	1	1	3000	1500	100	中	100			
			普通套间	4	4	1280	500	第二会议厅	1	1	2000	1000	70	低	80			
			豪华套间	3	3	1680	700	二层会议室	1	1	900	450	28					
			豪华单人间	3	3	880	400	三层会议室	1	1	900	450	28					
			三人间	2	2	880	400	贵宾厅	1	1	1000	600	20					
			经济标准间	14	14	260	160	春雨厅	1	1	1500	800	30					
北京达园宾馆	北京达园宾馆	3	标准间	158	158	800	400	五号楼接见厅	1	1	6000	1250	80	高	200	北京市海淀区福缘门1号	62561115－1077/1078	
			单人间	15	15	800	300	六号楼接见厅	1	1	6000	1500	60	中	150			
			普通套间	17	17	3000	600	六号楼会客厅	1	1	6000	1250	50	低	80			
			豪华套间	7	7	6000	800	六号楼多功能大厅	1	1	8000	5000	200					
								八号楼大会议室	1	1	3000	2000	80					
								八号楼贵宾厅	1	1	2000	1000	40					
								八号楼小会议室	1	1	800	400	16					
								七号楼大会议室	1	1	4000	2500	80					
								七号楼小会议室	1	1	2000	1000	30					
								七号楼会客厅	1	1	2000	1000	30					
								福缘楼多功能厅	1	1	8000	5000	220					
								福缘楼北二楼会议室	1	1	3000	1500	40					
								福缘楼贵宾厅	1	1	1200	1000	50					

饭店名称	发票开具单位名称	星级	客房（价格：元/天）					会议室（数量：间；价格：元/半天）						餐费（元/人天）		地址	前台订房电话	备注
			房型	总间数	协议间数	门市价	协议价	类型	总间数	协议间数	门市价	协议价	容纳人数	类型	价格			
北京首农香山会议中心	北京首农香山会议中心	4	单人标准间	11	11	680	200	多功能厅	1	1	8000	6000	400	高	150	北京市海淀区香山北辛村28号	82593646	
			双床标准间	96	96	680	210	第一贵宾会议室	1	1	1000	600	60	中	120			
			普通套间	5	5	880	400	第二贵宾会议室	1	1	1000	600	60	低	80			
			豪华套间	4	4	1600	500	第三会议室	1	1	1200	800	80					
								第四会议室	1	1	900	500	50					
								第五会议室	1	1	3000	2000	100					
								第六会议室	1	1	600	400	30					
								第七会议室	1	1	700	500	20					
								第八会议室	1	1	1200	600	40					
								第九会议室	1	1	5000	3000	200					
								第十会议室	1	1	1200	700	50					
								第十一会议室	1	1	1200	700	50					
北京实创西山科技培训中心	北京实创西山科技培训中心	3	普通标准间	63	63	298	180	第一会议室	1	1	500	300	50	高	120	北京市海淀区苏家坨镇凤凰岭路17号	62459801－02/03/04/05/06	
			豪华标准间	86	86	388	240	第二会议室	1	1	500	300	50	中	100			
			普通套间	6	6	698	400	第三会议室	1	1	500	300	50	低	80			
			豪华套间	6	6	988	600	第四会议室	1	1	500	300	50					
			商务间	4	4	488	280	第五会议室	1	1	900	400	60					
			三人间	4	4	368	240	第六会议室	1	1	600	300	30					
			单人间	1	1	198	120	第七会议室	1	1	600	300	30					
								第八会议室	1	1	1000	500	100					
								第九会议室	1	1	600	390	10					
								报告厅	1	1	1600	800	300					
京都信苑饭店	京都信苑饭店	5	单床标准间	99	99	2760	300	大宴会厅	1	1	30000	15000	1000	高	150	北京市海淀区什坊院6号	63902151	
			双床标准间	295	295	2760	320	会展厅	1	1	25000	10000	800	中	120			
			普通套间	13	13	4460	600	国际会议厅	1	1	10000	5000	350	低	80			
			豪华套间	13	13	5360	660	贵宾接待厅	1	1	1300	650	15					

饭店名称	发票开具单位名称	星级	客房（价格：元/天）					会议室（数量：间；价格：元/半天）						餐费（元/人天）		地址	前台订房电话	备注
			房型	总间数	协议间数	门市价	协议价	类型	总间数	协议间数	门市价	协议价	容纳人数	类型	价格			
京都信苑饭店	京都信苑饭店	5						圣马可多功能厅	1	1	6000	3000	120			北京市海淀区什坊院6号	63902151	
								欧式多功能厅	1	1	6000	4000	170					
								第一会议室	1	1	2000	1200	50					
								第二会议室	1	1	2000	1200	45					
								第三会议室	1	1	2000	1200	50					
								第四会议室	1	1	2000	1200	45					
								第五会议室	1	1	6000	3000	80					
								第六会议室	1	1	1500	750	20					
								第七会议室	1	1	1500	750	20					
								行政会议室	1	1	2000	1200	50					
								信苑国宾豪庭	1	1	2000	1500	40					
北京中裕世纪大酒店	北京中裕世纪大酒店	4	标准间	136	136	920	280	1号会议室	1	1	2000	1000	120	高	200	北京市海淀区莲花池东路31号	63989999－20	
			大床间	49	49	920	280	2号会议室	1	1	1500	500	30	中	160			
			双床套间	4	4	1270	380	3号会议室	1	1	750	300	20	低	80			
			大床套间	31	31	1195	350	4号会议室	1	1	750	300	20					
								5号会议室	1	1	750	300	20					
								6号会议室	1	1	750	400	20					
								7号会议室	1	1	750	400	20					
								8号会议室	1	1	750	400	12					
								9号会议室	1	1	750	400	12					
								A418 会议室	1	1	1500	750	120					
								A601 会议室	1	1	2000	1000	160					
								多功能厅	1	1	3000	1500	260					
								中裕厅	1	1	4000	2000	350					
								贵宾厅	1	1	1500	500	30					

饭店名称	发票开具单位名称	星级	客房（价格：元/天）					会议室（数量：间；价格：元/半天）						餐费（元/人天）		地址	前台订房电话	备注
			房型	总间数	协议间数	门市价	协议价	类型	总间数	协议间数	门市价	协议价	容纳人数	类型	价格			
稻香湖投资发展有限责任公司	稻香湖投资发展有限责任公司		四星双床标准间	124	124	680	300	牡丹宴会厅	1	1	21000	20000	1000	高	160	海淀区苏家坨镇稻香湖公园内	58710288 58710081	
			四星单床套间	11	11	1280	500	剧院	1	1	7200	2880	144	中	140			
			五星豪华单床间	19	19	1588	400	稻香厅	1	1	5000	1800	90	低	80			
			五星豪华双床间	228	228	1368	400	多媒体教室	1	1	6000	1600	80					
			五星豪华单床套间	34	34	1888	500	百合、风信子、康乃馨、杜鹃、银杏厅	5	5	3300	900	45					
			五星行政套房	8	8	2888	700	雏菊、紫罗兰、曼陀罗厅	3	3	1800	500	25					
			别墅单床间	13	13	700	360	紫荆、丁香厅	2	2	3300	320	16					
			别墅双床间	12	12	700	360	第一会议室	1	1	4000	4000	200					
								第二会议室	1	1	1500	1500	75					
								第五、七、十会议室	3	3	1200	1100	55					
								第九会议室	1	1	800	800	40					
								第三、第八会议室	2	2	800	600	30					
								第四会议室	1	1	800	640	32					
								第六会议室	1	1	400	200	10					
嘉苑饭店	北京铁科嘉苑饭店服务有限公司	3	标准间	100	100	880	300	会议厅	1	1	4000	2000	220	高	150	北京市海淀区大柳树路6号	62272288	
			单人间	7	7	680	260	大会议室	1	1	3200	1600	200	中	120			
			商务间	12	12	980	350	中会议室	2	2	2500	1200	110	低	80			
			普通套间	5	5	1288	450	小会议室	8	8	1200	600	40					
			豪华套间	5	5	1688	550											
北京鸿翔大厦	北京鸿翔大厦		单床标准间	89	89	880	300	鸿翔厅	1	1	6000	4000	350	高	180	海淀区龙翔路15号	59838888－11/12	
			双床标准间	86	86	980	350	天翔厅	1	1	3000	2500	200	中	150			
			高级标准双间	19	19	1280	360	云翔厅	1	1	2500	1500	55	低	80			
			高级标准单间	9	9	1180	360	永翔厅	1	1	1300	800	30					
			普通套间	4	4	1680	500	小会议室	8	8	1000	600	30					
			豪华套间	1	1	3800	800											
			商务套间	9	9	2680	580											

饭店名称	发票开具单位名称	星级	客房（价格：元/天）					会议室（数量：间；价格：元/半天）						餐费（元/人天）		地址	前台订房电话	备注
			房型	总间数	协议间数	门市价	协议价	类型	总间数	协议间数	门市价	协议价	容纳人数	类型	价格			
金码大酒店	北京中农大地科技发展有限公司金码大酒店	4	单床标准间	8	8	1300	220	报告厅	1	1	7000	3500	300	高	150	北京市海淀区学清路甲38号	62328899－前台	
			双床标准间	110	110	1200	220	301－302会议厅	1	1	3200	1600	120	中	120			
			单床标准套间	8	8	1700	320	303中会议室	1	1	1600	800	60	低	100			
			双床标准套间	14	14	1600	320	304中会议室	1	1	1600	800	60					
			豪华套间	10	10	2000	400	305－306中会议室	1	1	1600	800	30					
			四开间套间	1	1	4000	800	307小会议室	1	1	800	400	20					
								308小会议室	1	1	800	400	20					
								310小会议室	1	1	800	400	20					
								311小会议室	1	1	800	400	20					
								312中会议室	1	1	2000	1000	34					
								贵宾室	1	1	1200	600	14					
中国人民解放军总后勤部万寿路招待所	中国人民解放军总后勤部接待办公室		双床标准间	138	138	320	298	多功能厅	1	1	3500	3000	200	高	300	北京市海淀区总后万寿路招待所7分箱	66887331	
			单床标准间	53	53	328	298	总后礼堂	2	2	9000	7500	1000	中	150			
			普通套间	16	16	588	538	五层会议室	2	2	900	750	50	低	80			
			豪华套间	5	5	620	588	三层会议室	1	1	900	750	30					
			豪华三间套	1	1	1188	999	首长会议室	1	1	1500	1000	15					
								六层会议室	1	1	3500	3000	150					
北京广东大厦	北京广东大厦	3	标准间	193	193	680	260	多功能厅	1	1	4000	2000	300	高	120	北京市海淀区岭南路36号	68414384	
			普通套间	17	17	1680	500	会议室一	1	1	1000	500	40	中	110			
								会议室二	1	1	1000	500	80	低	100			
								兰芳园厅	1	1	2500	1500	120					
								总统会议室一	1	1	1250	600	40					
								总统会议室二	1	1	1250	600	30					
								总统会议室三	1	1	1250	600	30					
								总统会议室五	1	1	1000	400	20					

饭店名称	发票开具单位名称	星级	客房（价格：元/天）					会议室（数量：间；价格：元/半天）						餐费（元/人天）		地址	前台订房电话	备注
			房型	总间数	协议间数	门市价	协议价	类型	总间数	协议间数	门市价	协议价	容纳人数	类型	价格			
中央社会主义学院服务中心	中央社会主义学院服务中心		标准间 A	127	127	1080	368	多功能厅	1	1	9000	4000	308	高	150	北京市海淀区万寿寺甲4号	68706868－6 68706140	
			豪华标间	24	24	1280	458	大型会议室	2	2	2500	1400	70	中	120			
			豪华双人间	6	6	1680	628	中型会议室	3	3	2000	1000	50	低	90			
			豪华单人间	14	14	1080	680	小型会议室	1	1	2000	750	20					
			豪华套间	16	16	2280	1800	贵宾接待室	1	1	3000	1500	30					
			标准间 B	180	180	688	260	楼层会议室	10	10	700	400	40					
			普通套间	10	10	988	560	阶梯教室	1	1	4500	4000	220					
								大会议室 A	2	2	3500	3000	120					
								大会议室 B	2	2	2000	1500	80					
								中会议室	2	2	1500	800	50					
								小会议室	1	1	800	400	36					
隆格酒店	北京隆格酒店管理有限公司	3	单床标准间	27	27	660	240	第一会议室	1	1	3000	1500	100	高	120	北京市海淀区牡丹北里11号楼	62081177	
			双床标准间	85	85	560	240	第六会议室	1	1	3000	1500	150	中	100			
			普通套间	4	4	760	290	第十会议室	1	1	6000	3000	220	低	80			
			豪华套间	4	4	1110	400	第二至第五会议室、第七至第九会议室	7	7	1500	600	30					
北京金泰海博大酒店有限责任公司	北京金泰海博大酒店有限责任公司	4	标准大床间	3	3	780	280	小型会议室（行政会议室＼九层贵宾室）	2	2	800	200	10	高	140	北京市海淀区西四环北路136号	88461188	
			标准双床间	88	88	780	280	中小型会议室（海景阁＼行政酒廊＼二层会议室）	3	3	1000	400	30	中	125			
			商务大床间	8	8	980	360	中型会议室（海澜阁＼海涛阁）	2	2	1200	500	50	低	110			
			商务双床间	3	3	980	360	大中型会议室（海天阁）	1	1	2000	800	100					
			普通套间	4	4	1380	500	大型会议室（阳光屋顶）	1	1	4000	2000	250					
			豪华套间	2	2	1580	700											
			行政套间	2	2	2180	1000											

饭店名称	发票开具单位名称	星级	客房（价格：元/天）					会议室（数量：间；价格：元/半天）						餐费（元/人天）		地址	前台订房电话	备注
			房型	总间数	协议间数	门市价	协议价	类型	总间数	协议间数	门市价	协议价	容纳人数	类型	价格			
梦溪（北京）宾馆	梦溪（北京）宾馆	3	双人间	148	148	680	260	第一会议室	1	1	2000	1000	25	高	160	北京市海淀区学院路20号	59933199 59933200	
			标准间	39	39	780	320	第二会议室	1	1	2500	1500	35	中	140			
			商务套间	28	28	1280	500	第三会议室	1	1	3000	2000	100	低	80			
			豪华套间	8	8	2280	880	第四会议室	1	1	2000	1000	20					
								第五会议室	1	1	2000	1000	20					
								第六会议室	1	1	3000	2000	20					
								第七会议室	1	1	2000	1000	24					
								多功能厅（1）	1	1	4000	2500	200					
								多功能厅（2）	1	1	3000	2000	100					
								报告厅	1	1	9000	5000	300					
北京金龙潭大饭店管理有限责任公司	北京金龙潭大饭店管理有限责任公司	4	豪华标准间	240	240	1280	380	弘翔厅	1	1	4000	3000	350	高	200	北京市海淀区西三环北路71号	88811188 68723610	
			豪华标准间大床	60	60	1280	380	第一会议室	1	1	3000	2000	100	中	160			
			商务套间	10	10	1768	550	第二会议室	1	1	1000	750	25	低	120			
								第三会议室	1	1	3000	2000	150					
								第四会议室	1	1	1000	750	25					
								第五会议室	1	1	3500	2500	200					
								第六会议室	1	1	2500	1500	120					
								第七会议室	1	1	2000	1000	70					
								第八会议室	1	1	1000	750	25					
								第九会议室	1	1	1000	750	25					
中国人民解放军总参管理保障部直属院校招待所（鸿府大厦）	中国人民解放军总参管理保障部直属院校招待所	4	标准间	160	160	660	310	第一会议室	1	1	15000	6000	300	高	120	北京市海淀区五棵松路北甲八号	66701918	
			单人标准间	27	27	560	310	中型会议室	2	2	3500	1400	70	中	90			
			普通套间	20	20	2180	1228	小会议室	4	4	2000	800	30	低	80			
			豪华套间	2	2	8888	3888	贵宾休息室	1	1	3500	1400	30					
			残疾人房	1	1	980	418											

饭店名称	发票开具单位名称	星级	客房（价格：元/天）					会议室（数量：间；价格：元/半天）						餐费（元/人天）		地址	前台订房电话	备注
			房型	总间数	协议间数	门市价	协议价	类型	总间数	协议间数	门市价	协议价	容纳人数	类型	价格			
北京物科宾馆	北京物科宾馆	3	单床标准间	5	5	338	280	课桌式会议室	4	4	400	300	80	高	120	海淀区中关村南三街八号	82649140	
			双床标准间	48	48	338	280	圆桌式会议室	1	1	400	300	30	中	100			
			普通套间	8	8	568	480	报告厅	1	1	1500	1200	160	低	80			
			三人间	5	5	468	400											
			豪华套间	2	2	588	500											
			普通间	24	24	150	130											
北京妙灵山庄会议服务中心有限责任公司	北京妙灵山庄会议服务中心有限责任公司		标准件	90	90	380	260	大会议室	1	1	2000	750	200	高	190	海淀区北安河乡北安河村贝家花园路6号	62450048	
			豪华套房	10	10	1500	650	电教室	1	1	1200	1000	80	中	140			
			豪华单人间	5	5	1000	300	中会议室	2	2	750	500	50	低	100			
								小会议室	3	3	500	300	15					
北京天天假日饭店	北京天天假日饭店	3	标准间 B	124	124	580	240	A 会议室	1	1	1500	1000	60	高	210	北京市海淀区万寿路17号	68131166－109/102	
			豪华单人间	15	15	580	240	6668 会议室	1	1	1500	1200	80	中	150			
			温馨套房	3	3	880	500	5566 会议室	1	1	900	750	20	低	105			
			豪华套房	4	4	1580	600	302 会议室	3	3	750	400	15					
北京锡华商务酒店	北京锡华海体商务酒店有限公司	3	单人标准间	76	76	1380	260	多功能厅	1	1	12000	6000	500	高	160	北京市海淀区西苑操场15号	62646688	
								第一会议室	1	1	3600	1800	180	中	140			
			双人标准间	144	144	1380	260	第二会议室	1	1	1800	900	120	低	80			
								第三会议室	1	1	1600	800	70					
			普通套间	17	17	1680	400	第四会议室	1	1	1100	550	50					
			豪华套间	12	12	2280	420	第五会议室	1	1	110	550	50					
								第六会议室	1	1	110	550	50					
北京永兴花园饭店	北京永兴花园饭店	4	单床标准间	26	26	1280	340	大会议厅	1	1	20000	9600	400	高	180	北京市海淀区阜成路101号	88111188	
			双床标准间	213	213	1280	340	锦绣会议 A 厅	1	1	10000	5000	200	中	120			
			普通套间	52	52	1880	500	锦绣会议 B 厅	1	1	10000	5000	200	低	80			
								金风响石厅	1	1	2000	1400	60					
			单床豪华标间	3	3	1580	400	清心紫烟厅	1	1	2000	1400	60					
			双床豪华标间	31	31	1580	400	新雨厅	1	1	1600	1200	40					

饭店名称	发票开具单位名称	星级	客房（价格：元/天）					会议室（数量：间；价格：元/半天）						餐费（元/人天）		地址	前台订房电话	备注
			房型	总间数	协议间数	门市价	协议价	类型	总间数	协议间数	门市价	协议价	容纳人数	类型	价格			
北京永兴花园饭店	北京永兴花园饭店	4	双床经济间	15	15	980	240	翠林厅	1	1	1600	1200	40			北京市海淀区阜成路101号	88111188	
								兰苑厅	1	1	2000	1400	40					
								嘉事厅	1	1	1600	1200	20					
								梅兰厅	1	1	800	600	20					
								荷风厅	1	1	1600	1200	30					
								翠谷厅	1	1	1600	1200	30					
北京天佑丰顺宾馆有限公司	北京天佑丰顺宾馆有限公司	3	商务套间	10	10	980	500	17f 会议厅	1	1	2000	1400	250	高	240	海淀区北蜂窝路甲15号	51829500	
			单人间	10	10	498	280	二层多功能厅	1	1	2000	1400	200	中	180			
			双床标准间	189	189	480	260	一、二、四、八会议室	4	4	1250	900	60、70	低	120			
			豪华套间	5	5	1280	600	三、五、六、七会议室	4	4	750	500	25					
			三人间	6	6	568	350	九、十、十一会议室	3	3	600	400	25、20					
科技会堂	科技会堂	3	单床标准间	23	23	550	260	报告厅	1	1	10000	7000	600	高	160	海淀区复兴路3号	68518822	
			双床标准间	166	166	600	280	演播厅	1	1	7000	5000	210	中	130			
			单床普通套间	13	13	1000	600	大阶梯教室	1	1	4000	2800	190	低	80			
			双床普通套间	8	8	1200	720	新闻发布厅	1	1	5000	3500	150					
			单床商务套间	8	8	1500	900	中型会议室	2	2	4000	2800	100					
			豪华套间	2	2	2500	1500	多功能会议室	2	2	1500	1000	70					
								中阶梯教室	2	2	2000	1400	90					
								贵宾室	1	1	1200	800	32					
								洽谈式会议室	3	3	1500	1000	50					
								小型会议室	1	1	1000	700	20					
								小型会议室	1	1	700	500	10					
中土大厦	北京中土大厦	3	单床标间	10	10	780	280	小型会议室	7	7	800	400		高	200	北京市海淀区北峰窝路6号	51818888－5608/82	
			双床标间	255	255	780	280	中型会议室	4	4	1600	800		中	160			
			豪华间	30	30	880	398	大型会议室	1	1	3000	500		低	120			
			行政套间	5	5	1580	600											
			豪华套间	5	5	1980	650											
			小单人间	16	16	480	200											
			残疾人间	1	1	980	680											

饭店名称	发票开具单位名称	星级	客房（价格：元/天）					会议室（数量：间；价格：元/半天）						餐费（元/人天）		地址	前台订房电话	备注
			房型	总间数	协议间数	门市价	协议价	类型	总间数	协议间数	门市价	协议价	容纳人数	类型	价格			
北京万寿庄宾馆	北京万寿庄宾馆	3	标准间 A	98	98	660	330	小会议室	10	10	1600	1000	40	高	200	北京市万寿路西街七号	68133322－686	
			标准间 B	95	95	600	300	中会议室	1	1	3800	2400	120	中	150			
			单人间 A	6	6	660	330	礼堂	1	1	10000	6000	320	低	80			
			单人间 B	3	3	600	300											
			普通套间	13	13	1200	600											
			豪华套间	1	1	1670	880											
北京紫玉饭店	北京紫玉饭店	3	普通双床标准间	80	80	580	240	紫光楼一层会议室	1	1	1000	500	30	高	220	北京市海淀区增光路55号	68411188－1003/1009	
			豪华双床标准间	124	124	980	300	紫金楼会议室	1	1	2000	1000	60	中	200			
			普通单床标准间	26	26	580	258	紫霞园会议室	1	1	3000	1500	110	低	120			
			豪华商务双床间	62	62	1280	380	玉澜楼一层会议室	1	1	3000	1500	40					
			普通套间	9	9	1680	680	玉澜楼二层多功能厅	1	1	8000	4000	200					
			豪华套间	1	1	1980	980	紫光楼二层多功能厅	1	1	10000	5000	250					
								紫云轩多功能厅	1	1	5000	2500	150					
								玉澜楼二层 A 会议室	1	1	3500	1750	60					
								玉澜楼二层 B 会议室	1	1	2500	1250	50					
								玉澜楼二层 C 会议室	1	1	2500	1250	50					
北京市世纪国建宾馆	北京世纪国建宾馆有限责任公司		单床标准间	33	33	1350	300	多功能厅	1	1	10000	6000	700	高	150	北京市海淀区车公庄西路10号	58329999	
			普通双床标准间	149	149	1250	300	大会议室	1	1	5000	3000	250	中	120			
			豪华双床标准间	13	13	1680	300	中型会议室	3	3	2500	1500	120	低	80			
			花园套间	10	10	2550	500	商务会议室	1	1	1200	600	40					
			行政套间	14	14	3100	500	小型会议室	11	11	120	600	40					
梅地亚电视中心有限公司	梅地亚电视中心有限公司	4	单人间	38	38	980	280	多功能厅	1	1	15000	6000	500	高	150	北京复兴路乙11号	68550395	
			标准间	166	166	1380	350	多功能厅 B	1	1	9000	3000	200	中	120			
				15	15			第六、七会议室	2	2	4200	2000	100	低	80			
			豪华标准间	9	9	1580	400	多功能厅 A、C	2	2	3600	1800	80					
				9	9			行政会议室	2	2	3000	1500	50					
			小套间	7	7	2180	700	第二、三会议室	2	2	2000	1000	30					
			大套间	9	9	2480	900	第一、四会议室	2	2	2000	1000	24					
			三间套	1	1	3680	1200											

饭店名称	发票开具单位名称	星级	客房（价格：元/天）					会议室（数量：间；价格：元/半天）						餐费（元/人天）		地址	前台订房电话	备注
			房型	总间数	协议间数	门市价	协议价	类型	总间数	协议间数	门市价	协议价	容纳人数	类型	价格			
北京瑞成大酒店	北京瑞成大酒店有限公司	3	双床标准间	154	154	780	260	多功能厅	1	1	5000	2000	200	高	220	北京市海淀区西翠路9号	68132255－2001/2002/2003/2005	
			大床标准间	30	30	780	260	1号会议室	1	1	3400	1500	100	中	160			
			小单间	12	12	580	240	2－3号会议室	2	2	2600	1000	80	低	100			
			三人间	3	3	880	400	4－7号会议室	4	4	1800	800	60					
			标准套间	5	5	980	500	8－9号会议室	2	2	1000	500	30					
			豪华套间	2	2	1280	600											
北京邮电疗养院（北京邮电会议中心）	国家邮政局北京邮电疗养院		标准间	147	147	680	320	多功能厅	1	1	6000	3500	300	高	150	北京市海淀区挂甲屯5号	62547799－2130/3128	
			商务间	77	77	680	320	第一会议室	1	1	3000	1500	100	中	120			
			单人间	25	25	580	300	第二会议室	1	1	2000	1000	80	低	100			
			套间	6	6	1680	650	第三会议室	1	1	2000	1000	80					
								第四会议室	1	1	1500	800	60					
								第五会议室	1	1	1500	800	60					
								第六会议室	1	1	1000	600	40					
								第七会议室	1	1	1000	600	40					
								第八会议室	1	1	800	400	20					
								第九会议室	1	1	800	400	20					
								贵宾会议室	1	1	800	400	15					
建银大厦	建银大厦	4	标准双床	173	173	1180	340	报告厅	1	1	8000	5000	350	高	150	西站南路2号	63266633－8032	
								小报告厅	1	1	4000	3000	200	中	120			
			标准大床	13	13	1180	300	1号	1	1	2000	1500	50	低	80			
								2号	1	1	2000	1500	50					
			行政双床	22	22	1380	340	3号	1	1	1200	750	20					
								4号	1	1	1200	750	20					
			行政单床	55	55	1380	300	5号	1	1	1200	750	20					
								6号	1	1	1200	750	20					
			普通套间	8	8	1980	600	7号	1	1	1200	750	20					
								8号	1	1	1200	750	20					
			豪华套间	9	9	3380	650	9号	1	1	1200	750	20					
								10号	1	1	1200	750	20					
								11号	1	1	1200	750	20					

饭店名称	发票开具单位名称	星级	客房（价格：元/天）					会议室（数量：间；价格：元/半天）						餐费（元/人天）		地址	前台订房电话	备注
			房型	总间数	协议间数	门市价	协议价	类型	总间数	协议间数	门市价	协议价	容纳人数	类型	价格			
北京新世纪饭店	北京新世纪饭店有限公司	5	标准间	160	160	2260 +15%	380 净价	大型会议室	4	4	25000	4500	300	高		首都体育馆南路6号	68491999	
			标准间	382	382	2260 +15%	380 净价	中型会议室	3	3	3500	1500	100	中				
			普通套间	18	18	4180 +15%	660 净价	小型会议室	10	10	3000	750	50	低				
			公寓套房	71	71	4980 +15%	700 净价											
			其他房型	81	81	6000 +15%	800 净价											
北京市西苑饭店	北京市西苑饭店（主楼）	5	标准客房	439	439	2200	600	燕乐堂	1	1	18000	9000	400	高	280	北京市海淀区三里河路一号	68313388－预定部	
			豪华客房	128	128	2600	680	洋河厅	1	1	1200	800	30	中	200			
			商务客房/行政客房	71	71	3200	880	鸿运厅	1	1	13000	6500	220	低	90			
			角套房	16	16	3200	880	鸿运1号厅	1	1	6800	3400	80					
			大套房	4	4	5200	1300	鸿运2号厅	1	1	7600	3900	120					
			行政角套房	5	5	4600	1000	鸿运3/7号厅	2	2	1200	650	20					
			行政大套房	2	2	6000	1600	鸿运4/8号厅	2	2	1600	800	30					
			跃层套房/商务豪华套房	8	8	7200	2200	鸿运5/9号厅	2	2	2500	1250	50					
			两居套房	2	2	10000	3000	鸿运6号厅	1	1	8500	4400	150					
			总统套房	1	1	18000	8000	金松厅	1	1	5600	3000	80					
	北京市西苑饭店（养怡园）		单人间	33	33	1120	200	1号会议室	1	1	3800	1900	130					
			标准间	190	190	1520	360	2号－5号会议室	4	4	800	500	20					
			套间	28	28	1960	400											
北京友谊宾馆	北京友谊宾馆	4	贵宾楼标准商务房	79	79	3130	600	会议楼101－106、201－203	9	9	1000	750	36	高	190	中关村南大街1号	68498880	
			贵宾楼豪华行政房	104	104	4130	700	会议楼报告厅	1	1	7000	5000	517	中	150			
			贵宾楼豪华套房	5	5	5130	1200	友谊宫聚英厅	1	1	11000	8000	500	低	120			
			敬宾楼双床标准间	223	223	913	350	友谊宫会议厅	1	1	2200	1500	80					
			敬宾楼单床标准间	76	76	913	350	友谊宫1号、4号	2	2	1000	800	36					

饭店名称	发票开具单位名称	星级	客房（价格：元/天）					会议室（数量：间；价格：元/半天）						餐费（元/人天）		地址	前台订房电话	备注
			房型	总间数	协议间数	门市价	协议价	类型	总间数	协议间数	门市价	协议价	容纳人数	类型	价格			
北京友谊宾馆	北京友谊宾馆	4	敬宾楼套间	51	51	1300	600	友谊宫2、3、5、6号	4	4	800	500	20			中关村南大街1号	68498880	
			迎宾楼双床标准间	215	215	913	350	贵宾楼多功能厅	1	1	8800	6000	200					
			迎宾楼单床标准间	111	111	913	350	瑞宾楼会议厅1、2	2	2	4400	3000	130					
			迎宾楼套间	20	20	1300	600	瑞宾楼3－6号	4	4	1200	800	30					
			怡宾楼双床标准间	203	203	1130	450	嘉宾楼1、5	2	2	5000	3000	100					
			怡宾楼单床标准间	77	77	1130	450	嘉宾楼2、3、4	3	3	2000	1500	45					
			怡宾楼单床套间	10	10	1650	700	怡宾楼会议室	2	2	1200	800	30					
			怡宾楼双床套间	6	6	1650	700	敬宾楼/迎宾楼会议室	2	2	800	600	30					
			公寓套间	577	577	800	300	贵宾楼会议室	4	4	1200	600	20					
香山饭店	北京香山饭店有限责任公司	4	标准间	243	243	960	340	123菊梅兰竹厅	7	7	2000	1000	55	高	200	北京市海淀区香山公园内香山饭店	62591166－销售部	
			普通单间	7	7	1100	550	4、5、6厅	3	3	1600	800	30	中	150			
			豪华单间	7	7	1200	600	贵宾室	3	3	2000	1000	30	低	120			
			行政套间	17	17	2000	800	多功能蕴香溢香厅	3	3	4000	2800	120					
			豪华套间	9	9	2400	1000	宴会厅	1	1	8000	4000	380					
			总统套	1	1	8000	5000	锦香厅	1	1	3600	1800	100					
北京世纪金源香山商旅酒店发展有限责任公司	北京世纪金源香山商旅酒店发展有限责任公司	5	标准间	154	154	4000	380	金都宴会厅	1	1	8000	4800	320	高	270	香山北正黄旗59号	59898888－6315	
			普通套间	19	19	5000	800	多功能厅	1	1	5000	3000	50	中	200			
			豪华套间	5	5	6000	850	首长接见厅	1	1	4000	2400	40	低	120			
			豪华单人间	20	20	4000	380	第一会议室	1	1	2500	1500	25					
								第二会议室	1	1	1800	1080	17					
								第三会议室	1	1	1200	720	20					
								第五会议室	1	1	1800	1080	28					
								第六会议室	1	1	1800	1080	28					
								第七会议室	1	1	2500	1500	60					
								金明苑会议厅	1	1	3000	1800	100					
								第八会议室	1	1	800	480	15					
								第九会议室	1	1	800	480	20					

饭店名称	发票开具单位名称	星级	客房（价格：元/天）房型	总间数	协议间数	门市价	协议价	会议室（数量：间；价格：元/半天）类型	总间数	协议间数	门市价	协议价	容纳人数	餐费（元/人天）类型	价格	地址	前台订房电话	备注
北京颐泉山庄宾馆有限公司	北京颐泉山庄宾馆有限公司	3	标准间	163	163	460	260	礼堂	1	1	4000	3250	260	高	230	海淀区黑山沪羊场一号	62895772	
			普通套间	6	6	880	360	大会议室	1	1	2000	1500	120	中	150			
			三人间	11	11	560	270	中会议室	3	3	1000	750	60	低	100			
								小会议室	7	7	500	375	30					
国家环境保护总局北京会议与培训基地	国家环境保护总局北京会议与培训基地		单间	5	5	260	200	小议室	3	3	800	600	15	高	160	海淀区北安河阳台山路6号	58719726 58719866 58719700－1166/1167	
			三人间	30	30	300	210	中会议室	6	6	1000	800	20	中	120			
			普通标间	41	41	280	200	中会议室	3	3	2000	1200	80	低	80			
			豪华标间	60	60	560	360	大礼堂	1	1	6000	4500	300					
			普通套间	6	6	800	600											
			豪华套间	2	2	1000	800											
			豪华套间	11	11	1000	800											
北京铁道大厦	北京铁道大厦有限责任公司	4	标准间	196	196	880 +15%	360	1号	1	1	2500	1800	90	高	180	北京市海淀区北蜂窝甲102号	51879112	10号及17号会议室作为多功能厅的配套设施免费使用
								2号	1	1	2500	1800	90	中	150			
			单人间	104	104	780 +15%	350	3号	1	1	2000	1300	50	低	80			
								4号	1	1	1500	1000	28					
			商务套间	25	25	1680 +15%	800	5号	1	1	1800	1200	45					
								6号	1	1	1600	1300	50					
			豪华套间A	1	1	4880 +15%	2600	7号	1	1	1800	1400	60					
								8号	1	1	1600	1300	50					
			豪华套间B	1	1	6880 +15%	3300	9号	1	1	2000	1200	45					
								11号	1	1	1000	900	30					
								12号	1	1	2000	1400	80					
北京铁道大厦	北京铁道大厦有限责任公司	3	单人间	119	119	480 +10%	260	13号	1	1	2500	1400	80			北京市海淀区北蜂窝甲102号	51879112	10号及17号会议室作为多功能厅的配套设施免费使用
								14号	1	1	2200	1400	80					
								15号	1	1	2000	1300	65					
								16号	1	1	1500	1000	28					
			标准间	10	10	520 +10%	300	6－7－8号	1	1	6000	4000	180					
								多功能厅	1	1	15000	12000	600					

饭店名称	发票开具单位名称	星级	客房（价格：元/天）					会议室（数量：间；价格：元/半天）						餐费（元/人天）		地址	前台订房电话	备注
			房型	总间数	协议间数	门市价	协议价	类型	总间数	协议间数	门市价	协议价	容纳人数	类型	价格			
北京铁道大厦	北京铁道大厦有限责任公司	3	家庭间	12	12	580 +10%	320	多功能厅隔断 A	1	1	10000	8000	400			北京市海淀区北蜂窝甲 102 号	51879112	10 号及 17 号会议室作为多功能厅的配套设施免费使用
			迷你套间	9	9	980 +10%	480	多功能厅隔断 B	1	1	5000	4000	200					
北京西郊宾馆	北京西郊宾馆有限责任公司	3	单床标准间	140	140	780	300	大会议室	1	1	20000	12000	400	高	180	海淀区王庄路 18 号	62322288－5688	
									1	1	3800	2280	200	中	160			
			双床标准间	280	280	1180	320	中会议室	2	2	3000	1800	120	低	140			
									1	1	2000	1200	70					
			商务单床标准间	30	30	1780	420	小会议室	13	13	1200	720	30					
			豪华单床标准间	20	20	1880	600											
			豪华套间	5	5	3600	880											
中国人民解放军总装备部第一招待所（北京远望楼宾馆）	中国人民解放军总装备第一招待所		普通标准间	143	143	996	350	一会	1	1	2600	1800	60	高	160	北京市北三环中路 57 号	62013366－3056	
			商务标准间	141	141	1196	380	二会	1	1	3600	2700	70	中	130			
			豪华标准间	27	27	1796	630	三会	1	1	2600	1800	60	低	100			
			商务大床房	34	34	1796	630	四会	1	1	2600	1800	40					
			普通套房	9	9	2596	780	五会	1	1	3000	1800	60					
			商务套房	8	8	5996	1380	六会	1	1	5000	3420	160					
			豪华套房	3	3	11996	4980	七会	1	1	2600	1500	60					
								八会	1	1	3600	2500	130					
								九会	1	1	2200	900	22					
								贵宾一	1	1	2600	1800	40					
								大会议室	1	1	12000	7920	700					
								远望厅	1	1	8000	5400	600					
								百合苑	1	1	5000	2700	250					
								神舟厅	1	1	4000	1800	150					

饭店名称	发票开具单位名称	星级	客房（价格：元/天）					会议室（数量：间；价格：元/半天）						餐费（元/人天）		地址	前台订房电话	备注
			房型	总间数	协议间数	门市价	协议价	类型	总间数	协议间数	门市价	协议价	容纳人数	类型	价格			
北京湖北大厦	北京湖北大厦有限责任公司	4	标准间	50	50	1880	300	东湖多功能厅	1	1	10000	5000	400	高	150	北京市海淀区中关村南大街36号	62108366 62108310	
			高级标间	90	90	2580	400	三峡会议厅	1	1	6000	3000	220	中	120			
			标准小套	12	12	3180	550	楚宫多功能厅	1	1	5000	2500	75	低	100			
			高级单间	4	4	2580	400	琴台厅	1	1	3000	1500	45					
			高级小套	20	20	3580	580	黄鹤厅	1	1	3000	1500	45					
			高级中套	4	4	4280	650	1311 会议室	1	1	1600	800	45					
			行政套房	2	2	6680	800	1312 会议室	1	1	1600	800	45					
			豪华标间 A	24	24	2180	480	1316 会议室	1	1	1600	800	45					
			豪华单间	35	35	2280	480	1317 会议室	1	1	1600	800	45					
			豪华标间 B	4	4	2580	500	1318 会议室	1	1	1600	800	45					
			商务套间	1	1	6880	800	1503 会议室	1	1	1600	800	45					
			豪华商务套间	1	1	7800	800	1408 会议室	1	1	1000	500	20					
北京应物会议中心	北京应物会议中心		A 座单间	28	28	320	180	第一会议室	1	1	1000	400	60	高	120	北京市海淀区花园路6号	62374292 62014411－4105/4106	
			A 座标间	37	37	580	260	第二会议室	1	1	1000	400	25	中	100			
			A 座套间	15	15	980	300	第三会议室	1	1	600	300	50	低	80			
			B 座标间	145	145	580	260	第四会议室	1	1	600	300	30					
			B 座标间	56	56	580	260	第五会议室	1	1	1000	400	60					
								第六会议室	1	1	600	300	20					
								贵宾厅	1	1	1000	400	20					
								第八会议室	1	1	750	350	40					
								第九会议室	1	1	750	350	40					
								第十会议室	1	1	750	350	80					
								第十一会议室	1	1	750	350	26					
								第十二会议室	1	1	750	350	20					
								第一报告厅	1		2000	1000	220					
								第二报告厅	1		2000	1000	240					

饭店名称	发票开具单位名称	星级	客房（价格：元/天）					会议室（数量：间；价格：元/半天）						餐费（元/人天）		地址	前台订房电话	备注
			房型	总间数	协议间数	门市价	协议价	类型	总间数	协议间数	门市价	协议价	容纳人数	类型	价格			
国家民委招待所	国家民委招待所	4	标准间	245	245	488	300	综合楼第一会议室	1	1	5000	3000	500	高	150	北京市海淀区黑山扈甲21号	62881166－1109	
			普通套间	9	9	888	588	第五会议室	4	1	1200	800	16	中	120			
			豪华套间	7	7	1288	888	多功能厅	1	1	4000	2400	220	低	80			
								报告厅	1	1	6000	4000	800					
								综合楼第二会议室	1	1	1800	1300	36					
								综合楼多功能厅	1	1	4000	2400	220					
								第一、三、四、八会议室	4	4	1800	1300	60					
								第六会议室	1	1	1200	800	27					
								贵宾室	1	1	1200	800	20					
								休息室	1	1	1200	800	10					
								第九、十、十一、十二会议室	4	4	1500	1100	50					
								影像工作室	1	1	1500	1000	20					
								国际会议厅	1	1	3000	2000	50					
								综合楼第六会议室	1	1	1800	1300	60					
中国劳动关系学院培训中心（中工大厦）	中国劳动关系学院培训中心	3	豪华大床间	56	56	880	300	小会议室	11	11	2000	1000	50	高	160	海淀区增光路45号	88516888－17	
			豪华标准间	162	162	880	320	中型会议室（多功能厅）	1	1	3000	2000	100	中	120			
			标准间	157	157	880	290	大会议室（三和厅）	1	1	4500	3500	450	低	80			
			大床间	23	23	880	290	贵宾厅	1	1	2000	1500	15					
			明式套间	11	11	1580	620											
			豪华套间	18	18	1580	620											
北京万寿宾馆	北京万寿宾馆	4	商务房（B座准三星）	6	6	880	200	多功能厅（A）	1	1	9000	4500	800	高	120	北京市海淀区万寿路甲12号	68132266－6666	
			行政房（A座四星）	27	27	2280	350	万寿厅	1	1	3800	1000	50	中	100			
			标准房（A座四星）	102	102	1680	300	南海厅	1	1	3000	800	25	低	80			
			标准房（B座准三星）	74	74	680	200	渤海厅	1	1	3000	800	20					
			套房（A座四星）	12	12	2980	400	东海厅	1	1	3000	1000	40					
			套房（B座准三星）	6	6	1680	300	黄海厅	1	1	3000	1000	40					

饭店名称	发票开具单位名称	星级	客房（价格：元/天）					会议室（数量：间；价格：元/半天）						餐费（元/人天）		地址	前台订房电话	备注
			房型	总间数	协议间数	门市价	协议价	类型	总间数	协议间数	门市价	协议价	容纳人数	类型	价格			
北京万寿宾馆	北京万寿宾馆	4	行政套房（A座四星）	1	1	3280	500	多功能厅（B）	1	1	4000	2000	220			北京市海淀区万寿路甲12号	68132266－6666	
			残疾人房（A座四星）	2	2	1680	280	1号厅	1	1	2500	1300	100					
								2号厅	1	1	2500	1300	100					
								3号厅	1	1	2000	1000	60					
								4号厅	1	1	1500	800	40					
								5号厅	1	1	1500	800	30					
北京裕龙大酒店	北京裕龙大酒店	3	普通标准间	271	271	580	300	第十三会议室	1	1	1600	800	55	高	110	北京市海淀区阜成路40号	88421317	
			普通单人间	20	20	580	300	第十二会议室	1	1	3200	1600	55	中	100			
			贵宾标准间	20	20	880	370	第十一会议室	1	1	1600	800	30	低	80			
			贵宾单人间	20	20	880	370	第十会议室	1	1	2000	1000	45					
			贵宾套间	2	2	1888	1000	第九会议室	1	1	6000	3000	260					
			普通套间	8	8	1588	500	小宴会厅	1	1	7000	3500	130					
			豪华标准间	20	20	680	320	大上海	1	1	8000	4000	300					
		5	普通间双床	271	271	1880	410	第四	1	1	3600	1800	55	高	255			
			普通间单床	73	73	1880	410	第三	1	1	1200	600	40	中	235			
			行政间双床	22	22	2280	480	第一第五第六	3	3	1600	800	55	低	95			
			行政单间	22	22	2280	480	大宴会厅	1	1	18000	9000	800					
			豪华套间	12	12	2680	1080	第七第八	2	2	3800	1900	120					
								第二	1	1	1600	800	50					
北京美泉宫饭店管理有限公司	北京美泉宫饭店管理有限公司	5	双人标准间	168	168	2500	320	国际厅	1	1	30000	8000	450	高	120	北京市海淀区西四环北路125号1幢	88869999	
			单人标准间	92	92	2000	280	北京厅	1	1	8000	2000	120	中	100			
			套间	84	84	3000	400	雅典厅	1	1	6000	1600	90	低	80			
								贵宾厅	1	1	3000	800	45					
								莫斯科厅	1	1	6000	1600	90					
								伦敦厅	1	1	5000	1300	75					
								柏林厅	1	1	4000	1000	60					
								马德里	1	1	4000	1000	60					
								卢森堡厅	1	1	4000	1000	60					
								布拉格厅	1	1	4000	1000	60					
								华沙厅	1	1	4000	1000	60					

饭店名称	发票开具单位名称	星级	客房（价格：元/天）					会议室（数量：间；价格：元/半天）						餐费（元/人天）		地址	前台订房电话	备注
			房型	总间数	协议间数	门市价	协议价	类型	总间数	协议间数	门市价	协议价	容纳人数	类型	价格			
北京地大国际会议中心有限公司	北京地大国际会议中心有限公司	4	标准单人间 A	8	8	788	100	会议中心第一会议室	1	1	1600	800	60	高	200	北京市海淀区学院路29号中国地质大学（北京）	82323888－6668	
			标准单人间 B	20	20	788	80	会议中心第二会议室	1	1	1600	800	55	中	120			
			商务单人间 A	16	16	988	240	会议中心第三会议室	1	1	2000	800	55	低	80			
			商务单人间 B	63	63	988	200	会议中心第四会议室	1	1	2000	800	50					
			中式间	18	18	1188	350	会议中心第五会议室	1	1	2500	1200	100					
			行政单人间	21	21	1588	350	会议中心第六会议室	1	1	1600	800	60					
			标准双人间 A	24	24	788	120	会议中心第七会议室	1	1	2500	1200	90					
			标准双人间 B	56	56	788	100	会议中心新生代多功能厅	1	1	10000	4000	500					
			商务双人间 A	26	26	988	300	交流中心 103 会议室	1	1	600	200	50					
			商务双人间 B	101	101	988	260	交流中心 104 会议室	1	1	600	200	50					
			商务套间	5	5	2888	400	交流中心 106 会议室	1	1	500	150	40					
			行政套间	10	10	3888	400	交流中心 107 会议室	1	1	500	150	40					
			VIP 套间	1	1	3888	888	交流中心 111 会议室	1	1	1500	600	200					
								交流中心多功能厅	1	1	3000	800	380					
								交流中心 201 会议室	1	1	400	100	20					
								交流中心 203 会议室	1	1	400	100	20					
								交流中心 204 会议室	1	1	400	100	20					
								交流中心 205 会议室	1	1	600	200	50					
								交流中心 206 会议室	1	1	600	200	50					
								交流中心大会厅	1	1	6000	3000	650					
北京万年青宾馆	北京万年青宾馆	3	标准间	149	149	398	220	第一会议室	1	1	500	400	20	高	120	北京市海淀区西三环北路25号	88567720	
			家庭间	23	23	428	220	第二会议室	1	1	500	400	20	中	100			
			豪华标准间	20	20	458	260	学术报告厅	1	1	1500	1200	84	低	80			
			贵宾间	3	3	798	580	小阶梯	1	1	1500	1200	148					
								生命教育基地	1	1	1500	1200	160					
								素拓中心	1	1	1500	1200	200					
								果园会议室	1	1	1500	1200	220					

饭店名称	发票开具单位名称	星级	客房（价格：元/天）					会议室（数量：间；价格：元/半天）						餐费（元/人天）		地址	前台订房电话	备注
			房型	总间数	协议间数	门市价	协议价	类型	总间数	协议间数	门市价	协议价	容纳人数	类型	价格			
北京万年青宾馆	北京万年青宾馆	3						大阶梯	1	1	1500	1200	267			北京市海淀区西三环北路25号	88567720	
								1205 报告厅	1	1	2500	2000	470					
								九层会议室	1	1	1500	1200	50					
								报告厅	1	1	1750	1600	132					
北京四季御园国际大酒店	北京四季御园国际大酒店有限公司	5	豪华标准间	206	206	1288	280	小型会议室	2	2	2500	800	24	高	320	北京市海淀区北旱河路168号	59325566	
			豪华套间	13	13	3188	640	中型会议室	2	2	4000	1000	60	中	160			
			豪华单人间	43	43	1288	280	第二多功能厅	1	1	6000	2500	250	低	80			
								多功能厅	1	1	7500	3500	350					
								第三多功能厅	1	1	12000	4500	800					
北京世纪金源大饭店	北京世纪金源大饭店有限责任公司	5	高级客房双床	555	444	4550	450	第一会议室	1	1	2000	800	30	高	140	北京市海淀区板井路69号	88841001 88841002	
			高级客房大床	555	75	4550	450	第四会议室	1	1	2000	800	30	中	120			
			大床套房	555	11	5500	750	第七会议室	1	1	2000	800	30	低	100			
			行政套房	555	9	5700	820	第八会议室	1	1	500	200	10					
			总统套房	555	1	18000	1200	第九会议室	1	1	5000	2000	120					
			双床套房	555	15	5500	750	第十会议室	1	1	1000	400	15					
								第十一会议室	1	1	1000	400	15					
								第十二会议室	1	1	1000	400	15					
								第十三会议室	1	1	2500	1000	50					
								第十四会议室	1	1	1000	400	15					
								第十五会议室	1	1	4000	1600	70					
								第十六会议室	1	1	500	200	15					
								金祥厅	1	1	3500	1400	100					
								首长接见厅	1	1	5000	2000	80					
								国际会议厅	1	1	12000	4800	280					
								大宴会厅	1	1	50000	20000	1300					
								金禧厅	1	1	2000	800	20					

饭店名称	发票开具单位名称	星级	客房（价格：元/天）					会议室（数量：间；价格：元/半天）						餐费（元/人天）		地址	前台订房电话	备注
			房型	总间数	协议间数	门市价	协议价	类型	总间数	协议间数	门市价	协议价	容纳人数	类型	价格			
北京唯实酒店管理有限公司国际文化交流中心	北京唯实酒店管理有限公司国际文化交流中心	5	商务标准间大床房	65	65	1299	350	唯实宴会厅	1	1	10000	6000	300	高	150	北京市海淀区学院路39号	62308899	
			商务标准间双床房	166	166	1299	350	泰山厅	1	1	5000	1750	70	中	100			
			豪华标准间双床房	24	24	1499	400	贵宾厅	1	1	4000	1750	40	低	80			
			豪华标准间大床房	18	18	1499	400	庐山厅	1	1	2000	1000	30					
			豪华套间	19	19	2299	600	十三层会议室	1	1	3000	2000	80					
			行政标准间大床房	8	8	1599	400	昆仑多功能厅1段	1	1	5000	2500	90					
			行政标准间双床房	8	8	1599	400	昆仑多功能厅2段	1	1	5000	2500	90					
			行政豪华间大床房	5	5	1699	500	昆仑多功能厅3段	1	1	5000	2500	90					
			行政豪华间双床房	7	7	1699	500											
			行政套间	2	2	2599	700											
			贵宾套间	2	2	3999	900											
			神州套间	1	1	5599	1800											
总参军训和兵种部招待所太平路分所（北京馨怡恭宾会议服务中心）	总参军训和兵种部招待所太平路分所（北京馨怡恭宾会议服务中心）	3	单床标准间	5	5	258	180	第二会议室	1	1	800	300	26	高	120	北京市海淀区永定路169号	66828229 66703200 88278231	
			双人标准间	166	166	298	260	第三会议室	1	1	800	400	40	中	100			
			普通套间A	8	8	530	280	第四会议室	1	1	800	300	30	低	80			
			普通套间B	1	1	530	280	第五会议室	1	1	800	300	26					
			豪华套间A	4	4	1188	480	第六会议室	1	1	2000	800	120					
			豪华套间B	4	4	788	320	会议厅	1	1	5000	2000	500					
								第一会议室	1	1	1000	500	50					
								第七会议室	1	1	800	280	40					
武青会议中心（中国人民武装警察部队后勤部招待所）	武青会议中心	4	普通套房	12	12	1880	500	报告厅	1	1	15000	5000	800	高	160	北京市海淀区杏石口路18号	88863399－21 68794644	
			豪华套房	2	2	8880	600	多功能厅	1	1	4000	2000	100	中	120			
			普通标准间	124	124	780	300	第十二会议室	1	1	2600	1200	60	低	80			
			豪华标准间	24	24	880	300	第十一会议室	1	1	2600	1200	60					
								第十会议室	1	1	1300	600	20					
								第九会议室	1	1	1300	600	20					
								第八会议室	1	1	1300	600	20					
								第七会议室	1	1	2600	1200	50					

饭店名称	发票开具单位名称	星级	客房（价格：元/天）					会议室（数量：间；价格：元/半天）						餐费（元/人天）		地址	前台订房电话	备注
			房型	总间数	协议间数	门市价	协议价	类型	总间数	协议间数	门市价	协议价	容纳人数	类型	价格			
武青会议中心（中国人民武装警察部队后勤部招待所）	武青会议中心	4						第六会议室	1	1	2600	1200	50			北京市海淀区杏石口路18号	88863399－21 68794644	
								第五会议室	1	1	2600	1200	50					
								第三会议室	1	1	1300	600	20					
								第二会议室	1	1	1300	600	20					
								第一会议室	1	1	1300	600	20					
北京万拓投资有限公司紫金丽亭酒店	北京万拓投资有限公司紫金丽亭酒店	4	豪华套房	2	2	2680	450	董事会会议室1	1	1	1000	150	10	高	200	北京市海淀区西翠路17号院23号楼	68130088－8613	
			双床标准间	130	130	1680	340	宴会厅	1	1	10000	3600	240	中	150			
			大床标准间	103	103	1680	300	会议室1	1	1	2000	900	60	低	80			
			普通套间	24	24	2380	400	会议室2	1	1	2500	1050	70					
			无障碍设施房	3	3	2380	400	会议室3	1	1	3000	1350	90					
								董事会会议室2	1	1	1500	600	40					
								董事会会议室3	1	1	2000	900	60					
								行政会议室	1	1	2000	1200	80					
中共北京市卫生局党校	中共北京市卫生局党校	0	豪华套间	1	1	600	480	小会议室	2	2	500	400	19	高	150	北京市海淀区温泉路15号院	62451660	
			普通套间	2	2	400	320	计算机室	1	1	800	600	30	中	115			
			单床标准间	10	10	260	200	报告厅	1	1	3000	2000	290	低	90			
			双床标准间	113	113	300	240	中会议室	5	5	600	500	45					
								第一会议室	1	1	1000	800	100					
								多功能厅	1	1	800	600	88					
门头沟区																		
北京京西晨光饭店	北京京西晨光饭店	3	A区单人标准间	9	9	200	140	二至四层会议室	4	4	440	350	25	高	160	北京市门头沟区双峪路一号	69843134	
			B区单人标准间	3	3	320	220	五层会议室	1	1	440	350	50	中	140			
			A区双人标准间	74	74	200	140	六层会议室	1	1	900	750	110	低	110			
			B区双人标准间	63	63	320	220	B区四层大会议室	1	1	600	480	50					
			套间	9	9	480	340	B区四层小会议室	1	1	300	240	20					
			豪华套间	2	2	1980	650	多功能厅	1	1	1300	1040	220					
								影剧院	1	1	5250	4200	500					

饭店名称	发票开具单位名称	星级	客房（价格：元/天）					会议室（数量：间；价格：元/半天）						餐费（元/人天）		地址	前台订房电话	备注
			房型	总间数	协议间数	门市价	协议价	类型	总间数	协议间数	门市价	协议价	容纳人数	类型	价格			
西峰山庄国际酒店管理（北京）有限公司	西峰山庄国际酒店管理（北京）有限公司		双床标准间	76	76	660	230	多功能厅	1	1	3300	1200	240	高	150	门头沟区永定镇苛罗坨西峰寺路85号	59260123－9999	
			普通套房	14	14	880	280	报告厅	1	1	2000	700	110	中	120			
			豪华套间	5	5	1160	330	中型会议室	2	2	1000	500	50	低	100			
			三人间	3	3	720	260	小型会议室	6	6	660	300	20					
			单床标准间	8	8	660	220											
北京龙泉宾馆有限公司	北京龙泉宾馆有限公司	4	标准间	232	232	760	260	剧场	1	1	4000	3000	300	高	120	北京市门头沟区水闸北路21号	69843366	
			单人间	34	34	660	260	1#	1	1	1900	1140	120	中	100			
			套间	15	15	1600	560	2#	1	1	1900	1140	100	低	80			
								3#、5#	2	2	1400	840	40					
								6#、7#、	2	2	1300	780	20					
								8#、11#	2	2	1400	840	30					
								9#、10#	2	2	1600	960	60					
								贵宾厅	1	1	700	420	17					
								麒麟、凤凰、金龙	3	3	1300	780	25					
								龙泉会堂	1	1	8000	5000	500					
房山区																		
北京昊天假日酒店有限责任公司	北京昊天假日酒店有限责任公司	4	豪华标准间	153	153	638	260	多功能厅	1	1	2500	1750	260	高	140	北京市房山区良乡拱辰北大街1号	89350868	
			豪华单人间	11	11	638	260	郁金香厅	1	1	2000	1600	50	中	120			
			行政套间	12	12	1408	580	茉莉厅	1	1	1200	960	90	低	100			
								芙蓉厅	1	1	900	720	60					
								樱花厅	1	1	600	480	25					
								百合厅	1	1	800	640	30					
								月季厅	1	1	500	400	25					
								海棠厅	1	1	900	720	30					
								紫荆厅	1	1	800	640	40					

饭店名称	发票开具单位名称	星级	客房（价格：元/天）					会议室（数量：间；价格：元/半天）						餐费（元/人天）		地址	前台订房电话	备注
			房型	总间数	协议间数	门市价	协议价	类型	总间数	协议间数	门市价	协议价	容纳人数	类型	价格			
北京云泽山庄农业观光有限公司	北京云泽山庄农业观光有限公司		豪华标间	53	53	680	180	第六会议室	1	1	9000	4500	500	高	220	北京市房山区张坊镇穆家口村北	61344666－6018	
			经典标间	36	36	780	180	第五会议室	1	1	1600	800	55	中	160			
			豪华大床	9	9	680	180	第四会议室	1	1	1400	700	45	低	120			
			商务套房	8	8	1280	200	第三会议室	1	1	1600	800	50					
			豪华套房	8	8	2680	300	第二会议室	1	1	1400	700	50					
								第一会议室	1	1	2600	1300	150					
北京德宝会议服务有限公司	北京德宝会议服务有限公司	3	双人标准间	100	100	460	230	多功能厅	1	1	3000	1500	200	高	115	北京市房山区良乡多宝路1号	69375300	
			商务单人间	16	16	660	330	大型会议室	2	2	1200	600	100	中	105			
			豪华套间	6	6	1280	640	中型会议室	3	3	1000	500	30	低	90			
								小型会议室	5	5	800	400	20					
北京笔架山培训中心	北京笔架山培训中心	3	双人标准间	92	92	380	280	大会议室	1	1	1000	800	220	高	170	北京市房山区十渡镇九渡大街九号	61340240 61340242	
			普通套间	2	2	600	500	中会议室	1	1	600	500	60	中	130			
			豪华套间	8	8	1200	800	小会议室	1	1	300	200	30	低	110			
								第一会议室	1	1	300	200	30					
								第二会议室	1	1	600	500	50					
								第三会议室	1	1	600	500	50					
								多功能厅兼会议室	1	1	1200	800	100					
北京天湖会议中心有限公司	北京天湖会议中心有限公司	4	标准间	156	156	680	280	大宴会厅	1	1	3000	1500	260	高	180	北京市房山区青龙湖镇小苑上村150号	60322266	
			单人间	10	10	780	280	多功能会议厅	1	1	3000	1500	240	中	150			
			普通套间	3	3	1600	600	多功能厅 A	1	1	1500	750	120	低	80			
			豪华套间	7	7	2800	800	多功能厅 B	1	1	1500	750	100					
								V1 多功能厅	1	1	1500	750	60					
								嘉麒会议室	1	1	1200	600	38					
								会议室 B	1	1	900	450	30					
								V1 大会议室	1	1	1200	600	30					
								嘉麟会议室	1	1	1200	600	28					
								V1 小会议室	1	1	1200	600	25					
								会议室 A	1	1	900	450	20					
								会议室 C	1	1	900	450	20					
								V1 贵宾室	1	1	500	200	10					
								贵宾室	1	1	500	200	10					

饭店名称	发票开具单位名称	星级	客房（价格：元/天）					会议室（数量：间；价格：元/半天）						餐费（元/人天）		地址	前台订房电话	备注
			房型	总间数	协议间数	门市价	协议价	类型	总间数	协议间数	门市价	协议价	容纳人数	类型	价格			
北京北方温泉会议中心	北京北方温泉会议中心	3	标准间	123	123	405	220	一号会议室	1	1	1500	750	50	高	254	北京市房山区良乡镇梅花街7号	61353521	
			单人间	8	8	405	260	二号会议室	1	1	1500	750	80	中	164			
			套间	8	8	515	330	三号会议室	1	1	1500	750	40	低	100			
			普通别墅	7	7	7480	3400	四号会议室	1	1	1500	750	50					
								五号会议室	1	1	3400	1700	350					
								六号会议室	1	1	1000	500	20					
								七号会议室	1	1	1000	500	20					
								八号会议室	1	1	1000	500	30					
								九号会议室	1	1	2400	1200	140					
								十号会议室	1	1	2000	1000	120					
通州区																		
北京北发大酒店有限责任公司	北京北发大酒店有限责任公司		单床标准间	10	10	1190	180	多功能厅	1	1	8000	6000	600	高	130	北京市通州区台湖镇北京出版发行物流中心园区	80808999	
			双床标准间	181	181	988	180	会议厅	2	2	5000	2800	280	中	110			
			豪华套间	10	10	1680	450	阶梯报告厅	1	1	5000	2000	200	低	90			
								谈判室	3	3	1000	160	16					
								观光会议室	3	3	1500	800	80					
								中型会议室	2	2	1500	400	40					
								贵宾室	1	1	1500	100	10					
北京亚太花园酒店有限责任公司	北京亚太花园酒店有限责任公司	4	商务双人标准间	142	142	1080	200	多功能厅	1	1	6000	2000	300	高	125	北京市通州区玉桥西路103号（原75号）	81528822	
			商务单人标准间	55	55	1080	200	上海厅	1	1	4500	1200	50	中	100			
			商务双人高级间	17	17	1480	200	东京厅	1	1	2500	750	25	低	80			
			商务单人高级间	25	25	1480	200	北京厅	1	1	5000	1750	150					
			行政标准间	4	4	1280	240	悉尼厅	1	1	2500	350	15					
			行政高级间	8	8	1580	240	首尔厅	1	1	2500	350	20					
			行政豪华间	10	10	2180	240											
			行政贵宾套房	4	4	3180	400											

饭店名称	发票开具单位名称	星级	客房（价格：元/天）					会议室（数量：间；价格：元/半天）						餐费（元/人天）		地址	前台订房电话	备注
			房型	总间数	协议间数	门市价	协议价	类型	总间数	协议间数	门市价	协议价	容纳人数	类型	价格			
北京正运通酒店	北京正运通酒店管理有限公司	3	标准间 A	52	52	680	220	大会议室	1	1	1250	1100	200	高	120	北京市通州区马驹桥镇杨秀店村北	60502888	
			标准间 B	42	42	590	160		1	1	1500	1300	400	中	100			
			标准间 C	8	8	1280	400	中会议室	1	1	1200	1000	150	低	80			
			标准间 D	6	6	980	300	小会议室	4	4	750	600	20					
			标准间 E	3	3	660	250		2	2	1000	750	40					
			普通套间	2	2	880	400		2	2	750	500	30					
			豪华套间	1	1	1680	700		1	1	750	500	20					
			总统套	1	1	2680	800		1	1	1000	750	40					
外交部机关及驻外机构服务中心张湾培训中心	外交部机关及驻外机构服务中心		单人标准间	60	60	240	180							高	130	北京市通州区张家湾镇西定福庄村183号	69572842	
			双人标准间	99	99	240	180	大会议室	2	2	3000	2000	180	中	100			
			普通套间	7	7	600	300	中会议室	6	6	900	650	35	低	90			
			豪华套间	6	6	900	550	小会议室	3	3	600	350	12					
北京通州运河苑渡假村有限公司	北京通州运河苑渡假村有限公司	4	普通标准间	60	60	380	266	第一会议室	1	1	1500	1200	90	高	200	北京市通州区宋庄镇白庙村东	89579999－8000	
			普通套间	6	6	680	480	第二会议室	1	1	1300	800	55	中	160			
			豪华标间	68	68	680	480	第三会议室	1	1	2400	2100	200	低	140			
			商务套房	5	5	1680	980	第四会议室	1	1	1000	700	70					
			豪华单人间	5	5	680	480	商务洽谈室	2	2	500	400	30					
			豪华套房	2	2	2880	1680	多功能厅	1	1	3000	2400	300					
			公寓标准间	81	81	280	228											
			公寓单人间	18	18	280	228											
			公寓套间	6	6	480	380											
			别墅	11	11	5800	3800											

饭店名称	发票开具单位名称	星级	客房（价格：元/天）					会议室（数量：间；价格：元/半天）						餐费（元/人天）		地址	前台订房电话	备注
			房型	总间数	协议间数	门市价	协议价	类型	总间数	协议间数	门市价	协议价	容纳人数	类型	价格			
顺义区																		
北京乔波国际会议中心有限公司	北京乔波国际会议中心有限公司		豪华标准间	175	175	1088	270	会议中心多功能厅	1	1	5000	4400	400	高	160	北京市顺义区顺安路6号	69419999－预定部	
			豪华大床间	16	16	1088	270	雪馆多功能厅	1	1	5000	2200	200	中	120			
			豪华套间	12	12	1888	270	第一会议室	1	1	3000	2200	200	低	80			
								第二会议室	1	1	3000	1100	100					
								第三会议室	1	1	2500	550	50					
								第四会议室	1	1	2500	275	25					
								第五会议室	1	1	2000	330	30					
								第六会议室	1	1	1500	330	30					
								第七会议室	1	1	1500	275	25					
								V5－V6 会议室	2	2	1500	330	30					
								V7－V8 会议室	2	2	2500	550	50					
								会议中心贵宾厅	1	1	1500	275	25					
								雪馆贵宾厅	1	1	1500	275	25					
北京春晖园文化娱乐有限责任公司	北京春晖园文化娱乐有限责任公司	4	温泉标间	463	463	700	300	小型会议室	6	6	1500	750	30	高	160	北京市顺义区高丽营镇于庄	69454433	
			温泉标间大床	30	30	700	300	中型会议室	5	5	2500	1250	50	中	120			
			普通套房	64	64	1500	550	大型会议室	3	3	4000	2000	100	低	80			
			豪华套房	8	8	1800	650	超大型会议室	2	2	7000	3500	200					
北京顺鑫绿色度假村有限责任公司	北京顺鑫绿色度假村有限责任公司	4	标准间	229	229	580	260	多功能会议室	1	1	4000	2600	300	高	120	北京市顺义区李遂镇西	89485555	
			单人标准间	11	11	580	260	第二会议室	1	1	3500	2000	200	中	110			
			普通套间	4	4	880	380	贵宾楼 A2 会议室	1	1	4000	2000	200	低	80			
			豪华套间	9	9	1080	480	贵宾楼 A1 会议室	1	1	2500	1500	40					
			贵宾套间	4	4	2800	960	3、4、5 号会议室	3	3	1200	800	20					
			残疾人房	3	3	580	260	6 号会议室	1	1	1600	1100	50					
			畅怡轩多功能别墅	1	1	11280	4600	7、8 号会议室	2	2	1500	900	40					
			A 型双层别墅（两室一厅）	1	1	680	200	9 号会议室	1	1	1500	900	45					
			B 型双层别墅（三室一厅）	1	1	1280	350	1 号贵宾厅	1	1	1200	800	20					

饭店名称	发票开具单位名称	星级	客房（价格：元/天）					会议室（数量：间；价格：元/半天）						餐费（元/人天）		地址	前台订房电话	备注
			房型	总间数	协议间数	门市价	协议价	类型	总间数	协议间数	门市价	协议价	容纳人数	类型	价格			
北京顺鑫绿色度假村有限责任公司	北京顺鑫绿色度假村有限责任公司	4	C 型双层别墅（三室一厅）	1	1	1280	350	2 号贵宾厅	1	1	1200	800	18			北京市顺义区李遂镇西	89485555	
			D 型双层别墅（两室一厅）	1	1	1280	350	翠云轩林区会议室	1	1	1240	800	150					
			单层别墅（一室一厅）	6	6	680	260	翠云轩小会议室	1	1	400	240	20					
			A 型欧陆别墅（三室一厅）	5	5	1080	350											
			B 型欧陆别墅（三室一厅）	3	3	1080	350											
			C 型欧陆别墅（三室一厅）	2	2	1080	350											
			A 型日式特色房（塌塌米）	35	35	460	140											
			B 型日式特色房	1	1	400	150											
			C 型日式特色房	1	1	400	150											
			D 型日式特色房（两室一厅）	1	1	560	180											
北京和园景逸大酒店	北京和园景逸大酒店有限公司		标准双间	103	103	1588	200	万荷堂	1	1	12500	6250	600	高	160	北京市顺义区后沙峪镇裕民大街 2 号	69455588	
			标准单间	85	85	1688	200	紫薇厅	1	1	6500	3250	210	中	120			
			园景套房	14	14	2388	450	宴会厅	1	1	6000	3000	260	低	80			
			行政套房	6	6	2988	500	第一会议室	1	1	3000	1500	110					
								第二会议室	1	1	3000	1500	90					
								第三会议室	1	1	3000	1500	70					
								第四会议室	1	1	3000	1500	70					
								第五会议室	1	1	5000	2000	50					
								第六会议室	1	1	1500	750	20					
								VIP1 会	1	1	3000	1500	110					
								VIP2 会、VIP3 会	2	2	2000	1000	60					
								VIP4 会、VIP5 会	2	2	1600	800	50					

饭店名称	发票开具单位名称	星级	客房（价格：元/天）					会议室（数量：间；价格：元/半天）						餐费（元/人天）		地址	前台订房电话	备注
			房型	总间数	协议间数	门市价	协议价	类型	总间数	协议间数	门市价	协议价	容纳人数	类型	价格			
北京市京林空港培训中心	北京市京林空港培训中心	3	标准间	55	55	668	330	大会议室	1	1	3000	2000	200	高	190	北京市首都机场南平东里乙一号	64583715	
			豪华标准间	111	111	780	330	京林会议厅	1	1	18000	9000	350	中	170			
			单人间	12	12	668	330	第一会议室	1	1	1100	800	26	低	150			
			商务套房	12	12	1056	520	第二会议室	1	1	1300	1000	40					
			豪华套房	1	1	1800	900	第三会议室	1	1	1300	1000	56					
			二室一厅	24	24	1086	660	第五会议室	1	1	1300	1000	40					
			小三室一厅	6	6	1568	990	第六会议室	1	1	1600	1100	40					
			大三室一厅	8	8	1868	990	第九会议室	1	1	1600	1500	76					
								第八会议室	1	1	2800	1400	26					
								第十会议室	1	1	1100	800.	26					
								贵宾一	1	1	1100	600	15					
								贵宾二	1	1	1100	400	10					
北京空港奥竺宾馆有限公司	北京空港奥竺宾馆有限公司		大床标准间	24	24	580	200	第一会议室（多功能厅）	1	1	4000	3000	200	高	180	北京市顺义区天竺地区小天竺一街36号	64548082	
			普通标准间	175	175	580	200	第二会议室	1	1	1500	1200	50	中	120			
			阳光标准间	39	39	680	260	第三会议室	1	1	1500	1200	40	低	90			
			三人套间	6	6	880	380	第四会议室、第五会议室	2	2	1200	1000	30					
			四人套间	10	10	880	380	第六会议室（联合会议室）	1	1	2500	1800	100					
			大床套间	4	4	880	380	第七会议室	1	1	1000	600	20					
北京丰荣君华酒店有限公司	北京丰荣君华酒店有限公司		普通套间	6	6	1680	450	会议室 D	1	1	2700	800	50	高	260	北京首都机场国门商务区李天路27号	81463366	
			豪华大床间	68	68	980	260	会议室 C	1	1	2000	500	20	中	160			
			豪华标准间	32	32	980	260	会议室 B	1	1	2500	700	35	低	120			
			高级大床间	65	65	880	230	会议室 A	1	1	2500	700	35					
			高级标准间	170	170	880	230	君华厅	1	1	3000	900	60					
			豪华套间	10	10	1880	550	商务会议室	1	1	3500	1000	80					
			高级商务间	22	22	1380	400	丰荣厅	1	1	5000	2000	350					

饭店名称	发票开具单位名称	星级	客房（价格：元/天）					会议室（数量：间；价格：元/半天）						餐费（元/人天）		地址	前台订房电话	备注
			房型	总间数	协议间数	门市价	协议价	类型	总间数	协议间数	门市价	协议价	容纳人数	类型	价格			
北京金宝花园酒店管理有限公司	北京金宝花园酒店管理有限公司	4	标准间	178	178	880	340	多功能1#、2#厅	2	2	12000	3000	500	高	300	北京顺义区马坡镇金宝会馆1103号	69406060－前台	
			商务单人间	16	16	980	350	1#会议室	1	1	8000	1500	130	中	260			
			普通套间	8	8	1800	500	2#、4#会议室	2	2	3000	700	40	低	200			
			复式套间	2	2	2080	400	3#、7#、10#会议室	3	3	2500	500	20					
								5#、9#、11#会议室	3	3	2800	600	30					
								6#、8#会议室	2	2	3500	800	60					
								12#会议室	1	1	4000	900	80					
								1#、2#洽谈室	2	2	1800	300	12					
国家发展和改革委员会招待所	国家发展和改革委员会招待所		单间	7	7	1080	160	大会议室	1	1	3000	1500	220	高	120	北京市顺义区裕民大街2号	69455888－6100/6200	
			标准间	97	97	880	200	中会议室	1	1	2000	800	100	中	100			
			普通套间	21	21	1280	500	50人小会议室	3	3	1500	400	50	低	80			
								30人小会议室	2	2	1300	200	30					
								20人小会议室	3	3	1100	150	20					
北京顺义宾馆	顺义区人民政府招待所	3	标准间	199	199	1280	240	会议中心一会	1	1	5000	2000	450	高	240	北京市顺义区府前中街3号	69444815－2120/2020	
			普通套间	17	17	2720	360	会议中心二会	1	1	3500	1400	180	中	150			
			豪华套间	6	6	7540	580	小会议室	1	1	2500	1000	51	低	120			
			单人间	112	112	1090	240	迎宾厅	1	1	2000	800	30					
			三人间	6	6	1310	300	贵宾一	1	1	1000	400	14					
								贵宾二	1	1	1000	400	14					
								贵宾三	1	1	1000	400	12					
								A座三楼一会议室	1	1	1000	400	12					
								A座四楼二会议室	1	1	800	320	18					
								A座四楼三会议室	1	1	1600	640	52					
								A座五楼一会议室	1	1	800	320	20					
								A座五楼二会议室	1	1	800	320	14					
								A座五楼三会议室	1	1	1000	400	32					
								B座一层会议室	1	1	800	320	18					
								B座二层会议室	1	1	800	320	12					
								B座三层会议室	1	1	800	320	14					
								B座四层会议室	1	1	800	320	20					

饭店名称	发票开具单位名称	星级	客房（价格：元/天）					会议室（数量：间；价格：元/半天）						餐费（元/人天）		地址	前台订房电话	备注
			房型	总间数	协议间数	门市价	协议价	类型	总间数	协议间数	门市价	协议价	容纳人数	类型	价格			
北京顺义宾馆	顺义区人民政府招待所	3						B 座五层会议室	1	1	1200	480	30			北京市顺义区府前中街3号	69444815－2120/2020	
								多功能厅	1	1	2500	1000						
								C 座六层一会议室	1	1	2000	800						
								C 座六层二会议室	1	1	2000	800						
								C 座六层三会议室	1	1	2000	800						
								C 座六层四会议室	1	1	1600	640						
								C 座小会议室	3	3	1000	400						
北京怡生园国际会议中心	北京怡生园国际会议中心		标准双床间	218	218	1180	380	1#	1	1	2980	1600	30	高	150	顺义区北小营镇左堤路5号	60485588－5511/6682	
			标准单床间	40	40	1180	380	2#	1	1	2980	1600	30	中	120			
			异型间	10	10	1380	400	3#	1	1	2980	1500	50					
			套间	24	24	2580	620	4#	1	1	1880	1000	10					
								5#	1	1	2980	1500	40					
								6#	1	1	4280	2000	80					
								7#	1	1	4380	2000	60					
								8#	1	1	2880	1500	40					
								9#	1	1	4580	2200	120					
								10#	1	1	1880	1000	15					
								11#	1	1	1880	1000	30					
								12#	1	1	2980	1500	50					
								15#	1	1	2980	1500	50					
								16#	1	1	2980	1500	50					
								17#	1	1	1880	1200						
								31#	1	1	2880	1500	30					
								32#	1	1	2880	1500	30					
								阶梯	1	1	4000	2000	81					
								多厅1/3	1	1	5000	2500	2500					
								多厅1/2	1	1	8000	3500	240					
								多厅2/3	1	1	10000	4000	320					
								多二厅	1	1	10000	5000	450					

饭店名称	发票开具单位名称	星级	客房（价格：元/天）					会议室（数量：间；价格：元/半天）						餐费（元/人天）		地址	前台订房电话	备注
			房型	总间数	协议间数	门市价	协议价	类型	总间数	协议间数	门市价	协议价	容纳人数	类型	价格			
总装备部银轮接待处	总装备部银轮接待处		一类双床标准间	93	93	800	300	礼堂	1	1	9800	5000	410	高	500	北京市顺义区天竺开发街12号	66368308	
			二类双床标准间	59	59	400	250	大会议室	1	1	1500	800	200	中	300			
			三类双床标准间	24	24	300	220	接见厅	1	1	2000	900	28	低	100			
			单床标间	16	16	400	240	休息室	2	2	800	500	15					
			普通套间	3	3	980	540	谈判厅	1	1	1000	700	50					
			豪华套间	13	13	1800	600	普通会议室	2	2	800	500	40					
								中会议室	4	4	700	400	25					
								小会议室	4	4	500	300	12					
北京花水湾磁化温泉度假村	北京花水湾磁化温泉度假村有限公司	3	宾馆楼标间	158	158	580	230	多功能厅	1	1	6000	2700	500	高	200	北京市顺义区高丽营镇北高路99号	69456668－预定部	1. 如会议所需要的标准间数量超出我单位标间总数，可免费升级到较高级别的房间，全部按标间报价收费。2. 餐费及餐标可根据会议需要调整出更高或更低的标准。
			温泉公寓标间	90	90	600	230	大会议室 A	2	2	4000	1800	200	中	160			
			宾馆楼套间	11	11	980	390	中会议室 A	1	1	3000	1350	100	低	80			
			别墅 A 区一层	4	4	2000	800	中会议室 B	2	2	2000	900	50					
			别墅 A 区二层	4	4	1600	640	小会议室 A	3	3	1500	675	30					
			别墅 B 区一层	15	15	700	280	小会议室 B	3	3	800	360	20					
			别墅 B 区二层	2	2	3200	1280											
			别墅 C 区一层	4	4	700	280											
			别墅 C 区二层	2	2	3200	1280											
			别墅 D 区一层	6	6	3000	1200											
中国残疾人奥林匹克运动管理中心	中国残疾人奥林匹克运动管理中心		标准间	229	229	380	238	小会议室	4	4	600	400	35	高	200	顺义区后沙峪镇天北路321号	80471188	
			普通套间	20	20	680	488	多媒体会议室	2	2	780	500	35	中	160			
			三人间	13	13	480	288	多功能会议室	1	1	1500	1000	80	低	80			
								贵宾会议室	1	1	600	400	15					
								报告厅	1	1	2800	1200	200					
								礼堂	1	1	4000	2500	500					

饭店名称	发票开具单位名称	星级	客房（价格：元/天）					会议室（数量：间；价格：元/半天）						餐费（元/人天）		地址	前台订房电话	备注
			房型	总间数	协议间数	门市价	协议价	类型	总间数	协议间数	门市价	协议价	容纳人数	类型	价格			
北京东方太阳城房地产开发有限责任公司东方嘉宾国际酒店	北京东方太阳城房地产开发有限责任公司东方嘉宾国际酒店	4	豪华标准间	81	81	1080	350	第一会议室	1	1	1000	600	15	高	330	北京市顺义区仁和镇东方太阳城社区中心	89431700－6131	
			商务套房	3	3	1580	600	第二会议室	1	1	1800	1200	24	中	190			
			豪华复式套房	8	8	1880	700	第三会议室	1	1	2600	1500	35	低	130			
			公寓单人间	57	57	570	170	第四会议室	1	1	2600	1500	100					
			公寓标准间	24	24	852	300	第五会议室	1	1	1800	1080	30					
			公寓套间 A	22	22	1380	600	第六会议室	1	1	1800	1080	15					
			公寓套间 B	6	6	1380	600	第七会议室	1	1	1800	1200	50					
			豪华单人间	16	16	1180	350	第一培训室	1	1	1200	800	50					
								第二培训室	1	1	1200	800	50					
								宴会厅	1	1	6000	3600	200					
								小多功能厅	1	1	2000	1200	100					
								多功能厅	1	1	10000	6000	500					
								贵宾室	1	1	4000	2500	12					
昌平区																		
商务部培训中心	商务部培训中心	4	标准间	96	96	480	280	报告厅	1	1	6000	3500	300	高	150	北京市昌平区东三旗	69759898－6000/6001 69759688	
			高级套间	19	19	1480	760	多功能厅	1	1	4000	2000	220	中	120			
			豪华套间	1	1	3880	2680	培训楼报告厅	1	1	2000	1000	120	低	80			
			双人套间	50	50	580	360	大研讨室	1	1	2500	1200	100					
			普通单人间	36	36	380	220	中研讨室 A	1	1	1500	800	60					
			单人间	40	40	420	280	中研讨室 B	4	4	1200	600	40					
			培训楼 A 段双人标准间	40	40	220	120	小研讨室	2	2	1000	500	25					
			培训楼 B 段双人标准间	52	52	260	180	培训楼第二会议室	1	1	800	350	35					
			培训楼套间	4	4	480	280	培训楼第三会议室	1	1	800	400	35					

饭店名称	发票开具单位名称	星级	客房（价格：元/天）					会议室（数量：间；价格：元/半天）						餐费（元/人天）		地址	前台订房电话	备注
			房型	总间数	协议间数	门市价	协议价	类型	总间数	协议间数	门市价	协议价	容纳人数	类型	价格			
商务部培训中心	商务部培训中心	4	2号楼单人间	37	37	100	40	培训楼第四会议室	1	1	700	350	30			北京市昌平区东三旗	69759898－6000/6001 69759688	
								培训楼第五会议室	1	1	700	350	30					
								培训楼第六会议室	1	1	700	350	50					
								江南阁	1	1	1600	1000	36					
								大宴会厅	1	1	3800	2000	200					
阳光酒店管理集团有限公司北京阳光会议中心	阳光酒店管理集团有限公司北京阳光会议中心	3	豪华标准间	194	194	480	260	综合楼课桌会议室	1	1	10000	8000	500	高	160	北京市昌平区长陵镇锥石口村北	89721241	
			普通标准间B	64	64	280	180	主楼二层多功能厅	1	1	3000	2400	200	中	120			
			普通标准间A	60	60	330	230	一号楼课桌会议室	1	1	1500	1200	70	低	100			
			大单间	14	14	350	300	一号楼圆桌会议室	1	1	3000	1200	60					
			普通套间	24	24	912	600	五号楼课桌会议室	1	1	1500	1200	90					
			小单间	3	3	200	160	五号楼圆桌会议室	1	1	1500	1200	56					
								二号楼一层圆桌会议室	1	1	1200	960	50					
								二号楼二层圆桌会议室	1	1	1200	960	45					
								二号楼三层圆桌会议室（小）	1	1	300	240	14					
								三号楼一层圆桌会议室	1	1	600	480	24					
								三号楼三层圆桌会议室	1	1	300	240	24					
								五号楼圆桌会议室（小）	2	2	300	240	24					

饭店名称	发票开具单位名称	星级	客房（价格：元/天）					会议室（数量：间；价格：元/半天）						餐费（元/人天）		地址	前台订房电话	备注
			房型	总间数	协议间数	门市价	协议价	类型	总间数	协议间数	门市价	协议价	容纳人数	类型	价格			
北京汤山假日会议中心	北京汤山假日会议中心	4	标准间	120	120	580	220	多功能厅	1	1	3600	2000	328	高	205	北京市昌平区小汤山镇中心街西端	61785522－8288/8901 61792288	
			套间	9	9	880	500	中会议室	1	1	3000	1800	200	中	165			
			豪华套间	1	1	1188	600	阶梯会议室	1	1	1200	720	100	低	80			
								豪华小会议室	2	2	1100	660	35					
								普通小会议室	4	4	900	550	35					
								培训会议室	4	4	800	480	25					
北京温都水城国际酒店	北京温都水城旅游饭店管理有限公司	4	水城国际酒店标准间	112	112	880	270	第一会议室	1	1	1800	850	40	高	120	北京市昌平区北七家镇宏福创业园	81788888	
			水城国际酒店普通套间	12	12	1280	420	第二会议室	1	1	1800	850	40	中	100			
			水城国际酒店王府贵宾区标间	34	34	880	270	第三会议室	1	1	2400	1100	80	低	80			
			水城国际酒店王府贵宾区豪华套间	9	9	1680	420	第五会议室	1	1	2400	1100	70					
			水城国际酒店西区（宏福大厦）标间	312	312	880	270	第七会议室	1	1	1200	550	30					
			水城国际酒店西区（宏福大厦）豪华套间	13	13	1680	420	第八会议室	1	1	1200	550	30					
								第九会议室	1	1	1800	850	40					
								第十会议室	1	1	1800	850	40					
								第十一会议室	1	1	1800	850	40					
								第十二会议室	1	1	2400	1100	70					
								第十五会议室	1	1	2400	1100	70					
								报告厅	1	1	12000	5500	500					
								大会议室	1	1	6000	2500	200					
								水城宴会厅	1	1	6000	2500	200					
								第十六会议室	1	1	1400	650	20					
								第十七会议室	1	1	1400	650	30					
								第十八会议室	1	1	1400	650	25					

饭店名称	发票开具单位名称	星级	客房（价格：元/天）					会议室（数量：间；价格：元/半天）						餐费（元/人天）		地址	前台订房电话	备注
			房型	总间数	协议间数	门市价	协议价	类型	总间数	协议间数	门市价	协议价	容纳人数	类型	价格			
北京碧水饭店管理有限公司	北京碧水饭店管理有限公司	4	双床标准间	145	145	660	260	第一会议室	1	1	4200	840	60	高	120	北京市昌平区回龙观镇碧水庄园定福皇庄75号	69731307	
			普通套间	15	15	1320	350	第二会议室	1	1	1800	360	45	中	100			
			豪华套间	1	1	3888	350	第三会议室	1	1	1800	360	45	低	80			
			单床标准间	21	21	660	260	第五会议室	1	1	3300	660	100					
								第六会议室	1	1	1800	360	45					
								第七会议室	1	1	3000	600	100					
								第八会议室	1	1	1800	360	30					
								第九会议室	1	1	1200	240	30					
								报告厅	1	1	9800	2400	450					
								多功能厅	1	1	9800	2400	400					
华清温泉宾馆	北京市华清温泉宾馆有限责任公司	3	标准间	55	55	580	232	亚洲厅	1	1	1500	1200	140	高	180	北京市昌平区东小口镇中滩村东	84826665	
			豪华标准间	33	33	680	272	华夏厅	1	1	1000	800	50	中	120			
			套间	8	8	880	352	世纪厅	1	1	1000	800	50	低	90			
龙城丽宫国际酒店	北京昌信回龙园别墅有限公司龙城丽宫国际宾馆	5	主楼标准间	460	460	3100	290	超大型会议室（北京厅）	1	1	32000	15000	600	高	138	北京市昌平区昌平路317号	80799988	
			南楼标准间	316	316	3100	260	黄山厅			13200	6250	250	中	120			
			普通套间	11	11	3400	480	泰山厅	3	3	13200	6250	250	低	90			
								华山厅			10000	5000	200					
			豪华套间	13	13	4000	800	重庆厅			12000	5000	200					
			主楼行政间	46	46	4100	750	嵩山厅	3	3	9000	5000	200					
								恒山厅			9000	5000	200					
			南楼行政间	16	16	4100	750	上海厅			4500	1250	50					
			行政商务套房	18	18	4700	950	南京厅			4500	1250	50					
								杭州厅			4500	1250	50					
								五指山厅	7	7	4000	2500	100					
			行政豪华套房	21	21	5300	1050	沂蒙山厅			4000	2500	100					
								太行山厅			4000	2500	100					
			单卧复式套房	36	36	4700	950	贺兰山厅			4000	2500	100					

饭店名称	发票开具单位名称	星级	客房（价格：元/天）					会议室（数量：间；价格：元/半天）						餐费（元/人天）		地址	前台订房电话	备注
			房型	总间数	协议间数	门市价	协议价	类型	总间数	协议间数	门市价	协议价	容纳人数	类型	价格			
龙城丽宫国际酒店	北京昌信回龙园别墅有限公司龙城丽宫国际宾馆	5						昆明厅	8	8	2500	750	30			北京市昌平区昌平路317号	80799988	
								桂林厅			2250	750	30					
								苏州厅			1500	250	10					
								商务中心			1200	250	10					
								广州厅			3375	750	30					
								珠海厅			2700	750	30					
								深圳厅			2200	750	30					
								厦门厅			2200	750	30					
北京昆钰酒店	北京昆钰酒店	3	标准间	135	135	380	160	大会议室	2	2	2000	900	240	高	200	北京市昌平区沙河镇沙阳路11号	51529388 59795238－8200	
			豪华标准间	15	15	480	210	大中型会议室	3	3	1800	800	140	中	145			
			单人间	17	17	380	160	中型会议室	4	4	1400	700	80	低	80			
			三人间	5	5	450	200	小型会议室	3	3	1000	300	30					
			豪华套间	2	2	1280	400											
北京市纪委监察局昌平教育基地	北京市纪委监察局昌平教育基地	4	A类标准间	110	110	880	340	大报告厅	1	1	6000	4200	500	高	180	昌平区蟒山路5号	60712266－6010/6001	
			B类标准间	48	48	600	260	大会议室	1	1	3200	2240	200	中	140			
			C类标准间	24	24	800	200	多功能厅	2	2	3200	1600	120	低	80			
			单人间	7	7	600	200	小会议室	2	2	1200	840	60					
			普通套间	33	33	1400	480	小会议室	4	4	1000	700	40					
			豪华套间	11	11	1680	650	小会议室	2	2	800	650	36					
								电教室	1	1	1400	300	15					
								贵宾室	6	6	400	280	15					
北京市地方税务局干部培训中心	北京市地方税务局干部培训中心		标准间	117	117	520		小会议室	3	3	600	400	10	高	140	北京市昌平区水库路东侧朝凤庵路5号	60713297	
			异型间	6	6	560		小会议室	7	7	600	400	36	中	120			
			普通套间	12	12	1200		中会议室多功能厅	2	2	2000	1500	100 120	低	100			
			豪华套间	3	3	1800		大会议室	1	1	5600	4000	300					
								计算机教室	1	1	3000	2000	50					

饭店名称	发票开具单位名称	星级	客房（价格：元/天）					会议室（数量：间；价格：元/半天）						餐费（元/人天）		地址	前台订房电话	备注
			房型	总间数	协议间数	门市价	协议价	类型	总间数	协议间数	门市价	协议价	容纳人数	类型	价格			
北京静之湖度假酒店	北京静之湖度假酒店有限公司	4	标准间	118	118	788	300	大型会议室	2	2	4000	1800	210	高	190	昌平区兴寿镇桃峪口静之湖休闲山庄A区23－24号楼	61709988－2301	
			单人间	4	4	788	300	中型会议室	3	3	1000	600	70	中	150			
			豪华单间	2	2	988	350	小型会议室	7	7	900	330	30	低	80			
			三人间	2	2	988	300											
			东段套间	4	4	1588	500											
			西段套间	8	8	1888	500											
			南段套房	6	6	2188	500											
北京培新宾馆小汤山会议中心	北京培新宾馆小汤山会议中心	4	标准间	108	108	680	260	1号	1	1	7500	3000	260	高	120	北京市昌平区沙顺路89号	61785566	
			普通套间	8	8	1080	450	3号	1	1	4000	2000	210	中	100			
			豪华套间	1	1	1380	550	2号	1	1	3000	1200	100	低	80			
			大床标准间	5	5	680	260	6、7、8、9号	4	4	2000	600	40					
								4、5、11、12号	4	4	1500	400	30					
北京拉斐特城堡酒店	北京拉斐特城堡酒店有限公司		标准间	370	370	980	290	温泉酒店会议厅	1	1	30000	10000	1000	高	300	昌平北七家	89758866－8108	
			温泉标间	21	21	1580	300	东大厅会议室	1	1	16000	5000	500	中	120			
			花园标间	40	40	1380	300	西大厅会议室	1	1	12000	4000	350	低	80			
			行政间	18	18	1380	350	西小会议室	4	4	4000	1800	45					
			城堡套房	22	22	2180	600	东小会议室	1	1	4000	2000	20					
			越层套房	8	8	2380	600	温泉酒店大会议室	1	1	8000	3000	70					
			温泉套房	9	9	3580	650	温泉酒店小会议室	2	2	6000	2000	50					
								主城堡二层会议室	2	2	6000	2800	60					
北京昆泰大酒店	北京昆泰大酒店	4	双人标间	192	192	680	320	小会议室	3	3	1000	600	20	高	160	北京市昌平区回龙观西大街107号	59910088－6706	
			单人标间	18	18	980	300	中小会议室	2	2	1250	750	30	中	120			
			普通套间	13	13	1280	650	中会议室	3	3	1600	960	40	低	80			
			豪华套间	3	3	4800	2400	大会议室	1	1	1800	1080	60					
								多功能厅	1	1	4000	2400	200					
								宴会厅A	1	1	6000	3600	300					
								宴会厅B	1	1	3000	1800	150					

饭店名称	发票开具单位名称	星级	客房（价格：元/天）					会议室（数量：间；价格：元/半天）						餐费（元/人天）		地址	前台订房电话	备注
			房型	总间数	协议间数	门市价	协议价	类型	总间数	协议间数	门市价	协议价	容纳人数	类型	价格			
中国人民解放军总政治部沙河培训基地	中国人民解放军总政治部沙河培训基地		主楼标准间	124	124	320	260	东楼第一会议室	1	1	4200	3000	300	高	150	昌平区七里渠小沙河328号	66790700	
			小楼标准间	42	42	380	300	西楼第二会议室	1	1	2800	2000	200	中	120			
			标准单间	4	4	320	260	西楼第三会议室	1	1	2200	1500	100	低	100			
			普通套间	20	20	680	520	西楼电教室	1	1	2800	2000	80					
			豪华套间	4	4	3800	1800	三楼一层东会议室	1	1	1200	800	50					
			高级套间	12	12	1800	880	三楼一层西会议室	1	1	800	500	30					
								三楼四、五、六层会议室	3	3	800	500	30					
								主楼三层会议室	1	1	600	400	20					
								小楼会议室	4	4	600	400	20					
北京金隅凤山温泉度假村有限公司	北京金隅凤山温泉度假村有限公司	4	A类标间	100	100	980	380	报告厅	1	1	6000	2800	300	高	110	北京市昌平区蟒山路10号	60713942	
			单人间	10	10	480	180	多功能厅	1	1	4800	2600	280	中	90			
			A类套间	6	6	1980	600	一会/二会	2	2	1500	900	50	低	80			
			豪华套间	8	8	2980	800	三会	1	1	600	300	14					
			B类标间	40	40	680	180	四会	1	1	1200	500	18					
			B类套间	3	3	1080	300	五会/六会	2	2	1200	700	40					
			C类标间	129	129	480	130	7会	1	1	1800	600	60					
			C类套房	4	4	680	240	8会	1	1	1600	650	40					
								9会/10会/13会	3	3	800	350	25					
								11会	1	1	2000	600	60					
								12会	1	1	1600	500	70					
								15会	1	1	600	450	30					
								16会/17会	2	2	1200	350	20					
								18会/19会	2	2	1800	650	50					
国土资源部十三陵培训中心	国土资源部十三陵培训中心		单人间	5	5	150	100	大会议室	1	1	1200	800	220	高	120	北京市昌平区长陵镇泰陵村北	89722406 89722408 89721818	
			标准间A	47	47	300	180	中会议室	1	1	800	500	60	中	100			
			标准间B	31	31	340	200	小会议室	3	3	500	300	30	低	80			
			高档标准间	8	8	420	260	北中会议室	1	1	300	200	50					
			套间A	5	5	988	600	北小会议室	1	1	150	100	20					
			套间B	5	5	988	600											
			公寓式客房	4	4	600	360											

饭店名称	发票开具单位名称	星级	客房（价格：元/天）					会议室（数量：间；价格：元/半天）						餐费（元/人天）		地址	前台订房电话	备注
			房型	总间数	协议间数	门市价	协议价	类型	总间数	协议间数	门市价	协议价	容纳人数	类型	价格			
中央农业干部教育培训中心	农业部管理干部学院		标准间	75	75	360	240	大礼堂	1	1	4000	3000	400	高	120	北京市昌平区东小口镇霍营	81703388	
			普通套间	5	5	380	260	会议中心203会议室	1	1	1600	1200	210	中	100			
			豪华套间	6	6	680	500	报告厅	1	1	2600	1800	156	低	80			
			小单间	173	173	200	130	网络教室	1	1	3000	2600	100					
			大单间	6	6	360	240	会议中心201会议室	1	1	1000	800	70					
								培训一号楼多媒体教室	1	1	1000	900	50					
								会议中心101会议室	1	1	700	600	48					
								培训一号楼大会议室	2	2	900	800	40					
								培训二号楼会议室	2	2	800	700	40					
								培训二号楼教室	2	2	800	700	40					
								会议中心202会议室	1	1	500	300	20					
								网络会议室	1	1	1400	600	20					
								培训一号楼小会议室	4	4	600	450	15					
								贵宾接待室	2	2	400	200	10					
机械工业部机关服务局虎峪园林山庄	机械工业部机关服务局虎峪园林山庄	2	标准间	60	60	490	260	一二七八会	4	4	600	450	20	高	120	北京市昌平区南口镇虎峪村	69771100	
			普通套间	8	8	1580	600	四五六会	3	3	800	600	40	中	100			
			豪华套间	2	2	1980	800	三会	1	1	1200	900	50	低	80			
			标准间	70	70	380	190	多功能厅	1	1	1000	800	100					
			普通套间	2	2	600	300	大报告厅	1	1	2400	2000	300					
			豪华套间	6	6	800	400											
			标准间	40	40	360	180											
北京瑶台山庄	北京瑶台山庄	3	标准间	107	107	480	280	小会议室	3	3	400	350	15	高	130	北京市昌平区崔村镇棉山村北	60727000 60727055	
			西厢苑标准间	10	10	300	188	中会议室	2	2	680	570	35	中	100			
			三人间	12	12	580	358	圆形会议室	3	3	1000	780	60	低	80			
			四人间	4	4	680	408	大报告厅	1	1	2000	1500	260					
			双人套间	8	8	780	460	中报告厅	1	1	2000	1380	140					
			大床套间	3	3	780	460	小报告厅	1	1	1480	910	60					
			西厢苑大床套间	2	2	580	300											
			豪华套间	2	2	880	500											
			总统套	2	2	1680	1500											

饭店名称	发票开具单位名称	星级	客房（价格：元/天）					会议室（数量：间；价格：元/半天）						餐费（元/人天）		地址	前台订房电话	备注
			房型	总间数	协议间数	门市价	协议价	类型	总间数	协议间数	门市价	协议价	容纳人数	类型	价格			
北京九华山庄集团股份有限公司	北京九华山庄集团股份有限公司	5	九区标准间	84	84	480	180	12 区 VIP1	1	1	1200	540		高	210	北京市昌平区小汤山镇九华山庄	61782288	
			十区标准间	248	248	700	260	12 区 VIP2	1	1	1200	540		中	150			
			十床单人标准间	25	25	700	260	12 区 1#、	1	1	1600	720		低	130			
			十二区四人间	136	136	600	220	12 区 2#，6#，7#，8#	4	4	1200	540	50					
			十五区标准间	348	348	840	310	12 区 3#	1	1	1600	720						
			十五区单人标准间	36	36	840	310	12 区 5#	1	1	1600	720						
			十六区标准间	957	957	980	360	10 区 9#，10#	2	2	6000	2700	550					
			十六区单人标准间	218	218	980	360	10 区 11#，15#	2	2	1600	720	40					
			十五区豪华单人套	15	15	1280	470	10 区 12#，16#，29#，30#，31#	5	5	1200	540	50					
			十五区双人行政套	16	16	1580	580	10 区 17#，18#	2	2	1100	495						
			十五区单人行政套	19	19	1580	580	10 区 19#，21#，22#，25#	4	4	1600	720	100					
			十六区商务套	49	49	1800	650	10 区 20#	1	1	1450	655						
								10 区 26#	1	1	1700	765						
								10 区 27#	1	1	1600	720						
								10 区 28#	1	1	2100	945						
								15 区 50#，52#	2	2	3000	1350	250					
								15 区 51#	1	1	3000	1350						
								15 区 55#，56#	2	2	2200	990						
								15 区 57#，58#，59#，60#，65#，66#，67#，68#，69#	9	9	1600	720	50					
								15 区 61#，62#	2	2	2100	945						
								报告厅	1	1	5000	2250	472					
								16 区 71#，75#，79#，89#，91#，93#	6	6	1700	765	60					

饭店名称	发票开具单位名称	星级	客房（价格：元/天）					会议室（数量：间；价格：元/半天）						餐费（元/人天）		地址	前台订房电话	备注
			房型	总间数	协议间数	门市价	协议价	类型	总间数	协议间数	门市价	协议价	容纳人数	类型	价格			
北京九华山庄集团股份有限公司	北京九华山庄集团股份有限公司	5						16 区 73#，76#，77#，78#，87#，88#，90#，92#	8	8	2200	990	120			北京市昌平区小汤山镇九华山庄	61782288	
								16 区 80#	1	1	1700	765						
								16 区 81#	1	1	1700	765						
								16 区 82#	1	1	2200	990						
								16 区 85#	1	1	5000	2250						
								16 区 83#，86#	2	2	2100	945						
								16 区 95#，96#	2	2	2200	990						
								16 区 101#，102#	2	2	12500	5000	330					
								16 区 103#，105#	2	2	22500	9000	700					
								16 区 106#，107#	2	2	10000	4000						
								16 区 108#，111#，115#，118#	4	4	1700	765	765					
								16 区 109#，117#	2	2	1700	765						
								16 区 110#，116#	2	2	2200	990	220					
								16 区 112#，113#	2	2	3200	1440	220					
								16 区 119#、贵宾室	2	2	1700	765						
中国石化会议中心	中石化百川经济贸易公司北京会议中心	4	单床标准间	154	154	1280	220	报告厅	1	1	28000	18000	1000	高	180	北京市昌平区水库路西侧朝凤庵	60711156	
			双床标准间	199	199	1280	260	多功能厅	1	1	8000	6000	500	中	150			
			商务套房	29	29	2080	320	200 人会议室	1	1	5800	3800	200	低	80			
			行政套房	18	18	4800	460	150 人会议室	1	1	5800	3800	150					
			单人小床标准间	63	63	1180	160	110 人会议室	1	1	6000	2800	110					
			无障碍双床标准间	3	3	1280	200	80 人会议室	3	3	4900	1400	80					
			无障碍单床标准间	2	2	1280	200	60 人会议室	7	7	3500	1200	60					
								20 人会议室	6	6	800	340	20					
								接待室	1	1	600	290	12					
								贵宾室	1	1	600	290	12					

饭店名称	发票开具单位名称	星级	客房（价格：元/天）					会议室（数量：间；价格：元/半天）						餐费（元/人天）		地址	前台订房电话	备注
			房型	总间数	协议间数	门市价	协议价	类型	总间数	协议间数	门市价	协议价	容纳人数	类型	价格			
北京红栌温泉山庄有限责任公司	北京红栌温泉山庄有限责任公司	3	标准间（单人）	20	20	580	175	多功能厅（1）	1	1	6000	3000	500	高	120	北京市昌平区小汤山镇讲礼村西16号	61786565	
			标准间（双人）	173	173	580	180	多功能（2）	1	1	3000	1300	200	中	110			
			豪华标间（双人）	13	13	888	260	第一会议室	1	1	3000	1350	200	低	95			
			商务套房	20	20	680	200	第二、七、八会议室	3	3	1500	800	80					
			豪华套间	2	2	1880	560	第三、四、五会议室	3	3	2000	400	40					
								第六、九会议室	2	2	1500	700	70					
								第十会议室	1	1	3000	1250	150					
大兴区																		
北京兴基铂尔曼饭店	北京兴基伟业置业有限公司兴基饭店	5	高级双床间	73	73	1075	300	北京大宴会厅	1	1	15000	8000	560	高	120	北京市经济技术开发区荣华南路12号	87228888	
			豪华套间	53	53	2018	600	悉尼厅—多功能厅	1	1	3000	1800	100	中	100			
			高级大床间	44	44	1075	300	旧金山—多功能厅	1	1	2200	1200	80	低	80			
								好望角—多功能厅	1	1	2200	1200	80					
								巴黎—多功能厅	1	1	2200	1200	80					
								里奥厅—多功能厅	1	1	1000	800	20					
北京锦江富园大酒店	北京锦江富园大酒店有限公司	4	高级双床间	217	217	1280	300	大宴会厅	1	1	6000	3000	350	高	180	北京经济技术开发区荣华中路11号	67800888 67800531	
			商务间	30	30	1580	400	大会议厅	1	1	4800	2400	230	中	150			
			豪华大床间	14	14	1880	500	扇型会议室	1	1	3000	1500	120	低	120			
			豪华套间	8	8	2380	600	第一会议室	1	1	3000	1200	60					
								第二、三、五、六、七会议室	5	5	1500	500	26					
								贵宾厅	2	2	1500	500	12					
								多功能厅	1	1	10800	5400	450					
北京星明湖度假村	北京星明湖度假村	4	商务套房	1	1	1880	900	会展厅	1	1	5000	3000	500	高	120	北京市大兴区魏善庄镇刘家场村南400米	89231818－预定部	
			行政套房	7	7	1580	800	多功能厅	1	1	3500	2100	300	中	100			
			豪华标准间	98	98	880	340	11#会议室	1	1	2500	1500	100	低	80			
			标准间	68	68	680	230	2#5#12#日月厅	4	4	2000	1200	50					
			单人间	4	4	680	230	3#4#	2	2	1800	1080	50					
			三人间	12	12	800	285	6#至10#	5	5	1200	720	30					
			六人间	18	18	1200	570		5	5	1200	720	30					

饭店名称	发票开具单位名称	星级	客房（价格：元/天）					会议室（数量：间；价格：元/半天）						餐费（元/人天）		地址	前台订房电话	备注
			房型	总间数	协议间数	门市价	协议价	类型	总间数	协议间数	门市价	协议价	容纳人数	类型	价格			
北京外研社国际会议中心有限公司	北京外研社国际会议中心有限公司		标准间	159	159	660	300	千人大礼堂	1	1	会15000 演20000	会10000 演15000	996	高	140	北京市大兴区黄村镇芦城芦求路	61207800	
			豪华套间	8	8	1380	650	学术报告厅	1	1	5000	3000	450	中	120			
			单床标准间	254	254	480	200	第一多功能厅	1	1	6000	3600	400	低	100			
			公寓三室一厅	40	40	510	270	第二、三多功能厅	2	2	4000	2000	100					
								第四多功能厅	1	1	3000	1500	80					
								第五多功能厅	1	1	4000	2000	120					
								大培训教室	3	3	1200	600	60					
								中培训教室	10	10	1000	500	30					
								小培训教室	17	17	800	400	20					
								座谈式大会议室	9	9	1500	750	45					
								座谈式小会议室	6	6	1200	600	23					
国家教育行政学院校长大厦	国家教育行政学院		标准间	260	260	420	240	敬业厅	1	1	3000	2500	198	高	150	北京市大兴区黄村镇清源北路	69293838 69248888－6000/8858	
			标准间二	120	120	480	300	求是厅	1	1	2500	2000	160	中	100			
			单床标准间	10	10	420	240	第一会议室	1	1	1000	650	50	低	80			
			普通套间	11	11	980	580	第二会议室	1	1	1200	1000	72					
			豪华套间	2	2	1480	880	逸夫报告厅	1	1	8000	6400	493					
								行知厅鹤卿厅	2	2	3000	2500	198					
								永珊厅	1	1	5000	4200	317					
								寿春厅	1	1	1500	1000	77					
								相伯厅贻芳厅	2	2	1000	650	50					
								楼层会议室	23	23	500	300	23					
								贵宾接待室	6	6	免费	免费						
怀柔区																		
中央统战部干部培训中心怀柔分部	中央统战部干部培训中心怀柔分部		普通标准间	69	69	480	300	小会议室	4	4	1200	720	20	高	160	北京市怀柔区甘涧峪245号	60681204	
			豪华标准间	44	44	680	320	中会议室	4	4	1500	900	50	中	120			
			普通套间	16	16	1580	600	大会议室	2	2	2500	1500	100	低	80			
			豪华套间	8	8	3800	1000	大报告厅	1	1	5800	3400	300					
			单人间	26	26	680	170											

饭店名称	发票开具单位名称	星级	客房（价格：元/天）					会议室（数量：间；价格：元/半天）						餐费（元/人天）		地址	前台订房电话	备注
			房型	总间数	协议间数	门市价	协议价	类型	总间数	协议间数	门市价	协议价	容纳人数	类型	价格			
中国国际商会会馆	中国国际商会会馆		客房楼单床标准间	9	9	480	260	第一会议室	1	1	1180	880	30	高	100	北京市怀柔区雁山路甲15号	69666688	
			四合院单床标准间	1	1	680	480	第二会议室	1	1	1280	1080	35	中	90			
			客房楼双床标准间	69	69	480	260	别墅楼会议室	1	1	1580	1080	50	低	80			
			别墅楼双床标准间	10	10	580	380	客房楼报告厅	1	1	4800	3880	200					
			四合院双床标准间	8	8	680	480											
			客房楼普通套间	11	11	580	380											
			别墅楼普通套间	2	2	1080	680											
			四合院普通套间	1	1	1180	880											
			四合院豪华套间	2	2	3800	1280											
北京大雁楼宾馆	北京大雁楼宾馆	4	单床标准间	81	81	680	260	第一会议室	1	1	6000	3000	300	高	220	北京市怀柔区雁青路15号	63672888	
			双床标准间	106	106	580	260	第二会议室	1	1	3000	1500	65	中	160			
			普通套间	9	9	1280	500	第三会议室	1	1	800	400	50	低	120			
			豪华套间	2	2	1880	940	第五会议室	1	1	2500	1250	100					
								第六会议室	1	1	800	400	50					
								第七会议室	1	1	600	300	20					
								云烟厅	1	1	400	300	20					
								云天厅	1	1	400	300	20					
								云水厅	1	1	400	300	20					
北京鹅和鸭农庄有限责任公司	北京鹅和鸭农庄有限责任公司		绿荫阁	21	21	360	300	乡村饭店大会议室	1	1	1000	500	190	高	200	北京怀柔区桥梓镇北宅村南	60673136 60671097 59283045 - 46/47 - 销售部	
			乡榭居	10	10	360	300	乡村饭店多功能厅	1	1	800	500	60	中	160			
			森林俱乐部	6	6	360	300	西区会议室	1	1	500	300	80	低	120			
			卡巴屋	15	15	360	300											
			大木屋	10	10	300	250											
			水岸长廊	29	29	880	740											
			乡村饭店	50	50	920	780											
			绿荫阁二室一厅	2	2	800	650											
			森林俱乐部二室一厅套房	2	2	720	600											

饭店名称	发票开具单位名称	星级	客房（价格：元/天）					会议室（数量：间；价格：元/半天）						餐费（元/人天）		地址	前台订房电话	备注
			房型	总间数	协议间数	门市价	协议价	类型	总间数	协议间数	门市价	协议价	容纳人数	类型	价格			
北京市法官进修学院	北京市法官进修学院		双人标准间	151	151	1180	360	第一会议室	1	1	10000	3600	120	高	180	北京市怀柔区雁栖湖雁水路9号	69691234－93888/93666/93807	
			单人标准间	12	12	1080	360	第二会议室	1	1	5000	1800	60	中	150			
			豪华套间	20	20	2880	680	第三会议室	1	1	5000	1800	60	低	120			
								第五会议室	1	1	3000	750	25					
								第六会议室	1	1	3000	750	25					
								第七会议室	1	1	3000	750	25					
								第八会议室	1	1	3000	750	25					
								阶梯教室	1	1	5000	2400	80					
								第九会议室	1	1	5000	1800	60					
								电教室	1	1	6000	750	25					
								报告厅	1	1	20000	6700	226					
								预备会议室	1	1	3000	360	12					
								多功能会展厅	1	1	20000	6600	220					
北京市新闻出版干部学校	北京市新闻出版干部学校	3	单人标准间	8	8	480	220	第一会议室	1	1	3000	1500	200	高	120	北京市怀柔区红螺路5号	60681761	
			双人标准间	102	102	480	220	第二会议室	1	1	2000	1000	100	中	100			
			普通套间	7	7	800	480	第三会议室	1	1	1500	700	50	低	80			
			豪华套间	2	2	980	600	第四会议室	1	1	800	400	20					
								第五会议室	1	1	1500	700	40					
								第六会议室	1	1	1500	700	40					
								第七会议室	1	1	800	400	20					
								第八会议室	1	1	1500	700	50					
								第九会议室	1	1	800	400	20					
								第十会议室	1	1	800	400	20					

饭店名称	发票开具单位名称	星级	客房（价格：元/天）					会议室（数量：间；价格：元/半天）						餐费（元/人天）		地址	前台订房电话	备注
			房型	总间数	协议间数	门市价	协议价	类型	总间数	协议间数	门市价	协议价	容纳人数	类型	价格			
北京中建鸿达物业管理有限责任公司（鸿达大厦）	北京中建鸿达物业管理有限责任公司	3	单床标准间	7	7	560	260	报告厅	1	1	2000	1000	300	高	200	北京市怀柔区雁栖湖雁秀路1号	69663366	
			双床标准间	146	146	560	260	望湖厅	1	1	800	400	80	中	120			
			普通套间	14	14	880	440	鸿达厅	1	1	800	400	60	低	95			
			豪华套间	3	3	2000	1000	湖山阁	1	1	600	300	30					
			三人间	17	17	640	320	第一会议室	1	1	400	200	30					
			单人间	7	7	338	180	第二会议室	1	1	400	200	20					
								第三会议室	1	1	400	200	20					
								紫光阁	1	1	400	200	20					
								贵宾接待室	1	1	400	200	20					
北京市人民政府宽沟招待所	北京市人民政府宽沟招待所		普通双床标准间	40	40	580	280	报告厅	1	1	6000	3000	350	高	150	北京市怀柔区宽沟路一号	69642255－8600	
			普通套间	22	22	2000	800	报告厅第一、第二会议室；四合院第一、第二、第三会议室、六号楼第二、第三会议室	7	7	1500	500	50	中	100			
			豪华双床标准间	76	76	880	360	六号楼第一会议室	1	1	3000	1000	140	低	80			
			四合院双床标准间	24	24	980	420	六号楼第四会议室、报告厅第三会议室	2	2	700	360	16					
			豪华单床标准间	16	16	880	360											
			豪华套间	2	2	6800	1800											
北京市民主法制干部培训基地（北京宽沟雁栖山庄）	北京市民主法制干部培训基地		豪华套房	9	9	3800	800	报告厅	1	1	6000	2000	200	高	150	北京市怀柔区雁栖湖雁青路21号	69666699－6666/6600	
			标准间	93	93	480	200	客房楼第一会议室	1	1	1200	450	50	中	100			
			普通套房	7	7	1000	380	客房楼第二会议室	1	1	1200	450	50	低	80			
								客房楼第三会议室	1	1	1200	450	50					
								综合楼第一会议室	1	1	1200	450	50					
								综合楼第二会议室	1	1	1200	450	70					
								综合楼第三会议室	1	1	1200	450	70					

饭店名称	发票开具单位名称	星级	客房（价格：元/天）					会议室（数量：间；价格：元/半天）						餐费（元/人天）		地址	前台订房电话	备注
			房型	总间数	协议间数	门市价	协议价	类型	总间数	协议间数	门市价	协议价	容纳人数	类型	价格			
北京市民政职工休养所	北京市民政职工休养所		普通套间	8	8	1000	500	大会议厅	1	1	5200	2600	260	高	150	北京市怀柔区桥梓镇口头村南	60671884 60672756	
			双床标准间	117	117	400	240	第九会议室	1	1	2000	1000	100	中	120			
								第六会议室	1	1	1200	600	60	低	80			
								第七会议室	1	1	1200	600	60					
								第八会议室	1	1	900	450	45					
								第三会议室	1	1	900	450	45					
								第四会议室	1	1	500	250	25					
								第五会议室	1	1	500	250	25					
								第一会议室	1	1	400	200	20					
								第二会议室	1	1	400	200	20					
北京市松秀园度假村	北京市松秀园度假村	3	双床标准间	100	100	520	260	大报告厅	1	1	6000	3000	300	高	160	北京市怀柔区雁青路13号	69661642	
			普通套间	3	3	1600	650	大会议厅	1	1	3000	1500	150	中	140			
			豪华套间	3	3	2800	650	中型会议室	2	2	2000	1000	50	低	120			
								小型会议室	5	5	800	400	20					
北京雁栖华审度假村	北京雁栖华审度假村		普通标准间	36	36	480	240	学术报告厅	1	1	6000	4800	300	高	430	北京市怀柔区雁栖湖雁青路25号	60661798 60662453 60661818－销售部	
			豪华标准间	46	46	600	300	国际报告厅	1	1	2000	1000	120	中	120			
			豪华单人间	87	87	400	200	第一会议室	1	1	1000	700	40	低	80			
			普通套房	4	4	1280	400	第二会议室	1	1	1500	800	40					
			豪华套房	7	7	1680	600	第三会议室	1	1	900	600	35					
								第四会议室	1	1	2000	1000	90					
								第五会议室	1	1	800	600	30					
								第六会议室	1	1	600	400	20					
								第七会议室	1	1	800	600	30					
								第八会议室	1	1	600	400	30					

饭店名称	发票开具单位名称	星级	客房（价格：元/天）					会议室（数量：间；价格：元/半天）						餐费（元/人天）		地址	前台订房电话	备注
			房型	总间数	协议间数	门市价	协议价	类型	总间数	协议间数	门市价	协议价	容纳人数	类型	价格			
北京红螺园饭店	北京红螺园饭店	4	标准间	137	137	580	320	大会议室	1	1	6000	4200	300	高	140	北京市怀柔区怀柔镇东四村西五十米	60681514	
			家庭套间	3	3	800	480	组合会议室	1	1	5000	3500	150	中	110			
			豪华套间	8	8	1980	800	中会议室	1	1	3000	1500	100	低	80			
			豪华套间	6	6	2600	1000	小会议室	3	3	2000	1400	50					
			单人间	12	12	620	372		5	5	1500	1050	40					
			豪华标准间	18	18	680	408		2	2	1000	600	30					
			普通标准间	9	9	380	200	贵宾厅	1	1	1500	750	12					
			三人间	2	2	680	374											
北京金雁饭店	北京金雁饭店	3	单标准间	1	1	260	260	4 号楼大会议室	1	1	3000	2400	300	高	180	北京市怀柔区雁水路 18 号	69661518	
			双人标准间	95	95	400	260	1 号一电教会议室	1	1	3000	2400	108	中	140			
			豪华单间	32	32	800	400	1 号七电教会议室	1	1	5000	4000	97	低	120			
			豪华标准间	78	78	600	360	1 号座谈会议室	5	5	800	640	200					
								同声传译会议室	1	1	2800	2240	120					
			普通套间	8	8	1000	800	同声贵宾会议室	1	1	1800	1440	50					
								2 号座谈会议室	3	3	300	240	60					
								3 号座谈会议室	3	3	500	400	120					
			豪华套房	6	6	2800	1500	三号六会议室	1	1	1500	1200	80					
								餐厅会议室	1	1	2000	1600	130					
								贵宾室	1	1	1000	800	13					
中影大酒店	北京中影大酒店有限公司	3	标准间	257	257	580	220	大型会议室	1	1	6000	3000	500	高	150	北京市怀柔区杨宋镇凤和壹园 10 号	61675555－8088	
			商务间	5	5	680	300	中型会议室	2	2	2500	1250	200	中	120			
			套间	5	5	880	380	会议室	2	2	2000	1000	80	低	80			
								小型会议室	2	2	1800	900	40					
								贵宾室	2	2	1500	750	30					
								大型贵宾室	1	1	4000	2000	60					

饭店名称	发票开具单位名称	星级	客房（价格：元/天）					会议室（数量：间；价格：元/半天）						餐费（元/人天）		地址	前台订房电话	备注
			房型	总间数	协议间数	门市价	协议价	类型	总间数	协议间数	门市价	协议价	容纳人数	类型	价格			
平谷区																		
北京碧海山庄	北京碧海山庄	3	套房	2	2	880	600	大会议室	1	1	2640	2100	400	高	120	北京市平谷区金海湖旅游区内	69991098 69991201－8888	
			豪华套间	6	6	2880	2000	第一会议室、第三会议室、第四会议室、贵宾室	4	4	1040	840	22	中	100			
			B类双人标准间	14	14	420	240	第二会议室	1	1	1840	1400	80	低	80			
			A类双人标间	176	176	480	260	第五会议室	1	1	1840	1400	60					
								6#楼会议室	1	1	2400	1800	200					
北京育新苑宾馆	北京育新苑宾馆	3	单人标准间	5	5	480	380	多功能厅	1	1	5200	4160	500	高	300	北京市平谷区金海湖镇韩庄北街3号	69991723－8666 69991242	
			双人标准间	196	196	480	380	第一会议室	1	1	3200	2560	204	中	200			
			普通套间	10	10	960	760	第二会议室	1	1	1600	1280	40	低	120			
			豪华套间	5	5	1500	1200	第三会议室	1	1	2400	1920	100					
			三人标准间	23	23	480	380	第四会议室	1	1	2000	1600	50					
								第五会议室	1	1	800	640	10					
								计算机教室	1	1	2400	1920	120					
								1号楼一层会议室	1	1	800	640	30					
								1号楼二层会议室	1	1	800	640	30					
								2号楼一层会议室	1	1	800	640	30					
								2号楼二层会议室	1	1	800	640	30					
								3号楼一层会议室	1	1	800	640	30					
								3号楼二层会议室	1	1	800	640	30					
								4号楼一层会议室	1	1	800	640	30					
								4号楼二层会议室	1	1	800	640	30					
								5号楼二层会议室	1	1	800	640	21					
								5号楼三层会议室	1	1	2000	1600	65					
								四合院会议室	1	1	800	640	13					

饭店名称	发票开具单位名称	星级	客房（价格：元/天）					会议室（数量：间；价格：元/半天）						餐费（元/人天）		地址	前台订房电话	备注
			房型	总间数	协议间数	门市价	协议价	类型	总间数	协议间数	门市价	协议价	容纳人数	类型	价格			
密云县																		
北京世纪阳光假日酒店有限公司	北京世纪阳光假日酒店有限公司	3	双床标准间	94	94	418	210	多功能厅	1	1	4800	2400	400	高	220	北京市密云县滨河路26号	89088888	
			单床标准间	3	3	418	210	第一会议室	1	1	2400	1200	100	中	180			
			普通套间	5	5	998	500	第二会议室	1	1	1200	600	40	低	100			
			豪华套间	1	1	3888	1500	第三会议室	1	1	800	400	16					
								第四会议室	1	1	800	400	14					
								第五会议室	1	1	800	400	10					
								第六会议室	1	1	800	400	10					
北京密云雾灵山庄	北京密云雾灵山庄	3	甲区双床标准间	81	81	518	220	麒麟会议厅	1	1	18000	6750	450	高	290	北京市密云县新城子乡遥桥峪水库北	81027788 81027799 81022889 81022489	
			乙区双床标准间	28	28	518	220	多功能会议室	1	1	11200	4200	280	中	210			
			甲区普通套间	2	2	1688	500	第一会议室	1	1	800	240	16	低	130			
			别墅豪华套间	11	11	3688	500	第二会议室	1	1	2000	750	50					
			豪华双床标准间	50	50	998	280	第三会议室	1	1	2400	840	56					
			豪华单床商务间	6	6	2488	500	第四会议室	1	1	800	240	16					
								第五会议室	1	1	3200	1200	80					
								第六会议室	1	1	1500	450	30					
								第七会议室	1	1	1300	390	26					
								第八会议室	1	1	1000	300	20					
								第九会议室	1	1	1500	420	28					
								第十会议室	1	1	2000	750	50					
								第十一会议室	1	1	3200	1260	84					
								第十二会议室	1	1	1000	300	20					
								第十三会议室	1	1	1000	300	20					
								第十四会议室	1	1	600	180	12					
								第十五会议室	1	1	12000	3000	200					
								第十六会议室	1	1	1800	450	30					
								第十七会议室	1	1	4800	1440	96					

饭店名称	发票开具单位名称	星级	客房（价格：元/天）房型	总间数	协议间数	门市价	协议价	会议室（数量：间；价格：元/半天）类型	总间数	协议间数	门市价	协议价	容纳人数	餐费（元/人天）类型	价格	地址	前台订房电话	备注
北京世豪国际酒店有限公司	北京世豪国际酒店有限公司	5	A 区豪华标间	100	100	1399	290	大会议室（多功能厅）	2	2	18000	2600	400	高	448	北京市密云县鼓楼东大街 25 号	69086666 - 前台	
			B 区标间	40	40	680	250	中会议室（第八会议室）	1	1	2000	520	80	中	248			
			A 区豪华套间	38	38	2399	500	小会议室（行政楼层会议室、第一、二、三、四、五、六、七、九会议室）	9	9	1600	195	30	低	130			
			B 区套间	8	8	1380	350											
			公寓一居	20	20	2599	350											
			公寓两居	88	88	2999	500											
			公寓三居	86	86	3699	750											
			A 区豪华大床房	20	20	1399	290											
云湖度假村	北京云湖度假村有限公司	3	主楼单床标准间	16	16	580	290	凌云楼会议厅	1	1	12500	7500	400	高	150	北京市密云水库内湖西侧	61021965 61021963	销售预定电话： 61022989 61021899 61021991 61021992
			仙人居单床标准间	58	58	480	240	凌云楼贵宾厅	1	1	600	300	8	中	120			
			主楼双床标准间	163	163	580	290	凌云楼二会议厅	1	1	1500	900	20	低	80			
			赏湖轩双床标准间	48	48	480	240	凌云楼三会议厅	1	1	1000	600	12					
			1 号别墅双床标准间	9	9	880	400	凌云楼四、五、六、七会议厅	4	4	1500	900	40					
			普通套间	4	4	1280	600	会议中心贵宾厅	1	1	500	300	9					
			豪华套间	4	4	1800	800	会议中心一、二会议厅	2	2	1000	600	22					
			观云楼别墅	8	8	2680	1000	会议中心三、四、七会议厅	3	3	1500	900	45					
			云霞楼别墅	3	3	6800	3000	会议中心六会议厅	1	1	1500	900	40					
			大总统套间	1	1	19800	4000	会议中心五会议厅	1	1	2000	1200	120					
			小总统套间	1	1	9800	2000	主楼八、九会议厅	2	2	1000	600	18					
								会议中心多功能厅	1	1	4000	2400	220					
								仙人居阶梯教室	1	1	2000	1200	60					
								仙人居二、三会议厅	2	2	1250	750	20					
								1 号别墅贵宾厅	1	1	1000	500	16					
								歌舞厅会议室	1	1	2000	1200	150					

饭店名称	发票开具单位名称	星级	客房（价格：元/天）					会议室（数量：间；价格：元/半天）						餐费（元/人天）		地址	前台订房电话	备注
			房型	总间数	协议间数	门市价	协议价	类型	总间数	协议间数	门市价	协议价	容纳人数	类型	价格			
中国华电集团高级培训中心	中国华电集团高级培训中心		标准套房	108	108	560	240	报告厅	1	1	3800	1900	240	高	180	北京市密云县溪翁庄镇环湖南路	69017777－100	
			商务套房	24	24	560	240	多功能厅	1	1	2200	1100	110	中	120			
								第一会议室	1	1	1600	750	50	低	80			
								第二会议室	1	1	1000	510	34					
								第三会议室	1	1	1000	510	34					
								第四会议室	1	1	1000	510	34					
								第五会议室	1	1	1000	510	34					
								第六会议室	1	1	1000	510	34					
								第一电教室	1	1	1000	510	34					
								第二电教室	1	1	1800	960	64					
瑞海姆田园度假村	瑞海姆田园度假村有限公司	5	标准间	328	328	880	280	大会堂	1	1	6000	3600	450	高	190	北京市密云县西大桥路2号	69020606 69028883	
			标准单间	28	28	880	280	东南亚全厅	1	1	6000	3600	200	中	150			
			标准套间	10	10	1288	360	东南亚南厅	1	1	4000	2400	120	低	120			
			商务套间	14	14	1988	550	东南亚北厅	1	1	3000	1800	80					
			标准公寓	6	6	1798	500	燕国天府	1	1	4500	2700	150					
瑞海姆田园度假村	瑞海姆田园度假村有限公司	5	行政套房	11	11	2588	720	第一会议室	1	1	2800	1680	70			北京市密云县西大桥路2号	69020606 69028883	
			观景标间	14	14	980	340	第二、三、四、电脑培训室	4	4	1000	600	20					
			观景单间	14	14	980	340	第五、六会议室	2	2	800	480	10					
								第九会议室	1	1	6000	3600	130					
								第十、十五、二十会议室	3	3	4500	2700	80					
								第十一、十二会议室	2	2	3000	1500	30					
								第十六、十七、十八、十九、二十一会议室	5	5	2250	1125	20					

饭店名称	发票开具单位名称	星级	客房（价格：元/天）房型	总间数	协议间数	门市价	协议价	会议室（数量：间；价格：元/半天）类型	总间数	协议间数	门市价	协议价	容纳人数	餐费（元/人天）类型	价格	地址	前台订房电话	备注
北京云佛山旅游度假村	北京云佛山旅游度假村有限公司	3						会议中心	1	1	12000	7200	600	高	180	北京市密云县溪翁庄镇	89032601－2602	
			双人标准间	245	245	480	240	第十会	1	1	4800	2880	240	中	140			
								第十八会	1	1	4000	2400	200	低	90			
								第二会	1	1	2000	1200	110					
			普通套间	12	12	1200	600	第十六会	1	1	2000	1200	65					
								第一会	1	1	1200	720	50					
								第十二会	1	1	1600	960	40					
			豪华套间	16	16	1800	800	第十三会	1	1	1600	960	40					
								第七会	1	1	1600	960	40					
			三人间	13	13	510	300	第八会	1	1	1600	960	30					
								第六会	1	1	1200	720	30					
			别墅	2	2	3600	800	第十七会	1	1	3200	1920	30					
								第十一会	1	1	1600	960	30					
			商务套间	2	2	1600	600	第十五会	1	1	1600	960	30					
								第五会	1	1	1200	720	30					
								第三会	1	1	800	480	20					
			总统套房	1	1	9800	4000	第九会	1	1	400	240	10					
延庆县																		
北京快乐假日大酒店	北京快乐假日大酒店有限公司	3	双床标准间	510	510	488	200	围桌型会议室	3	3	500	350	30	高	220	北京市延庆县龙庆峡风景区	51055555 51055688	
			单床标准间	170	170	488	200	课桌型会议室	2	2	750	550	40	中	140			
			普通套间	40	40	688	400	回型会议室	1	1	450	350	20	低	100			
			豪华套间	104	104	1288	600	剧院型会议室	1	1	1500	1050	80					
			其他房型	41	41	732	300	座谈会式会议室	1	1	500	350	15					
								多功能厅	1	1	2500	1500	400					
								教学式会议室	1	1	900	650	100					

饭店名称	发票开具单位名称	星级	客房（价格：元/天）					会议室（数量：间；价格：元/半天）						餐费（元/人天）		地址	前台订房电话	备注
			房型	总间数	协议间数	门市价	协议价	类型	总间数	协议间数	门市价	协议价	容纳人数	类型	价格			
北京金隅八达岭温泉度假村有限责任公司	北京金隅八达岭温泉度假村有限责任公司	3	标准间	304	304	580	200	国际会议中心	1	1	4000	2400	250	高	120	北京市延庆县妫水北街1号	69148833 69186869 69180006 69180005	
			豪华间	12	12	680	220	第一会议室	1	1	1000	500	30	中	100			
			豪华套间	14	14	1880	420	第二会议室	1	1	1500	800	64	低	80			
			公寓	46	46	780	220	第三会议室	1	1	1000	500	46					
								第四会议室	1	1	800	380	15					
								第五会议室	1	1	1500	800	60					
								第六会议室	1	1	1000	500	24					
								第七会议室	1	1	1000	500	23					
								第八会议室	1	1	1500	800	56					
								第九会议室	1	1	2500	1400	108					
								第十会议室	1	1	1000	500	40					
								第十一会议室	1	1	800	380	20					
								第十二会议室	1	1	800	380	30					
北京八达岭华风温泉大城堡	北京八达岭华风温泉大城堡	3	标准间	92	92	588	240	娱乐楼大会议室	1	1	4000	2000	350	高	120	北京市延庆县庆园街2号	69182266－销售部	
			普通套间	4	4	1880	600	多功能厅	1	1	4000	2000	250	中	100			
			豪华套间	3	3	3280	1200	第一会议室	1	1	800	400	30	低	80			
			小标准间	36	36	588	220	第二会议室	1	1	800	400	40					
			单人间	28	28	380	150	第三会议室	1	1	1600	800	60					
			三人间	6	6	788	300	第四会议室	1	1	600	300	30					
			小套间	3	3	980	360	第五会议室	1	1	600	300	25					
			公寓A	2	2	2380	920	第六会议室	1	1	600	300	30					
			公寓B	2	2	1780	680	第七会议室	1	1	600	300	25					
			公寓C	4	4	1680	640	第八会议室	1	1	1600	800	60					
			公寓D	6	6	1380	520	第九会议室	1	1	1600	800	60					
			公寓E	2	2	780	280	第十会议室	1	1	900	450	60					
			别墅A	1	1	6880	2800											
			别墅B	1	1	6280	2500											

饭店名称	发票开具单位名称	星级	客房（价格：元/天）					会议室（数量：间；价格：元/半天）						餐费（元/人天）		地址	前台订房电话	备注
			房型	总间数	协议间数	门市价	协议价	类型	总间数	协议间数	门市价	协议价	容纳人数	类型	价格			
北京市人民检察院专案办理服务中心	北京市人民检察院专案办理服务中心	4	1 号楼标准间	30	30	780	200	小会议室	14	14	2000	1000	35	高	268	北京市延庆县湖南西路22号	59908800	
			2、3 号楼标准间	115	115	780	280	小报告厅	1	1	4000	2000	80	中	178			
			5、6 号楼标准间	80	80	960	340	大报告厅	1	1	6000	3000	200	低	120			
			普通套间	4	4	1680	840	多功能厅	1	1	5000	2500	260					
			豪华套间	16	16	1980	990											
			豪华单人间	16	16	1200	600											
			行政套间	4	4	6800	2800											

天 津 市

- 财政部委托天津市财政局负责在天津市招标采购会议定点饭店并负责日常监督管理工作。
- 通过政府采购，确定天津市会议定点饭店 74 家。
- 会议定点饭店按照与财政部门签订《协议书》的价格向中央和地方各级党政机关和事业单位提供相应的接待服务。
- 天津市部分会议定点饭店的价格是按照综合定额方式采购的，各单位在组织筹备会议时应先向会议定点饭店查询。如果对协议价格产生疑义，可以要求定点饭店出示《协议书》。
- 如有会议定点饭店变更或饭店的协议价格变化，应以“党政机关出差和会议定点饭店查询网”的信息为准。
- 本目录中的天津市会议定点饭店的详细信息，可在“党政机关出差和会议定点饭店查询网”查阅。
- 天津市长途电话区号　022

天津市会议定点饭店（一类会议）

饭店名称	发票开具单位名称	星级	客房（价格：元/天）房型	总间数	协议间数	门市价	协议价	会议室（数量：间；价格：元/半天）类型	总间数	协议间数	门市价	协议价	容纳人数	地址	前台订房电话	备注
和平区																
天津市天宇大酒店	天津市天宇大酒店	4	套间	18	18	1950	600	大会议室	1	1	4500	3600	300	天津市和平区电台道19号	23603388－3070	会议室协议价格包含的服务项目：桌椅摆放、照明、音响、饮用水
			单间	21	21	1280	280	中会议室	4	4	3000	2100	100			
			标准间	94	94	1658	300	小会议室	1	1	1500	500	20			
								VIP 贵宾厅	1	1	2500	500	20			
河西区																
天津国际经济贸易展览中心有限公司津利华大酒店	天津国际经济贸易展览中心有限公司津利华大酒店	4	单人间	136	136	1160	300	金华厅	1	1	6000	4500	200	天津市河西区友谊路32号	28352222－4101	会议室协议价格包含的服务项目：台型摆放、音响、照明设备、茶水、幕布
			标准间	42	42	1160	300	银华厅	1	1	6000	4500	200			
			豪华单人间	25	25	1776	300	晶泉厅	1	1	2000	1500	50			
			套间	24	24	2196	600	丽华大会见厅	1	1	2250	1750	38			
			豪华套间	6	6	4016	600	丽华小会见厅	1	1	1400	500	10			
天津科技大厦	天津国际科技咨询公司	3	单人间	5	5	488	230	报告厅	1	1	5000	4000	300	天津市河西区友谊路23号	28455911	会议室协议价格包含的服务项目：桌椅摆放、会议音响、照明、饮用水、会议指示牌、签到台、主会标、大堂欢迎幅
			标准间（双床）	40	40	688	280	洽谈室	1	1	1500	1200	30			
			商务间（双人大床）	56	56	698	290	培训室	1	1	2000	1600	50			
			高级商务间（双人大床）	12	12	888	300	贵宾室	1	1	1500	800	16			
			豪华套房	5	5	998	500									
天津世纪酒店	天津世纪酒店有限公司	4	套间	14	14	700	600	多功能厅	1	1	3000	2500	200	天津市河西区黑牛城道179号	88290501	会议室协议价格包含的服务项目：桌椅摆放、照明、音响、饮用水、会场布置、话筒、指示牌
			豪华间	91	91	600	300	百合厅	1	1	1500	1250	60			
			标准间	34	34	580	300	兰花厅	1	1	1500	1250	26			

饭店名称	发票开具单位名称	星级	客房（价格：元/天）					会议室（数量：间；价格：元/半天）						地址	前台订房电话	备注
			房型	总间数	协议间数	门市价	协议价	类型	总间数	协议间数	门市价	协议价	容纳人数			
天津市美都大酒店	天津市美都大酒店	4	双人间	74	74	800	300	万象厅	1	1	3400	2500	180	天津市河西区围堤道117号	28361818	会议室协议价格包含的服务项目：桌椅摆放、照明、音响、矿泉水、笔、纸、白板、幕布
			单人间	65	65	800	300	会议室	1	1	1500	1250	50			
			套房	19	19	1208	600	贵宾厅1	1	1	600	500	12			
								贵宾厅2	1	1	500	500	12			
								贵宾厅3	1	1	600	500	12			
								贵宾厅4	1	1	600	500	12			
南开区																
天津市水上会宾园饭店	天津市水上会宾园饭店	4	套间	16	16	1280	600	报告厅	1	1	4000	3000	160	天津市南开区水上公园路46号	23369488－总服务台	会议室协议价格包含的服务项目：桌椅摆放、照明、音响、饮用水
			单间	41	41	660	300	VIP厅	1	1	4000	2500	100			
			标准间	100	100	660	300	小会议室	3	3	1500	1000	40			
河北区																
天津凯德大酒店	天津市凯德商旅物业管理有限公司	4	行政套间	12	12	1580	598	多功能厅	1	1	2500	1750	240	天津市河北区自由道15号	24451777	会议室协议价格包含的服务项目：桌椅摆放、照明、音响、饮用水
			行政双人间	49	49	980	298	海德厅	1	1	1100	770	70			
			行政单人间	9	9	780	298	凯旋厅	1	1	900	630	25			
			普通套间	15	15	1180	598	科技厅	1	1	600	420	20			
			标准双人间	94	94	780	298	聚德厅	1	1	600	420	20			
			标准单人间	14	14	580	298	408室	1	1	400	240	10			
天津海河假日酒店	天津市现代投资有限公司海河假日酒店		套间	46	46	2380	500	宴会厅	1	1	22000	10750	430	天津市河北区海河东路凤凰商贸广场	26278888－2811	会议室协议价格包含的服务项目：桌椅摆放、照明、音响、矿泉水、移动舞台、高速网络、无线有线话筒、DVD、VCR多媒体投影仪、纸笔
			标间大床	273	273	1880	300	海河厅1+2+3	1	1	14000	7000	280			
			标间双床	98	98	1880	300	会议室1	1	1	1500	750	30			
								会议室2+3	1	1	3000	1500	60			

饭店名称	发票开具单位名称	星级	客房（价格：元/天）					会议室（数量：间；价格：元/半天）						地址	前台订房电话	备注
			房型	总间数	协议间数	门市价	协议价	类型	总间数	协议间数	门市价	协议价	容纳人数			
开发区																
银珠酒店	天津紫玉酒店物业管理有限公司		标准间（大床）	140	140	800	300	西藏厅	1	1	1200	225	15	天津开发区黄海路39号	59888888	会议室协议价格包含的服务项目：桌椅摆设、照明、音响、茶水、专职服务人员、会议明细账单
			标准间（双床）	110	110	880	300	天津厅之上书房	1	1	2000	400	30			
			套房	46	46	1280	600	天津厅之墨磨堂	1	1	2000	400	30			
			豪华套房	20	20	1580	600	天津厅之阅籍厅	1	1	2000	400	30			
			跃层套房	12	12	2000	600	北京厅	1	1	10000	2250	160			
保税区																
天津天保国际酒店	天津天保国际酒店有限公司	5	套间	38	38	1400	600	国际会议厅	1	1	8000	7500	600	天津保税区京门大道368号	25761588－3611	会议室协议价格包含的服务项目：桌椅摆放、照明、音响、饮用水
			大床标间	30	30	1000	300	多功能厅	1	1	3200	2500	100			
			双床标间	62	62	1000	300	1号贵宾厅	1	1	3200	2500	100			
新技术产业园区																
天津赛象酒店	天津赛象酒店有限公司	5	豪华大床间	148	148	1380	300	赛象大宴会厅	1	1	12500	10000	550	天津市新技术产业园区华苑产业区梅苑路8号	23768888－3621	会议室协议价格包含的服务项目：桌椅摆放、照明、音响、矿泉水、会议服务、纸笔
			豪华双床间	118	118	1380	300	海河厅	1	1	4000	3500	150			
			豪华套间	18	18	1780	600	华苑厅	1	1	3750	2500	100			
			行政大床间	64	64	1580	300	会议厅Ⅰ	1	1	3250	2500	100			
			行政双床间	10	10	1580	300	会议厅Ⅱ	1	1	3000	2500	100			
			行政商务套间	1	1	2580	600	会议厅Ⅲ	1	1	2500	2000	80			
								会议厅Ⅳ	1	1	2500	2000	80			
								会议厅Ⅴ	1	1	2250	1750	70			
								会议厅Ⅵ	1	1	2250	1750	70			

天津市会议定点饭店（二、三类会议）

饭店名称	发票开具单位名称	星级	客房（价格：元/天）					会议室（数量：间；价格：元/半天）						地址	前台订房电话	备注
			房型	总间数	协议间数	门市价	协议价	类型	总间数	协议间数	门市价	协议价	容纳人数			
和平区																
天津富蓝特大酒店	天津富蓝特大酒店	3	豪华套间	1	1	1280	598	第一会议室	1	1	1500	1100	150	天津市和平区新华路231号	83326399	会议室协议价格包含的服务项目：桌椅摆放、灯光、音响、茶水、话筒纸笔、宽带
			套间	13	13	580	398	第二会议室	1	1	1250	800	40			
			经济间	16	16	280	198	第三会议室	1	1	600	400	20			
			单间	12	12	448	288									
			标准间	54	54	380	220									
天津警备区鞍山道招待所	中国人民解放军天津警备区鞍山道招待所		豪华套间	2	2	980	600	大会场	1	1	1300	1000	200	天津市和平区鞍山道32号	84637230	会议室协议价格包含的服务项目：桌椅摆放、灯光、音响、茶水、话筒纸笔、宽带
			后楼套间	7	7	660	500	一楼小会议室	1	1	300	175	7			
			前楼套间	4	4	480	400	一楼大会议室	1	1	500	250	10			
			后楼单间	39	39	260	200	二楼会议室	1	1	600	400	17			
			前楼单间	2	2	260	160	三楼会议室	1	1	500	400	30			
			后楼标间	56	56	260	200	四楼会议室	1	1	500	400	40			
			前楼标间	53	53	260	160									
			后楼三人间	16	16	180	150									
			前楼三人间	10	10	300	210									
			后楼四人间	3	3	240	200									
			后楼五人间	2	2	350	300									
天津市沃特大饭店	天津市沃特大饭店有限责任公司	2	标准间（大、双床）	46	46	668	248	1号会议室	1	1	1000	400	34	天津市和平区湖北路23号增1～2号	23310088－0	会议室协议价格包含的服务项目：桌椅摆放、灯光、音响、茶水、水牌、桌牌
			商务间	9	9	888	298	2号会议室	1	1	2000	1000	85			
			豪华套间	4	4	1188	398	大礼堂	1	1	6000	3500	300			

饭店名称	发票开具单位名称	星级	客房（价格：元/天）					会议室（数量：间；价格：元/半天）						地址	前台订房电话	备注
			房型	总间数	协议间数	门市价	协议价	类型	总间数	协议间数	门市价	协议价	容纳人数			
河西区																
天津宾馆	天津宾馆集团公司							1号会议厅	1	1	7500	6375	510	天津市河西区友谊路宾水道	28351143	会议室协议价格包含的服务项目：桌椅摆放、灯光、音响、饮用水
								2号会议室	1	1	8500	7225	224			
								3号会议室	1	1	6000	5100	204			
								南开厅	1	1	3000	2550	68			
								河西厅	1	1	3000	2550	68			
								贵宾厅	1	1	3000	2550	60			
								国际会议厅	1	1	12000	10200	294			
								中剧场会议	1	1	6000	5100	859			
								大剧场会议	1	1	12000	10200	1998			
								宁河厅	1	1	1500	1275	40			
								汉沽厅	1	1	1500	1275	40			
								大港厅	1	1	1500	1275	40			
								北辰厅	1	1	1500	1275	40			
								静海厅	1	1	1500	1275	40			
								东丽厅	1	1	1500	1275	40			
								塘沽厅	1	1	1500	1275	40			
								河北厅	1	1	2000	1700	40			
								河东厅	1	1	2000	1700	50			
								红桥厅	1	1	2500	2125	50			
								和平厅	1	1	2500	2125	50			
								西青厅	1	1	1500	1275	40			
								津南厅	1	1	1500	1275	46			
								部队厅	1	1	1500	1275	40			
								宝坻厅	1	1	1500	1275	40			
								蓟县厅	1	1	1500	1275	40			
								武清厅	1	1	1500	1275	40			
								会见厅	1	1	2000	1700	40			
								迎宾厅	1	1	2000	1700	40			
								中剧场演出	1	1	10000	8500	820			
								大剧场演出	1	1	25000	21250	1924			

饭店名称	发票开具单位名称	星级	客房（价格：元/天）					会议室（数量：间；价格：元/半天）						地址	前台订房电话	备注
			房型	总间数	协议间数	门市价	协议价	类型	总间数	协议间数	门市价	协议价	容纳人数			
天津汉庭友谊路二店	汉庭（天津）投资咨询有限公司河西分公司		双床房	66	66	209	192	一层会议室	1	1	600	500	40	天津市河西区宾友道121号	28355565	会议室协议价格包含的服务项目：桌椅摆放、照明、音响、饮用水
			家庭房	13	13	219	201	五层会议室	1	1	2000	1800	200			
			高级特大床房	37	37	199	183									
			高级大床房	39	39	189	174									
			特价房	2	2	149	137									
			大床房	3	3	149	137									
			套房	2	2	289	265									
中铁十八局集团有限公司柳林宾馆	中铁十八局集团有限公司柳林宾馆	3	豪华大套房	2	2	1880	500	多功能厅	1	1	1000	500	150	天津市河西区柳林东	60282693	会议室协议价格包含的服务项目：桌椅摆放、照明、音响、饮用水
			豪华中套房	6	6	1280	400	第三会议室	1	1	300	200	40			
			豪华单间	18	18	680	280	第四会议室	1	1	300	200	40			
			豪华标准间	32	32	680	280	第五会议室	1	1	300	200	40			
			标准间	22	22	480	240	第六会议室	1	1	300	200	40			
			三人间	20	20	380	280	贵宾厅	1	1	200	100	20			
天津海景花园酒店有限责任公司	天津海景花园酒店有限责任公司	4	舒适房	102	102	880	260	多功能厅	1	1	2500	1500	150	天津市河西区黑牛城道19号	28327788－6609	会议室协议价格包含的服务项目：桌椅摆放、会议专用照明、音响、茶水、纸笔、专人服务
			商务房	23	23	980	260	小会议室	1	1	1500	500	50			
			套房	17	17	1580	600									
南开区																
双鹿大厦	天津双鹿大厦	3	套间	10	10	1880	480	多功能会议厅	1	1	2000	1500	160	天津市南开三马路165号	27318888－8106	会议室协议价格包含的服务项目：桌椅摆放、灯光、投影幕布、白板、茶水、音响设备。酒店拥有房间150套其中30套为长包房
			单间	33	33	420	185	牡丹厅	1	1	600	400	50			
			标准间	77	77	480	200	兰花厅	1	1	600	400	50			
								月季厅	1	1	600	400	50			
								意圆厅	1	1	400	250	10			

饭店名称	发票开具单位名称	星级	客房（价格：元/天）					会议室（数量：间；价格：元/半天）						地址	前台订房电话	备注
			房型	总间数	协议间数	门市价	协议价	类型	总间数	协议间数	门市价	协议价	容纳人数			
天津市华城宾馆	天津市华城宾馆	3	套间	4	4	980	580	大会议室	1	1	4000	1800	240	天津市南开区红旗南路253号	23369219	会议室协议价格包含的服务项目：桌椅摆放、照明、音响、茶水、投影仪
			单间	16	16	660	298	中会议室	4	4	1000	400	60			
			标准间	75	75	480	270	小会议室	1	1	600	150	20			
			豪华套间	2	2	2480	600									
天津体育宾馆	天津体育宾馆	3	套房	2	2	1380	590	接见厅	1	1	3000	1500	200	天津市南开区卫津南路90号	23935800	会议室协议价格包含的服务项目：桌椅摆放、照明、音响、茶水、白板
			豪华大床间	6	6	660	290	宴会厅	1	1	1500	600	80			
			豪华间	27	27	660	290	贵宾厅	1	1	1500	750	100			
			普通大床间	10	10	520	270	大会议室	2	2	750	375	50			
			普通标准间	30	30	520	270	小会议室	1	1	500	225	30			
			残疾人客房	1	1	520	270									
天津夏日荷花酒店投资股份有限公司	天津夏日荷花酒店投资股份有限公司鼓楼店	3	标准间	59	59	375	260	大会议室	1	1	2250	1250	150	天津市南开区南马路816－1号	27272288	会议室协议价格包含的服务项目：桌椅摆放、照明、音响、茶水、白板。含早餐
			套间	2	2	650	380	中会议室	1	1	1340	750	100			
			复式房	4	4	520	320									
			豪华大床间A	3	3	700	245									
			豪华大床间B	18	18	450	290									
			豪华大床间C	11	11	450	290									
			观景大床间A	50	50	338	260									
			观景大床间B	37	37	315	240									
			内景大床间	21	21	315	198									
			舒适单人间	6	6	198	190									
			精致单人间	11	11	178	170									
红楼大酒店	天津市电影公司红楼大酒店	3	标准键	65	65	360	240	多功能厅	1	1	1600	1300	160	天津市南开区卫津南路38号	23411461	会议室协议价格包含的服务项目：桌椅摆放、照明、音响、饮用水
			单人间	1	1	240	150	70人会议室	1	1	800	650	70			
			套房	27	27	420	280	40人会议室	1	1	600	450	40			
			豪华套房	4	4	880	600	20人会议室	1	1	400	250	20			
			三人间	1	1	480	300	贵宾洽谈室	1	1	600	500	16			

饭店名称	发票开具单位名称	星级	客房（价格：元/天）					会议室（数量：间；价格：元/半天）						地址	前台订房电话	备注
			房型	总间数	协议间数	门市价	协议价	类型	总间数	协议间数	门市价	协议价	容纳人数			
汇高花园酒店	天津汇高花园酒店有限公司		单人间	90	90	1080	260	汇海厅	1	1	1000	300	30	天津市南开区白堤路236号增1号	87897777	会议室协议价格包含的服务项目：桌椅摆放、照明、单独音响系统、茶水、卡拉OK及移动屏幕、无线有线麦克、纸笔、白板、讲台。如果会议需要条幅、投影仪、矿泉水、鲜花、绿植等服务，需要另行收费。
			标准间	95	95	1080	260	汇纳厅	1	1	1500	500	50			
			行政套房	4	4	3080	600	汇百厅	1	1	1000	300	30			
								汇高厅	1	1	4000	3000	300			
								汇高A或B或C厅	1	1	1500	900	90			
								汇高AB或BC厅	1	1	2500	1800	180			
								花园厅	1	1	6000	3800	380			
河北区																
天津远洋宾馆	天津远洋宾馆	3	豪华套间	15	15	2600	550	百合厅	1	1	4000	3000	300	天津市河北区远洋广场5号	24205518－销售部	会议室协议价格包含的服务项目：桌椅摆放、照明、音响、茶水
			标准单间	46	46	428	245	杨海厅	1	1	1500	900	80			
			标准间	84	84	428	245	多功能厅	1	1	1500	900	80			
			经济间	10	10	373	200	枫海厅	1	1	1250	900	80			
			二室一厅	12	12	856	550	桐海厅	1	1	1250	900	80			
			三室一厅	6	6	1284	600	栎海厅	1	1	1000	500	40			
								海韵厅	1	1	1900	1000	90			
								杉海厅	1	1	1000	500	40			
天津津利华中山饭店	天津津利华中山饭店		套间	6	6	998	358	大会议室	1	1	800	600	110	天津市河北区中山北路27号	58219888	会议室协议价格包含的服务项目：桌椅摆放、照明、音响、茶水、专职服务员、纸笔、写字板等设备及服务；可根据客户要求布置会场；可接待电话、网络及多媒体会议。
			大床间	20	20	498	188	多功能厅	1	1	600	600	150			
			标准间	50	50	498	188	小会议室	1	1	500	400	15			
			豪华套间	1	1	1988	538	贵宾厅	1	1	500	400	15			

饭店名称	发票开具单位名称	星级	客房（价格：元/天）					会议室（数量：间；价格：元/半天）						地址	前台订房电话	备注
			房型	总间数	协议间数	门市价	协议价	类型	总间数	协议间数	门市价	协议价	容纳人数			
格兰云天大酒店	天津市格兰云天大酒店有限公司		套间	7	7	1880	580	会议厅	1	1	2250	1400	200	天津市河北区金钟河大街229号	26418888	会议室协议价格包含的服务项目：桌椅摆放、照明、音响、茶水、投影仪、白板、纸、笔。每个房间赠送38元标准的两份自助早餐，赠送报纸、矿泉水
			单间	38	38	580	260	宴会厅	1	1	1250	500	60			
			标准间	80	80	580	260	紫金厅	1	1	1250	500	70			
								贵宾厅	1	1	1250	500	60			
								多功能厅	1	1	2250	1400	150			
天津快捷假日酒店	天津万笑饭店有限公司	4	大床标间	108	106	888	270	津门宴会厅	1	1	5500	2250	300	天津市河北区中山路288号	26288888	会议室协议价格包含的服务项目：桌椅摆放、照明、音响、饮用水、胶片投影仪、幻灯机、屏幕、白板、铅笔、纸、电视机、DVD
			双床标间	160	160	888	270	VIP厅	1	1	1200	500	70			
			套间	10	10	1888	600	庐山厅	1	1	1000	375	50			
河东区																
天津财富豪为商务酒店有限公司	天津财富豪为商务酒店有限公司	4	套间	11	11	1680	600	豪为ABC厅	1	1	7500	1500	600	天津市河东区津塘路79号	58299988	会议室协议价格包含的服务项目：桌椅摆放、照明、音响、茶水或矿泉水。豪为ABC厅可分为豪为A厅、豪为B厅、豪为C厅三个单独的厅，又可分为豪为AB厅及豪为BC厅两个单独的厅如报价所示，以上提供的厅不可同时使用，单厅会议室总数为9间
			单间	72	72	1148	300	财富报告厅	1	1	5000	750	300			
			标准间	131	131	880	290	豪为AB厅	1	1	5000	750	300			
								豪为BC厅	1	1	5000	750	300			
								豪为A厅	1	1	2500	250	100			
								豪为B厅	1	1	2500	250	100			
								豪为C厅	1	1	2500	250	100			
								第五会议室	1	1	1250	150	60			
								第六会议室	1	1	1250	150	60			
								第七会议室	1	1	1250	150	60			
								第一会议室	1	1	1250	150	60			
								第二会议室	1	1	750	50	20			
								第三会议室	1	1	500	50	20			
								第四会议室	1	1	500	50	20			

饭店名称	发票开具单位名称	星级	客房（价格：元/天）					会议室（数量：间；价格：元/半天）						地址	前台订房电话	备注
			房型	总间数	协议间数	门市价	协议价	类型	总间数	协议间数	门市价	协议价	容纳人数			
天津市赣津饭店	天津市赣津饭店	2	豪华套房	2	2	580	380	一楼会议室	1	1	1400	900	150	天津市河东区新开路136号江西大厦	24410098	会议室协议价格包含的服务项目：桌椅摆放、照明、音响、桶装水、投影仪、幕布、服务员
			普通套房	2	2	380	220	二楼会议室	1	1	1900	1250	200			
			单人间	14	14	300	160	五楼会议室	1	1	600	400	30			
			标准间	77	77	300	160	六楼会议室	1	1	600	400	30			
			三人间	6	6	400	210	七楼会议室	1	1	600	400	30			
宜必思酒店火车站店	天津市商业建设开发公司海津大酒店		标准间	92	92	198	160	1118 会议室	1	1	400	300	25	天津市河东区六经路11号	85580888	会议室协议价格包含的服务项目：桌椅摆放、照明、音响、饮用水、茶叶
			大床房	62	62	198	160	1105 会议室	1	1	600	500	50			
			套房	1	1	298	208	1116 会议室	1	1	800	600	80			
								12F 多功能厅	1	1	1500	1250	220			
天津世纪泰豪酒店	天津世纪泰豪酒店管理有限公司		特惠大床间	16	16	1080	299	多功能厅	1	1	3000	0	150	天津市河东区卫国道136号	58228888	会议室协议价格包含的服务项目：桌椅摆放、照明、音响、会议用纸、笔、矿泉水、茶水
			标准大床间	18	18	1080	299	国际报告厅	1	1	4000	0	180			
			豪华大床间	77	77	1380	299	五层会议室三	1	1	1250	0	12			
			豪华双床间	85	85	1380	299	五层会议室二	1	1	2750	0	70			
			豪华套房	6	6	2180	599	四层会议室一	1	1	2250	0	50			
			商务套房	16	16	1980	599	贵宾厅	1	1	1250	0	10			
塘沽区																
天津胜利宾馆	天津胜利宾馆有限公司	4	套间	20	20	1588	600	一号会议室	1	1	2500	1450	150	天津市塘沽区津塘公路1369号	4006517288	会议室协议价格包含的服务项目：桌椅摆放、照明、音响、茶水服务
			单间 A	80	80	438	260	二号会议室	1	1	2250	1000	100			
			单间 B	22	22	218	180	三号会议室	1	1	1500	500	50			
			标准间 A	186	186	438	260	四号会议室	1	1	1500	500	50			
			标准间 B	82	82	198	148	小会议室	8	8	400	200	20			
金世界酒店	天津市金世界酒店有限公司	3	套间	4	4	528	368	第一会议室	1	1	2400	1600	150	天津塘沽新港二号路2169号	25788088－8000/8088	会议室协议价格包含的服务项目：桌椅摆放、照明、音响、茶水
			单间	11	11	298	208	第二会议室	1	1	900	400	20			
			标准间	46	46	318	218									
			豪华套间	3	3	818	568									
			三人间	2	2	388	298									
			小单间	18	18	198	168									

饭店名称	发票开具单位名称	星级	客房（价格：元/天）					会议室（数量：间；价格：元/半天）						地址	前台订房电话	备注
			房型	总间数	协议间数	门市价	协议价	类型	总间数	协议间数	门市价	协议价	容纳人数			
巨川国际商务酒店	天津市巨川国际商务酒店管理有限公司津塘公路店	4	套间	10	10	2088+15%	598	多功能厅	1	1	5000	3000	400	天津市津塘公路1155号	66888888	会议室协议价格包含的服务项目：桌椅摆放、照明、音响、纸笔、茶水及立式饮水机（配水杯）
			豪华间	28	28	1288+15%	298	巨川厅	1	1	1600	750	100			
			标准间（双床）	128	128	1088+15%	268	天润厅	1	1	1200	320	40			
			标准间（大床）	63	63	1088+15%	268	运泽厅	1	1	800	240	30			
								鸿运厅	1	1	400	200	30			
大港区																
天津市升云海鲜酒店有限公司	天津市升云海鲜酒店有限公司	3	豪华套房	4	4	888	500	A座大会议室	1	1	1000	900	350	天津市大港区东环路888号	63231800	会议室协议价格包含的服务项目：桌椅摆放、照明、音响、饮用水、纸、话筒、投影布
			套间	13	13	688	300	B座第一会议室	1	1	800	700	110			
			单间	6	6	160	80	B座第二会议室	1	1	800	700	130			
			标准间	115	115	180	120	A座第一会议室	1	1	400	300	40			
			三人间	8	8	200	150	A座第二会议室	1	1	300	200	16			
								A座第三会议室	1	1	300	200	20			
								A座贵宾厅	1	1	200	100	12			
天津石化天华宾馆	天津石化天华宾馆	3	套间	9	9	1080	600	大会议室	2	2	1500	900	260	天津市大港区北围堤路西68号	63804735 63804736	会议室协议价格包含的服务项目：桌椅摆放、照明、音响、茶水、投影
			单间	11	11	580	288	中会议室	3	3	1200	720	65			
			标准间	67	67	380	228	小会议室	2	2	500	300	20			
								贵宾厅	1	1	1200	680	22			
大港宾馆	天津市大港宾馆有限公司	-	套间	4	4	480	460	大会议室	1	1	300	300	150	天津市大港区迎宾街73号	63232222	会议室协议价格包含的服务项目：桌椅摆放、照明、音响、饮用水
			单间	32	32	248	180	中会议室	1	1	200	150	60			
			标准间	124	124	228	160	小会议室	2	2	150	150	40			
			三人间	3	3	228	160									

饭店名称	发票开具单位名称	星级	客房（价格：元/天）					会议室（数量：间；价格：元/半天）						地址	前台订房电话	备注
			房型	总间数	协议间数	门市价	协议价	类型	总间数	协议间数	门市价	协议价	容纳人数			
天津海润会议服务有限公司	天津海润会议服务有限公司		高级套房	1	1	880	600	学术报告厅	1	1	2000	1800	322	天津市大港区学府路928号	63237880 63305100	会议室协议价格包含的服务项目：桌椅摆放、照明、音响、茶水、投影
			商务房	13	13	480	300	中会议室	4	1	750	600	126			
			标准间	151	151	300	180			1	750	600	126			
										1	750	600	100			
										1	750	600	80			
								培训室	2	1	600	500	75			
										1	600	500	75			
								小会议室（第1—6）	6	1	600	500	46			
										1	600	500	37			
										1	600	500	20			
										1	600	500	46			
										1	600	500	26			
										1	600	500	46			
								小会议室（第7—10）	4	1	600	500	26			
										1	600	500	60			
										1	600	500	64			
										1	600	500	16			
								贵宾厅	1	1	500	500	18			
								微机室	2	1	500	500	36			
										1	500	500	36			
天津市天联宾馆有限责任公司	天津市天联宾馆有限责任公司		套间	6	6	880	580	大会议室	1	1	1400	1000	180	天津市滨海新区大港迎宾街121号	59711116 59711118	会议室协议价格包含的服务项目：桌椅摆放、照明、音响、饮用水
			单间	6	6	248	180	中会议室	4	4	400	300	50			
			标准间 A	36	36	248	170	小会议室	4	4	300	150	15			
			标准间 B	34	34	248	180	贵宾室	1	1	400	250	15			
			三人间	7	7	248	180									
天悦宾馆	天津市天悦宾馆有限责任公司		套间	8	8	366	280	第一会议室	1	1	1000	750	200	天津市滨海新区大港世纪大道180号	63862276	会议室协议价格包含的服务项目：桌椅摆放、照明、音响、茶水、投影
			单间	10	10	296	180	第二会议室	1	1	800	600	90			
			标准间	99	99	258	160	第五会议室	1	1	600	450	50			
			普通客房	23	23	120	100	第三、四会议室	2	2	400	300	30			
								第六、七、八会议室	3	3	200	150	15			

饭店名称	发票开具单位名称	星级	客房（价格：元/天）					会议室（数量：间；价格：元/半天）						地址	前台订房电话	备注
			房型	总间数	协议间数	门市价	协议价	类型	总间数	协议间数	门市价	协议价	容纳人数			
中天锦绣商务酒店	天津中天锦绣商务酒店有限公司	4	高级套房	10	10	1180	570	太平洋厅	1	1	3750	3250	850	天津市大港区东环路1号	59727777	会议室协议价格包含的服务项目：桌椅摆放、照明、音响、饮用水、纸、笔
			商务客房/大床	20	20	580	298	印度洋厅	1	1	3500	3250	450			
			商务套房/双床	138	138	580	218	大西洋厅	1	1	3500	3250	372			
								巴比伦厅	1	1	2500	1900	180			
								迈锡尼厅	1	1	2500	1900	120			
								印加厅	1	1	2000	1350	68			
								罗马厅	1	1	1400	900	50			
								玛雅厅	1	1	1400	900	45			
大港油田宾馆	大港油田集团有限责任公司	3	普通标间	129	129	320	200	休息室	1	1	400	300	15	天津大港油田三号院团结西路	25923253	会议室协议价格包含的服务项目：桌椅摆放、照明、音响、饮用水、毛巾、会议服务、多媒体、投影仪、通信屏蔽
			商务标间	8	8	458	240	一号会议室	1	1	500	400	20			
			商务单间	4	4	418	240	二号会议室	1	1	500	400	20			
			豪华标间	10	10	582	300	三号会议室	1	1	500	400	20			
			豪华小套	10	10	1248	600	四号会议室	1	1	500	400	20			
			豪华大套	9	9	2180	600	五号会议室	1	1	500	400	35			
			豪华多套	2	2	4180	600	多功能厅	1	1	1200	800	100			
								会议中心	1	1	2000	1500	330			
								报告厅	1	1	1500	1000	45			
天津全行滨海会议中心	天津全行滨海会议中心		套间	9	9	680	480	D区报告厅	1	1	2500	1800	241	天津市大港区学苑路600号	63303888 63303998	会议室协议价格包含的服务项目：桌椅摆放、照明、音响、茶水服务、投影幕布
			标间	151	151	380	220	多功能厅	1	1	2000	1600	120			
								大礼堂	1	1	7500	5000	800			
								大型计算机机房	1	1	3000	2500	195			
								第二会议室	1	1	600	500	30			
								第三会议室	1	1	500	300	15			
								第四会议室	1	1	500	300	15			
								第五会议室	1	1	500	300	15			
								第六会议室	1	1	500	300	15			
								第七会议室	1	1	1200	1000	100			
								第八会议室	1	1	700	500	40			
								第九会议室	1	1	800	600	70			
								A区第一会议室	1	1	800	600	30			

饭店名称	发票开具单位名称	星级	客房（价格：元/天）					会议室（数量：间；价格：元/半天）						地址	前台订房电话	备注
			房型	总间数	协议间数	门市价	协议价	类型	总间数	协议间数	门市价	协议价	容纳人数			
天津全行滨海会议中心	天津全行滨海会议中心							A 区第三会议室	1	1	500	400	30	天津市大港区学苑路600号	63303888 63303998	会议室协议价格包含的服务项目：桌椅摆放、照明、音响、茶水服务、投影幕布
								A 区第四会议室	1	1	800	600	40			
								A 区第五会议室	1	1	800	600	40			
								A 区第六会议室	1	1	500	400	30			
								计算机教室 401	1	1	1000	800	40			
								计算机教室 402	1	1	1000	800	40			
								计算机教室 403	1	1	1000	800	40			
								贵宾室	1	1	600	300	15			
东丽区																
天津市东丽区人民政府招待所	天津市东丽宾馆	2	套间	3	3	798	598	大会议室	1	1	6000	2500	600	天津市东丽区津塘二线一号	84808888	会议室协议价格包含的服务项目：桌椅摆放、照明、音响、茶水、笔、投影设备
			单间	63	63	448	298	中会议室	2	2	550	250	30			
			标准间	97	97	448	248	小会议室	3	3	250	100	10			
天津市金滦酒店	天津市金滦酒店		套间	5	5	880	480	黄河厅大会议室	1	1	1500	750	180	天津市东丽区津塘公路268号	58996648	会议室协议价格包含的服务项目：桌椅摆放、照明、音响、茶水、投影、空调
			单间	4	4	360	180	601 中会议室	1	1	800	400	90			
			标准间	74	74	320	170	608 小会议室	1	1	600	300	40			
			三人间	2	2	360	180	506 小会议室	1	1	600	300	50			
								406 小会议室	1	1	600	300	40			
								606 小会议室	1	1	600	300	30			
								602 小会议室	1	1	600	300	10			
东丽湖大酒店	天津东丽湖大酒店有限公司		豪华双床房	21	21	880	280	报告厅	1	1	3600	1500	300	天津市东丽区东丽湖东丽之光大道2号	84966666	会议室协议价格包含的服务项目：桌椅摆放、照明、音响、饮用水
			豪华大床房	15	15	880	280	宴会厅	1	1	3600	1000	200			
			豪华套房	2	2	1650	400	贵宾厅	1	1	2000	250	50			
								会议室 1	1	1	2400	300	60			
								会议室 2	1	1	2100	150	30			

饭店名称	发票开具单位名称	星级	客房（价格：元/天）					会议室（数量：间；价格：元/半天）						地址	前台订房电话	备注
			房型	总间数	协议间数	门市价	协议价	类型	总间数	协议间数	门市价	协议价	容纳人数			
天津市银河大酒店	天津市银河大酒店有限公司	3	普标（大床）	4	4	478	260	银河会议中心	1	1	5000	4000	500	天津市东丽区津塘公路无瑕花园	24356999－2	会议室协议价格包含的服务项目：桌椅摆放、照明、音响、饮用水、讲台、幕布、一次性纸笔
			普标	161	161	478	260	1号会议室	1	1	2000	1500	180			
			普套	22	22	760	420	2号会议室（1）	1	1	1500	1200	120			
			豪标	6	6	760	260	2号会议室（2）	1	1	1500	1200	120			
			豪套	4	4	958	510	3号会议室	1	1	1500	1200	120			
			三人套	5	5	580	390	4号会议室	1	1	1500	700	70			
								5号会议室	1	1	1500	450	45			
								6号豪华会议室（接待室）	1	1	1200	300	30			
								7号豪华会议室（贵宾接待室）	1	1	1200	200	20			
								8号会议室（1）	1	1	800	300	30			
								8号会议室（2）	1	1	800	300	30			
								8号会议室（3）	1	1	800	300	30			
								8号会议室（4）	1	1	800	300	30			
								8号会议室（5）	1	1	800	300	30			
								8号会议室（6）	1	1	800	300	30			
								9号豪华会议室	1	1	500	200	20			
								10号豪华会议室（1）	1	1	500	200	20			
								10号豪华会议室（2）	1	1	500	200	20			
								10号豪华会议室（3）	1	1	500	200	20			
								10号豪华会议室（4）	1	1	500	200	20			
西青区																
天津市西青区老干部疗养院（西青宾馆）	天津市西青区老干部疗养院		套间	4	4	820	600	大报告厅	1	1	4000	3000	500	天津市西青区杨柳青镇西河闸西	27940158 27940168	会议室协议价格包含的服务项目：桌椅摆放、照明、音响、茶水、湿巾
			标准间	130	130	300	200	贵宾厅	1	1	350	250	18			
			三人间	130	130	320	260	9个街镇厅	9	9	400	300	50			
								新闻厅	1	1	1000	800	100			
								中型厅	1	1	1000	800	150			
								多功能厅	1	1	1000	800	150			

饭店名称	发票开具单位名称	星级	客房（价格：元/天）					会议室（数量：间；价格：元/半天）						地址	前台订房电话	备注
			房型	总间数	协议间数	门市价	协议价	类型	总间数	协议间数	门市价	协议价	容纳人数			
天津市西青区老干部疗养院（西青宾馆）	天津市西青区老干部疗养院							二楼小会议室	1	1	350	250	20	天津市西青区杨柳青镇西河闸西	27940158 27940168	会议室协议价格包含的服务项目：桌椅摆放、照明、音响、茶水、湿巾
								三楼小会议室	1	1	350	250	20			
								客一楼会议室	1	1	350	250	15			
								客三楼会议室	1	1	350	250	25			
								客六楼会议室	1	1	350	250	30			
								客七楼会议室	1	1	350	250	30			
津南区																
月坛酒店	天津市月坛酒店有限公司	3	套间	60	60	428	280	大会议室（多功能厅）	1	1	2000	1400	463	天津市津南区咸水沽镇为民路4号	28578888	会议室协议价格包含的服务项目：桌椅摆放、照明、音响、茶水、纸、笔、投影仪
			单间	20	20	400	240	第一会议室（中）	1	1	1200	800	100			
			标准间	100	100	328	180	第二会议室（小）	1	1	1000	600	30			
								第三会议室（小）	1	1	1000	600	25			
								第四会议室（小）	1	1	1000	600	50			
								第五会议室（小）	1	1	1000	600	50			
								会客室	1	1	1000	600	22			
天津宝成宾馆有限公司	天津宝成宾馆有限公司		豪华套房（1号楼）	9	9	780	500	一号楼国际会议厅	1	1	5000	2600	368	天津市津南区海河二道闸南侧	88698986	会议室协议价格包含的服务项目：桌椅摆放、照明、音响、饮用水
			标准套房（2号楼）	9	9	520	300	一号楼中会议厅	1	1	700	500	90			
			标准间（1号楼）	70	70	520	260	一号楼会议厅	1	1	600	400	45			
			普通标准间（2号楼）	122	122	320	160	一号楼贵宾厅	1	1	600	400	41			
			一般标准间（3号楼、别墅）	108	108	260	130	二号楼	3	3	400	200	20			
								三号楼一楼会议室	1	1	400	200	20			
								三号楼203#	1	1	300	210	21			
								三号楼204#	1	1	400	280	40			
								三号楼304#	1	1	400	280	40			
								三号楼403#	1	1	300	210	21			
								三号楼404#	1	1	400	280	80			
								会议楼101#	1	1	600	400	72			
								会议楼102#	1	1	350	260	28			

饭店名称	发票开具单位名称	星级	客房（价格：元/天）					会议室（数量：间；价格：元/半天）						地址	前台订房电话	备注
			房型	总间数	协议间数	门市价	协议价	类型	总间数	协议间数	门市价	协议价	容纳人数			
天津宝成宾馆有限公司	天津宝成宾馆有限公司							会议楼103#	1	1	350	260	28	天津市津南区海河二道闸南侧	88698986	会议室协议价格包含的服务项目：桌椅摆放、照明、音响、饮用水
								会议楼201#	1	1	600	400	72			
								会议楼202#	1	1	600	400	50			
								墨香	1	1	400	300	36			
								书润	1	1	400	300	30			
								会议楼三楼	10	10	400	200	20			
								三楼会议厅	1	1	1000	700	170			
								会议楼401#	1	1	800	600	65			
								会议楼402#	1	1	400	300	45			
								会议楼403#	1	1	700	500	100			
								江南酒家多功能A厅	1	1	2200	1600	500			
								江南酒家多功能B厅	1	1	1500	1000	150			
北辰区																
瑞景大酒店	天津瑞景酒店有限公司	4	标准大床房	67	67	800	260	商颂厅	1	1	2250	1500	150	天津市北辰区辰昌路1260号	26691888－7001	会议室协议价格包含的服务项目：桌椅摆放、照明、音响、会议瓶装水、纸、笔、投影幕布、激光笔、麦克风、会议报到台、演讲台、绿植摆放、白板
			标准双床房	57	57	800	260	国风厅	1	1	2250	800	80			
			商务大床房	44	44	866	300									
			豪华大床房	6	6	938	300									
			标准套房	4	4	1080	600									
			行政套房	5	5	1488	600									
			行政公寓套房	6	6	2268	600									
			行政豪华套房	1	1	3688	600									
武清区																
天津武清区天鹅湖温泉度假村有限公司	天津武清区天鹅湖温泉度假村有限公司	4	套间	57	57	980	480	多功能厅	1	1	5000	2500	600	天津武清开发区福源道20号	82171516	会议室协议价格包含的服务项目：桌椅摆放、照明、音响、茶水、纸笔、麦克
			标准间A	145	145	680	260	大会议室	6	6	2500	750	120			
			标准间B	382	382	580	240	中会议室	4	4	2000	600	80			
								小会议室	20	20	1500	400	40			

饭店名称	发票开具单位名称	星级	客房（价格：元/天）					会议室（数量：间；价格：元/半天）						地址	前台订房电话	备注
			房型	总间数	协议间数	门市价	协议价	类型	总间数	协议间数	门市价	协议价	容纳人数			
天津市武清区人民政府招待所（雍阳宾馆）	天津市武清区人民政府招待所（雍阳宾馆）	3	套间	4	4	1280	600	中礼堂	1	1	750	500	547	天津市武清区杨村镇雍阳东道16号	29390027	会议室协议价格包含的服务项目：桌椅摆放、照明、音响、饮用水、主席台布置、会议服务
			单间	4	4	260	200	三楼大会议室	1	1	325	300	210			
			标准间（四合院、贵宾楼A楼）	112	112	260	200	第一会议室	1	1	325	300	120			
			标准间（贵宾楼B楼）	22	22	300	260	后会议室	1	1	150	140	24			
								东厅	1	1	150	140	25			
								南厅	1	1	150	140	38			
								西厅	1	1	225	200	40			
								B楼会议室	1	1	150	140	35			
								北客厅	1	1	150	140	22			
								南客厅	1	1	150	140	25			
								洽谈室	1	1	150	140	30			
天津海关武清培训中心	天津海关武清培训中心		套间	11	11	980	600	大礼堂	1	1	8000	3400	346	天津武清开发区泉州路2号	84202500	会议室协议价格包含的服务项目：桌椅摆放、照明、音响、茶水、录音
			单间	13	13	480	300	研发中心1室	1	1	1100	700	158			
			标准间	97	97	360	260	天穹厅	1	1	1100	800	114			
								会议中心1	1	1	1200	600	70			
								会议中心2	1	1	1200	600	70			
								会议中心3	1	1	1200	600	70			
								会议中心4	1	1	900	440	44			
								研发中心2室	1	1	1500	600	64			
								研发中心3室	1	1	300	140	14			
								电脑工作室	1	1	350	160	16			
								南海厅	1	1	1000	550	57			
								黄海厅	1	1	800	500	50			
								渤海厅	1	1	800	500	50			
								瀚海厅	1	1	600	350	36			
								东海厅	1	1	500	200	20			
								北海厅	1	1	375	200	20			
								锦帷厅	1	1	375	150	15			
								201会议室	1	1	375	150	15			
								第一洽谈室	1	1	250	免费	10			
								第二洽谈室	1	1	250	免费	10			

饭店名称	发票开具单位名称	星级	客房（价格：元/天）					会议室（数量：间；价格：元/半天）						地址	前台订房电话	备注
			房型	总间数	协议间数	门市价	协议价	类型	总间数	协议间数	门市价	协议价	容纳人数			
天津经济技术开发区泰达研修中心	天津经济技术开发区泰达研修中心		标准单人间	144	144	180	110	报告厅	1	1	1800	750	240	天津经济技术开发区逸仙科学工业园泰达研修中心（武清开发区福源道亨远路）	82112288	会议室协议价格包含的服务项目：桌椅摆放、照明、音响、饮用水、投影、布标贴挂、鲜花摆放
			豪华单人间	6	6	220	130	会议厅	1	1	1200	900	90			
			标准双人间	32	32	260	160	第三教室	1	1	500	400	60			
			豪华双人间	25	25	300	200	第五教室	1	1	500	400	60			
								微机教室	1	1	750	600	40			
								贵宾室	1	1	600	300	18			
								第一教室	1	1	400	300	30			
								第二教室	1	1	400	300	30			
								第四教室	1	1	300	200	20			
								第1会议室	1	1	300	200	14			
								第2会议室	1	1	300	200	14			
								第3会议室	1	1	300	200	14			
								第4会议室	1	1	300	200	14			
								第5会议室	1	1	300	200	14			
								第6会议室	1	1	300	200	14			
								第7会议室	1	1	400	300	24			
								第8会议室	1	1	400	300	24			
								第9会议室	1	1	400	300	24			
宝坻区																
天津天宝会议与培训中心	天津天宝会议与培训中心		套间	10	10	988	600	大会议室	1	1	1500	1250	160	天津市宝坻区天宝工业园天宝路北头	22535011 22535015	会议室协议价格包含的服务项目：桌椅摆放、照明、音响、饮用水、投影
			单间	40	40	488	260	中会议室	3	3	900	750	50			
			标准间	162	162	388	240	小会议室	6	6	500	400	28			
								其他（报告厅）	1	1	2500	2000	350			

饭店名称	发票开具单位名称	星级	客房（价格：元/天）					会议室（数量：间；价格：元/半天）						地址	前台订房电话	备注
			房型	总间数	协议间数	门市价	协议价	类型	总间数	协议间数	门市价	协议价	容纳人数			
天津农商会议中心	天津农商会议中心		标准间	146	146	480	260	大报告厅 305	1	1	7000	4300	430	天津市宝坻区天宝经济开发区宝中道南侧1号	22530900	会议室协议价格包含的服务项目：桌椅摆放、照明、音响、饮用水、桌签
			单人间	100	100	350	130	小报告厅 111	1	1	4000	1160	116			
			套间	18	18	960	540	高级会议厅 109	1	1	2200	440	44			
			豪华套间	6	6	1200	580	高级会议厅 112	1	1	2200	440	44			
								会议厅 208	1	1	2000	420	42			
								会议厅 210	1	1	2000	420	42			
								会议厅 211	1	1	2000	420	42			
								会议厅 106	1	1	1600	300	30			
								会议厅 107	1	1	1600	300	30			
								会议厅 108	1	1	1600	300	30			
								会议厅 110	1	1	1600	300	30			
								会议厅 209	1	1	1600	300	30			
								会议厅 214	1	1	1600	300	30			
								会议厅 201	1	1	700	140	14			
								会议厅 215	1	1	700	140	14			
								教室 206	1	1	1400	1020	102			
								教室 302	1	1	1400	1020	102			
								教室 102	1	1	800	620	62			
								教室 103	1	1	800	620	62			
								教室 104	1	1	800	620	62			
								教室 105	1	1	800	620	62			
								教室 203	1	1	800	620	62			
								电教室 303	1	1	2800	950	95			
								电教室 304	1	1	2000	700	70			
								会客厅 101	1	1	960	120	12			
								会客厅 202	1	1	960	120	12			
								会客厅 301	1	1	960	120	12			
								高级会客厅 207	1	1	1600	160	16			

<table>
<tr><th rowspan="2">饭店名称</th><th rowspan="2">发票开具单位名称</th><th rowspan="2">星级</th><th colspan="5">客房（价格：元/天）</th><th colspan="6">会议室（数量：间；价格：元/半天）</th><th rowspan="2">地址</th><th rowspan="2">前台订房电话</th><th rowspan="2">备注</th></tr>
<tr><th>房型</th><th>总间数</th><th>协议间数</th><th>门市价</th><th>协议价</th><th>类型</th><th>总间数</th><th>协议间数</th><th>门市价</th><th>协议价</th><th>容纳人数</th></tr>
<tr><td rowspan="9">天津市宝坻宾馆</td><td rowspan="9">天津市宝坻宾馆</td><td rowspan="9">3</td><td>东楼套间</td><td>5</td><td>5</td><td>480</td><td>360</td><td>大会议室</td><td>1</td><td>1</td><td>2000</td><td>1200</td><td>240</td><td rowspan="9">天津市宝坻区广川街23号</td><td rowspan="9">29260100</td><td rowspan="9">会议室协议价格包含的服务项目：桌椅摆放、照明、音响、茶水</td></tr>
<tr><td>西楼套间</td><td>10</td><td>10</td><td>360</td><td>300</td><td>怀民厅</td><td>1</td><td>1</td><td>1500</td><td>1000</td><td>124</td></tr>
<tr><td>东楼三人间</td><td>51</td><td>51</td><td>200</td><td>160</td><td>西三楼会议室</td><td>1</td><td>1</td><td>600</td><td>375</td><td>20</td></tr>
<tr><td>西楼标准间</td><td>80</td><td>80</td><td>260</td><td>210</td><td>西四楼会议室</td><td>1</td><td>1</td><td>600</td><td>400</td><td>20</td></tr>
<tr><td>东楼标准间</td><td>41</td><td>41</td><td>180</td><td>140</td><td>东二楼会议室</td><td>1</td><td>1</td><td>600</td><td>400</td><td>80</td></tr>
<tr><td>豪华套间</td><td>4</td><td>4</td><td>1128</td><td>600</td><td>西一楼会议室</td><td>1</td><td>1</td><td>1000</td><td>600</td><td>30</td></tr>
<tr><td></td><td></td><td></td><td></td><td></td><td>东一楼洽谈室</td><td>1</td><td>1</td><td>300</td><td>200</td><td>16</td></tr>
<tr><td></td><td></td><td></td><td></td><td></td><td>东二楼洽谈室</td><td>1</td><td>1</td><td>300</td><td>200</td><td>16</td></tr>
<tr><td></td><td></td><td></td><td></td><td></td><td>东三楼洽谈室</td><td>1</td><td>1</td><td>300</td><td>200</td><td>16</td></tr>
<tr><td colspan="17">蓟县</td></tr>
<tr><td rowspan="6">天津市财税干部培训中心</td><td rowspan="6">天津市财税干部培训中心</td><td rowspan="6"></td><td>套间</td><td>20</td><td>20</td><td>1680</td><td>600</td><td>大会议室</td><td>1</td><td>1</td><td>2400</td><td>750</td><td>150</td><td rowspan="6">天津市蓟县官庄镇营房村北</td><td rowspan="6">29821629
29822071</td><td rowspan="6">会议室协议价格包含的服务项目：桌椅摆放、照明、音响、茶水</td></tr>
<tr><td>单间</td><td>11</td><td>11</td><td>528</td><td>300</td><td>中会议室</td><td>2</td><td>2</td><td>1200</td><td>250</td><td>50</td></tr>
<tr><td>标准间</td><td>102</td><td>102</td><td>480</td><td>280</td><td>小会议室</td><td>4</td><td>4</td><td>800</td><td>200</td><td>40</td></tr>
<tr><td>大标间</td><td>2</td><td>2</td><td>548</td><td>300</td><td>会见厅</td><td>3</td><td>3</td><td>600</td><td>150</td><td>20</td></tr>
<tr><td>三人间</td><td>1</td><td>1</td><td>580</td><td>300</td><td>别墅会议室</td><td>1</td><td>1</td><td>300</td><td>150</td><td>20</td></tr>
<tr><td></td><td></td><td></td><td></td><td></td><td>多功能厅</td><td>1</td><td>1</td><td>2800</td><td>750</td><td>110</td></tr>
<tr><td rowspan="4">天津市公安局教育培训中心</td><td rowspan="4">天津市公安局教育培训中心</td><td rowspan="4"></td><td>套间</td><td>10</td><td>10</td><td>600</td><td>400</td><td>大会议室</td><td>1</td><td>1</td><td>1200</td><td>1000</td><td>200</td><td rowspan="4">天津市蓟县官庄镇玉石庄村</td><td rowspan="4">29822456</td><td rowspan="4">会议室协议价格包含的服务项目：桌椅摆放、照明、音响、茶水</td></tr>
<tr><td>标准间</td><td>124</td><td>124</td><td>360</td><td>180</td><td>中会议室</td><td>1</td><td>1</td><td>800</td><td>800</td><td>150</td></tr>
<tr><td>三人间</td><td>6</td><td>6</td><td>480</td><td>270</td><td>小会议室</td><td>3</td><td>3</td><td>300</td><td>250</td><td>20</td></tr>
<tr><td></td><td></td><td></td><td></td><td></td><td>小教室</td><td>1</td><td>1</td><td>500</td><td>300</td><td>40</td></tr>
<tr><td rowspan="6">天津市荣复军人疗养院</td><td rowspan="6">天津市荣复军人疗养院</td><td rowspan="6"></td><td>高级套间</td><td>3</td><td>3</td><td>2880</td><td>600</td><td>大会议室</td><td>1</td><td>1</td><td>2000</td><td>1000</td><td>180</td><td rowspan="6">天津市蓟县官庄镇盘山风景区</td><td rowspan="6">29822389
29827985</td><td rowspan="6">会议室协议价格包含的服务项目：桌椅摆放、照明、音响、饮用水、多媒体、会标、根据会议需要布置会议室</td></tr>
<tr><td>套间</td><td>3</td><td>3</td><td>880</td><td>580</td><td>中会议室</td><td>1</td><td>1</td><td>1000</td><td>500</td><td>110</td></tr>
<tr><td>标准间A</td><td>37</td><td>37</td><td>360</td><td>180</td><td>A座小会议室</td><td>1</td><td>1</td><td>600</td><td>300</td><td>40</td></tr>
<tr><td>标准间B</td><td>64</td><td>64</td><td>480</td><td>200</td><td>小会议室</td><td>3</td><td>3</td><td>600</td><td>300</td><td>30</td></tr>
<tr><td>三人间</td><td>3</td><td>3</td><td>360</td><td>180</td><td>贵宾室（1）</td><td>1</td><td>1</td><td>600</td><td>200</td><td>11</td></tr>
<tr><td></td><td></td><td></td><td></td><td></td><td>贵宾室（2）</td><td>1</td><td>1</td><td>600</td><td>200</td><td>9</td></tr>
</table>

饭店名称	发票开具单位名称	星级	客房（价格：元/天）					会议室（数量：间；价格：元/半天）						地址	前台订房电话	备注
			房型	总间数	协议间数	门市价	协议价	类型	总间数	协议间数	门市价	协议价	容纳人数			
天津市蓟县渔阳宾馆	天津市蓟县渔阳宾馆	4	套间	30	30	1000	600	12 号会议室	1	1	1800	1250	500	天津市蓟县迎宾路12 号	82715588	会议室协议价格包含的服务项目：桌椅摆放、照明、音响、饮用水
			贵宾楼标准间	156	156	580	290	7 号会议室	1	1	1200	450	180			
			一区标准间	17	17	380	200	1 号会议室	1	1	1200	350	140			
			二区标准间	39	39	320	180	7－2 号会议室	1	1	500	125	50			
			三区标准间	92	92	200	120	8 号会议室	1	1	500	125	50			
								9 号会议室	1	1	500	125	50			
								10 号会议室	1	1	500	125	50			
宁河县																
天津市宁河县贵达宾馆	天津市宁河县贵达宾馆	3	江南小院套间	18	18	880	500	多功能厅	1	1	2490	2490	500	天津市宁河县苗庄镇	69225210	会议室协议价格包含的服务项目：桌椅摆放、照明、音响、饮用水、投影仪、有线话筒、无线话筒、会议桌讲台
			日式单间	5	5	360	260	憩跃厅	1	1	1140	1000	120			
			广运楼标准间	84	84	380	260	一号会议室	1	1	1000	900	100			
			日式标准间	11	11	360	260	二号会议室	1	1	900	750	80			
			日式套房	5	5	800	500	三号会议室	1	1	750	250	25			
			宾馆标准间	32	32	298	260									
			广运楼套间	2	2	800	500									
			宾馆套间	1	1	800	500									
富利大酒店	天津市宁河富利大酒店有限公司		套间	9	9	560	280	大会议室	1	1	400	300	196	天津市宁河县商业道 8 号	69582147 69116801	会议室协议价格包含的服务项目：桌椅摆放、照明、音响、饮用水、会议接待服务
			单间					中会议室	1	1	200	150	60			
			标准间	73	73	260	130	休息厅	1	1	150	100	20			
								洽谈一厅	1	1	150	100	24			
								洽谈二厅	1	1	150	100	22			
静海县																
天津市静海县贾苑大酒店	天津市静海县贾苑大酒店	2	中式套房	1	1	800	580	多功能厅	1	1	1500	750	600	天津市静海镇东方红路 50 号	28946341	会议室协议价格包含的服务项目：桌椅摆放、照明、音响、茶水服务
			豪华套房	2	2	600	480	金色大厅	1	1	900	600	80			
			高级套房	2	2	480	320	银色大厅	1	1	900	500	200			
			普通套房	2	2	400	280	六楼中厅	1	1	450	300	90			
			豪华标准间	6	6	300	200	五楼中厅	1	1	450	300	90			
			普通标准间	12	12	200	160	四楼中厅	1	1	450	300	90			
			高级三人间	27	27	200	160	三楼中厅	1	1	450	300	90			
			普通三人间	50	50	150	140									
			单人间	2	2	200	120									

饭店名称	发票开具单位名称	星级	客房（价格：元/天）					会议室（数量：间；价格：元/半天）						地址	前台订房电话	备注
			房型	总间数	协议间数	门市价	协议价	类型	总间数	协议间数	门市价	协议价	容纳人数			
静海宾馆	静海宾馆	1	套间	7	7	600	400	大会议厅	1	1	1000	500	400	天津市静海县静文路20号	28941097 68922101	会议室协议价格包含的服务项目：桌椅摆放、照明、音响、茶水
			标准间	153	153	180	150	108 会议室	1	1	800	400	200			
								207 会议室	1	1	750	400	200			
								115 会议室	1	1	400	200	50			
								107 会议室	1	1	300	200	50			
								106 会议室	1	1	200	100	30			
								101 会议室	1	1	200	100	30			
								119 会议室	1	1	200	100	30			
								206 会议室	1	1	200	100	30			
团泊湖温泉酒店	天津市团泊湖温泉酒店有限责任公司	4	双床套	15	15	1218	600	名智阁大会议室	1	1	4400	2200	180	天津市静海县团泊镇团泊村	68506066	会议室协议价格包含的服务项目：桌椅摆放、照明、音响、饮用水、投影仪
			大床套	14	14	1218	600	多功能厅大会议室	1	1	4400	2200	120			
			四人套间	4	4	1268	600	联通会议室大会议室	1	1	3000	1500	80			
			大床间	45	45	738	300	名仕阁小会议室	1	1	2000	1000	40			
			标准间	59	59	638	250	名绅阁小会议室	1	1	1500	750	30			
								名俊阁小会议室	1	1	1500	750	28			
								名雅阁小会议室	1	1	1500	750	28			
								小会议室	1	1	1500	750	30			
								洽谈室	1	1	0	0	10			
								洽谈室	1	1	0	0	10			
开发区																
天津市金帆酒店	天津市金帆酒店	3	套间	4	4	880	580	大会议室	1	1	4000	2000	200	天津开发区第一大街49号	25326666－6888	会议室协议价格包含的服务项目：桌椅摆放、照明、音响、饮用水、投影仪。单人间与双人间可按需求变换，标准间其中24间无窗户
			单间	36	36	480	260	小会议室	1	1	1500	400	40			
			标准间	58	58	480	260									

饭店名称	发票开具单位名称	星级	客房（价格：元/天）					会议室（数量：间；价格：元/半天）						地址	前台订房电话	备注
			房型	总间数	协议间数	门市价	协议价	类型	总间数	协议间数	门市价	协议价	容纳人数			
保税区																
天津空港格兰云天大酒店分公司	天津海津置地投资有限公司格兰云天大酒店分公司		高级套间	31	31	2180	599	格兰宴会厅	1	1	3500	免费	240	天津空港经济区西二道82号	58838888	会议室协议价格包含的服务项目：桌椅摆放、照明、音响、矿泉水、茶水、纸、笔、
			单间	95	95	1280	299	云海多功能厅	1	1	3000	免费	200			
			标准间	72	72	1280	299	会议室1	1	1	1250	免费	20			
								会议室2	1	1	1250	免费	20			
新技术产业园区																
鑫茂天财酒店	天津鑫茂天财酒店有限公司	4	套间	61	61	1380	580	C区多功能厅	1	1	4000	3000	800	天津华苑产业区榕苑路1号	23080088 23080888	会议室协议价格包含的服务项目：桌椅摆放、照明、音响、茶水、幕布、白板及白板笔、指引标及桌牌制作
			豪华标间	32	32	880	260	413会议室	1	1	2500	1500	150			
			大标准间	23	23	880	260	409会议室	1	1	2500	800	80			
			标准间	72	72	680	260	403会议室	1	1	1500	400	40			
								419会议室	1	1	1500	400	40			
								420会议室	1	1	500	200	20			
								422会议室	1	1	500	200	20			
								407贵宾室	1	1	1000	150	15			
								418会议室	1	1	1000	100	10			

天津市会议定点饭店（无住宿条件的会议场所）

单位名称	发票开具单位名称	星级	会议室（数量：间；价格：元/半天）						地址	前台订房电话	备注
			类型	总间数	协议间数	门市价	协议价	容纳人数			
南开区											
天津市卫鼎轩餐饮发展有限公司	天津市卫鼎轩餐饮发展有限公司		少川会议室	1	1	1250	750	150	天津市南开区北门内大街70号	27280123 27250123	会议室协议价格包含的服务项目：桌椅摆放、照明、音响、饮用水、欢迎条幅、欢迎牌、签到台、指示牌、桌牌、鲜花桌摆
天津市永成卫鼎轩餐饮有限公司	天津市永成卫鼎轩餐饮有限公司		会议厅	1	1	1500	1000	150	天津市南开区水上公园路1号	58266666 24142222	会议室协议价格包含的服务项目：桌椅摆放、照明、音响、饮用水、欢迎条幅、欢迎牌、签到台、指示牌、桌牌、鲜花桌摆
开发区											
天津开发区泰榕铭泽餐饮店	天津开发区泰榕铭泽餐饮店		中型会议室	1	1	2000	1000	150	天津开发区第二大街21号	66288888	会议室协议价格包含的服务项目：桌椅摆放、照明、音响、饮用水、投影仪

河 北 省

- 财政部委托河北省财政厅负责在河北省地级以上城市招标采购会议定点饭店并负责日常监督管理工作。
- 通过政府采购，确定河北省会议定点饭店 161 家。
- 会议定点饭店按照与财政部门签订《协议书》的价格向中央和地方各级党政机关和事业单位提供相应的接待服务。
- 河北省部分会议定点饭店的价格是按照综合定额方式采购的，各单位在组织筹备会议时应先向会议定点饭店查询。如果对协议价格产生疑义，可以要求定点饭店出示《协议书》。
- 如有会议定点饭店变更或饭店的协议价格变化，应以“党政机关出差和会议定点饭店查询网”的信息为准。
- 本目录中的河北省会议定点饭店的详细信息，可在“党政机关出差和会议定点饭店查询网”查阅。
- 河北省各地区长途电话区号：

石家庄市　0311　　张家口市　0313
承德市　0314　　秦皇岛市　0335
唐山市　0315　　廊坊市　0316
保定市　0312　　沧州市　0317
衡水市　0318　　邢台市　0319
邯郸市　0310

河北省会议定点饭店

饭店名称	发票开具单位名称	星级	客房（价格：元/天）					会议室（数量：间；价格：元/半天）						地址	前台订房电话	备注
			房型	总间数	协议间数	门市价	协议价	类型	总间数	协议间数	容纳人数	门市价	协议价			
石家庄市																
河北太行国宾馆(白楼宾馆)	河北太行国宾馆		怡宾楼双套间	14	14	880	480	中会议室	2	2	80	3000	1200	石家庄市维明北大街28号	0311－87862217	早餐免费，餐费9折
			怡宾楼标准间	148	148	380	260	小会议室	7	7	40	1000	400			
			迎宾楼豪华标准间	10	10	880	300									
河北中国大酒店	河北省人民政府招待处	4	贵宾楼套间	13	13	1680	600	大礼堂	1	1	2400	18000	10000	石家庄市自强路127号	0311－87025441	早餐免费，餐费9折
								小礼堂	1	1	500	12000	5800			
								电视厅	1	1	300	8000	5000			
								西华厅	1	1	200	6000	3000			
								石家庄厅	1	1	200	5800	3000			
			贵宾楼标准间	200	200	480	260	小会议室	7	7	60	2800	1500			
								小会议室	4	4	50	1600	600			
河北省人大常委会招待处（颐圆宾馆）	河北省人大常委会招待处（颐圆宾馆）		主楼豪华套间	10	10	1260	600	大会议室	1	1	400	6000	2600	石家庄市新华路355号	0311－87883802	早餐免费，餐费9折
			主楼套间	8	8	1060	400	中会议室	2	2	65	2400	1400			
			主楼单间	9	9	580	246	中会议室	1	1	58	2200	1100			
			主楼标准间	76	76	580	246	中会议室	1	1	40	1600	800			
			副楼单间	4	4	520	230	小会议室	1	1	30	1200	600			
			副楼标准间	143	143	520	230	小会议室	3	3	30	1000	500			
河北省政协招待处（中山宾馆）	河北省政协招待处（中山宾馆）		主楼套间	13	13	980	450	大会议室	1	1	260	2000	1000	石家庄市中华北大街市庄路57号	0311－85987777	早餐免费，餐费8.5折，零客免费洗衣，房间提供水果
			主楼单间	18	18	498	230									
			主楼标准间	70	70	380	240	中会议室	1	1	100	1200	800			
			副楼套间	5	5	500	240									
			副楼标准间	80	80	300	160	中会议室	3	3	40	800	400			
			副楼单间	6	6	498	230									
			副楼经济间	30	30	320	140	小会议室	2	2	20	800	300			
			副楼豪华单间	1	1	498	230									

饭店名称	发票开具单位名称	星级	客房（价格：元/天）					会议室（数量：间；价格：元/半天）						地址	前台订房电话	备注
			房型	总间数	协议间数	门市价	协议价	类型	总间数	协议间数	容纳人数	门市价	协议价			
河北宾馆	河北宾馆	5	套房	20	20	1980	600	大会议室	1	1	400	16000	4000	石家庄市育才街168号	0311－89668001	早餐免费，餐费9折
			单间	150	150	1160	300	中会议室	6	6	30	3000	2000			
			标准间	160	160	1160	300	小会议室	5	5	10	2600	1500			
石家庄银河宾馆	石家庄银河宾馆	4	西楼套间	14	14	880	350	大会议室	1	1	150	3000	1500	石家庄市四中路10号	0311－85986688	早餐免费，餐费9折
			西楼单间	13	13	660	220	中会议室	2	2	60	900	500			
			西楼商务标准间	13	13	600	230									
			西楼标准间	50	50	600	220	小会议室	4	4	45	700	400			
			东楼标准间	50	50	400	170									
石家庄亚太大酒店	石家庄亚太大酒店	3	迎宾楼套间	3	3	960	488	大会议室	1	1	500	10000	4000	石家庄市青园街215号	0311－85999889	早餐免费，餐费9折
			迎宾楼单间	10	10	480	230	中会议室	1	1	120	2000	1000			
			迎宾楼标准间	184	184	480	230	小会议室1	3	3	30	1000	600			
		4	贵宾楼套间	8	8	1080	600	小会议室2	1	1	16	800	500			
			贵宾楼单间	29	29	660	300	小会议室3	1	1	14	800	500			
			贵宾楼标准间	46	46	660	280	大会议室2	1	1	350	4000	3000			
			贵宾楼商务单间	17	17	688	300	中会议室2	1	1	80	3500	2500			
								小会议室4	1	1	40	2000	1200			
燕山大酒店	河北燕山大酒店有限责任公司	4	行政套房	3	3	1690	600	大会议厅	1	1	400	5000	2500	石家庄市裕华西路40号	0311－87012233	早餐免费，餐费8.5折，零客免费洗衣
			行政小套房	3	3	1390	600									
			豪华套房	10	10	1090	490	多功能厅	1	1	200	5000	1500			
			豪华大床房	5	5	760	300									
			行政房	15	15	990	300	中型会议室	1	1	100	2000	1200			
			高级单人间	16	16	590	260									
			豪华单人间	10	10	660	260									
			高级房	70	70	590	260	小会议室	5	5	50	900	400			
			豪华房	60	60	660	260									

饭店名称	发票开具单位名称	星级	客房（价格：元/天）					会议室（数量：间；价格：元/半天）						地址	前台订房电话	备注
			房型	总间数	协议间数	门市价	协议价	类型	总间数	协议间数	容纳人数	门市价	协议价			
河北世纪大饭店	河北世纪大饭店有限公司	5	套间	41	41	1100	600	大会议室	1	1	280	6000	3000	石家庄市中山西路145号	0311－87036699	早餐免费，餐费9折
								中会议室	2	2	120	2300	1400			
			单间	90	90	780	300	3326会议室	1	1	30	980	600			
								会见厅	1	1	20	2000	1200			
			标准间	153	153	680	260	锦江厅	1	1	18	2000	1500			
								小会议室	5	5	20	680	450			
河北省军区招待所西院	河北省军区招待所西院		迎宾楼套间	29	29	500	350	大会议室	1	1	350	4000	1800	石家庄市裕华东路100号	0311－86699919	早餐免费，餐费9折，零客免费水洗衣
			迎宾楼标准间	135	135	260	180	中会议室	1	1	100	1500	750			
			北楼标准间	75	75	200	140	小会议室	6	6	50	600	300			
燕春花园酒店	石家庄市燕春花园酒店管理有限公司	4	商务套房	10	10	950	475	多功能厅	1	1	150	2000	1300	石家庄市中山东路195号	0311－86671188	早餐免费，餐费9折
			套房	10	10	750	375	大会议室	1	1	80	1500	800			
			单间	10	10	550	275	中会议室	1	1	30	1000	700			
			标准大床间	20	20	650	280	小会议室	1	1	20	800	600			
			标准间	91	91	650	260	洽谈室	1	1	8	800	500			
石家庄市裕华大酒店	石家庄市裕华大酒店有限公司		套间	5	5	890	534							石家庄市裕华西路69号副1号	0311－85233001	早餐免费，餐费8.5—9折，零客免费洗衣，房间提供水果
			单间	18	18	260	166	大会议室	1	1	200	1500	1350			
			高档单间	11	11	280	175									
			高档标间	11	11	380	238	小会议室	5	5	40	400	360			
			标准间	39	39	330	208									
石家庄国宾大酒店	石家庄国宾大酒店有限公司	4	行政套间	1	1	1902	600	聚雅厅	1	1	180	4000	2000	石家庄市中山东路99号	0311－86911999	早餐免费，餐费9折，零客免费洗衣，提供水果
			行政三套间	1	1	2640	600	集贤厅	1	1	100	3000	1800			
			商务套间	2	2	1200	400	晨曦厅	1	1	55	2000	400			
			时尚B型	6	6	900	300	松月厅	1	1	35	2000	400			
			商务单间	53	53	790	300	星河厅	1	1	20	1600	300			
			商务标间	82	82	790	300	旭日厅	2	2	14	1600	300			
			时尚间	54	54	660	230									

饭店名称	发票开具单位名称	星级	客房（价格：元/天）					会议室（数量：间；价格：元/半天）						地址	前台订房电话	备注
			房型	总间数	协议间数	门市价	协议价	类型	总间数	协议间数	容纳人数	门市价	协议价			
河北金圆大厦	河北金圆大厦有限公司	4	行政套房	2	2	3888	590	多功能厅	1	1	500	3000	1800	石家庄市中华北大街3号	0311－88614888 88614762 88614760	早餐免费，餐费8.5折，房间提供水果
			商务套间	5	5	860	500	第一会议室	1	1	120	1200	800			
			高级套房	3	3	860	400	第二会议室	1	1	80	1000	600			
			单间	22	22	520	270	第三会议室	1	1	80	1000	600			
			标准间	110	110	520	270	第六会议室	1	1	60	1000	600			
								贵宾接待室	1	1	30	800	300			
河北阳光大厦	河北阳光大厦		套房	15	15	1880	580	报告厅	1	1	260	6000	1800	石家庄市平安南大街33号	0311－88625003	早餐免费，餐费8.5折
			标准间	119	119	490	240	国际会议厅	1	1	160	3000	1200			
								1号会议室	1	1	20	1200	500			
								2号会议室	1	1	30	1200	500			
			商务单间	21	21	730	280	3号会议室	1	1	50	3000	600			
石家庄西美商务酒店有限公司	石家庄西美商务酒店有限公司	4	套房	27	27	1060	420	大会议室	1	1	250	8000	4000	石家庄市建设南大街6号	0311－86918888	早餐免费，餐费8.5折
			豪华商务套房	13	13	1200	480	大会议室	1	1	150	6000	3000			
			豪华时尚间	70	70	1380	248	中会议室	1	1	100	2000	1500			
			商务时尚间	79	79	1200	248	中会议室	1	1	80	1500	1000			
			行政商务间	30	30	860	248	小会议室	1	1	40	1000	600			
			豪华商务间	105	105	760	248	小会议室	1	1	15	1000	600			
			普通商务间	57	57	660	248									
河北建投能源投资股份有限公司国际大厦酒店	河北建投能源投资股份有限公司国际大厦酒店	4	套房	3	3	1760	600	大会议室	1	1	150	4000	1800	石家庄市中山东路301号	0311－85919888 85919777	早餐免费，餐费8.5折
			单间	120	120	690	300	中会议室	1	1	70	3000	800			
			标准间	83	83	560	260	小会议室	3	3	45	2000	500			
河北汇文大酒店	河北汇文大酒店	4	商务套房	9	9	588	260							石家庄市站前街6号	0311－87865818	早餐免费，餐费8.5折
			套房	9	9	490	260	大会议室	1	1	300	6000	3000			
			商务单间	12	12	328	260									
			商务标间	33	33	498	260	中会议室	2	2	100	3000	1200			
			单间	27	27	268	260									
			标准间	67	67	348	260	小会议室	4	4	50	2000	600			

饭店名称	发票开具单位名称	星级	客房（价格：元/天）房型	总间数	协议间数	门市价	协议价	会议室（数量：间；价格：元/半天）类型	总间数	协议间数	容纳人数	门市价	协议价	地址	前台订房电话	备注
河北注册会计师教育中心	河北注册会计师教育中心		套房	6	6	476	238	第一会议室	1	1	150	1500	1000	石家庄装院路198号	0311－83939300	早餐免费，餐费8折
								教师休息室	1	1	50	600	500			
			单间	170	170	176	80	第三会议室	1	1	50	600	500			
								阶梯式报告厅	1	1	300	7000	4000			
			标准间	8	8	256	120	多媒体教室	1	1	70	6000	3000			
								第二会议室	1	1	80	800	600			
河北省国土资源厅培训中心	河北省国土资源厅培训中心	3	套房	6	6	780	450	大会议室	1	1	240	3000	2000	河北省鹿泉市上庄镇	0311－83986636	早餐免费，餐费8折
			三件套	1	1	980	600	中会议室	2	2	100	1500	1000			
			标准间	95	95	368	130	小会议室	3	3	40	600	400			
			经济间	23	23	198	110	贵宾厅	1	1	45	3000	2000			
								多媒体教室60人	1	1	60	3000	2000			
石家庄凯旋金悦酒店管理有限公司	石家庄凯旋金悦酒店管理有限公司	4	行政套房	1	1	1180	590	4号、5号会议室	2	2	100	2500	1000	石家庄市东大街9号	0311－85378822	早餐免费，餐费7.8折
			行政单间	14	14	690	248	1号、3号、贵宾厅	3	3	50	1000	500			
			行政标间	35	35	690	248	国际会议厅	1	1	300	8000	3000			
			套间	9	9	860	420	会见厅	1	1	130	4000	2000			
			单间	14	14	560	238	2号、6号会议室	2	2	50	2000	1000			
			标准间	81	81	560	248									
河北汇宾大酒店	河北汇宾大酒店	3	套房	2	2	1280	450	大会议室	1	1	300	4000	1500	石家庄市裕华西路160号	0311－87688558	早餐免费，餐费9.2折
			豪华单间	9	9	620	280	中会议室	1	1	200	2000	750			
			单间	5	5	620	258	中会议室	1	1	100	1000	400			
			标准间	64	64	480	178	小会议室	1	1	50	400	150			
河北北方大厦	河北北方大厦	3	套房	8	8	580	450	大会议室	2	2	300	4000	1500	石家庄市胜利北街309号	0311－85918888－3001/3002	早餐免费，餐费9折
								大会议室	1	1	200	3000	1000			
			单间	4	4	260	180	中会议室	3	3	100	1800	600			
								小会议室	14	14	50	600	260			
			标准间	90	90	180	160	报告厅	1	1	700	6000	2500			
								大会议室	1	1	450	4500	2000			
			商务标间	58	58	258	190	多媒体120人	1	1	120	4000	2000			
								小会议室	1	1	50	1500	500			
								小会议室	1	1	40	1600	500			

饭店名称	发票开具单位名称	星级	客房（价格：元/天）					会议室（数量：间；价格：元/半天）						地址	前台订房电话	备注
			房型	总间数	协议间数	门市价	协议价	类型	总间数	协议间数	容纳人数	门市价	协议价			
河北人防大厦	河北人防大厦	3	套间	4	4	980	398	大会议室	1	1	200	4000	1000	石家庄市平安南大街85号	0311－86116666	早餐免费，餐费8.5折
			单间	9	9	300	150	中会议室	1	1	110	2000	600			
			标准间	70	70	300	150									
			三人间	3	3	360	130	小会议室	4	4	50	1000	240			
			小套间	2	2	680	300									
新华区国海大酒店	新华区国海大酒店		豪华套间	7	7	888	444	大会议室	1	1	280	5800	2500	石家庄市友谊北大街178号	0311－87088556	早餐免费，餐费8.5折
			豪华标准间	23	23	480	210									
			豪华单人间	11	11	480	240	中会议室	1	1	80	2500	1000			
			套间	4	4	688	344									
			单间	13	13	430	215	小会议室	1	1	50	1000	500			
			标准间	41	41	430	215									
石家庄市东方龙大酒店	石家庄市东方龙大酒店	3	豪华套房	4	4	880	380	大会议室	1	1	250	6000	1600	石家庄市建设南大街128号	0311－86013231	早餐免费，餐费8.5折
			套房	4	4	680	340									
			豪华单间	4	4	480	220	小会议室	5	5	50	2000	400			
			单间	8	8	398	180									
			高标间	33	33	480	220	中会议室	1	1	70	5200	1000			
			行政间	2	2	480	220									
			三人间	1	1	680	280	贵宾厅	1	1	14	2000	400			
			标准间	46	46	398	180									
石家庄美东国际大酒店有限公司	石家庄美东国际大酒店有限公司	4	套房	6	6	1380	460	大会议室	1	1	462	10000	4000	石家庄市广安大街18号副1号	0311－87860001 87860002	早餐免费，餐费8.5折
			单间	24	24	760	248	多功能厅	1	1	200	4000	2000			
			普通单间	5	5	580	198	中会议室	1	1	80	4000	1000			
								会见厅	1	1	25	1000	600			
			标准间	85	85	660	218	知程厅	1	1	12	1000	500			
								清言厅	1	1	12	1000	500			
华夏商务酒店	石家庄桥东华夏商务酒店		套间	6	6	980	340	大会议室	1	1	240	3600	1200	石家庄市槐安东路1号	0311－86121999	早餐免费，餐费8.5折
			单间	18	18	416	170	中会议室	1	1	70	1800	500			
			标准间	97	97	436	180	小会议室	1	1	15	800	300			

饭店名称	发票开具单位名称	星级	客房（价格：元/天）					会议室（数量：间；价格：元/半天）						地址	前台订房电话	备注
			房型	总间数	协议间数	门市价	协议价	类型	总间数	协议间数	容纳人数	门市价	协议价			
矿区宾馆	石家庄市矿区恒兴宾馆有限公司		套间	7	7	288	198	大会议室	1	1	350	2000	1000	石家庄市矿区矿市南街	0311－82081161	
			单间	9	9	188	130	中会议室	1	1	40	1500	750			
			标准间	49	49	188	120	小会议室	1	1	20	1000	500			
井陉县人民政府招待所	井陉县人民政府招待所		套间	2	2	480	260	大会议室	1	1	160	1600	800	井陉县建设南路14号	0311－82025640	
			单间	6	6	180	120	中会议室	1	1	70	1300	700			
			标准间	43	43	150	100	小会议室	1	1	20	260	150			
银山花园酒店	河北银山花园酒店管理有限公司		套间	25	25	688	345	大会议室	2	2	150	1800	1000	鹿泉市向阳大街90号	0311－89176999－6001	
			单人间	15	15	528	200	中会议室	1	1	50	1200	800			
			标准间	90	90	468	170	小会议室	3	3	30	700	300			
正定县华阳假日酒店	正定县华阳假日酒店有限公司	3	套间	3	3	1188	300	大会议室	1	1	400	4000	1000	石家庄市正定县常山西路2号	0311－88011470	
			单间	19	19	288	172	中会议室	3	3	120	2000	600			
			标准间	127	127	268	160	小会议室	3	3	24	1600	300			
栾城大酒店	栾城大酒店		套间	5	5	699	350	大会议室	1	1	500	5000	2600	栾城县惠源路9号	0311－85501000	
			单间	2	2	288	200	中会议室	2	2	200	1500	800			
			标准间	114	114	228	150	小会议室	4	4	40	600	300			
金皇冠大酒店	辛集市东城建筑有限公司金皇冠大酒店		小套间	9	9	720	350	大会议室	1	1	500	3000	1000	辛集市兴华北路245号	0311－83282888	
			商务单间	10	10	490	220	中会议室	1	1	350	2000	700			
			普通标准间	81	81	390	170	小会议室	1	1	60	1000	400			
								小会议室	1	1	100	1000	500			
晋州宾馆	晋州宾馆		套间	10	10	288	258	大会议室	1	1	300	1200	1000	晋州市向阳街14号	0311－84319999	
			标准间	55	55	158	138	小会议室	1	1	40	500	450			
			标准间	51	51	138	118	小会议室	1	1	20	400	350			
			标准间	45	45	100	88	小会议室	2	2	17	400	350			
深泽宾馆	深泽县宾馆餐厅		套间	7	7	480	380	大会议室	1	1	200	600	400	深泽县真武路38号	0311－83523461	
			单间	4	4	380	280	小会议室	2	2	36	400	300			
			标准间	57	57	220	180									

饭店名称	发票开具单位名称	星级	客房（价格：元/天）					会议室（数量：间；价格：元/半天）						地址	前台订房电话	备注
			房型	总间数	协议间数	门市价	协议价	类型	总间数	协议间数	容纳人数	门市价	协议价			
无极县富泰大酒店	无极县富泰大酒店		套间	4	4	398	268	大会议室	1	1	350	4000	1000	无极县无极路138号	0311－85567999	
			单间	8	8	198	128	小会议室	1	1	60	2000	500			
			标准间	31	31	218	150									
藁城市藁城宾馆	藁城市藁城宾馆	3	三套间	2	2	880	340	大会议室	1	1	400	1500	700	河北省藁城市市府西路001号	0311－88048488	
			双套间	6	6	680	230	大会议室	1	1	300	1200	600			
								大会议室	1	1	200	1200	600			
			单人间	4	4	480	200	中会议室二楼	1	1	60	1000	500			
								中会议室一楼	1	1	60	600	300			
			标准间	110	110	260	160	电话会议	1	1	60	600	300			
								小会议室	3	3	20	400	200			
赵县赵州宾馆	赵县赵州宾馆		套间	12	12	560	240	大会议室	1	1	500	1600	600	赵县国道街111号	0311－84946776	
								大会议室	1	1	160	1600	600			
			单间	3	3	340	140	中会议室	1	1	100	1000	400			
								中会议室	1	1	70	1000	400			
			标准间	80	80	340	140	小会议室	2	2	20	600	200			
								小会议室	1	1	13	600	200			
新乐宾馆	新乐宾馆		套间	2	2	480	288	大会议室	1	1	350	2000	1000	新乐市新华路	0311－88581484	
								中会议室	1	1	90	1500	600			
								中会议室	1	1	40	1000	600			
			标准间	71	71	268	168	小会议室	1	1	30	800	300			
								小会议室	1	1	20	400	300			
机关接待中心	机关接待中心		套间	3	3	580	280	大会议室	1	1	500	1200	600	高邑县府前路151号	0311－84036975	
			单间	3	3	380	130	中会议室	2	2	80	1000	400			
			标准间	31	31	280	100	小会议室	2	2	40	600	200			
石家庄槐阳会馆餐饮有限责任公司	石家庄槐阳会馆餐饮有限责任公司		套间	1	1	460	280	大会议室	1	1	300	1000	600	元氏县蟠龙路32号	0311－84634888	
			单间	5	5	218	130	中会议室	1	1	150	800	300			
			标准间	60	60	198	110	小会议室	1	1	50	600	200			

饭店名称	发票开具单位名称	星级	客房（价格：元/天）					会议室（数量：间；价格：元/半天）						地址	前台订房电话	备注
			房型	总间数	协议间数	门市价	协议价	类型	总间数	协议间数	容纳人数	门市价	协议价			
赞皇县赞皇宾馆	赞皇县赞皇宾馆		套间	4	4	280	210	大会议室	1	1	500	600	500	赞皇县太行路10号	0311－84221551	
			单间	10	10	120	120	小会议室	1	1	40	300	260			
			标准间	36	36	160	110									
平山县西苑温泉度假村有限公司	平山县西苑温泉度假村有限公司	3	迎宾楼套房	2	2	480	300	大会议室	2	2	300	3000	1000	河北省平山县温塘镇	0311－82813166	早餐免费，餐费9.5折
			迎宾楼单间	2	2	360	150									
			迎宾楼标准间	130	130	260	100	中会议室	4	4	200	2000	700			
		4	怡宾楼套房	8	8	680	400	中会议室	1	1	80	900	300			
			怡宾楼标间	95	95	480	160									
			贵宾楼套房	14	14	880	480	小会议室	8	8	50	600	200			
			贵宾楼标间	150	150	580	200	大会议室2	1	1	600	8000	3000			
河北野生原度假村有限公司	河北野生原度假村有限公司	4	套间	12	12	880	300	议事厅	1	1	260	1300	800	河北平山县孟贤壁北行3公里	0311－82885555	早餐免费，餐费9.5折
			标准间	137	137	480	160	群策堂	1	1	60	800	400			
								小会议室	4	4	20	1000	260			
平山县人民政府招待所	平山县人民政府招待所	2	套间	1	1	460	280	大会议室	1	1	300	2200	1000	平山县城建设北大街5号	82911036	
			单间	4	4	320	200	中会议室	1	1	200	1200	700			
			标准间	60	60	300	150	小会议室	3	3	50	500	300			
平山县温泉宾馆	平山县温泉宾馆	3	套间	5	5	800	350	大会议室	1	1	300	2400	1000	平山县温塘镇石闫路2号	0311－82811688	
			单间	4	4	480	220	中会议室	2	2	200	1600	700			
			标准间	165	165	380	160	小会议室	3	3	60	500	300			
灵寿宾馆	灵寿宾馆		套间	2	2	488	280	大会议室	1	1	150	800	400	石家庄市灵寿县人民路41号	0311－82520048	
			单间	3	3	298	180									
			标准间	39	39	268	160	小会议室	1	1	30	600	200			
			经济标准间	4	4	168	120									
			经济间	2	2	120	80									
行唐县政府招待所	行唐县人民政府招待所		套间	4	4	480	280	大会议室	1	1	100	800	400	龙州镇玉城西大街1号	0311－28981574	
			单间	5	5	198	170	中会议室	1	1	56	480	260			
			标准间	35	35	180	160	中会议室	1	1	20	380	150			

饭店名称	发票开具单位名称	星级	客房（价格：元/天）					会议室（数量：间；价格：元/半天）						地址	前台订房电话	备注
			房型	总间数	协议间数	门市价	协议价	类型	总间数	协议间数	容纳人数	门市价	协议价			
张家口市																
张家口市新华大厦有限公司	张家口市新华大厦有限公司	3	豪华套间	4	4	588	529	大会议室	1	1	100	1200	900	张家口市桥西区至善街33号	0313－8086818 8086819	
			套间	3	3	460	414	小会议室	1	1	30	400	360			
			单间	8	8	360	216	小会议室	1	1	30	500	450			
			标准间	52	52	360	216	小会议室	1	1	20	600	540			
张家口市恒通酒店管理有限责任公司恒通商务酒店	张家口市恒通酒店管理有限责任公司恒通商务酒店	3	套间	3	3	800	368							张家口市桥东区五一路19号	0313－2055555	
			豪华标准间	4	4	600	298									
			高级标准间	11	11	500	268									
			标间	10	10	380	198	中会议室	1	1	30	1500	900			
			单间	4	4	400	198									
华宇商务酒店	张家口市华源诚信经贸有限公司华宇商务酒店		大套间	2	2	598	418	大会议室	1	1	230	3000	2700	张家口市桥东区钻石路24号	0313－2086878 2086868	
			商务套间	5	5	558	358	中会议室	1	1	80	1200	1080			
			单间	38	38	268	178	小会议室	1	1	50	1200	1080			
			标准间	50	50	288	188	小会议室	1	1	20	600	540			
								母子间	8	8	308	208				
张家口宾馆	张家口宾馆	3	套间	5	5	488	390	大会议室	1	1	400	8400	7600	张家口市桥东区解放大街13号	0313－2086188 2086189	
								大会议室	1	1	200	6600	6000			
			单间	8	8	268	215	中会议室	1	1	100	3600	3200			
								中会议室	1	1	60	3400	3000			
			标准间	75	75	268	215	小会议室	3	3	40	1200	1000			
								小会议室	1	1	20	2800	2400			
								小会议室	1	1	15	1000	600			
张家口市蓝鲸大厦餐饮娱乐有限公司	张家口市蓝鲸大厦餐饮娱乐有限公司	4	单人间	15	15	188	188	小会议室	3	3	45	3000	2400	河北省张家口市桥东区胜利南路2号	0313－4022222 4083677	
			标准间（A）	49	49	588	300	大会议室	1	1	300	4000	3200			
			标准间（B）	29	29	528	290	多功能厅	1	1	200	5000	4000			
			普通套间	17	17	888	480									

饭店名称	发票开具单位名称	星级	客房（价格：元/天）					会议室（数量：间；价格：元/半天）						地址	前台订房电话	备注
			房型	总间数	协议间数	门市价	协议价	类型	总间数	协议间数	容纳人数	门市价	协议价			
张家口市大陆神农酒店有限公司	张家口市大陆神农酒店有限公司	3	套间	4	4	1296	588	大会议室	1	1	600	5800	5000	张家口市高新区清河南路	0313－4080808	
			单间	5	5	388	288	大会议室	1	1	200	2800	2000			
			标准间	77	77	368	268	中会议室	2	2	50	1800	1500			
								小会议室	1	1	30	600	500			
承德市																
京城大酒店	承德京城大酒店有限公司	4	套间	15	15	1888	580	大会议室	1	1	200	6000	2500	承德市双桥区半壁山路12号	0314－2250127	
			单间	27	27	888	270	中会议室	1	1	100－200	4000	2000			
			标准间	119	119	888	270	小会议室	1	1	50－100	3000	1000			
								小会议室	2	2	50	2000	800			
承德山庄宾馆	承德山庄宾馆	3	套间	11	11	1880	580	大会议室	2	2	200	4000	2500	承德市丽正门大街11号	0314－2091133 2095500	
			单间	15	15	880	270	中会议室	1	1	100－200	3000	2000			
			标准间	261	261	680	270	小会议室	6	6	50－100	2000	1000			
			标准间（经济型）	57	57	380	240	小会议室	2	2	50	1500	800			
			三人间	28	28	400	270									
乾阳大酒店	承德市乾阳大酒店	4	套间	31	31	1800	580	大会议室	2	2	200	6000	2500	承德市普乐北路18号	0314－5565058	
			单间	15	15	900	270	中会议室	1	1	100－200	3000	2000			
			标准间	288	288	880	270	小会议室	2	2	50－100	1800	1000			
			三人间	5	5	1000	270	小会议室	5	5	50	1000	800			
承德市盛华大酒店	承德市盛华大酒店	4	套间	15	15	1500	580	大会议室	1	1	200	5000	2500	承德市武烈路22号	0314－2271100	
			单间	8	8	700	270	中会议室	1	1	100－200	4000	2000			
			标准间	86	86	780	270	小会议室	3	3	50－100	3000	1000			
			小会议室	3	3	50	2000	800								

饭店名称	发票开具单位名称	星级	客房（价格：元/天）					会议室（数量：间；价格：元/半天）						地址	前台订房电话	备注
			房型	总间数	协议间数	门市价	协议价	类型	总间数	协议间数	容纳人数	门市价	协议价			
承德白楼宾馆	承德白楼宾馆	3	套间	10	10	1280	580	大会议室	1	1	200	4000	2400	承德市开发西区京承旅游公路28号	0314－5909371	
			单间	10	10	480	200	中会议室	1	1	100－200	3000	1800			
			标准间	97	97	680	240	小会议室	1	1	50－100	2600	1000			
			三人间	10	10	780	240	小会议室	1	1	50	2000	800			
秦皇岛市																
秦皇岛鸿升扬州饭店有限公司	秦皇岛鸿升扬州饭店有限公司	3	套间	6	6	1280	600	大会议室	1	1	450	5000	4000	河北省秦皇岛市开发区长江东道66号	0335－8071632	
			单间	6	6	480	280	中会议室								
			标准间	37	37	480	240	小会议室	1	1	35	1000	800			
秦皇岛市北戴河金山宾馆	秦皇岛市北戴河金山宾馆	3	套间A	9	9	880	580	大会议室	2	2	350	3000	2000	秦皇岛市北戴河海滨东三路4号	0335－4260666 4260777	
			单间A					中会议室	2	2	100	2000	1500			
			标准间A	118	118	680	280	小会议室	4	4	40	1000	800			
			套间B	10	10	680	380	大会议室								
			单间B					中会议室								
			标准间B	150	150	480	280	小会议室								
秦皇岛市北戴河鸥鹏酒店	国务院国有资产监督管理委员会化工北戴河疗养院	3	套间	10	10	1280	380	大会议室	1	1	350	4000	3000	北戴河滨海大道1号	0335－4021531 4021695	
			单间	17	17	580	260	中会议室	2	2	80	2000	1400			
			标准间	255	255	580	260	小会议室	4	4	40	1400	1000			
河北省财政厅机关服务中心北戴河培训基地	河北省财政厅机关服务中心北戴河培训基地		套间	2	2	2880	600	大会议室	1	1	300	5000	800	北戴河区新河路1号	0335－4280777	
			单间	8	8	1180	288	中会议室	1	1	150	2000	600			
			标准间	100	100	1180	300	小会议室	4	4	40	800	200			

饭店名称	发票开具单位名称	星级	客房（价格：元/天）					会议室（数量：间；价格：元/半天）						地址	前台订房电话	备注
			房型	总间数	协议间数	门市价	协议价	类型	总间数	协议间数	容纳人数	门市价	协议价			
北戴河友谊宾馆	北戴河友谊宾馆	3	套间	31	31	1080	380	大会议室	1	1	300	6000	4000	河北省秦皇岛市北戴河区鹰角路1号	0335－4041965	
			单间	4	4	480	140	中会议室	1	1	80	800	700			
			标准间	302	302	680	180	小会议室	1	1	20	600	500			
北戴河联峰假日酒店	河北省国家税务局北戴河培训中心	3	套间	9	9	1080	580	大会议室	1	1	150	4800	2800	秦皇岛市北戴河区联峰北路27号	0335－4024999	
			单间	10	10	480	280	中会议室	1	1	40	2800	1800			
			标准间	60	60	480	280	小会议室	1	1	20	2800	1800			
国家税务总局北戴河培训中心	国家税务总局北戴河培训中心		套间	18	18	1080	580	大会议室	1	1	150	4800	2800	秦皇岛市北戴河区联峰路副10号	0335－4024888	
			单间	2	2	380	200	中会议室	1	1	40	2800	1800			
			标准间	59	59	480	280	小会议室	4	4	20	1800	980			
北戴河新华假日酒店	秦皇岛北戴河新华假日酒店管理有限公司	4	套间	8	8	2880	590	大会议室	1	1	300	1000	600	秦皇岛北戴河安二路二号	0335－4280888	
			单间	17	17	1880	290	中会议室	1	1	150	800	350			
			标准间	122	122	1180	290	小会议室	1	1	35	600	250			
华北电网有限公司北戴河疗养院	华北电网有限公司北戴河疗养院	3	套间					大会议室	1	1	120	2000	1500	秦皇岛市北戴河区海宁路31号	0335－4042653－2167	
			单间	5	5	680	290	中会议室								
			标准间	90	90	680	290	小会议室	3	3	20	1000	800			
唐山市																
唐山饭店	唐山饭店	3	套间	10	10	480	390	大会议室	1	1	200—400	6000	3000	唐山建设南路46号	0315－3729501 3729502	
			单间	55	55	380	298	中会议室	2	2	60—100	2000	1000			
			标准间	90	90	280	230	小会议室	3	3	20—14	1000	600			

饭店名称	发票开具单位名称	星级	客房（价格：元/天）					会议室（数量：间；价格：元/半天）						地址	前台订房电话	备注
			房型	总间数	协议间数	门市价	协议价	类型	总间数	协议间数	容纳人数	门市价	协议价			
唐山宾馆	唐山宾馆	3	套间	60	60	618	495	大会议室	1	1	260	6000	4000	唐山建设北路25号	0315－2808250	
			甲A单间	30	30	328	262	中会议室	1	1	100	2000	1000			
			甲A标准间	170	170	328	262	小会议室	10	10	20－50	1000	600			
			行政单间	20	20	328	262									
			行政标准间	70	70	368	295									
唐山锦江贵宾楼饭店	唐山锦江贵宾楼饭店	4	套间	8	8	1196	598	大会议室						唐山建设南路46号	0315－3729334	
			单间	40	40	596	298	中会议室	1	1	50	3000	2000			
			标准间	40	40	596	298	小会议室	1	1	10	2000	1500			
唐山金槟酒店有限公司	唐山金赞商贸有限公司	3	套间	12	12	588	318	大会议室	1	1	100	2000	1200	唐山建设南路48－8号	0315－2846722	
			单间	22	22	380	268	中会议室								
			标准间	35	35	368	200	小会议室	1	1	35	1200	800			
唐山大酒店	唐山大酒店	3	套间	20	20	365	260	大会议室	1	1	100	2000	1000	唐山新华西道	0315－3736166	
			单间	20	20	240	180	中会议室	1	1	40	1500	1000			
			标准间	60	60	240	150	小会议室	2	2	22	800	600			
唐山市凯源饭店有限公司	唐山市凯源饭店有限公司	2	套间	2	2	960	350	大会议室	1	1	300	5000	3000	唐山市北新东道13号	0315－2857799	
			单间	8	8	680	240	中会议室	1	1	130	1500	1000			
			标准间	57	57	398	280	小会议室	2	2	50	800	600			
廊坊市																
天都大酒店	廊坊市天都大酒店	4	套间	20	20	880	600	大会议室	1	1	500	12000	4000	廊坊市广阳道188号	0316－2339998	
								中会议室	1	1	120	5960	4760			
			标准间	60	60	480	300	小会议室	3	3	30	4000	3160			
廊坊宾馆	安次区委招待所		套间	3	3	1980	580	大会议室	1	1	200	6000	5000	解放道118号	0316－2311669	
			单间	12	12	380	280	中会议室	1	1	70	880	680			
			标准间	110	110	280	150	小会议室	8	8	30	800	600			
华康宾馆	华康宾馆有限公司	2	套间	2	2	380	260	大会议室	1	1	100	1200	800	银河南路廊大路189号	0316－2829996	
			单间	4	4	260	120	中会议室	1	1	80	1000	700			
			标准间	51	51	260	120	小会议室	1	1	30	600	300			

饭店名称	发票开具单位名称	星级	客房（价格：元/天）					会议室（数量：间；价格：元/半天）						地址	前台订房电话	备注
			房型	总间数	协议间数	门市价	协议价	类型	总间数	协议间数	容纳人数	门市价	协议价			
河北华都集团御龙大酒店有限公司	河北华都集团御龙大酒店有限公司	4	套间	2	2	1580	600	大会议室	1	1	350	25000	20000	廊坊市永兴路88号	0316－2290111	
			单间	32	32	420	300	中会议室	1	1	200	15000	4500			
			标准间	74	74	420	280	小会议室	4	4	120	2500	2000			
廊坊中石油科学技术研究院会议培训中心	廊坊中石油科学技术研究院会议培训中心	3	套间	12	12	560	460	大会议室	1	1	160	4000	3000	廊坊万庄石油分院	010－69213500 0316－6012801－3500	
			单间	31	31	220	200	中会议室	1	1	60	3200	2600			
			标准间	30	30	260	200	小会议室	2	2	30	800	600			
河北信达金建投资有限公司京东第一温泉宾馆	河北信达金建投资有限公司京东第一温泉宾馆	4						大会议室	3	3	120	12000	4000	大厂工业区	0316－8865518	
			套间	10	10	1260	600	中会议室	8	5	80	6800	1750			
										3	60	4000	1050			
			标准间	176	176	560	300	小会议室	7	5	30	2000	700			
										2	20	1200	420			
中信国安第一城国际会议展览有限公司	中信国安第一城国际会议展览有限公司	3	标准间	328	328	280	140	大会议室	2	1	800	20000	8000	河北省香河县经济技术开发区	0316－8008036198	
			单人间	40	40	280	140			1	400	10000	4000			
			大单间	10	10	420	210	中会议室	5	5	100	2500	1000			
			大标间	40	40	380	190	小会议室	10	4	64	1600	640			
			三套间	6	6	980	490			6	40	1000	400			
		4	X 标准间	75	75	580	240	大会议室	2	1	1800	40000	18000			
			X 单人间	24	24	580	240			1	800	20000	8000			
			CF 标准间	1128	1128	760	290	中会议室	7	2	260	6500	2600			
			C 单人间	30	30	750	290			5	100	2500	1000			
			F 双套间	3	3	1280	512	小会议室	10	4	64	1600	640			
										6	40	1000	400			
		5	Z 直套间	50	50	980	392	中会议室	2	2	260	6500	2600			
			Z 双套间	21	21	1280	512	小会议室	4	4	64	1600	640			

饭店名称	发票开具单位名称	星级	客房（价格：元/天）					会议室（数量：间；价格：元/半天）						地址	前台订房电话	备注
			房型	总间数	协议间数	门市价	协议价	类型	总间数	协议间数	容纳人数	门市价	协议价			
廊坊市天都大酒店永清分店	廊坊市天都大酒店永清分店	3	套间	3	3	980	598	大会议室	2	2	600－1000	7600	5320	永清县武隆路42号	0316－6696337	
			单间	11	11	360	252	中会议室	1	1	100	1760	1232			
			标准间	50	50	300	210	小会议室	2	2	30－50	1560	1092			
固安县华御温泉度假酒店服务有限公司	固安县华御温泉度假酒店服务有限公司	3	套间	17	17	680	580	大会议室	2	2	200－600	6800	4000	固安县牛驼镇温泉开发区106国道西侧	0316－6125888 6125666	
			单间	5	5	360	298	中会议室	1	1	60	2000	1500			
			标准间	150	150	360	298	小会议室	2	2	30	1000	800			
文安县政府招待所	文安县政府招待所	3	套间	3	3	580	406	大会议室	1	1	120	1800	1500	文安县正通道	0316－5252666	
			单间	4	4	380	266	中会议室	1	1	30	900	600			
			标准间	35	35	260	195	小会议室	1	1	10	500	300			
大城县熙畅园酒店	大城县熙畅园酒店	3	套间	4	4	480	460	大会议室	1	1	120	2000	1800	河北省廊坊市大城县东环北路	0316－5521666	
			单间	23	23	200	160	中会议室								
			标准间	60	60	160	140	小会议室	1	1	20	1500	1300			
大城县电业宾馆	大城县电业宾馆	3	套间	5	5	498	460	大会议室	1	1	410	5000	4600	大城县城新华东街82号	0316－5511118	
			单间	16	16	288	248	中会议室	1	1	230	4000	3600			
			标准间	23	23	298	258	小会议室	1	1	50	1800	1400			
保定市																
秀兰饭店	保定市秀兰饭店有限公司	5	豪华套间	20	20	1188	600	大会议室	1	1	150	7000	3500	保定市乐凯南大街388号	0312－3277888	
								中会议室	1	1	35	6000	3000			
			准间	103	103	688	300	小会议室	1	1	12	5000	2500			
保定华侨宾馆	保定华侨宾馆有限公司	3	套间	7	7	538	398	大会议室	1	1	260	3000	2400	保定市天鹅西路70号	0312－3106182	
			普通标准间	125	125	288	216	中会议室	2	2	200	1800	1400			
								小会议室	2	2	30	1000	800			
东方大酒店	保定市东方大酒店		套间	10	10	556	278	大会议室	1	1	200	1500	1000	保定市红阳大街139号	0312－5072898	
			标准间	87	87	438	218	中会议室	1	1	100	1200	800			
								小会议室	1	1	40	600	400			

饭店名称	发票开具单位名称	星级	客房（价格：元/天）					会议室（数量：间；价格：元/半天）						地址	前台订房电话	备注
			房型	总间数	协议间数	门市价	协议价	类型	总间数	协议间数	容纳人数	门市价	协议价			
省招酒店	河北省省直机关事务管理局保定招待处		标准间	106	106	200	160	大会议室	1	1	270	3000	2400	保定市北市区莲池北大街389号	0312－5024999 5025537	
			豪华套间	7	7	600	480	中会议室	2	2	90	1000	900			
								小会议室	3	3	40	800	720			
电谷锦江国际酒店	保定源盛融通发展有限公司电谷酒店分公司	5	豪华大床套间	77	77	1199	600	大会议室（龙凤厅）	1	1	200	4000	3200	保定市朝阳北大街1888号	0312－8631888 8631999	
			高级单人间	96	96	699	300	中会议室	5	5	60	1800	1440			
			高级双人间	118	118	699	300	小会议室	4	4	16	900	720			
星光国际商务酒店	保定星光国际商务酒店有限公司	5	豪华套间	16	16	988	600	大会议室	1	1	350	9000	4000	保定市高新区朝阳北大街999号	0312－3102272 3327800	
			标准间	73	73	660	300	中会议室	2	2	35	1600	1120			
								小会议室	2	2	20	1200	840			
中银大厦	保定中银大厦有限公司	4	标准间	57	57	618	300	大会议室	1	1	180	3600	3240	保定市朝阳南大街16号	0312－3098888	
								中会议室	1	1	50	3200	2880			
			豪华套间	3	3	818	490	小会议室	1	1	10	1200	1080			
保定山水宾馆	保定山水宾馆		标准间	95	95	268	188	大会议室	1	1	180	2400	2000	保定市百花东路路240号	0312－3071480	
								中会议室	1	1	80	1200	1000			
								小会议室	1	1	25	800	600			
华中假日大酒店	保定市华中假日酒店有限公司	4	豪华套间	9	9	680	408	大会议室	1	1	200	4000	2500	保定市朝阳北大街969号	0312－3106555	
			普通标准间	151	151	460	276	中会议室	1	1	100	4000	2500			
								小会议室	1	1	20	2000	1200			
华润白洋淀管理培训学院	华润保定白洋淀管理培训学院服务有限公司	5	标准间	23	23	900	300	大会议室	1	1	150	6000	4000	保定市雄县白洋淀温泉城1号路	0312－5968899 5960979	
			豪华单人间	184	184	800	300	中会议室	1	1	40	2500	2250			
								小会议室	1	1	15	1200	1080			

饭店名称	发票开具单位名称	星级	客房（价格：元/天）					会议室（数量：间；价格：元/半天）						地址	前台订房电话	备注
			房型	总间数	协议间数	门市价	协议价	类型	总间数	协议间数	容纳人数	门市价	协议价			
华电综合服务中心	保定华电综合服务中心		豪华套间	10	10	580	500	大会议室	1	1	230	2000	1600	保定市永华北大街619号	0312－7523004	
			标准间	70	70	320	200	中会议室	5	5	50	1000	800			
								小会议室	2	2	20	800	600			
曲阳县宾馆	曲阳县宾馆		套间	6	6	388	350	大会议室	1	1	412	800	800	保定市曲阳县恒阳路6号	0312－4212161	
			单间	2	2	218	190	中会议室	1	1	120	500	500			
			普标准间	33	33	158	140	小会议室	1	1	45	300	300			
			高标准间	20	20	188	170	小会议室	1	1	20	300	300			
成宝酒店	徐水县成宝酒店		普通套间	7	7	488	342	大会议室	1	1	150	800	600	保定市徐水县巨力西路	0312－7116699	
			单间	3	3	218	153	中会议室	1	1	80	600	500			
			标准间	17	17	268	188	小会议室	1	1	30	500	400			
唐县宾馆	唐县宾馆		套间	7	7	420	380	大会议室	1	1	600	1900	1600	保定市唐县光明路3号	0312－6420902	
			标准间	130	130	150	130	中会议室	1	1	100	1000	800			
								小会议室	1	1	30	600	400			
四季经典国际酒店	河北四季经典饮食有限公司	4	高级套间	7	7	688	380	大会议室	1	1	500	3800	1900	保定市定兴县朝阳路东口	0312－5870300	
			单间	23	23	388	200	中会议室	1	1	30	1600	900			
			标准间	52	52	388	200	小会议室	1	1	12	680	380			
鹏达世纪酒店	高碑店市鹏达世纪酒店有限公司	3	套间	12	12	658	460	大会议室	1	1	450	3800	3000	保定市高碑店迎宾路16号	0312－7939999	
			单间	63	63	328	260	中会议室	3	3	60	2500	2000			
			标准间	95	95	260	260	小会议室	2	2	20	1000	600			
好年景宾馆	易县好年景宾馆		套间	3	3	328	200	大会议室	1	1	150	2000	1200	保定市易县朝阳西路	0312－8856788	
			标准间	30	30	218	120	中会议室	1	1	60	1000	800			
河北诚信大厦	河北诚信大厦有限责任公司	4	公寓套房	24	24	568	398	大会议室	2	2	300	4800	3000	保定市涿州建设路410号	0312－6676666	
			单间	17	17	368	260	中会议室	3	3	70	2600	1300			
			标准间	54	54	368	260	小会议室	2	2	20	1200	680			

饭店名称	发票开具单位名称	星级	客房（价格：元/天）					会议室（数量：间；价格：元/半天）						地址	前台订房电话	备注
			房型	总间数	协议间数	门市价	协议价	类型	总间数	协议间数	容纳人数	门市价	协议价			
沧州市																
沧州迎宾馆	沧州人民政府招待处	4	5号楼套间	10	10	470	282	大会议室	1	1	169	1200	800	沧州市新华东路15号	0317－3054555	
			7号楼套间	3	3	700	420									
			5号楼单间	12	12	350	150	中会议室	2	2	100	1200	800			
			7号楼单间	17	17	500	290									
			5号楼标准间	79	79	350	150									
			7号楼标准间	44	44	500	290	小会议室	1	1	50	500	300			
洋帆大酒店	沧州洋帆大酒店	4	套间	6	6	1888	468	大会议室	1	1	200	4000	2000	沧州市运河区浮阳北大道16号	0317－2077566	
			单间	11	11	600	150	中会议室	1	1	100	2000	1000			
			标准间	66	66	718	150	小会议室	1	1	50	2000	800			
鸿信宾馆	沧州鸿信宾馆	3	套间	10	10	600	360	大会议室	1	1	160	1200	800	沧州市新华中路80号	0317－3510888	
			单间	7	7	300	180	中会议室	2	2	60	600	400			
			标准间	88	88	300	180	小会议室	1	1	30	300	200			
宏泰大酒店	沧州宏达房地产开发有限公司宏泰大酒店分公司	3	套间	10	10	680	340	大会议室	1	1	200	2000	1400	沧州市浮阳南大道11号	0317－3777777	
			单间					中会议室	1	1	80	500	400			
			标准间	63	63	358	161	小会议室	2	2	20－30	300	200			
民族会馆	河北沧州会馆餐饮有限公司	3	套间	4	4	580	408	大会议室	1	1	200	2000	1200	沧州市解放西路颐和广场12号	0317－3771555	
			单间	5	5	280	188	中会议室								
			标准间	30	30	280	188	小会议室	1	1	30－40	1000	600			
颐和大酒店	河北沧州东塑集团股份有限公司颐和大酒店	4	套间	12	12	768	418	大会议室	1	1	120	2000	1000	沧州市迎宾大道颐和庄园内	0317－5508888	
			单间	21	21	398	159	中会议室	1	1	40	1500	750			
			标准间	49	49	548	298	小会议室	1	1	20	1000	500			

饭店名称	发票开具单位名称	星级	客房（价格：元/天）					会议室（数量：间；价格：元/半天）						地址	前台订房电话	备注
			房型	总间数	协议间数	门市价	协议价	类型	总间数	协议间数	容纳人数	门市价	协议价			
五洲大酒店	任丘市五洲大酒店有限责任公司	4	套间	3	3	800	380	大会议室	1	1	350	3000	2000	任丘市裕华中路2号	0317－3388138	
			单间	15	15	400	160	中会议室	1	1	280	2600	1800			
			标准间	68	68	400	160	小会议室	2	2	50	2000	1500			
新世纪国际大酒店	任丘市新世纪国际酒店有限公司	4	套间	8	8	630	380	大会议室						任丘市战道总部桥头	0317－3333399	
			单间					中会议室	2	2	100	1800	1800			
			标准间	40	40	288	230	小会议室								
金都花园酒店	黄骅市财政干部培训中心	4	套间	12	12	1188	600	大会议室	1	1	500	8800	4000	河北省黄骅市神华大街	0317－8881988	
			单间	20	20	518	300	中会议室	2	2	50	5800	3000			
			标准间	100	100	518	300	小会议室	8	8	20	2800	2000			
肃宁县华阳大酒店	肃宁县华阳大酒店	4	套间	9	9	688	600	大会议室	1	1	300	3600	3000	肃宁县泽城路	0317－5019999	
			单间	28	28	388	300	中会议室								
			标准间	186	186	288	260	小会议室	2	2	40	2400	2000			
民族干部培训中心	孟村回族自治县民族干部培训中心	3	套间	16	16	1680	600	大会议室	1	1	400	2000	1000	县城东团结路北	0317－6762888	
				12	12	780	580	中会议室	1	1	100	600	400			
			标准间	36	36	360	240	小会议室	2	2	20	400	200			
渤海新区迎宾馆	沧州渤海新区迎宾馆有限公司	3	套间	42	42	680	368	大会议室	1	1	170	4000	3000	沧州渤海新区一号路一号	0317－5819999	
			单间	32	32	520	258	中会议室	1	1	150	3000	1700			
			标准间	13	13	380	268	小会议室	2	2	35	2000	1000			
吴桥县百盛庄园假日酒店	吴桥县百盛庄园假日酒店	3	套间	2	2	616	430	大会议室	1	1	100	500	300	河北省吴桥县太行道东侧财政局北	0317－7365888	
			单间	3	3	390	220	中会议室	1	1	60	300	200			
			标准间	59	59	216	150	小会议室	3	3	15	200	150			
衡水市																
衡水市人民政府招待处	衡水市人民政府招待处	4	贵宾楼小套间	6	6	580	460	大会议室	1	1	1000	880	880	衡水市桃城区人民西路69号	0318－6888888－1000	
			贵宾楼单间	8	8	398	230	中会议室	1	1	100	380	380			
			贵宾楼标准间	42	42	398	230	中会议室	1	1	200	500	500			
			怡宾楼小套间	6	6	498	400	小会议室	2	2	60	280	280			
			怡宾楼标准间	34	34	368	210									

饭店名称	发票开具单位名称	星级	客房（价格：元/天）					会议室（数量：间；价格：元/半天）						地址	前台订房电话	备注
			房型	总间数	协议间数	门市价	协议价	类型	总间数	协议间数	容纳人数	门市价	协议价			
衡水阳光大酒店有限责任公司	衡水阳光大酒店有限责任公司	4	贵宾套间	1	1	928	556	大会议室	1	1	400	4000	3200	衡水市新华西路158号	0318－2113101 2113102 2113103	
			商务双套间	6	6	780	468									
			商务单人间	19	19	500	280									
			商务标准间	45	45	500	280	中会议室	1	1	120	1000	800			
			标准三套间	3	3	910	546									
			标准双套间	17	17	610	366									
			标准单间	12	12	450	268									
			标准间	26	26	450	268	小会议室	1	1	60	500	300			
			普通单间	3	3	380	228									
			普通标准间	30	30	380	228									
广厦酒店有限公司	衡水广厦酒店有限公司	3	普通三人套	10	10	426	213	大会议室	1	1	400	3500	3000	衡水市育才南大街29号	0318－2898001 2898003	
			豪华三人套	3	3	560	280									
			普通单人间	9	9	300	150	中会议室	1	1	100	1200	1000			
			豪华单人间	3	3	526	263									
			豪华大单间	3	3	580	280	小会议室	1	1	40	1000	800			
			普通标准间	41	41	300	150									
昆仑大酒店	衡水联众商贸有限公司昆仑大酒店		普通标间	26	26	380	228	大会议室	1	1	130	3000	2400	衡水市和平路24号	0318－2898888	
			中档标间	42	42	450	268									
			豪华标间	13	13	500	280	中会议室	1	1	70	1800	1400			
			普通单间	13	13	500	280									
			小套间	10	10	72	430	小会议室	1	1	30	1500	1200			
			大套间	10	10	1080	560									
金山大酒店	金山大酒店	3	金华楼商务单人间	5	5	468	280	大会议室	1	1	120	1200	1200	衡水市中心街606号	0318－2189999	
			金华楼商务标准间	25	25	368	220									
			贵宾楼套间	4	4	588	350	中会议室	2	2	60	1000	1000			
			贵宾楼豪华标准间	25	25	358	215									
			贵宾楼标准间	30	30	228	136									
			贵宾楼单人间	10	10	258	155	小会议室	1	1	40	1000	1000			

饭店名称	发票开具单位名称	星级	客房（价格：元/天）					会议室（数量：间；价格：元/半天）						地址	前台订房电话	备注
			房型	总间数	协议间数	门市价	协议价	类型	总间数	协议间数	容纳人数	门市价	协议价			
衡水洞天宾馆	衡水洞天宾馆	2	豪华三套间	2	2	999	499	大会议室	1	1	600	2000	2000	衡水市胜利中路8号	0318－6880606 6880808 6880909	
			三套间	1	1	719	359	中会议室	3	3	200	780	780			
			豪华二套间	1	1	599	299	小会议室	1	1	80	520	520			
			二套间	6	6	459	229									
			单人间	2	2	399	199	多功能会议室	1	1	200	2600	2600			
			标准间	110	110	289	139									
衡源酒店	衡水电力建设公司衡源酒店		三套间	1	1	880	560	多媒体室	1	1	140	1200	800	衡水市站前西路29号	0318－2298888	
			二套间	4	4	660	420	报告厅	1	1	120	1200	800			
			单人间	5	5	460	280	小会议室	3	3	30	300	200			
			标准间	51	51	300	200	计算机教室	1	1	40	1200	800			
丽都宾馆	衡水丽都宾馆有限责任公司	3	套间	5	5	600	330	大会议室						衡水市人民西路1099号	0318－2366666	
			单间	24	24	268	148	中会议室	1	1	100	600	500			
			标准间	39	39	298	168	小会议室	1	1	50	300	200			
			单间	2	2	298	190									
枣强县人民政府招待所	枣强县人民政府招待所	2	套间	10	10	380	300	大会议室	2	2	400	1500	1000	枣强县县城新华中路9号	0318－8266688	
			单间	10	10	120	100	中会议室	3	3	100	800	500			
			标准间	36	36	260	200	小会议室	2	2	25	500	300			
邢台市																
邢台市人民政府第二招待处（邢台宾馆）	邢台市人民政府第二招待处	3	套间	7	7	666	466	大会议室	1	1	400	3000	3000	邢台市顺德路201号	0319－3666888	
			单间	4	4	380	266	中会议室	1	1	75	1200	1200			
			标准间	41	41	380	266	小会议室	1	1	27	1600	1600			
		2	套间	4	4	400	280	大会议室	1	1	160	1600	1600			
			单间	30	30	238	160	中会议室	3	3	70	800	800			
			标准间	124	124	196	135	小会议室	5	5	30	600	600			
邢台军分区招待所	邢台军分区招待所		套间	7	7	480	380	大会议室	1	1	150	1120	896	新华南路38号	0319－3691355	
			单间	20	20	140	110	中会议室	1	1	40	300	240			
			标准间	117	117	140	110	小会议室	2	2	20	600	480			

饭店名称	发票开具单位名称	星级	客房（价格：元/天）					会议室（数量：间；价格：元/半天）						地址	前台订房电话	备注
			房型	总间数	协议间数	门市价	协议价	类型	总间数	协议间数	容纳人数	门市价	协议价			
邢台市鸿泰民俗文化园有限公司	邢台市鸿泰民俗文化园有限公司	3	套间	5	5	688	482	大会议室	1	1	200	1800	1080	冶金北路达活泉西门	0319－5201000	
			单间	6	6	298	209	中会议室	1	1	100	1600	840			
			标准间	58	58	298	209	小会议室	1	1	50	1200	720			
金牛大酒店	金牛大酒店	4	套间	5	5	980	570	大会议室	1	1	138	8000	4400	邢台市中兴西大街193号	0319－2098888	
			单间					中会议室	2	2	45	3000	1650			
			标准间	50	50	680	280	小会议室	2	2	12	2600	1430			
蓝天美食山	蓝天美食山		套间	3	3	358	280	大会议室						八一大街88号	0319－2216666	
			标准间	34	34	238	188	中会议室	1	1	100	1000	600			
								小会议室	1	1	25	680	400			
邢州大酒店	邢州大酒店	4	中式套房	8	8	680	408	大会议室	1	1	300	2000	1000	邢台市新华北路185号	0319－3285003	
			商务单人间	10	10	420	252									
			欧式标间	28	28	280	168	中会议室	3	3	270	1600	800			
			中式标间	31	31	320	192									
			豪华标间	10	10	420	252	小会议室	2	2	100	1200	600			
			商务欧式标间	22	22	380	228									
			商务中式标间	26	26	420	252	微小会议室	3	3	75	800	400			
			商务豪华标间	8	8	480	288									
辰光大酒店	辰光大酒店	4	普通套房	3	3	458	320	大会议室	1	1	200	2000	1200	邢台市中兴西大街319号	0319－2120818	
			高级套房	11	11	580	406									
			商务套房	3	3	780	546									
			普通单间	4	4	298	211	中会议室	1	1	80	1500	900			
			高级单间	36	36	398	280									
			普通标间	23	23	298	211	小会议室	4	4	20	600	360			
			高级标间	46	46	398	280									
辰光商务酒店	辰光商务酒店	3	套间	8	8	399	319	大会议室	1	1	150	1000	900	中兴东大街468号	0319－3130666 3130999	
			单间	75	75	219	175	中会议室								
			标准间	60	60	219	175	小会议室	1	1	60	800	720			

饭店名称	发票开具单位名称	星级	客房（价格：元/天）					会议室（数量：间；价格：元/半天）						地址	前台订房电话	备注
			房型	总间数	协议间数	门市价	协议价	类型	总间数	协议间数	容纳人数	门市价	协议价			
邢台县人民政府招待所（白云宾馆）	邢台县人民政府招待所	1	三套间	1	1	480	336	大会议室	1	1	300	1200	1000	邢台市北长街36号	0319－3664666	
			双套间	2	2	380	266									
			单间	10	10	168	138	中会议室	1	1	180	1000	800			
			商务标间	11	11	168	138									
			普通标间	65	65	138	120									
			普通三人间	12	12	168	138	小会议室	1	1	40	300	200			
			特价三人间	6	6	140	120									
沙河市人民政府招待所（沙河宾馆）	沙河市人民政府招待所		商务套间	2	2	450	360	大会议室	1	1	700	600	500	沙河市聚英路	0319－8920111	
			经济套间	2	2	388	310									
			普通套间	3	3	228	160	1会议室	1	1	150	1000	800			
			商务单间	2	2	380	300									
			经济单间	15	15	228	180	2会议室	1	1	350	2080	1880			
			普通单间	2	2	228	160									
			商务标间	6	6	320	260	3会议室	1	1	46	1080	1000			
			经济标间	48	48	188	160									
			普通标间	27	27	120	100	5会议室	1	1	30	388	368			
			三人间	17	17	100	80									
河北恒倩实业有限公司隆尧宾馆	河北恒倩实业有限公司隆尧宾馆	3	套间					大会议室	1	1	180	580	480	隆尧县新华路69号	0319－6694100	
			单间	14	14	110	90	中会议室	1	1	80	430	360			
			标准间	42	42	130	110	小会议室	3	3	40	240	200			
临城蓝天生态院观光园	临城蓝天生态院观光园	3	套间	6	6	358	280	大会议室	1	1	200	2500	1500	临城县岐山湖大道中段北侧	13503199922	
			标准间	56	56	238	188	中会议室	1	1	100	1000	600			
								小会议室	1	1	25	680	400			
宁晋县晶龙宾馆有限公司	宁晋县晶龙宾馆有限公司	3	套间	13	13	888	560	大会议室	1	1	140	3600	3000	天宝西街33号	0319－5808888	
			单间	26	26	248	223	中会议室	1	1	49	1200	1000			
			标准间	30	30	248	223	小会议室	1	1	20	600	500			

饭店名称	发票开具单位名称	星级	客房（价格：元/天）					会议室（数量：间；价格：元/半天）						地址	前台订房电话	备注
			房型	总间数	协议间数	门市价	协议价	类型	总间数	协议间数	容纳人数	门市价	协议价			
广宗宾馆	广宗宾馆	4	套间	3	3	388	388	大会议室	1	1	1000	600	600	广宗县兴广路8号	0319－7219999	
			单间	4	4	188	188									
			标准间	40	40	128	128	小会议室	1	1	30	300	300			
巨鹿华丰宾馆	巨鹿华丰宾馆有限责任公司	3	套间	6	6	480	450	大会议室	1	1	400	3600	3000	巨鹿县新华北街3号	0319－4326888	
			单间	8	8	180	160	中会议室	1	1	100	2000	1600			
			标准间	28	28	238	220	小会议室	2	2	20	1600	1200			
河北省巨鹿宾馆	河北省巨鹿宾馆		套间	15	15	400	320	大会议室	1	1	260	500	400	巨鹿县秦泽路	0319－4332563	
			单间	9	9	200	160	中会议室								
			标准间	48	48	200	160	小会议室	1	1	20	260	200			
清河宾馆	河北省清河宾馆	3	普通套间	3	3	760	280	大会议室	1	1	240	1600	800	河北省清河县祥和大街36号	0319－829999－2103/6688	
			豪华套间	2	2	780	360									
			高级套房	8	8	800	400									
			普通单间	8	8	228	80	多功能厅	1	1	120	1200	600			
			商务单间	4	4	448	128									
			豪华单间	8	8	528	268									
			经济标间	8	8	228	80									
			普通标间	32	32	488	128	小会客室	1	1	20	600	300			
			商务标间	28	28	488	146									
			豪华标间	34	34	528	268									
京九国际大酒店	清河县京九国际大酒店	3	多人套房	6	6	288	258	大会议室	1	1	240	3500	2400	河北省邢台市清河县太行中路66号	0319－8167777 8163866	
			标准套房	3	3	299	269	中会议室	1	1	50	2500	1500			
			豪华套房	11	11	328	298									
			单人间	14	14	158	128	小会议室	1	1	14	1500	800			
			标准间	59	59	168	138									
			商务标间	15	15	219	189									

饭店名称	发票开具单位名称	星级	客房（价格：元/天）					会议室（数量：间；价格：元/半天）						地址	前台订房电话	备注
			房型	总间数	协议间数	门市价	协议价	类型	总间数	协议间数	容纳人数	门市价	协议价			
邯郸市																
冀南宾馆	邯郸市冀南宾馆	3	豪华套间	1	1	880	550	大会议室	1	1	120	1800	1400	邯郸市展览路2号	0310－3100819	
			套间	4	4	500	280	中会议室	2	2	35	700	700			
			单间	8	8	490	228	小会议室	1	1	20	520	520			
			豪华标准间	39	39	490	228									
			普通标准间	87	87	280	160									
邯郸市迎宾国际饭店有限公司	邯郸市迎宾国际饭店有限公司	3	豪华套间	2	2	680	408	大会议室	1	1	260	3000	1000	河北省邯郸市人民路159号	0310－3018888	
			商务套间	2	2	580	348									
			豪华单间	4	4	420	246									
			普通单间	5	5	330	188									
			商务标间	10	10	480	270									
			豪华标间	28	28	420	220									
			普通标间	69	69	320	180									
			商务单间	10	10	480	270									
邯郸宾馆	邯郸宾馆	4	标准间	61	61	480	280	大会议室	1	1	308	8000	4500	邯郸市中华大街74号	0310－2113888－5009	
			单人间	15	15	520	298	中会议室	2	2	120	2000	1200			
			双套间	8	8	880	528	小会议室	1	1	30	1000	600			
邯郸赵王宾馆有限公司	邯郸赵王宾馆有限公司	4	套间	3	3	1380	550	大会议室	1	1	260	6000	3000	邯郸市复兴路19号	0310－4055555	
			单间	16	16	480	240	中会议室	1	1	80	1600	1200			
			标准间	46	46	480	240	小会议室	2	2	20	3000	1500			
		3	单人间普	15	15	300	150									
			双人间普	60	60	300	150									
邯郸饭店	邯郸市邯郸饭店	3	套间	7	7	380	230	大会议室	1	1	250	2000	1300	邯郸市浴新南大街178号	0310－3283700 3283900	
			标准间	50	50	200	120	中会议室	1	1	70	800	560			
			豪华标准间	16	16	300	180	小会议室	2	2	25	500	280			
龙山宾馆	涉县龙山宾馆	3	套门	4	4	600	400	大会议室	1	1	90	2000	1700	涉县龙山大街646号	0310－3891888	
			单间	7	7	480	280	会见厅	1	1	20	1500	1200			
			豪华标准间	43	43	360	260	小会议室	1	1	20	600	500			
			标准间	50	50	300	180	大会议室	1	1	300	1800	1500			
								中会议室	3	3	60	1200	1000			

饭店名称	发票开具单位名称	星级	客房（价格：元/天）房型	总间数	协议间数	门市价	协议价	会议室（数量：间；价格：元/半天）类型	总间数	协议间数	容纳人数	门市价	协议价	地址	前台订房电话	备注
丛台大酒店	河北丛台电子股份有限公司丛台大酒店	4	双套间	34	34	1488	498	大会议室	1	1	300	6000	2760	邯郸市人民路 109 号	0310－5808888	
			豪华单人间	42	42	988	286									
			普通单人间	32	32	888	276	中会议室	1	1	20	5000	1560			
			豪华标准间	31	31	988	286									
			普通标准间	18	18	888	276	小会议室	2	2	16	2000	700			
			家庭房	13	13	1018	296									
新梅林大酒店	新梅林大酒店		双套间	10	10	520	298	大会议室	1	1	200	5000	2000	邯郸市开发区联通北路 9 号	0310－5700789	
			豪华单人间	15	15	360	208	小会议室	1	1	40	2400	700			
			豪华标准间	61	61	360	208									
邯郸市新凯悦酒店	邯郸市新凯悦酒店有限公司		双套间	8	8	880	480	大会议室	1	1	500	10000	5500	邯郸市雪驰路 79 号	0310－8015666	
			豪华单人间	13	13	380	188	中会议室	2	2	110	4000	2400			
			普通单人间	13	13	320	160	小会议室	1	1	15	800	600			
			普通标准间	68	68	380	188									
招商大酒店	招商大酒店有限公司	4	豪华双套间	3	3	1688	598	大会议室	1	1	500	6888	4480	邯郸市联纺东路 512 号	0310－5706665	
			行政套间	14	14	1988	498	中会议室	2	2	100	3888	2720			
			豪华单人间	49	49	618	280	小会议室	2	2	70	1000	700			
			豪华双人间	98	98	618	280									
河北省青泉集团公司宇宙宾馆	河北省青泉集团公司宇宙宾馆	3	双套间	7	7	398	238	大会议室	1	1	260	2000	1200	武安市桥西路 589 号	0310－5551088 5551266	
			三套间	1	1	498	298	小会议室	1	1	50	1600	800			
			豪华双人间	2	2	308	178									
			普通双人间	130	130	278	168									
龙田大酒店	河北龙田贸易有限公司龙田大酒店		双套间	7	7	680	400	大会议室	1	1	450	4000	2400	涉县经济开发区裕华东路	0310－3895990	
			三套间	5	5	580	380	中会议室	2	2	200	2400	1440			
			四套间	6	6	980	538	小会议室	3	3	60	1400	840			
			普通双人间	95	95	300	188									

饭店名称	发票开具单位名称	星级	客房（价格：元/天）					会议室（数量：间；价格：元/半天）						地址	前台订房电话	备注
			房型	总间数	协议间数	门市价	协议价	类型	总间数	协议间数	容纳人数	门市价	协议价			
峰峰宾馆	邯郸市峰峰隆滏商务会馆有限责任公司	3	商务双套间	10	10	1588	580	大会议室	1	1	600	4000	2400	峰峰矿区滏阳东路6号	0310－5123456	
			豪华单人间	23	23	488	258	中会议室	1	1	200	3000	1800			
			豪华双人间	26	26	388	238	小会议室	1	1	65	1200	720			
			普通双人间	60	60	298	168									
磁县人民政府招待所	磁县人民政府招待所	2	双套间	2	2	480	336	大会议室	1	1	110	1000	600	磁县磁州镇建设路46号	0310－2322415－8518	
			豪华双人间	14	14	230	160	小会议室	1	1	50	600	360			
			普通双人间	25	25	218	150									
			双套间北楼	2	2	360	248									
			五人双套间	5	5	260	180									
			普通三人间	13	13	168	118									
星际美高大酒店	邯郸市星际美高大酒店有限公司	4	商务套房	6	6	1288	560	大会议室	1	1	300	5500	2000	邯郸市联防路512号	0310－5908888	
			商务单人间	30	30	628	260	中会议室	1	1	200	4500	1600			
			单人间	98	98	428	248	小会议室	2	2	90	2500	1000			
			豪华双人间	12	12	628	260									
			普通双人间	94	94	428	248									
肥乡宾馆	肥乡县恒泰宾馆有限公司		三套间	3	3	1188	598	大会议室	1	1	350	10000	2760	肥乡县井堂南大街路东肥乡宾馆	0310－8666666	
			豪华单人间	4	4	418	209	中会议室	1	1	100	3000	1200			
			单人间	8	8	318	160	小会议室	3	3	40	1600	800			
			豪华双人间	15	15	398	198									
			普通双人间	50	50	246	160									

山 西 省

- 财政部委托山西省财政厅负责在山西省地级以上城市招标采购会议定点饭店并负责日常监督管理工作。
- 通过政府采购，确定山西省会议定点饭店 42 家。
- 会议定点饭店按照与财政部门签订《协议书》的价格向中央和地方各级党政机关和事业单位提供相应的接待服务。
- 山西省部分会议定点饭店的价格是按照综合定额方式采购的，各单位在组织筹备会议时应先向会议定点饭店查询。如果对协议价格产生疑义，可以要求定点饭店出示《协议书》。
- 如有会议定点饭店变更或饭店的协议价格变化，应以“党政机关出差和会议定点饭店查询网”的信息为准。
- 本目录中的山西省会议定点饭店的详细信息，可在“党政机关出差和会议定点饭店查询网”查阅。
- 山西省各地区电话长途区号：

太原市	0351	大同市	0352
朔州市	0349	阳泉市	0353
长治市	0355	晋城市	0356
忻州市	0350	晋中市	0354
临汾市	0357	运城市	0359
吕梁市	0358		

山西省会议定点饭店

饭店名称	发票开具单位名称	星级	客房（价格：元/天）					会议室（数量：间；价格：元/半天）						地址	前台订房电话	备注
			房型	总间数	协议间数	门市价	协议价	类型	总间数	协议间数	容纳人数	门市价	协议价			
太原市																
山西金三元宾馆	山西金三元宾馆	3	套间	12	12	588	400	大会议室	1	1	180	2000	1200	太原市坞城路123号	0351－2283155 2283255	300元/人·天
			单间	10	10	358	230	中会议室	3	3	44	1500	900			
			标准间	92	92	388	230	小会议室	1	1	14	1000	600			
太原华苑宾馆有限公司	太原华苑宾馆有限公司	3	套间	4	4	868	580	大会议室	1	1	180	5200	3600	太原市迎泽大街9号	0351－4653011	345元/人·天
			单间	32	32	408	268	中会议室	1	1	80－90	4000	2800			
			商务标准间	60	60	428	268	小会议室	4	4	20－40	1600	1200			
			标准间	64	64	388	258									
山西省公安厅交通管理局训练基地	山西省公安厅交通管理局训练基地		普通套间	12	12	1880	500	大会议室	1	1	180－200	3800	1500	太原市晋源区晋祠镇马坊沟	0351－6349777 6349888	360元/人·天
			单间	6	6	580	280	中会议室	2	2	80	2000	900			
			标准间	52	52	580	280	小会议室	1	1	50	1900	600			
			单间	24	24	388	200									
			标准间	30	30	388	200									
太原并州饭店	太原并州饭店	3	套间	40	40	998	598	大会议室	1	1	330	4980	3300	太原市迎泽大街118号	0351－8226003 4041004	400元/人·天
			单间	60	60	268	200	中会议室	1	1	90	2000	1200			
			标准间	210	210	498	280	小会议室	4	4	50	980	600			
太原太航三产有限公司太航宾馆	太原太航三产有限公司太航宾馆	3	普套（副楼）	16	16	380	300	大会议室	1	1	350	8000	5000	太原市亲贤北街28号	0351－7085888 7054520 7084342	300元/人·天
			豪华单间	4	4	498	240									
			普单（副楼）	15	15	248	200	中会议室	1	1	150	5000	3000			
			豪华标间	126	126	498	240									
			普标（副楼）	130	130	248	160	中小会议室	2	2	50	2600	2000			
								小会议室	6	6	30	1200	1000			
山西龙城国际饭店（有限公司）	山西龙城国际饭店（有限公司）		标准间	108	108	950	300	大会议室	1	1	240	8000	4000	太原市并州北路2号	0351－8208000	390元/人·天
								中会议室	4	4	70－100	5000	2500			
								小会议室	3	3	16－40	1600	800			

饭店名称	发票开具单位名称	星级	客房（价格：元/天）					会议室（数量：间；价格：元/半天）						地址	前台订房电话	备注
			房型	总间数	协议间数	门市价	协议价	类型	总间数	协议间数	容纳人数	门市价	协议价			
太原铁路新创餐饮旅游有限公司	山西新铁大酒店		套间	10	10	888	500	中会议室	2	2	60–80	2000	800	太原市迎泽南街19号	0351–2231888 2236188	310元/人·天
			单间	10	10	688	230	小会议室	2	2	20	1200	600			
			标准间	150	150	688	210									
山西悦宾酒店有限公司	山西悦宾酒店有限公司	3	套间	6	6	999	599	大会议室	1	1	80–120	3000	3000	太原市迎泽西大街西巷路28号	0351–5637111	380元/人·天
			单间	4	4	766	300	小会议室	3	3	20	1888	1888			
			标准间	70	70	666	300									
山西晋协宾馆（有限公司）	山西晋协宾馆（有限公司）	4	套间	22	22	1098	580	大会议室	1	1	300–500	10000	5000	太原市东缉虎营35号	0351–5659567 5659568	380元/人·天
			标准间	92	92	878	290	中会议室	1	1	70	4000	2600			
								小会议室	4	4	25	2000	1200			
山西晋祠宾馆	山西晋祠宾馆	5	套间	61	61	980	600	大会议室	1	1	550	15800	8000	太原市晋祠路三段669号	0351–6099999–9000	二类会议/390元/人·天
			单间	54	54	480	280	中会议室	3	3	100–200	3800–5800	1900			
			标准间	232	232	480	280	小会议室	22	22	20–50	1200–2800	600			
山西省人大培训中心	山西省人大培训中心		普通单间	10	10	480	260	大会议室	1	1	300	6000	4000	太原市迎泽大街309号	0351–2465333	二类会议/385元/人·天
			标准间	70	70	680	300	中会议室	4	4	50	4000	2000			
			温馨单间	6	6	580	300	小会议室	1	1	40	3000	1600			
			商务单间	14	14	880	300									
山西黄河京都大酒店有限公司	山西黄河京都大酒店有限公司	4	套间	5	5	1380	600	大会议室	1	1	450–600	16000	11000	太原市平阳路19号	0351–5670001 5670003	二类会议/300元/人·天
			单间	42	42	720	300	中会议室	1	1	220–260	8000	6000			
			标准间	118	118	620	300	小会议室	1	1	20–40	3000	2400			
山西滨河饭店有限公司	山西滨河饭店有限公司	4	套间	7	7	1620	600	大会议室	1	1	150	8000	4000	太原市府西街103号	0351–3332222–7032	360元/人·天
			单间	34	34	920	300	中会议室	2	2	60–70	6000	3000			
			标准间	56	56	920	300	小会议室	2	2	20–30	2000	1000			
太原太重宾馆（有限公司）	太原太重宾馆（有限公司）	3	套间	3	3	1288	600	大会议室	2	2	220–250	4000	3000	太原市万柏林区西矿街前进路32号	0351–6194400	300元/人·天
			单间	6	6	618	300	中会议室	2	2	100–120	3200	2400			
			标准间	64	64	468	280	小会议室	1	1	20–40	1000	600			

饭店名称	发票开具单位名称	星级	客房（价格：元/天）					会议室（数量：间；价格：元/半天）						地址	前台订房电话	备注
			房型	总间数	协议间数	门市价	协议价	类型	总间数	协议间数	容纳人数	门市价	协议价			
山西饭店	山西饭店	3	套间	10	10	1200	600	大会议室	1	1	500	6800	5000	太原市纯阳宫21号	0351－8210666	380元/人·天
			单间	23	23	380	280	中会议室	1	1	120	2800	1800			
			标准间	264	264	380	250	小会议室	9	9	40	480	400			
山西天瑞商务酒店	山西天瑞商务酒店有限公司	4	套间	10	10	1880	600	大会议室	1	1	200	8000		太原市水西门街26号	0351－3386666	400元/人·天
			单间	53	53	1280	300	中会议室	2	2	50	4000				
			标准间	72	72	1280	300	小会议室	2	2	30	2000				
山西省财政厅培训中心	山西省财政厅培训中心	3	套间	5	5	880	600	大会议室	1	1	180	3200	2800	太原市开化寺街13号	0351－8212555 8212556	390元/人·天
			单间	13	13	480	300	中会议室	1	1	50	2800	2400			
			标准间	72	72	380	298	小会议室	5	5	35	2000	1600			
山西三桥大厦	山西三桥大厦	3	套间	2	2	1668	580	大会议室	1	1	230	4800	3600	太原市旱西关街15号	0351－3351888	320元/人·天
				4	4	698	300									
			单间	5	5	698	280	中会议室	1	1	80	2400	1600			
				8	8	468	240									
			标准间	102	102	468	240	小会议室	7	7	30	1200	800			
大同市																
大同宾馆	大同宾馆	4	套间	13	13	1180	420	大会议室	1	1	350	5000	3000	山西省大同市迎宾西路37号	0352－5868666 5868200	
			单间	42	42	580	220	中会议室	1	1	200	8000	4000			
			标准间	133	133	580	240	小会议室	5	5	40	1500	800			
雁北宾馆	雁北宾馆	4	套间	15	15	780	420	大会议室	1	1	500	8000	5000	山西省大同市御河北路甲1号	0352－5860888 5860000	
			单间	55	55	680	220	中会议室	5	5	120	1500	500			
			标准间	127	127	580	240	小会议室	2	2	10	300	300			
浩海国际酒店	浩海国际酒店	4	套间	9	9	1880	568	大会议室	1	1	400	3500	2500	山西省大同市新建南路46号	0352－5686888 5686880	
			单间	39	39	680/580	248	中会议室	1	1	100	2500	1500			
			标准间	170	170	680/580	248	小会议室	4	4	40	1500	400			
云冈国际酒店	云冈国际酒店	4	套间	14	14	760	440	大会议室	2	2	230	5000	3500	山西省大同市大西街38号	0352－5869999 5869666	
			单间	18	18	560	240	中会议室	3	3	50	2000	500			
			标准间	137	137	560	240	小会议室	2	2	20	800	300			

饭店名称	发票开具单位名称	星级	客房（价格：元/天）					会议室（数量：间；价格：元/半天）						地址	前台订房电话	备注
			房型	总间数	协议间数	门市价	协议价	类型	总间数	协议间数	容纳人数	门市价	协议价			
朔州市																
朔州万通源大酒店	朔州万通源大酒店	4	套间	29	29	680	490	大会议室	1	1	70－80	5000	4000	山西省朔州市开发北路68号	0349－5666666	
			单间	34	34	580	268	中会议室	2	2	40	3000	2000			
			标准间	73	73	580	268	小会议室	3	3	16	3000	2000			
阳泉市																
阳泉宾馆	阳泉宾馆	3	套间	13	13	880	600	大会议室	1	1	800	4000	2400	山西省阳泉市北大街119号	0353－2031000	
			标准间	86	86	388	300	中会议室	1	1	200	2000	1200			
								小会议室	1	1	30	800	480			
长治市																
长治宾馆	长治宾馆	3	商务套	6	6	998	598	大会议室	1	1	300	4960	4500	长治市英雄中路110号	0355－2188001 2188002 2188003	含早餐
			普通套	6	6	928	568	多功能厅	1	1	80	4600	4600			
			商务单间	22	22	498	300	中会议室	1	1	60	1396	1396			
			商务标间	13	13	498	300	小会议室	1	1	35	960	960			
			普通标间	84	84	428	278									
			普通单间	14	14	428	278									
财苑大厦	财苑大厦	4	单间	12	12	420	230	大会议室	1	1	200	7000	3600	长治市长兴305号	0355－2200000 2200001	
			标准间	77	77	508	279	中会议室	1	1	90	4000	3000			
								小会议室	3	3	30	2800	2400			
晋城市																
阳光大酒店	晋城市阳光大酒店有限公司	4	套间	10	10	1280	550	大会议室	1	1	300－400	20000	12000	晋城市泽州路568号	0356－2229188	
			单间	9	9	498	258	中会议室	1	1	100－200	6000	5400			
			标准间	111	111	398	258	小会议室	4	4	50－100	2400	1400			
太平洋大酒店	晋城市太平洋大酒店有限公司	4	套间	16	16	788	450	大会议室	1	1	300－400	8000	5000	晋城市凤台西街899号	0356－6969666	
			单间	9	9	418	208	中会议室	1	1	100－200	5000	3000			
			标准间	79	79	418	208	小会议室	10	10	50－100	3000	1200			
泽州大酒店	泽州大酒店管理有限公司	4	套间	30	30	898	428	大会议室	1	1	300－400	9600	5500	晋城市凤台西街2839号	0356－2099999	
			单间	51	51	488	243	中会议室	1	1	50－100	4000	2000			
			标准间	59	59	488	243	小会议室	1	1	50人以下	3200	1600			

饭店名称	发票开具单位名称	星级	客房（价格：元/天）					会议室（数量：间；价格：元/半天）						地址	前台订房电话	备注
			房型	总间数	协议间数	门市价	协议价	类型	总间数	协议间数	容纳人数	门市价	协议价			
颐宾大酒店	晋城市颐宾大酒店有限责任公司	4	豪华套间	3	3	1688	450	大会议室	1	1	100－500	6000	2000	晋城市前进路1428号	0356－3068888	
			套间	7	7	788	300	中会议室	3	3	50－100	1800	600			
			单间	4	4	488	150	小会议室	1	1	50人以下	1200	300			
			标准间	52	52	488	150									
家里来饭店	晋城市家里来餐饮管理有限公司		套间	1	1	468	198	大会议室	1	1	100－200	2000	1600	晋城市凤台西街1169号（市国税局后院）	0356－2027707	
			单间	3	3	398	168	中会议室	1	1	50－100	1600	1200			
			标准间	50	50	240	120	小会议室	1	1	50人以下	1000	600			
忻州市																
五台山大酒店	忻州市五台山大酒店有限责任公司	3	套间	6	6	688	380	大会议室	1	1	240	2000	1200	忻州市五台山北路65号	0350－3060666	二类会议
			单间	6	6	368	228	中会议室	2	2	160	1600	800			
			标准间	89	89	288	180	小会议室	4	4	60	600	300			
瑞龙大酒店	忻州市瑞龙大酒店（有限公司）	4	豪华套间	5	5	1888	580	大会议室	1	1	300	3000	2500	忻州市人民公园西侧	0350－3168888 3168555	二类会议
			商务套间	4	4	888	440									
			单间	6	6	518	234	中会议室	1	1	150	1200	1000			
			豪华标间	22	22	508	274	小会议室	3	3	20	600	400			
			商务标间	54	54	468	234									
晋中市																
山西金华苑宾馆有限公司	山西金华苑宾馆有限公司	3	商务套房	4	4	728	510	多功能会议室1（大）	1	1	120	1280×2	1792	山西省晋中市榆次区迎宾街99号	0354－3361001 3361222	
			普通套房	3	3	518	363	多功能会议室2（小）	1	1	60	880×2	1232			
			豪华客房标间	47	47	460	298									
			标准间	6	6	328	230									
晋中市黄金海岸有限公司	晋中市黄金海岸有限公司	3	套房	7	7	798	399	大会议室	1	1	200	8000	4000	山西省晋中市榆次区文苑街88号	0354－3076666 3073777	
			单间	13	13	458	229	中会议室	1	1	50	4000	2000			
			标准间	92	92	398	199	小会议室	1	1	20	2400	1200			

饭店名称	发票开具单位名称	星级	客房（价格：元/天）					会议室（数量：间；价格：元/半天）						地址	前台订房电话	备注
			房型	总间数	协议间数	门市价	协议价	类型	总间数	协议间数	容纳人数	门市价	协议价			
临汾市																
临汾宾馆	山西临汾宾馆	3	套间 A	5	5	560	360	大会议室	1	1	350	3000	2300	临汾市解放路7号	0357－2086888 2086899	
			单间 A	6	6	480	280	中会议室	1	1	60	1200	1000			
			标准间 A	45	45	280	160	小会议室	3	3	25	700	500			
			单间 B	9	9	188	90									
			标准间 B	82	82	228	120									
运城市																
运城市金鑫房地产有限公司金鑫大酒店	运城市金鑫房地产有限公司金鑫大酒店	5	套间	6	6	1088	300	大会议室	1	1		4000	1200	山西省运城市槐东南路88号	0359－2259999 2258190	
			单间	18	18	788	180	中会议室	1	1		2000	600			
			标准间	110	110	688	240	小会议室	1	1		2000	600			
运城市宾馆	运城市宾馆	3	套间	11	11	1288	600	大会议室	1	1		5000	2000	运城市盐湖区红旗东街84号	0359－2291688	
			单间	3	3	158	90	中会议室	1	1		4000	1500			
			标准间	94	94	258	100	小会议室	1	1		1000	500			
运城空港度假村	运城经济技术开发区空港度假村	4	套间	30	30	1280	400	大会议室	1	1		8000	2000	运城市空港新区东街9号	0359－6301118	
			单间	100	100	680	180	中会议室	2	2		4000	1000			
			标准间	240	240	680	180	小会议室	5	5		2500	800			
运城市大酒店	运城市大酒店	4	单间	3	3	388	180	大会议室	1	1		2600	1800	运城市红旗东街376号	0359－2020508	
			标准间	71	71	388	180	中会议室	1	1		1500	800			
								小会议室	1	1		1000	500			
吕梁市																
吕梁国际宾馆	吕梁国际宾馆	4	套间	10	10	948	474	大会议室	2	2	400	2200	2200	离石区滨河南东路	0358－8221666	
			标准间	85	85	480	280	中会议室	2	2	80－100	800	800			
								小会议室	6	6	40－60	600	600			
吕梁国贸大酒店	吕梁国贸大酒店	4	套间	14	14	998	499	大会议室	1	1	200	1800	1600	离石区新建沟口43号	0358－8232999	
			单间	96	96	458	300	中会议室	1	1	50－80	880	600			
			标准间	90	90	438	280	小会议室	1	1	30－50	800	400			

内蒙古自治区

- 财政部委托内蒙古自治区财政厅负责在内蒙古自治区地级以上城市招标采购会议定点饭店并负责日常监督管理工作。
- 通过政府采购，确定内蒙古自治区会议定点饭店 39 家。
- 会议定点饭店按照与财政部门签订《协议书》的价格向中央和地方各级党政机关和事业单位提供相应的接待服务。
- 内蒙古自治区部分会议定点饭店的价格是按照综合定额方式采购的，各单位在组织筹备会议时应先向会议定点饭店查询。如果对协议价格产生疑义，可以要求定点饭店出示《协议书》。
- 如有会议定点饭店变更或饭店的协议价格变化，应以“党政机关出差和会议定点饭店查询网”的信息为准。
- 本目录中的内蒙古自治区会议定点饭店的详细信息，可在“党政机关出差和会议定点饭店查询网”查阅。
- 内蒙古自治区各地区长途电话区号：

呼和浩特市	0471	包头市	0472
呼伦贝尔市	0470	乌海市	0473
鄂尔多斯市	0477	赤峰市	0476
乌兰察布市	0474	通辽市	0475
巴彦淖尔市	0478	兴安盟	0482
锡林郭勒盟	0479	阿拉善盟	0483

内蒙古自治区会议定点饭店

饭店名称	发票开具单位名称	星级	客房（价格：元/天）					会议室（数量：间；价格：元/半天）						地址	前台订房电话	备注
			房型	总间数	协议间数	门市价	协议价	类型	总间数	协议间数	容纳人数	门市价	协议价			
呼和浩特市																
内蒙古饭店有限责任公司	内蒙古饭店有限责任公司	5	套间	46	46	2280	400	大会议室	3	3	200	10000	3000	乌兰察布西街31号	0471－6938888	
			单人间	122	122	1080	300	中会议室	9	9	80	5000	1500			
			标准间	175	175	1080	300	小会议室	2	2	30	4000	1500			
内蒙古新城宾馆旅游业集团有限责任公司	内蒙古新城宾馆旅游业集团有限责任公司	5	套间	20	20	1280	400	大会议室	1	1	240	13600	3000	赛罕区呼伦南路41号	0471－6660888	
			单人间	20	20	780	300	中会议室	6	6	60	16000	3000			
			标准间	150	150	680	300	小会议室	4	4	30	3600	2000			
内蒙古海亮广场大酒店	内蒙古海亮广场大酒店	5	套间	37	37	1980	600	大会议室	2	2	260	12000	3000	中山西路1号	0471－5292222	
			单人间	221	221	780	300	中会议室	5	5	50	6000	2500			
			标准间	402	402	780	300	小会议室	10	10	30	1000	600			
内蒙古宾悦大酒店有限责任公司	内蒙古宾悦大酒店有限责任公司	4	套间	23	23	1180	600	大会议室	2	2	200	20000	2000	昭乌达路52号	0471－6605842	
			单人间	38	38	780	300	中会议室	2	2	60	10000	1800			
			标准间	94	94	760	300	小会议室	5	5	30	8000	1200			
中国人民解放军内蒙古军区招待所	中国人民解放军内蒙古军区招待所	4	套间	37	37	1800	600	大会议室	2	2	400	8000	3000	呼伦北路43号	0471－654444	
			单人间	46	46	880	300	中会议室	1	1	50	2000	700			
			标准间	203	203	880	300	小会议室	14	14	30	800	300			
内蒙古华辰大酒店有限公司	内蒙古华辰大酒店有限公司	4	套间	25	25	1518	400	大会议室	1	1	300	8000	3000	海拉尔东街43号	0471－6622601	
			单人间	26	26	718	280	中会议室	2	2	80	3000	2100			
			标准间	98	98	718	280	小会议室	5	5	30	3000	1400			
内蒙古岱海保护发展有限公司岱海宾馆	内蒙古岱海保护发展有限公司岱海宾馆	4	套间	18	18	2668	400	大会议室	2	2	400	8000	3000	凉城县岱海度假区	0471－5295336	
			单人间	13	13	688	300	中会议室	2	2	50	4000	2500			
			标准间	91	91	688	300	小会议室	10	10	22	3000	1500			

饭店名称	发票开具单位名称	星级	客房（价格：元/天）					会议室（数量：间；价格：元/半天）						地址	前台订房电话	备注
			房型	总间数	协议间数	门市价	办议价	类型	总间数	协议间数	容纳人数	门市价	协议价			
内蒙古大唐国际托克托发电有限责任公司喜来登呼和浩特酒店	内蒙古大唐国际托克托发电有限责任公司喜来登呼和浩特酒店	5	套间	85	85			大会议室	3	3	300	15000	3000	迎宾北路5号	0471－6988888	
			单人间	110	110	1500	200	中会议室	3	3	50	8000	2500			
			标准间	85	85	1500	200	小会议室	4	4	30	10000	3000			
内蒙古东达酒店有限公司锦江国际大酒店	内蒙古东达酒店有限公司锦江国际大酒店	5	套间					大会议室	2	2	600	15000	3000	呼伦贝尔南路119号	0471－5666888	
			单人间	282	282	1680	300	中会议室	5	5	200	9600	2800			
			标准间	454	454	1680	300	小会议室	11	11	60	4000	2600			
香格里拉大酒店（呼和浩特）有限公司	香格里拉大酒店（呼和浩特）有限公司	5	套间	30	30	2171	600	大会议室	2	2	100	12000	3000	锡林那路5号	0471－3366888	
			单人间	180	180	1148	300	中会议室	1	1	620	10000	3000			
			标准间	105	105	1148	300	小会议室	5	5	30	6000	3000			
包头市																
海德酒店	包头海德酒店有限公司	5	套间	52	52	1388	500	大会议室	1	1	200	9000	3000	包头市钢铁大街56号	0472－5365558	
			单间	82	82	888	300	中会议室	2	2	60	2000	1600			
			标准间	71	71	888	300	小会议室	2	2	30	1000	800			
万號国际酒店	包头市万號酒店有限责任公司	5	套间	18	18	1688	600	大会议室	2	2	300	9000	3000	包头市钢铁大街33号	0472－5369988	
			单间	54	54	988	300	中会议室	5	5	50	2000	1600			
			标准间	163	163	988	300	小会议室	6	6	30	1000	800			
包头神华国际大酒店	包头神华国际城（大酒店）有限公司酒店管理分公司	5	套间	9	9	1298	519	大会议室	3	3	250	10000	3000	包头市阿尔丁大街1号	0472－5368866	
			单间	68	68	998	300	中会议室	1	1	50	5000	4000			
			标准间	192	192	998	300	小会议室	3	3	30	4000	3200			
稀土国际大酒店	包头稀土国际大酒店有限责任公司	4	套间	21	21	1488	600	大会议室	2	2	200	5800	3000	包头市阿尔丁大街89号	0472－5358856	
			单间	15	15	818	300	中会议室	3	3	60	3200	2400			
			标准间	128	128	818	300	小会议室	12	12	30	800	680			

饭店名称	发票开具单位名称	星级	客房（价格：元/天）					会议室（数量：间；价格：元/半天）						地址	前台订房电话	备注
			房型	总间数	协议间数	门市价	协议价	类型	总间数	协议间数	容纳人数	门市价	协议价			
青山国宾馆	包头青山国宾馆有限公司	4	套间	30	30	1880	600	大会议室	1	1	300	8800	3000	包头市青山区迎宾道1号	0472－3316200	
			单间	4	4	780	300	中会议室	2	2	50	3600	2000			
			标准间	20	20	780	300	小会议室	6	6	20	1800	800			
呼伦贝尔市																
呼伦贝尔宾馆有限责任公司	呼伦贝尔宾馆有限责任公司	4	套间	42	42	1880	320	大会议室	2	2	260	6000	3000	呼伦贝尔市海拉尔区胜利大街32号	0470－8211357	
			单间	46	46	1180	320	中会议室	1	1	70	5000	2000			
			标准间	123	123	1080	320	小会议室	5	5	30	2000	1000			
乌海市																
乌海市世纪元大酒店	乌海市世纪元大酒店有限责任公司	4	套间	15	15	880	440	大会议室	1	1	200	5000	3000	海勃湾区海北大街2号	0473－6991132	
			单间	5	5	630	300	中会议室	2	2	30	1500	800			
			标准间	103	103	560	280	小会议室	3	3	20	1200	600			
阳光万豪酒店	阳光万豪酒店有限责任公司	4	套间	24	24	1018	558	大会议室	1	1	300	2688	2800	海勃湾区狮城西街（文体中心西侧）	0473－2057777	
			单间	31	31	528	288	中会议室	1	1	60	1288	1080			
			标准间	112	112	528	288	小会议室	1	1	40	1088	920			
鄂尔多斯市																
滕图国际大酒店	鄂尔多斯市滕图国际大酒店有限责任公司	4	套间	30	30	999	468	大会议室	1	1	330	10000	3000	东胜区天骄北路18号（东方路桥十字路口）	0477－3877699	
			单间	42	42	598	289	中会议室	2	2	40－60	4000	2000			
			标准间	70	70	598	289	小会议室	2	2	20－30	3000	1600			
鄂尔多斯饭店	鄂尔多斯饭店有限责任公司	4	套间	10	10	1088	500	大会议室	1	1	300	8000	4000	东胜伊金霍洛西街1号	0477－8385558	
			单间	13	13	680	240	中会议室	1	1	120	6000	3000			
			标准间	67	67	600	290	小会议室	2	2	30	3000	1000			
恒信大酒店	内蒙古恒信实业集团有限公司恒信大酒店	4	套间	14	14	1688	538	大会议室	1	1	280	8000	3000	康巴什新区西纬7路北	0477－3873222	
			单间	27	27	880	288	中会议室								
			标准间	113	113	880	288	小会议室	2	2	40－70	3000	2400			
万兴隆大酒店	鄂尔多斯市万兴隆商贸有限公司	4	套间	7	7	1888	600	大会议室	1	1	500	8000	3000	东胜区伊煤路北交警大队西100米	0477－8355222	
			单间	28	28	608	288	中会议室	1	1	100	4000	4000			
			标准间	96	96	588	288	小会议室	2	2	25	2000	2000			

饭店名称	发票开具单位名称	星级	客房（价格：元/天）					会议室（数量：间；价格：元/半天）						地址	前台订房电话	备注
			房型	总间数	协议间数	门市价	协议价	类型	总间数	协议间数	容纳人数	门市价	协议价			
金财大酒店	鄂尔多斯市金财大酒店有限责任公司	4	套间	8	8	1980	600	大会议室	1	1	350	3800	3000	康巴什新区金财大厦金财大酒店	0447－8581500	
			单间	22	22	418	268	中会议室								
			标准间	61	61	148	268	小会议室	1	1	20	1500	1200			
鄂尔多斯假日酒店	鄂尔多斯假日酒店	5	D 区套间	50	50	1888	600	大会议室	1	1	300	9200	3000	东胜区迎宾路 1 号	0477－8380888	
			BC 区单间	16	16	1188	300	中会议室	3	3	60	4000	2000			
			D 区标准间	5	5	1088	300	小会议室	1	1	20	2000	1600			
赤峰市																
赤峰九天国际酒店	赤峰九天国际酒店有限责任公司	4	套间 A	6	6	699	559	大会议室	1	1	300	12000	3000	赤峰市新城区兴安街	0476－8831977 8831988	
			套间 B	39	39	599	489									
			套间 C	35	35	499	399	中会议室	1	1	20	6000	4000			
			单间	64	64	399	299									
			标准间	175	175	399	299	小会议室	1	1	15	2000	1200			
赤峰宾馆有限公司	赤峰宾馆有限公司	4	套间	29	29	880	580	大会议室	1	1	500	10000	3000	赤峰市昭乌达路 11 号	0476－8758888 8750021	
			单间	62	62	460	298	中会议室	1	1	150	4000	3000			
			标准间	64	64	480	298	小会议室 A	1	1	80	3000	2000			
								小会议室 B	1	1	20	2000	1200			
乌兰察布市																
乌兰察布宾馆	乌兰察布宾馆	4	套间	15	15	388	318	大会议室	2	2	180	2000	1800	乌兰察布市集宁区恩和路 185 号	0474－8226688	
			单间	3	3	288	248	中会议室	1	1	60	1000	900			
			标间 B	35	35	228	180	小会议室								
			标间 A	125	125	208	160									
通辽市																
新世纪大酒店	新世纪大酒店	4	小套	9	9	396	520	大会议室	1	1	190	5000	4000	通辽市和平路中段 20 号	0475－8281234	
			标准间	113	113	928	300	中会议室	2	2	50	3000	2500			
满洲里市																
友谊宾馆	友谊宾馆	4	套间	18	18	1980	500	大会议室	1	1	200	6000	3000	内蒙古满洲里市北区一道街 26 号	0470－6248881	
			单间	10	10	880	300	中会议室	1	1	60	3000	2000			
			标准间	160	160	880	300	小会议室	1	1	30	2000	1800			

饭店名称	发票开具单位名称	星级	客房（价格：元/天）					会议室（数量：间；价格：元/半天）						地址	前台订房电话	备注
			房型	总间数	协议间数	门市价	协议价	类型	总间数	协议间数	容纳人数	门市价	协议价			
国际饭店	国际饭店	4	套间	11	11	1180	600	大会议室	1	1	100	4000	4000	内蒙古满洲里市二道街35号	0470－6248088	
			单间	5	5	580	300	中会议室	1	1	40	3000	3000			
			标准间	70	70	580	300	小会议室	1	1	30	2500	2500			
巴彦淖尔市																
蓝宇饭店	蓝宇饭店	4	套间	13	13	1368	500	大会议室	1	1	150	5000	1600	巴彦淖尔市临河区胜利北路	0478－2259888	
			单间	25	25	598	258	中会议室	1	1	80	1500	1000			
			标准间	50	50	598	258	小会议室	1	1	30	800	500			
巴彦淖尔市国际饭店	巴彦淖尔市国际饭店	4	套间	10	10	828	498	大会议室	1	1	200	3800	1600	巴彦淖尔市胜利南路57号	0478－8281010	
			单间	8	8	498	260	中会议室	1	1	80	2800	1200			
			标准间	50	50	398	258	小会议室			50					
乌兰浩特市																
乌兰浩特市万佳商务会馆	乌兰浩特市万佳商务会馆	4	标准间	31	31	400	600	大会议室	1	1	120	3000	3000	乌兰浩特市五一路北原教育学院原地	0482－8208888	
			套间	3	3	480	460									
			单人间	29	29	360	280	小会议室	1	1	50	1500	1500			
			商务套房	3	3	1180	600									
锡林郭勒盟																
锡林浩特市亿嘉名仕假日酒店	锡林浩特市亿嘉名仕假日酒店	4	套间	6	6	998	598	大会议室	1	1	100	1800	1200	锡林浩特市锡林大街中段	0479－8299999	
			单间	6	6	498	298	中会议室	1	1	60	800	600			
			标准间	75	75	498	298	小会议室	1	1	30	600	500			
锡林郭勒盟接待中心	锡林郭勒盟接待中心	5	套间	11	11	1088	544	大会议室	1	1	150	3200	3000	盟党政办公楼东侧	0479－8285252 8285221	
			单间	13	13	550	275	中会议室	1	1	60	1000	800			
			标准间	33	33	540	270	小会议室	3	3	30	1000	800			
内蒙古玖苑国际饭店有限公司	内蒙古玖苑国际饭店有限公司	5	套间	28	28	1799	540	大会议室	1	1	200	5000	2500	锡林浩特市锡林大街88号	0479－6938888	
			单间	104	104	899	270	中会议室	4	4	60	4000	2000			
			标准间	72	72	899	270	小会议室	4	4	30	1800	900			

饭店名称	发票开具单位名称	星级	客房（价格：元/天）					会议室（数量：间；价格：元/半天）						地址	前台订房电话	备注
			房型	总间数	协议间数	门市价	协议价	类型	总间数	协议间数	容纳人数	门市价	协议价			
锡林浩特大酒店有限公司	锡林浩特大酒店有限公司	4	套间	27	27	1880	550	大会议室	2	2	200	2800	1800	锡林浩特市开发区党政大楼东	0479－8816975	
			单间	46	46	628	275	中会议室	5	5	50	1200	800			
			标准间	186	186	588	255	小会议室	1	1	30	1000	600			
锡林浩特元和大酒店有限责任公司	锡林浩特元和大酒店有限责任公司	5	套间	14	14	2668	540	大会议室	1	1	300	8000	3000	锡林浩特市南京路6号	0479－8299299	
			单间	75	75	1138	270	中会议室	3	3	60	3000	2000			
			标准间	151	151	1138	270	小会议室	4	4	30	2400	1000			
阿拉善盟巴彦浩特																
阿拉善盟宾馆	阿拉善盟宾馆	3	套间	17	17	1280	580	大会议室						巴彦浩特和硕特路42号	0483－8354001	
			单间	16	16	380	280	中会议室	1	1	60	488	488			
			标准间	63	63	380	280	小会议室	1	1	30	388	388			

辽 宁 省

- 财政部委托辽宁省财政厅负责在辽宁省地级以上城市招标采购会议定点饭店并负责日常监督管理工作。
- 通过政府采购，确定辽宁省会议定点饭店 191 家。
- 会议定点饭店按照与财政部门签订《协议书》的价格向中央和地方各级党政机关和事业单位提供相应的接待服务。
- 辽宁省部分会议定点饭店的价格是按照综合定额方式采购的，各单位在组织筹备会议时应先向会议定点饭店查询。如果对协议价格产生疑义，可以要求定点饭店出示《协议书》。
- 如有会议定点饭店变更或饭店的协议价格变化，应以“党政机关出差和会议定点饭店查询网”的信息为准。
- 本目录中的辽宁省会议定点饭店的详细信息，可在“党政机关出差和会议定点饭店查询网”查阅。
- 辽宁省各地区长途电话区号：

沈阳市	024	朝阳市	0421
阜新市	0418	铁岭市	0410
抚顺市	0413	本溪市	0414
辽阳市	0419	鞍山市	0412
丹东市	0415	大连市	0411
营口市	0417	盘锦市	0427
锦州市	0416	葫芦岛市	0429

辽宁省会议定点饭店

饭店名称	发票开具单位名称	星级	客房（价格：元/天）					会议室（数量：间；价格：元/半天）						地址	前台订房电话	备注
			房型	总间数	协议间数	门市价	协议价	类型	总间数	协议间数	容纳人数	门市价	协议价			
沈阳市																
辽宁省人大干部培训中心（人民大厦）	辽宁省人大干部培训中心（人民大厦）	3	套间	9	9	1388	588	会议室1	1	1	400	7500	3500	辽宁省沈阳市皇姑区崇山东路41号	024－86866580	
			单间	8	8	588	300	会议室2	1	1	150	3000	1800			
			标准间	102	102	388	288	会议室3	6	6	70	1200	800			
								会议室4	3	3	50	800	500			
辽宁熙宁苑酒店	辽宁熙宁苑酒店		套间	4	4	380	260	多功能厅	1	1	120	2400	1200	沈阳市苏家屯区佟沟乡胜利村樱花街8号	024－89592396	
			标准间	80	80	320	180	大会议室	1	1	100	1200	600			
								中会议室	1	1	70	800	400			
								小会议室1	1	1	50	600	300			
								小会议室2	1	1	20	400	200			
沈阳格林大饭店	沈阳格林大饭店有限公司	4	套间1	81	81	1588	380	格林厅	1	1	200	4500	2500	沈阳市沈河区北站路72号	024－22576688－5070	
			套间2	16	16	1288	330	多功能厅	1	1	120	2000	1300			
			标准间	157	157	988	280	一号会议室	1	1	20	600	500			
								二号会议室	1	1	50	1000	700			
								三号会议室	1	1	40	1000	700			
								四号会议室	1	1	20	1000	700			
								五号会议室	1	1	20	600	500			
辽宁荣富饭店	辽宁荣富饭店有限公司	4	套间	23	23	638	420	会议室1	1	1	350	9000	4500	沈阳市铁西区北二东路17号	024－25117777－8800	
			单间	46	46	438	280	会议室2	1	1	220	7500	3500			
			标准间	126	126	438	280	会议室3	1	1	60	2000	1000			
辽宁天都饭店	辽宁天都饭店	4	套间1	3	3	1580	600	大会议室	1	1	300	4000	3000	沈阳市和平区南五马路238号	024－23296168	
			套间2	6	6	880	600	中会议室	1	1	100	2000	1500			
			套间3	3	3	680	500	小会议室	6	6	40	750	500			
			单间	5	5	780	278									
			标准间1	20	20	780	300									
			标准间2	70	70	780	278									
			标准间3	51	51	480	238									

饭店名称	发票开具单位名称	星级	客房（价格：元/天）					会议室（数量：间；价格：元/半天）						地址	前台订房电话	备注
			房型	总间数	协议间数	门市价	协议价	类型	总间数	协议间数	容纳人数	门市价	协议价			
辽宁宁山大厦	辽宁宁山大厦	4	套间1	11	11	1080	400	会议室1	1	1	350	5000	4000	沈阳市皇姑区宁山东路36号	024－26205760	
			套间2	8	8	1280	600	会议室2	1	1	120	3000	2000			
			标准间1	34	34	480	270	会议室3	3	3	55	1500	600			
			标准间2	101	101	858	290									
辽宁万和阁国际酒店	辽宁万和阁国际酒店有限公司	4	套间1	2	2	780	328	会议室1	1	1	150	4000	2600	沈阳市皇姑区昆山中路35号	024－86285555	
			套间2	2	2	680	328	会议室2	3	3	90	200	1200			
			套间3	2	2	580	328	会议室3	8	8	30	1200	600			
			套间4	11	11	580	328									
			单间1	8	8	480	258									
			单间2	8	8	480	258									
			单间3	8	8	480	258									
			单间4	54	54	480	258									
			标准间1	20	20	480	258									
			标准间2	20	20	480	258									
			标准间3	20	20	480	258									
			标准间4	100	100	480	258									
沈阳玫瑰大酒店	沈阳玫瑰大酒店有限公司	4	套间1	1	1	1580	600	大宴会厅	1	1	400	6000	2000	沈阳市沈河区中街路201号	024－24898188	
			套间2	5	5	980	550	多功能厅	1	1	300	4000	2000			
			套间3	11	11	980	450	小宴会厅	1	1	150	3000	1500			
			单间	62	62	780	298	圆桌会议室	1	1	35	2000	800			
			标准间	91	91	780	298	会见厅	1	1	15	2000	600			
沈阳鸿宇山庄	沈阳鸿宇山庄	3	套间1	4	4	1280	400	会议室1	1	1	240	2000	1000	沈阳市棋盘山风景区秀湖北岸	024－88055000	
			套间2	16	16	1280	400	会议室2	1	1	80	1000	500			
			单间	4	4	528	240	会议室3	1	1	60	1000	500			
			标准间	126	126	528	240	会议室4	1	1	30	500	250			
								会议室5	1	1	30	500	250			
								会议室6	1	1	50	1000	500			
								会议室7	1	1	60	1000	500			

饭店名称	发票开具单位名称	星级	客房（价格：元/天）					会议室（数量：间；价格：元/半天）						地址	前台订房电话	备注
			房型	总间数	协议间数	门市价	协议价	类型	总间数	协议间数	容纳人数	门市价	协议价			
沈阳鸿宇山庄	沈阳鸿宇山庄	3						会议室8	1	1	120	1500	750	沈阳市棋盘山风景区秀湖北岸	024－88055000	
								会议室9	1	1	350	5000	2500			
								会议室10	1	1	20	500	250			
								会议室11	1	1	50	1000	500			
								会议室12	1	1	50	1000	500			
沈阳凯莱酒店	沈阳凯莱大厦有限公司	4	套间1	4	4	1400	600	会议室1	1	1	475	15500	7750	沈阳市沈河区北站迎宾街32号	024－22528855	
			套间2	14	14	1600	600	会议室2	2	2	100	3500	1750			
			套间3	3	3	1800	600	会议室3	1	1	80	5000	2500			
			单间1	77	77	1090	300	会议室4	1	1	60	3500	1750			
			单间2	48	48	1190	300	会议室5	1	1	190	7000	3500			
沈阳凯莱酒店	沈阳凯莱大厦有限公司	4	单间3	24	24	1290	300	会议室6	1	1	320	12000	6000	沈阳市沈河区北站迎宾街32号	024－22528855	
			标准间1	67	67	1090	300	会议室7	2	2	160	8500	4250			
			标准间2	28	28	1190	300	会议室8	1	1	160	7000	3500			
			标准间3	15	15	1290	300	会议室9	1	1	235	10500	4000			
								会议室10	1	1	10	800	400			
沈阳军区联勤部金辉招待所二部	沈阳军区联勤部金辉招待所二部	3	套间1	20	20	528	320	大会议室	1	1	150	1500	1000	沈阳市和平区南八马路21号	024－62256603	
			套间2	7	7	528	320	中会议室	1	1	60	1000	800			
			套间3	6	6	528	320	小会议室1	1	1	20	500	400			
			单间1	20	20	428	220	小会议室2	1	1	20	500	400			
			单间2	6	6	458	258	小会议室3	1	1	20	500	400			
			标准间1	119	119	398	180									
			标准间2	30	30	428	210									
沈阳华盛饮食文化养生园	沈阳华盛饮食文化养生园		套间1	2	2	388	291	会议室1	1	1	228	1500	1200	沈阳市棋盘山观音阁村	024－63910972	
			套间2	7	7	488	366	会议室2	1	1	88	1000	700			
			单间	6	6	150	113	会议室3	4	4	50	600	400			
			标准间1	58	58	268	201									
			标准间2	28	28	268	201									

饭店名称	发票开具单位名称	星级	客房（价格：元/天）					会议室（数量：间；价格：元/半天）						地址	前台订房电话	备注
			房型	总间数	协议间数	门市价	协议价	类型	总间数	协议间数	容纳人数	门市价	协议价			
辽宁凤凰饭店	辽宁凤凰饭店	4	套间1	6	6	980	518	会议室1	1	1	400	4000	2000	沈阳市皇姑区黄河南大街109号	024－86105333	
			套间2	10	10	1280	568	会议室2	1	1	260	3000	1500			
			单间	33	33	758	298	会议室3	3	3	100	2500	1250			
			标准间	94	94	758	298	会议室4	1	1	450	4000	2000			
辽宁凤凰饭店	辽宁凤凰饭店	4						会议室5	1	1	180	3000	1500	沈阳市皇姑区黄河南大街109号	024－86105333	
								会议室6	2	2	120	2500	1250			
								会议室7	4	4	50	1280	800			
								会议室8	1	1	30	1280	800			
								会议室9	1	1	16	1280	800			
辽宁政协会馆（辽宁八方大厦）	辽宁政协会馆	4	套间	5	5	1588	600	会议室1	1	1	350	6000	5000	沈阳市皇姑区崇山东路73号	024－86293888－3001	
			单间	29	29	688	300	会议室2	4	4	80	1100	900			
			标准间	89	89	688	300	会议室3	2	2	30	600	500			
								会议室4	1	1	400	4000	3000			
								会议室5	2	2	160	3000	2500			
盛京富丽华商务酒店	沈阳盛京富丽华酒店管理有限公司	4	套间1	4	4	1888	600	会议室1	1	1	200	5000	3000	沈阳市皇姑区辽河街5号	024－86225889	
			套间2	4	4	1588	450	会议室2	1	1	100	4000	1500			
			套间3	2	2	688	400	会议室3	1	1	40	2000	600			
			单间1	24	24	328	260	会议室4	1	1	200	4000	1200			
			单间2	24	24	368	280	会议室5	1	1	20	1000	500			
			标准间1	4	4	298	200	会议室6	1	1	20	1000	500			
			标准间2	64	64	328	240	会议室7	1	1	20	1000	500			
			标准间3	10	10	368	280	会议室8	1	1	20	1000	500			
								会议室9	1	1	20	1000	500			
								会议室10	1	1	20	1000	500			
								会议室11	1	1	15	600	300			
								会议室12	1	1	15	600	300			

饭店名称	发票开具单位名称	星级	客房（价格：元/天）					会议室（数量：间；价格：元/半天）						地址	前台订房电话	备注
			房型	总间数	协议间数	门市价	协议价	类型	总间数	协议间数	容纳人数	门市价	协议价			
辽宁北陵饭店	辽宁北陵饭店		套间1	5	5	880	458	会议室1	1	1	160	1500	900	沈阳市皇姑区北陵大街66号	024－86903433	
			套间2	5	5	880	458	会议室2	1	1	100	1250	600			
			单间	14	14	468	288	会议室3	3	3	30	500	300			
			标准间1	45	45	380	238									
			标准间2	31	31	380	238									
沈阳军区司令部金星招待所	沈阳军区司令部金星招待所	3	套间1	15	15	458	350	会议室1	1	1	400	2000	1500	沈阳市和平区太原北街9号	024－62101100	
			套间2	13	13	358	280	会议室2	1	1	130	1000	600			
			标准间1	107	107	228	180	会议室3	6	6	60	600	400			
			标准间2	83	83	200	160	会议室4	3	3	40	400	240			
沈阳商贸饭店	沈阳商贸饭店有限公司	4	套间	25	25	1458	600	会议室1	1	1	252	18000	14400	沈阳市和平区中华路68号	024－23412288	
			单间	72	72	883	300	会议室2	1	1	200	8000	4000			
			标准间	91	91	940	300	会议室3	1	1	70	8500	6800			
								会议室4	1	1	30	2000	1600			
								会议室5	1	1	30	2000	1600			
								会议室6	1	1	9	1500	1200			
								会议室7	1	1	40	3500	2800			
								会议室8	1	1	30	2500	2000			
								会议室9	1	1	30	2500	2000			
								会议室10	1	1	40	3200	2560			
								会议室11	1	1	40	3200	2560			
								会议室12	1	1	60	4000	3200			
								会议室13	1	1	20	2000	1600			
								会议室14	1	1	30	2000	1600			
沈阳富丽华大酒店	沈阳富丽华大酒店有限公司	4	套间1	26	26	2171	600	会议室1	1	1	360	10350	8000	沈阳市和平区中华路65－1－69号	024－31319999	
			套间2	54	54	2631	600	会议室2	1	1	200	8050	4000			
			单间1	60	60	1481	300	会议室3	2	2	160	5290	4000			
			单间2	121	121	1481	300	会议室4	4	4	80	2760	2000			
			标准间1	17	17	1481	300	会议室5	1	1	80	2645	2000			
			标准间2	102	102	1481	300	会议室6	1	1	20	1610	960			

饭店名称	发票开具单位名称	星级	客房（价格：元/天）					会议室（数量：间；价格：元/半天）						地址	前台订房电话	备注
			房型	总间数	协议间数	门市价	协议价	类型	总间数	协议间数	容纳人数	门市价	协议价			
乐农庄园	沈阳农乐现代农业开发有限责任公司	2	套间	48	48	580	285	会议室1	1	1	120	500	300	沈阳市和平区浑河西街道满融街满融村800号	024－23711488	
			标准间	62	62	240	135	会议室2	1	1	45	300	200			
								会议室3	1	1	200	700	480			
								会议室4	1	1	35	300	150			
								会议室5	1	1	70	400	180			
辽宁省军区后勤部招待所（老道口大厦）	辽宁省军区后勤部招待所	3	套间1	2	2	1880	600	会议室1	1	1	260	2000	1200	沈阳市和平区胜利北街1号	024－62100399－6001/6002/6003	
			套间2	8	8	888	488	会议室2	3	3	50	600	400			
			单间1	2	2	520	288	会议室3	2	2	12	150	100			
			单间2	8	8	388	218									
			标准间1	56	56	388	218									
			标准间2	14	14	520	288									
沈阳军区金城宾馆	沈阳军区金城宾馆	3	套间	21	21	980	580	会议室1	1	1	300	6000	3000	沈阳市和平区太原北街1号	024－23168001	
			单间	31	31	480	290	会议室2	2	2	150	4000	1600			
			标准间	230	230	480	290	会议室3	11	11	50	1000	800			
辽宁怡华宾馆	辽宁怡华宾馆		套间	2	2	380	300	会议室1	1	1	120	600	400	沈阳市和平区南八马路14号	024－23508433	
			单间	4	4	280	150	会议室2	1	1	40	400	300			
			标准间	37	37	280	150	会议室3	1	1	20	400	300			
瑞心城市国际酒店	辽宁瑞心酒店集团有限责任公司瑞心城市国际酒店	4	套间1	10	10	828	400	会议室1	1	1	300	4400	2500	沈阳市沈河区敬宾街3－3号	024－88598299	
			套间2	7	7	980	500	会议室2	1	1	80	1500	1000			
			单间1	4	4	568	220	会议室3	1	1	40	1000	800			
			单间2	5	5	668	240	会议室4	1	1	30	900	600			
			单间3	20	20	768	260	会议室5	1	1	15	400	300			
			标准间1	51	51	668	240									
			标准间2	51	51	568	220									
瑞心商旅东方酒店	辽宁瑞心酒店集团有限责任公司瑞心商旅东方酒店		套间1	3	3	898	598	会议室1	1	1	500	5000	4000	沈阳市沈河区北站路112号	024－22583888	
			套间2	9	9	680	398	会议室2	1	1	240	2500	1800			
			套间3	2	2	880	425	会议室3	1	1	32	2400	1500			
			套间4	24	24	680	300	会议室4	1	1	50	1200	600			
			套间5	17	17	348	240	会议室5	1	1	24	1200	500			
			单间	19	19	368	180	会议室6	1	1	15	800	400			
			标准间1	120	120	368	180									
			标准间2	75	75	368	180									

饭店名称	发票开具单位名称	星级	客房（价格：元/天）					会议室（数量：间；价格：元/半天）						地址	前台订房电话	备注
			房型	总间数	协议间数	门市价	协议价	类型	总间数	协议间数	容纳人数	门市价	协议价			
辽宁宾馆	辽宁宾馆	3	套间1	2	2	1088	550	会议室1	1	1	100	2500	1500	沈阳市和平区中山路97号	024－23839104	
			套间2	9	9	888	450	会议室2	1	1	80	2500	1500			
			单间	4	4	358	220	会议室3	2	2	50	2000	1000			
			标准间	64	64	588	280									
沈阳金都饭店	沈阳金都饭店有限公司	4	套间1	13	13	788	600	会议室1	1	1	300	2000	1600	沈阳市和平区太原南街189号	024－23510888－5	
			套间2	14	14	688	550	会议室2	1	1	40	1000	800			
			单间1	28	28	438	300	会议室3	1	1	30	1000	800			
			单间2	43	43	418	280	会议室4	1	1	80	1500	1200			
			标准间	83	83	498	300	会议室5	1	1	100	1500	1200			
								会议室6	1	1	150	1750	1400			
								会议室7	1	1	30	750	600			
								会议室8	1	1	20	750	600			
								会议室9	1	1	20	900	720			
								会议室10	1	1	40	1250	1000			
								会议室11	1	1	20	750	600			
								会议室12	1	1	100	1750	1400			
								会议室13	1	1	80	1250	1000			
辽宁大厦	辽宁大厦	4	套间	28	28	1260	600	会议室1	1	1	500	10000	8000	沈阳市皇姑区黄河南大街108号	024－86081844	
			标准间	194	194	660	300	会议室2	1	1	200	8000	3500			
								会议室3	28	28	60	2500	2000			
沈阳市人大常委会干部活动中心	沈阳市人大常委会干部活动中心		套间	10	10	340	380	会议厅	1	1	200	1800	1400	沈阳市东陵区祝家镇下高士320号	024－24762586	
			标准间1	3	3	400	240	会议室1	1	1	50	800	600			
			标准间2	36	36	370	210	会议室2	1	1	30	400	300			
			标准间3	38	38	340	180	会议室3	1	1	30	400	300			
								会议室4	1	1	30	400	300			
								会议室5	1	1	100	800	600			

饭店名称	发票开具单位名称	星级	客房（价格：元/天）					会议室（数量：间；价格：元/半天）						地址	前台订房电话	备注
			房型	总间数	协议间数	门市价	协议价	类型	总间数	协议间数	容纳人数	门市价	协议价			
沈阳宾馆	沈阳宾馆	4	套间	8	8	1642	600	会议室 1	2	2	40	1700	1200	沈阳市皇姑区泰山路 2 路	024－86688666	
			标准间	120	120	688	300	会议室 2	1	1	60	2000	1500			
								会议室 3	1	1	200	6000	5000			
								会议室 4	1	1	300	10000	8000			
								会议室 5	2	2	30	1000	800			
								会议室 6	1	1	40	1500	1000			
								会议室 7	1	1	250	4000	3000			
								会议室 8	2	2	50	1500	1000			
								会议室 9	1	1	50	1500	1000			
沈阳迎宾馆	沈阳迎宾馆	3	套间	14	14	1080	600	国际会议厅	1	1	200	3800	2400	沈阳市沈河区北三经街9号	024－22805611	
			单间	16	16	480	300	贵宾一	1	1	100	1600	1000			
			标准间	80	80	480	300	贵宾二	1	1	80	1200	800			
								贵宾三	1	1	80	1200	800			
								贵宾四	1	1	80	1200	800			
								北会见厅	1	1	100	1600	1200			
								南一会议室	1	1	80	1800	1200			
								南二会议室	1	1	100	1500	1000			
								会见厅	1	1	100	1500	1000			
辽宁绿洲宾馆	辽宁绿洲宾馆有限公司		套间 1	3	3	1600	500	会议室 1	1	1	40	1200	600	沈阳市皇姑区崇山中路 33 号	024－86981122	
			套间 2	3	3	1200	500	会议室 2	1	1	50	2100	1000			
			标准间 1	36	36	360	200	会议室 3	1	1	45	1200	600			
			标准间 2	18	18	320	200	会议室 4	1	1	50	1600	800			
			标准间 3	27	27	420	300	会议室 5	1	1	240	3600	1800			
沈阳民航宾馆	沈阳民航宾馆	4	套间	7	7	980	588	会议室 1	1	1	300	2750	1600	沈阳市大东区小河沿路3号民航城	024－88291444	
			单间	43	43	530	280	会议室 2	1	1	30	1500	900			
			标准间 1	95	95	380	228	会议室 3	1	1	50	1500	900			
			标准间 2	27	27	530	280	会议室 4	1	1	40	500	400			
								会议室 5	1	1	30	400	300			
								会议室 6	1	1	50	2000	1000			
								会议室 7	1	1	14	1000	500			

饭店名称	发票开具单位名称	星级	客房（价格：元/天）					会议室（数量：间；价格：元/半天）						地址	前台订房电话	备注
			房型	总间数	协议间数	门市价	办议价	类型	总间数	协议间数	容纳人数	门市价	协议价			
沈阳市华人大酒店	沈阳市华人大酒店	4	套间	6	6	600	338	会议室1	1	1	350	3880	2080	沈阳市和平区青年大街314号	024－23900000	
			单间	28	28	520	288	会议室2	1	1	170	1580	1280			
			标准间1	32	32	520	278	会议室3	3	3	60	1280	880			
			标准间2	34	34	580	298									
沈阳军区幼儿教师培训中心（毓英楼）	沈阳军区幼儿教师培训中心	3	套间1	2	2	516	398	会议室1	1	1	260	1000	700	沈阳市沈河区六纬路23号	024－28865503	
			套间2	2	2	358	280	会议室2	1	1	50	500	400			
			单间	4	4	268	180									
			标准间1	2	2	268	180									
			标准间2	48	48	218	180									
沈阳市兰亭宾馆	沈阳市兰亭宾馆	3	套间1	2	2	562	360	会议室1	1	1	300	1800	1200	沈阳市皇姑区北陵大街37号	024－86395858	
			套间2	4	4	562	360	会议室2	1	1	100	1500	1000			
			单间	6	6	362	200	会议室3	9	9	30	900	500			
			标准间1	38	38	249	140									
			标准间2	26	26	312	160									
			标准间3	34	34	362	200									
辽宁丽阳国际饭店	辽宁丽阳国际饭店有限责任公司	4	套间	4	4	1280	580	多功能厅	1	1	300	4000	2000	沈阳市皇姑区黄河南大街108号	024－86113333	
			单间	20	20	588	260	会议室1	1	1	60	4000	800			
			标准间1	59	59	568	260	会议室2	1	1	40	4000	800			
			标准间2	29	29	618	280	会议室3	1	1	20	1000	400			
中国人民解放军62401部队东盛大厦	中国人民解放军62401部队东盛大厦	3	套间1	3	3	888	450	会议室1	2	2	30	1000	500	沈阳市沈河区北京街9号	024－62236556	
			套间2	2	2	1888	550	会议室2	1	1	120	2000	1000			
			单间1	15	15	368	190									
			单间2	5	5	398	230									
			标准间1	60	60	368	190									
			标准间2	52	52	398	230									
辽宁国大酒店	辽宁国大酒店有限公司	3	套间	2	2	888	488	会议室1	1	1	300	2000	1200	沈阳市皇姑区昆山东路28号	024－86399000	
			单间	8	8	476	238	会议室2	2	2	100	1000	500			
			标准间1	35	35	376	188	会议室3	1	1	40	800	400			
			标准间2	60	60	376	188									
			标准间3	5	5	468	300									

饭店名称	发票开具单位名称	星级	客房（价格：元/天）					会议室（数量：间；价格：元/半天）						地址	前台订房电话	备注
			房型	总间数	协议间数	门市价	协议价	类型	总间数	协议间数	容纳人数	门市价	协议价			
时代广场（沈阳）有限公司	时代广场（沈阳）有限公司	4	套间	15	15	1900	588	大宴会厅	1	1	650	18000	10800	沈阳市沈河区北站路99号	024－22532828	
			单间	112	112	1100	300	大宴会厅1	1	1	400	12000	7000			
			标准间	143	143	1100	300	大宴会厅2	1	1	200	5000	3000			
								海棠厅	1	1	200	6000	3600			
								海棠厅1	1	1	40	3000	1800			
								海棠厅2	1	1	40	3000	1800			
								海棠厅3	1	1	40	3000	1800			
								莲花厅	1	1	100	4500	2700			
								莲花厅1	1	1	40	3000	1800			
								莲花厅2	1	1	40	3000	1800			
								蝶兰厅	1	1	70	3500	2100			
								茶花厅	1	1	50	3500	2100			
								万寿菊厅	1	1	50	3500	2100			
								紫罗兰厅	1	1	50	3500	2100			
沈阳军区空军第一招待所	沈阳军区空军第一招待所	3	套间1	2	2	980	398	会议室1	1	1	200	1000	800	沈阳市和平区南八马路46号	024－23519666－8188	
			套间2	6	6	660	298	会议室2	6	6	40	500	400			
			单间	13	13	318	200	会议室3	2	2	15	400	300			
			标准间	87	87	298	180									
辽宁交专培训中心	辽宁交专培训中心		套间1	3	3	1280	398	贵宾室	1	1	20	0	0	沈阳市沈北新区沈北路102号	024－89712139	
			套间2	6	6	980	368	会议室1	1	1	120	1500	1000			
			单间1	12	12	380	200	会议室2	1	1	60	1000	600			
			单间2	4	4	280	180	会议室3	1	1	70	1000	600			
			标准间1	91	91	380	200	会议室4	1	1	30	800	400			
			标准间2	92	92	280	180	会议室5	1	1	40	800	400			
								会议室6	1	1	80	1200	800			
								会议室7	1	1	45	800	500			
								第一报告厅	1	1	288	2000	1500			
								第二报告厅	1	1	150	1200	800			

饭店名称	发票开具单位名称	星级	客房（价格：元/天）					会议室（数量：间；价格：元/半天）						地址	前台订房电话	备注
			房型	总间数	协议间数	门市价	协议价	类型	总间数	协议间数	容纳人数	门市价	协议价			
辽宁阳光宾馆	辽宁阳光宾馆	3	套间1	7	7	1780	598	会议室1	1	1	500	4000	3000	沈阳市于洪区长江北街56号	024－86198888	
			套间2	7	7	1180	488	会议室2	2	2	150	2500	1500			
			单间	19	19	588	218	会议室3	2	2	80	1000	600			
			标准间	79	79	588	218	会议室4	6	6	30	600	500			
沈阳空军第三招待所	沈阳空军第三招待所	3	套间	8	8	680	480	会议室1	1	1	300	1500	1000	沈阳市沈河区万柳塘路53号	024－24018888	
			单间	12	12	280	200	会议室2	3	3	50	800	300			
			标准间	108	108	280	200									
中国人民解放军沈阳军区金华园宾馆	中国人民解放军沈阳军区金华园宾馆		套间1	34	34	680	520	会议室1	1	1	350	5000	3000	沈阳市和平区太原街北七马路5号	024－23167716	
			套间2	32	32	600	420	会议室2	1	1	100	3000	2000			
			标准间1	18	18	380	270	会议室3	1	1	80	3000	1500			
			标准间2	51	51	280	230	会议室4	8	8	40	800	500			
辽宁会馆	辽宁会馆		套间	3	3	560	450	多功能厅	1	1	530	4500	4000	沈阳市和平区吉林路5号	024－23295111	
			单间	8	8	300	220	会议室1	1	1	80	2000	1500			
			标准间1	43	43	300	220	会议室2	1	1	44	1200	1000			
			标准间2	23	23	320	240	会议室3	3	3	33	1000	800			
								会议室4	1	1	14	1000	800			
								贵宾厅	1	1	14	1000	800			
辽宁东湖度假村	辽宁东湖度假村	3	套间	2	2	500	400	会议室1	3	3	20	500	400	沈阳市棋盘山国际旅游风景区	024－88050209	
			单间	17	17	360	288	会议室2	2	2	35	750	600			
			标准间1	60	60	285	228	会议室3	1	1	135	1250	1000			
			标准间2	12	12	360	288									
			标准间3	8	8	438	300									
辽宁金秋宾馆	辽宁金秋宾馆	3	套间	12	12	516	408	会议室1	1	1	300	3000	2500	沈阳市和平区新华路2号	024－23863162	
			单间	27	27	218	190	会议室2	1	1	70	800	600			
			标准间	69	69	238	200	会议室3	1	1	40	800	600			
								会议室4	1	1	40	700	500			
								会议室5	1	1	8	300	200			
								会议室6	1	1	10	300	200			
								会议室7	1	1	10	300	200			
								会议室8	1	1	10	300	200			
								会议室9	1	1	10	300	200			

饭店名称	发票开具单位名称	星级	客房（价格：元/天）					会议室（数量：间；价格：元/半天）						地址	前台订房电话	备注
			房型	总间数	协议间数	门市价	协议价	类型	总间数	协议间数	容纳人数	门市价	协议价			
辽宁丽尊大饭店	辽宁丽尊大饭店		套间	6	6	880	500	会议室1	1	1	60	600	400	沈阳市皇姑区昆山东路26号	024－31535555	
			单间	10	10	388	208	会议室2	1	1	25	600	400			
			标准间	95	95	328	188	会议室3	1	1	160	1100	800			
沈阳悦客来酒店	沈阳悦客来酒店有限责任公司		套间	6	6	970	448	会议室1	1	1	300	3000	2000	沈阳市皇姑区华山路93号	024－31515888	
			单间	49	49	720	298	会议室2	1	1	80	2000	800			
			标准间	35	35	680	298									
沈阳里仁宾馆	沈阳里仁宾馆有限公司		套间	3	3	588	480	会议室1	1	1	200	3000	1800	沈阳市皇姑区崇山东路38－1号	024－62255666	
			单间	5	5	280	220	会议室2	3	3	40	1200	600			
			标准间	82	82	280	220									
沈阳皇城商务酒店	沈阳皇城商务酒店有限公司	4	套间	13	13	1180	438	会议室1	1	1	260	6000	4000	沈阳市和平区十一纬路82号	024－22853838－21	
			单间	102	102	498	200	会议室2	1	1	170	4000	3000			
			标准间	86	86	498	220	会议室3	1	1	100	3000	1500			
								会议室4	2	2	65	3000	1200			
								会议室5	2	2	25	1000	600			
辽宁友谊宾馆	辽宁友谊宾馆	4	套间	34	34	1920	600	会议室1	1	1	730	24000	18000	沈阳市皇姑区黄河北大街1号	024－86151599	
			单间	10	10	660	300	会议室2	1	1	400	12000	8000			
			标准间	86	86	660	300	会议室3	1	1	350	8800	4000			
								会议室4	1	1	200	3600	2800			
								会议室5	8	8	30	1800	880			
辽宁省军转干部培训接待中心（柳湖宾馆）	辽宁省军转干部培训接待中心（柳湖宾馆）	3	套间1	1	1	888	588	会议室1	1	1	300	2000	1500	沈阳市于洪区崇山东路30号	024－31015566	
			套间2	1	1	688	488	会议室2	1	1	100	1200	800			
			单间	3	3	228	180	会议室3	1	1	50	600	500			
			标准间1	72	72	358	200	会议室4	1	1	40	400	300			
			标准间2	12	12	328	200	会议室5	1	1	25	300	200			
								会议室6	1	1	25	300	200			
沈阳军区金山招待所二部	沈阳军区金山招待所二部		套间	4	4	1180	480	会议室1	1	1	300	1000	800	沈阳市沈河区二维路23号	024－22829988	
			单间	12	12	450	200	会议室2	1	1	150	800	600			
			标准间	22	22	460	200	会议室3	1	1	80	600	500			
								会议室4	1	1	50	500	400			

饭店名称	发票开具单位名称	星级	客房（价格：元/天）					会议室（数量：间；价格：元/半天）						地址	前台订房电话	备注
			房型	总间数	协议间数	门市价	协议价	类型	总间数	协议间数	容纳人数	门市价	协议价			
沈阳德郡豪生大酒店	沈阳德郡豪生大酒店		套间1	5	5	1980	450	会议室1	1	1	200	7000	4000	沈阳市惠工街217号	024－31979777	
			套间2	6	6	2280	500	会议室2	1	1	130	8000	4000			
			单间1	24	24	1380	300	会议室3	2	2	72	4500	2000			
			单间2	24	24	1480	300	会议室4	7	7	20	1800	1300			
			单间3	27	27	1880	300									
			标准间1	36	36	1380	300									
			标准间2	36	36	1380	300									
辽宁工会大厦	辽宁工会大厦	3	套间	8	8	1180	600	贵宾厅	1	1	27	2000	1000	沈阳市皇姑区崇山东路40号	024－62234933	
			单间	20	20	628	280	会议室1	1	1	30	1400	700			
			标准间1	34	34	598	260	会议室2	1	1	80	2000	1000			
			标准间2	107	107	628	280	会议室3	1	1	110	3000	1500			
								会议室4	1	1	40	1600	800			
								会议室5	1	1	70	1400	700			
								会议室6	1	1	180	2400	1200			
								多功能厅	1	1	500	6000	3000			
辽宁金剑宾馆	辽宁金剑宾馆	3	套间	16	16	1428	520	报告厅	1	1	350	3000	1500	沈阳市于洪区崇山东路8号	024－86686666	
			单间	7	7	738	280	多功能厅1	1	1	380	3000	1500			
			标准间	103	103	598	240	多功能厅2	1	1	100	1600	800			
								多功能厅3	5	5	300	3000	1500			
								中会议室	1	1	60	1200	600			
								电教室	1	1	30	1600	800			
								贵宾室	2	2	15	1200	600			
沈阳沈飞宾馆	沈阳沈飞宾馆有限公司	4	套间1	2	2	5888	550	会议室1	1	1	12	800	600	沈阳市皇姑区陵北街1号	024－86598999	
			套间2	4	4	3888	500	会议室2	1	1	20	1200	1000			
			单间1	11	11	680	280	会议室3	1	1	20	1000	800			
			单间2	11	11	780	290	会议室4	1	1	60	4000	2000			
			标准间	77	77	680	280	会议室5	1	1	20	1200	800			
								会议室6	1	1	60	3000	1500			
								会议室7	1	1	300	7000	3000			

饭店名称	发票开具单位名称	星级	客房（价格：元/天）					会议室（数量：间；价格：元/半天）						地址	前台订房电话	备注
			房型	总间数	协议间数	门市价	协议价	类型	总间数	协议间数	容纳人数	门市价	协议价			
辽宁（沈阳）地税培训中心	辽宁（沈阳）地税培训中心		套间	10	10	680	280	会议室1	1	1	300	1200	600	沈阳市东陵区棋盘山345号（棋盘山风景区内秀湖北岸）	024－88055024	
			单间	10	10	280	180	会议室2	1	1	80	800	400			
			标准间	140	140	280	180	会议室3	1	1	50	600	300			
								会议室4	1	1	80	1600	800			
								会议室5	5	5	40	500	300			
								会议室6	1	1	30	0	0			
								会议室7	1	1	30	0	0			
沈阳新世界酒店	沈阳新世界酒店有限公司经营分公司	4	套间	34	34	1725	500	会议室1	1	1	600	9000	7200	沈阳市和平区南京南街2号	024－23869888	
			单间	126	126	1150	300	会议室2	1	1	400	7000	5600			
			标准间	69	69	1150	300	会议室3	1	1	80	2500	2000			
								会议室4	1	1	240	5000	4000			
								会议室5	1	1	20	1000	600			
								会议室6	1	1	36	1000	600			
								会议室7	1	1	16	1000	600			
沈阳健晖房屋开发有限公司君悦精品酒店	沈阳健晖房屋开发有限公司君悦精品酒店	4	套间1	33	33	988	500	会议室1	1	1	280	8000	5600	沈阳市沈河区北站路77号	024－31289999	
			套间2	11	11	1288	600	会议室2	1	1	220	7000	4000			
			单间	68	68	688	300	会议室3	1	1	250	7000	4900			
			标准间	118	118	458	280	会议室4	2	2	120	4000	2800			
								会议室5	1	1	28	1800	1260			
								会议室6	1	1	150	4000	2800			
								会议室7	2	2	80	2800	1960			
								会议室8	1	1	100	3000	2100			
								会议室9	1	1	40	2000	1400			
辽宁省民兵预备役后勤干部训练基地	辽宁省民兵预备役后勤干部训练基地		套间	5	5	360	300	会议室1	1	1	200	750	600	沈阳市皇姑区鸭绿江街16号	024－86896848	
			标准间	73	73	160	120	会议室2	2	2	80	500	400			
								会议室3	2	2	30	300	200			

饭店名称	发票开具单位名称	星级	客房（价格：元/天）					会议室（数量：间；价格：元/半天）						地址	前台订房电话	备注
			房型	总间数	协议间数	门市价	协议价	类型	总间数	协议间数	容纳人数	门市价	协议价			
沈阳军区现代管理学院	中国人民解放军沈阳军区现代管理学院		套间1	21	21	600	500	会议室1	1	1	350	4000	3000	沈阳市皇姑区文官屯	024－28858505	
			套间2	35	35	500	400	会议室2	1	1	150	3000	2000			
			单间	8	8	240	220	会议室3	3	3	160	1500	1200			
			标准间1	186	186	240	220	会议室4	1	1	100	1000	800			
			标准间2	85	85	210	180	会议室5	12	12	50	600	500			
								会议室6	3	3	30	400	300			
								会议室7	1	1	200	1200	1000			
中国人民解放军辽宁省军区司令部招待所	中国人民解放军辽宁省军区司令部招待所		套间1	4	4	560	400	会议室1	1	1	200	2000	1000	沈阳市皇姑区北陵大街49号	024－86894649	
			套间2	5	5	800	600	会议室2	1	1	100	1200	700			
			单间	10	10	180	140	会议室3	1	1	40	600	400			
			标准间1	33	33	180	140	会议室4	1	1	40	600	400			
			标准间2	14	14	240	160									
			标准间3	42	42	380	180									
沈阳市棋盘山国际会议中心	沈阳市棋盘山国际会议中心		套间1	4	4	680	580	会议室1	1	1	312	4000	2000	沈阳市棋盘山风景区秀湖东岸	024－88051000	
			套间2	7	7	500	360	会议室2	3	3	84	1400	700			
			标准间	93	93	420	240	会议室3	9	9	30	600	300			
辽宁省道路运输职工培训中心	辽宁省道路运输职工培训中心	4	套间	7	7	1580	380	会议室1	1	1	200	2500	1500	沈阳市棋盘山国际风景旅游开发区秀湖北岸8号	024－88058000	
			单间	5	5	560	260	会议室2	2	2	80	1500	600			
			标准间	92	92	380	200	会议室3	1	1	30	1200	500			
								会议室4	2	2	30	800	400			
								会议室5	1	1	20	400	200			
朝阳市																
朝阳燕都国际酒店有限责任公司	朝阳燕都国际酒店有限责任公司	4	套间1	14	14	800	600	大会议室	1	1	200	1500	900	朝阳市新华路二段77号	0421－6689955	
			套间2	20	20	600	360	中会议室	2	2	40	600	360			
			单间	111	111	400	240									
			标准间	120	120	400	240									
朝阳市阳光餐饮有限公司	朝阳市阳光餐饮有限公司	3	套间	14	14	280	180	大会议室	1	1	300	1500	900	朝阳市文化路三段9号	0421－2619999	
			单间	13	13	200	150	中会议室	1	1	100	800	500			
			标准间1	10	10	200	150	小会议室	1	1	20	300	250			
			标准间2	40	40	200	120									

饭店名称	发票开具单位名称	星级	客房（价格：元/天）					会议室（数量：间；价格：元/半天）						地址	前台订房电话	备注
			房型	总间数	协议间数	门市价	协议价	类型	总间数	协议间数	容纳人数	门市价	协议价			
朝阳大厦有限责任公司	朝阳大厦有限责任公司	3	套间1	2	2	480	240	大会议室	1	1	200	500	400	朝阳市新华路三段27号	0421－2811601	
			套间2	7	7	380	200	中会议室	1	1	80	400	300			
			单间	14	14	188	118	小会议室	1	1	30	300	200			
			标准间	24	24	238	138									
阜新市																
阜新迎宾馆	阜新迎宾馆	4	套间1	6	6	1680	538	会议室1	1	1	500	2500	1500	阜新市中华路16号	0418－3890303	
			套间2	15	15	980	480	会议室2	1	1	110	600	400			
			标准间1	107	107	428	248	会议室3	1	1	30	500	300			
			标准间2	15	15	320	180	会议室4	1	1	40	600	400			
								会议室5	1	1	80	500	250			
								会议室6	1	1	60	500	250			
阜新西山宾馆	阜新西山宾馆	2	套间1	2	2	980	350	会议室1	1	1	300	1500	500	阜新市西山路11号	0418－2821912	
			套间2	4	4	350	200	会议室2	1	1	200	1000	250			
			标准间1	75	75	420	180	会议室3	1	1	250	1400	500			
			标准间2	20	20	290	100	会议室4	1	1	150	750	200			
								会议室5	1	1	120	700	175			
								会议室6	1	1	80	500	150			
								会议室7	1	1	30	500	100			
								会议室8	1	1	20	400	75			
								会议室9	1	1	10	300	50			
								会议室10	1	1	10	200	50			
阜新银通皇冠假日酒店	阜新银通皇冠假日酒店	4	套间1	3	3	830	480	会议室1	1	1	300	2250	1500	阜新市西山路4号	0418－3388888	
			套间2	6	6	630	320	会议室2	1	1	40	750	500			
			标准间	16	16	498	248									
			单间	22	22	280	140									
阜新市财会人员继续教育中心	阜新市财政局会计之家		套间	3	3	400	380	会议室1	1	1	300	600	400	阜新市中华路140号	0418－2283249	
			标准间	30	30	160	140	会议室2	1	1	150	400	300			
								会议室3	1	1	100	300	200			
								会议室4	1	1	40	200	100			
								会议室5	1	1	30	150	100			

饭店名称	发票开具单位名称	星级	客房（价格：元/天）					会议室（数量：间；价格：元/半天）						地址	前台订房电话	备注
			房型	总间数	协议间数	门市价	协议价	类型	总间数	协议间数	容纳人数	门市价	协议价			
阜新星光大酒店	阜新星光莹盟酒店	3	套间1	2	2	1980	520	会议室1	1	1	300	1400	800	阜新市红树路73号	0418－5592719	
			套间2	6	6	1680	420	会议室2	1	1	120	600	360			
			标准间1	74	74	260	160	会议室3	1	1	100	500	320			
			标准间2	12	12	240	140	会议室4	1	1	80	400	240			
								会议室5	1	1	30	300	160			
								会议室6	1	1	10	250	80			
铁岭市																
如意湖金融会馆有限责任公司	如意湖金融会馆有限责任公司	5	套间	6	6	1680	550	大会议室	2	2	120	3000	3000	铁岭市新城区昆仑山路42号	0410－2869000	
			单间	25	25	680	290	中会议室	1	1	40	2600	1500			
			标准间	13	13	680	290	小会议室	3	3	16	1600	1200			
如意湖酒店有限责任公司	如意湖酒店有限责任公司	3	套间	18	18	1280	500	大会议室	1	1	702	7500	3000	铁岭市新城区昆仑山路40号	0410－2689200	
			单间	50	50	680	290	中会议室	1	1	150	3000	1500			
			标准间	80	80	680	290	小会议室	5	5	50	3000	1200			
开原市三元世纪大酒店有限公司	开原市三元世纪大酒店有限公司	3	套间	3	3	1680	500	大会议室	1	1	200	4000	2000	铁岭市清河区尚阳湖风景区	0410－2118888	
			单间	9	9	240	180	中会议室	1	1	100	1600	1000			
			标准间	72	72	360	230	小会议室	4	4	60	1000	800			
抚顺市																
抚顺市罗台山庄疗养院	抚顺市罗台山庄疗养院	3	套间	12	12	598	358	大会议室	2	2	600	1200	600	抚顺市东洲区萨尔浒南路2号	0413－4460111	
			标准间	162	162	300	150	中会议室	6	6	60	600	300			
								小会议室	2	2	40	300	150			
抚顺矿业集团有限责任公司煤都宾馆	抚顺矿业集团有限责任公司煤都宾馆	3	套间	7	7	580	329	大会议室	1	1	120	2000	1600	抚顺市新抚区迎宾街1号	0413－2595666	
			单间	3	3	380	269	中会议室	2	2	40	1800	1500			
			标准间	38	38	380	229	小会议室	1	1	20	1500	1000			
抚顺矿业集团有限责任公司天宝大厦	抚顺矿业集团有限责任公司天宝大厦	3	套间	12	12	348	290	大会议室	1	1	150	1500	1000	抚顺市新抚区西一路2号	0413－2537777	
			单间	17	17	266	247	中会议室	1	1	45	1600	1200			
			标准间	25	25	228	190	小会议室	1	1	15	1000	600			

饭店名称	发票开具单位名称	星级	客房（价格：元/天）					会议室（数量：间；价格：元/半天）						地址	前台订房电话	备注
			房型	总间数	协议间数	门市价	协议价	类型	总间数	协议间数	容纳人数	门市价	协议价			
抚顺友谊宾馆	抚顺友谊宾馆	4	套间	7	7	960	600	大会议室	2	2	300	4000	3200	抚顺市新抚区永宁街4号	0413－2810304	
			单间	20	20	680	300	中会议室	4	4	50	800	640			
			标准间	60	60	680	300	小会议室	2	2	20	400	320			
本溪市																
本溪明珠大酒店有限责任公司	本溪明珠大酒店有限责任公司	4	套间	33	33	758	298	会议室1	1	1	176	2000	1500	本溪市平山区胜利路4号	0414－7100666	
			标准间	123	123	388	228	会议室2	1	1	70	1000	600			
								会议室3	1	1	24	800	500			
								会议室4	1	1	12	800	500			
								会议室5	1	1	15	800	500			
桓仁隆兴国际大酒店有限公司	桓仁隆兴国际大酒店有限公司	4	套间	17	17	980	300	会议室1	1	1	300	2400	1200	本溪市桓仁县滨江大街1号	0414－8877888	
			单间	24	24	520	300	会议室2	1	1	70	1200	600			
			标准间	132	132	480	230	会议室3	1	1	40	1200	600			
富佳大酒店	本溪富佳大酒店	3	标准套间	14	14	518	300	会议室1	1	1	50	1000	800	本溪市明山区地工路43号	0414－4835888－8888	
			豪华套间	13	13	558	300	会议室2	1	1	30	500	400			
			标准间	54	54	368	150	会议室3	1	1	400	1500	1200			
			单间	25	25	368	150	会议室4	1	1	200	1250	1000			
								会议室5	1	1	100	1000	800			
								会议室6	1	1	50	600	480			
								会议室7	1	1	40	400	320			
								会议室8	1	1	60	750	600			
金山宾馆	本溪新事业发展有限责任公司金山宾馆	3	套间	16	16	688	300	会议室1	1	1	350	2000	1600	本溪市明山区北光路65号	0414－3282288 3282388	
			单间	3	3	368	150	会议室2	1	1	50	1500	1200			
			标准间	47	47	368	150	会议室3	1	1	30	1600	1280			
								会议室4	3	3	20	1000	800			
								会议室5	1	1	20	1000	800			
								会议室6	1	1	20	1000	800			

饭店名称	发票开具单位名称	星级	客房（价格：元/天）					会议室（数量：间；价格：元/半天）						地址	前台订房电话	备注
			房型	总间数	协议间数	门市价	协议价	类型	总间数	协议间数	容纳人数	门市价	协议价			
本溪迎宾馆	本溪迎宾馆	2	套间1	6	6	388	218	会议室1	1	1	60	400	300	本溪市平山区市府南街1号	0414－3225555	
			套间2	5	5	318	220	会议室2	1	1	35	400	260			
			单间	10	10	298	158	会议室3	1	1	30	200	150			
			标准间	71	71	168	120									
本溪新事业发展有限责任公司宾馆	本溪新事业发展有限责任公司宾馆		套间1	20	20	618	230	会议室1	1	1	180	1300	1040	本溪市平山区东明路25－4号	0414－2213333 2213888	
			套间2	1	1	688	300	会议室2	1	1	60	1000	800			
			标准间	20	20	398	150	会议室3	1	1	60	900	720			
仙榆湾辽宁药业基地会议服务有限公司	仙榆湾辽宁药业基地会议服务有限公司		套间1	6	6	888	300	会议室1	1	1	200	4000	2000	本溪市经济开发区石桥子镇西高堡村二组	0414－5857111	
			套间2	12	12	588	258	会议室2	1	1	60	2000	1000			
			套间3	3	3	388	158	会议室3	1	1	15	500	250			
			标准间1	22	22	268	150									
			标准间2	13	13	188	118									
辽阳市																
辽阳宾馆有限责任公司	辽阳宾馆有限责任公司	3	套间1	3	3	488	386	大会议室	2	2	400	8000	5000	辽宁省辽阳市中华大街一段61号	0419－2288166	
			套间2	8	8	588	486	中会议室	1	1	80	3800	3500			
			套间3	3	3	688	586	小会议室	8	8	60	1800	1600			
			单间1	10	10	218	196									
			单间2	18	18	258	236									
			单间3	18	18	288	256									
			标准间1	48	48	218	196									
			标准间2	49	49	258	236									
			标准间3	16	16	288	256									
中国石油辽阳石油化纤公司辽化宾馆	中国石油辽阳石油化纤公司辽化宾馆	3	套间1	19	19	480	258	大会议室	1	1	400	6000	5000	辽宁省辽阳市青年大街40号	0419－4229888	
			套间2	39	39	180	158	中会议室	1	1	60	500	450			
			单间1	16	16	220	158	小会议室	5	5	30	500	450			
			标准间1	42	42	220	158									
			标准间2	78	78	160	120									

饭店名称	发票开具单位名称	星级	客房（价格：元/天）					会议室（数量：间；价格：元/半天）						地址	前台订房电话	备注
			房型	总间数	协议间数	门市价	协议价	类型	总间数	协议间数	容纳人数	门市价	协议价			
辽阳新世纪酒店有限公司	辽阳新世纪酒店有限公司	4	套间1	20	20	600	230	大会议室	1	1	300	4000	1900	辽阳市白塔区新运大街54号	0419－2128888	
			套间2	80	80	400	200	中会议室	2	2	50	1000	500			
			单间1	26	26	340	180									
			单间2	10	10	400	200									
			标准间	50	50	340	180									
辽阳嘉濠国际大酒店有限公司	辽阳嘉濠国际大酒店有限公司	3	套间1	4	4	888	498	大会议室	1	1	300	5000	3000	辽阳市白塔区民主路86号	0419－2298888	
			套间2	6	6	688	498	中会议室	1	1	120	4000	2500			
			单间1	20	20	398	288	小会议室1	1	1	35	3000	1500			
			单间2	120	120	238	178	小会议室2	1	1	12	2000	700			
			单间3	15	15	298	248									
			单间4	20	20	348	288									
			标准间1	20	20	278	248									
			标准间2	60	60	248	188									
辽阳市汀洲大酒店有限公司	辽阳市汀洲大酒店有限公司	3	套间	20	20	350	270	大会议室	1	1	200	1750	1400	辽阳市白塔区熊家街2号	0419－2258999	
			单间	36	36	228	178	小会议室	1	1	50	500	400			
			标准间	100	100	210	158									
辽阳汤河疗养培训中心	辽阳汤河疗养培训中心		套间	21	21	680	340	大会议室	1	1	180	750	600	辽阳市弓长岭区柳河镇	0419－5109999	
			标准间	81	81	260	120	中会议室1	1	1	150	730	600			
								中会议室2	1	1	60	500	400			
								小会议室	1	1	30	400	300			
辽阳市王宫温泉水城有限公司	辽阳市王宫温泉水城有限公司		套间1	2	2	698	598	大会议室	1	1	200	1000	890	辽阳市弓长岭区汤河镇柳河村汤河谷	0419－3653333	
			套间2	1	1	598	538	中会议室	1	1	70	600	530			
			套间3	4	4	698	598	小会议室1	1	1	15	300	260			
			套间4	1	1	598	538	小会议室2	1	1	40	600	530			
			单间	4	4	398	298	小会议室3	1	1	40	800	710			
			标准间1	11	11	398	298									
			标准间2	15	15	298	258									

饭店名称	发票开具单位名称	星级	客房（价格：元/天）					会议室（数量：间；价格：元/半天）						地址	前台订房电话	备注
			房型	总间数	协议间数	门市价	协议价	类型	总间数	协议间数	容纳人数	门市价	协议价			
辽阳市汤河温泉职工疗养院	辽阳市汤河温泉职工疗养院		套间	8	8	588	520	大会议室	1	1	200	1000	890	辽阳市弓长岭区汤河镇柳河村汤河谷	0419－3651111	
			单间	6	6	298	260	中会议室	1	1	70	600	530			
			标准间1	54	54	298	260	小会议室1	1	1	15	300	260			
			标准间2	13	13	278	250	小会议室2	1	1	40	600	530			
			标准间3	20	20	268	240	小会议室3	1	1	40	800	710			
鞍山市																
寰球大酒店	辽宁阳光实业集团有限公司寰球大酒店	4	套间	23	23	1388	398	多功能厅	2	2	60	1600	1000	鞍山市铁东区文化街2号	0412－2216488	
			单间	51	51	428	188	多功能厅1	3	3	100	2000	1400			
			标准间	152	152	406	158	多功能厅2	1	1	300	2400	2000			
五环大酒店	鞍山五环大酒店有限公司	5	套间	68	68	1608	588	多功能厅	1	1	200	6000	4500	鞍山市铁东区南胜利路43号	0412－5520888	
			单间	60	60	1038	298	多功能厅1	1	1	80	5000	3200			
			标准间	180	180	918	288	多功能厅2	1	1	60	5000	3200			
辽宁省地方税务局培训中心	辽宁省地方税务局培训中心	3	套房1	6	6	518	300	大会议室	1	1	500	3000	1000	鞍山市千山风景区丁香峪积翠山庄	0412－5412233	
			套房2	4	4	598	350	会议室1	1	1	12	300	100			
			标准间1	95	95	358	160	会议室2	1	1	30	600	200			
			标准间2	60	60	398	180	会议室3	1	1	30	600	200			
								会议室4	1	1	70	1000	350			
								多功能厅	1	1	110	2000	500			
								培训教室	2	2	80	1000	350			
								阶梯教室	1	1	152	3000	800			
								会客厅	1	1	16	300	100			
								萃丰会场	1	1	70	1000	350			
								微机室	1	1	110	3000	800			
汤岗子理疗医院疗养部（龙宫温泉）	鞍山市汤岗子理疗医院疗养部	3	套间	6	6	598	400	大会议室	1	1	70	250	150	鞍山市汤岗子疗养院院内	0412－2415666	
			三人间	3	3	548	350	小会议室	1	1	30	150	100			
			标准间	33	33	498	260									

饭店名称	发票开具单位名称	星级	客房（价格：元/天）					会议室（数量：间；价格：元/半天）						地址	前台订房电话	备注
			房型	总间数	协议间数	门市价	协议价	类型	总间数	协议间数	容纳人数	门市价	协议价			
鞍山市铁东区五三州酒店	鞍山市铁东区五三州酒店		套间1	3	3	598	348	大会议室	1	1	200	840	450	鞍山市铁东区民生路22号	0412－6635555	
			套间2	5	5	598	348	小会议室	1	1	40	490	250			
			套间3	4	4	1668	588									
			单间1	23	23	318	188									
			单间2	5	5	380	228									
			标准间1	79	79	288	158									
			标准间2	5	5	328	188									
			标准间3	4	4	438	248									
胜利宾馆	鞍山胜利宾馆		套间	13	13	980	598	大会议室	1	1	70	4000	3000	鞍山市铁东区胜利南路47号	0412－5591555	
			单间	33	33	580	298	中会议室	1	1	50	2500	2000			
			标准间	76	76	480	298	小会议室	10	10	30	2000	1600			
鞍钢集团接待服务公司东山宾馆	鞍钢集团接待服务公司	4	套间1	9	9	756	590	会议室1	1	1	200	1400	1400	鞍山市铁东区东风街108号	0412－5592101	
			套间2	8	8	596	418	会议室2	2	2	35	750	750			
			套间3	4	4	468	326	会议室3	1	1	17	400	400			
			单间1	22	22	386	300	会议室4	1	1	60	1000	1000			
			单间2	21	21	258	206	会议室5	3	3	20	500	500			
			标准间1	10	10	386	300	会议室6	1	1	10	490	490			
			标准间2	91	91	236	188	会议室7	1	1	60	1000	1000			
								会议室8	1	1	6	340	340			
								会议室9	1	1	12	300	300			
								会议室10	1	1	18	250	250			
丹东市																
鸭绿江大厦	鸭绿江大厦	4	套间	17	17	958	540	大会议室	2	2	500	3000	2000	丹东市九纬路87号	0415－2125901－1101	
			标准间	113	113	488	270	中会议室	1	1	250	1300	1000			
								小会议室	6	6	30	800	600			
								小会议室	1	1	25	400	300			

饭店名称	发票开具单位名称	星级	客房（价格：元/天）					会议室（数量：间；价格：元/半天）						地址	前台订房电话	备注
			房型	总间数	协议间数	门市价	协议价	类型	总间数	协议间数	容纳人数	门市价	协议价			
假日阳光酒店	丹东假日阳光酒店有限公司	4	套间	12	12	1288	540	大会议室	1	1	150	2000	1250	丹东市元宝区县前街1号	0415－2883333	
			标准间1	31	31	458	180	中会议室	1	1	70	800	400			
			标准间2	16	16	498	240	小会议室	2	2	30	400	200			
			标准间3	87	87	698	270									
丹东宾馆	丹东宾馆	4	套间	14	14	1280	480	大会议室	1	1	400	1000	800	丹东市振兴区山上街－69号	0415－2101518	
			标准间	81	81	438	240	中会议室	1	1	50	750	600			
								小会议室	8	8	30	500	400			
辽东宾馆	辽东宾馆	3	套间	7	7	380	320	大会议室	1	1	100	600	400	丹东市振兴区九纬路85号	0415－2174194	
			单间					中会议室	1	1	50	300	200			
			标准间	96	96	220	168	小会议室								
邮电大厦（鑫鸿大酒店）	丹东邮电大厦	3	豪华套房	2	2	1188	520	大会议室	1	1	200	600	300	丹东市振兴区七纬路78号	0415－2166888	
			普通套房	2	2	788	360	中会议室	1	1	80	400	0			
			单间	15	15	438	168	小会议室								
			标准间	78	78	418	150									
			标准间	16	16	468	168									
珍珠岛高尔夫会所	丹东鸭绿江休闲运动有限公司		套间	10	10	1180	500	大会议室	1	1	500	2500	2000	丹东市振安区滨江东路	0415－2357888	
			单间	50	50	980	260	中会议室	2	2	180	1250	1000			
			标准间	75	75	780	200	小会议室	2	2	70	800	600			
丹东五龙国际高尔夫俱乐部	丹东五龙国际高尔夫有限公司	3	套间	11	11	1280	500	大会议室	1	1	180	800	700	丹东市振安区楼房镇梨树沟村	0415－2357888	
			单间	2	2	880	200	中会议室	1	1	50	450	400			
			标准间	98	98	880	200	小会议室	2	2	40	400	350			
龙元宾馆	丹东市五龙背土木建筑工程有限公司	3	套间	3	3	458	280	大会议室	1	1	300	500	300	丹东市五龙背镇站前西街	0415－4100888	
			单间	9	9	258	160	中会议室	1	1	150	400	200			
			标准间	90	90	258	160	小会议室	1	1	50	300	150			
丹东国际酒店有限公司	丹东国际酒店有限公司	3	套间1	11	11	1040	420	大会议室	1	1	300	2000	1500	丹东市元宝区新安街88号	0415－2817788	
			套间2	12	12	1580	480	中会议室	1	1	60	1000	700			
			单间	34	34	688	240	小会议室	1	1	25	1000	700			
			标准间	80	80	398	200									
			标准间	50	50	688	240									

饭店名称	发票开具单位名称	星级	客房（价格：元/天）					会议室（数量：间；价格：元/半天）						地址	前台订房电话	备注
			房型	总间数	协议间数	门市价	协议价	类型	总间数	协议间数	容纳人数	门市价	协议价			
丹东嘉豪酒店	丹东嘉豪酒店服务有限公司	3	套间1	1	1	1880	540	大会议室	1	1	60	800	500	丹东市锦山大街87－2号	0415－2878888	
			套间2	1	1	1280	480	小会议室	1	1	20	300	200			
			单间1	17	17	398	220									
			单间2	4	4	580	270									
			标准间1	30	30	380	200									
			标准间2	17	17	420	240									
丹东市温泉宾馆	丹东市温泉宾馆		套间	7	7	580	360	大会议室	1	1	300	800	600	丹东市五龙背温泉路181号	0415－4108888	
			单间	5	5	240	140	中会议室	1	1	200	400	200			
			标准间1	30	30	380	260	小会议室	3	3	100	500	300			
			标准间2	138	138	220	120									
东港市沈达江海大酒店	东港市沈达江海大酒店	4	套间	19	19	1588	540	大会议室	1	1	550	6000	3500	丹东东港市东港南路198号	0415－7112110	
			单间	78	78	798	258	中会议室	1	1	120	2000	1000			
			标准间	80	80	798	258	小会议室	3	3	30	600	420			
营口市																
营口京华国际酒店	营口京华国际酒店有限公司	5	套间	7	7	880	600	大会议室	1	1	120	12000	4000	营口市站前区市府路互助里1号	0417－2652777	
			单间	79	79	460	300	中会议室	1	1	45	6000	3900			
			标准间	53	53	460	300	小会议室	1	1	15	4500	3000			
营口华夏大酒店	营口华夏大酒店有限公司	3	套间	4	4	318	258	大会议室	1	1	300	2000	1800	营口市西市区新兴大街西58号	0417－4892111	
			单间	15	15	228	150	中会议室	1	1	150	750	600			
			标准间	70	70	198	148	小会议室	1	1	100	500	400			
营口市万都大酒店	营口万都房地产综合开发有限公司万都大酒店	4	套间	43	43	598	498	大会议室	1	1	800	8000	2500	营口市金牛山大街西段30号	0417－4826888	
			单间	62	62	348	258	中会议室	3	3	500	6000	1250			
			标准间	183	183	348	258	小会议室	1	1	120	3000	400			
营口天辅兴酒店	营口天辅兴酒店有限公司	3	套间	2	2	288	228	大会议室	1	1	1000	1000	500	营口市站前区少年宫里51号	0417－2999999	
			标准间	24	24	233	193	小会议室	1	1	500	500	400			

饭店名称	发票开具单位名称	星级	客房（价格：元/天）					会议室（数量：间；价格：元/半天）						地址	前台订房电话	备注
			房型	总间数	协议间数	门市价	协议价	类型	总间数	协议间数	容纳人数	门市价	协议价			
营口红运酒店管理有限公司红运大饭店	营口红运酒店管理有限公司红运大饭店	5	套间1	11	11	899	588	大会议室	1	1	800	10000	7000	营口市站前区青花大街东39号	0417－2988888	
			套间2	5	5	1180	600	会议室1	1	1	250	4500	3500			
			标准间1	178	178	699	298	会议室2	1	1	150	3000	2000			
			标准间2	55	55	699	288	会议室3	1	1	50	3000	1500			
								会议室4	1	1	40	1500	800			
盘锦市																
华锦宾馆	辽宁华锦化工（集团）有限公司	3	套间1	5	5	838	438	大会议室	1	1	180	1000	900	盘锦市双台子区红旗大街258号	0427－3956789	
			套间2	3	3	798	438	中会议室	2	2	50	700	600			
			单间1	3	3	298	220	小会议室	6	6	20	600	500			
			单间2	3	3	258	198									
			标准间1	45	45	298	220									
			标准间2	30	30	258	198									
紫澜门国际酒店	辽宁紫澜门国际酒店有限公司	4	套间	12	12	318	280	大会议室	1	1	300	1600	1500	盘锦市兴隆台区兴隆大街124号	0427－32088888	
			单间	50	50	298	240	中会议室	1	1	40	1000	800			
			标准间	45	45	298	240									
盘锦国际酒店	盘锦国际酒店有限公司	4	套间	17	17	799	499	大会议室	1	1	350	2000	1800	盘锦市兴隆台区泰山路116号	0427－7268888	
			单间	38	38	499	240	中会议室	1	1	100	1200	800			
			标准间	84	84	499	240	小会议室	1	1	60	900	700			
盘锦国贸饭店	盘锦国贸饭店有限公司	4	套间	11	11	880	468	大会议室	2	2	200	2000	1500	盘锦市兴隆台区中兴路7号	0427－2681008	
			单间	30	30	480	230	中会议室	4	4	70	1800	1200			
			标准间1	20	20	680	298	小会议室	1	1	50	1000	800			
			标准间2	82	82	480	230									
武星宾馆	盘锦武星宾馆有限公司		单间	70	70	269	200	大会议室	1	1	300	5000	3000	盘锦市兴隆台区泰山路10号	0427－6655222	
			标准间	42	42	198	160	中会议室	2	2	150	3000	2000			
								小会议室	2	2	100	2000	1000			
大众花园宾馆	盘锦大众花园宾馆（集团）有限公司	3	套间	6	6	888	500	大会议室	2	2	300	2000	1500	盘锦市兴隆台区泰山路6号	0427－2839345	
			单间	70	70	368	220	中会议室	2	2	200	1500	1000			
			标准间	60	60	368	220	小会议室	1	1	120	500	400			

饭店名称	发票开具单位名称	星级	客房（价格：元/天）					会议室（数量：间；价格：元/半天）						地址	前台订房电话	备注
			房型	总间数	协议间数	门市价	协议价	类型	总间数	协议间数	容纳人数	门市价	协议价			
昆仑大酒店	大洼昆仑大酒店有限公司		单间	38	38	338	268	大会议室	1	1	300	8000	6000	盘锦市大洼县田家镇双兴南	0427－2935510	
			标准间	40	40	338	268	中会议室	1	1	150	2000	1800			
								小会议室	2	2	30	1000	800			
新宇大酒店	盘锦新宇大酒店有限公司		套间	3	3	588	228	会议室1	1	1	200	2500	1800	盘锦市兴隆台区双兴路77号	0427－6686666	
			单间	4	4	518	198	会议室2	2	2	80	800	600			
			标准间	55	55	468	188	会议室3	1	1	40	600	500			
								会议室4	1	1	200	1800	1400			
生态酒店	盘锦生态园区有限公司生态酒店	4	套间	6	6	1100	450	大会议室	1	1	100	1200	800	盘锦市兴隆台区双兴路生态园区	0427－2950000	
			单间	15	15	496	228	中会议室	1	1	70	800	500			
			标准间	58	58	528	228	小会议室	1	1	50	580	380			
锦州市																
锦州大厦宾馆有限责任公司	锦州大厦宾馆有限责任公司	3	套间	13	13	948	470	大会议室	1	1	120	2500	1200	锦州市古塔区中央大街3段58号	0416－2160000	
			单间	77	77	400	240	中会议室	1	1	40	1500	750			
			标准间	170	170	498	268	小会议室	3	3	20	1200	360			
锦州笔架山庄	锦州笔架山庄	4	套间	8	8	688	480	大会议室	1	1	252	2500	1000	锦州市经济技术开发区滨海路1号	0416－3584580	
			标准间	94	94	488	280	中会议室	2	2	100	1000	750			
								小会议室	1	1	40	750	500			
锦州城市名人酒店	城市名人酒店管理（中国）有限公司锦州分公司	4	套间	10	10	1680	558	大会议室	1	1	200	2000	1500	锦州市滨海新区天王路一号	0416－7909999	
			单间	30	30	588	238	中会议室	3	3	55	750	600			
			标准间	85	85	588	238	小会议室	1	1	30	600	500			
天港宾馆	锦州经济技术开发区天港宾馆	3	套间	2	2	888	480	大会议室	1	1	120	1000	500	锦州市经济技术开发区锦港大街一段	0416－3585333	
			单间	10	10	388	200	中会议室	1	1	60	750	400			
			标准间	50	50	388	200	小会议室	2	2	40	600	375			
锦州石油宾馆	中国石油锦州石油化工公司石油宾馆	4	套间	11	11	1080	568	大会议室	1	1	400	4000	1500	锦州市古塔区敬业北里64号	0416－4109999	
			单间	22	22	588	258	中会议室	1	1	260	3500	1000			
			标准间	70	70	688	258	小会议室	6	6	30	1000	500			

饭店名称	发票开具单位名称	星级	客房（价格：元/天）					会议室（数量：间；价格：元/半天）						地址	前台订房电话	备注
			房型	总间数	协议间数	门市价	协议价	类型	总间数	协议间数	容纳人数	门市价	协议价			
精英国际商务酒店	锦州精英商务酒店有限公司		套间	6	6	456	316	大会议室	1	1	350	2750	1500	锦州市古塔区解放路三段11号	0416－4983333	
			商务房	8	8	436	296	中会议室	1	1	150	750	400			
			4人连通房	8	8	356	256	小会议室	5	5	30	750	400			
			标准间1	25	25	286	198									
			标准间2	15	15	236	168									
			单间1	18	18	286	198									
			单间2	6	6	216	150									
			单间3	3	3	108	86									
葫芦岛市																
兴城市财政干部培训中心	兴城市财政干部培训中心		套间	4	4	680	480	会议室1	1	1	108	1000	800	兴城市海滨新东路1号	0429－5410509	
			单间	4	4	380	240	会议室2	3	3	35	400	300			
			标准间	45	45	380	240	会议室3	1	1	18	400	300			
葫芦岛葫芦山庄有限责任公司酒店	葫芦岛葫芦山庄有限责任公司酒店		套间1	50	50	880	400	会议室1	2	2	60	2000	400	葫芦岛市龙港区锦笊路中段	0429－2070888	
			套间2	30	30	460	200	会议室2	2	2	20	600	200			
			标准间	41	41	240	100	会议室3	2	2	20	300	100			
葫芦岛凌河酒店有限公司	葫芦岛凌河酒店有限公司	3	套间	4	4	1780	580	会议室1	1	1	60	600	300	葫芦岛市龙港区海辰路5号	0429－3088888	
			单间	10	10	480	160	会议室2	1	1	200	1900	600			
			标准间1	35	35	640	180									
			标准间2	35	35	560	160									
葫芦岛华鑫商务酒店	葫芦岛华鑫商务酒店	3	套间	3	3	698	380	会议室1	1	1	144	1000	800	葫芦岛市龙湾新区海星路3号A座	0429－3781111	
			单间	3	3	298	160	会议室2	1	1	32	400	300			
			标准间	30	30	298	160									
葫芦岛市富都服务有限责任公司	葫芦岛市富都服务有限责任公司	4	套间	12	12	1980	540	会议室1	1	1	240	600	400	葫芦岛市龙湾新区海辰路8－11	0429－3152222	
			单间	39	39	520	240	会议室2	1	1	40	400	200			
			标准间	49	49	520	240									
葫芦岛万得宝商务酒店管理有限公司	葫芦岛万得宝商务酒店管理有限公司	3	套间	27	27	888	588	会议室1	1	1	300	3800	1500	葫芦岛市连山区	0429－3328222	
			单间	62	62	428	218	会议室2	1	1	280	3500	1500			
			标准间	53	53	428	218	会议室3	1	1	70	3000	1200			
								会议室4	1	1	50	2000	1000			
								会议室5	1	1	20	1200	600			

饭店名称	发票开具单位名称	星级	客房（价格：元/天）					会议室（数量：间；价格：元/半天）						地址	前台订房电话	备注
			房型	总间数	协议间数	门市价	协议价	类型	总间数	协议间数	容纳人数	门市价	协议价			
兴城市海得隆大酒店	兴城市海得隆大酒店	3	套间	7	7	680	280	会议室 1	1	1	120	1000	260	兴城市新东路 5 号	0429－5413000	
			单间	6	6	380	160	会议室 2	2	2	40	800	200			
			标准间	263	263	380	150	会议室 3	2	2	32	700	200			
东方星雨宾馆	东方星雨宾馆	3	套间	4	4	488	280	会议室 1	1	1	98	1000	260	葫芦岛市建昌县光明街 10 号	0429－7122909	
			单间	32	32	288	150	会议室 2	1	1	34	800	200			
			标准间	25	25	198	150	会议室 3	1	1	21	500	100			
兴城市鑫海假日酒店	兴城市鑫海假日酒店	3	套间	2	2	588	280	会议室 1	1	1	300	500	240	葫芦岛市兴城海滨北门里走 300 米	0429－5333222	
			单间	20	20	168	80	会议室 2	1	1	100	300	150			
			标准间	50	50	388	160									
中国兵器工业集团公司兴城疗养院望海楼	中国兵器工业集团公司兴城疗养院望海楼	3	套间 1	3	3	980	380	会议室 1	1	1	240	1200	600	兴城市海滨新东路 4 号	0429－5410443	
			套间 2	4	4	580	180	会议室 2	1	1	90	700	350			
			标准间	140	140	380	150	会议室 3	1	1	90	500	250			
								会议室 4	1	1	30	300	150			
								会议室 5	1	1	30	200	100			
兴城市菊花女渔村餐饮服务有限公司	兴城市菊花女渔村餐饮服务有限公司	2	套间	7	7	580	300	会议室 1	1	1	100	380	280	兴城市钓鱼台办事处海滨	0429－5888888	
			标准间	73	73	380	150	会议室 2	1	1	30	280	180			
葫芦岛华泰国际酒店有限公司	葫芦岛华泰国际酒店有限公司	5	套间	23	23	1588	600	会议室 1	1	1	300	7000	4000	葫芦岛市龙港区龙湾大街 62 号	0429－3078888	仅会议定点
			单间	50	50	1248	300	会议室 2	1	1	40	3000	2100			
			标准间	77	77	1088	300	会议室 3	1	1	30	3000	2100			

大连市会议定点饭店

饭店名称	发票开具单位名称	星级	客房情况			会议室情况				综合定额（价格：元/天）		饭店地址	前台订房电话	备注
			房型	总间数	协议间数	类型	总间数	协议间数	容纳人数	会议类型	协议价格			
大连日航酒店	大连长江广场有限公司日航饭店	5	套房	33	33	大会议室	3	3	800	一类会议	400	大连市中山区长江路123号	0411－82529999	-
			单间	207	207	中会议室	8	8	180	二类会议				
			标准间	132	132	小会议室	4	4	40	三类会议				
大连嘉信（国际）酒店	大连嘉信大酒店有限公司	4	套房	22	22	大会议室	1	1	200	一类会议	400	大连市中山区五五路53号	0411－62277999－02/预定处	
			单间	137	137	中会议室	4	4	100	二类会议	300			
			标准间	111	111	小会议室	2	2	30	三类会议	260			
大连香洲大饭店	大连香洲大饭店有限公司	4	套房	62	62	大会议室	2	2	336	一类会议	360	大连市西岗区中山路145号	0411－83699988－6002/6005	
			单间	168	168	中会议室	1	1	120	二类会议	280			
			标准间	152	152	小会议室	11	11	50	三类会议	220			
大连心族大酒店	大连心族大酒店有限公司	4	套房	11	11	大会议室	1	1	220	一类会议	400	大连市西岗区长江路586号	0411－83799999	
			单间	121	121	中会议室	1	1	150	二类会议	300			
			标准间	160	160	小会议室	4	4	70	三类会议	260			
大连良运大酒店	大连良运大酒店有限公司	4	套房	18	18	大会议室	4	4	960	一类会议	400	大连市中山区五五路12号	0411－82589188－01	
			单间	60	60	中会议室	3	3	260	二类会议	300			
			标准间	115	115	小会议室	4	4	80	三类会议	260			
大连昱圣苑国际酒店	大连昱圣苑国际酒店有限公司	4	套房	36	36	大会议室	2	2	300	一类会议	400	大连市沙河口区太原街6号	0411－39888888	
			单间	71	71	中会议室	3	3	60	二类会议	300			
			标准间	170	170	小会议室	6	6	20	三类会议	260			
大连文园大厦有限公司	大连文园大厦有限公司	4	套房	35	35	大会议室	1	1	150	一类会议	340	大连市中山区职工街58号	0411－3991888	
			单间	40	40	中会议室	1	1	100	二类会议	300			
			标准间	76	76	小会议室	1	1	20	三类会议	260			
大连船舶丽湾大酒店	大连船舶丽湾大酒店有限公司	4	套房	24	24	大会议室	1	1	220	一类会议	390	大连市中山区民主广场8号	0411－82123888－预定部	
			单间	84	84	中会议室	1	1	120	二类会议	290			
			标准间	119	119	小会议室	3	3	80	三类会议	250			

饭店名称	发票开具单位名称	星级	客房情况			会议室情况				综合定额（价格：元/天）		饭店地址	前台订房电话	备注
			房型	总间数	协议间数	类型	总间数	协议间数	容纳人数	会议类型	协议价格			
大连渤海明珠酒店	大连渤海明珠酒店	4	套房	17	17	大会议室	2	2	260	一类会议	400	大连市中山区胜利广场8号	0411－88128888－前台	
			单间	82	82	中会议室	2	2	120	二类会议	300			
			标准间	276	276	小会议室	3	3	60	三类会议	260			
大连仲夏花园酒店	大连仲夏花园酒店	4	套房	10	10	大会议室	2	2	500	一类会议	400	大连市西岗区八一路222号	0411－82492222－1133/1135/1335	
			单间	20	20	中会议室	1	1	100	二类会议	300			
			标准间	174	174	小会议室	2	2	50	三类会议	260			
大连心悦大酒店	大连心悦大酒店有限公司	4	套房	31	31	大会议室	1	1	200	一类会议	400	大连市中山区人民路81号	0411－82809000－01	
			单间	101	101	中会议室	1	1	100	二类会议	300			
			标准间	114	114	小会议室	2	2	35	三类会议	260			
大连万达国际饭店	大连万达国际饭店有限公司	4	套房	14	14	大会议室	1	1	500	一类会议	400	大连市西岗区长江路539号	0411－83628888－3103	
			单间	125	125	中会议室	2	2	260	二类会议	300			
			标准间	202	202	小会议室	9	9	260	三类会议	260			
辽宁集贝港湾大酒店	辽宁集贝港湾大酒店	3	套房	8	8	大会议室	2	2	240	一类会议	400	大连市中山区八一路266号	0411－82406898	
			单间	7	7	中会议室	1	1	70	二类会议	300			
			标准间	81	81	小会议室	4	4	20	三类会议	260			
大连海尊快捷假日酒店	大连海尊大饭店有限公司	3	套房	26	26	大会议室	2	2	200	一类会议	390	大连市中山区天津街189号	0411－88138888	
			单间	110	110	中会议室	3	3	150	二类会议	290			
			标准间	120	120	小会议室	4	4	45	三类会议	250			
大连星程豫园酒店	大连豫园实业有限公司	3	套房	3	3	大会议室	1	1	300	一类会议	350	大连市西岗区新开路78号	0411－8886555－8101	
			单间	25	25	中会议室	1	1	100	二类会议	260			
			标准间	150	150	小会议室	1	1	60	三类会议	220			
大连白云假日酒店	大连白云假日酒店有限公司	3	套房	4	4	大会议室	1	1	180	一类会议	270	大连市西岗区彩云路4号	0411－84331588	
			单间	16	16	中会议室	2	2	80	二类会议	220			
			标准间	90	90	小会议室	1	1	60	三类会议	180			
大连北方大酒店	大连北方大酒店有限公司	3	套房	26	26	大会议室	1	1	160	一类会议	400	大连市中山区人民路19号	0411－82818388－0101/0108	
			单间	12	12	中会议室	2	2	80	二类会议	300			
			标准间	79	79	小会议室	1	1	20	三类会议	260			

饭店名称	发票开具单位名称	星级	客房情况			会议室情况				综合定额（价格：元/天）		饭店地址	前台订房电话	备注
			房型	总间数	协议间数	类型	总间数	协议间数	容纳人数	会议类型	协议价格			
大连日月潭大酒店	中铁铁龙集装箱物流股份有限公司大连日月潭大酒店	3	套房	20	20	大会议室	1	1	150	一类会议	300	大连市中山区新安街1号	0411－82810988	
			单间	50	50	中会议室	1	1	70	二类会议	280			
			标准间	120	120	小会议室	2	2	40	三类会议	240			
大连嘉源商旅酒店	大连嘉源商旅酒店	3	套房	5	5	大会议室	1	1	300	一类会议	400	大连市西岗区胜利街37号	0411－82549999	
			单间	12	12	中会议室	2	2	150	二类会议	300			
			标准间	72	72	小会议室	2	2	50	三类会议	260			
大连农垦宾馆	大连农垦宾馆	3	套房	1	1	大会议室	1	1	270	一类会议	365	大连市西岗区中山路141－3号	0411－88867888－3005 88867841	
			单间	3	3	中会议室	1	1	50	二类会议	275			
			标准间	100	100	小会议室	2	2	30	三类会议	220			
大连园酒店	大连园酒店	3	套房	6	6	大会议室	1	1	200	一类会议	300	大连市中山区五五路14号	0411－82128333	
			单间	21	21	中会议室	1	1	30	二类会议	280			
			标准间	104	104	小会议室	1	1	10	三类会议	220			
大连理工大学国际会议中心	大连理工大学学术交流公寓	3	套房	9	9	大会议室	1	1	396	一类会议	400	大连市高新园区凌工路2号	0411－84708888－03	
			单间	15	15	中会议室	1	1	80	二类会议	300			
			标准间	117	117	小会议室	1	1	40	三类会议	260			
大连南山花园酒店	大连南山花园酒店有限公司	3	套房	4	4	大会议室	2	2	300	一类会议	400	大连市中山区枫林街56号	0411－82715555－1819	
			单间	52	52	中会议室	2	2	60	二类会议	300			
			标准间	100	100	小会议室	1	1	20	三类会议	260			
大连金运大酒店	大连金运大酒店有限公司	3	套房	7	7	大会议室	1	1	200	一类会议	290	大连市中山区丹东街135号	0411－39817666	
			单间	24	24	中会议室	2	2	80	二类会议	260			
			标准间	99	99	小会议室				三类会议	240			
大连万恒假日酒店	大连万恒假日酒店有限公司	3	套房	2	2	大会议室	1	1	300	一类会议	350	大连市中山区八一路260号	0411－82400295	
			单间	8	8	中会议室	2	2	150	二类会议	260			
			标准间	72	72	小会议室	2	2	50	三类会议	220			
大连邮政宾馆	大连邮政宾馆	3	套房	3	3	大会议室	1	1	220	一类会议	300	大连市中山区长江路271号	0411－83661488 83661388	
			单间	36	36	中会议室	1	1	150	二类会议	280			
			标准间	114	114	小会议室	1	1	40	三类会议	260			

饭店名称	发票开具单位名称	星级	客房情况			会议室情况				综合定额（价格：元/天）		饭店地址	前台订房电话	备注
			房型	总间数	协议间数	类型	总间数	协议间数	容纳人数	会议类型	协议价格			
大连五一国际酒店	大连五一国际酒店	3	套房	9	9	大会议室	1	1	300	一类会议	400	大连市中山区解放街2号	0411－82825151－前台	
			单间	10	10	中会议室	2	2	120	二类会议	300			
			标准间	100	100	小会议室	2	2	40	三类会议	260			
大连博览大酒店	大连国际博览中心	3	套房	10	10	大会议室	1	1	500	一类会议	400	大连市中山区解放街1号	0411－82806161－4118	
			单间	57	57	中会议室	2	2	150	二类会议	300			
			标准间	113	113	小会议室	4	4	100	三类会议	260			
大连三寰大酒店	大连三寰大酒店有限公司	3	套房	15	15	大会议室	1	1	200	一类会议	380	大连市西岗区仲夏路159号	0411－82400488－8101	
			单间	5	5	中会议室				二类会议	280			
			标准间	105	105	小会议室	4	4	50	三类会议	240			
大连中山大酒店	大连中山大酒店有限公司		套房	104	104	大会议室	1	1	180	一类会议	400	大连市中山区青泥洼街40号	0411－82812888	
			单间	115	115	中会议室	1	1	80	二类会议	300			
			标准间	168	168	小会议室	2	2	40	三类会议	260			
大连香洲花园酒店	大连香洲房地产开发有限公司香洲花园酒店		套房	4	4	大会议室	4	4	1200	一类会议	400	大连市西岗区长春路171号	0411－88856688－预定部	
			单间	154	154	中会议室	6	6	480	二类会议	300			
			标准间	264	264	小会议室	7	7	140	三类会议	300			
海关总署大连教育培训基地	海关总署大连教育培训基地		套房	6	6	大会议室	1	1	200	一类会议	400	大连市中山区迎宾路1号	0411－82515810 82515888	
			单间	12	12	中会议室				二类会议	300			
			标准间	82	82	小会议室	2	2	60	三类会议	260			
大连海寰别墅酒店	大连海环物业管理有限公司海寰别墅分公司		套房	8	8	大会议室	1	1	350	一类会议	400	大连市西岗区华泰街29号	0411－82413331 82413332	
			单间	3	3	中会议室	2	2	200	二类会议	300			
			标准间	144	144	小会议室	1	1	80	三类会议	260			
大连白山宾馆	中国人民解放军沈阳军区大连白山路招待所		套房	8	8	大会议室	1	1	200	一类会议	350	大连市沙河口区同泰街93号	0411－84324888	
			单间	9	9	中会议室	1	1	120	二类会议	260			
			标准间	64	64	小会议室	1	1	50	三类会议	220			
大连成园山庄	大连成园温泉山庄有限公司		套房	2	2	大会议室	2	2	500	一类会议	400	大连市甘井子区红旗镇柳树村66号	0411－39723077 39723088	
			单间	7	7	中会议室	3	3	160	二类会议	300			
			标准间	138	138	小会议室	3	3	60	三类会议	260			

饭店名称	发票开具单位名称	星级	客房情况			会议室情况				综合定额（价格：元/天）		饭店地址	前台订房电话	备注
			房型	总间数	协议间数	类型	总间数	协议间数	容纳人数	会议类型	协议价格			
中国人民解放军沈阳军区空军大连办事处	中国人民解放军沈阳军区空军大连办事处		套房	12	12	大会议室	2	2	250	一类会议	388	大连市沙河口区中山路596号	0411－85850907	
			单间	11	11	中会议室	3	3	40	二类会议	288			
			标准间	91	91	小会议室	2	2	20	三类会议	248			
大连市干部疗养院培训中心	大连市干部疗养院		套房	3	3	大会议室	1	1	200	一类会议	380	大连市中山区解放路结好巷1号	0411－82663677	
			单间	19	19	中会议室	1	1	80	二类会议	280			
			标准间	60	60	小会议室	2	2	50	三类会议	220			
大连长城饭店	大连长城饭店有限公司		套房	8	8	大会议室	1	1	523	一类会议	400	大连市沙河口区黄河路600号	0411－88897777	
			单间	16	16	中会议室	1	1	60	二类会议	300			
			标准间	96	96	小会议室	2	2	40	三类会议	260			
大连泰达美爵酒店	大连泰达投资有限公司泰达美爵酒店		套房	72	72	大会议室	3	3	500	一类会议	400	大连市中山区中南路205号	0411－82881999－8111	
			单间	22	22	中会议室	3	3	70	二类会议	300			
			标准间	133	133	小会议室	5	5	20	三类会议	260			
中国煤矿工人大连疗养院	中国煤矿工人大连疗养院，国家安全生产监督管理总局大连培训中心		套房	12	12	大会议室	1	1	260	一类会议	380	大连市西岗区滨海西路20号	0411－82406188 82406288	
			单间	10	10	中会议室	1	1	120	二类会议	280			
			标准间	296	296	小会议室	6	6	80	三类会议	240			

吉 林 省

- 财政部委托吉林省财政厅负责在吉林省地级以上城市招标采购会议定点饭店并负责日常监督管理工作。
- 通过政府采购，确定吉林省会议定点饭店 57 家。
- 会议定点饭店按照与财政部门签订《协议书》的价格向中央和地方各级党政机关和事业单位提供相应的接待服务。
- 吉林省部分会议定点饭店的价格是按照综合定额方式采购的，各单位在组织筹备会议时应先向会议定点饭店查询。如果对协议价格产生疑义，可以要求定点饭店出示《协议书》。
- 如有会议定点饭店变更或饭店的协议价格变化，应以“党政机关出差和会议定点饭店查询网”的信息为准。
- 本目录中的吉林省会议定点饭店的详细信息，可在“党政机关出差和会议定点饭店查询网”查阅。
- 吉林省各地区长途电话区号：

长春市	0431	白城市	0436
松原市	0438	吉林市	0432
四平市	0434	辽源市	0437
通化市	0435	白山市	0439
延边州	0433		

吉林省会议定点饭店

饭店名称	发票开具单位名称	星级	客房（价格：元/天）房型	总间数	协议间数	门市价	协议价	会议室（数量：间；价格：元/半天）类型	总间数	协议间数	容纳人数	门市价	协议价	地址	前台订房电话	备注
长春市																
新吉粮大酒店	吉林粮食集团新吉粮大酒店有限公司	4	套间	17	17	1388	430	大会议室	2	2	350	6000	4800	长春市人民大街7008号	0431－85598888	
			单间	31	31	580	240	中会议室	2	2	80	4000	3000			
			标准间	65	65	580	240	小会议室	1	1	30	2500	2000			
长春市百菊大厦	长春市百菊大厦		普通标准间	70	70	220	120	大会议室	1	1	100	1000	400	长春市建设街65号	0431－86138888－8000、8111	
			豪华标准间	7	7	280	150	中会议室	1	1	70	800	400			
			三人标准间	5	5	298	150	小会议室	3	3	30	800	300			
			普通套间	2	2	380	198									
			豪华套房 A	2	2	888	350									
			豪华套房 B	1	1	788	250									
长春诺亚明珠酒店	长春诺亚明珠酒店	3	套间	31	31	268	210	大会议室	1	1	180	2000	1500	长春市南关区南环城路1988号	0431－85851888	
			单间	61	61	188	150	中会议室	1	1	60	1500	1000			
			标准间	51	51	188	150	小会议室	2	2	30	1000	800			
新碧丽湖酒店	长春新碧丽湖酒店管理有限公司	3	套间	2	2	468	398	大会议室	1	1	150－200	3000	2000	长春市绿园区普阳街1869号	0431－87690777－8155、8166	
			单间	12	12	228	194	中会议室	2	2	60－80	1800	1200			
			标准间	32	32	228	194	小会议室	2	2	30－40	1000	800			
			三人间	6	6	268	228									
			超标	4	4	268	228									
彩宇宾馆有限责任公司	彩宇宾馆有限责任公司	3	套间	3	3	888	480	大会议室	1	1	480	6000	5500	长春市彩宇大街1363号	0431－87063222	报告厅
			标准间	51	51	398	238	中会议室	1	1	50	1800	1800			1号会议室（椭圆桌代投影仪）
			三人间	3	3	398	238	中会议室	2	2	40	800	800			3号（椭圆桌）和3A（课桌）会议室
								小会议室	1	1	16	800	800			2号会议室(圆桌)

饭店名称	发票开具单位名称	星级	客房（价格：元/天）					会议室（数量：间；价格：元/半天）						地址	前台订房电话	备注
			房型	总间数	协议间数	门市价	协议价	类型	总间数	协议间数	容纳人数	门市价	协议价			
长春豪龙饭店有限公司	长春豪龙饭店有限公司		套间	2	2	368	221	大会议室	2	2	500	8000	3840	长春市宽城区铁北二路1088号	0431－85829888	
			单间	14	14	338	203	中会议室	2	2	180	2800	2000			
			标准间	120	120	288	174	小会议室	3	3	100	2000	1200			
吉林省同馨宾馆	吉林省同馨宾馆	4	套间	4	4	1980	480	大会议室	1	1	350	7000	5000	长春市上海路656号	0431－82953399	
			单间	20	20	480	240	中会议室	3	3	70	5000	4000			
			标准间	69	69	480	240	小会议室	3	3	20	4000	3000			
吉林省林业宾馆	吉林省林业宾馆	3	套间	28	28	658	328	大会议室	1	1	80－100	3000	800	长春市人民大街5046号	0431－85890222	
			单人标间	3	3	398	220	中会议室	1	1	50－70	1800	500			
			双人标间	51	51	398	220	小会议室	1	1	20	800	300			
长春诺亚商务酒店	长春诺亚商务酒店		单间	15	15	188	160	大会议室	1	1	80	1500	1200	长春市汽开区春城大街3231号	0431－85877888	
			标准间	29	29	188	160									
			豪华标间	2	2	248	210									
			豪华单间	2	2	248	210									
			三人间	2	2	238	200									
吉林省中澳大都会有限责任公司	吉林省中澳大都会有限责任公司		套间	2	2	380	150	大会议室	1	1	150	4000	1600	长春市南关区长春大街719号	0431－86819999	
			单间	13	13	200	80	小会议室	1	1	80	2000	1000			
			标准间	38	38	240	100									
月潭宾馆	长春月潭宾馆有限公司		套间	3	3	588	480	大会议室	1	1	180	4000	3200	长春市净月潭国家森林公园门前区	0431－84534077 84534088	
			标准间	50	50	388	240	中会议室	1	1	70	3000	2400			
								小会议室	1	1	20	1200	1000			
天翼宾馆	沈阳军区空军长春办事处	3	套间	2	2	988	398	大会议室	2	2	260	3000	2600	长春市宽城区西三条街449号	0431－82784888－8005	
			单间	12	12	460	240	中会议室	1	1	120	1600	1200			
			标准间	100	100	220	198	小会议室	4	4	60	1200	1000			
吉林省天新饭店	吉林省天新饭店	3	套间	27	27	516	258	大会议室	1	1	400	6000	3000	长春市北京大街411号	0431－82091000	客房免费早餐
			单间	30	30	420	180	中会议室	2	2	200	4000	2000			
			标准间	150	150	420	180	小会议室	4	4	80	2800	1200			
			商务房	86	86	476	228									

饭店名称	发票开具单位名称	星级	客房（价格：元/天）					会议室（数量：间；价格：元/半天）						地址	前台订房电话	备注
			房型	总间数	协议间数	门市价	协议价	类型	总间数	协议间数	容纳人数	门市价	协议价			
吉林信达金都实业有限公司金都饭店	吉林信达金都实业有限公司金都饭店	4	套间	18	18	1080	480	大会议室	1	1	111	5000	2500	长春市西安大路1077号	0431－88482828 88482838 88482700	
			单间	72	72	680	240	中会议室	1	1	35	3000	1500			
			标准间	46	46	680	240	小会议室	1	1	12	1000	500			
吉林省丽庭宾馆有限公司（吉林省高级检察官研修中心）	吉林省丽庭宾馆有限公司	4	套间	7	7	1000	480	大会议室	1	1	150	5000	3000	长春市净月经济开发区金城街599号	0431－87081999	
			单间	8	8	460	238	中会议室	1	1	50	1800	1300			
			普通标准间	50	50	460	238	中会议室	1	1	30	1500	1200			
			商务标间	22	22	460	238	小会议室	1	1	16	900	720			
								小会议室	1	1	12	1000	800			
								小会议室	1	1	12	500	400			
吉林省新民宾馆	吉林省老干部生活服务馆	4	套间	5	5	1280	480	大会议室	1	1	240	3500	2500	长春市新民大街626号	0431－85593800 85593880	客房协议价不含早餐，会议室协议价格为/半天，以上价格不含服务费
			单间	3	3	480	240	中会议室	3	3	37	1000	850			
			标准间	81	81	480	240	小会议室	2	2	20	800	600			
			四人间	4	4	660	480	中大型	1	1	97	2000	1500			
吉林省春谊宾馆	吉林省春谊宾馆	3	套间	8	8	680	500	大会议室	2	2	300	8000	5000	长春市人民大街80号	0431－82096399 82096101 82096106	
			单间	20	20	480	300	中会议室	1	1	120	5000	4000			
			标准间	160	160	420	260	小会议室	6	6	50	4000	3000			
吉林省新发宾馆	吉林省新发宾馆	3	套间	2	2	938	468	大会议室	1	1	200	4000	2000	长春市文化街99号	0431－86827888 86827999 86827555	
			单间	4	4	598	298	中会议室	1	1	80	2400	1200			
			标准间	72	72	398	198	小会议室	2	2	30	1200	600			
吉林省西中华宾馆	吉林省西中华宾馆		套间	3	3	180	138	大会议室	1	1	100	1200	1000	长春市西中华路160号	0431－88505069	
			标准间	53	53	200	148	中会议室	1	1	50	600	400			
								小会议室	1	1	20	400	180			
君怡酒店	长春君怡酒店有限公司	4	套间	4	4	688	318	大会议室	2	2	150－400	4000	3000	长春市修正路811号	0431－85070622	
			单间	70	70	358	180	中会议室	2	2	100－150	3000	2000			
			标准间	120	120	418	218	小会议室	3	3	20－60	2000	1500			
长春国际会展中心大饭店	长春国际会展中心大饭店有限公司	4	套间	30	30	880	480	大会议室	4	4	400－800	12000－20000	10000－16000	长春经济技术开发区会展大街100号	0431－84606411	
			单间	15	15	650	240	中会议室	7	7	80－200	4000－6000	3000－5000			
			标准间	180	180	580	240	小会议室	8	8	15－50	2000－3500	1500－2500			

饭店名称	发票开具单位名称	星级	客房（价格：元/天）					会议室（数量：间；价格：元/半天）						地址	前台订房电话	备注
			房型	总间数	协议间数	门市价	协议价	类型	总间数	协议间数	容纳人数	门市价	协议价			
吉林大学北苑宾馆	吉林大学北苑宾馆	3	套间	6	6	688	480	大会议室	1	1	150	3000	2600	长春市人民大街4059号	0431－88499100 88499200	
			单间	40	40	368	240	中会议室	2	2	50－80	2100/2200	1500/1600			
			标准间	123	123	368	240	小会议室	3	3	10－40	2000	1500			
光彩大厦	吉林光彩大厦酒店有限公司	3	套间	7	7	798	480	大会议室	1	1	200	4000	4000	长春市净月大街紫杉路388号	0431－85869088	房间房价含次日早餐
			单间	2	2	598	240	中会议室	1	1	80	2000	2000			
			标准间	49	49	498	240	小会议室	2	2	20	1500	1500			
吉林省气象培训中心星际大酒店	吉林省气象培训中心星际大酒店	3	套间	4	4	528	260	大会议室	1	1	200	10000	4000	长春市西安大路6236号	0431－87969101 87969150	此价位为最高上限，可打折
			标准间	50	50	328	168	中会议室	1	1	100	4900	2450			
								小会议室	1	1	40	2000	750			
长白山宾馆	吉林省旅游集团有限责任公司长白山宾馆	4	套间	30	30	880	520	大会议室	1	1	600	30000	12000	长春市新民大街1448号	0431－85588888 85588777	
			单间	60	60	580	298	中会议室	1	1	300	10000	4000			
			标准间	150	150	580	298	小会议室	1	1	120	4000	2000			
								小会议室	6	6	40	1500	1000			
长春龙达宾馆有限责任公司	长春龙达宾馆有限责任公司	3	套间	6	5	980	468	大会议室	1	1	200	3500	2000	长春市吉林大路1881号	0431－84966201 84966202	
			单间	10	6	480	298	中会议室	1	1	100	2500	1000			
			标准间	110	100	376	188	小会议室	1	1	50	1500	800			
			三人间	6	6	640	380									
吉林省劳动保障培训鉴定基地	吉林省劳动保障培训鉴定基地		套间	5	5	1180	480	大会议室	1	1	300	2500	1800	长春市亚泰大街3336号	0431－88690888	
			单间	5	5	360	230	中会议室	2	2	100	1500	900			
			标准间	40	40	360	230	小会议室	2	2	40	1200	800			
			三人间	5	5	360	300	VIP 接见室	1	1	10	600	400			
								视频会议室	1	1	100	1500	1500			
吉林省人大清华宾馆	吉林省清华宾馆		套间	3	3	880	480	大会议室	1	1	180	4000	3600	长春市清华路95号	0431－85596668	
			单间	16	16	360	240	中会议室	2	2	60	3000	2700			
			标准间	77	77	360	240	小会议室	4	4	20	1000	900			

饭店名称	发票开具单位名称	星级	客房（价格：元/天）					会议室（数量：间；价格：元/半天）						地址	前台订房电话	备注
			房型	总间数	协议间数	门市价	协议价	类型	总间数	协议间数	容纳人数	门市价	协议价			
长春华天大酒店	长春华天酒店管理有限公司		套间	20	20	2288	430	会展厅	1	1	864	100000	90000	长春市景阳大路2288号	0431－87809999	
			单间	10	10	988	240	吉林厅	1	1	600	30000	27000			
			标准间	40	40	988	240	国际厅	1	1	300	30000	27000			
								长春厅	1	1	400	14000	12600			
								潇湘宫	1	1	200	14000	5500			
								春城厅	1	1	150	20000	18000			
								正阳厅	1	1	100	14000	12600			
								友谊厅	1	1	60	10000	9000			
								普阳厅	1	1	50	10000	9000			
								小会议室	3	3	40	4000	3600			
吉林亚泰国际俱乐部	吉林亚泰国际俱乐部	4	套间	2	2	688	480	大会议室	1	1	250	3800	2500	长春市新城大街9公里处	0431－84528294	
			双人间	90	90	488	240	中会议室	1	1	70	2800	1800			
								小会议室	4	4	40	2000	1500			
长春市华苑宾馆	长春市华苑宾馆有限公司	4	豪华套间	12	12	988	598	大会议室	1	1	300	6000	5000	长春市卫星路7000号	0431－85582222	
			商务套间	11	11	688	466	中会议室	2	2	120	3000	2000			
			单间	40	40	398	218	小会议室	2	2	50	1500	1200			
			标准间	146	146	398	218									
长春东师会馆	长春东师会馆	3	套间	8	8	680	408	大会议室	1	1	300	5000	3000	长春市自由大路1596号	0431－85260618	
			单间	24	24	328	208	中会议室	1	1	100	3000	1500			
			标准间	100	100	328	208	小会议室	1	1	30	1500	1000			
泰湖宾馆	长春市泰湖宾馆有限公司		套间	3	3	528	318	大会议室	1	1	80	1200	800	长春市亚泰大街6788号	0431－85225677	
			单间	3	3	326	180	中会议室								
			标准间	69	69	336	180	小会议室	1	1	30	800	600			
吉林物贸大酒店	吉林物贸大酒店有限责任公司	3	套间	7	7	968	450	大会议室	1	1	500	11000	6500	长春市人民大街6969号	0431－85599200	
			商务标准间	50	50	599	220	中会议室	2	2	130	3200	3200			
			标准间	100	100	499	200	小会议室	4	4	40	1000	1000			
吉林省松苑宾馆	吉林省松苑宾馆	4	套间	6	6	1280	600	大会议室	1	1	566	40000	30000	长春市新发路1169号	0431－82753188	
			单间	20	20	980	300	中会议室	1	1	210	8000	4000			
			标准间	96	96	880	300	小会议室	12	12	40	3000	2000			

饭店名称	发票开具单位名称	星级	客房（价格：元/天）					会议室（数量：间；价格：元/半天）						地址	前台订房电话	备注
			房型	总间数	协议间数	门市价	协议价	类型	总间数	协议间数	容纳人数	门市价	协议价			
长春宾馆	长春宾馆	4	套间	8	8	700	480	大会议室	1	1	856	18000	14000	长春市新华路458号	0431-88793155	此价位为最高上限、可打折
			单间	85	85	498	240	中会议室	1	1	200	2800	2200			
			标准间	151	151	498	240	小会议室	1	1	120	2800	2800			
长春开元名都大酒店	长春开元名都大酒店有限公司	5	套间	10	10	4140	480	开元厅	1	1	300	6800	5500	长春市绿园区景阳大路2299号	0431-87068888	
			标准间	140	140	1495	240	名都厅	1	1	300	4800	4500			
								和厅	1	1	60	780	780			
								贵厅	1	1	60	800	800			
								春和厅	1	1	160	2800	2520			
								春悦厅	1	1	160	2800	2520			
白城市																
白城市宾馆	白城市宾馆	3	套间	12	12	560	370	大会议室	1	1	680	16000	8000	白城市爱国街2号	0436-3268555	
			单间	10	10	390	220	中会议室	1	1	200	4000	3000			
			标准间	96	96	338	180	小会议室	5	5	20-70	2000	1200			
白城市吉鹤宾馆	白城市吉鹤宾馆	4	套间	10	10	558	350	大会议室	1	1	288	2800	2000	白城市光明南街500号	0436-3677601	
			单间	9	9	428	240	中会议室	3	3	40	1000	800			
			标准间	29	29	368	200	小会议室	2	2	17-20	600	400			
			三人间	12	12	388	210	贵宾厅	1	1	20	1000	500			
			六人间	1	1	480	360									
松原市																
松原市宾馆	松原市宾馆	4	套间	15	15	1080	600	大会议室	1	1	650	20000	7000	松原市宁江区临江西路388号	0438-3178000	
			标准间	85	85	380	180	中会议室	2	2	150	5000	4500			
								小会议室	7	7	30	5000	3000			
吉林市																
吉林雾凇宾馆	吉林雾凇宾馆	4	单间	28	28	800	298	多功能厅	1	1	400	11000	4000	吉林市龙潭大街29号	0432-3919666	
			标准间	124	124	850	298	1号会议室	1	1	70	5500	3000			
			套间	30	30	1320	598	2-4号会议室	3	3	40	4400	2000			
								小会议室	2	2	20	2200	1000			

饭店名称	发票开具单位名称	星级	客房（价格：元/天）					会议室（数量：间；价格：元/半天）						地址	前台订房电话	备注
			房型	总间数	协议间数	门市价	协议价	类型	总间数	协议间数	容纳人数	门市价	协议价			
吉林省财税干部休养所	吉林省财税干部休养所		套房	12	12	960	580	多功能厅	1	1	240	5000	2500	吉林市丰满区湖滨西路15-2号	0432-4690050 4690406	
			标准间	57	57	780	298	报告厅	1	1	78	2000	1000			
			三人间	25	25	850	450	圆桌会议室	2	2	56	2500	1500			
								圆桌会议室	2	2	30	2500	1500			
								座谈会议室	5	5	15	1000	500			
四平市																
四平市财苑招待所	四平市财苑招待所	3	标准间	16	16	21	120	大会议室	1	1	220	2000	1500	四平市铁西区市府路1号	0434-3268889	
								中会议室	1	1	40	1000	500			
四平市红嘴宾馆	四平市红嘴宾馆		标准间	30	30	182	120	大会议室	1	1	150	2000	1500	四平市红嘴路2号	0434-3610010	
								中会议室	1	1	60	1000	800			
四平市金汇宾馆	四平市金汇宾馆		标准间	30	30	280	120	大会议室	1	1	200	800	400	四平市铁西区市府路2号	0434-3261708	
								中会议室	1	1	80	600	300			
								小会议室	1	1	40	400	200			
四平市吉平宾馆	四平市吉平宾馆	3	单间	9	9	330	220	大会议室	1	1	538	8000	5000	四平市铁西区南新华大街1101号	0434-3277519	
			标准间A	16	16	210	120	中会议室	1	1	305	7000	4000			
			标准间B	100	100	182	120	小会议室A	1	1	120	5000	3000			
								小会议室B	4	4	30	1000	800			
								小会议室C	1	1	16	1000	800			
四平市四平宾馆	四平市四平宾馆	3	单间	22	22	220	180	会议室	4	4	30	800	400	四平市铁西区南迎宾街18号	0434-3624045	
			标准间	41	41	210	120	报告厅	1	1	496	9000	5000			
								多功能厅	1	1	260	1800	1800			
辽源市								国际厅	1	1	120	4000	2000			
辽源市宾馆	辽源市宾馆	3	套间	4	4	880	480	大会议室	1	1	200	700	600	辽源市龙山北路六号	0437-3227446	
			单间	28	28	320	180	中会议室	3	3	50	500	150			
			标准间	82	82	320	130	小会议室	4	4	20	150	120			
辽源升华宾馆	辽源升华宾馆	2	套间	3	3	613	218	大会议室						辽源市西宁大路63号	0437-3245461	
			单间	5	5	259	118	中会议室	1	1	30	1200	400			
			标准间	41	41	259	118	小会议室	1	1	22	1500	600			

饭店名称	发票开具单位名称	星级	客房（价格：元/天）					会议室（数量：间；价格：元/半天）						地址	前台订房电话	备注
			房型	总间数	协议间数	门市价	协议价	类型	总间数	协议间数	容纳人数	门市价	协议价			
辽源升华宾馆	辽源升华宾馆	2	豪华套间	2	2	1025	468							辽源市西宁大路63号	0437－3245461	
			豪华标间	11	11	366	168									
			豪华单间	8	8	366	168									
			豪华高标	2	2	445	188									
			普通高标	3	3	305	138									
辽源市北方宾馆	北方宾馆有限责任公司	2	套间	6	6	426	200	大会议室	1	1	100	1000	800	辽源市西宁大路516号	0437－3206400	
			单间	12	12	168	100	中会议室	1	1	30	600	500			
			标准间	24	24	168	100	小会议室	1	1	14	500	400			
通化市																
通化金桥酒店	通化市金桥大酒店		套间	2	2	239	200	大会议室						通化市新站路28号	0435－3611501	
			单间	20	20	119	100	中会议室								
			标准间	27	27	169	145	小会议室	1	1	20	200	100			
通化万通大酒店	通化万通大酒店	3	套间	24	24	498	380	大会议室	1	1	600	9000	5000	通化市建设大街1022号	0435－3537977	
			单间	10	10	280	200	中会议室	2	2	200	1300	750			
			标准间	82	82	280	200	小会议室	1	1	60	500	300			
通化市东山宾馆	通化市东山宾馆	3	套间	4	4	580	400	大会议室	1	1	400	2000	1200	通化市靖宇路846号	0435－3618101	
			单间	10	10	240	160	中会议室	1	1	200	800	600			
			标准间	84	84	280	180	小会议室	1	1	50	200	100			
白山市																
白山市宾馆	白山市宾馆	3	套间	17	17	568	368	大会议室	2	2	300	2000	1600	白山市浑江大街102号	0439－3294900 3291900	
			单间	30	30	398	238	中会议室	1	1	68	2400	1920			
			标准间	47	47	180	130	中会议室	1	1	40	2000	1600			
			标准间	103	103	368	240	小会议室	1	1	26	1200	960			
亿佳合大饭店	亿佳合大饭店有限公司	4	套间	12	12	1880	480	大会议室	1	1	1000	16000	5500	白山市浑江大街170号	0439－3288577	
			单间	21	21	598	240	中会议室	1	1	160	4000	2000			
			标准间	36	36	598	240	小会议室	2	2	60	2000	1000			
白山市博雅大酒店	白山市博雅大酒店有限公司		单间	4	4	398	240	大会议室	1	1	100	1000	800	白山市长白山大街888号	0439－3381111	
			标准间	19	19	368	240	中会议室	1	1	34	800	600			
			标准三人间	2	2	468	380	小会议室	1	1	10	800	600			
			残疾人房	1	1	398	240									

饭店名称	发票开具单位名称	星级	客房（价格：元/天）					会议室（数量：间；价格：元/半天）						地址	前台订房电话	备注
			房型	总间数	协议间数	门市价	协议价	类型	总间数	协议间数	容纳人数	门市价	协议价			
延吉市																
民航翔宇大酒店	延边民航翔宇大酒店	4	普通套间	6	6	980	500	大会议室	1	1	350	2400	1500	延吉市公园路62号	0433－2907070	
						900	450									
			单间	16	16	380	240	中会议室	4	4	80	1200	1000			
						300	160									
			标准间	123	123	688	260	小会议室	6	6	30	800	500			
						588	180									

黑龙江省

- 财政部委托黑龙江省财政厅负责在黑龙江省地级以上城市招标采购会议定点饭店并负责日常监督管理工作。
- 通过政府采购，确定黑龙江省会议定点饭店 82 家。
- 会议定点饭店按照与财政部门签订《协议书》的价格向中央和地方各级党政机关和事业单位提供相应的接待服务。
- 黑龙江省部分会议定点饭店的价格是按照综合定额方式采购的，各单位在组织筹备会议时应先向会议定点饭店查询。如果对协议价格产生疑义，可以要求定点饭店出示《协议书》。
- 如有会议定点饭店变更或饭店的协议价格变化，应以“党政机关出差和会议定点饭店查询网”的信息为准。
- 本目录中的黑龙江省会议定点饭店的详细信息，可在“党政机关出差和会议定点饭店查询网”查阅。
- 黑龙江省各地区长途电话区号：

哈尔滨市　0451　　齐齐哈尔市　0452
黑河市　0456　　大庆市　0459
伊春市　0458　　鹤岗市　0468
佳木斯市　0454　　双鸭山市　0469
七台河市　0464　　鸡西市　0467
牡丹江市　0453　　绥化市　0455
大兴安岭地区　0457

黑龙江省会议定点饭店

饭店名称	发票开具单位名称	星级	客房（价格：元/天）					会议室（数量：间；价格：元/天）						地址	前台订房电话	备注
			房型	总间数	协议间数	门市价	协议价	类型	总间数	协议间数	容纳人数	门市价	协议价			
哈尔滨市																
哈尔滨阳光望江大酒店	阳光酒店管理集团有限公司哈尔滨阳光望江大酒店	4	套间	13	13	868	500	大会议室	1	1	260	10000	4000	哈尔滨市道里区哈药路509号	0451－84880039	
			单间	10	10	668	230	中会议室	1	1	110	6000	2000			
			标准间	128	128	668	230	小会议室	2	2	90	2000	1000			
黑龙江昆仑酒店集团有限公司	黑龙江昆仑酒店集团有限公司	4	套间	25	25	1188	500	大会议室	2	2	500	8000	6000	哈尔滨市南岗区铁路街8号	0451－53616191	
			单间	37	37	640	210	中会议室	1	1	200	6000	3000			
			标准间	257	257	640	220	小会议室	7	7	70	1600	1500			
哈尔滨友谊宫	哈尔滨友谊宫	4	套间	4	4	1588	580	大会议室	3	3	400	8000	6000	哈尔滨市道里区友谊路263号	0451－88295915	
			单间	4	4	388	220	中会议室	3	3	130	6000	3000			
			标准间	119	119	588	220	小会议室	10	10	80	4000	1500			
龙海世纪大酒店	哈尔滨市隆兴仓储服务有限公司龙海世纪大酒店		套间	9	9	1288	580	大会议室	1	1	400	6800	4000	哈尔滨市南岗区嵩山路88号	0451－85975588	
			单间	11	11	628	230	中会议室								
			标准间	79	79	628	230	小会议室	3	3	50	2000	1000			
黑龙江省哈尔滨花园邨宾馆	黑龙江省哈尔滨花园邨宾馆		套间	29	29	2680	600	大会议室	2	2	500			哈尔滨市南岗区海关街2号	0451－53637076	客房价格已含会议室租金
			单间	8	8	798	250	中会议室	2	2	180					
			标准间	110	110	658	250	小会议室	12	12	50					
哈尔滨岁宝天鹅饭店有限公司	哈尔滨岁宝天鹅饭店有限公司	4	套间	30	30	1280	550	大会议室	2	2	400	10000	3000	哈尔滨市香坊区中山路95号	0451－55600388	
			单间	11	11	880	235	中会议室	4	4	180	4000	1500			
			标准间	108	108	880	230	小会议室	4	4	80	1200	650			
哈尔滨和平邨宾馆	哈尔滨和平邨宾馆		套间	40	40	1200	560	大会议室	1	1	500			哈尔滨市南岗区中山路171号	0451－87918141	客房价格已含会议室租金
			单间	10	10	640	248	中会议室	1	1	100					
			标准间	172	172	640	248	小会议室	11	11	50					
哈尔滨梦溪宾馆	哈尔滨梦溪宾馆	3	套间	12	12	1280	500	大会议室	1	1	300	4000	3000	哈尔滨市利民开发区哈师大院内	0451－88060831	
			单间	12	12	768	230	中会议室	2	2	100	2000	1600			
			标准间	110	110	518	230	小会议室	4	4	60	1200	900			

饭店名称	发票开具单位名称	星级	客房（价格：元/天）					会议室（数量：间；价格：元/天）						地址	前台订房电话	备注
			房型	总间数	协议间数	门市价	协议价	类型	总间数	协议间数	容纳人数	门市价	协议价			
哈尔滨翰林凯悦大酒店	哈尔滨翰林凯悦大酒店有限公司	4	套间	19	19	1160	360	大会议室	1	1	300	8000	4000	哈尔滨市南岗区学府路56号	0451－83109829	
			单间	25	25	656	220	中会议室	1	1	200	6000	3000			
			标准间	151	151	656	220	小会议室	2	2	60	4000	1500			
黑龙江金谷大厦	黑龙江金谷大厦	4	套间	28	28	1408	500	大会议室	1	1	600	19200	5000	哈尔滨市道里区中央大街185号	0451－86777282	
			单间	36	36	1078	220	中会议室	2	2	200	12000	2500			
			标准间	146	146	1078	220	小会议室	7	7	60	10000	1250			
哈尔滨商大酒店有限公司	哈尔滨商大酒店有限公司	3	套间	8	8	680	480	大会议室	1	1	200	4000	2000	哈尔滨市道里区通达街138号	0451－86771188	
			单间	10	10	388	200	中会议室	1	1	50	3000	1600			
			标准间	82	82	368	200	小会议室	4	4	30	2000	1000			
福顺天天大酒店	黑龙江福顺天天大酒店有限公司	5	套间	44	44	2028	480	大会议室	1	1	300	8000	2000	哈尔滨市香坊区赣水路20－22号	0451－82879106	
			单间	32	32	1328	238	中会议室	1	1	100	6000	1040			
			标准间	84	84	1328	238	小会议室	2	2	40	4000	520			
马迭尔宾馆	哈尔滨马迭尔集团股份有限公司	4	套间	32	32	1480	580	大会议室	1	1	350	8000	4000	哈尔滨市道里区中央大街89号	0451－84884099	
			单间	32	32	980	230	中会议室								
			标准间	77	77	980	230	小会议室	2	2	60	3000	1000			
黑龙江省军区天龙大酒店（八一招待所二部）	黑龙江省军区八一招待所二部		套间	13	13	1200	450	大会议室	1	1	360	4800	2400	哈尔滨市南岗区文庙街6号	0451－86105555	
			单间	5	5	428	220	中会议室	1	1	120	2000	600			
			标准间	133	133	428	220	小会议室	4	4	60	1000	600			
中共黑龙江省委党校（学员公寓）	中共黑龙江省委党校		套间	4	4	988	248	大会议室	3	3	700	11000	5000	哈尔滨市南岗区清滨路74号	0451－85951577	
			单间	290	290	328	198	中会议室	4	4	100	7000	2500			
			标准间	180	180	368	200	小会议室	16	16	50	3500	1250			
哈尔滨龙达假日酒店有限公司	哈尔滨龙达假日酒店有限公司		套间	10	10	948	320	大会议室	1	1	300	6000	4000	哈尔滨市道里区西三道街9号	0451－83177500	
			单间	5	5	698	220	中会议室	1	1	100	4000	2000			
			标准间	106	106	698	220	小会议室	1	1	50	2000	500			
哈尔滨龙达时代酒店有限公司	哈尔滨龙达时代酒店有限公司	4	套间	8	8	1198	458	大会议室	1	1	240	6000	2000	哈尔滨市道里区西三道街9号	0451－83101288	
			单间	11	11	798	240	中会议室	1	1	150	4000	1000			
			标准间	106	106	798	240	小会议室	4	4	60	2000	500			

饭店名称	发票开具单位名称	星级	客房（价格：元/天）					会议室（数量：间；价格：元/天）						地址	前台订房电话	备注
			房型	总间数	协议间数	门市价	协议价	类型	总间数	协议间数	容纳人数	门市价	协议价			
黑龙江华源电力开发公司帕弗尔饭店	黑龙江华源电力开发公司帕弗尔饭店	4	套间	5	5	1680	598	大会议室	2	2	220			哈尔滨市南岗区邮政街79号	0451－87756698	客房价格已含会议室租金
			单间	36	36	780	248	中会议室	2	2	100					
			标准间	82	82	780	248	小会议室	3	3	50					
黑龙江银河大酒店有限公司	黑龙江银河大酒店有限公司	4	套间	33	33	1568	580	大会议室	3	3	400			哈尔滨市南岗区中山路252号	0451－86797000	客房价格已含会议室租金
			单间	24	24	788	248	中会议室	1	1	180					
			标准间	107	107	688	248	小会议室	7	7	100					
空军哈尔滨蓝天招待所	空军哈尔滨蓝天招待所	3	套间	21	21	680	400	大会议室	1	1	330	6000	4000	哈尔滨市南岗区中山路169号	0451－82573130	
			单间	20	20	380	200	中会议室	1	1	100	3000	2000			
			标准间A	44	44	380	200									
			标准间B	138	138	280	170	小会议室	2	2	50	2000	1200			
黑龙江省龙运大厦有限责任公司	黑龙江省龙运大厦有限责任公司	3	套间	26	26	999	240	大会议室	1	1	260			哈尔滨市南岗区宣化街200号	0451－87150111	客房价格已含会议室租金
			单间	1	1	799	240	中会议室	1	1	120					
			标准间	101	101	569	240	小会议室	2	2	60					
波斯特酒店	黑龙江省波斯特酒店集团有限公司	4	套间	9	9	1948	500	大会议室	1	1	380			哈尔滨市南岗区邮政街147号	0451－53626888	客房价格已含会议室租金
			单间	75	75	918	250	中会议室	1	1	180					
			标准间	101	101	998	250	小会议室	3	3	40					
黑龙江工程学院科技交流培训中心	黑龙江工程学院科技交流培训中心		套间	12	12	300	240	大会议室	1	1	260	3000	2000	哈尔滨市道外区东直路234号	0451－88028311	
			单间					中会议室	1	1	180	2400	1600			
			标准间	94	94	300	240	小会议室	6	6	50	1600	1200			
最佳西方财富酒店（农科院专家公寓）	哈尔滨财富酒店有限公司		套间	6	6	1528	500	大会议室	1	1	260	8000	4000	哈尔滨南岗区学府路368号	0451－83176893	
			单间	35	35	798	220	中会议室	2	2	160	2000	2000			
			标准间	105	105	798	220	小会议室	3	3	50	1500	1000			
黑龙江省凤凰大酒店有限公司	黑龙江省凤凰大酒店有限公司	4	套间	10	10	2680	580	大会议室	1	1	200	8000	4000	哈尔滨市南岗区大成街116号	0451－86795555	
			单间	20	20	880	230	中会议室	2	2	100	4000	2000			
			标准间	73	73	880	230	小会议室	4	4	50	2000	1000			
黑龙江民航大厦	黑龙江民航大厦		套间	20	20	2380	520	大会议室	1	1	220	3000	2000	哈尔滨市香坊区中山路101号	0451－82871131	
			单间	36	36	648	220	中会议室	1	1	110	3000	1500			
			标准间	167	167	648	230	小会议室	3	3	60	2000	1000			

饭店名称	发票开具单位名称	星级	客房（价格：元/天）					会议室（数量：间；价格：元/天）						地址	前台订房电话	备注
			房型	总间数	协议间数	门市价	协议价	类型	总间数	协议间数	容纳人数	门市价	协议价			
黑龙江省财税干部培训中心	黑龙江省财税干部培训中心		套间	15	15	760	568	大会议室	1	1	260	4000	400	哈尔滨市果戈理大街303号	0451－82833003	
			单间	29	29	230	188	中会议室	1	1	100	2400	200			
			标准间	105	105	320	248	小会议室	13	13	50	1600	100			
龙唐大厦	大唐黑龙江电力技术开发有限公司龙唐大厦经营管理分公司	4	套间	17	17	888	488	大会议室	1	1	300			哈尔滨市松北区龙唐街99号	0451－85557416	客房价格已含会议室租金
			单间	20	20	688	248	中会议室	2	2	80					
			标准间	97	97	688	248	小会议室	3	3	40					
哈尔滨飞泷国际商务酒店	飞泷国际商务酒店	4	套间	37	37	1388	360	大会议室	1	1	300	6000	3000	哈尔滨市南岗区西大直街308号	0451－87128777	
			单间	56	56	788	200	中会议室	1	1	100	4000	2000			
			标准间	128	128	788	200	小会议室	1	1	30	2000	1000			
黑龙江省农垦干部培训中心	黑龙江省农垦干部培训中心		套间	16	16	1298	580	大会议室	2	2	600	8000	2000	哈尔滨市香坊区红旗大街175号	0451－55198565	
			单间	33	33	898	240	中会议室	1	1	120	3500	1000			
			标准间	63	63	898	230	小会议室	7	7	100	3000	500			
尚志市帽儿山汇峰大酒店	尚志市帽儿山汇峰大酒店	3	套间	20	20	480	360	大会议室	1	1	210	6000	3000	尚志市帽儿山镇	0451－53307888	
			单间					中会议室	1	1	150	4500	1500			
			标准间	90	90	320	200	小会议室	2	2	80	800	300			
齐齐哈尔市																
嫩江宾馆	齐齐哈尔市嫩江宾馆有限公司	3	套间	8	8	580	500	大会议室	1	1	400	6000	5000	齐齐哈尔市龙沙区丰恒路29号	0452－2472828	
			单间	22	22	320	225	中会议室	1	1	120	3000	2500			
			标准间	108	108	280	220	小会议室	2	2	100	1000	800			
白云大厦	齐齐哈尔市自来水集团白云大厦有限公司	3	套间	8	8	580	360	大会议室	1	1		3000	1500	齐齐哈尔市建华区龙沙路65号	0452－2386112	
			单间	38	17	480	220	中会议室	1	1	200	2000	1000			
					21	268	170		2	2	100					
			标准间	82	18	480	200									
					29	320	160	小会议室	1	1	50	1200	800			
					35	280	140									
农垦大厦	齐齐哈尔市农垦大厦		套间	2	2	800	380	大会议室	1	1	400	2400	1200	齐齐哈尔市龙沙区龙华路73号	0452－6165000	
			单间	4	4	480	240	中会议室	1	1	100	1600	800			
			标准间	85	85	276	120	小会议室	2	2	55	800	400			

饭店名称	发票开具单位名称	星级	客房（价格：元/天）					会议室（数量：间；价格：元/天）						地址	前台订房电话	备注
			房型	总间数	协议间数	门市价	协议价	类型	总间数	协议间数	容纳人数	门市价	协议价			
金盾商务大厦	齐齐哈尔市金盾建筑工程有限责任公司金盾商务大厦		套间	11	11	580	460	大会议室	1	1	200	2000	1800	齐齐哈尔市龙沙区龙华路43号	0452－2487988	
			单间	13	13	280	220	中会议室	1	1	150	1600	1400			
			标准间	78	78	280	220	小会议室	2	2	50	800	600			
贵宾楼酒店	龙沙区中环广场贵宾楼酒店		套间	12	12	780	550	大会议室	1	1	200	2500	2000	齐齐哈尔市龙沙区永安大街89号	0452－2456200	
			单间	25	25	480	240	中会议室	1	1	100	1500	1000			
			标准间	75	75	460	240	小会议室	2	2	50	800	500			
明月岛宾馆	齐齐哈尔市明月山庄宾馆		套间	10	10	1000	460	大会议室	1	1	200	6000	4800	齐齐哈尔市建华区新江路168号	0452－2711611	
			单间	12	12	500	220	中会议室	3	3	100	3600	1400			
			标准间	78	78	300	220	小会议室	4	4	50	2000	900			
金源宾馆	齐齐哈尔市金源商务酒店有限责任公司		套间	8	8	880	550	大会议室	1	1	200	6000	3000	齐齐哈尔市建华区中华西路192号	0452－6057000	
			单间	16	16	480	220	中会议室	1	1	100	4000	2000			
			标准间	75	75	320	188	小会议室	4	4	50	1600	600			
黑龙江富华宾馆有限公司	黑龙江富华宾馆有限公司	3	套间	12	12	460	400	大会议室	2	2	400	1200	1000	甘南县音河镇兴十四村	0452－5759299	
			单间					中会议室	6	6	180	800	600			
			标准间	108	108	280	200	小会议室	1	1	20	600	400			
黑河市																
东方夏威夷商务会馆	东方夏威夷商务会馆	3	套间	16	16	258	198	大会议室	1	1	200	800	500	黑河市公园路60号	0456－6760021	
			单间	2	2	188	128	中会议室								
			标准间	83	83	188	128	小会议室								
黑河国际饭店有限责任公司	黑河国际饭店有限责任公司	4	套间	8	8	1000	500	大会议室	1	1	200	3000	1500	黑河市王肃街13号	0456－8276001	
			单间	20	20	480	240	中会议室	1	1	100	2000	1000			
			标准间	50/50	50/50	480/360	240/180	小会议室	2	2	30	1000	500			
黑河市关乌河商贸旅游大酒店有限责任公司	黑河市关乌河商贸旅游大酒店有限责任公司	4	套间	16	16	638	538	大会议室	1	1	200	6000	4000	黑河市合作区商贸大酒店	0456－6766500	
			单间	35	35	288	228	中会议室	3	3	60	800	600			
			标准间	143	143	288	228	小会议室	1	1	50	800	600			
黑河市易达酒店	黑河市易达酒店	2	套间	6	6	268	228	大会议室	1	1	180	500	300	黑河市中央东大街51号	0456－6100118	
			单间	51	51	168	120	中会议室	2	2	100	400	200			
			标准间	57	57	198	138	小会议室	3	3	60	200	100			

饭店名称	发票开具单位名称	星级	客房（价格：元/天）					会议室（数量：间；价格：元/天）						地址	前台订房电话	备注
			房型	总间数	协议间数	门市价	协议价	类型	总间数	协议间数	容纳人数	门市价	协议价			
大庆市																
浩天鑫月饭店	大庆市萨尔图区浩天鑫月饭店		套间	2	2	258	198	大会议室	1	1	200	3000	2800	大庆市东风新村纬二路1号	0459－4669666	
			单间	24	24	128	108	中会议室								
			标准间	77	77	168	128	小会议室	1	1	50	1800	1600			
鼎麒大酒店	大庆市大同区鼎麒大酒店		套间	7	7	368	248	大会议室	1	1	350	4500	2000	大庆市同城路40号	0459－8199999	
			单间	34	34	188	128	中会议室								
			标准间	64	64	188	128	小会议室	2	2	100	2000	1000			
绿阳春酒店	大庆市新绿阳春餐饮有限公司		套间	22	22	648	350	大会议室	2	2	400	8000	6000	大庆市高新区世纪大道建设大夏	0459－4300005	
			单间	16	16	368	200	中会议室	2	2	150	6000	4000			
			标准间	72	72	368	200	小会议室	2	2	60	4000	2500			
大庆市兴荣商务酒店有限公司	大庆市兴荣商务酒店有限公司	3	套间	4	4	558	508	大会议室						大庆市萨尔图区会战西街	0459－6657288	
			单间	38	38	208	158	中会议室	1	1	120	1200	1000			
			标准间	40	40	396	158	小会议室	2	2	50	1000	800			
伊春市																
伊春三亚生态旅游有限公司	伊春三亚生态旅游有限公司	3	套间	10	10	580	320	大会议室	1	1	200			伊春市中心区透龙山大街	0458－3877777	客房价格已含会议室租金
			单间	15	15	688	150	中会议室	1	1	150					
			标准间	71	71	298	220	小会议室	1	1	50					
伊春市惠群酒店有限责任公司	伊春市惠群酒店有限责任公司		套间	6	6	680	320	大会议室	1	1	400			伊春区新兴西路248号	0458－6139999	客房价格已含会议室租金
			单间	12	12	260	150	中会议室	1	1	150					
			标准间	86	86	380	220	小会议室	1	1	80					
林都宾馆	林都宾馆	4	套间	24	24	1800	320	大会议室	1	1	600			伊春区宾园路8号	0458－3082222	客房价格已含会议室租金
			单间	13	13	680	150	中会议室	1	1	150					
			标准间	91	91	680	220	小会议室	6	6	40					
伊春银座酒店有限责任公司	伊春银座酒店有限责任公司	3	套间	10	10	680	320	大会议室	1	1	400			伊春区新兴中路72号	0458－3610000	客房价格已含会议室租金
			单间	26	26	260	150	中会议室	1	1	120					
			标准间	69	69	380	220	小会议室	1	1	80					
伊春天华宏都宾馆有限责任公司	伊春天华宏都宾馆有限责任公司	4	套间	20	20	1800	320	大会议室	1	1	228			伊春区新兴中路70号	0458－3020000	客房价格已含会议室租金
			单间	38	38	480	150	中会议室								
			标准间	49	49	480	220	小会议室	1	1	20					

饭店名称	发票开具单位名称	星级	客房（价格：元/天）					会议室（数量：间；价格：元/天）						地址	前台订房电话	备注
			房型	总间数	协议间数	门市价	协议价	类型	总间数	协议间数	容纳人数	门市价	协议价			
鹤岗市																
东方宾馆	鹤岗市永丰房地产开发有限责任公司东方宾馆	3	套间	2	2	558	398	大会议室						鹤岗市工农区湖滨路南	0468－3430088	
			单间	30	30	188	148	中会议室	1	1	100	900	500			
			标准间	64	64	188	148	小会议室								
九州大酒店	九州大酒店	4	套间	21	21	850－256	430－1280	大会议室	1	1	200	3000	2700	鹤岗市南山区红旗路166号	0468－3380888	
			单间	18	18	468	223	中会议室	2	2	100	2000	1800			
			标准间	117	117	468	223	小会议室	1	1	50	1500	1350			
飞鹤商务大厦	鹤岗市飞鹤商务有限责任公司	4	套间	30	30	298	228	大会议室	2	2	300	1800	1200	鹤岗市工农区红旗路中段	0468－3348488	
			单间	40	40	158	128	中会议室	1	1	100	1000	800			
			标准间	69	69	198	168	小会议室	1	1	50	1000	800			
界江国际大酒店	界江国际大酒店	4	套间	2	2	1388	600	大会议室	1	1	700	12000	5200	萝北县凤翔镇景观路1号	0468－6836672	
			单间	6	6	518	220	中会议室	1	1	60	10000	600			
			标准间	81	81	498	220	小会议室	4	4	30	4000	400			
佳木斯市																
佳木斯市八一宾馆	佳木斯市八一宾馆	3	套间	4	4	688	400	大会议室	1	1	200			佳木斯市杏林路310号	0454－8608717	客房价格已含会议室租金
			单间	13	13	260	150	中会议室	2	2	100					
			标准间	83	83	288	170	小会议室	2	2	50					
佳木斯大学国际文化交流有限责任公司国际饭店	佳木斯大学国际文化交流有限责任公司国际饭店	4	套间	6	6	688	458	大会议室	1	1	360			佳木斯向阳区学府街188号	0454－8603000	客房价格已含会议室租金
			单间	17	17	358	248	中会议室	1	1	270					
			标准间	80	80	288	228	小会议室	1	1	80					
佳木斯宾馆	佳木斯宾馆	4	套间	12	12	2288	560	大会议室	2	2	360			佳木斯市光复路1078号	0454－6066789	客房价格已含会议室租金
			单间	32	32	360	260	中会议室	2	2	270					
			标准间	96	96	380	280	小会议室	2	2	80					
佳木斯如意大厦有限公司	佳木斯如意大厦有限公司	3	套间	12	12	1280	480	大会议室	1	1	400			佳木斯市和平路86号	0454－8635600	客房价格已含会议室租金
			单间	16	16	388	240	中会议室	1	1	100					
			标准间	184	184	368	250	小会议室	3	3	50					

饭店名称	发票开具单位名称	星级	客房（价格：元/天）					会议室（数量：间；价格：元/天）						地址	前台订房电话	备注
			房型	总间数	协议间数	门市价	协议价	类型	总间数	协议间数	容纳人数	门市价	协议价			
佳木斯盛世百年国际大酒店	佳木斯盛世百年国际大酒店	4	套间	30	30	1998	550	大会议室	2	2	300			佳木斯市长安路739号	0454 - 6040777	客房价格已含会议室租金
			单间	71	71	628	260	中会议室	1	1	100					
			标准间	100	100	538	280	小会议室	1	1	80					
双鸭山市																
天力大酒店	北京天力兴业投资有限公司天力大酒店分公司	4	套间	17	17	628	528	大会议室	2	2	400	5000	4000	双鸭山市尖山区双福路中段	0469 - 4337888	
			单间	23	23	288	198	中会议室	3	3	70	4000	3000			
			标准间	113	113	278	188	小会议室	4	4	30	2500	2000			
五环大酒店	双鸭山市尖山区五环大酒店		套间	19	19	788	318	大会议室	1	1	200	4000	2000	双鸭山市尖山区新兴大街185号	0469 - 4377777	
			单间	33	33	398	168	中会议室								
			标准间	78	78	398	168	小会议室	2	2	30	2000	1000			
鸡西市																
鸡西市国土资源大厦	鸡西市国土资源大厦	3	套间	3	3	688	413	大会议室	1	1	200	5000	3000	鸡西市鸡冠区中心大街13号	0467 - 6162888	
			单间	14	14	328	197	中会议室	1	1	100	2000	1200			
			标准间	82	82	268 - 328	160 - 197	小会议室	1	1	50	2000	1200			
牡丹江市																
牡丹江金鼎国际大酒店	牡丹江金鼎国际大酒店	4	套间	18	18	1100	530	大会议室	1	1	200	16000	4000	牡丹江太平路28号	0453 - 8939099	
			单间	63	63	578	230	中会议室	3	3	100	8000	2000			
			标准间	150	150	578	230	小会议室	6	6	50	4000	1000			
牡丹江市新东方宾馆	牡丹江新东方宾馆有限公司	3	套间	5	5	558	320	大会议室	1	1	200	5200	4000	牡丹江市光华街123号	0453 - 6836666	
			单间	10	10	300	180	中会议室	1	1	100	3200	2000			
			标准间	100	100	300	180	小会议室	2	2	50	2400	1000			
牡丹江夏威夷国际大酒店有限公司	牡丹江夏威夷国际大酒店有限公司	5	套间	6	6	1188	500	大会议室	1	1	200	8000	6000	牡丹江市七星街95号	0453 - 6957599	
			单间	70	70	498	220	中会议室	1	1	100	7000	3000			
			标准间	90	90	498	220	小会议室	2	2	50	4000	1500			
牡丹江京江商务酒店	牡丹江京江商务酒店管理有限公司	3	套间	15	15	500	380	大会议室	1	1	200	4000	2500	牡丹江东安区永安路18号	0453 - 6930022	
			单间	30	30	358	232	中会议室	1	1	120	2000	1400			
			标准间	100	100	358	232	小会议室	2	2	50	12000	800			

饭店名称	发票开具单位名称	星级	客房（价格：元/天）					会议室（数量：间；价格：元/天）						地址	前台订房电话	备注
			房型	总间数	协议间数	门市价	协议价	类型	总间数	协议间数	容纳人数	门市价	协议价			
牡丹江房产公寓	牡丹江星元房产有限公司	3	套间	4	4	720	380	大会议室	1	1	200	2500	1300	牡丹江东一条路75号	0453－6990100	
			单间	10	10	300	150	中会议室	1	1	100	1200	800			
			标准间	90	90	300	150	小会议室	2	2	50	800	600			
牡丹江军供大厦	牡丹江市军供大厦	3	套间	5	5	1180	218	大会议室	1	1	200	6000	2400	牡丹江市太平路120号	0453－6990099	
			单间	9	9	298	218	中会议室	1	1	100	4000	1200			
			标准间	102	102	298	238	小会议室	2	2	50	1200	600			
俪涞国际酒店	海林金茂房地产开发有限公司		套间	2	2	1888	540	大会议室	1	1	300	12800	4000	海林市经济技术开发区	0453－7331888	
			单间	10	10	688	230	中会议室								
			标准间	100	100	688	230	小会议室	2	2	50	6400	1000			
绥化市																
北林区宾馆	绥化市北林区宾馆	2	套间	15	15	888	550	大会议室	2	2	1000	4000	2000	绥化市北二西路人和街98号	0455－8222772	
			单间	10	10	688	230	中会议室	3	3	500	3000	1600			
			标准间	77	77	168	120	小会议室	1	1	100	800	800			
金长城酒店	金长城酒店有限公司	4	套间	20	20	980	398	大会议室	1	1	600	8000	4000	绥化市黄河北路1号	0455－8281888	
			单间	39	39	740	220	中会议室	1	1	400	6000	3000			
			标准间	82	82	580	198	小会议室	3	3	40	3200	1600			
绥化农垦金斗湾酒店	绥化农垦金斗湾酒店	2	套间	7	7	680	300	大会议室	1	1	200	3000	1600	绥化市北辰路100号	0455－8762017	
			单间	12	12	218	120	中会议室	1	1	100	2000	1000			
			标准间	80	80	218	120	小会议室	2	2	50	1000	600			
绥化圣龙大酒店	绥化圣龙大酒店有限责任公司	3	套间	8	8	198	168	大会议室	1	1	120	10000	4000	绥化市黄河南路1号	0455－8285555	
			单间					中会议室	2	2	70	4400	3000			
			标准间	84	84	168	120	小会议室	1	1	40	3000	1600			
黑龙江鑫威酒店有限公司	黑龙江鑫威酒店有限公司	3	套间	15	15	680	360	大会议室	1	1	150	5600	2000	绥化市中兴东大街359号	0455－8220118	
			单间	15	15	380	168	中会议室	1	1	50	2560	1600			
			标准间	61	61	380	200	小会议室	2	2	20	1600	1000			
望奎同源花园餐饮服务有限公司	望奎同源花园餐饮服务有限公司		套间	5	5	388	388	大会议室	1	1	350	2000	1600	望奎县政府街48号	0455－6473999	
			单间					中会议室								
			标准间	90	90	198	168	小会议室	2	2	50	1000	800			

饭店名称	发票开具单位名称	星级	客房（价格：元/天）					会议室（数量：间；价格：元/天）						地址	前台订房电话	备注
			房型	总间数	协议间数	门市价	协议价	类型	总间数	协议间数	容纳人数	门市价	协议价			
大兴安岭地区																
北山宾馆	北山宾馆	4	套间	15	15	1688	550	大会议室	1	1	110	1500	1000	大兴安岭地区朝阳路	0457－2145888	
			单间	8	8	388	240	中会议室	3	3	58	1000	600			
			标准间	93	93	688	240	小会议室	3	3	22	400	200			
大兴安岭金马饭店有限责任公司	大兴安岭金马饭店有限责任公司		套间	26	26	1880	550	大会议室	1	1	650	12800	2800	大兴安岭地区加格达奇区人民路168号	0457－2758888	
			单间	132	132	880	236	中会议室	4	4	100	2800	1400			
			标准间	168	168	880	236	小会议室	5	5	60	1200	600			
绅恒宾馆	漠河县绅恒宾馆有限公司		套间	8	8	980	550	大会议室						漠河县西林吉镇14区	0457－2815555	
			单间	6	6	580	240	中会议室	1	1	100	2400	1000			
			标准间	80	80	580	220	小会议室								
漠河金马饭店	漠河北极宾馆有限公司	4	套间	15	15	1188	540	大会议室	1	1	200	4600	2000	漠河县西林吉镇14区	0457－2828888	
			单间	40	40	868	240	中会议室	1	1	100	2400	1000			
			标准间	128	128	668	240	小会议室	2	2	50	800	500			
漠河圣源宾馆	漠河圣源电力宾馆有限公司		套间	14	14	1280	530	大会议室	1	1	168	4600	4000	漠河县西林吉镇25区	0457－2847000	
			单间	24	24	658	218	中会议室	1	1	50	2400	2000			
			标准间	59	59	658	218	小会议室								

上 海 市

- 财政部委托上海市财政局负责在上海市招标采购会议定点饭店并负责日常监督管理工作。
- 通过政府采购，确定上海市会议定点饭店 41 家。
- 会议定点饭店按照与财政部门签订《协议书》的价格向中央和地方各级党政机关和事业单位提供相应的接待服务。
- 上海市部分会议定点饭店的价格是按照综合定额方式采购的，各单位在组织筹备会议时应先向会议定点饭店查询。如果对协议价格产生疑义，可以要求定点饭店出示《协议书》。
- 如有会议定点饭店变更或饭店的协议价格变化，应以“党政机关出差和会议定点饭店查询网”的信息为准。
- 本目录中的上海市会议定点饭店的详细信息，可在“党政机关出差和会议定点饭店查询网”查阅。
- 上海市长途电话区号　021

上海市会议定点饭店

饭店名称	发票开具单位名称	星级	客房（价格：元/天）					会议室（数量：间；价格：元/天）						地址	前台订房电话	备注
			房型	总间数	协议间数	门市价	协议价	类型	总间数	协议间数	容纳人数	门市价	协议价			
黄浦区																
上海大沪饭店	上海大沪饭店	无	套间	4	4	1200	538	大会议室	1	1	100	1400	1200	延安东路343号	63284020－8888	不含早餐
			单间	30	30	328	208	中会议室	1	1	30	700	600			
			标准间	84	84	328	208	小会议室	0	0	0	0	0			
卢湾区																
上海明珠大饭店	上海明珠大饭店	3	套间	3	3	1396	600	大会议室	1	1	200		5000	卢湾区肇嘉浜路212号	64310880－11	不含早餐
			单间	20	20	568	300	中会议室	1	1	50		3000			
			标准间	80	80	568	300	小会议室	1	1	15		1500			
徐汇区																
上海华夏宾馆	上海华夏宾馆	3	套间	88	88	880	600	大会议室	2	2	250	6000	1500	上海市漕宝路38号	64350100	
			单间	55	55	710	290	中会议室	1	1	60	3000	750			
			标准间	217	217	660	290	小会议室	1	1	30	3000	750			
上海建工锦江大酒店有限公司	上海建工锦江大酒店有限公司	3	套间	60	60	1600	588	大会议室	2	2	250	6000	2200	建国西路691号	64155688－订房	
											200	5000	1900			
			单间	70	70	1200	300	中会议室	7	7	50	2000	900			
											50－60	2500	1000			
											40	6000	3000			
			标准间	90	90	1200	300	小会议室	3	3	20	1000	480			
上海凯博佳捷酒店斜土店	上海凯博佳捷斜土路酒店有限公司		套间	1	1	600	450	大会议室						上海市徐汇区斜土路1227号	64180606	
			单间	35	35	360	228	中会议室	1	1	80	1000	700			
			标准间	63	63	380	238	小会议室								
大众大厦	上海大众大厦有限责任公司	涉外三星级	套间	10	10	1280	600	大会议室	1	1	150	2500	1500	上海市徐汇区中山西路1515号	64288888－5118	
			单间	26	26	660	300	中会议室	5	5	80	1200	800			
											70	1200	800			

饭店名称	发票开具单位名称	星级	客房（价格：元/天）					会议室（数量：间；价格：元/天）						地址	前台订房电话	备注
			房型	总间数	协议间数	门市价	协议价	类型	总间数	协议间数	容纳人数	门市价	协议价			
大众大厦	上海大众大厦有限责任公司	涉外三星级	单间	26	26	660	300	中会议室	5	5	55	1300	800	上海市徐汇区中山西路1515号	64288888－5118	
											30	1200	700			
											30	900	500			
			标准间	64	64	580	300	小会议室	2	2	14	1000	500			
											12	1000	500			
中国科学院上海学术活动中心	中国科学院上海学术活动中心	挂牌三星级	套间	2	2	1898	600	大会议室	2	2	480	6000	3000	肇嘉浜路500号	64716060－4046/4049	
											250	4000	2400			
			单间	108	108	528	290	中会议室	5	5	140	2800	1680			
											110	2500	1500			
											100	2500	1500			
											80	1800	1080			
											60	1500	900			
			标准间	54	54	648	300	小会议室	3	3	14	1000	600			
											40	1000	600			
											30	1000	600			
田林宾馆	上海锦勤田林宾馆管理有限公司	3	套间	14	14	1600	600	大会议室	1	1	250	10000	3500	上海市田林路1号	13020299795	
			单间	53	53	700	300	中会议室	2	2	70	3200	1500			
											100	3800	3000			
			标准间	221	221	800	300	小会议室	2	2	30	2200	1500			
上海光大会展中心国际大酒店	上海光大会展中心有限公司	4	套间	37	37	2300	600	大会议室	3	3	1500	55000	30000	漕宝路66号	64842500－销售部	不含早餐
											500	11000	5500			
											300	9400	4700			
			单间	261	261	1000	250	中会议室	8	8	120	5500	2750			
											90	4000	2000			
											80	7500	3750			
											90	4700	2350			
											100	4400	2200			

饭店名称	发票开具单位名称	星级	客房（价格：元/天）房型	总间数	协议间数	门市价	协议价	会议室（数量：间；价格：元/天）类型	总间数	协议间数	容纳人数	门市价	协议价	地址	前台订房电话	备注
上海光大会展中心国际大酒店	上海光大会展中心有限公司	4	单间	261	261	1000	250	中会议室	8	8	70	3500	1750	漕宝路66号	64842500－销售部	不含早餐
											40	2000	1000			
											40	2100	1050			
			标准间	335	335	1000	250	小会议室	5	5	12	1700	850			
上海技贸宾馆	上海技贸宾馆	3	套间	5	5	1298	580	大会议室	1	1	200	4000	3000	中山西路1525号	13166078681	
			单间	14	14	698	300	中会议室	2	2	80	1800	1500			
											40	1500	1200			
			标准间	46	46	598	300	小会议室	3	3	20	1500	1200			
											12	1200	1000			
											10	800	500			
上海航空酒店	上海上航市南酒店管理有限公司		套间	6	6	1530	600	大会议室	1	1	450	12000	8000	石龙路951号	51533000－预定部	不含早餐
			单间	53	53	830	300	中会议室	1	1	170	5000	3500			
			标准间	212	212	830	300	小会议室	1	1	12	1000	1000			
长宁区																
新东纺大酒店	上海新东纺大酒店有限公司	3	套间	15	15	920	600	大会议室	1	1	200	2500	1500	上海市镇宁路525号	62266800－52	
			单间	13	13	720	300	中会议室	4	4	80	2500	1500			
											40	1500	1000			
											60	1300	800			
			标准间	50	50	620	300	小会议室	2	2	20	600	400			
上海三湘大厦	上海三湘大厦	3	套间	19	19	908	600	大会议室	1	1	192		3000	中山西路1243号	62752468－30100	
			单间	16	16	578	300	中会议室	1	1	70		2000			
			标准间	97	97	608	300	小会议室								
上海航友宾馆	上海航友宾馆	3	套间	1	1	1650	550	大会议室	1	1	100	3000	1500	虹桥机场迎宾一路425号	62689372 62689999－1136/1124	
			单间	4	4	495	280	中会议室	1	1	100	1250	800			
			标准间	87	87	495	280	小会议室	3	3	25	750	600			
上海虹桥宾馆有限公司	上海虹桥宾馆有限公司	4	套间	12	12	3500	600	大会议室	2	2	500	12500	4000	延安西路2000号	62753388－预定部	
											150	10000	4000			

饭店名称	发票开具单位名称	星级	客房（价格：元/天）					会议室（数量：间；价格：元/天）						地址	前台订房电话	备注
			房型	总间数	协议间数	门市价	协议价	类型	总间数	协议间数	容纳人数	门市价	协议价			
上海虹桥宾馆有限公司	上海虹桥宾馆有限公司	4	单间	205	205	1500	300	中会议室	3	3	100	4500	2500	延安西路2000号	62753388/预定部	
											25	3500	2000			
			标准间	215	215	1500	300	小会议室	2	2	15	1250	750			
静安区																
上海文艺活动中心文艺宾馆	上海文艺活动中心文艺宾馆	无	套间					大会议室						静安区延安西路200号		
			单间	4	4	520	300	中会议室	3	3	100	1000	850			
			标准间	24	24	520	300	小会议室	1	1	40	800	680			
上海棠柏宾馆	上海棠柏宾馆	无	套间	6	6	680	498	大会议室	1	1	300	4500	2000	上海陕西北路128号	62675090	
			单间	6	6	420	288	中会议室	1	1	100	3000	1280			
			标准间	29	29	420	288	小会议室	5	5	20	1000	580			
											20	1000	680			
											40	1100	640			
											40	1500	870			
											80	2500	1500			
赣园宾馆	上海赣园宾馆有限公司	3	套间	6	6	670	600	大会议室						上海市静安区余姚路417号	62727258－2111	
			单间	24	24	430	300	中会议室	2	2	70	1500	1200			
											30	800	600			
			标准间	76	76	420	300	小会议室								
普陀区																
金沙江大酒店	上海金沙江大酒店有限公司	3	套间	13	13	980	600	大会议室	1	1	350	2500	1500	上海市怒江路257号	62578888－3206	
			单间	37	37	548	300	中会议室	2	2	120	1200	800			
											35	600	300			
			标准间	238	238	498	300	小会议室	1	1	22	900	500			
上海凯博佳豪大渡河路酒店	上海凯博佳豪大渡河路酒店有限公司		套间	10	10	1316	400	大会议室	1	1	200	6000	1500	上海市普陀区大渡河路658号	61671818	
			单间	45	45	716	240	中会议室	1	1	40	4000	1000			
			标准间	90	90	744	240	小会议室	1	1	25	3000	750			
											25					

饭店名称	发票开具单位名称	星级	客房（价格：元/天）房型	总间数	协议间数	门市价	协议价	会议室（数量：间；价格：元/天）类型	总间数	协议间数	容纳人数	门市价	协议价	地址	前台订房电话	备注
闸北区																
上海华美达中土酒店	上海华美达中土酒店有限责任公司	3	套间	13	13	1980	600	大会议室	2	2	200	6000	2500	上海市共和新路666号	56721188－8118（夜8101）	不含早餐
											200	20000	8000			
			单间	67	67	980	300	中会议室	6	6	80	3500	1500			
											80	6000	2500			
			标准间	135	135	980	300	小会议室	2	2	40	3000	1200			
											40	2000	600			
新梅华东大酒店	上海华东大酒店有限公司	3									350	3500	3000	天目西路111号		不含早餐
			套间	10	10	680	600	大会议室	3	3	180	1500	1300			
											150	1500	1200			
			单间	37	37	380	300	中会议室	5	5	30	600	500			
			标准间	270	270	330	300	小会议室	1	1	10	400	300			
良安大饭店	上海良安酒店管理有限公司	3									500	8000	4000	上海市长安路920号	63532222	
			套间	26	26	908	500	大会议室	3	3	350	5000	2500			
											200	5000	2500			
											70	3000	1500			
			单间	50	50	618	260	中会议室	3	3	35	2000	1000			
											35	2000	1000			
			标准间	227	227	588	260	小会议室	1	1	12	1000	500			
上海锦荣国际大酒店	上海锦荣国际大酒店有限公司	4	套间	16	16	978	600	大会议室	1	1	150	6000	3000	闸北区共和新路2750号	56651888－68000	
											100	3500	2000			
			单间	48	48	548	300	中会议室	2	2	80	3200	1800			
											20	2000	1200			
			标准间	94	94	548	300	小会议室	2	2	12	1900	1100			
杨浦区																
锦江白玉兰宾馆	上海白玉兰宾馆有限公司	3	套间	3	3	1608	600	大会议室	1	1	200	4500	3000	四平路1251号	65986888	
			单间	49	49	930	300	中会议室	1	1	60－70	3800	2200			
			标准间	206	206	678	299	小会议室	2	2	20－30	2800	1500			

饭店名称	发票开具单位名称	星级	客房（价格：元/天）					会议室（数量：间；价格：元/天）						地址	前台订房电话	备注
			房型	总间数	协议间数	门市价	协议价	类型	总间数	协议间数	容纳人数	门市价	协议价			
上海甸园宾馆	上海甸园宾馆有限公司	4	套间	27	27	1588	600	大会议室	1	1	260	10000	4000	上海市长阳路2558号	35129898	不含早餐
											100	8000	4000			
			单间	87	87	788	300	中会议室	3	3	45	6000	3000			
											45	6000	3000			
			标准间	110	110	788	300	小会议室	3	3	14	4000	2500			
											14	4000	2500			
											14	4000	2500			
闵行区																
上海莘城宾馆	上海莘城宾馆	涉外三星级	套间	2	2	550	550	大会议室	1	1	180	3000	2000	上海市闵行区莘庄镇凯城路199号	54151500 54150181	
			单间	2	2	260	260	中会议室	2	2	90	1500	1000			
			标准间	64	64	310	280	小会议室	7	7	20	800	500			
金燕大厦	上海烟草集团闵行烟草糖酒有限公司	3	套间	7	7	720	600	大会议室	1	1	230	1800	1440	上海市闵行区春申路3800号	51801144	
			单间	10	10	458	300	中会议室	1	1	80	1200	960			
			标准间	120	120	388	300	小会议室	3	3	30	600	480			
											20	350	280			
											20	350	280			
宝山区																
上海北翼大酒店	上海北翼大酒店	3	套间	12	12	800	600	大会议室	1	1	100	3000	2000	上海市宝山区淞滨路600号	56676868－8101	
			单间	6	6	408	250	中会议室	0	0						
			标准间	130	130	428	270	小会议室	3	3	20	1500	800			
嘉定区																
上海通欣大酒店	上海通欣大酒店	3	套间	3	3	888	500	大会议室	1	1	300	2000	1800	上海市嘉定区叶城路618号		
			单间	10	10	588	300	中会议室	2	2	100	1000	800			
			标准间	44	44	528	280	小会议室	3	3	36	500	400			
浦东新区																
仁和宾馆	上海仁和大厦有限公司	3	套间	13	13	1080	580	大会议室	2	2	100－300	6000	2500	浦东大道2056号	58601688－13	
											100－300	4000	2000			

饭店名称	发票开具单位名称	星级	客房（价格：元/天）房型	总间数	协议间数	门市价	协议价	会议室（数量：间；价格：元/天）类型	总间数	协议间数	容纳人数	门市价	协议价	地址	前台订房电话	备注
仁和宾馆	上海仁和大厦有限公司	3	单间	51	51	580	280	中会议室	4	4	50－90	1500	800	浦东大道2056号	58601688－13	
											50－90	3000	1500			
											50－90	2500	1300			
											50－90	2000	1000			
			标准间	175	175	580	290	小会议室	5	5	20－30	1000	500			
景缘国际酒店	上海焜缘酒店管理有限公司	按四星标准	套间	18	18	1280	480	大会议室	1	1	250	5000	1500	上海浦东大道2333号	51302333－8212/8206	
			单间	28	28	680	280	中会议室	1	1	40	2500	800			
			标准间	160	160	680	280	小会议室	1	1	25	1500	500			
上海双拥大厦	上海市双拥活动中心	3	套间	13	13	988	550	大会议室	2	2	300	12000	2400	上海市浦东大道2601号	58718898－82000	不含早餐
											100	4500	1125			
			单间	27	27	660	295	中会议室	12	12	80	3000	800			
											60	3000	800			
											18	2800	700			
											25	1600	400			
			标准间	176	176	660	295	小会议室	9	9	20	1600	400			
											15	1600	400			
上海名人苑宾馆	上海名人苑酒店经营管理有限公司	3	套间	11	11	1608	598	大会议室	1	1	140	3000	2100	上海市浦东新区张杨路2988号	58852988－8800	
			单间	13	13	708	298	中会议室	5	5	90	2000	1400			
											50	1750	1200			
											40	2000	1400			
											40	1800	1250			
											30	1700	1200			
			标准间	93	93	736	298	小会议室	3	3	20	1000	800			
											20	600	500			
											20	500	400			
上海汇苑宾馆	上海汇苑宾馆	3	套间	3	3	680	580	大会议室	1	1	180	2000	1500	上海市南汇区惠南镇城南路398号	58020000	
			单间	14	14	340	280	中会议室	2	2	80	2000	1500			
											80	1000	800			
			标准间	42	42	340	280	小会议室	2	2	30	800	600			
											30	800	600			

饭店名称	发票开具单位名称	星级	客房（价格：元/天）					会议室（数量：间；价格：元/天）						地址	前台订房电话	备注
			房型	总间数	协议间数	门市价	协议价	类型	总间数	协议间数	容纳人数	门市价	协议价			
青浦区																
上海景苑水庄酒店	上海景苑宾馆有限公司		套间	9	9	1664	600	大会议室	2	2	100	2800	1800	上海市青浦区朱家角镇西井街300号	59248888 59249477	
											280	5000	2500			
			单间	12	12	964	300	中会议室	5	5	60	2800	1400			
											60	2500	1250			
											40	2000	1000			
			标准间	125	125	764	280	小会议室	6	6	20	1500	750			
											20	3000	1500			
上海华医淀山湖疗养院有限公司	上海华医淀山湖疗养院有限公司	3	套间	10	10	1688	580	大会议室	2	2	300	10000	4000	上海市青浦区金商公路2199号	59280000－3308	
											120	4000	2000			
			单间	10	10	688	228	中会议室	3	3	80	2000	1000			
											60	2000	1000			
											60	2000	1000			
			标准间	75	75	788	258	小会议室	4	4	50	1200	600			
											50	1200	600			
											20	1200	600			
											20	1200	600			
中国石化集团资产经营管理有限公司上海会议中心	中国石化集团资产经营管理有限公司上海会议中心	3	套间	8	8	1800	600	大会议室	1	1	300	2000	1500	上海市青浦区沪青平公路8700号	59262980	
			单间					中会议室	1	1	100	1800	1400			
			标准间	130	130	580	280	小会议室	1	1	40	800	400			
上海东方绿舟度假村有限公司	上海东方绿舟度假村有限公司		套间	2	2	380	600	大会议室	2	2	150	2500	2000	沪青平公路6888号	59233168－12/18	
											150	2500	2000			
			单间	8	8	380	300	中会议室	4	4	100	1500	1200			
											50	1200	1000			
											25	700	600			
											25	600	500			
			标准间	99	99	480	300	小会议室	1	1	16	500	400			

饭店名称	发票开具单位名称	星级	客房（价格：元/天）					会议室（数量：间；价格：元/天）						地址	前台订房电话	备注
			房型	总间数	协议间数	门市价	协议价	类型	总间数	协议间数	容纳人数	门市价	协议价			
奉贤区																
上海新发展圣淘沙大酒店	上海新发展圣淘沙大酒店有限公司	4	套间	5	5	1280	600	大会议室	3	3	340	5500	4000	上海奉贤区南桥镇南桥路1号	57429999	不含早餐
											150	4000	3200			
											150	4000	3200			
			单间	49	49	528	300	中会议室	6	6	110	2500	1800			
											50	2000	1200			
											45	2000	1200			
											45	2000	1200			
											20	1500	800			
											20	1500	800			
			标准间	77	77	508	300	小会议室	4	4	18	1000	700			
崇明区																
上海天使海滩度假村	上海天使海滩度假村	无	套间	6	6	850	570	大会议室	1	1	100	800	800	横沙岛东滨路2579号	62832494 56895858	不含早餐
			单间	10	10	410	300	中会议室	2	2	30	800	800			
											30	400	400			
			标准间	67	67	410	300	小会议室	2	2	14	150	150			
											12	150	150			

江 苏 省

- 财政部委托江苏省财政厅负责在江苏省地级以上城市招标采购会议定点饭店并负责日常监督管理工作。
- 通过政府采购，确定江苏省会议定点饭店 81 家。
- 会议定点饭店按照与财政部门签订《协议书》的价格向中央和地方各级党政机关和事业单位提供相应的接待服务。
- 江苏省部分会议定点饭店的价格是按照综合定额方式采购的，各单位在组织筹备会议时应先向会议定点饭店查询。如果对协议价格产生疑义，可以要求定点饭店出示《协议书》。
- 如有会议定点饭店变更或饭店的协议价格变化，应以“党政机关出差和会议定点饭店查询网”的信息为准。
- 本目录中的江苏省会议定点饭店的详细信息，可在“党政机关出差和会议定点饭店查询网”查阅。
- 江苏省各地区长途电话区号：

南京市　025
连云港市　0518
淮安市　0517
扬州市　0514
南通市　0513
常州市　0519
苏州市　0512

徐州市　0516
宿迁市　0527
盐城市　0515
泰州市　0523
镇江市　0511
无锡市　0510

江苏省会议定点饭店

饭店名称	发票开具单位名称	星级	客房（价格：元/天）房型	总间数	协议间数	门市价	协议价	会议室（数量：间；价格：元/天）类型	总间数	协议间数	容纳人数	门市价	协议价	地址	前台订房电话	备注
南京市																
中国人民解放军南京军区华山饭店	南京军区华山饭店	3	华山楼套间	4	4	980	580	礼堂	1	1	350	6000	4000	南京市龙蟠中路81号	025－80886573	
			华山楼标准单人间	22	22	480	200	中会议室	3	3	150	3600	2000			
			华山楼标准双人间	166	166	360	180	小会议室	15	15	30	900	600			
			南苑楼套间	4	4	680	480									
			南苑楼标准单人间	24	24	400	190									
			南苑楼标准双人间	110	110	360	170									
江苏国瑞大酒店	江苏国瑞大酒店	3	套间	4	4	1280	480	国瑞厅	1	1	200	7600	2800	南京市中山北路55号	025－83303888	
			标准单人间	14	14	580	240	1015会议室	1	1	100	7600	2800			
								紫薇厅、牡丹厅	2	2	30	3600	1200			
			标准双人间	98	98	680	240	兰花厅	1	1	20	3600	1200			
								梅花厅	1	1	20	3600	1600			
南京壹陆捌酒店管理有限公司	南京壹陆捌酒店管理有限公司	3	套间	6	6	568	309	富贵厅	1	1	240	3000	2000	南京市珠江路667号	025－84669168	
			标准单人间	18	18	368	199	如意厅	1	1	80	1600	1200			
			豪华单间	4	4	468	299	吉祥厅	1	1	50	1200	1000			
			标准双人间	120	120	368	180	V8	1	1	50	1600	1200			
								粤香厅	1	1	150	2000	1600			
南京中山大厦	南京中山大厦	4	套间	19	19	1483.5	588	友谊厅	1	1	200	6900	4000	南京市中山路200号	025－83361888	
			标准单人间	16	16	793.5	280	博雅、逸仙厅	2	2	60	4600	2000			
			标准双人间	74	74	793.5	280	群英厅	1	1	11	1380	800			
								聚慧、春华厅	2	2	20	1380	800			
								秋实厅	1	1	30	1380	800			

饭店名称	发票开具单位名称	星级	客房（价格：元/天）					会议室（数量：间；价格：元/天）						地址	前台订房电话	备注
			房型	总间数	协议间数	门市价	协议价	类型	总间数	协议间数	容纳人数	门市价	协议价			
江苏保险大厦	江苏保险大厦		套间	6	6	1080	480	大会议室	1	1	220	5000	2400	南京市长江路69号	025－84715888	
			标准单人间	17	17	580	200	阶梯会议室	1	1	100	4000	2000			
			标准双人间	98	98	580	200	小会议室	7	7	30	1600	800			
								多功能厅	1	1	100	4400	2400			
南京市审计干部培训中心	南京市审计干部培训中心		套间	3	3	1080	500	七楼会议室	1	1	300	6000	3000	南京市北京东路18－1号	025－83352999	
			标准单人间	10	10	320	180	七楼中会议室	1	1	50	3200	1600			
			标准双人间	50	50	360	180	六楼多功能厅	1	1	80	3200	1600			
								四楼一会议室	1	1	60	2400	1200			
								四楼二会议室	1	1	25	2000	800			
								四楼四会议室	1	1	16	2000	1000			
								三楼七会议室	1	1	20	1600	800			
江苏大酒店有限责任公司	江苏大酒店有限责任公司	3	套间	8	8	780	390	一号会议室	2	2	200	2400	1200	南京市中山北路28号	025－83329888	
			标准单人间	20	20	520	200	二号会议室	1	1	50	1600	800			
			标准双人间	44	44	420	160	三号会议室	1	1	30	1200	600			
			商务间	48	48	520	200	四号会议室	1	1	20	1200	600			
			商务套间	2	2	1580	400									
南京汉府饭店	南京汉府饭店	3	套间	3	3	980	540	人民大会堂	1	1	2500	40000	24000	南京市长江路264号	025－84400400	
			标准单人间	10	10	390	200	会堂中厅	1	1	200	8000	4000			
								紫金厅	1	1	200	16000	8000			
								会堂一号休息室	1	1	20	2400	1200			
			标准双人间	80	80	390	220	会堂二号休息室	1	1	30	2400	1200			
								汉府厅	1	1	80	3200	1600			
								三楼会议室	1	1	60	2400	1200			
江苏翠屏山宾馆	江苏翠屏山宾馆	3	套间	4	4	1100	520	多功能厅	1	1	400	24000	12000	南京市江宁经济开发区天元西路168号	025－52427896	
			标准单人间	13	13	600	290	301会议室	1	1	200	8000	360			
								302会议室	1	1	12	800	400			
			标准双人间	108	108	520	240	303会议室	1	1	100	4000	2000			
								304会议室	1	1	20	1200	600			

饭店名称	发票开具单位名称	星级	客房（价格：元/天）					会议室（数量：间；价格：元/天）						地址	前台订房电话	备注
			房型	总间数	协议间数	门市价	协议价	类型	总间数	协议间数	容纳人数	门市价	协议价			
江苏翠屏山宾馆	江苏翠屏山宾馆	3	标准双人间	108	108	520	240	305、306、307 会议室	3	3	40	2000	800	南京市江宁经济开发区天元西路168 号	025 - 52427896	
								二楼会议室	1	1	40	2400	1200			
江苏金宇饭店	江苏金宇饭店	3	套间	4	4	720	500	大会议厅	1	1	350	7000	5600	南京市大光路35 号	025 - 84611666	
			标准单人间	10	10	520	200	大会议室	1	1	200	5000	3600			
			标准双人间	130	130	440	180	二号会议室	1	1	24	800	600			
			豪华标准间	26	26	520	200	四号会议室	1	1	20	640	500			
								五号会议室	1	1	36	1200	800			
								七号会议室	1	1	80	1800	1400			
			豪华套间	1	1	880	600	八号会议室	1	1	32	1000	800			
								九号会议室	1	1	10	500	300			
								豪华会议室	1	1	12	1600	1000			
徐州市																
海天假日酒店	徐州海天假日酒店有限公司	4	套间	29	29	2180	600	大会议室	1	1	300	12000	4000	徐州市淮海西路252 -1 号	0516 - 85398185 85398186	
			单间	78	78	980	300	中会议室	2	2	80	4800	1600			
			标准间	163	163	980	300	小会议室	3	3	20	4000	1200			
云泉山庄	徐州云泉山庄	4	套间	8	8	698	600	大会议室	1	1	300	5000	3000	徐州金山东路18 号	0516 - 87789999	
			单间	13	13	698	300	中会议室	3	3	50	4000	1400			
			标准间	73	73	1280	300	小会议室	3	3	30	3000	1000			
徐州中山饭店	徐州中山饭店	3	套间	6	6	888	398	大会议室	1	1	362	3000	2000	徐州中山南路80 号	0516 - 85639666	
			单间	10	10	468	230	中会议室	1	1	120	1800	1300			
			标准间	100	100	468	230	小会议室	4	4	30	1000	600			
连云港市																
九龙国际	连云港九龙国际大酒店有限公司	4	套间	3	3	3958	598	大会议室	1	1	200	4800	2400	连云港市解放中路11 号	0518 - 85686666	
			单间	75	75	798	268	中会议室	2	2	50	2400	1400			
			标准间	133	133	1098	298	小会议室	4	4	30	1200	600			
天然居大酒店	连云港新天然酒店管理有限公司	3	套间	4	4	1288	480	大会议室	1	1	200	2800	1200	连云港市海昌南路293 号	0518 - 85411688	
			单间	4	4	588	218	中会议室	1	1	120	2400	1000			
			标准间	70	70	488	188	小会议室	2	2	50	2000	800			

饭店名称	发票开具单位名称	星级	客房（价格：元/天）					会议室（数量：间；价格：元/天）						地址	前台订房电话	备注
			房型	总间数	协议间数	门市价	协议价	类型	总间数	协议间数	容纳人数	门市价	协议价			
东方大酒店	连云港市东方龙大酒店	3	套间	2	2	699	340	大会议室	1	1	130	2000	1200	连云港市海昌北路146号	0518－85466666	
			单间	11	11	388	190	中会议室	1	1	50	1000	600			
			标准间	51	51	398	188	小会议室	2	2	20	480	288			
宿迁市																
宿迁国际饭店	宿迁国际饭店	4	套间	5	5	1280	600	大会议室	1	1	500	5000	2800	宿迁市发展大道西侧	0527－84358688	
			单间	10	10	680	300	中会议室	2	2	90－140	2500	1500			
			标准间	58	58	680	300	小会议室	8	8	16－22	1500	800			
宿迁市万源宾馆	宿迁市万源宾馆	4	套间	6	6	988	588	大会议室	1	1	180－200	3000	1500	宿迁市洪泽湖路57号	0527－84359588 84359717	涉外宾馆
			单间	14	14	288	180	中会议室	1	1	30－50	1200	600			
			标准间	88	88	388	210	小会议室	2	2	15－20	800	400			
宿迁江山大酒店有限公司	宿迁江山大酒店有限公司	4	套间	6	6	980	378	大会议室	1	1	300	12000	6000	宿迁市宿豫区江山大道88号	0527－84480888	
			单间	26	26	680	260	中会议室	1	1	100	1800	1200			
			标准间	60	60	580	220	小会议室	2	2	30	1800	800			
宿迁中山水天大酒店	宿迁中山水天大酒店有限责任公司	4	套间	4	4	1280	598	大会议室	1	1	500	3000	1500	宿迁市发展大道70号	0527－84399999	
			单间	/	/	/	/	中会议室	1	1	70	2000	1000			
			标准间	78	78	780	298	小会议室	2	2	20	1000	500			
淮安市																
江苏淮安宾馆	江苏淮安宾馆有限公司	4	套间	3	3	720	450	大会议室	3	3	380	4800	2600	淮安市楚州区友谊路2号	0517－85940189	
			单间	15	15	480－280	300－260	中会议室	1	1	60	2400	1400			
			标准间	148	148	480－300	300－190	小会议室	5	5	30	2000	1000			
淮扬府金蝶苑	淮安淮扬府金蝶苑投资实业发展有限公司金蝶苑宾馆	4	套间					大会议室	1	1	60	2800	1000	淮安市钵池山公园南门西侧	0517－83775577	
			单间	5	5	520	300	中会议室								
			标准间	26	26	600	300	小会议室	1	1	15	1800	600			

饭店名称	发票开具单位名称	星级	客房（价格：元/天）					会议室（数量：间；价格：元/天）						地址	前台订房电话	备注
			房型	总间数	协议间数	门市价	协议价	类型	总间数	协议间数	容纳人数	门市价	协议价			
盐城市																
盐城迎宾馆	盐城迎宾馆	4	套间	22	22	1898	600	大会议室	1	1	1000	15000	10000	盐城经济开发区天山路1号	0515－6866998	
			单间	74	74	998	300	中会议室	1	1	200	4000	3000			
			标准间	158	158	998	300	小会议室	1	1	26	1500	1000			
盐城宾馆	盐城宾馆	2	亮月楼套间	7	7	1298	600	多功能厅	2	2	200	5000	2600	市纯化路84号	0515－88880888 88880887	
			景阳楼单间	20	20	448	240	大会议室	1	1	70	3000	1600			
			亮月楼单间	18	18	648	260	中会议室	1	1	30	2000	1000			
			景阳楼标准间	25	25	448	240	小会议室	3	3	15	1000	500			
			亮月楼标准间	63	63	648	260	会见厅	1	1	14	1600	1000			
								接待室	1	1	14	600	免费			
盐城饭店有限公司	盐城饭店有限公司	3	套间	6	6	880	350	大会议室	1	1	300	1500	900	市建军中路82号	0515－88880666 88880599	
			单间	28	28	360	180	中会议室	1	1	50	560	400			
			标准间	116	116	360	180	小会议室	1	1	30	300	250			
盐城市人民政府第一招待所温泉宾馆	盐城市人民政府第一招待所温泉宾馆	2	豪华套间	1	1	1760	398	大会议室	1	1	280	1200	1000	市解放南路178号	0515－88882777	
			商务套间	2	2	800	300	中会议室	2	2	80	700	400			
			豪华单间	3	3	760	200	小会议室	1	1	20	600	300			
			普通单间	1	1	350	180									
			豪华标准间	7	7	560	200									
			商务标准间	32	32	320	150									
			普通标准间	40	40	240	120									
南苑宾馆	盐城南苑宾馆有限公司	2	套间	5	5	560	280	大会议室	1	1	100	600	500	市青年中路28号	0515－8411888 88887070	
			一号楼单间	4	4	280	180	中会议室	2	2	60	500	400			
			二号楼单间	2	2	280	150	小会议室	2	2	40	400	300			
			标准间	71	71	260	110									
维海大酒店	盐城望海新时代酒店管理服务有限公司维海大酒店	3	套间	2	2	760	380	大会议室	1	1	380	2000	1000	市解放南路241号	0515－88887788 88887955	
			单间	20	20	440	200	中会议室	2	2	80	1000	500			
			标准间	66	66	360	150	小会议室	4	4	30	800	400			

饭店名称	发票开具单位名称	星级	客房（价格：元/天）					会议室（数量：间；价格：元/天）						地址	前台订房电话	备注
			房型	总间数	协议间数	门市价	协议价	类型	总间数	协议间数	容纳人数	门市价	协议价			
尚城国际酒店	盐城市尚城国际酒店有限公司	3	豪华套间	2	2	1998	600	大会议室	1	1	200	1200	1200	市青年中路16号	0515－83088886	
			套间	11	11	558	350	中会议室	1	1	60	500	500			
			商务单间	8	8	458	195	小会议室	1	1	30	300	300			
			单间	27	27	358	175									
			标准间	98	98	318	175									
驿都金陵大酒店	江苏驿都国际大酒店有限公司	5	套间	26	26	1598	600	大会议室	1	1	300	10000	4000	市世纪大道603号	0515－88888918 88888630	
			单间	53	53	998	300	中会议室	1	1	180	5000	2500			
			标准间	165	165	998	300	小会议室	1	1	40	1600	800			
扬州市																
扬州石塔宾馆有限公司	扬州石塔宾馆有限公司	3	套间	7	7	780	410	大会议室	1	1	600	3000	2400	扬州市文昌中路590号	0514－87801550 87801028	
			单间	6	6	580	300	中会议室	2	2	160	1000	700			
			标准间	191	191	460	240	小会议室	2	2	50	800	500			
二十四桥宾馆	扬州二十四桥宾馆	3	套间	3	3	1180	600	大会议室（A）	1	1	260	3000	2000	扬州市扬子江北路486号	0514－87808999	
			单间	6	6	800	300	中会议室（A）	1	1	110	1800	1000			
			标准间（A）	68	68	480	220	小会议室（A）	4	4	16	400	240			
			标准间（B）	24	24	580	240									
			套间					大会议室（B）	1	1	200	1400	840			
			单间					中会议室（B）								
			标准间					小会议室（B）	2	2	10	200	100			
			套间					大会议室（C）								
			单间					中会议室（C）								
			标准间					小会议室（C）								
蓝天大厦	扬州市矿务局蓝天大厦	3	套间	8	8	1888	480	大会议室	2	2	200	4800	1200	扬州市汶河北路42号	0514－87360000	
			单间	32	32	598	240	中会议室	1	1	100	1600	800			
			标准间	80	80	480	190	小会议室	4	4	45	1000	350			
新世纪大酒店	扬州新世纪大酒店有限责任公司	4	套间	21	21	880	520	大会议室	2	2	400	8000	3000	扬州市维扬路101号	0514－87878888	
			单间	74	74	718	300	中会议室	3	3	80	3000	1000			
			标准间	242	242	680	280	小会议室	8	8	40	800	400			

饭店名称	发票开具单位名称	星级	客房（价格：元/天）					会议室（数量：间；价格：元/天）						地址	前台订房电话	备注
			房型	总间数	协议间数	门市价	协议价	类型	总间数	协议间数	容纳人数	门市价	协议价			
花园国际大酒店	扬州花园国际大酒店有限公司	4	套间	11	11	1288	598	大会议室	1	1	500	6000	4000	扬州市江阳中路236号	0514－87803110	
			单间	45	45	888	298	中会议室	1	1	250	4000	3000			
			标准间	110	110	888	298	小会议室	4	4	80	2000	1200			
扬州会议中心	扬州会议中心	4	套间	15	15	1188	600	大会议室	2	2	250	4000	2000	扬州市新城西区七里甸路1号	0514－87802588	
			单间	30	30	588	280	中会议室	2	2	100	2000	1200			
			标准间	258	258	558	260	小会议室	20	20	50	800	400			
			套间					学术报告厅	1	1	1000	15000	10000			
			单间					百物畅遂厅	1	1	450	10000	6000			
泰州市																
泰州开泰宾馆有限公司	泰州开泰宾馆有限公司	3	套间	4	4	3000	600	大会议室	1	1	240	3600	1800	泰州市青年南路19号	0523－86895599	
			单间	12	12	500	260	中会议室	4	4	70	2400	1200			
			标准间	50	50	360	160	小会议室	1	1	40	1600	800			
泰州市锦泰宾馆有限公司	泰州市锦泰宾馆有限公司		套间	6	6	880	510	大会议室	1	1	500	4000	1500	泰州市海陵南路302号	0523－86888188	
			单间	11	11	480	180	中会议室	1	1	200	2975	1050			
			标准间	47	47	480	180	小会议室	5	5	40	720	360			
江苏润华水利开发有限公司沃特龙大酒店	江苏润华水利开发有限公司沃特龙大酒店	3	套间	2	2	1080	600	大会议室	1	1	300	3000	1200	泰州市高港区杨湾村	0523－86988666	
			单间	9	9	480	180	中会议室	2	2	60	1200	500			
			标准间	41	41	480	180	小会议室	3	3	20	600	345			
扬子江药业集团有限公司海燕大酒店	扬子江药业集团有限公司海燕大酒店	4	套间	15	15	1280	600	大会议室	1	1	710	4980	3480	泰州市高港区扬子江南路1号	0523－86978585	
			单间	44	44	680	280	中会议室	1	1	109	1980	1380			
			标准间	145	145	680	280	小会议室	10	10	40	1000	600			
南通市																
南通金陵华侨饭店有限公司	南通金陵华侨饭店有限公司	4	套间	5	5	889	600	大会议室	1	1	240	3800	2500	南通市濠西路39号	0513－85068888	
			单间	70	70	459	300	中会议室	1	1	110	2500	2000			
			标准间	93	93	459	300	小会议室	4	4	20	600	500			
南通经济技术开发区国都大酒店	南通经济技术开发区国都大酒店	3	套间	8	8	388	388	大会议室	1	1	100	600	400	南通市经济技术开发区上海路18号	0513－95921888	
			单间	16	16	268	228	中会议室	1	1	50	300	200			
			标准间	48	48	228	138	小会议室	1	1	20	150	100			

饭店名称	发票开具单位名称	星级	客房（价格：元/天）					会议室（数量：间；价格：元/天）						地址	前台订房电话	备注
			房型	总间数	协议间数	门市价	协议价	类型	总间数	协议间数	容纳人数	门市价	协议价			
南通市金桥大酒店有限公司	南通市金桥大酒店有限公司	3	套间	3	3	1180/880	598	大会议室	1	1	200	2800	2000	南通市青年西路71号	0513－83558600	
			单间	10	10	418	298	中会议室	1	1	100	1300	800			
			标准间	59	59	418	298	小会议室	1	1	30	850	600			
南通市崇川区星海天大酒店	南通市崇川区星海天大酒店	3	套间	9	9	598/398	340	大会议室	1	1	150	1800	1200	南通市工农路217号	0513－85828810	
			单间	14	14	398	226	中会议室	1	1	60	800	600			
			标准间	41	41	358	216	小会议室	2	2	30	600	400			
碧霞如东大饭店有限公司	碧霞如东大饭店有限公司	3	套间	8	8	560	380	大会议室	1	1	700	2000	1600	如东县掘港镇人民北路29号	0513－84877777	
			单间	37	37	360	260	中会议室	1	1	150	780	600			
			标准间	106	106	360	228	小会议室	3	3	50	400	300			
如东中天黄海大酒店有限公司	如东中天黄海大酒店有限公司	4	套间	4	4	1380	558	大会议室	1	1	400	2400	1800	如东县掘港镇日晖西路8号	0513－84195888	
			单间	37	37	498	298	中会议室	2	2	80	1800	1200			
			标准间	107	107	468	278	小会议室	7	7	20	800	600			
南通金蛤岛温泉度假村有限公司	南通金蛤岛温泉度假村有限公司	4	套间	5	5	1280	580	大会议室	1	1	400	3200	2800	如东县沿海经济开发区	0513－84800888	
			单间	4	4	480	288	中会议室	1	1	150	1680	1200			
			标准间	47	47	480	288	小会议室	3	3	30	580	400			
南通泰华大酒店有限公司	南通泰华大酒店有限公司	3	套间	3	3	680	280	大会议室	1	1	200	1600	1200	如皋市如城镇安宁街156号	0153－87529888	
			单间	3	3	360	100	中会议室	1	1	80	800	600			
			标准间	57	57	150/200/280	130	小会议室	3	3	20	400	300			
启东宾馆有限公司	启东宾馆有限公司	4	套间	8	8	1288/988	500	大会议室	2	2	150	2800	2000	启东市民乐中路490号	0513－83316621	
			单间	8	8	558	220	中会议室	2	2	80	1500	1000			
			标准间	70	70	538	220	小会议室	10	10	12	800	600			
通州市北山饭店有限公司	通州市北山饭店有限公司		套间	33	33	1280/980	580/350	大会议室	1	1	120	2000	1500	通州市金沙镇北山路20号	0153－86513035	套间有两种
			单间	24	24	528	268	中会议室	2	2	80	1100	800			
			标准间	34	34	528	268	小会议室	2	2	20	800	600			

饭店名称	发票开具单位名称	星级	客房（价格：元/天）					会议室（数量：间；价格：元/天）						地址	前台订房电话	备注
			房型	总间数	协议间数	门市价	协议价	类型	总间数	协议间数	容纳人数	门市价	协议价			
通州亚细亚大酒店有限公司	通州亚细亚大酒店有限公司	3	套间	4	4	888	518	大会议室	1	1	200	2800	2000	通州市开发区银河路66号	0513－86517999	
			单间	25	25	288	248	中会议室	2	2	80	1400	1000			
			标准间	27	27	198	198	小会议室	2	2	30	680	400			
镇江市																
碧榆园	镇江市碧榆园	4	套间	8	8	1800	600	大会议室	3	3	100－240	6000	3000	镇江市竹林路88号	84430888－8837	含免费早餐
			单间	2	2	880	300	中会议室	5	5	40－60	5000	2000			
			标准间	99	99	800	300	小会议室	5	5	18－24	900	600			
镇江竹轩宾馆	镇江竹轩宾馆	3	套间	12	12	980	500	大会议室	2	2	200	1500	1000	一泉路8号	0511－85322888	含免费早餐
			单间	4	4	320	200	中会议室	5	5	80	1000	600			
			标准间	118	118	320	190	小会议室	4	4	40	800	400			
镇江新华电宾馆	镇江新华电宾馆有限公司	2	套间	3	3	400	400	大会议室	1	1	180	1000	750	丁卯桥路138号	0511－85582888	含免费自助早餐
								中会议室	1	1	40	750	500			
			单间	14	14	188	188	中会议室（多媒体）	1	1	30	1000	750			
			普通标准间	15	15	168	168	小会议室	1	1	20	600	400			
			家居标准间	15	15	188	188									
			大床标准间	8	8	198	198									
			标准三人间	3	3	240	240									
常州市																
常州粤海之星酒店	常州粤海之星酒店有限公司	3	套间	4	4	798	250	大会议室	1	1	350	3000	2000	常州市关河中路38号	0519－85086666	
			单间	51	51	598	178	中会议室	1	1	30	1200	800			
			标准间	114	114	498	158	小会议室	1	1	10	800	500			
常州宾馆	常州宾馆有限公司	3	套间	12	12	880	500	大会议室	1	1	350	1800	1200	常州市化龙巷18号	0519－86188888	
			单间	30	30	520	218	中会议室	2	2	40	1200	800			
			标准间	93	93	520	218	小会议室	1	1	15	1000	700			
常州阳光国际大酒店	常州阳光国际大酒店有限公司	4	套间	22	22	1988	600	大会议室	1	1	500	8000	4000	常州市怀德北路35号	0519－86606888	
			单间	132	132	1188	300	中会议室	1	1	200	4000	2400			
			标准间	178	178	780	300	小会议室	6	6	20	1200	720			

饭店名称	发票开具单位名称	星级	客房（价格：元/天）					会议室（数量：间；价格：元/天）						地址	前台订房电话	备注
			房型	总间数	协议间数	门市价	协议价	类型	总间数	协议间数	容纳人数	门市价	协议价			
中天凤凰大酒店	江苏中天凤凰集团有限公司中天凤凰大酒店	4	套间	57	57	780	390	大会议室	2	2	150	2000	1200	常州市通江中路555号	0519－86182509	
			单间	28	28	580	270	中会议室	1	1	40	1250	800			
			标准间	91	91	580	270	小会议室	1	1	15	1000	600			
香树湾花园酒店	常州香树湾花园酒店有限公司	4	套间	4	4	1588	588	大会议室	1	1	180	4000	3000	常州市新北区汉江路2号	0519－85118988	
			单间	28	28	888	300	中会议室	2	2	60	2500	1650			
			标准间	50	50	888	300	小会议室	2	2	20	2000	1350			
常州明都大饭店	常州市明都大饭店管理有限公司	4	套间	24	24	1380	600	大会议室	2	2	200	5000	3000	常州市和平北路258号	0519－88118888	
			单间	120	120	680	300	中会议室	8	8	80	2000	1400			
			标准间	92	92	680	300	小会议室	5	5	20	1000	800			
金坛樱花大酒店	金坛樱花大酒店有限公司	4	套间	6	6	1498	600	大会议室	2	2	600	2500	1800	金坛市西门大街88号	0519－82398008	
			单间	25	25	498	268	中会议室	1	1	200	1500	1000			
			标准间	55	55	498	268	小会议室	5	5	10	800	500			
无锡市																
山明水秀大饭店	山明水秀大饭店有限公司	4	套间	7	7	1200	600	大会议室	2	2	350	4000	2000	无锡市蠡溪路999号	0510－886818888	
			单间					中会议室	3	3	120	2400	1200			
			标准间	207	207	600	300	小会议室	4	4	40	800	400			
无锡君来湖滨饭店	无锡湖滨饭店有限公司	5	套间（水秀园）	4	4	818	450	大会议室	4	4	300	5000	3000	无锡市环湖路1号	0510－85101888	
			单间（水秀园）	9	9	488	280	中会议室	2	2	120	2000	1000			
			标准间（水秀园）	91	91	418	250	小会议室	2	2	10	1000	500			
无锡市运河大酒店	无锡市运河大酒店有限公司	3	套间（一号楼）	3	3	760	420	多功能厅	1	1	300	1500	1200	无锡市湖滨路7号	0510－85806909	
			套间（二号楼）	2	2	700	400	三号厅	1	1	50	800	600			
			单间	126	126	560	300	二号厅	1	1	30	600	500			
			标准间	51	51	350	220	一号厅	1	1	30	600	500			
								三楼中会议室	1	1	100	1000	800			
								三楼小会议室	1	1	20	500	400			
无锡市西郊宾馆	无锡市西郊宾馆	3	套间	3	3	1800	590	大会议室	1	1	220	2000	700	无锡市梁清路599号	0510－85883588	
			单间	19	19	580	260	中会议室								
			标准间	134	134	500	260	小会议室	2	2	30	800	300			

饭店名称	发票开具单位名称	星级	客房（价格：元/天）					会议室（数量：间；价格：元/天）						地址	前台订房电话	备注
			房型	总间数	协议间数	门市价	协议价	类型	总间数	协议间数	容纳人数	门市价	协议价			
太湖能源度假村	太湖能源度假村	3	套间	7	7	880	480	大会议室	1	1	144	2500	1500	无锡市环湖路蠡园宝界桥	0510－85118888	
			标准双人间	51	51	580	300	中会议室（2号厅）	1	1	36	1500	1000			
			普通标间	22	22	418	240	中会议室（1、3、4号厅）	3	3	20－40	800	600			
								小会议室	1	1	10	300	200			
古罗马大酒店	无锡古罗马大酒店有限公司	3	套间	5	5	980	510	大会议室	1	1	250	3000	1500	无锡市中南路1号	0510－85418989	
			单间	27	27	560	280	中会议室	2	2	100	1800	900			
			标准间	116	116	460	230	小会议室	2	2	30	1000	500			
君来梁溪饭店	无锡梁溪饭店	3	套间	4	4	920	500	梁溪厅	1	1	200	4000	3000	无锡市中山路177号	0510－88683888	
			单间	20	20	520	300	9号会议室	1	1	22	1200	900			
			标准间	56	56	480	300	1号会议室	1	1	70	1400	800			
								5号、8号会议室	2	2	30－40	1200	700			
								3号会议室	1	1	16	1100	600			
								2号、6号、7号	3	3	30	900	500			
无锡山水锦辉大酒店	无锡山水锦辉大酒店有限公司	4	套间	3	3	1258	580	锦绣宴会厅	1	1	150	1500	800	无锡市西新街（棉花巷）9号	0510－82766688	
			单间	9	9	780	280	中会议室	1	1	100	1000	500			
			标准间	99	99	480	260	小会议室	2	2	40	600	400			
无锡太湖饭店	无锡太湖饭店有限公司	5	套间	10	10	3280	600	舒天阁	1	1	36	3300	2310	无锡市梅园环湖路	0510－85517888	
			单间	20	20	1380	300	5号会议室	1	1	22	1650	1155			
			标准间（A楼1－3层）	90	90	860	300	4号会议室	1	1	30	1100	770			
无锡华美达广场酒店	无锡华美达广场酒店有限公司		套间	58	58	2080	598	大会议室						无锡市惠山区吴韵路589号	0510－83583333－6817	
			标准单人间	3	3	1080	298	中会议室	2	2	120	5200	3000			
			标准双人间	161	161	1080	298	小会议室	17	17	50	2200	1600			
苏州市																
苏州市会议中心	苏州中心大酒店	4	套间	23	23	1680	600	大会议室	2	2	300	5000	2000	苏州市道前街100号	0512－65226691－1079	
			单间	66	66	880	250	中会议室	13	13	100	3000	1000			
			标准间	280	280	980	300	小会议室	15	15	50	1500	300			

饭店名称	发票开具单位名称	星级	客房（价格：元/天）					会议室（数量：间；价格：元/天）						地址	前台订房电话	备注
			房型	总间数	协议间数	门市价	协议价	类型	总间数	协议间数	容纳人数	门市价	协议价			
苏州市新金都饭店有限公司	苏州市新金都饭店有限公司	无	套间	10	10	1280	520	大会议室	1	1	250	1200	1000	苏州市吴中西路39弄4号	0512－65252810	
			单间	3	3	680	220	中会议室	4	4	90	800	600			
			标准间	66	66	580	200	小会议室	2	2	30	400	300			
苏州市工商会议中心（吴门大酒店）	苏州市工商会议中心（吴门大酒店）	3	套间	10	10	800	480	大会议室	1	1	200	3600	1800	苏州市人民路149号	0512－65251879	
			单间	7	7	480	240	中会议室	1	1	50	3600	1800			
			标准间	73	73	480	240	小会议室	2	2	30	800	600			
苏州阊门饭店有限公司	苏州阊门饭店有限公司	3	套间	10	10	1588	500	大会议室	2	2	250	1500	1000	苏州市西中市139号	0512－67273208－5001	
			单间	15	15	718	220	中会议室	1	1	100	1000	800			
			标准间	161	161	680	220	小会议室	3	3	60	800	500			
昆山宾馆	昆山宾馆	4	豪华套房	8	8	3220	600	秀峰厅	1	1	500	29800	19800	昆山市人民北路99号	0512－57888188	
			普通套房	8	8	1587	600	阳澄厅	1	1	500	29800	19800			
			豪华单人间	50	50	1357	300	琼花厅	1	1	220	9800	4000			
			普通单人间	40	40	1012	300	宴会厅	1	1	220	19600	9800			
			标准间	90	90	1012	300	翠微阁	1	1	300	8000	4000			
								致和厅	1	1	14	2200	1600			
								秦峰厅	1	1	20	2200	1600			
								11楼会议室	1	1	20	2200	1600			
								文笔厅	1	1	14	3000	2000			
								震川厅	1	1	14	3000	2000			
								亭林厅	1	1	40	3000	2000			
								兰草厅	1	1	60	3000	2000			
								玉峰厅	1	1	60	3000	2000			
								娄江厅	1	1	30	3000	2000			
苏州新世纪大酒店有限责任公司	苏州新世纪大酒店有限责任公司	4	套间	5	5	1080	400	大会议室	1	1	200	3000	2100	苏州金阊区广济路23号	0512－68015888	
			单间	30	30	880	260	中会议室	1	1	120	2000	1400			
			标准间	100	100	880	260	小会议室	1	1	60	1000	700			
苏州胥城大厦有限公司	苏州胥城大厦有限公司	4	套间	22	22	1999	600	大会议室	2	2	400	6000	2500	苏州市三香路333号	0512－68286688－6466	
			单间	174	174	999	300	中会议室	4	4	150	4000	1500			
			标准间	200	200	799	300	小会议室	13	13	30	1500	300			

饭店名称	发票开具单位名称	星级	客房（价格：元/天）					会议室（数量：间；价格：元/天）						地址	前台订房电话	备注
			房型	总间数	协议间数	门市价	协议价	类型	总间数	协议间数	容纳人数	门市价	协议价			
海关总署苏州外事教育培训基地	海关总署苏州外事教育培训基地	无	套间	10	10	1080	380	大会议室	1	1	280	5000	2500	苏州太湖国家旅游度假区舟山路58号	0512－66083005	
			单间	52	52	580	200	中会议室	2	2	50	3000	1500			
			标准间	108	108	580	220	小会议室	7	7	30	1000	500			
苏州香雪海饭店有限公司	苏州香雪海饭店有限公司	无	套间	20	20	1280	450	大会议室	1	1	200	2500	2000	苏州市沧浪区胥江路271号	0512－68228888	
			单间	30	30	580	220	中会议室	2	2	80	2000	1500			
			标准间	100	100	580	220	小会议室	1	1	15	800	500			

浙 江 省

- 财政部委托浙江省财政厅负责在浙江省地级以上城市招标采购会议定点饭店并负责日常监督管理工作。
- 通过政府采购，确定浙江省会议定点饭店 386 家。
- 会议定点饭店按照与财政部门签订《协议书》的价格向中央和地方各级党政机关和事业单位提供相应的接待服务。
- 浙江省部分会议定点饭店的价格是按照综合定额方式采购的，各单位在组织筹备会议时应先向会议定点饭店查询。如果对协议价格产生疑义，可以要求定点饭店出示《协议书》。
- 如有会议定点饭店变更或饭店的协议价格变化，应以“党政机关出差和会议定点饭店查询网”的信息为准。
- 本目录中的浙江省会议定点饭店的详细信息，可在“党政机关出差和会议定点饭店查询网”查阅。
- 浙江省各地区长途电话区号：

杭州市	0571	湖州市	0572
嘉兴市	0573	舟山市	0580
宁波市	0574	绍兴市	0575
衢州市	0570	金华市	0579
台州市	0576	温州市	0577
丽水市	0578		

浙江省会议定点饭店

饭店名称	发票开具单位名称	星级	客房（价格：元/天）					会议室（数量：间；价格：元/天）						地址	前台订房电话	备注
			房型	总间数	协议间数	门市价	协议价	类型	总间数	容纳人数	协议间数	门市价	协议价			
杭州市																
浙江翔园宾馆	浙江翔园宾馆	3	豪华套间	5	5	1288	450	师生活动中心	1	982	1	5500	2100	杭州市德胜路235号	0571-88323258 88323278	
			豪华标准双人间A	60	42	688	250	主楼报告厅	1	300	1	2500	1000			
			豪华标准双人间B	44	40	668	240	国际演讲厅	1	140	1	1500	600			
			标准双人间A	43	43	488	180	多媒体教室	1	130	1	1200	480			
								计算机教室	1	100	1	3000	1200			
								圆廊会议室	1	90	1	1200	480			
								翔园报告厅	1	60	1	1500	600			
								翔园会议室1	1	20	1	1000	400			
								翔园会议室2	1	20	1	1000	400			
杭州爱丁堡假日酒店	杭州爱丁堡假日酒店有限公司		行政间	17	17	1188	350	大会议室凤凰厅	1	180	1	5000	1350	杭州市上城区秋涛路26号	0571-86829999	
			豪华单间	28	28	1088	300	中会议室华沙厅	1	80	1	3000	800			
			高级单间	14	14	888	280	米兰厅	1	50	1	2500	650			
			豪华标准间	67	67	988	280									
			标准间	123	123	788	280	小会议室尼斯厅	1	40	1	2000	500			
								利兹厅	1	20	1	1500	400			
								里昂厅	1	20	1	1500	400			

饭店名称	发票开具单位名称	星级	客房（价格：元/天）					会议室（数量：间；价格：元/天）						地址	前台订房电话	备注
			房型	总间数	协议间数	门市价	协议价	类型	总间数	容纳人数	协议间数	门市价	协议价			
浙江开元酒店投资管理集团有限公司杭州开元名都大酒店	浙江开元酒店投资管理集团有限公司杭州开元名都大酒店	5	标准间	406	285	1080	390	大会议室	2	500人以上	2	16000	7050	杭州萧山市心中路818号	0571－82888888－8528/8558	中标商名：浙江开元酒店投资管理集团有限公司
								中会议室	5	100－300	5	5000－6800	2200－3000			
								小会议室	15	15－100	15	2800	1235			
浙江嘉海大酒店	浙江嘉海大酒店		套间	2	2	1588	400	大会议室	1	340	1	6000	4000	杭州市黄龙路9号	0571－86666888	
			单间	6	6	1288－1088	300	中会议室	1	60	1	1800	1200			
			标准间	64	54	1288－1088	300	小会议室	3	30－12	3	1500－1000	1000－650			
浙江省工商行政管理干部培训中心（又名浙江金汇大厦）	浙江省工商行政管理干部培训中心		套间					4号会议室	1	180	1	4500元/场	1800元/场	杭州市莫干山路73号	0571－88389898－2688 88385431	
			单人间B	4	4	580	220	2号会议室	1	120	1	2500元/场	1200元/场			
			单人间A	8	8	680	260	1号会议室	1	60	1	2500元/场	1200元/场			
			豪华单间	8	8	780	290	6号会议室	1	40	1	1500元/场	700元/场			
			标准间C	4	4	580	220	7号会议室	1	40	1	900元/场	400元/场			
			标准间B	44	44	680	260	3号会议室	1	12	1	800元/场	350元/场			
			标准间A	15	15	780	290	5号会议室	1	10	1	700元/场	300元/场			
			豪华标准间	24	24	980	360									
浙江天都城酒店有限公司	浙江天都城酒店有限公司	5	标准双人间	70	70	1000	300	广厦厅	1	370	1	10000	4000	浙江省杭州市余杭区临平星桥街道	0571－89179699	
			标准单人间	7	7	1000	300	凡尔赛厅	1	150	1	4000	1600			
			豪华双人间	66	66	1200	300	凯旋厅	1	140	1	4000	1600			
			豪华单人间	5	5	1200	300	牡丹厅	1	60	1	2000	800			
								桂花厅	1	40	1	2000	800			
								尼姆厅	1	30	1	3000	1200			

饭店名称	发票开具单位名称	星级	客房（价格：元/天）					会议室（数量：间；价格：元/天）						地址	前台订房电话	备注
			房型	总间数	协议间数	门市价	协议价	类型	总间数	容纳人数	协议间数	门市价	协议价			
浙江天都城酒店有限公司	浙江天都城酒店有限公司	5						香榭厅	1	30	1	1500	600	浙江省杭州市余杭区临平星桥街道	0571－89179699	
								枫丹厅	1	26	1	1200	480			
								白露厅	1	26	1	1200	480			
								协和厅	1	26	1	1200	480			
								爱丽舍厅	1	26	1	1200	480			
杭州华辰假日宾馆	杭州华辰假日宾馆有限公司		套间	9	9	980	430	大会议室	1	170		3500	1610	杭州上城区凤山路155号	0571－86086666	
			单间	5	5	520	228	中会议室	1	100		1500	690			
			标准间 A	28	28	580	248	中会议室	1	60		1300	598			
			标准间 B	49	49	520	228	小会议室	1	16		800	368			
中国人民解放军海军东海舰队司令部杭州招待所	中国人民解放军海军东海舰队司令部杭州招待所		豪华单人间	9	9	800	380	大会议室	1	200	1	2000	1000	西湖区天目山路7号	0571－85111946	
			单人间	6	6	480	228	小会议室1	1	60	1	800	400			
			豪华标准间	44	44	520	246	小会议室2	1	40	1	400	200			
			标准间	87	87	440	210	小会议室3	1	20	1	400	200			
杭州万华国际酒店	杭州万华国际酒店有限公司	4	标准双人间 A	40	28	818	300	大会议室	1	380	1	8800	3000	杭州下城区香积寺东路60号	0571－85088888	
			标准双人间 B	34	24	918	300	中会议室	2	180	2	4800	1700			
			标准双人间 C	34	24	968	300	小会议室	1	80	1	3000	1000			
			豪华单人间 A	18	13	818	300	小会议室	2	35	2	1800	600			
			豪华单人间 B	12	9	918	300	小会议室	1	20	1	1500	500			
			豪华单人间 C	12	9	969	300	小会议室	1	8	1	1000	300			
杭州东方假日酒店	杭州东方假日酒店		套间	20	20	1288	300	大会议室	1	200		5000	1200/场	浙江省杭州市德胜路2号	0571－85080571	
			单间	10	10	688	260	中会议室	1	80		4000	900/场			
			标准间	120	120	688	260	小会议室	2	40		3500	800/场			
杭州多瑙河假日酒店	杭州多瑙河假日酒店有限公司		套间	7	4	980	300	7楼会议室	1	200	1	1600	800	杭州市上城区中河南路45号	0571－86856558	
			单间	14	7	580	178	5楼会议室	1	80	1	1000	500			
			标准间	190	100	580	148	1楼会议室	1	100	1	1200	600			
浙江高速石油发展有限公司	浙江高速石油发展有限公司虎跑山庄分公司		套间	15	6	1280	388	满陇桂雨	1	220	1	2000	1000	杭州市虎跑路34号马儿山1号	0571－86788899	
			单间	26	26	658	200	九溪烟树	1	55	1	1000	500			
			标准间	49	49	658	200	平湖秋月	1	45	1	800	400			

饭店名称	发票开具单位名称	星级	客房（价格：元/天）					会议室（数量：间；价格：元/天）						地址	前台订房电话	备注
			房型	总间数	协议间数	门市价	协议价	类型	总间数	容纳人数	协议间数	门市价	协议价			
浙江高速石油发展有限公司	浙江高速石油发展有限公司虎跑山庄分公司		三人间	2	2	658	200	花港观鱼	1	12	1	600	300	杭州市虎跑路34号马儿山1号	0571－86788899	
								吴山天风	1	24	1	800	400			
								云溪竹径	1	22	1	600	300			
杭州第一世界大酒店有限公司	杭州第一世界大酒店有限公司		豪华单人间	63	63	1680	400	第一世界大剧院	1	3000	1	50000	20000	杭州市萧山区湘湖路92号	0571－83866666	
			标准双人间	164	164	880	298	第一世界厅	1	600	1	12000	4800			
			高级双人间	124	124	1480	400	宋城厅	1	400	1	12000	4800			
			豪华双人间	84	84	1680	430	创意城厅	1	160	1	3000	1200			
								苏黎士厅	1	160	1	3000	1200			
								威尼斯厅	1	120	1	3000	1200			
								龙泉山厅	1	80	1	1800	720			
								渔人码头厅	1	60	1	1500	600			
								中国渔村厅	1	50	1	1500	600			
								荷兰花街厅	1	50	1	1500	600			
								山里人家厅	1	50	1	1500	600			
								乐园厅	1	20	1	2000	800			
								贵宾接见厅	1	20	1	1000	400			
杭州富邦装潢有限公司国际大酒店	杭州富邦装潢有限公司国际大酒店		行政豪单	3	3	1118	400	富邦厅（$290m^2$）	1	160	1	4000	2400	杭州市余杭区南苑街道世纪大道128号	0571－89285226	指定联系人：黄小燕
			行政单间	40	30	918	330	群贤厅1（$150m^2$）	1	100	1	2000	1200			
			豪华单间	7	7	358	300	崇文厅	1	80	1	1800	1000			
			高级单间	30	25	718	260	群贤厅2（$28m^2$）	1	18	1	800	350			
			标准间	108	80	718	260	群贤厅3（$60m^2$）	1	30	1	1000	600			
								群贤厅5、6（$45m^2$）	2	25	2	800	450			
								凌霄阁会议厅（$30m^2$）	1	20	1	800	400			

饭店名称	发票开具单位名称	星级	客房（价格：元/天）					会议室（数量：间；价格：元/天）						地址	前台订房电话	备注
			房型	总间数	协议间数	门市价	协议价	类型	总间数	容纳人数	协议间数	门市价	协议价			
杭州龙禧大酒店有限公司	杭州龙禧大酒店有限公司		套间	18	13	1480	440	大会议室	1	300	1	5000/场	3000/场	杭州市高新（滨江）区江南大道3788号	0571－86697888 58109999－4993/6	
			单间	32	23	1280	380	中会议室	4	80	1	1500/场	900/场			
			豪华标准间	16	12	1080	324									
			标准间	100	70	980	300	小会议室	1	30	1	800/场	480/场			
海外海国际酒店	杭州汽车城有限公司海外海国际酒店		套间					海政厅	1	200		2500	1500	杭州石祥路579号	0571－88176666－8168	
			单间A	6	6	788	252	海涟厅	1	80		1200	720			
			豪华单间A	19	19	828	258	海韵厅	1	30		800	480			
			标准间A	102	102	688	220	行政洽谈室	1	30		800	480			
			豪华标准间A	27	27	828	258	海滨厅	1	10		500	300			
杭州世纪瑞城酒店	杭州世纪瑞城大酒店有限公司		套间	5	4	1560	600	大会议室	1	150－200	1	2000	1000	杭州市余杭区五常街道五常大道137－139号	0571－88735599	
			单间	16	12	560	218									
			豪华单间	8	6	760	288	中会议室	1	30－50	1	1000	500			
			标准间	100	80	560	218									
			豪华标准间	25	20	760	288	贵宾厅	1	10	1	1000	500			
			行政间	4	4	860	328	小会议室	1	20	1	800	400			
杭州星都宾馆	杭州星都宾馆有限公司	4	套间					大会议室	1	350		5000	2500	杭州市拱墅区文晖路448号	0571－88386888	
			标准单人间	25	25	618	300	中会议室	1	150		3000	1200			
			标准双人间	88	88	618	300	中会议室	3	80		1500	600			
			豪华单人间	41	41	680	330	小会议室	1	35		1000	400			
			豪华双人间	78	78	680	330	小会议室	2	20		800	400			
杭州众安华纳假日大酒店	杭州众安华纳假日大酒店有限公司		豪华套间	4	4	1388	450	大会议室	1	150	1		800	杭州市下城区香积寺路21号	0571－85266666	
			单间	19	19	528	180	中会议室	1	92	1		1000			
			标准间	40	40	668	230	小会议室	1	30	1		300			
			套间	2	2	1188	400									
			豪华单间	16	16	628	215									
			豪华标准间	25	25	728	248									

饭店名称	发票开具单位名称	星级	客房（价格：元/天）					会议室（数量：间；价格：元/天）						地址	前台订房电话	备注
			房型	总间数	协议间数	门市价	协议价	类型	总间数	容纳人数	协议间数	门市价	协议价			
杭州花家山庄	杭州花家山庄		豪华套间	2				大会议室	1	300	1	6800	3060	杭州西湖区三台山路25号	0571－87973166 87973167	
			套间	2				中会议室	1	120	1	2200	990			
			豪华标准间A	9				中会议室	3	45－55	3	2000	900			
			豪华标准间B	12				小会议室	1	30	1	1500	675			
			豪华单人间	9				小会议室	1	24	1	1000	450			
			标准双人间A	71	71	380	300									
			标准双人间B	29	29	1080	350									
杭州华辰旅业	杭州华辰旅业集团有限公司华辰银座酒店	4	标准双人间	83	83	780	280	大会议室	1	200	1	5000	1800	杭州市江干区新塘路342号	0571－86478888	
			标准单人间	7	7	780	280	中会议室	1	90	1	2500	900			
			豪华双人间	52	52	980	300	中会议室	1	80	1	2300	800			
			豪华单人间	31	31	980	300	小会议室	1	46	1	1800	600			
								小会议室	1	30	1	1500	500			
杭州华清饭店	杭州华清饭店		A双标	24	24	398	200	大会议室	1	120	1	1500	750	保俶路221号	0571－87057766	
			B双标	23	23	348	175	中会议室	1	50	1	800	400			
			C双标	29	29	298	150	小会议室	1	30	1	600	300			
			三人房	8	8	498	250									
杭州环岛宾馆有限公司	杭州环岛宾馆有限公司		标准双人间	63	63	690	228	环球厅	1	160	1	4800	1680	杭州市下城区环城西路92号	0571－85068666	
			标准单人间	6	6	690	228	养心阁	1	110	1	4000	1400			
			豪华双人间	34	34	788	260	天和厅	1	95	1	3000	1050			
			豪华单人间	6	6	788	260	环岛厅	1	45	1	2800	980			
杭州集锦饭店	杭州集锦饭店		套间	5	5	638	250	大会议室	1	120	1	1250	500	杭州学院路60号	0571－88071888	
			单间	5	5	450	180	中会议室	1	40	1	880	350			
			标准间	64	64	450	180	小会议室	1	20	1	880	350			

饭店名称	发票开具单位名称	星级	客房（价格：元/天）					会议室（数量：间；价格：元/天）						地址	前台订房电话	备注
			房型	总间数	协议间数	门市价	协议价	类型	总间数	容纳人数	协议间数	门市价	协议价			
浙江省住房和城乡建设厅招待所（建设饭店）	浙江省住房和城乡建设厅招待所		套间	2	2	720	300	大会议室	1	180	1	1600	800	杭州市保俶路222号	0571－28035188	
			单间	6	6	620	200	中会议室	1	60	1	1600	800			
			标准间	45	36	620	200	小会议室	1	30	1	1200	600			
浙江省交通干部学校	浙江省交通干部学校		套间	4	4	450	180	大会议室	1	1000	1	3000	900	杭州市莫干山路金家渡	0571－88481800	
			单间	无				中会议室	3	70	3	600	180			
			标准间	70	70	350	140	小会议室	2	15	2	400	120			
杭州金海宾馆	杭州金海宾馆	2	标准间A	34	34	420	176							杭州莫干山路76号	0571－88277288	
			标准间B	24	24	360	150									
			单人间	14	14	380	159									
			豪华单间	6	6	380	159									
			豪华标间A	22	22	460	192	大会议室	1	180	1	1500	620			
			豪华标间B	6	6	380	159	中会议室	1	80	1	1200	500			
								小会议室	1	20	1	500	200			
浙江金马饭店有限公司	浙江金马饭店有限公司	5	标准双人间	227	220	880	298	国际会议厅	1	650	1	12800	4864	杭州萧山区通惠中路218号	0571－82885633	
			单人间	122	118	880	298	龙骧厅南半场	1	150	1	5000	1900			
			豪华单人间	72	68	1180	399	凤祥厅	1	250	1	5800	2204			
			豪华标准双人间	85	80	1180	399	湘湖贵宾厅	1	10	1	1800	684			
								富春	1	16	1	1800	684			
								龙井	1	80	1	1800	684			
								虎跑	1	20	1	1800	684			
								保俶	1	14	1	1000	380			
								国际会议厅南半场	1	300	1	6800	2584			
								金马厅	1	450	1	8800	3344			
								水晶厅	1	150	1	3800	1444			
								钱塘	1	12	1	1800	684			

饭店名称	发票开具单位名称	星级	客房（价格：元/天）					会议室（数量：间；价格：元/天）						地址	前台订房电话	备注
			房型	总间数	协议间数	门市价	协议价	类型	总间数	容纳人数	协议间数	门市价	协议价			
浙江金马饭店有限公司	浙江金马饭店有限公司	5						新安	1	14	1	1800	684	杭州萧山区通惠中路218号	0571－82885633	
								云栖	1	80	1	1800	684			
								满陇	1	12	1	1000	380			
								宝石	1	14	1	1000	380			
								玉皇	1	14	1	1000	380			
								龙骧厅北半场	1	150	1	5000	1900			
								龙骧厅	1	600	1	9800	3724			
								国际会议厅北半场	1	300	1	6800	2584			
								西湖贵宾厅	1	10	1	1800	684			
								凤祥厅南半场	1	70	1	3000	1140			
								凤祥厅北半场	1	70	1	3000	1140			
杭州灵隐宾馆有限公司	杭州灵隐宾馆有限公司		套间					大会议室	2	300	2	2600	1200	杭州市灵隐天竺路15号	0571－87986688	
			单间	4	4	480	180	中会议室	2	110	2	1800	900			
			标准间	75	75	528	198	小会议室								
杭州市职工休养院（杭州六通宾馆）	杭州市职工休养院（杭州六通宾馆）		套间					大会议室	1	200	1	4000	1600	杭州市三台山路149号	0571－87960606	
			豪华单间	17	17	1280	380	中会议室	1	100	1	2500	1000			
			豪华标房	50	50	1280	380									
			标准间	75	75	780	260	小会议室	3	20－40	3	1000－2000	400－800			
杭州陆羽山庄度假酒店	杭州陆羽山庄有限公司	5	标准双人间	64	50	1088	300	集鸿厅	1	250	1	6000	3600	杭州市余杭区径山镇双溪漂流景区内	0571－88502888－8002	
			单人间	20	10	1488	380	集仕厅	1	180	1	3600	2160			
			豪华标准双人间	34	34	1688	450	集景厅	1	50	1	1500	900			
			豪华单人间	9	9	1688	450	集思厅	1	25	1	900	540			
								集汇厅	1	25	1	900	540			
								集御厅	1	25	1	900	540			
								集智厅	1	25	1	900	540			
								集瑞厅	1	25	1	900	540			

饭店名称	发票开具单位名称	星级	客房（价格：元/天）房型	总间数	协议间数	门市价	协议价	会议室（数量：间；价格：元/天）类型	总间数	容纳人数	协议间数	门市价	协议价	地址	前台订房电话	备注
杭州梅苑股份有限公司	杭州梅苑股份有限公司梅苑宾馆	4	单间	20	20	980	300	大会议室		250		6000	2500	杭州市莫干山路511号	0571－88051000－29	
			标准间	74	74	980	300	中会议室		150		5000	2000			
										120		3000	1000			
			豪华双人间	62	62	1318	398	小会议室		40		1500	600			
			豪华单人间	13	13	1488	450			22		1500	600			
杭州梅竺度假村有限公司	杭州梅竺度假村有限公司	3	套间	12	12	1080	420	大会议室	1	220	1	3000	1200	杭州市西湖区梅家坞3号	0571－86778688－总台	
			单间	17	17	550	230	大会议室	1	120	1	2500	1100			
			标准间A	42	42	600	240	大会议室	1	150	1	2500	1000			
			标准间B	85	85	550	230	中会议室	2	50－60	2	1200	500			
								中会议室	1	40	1	1000	400			
								小会议室	1	30	1	1200	500			
								小会议室	1	30	1	700	300			
								小会议室	3	25	3	500	200			
杭州山水宾馆	杭州山水宾馆	3	套间	2	2	928	320	山水厅	1	200	1	3000	1000	杭州市西湖区教工路187号	0571－88004386	
			单间A	5	5	688	240	之江厅	1	150	1	3000	1000			
			单间B	14	14	438	150	钱江厅	1	50	1	900	300			
			标准间A	62	56	688	240	西溪厅	1	44	1	900	300			
			标准间B	65	65	573	200	西子厅	1	36	1	600	200			
								西湖厅	1	30	1	600	200			
								九溪厅	1	30	1	600	200			
杭州索菲特世外桃源度假酒店	杭州世外桃源旅游有限公司度假酒店	5	套间					桃源多功能厅	1	400	1	16000	4000	杭州市萧山区闻堰镇湘湖路3318号	0571－83880888－2905/2906	
			单间A	57	40	1600	400	湘湖厅	1	320	1	12000	3000			
			标准间A	73	60	1600	400	西湖多功能厅	1	140	1	10000	2500			
			单间B	21	15	1800	450	天鹅湖贵宾1号厅	1	84	1	12000	3000			
			标准间B	69	50	1800	450	天鹅湖贵宾2号厅	1	67	1	10000	2500			
								董事会议厅湘潇厅，湘滟厅，湘源厅，湘瀛厅	5	25	5	5000	1250			
								湘澜贵宾厅	1	30	1	6000	1500			

饭店名称	发票开具单位名称	星级	客房（价格：元/天）房型	总间数	协议间数	门市价	协议价	会议室（数量：间；价格：元/天）类型	总间数	容纳人数	协议间数	门市价	协议价	地址	前台订房电话	备注
浙江田园宾馆	浙江田园宾馆有限公司							大会议室	1	185	1	1800	850	杭州市凯旋路206号	0571－86713001－8168	
			单间	12	9	478	190	中会议室	1	25	1	650	300			
			标准间	72	60	478	190	小会议室	1	14	1	550	250			
杭州望湖宾馆有限责任公司	杭州望湖宾馆有限责任公司	4	套间					大会议室	2	200	2	5612	3900	杭州环城西路2号	0571－87078888－6677	
			单间	40	34	1127	400	中会议室	2	80	2	2967	2000			
			标准间	131	92	1127	400	小会议室	3	26－33	3	1472	1000			
杭州维景国际大酒店	杭州维景大酒店有限公司	5	标准间	108	80	1250	400	大会议室	2	350	1	15000	7500	杭州市平海路2号	0571－87088088－859	
			豪华标准间	33	25	1450	450			180	1	12000	6000			
			单人间	83	60	1250	400	中会议室	4	120	1	4500	2250			
			豪华单人间	69	45	1450	450			100	1	4500	2250			
										80	1	3500	1750			
										80	1	3500	1750			
								小会议室	4	30	1	2500	1250			
										35	1	1500	750			
										20	1	1000	500			
										12	1	1800	900			
浙江文华大酒店	浙江文华大酒店有限公司	4	套间					大会议室	1	350－400	1	6000	3000	文二路38号	0571－88825888－53	
			单间	47	47	880	298	中会议室	1	80－100	1	2600	1300			
			标准间	80	80	880	298	小会议室	4	30－40	4	2000	1000			
浙江文源宾馆有限公司	浙江文源宾馆有限公司	3	豪华套间	4	4	1080	438	大会议室	1	150	1	2500	1200	杭州市文晖路108号	0571－88300107 88300108	
			套房	4	4	880	358	中会议室	1	45	1	1200	576			
			标准双人间	32	32	560	228	小会议室1	1	16	1	800	384			
			标准单人间	14	14	560	228	小会议室2	1	16	1	600	288			
			豪华双人间	32	32	600	244									
			豪华单人间	24	24	600	244									
			家庭房	4	4	600	244									

饭店名称	发票开具单位名称	星级	客房（价格：元/天）					会议室（数量：间；价格：元/天）						地址	前台订房电话	备注
			房型	总间数	协议间数	门市价	协议价	类型	总间数	容纳人数	协议间数	门市价	协议价			
杭州西溪598宾馆	杭州西溪五九八宾馆有限公司		套间					大会议室	1	150	1	2200	1500	杭州古墩路1号	0571－86660598－8200	
			单间	27	27	780	288	中会议室	1	50－80	3	1500	1000			
			标准间	36	36	680	288	小会议室	4	30	4	900	400			
杭州海外海西溪宾馆	杭州海外海西溪宾馆有限公司	3	标准双人间	90	90	580	220	大会议室（海政厅）	1	320	1	4000	2600	杭州市天目山路329号	0571－85226888－8178	
			豪华标准双人间	44	44	680	248	大会议室（海上明月）	1	100	1	1500	975			
			豪华单人间	2	2	680	248	中会议室（海天一色）	1	68	1	1200	780			
								中会议室（海市蜃楼）	1	45	1	800	450			
								中会议室（海港明珠）	1	45	1	800	520			
								中会议室（海内知己）	1	30	1	800	320			
								小会议室（海涛厅）	1	10	1	300	150			
浙江萧山宾馆股份有限公司	浙江萧山宾馆股份有限公司	4	标准双人间A	115	81	850	280	开元厅	1	400	1	8800	3520	萧山区人民路77号	0571－82881888－2868	
			单人间A	57	40	850	280	萧然厅	1	260	1	6800	2720			
			标准双人间B	90	63	950	310	开元厅A	2	210	2	4800	1920			
			单人间B	78	55	950	310	牡丹厅	1	100	1	3500	1400			
			行政间	15	11	1380	450	锦绣厅	1	80	1	4000	1600			
								锦兰厅	1	30	1	1600	640			
								锦芳厅	1	20	1	1200	480			
								楼层会议室	5	20	5	1200	480			
杭州新开元大酒店有限公司	杭州新开元大酒店有限公司		单间	42	42	1180	300	玉皇厅	1	140	1	2500	1250	杭州市解放路142号	0571－87089888 87022222－6687/6686	
			标准间	53	53	980	300	风荷厅	1	80	1	2000	1000			
			豪华单间	31	22	1280	320	桂雨厅	1	60	1	1500	750			
			豪华标准间	13	13	1080	320	吴山厅	1	35	1	1000	500			

饭店名称	发票开具单位名称	星级	客房（价格：元/天）					会议室（数量：间；价格：元/天）						地址	前台订房电话	备注
			房型	总间数	协议间数	门市价	协议价	类型	总间数	容纳人数	协议间数	门市价	协议价			
杭州新侨饭店有限公司	杭州新侨饭店有限公司	4	单间	23	23	880	300	大会议室	0					杭州市解放路226号	0571－87076688	
			标准间	231	231	880	300	中会议室	1	250	1	5000	2500			
								中会议室	1	200	1	5000	2500			
								中会议室	1	100	1	3500	1750			
								小会议室	5	320	5	1500	750			
								小会议室	3	90	3	1000	500			
								小会议室	3	90	3	600	300			
浙江冶金银星实业公司银星饭店	浙江冶金银星实业公司银星饭店	2	普通套间	2	1	688	288	大会议室	1	120	1	1800	800	杭州市莫干山路54号	0571－88268066	
			豪华套房	1	1	888	388	阳光厅	1	60	1	1500	600			
			标准双人间	46	46	388	178	中会议室	1	50	1	1200	500			
			单间	7	7	358	158	小会议室	2	26	2	800	300			
			豪华双人间	35	35	488	218									
			豪华单人间	8	8	488	218									
杭州玉皇山庄	杭州玉皇山庄	3	豪华标间	6	5	968	388	大会议室	1	150人以上	1	6000	2820	玉皇山路74号	0571－87794527	1. 订房由营销部负责；2. 会场按上、下午两场为一天计费
			豪华单间	25	18	968	388	中会议室	1	80	1	5000	2350			
			单间A	6	6	698	280	中会议室	1	70	1	3000	1410			
			单间B	29	21	858	344	中会议室	1	50	1	3600	1692			
			标准间A	64	50	698	280	小会议室	1	35	1	1800	846			
			标准间B	44	35	858	344	小会议室	1	30	1	1800	846			
								小会议室	1	30	1	1800	846			
浙江百瑞国际大酒店有限公司	浙江百瑞国际大酒店有限公司		套间					大会议室	1	270	1	5000	3000	杭州市教工路195号	0571－28026666	
			高级单间	6	6	988	320	中会议室	1	120	1	2000	1300			
			豪华单间	16	16	1288	336	中会议室	1	80	1	1800	1000			
			行政单间	19	19	1588	380	小会议室	1	60	1	1500	900			
			高级标准间	113	113	988	320	小会议室	4	30	4	1400	800			
			豪华标准间	94	94	1288	336	小会议室	3	20	3	1000	600			
			行政标准间	30	30	1588	380									

饭店名称	发票开具单位名称	星级	客房（价格：元/天）					会议室（数量：间；价格：元/天）						地址	前台订房电话	备注
			房型	总间数	协议间数	门市价	协议价	类型	总间数	容纳人数	协议间数	门市价	协议价			
浙江东方豪生大酒店	浙江东方豪生大酒店有限公司		单间A（高级单人间）	11	8	960	280	大会议室（东方豪霆宴会厅）	1	700		12000	6000	杭州市艮山西路288号	0571－86767811	
			单间B（学士单人间）	20	14	850	240									
			单间C（无障碍客房）	1	1	960	280	中会议室（东方红多功能厅）	1	150	1	4000	2000			
			豪华单人间	11	8	1380	380	中会议室（玫瑰睡莲樱花厅）	1	50		2100	1050			
			标准双人间	131	100	960	280									
			行政双人间	8	6	1500	400	小会议室（电教培训厅）	1	40		2000	1000			
			套房A（高级套房）	21	15	2100	450									
			套房B（精致套房）	23	17	2100	450	小会议室（百合厅）	1	30		2000	1000			
			套房C（东方套房）	3	3	2100	450									
			套房D（行政套房）	7	5	2100	450	小会议室（行政楼层会议厅）	1	20		2000	1000			
								小会议室（桂花厅）	1	10		2000	1000			
浙江国际大酒店有限公司	浙江国际大酒店有限公司	5	商务套间					大会议室	1	400	1	10000	5000	杭州市体育场路221号	0571－85770088	
			商务单间	66	46	1666	394	中会议室	1	168	1	6000	3000			
			标准间	50	35	1266	300	中会议室	1	100	1	5000	2500			
								小会议室	1	40	1	2000	1000			
								小会议室	1	40	1	2000	1000			
浙江金川宾馆	浙江金川宾馆	3	普通单间	20	20	580	240	1号会议室	1	280	1	3000	1500	杭州市凤起东路58号	0571－86996999	
			普通标准间	90	90	580	240	3号会议室	1	100	1	1600	800			
			豪华单间	10	10	780	280	2号会议室	1	45	1	1200	600			
			豪华标准间	40	40	780	280	6号会议室	1	40	1	1000	500			
								5号会议室	1	24	1	600	300			

饭店名称	发票开具单位名称	星级	客房（价格：元/天）					会议室（数量：间；价格：元/天）						地址	前台订房电话	备注
			房型	总间数	协议间数	门市价	协议价	类型	总间数	容纳人数	协议间数	门市价	协议价			
浙江庆华饭店	浙江省人民警察培训中心		套间					第一会议室	1	100	1	3200	1200	杭州清泰街民生路58号	0571－87286515	
			单间	19	19	1068	298	多功能厅	1	80	1	2800	1000			
			标准间A	87	87	1028	288	第二会议室	1	50	1	2300	800			
			标准间B	30	30	718	200	第三会议室	1	20	1	1200	380			
浙江新世纪大酒店	浙江新世纪大酒店有限公司	3	套间					大会议室	1	240	1	2000	1200	杭州市文三路18号	0571－88391111	龚维权
			单间					中会议室	2	120	2	1500	900			
			标准间	206	170	720	300	小会议室	12	40	12	700	400			
杭州中北大酒店有限责任公司	杭州中北大酒店有限责任公司		套间					大会议室	1	300	1	3000	1200	杭州市中山北路500号（武林广场东面、杭州百货大楼斜对面）	0571－85060988－6688/6788	
			标准单间	11	8	350	150	多功能厅	1	140	1	2000	800			
			豪华单间	14	10	600	260	1F会议室	1	65	1	1500	600			
			标准间B型	96	96	500	220	7F会议室	1	50	1	800	300			
			标准间A型	73	73	550	240	4F会议室	1	30	1	800	300			
			豪华标准间	46	46	600	260	7F小会议室	1	20	1	800	300			
杭州中山国际大酒店	杭州中山国际大酒店有限公司	3	标准双人间	57	46	1280	230	大会议室（国际厅）	1	200	1	4000	1000	杭州市上城区平海路15号	0571－87068899－8808	
			标准单人间	18	14	1280	230	中会议室（中华厅）	1	50	1	2000	500			
			豪华双人间A	50	40	1680	300	中会议室（中天厅）	1	35	1	1600	400			
			豪华双人间B	34	27	1880	330	中会议室（贵宾厅）	1	30	1	1600	400			
			豪华单人间	10	8	1580	280	小会议室	1	25	1	1200	300			
			湖景双人间（其他房型）	10	8	1980	350	小会议室（洽谈室）	1	6	1	800	200			
			湖景单人间（其他房型）	10	8	1980	350									
			行政间（A）	19	15	2080	370									
			行政间（B）	7	6	2080	370									
杭州紫金港大酒店	杭州紫金港大酒店有限公司		套间	5	5	1088	360	大会议室	1	180	1	3500	1200	杭州市西湖区申花路798号	0571－89977088	
			单间	12	12	788	280	中会议室	1	80	1	2000	700			
			普通标准间	66	66	668	240	中会议室	1	60	1	3000	1000			
			豪华标准间	65	65	788	280	小会议室	1	28	1	1200	400			

饭店名称	发票开具单位名称	星级	客房（价格：元/天） 房型	总间数	协议间数	门市价	协议价	会议室（数量：间；价格：元/天） 类型	总间数	容纳人数	协议间数	门市价	协议价	地址	前台订房电话	备注
杭州海外海纳川大酒店	杭州海外海汽车贸易有限公司纳川大酒店		套间					大会议室	1	460	1	5000元/场	3000元/场	浙江省杭州市石祥路575号	0571－88173333	
			单间	53	53	888	284	中会议室	8	120	8	2000元/场	1200元/场			
			标准间	335	267	788	220	小会议室	2	30	2	1000元/场	600元/场			
杭州清水湾假日酒店有限公司	杭州清水湾假日酒店有限公司		豪华套房	2	2	1680	450	鸿轩厅	1	226	1	2000	1000	潮王路177号	0571－88169996	
			豪华双人间	20	20	680	248	闻莺厅	1	170	1	1500	750			
			标准双人间	84	84	580	218	花港厅	1	60	1	800	400			
			豪华单人间	24	24	680	248	清水厅	1	60	1	800	400			
								风荷厅	1	30	1	600	300			
								流霞厅	1	30	1	600	300			
								迎宾厅	1	20	1	600	300			
杭州天马酒店管理有限公司	杭州天马酒店管理有限公司		套间					大会议室	1	400	1	8000	3500	杭州市江干区秋涛北路326号	0571－86066666－51	
			单间	33	33	1180	378	中会议室	3	180	3	4500	2000			
			标准间	117	110	880	288	小会议室	3	50	3	3000	1200			
杭州宏大宾馆有限公司	杭州宏大宾馆有限公司		标准双人间	48	48	498	170	大会议室	1	105	1	1600	600	杭州市武林路戒坛寺巷25号	0571－85868888	
			标准单人间	9	9	498	170	中会议室	1	60	1	1300	400			
			豪华双人间	18	18	648	220	小会议室	1	30	1	1000	300			
			豪华单人间	8	8	648	220									
			套房	1	1	1100	350									
			豪华套房	1	1	1500	450									
杭州花港海航度假酒店有限公司	杭州花港海航度假酒店有限公司		标准间	106	75	980	300	大会议室	1	300	1	4800	2400	杭州市西湖区杨公堤1号	0571－87998899	
			单间	24	17	980	300	中会议室	5	80	5	1800	900			
			豪华标准间	68	48	1180	350	小会议室	4	16－30	3	1600	800			
			豪华单间	10	7	1180	350									
纳德酒店股份有限公司	纳德酒店股份有限公司	4	标准双人间A	83	83	1296	290	中会议培训室（30－50人）	1	50	1	1000	300	杭州市湖墅南路2号	13588373064	
			单人间A	36	36	1296	290	中会议培训室（30－50人）	1	50	1	1000	300			

饭店名称	发票开具单位名称	星级	客房（价格：元/天）					会议室（数量：间；价格：元/天）						地址	前台订房电话	备注
			房型	总间数	协议间数	门市价	协议价	类型	总间数	容纳人数	协议间数	门市价	协议价			
纳德酒店股份有限公司	纳德酒店股份有限公司	4	豪华标准双人间 A	31	31	1426	319	中会议培训室（30－50 人）	1	120	1	1000	300	杭州市湖墅南路 2 号	13588373064	
			豪华标准双人间 B	25	25	1626	363	大会议培训室（80－120 人）	1	120	1	2666	799			
			豪华单人间 A	12	12	1426	319	大会议培训室（80－120 人）	1	120	1	2666	799			
			豪华单人间 B	26	26	1526	341	大会议培训室（120－150 人）	1	150	1	3266	979			
			行政间	14	14	1996	446	大会议培训室（150－300 人）	1	300	1	6000	1800			
杭州华玫达酒店有限公司	杭州华玫达酒店有限公司	4	标准双人间 A	166	120	880	264	大会议培训室（300－500 人）	1	500	1	8200	2460	杭州滨江区环兴路 352 号	13606715371	
			单人间 A	57	40	880	264	大会议培训室（150－300 人）	1	300	1	4200	1260			
			豪华标准双人间 A	52	37	980	294	中会议培训室（30－50 人）	1	50	1	1200	360			
			豪华单人间 A	38	27	980	294	中会议培训室（30－50 人）	1	50	1	1200	360			
			套房	19	14	1280	384	小会议培训室（30 人以下）	1	30	1	1200	360			
			行政间	26	19	1280	384	小会议培训室（30 人以下）	1	30	1	1200	360			
								中会议培训室（50－80 人）	1	80	1	2000	600			
								中会议培训室（50－80 人）	1	80	1	2000	600			
								中会议培训室（50－80 人）	1	80	1	2000	600			
杭州临平宾馆有限公司	杭州临平宾馆有限公司	3	普通单间	25	25	380	180	大会议室	1	260	1	2300	1000	余杭区临平东湖中路 170 号	0571－86223511	
			豪华单间	13	13	500	200	中会议室	1	100	1	1350	608			
			普通标间	83	83	380	140	小会议室	1	25	1	800	360			
			豪华标间	20	20	500	200	小会议室	1	20	1	600	270			
			三人间	3	3	500	160									

饭店名称	发票开具单位名称	星级	客房（价格：元/天）					会议室（数量：间；价格：元/天）						地址	前台订房电话	备注
			房型	总间数	协议间数	门市价	协议价	类型	总间数	容纳人数	协议间数	门市价	协议价			
杭州华辰国际饭店	杭州华辰国际饭店有限公司	4	标准双人间 A	47	47	1150	345	2 号会议室	1	70	1	1800	1260	杭州市上城区平海路 25 号	0571－87652222	
			单间 A	41	41	880	264	3 号会议室	1	300	1	5000	3500			
			豪华双人间 A	31	31	1350	405	3A 会议室	1	80	1	2200	1540			
			豪华单人间	18	18	1150	345	3B 会议室	1	120	1	2800	1960			
								6 号会议室	1	32	1	1500	1050			
								7 号会议室	1	20	1	1200	840			
								8 号会议室	1	20	1	1200	840			
								9 号会议室	1	20	1	1200	840			
杭州天鸿饭店有限公司	杭州天鸿饭店有限公司	3	套间	13	13	1280	398	飞鸿殿	1	250		3000	1500	杭州市莫干山路 333 号	0571－88268888	
			单人间 A	10	10	688	240	飞鸿殿（南、北厅）、信苑厅	3	100－80	3	1500	750			
			单人间 B	14	14	818	288	信苑厅（南、北厅）、银都厅、阳光厅	5	50	5	1000－400	500－200			
			豪华单间	14	14	938	330									
			标准双人间 A	83	83	728	260									
			标准双人间 B	58	58	818	288									
			豪华双人间	36	36	938	330									
杭州新西莱大酒店有限公司	杭州新西莱大酒店有限公司		套间	5	4	988	280	大会议室	1	200	1	3600	1800	杭州市下城区东新路 690 号	0571－28031231	
			单间	17	12	798	220	小会议室	1	30	1	1600	800			
			标准间 A	29	21	698	198									
			标准间 B	72	60	698	198									
			豪华标准间 A	5	4	858	240									
			豪华单人间 A	5	4	858	240									
			商务套房	4	3	1288	365									

饭店名称	发票开具单位名称	星级	客房（价格：元/天）					会议室（数量：间；价格：元/天）						地址	前台订房电话	备注
			房型	总间数	协议间数	门市价	协议价	类型	总间数	容纳人数	协议间数	门市价	协议价			
浙江国力大酒店有限公司	浙江国力大酒店有限公司	3	套间	3	3	1028	412	大会议室	1	180	1	2500	900	浙江省杭州市天目山路388号	0571－85021188	
			单间	18	14	498	200	中会议室	1	80	2	1800	648			
			标准间	98	75	498	200	小会议室	3	35	2	1000	360			
			豪华单间	18	14	580	232									
			豪华标间	48	40	580	232									
杭州新座丽豪酒店管理有限公司	杭州新座丽豪酒店管理有限公司		套间	1	1	1080	250	大会议室	1	100	1	1600	800	杭州市双菱路102－104号	0571－86959999	
			单间	11	11	688	220	中会议室	1	50	1	1000	480			
			标准间	60	60	580	200	小会议室								
杭州仁和饭店	杭州仁和饭店		套间					大会议室	1	100	1	3000	1200	杭州邮电路86号	0571－87183566 87183666	
			单间	29	23	880	298	中会议室	1	60	1	2500	1000			
			标准间	52	42	880	298	小会议室	1	30	1	1500	600			
			豪华标准间	26	20	1280	420									
			豪华单人间	18	14	1180	390									
杭州凯豪大酒店	杭州凯豪大酒店有限公司	4	行政间	9	9	858	236	大会议室	1	250	1	4500	1500	杭州市萧山区体育路268号	0571－82667888	
			单人间	43	36	638/748	236	中会议室	1	50	1	2500	800			
			标准间	46	40	638/748	236	小会议室	1	45	1	1200	400			
杭州大华饭店	杭州大华饭店	4	套间					大会议室	1	300	1	5200	2500	杭州市南山路171号	0571－87181888－8558	
			单间A	11	11	1080	300	中会议室	2	40	2	2100	1000			
			单间B	41	41	1080	300	小会议室	1	30	1	1100	500			
			标准间A	17	17	1580	430									
			标准间B	6	6	1580	430									
杭州红星文化大厦有限公司	杭州红星文化大厦有限公司	4	标准间A	97	68	1200	288	大会议室	1	200	1	4000	2000	杭州市建国南路280号	0571－87703888	
			标准间B	40	28	1800	430	中会议室	1	70	1	2800	1400			
			单人间A	6	5	1400	308	中会议室	1	40	1	2400	1200			
			单人间B	28	20	1500	360	小会议室	1	25	1	1600	800			
			单人间C	22	16	1800	430	小会议室	1	25	1	1600	800			
杭州现代汽车销售有限公司	杭州现代汽车销售有限公司海外海百纳大酒店		套间	21	21	1588	448	大会议室	1	550	1	6000	3600	杭州沈半路456号	0571－88175555	
								大会议室	1	450	1	4500	2700			
			单间	95	95	788	248	中会议室	1	125	1	1800	1170			
			标准间	183	183	688	220	小会议室	9	30－70	9	1200	780			

饭店名称	发票开具单位名称	星级	客房（价格：元/天）					会议室（数量：间；价格：元/天）						地址	前台订房电话	备注
			房型	总间数	协议间数	门市价	协议价	类型	总间数	容纳人数	协议间数	门市价	协议价			
杭州百瑞四季酒店有限公司	杭州百瑞四季酒店有限公司		豪华单人间	18	18	1280	360	中会议室	1	120	1	3000	1200	杭州市中河中路166号	0571－28021032	
			豪华标准间	32	32	1080	360	小会议室	1	40	1	2000	800			
			高级标准间	134	134	880	300									
浙江传媒学院国际交流中心	浙江广艺后勤服务有限公司		豪单间	8	8	360	192	大会议室	2	100	2	2000	1000	杭州市经济技术开发区德胜东路1101号	0571－86029599	
			豪标间	30	30	360	192	小会议室	3	18	2	1000	500			
			单标间	20	20	280	150	接待室	1	8	1	1000	500			
			双标间	73	73	280	150									
芳草苑宾馆	浙江春声教育后勤服务有限公司		套间	4	4	688	308	大会议室	1	80	1	900	400	文三路140号	0571－88218168 88218188	
			单间	1	1	418	200	中会议室	1	50	1	600	260			
			标准双人间	79	79	368	180	语音会议室	1	30	1	500	200			
			标准三人间	52	52	468	228	贵宾厅	1	24	1	300	100			
								礼堂	1	470	1	4500	1500			
								多功能厅	1	190	1	1800	800			
								报告厅	1	150	1	1500	600			
杭州莲花宾馆	杭州莲花宾馆		套间					1号会议室	1	100	1	2000	700	杭州市环城西路72号	0571－85060888	
			单人间A	8	8	868	258	2号会议室	1	25	1	1000	350			
			标准双人间A	59	59	868	258	3号会议室	1	40	1	1380	450			
			豪华单人间A	5	5	958	280	5号会议室	1	20	1	900	300			
			豪华单人间B	14	14	1118	328	6号会议室	1	40	1	1380	450			
			豪华单人间C	12	12	1288	378	7号会议室	1	15	1	800	260			
			豪华标准双人间A	28	28	1118	328	8号会议室	1	50	1	1500	500			
杭州湖光饭店	杭州湖光饭店	3	套间					大会议室	1	220	1	2500/场	1250/场	杭州市天目山路106号	0571－88075598	
			标准单人间	8	8	600	240	中会议室	1	80	1	1000/场	500/场			
			标准双人间	40	40	600	240	小会议室	2	30－40	2	600/场	600/场			
			豪华单人间	12	12	680	270	洽谈室	1	40	1	1000/场	1000/场			
			豪华双人间	26	26	680	270									

饭店名称	发票开具单位名称	星级	客房（价格：元/天）					会议室（数量：间；价格：元/天）						地址	前台订房电话	备注
			房型	总间数	协议间数	门市价	协议价	类型	总间数	容纳人数	协议间数	门市价	协议价			
杭州之江饭店	杭州之江饭店	4	标准双人间 A	231	231	860	330	千人大会堂	1	850	1	25000	15000	杭州市莫干山路 188 - 200 号	0571 - 88066888 - 3000	
			标准双人间 B	245	245	780	300	南三楼大会场	1	474	1	12500	7000			
			豪华单人间 A	24	24	860	330	南三楼国际厅	1	300	1	8000	4800			
			单人间 A	29	29	760	292	南一楼中会场	1	180	1	6000	3600			
								五楼多功能厅	1	200	1	6000	3600			
								二楼多功能厅	1	250	1	5000	3000			
								主 27 楼接见厅	1	120	1	4200	2500			
								主 27 楼宴会厅	1	100	1	4200	2500			
								南 103、201、301	3	80	3	2700	1600			
								南 101、102、202、203	4	50	4	2000	1200			
								主楼各层会议室	15	25	15	1000	600			
浙江梅地亚新闻交流中心	浙江梅地亚新闻交流中心	4	标准双人间 A	62	50	980	298	小会议培训室	1	30	1	2000	800	杭州市长生路 18 号	13588889600	
			标准双人间 B	8	8	980	298	中会议培训室	1	80	1	2500	1000			
			单人间 A	8	8	900	270	中会议培训室	1	80	1	2500	1000			
			豪华标准双人间 A	40	40	1580	448	中会议培训室	1	80	1	2500	1000			
			豪华标准双人间 B	32	32	1380	390	中会议培训室	1	80	1	2500	1000			
			豪华单人间 A	15	15	1580	448	小会议培训室	1	30	1	2500	1000			
			豪华单人间 B	32	32	1380	390	大会议培训室	1	120	1	3000	1200			
								大会议培训室	1	300	1	5000	2000			
								大会议培训室	1	500	1	10000	4000			

饭店名称	发票开具单位名称	星级	客房（价格：元/天）					会议室（数量：间；价格：元/天）						地址	前台订房电话	备注
			房型	总间数	协议间数	门市价	协议价	类型	总间数	容纳人数	协议间数	门市价	协议价			
杭州萧山宝盛宾馆有限公司	杭州萧山宝盛宾馆有限公司	4	标准双人间A	85	65	600	260	大会议培训室	1	150	1	3200	1200	杭州市萧山区市心中路618号	13758127779	
			单人间A	6	5	600	260	中会议培训室	1	80	1	2200	800			
			豪华标准双人间A	87	65	890	330	小会议培训室	1	30	1	2200	800			
			豪华单人间A	54	40	890	330	中会议培训室	1	50	1	2200	800			
			套房	11	8	820	310	中会议培训室	1	50	1	2200	800			
			行政间	36	26	1108	400	大会议培训室	1	500	1	6000	2200			
								大会议培训室		150		3400	1200			
								小会议培训室		30		700	250			
								小会议培训室		30		850	300			
								小会议培训室		30		1100	400			
								中会议培训室		50		1100	400			
								中会议培训室		50		1400	500			
								中会议培训室		50		1700	600			
								中会议培训室		80		1700	600			
								小会议培训室		30		2200	800			
杭州香溢大酒店股份有限公司	杭州香溢大酒店股份有限公司	4	标准双人间A	95	95	1078	300	小会议培训室		30		2600	1040	杭州市上城区解放路108号	0571－87218899	
			标准双人间B	1	1	1078	300	小会议培训室		30		2600	1040			
			单人间A	51	51	1078	300	中会议培训室		80		3000	1200			
			豪华标准双人间A	71	71	1518	380	中会议培训室		80		3000	1200			
			豪华单人间A	45	45	1518	380	中会议培训室		50		3000	1200			
								大会议培训室				6000	2400			
杭州金溪山庄	杭州金溪山庄	4	标准双人间A	12	12	1080	350	中会议培训室		50		4800	1280	杭州市杨公堤39号	13905810180	
			标准双人间B	67	67	1380	448	中会议培训室		50		4800	1280			
			单人间A	4	4	1080	350	中会议培训室		50		4800	1280			
			单人间B	20	20	1380	448	中会议培训室		50		5800	1380			
			豪华标准双人间A	11	10	1580	450	中会议培训室		50		5800	1380			

饭店名称	发票开具单位名称	星级	客房（价格：元/天）					会议室（数量：间；价格：元/天）						地址	前台订房电话	备注
			房型	总间数	协议间数	门市价	协议价	类型	总间数	容纳人数	协议间数	门市价	协议价			
杭州金溪山庄	杭州金溪山庄	4	豪华单人间A	29	28	1580	450	大会议培训室		300		8800	2580	杭州市杨公堤39号	13905810180	
								大会议培训室		150		8800	2580			
浙江圆正宾馆管理有限公司	浙江圆正宾馆管理有限公司	2	套间	4	3	578	318	大会议室						杭州市凯旋路266号	0571－86026088	
			豪华套房	2	2	798	378									
			普通单人间	11	8	318	148									
			豪华单人间	9	7	438	208	中会议室	1	100	1	1600	600			
			标准间	68	50	438	208	小会议室	1	30	1	800	300			
浙江铁道大厦有限公司	浙江铁道大厦有限公司	3	套间	12	12	1000	450	多功能厅	1	300	1	5000	1600	杭州城站广场8号	0571－56066888	
			单人间A	11	11	480	220	百合厅	1	120	1	2000	700			
			豪华单人间A	14	14	600	268	芙蓉厅	1	80	1	1800	600			
			豪华标准双人间A	64	64	520	238	丹桂厅	1	40	1	1600	500			
			豪华标准双人间B	59	59	600	268	紫竹厅	1	26	1	800	280			
			标准双人间A	100	100	480	220	玉兰厅	1	28	1	1000	300			
								泠香厅	1	10	1	700	200			
								1—4#会议室	4	30	4	800	280			
杭州美居商务酒店有限公司	杭州美居商务酒店有限公司		套间					大会议室						杭州市下城区石桥路279号	0571－88151588	
			单间	17	17	290	148	中会议室	1	120	1	1000元/场	800元/场			
			标准间	70	70	290	148	小会议室								
杭州华庭云栖度假酒店有限公司	杭州华庭云栖度假酒店有限公司		单间	28	28	1500	300	大会议室	1	430	1	15000	6000	杭州梅灵南路1号	0571－28888888	
				22	22	1500	375	中会议室	1	170	1	6000	2400			
				4	4	1600	400	小会议室	1	80	1	3500	1400			
			标准间	48	48	1500	300		6	60	6	2500	1000			
				66	66	1500	375		1	30	1	2000	800			
				28	28	1600	400									
杭州伊美大酒店	杭州伊美大酒店有限公司		标准双人间	62	48	820	260	大会议室	1	150	1	3000	1500	杭州市文三路8号	0571－87353013	
			标准单人间	10	7	820	260	中会议室	1	50	1	1600	800			
			豪华双人间	43	35	880	279	小会议室	1	30	1	1400	700			
			豪华单人间	47	35	880	279									

饭店名称	发票开具单位名称	星级	客房（价格：元/天）					会议室（数量：间；价格：元/天）						地址	前台订房电话	备注
			房型	总间数	协议间数	门市价	协议价	类型	总间数	容纳人数	协议间数	门市价	协议价			
社苑宾馆	浙江社苑教育后勤服务有限公司		套间					多功能厅	1	280	1	2000	1500	杭州市余杭塘路56－1社苑宾馆	0571－88266838	
			单间	11	11	380	180	303 会议室	1	60	1	600	450			
			标准间	160	160	380	180	302 会议室	1	40	1	500	350			
								402 电脑教室	1	40	1	1500	900			
								301 会议室	1	108	1	800	600			
								304 会议室	1	40	1	900	650			
								401 会议室	1	40	1	500	350			
杭州致远酒店管理有限公司	杭州致远酒店管理有限公司		标准双人间		24	450	150	26 楼会议室	1	300	1	5000	2500	杭州市文晖路321号	0571－88008166	
			豪华双人间		12	1080	350	15 楼会议室	1	200	1	2000	800			
			豪华单人间		32	1080	350	18 楼会议室	1	200	1	2000	800			
								22 楼会议室	1	100	1	1600	700			
								24 楼会议室	1	100	1	1600	700			
								23 楼会议室	1	100	1	1600	700			
浙江旅院后勤服务有限公司	浙江旅院后勤服务有限公司		标准双人间 A		29	380	150	商务会议室	1	100	1	1200	400	杭州市萧山高教园区	0571－82834252	
			标准双人间 B		38	380	150	小型会议室	1	30	1	300	100			
			标准单人间 A		2	428	150									
			标准单人间 B		10	380	150									
			豪华单人间		4	468	170									
			套房		1	1118	400									
			豪华双人间		2	428	170									
全国劳教干警杭州培训中心	全国劳教干警杭州培训中心		标准双人间 A		213	180	150	人大会议室	1	150	1	1000	600	杭州下沙高教园区2号大街	0571－86918653	
			标准双人间 B		73	200	150	人大会议室	1	80	1	600	400			
			单人间		5	200	150	人大会议室	1	40	1	600	400			
								人大会议室				600	300			
								小会议室				400	250			
浙江交通职业技术学院招待所	浙江交通职业技术学院招待所		标准双人间		70	350	140	大礼堂	1	200	1	3000	900	杭州莫干山路金家渡	13355718555	
			豪华双人间		4	450	180	报告厅 1	1	150	1	1500	450			
								报告厅 2	1	120	1	1200	360			
								多媒体录播会议室	1	80	1	1000	300			

饭店名称	发票开具单位名称	星级	客房（价格：元/天）					会议室（数量：间；价格：元/天）						地址	前台订房电话	备注
			房型	总间数	协议间数	门市价	协议价	类型	总间数	容纳人数	协议间数	门市价	协议价			
浙江交通职业技术学院招待所	浙江交通职业技术学院招待所							会议室 1	1	50	1	500	150	杭州莫干山路金家渡	13355718555	
								会议室 2	1	50	1	400	120			
								视频会议室	1	50	1	400	120			
								接待室	1	50	1	400	120			
								小型会议室	1	50	1	350	105			
								小型会议室	1	50	1	350	105			
								接待室	1	50	1	400	120			
								多媒体会议室	1	50	1	600	180			
杭州悦隽怡莱酒店有限公司	杭州悦隽怡莱酒店有限公司		标准双人间		35	268	148	一楼会议室	1	100	1	400	200	杭州市江干区秋涛北路313号2幢	0571－86592999	
			标准单人间		35	208	104									
浙江公路技师学院	浙江公路技师学院		标准双人间		68	300	120	演出报告厅	1	150	1	500	175	西湖区西溪路681号	0571－81900256	
			豪华单人间		2	400	200	多媒体阶梯会议室	1	100	1	300	120			
								多功能厅	1	50	1	300	120			
								培训教室 2	1	50	1	250	100			
								小会议室	1	30	1	150	60			
								中会议室	1	40	1	200	80			
								培训教室 1	1	50	1	200	80			
杭州渲辉大酒店有限公司	杭州渲辉大酒店有限公司		标准双人间		50	380	150	多功能厅	1	100	1	1200	720	杭州市文一路139号	0571－88903601	
								中会议室	1	100	1	1000	600			
								302 计算机教室	1	300	1	3000	1800			
								303 计算机教室	1	300	1	3000	1800			
								305 计算机教室	1	300	1	3000	1800			
								201 多媒体教室	1	80	1	800	480			
								202 多媒体教室	1	80	1	800	480			
								203 多媒体教室	1	80	1	800	480			
								205 多媒体教室	1	80	1	800	480			
								413 会议室	1	60	1	800	480			

饭店名称	发票开具单位名称	星级	客房（价格：元/天）					会议室（数量：间；价格：元/天）						地址	前台订房电话	备注
			房型	总间数	协议间数	门市价	协议价	类型	总间数	容纳人数	协议间数	门市价	协议价			
浙江省军区第二招待所	浙江省军区第二招待所		标准双人间		89	400	150	多功能厅	1	150	1	1500	500	杭州市劳动路127号	0571－87067608	
			标准单人间		10	400	150	一楼会议室	1	100	1	1000	500			
			豪华单人间		3	600	225	二楼会议室	1	50	1	500	250			
								三楼会议室	1	50	1	500	250			
								四楼会议室	1	50	1	500	250			
浙江金塍饭店	浙江金塍饭店		标准双人间		50	298	150	多功能会议室	1	150	1	2000	1200	杭州市马塍路31号	0571－88072037	
			标准单人间		5	188	90	电脑教室	1	150	1	2000	1200			
			套房		4	480	240	中会议室	1	80	1	1200	700			
			豪华套房		1	680	340	豪华会议室	1	40	1	600	360			
								小会议室	1	20	1	400	200			
杭州临平大酒店	杭州临平大酒店		豪华单人间A		20	500	200	一楼多功能厅	1	250	1	6000	1800	杭州临平大街81号	0571－86224122	
			标准双人间A		80	350	140	二号宴会厅	1	120	1	1800	500			
			豪华标准双人间		60	500	200	四楼会议室	1	80	1	1380	400			
								八楼多功能厅	1	120	1	2000	600			
								一号宴会厅	1	150	1	2800	800			
								五楼会议室	1	30	1	1380	400			
								三楼会议室	1	30	1	1380	400			
浙江省林业厅招待所	浙江省林业厅招待所		标准双人间		50	268	150	报告厅	1	120	1	2000	1250	杭州市江干区凯旋路226号	0571－28111088	
								学术报告厅	1	50	1	800	500			
杭州法苑招待所	杭州法苑招待所		标准双人间			398	150	多媒体电教室	1	100	1	500	300	西湖区马塍路5号	0571－87058558	
								电视电话会议室	1	100	1	500	300			
								多功能厅	1	80	1	500	300			
								小会议室	1	40	1	200	120			
浙江中瑞大厦	浙江中瑞大厦		标准双人间A	28	28	388	220	小会议培训室	1	30	1	500	225	杭州建国中路68－70号	0571－87916688－2555	
			标准双人间B	83	83	388	220	小会议培训室	1	30	1	500	225			
			单间	3	3	388	220	中会议培训室	1	50	1	700	315			
			商务房	3	3	688	390	中会议培训室	1	80	1	900	405			
			套房	3	3	1080	450	大会议培训室	1	150	1	1800	810			

饭店名称	发票开具单位名称	星级	客房（价格：元/天）					会议室（数量：间；价格：元/天）						地址	前台订房电话	备注
			房型	总间数	协议间数	门市价	协议价	类型	总间数	容纳人数	协议间数	门市价	协议价			
浙江华业锦诚旅业有限公司采荷大酒店	浙江华业锦诚旅业有限公司		标准双人间 A	26	26	380	200	小会议培训室	1	30	1	600	300	杭州市江干区庆春东路 79－83 号	0571－28030333	
			标准双人间 B	39	39	380	200	中会议培训室	1	80	1	1000	600			
			单人间 A	23	23	380	200	大会议培训室	1	300	1	1800	1000			
			单人间 B	3	3	380	200	大会议培训室	1	150	1	1800	1000			
			豪华标准双人间 A	3	3	1180	450									
			豪华单人间 A	3	3	1180	450									
浙江省水利水电干部学校	浙江省水利水电干部学校							中会议培训室		80		1000	500	杭州市萧山区钱江科教园区规划二路 8 号	0571－83838887	
								中会议培训室		80		1000	500			
								大会议培训室		300		2400	1200			
								大会议培训室		300		2400	1200			
								大会议培训室		500		5000	2500			
			标准双人间 A	91	89	360	180	大会议培训室		120		1000	500			
			单人间 A	36	35	320	160	大会议培训室		120		1000	500			
			三人间	17	17	420	210	中会议培训室		50		1000	500			
			套房	4	4	540	270	中会议培训室		50		1000	500			
浙江省军用饮食供应站	浙江省军用饮食供应站							大会议培训室		300		1800	900	杭州市上城区解放路七号	0571－87072343	
								大会议培训室		120		1000	500			
			标准双人间 A	88	88	498	199	中会议培训室		50		700	350			
			豪华标准双人间 A	12	12	598	238	小会议培训室		30		800	400			
			豪华单人间 A	7	7	598	238	中会议培训室		80		800	400			
浙江省委党校招待所	浙江省委党校招待所							大会议培训室		500		5000	2500	杭州市西湖区文一路 80 号	0571－88266688	
								大会议培训室		300		1400	700			
								大会议培训室		300		1200	600			
								大会议培训室		120		800	400			
								中会议培训室		80		800	400			
								中会议培训室		50		700	350			
			标准双人间 A	304	272	488	200	小会议培训室		30		300	150			
			单人间 A	18	18	488	200	小会议培训室		30		500	250			
			套房	16	16	978	400	中会议培训室		80		600	300			

饭店名称	发票开具单位名称	星级	客房（价格：元/天）					会议室（数量：间；价格：元/天）						地址	前台订房电话	备注
			房型	总间数	协议间数	门市价	协议价	类型	总间数	容纳人数	协议间数	门市价	协议价			
杭州百瑞运河大饭店有限公司	杭州百瑞运河大饭店有限公司							中会议培训室		50		1500	1000	浙江省杭州市拱墅区金华路58号	0571－88126666	
								大会议培训室		300		4500	3300			
								中会议培训室		80		1800	1300			
								中会议培训室		50		1500	1000			
								大会议培训室		150		4000	3000			
								大会议培训室		500		8000	5800			
			标准双人间 A	127	127	1198	350	小会议培训室		30		800	600			
			单人间 A	19	19	1198	350	小会议培训室		30		1000	700			
			豪华标准双人间 A	88	88	1298	350	小会议培训室		30		1000	700			
			豪华单人间 A	7	7	1298	350	中会议培训室		50		1500	1000			
			其他套型房间	22	22	1698	400	中会议培训室		50		1500	1000			
			行政间	47	47	1398	350	中会议培训室		50		1500	1000			
杭州香园饭店	杭州香园饭店		标准双人间 A	64	45	980	280	小会议培训室		30		600	450	杭州市莫干山路491号	0571－87757558	
			标准双人间 B	58	41	1188	330	小会议培训室		30		750	500			
			单人间 A	11	8	980	280	中会议培训室		50		1300	1000			
			单人间 B	50	35	1188	330	中会议培训室		80		1400	1100			
			豪华标准双人间 A	53	38	1388	380	大会议培训室		120		1900	1500			
			豪华标准双人间 B	21	15	1688	400	大会议培训室		300		3500	2700			
			豪华单人间 A	6	5	1388	380									
			豪华单人间 B	16	12	1688	400									
杭州朗诗假日酒店管理有限公司	杭州朗诗假日酒店管理有限公司							大会议培训室		150		3000	1200	玉皇山路76号（海勤疗养院内）	0571－87297999	
								大会议培训室		300		6000	2000			
			标准双人间 A	81	60	680	280	小会议培训室		30		1200	400			
			单人间 A	5	5	1080	360	中会议培训室		50		1800	600			
			豪华标准双人间 B	59	45	880	320	大会议培训室		120		3000	1000			
			豪华单人间 B	10	10	1280	420	大会议培训室		120		3000	1000			

饭店名称	发票开具单位名称	星级	客房（价格：元/天）					会议室（数量：间；价格：元/天）						地址	前台订房电话	备注
			房型	总间数	协议间数	门市价	协议价	类型	总间数	容纳人数	协议间数	门市价	协议价			
浙江蓝天清水湾国际大酒店	浙江蓝天清水湾国际大酒店		套间					大会议室	1	260	1	5000	2500	杭州玉皇山莲花峰路37号	0571－87379933	
			单间	35	35	1380	300	中会议室	3	80	3	3000	1500			
			标准间	48	48	1680	450	小会议室	3	30	3	2000	1000			
杭州海华满陇度假酒店	杭州海华满陇度假酒店有限公司		套间	15	15	1280	398	大会议室	1	200	1	4200	1800	杭州市西湖区满觉陇路2号	0571－28978899	
			豪华单间	12	12	1080	330	中会议室	4	50	4	2100	900			
			豪华标准间	41	41	1080	330	小会议室	3	30	3	1200	600			
			标准间	42	42	980	300									
杭州海外海宾馆	杭州海外海宾馆		套间					大会议室	1	250－1600	6	24000	7200	上塘路329号	0571－88318888	
			单间	48	48	758	268	中会议室	7	100－300	1	4000	1200			
			标准间	129	129	758	268	小会议室	1	20	1	3000	900			
杭州新新饭店	杭州新新饭店		标准间	61	61	1180	299	大会议室	1	200	1	7800	2200	北山路58号	0571－87660008	
								中会议室	2	100	2	3300	960			
								小会议室	1	55	1	2800	800			
浙江戴斯大酒店有限公司	浙江戴斯大酒店有限公司		单间	11	11	660	260	大会议室	1	300	1	3000	1400	浙江杭州江干区凯旋路451号	0571－86028700	
			单间	29	29	760	280	大会议室	1	150	1	1800	840			
			标准间	148	148	660	260	中会议室	1	80	1	1200	560			
			标准间	27	27	760	280	小会议室	5	150	5	600	280			
杭州海景大酒店	杭州海景大酒店	3	套间					大会议室	1	150	1	3200	1600	杭州市江干区天城路191号	0571－86452888	
			单间（普）	10	10	728	300	中会议室	1	80	1	2400	1000			
			标准间（普）	78	78	488	210									
			套间													
			单间（豪）	3	3	788	330									
			标准间（普）	50	50	588	210	小会议室	5	30	5	1400	600			
中国人民解放军浙江省军区第一招待所	中国人民解放军浙江省军区第一招待所		套间					大会议室	1	220	1	4000	1600	杭州市北山路栖霞岭18号	0571－87980486－3802	
			单间	7	7	928	380	中会议室	1	70	1	2200	900			
			标准间	103	103	680	280	中会议室	1	50	1	1500	600			
			豪华双人间	15	15	1128	450	中会议室	1	40	1	1500	600			
								小会议室	1	40	1	900	350			

饭店名称	发票开具单位名称	星级	客房（价格：元/天）					会议室（数量：间；价格：元/天）						地址	前台订房电话	备注
			房型	总间数	协议间数	门市价	协议价	类型	总间数	容纳人数	协议间数	门市价	协议价			
杭州宏都宾馆有限公司	杭州宏都宾馆有限公司	3	套间					1 号会议室	1	150	1	2000	800	杭州市体育场路407号	0571－85261197	
			标准单人间 A	17	17	520	225	2 号会议室	1	50	1	1300	500			
			标准单人间 B	13	13	580	248	3 号会议室	1	30	1	800	300			
			豪华单人间	9	9	630	268	5 号会议室	1	80	1	1800	700			
			标准双人间 A	63	63	520	225	贵宾室	1	16	1	300	110			
			标准双人间 B	22	22	580	248									
			豪华双人间	24	24	630	268									
杭州良渚白鹭湾度假酒店有限公司	杭州良渚白鹭湾度假酒店有限公司	5						大会议培训室		500		18000	9000	杭州良渚文化村	0571－89008880	
			标准双人间 A	90	90	1188	436	小会议培训室		30		800	400			
			单人间 A	13	13	1188	436	小会议培训室		30		800	400			
			其他套型房间	24	24	1588	450	小会议培训室		30		1500	750			
			其他套型房间	57	57	1588	450	大会议培训室		300		6000	3000			
			其他套型房间	15	15	1388	450	中会议培训室		80		3000	1500			
			其他套型房间	19	19	1388	450	中会议培训室		50		3000	1500			
								中会议培训室		50		3000	1500			
								中会议培训室		80		2800	1400			
								中会议培训室		80		2800	1400			
								中会议培训室		80		2800	1400			
								中会议培训室		50		2000	1000			
								中会议培训室		50		2000	1000			
								大会议培训室		300		8000	4000			
								大会议培训室		500		12000	6000			
浙江赞成宾馆有限公司	浙江赞成宾馆有限公司	3						中会议培训室		80		3000	900	杭州市梅花碑8号	0571－87806666－预定中心	
								大会议培训室		300		5000	1500			
								大会议培训室		150		3000	900			
								大会议培训室		150		3000	900			
								大会议培训室		300		4000	1200			
			标准双人间 A	165	165	640	280	小会议培训室		30		1500	450			
			单人间 A	11	11	640	280	小会议培训室		30		1500	450			
			其他套型房间	73	73	600	220	中会议培训室		50		1500	450			

饭店名称	发票开具单位名称	星级	客房（价格：元/天）					会议室（数量：间；价格：元/天）						地址	前台订房电话	备注
			房型	总间数	协议间数	门市价	协议价	类型	总间数	容纳人数	协议间数	门市价	协议价			
浙江赞成宾馆有限公司	浙江赞成宾馆有限公司	3	其他套型房间	22	22	340	318	中会议培训室		50		1500	450	杭州市梅花碑8号	0571－87806666－预定中心	
			其他套型房间	7	7	600	220	小会议培训室		30		1500	450			
			套房	22	22	1240	388	小会议培训室		30		1500	450			
			行政间	17	17	1020	360	中会议培训室		50		2500	750			
			行政间	31	31	1020	360	中会议培训室		50		2000	600			
杭州江景戴斯大酒店	杭州江景戴斯大酒店有限公司		至尊单间	8	8	1080	430	牡丹厅	1	300	1	3000	1500	杭州市滨江区东信大道688号	0571－86689888	
			豪华双间	63	63	580	270	玫瑰厅	1	150	1	3000	1500			
			豪华单间	6	6	580	270	杜鹃厅	1	80	1	2000	1000			
			标准双间	37	37	580	260	百合厅	1	70	1	1500	750			
			标准单间	19	19	580	260	桂花厅	1	32	1	1200	600			
								行政厅	1	25	1	600	300			
								樱桃厅	1	25	1	600	300			
								芭蕉厅	1	25	1	600	300			
								海棠厅	1	25	1	600	300			
杭州华洋宾馆	杭州华洋宾馆	3	套间	1	1	1500	450	大会议室	1	280	1	4000	1200	浙江省杭州市天目山路古荡湾塘苗路1号	0571－85121968－1828	
								多功能厅	1	130	1	2400	700			
			单间	12	10	700	220	中会议室	1	70	1	2000	600			
			标准间	144	116	600	210	小会议室	4	20	4	1000	300			
杭州三台山庄	杭州三台山庄	3	标准双人间A	52	52	718	300	大会议培训室	1	120	1	2700	1200	杭州市西湖区三台山路200号	0571－87620352	
			标准双人间B	48	48	980	400	大会议培训室	1	300	1	3600	1600			
			豪华单人间A	10	10	980	400	中会议培训室	1	50	1	1400	600			
								小会议培训室	1	30	1	1400	600			
								大会议培训室	1	120	1	2700	1200			
杭州中都青山湖畔大酒店有限公司	杭州中都青山湖畔大酒店有限公司		标准双人间	155	155	1200	390	中都厅	1	300	1	12000	8400	临安市锦城街道圣园路88号	0571－23618888	
			标准单人间	29	29	1200	390	中都A厅、B厅	2	200	2	6000	4200			
			豪华两人间	6	6	1320	430	六和厅、吴越阁	2	150	2	4000	2800			
			豪华单人间	33	33	1580	510									

饭店名称	发票开具单位名称	星级	客房（价格：元/天） 房型	总间数	协议间数	门市价	协议价	会议室（数量：间；价格：元/天） 类型	总间数	容纳人数	协议间数	门市价	协议价	地址	前台订房电话	备注
杭州中都青山湖畔大酒店有限公司	杭州中都青山湖畔大酒店有限公司		高级套房	13	13	1680	550	功臣阁、钱王阁、议政阁	3	80	3	2000	1400	临安市锦城街道圣园路 88 号	0571－23618888	
			中都套	7	7	3980	1290									
			全景套	9	9	2880	940	武肃阁、文治阁	2	50	2	1000	700			
			亲子套	2	2	2980	970	镇海阁	1	30	1	800	560			
临安钱王大酒店有限公司	临安钱王大酒店有限公司	3	标准双人间	219	219	480	220	富竹厅	1	150	1	1500	750	临安市锦城街道城中街 518 号	0571－63923158	
								贵竹厅	1	120	1	1200	600			
			标准单人间	6	6	520	220	龙凤宫	1	200	1	3000	1500			
			豪华单人间	5	5	980	380	红竹厅	1	80	1	1000	500			
								贵宾厅	1	30	1	500	250			
			豪华双人间	4	4	880	380	5、6、7 楼小会议室	3	20	3	400	200			
								兰竹厅	1	20	1	600	300			
临安市新五洲大酒店有限公司	临安市新五洲大酒店有限公司	3	单人间 A	7	7	580	180	大会议室	1	150	1	1380	700	临安市石镜街 468 号	0571－63700888	
			豪华单人间 A	5	5	780	230									
			标准双人间 A	93	93	580	180	中会议室	1	80	1	980	480			
			豪华标准双人间 A	32	32	780	200									
			三人间	7	7	1080	300	小会议室	1	50	1	580	290			
			豪华套房	1	1	1280	390									
临安东方假日酒店有限公司	临安东方假日酒店有限公司	3	标准双人间 A	118	118	480	180	聚华厅	1	200	1	1600	800	临安市锦城街道钱王大街 1315 号	0571－63968888	
			豪华标准双人间 A	33	33	520	195	锦绣厅	1	100	1	1000	500			
			单人间 A	18	18	480	180	人和厅 A、B	2	80	2	1200	500			
			豪华单人间 A	6	6	800	300	中兴厅	1	50	1	600	300			
天目山财政休养所	天目山财政休养所	2	标准双人间	33	33	360	180	大会议室	1	150	1	2500	1250	临安市西天目山	0571－63857958	
			豪华双人间	29	29	880	370	中会议室	1	80	1	1500	750			
			豪华单人间	8	8	1080	453	小会议室	1	40	1	800	400			

饭店名称	发票开具单位名称	星级	客房（价格：元/天）					会议室（数量：间；价格：元/天）						地址	前台订房电话	备注
			房型	总间数	协议间数	门市价	协议价	类型	总间数	容纳人数	协议间数	门市价	协议价			
临安浙地山庄	临安浙地山庄	2	标准双人间	92	92	300	170	第一会议室	1	80	1	800	600	临安市青山湖泥山湾	0571－63747188	
								第二会议室	1	120	1	1200	800			
								第三会议室	1	50	1	500	350			
			豪华单人间	2	2	880	480	第五会议室	1	20	1	200	150			
			标准单人间	2	2	300	170	第六会议室	1	20	1	200	150			
临安阿里山大酒店有限公司	临安阿里山大酒店有限公司	2	标准单人间	6	6	460	150	大型会议室	1	150	1	1500	600	临安市锦城街道钱王大街268号	0571－63710333	
			标准双人间B	88	88	420	140	中型会议室	2	60	2	600	240			
			标准双人间A	28	28	460	150	小型会议室	1	30	1	300	120			
杭州神龙川旅游文化发展有限公司	杭州神龙川旅游文化发展有限公司		标准双人间	35	35	480	150	度假村会议室1	1	80	1	800	400	临安市太湖源镇临目村	0571－63790999	
			标准单人间	4	4	480	150	度假村会议室2	1	60	1	700	350			
临安市天目玖号餐饮娱乐有限公司	临安市天目玖号餐饮娱乐有限公司		标准双人间	31	31		170	将军阁	1		1		380	临安市西天目乡天目村	0571－63877999	
			标准单人间	3	3		170	大会议室	1		1		680			
杭州市青山水库碧海宾馆	杭州市青山水库碧海宾馆		标准双人间	58	58	380	160	会议室	3	80	3	1000	600	临安市青山水库大坝南站	0571－63783168	
千岛湖海外海假日酒店	杭州海外海置业有限公司千岛湖海外海假日酒店	4	行政单人间	43	43	1580	350	大会议室	1	200	1	6800	3000	浙江省杭州市淳安县千岛湖镇南山开发路1号	0571－64880888	房价均含早餐，淡季与旺季或周末与非周末价格不变
			标准单人间B	40	40	1180	300	中会议室	1	100	1	2500	1100			
			标准单人间A	34	71	980	300	小会议室	9	60	9	1500	660			
			行政双人间	16	16	1580	350	小会议室	2	30	2	1000	440			
			豪华双人间	16	16	1480	350									
			标准双人间B	60	60	1180	300									
			标准双人间A	71	71	980	300									
杭州千岛龙庭开元大酒店	千岛湖龙庭大酒店（杭州）有限公司		标准单人间	43	43	780	280	大会议室	1	300	1	6800	2800	杭州市淳安县千岛湖镇环湖南路1号	0571－65068888－8801	房价均含早餐，淡季与旺季或周末与非周末价格不变
			豪华单人间A	55	55	880	317	中会议室	3	100	3	2580	1025			
			豪华单人间B	49	49	1080	389	小会议室	2	80	2	1800	738			
			标准双人间	105	105	820	300		1	50	1	1000	410			

饭店名称	发票开具单位名称	星级	客房（价格：元/天）					会议室（数量：间；价格：元/天）						地址	前台订房电话	备注
			房型	总间数	协议间数	门市价	协议价	类型	总间数	容纳人数	协议间数	门市价	协议价			
杭州千岛龙庭开元大酒店	千岛湖龙庭大酒店（杭州）有限公司		豪华双人间A	9	9	880	317							杭州市淳安县千岛湖镇环湖南路1号	0571－65068888－8801	房价均含早餐，淡季与旺季或周末与非周末价格不变
			豪华双人间B	7	7	1080	389									
			行政房标间	36	36	1180	424									
杭州千岛湖温馨岛浙旅度假酒店有限公司	杭州千岛湖温馨岛浙旅度假酒店有限公司		豪华双人间	66	33	1688	450	大会议室	2	300	1	10000	4000	杭州千岛湖温馨岛	0571－65012007	房价均含早餐，淡季与旺季或周末与非周末价格不变
			豪华单人间	6	6	1688	450	中会议室	2	200	2	4000	1800			
			标准单人间	2	2	1080	300	中会议室	2	100	2	2600	1000			
			标准双人间	38	38	1080	300	小会议室	3	60	3	2000	800			
千岛湖新凤凰休闲度假村	淳安千岛湖新凤凰休闲度假村有限公司		豪华套间	2	2	1680	410	大会议室	1	300	1	5000	2500	千岛湖凤凰岛	0571－65016888	房价均含早餐，淡季与旺季或周末与非周末价格不变
			豪华单人间	32	39	1380	360	中会议室	1	100	1	2000	800			
			标准双人间	81	81	980	240	小会议室	1	80	1	1500	600			
			标准单人间	7	7	980	240	小会议室	1	50	1	800	400			
			豪华双人间	84	84	1180	280									
浙江千岛湖税务培训中心（浙江淳安西园山庄）	浙江千岛湖税务培训中心	3	标准单人间	3	3	580	160	大会议室	1	150	1	2400	1200	淳安县千岛湖镇新安南路12号	0571－64882011	房价均含早餐，淡季与旺季或周末与非周末价格不变
			标准双人间	54	54	580	160	中会议室	2	80	2	1600	800			
			豪华单人间	10	10	780	220	小会议室	3	60	3	1000	500			
			豪华双人间	60	60	780	220	小会议室	2	30	2	800	400			
								小会议室	2	20	2	400	200			
阳光大酒店	浙江省电力局千岛湖电力培训中心	3	标准单人间	6	6	760	294	大会议室	1	250	1	4000	2200	浙江省淳安县千岛湖镇阳光路289号（阳光岛）	0571－64816045	房价均含早餐，淡季与旺季或周末与非周末价格不变
			标准双人间	90	40	720	280	中会议室	1	120	1	2800	1500			
			豪华单人间	7	7	880	343	小会议室	6	30	6	600	330			
杭州千岛湖松城饭店有限公司	杭州千岛湖松城饭店有限公司	3	豪华套间	2	2	1180	270	大会议室	1	150	1	1500	1050	千岛湖镇新安大街11号	0571－64813888	
			豪华单人间	7	5	980	225	5楼中会议室	1	80	1	800	560			
			标准双人间A	68	48	680	155	6楼中会议室	1	60	1	500	350			
			标准双人间B	81	58	650	150	7楼中会议室	1	60	1	600	420			
			标准三人间	6	5	880	200	小会议室	1	30	1	300	210			

饭店名称	发票开具单位名称	星级	客房（价格：元/天）					会议室（数量：间；价格：元/天）						地址	前台订房电话	备注
			房型	总间数	协议间数	门市价	协议价	类型	总间数	容纳人数	协议间数	门市价	协议价			
杭州千岛湖天清岛度假酒店有限公司	杭州千岛湖天清岛度假酒店有限公司		标准单人间	24	20	1188	300	大会议室	2	200	2	4000	2100	浙江省淳安县千岛湖镇天清岛	0571－65011888	房价均含早餐，淡季与旺季或周末与非周末价格不变
			标准双人间	232	200	1088	280	中会议室	2	100	2	2800	1200			
			豪华双人间	25	25	1388	360	小会议室	3	60	3	2400	600			
			豪华单人间	8	8	1388	360									
千岛湖新玉丽商务酒店	淳安千岛湖新玉丽商务大酒店有限公司		豪华套间	1	1	1580	360	大会议室	1	150	1	1880	1200	淳安县千岛湖镇睦州大道558号	0571－65015000 65058888	房价均含早餐，淡季与旺季或周末与非周末价格不变
			标准单人间	15	15	880	200	中会议室	1	100	1	980	600			
			标准双人间	52	52	780	180	小会议室	1	50	1	600	300			
			商务房标间	15	15	1080	248									
淳安千岛湖大厦酒店有限公司	淳安千岛湖大厦酒店有限公司		豪华套间	13	13	1380	318	大会议室	1	200	1	2600	1200	千岛湖镇新安大街81号	0571－24816666	房价均含早餐，淡季与旺季或周末与非周末价格不变
			标准单人间	11	11	768	176	中会议室	1	100	1	1200	550			
			标准双人间	90	90	768	180	小会议室	1	50	1	600	275			
钱塘星岛度假村	浙江钱塘旅业资产经营管理有限公司钱塘星岛度假村	2	豪华双人间	27	27	1080	270	大会议室	1	180	1	2250	1800	淳安县千岛湖镇梦菇岛	0571－64823456	房价均含早餐，淡季与旺季或周末与非周末价格不变
			豪华单人间	8	8	1080	270	中会议室	1	100	1	1500	1200			
			标准双人间	92	65	880	220	小会议室	1	60	1	1000	800			
千岛湖秀水舫酒店	淳安千岛湖秀水舫酒店有限公司		豪华单人间	10	10	980	260	大会议室	1	200	1	3000	1500	千岛湖阳光路469号	0571－64899999	房价均含早餐，淡季与旺季或周末与非周末价格不变
			豪华双人间	100	100	980	260	中会议室	1	120	1	2000	1000			
			标准双人间	40	40	880	230	小会议室	1	60	1	1200	600			
千岛湖外高桥大酒店	杭州千岛湖外高桥大酒店有限公司	3	标准单人间	2	2	620	220	大会议室	1	150	1	1200	800	淳安县千岛湖镇新安大街78号	0571－64816666	房价均含早餐，淡季与旺季或周末与非周末价格不变
			标准双人间	80	80	620	220	中会议室	1	80	1	500	335			
			豪华单人间	8	8	720	260	小会议室	1	30	1	400	268			
			豪华双人间	49	49	720	260									
桐庐金鑫宾馆有限公司	桐庐金鑫宾馆有限公司	3	套间					大会议室	1	150	1	2500	1250	富春路528号	0571－64637788	
			单间	22	16	450	225	中会议室	1	100	1	1200	600			
			标准间	111	80	420	210	小会议室	1	50	1	1000	500			
浙江红楼国际饭店有限公司	浙江红楼国际饭店有限公司		套间					大会议室	1	150	1	5000	2400	富春路158号	0571－69878858	
			单间	6	5	780	298	中会议室	2	100	2	3000	1500			
			标准间	100	80	780	298	小会议室	2	50	2	3000	1500			

饭店名称	发票开具单位名称	星级	客房（价格：元/天）					会议室（数量：间；价格：元/天）						地址	前台订房电话	备注
			房型	总间数	协议间数	门市价	协议价	类型	总间数	容纳人数	协议间数	门市价	协议价			
桐庐新恒基旅游开发有限公司（巴比松）	桐庐新恒基旅游开发有限公司		套间					大会议室	1	200	1	4000	2600	大奇山路1088号	0571－64608886 64608670	
			单间	11	8	680	280	中会议室	2	100	2	2000	1300			
			标准间A	235	160	680	280	小会议室	1	50	1	1100	700			
			标准间B	31	22	580	238									
杭州女儿村旅游开发有限公司（桐庐岚庭度假酒店）	杭州女儿村旅游开发有限公司		套间					大会议室	1	200	1	5000	2500	大奇山路899号	0571－6991666	
			单间	10	7	1080	300	中会议室	1	120	1	3000	1500			
			标准间	22	18	1080	300	小会议室	1	60	1	2400	1200			
桐庐大奇山景苑度假村有限公司	桐庐大奇山景苑度假村有限公司		套间					大会议室	1	150	1	2000	1000	大奇山路828号	0571－64399088	
			单间					中会议室	1	100	1	1600	800			
			标准间	67	50	580	260	小会议室	1	60	1	1400	700			
桐庐凤凰宾馆有限公司	桐庐凤凰宾馆有限公司	2	套间					大会议室	1	120	1	1000	400	桥北区石屋坞	0571－64623030	
			单间					中会议室	1	80	1	800	350			
			标准间	132	95	360	130	小会议室	1	50	1	600	250			
黄龙月亮湾大酒店	杭州黄龙月亮湾大酒店有限公司	4	套间				300	大会议室	1	150	1	6000	3000	艾溪路1号	0571－64000818	
			单间					中会议室								
			标准间	161	161	880	300	小会议室								
建德半岛凯豪大酒店有限公司	建德半岛凯豪大酒店有限公司	4	套间					大会议室	1	150	1	5800	2000	新安东路188号	0571－64168877	
			单间					中会议室								
			标准间	67	67	980	300	小会议室								
浙江省城建培训中心有限公司千岛湖假日酒店	浙江省城建培训中心有限公司千岛湖假日酒店	4	套间					大会议室	1	150	1	5800	2188	新电路61号	0571－64790239	
			单间					中会议室								
			标准间	108	108	880	288	小会议室								
罗桐花园大酒店	建德市罗桐花园大酒店有限公司	3	套间					大会议室	1	150	1	1000	500	新安路188号	0571－64001008	
			单间					中会议室								
			标准间	44	44	580	200	小会议室								

饭店名称	发票开具单位名称	星级	客房（价格：元/天）					会议室（数量：间；价格：元/天）						地址	前台订房电话	备注
			房型	总间数	协议间数	门市价	协议价	类型	总间数	容纳人数	协议间数	门市价	协议价			
紫金宾馆	新安江水电厂旅游公司紫金宾馆	3	套间					大会议室	1	150	1	1200	600	紫金滩	0571－64542522	
			单间					中会议室								
			标准间	56	56	480	182	小会议室								
金茂宾馆	浙江省经贸培训中心建德金茂宾馆	3	套间					大会议室	1	150	1	1000	400	新电路37号	0571－64016166	
			单间					中会议室								
			标准间	48	48	528	200	小会议室								
建德市新安江望江宾馆	建德市新安江望江宾馆有限公司	3	套间					大会议室	1	150	1	800	400	新安路281号	0571－64791125	
			单间					中会议室								
			标准间	127	127	400	200	小会议室								
千岛宾馆	浙江省建德市千岛宾馆	3	套间					大会议室	1	150	1	3000	1500	新安路283号	0571－64790918	
			单间					中会议室								
			标准间	118	118	666	220	小会议室	1	40						
新桥宾馆	建德市新桥宾馆	2	套间					大会议室	1	150	1	1800	600	新安路199号	0571－64750888	
			单间					中会议室								
			标准间	101	101	450	140	小会议室	1	40						
建德瑞天商务酒店	建德瑞天商务酒店有限公司	2	套间					大会议室	1	150	1	1700	1200	新安东路583号	0571－64001880	
			单间					中会议室								
			标准间	66	66	160	140	小会议室	1	50						
建德市新安江宾馆	建德市新安江宾馆有限公司	2	套间					大会议室	1	100	1	600	300	莱市路3号	0571－64790281	
			单间					中会议室								
			标准间	64	64	300	150	小会议室	1	40						
建德市金辉大酒店有限公司	建德市金辉大酒店有限公司	2	套间					大会议室	1	100	1	1000	500	桔园巷3号	0571－64719777	
			单间					中会议室								
			标准间	77	77	350	140	小会议室	1	50						
湖州市																
国际大酒店	浙江省湖州丝绸大厦有限公司	4	套间	14	3	1180	520	大会议室	1	150	1	2000	1200	浙江省湖州市红旗路117号	0572－2057788	
			单间	33	19	680	298	中会议室	1	90	1	1300	800			
			标准间	145	79	680	298	小会议室	1	50	1	800	400			

饭店名称	发票开具单位名称	星级	客房（价格：元/天）					会议室（数量：间；价格：元/天）						地址	前台订房电话	备注
			房型	总间数	协议间数	门市价	协议价	类型	总间数	容纳人数	协议间数	门市价	协议价			
湖州宾馆	湖州市人民政府第一招待所	3	套间	8	8	1280	600	大会议室	1	200	1	1500	1200	浙江省湖州市人民路338号	0572-2022081	
			单间	31	31	360	238	中会议室	1	90	1	1000	800			
			标准间	59	59	380	260	A型小会议室	1	20	1	500	380			
								B型小会议室	3	30	3	380	250			
湖州大厦	湖州大厦商贸有限公司	3	套间	10	6	880	582	大会议室	1	150	1	2000	1200	浙江省湖州市红旗路1号	0572-2035888	
			单间	35	29	480	288	中会议室	1	80	1	1200	720			
			标准间	115	47	480	288	小会议室	3	40	3	600	360			
天煌大酒店	湖州天煌大酒店有限公司	3	套间	11	11	980	480	大会议室	1	120	1	1200	780	浙江省湖州市龙溪北路168号	0572-2117777	
			单间	20	20	660	290	中会议室	1	80	1	800	580			
			标准间	81	81	420	220	小会议室	1	40	1	400	300			
太湖山庄	湖州太湖山庄有限公司	3	套间	2	2	1200	560	大会议室	1	150	1	3500	2500	浙江省湖州市太湖旅游度假区	0572-7299999	
			单间	15	15	580	280	中会议室	3	90	3	1200	780			
			标准间	118	118	480	200	小会议室	4	50	4	600	480			
白鹭迎宾馆	湖州市白鹭迎宾馆	2	套间	6	3	680	480	大会议室	1	150	1	1200	1000	浙江省湖州市龙溪路95号	0572-2022151	
			单间	8	4	360	200	中会议室	3	100	3	800	800			
			标准间	82	20	320	180	小会议室	4	50	2	400	300			
德清县莫干山大酒店有限公司	德清县莫干山大酒店有限公司	3	套间	13	13	860	488	大会议室	1	200	1	3000	1500	德清县武康镇永安街25号	0572-8280666	
			单间	26	26	388	220	中会议室	2	80	2	1800	900			
			标准间	76	76	388	220	小会议室	3	30	3	800	400			
德清中大莫干山置业有限公司德清雅兰维景国际大酒店	德清中大莫干山置业有限公司德清雅兰维景国际大酒店	4	套间	48	48	880	420	大会议室	1	200	1	3000	1500	武康镇武源街659号	0572-8288888	
			单间	11	11	580	280	中会议室	5	80	5	1800	900			
			标准间	222	222	580	280	小会议室	4	30	4	1000	500			
浙江莫干山庄	浙江莫干山庄		套间			淡1280 旺1800	600	大会议室	1	200	1	2000	1200	德清县莫干山风景区武陵村7号楼	0572-8033777 8033888	
			单间			淡680 旺900	300	中会议室	1	80	1	1200	600			
			双标准间			淡480 旺680	300	小会议室	1	30	1	600	400			

饭店名称	发票开具单位名称	星级	客房（价格：元/天）					会议室（数量：间；价格：元/天）						地址	前台订房电话	备注
			房型	总间数	协议间数	门市价	协议价	类型	总间数	容纳人数	协议间数	门市价	协议价			
嘉兴市																
浙江东菱股份有限公司阳光大酒店	浙江东菱股份有限公司阳光大酒店	4	套间	203	203	1880	600	大会议室	10	400		8500	4000	嘉兴市中山东路1628号	0573－82082088	
			单间			980	300	中会议室		60		4500	2000			
			标准间			980	300	小会议室		20		2500	1000			
浙江允升投资集团有限公司戴梦得大酒店	浙江允升投资集团有限公司戴梦得大酒店	4	套间	288	288	980	490	大会议室	4	150		3500	1750	嘉兴市禾兴路520号	0573－82095888	
			单间			560	280	中会议室		60		1800	900			
			标准间			560	280	小会议室		20		800	400			
嘉兴奥林匹克大酒店有限公司	嘉兴奥林匹克大酒店有限公司	4	套间	224	224	1880	600	大会议室	10	500		9800	4800	嘉兴市秀洲区油车港奥星路287号	0573－82237988	
			单间			760	300	中会议室		70－100		3000	1500			
			标准间			760	300	小会议室		14－36		1500	700			
嘉兴市东升宾馆有限责任公司	嘉兴市东升宾馆有限责任公司	3	套间	59	59	696	280	大会议室	4	135		780	360	嘉兴市东升中路1226号	0573－82161789	
			单间			416	180	中会议室		100		680	300			
			标准间			416	180	小会议室		30		580	250			
嘉兴市沙龙国际宾馆有限公司	嘉兴市沙龙国际宾馆有限公司	3	套间	150	150	1192	596	大会议室	19	120－370		3000－8000	1500－4000	嘉兴市环城南路393号	0573－83986556	
			单间			596	298	中会议室		48－60		1000－3000	500－1500			
			标准间			596	298	小会议室		10－44		600－1000	300－500			
嘉兴市君特酒店有限公司	嘉兴市君特酒店有限公司		套间	173	173	698	298	大会议室	4	280		5600	2680	嘉兴市中山西路1388号	0573－82778020	
			单间			428	180	中会议室		100		3600	1728			
			标准间			428	180	小会议室		30		1600	768			
嘉兴市文华园宾馆	嘉兴市文华园宾馆	3	套间	156	156	970	436	大会议室	10	110－500		3500	2450	嘉兴市环城南路415号	0573－82094639	
			单间			555	250	中会议室		60－100		1200	840			
			标准间			555	250	小会议室		20－30		430	300			
嘉兴市嘉城月河客栈有限公司	嘉兴市嘉城月河客栈有限公司		套间	18	18	1580	598	大会议室	1	300	1	5000	4000	嘉兴市同乐路118号	0573－82303999	
			单间	68	68	1080	318	中会议室	4	35	4	3600	1800			
			标准间	115	115	980	318	小会议室	4	18	4	2400	1200			

饭店名称	发票开具单位名称	星级	客房（价格：元/天）					会议室（数量：间；价格：元/天）						地址	前台订房电话	备注
			房型	总间数	协议间数	门市价	协议价	类型	总间数	容纳人数	协议间数	门市价	协议价			
海宁龙祥大酒店有限公司	海宁龙祥大酒店有限公司	3	套间	165	165	1280	400	大会议室	6	150		5000	2000	海宁市西山路 610 号	0573 – 87282802	
			单间			580	260	中会议室		40 – 140		3000	1000			
			标准间			390	180	小会议室		20 – 40		800	300			
桐乡梧桐大酒店有限责任公司	桐乡梧桐大酒店有限责任公司	3	套间	88	88	1000	500	大会议室	5	180		2500	1200	桐乡市振兴中路 42 号	0573 – 88023177	
			单间			480	200	中会议室		40		1500	600			
			标准间			480	180	小会议室		20		800	350			
桐乡市钱塘新世纪大酒店有限公司	桐乡市钱塘新世纪大酒店有限公司	4	套间	248	248	1980	990	大会议室	7	500		5800	4060	桐乡市庆丰南路 6 号	0573 – 88109999	
			单间			660	300	中会议室		120		1000	700			
			标准间			660	300	小会议室		52		700	490			
桐乡市东方大酒店有限公司	桐乡市东方大酒店有限公司	4	套间	120	120	2050	600	大会议室	10	400		5800	2800	桐乡市振兴中路 23 号	0573 – 88880883	
			单间			1080	290	中会议室		80		3800	2000			
			标准间			980	290	小会议室		20		1000	700			
嘉善宾馆	嘉善宾馆	4	套间	176	176	1088	458	大会议室	9	150		2500	1800	嘉善县魏塘街道谈公北路 1 号	0573 – 84272888	
			单间			780	268	中会议室		24 – 80		1500	900			
			标准间			780	268	小会议室		6 – 20		800	600			
嘉善梅园大酒店有限公司	嘉善梅园大酒店有限公司	4	套间	112	112	2288	580	大会议室	6	120		2000	980	嘉善县解放西路 1 号	0573 – 84037666	
			单间			988	290	中会议室		60		1500	700			
			标准间			988	290	小会议室		30		1000	480			
嘉善县罗星阁宾馆有限公司	嘉善县罗星阁宾馆有限公司	5	套间	246	246	1560	560	大会议室	9	250		6600	4500	嘉善县车站南路 333 号	0573 – 84279686	
			单间			860	298	中会议室		120 – 150		3200	2200			
			标准间			860	298	小会议室		15 – 30		2500	1100			
海盐南北湖金牛山大酒店	海盐南北湖金牛山大酒店	3	套间	96	96	980	500	大会议室	4	150		1800	700	海盐县南北湖风景区内	0573 – 86566777	
			单间			580	250	中会议室		42		1300	500			
			标准间			380	180	小会议室		30		1000	300			
海盐国际大厦有限公司	海盐国际大厦有限公司	3	套间	101	101	1588	600	大会议室	5	200		3200	1500	海盐县武原镇新桥南路 101 号	0573 – 86051886	
			单间			628	300	中会议室		30 – 45		1800	800			
			标准间			588	280	小会议室		20		800	350			
海盐南北湖湾景宾馆	海盐南北湖湾景宾馆	2	套间	100	100	1580	585	大会议室	6	180		1200	800	海盐县南北湖风景区南湖东岸	0573 – 86516222	
			单间			550	195	中会议室		80		1000	600			
			标准间			450	185	小会议室		30		400	200			

饭店名称	发票开具单位名称	星级	客房（价格：元/天）					会议室（数量：间；价格：元/天）						地址	前台订房电话	备注
			房型	总间数	协议间数	门市价	协议价	类型	总间数	容纳人数	协议间数	门市价	协议价			
舟山市																
新华侨饭店	新华侨饭店	4	套间	8	8	1800	600	大会议室	1	100人以上	1	3500	3000	定海区环城东路12号	0580－2918808	
			单间	45				中会议室	1	50－100人	1	1200	1000			
			标准间	95	95	560	300	小会议室	8	50人以下	8	1000	800			
新钻石楼大酒店有限公司	新钻石楼大酒店有限公司	4	套间	4	4	1800	600	大会议室	1	100人以上	1	5000	2500	定海区人民南路176号	0580－2067666	
			单间	38	38	580	300	中会议室	1	50－100人	1	3000	1500			
			标准间	83	56	580	300	小会议室	6	50人以下	6	1500	750			
凯尔登大酒店有限公司	凯尔登大酒店有限公司		套间	15	15	1338	536	大会议室	1	100人以上	1	2000	1200	定海区人民南路111号	0580－2065888	
			单间	34	34	658	298	中会议室	1	50－100人	1	1200	900			
			标准间	59	59	618	298	小会议室	2	50人以下	2	800	600			
博雁城市假日酒店	博雁城市假日酒店	3	套间	3	3	1088	588	大会议室	1	100人以上	1	1200	1000	定海区气象台路228号	0580－2557888	
			单间	6	6	588	258	中会议室	2	50－100人	2	800	700			
			标准间	67	67	588	258	小会议室	1	50人以下	1	600	500			
息耒海景酒店	息耒海景酒店		套间	19	19	1580	500	大会议室	1	100人以上	1	1200	1000	定海卫海路75－79号	0580－2066666	
			单间	30	30	558	300	中会议室	2	50－100人	2	1000	800			
			标准间	120	120	588	300	小会议室	1	50人以下	1	800	600			

饭店名称	发票开具单位名称	星级	客房（价格：元/天）					会议室（数量：间；价格：元/天）						地址	前台订房电话	备注
			房型	总间数	协议间数	门市价	协议价	类型	总间数	容纳人数	协议间数	门市价	协议价			
香溢普陀度假酒店有限公司	香溢普陀度假酒店有限公司	2	套间	2	2	2880	400	大会议室	1	100人以上	1	1600	800	朱家尖南沙度假村11号	0580－6631668	
			单间	10	10	880	180	中会议室	4	50－100人	4	800	400			
			标准间	67	67	880	180	小会议室	4	50人以下	4	500	250			
海中洲饭店	海中洲饭店	3	套间	2	2	1100	600	大会议室	1	100人以上	1	2000	1800	普陀区东海东路112号	0580－3012522	
			单间	45	45	598	300	中会议室	1	50－100人	1	700	500			
			标准间	76	76	598	300	小会议室	2	50人以下	2	500	300			
普陀金沙度假村	普陀金沙度假村	3	套间	5	5	1888	500	大会议室	1	100人以上	1	1800	1000	普陀区朱家尖南沙	40066－20260	
			单间	7	7	688	240	中会议室	2	50－100人	2	800	500			
			标准间	131	131	888	260	小会议室	1	50人以下	1	500	300			
普陀海天台宾馆	普陀海天台宾馆	4	套间	5	3	1880	600	大会议室	1	100人以上	1	1800	1000	朱家尖南沙度假村	40070－59935	
			单间	9	9	880	300	中会议室	1	50－100人	1	1000	650			
			标准间	79	79	780	300	小会议室	1	50人以下	1	700	400			
绍兴市																
秦望大酒店	绍兴秦望大酒店有限公司	4	套间	3	3	1836	600	大会议室	1	150	1	600	600	绍兴市城南大道515号	0575－88056789	
			单间	27	27	682	250	中会议室	1	80	1	400	400			
			标准间	93	93	682	250	小会议室		30						
咸亨大酒店	绍兴咸亨大酒店有限公司	5	套间	4	4	1932	600	大会议室	1	150	1	10000	8000	绍兴市解放南路680号	0575－88068688	
			单间	72	72	1127	300	中会议室	3	100	3	6000	4800			
			标准间	84	84	1127	300	小会议室	6	50	6	2000	1600			

饭店名称	发票开具单位名称	星级	客房（价格：元/天）					会议室（数量：间；价格：元/天）						地址	前台订房电话	备注
			房型	总间数	协议间数	门市价	协议价	类型	总间数	容纳人数	协议间数	门市价	协议价			
稽山宾馆	绍兴市稽山宾馆	3	套间	4	4	1288	476	大会议室	3	150	3	1500	800	绍兴市钱王祠前16号	0575－88063838	
			单间	22	22	488	180	中会议室	2	100	2	1000	800			
			标准间	116	116	488	180	小会议室	4	50	4	300	200			
绍兴饭店	绍兴饭店	5	套间	12	12	1472	600	大会议室	1	150	1	5000	3000	绍兴市环山路8号	0575－85155888	
			单间	33	33	759	300	中会议室	4	100	4	2000	1200			
			标准间	120	120	759	300	小会议室	3	50	3	800	480			
绍兴国际大酒店	绍兴国际大酒店有限公司	5	套间	12	12	1251	600	大会议室	1	150	1	10000	6000	绍兴市府山西路100号	0575－85166788	
			单间	18	18	1297	300	中会议室	3	100	3	4800	2800			
			标准间	171	171	1021	300	小会议室	4	50	4	800	480			
绍兴开元名都大酒店	绍兴开元名都大酒店有限公司	5	套间	14	14	1680	600	大会议室	3	150	3	12000	6000	绍兴市人民东路278号	0575－88098888	
			单间	119	119	1380	300	中会议室	3	100	3	3600	1800			
			标准间	220	220	1280	300	小会议室	3	50	3	1500	750			
鑫洲海湾大酒店	绍兴市鑫洲海湾大酒店有限公司	4	套间	6	6	1380	600	大会议室	1	150	1	8000	4800	绍兴市二环北路50号	0575－88208777	
			单间	54	54	600	240	中会议室	3	100	3	2500	1750			
			标准间	151	151	520	240	小会议室	7	50	7	1000	600			
玛格丽特酒店	绍兴市泰地玛格丽特商业有限公司玛格丽特酒店	3	套间	39	39	380	380	大会议室	1	150	1	1500	1000	越城区解放北路玛格丽特商业中心西区2幢	0575－88223888	
			单间	70	70	580	200	中会议室	1	100	1	1000	700			
			标准间	170	170	580	200	小会议室	1	50	1	600	400			
绍兴大酒店	绍兴市饮食服务有限责任公司绍兴大酒店	3	套间	2	2	980	450	大会议室	1	150	1	1800	800	绍兴市解放北路469号	0575－85139666	
			单间	28	28	460	210	中会议室	1	100	1	1200	550			
			标准间	96	96	460	210	小会议室	1	50	1	800	400			
咸亨酒店	绍兴市咸亨酒店有限公司	3	套间	16	16	1880	580	大会议室	1	150	1	12000	5000	绍兴市鲁迅中路179号	0575－85134762	
			单间	62	62	1180	300	中会议室	1	100	1	5000	2500			
			标准间	111	111	1180	300	小会议室	1	50	1	3500	1750			
永和庄园	绍兴市永和庄园度假酒店有限公司		套间	9	9	1280	498	大会议室	1	150	1	2500	2000	绍兴市二环南路小亭山旁	0575－88587888	
			单间	29	29	760	230	中会议室	3	100	3	1000	800			
			标准间	70	70	520	230	小会议室	3	50	3	600	480			

饭店名称	发票开具单位名称	星级	客房（价格：元/天）					会议室（数量：间；价格：元/天）						地址	前台订房电话	备注
			房型	总间数	协议间数	门市价	协议价	类型	总间数	容纳人数	协议间数	门市价	协议价			
银泰大酒店	绍兴银泰大酒店有限公司	4	套间	7	7	880	370	大会议室	1	150	1	2880	2188	绍兴市人民西路255号	0575－85117788	
			单间	20	20	680	270	中会议室	2	100	2	1880	1428			
			标准间	82	82	680	270	小会议室	1	50	1	1280	970			
王朝大酒店	绍兴王朝大酒店有限公司	4	套间	22	22	1100	500	大会议室	1	150	1	2880	2000	市区胜利东路101号	0575－85125888	
			单间	22	22	666	290	中会议室	2	100	2	2280	1600			
			标准间	55	55	716	300	小会议室	2	50	2	880	700			
市委党校	中共绍兴市委党校		套间	26	26	690	250	大会议室	1	150	1	2000	800	会稽山旅游度假区阳明路8号	0575－88129129	
			单间	62	62	490	160	中会议室	3	100	3	1500	600			
			标准间	247	247	400	160	小会议室	16	50	16	1000	400			
益泉大酒店	绍兴益泉大酒店有限公司		套间	25	25	1238	480	大会议室	2	150	2	4800	2736	绍兴市袍江工业区世纪街	0575－88138888	
			单间	52	52	838	260	中会议室	1	100	1	2700	1540			
			标准间	150	150	638	260	小会议室	6	50	6	900	513			
绍兴市人民警察培训学校	绍兴市人民警察培训学校		套间					大会议室	2	150	2	800	700	解放南路鉴湖镇政府西侧	0575－88611796	
			单间	6	6	250	130	中会议室	1	100	1	400	350			
			标准间	88	88	268	150	小会议室	2	50	2	300	260			
富丽华大酒店	绍兴县富丽华大酒店有限公司	5	套间	16	16	1080	560	大会议室	1	100	1	10000	6000	绍兴县柯桥街道笛扬路华联国际商贸城	0575－84128888	
			单间	69	69	780	二类 340	中会议室	2	60	2	3800	2280			
			标准间	87	87	780	二类 340	小会议室	4	40	4	1800	1080			
金昌开元大酒店	浙江开元酒店管理有限公司绍兴金昌开元大酒店	4	套间	39	39	1100	380	大会议室	1	120	1	8000	2400	绍兴柯桥大道1277号	0575－85588666	
			单间	97	97	800	280	中会议室	1	80	1	2400	720			
			标准间	145	145	800	280	小会议室	1	40	1	1500	450			
钱塘曹娥江大酒店	上虞钱塘曹娥江大酒店有限公司	3	套间	8	8	880	400	大会议室	1	120	1	1500	900	上虞市百官街道江扬路2号	0575－82178888	
			单间	37	37	428	180	中会议室	1	80	1	800	480			
			标准间	80	80	468	180	小会议室	4	40	4	400	240			
雷迪森万锦大酒店	上虞雷迪森万锦大酒店有限公司		套间	3	3	2280	600	大会议室	1	200	1	18000	5400	上虞市市民大道555号	0575－82345678	
			单间	116	116	900	300	中会议室	5	100	5	5000	1500			
			标准间	143	143	900	300	小会议室	8	50	8	3600	1080			

饭店名称	发票开具单位名称	星级	客房（价格：元/天）					会议室（数量：间；价格：元/天）						地址	前台订房电话	备注
			房型	总间数	协议间数	门市价	协议价	类型	总间数	容纳人数	协议间数	门市价	协议价			
上虞宾馆	上虞宾馆有限公司	4	套间	17	17	1280	512	大会议室	3	150	3	5000	2000	上虞市百官街道新河路2号	0575－82179888	
			单间	77	77	720	252	中会议室	1	100	1	3000	1200			
			标准间	115	115	720	252	小会议室	6	50	6	2500	1000			
舜杰大酒店	上虞市舜杰大酒店有限公司	3	套间	11	11	1688	508	大会议室	1	120	1	3000	1500	上虞市经济开发区舜杰路468号	0575－82211222	
			单间	51	51	788	258	中会议室	1	80	1	1200	600			
			标准间	41	41	868	258	小会议室	1	40	1	1000	500			
国际大酒店	上虞国际大酒店有限公司	5	套间	20	20	1680	600	大会议室	2	120	2	5600	2800	上虞市市民大道333号	0575－82222222	
			单间	83	83	900	二类 320	中会议室	2	80	2	3600	1800			
			标准间	195	195	880	二类 320	小会议室	6	40	6	1600	800			
嵊州宾馆	嵊州宾馆	4	套间	15	15	1280	600	大会议室	2	120	2	2800	2240	嵊州市艇北路8号	0575－83187888	
			单间	43	43	680	300	中会议室		80						
			标准间	111	111	530	291	小会议室	7	40	7	500	500			
白云山庄	浙江新昌白云山庄有限公司	4	套间	13	13	380	600	大会议室	1	120	1	5000	3000	新昌县人民西路115号	0575－86226688	
			单间	48	48	580	300	中会议室	3	80	3	2500	1500			
			标准间	162	162	580	300	小会议室	6	40	6	1200	720			
白云大酒店	新昌县白云大酒店有限公司	3	套间	3	3	580	408	大会议室	1	120	1	2000	1000	新昌县七星街道沿江中路8号	0575－86228866	
			单间	18	18	480	288	中会议室	1	80	1	800	400			
			标准间	75	75	380	228	小会议室	1	40	1	600	300			
绿城雷迪森大酒店	新昌绿城置业有限公司绿城雷迪森大酒店		套间	19	19	1188	600	大会议室	2	120	2	10000	5000	新昌县玫瑰大道688号	0575－86769888	
			单间	47	47	1088	260	中会议室	2	80	2	5200	2600			
			标准间	67	67	1088	260	小会议室	2	40	2	4000	2000			
泰坦国际大酒店	新昌县泰坦国际大酒店有限公司	4	套间	10	10	1088	468	大会议室	1	120	1	6800	2040	新昌县七星街道泰坦大道97号	0575－86288888	
			单间	38	38	588	228	中会议室	2	80	2	3800	1140			
			标准间	98	98	588	228	小会议室	7	40	7	1800	540			
瑞和度假村	新昌县瑞和度假村有限公司	3	套间	6	6	1580	580	大会议室	1	120	1	5800	2600	新昌县七星街道馒头山	0575－86289222	
			单间	8	8	580	260	中会议室	2	80	2	2800	1500			
			标准间	89	89	480	160	小会议室	4	40	4	800	450			

饭店名称	发票开具单位名称	星级	客房（价格：元/天）					会议室（数量：间；价格：元/天）						地址	前台订房电话	备注
			房型	总间数	协议间数	门市价	协议价	类型	总间数	容纳人数	协议间数	门市价	协议价			
西子宾馆	浙江诸暨西子宾馆有限公司	4	套间	13	13	1800	580	大会议室	2	120	2	4000	2000	诸暨市南屏路28号	0575－87179888	
			单间	34	34	635	285	中会议室	4	80	4	1000	500			
			标准间	163	163	635	285	小会议室	1	40	1	600	300			
五泄度假村	浙江百瑞五泄度假村有限公司	4	套间	8	8	1280	550	大会议室	1	120	1	3000	1500	诸暨市五泄风景区	0575－87772288	
			单间	24	24	580	250	中会议室	2	80	2	1500	750			
			标准间	171	171	580	250	小会议室	4	40	4	1000	500			
百瑞香江大酒店	浙江百瑞香江大酒店	4	套间	17	17	1888	600	大会议室	1	120	1	3600	1800	诸暨市滨江路1号	0575－87171708	
			单间	46	46	698	288	中会议室	2	80	2	3000	1500			
			标准间	103	103	698	288	小会议室	3	40	3	1000	500			
耀江开元名都大酒店	诸暨耀江开元名都大酒店有限公司		套间	27	27	2280	600	大会议室	1	120	1	9800	4900	诸暨市环城东路207号	0575－88798888	
			单间	122	122	1280	300	中会议室	2	80	2	5800	2900			
			标准间	222	222	1080	300	小会议室	6	40	6	1600	800			
衢州市																
衢州饭店	衢州饭店有限公司	4	套间1	2	2	1780	534	大会议室1	1	260	1	20000	10000	衢州市三衢路189号	0570－3081818	
			套间2	3	3	1880	564	大会议室2	2	200	2	10000	5000			
			单间1	9	9	700	240	大会议室3	1	250	1	7200	3600			
			标准间1	57	57	700	240	大会议室4	1	130	1	6000	3000			
			标准间2	33	33	580	210	中会议室1	3	70	3	4800	2400			
			标准间3	7	7	1298	389	中会议室2	1	60	1	6000	3000			
								小会议室1	3	50	3	4000	2000			
								小会议室2	1	48	1	2400	1200			
								小会议室3	1	12	1	3200	1600			
衢州国际大酒店	衢州国际大酒店有限责任公司	4	套间1	8	8	1680	600	大会议室1	1	450	1	14000	7000	衢州市三衢路127号	0570－8889888	
			单间	12	12	680	240	大会议室2	1	300	1	10000	5000			
			标准间1	75	75	780	298	大会议室3	1	150	1	4800	2400			
			标准间2	20	20	680	240	小会议室1	3	30	3	2400	1000			
								小会议室2	1	50	1	3200	1600			

饭店名称	发票开具单位名称	星级	客房（价格：元/天）					会议室（数量：间；价格：元/天）						地址	前台订房电话	备注
			房型	总间数	协议间数	门市价	协议价	类型	总间数	容纳人数	协议间数	门市价	协议价			
衢州东方大酒店	浙江衢州东方集团股份有限公司	4	套间1	14	14	1680	598	大会议室1	1	450	1	7000	5600	衢州市上街96号	0570－3058118	
			套间2	5	5	2480	980	大会议室2	2	300	2	4000	3200			
			标准间1	25	25	618	238	大会议室3	1	170	1	3000	2400			
			标准间2	67	67	758	298	大会议室4	1	140	1	2400	1920			
			标准间3	30	30	928	368	大会议室5	1	110	1	2000	1600			
			标准间4	17	17	1180	458	中会议室1	1	90	1	1600	1280			
			单间1	5	5	518	238	中会议室3	1	60	1	1200	960			
			单间2	15	15	758	298	中会议室4	1	50	1	1000	800			
			单间3	30	30	1180	458	小会议室	3	15	3	760	600			
			单间4	10	10	928	368									
衢州冠发君悦大酒店	衢州冠发君悦大酒店有限责任公司		单间1	9	9	520	268	大会议室1	1	800	1	20000	10000	衢州市九华北大道185号	0570－8871777	
			单间2	6	6	760	298	大会议室2	2	250	2	10000	5000			
			单间3	72	72	920	295	大会议室3	1	100	1	5600	2400			
			单间4	27	27	1360	620	大会议室2	1	120	1	5600	3000			
			单间5	6	6	1760/1560	700	小会议室1	1	40	1	3600	1800			
			单间6	6	6	1760	780	小会议室2	1	35	1	2800	1400			
			标准间1	41	41	920	295	小会议室3	1	30	1	2400	1200			
			标准间2	27	27	1360	540									
			标准间3	4	4	1760	700									
			套间1	3	3	2560	1020									
			套间2	9	9	2760	1100									
			套间3	2	2	5200	2080									
			套间4	2	2	5600	2240									
			套间5	1	1	7600	3080									
			套间6	1	1	18888	5500									

饭店名称	发票开具单位名称	星级	客房（价格：元/天）					会议室（数量：间；价格：元/天）						地址	前台订房电话	备注
			房型	总间数	协议间数	门市价	协议价	类型	总间数	容纳人数	协议间数	门市价	协议价			
衢州铭豪大酒店	衢州铭豪大酒店有限公司		套间 1	4	4	958	358	大会议室	1	250	1	4200	2800	衢州市三衢路 108 号	0570－8268888	
			套间 2	4	4	1588	558	中会议室	3	80	3	2400	1600			
			单间	16	16	628	228	小会议室 1	2	20	2	1500	1000			
			单间	24	24	788	268	小会议室 2	2	20	2	3000	2000			
			标准间 1	41	41	628	228									
			标准间 2	59	59	788	268									
衢州市帝京大酒店	衢州市帝京大酒店	3	套间 1	6	6	1588	498	大会议室	1	300	1	5200	2600	衢州市柯城区通荷路 168 号	0570－8890888	
			套间 2	10	10	1288	406	中会议室	1	80	1	3600	1800			
			单间					小会议室 1	1	15	1	1600	800			
								小会议室 2	2	40	2	3200	1600			
			标准间	131	131	748	236	小会议室 3（贵宾厅）	1	15	1	5200	2600			
衢州市万豪大酒店	衢州市柯城万豪大酒店	3	套间 1	2	2	688	288	大会议室 1	1	900	1	8000	5200	衢州市荷四路 395 号	0570－8282888	
			套间 2	1	1	1088	488	大会议室 2	1	150	1	2400	1560			
			单间	9	9	398	178	中会议室	3	70	3	1600	1040			
			单间	2	2	488	218	小会议室	9	50	9	1000	650			
			标准间 1	10	10	308	138									
			标准间 2	36	36	398	178									
			标准间 3	6	6	488	218									
衢州市东方假日酒店	浙江衢州市东方假日酒店有限公司	3	套间 1	6	6	698	244	大会议室	1	180	1	3600	1440	衢州市上街 193 号	0570－3058118	
			套间 2	1	1	858	300	中会议室 1	1	80	1	2000	900			
			单间 1	22	22	508	178	中会议室 2	1	80	1	2000	800			
			标准间 1	30	30	398	138	小会议室 1	1	50	1	2000	800			
			标准间 2	6	6	508	178	小会议室 2	1	30	1	1500	600			
			标准间 2	28	28	458	160									
			标准间 3													
衢州市京汉国际大酒店	衢州市柯城京汉国际大酒店	3	套间 1	5	5	900	360	大会议室	1	400	1	6000	2400	衢州市三衢路 495 号	0570－8766066	
			套间 2	4	4	980	408	中会议室	1	60	1	2000	800			
			单间 1	6	6	430	170	小会议室 1	1	20	1	1500	600			
			单间 2	12	12	518	208	小会议室 2	1	10	1	1960	816			

饭店名称	发票开具单位名称	星级	客房（价格：元/天）					会议室（数量：间；价格：元/天）						地址	前台订房电话	备注
			房型	总间数	协议间数	门市价	协议价	类型	总间数	容纳人数	协议间数	门市价	协议价			
衢州市京汉国际大酒店	衢州市柯城京汉国际大酒店	3	标准间1	56	56	430	170							衢州市三衢路495号	0570－8766066	
			标准间2	28	28	458	180									
			标准间3	15	15	325	130									
衢州大酒店	衢州大酒店有限公司		单间1	3	3	298	120	大会议室	1	200	1	2400	960	蝴蝶路132路	0570－8519888	
			单间6	9	9	378	148	小会议室1	1	30	1	800	320			
			标准间	75	75	298	120									
			套间1	2	2	598	288									
			套间2	1	1	888	355									
衢州七里龙潭山庄	衢州七里龙潭山庄休闲度假有限公司		套间1	3	3	588	308	大会议室	1	100	1	3200	1600	衢州市柯城区七里乡黄土岭66号	0570－2985800	
			套间2	3	3	688	308	小会议室1	1	40	1	1600	800			
			单间1	13	13	388	176	小会议室2	1	20	1	1200	600			
			标准间1	43	43	388	176									
衢州圣效大酒店	衢州圣效大酒店有限公司	4	套间	2	2	1308	588	大会议室1	1	300	1	3776	2000	衢州市衢江区大桥路38号	0570－2831188	
			单间	6	6	588	268	大会议室2	1	180	1	3776	2000			
			标准间	80	80	458	208	中会议室	1	100	1	1776	900			
								小会议室	3	30	3	1376	700			
衢州市新天地大酒店	衢州市衢江区新天地大酒店有限公司	3	套间1	2	2	548	248	大会议室	1	150	1	1596	960	衢州市衢江区樟潭路90号	0570－3679666	
			套间2	3	3	528	238	中会议室	1	90	1	1276	760			
			单间1	4	4	248	118	小会议室1	1	14	1	956	560			
			单间2	2	2	208	98	小会议室2	1	8	1	596	360			
			标准间1	7	7	348	158									
			标准间2	52	52	278	128									
			三人间	2	2	298	138									
龙游国际饭店	龙游国际饭店有限公司	4	单间1	6	6	660	330	大会议室	1	150	1	3200	1600	龙游县荣昌路188号	0570－7219999	
			单间2	16	16	480	240	小会议室	4	30	4	1040	520			
			标准间1	44	44	580	290									
			标准间2	38	38	520	260									
			标准间3	22	22	480	240									

饭店名称	发票开具单位名称	星级	客房（价格：元/天）					会议室（数量：间；价格：元/天）						地址	前台订房电话	备注
			房型	总间数	协议间数	门市价	协议价	类型	总间数	容纳人数	协议间数	门市价	协议价			
龙游国际饭店	龙游国际饭店有限公司	4	标准间4	7	7	780	390							龙游县荣昌路188号	0570－7219999	
			标准间5	10	10	680	340									
			套间1	10	10	1118	559									
			套间2	6	6	980	490									
龙游金峰国贸大酒店	龙游金峰国贸大酒店有限公司		单间	9	9	396	180	大会议室	1	160	1	2400	1800	游县龙洲街道太平西路34号	0570－7221566	
			标准间1	32	32	396	180	中会议室	1	60	1	1100	800			
			标准间2	31	31	456	200									
			套间1	2	2	790	360									
			套间2	2	2	1198	545									
龙游广银大酒店	龙游广银大酒店		套间1	3	3	998	400	大会议室	1	400	1	7600	4560	龙游县兴龙路16号	0570－7018888	
			套间2	3	3	798	320	中会议室	1	100	1	2560	1536			
			单间1	12	12	496	200	小会议室1	1	30	1	600	360			
			单间2	11	11	396	160									
			标准间1	44	44	496	200									
			标准间2	10	10	456	180									
江山国际大酒店	江山国际大酒店有限责任公司	4	套间1	6	6	1618	728	大会议室1	1	500	1	20000	10000	江山市江东一区15号	0570－4051888	
			单间1	9	9	598	269	大会议室2	1	200	1	12000	6000			
			单间2	37	37	888	399	大会议室3	1	150	1	9600	4800			
			标准间1	29	29	398	179	中会议室	1	70	1	5000	2500			
			标准间2	40	40	518	233	小会议室1	1	25	1	3000	1500			
			标准间3	45	45	598	269	小会议室2	1	20	1	2400	1200			
			标准间4	70	70	888	399	小会议室3	2	15	2	1800	900			
								小会议室4	1	60	1	5000	2500			
江山宾馆	江山市华厦商贸有限公司江山宾馆	3	套间	2	2	798	338	大会议室	1	250	1	6320	3160	江山市解放路140号	0570－4032118	
			单间1	13	13	485	198	中会议室	1	70	1	2720	1360			
			单间2	4	4	528	218	小会议室	1	20	1	1120	560			
			标准间1	26	26	440	178									
			标准间2	22	22	485	198									
			家庭间	3	3	640	268									
			棋牌间	3	3	528	218									

饭店名称	发票开具单位名称	星级	客房（价格：元/天）					会议室（数量：间；价格：元/天）						地址	前台订房电话	备注
			房型	总间数	协议间数	门市价	协议价	类型	总间数	容纳人数	协议间数	门市价	协议价			
江山市万隆度假村	江山市万隆度假村	3	单间	3	3	538	158	大会议室1	1	300	1	4000	3200	江山市经济开发区通达路1号	0570－4891111	
			标准间1	23	23	538	158	大会议室2	1	120	1	1800	1500			
			标准间2	13	13	598	178	中会议室1	1	100	1	1200	1000			
			标准间3	20	20	468	138	中会议室2	1	80	1	1000	800			
			标准间4	8	8	828	248									
			套间1	4	4	848	258									
			套间2	2	2	1628	488									
			套间3	1	1	1328	398									
			套间4	24	24	4888	1468									
常山国际大酒店	常山菲达交通实业有限公司国际大酒店	3	套间	11	11	768	407	大会议室	1	200	1	3200	1600	常山县天马镇白马路168号	0570－5017777	
			总统套间	1	1	3888	2060									
			单间1	2	2	468	237	小会议室1	1	30	1	1600	800			
			单间2	2	2	398	210									
			普通标准间	75	75	398	210									
			商务标准间	15	15	448	237	小会议室2	1	10	1	1200	600			
常山华府大酒店	常山县三衢后勤服务管理有限公司华府大酒店	3	套间	8	8	880	396	大会议室	1	400	1	13600	4080	常山县天马镇定阳南路169号	0570－5665566	
			小单间	8	8	380	168									
			商务单间	17	17	480	216									
			豪华单间	6	6	580	258	中会议室1	1	80	1	4000	1200			
			商务标间	45	45	480	216	中会议室2	2	80	2	3200	960			
			豪华标准间	7	7	580	258	小会议室	1	40	1	2000	600			
常山天地金佰汇柏丽酒店	常山天地金佰汇柏丽酒店管理有限公司	3	套间	5	5	1288	558	大会议室	1	120	1	3000	2400	常山县天马镇人民路200号	0570－5066666	
			单间1	5	5	558	228	中会议室	1	100	1	2000	1400			
			单间2	13	13	588	248									
			标准间1	35	35	528	228									
			标准间2	27	27	558	238									
			标准间3	13	13	658	278	小会议室	1	40	1	1200	800			

饭店名称	发票开具单位名称	星级	客房（价格：元/天）					会议室（数量：间；价格：元/天）						地址	前台订房电话	备注
			房型	总间数	协议间数	门市价	协议价	类型	总间数	容纳人数	协议间数	门市价	协议价			
常山太平洋大酒店	常山县太平洋大酒店有限公司	2	套间	6	6	618	319	大会议室 1	1	300	1	5600	3600	常山县天马镇文峰西路 1 号	0570－5016726	
			单间	12	12	378	189	大会议室 2	1	160	1	2000	1300			
			标准间 1	18	18	358	179	中会议室	1	60	1	1200	780			
			标准间	36	36	318	159	小会议室								
开化大酒店	开化大酒店		套间 1	3	3	1330	600	大会议室	1	430	1	10400	5200	开化县城关镇花山路 17 号	0570－6022888	
			套间 2	2	2	598	280	中会议室	1	120	1	3200	1600			
			单间 1	10	10	510	230	小会议室	1	50	1	2400	1200			
			单间 2	10	10	260	120									
			标准间 1	100	100	510	230									
			标准间 2	37	37	260	120									
开化县古田山庄	开化县古田山庄		套间	3	3	680	340	大会议室	1	150	1	3600	2520	开化县苏庄镇古田山庄	0570－6829999	
			单间 1	7	7	460	230	中会议室	1	50	1	2400	1680			
			标间 1	49	49	460	230	小会议室	1	14	1	1600	1120			
			标间 2	4	4	520	260									
金华市																
金华国贸大厦有限公司国贸景澜大饭店	金华国贸大厦有限公司国贸景澜大饭店	4	豪华套间	5	5	2000	600	宴会 1 厅	1	200	1	3000	1500	金华市双溪西路 369 号	0579－82056000	
			豪华标间	28	28	720	298	宴会 2（3）厅	1	100	1	1800	900			
			豪华单间	54	54	720	298	嘉会 5 厅	1	50	1	800	350			
			单间	6	6	620	298	嘉会 6 厅	1	50	1	800	350			
			标准间	103	103	620	298	嘉会 7 厅	1	60	1	1000	500			
								嘉会 8 厅	1	100	1	2000	800			
								嘉会 9 厅	1	60	1	1200	600			
								嘉会 10 厅	1	60	1	1200	600			
								6F 会议厅	1	20	1	400	200			
								培训教室	1	30	1	600	300			
								8F1 号会议室	1	80	1	1600	800			
								8F2 号会议室	1	80	1	1800	900			
								国贸厅	1	300	1	4600	2200			
								21F 行政会议室	1	80	1	2000	800			

饭店名称	发票开具单位名称	星级	客房（价格：元/天）					会议室（数量：间；价格：元/天）						地址	前台订房电话	备注
			房型	总间数	协议间数	门市价	协议价	类型	总间数	容纳人数	协议间数	门市价	协议价			
金华市世贸大饭店有限公司	金华市世贸大饭店有限公司		套间	41	41	1120	560	世贸 1 号厅	1	80	1	3200	1920	金华市八一北街 737 号	0579 – 82588998	
			单间	35	35	600	300	世贸 2 号厅	1	200	1	6400	3840			
			标准间	97	97	600	300	世贸 3 号厅	1	80	1	3200	1920			
								世贸多功能厅	1	300	1	12800	7680			
								喜格厅	1	100	1	3000	1800			
								世贸 5 号厅	1	60	1	2500	1500			
								世贸 6 号厅	1	60	1	2500	1500			
								世贸 7 号厅	1	60	1	2500	1500			
金华市今日大酒店有限公司	金华市今日大酒店有限公司		A 区标准间	25	25	580	268	4F1#	1	200	1	6000	2700	金华市双溪西路 420 号	0579 – 81231309	
			B 区标准间	25	25	560	268	4F2#	1	80	1	1600	720			
			景观单间	5	5	580	278	4F5#	1	50	1	1600	720			
			商务单间	4	4	760	278	4F6#	1	80	1	3200	1440			
			豪华标准间	10	10	1188	480	3F1#	1	80	1	3200	1440			
								3F2#	1	30	1	1600	720			
金华市五星大酒店有限公司	金华市五星大酒店有限公司	4	单人间	6	6	498	220	东莱厅	1	150	1	2000	1000	金华市人民西路 701 号	0579 – 82426666	
			豪华单间	6	6	598	220	宗泽厅	1	80	1	1200	600			
			标准间	76	76	498	220	宾王厅	1	80	1	1000	500			
			豪华标准间	42	42	598	220	李渔厅	1	50	1	800	400			
			商务间	2	2	698	220	艾青厅	1	30	1	300	150			
			豪华套房	20	20	1298	580	洽谈室	1	20	1	100 元/小时	50 元/小时			
			复式套房	10	10	1598	580									
浙江东方国际发展有限公司国际大酒店	浙江东方国际发展有限公司国际大酒店	3	单人间	26	26	480	216	401#	1	80	1	1250	438	金华市中山路 261 号	0579 – 52336888	
			豪华单间	16	16	560	216	402#	1	50	1	880	308			
			标准间	140	140	480	216	403#	1	80	1	1150	400			
			豪华标准间	40	40	560	216	405#	1	50	1	880	308			
			商务间	8	8	600	216	406#	1	80	1	1250	438			
			套房	8	8	1080	486	407#	1	80	1	1150	400			
								408#	1	100	1	1850	648			
								多功能厅	1	200	1	3680	1288			

饭店名称	发票开具单位名称	星级	客房（价格：元/天）					会议室（数量：间；价格：元/天）						地址	前台订房电话	备注
			房型	总间数	协议间数	门市价	协议价	类型	总间数	容纳人数	协议间数	门市价	协议价			
浙江金华望江饭店有限公司	浙江金华望江饭店有限公司	3	单人间	12	12	560	224	金华厅	1	150	1	1200	800	金华市中山路112号	0579－82336681	
			标准间	70	70	360	180	东1楼1#	1	80	1	600	400			
			豪华标准间	58	58	480	180	东1楼2#	1	80	1	600	400			
			商务间	11	11	560	180	西2楼	1	80	1	600	400			
			套房	5	5	988	494	西3楼	1	80	1	600	400			
								小会议室	1	30	1	300	200			
浙江金华宾馆有限公司	浙江金华宾馆有限公司	3	豪华单人间	14	14	480	170	多功能厅	1	150	1	2000	800	金华市双溪西路101号	0579－82063388	
			标准间	30	30	480	170	宴会厅	1	100	1	1500	600			
			豪华标准间	76	76	480	170	东二楼会议室	1	50	1	750	300			
			商务间	9	9	480	170	东三楼会议室	1	50	1	750	300			
			套房	2	2	1288	450	东四楼会议室	1	50	1	750	300			
			豪华套房	4	4	1288	450	东五楼会议室	1	50	1	750	300			
金华市申华商务酒店有限公司	金华市申华商务酒店有限公司		行政大床房	28	28	458	229	香樟厅	1	200	1	3000	1500	金华市丹溪路1113号	0579－82451478	
			高级双床房	50	50	488	240	银杏厅	1	100	1	1600	800			
			豪华双床房	48	48	600	240	白杨厅	1	100	1	1600	800			
			豪华套房	5	5	788	394	白桦厅	1	50	1	1000	1000			
								紫薇厅	1	50	1	1000	500			
金华市嘉恒宾馆	金华市嘉恒宾馆	3	单人间	8	8	480	148	3FA	1	40	1	880	350	金华市人民西路898号	0579－82076888	
			豪华单人间	4	4	480	148	3FB	1	30	1	660	260			
			标准间	37	37	480	148	7F	1	30	1	760	300			
			豪华标准间	24	24	480	148									
			商务间	22	22	528	148									
			套房	1	1	1288	368									
			豪华套房	2	2	1288	368									
			其他房型	8	8	528	147									
金华市锦华园度假村有限公司	金华市锦华园度假村有限公司		单人间	31	31	420	168	1号	1	40	1	400	200	金华市北山路1377号	0579－82590588	
			商务标准间	98	98	420	168	2号	1	40	1	400	200			
			家庭标准间	8	8	520	168	3号	1	60	1	600	300			
			商务套房	8	8	1280	512	5号	1	80	1	1000	500			
								6号	1	100	1	1600	800			

饭店名称	发票开具单位名称	星级	客房（价格：元/天）					会议室（数量：间；价格：元/天）						地址	前台订房电话	备注
			房型	总间数	协议间数	门市价	协议价	类型	总间数	容纳人数	协议间数	门市价	协议价			
金华市锦华园度假村有限公司	金华市锦华园度假村有限公司							7号	1	100	1	1600	800	金华市北山路1377号	0579－82590588	
								9号	1	100	1	1000	500			
								多功能厅	1	200	1	3000	1500			
锦都酒店	义乌市锦都酒店有限公司	5	标准单人间	40	40	1000	438	锦都厅	1	240	1	7500	5300	浙江省义乌市城中中路168号	0579－85268508	标准间44%折扣，豪华间33%折扣，会场70%折扣
			标准双人间	22	22	1000	438	锦绣厅	1	240	1	7500	5300			
			豪华单人间	75	75	1300	438	锦华厅	1	150	1	6000	4200			
			豪华双人间	89	89	1300	438	文锦厅	1	50	1	3300	2300			
								云锦厅	1	50	1	3300	2300			
								枫锦厅	1	50	1	3300	2300			
								行政洽谈室	1	20	1	1800	1260			
								大会议室	1	300	1	8000	5600			
								中会议室	3	100	3	5000	3500			
义乌伊美广场酒店	义乌市百货有限责任公司伊美广场酒店	4	套间					小会议室	1	30	1	1600	1120	义乌市城中中路128号	0579－85278888－预定部	房价折扣42%，会场折扣70%
			单间	68	68	758	319	大会议室	1	300	1	20000	10000			
			标准间	52	52	758	319	中会议室	2	80	2	5200	2600			
义乌大酒店	义乌大酒店有限公司	4	套间	17	4	1580	680	小会议室	4	30	4	2000	1000	义乌市宾王路103号	0579－85559999－6181	标准间按门市价40%折扣，其余房型45%折扣，会场50%折扣
			单间	98	26	748	300	天恒厅	1	50	1	2200	1100			
												2800	1400			
								天和厅	1		1	3200	1600			
			标准间	131	57	748	300	200				7000元/场	4200元/场			
								150				4000元/场	2400元/场			
天恒国际大酒店	浙江天恒国际大酒店有限公司		高级单人间	63	63	850	338	天鼎厅	1	150	1	3500元/场	2100元/场	义乌市丹溪北路677号	0579－85888888－53 85116888	会议室价格以元/场计算，1场为4个小时。房价折扣39.76%，会场折扣60%
			豪华单人间	26	26	950	378	天仁厅	1	80	1	1600元场	960元/场			
			高级双床房	104	104	850	338	天爵厅	1	50	1	1080元/场	648元/场			
			豪华标准间	6	6	950	378									

饭店名称	发票开具单位名称	星级	客房（价格：元/天）房型	总间数	协议间数	门市价	协议价	会议室（数量：间；价格：元/天）类型	总间数	容纳人数	协议间数	门市价	协议价	地址	前台订房电话	备注
天恒国际大酒店	浙江天恒国际大酒店有限公司		行政单间	31	31	1080	429							义乌市丹溪北路677号	0579－85888888－53 85116888	会议室价格以元/场计算，1场为4个小时。房价折扣39.76%，会场折扣60%
			行政标间	25	25	1080	429									
			高级套房	7	7	1280	509									
			豪华套房	8	8	1580	628									
			行政套房	2	2	1880	748									
			总统套房	1	1	21800	8668									
			行政豪华单间	4	4	1180	469	大会议室	1		1	8800	3600			
			行政豪华双床房	2	2	1180	469	中会议室	1		1	5000	2050			
颐和大酒店	义乌市颐和大酒店有限公司	4	套间					小会议室（文昌阁）	1	50	1	2200	900	义乌市工人北路2号	0579－83818895 83818910 83818888－86	所有房价折扣率39.57%会场折扣率40.9%
			豪华单间	111	80	758	300	小会议室（文源阁）	1	20	1	1200	490			
			豪华双人间	122	100	758	300	小会议室（VIP贵宾接待厅）	1	20	1	1200	490			
			行政单间	31	20	918	365	大会议室	2	200	1	4000	1800			
			标准间					中会议室	2	80	1	3000	1350			
义乌钱塘凯信大酒店	义乌钱塘凯信大酒店有限公司	4	标准间	35	10	828	300	小会议室	3	40	1	1800	810	义乌市宾王路217号	0579－85566518	房价折扣36.3%，会场折扣45%
			豪华标准间	26	20	888	328									
			单人间	25	15	748	268									
			豪华单人间	12	5	828	300									
			行政标准间	16	5	988	358									
			套间	12	5	1988	718									
浙江中国小商品城集团股份有限公司银都酒店	浙江中国小商品城集团股份有限公司银都酒店	4	豪华单间	16	16	1080	568	大会议室银爵厅	1	300	1	10000	5400	义乌市宾王路168号	0579－85588888－755	房价折扣52.5%，会议室折扣54%
			行政单间	42	42	868	458	中会议室银河厅、银都厅、银爵厅	3	150	3	5000	2700			
			商务单间	32	32	758	398	会见厅、209包厢	2	80	2	2000	1080			

饭店名称	发票开具单位名称	星级	客房（价格：元/天）					会议室（数量：间；价格：元/天）						地址	前台订房电话	备注
			房型	总间数	协议间数	门市价	协议价	类型	总间数	容纳人数	协议间数	门市价	协议价			
浙江中国小商品城集团股份有限公司银都酒店	浙江中国小商品城集团股份有限公司银都酒店	4	行政标间	33	33	368	458	8F、15F会议室	2	30	2	1200	650	义乌市宾王路168号	0579－85588888－755	房价折扣52.5%，会议室折扣54%
			商务标间	80	79	758	398									
海洋酒店（本部）	浙江中国小商品城集团股份有限公司海洋酒店	4	海洋标准双人间	36	36	368	420	大会议室	3	300	海洋多功能厅	8500	5525	义乌市福田路99号	0579－85189177	海洋酒店本部房价折扣50%，会场折扣65%
			海洋标准单人间	32	32	868	420	中会议室	2	150	党校多功能厅	4000	2600			
								小会议室	4	50	海洋海阔苑	3500	2275			
			海洋套间	8	8	1680	870			30	海洋海洋厅	2500	1625			
			党校套间	10	10	880	488			30	党校大型教室	1800	1170			
			海洋单间	64	40	918	450			30	海洋海欣厅	1500	975			
			党校单间	12	12	428	236	大会议室	1	20	海洋海遥厅	1200	780			
海洋酒店（分部党校迎宾馆）	浙江中国小商品城集团股份有限公司海洋酒店		海洋商务间	80	50	918	450	中会议室	1	100	党校中型教室	1200	780	义乌市黎明湖路999	0579－85205888	义乌市党校迎宾馆。房价折扣55%，会场折扣65%
										40	党校小型教室	600	390			
			党校标准间	100	100	358	196									
浙江迪元仪表有限公司迪元酒店		3	套间	6	6	1188	546	多功能厅	1	100	1	3000	1200	义乌市西城路696号	0579－85566999－61/63	房间折扣率40%，会场折扣率60%
			单间	36	36	448	228	北苑厅	1	50	1	2500	1000			
			标准间	46	46	448	228									
			豪华标间	16	16	488	238	迪元厅	1	40	1	2000	800			
			豪华单人间	16	16	488	238									
义乌雪峰大酒店	义乌雪峰大酒店有限公司	3	套间	13	13	888	358	多功能厅	1	120	1	4000	2000	义乌稠州北路1688号	0579－85160566	房价折扣40%，会场折扣60%
			单间	35	35	598	238	1号会议室	1	80	1	2000	1200			
			标准间	66	66	618	248	2、3号会议室	2	40	2	1500	900			

饭店名称	发票开具单位名称	星级	客房（价格：元/天）					会议室（数量：间；价格：元/天）						地址	前台订房电话	备注
			房型	总间数	协议间数	门市价	协议价	类型	总间数	容纳人数	协议间数	门市价	协议价			
义乌市香港大酒店	义乌市香港大酒店有限公司	3	套间	10	10	880	440							义乌市工人西路18号	0579－85265888	套房50%折扣，其余房价55%折扣，会场折扣70－75%
			单间	18	18	438	238	中会议室	1	100		1400	950			
			标准间	90	90	528	268	小会议室	1	80		1000	700			
浙江明招温泉国际大酒店	浙江明招温泉国际大酒店有限公司	4	套间	11	11	1280	432	大会议室	1	200	1	2000	1200	武义明招路8号（火车站斜对面）	0579－87638800	
			单间	28	28	780	265	中会议室	1	100	1	1000	600			
			标准间	111	111	680	230	小会议室	3	60	3	600	400			
清水湾沁温泉度假山庄	浙江骏达联酒店有限公司	3	别墅行政房（标房）	14	14	1800	505	大会议室	2	200	2	3000	1500	武义县温泉南路1689号	0579－87739288	
			商务套房（单间）	4	4	980	392	中会议室	3	100	2	2000	1000			
			乡村套房（单间）	2	2	980	392			100	1	2400	1200			
			湖景标A（标房）	40	40	580	232	小会议室	4	60	1	2400	1200			
			山景标B（标房）	96	96	520	208			50	2	1000	500			
										50	1	1200	600			
永康宾馆	永康宾馆	4	套间					大会议室	1	250	1	5200	3640	永康市江城路4号	0579－87112801	此价格为一场次半天的价格
			单间	150	75	620	310	中会议室	1	120	1	3000	2100			
			标准间			620	310	小会议室	3	60	3	1200	840			
永康明珠大酒店	永康明珠大酒店	4	套间					多功能厅	1	300	1	6000	4200	永康市紫微北路9号	0579－87269168－2	此价格为一场次半天的价格
			单间	16	16	628	296	联通会议室	2	100	2	1800	1260			
			标准间	59	59	628	296	商务会议室	1	60	1	1200	840			
								小型会议室	5	20	5	450	315			
兰溪市国际大酒店	兰溪市亿丰国际大酒店有限公司		标准间	31	31	420	176	国际会议中心	1	200	1	5000	2400	兰溪市振兴路333号	0579－88966668 88966670	会议室为半天一场次价格
			休闲间	82	82	480	200	一号会议室	1	80	1	1500	600			

饭店名称	发票开具单位名称	星级	客房（价格：元/天）					会议室（数量：间；价格：元/天）						地址	前台订房电话	备注
			房型	总间数	协议间数	门市价	协议价	类型	总间数	容纳人数	协议间数	门市价	协议价			
兰溪市国际大酒店	兰溪市亿丰国际大酒店有限公司		行政间	6	6	580	230	二号会议室	1	30	1	800	300	兰溪市振兴路333号	0579－88966668 88966670	会议室为半天一场次价格
			普通套间	4	4	598	240	三号会议室	1	30	1	800	300			
			休闲套间	42	42	680	270	六号会议室	1	40	1	800	400			
			行政套间	4	4	780	310	七号会议室	1	40	1	1000	400			
			豪华套间	4	4	1580	600	八号会议室	1	60	1	1500	600			
								集思厅	1	20	1	600	200			
								广益厅	1	20	1	600	200			
								多功能厅	1	100	1	2500	1000			
								贵宾接见厅	1	20	1	1000	400			
兰江大厦	兰溪兰江大厦有限公司	3	套间	23	23	580	348	大会议室	4		4	2000	1500	兰溪市人民南路6号	0579－88866818	
			单间	30	30	380	228	中会议室	2		2	1500	1000			
			标准间	76	76	380	228	小会议室	1		1	800	500			
华厦大酒店	东阳市名人名家酒店管理有限公司	4	套间	3	3	700	400	大会议室	1	600	1	6000	2800元/场	东阳市南市路359号	0579－86689999	
			单间					中会议室	1	80	1	1800	600元/场			
			标准间	66	50	330	200	小会议室	4	30	4	500	200元/场			
东阳市海天大酒店	东阳市海天大酒店有限公司		高级单间	27	18	888	300	宴会厅	1	500	1	8000	4800	东阳市江滨北街22号	0579－86652078	
			高级标准间	28	19	888	300	宴会A厅	1	120	1	4000	2400			
			豪华单间	16	11	988	300	宴会B厅	1	200	1	3500	2100			
			豪华标准间	62	45	988	300	海建厅	1	80	1	2000	1200			
			行政单间	9	7	1388	328	海华厅	1	30	1	1500	900			
			行政标准间	23	16	1388	328	海洋厅	1	16	1	1200	700			
			套间	9	6	1588	588	海涛厅	1	16	1	1200	700			
东阳宾馆	东阳宾馆	3	套间	3	1	1680	880	大会议室	1	400	1	10000	6000	吴宁镇黉门广场18号	0579－86622011 86633410	
				6	6	880	580									
			单间	9	5	718	358	中会议室	1	200	1	6000	4000			
				11	11	288	238									
			标准间	48	48	618	280	中会议室	3	50	2	800	600			
				49	49	220	180									

饭店名称	发票开具单位名称	星级	客房（价格：元/天）					会议室（数量：间；价格：元/天）						地址	前台订房电话	备注
			房型	总间数	协议间数	门市价	协议价	类型	总间数	容纳人数	协议间数	门市价	协议价			
东阳蓝天白云会展中心大酒店	浙江蓝天白云会展中心有限公司	5	套间	28	28	1080	380	大会议室	1		1	5000	3000	东阳市白云大道339号	0579－86361888	
			单间	18	18	860	300	中会议室	1		1	3000	1500			
			标准间	199	199	680	220	小会议室	1		1	1200	800			
			标准间			780	300									
浙江横店国际会议中心大酒店	浙江横店国际会议中心大酒店有限公司	4	套间	18	18	1480	600	大会议室	1	600	1	9800	4800	东阳横店万盛南街199号	0579－86336652	
			单间	9	9	989	300	中会议室	2	80	2	2980	1500			
			标准间	130	130	898	300	小会议室	6	40	9	980	500			
台州市																
台州丽廷凤凰山庄	台州丽廷凤凰山庄有限公司	4	标准客房	68	68	1080	260	凤凰厅	1	200	1	3000	1500	椒江区解放南路77－1号	0576－88228888	
								参政厅	1	200	1	3500	1750			
								远洲厅	1	200	1	6500	3250			
			园景套房	3	3	2880	560	摄政苑	1	150	1	800	400			
								议政苑	1	100	1	800	400			
								接见厅	1	100	1	800	400			
								文政苑	1	100	1	1000	500			
			豪华套房	6	6	3880	600	翰政苑	1	50	1	500	250			
								儒政苑	1	50	1	500	250			
								雅政苑	1	50	1	500	250			
台州开元大酒店	台州开元大酒店有限公司	4	标准间	189	189	880	258	大会议室	1	200	1	6500	3250	台州经济开发区东环大道458号	0576－88586888－2888	
			单人间	39	39	880	258	中会议室	2	100	2	3000	1500			
			套间	7	7	2880	580	小会议室	2	40	2	1500	750			
花园山庄	台州花园山庄有限公司	4	标准双人间	73	73	568	260	大会议室	1	200	1	5000	3000	台州经济开发区康平路赤龙山脚	0576－88583888 88583500	
									1	150	1	3600	2000			
			单人间	44	44	596	298	中会议室	1	90	1	1200	800			
			套间	2	2	1760	580	小型会议室	1	50	1	1000	600			
									1	30	1	500	300			
台州一鼎大酒店	台州一鼎大酒店有限公司		单人间	33	33	560	218	大会议室	1	200	1	1800	1260	椒江区解放南路30号	0576－88838053	
			标准间	132	132	580	218	中会议室	1	90	1	1000	700			
			套间	45	45	1080	298	小会议室	1	40	1	600	420			

饭店名称	发票开具单位名称	星级	客房（价格：元/天）					会议室（数量：间；价格：元/天）						地址	前台订房电话	备注
			房型	总间数	协议间数	门市价	协议价	类型	总间数	容纳人数	协议间数	门市价	协议价			
台州方远国际大酒店	方远建设集团股份有限公司台州方远国际大酒店		标准双人房	77	77	580	270	大会议室	1	200	1	6800	4080	台州市市府大道298号	0576－88529999	
			豪华单人房	37	37	780	300	中会议室	2	80	2	1000	700			
			豪华双人房	52	52	380	300	小会议室	2	30	2	600	420			
			套房	13	13	1280	510									
爱华国际俱乐部	浙江爱华新台州大厦有限公司国际俱乐部分公司		标准双人间	39	39	980	280	大会议室	1	200	1	28000	2000	台州经济开发区爱华路18号新台州大厦	0576－88601882 88601883	
			标准单人间	9	9	1080	300	中会议室	1	100	1	10000	800			
			套间	13	13	1980	480	小会议室	—	—	—	—	—			
时间商务酒店	台州市时间商务酒店	3	商务标间	79	79	568	200	大会议室	1	200	1	1600	800	椒江区中山西路219号	0576－88851888	
			商务单间	53	53	498	200	中会议室	1	100	1	800	300			
			豪华套房	14	14	1388	358	小会议室	1	40	1	600	240			
台州海洋国际酒店	台州中泰海洋广场有限公司		标准双人间	47	47	398	180	大会议室	1	200	1	1500	1000	台州市椒江区广场中路38号	0576－88818688	
			标准单人间	26	26	418	190	中会议室	1	100	1	1000	800			
			非双人标准间	44	44	438	200	小会议室	1	40	1	500	300			
			套间	14	14	818	368									
椒江宾馆	台州市椒江宾馆	3	西楼普通标准间	60	60	350	158	大会议室	1	200	1	1600	800	椒江区中山东路388－3号	0576－88823802 88823801	
			北楼普通标准间	65	65	380	198	中会议室	3	100	3	1200	400			
			东楼豪华单人间	20	20	580	228	小会议室	3	40	3	400	200			
大陈岛海琴度假村	台州大陈岛海琴度假村有限公司	2	标房	64	64	480	300	多功能厅	1	200	1	1500	800	大陈镇下大陈大小浦别墅区	0576－88900978	
			套房	11	11	780	558	小会议室	1	40	1	600	300			
橘都大酒店	黄岩桔都大酒店有限公司	3	双人标准间	123	123	560	220	大会议室（橘都厅）	1	200	1		1280	黄岩区天长南路27号	0576－84281188	
			单人标准间	62	62	560	220	中会议室（橘洲厅）	1	180	1		1080			
			套间	8	8	1180	472	中会议室（橘子厅）	1	100	1		980			
								多功能厅	1	100	1		980			

饭店名称	发票开具单位名称	星级	客房（价格：元/天）					会议室（数量：间；价格：元/天）						地址	前台订房电话	备注
			房型	总间数	协议间数	门市价	协议价	类型	总间数	容纳人数	协议间数	门市价	协议价			
橘都大酒店	黄岩桔都大酒店有限公司	3						小会议室（橘花厅）	1	40	1		580	黄岩区天长南路27号	0576－84281188	
								小会议室（橘泉厅）	1	40	1		580			
黄岩罗曼国际大酒店	浙江罗曼进出口有限公司黄岩罗曼国际大酒店		高级标准双人房	83	83	680	268	大会议室	1	200	1	2500	1500	黄岩劳动南路358号	0576－84239999	
			高级单人房	13	13	680	298	中会议室	2	120	2	1500	1000			
			特色单人房	45	45	738	298	小会议室	3	40	3	850	510			
			特色套房	2	2	1280	568									
			行政套房	2	2	1580	598									
黄岩国际大酒店	黄岩国际大酒店有限公司	3	标准双人房	78	78	596	268	大会议室	1	200	1	3000	1500	黄岩九峰路1号	0576－84280888	
			豪华套房	3	3	1280	600	中会议室	2	100	2	1500	750			
								小会议室	1	30	1	400	200			
台州和平国际饭店	台州和平国际饭店		普通标准房	32	32	596	238	大会议室	1	180	1	2800	2600	路桥区腾达路99号	0576－80299999	
			商务标准房	10	10	658	268	中会议室	1	100	1	1200	1100			
			普通单标房	18	18	1576	238	小会议室	1	40	1	500	400			
			商务单标房	10	10	1196	268									
			套间A	51	51	596	498									
			套间B	17	17	658	458									
太平洋王子国际饭店	台州太平洋王子国际饭店		标准间	43	43	550	298	大会议室	1	180	1	2500	1750	路桥西路桥大道2号	0576－82785555	
			单间	34	34	550	298	中会议室	1	100	1	1200	1000			
			套间	5	5	1580	598	小会议室	1	40	1	1200	1000			
台州三友国际饭店	台州市路桥三友国际饭店		标准双人房	55	55	480	288	大会议室	1	180	1	5000	3500	路桥区泰隆街998号	0576－82933333	
			标准单人间	33	33	480	288	中会议室	1	100	1	3000	2100			
			普通套房	10	10	980	588	小会议室	6	40	6	2000	1500			
鑫都国际大酒店	台州市路桥鑫都国际大酒店有限公司	4	标准双人房	37	37	480	298	大会议室	1	180	1	2000	1600	路桥区路桥大道东1号	0576－82538888	
			单人间	7	7	380	300	中会议室	1	100	1	1500	1200			
			普通套房	8	8	540	432	小会议室	3	40	3	400	320			
			商务套房	28	28	600	480									
			普通豪华套房	6	6	700	560									

饭店名称	发票开具单位名称	星级	客房（价格：元/天）					会议室（数量：间；价格：元/天）						地址	前台订房电话	备注
			房型	总间数	协议间数	门市价	协议价	类型	总间数	容纳人数	协议间数	门市价	协议价			
临海华侨大酒店	临海华侨大酒店有限公司		标准房 A	29	29	798	268	大会议室 1	1	200	1	5800	2800	临海大道（中）1 号	0576－85386666	
			标准房 B	69	69	898	288	大会议室 2	1	180	1	4800	2000			
			普通单人房	11	11	898	288	中会议室	1	100	1	2800	1000			
			标准套房	7	7	1198	458	小会议室 5	5	40	5	2000	800			
			湖景套房	6	6	1598	558									
双鸽和平国际酒店	临海双鸽和平国际酒店有限公司		标准双人房	15	15	819	268	大会议（宴会厅）	1	500	1	12500	4800	临海市靖江中路 178 号	0576－85111111－88133	1. 大型会议可免费使用VIP 洽谈室、小型会议室、培训教室任选一项；2. 会议期间提供免费自助早餐，通房延迟至次日 14：00，中晚餐优惠15%
			标准单人房	12	12	839	268	大会议（国际会议中心）	1	200	1	5000	2000			
			高级双人房	25	25	969	268	中会议厅（双鸽厅）	1	80	1	3000	1200			
			高级单人房	20	20	969	268	中会议室（廷议厅）	1	150	1	2000	800			
			豪华双人房	40	40	1099	280	小会议室朝议厅	1	30	1	1500	600			
			豪华单人房	32	32	1099	280	其他小会议室	3	30	1	1250	600			
			普通套房	16	16	1739	518	VIP 洽谈室	2	16	1	800	480			
			豪华套房	16	16	2099	588	培训教室	1	80	1	750	400			
远洲集团股份有限公司国际大酒店	远洲集团股份有限公司国际大酒店	4	豪华标准双人房	43	43	588	258	聚仕轩	1	200	1	3600	1800	临海市崇和路 238 号	0576－85228888－7882	
			豪华标准单人房	8	8	588	258	议政厅	1	100	1	1600	800			
			其他标准房	50	50	438	208	远洲厅	1	50	1	800	400			
			商务标准房	41	41	688	288	摄政园	1	50	1	800	400			
			商务单人房	15	15	688	288	7F 洽谈室	1	40	1	600	300			
			套房	5	5	1258	600									
台州国贸大饭店	台州国贸大厦有限公司国贸大饭店	4	标准间	109	109	A 型：598 B 型：548	238							临海市山中路 101 号	0576－85118829	

饭店名称	发票开具单位名称	星级	客房（价格：元/天）					会议室（数量：间；价格：元/天）						地址	前台订房电话	备注
			房型	总间数	协议间数	门市价	协议价	类型	总间数	容纳人数	协议间数	门市价	协议价			
台州国贸大饭店	台州国贸大厦有限公司国贸大饭店	4	单间	55	55	A 型：658 B 型：598	278	大会议室	2	150	2	1600	800	临海市山中路 101 号	0576－85118829	
			行政套房	12	12	858	378	中会议室	2	80	2	800/1200	400/600			
			商务套间	14	14	988	488	小会议室	3	40	3	600/800	300/400			
君泰大酒店	临海市君泰大酒店有限公司		标准间 A	50	50	588	288	大会议室	1	200	1	4800	2200	临海市巾山东路 137 号	0576－85172609 85180597	
			标准间 B	20	20	558	268	中会议室	1	100	1	2500	1200			
			标准单间 A	44	44	588	288	小会议室	1	60	1	1800	800			
			标准单间 B	8	8	558	268	固定会议室	4	30	4	1300	600			
			套间	2	1	1180	588									
华侨宾馆	临海华侨宾馆有限公司	3	1 号楼标准房	19	19	450	160	大会议室	1	150	1	1600	600	临海市回浦路 32 号	0576－85118286	
			单人房	8	8	480	198	中会议室	1	80	1	800	400			
			2 号楼标准房	30	30	480	198	小会议室	1	50	1	600	250			
			豪华标准房	18	18	560	238									
			商务房	8	8	560	238									
			套房	1	1	980	488									
台州宾馆	台州宾馆（台州市人民政府招待所）		标准房 1	32	32	398	150	大会议室	1	150	1	1800	800	临海市回浦路 92 号	0576－85758888	
			标准房 2	32	32	358	140	中会议室	1	100	1	1000	500			
			豪华标间	11	11	518	200	小会议室	2	50	2	600	300			
			套房	15	15	598	240									

饭店名称	发票开具单位名称	星级	客房（价格：元/天）					会议室（数量：间；价格：元/天）						地址	前台订房电话	备注
			房型	总间数	协议间数	门市价	协议价	类型	总间数	容纳人数	协议间数	门市价	协议价			
临海久天商旅酒店	临海久天商旅酒店		普通标房（单\双）	36	36	358	160	会议室	1	80	1	600	400	临海市东方大道28号	0576－85159999	
			豪华标房（单\双）	31	31	398	180									
			商务单人房	30	30	438	198									
			商务标准房1	12	12	438	198									
			商务标准房2	9	9	508	228									
			套房1	5	5	538	260									
			套房2	4	4	888	399									
临海市人民政府招待所	临海市人民政府招待所		标准双人房	62	62	228	99	大会议室	1	150	1	1200	800	临海市回浦路49号	0576－85115001	
			标准单人房	7	7	228	90	中会议室	—		—	—	—			
			套房	3	3	268	120	小会议室	2	50	2	400	200			
临海江南长城宾馆	临海江南长城宾馆		标准双人间1	21	21	218	100	大会议室	1	150	1	1000	800	临海市东门后街12号	0576－85117701	
			标准双人间2	8	8	258	130	中会议室	—		—	—	—			
			标准单人间	4	4	198	100	小会议室	1	50	1	500	400			
			三人间	6	6	258	130									
温岭市雷达森大酒店	温岭市雷达森大酒店有限公司		双人标准间	64	64	688	288	大会议室	1	200	1	3000	2500	城东街道九龙汇商业街	0576－86128888	
			单人间	27	27	638	258	中会议室	1	100	1	1800	1200			
			套间	19	19	988	398	小会议室	1	60	1	1000	500			

饭店名称	发票开具单位名称	星级	客房（价格：元/天）					会议室（数量：间；价格：元/天）						地址	前台订房电话	备注
			房型	总间数	协议间数	门市价	协议价	类型	总间数	容纳人数	协议间数	门市价	协议价			
新世界国际大酒店	温岭市新世界国际大酒店有限公司	4	高级标准间	70	70	460	298	大会议室	1	200	1	2880	2300	温岭市大溪镇方山大道	0576－86328888	
									1	200	1	2880	2300			
			行政单间	18	18	598	298	中会议室	1	80	1	1080	860			
			高级单间	10	10	520	298	小会议室	1	40	1	680	540			
			行政标准间	46	46	598	298		1	40	1	680	540			
			行政套间	3	3	1380	588		1	40	1	680	540			
温岭国际大酒店	温岭国际大酒店	3	标准双人房	71	71	398	280	大会议室	1	200	1	1580	1580	温岭市三星大道158号	0576－86208888	
			单人房	25	25	398	280	小会议室	1	50	1	580	580			
			套房	8	8	688	480									
温岭海天假日酒店	温岭市海天假日酒店有限公司	3	标准间	33	33	428	256	大会议室	1	200	1	1500	825	温岭市中华路385号	0576－86108888	
			单人间	28	28	358	215	中会议室	—		—	—	—			
			非标间	33	33	368	221	小会议室	2	50	2	900	450			
			套间	4	4	998	548									
温岭汇其乐大厦	温岭市汇其乐实业有限公司	3	双标客房	67	67	358	220	大会议室	1	200	1	2000	1500	温岭市太平街道万寿路88号	0576－86213668	
			普通单人房	4	4	258	168	中会议室	1	100	1	800	700			
			行政商务房	16	16	458	248	小会议室	1	60	1	1200	1000			
			标准套房A	3	3	458	275									
			标准套房B	5	5	580	348									
			行政商务套房	4	4	680	408									
温岭饭店	温岭饭店（温岭市人民政府招待所）	2	双标客房B	40	40	318	160	大会议室	1	200	1	1800	1200	温岭市北门街151号	13335863225	
			套间	3	3	598	300	中会议室	1	100	1	1200	650			
			单人间	20	20	438	220	小会议室	2	60	2	1000	400			
			双标客房A	40	40	398	200									

饭店名称	发票开具单位名称	星级	客房（价格：元/天）					会议室（数量：间；价格：元/天）						地址	前台订房电话	备注
			房型	总间数	协议间数	门市价	协议价	类型	总间数	容纳人数	协议间数	门市价	协议价			
天台宾馆	台州市天台宾馆有限公司	4	普通房	30	30	460	230	大会议室（聚贤厅）	1	200	1	2400	1200	天台县国清寺旁	0576－83988912	
			豪华单人房	8	8	500	300	中会议室（时间厅）	1	100	1	3000	1500			
			豪华标准房	30	30	500	300	中会议室（嘉年厅）	1	80	1	1600	800			
			高级房	34	34	560	280	小会议室（云天阁）	1	40	1	900	450			
			普通套房	1	1	1800	590	小会议室（米兰厅）	1	30	1	700	350			
天台石梁宾馆	天台石梁宾馆有限公司	3	标准双人房	86	86	388	200	大会议室	1	200	1	3000	1200	天台石梁镇龙皇堂	0576－83091888	
			单人房	4	4	598	280	中会议室	2	100	2	1200	600			
			商务标准房	26	26	598	280	小会议室	4	50	4	600	300			
卧龙山庄	卧龙山庄有限公司	3	普通标准房	16	16	368	150	大会议室	1	150	1	1500	800	天台县国清景区	0576－83958999 83958358	
			标准双人间	36	36	488	220									
			单人间	4	4	488	220	中会议室	1	120	1	1200	500			
			商务单人间	3	3	668	280									
			商务房	14	14	668	280	小会议室	1	60	1	600	400			
			套房	3	3	888	510									
天台东方国际大酒店	天台东方国际大酒店有限公司	3	双人标准间	53	53	618	220	大会议室	1	200	1	2200	1000	天台县赤城街道飞鹤路358号	0576－83920888	
			单人标准间	11	11	588	220	中会议室	1	100	1	1300	580			
			套房	3	3	2988	600	小会议室								
			其他商务房	53	53	658	260									
天台山大酒店	台州天台山大酒店有限公司		双人标准间	46	46	398	160	大会议室	1	150	1	1200	500	天台县赤城街道劳动路30号	0576－83989777	
			套间	2	2	1280	500	中会议室	—		—	—	—			
			单人标准间	6	6	498	180	小会议室	3	50	3	800	300			
			商务房	16	16	498	180									
			豪华单人间	4	4	788	280									
			三人房	2	2	598	240									

饭店名称	发票开具单位名称	星级	客房（价格：元/天）					会议室（数量：间；价格：元/天）						地址	前台订房电话	备注
			房型	总间数	协议间数	门市价	协议价	类型	总间数	容纳人数	协议间数	门市价	协议价			
天台风雅兰庄旅游度假酒店	天台风雅兰庄旅游度假酒店有限公司		双人标准间	60	60	488	120	大会议室	1	200	1	1500	800	天台县天桐路琼台仙谷景区	0576－83992333	
			单人标准间	6	6	588	180	中会议室	1	80	1	800	420			
			豪华套间	2	2	888	380	小会议室	3	50	3	500	220			
玉环观光国际酒店	玉环观光国际酒店有限公司		双人标准间	72	72	1360	350	大会议室	2	300	2	9800	2600	玉环县清港国际观光园区	0576－81733318	接待省级一、二类以上会议
			单人房	50	50	1360	350	中会议室	1	100	1	2000	500			
								小会议室	5	60	5	1250	300			
玉环国际大酒店	玉环国际大酒店有限公司	3	标准间 A	90	90	480	228	大会议室	4	200	4	3000	1000	玉环县城关玉潭路 34 号	0576－87257888	
										300		4000	2000			
			标准间 B	25	25	380	180			200		1800	800			
										200		2000	800			
			标准间 C	19	19	280	128	中会议室	4	80	4	1000	500			
										150		1700	800			
			单人间	28	28	480	228			80		1000	500			
										80		1000	500			
			套间	20	20	680	288	小会议室	5	50	5	1000	500			
										20		600	300			
										20		600	300			
										20		600	300			
										20		600	300			
台州高速玉环大酒店	台州高速玉环大酒店有限公司	4	标准间	102	80	670	288	大会议室	1	150	1	1000	880	玉城街道玉兴东路	0576－87277998	
			单人间	31	24	750	360	中会议室	1	90	1	600	528			
			套间	10	8	1228	588	小会议室	3	50	3	500	440			
玉环长城宾馆	玉环长城宾馆有限公司	3	双人标准间	94	65	420	210	大会议室	1	150	1	1200	780	玉环县楚门镇南兴西路 275 号	0576－87420888	
			单人间	16	12	420	210	中会议室	1	100	1	1000	650			
			三人间	4	4	420	210	小会议室								
			套间	4	4	798	398									

饭店名称	发票开具单位名称	星级	客房（价格：元/天）					会议室（数量：间；价格：元/天）						地址	前台订房电话	备注
			房型	总间数	协议间数	门市价	协议价	类型	总间数	容纳人数	协议间数	门市价	协议价			
琴江山庄	三门琴江山庄有限公司		标准间	136	110	480	220	大会议室	1	150	1	1500	1200	三门县海游镇平海路80号	0576－83379696	
			单间	23	18	480	238	中会议室	1	100	1	1000	800			
			套间	5	3	880	438	小会议室	2	50	2	500	400			
中核海逸大酒店	三门核电有限公司海逸大酒店		商务标准间	74	74	578	288	大会议室	1	200	1	4000	2400	三门县六敖镇三门县核电厂区域内	0576－81328888 81328666	
			海景标准单间	50	50	658	300	中会议室	1	80	1	1400	840			
			商务套房	10	10	1280	600	小会议室	7	40	7	800	480			
仙居县假日大酒店	仙居县假日大酒店	3	套间	2	2	1288	378	大会议室						仙居县穿城中路16号	0576－87712888	
			单间	11	11	618	198	中会议室	1	120	1	3000	2000			
			标准间	63	63	618	198	小会议室	1	40	1	1200	800			
			其他标准房型	28	28	568	178									
仙居县月塘大酒店	仙居县月塘大酒店	3	套间	9	9	468	218	大会议室	1		1	3000	1760	台州市仙居县城关镇花园路108号	0576－87839888	
			单间	3	3	418	198	中会议室	1		1	2000	1200			
			标准间	45	45	368	138	小会议室	1		1	1200	560			
			其他标准房型	14	14	418	198									
台州东方大酒店	台州东方大酒店有限公司	4	套间	18	18	988	420	大会议室	1	300	1	7000	3600	台州市仙居县城北东路179号	0576－87818686	
			单间	36	36	628	285	中会议室	3	100	3	2400	1400			
									1	80	1	3000	1600			
			标准间	135	135	628	285	小会议室	2	60	2	1600	760			
台州神仙居山庄	台州神仙居山庄有限公司		套间	3	3	998	488	大会议室	2	200	2	3000	2000	仙居县白塔镇神仙居景区入口处	0576－87018795	
			单间	8	8	558	258	中会议室	2	100	2	1600	1000			
			标准间	53	53	498	230	小会议室	1	50	1	800	400			
			其他标准房型	13	13	558	258									
仙居竺梅度假村	仙居竺梅度假村有限公司	3	套间	3	3	1280	568	大会议室	1	200	1	3600	2400	仙居县南峰街道浮石园	0576－87736888	大会议室按参会人数多少分三种价格
												4500	3000			
												7000	3600			
			单间	5	5	498	228	中会议室	1	100	1	1800	1000			
			标准间	32	32	418	188	小会议室	1	60	1	1000	600			
			其他标准房型	18	18	498	228									
			别墅	5幢	5幢	2580	1280									
				3幢	3幢	2180	1080									

饭店名称	发票开具单位名称	星级	客房（价格：元/天）					会议室（数量：间；价格：元/天）						地址	前台订房电话	备注
			房型	总间数	协议间数	门市价	协议价	类型	总间数	容纳人数	协议间数	门市价	协议价			
温州市																
温州奥林匹克假日大酒店	温州奥林匹克假日大酒店有限公司	4	套间	6	6	1375	600	大会议室	1	150	1	6000	2880	温州市民航路8号	0577－88050328	二类会议
			单间	10	10	757	330	中会议室	1	100	1	2000	960			
			标准间	70	70	757	330	小会议室	1	50	1	1100	528			
温州市万豪商务大酒店	温州市万豪商务大酒店有限公司	4	套间	21	21	980	488	大会议室	1	150	1	6500	5000	温州市火车站东首	0577－88089888	一、二类会议
			单间	42	42	798	350	中会议室	2	100	2	2500	2000			
			标准间	145	145	798	350	小会议室	2	50	2	1500	1200			
温州金鹏宾馆	温州金鹏宾馆有限公司	3	套间	6	6	958	565	大会议室	1	150	1	4000	1500	温州市勤奋路58号	0577－88518899－8151	二、三类会议
			单间	19	19	498	288	中会议室	1	100	1	2000	700			
			标准间	84	84	498	288	小会议室	4	50	4	1600	600			
温州瑞兴大酒店	温州瑞兴大酒店有限公司	3	套间	8	8	998	499	大会议室	1	150	1	2000	1000	温州市鹿城路271号	0577－88099999	一、二类会议
			单间	52	52	480	240	中会议室	2	100	2	1500	750			
			标准间	91	91	480	240	小会议室	2	50	2	900	450			
温州天都大酒店	温州天都大酒店	3	商务套间	8	8	780	390	大会议室	1	150	1	3000	1500	温州市兴海路99号	0577－88501888－875	一、二、三类会议
			普通套间	17	17	620	310	中会议室	2	100	2	1400	700			
			单间	10	10	420	210	小会议室	3	50	3	800	400			
			标准间	85	85	420	210									
温州瓯昌饭店	温州瓯昌饭店有限公司	3	套间	6	6	1180	410	大会议室	1	150	1	3200	1000	温州市雪山路71号	0577－88528888	二、三类会议
			单间	30	30	648	239	中会议室		100						
			标准间	71	71	618	239	小会议室	3	50	3	800	400			
丽水市																
丽水华侨开元名都大酒店	浙江丽水华侨饭店有限公司	5	套间	18	14	2880	980	大会议室	1	200	1	5800	4060	浙江省丽水市莲都区丽阳街651号	0578－2088888－8507/8508/8509/8510	
			单间	135	108	980	350	中会议室	2	100	2	2800	1960			
			标准间	217	173	1080	370	小会议室	3	40	3	1500	1050			
现代广场大酒店	丽水市现代广场大酒店有限公司	3	豪华套间	1	1	3699	1588	大会议室	1	200	1	1500	800	丽水市大洋路598号	0578－2218888	
			普通套间	7	7	1588	480									
			商务单间	20	20	780	258	中会议室	1	100	1	1000	600			
			普通单间	20	20	596	180		1	80	1	800	400			
			商务标准间	21	21	780	258	小会议室	1	20	1	400	200			
			普通标准间	98	98	596	180		1	30	1	600	300			

饭店名称	发票开具单位名称	星级	客房（价格：元/天）					会议室（数量：间；价格：元/天）						地址	前台订房电话	备注
			房型	总间数	协议间数	门市价	协议价	类型	总间数	容纳人数	协议间数	门市价	协议价			
莲城宾馆	莲城宾馆	3	豪华套间	3	3	1798	628	大会议室	1	200	1	100人以下2000元 100人以上3000元	100人以下1000元 100人以上1500元	丽水市丽阳街254号	0578－2281557 2281558	
			普通套间	5	5	738	328									
			商务单间	7	7	598	268	中会议室	1	80	1	1000	500			
			普通单间	8	8	418	180		1	80	1	1200	600			
			商务标准间	12	12	538	218		1	60	1	600	300			
			普通标准间	45	45	498	198	小会议室	1	30	1	300	150			
丽水香溢紫荆花大酒店	丽水香溢紫荆花大酒店有限公司	3	豪华套间	4	3	1188	600							丽水市丽阳街438号	0578－2111888 2298866	
			豪华商务单间（带电脑）	6	6	628	258	大会议室	1	200	1	3200	1600			
			豪华商务标间（带电脑）	18	18	628	258	中会议室	1	100	1	1600	800			
			豪华标准间	18	18	628	238									
			商务单间	23	23	568	218	小会议室								
			商务标准间	14	14	568	218									
遂昌元立国际饭店有限公司	遂昌元立国际饭店有限公司	4	商务套房	4	4	750	628	大会议室	1	300			4000	浙江省遂昌县东街95号	0578－8190777	
			普通套房	14	14	508	428									
			商务单间	5	5	478	398									
			商务标准间	11	11	438	368	中会议室	1	80			2000			
			普通单间	8	8	368	300									
			豪华标准间	36	36	368	300	小会议室	2	50			1000			
			普通标准间	40	40	348	288									

饭店名称	发票开具单位名称	星级	客房（价格：元/天）					会议室（数量：间；价格：元/天）						地址	前台订房电话	备注
			房型	总间数	协议间数	门市价	协议价	类型	总间数	容纳人数	协议间数	门市价	协议价			
遂昌凯恩大酒店有限公司	遂昌凯恩大酒店有限公司		商务套房	4	4	680	500	1 号会议室	1	200	1	4500	3000	浙江省遂昌县北街1号	0578－8188888	会议室半天的收费标准为：以全天价的一半计费
			商务单间（配电脑）	31	31	398	298	2 号会议室	1	40	1	2000	1200			
			商务标准间（配电脑）	22	22	358	288	贵宾厅	1	12	1	2000	1200			
			豪华单间	9	9	288	228	多功能厅	1	50	1	1600	1200			
			豪华标准间	74	74	298	238									
遂昌宾馆	遂昌宾馆		套房	1	1	600	350	大会议室						浙江省丽水市遂昌县东街40号	0578－8128888	
			普通单间	4	4	330	180	中会议室	1	100	1	1000	600			
			普通标准间	28	28	330	180	小会议室	1	40	1	800	400			
			商务单间	10	10	360	198									
			商务标准间	16	16	360	198									
南尖岩山庄	遂昌县旅游发展有限公司		套房	4	4	688	418	大会议室	1	200	1	2500	1600/两场	遂昌县王村口镇石笋头村	0578－8555666	
			单间	3	3	428	248	中会议室	1	100	1	1500	900/两场			
			商务间	25	25	428	248	小会议室	1	60	1	1000	500/两场			
			标 A	11	11	388	198									
			标 B	23	23	358	168									
			三人间	3	3	438	258									
			经济房	15	15	168	128									
遂昌炭缘宾馆	遂昌炭缘宾馆		套房	1	1	518	408	大会议室	1	150	1	500	400	遂昌县上江飞龙路58号	0578－8185218 8185518	
			单间 A	2	2	208	168	中会议室	1	80	1	360	300			
			单间 B	9	9	188	148	小会议室	2	30	2	260	200			
			标准间 A	26	26	198	158									
			标准间 B	25	25	178	138									
神龙山庄	浙江遂昌绿客旅游开发有限公司		套房	4	4	388	328	大会议室	1	150	1	580	500	丽水市遂昌县神龙谷景区	0578－8366888	
			单间	7	7	188	148	中会议室								
			标准间	34	34	228	148	小会议室								

饭店名称	发票开具单位名称	星级	客房（价格：元/天）					会议室（数量：间；价格：元/天）						地址	前台订房电话	备注
			房型	总间数	协议间数	门市价	协议价	类型	总间数	容纳人数	协议间数	门市价	协议价			
白马山庄	遂昌县白马山森林公园	1	套房	20	20	660	560	大会议室	1	80		300		遂昌县白马山	0578－8200200	套房内含两个标准间（小木屋）
			单间	1	1	168	150	中会议室	1	30		200				
			标准间	18	18	168	150	小会议室								
遂昌县鞍山书院宾馆	遂昌长濂旅游开发有限公司		套房	4	4	588	368	大会议室	1	120	1		800	遂昌县长濂村	0578－8195728	
			单间	7	7	288	148	中会议室								
			标准间	30	30	388	148	小会议室	1	40	1		500			
凯恩飞石岭酒店	浙江凯恩飞石岭酒店有限公司		套房	3	3	688	428	大会议室	2	100	2	1000	600	遂昌县石练镇	0578－8266666	酒店扩建中，新房间预计春节对外开放32间
			单间	5	5	428	228	中会议室	1	30	1	800	400			
			标准间	69	69	368	198	小会议室	1	18	1	400	200			

宁波市会议定点饭店

饭店名称	发票开具单位名称	星级	客房（数量：间；价格：元/天）					会议室（数量：间；价格：元/半天）							地址	前台订房电话	备注
			房型	总间数	协议间数	门市价	协议价	类型	名称	容纳人数	总间数	协议间数	门市价	协议价			
宁波大榭国际大酒店	宁波大榭国际大酒店有限公司	5	高级房双床	135	135	980	300	大会议室	江海缘	500	1	1	6000	3000	宁波大榭开发区信开路111号	0574－86985813	
			高级房大床	43	43	980	300	大会议室	三江厅	250	1	1	3000	1500			
			高级套房	11	11	1480	600	中会议室	九峰厅	120	1	1	1500	1000			
								小会议室	普陀厅	18	1	1	1000	600			
								小会议室	桃花厅	18	1	1	1000	600			
								小会议室	贵宾厅	12	1	1	1600	1000			
宁波凯州皇冠假日酒店	宁波市凯州实业有限公司凯州皇冠假日酒店	5	套间	24	24	2588	680	大会议室	凯洲厅	350	1	1	10000	5000	宁波市药行街129号	0574－56199999	
			单间	143	143	1688	400		嘉洲厅	300	1	1	8000	4000			
			标准间	170	170	1588	400		聚龙轩	280	1	1	8000	4000			
								中会议室	嘉洲A厅	120	1	1	4000	2000			
									嘉洲B厅	180	1	1	4000	2000			
									嘉年厅	100	1	1	4000	1500			
									骄龙厅	80	1	1	3000	1500			
									卧龙厅	60	1	1	2500	1250			
									潜龙厅	60	1	1	2500	1250			
								小会议室	会议室1	30	1	1	2000	1000			
									会议室2、5	14	1	1	1500	750			
									会议室3	50	1	1	3000	1500			
									会议室4	20	1	1	1500	750			
宁波开元名都大酒店	宁波开元名都大酒店有限公司	5	豪华双床房	169	169	1180	400	大会议室	开元厅	350	1	1	15800	7900	宁波市鄞州区首南中路666号	0574－83078566	
			高级大床房	78	78	1280	400	大会议室	国际会议厅	300	1	1	12800	6400			
			豪华套房	16	16	2180	680	中会议室	开元厅1	150	1	1	8000	1500			
								中会议室	开元厅2	150	1	1	8000	1500			
								中会议室	启智尚礼厅	80	1	1	4000	1500			
								小会议室	启智厅	40	1	1	2000	1000			

饭店名称	发票开具单位名称	星级	客房（数量：间；价格：元/天）					会议室（数量：间；价格：元/半天）							地址	前台订房电话	备注
			房型	总间数	协议间数	门市价	协议价	类型	名称	容纳人数	总间数	协议间数	门市价	协议价			
宁波开元名都大酒店	宁波开元名都大酒店有限公司	5						小会议室	尚礼厅	40	1	1	2000	1000	宁波市鄞州区首南中路666号	0574－83078566	
								小会议室	思义厅	40	1	1	2000	1000			
								小会议室	崇仁厅	20	1	1	5000	1500			
中信宁波国际大酒店	宁波国际大厦有限公司中信宁波国际大酒店	5	套间	22	22	1830	680	大会议室	国际厅	400	1	1	3500	2450	宁波市江东北路1号	0574－87757888－5125	
			单间	82	82	1160	395	大会议室	合欢阁	500	1	1	3500	2450			
			标准间	116	116	1080	395	中会议室	百花厅	120	1	1	2500	1500			
								中会议室	甬汇厅	120	1	1	2500	1500			
								小会议室	如意阁	8	1	1	800	800			
								小会议室	迎宾阁	16	1	1	1200	1200			
								小会议室	文昌阁	20	1	1	2400	1680			
宁波大酒店	宁波大酒店有限责任公司	4	标准套房	11	11	1320	690	大会议室	宴会厅	500	1	1	7000	4900	宁波市中山东路145号	0574－27880088－6111	
			行政单人房	19	19	950	450	大会议室	嘉悦堂	230	1	1	4000	2800			
			行政双人房	22	22	950	450	大会议室	朋悦堂	180	1	1	3000	1500			
			高级单人房	60	60	818	400	中会议室	和悦堂	350	1	1	6000	4200			
			高级双人房	121	121	818	400	中会议室	会见厅	80	1	1	1800	1260			
			标准双人房	30	30	768	300	中会议室	迎宾厅	80	1	1	2600	1260			
								中会议室	国会厅	90	1	1	4000	2800			
								小会议室	贵宾1	16	1	1	1200	840			
								小会议室	贵宾2	16	1	1	1000	700			
宁波富邦大酒店	宁波富邦大酒店有限责任公司	4	商务套房	14	14	1580	680	大会议室	文锦厅	650	1	1	6800	4500	宁波市海曙区马园路455号	0574－87088828	
			标准单间	20	20	820	300	大会议室	文澜厅	150	1	1	3500	2000			
			标准双人间	80	80	820	300	大会议室	文泽厅	200	1	1	3500	2500			
			豪华单、双间	50	50	960	480	中会议室	文竹厅	70	1	1	3000	1800			
			商务单、双间	10	10	880	430	中会议室	天鸿厅	70	1	1	1500	1200			
								中会议室	天元厅	70	1	1	1200	800			
								中会议室	天琼厅	70	1	1	1200	800			
								小会议室	天利厅	22	1	1	1000	600			

饭店名称	发票开具单位名称	星级	客房（数量：间；价格：元/天）					会议室（数量：间；价格：元/半天）							地址	前台订房电话	备注
			房型	总间数	协议间数	门市价	协议价	类型	名称	容纳人数	总间数	协议间数	门市价	协议价			
宁波富邦大酒店	宁波富邦大酒店有限责任公司	4						小会议室	天贤厅	22	1	1	1000	600	宁波市海曙区马园路455号	0574－87088828	
								小会议室	天成厅	22	1	1	1000	600			
								小会议室	天盛厅	50	1	1	1200	800			
宁波文昌大酒店	宁波文昌大酒店有限公司	4	普通标准间	39	39	688	298	大会议室	海光厅	220	1	1	6000	2500	宁波市中山西路文昌街2号	0574－87985178	
			商务标准间	62	62	728	320	大会议室	文华厅	180	1	1	6000	2500			
			行政标准间	9	9	988	380	中会议室	文澜阁	70	1	1	800	600			
			普通单人间	19	19	688	298	中会议室	天河厅	70	1	1	800	600			
			商务单人间	21	21	728	320	小会议室	五楼会议室	30	1	1	600	350			
			行政单人间	5	5	988	380	小会议室	文景阁	22	1	1	700	500			
			普通套房	8	8	1688	598	小会议室	文翰阁	15	1	1	600	450			
								小会议室	文怡阁	12	1	1	500	350			
								小会议室	文轩阁	6	1	1	300	200			
								小会议室	文雅阁	10	1	1	300	200			
宁波金港大酒店	宁波金港大酒店有限公司	4	普通标准间	80	80	780	320	大会议室	金色大厅	500	1	1	12000	6000	宁波市江北区扬善路51号	0574－87668888－166	
			普通单人间	29	29	780	320	中会议室	文荟阁	100	1	1	2000	1000			
			商务标准间	45	45	980	380	中会议室	锦绣厅	60	1	1	1800	900			
			商务单人间	72	72	980	380	中会议室	宁波厅	200	1	1	4000	2000			
			普通套房	7	7	1800	680	中会议室	金港厅	270	1	1	6000	3000			
								中会议室	百合厅	50	1	1	2500	1300			
								小会议室	文萃阁	25	1	1	1200	600			
								小会议室	文韬阁	40	1	1	1200	600			
								小会议室	文略阁	40	1	1	1200	600			
								小会议室	文澜阁	40	1	1	1200	600			
宁波老板娘新光大酒店	浙江老板娘食品集团有限公司老板娘新光大酒店	4	豪华套房	8	8	3000	600	大会议室	牡丹厅	200	1	1	4000	2000	宁波市北仑区明州路789号	0574－86857422	
			套间	42	42	1700	500	中会议室	世纪厅	100	1	1	3000	1500			
			单间	181	181	750	300	中会议室	紫荆厅	80	1	1	3000	1500			
			标准间	79	79	750	300	小会议室	接见厅	30	1	1	1000	500			
								小会议室	荷花厅	34	1	1	800	400			
								小会议室	玉兰厅	18	1	1	600	300			

饭店名称	发票开具单位名称	星级	客房（数量：间；价格：元/天）					会议室（数量：间；价格：元/半天）							地址	前台订房电话	备注
			房型	总间数	协议间数	门市价	协议价	类型	名称	容纳人数	总间数	协议间数	门市价	协议价			
宁波嘉和大酒店	宁波嘉和大酒店有限公司	4	高级套间	16	16	1560	600	大会议室	国际厅	500	1	1	8000	4800	宁波市海曙区新典路108号	0574－83876666	
			标准单人房	45	45	760	300	大会议室	嘉庆厅	260	1	1	4000	2400			
			标准双人房	52	52	760	300	中会议室	嘉年厅	150	1	1	2500	1500			
			豪华单人房	48	48	960	428	中会议室	嘉达厅	80	1	1	3000	1800			
			豪华双人房	42	42	960	398	小会议室	嘉博厅	18	1	1	1500	900			
			女士单人房	9	9	760	300	小会议室	嘉瑞厅	16	1	1	1500	900			
			女士双人房	5	5	760	300										
宁波戚家山宾馆	宁波联合集团有限公司戚家山宾馆	4	普通标房	49	49	720	280	大会议室	银河厅	200	1	1	2500	1500	浙江省宁波市北仑区小港东海路20号	0574－86183388	
			普通单人房	27	27	720	280	大会议室	北斗厅	120	1	1	2000	1200			
			豪华套房	17	17	1200	580	大会议室	星光厅	80	1	1	1200	720			
								中会议室	焘雨厅	40	1	1	1000	600			
								中会议室	步云厅	40	1	1	1000	600			
								中会议室	伴虹厅	25	1	1	1000	600			
								中会议室	牡丹厅	25	1	1	1000	600			
								小会议室	淡风厅	20	1	1	600	360			
								小会议室	行政洽谈室	6	1	1	500	300			
宁波新晶都酒店	宁波新晶都酒店有限公司	4	标准双人房	49	49	620	330	大会议室	晶贤厅	260	1	1	2800	2500	宁波市江东区百丈东路1088号	0574－87069999	
			标准单人房	40	40	610	330	中会议室	晶日厅	100	1	1	1200	1100			
			行政双人房	24	24	728	400	中会议室	华晶厅	50	1	1	800	700			
			行政单人房	15	15	728	400	小会议室	晶光厅		1	1	500	400			
			套房	6	6	1180	600	小会议室	晶明厅	20	1	1	500	400			
宁波开元大酒店	宁波开元大酒店有限公司分公司	4	标准双人间A	120	120	632	360	大会议室	开元厅	600	1	1	6800	4500	宁波市江东区百丈东路812号	0574－87068502 87068503	
			标准双人间B	66	66	598	320	大会议室	华元厅	180	1	1	2800	1400			
			标准双人间C	60	60	552	300	中会议室	群贤厅	80	1	1	1500	1000			
			标准单人间	5	5	598	330	小会议室	华开厅	50	1	1	1600	1000			
			标准套房B	13	13	1093	680	小会议室	华光厅	45	1	1	1000	700			
								小会议室	群英厅	24	1	1	600	400			
								小会议室	群言厅	20	1	1	600	400			
								小会议室	群芳厅	20	1	1	600	400			
								小会议室	群豪厅	20	1	1	600	400			

饭店名称	发票开具单位名称	星级	客房（数量：间；价格：元/天）					会议室（数量：间；价格：元/半天）							地址	前台订房电话	备注
			房型	总间数	协议间数	门市价	协议价	类型	名称	容纳人数	总间数	协议间数	门市价	协议价			
宁波中山饭店	宁波中山饭店	3	普通套间	5	5	628	318	大会议室	中山厅	150－300	1	1	3600	2000	宁波市海曙区孝闻街100号	400－7115222 0574－56126888－5128/5118	
			豪华套间	2	2	1688	598	小会议室	商务会见厅	12	1	1	800	500			
			标准双人房	66	66	488	248	小会议室	317 等	40	6	6	500	300			
			高级双人房	12	12	688	298	中会议室	中南/多功能厅	80－120	2	2	1200	600			
			经济双人房	12	12	288	198										
			标准单人房	28	28	488	248										
			高级单人房	8	8	688	298										
			商务房	2	2	1228	518										
宁波联谊宾馆	宁波联谊宾馆	3	套间	4	4	520	420	大会议室	联谊厅	500	1	1	6000	4000	宁波市海曙区国医街85号	0574－87287888－2106/2108	
			单人间 A	3	3	388	248	中会议室	明州厅	70	1	1	1200	1000			
			单人间 B	3	3	428	280	中会议室	明珠厅	130	1	1	1000	800			
			标准间 A	34	34	388	248	中会议室	孔雀厅	150	1	1	2800	2000			
			标准间 B	42	42	428	280	中会议室	丹凤厅	130	1	1	800	600			
			豪华标准间 A	6	6	488	320	中会议室	三江厅	70	1	1	800	600			
			豪华标准间 B	12	12	528	360	中会议室	黄鹂厅	50	1	1	1200	800			
								中会议室	白鹤厅	50	1	1	1200	800			
								小会议室	四海厅	30	1	1	400	300			
								小会议室	五湖厅	30	1	1	400	300			
								小会议室	云雀厅	20	1	1	600	400			
								小会议室	钱湖厅	45	1	1	500	400			
								小会议室	月湖厅	45	1	1	500	400			
								接待会见室	迎宾厅	30	1	1	650	500			
宁波云海宾馆	宁波云海宾馆有限公司	3	套间	12	12	698	400	大会议室	富贵厅	200	1	1	2500	200	宁波市长春路2号	0574－87098888	
			单间	26	26	498	240	中会议室	华富厅	80	1	1	1000	800			
			标准间	70	70	428	240	中会议室	泰富厅	100	1	1	1000	800			
			豪华大床房	19	19	528	280	中会议室	君富厅	80	1	1	1000	800			
			豪华标准间	28	28	528	280	小会议室	财富厅	24	1	1	800	600			

饭店名称	发票开具单位名称	星级	客房（数量：间；价格：元/天）					会议室（数量：间；价格：元/半天）							地址	前台订房电话	备注
			房型	总间数	协议间数	门市价	协议价	类型	名称	容纳人数	总间数	协议间数	门市价	协议价			
宁波日月宾馆	宁波市日月宾馆有限公司	3	套间	14	14	620	372	大会议室	同辉厅	280	1	1	2800	1800	宁波市兴宁路46号	0574－87066666－50101	
			单间	40	40	450	245	大会议室	喜乐厅	180	1	1	1800	1200			
			标准间	117	117	450	245	中会议室	集议厅	80	1	1	1200	600			
								小会议室	聚贤厅	60	1	1	1000	600			
								小会议室	鸿图厅	25	1	1	800	500			
								小会议室	慎定厅	15	1	1	600	400			
								小会议室	如归厅	8	1	1	600	400			
宁波饭店	宁波饭店有限公司	3	套间	11	11	618	338	大会议室	明州厅	240	1	1	3000	2600	宁波市海曙区马园路251号	0574－87097800	
			豪华套间	3	3	968	598	大会议室	宁波厅	200	1	1	2000	1800			
			单间	9	9	338	220	中会议室	北斗厅	150	1	1	1500	1200			
			豪华单间	18	18	498	280	小会议室	迎宾厅	40	1	1	600	500			
			标准间	70	70	498	260	小会议室	竹洲厅	40	1	1	600	500			
								小会议室	月岛厅	30	1	1	600	500			
								小会议室	月湖厅	30	1	1	600	500			
宁波甬港饭店	宁波甬港饭店	3	套间	4	4	880	500	大会议室	文澜厅	250	1	1	2200	1760	宁波市江东区甬港北路8号	0574－87060505	
			单间	64	64	400	270	中会议室	文渊厅	90	1	1	1000	800			
			标准间	82	82	360	238	中会议室	文汇厅	70	1	1	900	720			
			商务房	24	24	480	318	中会议室	文泰厅	40	1	1	700	560			
								小会议室	文津厅	30	1	1	600	480			
								小会议室	文溯厅	11	1	1	400	320			
宁波春天宾馆	宁波春天宾馆有限公司	3	套间	5	5	888	348	中会议室	春晖厅	150	1	1	1000	800	宁波市江东区兴宁路37号	0574－87877888－1030	
			单间	60	60	338	178	中会议室	喜来厅	150	1	1	800	700			
			标准间	128	128	380	198	小会议室	悦乎厅	70	1	1	500	400			
宁波新兴大酒店	宁波市新兴大酒店有限责任公司		套间	6	6	880	580	大会议室	百合厅	120	1	1	2000	1200	宁波市海曙区中山西路226号	0574－87072683	
			单间	32	32	488	248	大会议室	报告厅	150－200	1	1	2000	1200			
			标准间	82	82	488	248	中会议室	5楼2号	60－80	1	1	1000	600			
								小会议室	5楼1号等	20－30	4	4	600	300			
								小会议室	6楼2号	40	1	1	500	400			

饭店名称	发票开具单位名称	星级	客房（数量：间；价格：元/天）					会议室（数量：间；价格：元/半天）							地址	前台订房电话	备注
			房型	总间数	协议间数	门市价	协议价	类型	名称	容纳人数	总间数	协议间数	门市价	协议价			
宁波新芝宾馆	宁波新芝宾馆		联谊中心单人间	7	7	428	300	大会议室	联谊中心三楼会议室	150－200	1	1	2500	1500	宁波市翠柏路396号	0574－87098288－5121/5131	
			标准间	21	21	428	300	大会议室	综合楼多功能厅	150－201	1	1	3000	1500			
			普通套间	7	7	888	600	中会议室	三号楼会见厅	80	1	1	3380	2000			
			综合楼单人间	20	20	358	250	中会议室	二号楼会见厅	50	1	1	2500	1500			
			标准间	69	69	358	250	小会议室	三号楼小会议室	40	1	1	2000	1200			
			普通套间	4	4	888	600	小会议室	一号楼会议室	40	1	1	2500	1500			
								小会议室	联谊中心一楼会见厅	40	1	1	1350	800			
								小会议室	二号楼小会议室	10	1	1	850	500			
宁波南都宾馆	宁波南都宾馆	3	套间	7	7	698	328	大会议室	报告厅	280	1	1	2600	1800	宁波市海曙区恒春街75号	0574－87086699	
			单间	38	38	398	200	大会议室	阶梯教室	200	1	1	2000	1200			
			标准间	260	260	398	200	大会议室	101 会议室	128	1	1	2000	1200			
								大会议室	多功能厅	150	1	1	2000	1200			
								大会议室	中心会议室	100	1	1	1600	1000			
								大会议室	113 教室	100	1	1	800	500			
								大会议室	115 教室	100	1	1	800	500			
								大会议室	205 教室	100	1	1	800	500			
								大会议室	207 教室	100	1	1	800	500			
								大会议室	309 教室	100	1	1	800	500			
								大会议室	311 教室	100	1	1	800	500			
								中会议室	中会议室	50	1	1	800	600			
								中会议室	102 教室	50	1	1	600	400			
								中会议室	104 教室	50	1	1	600	400			
								中会议室	201 教室	50	1	1	600	400			
								中会议室	203 教室	50	1	1	600	400			
								中会议室	303 教室	50	1	1	600	400			

饭店名称	发票开具单位名称	星级	客房（数量：间；价格：元/天）					会议室（数量：间；价格：元/半天）							地址	前台订房电话	备注
			房型	总间数	协议间数	门市价	协议价	类型	名称	容纳人数	总间数	协议间数	门市价	协议价			
宁波南都宾馆	宁波南都宾馆	3						中会议室	305 教室	50	1	1	600	400	宁波市海曙区恒春街 75 号	0574－87086699	
								小会议室	102 讨论室	10	1	1	300	200			
								小会议室	103 讨论室	12	1	1	300	200			
								小会议室	104 讨论室	12	1	1	300	200			
								小会议室	307 讨论室	25	1	1	600	500			
								小会议室	宾馆楼层会议室	20	7	7	300	200			
宁波平安宾馆	宁波市平安宾馆	3	标准房 A 单人房 A	42	42	388	268	大会议室	群贤厅	170	1	1	1800	1500	宁波市江东区姚隘路 350 号	0574－56156666－1666/1888	
			标准房 B 单人房 B	73	73	358	218	中会议室	七楼会议室	55	1	1	588	500			
			普通套房	3	3	580	398	中会议室	四楼会议室	55	1	1	588	500			
			豪华套房	1	1	680	520	中会议室	三楼会议室	60	1	1	588	500			
			三人套房	3	3	580	320										
宁波新金星宾馆	宁波军用饮食供应站新金星宾馆		行政标准房	60	60	548	268	大会议室	金星厅	200	1	1	2800	1500	宁波市海曙区柳汀街 555 号	0574－87087888	
			商务标准房			598		大会议室	银河厅	100	1	1	1800	1200			
			行政单人房	32	32	628	288	中会议室	北斗厅	40	1	1	1000	600			
			商务单人房			668		中会议室	阳光厅	30	1	1	1200	850			
			豪华大床房	22	22	768	298	小会议室	流星阁	12	1	1	600	300			
			阳光套房	2	2	1288	568										

安徽省

- 财政部委托安徽省财政厅负责在安徽省地级以上城市招标采购会议定点饭店并负责日常监督管理工作。
- 通过政府采购，确定安徽省会议定点饭店 96 家。
- 会议定点饭店按照与财政部门签订《协议书》的价格向中央和地方各级党政机关和事业单位提供相应的接待服务。
- 安徽省部分会议定点饭店的价格是按照综合定额方式采购的，各单位在组织筹备会议时应先向会议定点饭店查询。如果对协议价格产生疑义，可以要求定点饭店出示《协议书》。
- 如有会议定点饭店变更或饭店的协议价格变化，应以“党政机关出差和会议定点饭店查询网”的信息为准。
- 本目录中的安徽省会议定点饭店的详细信息，可在“党政机关出差和会议定点饭店查询网”查阅。
- 安徽省各地区长途电话区号：

合肥市	0551	宿州市	0557
淮北市	0561	阜阳市	0558
亳州市	0558	蚌埠市	0552
淮南市	0554	滁州市	0550
芜湖市	0553	铜陵市	0562
安庆市	0556	黄山市	0559
六安市	0564	巢湖市	0565
池州市	0566	宣城市	0563
马鞍山市	0555		

安徽省会议定点饭店

饭店名称	发票开具单位名称	星级	客房（数量：间；价格：元/天）					会议室（数量：间；价格：元/天）						地址	前台订房电话	备注
			房型	总间数内	协议间数	门市价	协议价	类型	总间数	协议间数	容纳人数	门市价	协议价			
合肥市																
安徽省人大常委会会议中心	安徽省人大常委会会议中心	3	标准间	104	104	328	220	大会议室	1	1	220	4000	2400	合肥市屯溪路427号	0551－3609999	
			商务单间	6	6	398	280	中会议室	2	2	110	5600	4400			
			商务套间	3	3	680	520	小会议室	4	4	45	1600	1200			
安徽省百花宾馆	安徽省百花宾馆	3	标准间	50	50	368	220	大会议室	1	1	200	9200	6900	安徽省合肥市寿春路191号	0551－2226999 2226998	综合报价400元/人·天，包括食宿、公杂、会议室报价
			套间	16	16	588	350	中会议室	1	1	100	5200	3900			
			豪华单人间	14	14	368	220	小会议室	2	2	30	1200	900			
安徽省稻香楼宾馆	安徽省稻香楼宾馆	国宾馆	套间	10	10	1180	600	大会议室	1	1	500	10000	6000	合肥市金寨路311号	0551－2228600 2228602	综合报价400元/人·天，包括食宿、公杂、会议室报价
			标准间	180	180	680	300	中会议室	3	3	200	6000	5000			
			单人间	2	2	680	300	小会议室	1	1	100	2000	1500			
								小会议室	2	2	50	1000	800			
								小会议室	17	17	40	800	600			
合肥市梅山饭店有限公司	合肥市梅山饭店有限公司		商务套间	10	10	1280	580	大会议室	3	3	150	10000	6000	梅山路125号	0551－2291808	综合报价400元/人·天，包括食宿、公杂、会议室报价
			商务标间	108	108	668	280	中会议室	1	1	70	3000	2000			
			商务单间	37	37	658	280	小会议室	6	6	40	2000	1400			
塞纳河畔·蜀山国际大酒店	安徽塞纳河畔蜀山国际大酒店有限公司		商务标准间	58	58	488	238	大会议室	1	1	450	6000	5000	合肥市高新区天柱路19号	0551－2251188	
			豪华标准间	26	26	588	300	中会议室	2	2	120	3500	2800			
			高级套间	6	6	988	418	小会议室	3	3	40	1800	1500			
华都宾馆	安徽华都实业有限公司合肥华都宾馆	3	标间	64	64	368	260	大会议室	1	1	240	40	20	合肥市长江中路158号	0551－2622988 2621616	
			单间	22	22	428	260	中会议室	1	1	150	40	20			
			套间	8	8	1288	600	小会议室	6	6	40	40	20			
安徽省新世纪大厦	安徽省新世纪商务酒店	3	豪华标准间	36	36	288	160	大会议室	1	1	300	7000	5000	合肥市庐江路111号	0551－2280155 2280165	
			豪华单人间	10	10	288	160	中会议室	1	1	200	6000	4500			
			套间	5	5	688	488	小会议室	8	8	70	2000	1600			

饭店名称	发票开具单位名称	星级	客房（数量：间；价格：元/天）					会议室（数量：间；价格：元/天）						地址	前台订房电话	备注
			房型	总间数内	协议间数	门市价	协议价	类型	总间数	协议间数	容纳人数	门市价	协议价			
中国人民解放军炮兵学院招待所	中国人民解放军炮兵学院招待所		标准间	108	108	580	300	大会议室	1	1	260	10000	6000	合肥市东至路5号	0551－5740000	综合报价400元/人·天，包括食宿、公杂、会议室报价
			单人间	18	18	480	220	中会议室	1	1	120	6000	4000			
			套间	14	14	1680	580	小会议室	3	3	50	3000	3000			
安徽澳瑞特酒店有限公司	安徽澳瑞特酒店有限公司		标准间	46	46	678	300	中型会议	2	2	100	4000	3000	安庆路241号	0551－2211888	
			单人间	18	18	678	300	小型会议	2	2	40	1600	1200			
良苑商务会馆	安徽良苑商务会馆有限责任公司	4	单人间	21	21	460	200	课堂式	1	1	230	11200	8000	芜湖路319号	0551－2288801	综合报价400元/人·天，包括食宿、公杂、会议室报价
			普通标准间	60	60	560	200	课堂式	1	1	120	7200	4000			
			套房	9	9	960	200	长桌式	2	2	30	6000	3600			
安徽银瑞林国际大酒店有限责任公司	安徽银瑞林国际大酒店有限责任公司	4	套间	10	10	888	358	大会议室	1	1	1200	40000	16000	合肥市阜阳北路14号	0551－5669086 5669999	综合报价400元/人·天，包括食宿、公杂、会议室报价
			单间	20	20	568	210	中会议室	5	5	120	7500	3000			
			标准间	296	296	598	238	小会议室	5	5	25	2000	800			
								大会议室	1	1	500	20000	8000			
安徽省国税干部培训中心(国瑞宾馆)	安徽省国税干部培训中心	3	套间	6	6	888	550	大会议室	1	1	200	1400	900	合肥市蒙城北路21号	0551－5698800	
			单间	3	3	258	250	中会议室	1	1	80	900	600			
			标准间	65	65	318	250	小会议室	5	5	40	600	400			
安徽省地方税务干部培训中心（广玉兰宾馆）	安徽省地方税务干部培训中心—广玉兰宾馆	2	标准间	61	61	248	180	大会议室	1	1	180	2000	1600	合肥市阜南西路230号	0551－2250288 2250289	
			单人间	5	5	308	278	中会议室	2	2	60	1600	1200			
			套间	5	5	388	350	小会议室	2	2	20	1200	800			
宿州市																
安徽金满楼汇源国际大酒店有限公司	安徽金满楼汇源国际大酒店有限公司	4	套间	5	5	788	528	大会议室	1	1	200	6000	3000	安徽省宿州市汇源大道南路1号	0557－3628881 3628666	
			单间	24	24	588	228	中会议室	2	2	100	4000	2200			
			标准间	86	86	388	198	小会议室	1	1	30	3000	1300			

饭店名称	发票开具单位名称	星级	客房（数量：间；价格：元/天）					会议室（数量：间；价格：元/天）						地址	前台订房电话	备注
			房型	总间数内	协议间数	门市价	协议价	类型	总间数	协议间数	容纳人数	门市价	协议价			
宿州市南苑宾馆	宿州市南苑宾馆	3	套间	2	2	788	500	大会议室						安徽省宿州市宿怀南路138号	0557－3919999	
			单间	25	25	488	200	中会议室								
			标准间	24	24	388	180	小会议室	3	3	100	2000	1500			
淮北市																
相王府宾馆	淮北矿业（集团）公司相王府宾馆	3	套间	8	8	888	600	大会议室	1	1	780	3500	3200	淮北市花园路8号	0561－3808666	
			单间	32	32	328	270	中会议室	1	1	240	2000	1800			
			标准间	230	230	328	270	小会议室	8	8	90	1100	1000			
阜阳市																
阜阳市国贸大酒店	阜阳市国贸酒店投资管理有限公司	4	套间	5	5	888	600	大会议室	1	1	600	2600	2500	阜阳市人民东路1号	0558－2258888	
			单间	25	25	270	230	中会议室								
			标准间	112	112	280	230	小会议室	1	1	120	1800	1700			
南山宾馆	阜南县南山宾馆	3	套间	10	10	968	268	大会议室	1	1	200	1800	1280	安徽省阜南县施城南路9号	0558－6752222 6753333	
			单间	10	10	298	160	中会议室	1	1	60	1280	800			
			标准间	70	70	298	160	小会议室	1	1	30	600	300			
亳州市																
新贵都城市酒店	亳州市新贵都城市酒店有限责任公司	4	套间	15	15	498	438	大会议室	1	1	300	6000	4500	亳州市芍花路友阳步行街388号	0558－5555555 5550999	
			单间	8	8	128	128	中会议室	1	1	200	5000	4000			
			普通标准间	96	96	278	218	小会议室	1	1	80	2800	2000			
			商务标准间	56	56	308	258									
蚌埠市																
蚌埠市锦江大酒店	蚌埠市锦江大酒店有限公司	5	普通套间	9	9	1300	600	大会议室	1	1	500	4000	3000	蚌埠市东海大道5183号	0552－2088511	
			普通单间	53	53	650	300	中会议室	2	2	150	3000	2400			
			普通标准间	78	78	650	300	小会议室	2	2	40	800	640			

饭店名称	发票开具单位名称	星级	客房（数量：间；价格：元/天）					会议室（数量：间；价格：元/天）						地址	前台订房电话	备注
			房型	总间数内	协议间数	门市价	协议价	类型	总间数	协议间数	容纳人数	门市价	协议价			
蚌埠市怀洪宾馆	蚌埠市怀洪宾馆	3	套间	3	3	818	428	大会议室	1	1	220	2000	1200	蚌埠市沿淮路 780 号（四路车终点站）	0552－3086666	
			商务单间	8	8	398	208	中会议室	1	1	120	1600	1000			
			商务标间	14	14	358	188	小会议室	2	2	40	800	600			
			单间	3	3	358	188									
			标准间	51	51	318	168									
			三人间	2	2	458	248									
安徽煤田光大彩印有限责任公司美丽园大酒店	美丽园大酒店	3	套间	6	6	298	240	大会议室						蚌埠市华光大道 525 号	0552－4092158	
			单间	2	2	80	70	中会议室	1	1	110	1400	1000			
			标准间	34	34	128	100	小会议室	3	3	30	800	700			
			三人间	3	3	198	180									
			商务标准间	17	17	198	130									
玉金香国际大酒店	蚌埠玉金香国际大酒店有限公司	4	套间	7	7	560	280	大会议室	1	1	300	1800	1500	蚌埠市沿淮路 205 号	0552－3033333 3040888	
			单间	15	15	368	180	中会议室	1	1	150	1200	1000			
			标准间	53	53	398	200	小会议室	3	3	80	800	500			
			豪华套间	8	8	638	320									
			豪华单间	8	8	468	230									
			豪华标准间	11	11	536	270									
淮南市																
新锦江大酒店	淮南新锦江大酒店有限公司	预备五星	套间	60	60	980	220	大会议室	1	1	400	3000	1500	淮南市洞山中路 12 号	0554－6679103	
			单间	60	60	680	220	中会议室	2	2	100	2000	1000			
			标准间	166	166	680	220	小会议室	3	3	50	1000	500			
古阳酒店	淮南古阳国际大酒店有限责任公司	4	套间	5	5	1980	220	大会议室	1	1	300	3000	2500	淮南市国庆中路 281 号	0554－2528808	
			单间	20	20	500	220	中会议室								
			标准间	48	48	480	220	小会议室	3	3	40	600	500			
金满楼骏发国际大酒店	淮南金虹电力股份合作总社金满楼骏发国际大酒店	4	套间	1	1	2880	220	大会议室	1	1	400	24000	6000	安徽省淮南市朝阳中路 18 号	0554－2913333－800	综合报价 400 元/人·天，包括食宿、公杂、会议室报价
			单间	4	4	580	220	中会议室	1	1	100	3000	2000			
			标准间	30	30	580	220	小会议室	1	1	20	1600	1000			

饭店名称	发票开具单位名称	星级	客房（数量：间；价格：元/天）					会议室（数量：间；价格：元/天）						地址	前台订房电话	备注
			房型	总间数内	协议间数	门市价	协议价	类型	总间数	协议间数	容纳人数	门市价	协议价			
金茂国际酒店	淮南市金茂国际酒店有限责任公司	4	套间	15	15	980	220	大会议室	2	2	300	4700	4000	田家庵区国庆西路8号	0554－6806666	
			单间	42	42	520	220	中会议室	5	5	200	1600	1200			
			标准间	84	84	520	220	小会议室	1	1	50	600	300			
滁州市																
红三环大酒店	滁州红三环大酒店有限责任公司	3	套间	4	4	888	480	大会议室	1	1	300	6000	3600	滁州市紫微北路1329号	0550－3316800	
			单间	12	12	488	300	中会议室	1	1	200	4000	2000			
			标准间	97	97	488	200	小会议室	1	1	80	2400	1600			
桂苑度假山庄	滁州市安顺实业桂苑度假山庄	3	套间	4	4	880	310	大会议室	1	1	220	3000	1200	滁州市丰乐大道1599号	0550－3216666	
			单间	2	2	320	260	中会议室	2	2	70	2800	800			
			标准间	105	105	320	160	小会议室	2	2	30	800	300			
君家酒店	滁州君家酒店有限责任公司	4	套间	5	5	1580	600	大会议室	1	1	300	4000	3000	滁州市全椒路148号	0550－3519811	
			单间	17	17	580	260									
			标准间	57	57	580	260	小会议室	2	2	60	1600	1000			
马鞍山市																
马钢宾馆	马钢集团力生有限责任公司	3	套间	9	9	588	400	大会议室	1	1	220	1800	1500	安徽省马鞍山市西苑路2号	0555－2883789	
			单间	10	10	318	220	中会议室	无			/	/			
			标准间	25	25	258	200	小会议室	5	5	40	600	400			
海兴国际酒店	马鞍山海田实业有限公司	3	套间	12	12	680	368	大会议室	1	1	180	2400	免费	马鞍山市花山区重阳路	0555－8219757	
			单间	10	10	458	218	中会议室	1	1	120	1800	免费			
			标准间	12	12	398	178	小会议室	4	4	40	1000	免费			
鸿泰国际酒店	马鞍山市鸿泰国际酒店有限公司	4	套间	6	6	980	398	大会议室	3	3	200	2000	1400	马鞍山市太白大道1号	0555－8350166	
			单间	20	20	688	268	中会议室	1	1	150	1600	1000			
			标准间	12	12	588	218	小会议室	2	2	100	1000	700			

饭店名称	发票开具单位名称	星级	客房（数量：间；价格：元/天）					会议室（数量：间；价格：元/天）						地址	前台订房电话	备注
			房型	总间数内	协议间数	门市价	协议价	类型	总间数	协议间数	容纳人数	门市价	协议价			
梦都雨山湖饭店	安徽省梦都餐饮发展有限责任公司	4	套间	22	22	960	480	大会议室	2	2	500	4200	2520	马鞍山市湖南西路79号	0555－8321277	
			单间	25	25	598	300	中会议室	5	5	100	2100	1260			
			标准间	54	54	498	259	小会议室	2	2	30	1200	800			
马鞍山市南湖宾馆	马鞍山市南湖宾馆	4	套间	19	19	1298	600	大会议室	2	2	500	3600	2100	马鞍山市艳阳路49号	0555－2363999	
			单间	53	53	658	300	中会议室	2	2	200	3600	2100			
			标准间	48	48	658	300	小会议室	3	3	100	600	500			
盛德轩国际会议中心	马鞍山市盛德轩国际会议中心有限公司	4	套间	3	3	798	500	大会议室	1	1	300	9600	3600	马鞍山市雨山区马向路大学城向东600米	0555－752000	
			单间	10	10	588	258	中会议室	1	1	100	4800	1600			
			标准间	60	60	488	228	小会议室	5	5	60	1600	800			
芜湖市																
芜湖市铁山宾馆	芜湖市铁山宾馆	4	套间					大会议室	2	2	300	4000	3000	芜湖市镜湖区更兴路6号	0553－3718800 3834694	
			单间	2	2	388	233	中会议室	5	5	100	3000	2000			
			标准间	167	167	394	237	小会议室	7	7	50	2000	1500			
芜湖碧桂园凤凰酒店有限公司	芜湖碧桂园凤凰酒店	5	套间	25	25	1288	200	大会议室	1	1	1200	17000	8500	芜湖市三山区龙湖	0553－5818888	
			单间	83	83	888	160	中会议室	2	2	600	8500	4500			
			标准间	230	230	888	160	小会议室	8	8	100	2500	1200			
马仁山庄	安徽芜湖马仁奇峰森林旅游有限公司繁昌县马仁山庄	3	套间	7	7	680	460	大会议室	1	1	300	1800	1400	安徽芜湖繁昌县孙村镇	0553－7217888	
			单间					中会议室	1	1	150	1400	1200			
			标准间	68	68	388	100	小会议室	1	1	40	1000	700			
								小会议室	1	1	40	1000	600			
								小会议室	1	1	40	800	400			
								小会议室	3	3	40	700	300			
龙云新世纪大酒店	龙云新世纪大酒店	4	豪套间	2	2	2388	538	大会议室	1	1	200	1500	1000	南陵县籍山大道1号	0553－7659999	
			普套	13	13	1088	538	小会议室	2	2	40	800	600			
			单人间	16	16	516	180									
			标准间	78	78	456	180									

饭店名称	发票开具单位名称	星级	客房（数量：间；价格：元/天）					会议室（数量：间；价格：元/天）						地址	前台订房电话	备注
			房型	总间数内	协议间数	门市价	协议价	类型	总间数	协议间数	容纳人数	门市价	协议价			
芜湖国信大酒店	芜湖国信大酒店有限公司	4	套间					大会议室	1	1	300	5000	3000	安徽芜湖经济技术开发区浦江路5号	0553－5844888	
			单间					中会议室	1	1	90	1800	1200			
			标准间	94	94	620	230	小会议室	5	5	20	1000	800			
芜湖方特假日酒店	芜湖方特假日酒店管理有限公司	3	套间	3	3	888	398	大会议室	1	1	300	8000	2000	芜湖银湖北路华强城市广场	0553－5988588	
			单间	54	54	558	220	中会议室	1	1	150	1500	1000			
			标间	130	130	244	100	小会议室	3	3	70	1000	600			
芜湖海螺国际大酒店	芜湖海螺国际大酒店有限公司	4	套间					大会议室	2	2	300	7000	5000	芜湖市文化路39号	0553－3118188－54	
			单间	20	20	700	280	中会议室	2	2	200	4000	2400			
			标准间	100	100	600	280	小会议室	3	3	100	3000	1500			
铜陵市																
五松山宾馆	安徽五松山国际旅业有限责任公司五松山宾馆	4	套间	4	4	780	312	大会议室	1	1	360	7600	6000	铜陵市铜官山区义安大道北段327号	0562－2668866	综合报价：350元/人·天
			豪华套间	6	6	1180	472	中会议室	1	1	150	3600	2560			
			单间（A）	18	18	488	188	多功能室	1	1	80	2400	1800			
			单间（B）	59	59	428	168	小会议室	4	4	30	1000	800			
			标准间（A）	47	47	488	188									
			标准间（B）	36	36	428	168									
育和大酒店	铜陵市育和大酒店有限责任公司	4	普标（单）	47	47	455	275	大会议室	1	1	200	7200	3200	铜陵市长江中路728号	0562－2838888	综合报价：400元/人·天
			休闲标（单）	18	18	468	275	小会议室	2	2	30	3600	1200			
			数码标（单）	52	52	498	280									
			商务单间	14	14	528	295									
			套间	6	6	800	480									
华亭四季大酒店	铜陵市华亭四季大酒店有限公司	4	单间（A）	13	13	378	168	大会议室						安徽省铜陵市淮河中路铜陵商城A座	0562－2662345	综合报价：398元/人·天
			单间（B）	10	10	448	188	中会议室	1	1	100	4800	2400			
			商务标间	21	21	508	228	小会议室	1	1	20	3200	1600			
			豪华标间（A）	39	39	558	248									

饭店名称	发票开具单位名称	星级	客房（数量：间；价格：元/天）					会议室（数量：间；价格：元/天）						地址	前台订房电话	备注
			房型	总间数内	协议间数	门市价	协议价	类型	总间数	协议间数	容纳人数	门市价	协议价			
华亭四季大酒店	铜陵市华亭四季大酒店有限公司	4	豪华标间（B）	26	26	618	278							安徽省铜陵市淮河中路铜陵商城A座	0562－2662345	综合报价：398元/人·天
			特色房	10	10	688	298									
			商务套间	3	3	928	418									
			豪华套间	5	5	1128	508									
铜陵永泉农庄度假村	铜陵永泉农庄有限责任公司		标准间	73	73	388	233	中会议室	1	1	120	3600	2000	铜陵县钟鸣镇叶山林场	0562－8297888	综合报价：390元/人·天
			套间1	6	6	558	335	小会议室	3	3	20	1600	1200			
			套间2	5	5	588	353	多功能室	1	1	80	2000	1600			
澜溪山庄	铜陵澜溪工贸有限公司		套间	2	2	998	490	大会议室	1	1	260	2000	1200	安徽省铜陵市大通澜溪山庄	0562－8862333	综合报价：300元/人·天
			单间	3	3	398	160	中会议室	2	2	80	1500	800			
			标准间	84	84	398	160	小会议室	5	5	30	1000	500			
			休闲间	15	15	248	220									
安庆市																
安庆大酒店有限责任公司	安庆大酒店有限责任公司	4	套间	21	21	680	560	大会议室	1	1	300	3000	1500	安庆市湖心中路66号	0556－5399000	
			单间	29	29	330	280	中会议室	3	3	180	2000	1000			
			标准间	86	86	330	280	小会议室	6	6	50	1000	500			
华玲宾馆	华玲宾馆有限公司	3	套间	4	4	598	300	大会议室	1	1	200	1600	1000	安徽省宿松县孚玉中路华玲大厦	0556－7819888	
			单间	10	10	248	160	中会议室	1	1	100	800	500			
			标准间	87	87	198	140	小会议室	2	2	20	500	300			
安庆皖源国际大酒店	安徽皖源宾馆有限责任公司 安庆皖源国际大酒店	4	普通单间	35	35	420	160	大会议室	1	1	600	5000	2500	安庆市菱湖南路118号	0556－5502980	
			标准客房	137	137	600	200	中会议室	3	3	200	2500	1500			
			数码商务单（标间）	55	55	600	280	小会议室	10	10	80	800	400			
			套间	10	10	780	360									
安庆迎宾馆	安徽省安庆市安庆迎宾馆	4	商务套间	15	15	888	360	大会议室	2	2	400	3000	2000	安庆市开发区同安路2号	0556－5398999 5398211 5398210	
			商务标（单）间	94	94	658	220	中会议室	2	2	300	2000	1200			
			豪华标（单）间	15	15	758	240	小会议室	9	9	80	1200	600			
			展鸿楼标（单）间	85	85	568	160									

饭店名称	发票开具单位名称	星级	客房（数量：间；价格：元/天）					会议室（数量：间；价格：元/天）						地址	前台订房电话	备注
			房型	总间数内	协议间数	门市价	协议价	类型	总间数	协议间数	容纳人数	门市价	协议价			
宿松县孚玉山宾馆	宿松县孚玉山宾馆	2	标准间（普通）	30	30	100	70	大会议室	1	1	400	1800	1600	安徽省安庆市宿松县人民路102号	0556－7821392	
			单人间（中档）	2	2	260	160	中会议室	1	1	100	1200	1000			
			标准间（豪华）	55	55	130	90	小会议室	4	4	60	800	600			
			标准间（商务）	13	13	150	100	大会议室								
			单人间（豪华）	9	9	330	200	中会议室								
			三人间	4	4	120	80	小会议室								
			豪华套间	4	4	480	380									
安庆碧桂园凤凰酒店有限公司	安庆碧桂园凤凰酒店有限公司		套间	15	15	2888	600	大会议室	1	1	680	10000	6000	安庆市迎江区港口路88号	0556－5888888	
			单间	51	51	1088	298	中会议室	2	2	300	3000	1500			
			标准间	248	248	1088	298	小会议室	4	4	100	1000	600			
潜山县皖城假日酒店有限责任公司	潜山县皖城假日酒店有限公司	2	套间	4	4	688	380	大会议室	1	1	220	3000	1600	潜山县舒州大道861号	0556－8920299	
			单间	12	12	380	200	中会议室	1	1	120	2000	1200			
			商务标间	36	36	380	200	小会议室	1	1	60	1600	800			
			标准间	32	32	368	180	小会议室	1	1	60	1600	800			
安徽恒华大酒店	安徽恒华大酒店有限公司	3	套间	3	3	680	480	大会议室	1	1	280	1500	1000	安徽省潜山县城舒州大道990号	0556－8979653	
			豪华套间	1	1	1180	600	中会议室	1	1	80	800	600			
			商务标间	24	24	400	180	小会议室	3	3	40	800	600			
			标准间	42	42	380	160									
黄山市																
黄山国际大酒店	黄山国际大酒店有限责任公司	5	套间	12	12	1280	600	大会议室	1	1	300	11600	6000	黄山市屯溪区华山路31号	0559－2565557	综合报价370元/人·天，包括食宿、公杂、会议室报价
			单间	31	31	780	300	中会议室	1	1	70	5600	2000			
			标准间	482	482	780	300	小会议室	3	3	50	3600	1600			
华山宾馆	黄山旅游发展股份有限公司华山宾馆	4	套间	10	10	980	360	大会议室	1	1	200	7600	3000	黄山市屯溪区延安路3号	0559－2328696	
			单间	22	22	780	280	中会议室	1	1	100	4000	2000			
			标准间	67	67	780	300	小会议室	3	3	60	2400	1200			

饭店名称	发票开具单位名称	星级	客房（数量：间；价格：元/天）					会议室（数量：间；价格：元/天）						地址	前台订房电话	备注
			房型	总间数内	协议间数	门市价	协议价	类型	总间数	协议间数	容纳人数	门市价	协议价			
黄山国脉大酒店	黄山国脉大酒店有限责任公司	4	套间	4	4	1280	600	大会议室	1	1	200	8000	4000	黄山市屯溪区前园南路25号	0559－2352158	
			商务单间	19	19	880	300	中会议室	1	1	100	4800	2400			
			主楼标间	96	96	680	220									
			东楼标间	32	32	480	140	小会议室	3	3	50	3200	1600			
梅地亚酒店	梅地亚酒店	4	套间	6	6	1380	480	大会议室	1	1	200	1800	2400	西海路3号	0559－2577788 2574578	
			单间	7	7	780	200	中会议室	2	2	100	1500	1600			
			标准间	118	118	780	200	小会议室	4	4	60	1000	1200			
黄山高尔夫酒店	黄山松柏高尔夫乡村俱乐部有限公司	5	标间	131	131	980	300	大会议室	1	1	350	12000	9600	安徽省黄山市屯溪区迎宾大道78号（黄山雨润度假区内）	0559－2568234	综合报价370元/人·天，包括食宿、公杂、会议室报价
			单间	8	8	980	300	大会议室	1	1	130	10000	8000			
								中会议室	1	1	50	5600	4000			
								中会议室	2	2	50	2800	2240			
								小会议室	1	1	15	1800	1200			
黄山馨园国际大酒店	黄山中铁旅游有限公司黄山馨园国际大酒店	4	行政套房	12	12	1080	380	大会议室	1	1	200	6000	3000	安徽省黄山市屯溪区稽灵山路32号	0559－2572108	
			A标准间	66	66	680	240	中会议室	1	1	100	4000	2000			
			A区单间	2	2	680	240	中会议室	1	1	130	4000	1600			
			B区标准间	81	81	600	160	小会议室	1	1	50	3600	1200			
			B区单间	6	6	600	160	小会议室	2	2	40	3000	1000			
徽商故里大酒店	黄山旅游发展股份有限公司徽商故里大酒店	4	套间	2	2	1280	540	大会议室	1	1	200	4000	2000	安徽省黄山市屯溪区仙人洞北路14号	0559－2358280	
			单间	8	8	680	140	中会议室	1	1	150	2000	1000			
			标准间	54	54	680	140	小会议室	1	1	80	1000	600			
天都国际饭店	黄山天都国际饭店有限公司	4	套间	3	3	1880	600	大会议室	1	1	280	5800	3800	黄山市天都大道5号	0559－2582000	
			单间	7	7	680	260	中会议室	1	1	110	3800	1800			
			标准间	220	220	680	260	小会议室	3	3	60	2800	1200			
天都国际饭店	黄山天都国际饭店有限公司	3	套间	22	22	1680	480							黄山市天都大道6号	0559－2582001	
			单间	74	74	580	180	小会议室	2	2	12	1800	600			
			标准间	329	329	580	180									

饭店名称	发票开具单位名称	星级	客房（数量：间；价格：元/天）					会议室（数量：间；价格：元/天）						地址	前台订房电话	备注
			房型	总间数内	协议间数	门市价	协议价	类型	总间数	协议间数	容纳人数	门市价	协议价			
香茗酒店	黄山香茗酒店有限公司	5	行政单间	2	2	1280	600	香茗厅	1	1	800	21600	14400	中国安徽省黄山市屯溪区迎宾大道2号	0559－2579999－8888	综合报价370元/人・天，包括食宿、公杂、会议室报价
			豪华单间	46	46	1080	300	黄山厅	1	1	180	9600	6400			
			商务标间	189	189	880	300	云海厅	1	1	446	15600	10400			
								新安江厅	1	1	200	8000	5600			
								云松厅	1	1	88	12000	7000			
								香茗 VIP	1	1	40	8500	5280			
歙县披云山庄有限公司	歙县披云山庄有限公司	3	套间	2	2	1180	530	大会议室	1	1	200	3000	1600	黄山市歙县披云路5号	0559－6530000	
			单间	6	6	540	220	中会议室	1	1	80	2400	1000			
			标准间	66	66	540	220	小会议室	2	2	30	1200	600			
黄山市黄山饭店有限公司	黄山市黄山饭店有限公司	3	普通套房	5	5	880	380	大会议室	1	1	600	3000	1500	黄山市黄山区平湖东路1号	0559－8510188	
			豪华标间	15	15	680	200	中会议室	1	1	180	1200	600			
			普通单间	10	10	480	125	小会议室	1	1	30	600	300			
			标准间	133	133	480	125									
黄山太平国际大酒店	黄山太平国际大酒店有限公司	4	豪华套间	14	14	2880	480	大会议室	2	2	300	3000	1500	黄山市黄山区平湖路17号	0559－8513999	
			单间	24	24	780	140	中会议室	2	2	180	1500	800			
			标准间	191	191	780	140	小会议室	1	1	30	500	300			
黄山轩辕国际大酒店	黄山旅游发展股份有限公司轩辕国际大酒店	5	套间	2	2	2008	600	大会议室	1	1	450	6000	3200	黄山市黄山区金鼎大道1号	0559－8508960	
			标准间	189	189	880	280	中会议室	1	1	100	3000	1600			
								小会议室	2	2	30	1200	800			
黄山华商山庄	黄山华商山庄酒店管理有限公司	4	套间	27	27	1280	480	大会议室	1	1	800	16000	10000	安徽省黄山市徽州区永佳大道徽州文化园	0559－2132888	
			单间	18	18	780	240	中会议室	3	3	300	5000	3500			
			标准间	483	483	780	240	小会议室	4	4	60	1800	1000			
黄山学而会议中心酒店	黄山市学而会议中心酒店有限公司	4	套间	4	4	2680	600	大会议室						安徽省黄山市休宁县黄山北路1号	0559－7508888	
			单间	13	13	880	220	中会议室	1	1	180	1600	1200			
			标准间	75	75	880	220	小会议室	4	4	80	1200	800			

饭店名称	发票开具单位名称	星级	客房（数量：间；价格：元/天）					会议室（数量：间；价格：元/天）						地址	前台订房电话	备注
			房型	总间数内	协议间数	门市价	协议价	类型	总间数	协议间数	容纳人数	门市价	协议价			
凤湖烟柳度假酒店	黄山景和酒店管理有限公司	无	套间	4	4	2580	600	大会议室						黄山市休宁县齐云西大道凤湖烟柳度假酒店	0559－7520088	
			单间	16	16	980	260	中会议室	1	1	180	6000	4000			
			标间	112	112	980	260	小会议室	2	2	50	3000	2000			
六安市																
皖西宾馆	安徽皖西宾馆有限公司		套间	10	10	1280	600	大会议室	1	1	384	20000	10000	六安皖西西路108号	0564－3687080	综合报价：400元/人·天
			单间	20	20	680	300	中会议室	1	1	300	5000	2500			
			标准间	140	140	680	300	小会议室	1	1	200	4000	2000			
									2	2	60	1800	900			
									2	2	30	1600	800			
									1	1	20	1400	700			
沃尔特大酒店	六安和顺实业发展有限公司沃尔特大酒店		豪华套间	3	3	1380	600	大会议室	1	1	230	3000	3000	六安市解放南路和佛子岭路交界处	0564－3689002	综合报价：330元/人·天
			单间	19	19	600	300	中会议室	1	1	200	2500	2500			
			标准间	73	73	600	300	小会议室	3	3	80	1000	1000			
白天鹅大酒店	六安市白天鹅大酒店有限公司	3	套间	3	3	858	386	大会议室	1	1	400	1000	800	六安市梅山南路广电中心南	0564－3378989	综合报价：228元/人·天
			单间	4	4	376	116	中会议室	1	1	200	700	560			
			标准间	63	63	396	126	小会议室	3	3	100	600	480			
伯爵国际商务酒店	六安市伯爵商务酒店有限公司	4	套间	15	15	788	338	大会议室	1	1	260	4000	1900	六安市解放路明珠广场A区	0564－3976666	综合报价：389元/人·天
			单间	60	60	680	238	中会议室								
			标准间	183	183	658	228	小会议室	2	2	70	2000	800			
巢湖市																
安徽省无为宾馆有限公司	安徽省无为宾馆有限公司	3	套间	9	9	1580	220	大会议室	1	1	300	2000	1000	无城镇凤河路	0565－6555555	
			单间	36	36	598	200	中会议室	1	1	50	1200	600			
			标准间	101	101	598	200	小会议室	3	3	30	1000	460			
巢湖金泉山庄	巢湖金泉山庄	3	套间	2	2	1080	120	大会议室	1	1	200	3600	2000	巢湖市半汤温泉度假区银泉路5号	0565－2356118	二类会议综合报价220元/人·天，三类会议综合报价200元/人·天
			单间	3	3	480	120	中会议室	1	1	60	1600	1000			
			标准间	55	55	360	240	小会议室	3	3	40	1000	600			

饭店名称	发票开具单位名称	星级	客房（数量：间；价格：元/天）					会议室（数量：间；价格：元/天）						地址	前台订房电话	备注
			房型	总间数内	协议间数	门市价	协议价	类型	总间数	协议间数	容纳人数	门市价	协议价			
汤山宾馆	巢湖市财会培训中心（汤山宾馆）	3	套间	4	4	1088	488	大会议室	1	1	150	1600	1200	巢湖市半汤办事处汤山路 96 号	0565－2357720	
			单间	5	5	328	228	中会议室	1	1	40	1200	1000			
			标准间	99	99	328	228	小会议室	4	4	30	500	200			
			豪华套间	1	1	1688	600	贵宾会见室	1	1	30	500	200			
无为江心洲商务酒店有限公司	无为江心洲商务酒店有限公司	4	套间	9	9	668	338	大会议室	2	2	800	1500	800	无为县高沟镇高新大道	0565－6765999	
			单间	41	41	528	228	中会议室	2	2	100	800	400			
			标准间	92	92	468	228	小会议室	2	2	50	500	300			
安徽巢之旅商务发展有限公司巢湖国际饭店	安徽巢之旅商务发展有限公司巢湖国际饭店	4	套间	6	6	988	568	大会议室	1	1	500	4000	2000	巢湖健康东路 7 号	0565－2118888 2118666	
			单间	62	62	498	298	中会议室	1	1	150	2000	1000			
			标准间	50	50	418	248	小会议室	3	3	40	1200	600			
			豪华标准间	38	38	498	298									
安徽香泉温泉度假村有限公司	安徽香泉温泉度假村有限公司	4	景观标房（双人间）	69	69	798	300	一号会议室	1	1	200	2400	1600	安徽省巢湖市和县香泉镇山庄路	0565－5523777	
			商务标房（双人间）	36	36	880	300	二号会议室	1	1	80	1500	1000			
			商务大床房	5	5	1180	300	三号会议室	1	1	70	1500	900			
			政务套房	6	6	1288	600	四号会议室	1	1	35	900	600			
			豪华套房	2	2	1380	550	五号会议室	1	1	20	800	500			
池州市																
安徽九华山旅游发展股份有限公司大九华宾馆	安徽九华山旅游发展股份有限公司大九华宾馆	4	套间					大会议室	1	1	300	3600	2800	池州市翠柏中路 218 号	0566－2811288	A 楼
			豪单					中会议室	1	1	150	2200	1600			
			标准间	134	134	880	300	小会议室	2	2	40	1800	1200			
安徽九华山旅游发展股份有限公司大九华宾馆	安徽九华山旅游发展股份有限公司大九华宾馆	3	套间	6	6	1500	520	大会议室						池州市翠柏中路 218 号	0566－2811288	B 楼
			豪单	14	14	710	200	中会议室	1	1	120	1500	1200			
			标准间	78	78	470	168	小会议室	1	1	30	800	600			

饭店名称	发票开具单位名称	星级	客房（数量：间；价格：元/天）					会议室（数量：间；价格：元/天）						地址	前台订房电话	备注
			房型	总间数内	协议间数	门市价	协议价	类型	总间数	协议间数	容纳人数	门市价	协议价			
池州宾馆	池州市齐宇实业有限责任公司	4	标准间	55	55	508	100	大会议室	1	1	260	1600	1200	池州市长江中路19号	0566－2618888	
			单人间	14	14	508	200	中会议室	1	1	60	800	600			
			豪华单人间	55	55	578	240	小会议室	1	1	30	700	500			
			豪华标准间	10	10	578	120									
			豪华套房	3	3	1788	580									
宣城市																
世纪度假村	世纪度假村	3	套间	3	3	456	228	大会议室	1	1	420	3000	1500	宣城市经济技术开发区八里岗	0563－2615888	
			单间	4	4	288	168	中会议室	2	2	200	1600	800			
			标准间	65	65	138	100	小会议室	3	3	150	600	300			
宣城宾馆	宣城宾馆	4	套间大	5	5	980	600	大会议室	1	1	400	4000	3200	宣城市状元南路88号	0563－3031388	
			套间小	3	3	880	600	中会议室	2	2	200	2000	1600			
			单间	13	13	368	260	中会议室								
			标准间1	36	36	398	280		1	1	65	1600	1280			
									1	1	65	1200	960			
			标准间2	36	36	368	260	小会议室	1	1	30	1200	960			
									1	1	25	800	640			
			标准间3	16	16	328	230		4	4	20	600	400			
宁国国际大酒店有限公司	宁国国际大酒店有限公司	4	套间	7	7	1288	600	大会议室	1	1	200	2500	1500	宁国市津河东路1号	0563－4012211 4012033	
			单间													
			单间	27	27	688	300	中会议室	1	1	150	2200	1000			
			标准间													
			标准间	53	53	488	300	小会议室	3	3	50	1500	800			
			商标间	28	28	588	300									
安徽三兴商务有限公司横山宾馆	安徽三兴商务有限公司横山宾馆	3	套间					大会议室	1	1	400	6600	3300	广德县桃州镇景贤街113号	0563－6040888 6039365	
			单间					中会议室	1	1	150	3600	1800			
			标准间1	52	52	650	300	小会议室	1	1	50	3000	1500			
			标准间2	90	90	460	200									

饭店名称	发票开具单位名称	星级	客房（数量：间；价格：元/天）					会议室（数量：间；价格：元/天）						地址	前台订房电话	备注
			房型	总间数内	协议间数	门市价	协议价	类型	总间数	协议间数	容纳人数	门市价	协议价			
乾坤大酒店	郎溪县乾坤商贸有限公司	3	套间	14	14	888	198	大会议室	1	1	686	5000	2500	郎溪开发区锦城大道2号	0563－5236999	
			单间	21	21	398	178	中会议室	1	1	100	1200	900			
			标准间	40	40	378	168	小会议室	2	2	30	1000	700			
安徽省绩溪宾馆	安徽省绩溪宾馆	3	套间	6	6	888	480	大会议室						安徽省绩溪县适之街29号	0563－8162322	
			单间	8	8	388	280	中会议室	1	1	150	2800	2400			
			标准间	46	46	368	252	小会议室	1	1	60	1400	1200			
徽商大酒店	徽商大酒店	3	套间	4	4	2688	600	大会议室	1	1	210	3000	1800	安徽省绩溪县文峰路28号	0563－8155188	
			单间	9	9	528	180	中会议室	1	1	80	2000	1200			
			商务间	5	5	488	160	小会议室	1	1	24	1500	800			

福 建 省

- 财政部委托福建省财政厅负责在福建省地级以上城市招标采购会议定点饭店并负责日常监督管理工作。
- 通过政府采购，确定福建省会议定点饭店 110 家。
- 会议定点饭店按照与财政部门签订《协议书》的价格向中央和地方各级党政机关和事业单位提供相应的接待服务。
- 福建省部分会议定点饭店的价格是按照综合定额方式采购的，各单位在组织筹备会议时应先向会议定点饭店查询。如果对协议价格产生疑义，可以要求定点饭店出示《协议书》。
- 如有会议定点饭店变更或饭店的协议价格变化，应以“党政机关出差和会议定点饭店查询网”的信息为准。
- 本目录中的福建省会议定点饭店的详细信息，可在“党政机关出差和会议定点饭店查询网”查阅。
- 福建省各地区长途电话区号：

福州市	0591	南平市	0599
三明市	0598	莆田市	0594
泉州市	0595	厦门市	0592
漳州市	0596	龙岩市	0597
宁德市	0593		

福建省会议定点饭店

饭店名称	发票开具单位名称	星级	客房（数量：间；价格：元/天）					会议室（数量：间；面积：平方米；价格：元/半天）						地址	前台订房电话	备注
			房型	总间数	协议间	门市价	协议价	类型	总间数	协议间数	容纳人数	门市价	协议价			
福州市																
福州聚春园集团有限公司聚春园大酒店	福州聚春园集团有限公司聚春园大酒店	3	标准间	88	88	516	136	大会议室	4	4	450	2500	1490	福州市东街2号	0591－87502328	
			单间	32	32	543	150	中会议室	7	7	200	1525	790			
			套间	10	10	1688	300	小会议室	5	5	100	875	325			
福州世纪金源大饭店有限公司	福州世纪金源大饭店有限公司	5	标准间	144	144	1280	240	大会议室	2	2	350	6500－80400	3000－4000	福州市温泉公园路59号	0591－87088006	
			单间	174	174	1280	240	中会议室	5	5	180	3000－5000	1500－2000			
			套间	54	54	1880	600	小会议室	8	8	30	625	150			
福州鑫辉大酒店	福州鑫辉大酒店	3	标准间	156	156	451	131	大会议室	5	5	250	1666	666	福州市晋安区华林路492号	0591 8759999－2	
			单间	45	45	443	127	中会议室	4	4	120	588	250			
			套间	13	13	740	221	小会议室	3	3	35	250	100			
福州武夷大酒店	福州武夷大酒店	3	标准间	112	112	399	130	大会议室	1	1	220	800	400	福州市华林路169号	0591－83056730	
			单间	11	11	499	130	中会议室	2	2	60	450	150			
			套间	11	11	999	196	小会议室	10	10	30	270	100			
福建省邮电公寓	福建省邮电公寓	3	标准间	106	106	396	160	大会议室	1	1	150	1000	650	福州市五一北路沙帽井3号	0591－87383467	
			单间	25	25	396	160	中会议室	1	1	80	650	350			
			套间	10	10	1600	288	小会议室	8	8	35	400	100			
福建省丽景假日大酒店	福建省丽景假日大酒店	3	标准间	122	122	480	150	大会议室	3	3	330	2500	1000	福州市鼓楼区福飞路199号	0591－87736666－3101/3107	
			单间	98	98	480	150	中会议室	2	2	180	1000	500			
			套间	12	12	880	288	小会议室	11	11	35	250	100			
福州凤凰酒家	福州凤凰酒家	3	标准间 a	72	72	380	168	五楼多功能厅	1	1	300	1500	1000	福州市杨桥中路289号	0591－83778888	
			标准间 b	15	15	288	148	一楼孔雀厅	1	1	100	800	600			
			单间 a	10	10	380	168	6、7楼会议室	2	2	40	400	300			
			单间 b	2	2	288	148	7楼会客室	1	1	10	200	150			
			套间	9	9	568	288	4、5、6楼洽谈室	3	3	20	300	200			
								4、5楼会议室	2	2	50	400	300			
								3楼小会议室	2	2	15	200	150			

饭店名称	发票开具单位名称	星级	客房（数量：间；价格：元/天）					会议室（数量：间；面积：平方米；价格：元/半天）						地址	前台订房电话	备注
			房型	总间数	协议间	门市价	协议价	类型	总间数	协议间数	容纳人数	门市价	协议价			
福州市闽都大酒店	福州市闽都大酒店	3	标准间 a	100	100	480	133	大会议室 a	1	1	350	1750	650	福州市古田路 117 号	0591－83357720	
			标准间 b	72	72	580	133	大会议室 b	1	1	300	1500	600			
			单间 a	45	45	580	153	中会议室 a	1	1	200	1000	350			
			单间 b	46	46	780	153	中会议室 b	1	1	80	600	300			
			套间 a	8	8	800	288	小会议室 a	2	2	30	800	400			
			套间 b	4	4	800	288	小会议室 b	2	2	30	600	300			
								小会议室 c	5	5	50	190	130			
中国人民解放军南京军区福州梅峰宾馆	中国人民解放军南京军区福州梅峰宾馆	2	标准间	270	270	520	230	大会议室	6	6	300	1100	866	福州市西环北路 62 号	0591－24968001	
			单间	28	28	680	240	中会议室	4	4	200	450	300			
			套间	17	17	1280	600	小会议室	1	1	100	300	200			
福州黄金大酒店	福州黄金大酒店	3	标准间	260	260	588	156	大会议室	4	4	400	1200	600	福州市华林路 1417 号	0591－87577688－30	
			单间	30	30	588	167	中会议室	3	3	200	600	280			
			套间	12	12	988	278	小会议室	9	9	30	300	80			
福建方圆大厦	福建方圆大厦		标准间	47	47	298	160	大会议室	1	1	600	2000	1000	福州市琴亭路 29 号	0591－87737888	
			单间	43	43	258	130	中会议室	2	2	200	400	300			
			套间	10	10	728	300	小会议室	12	12	35	250	100			
福建海联商务大酒店	福建海联商务大酒店	3	标准间	75	75	738	158	大会议室	1	1	200	1500	800	福州市东门塔头路 1 号	0591－87329763	
			单间	30	30	738	158	中会议室	1	1	100	1000	600			
			套间 a	4	4	1688	300	小会议室 a	5	5	50	750	400			
			套间 b	7	7	1088	300	小会议室 b	2	2	30	300	175			
福建屏山大酒店	福建屏山大酒店	3	标准间 a	112	112	658	150	大会议室	1	1	220	1600	600	福州市华林路树兜 12 号	0591－87829008	
			标准间 b	52	52	768	160	中会议室	2	2	130	900	300			
			标准间 c	19	19	898	170	小会议室 a	1	1	70	800	300			
			单间 a	12	12	658	150	小会议室 b	1	1	50	600	350			
			单间 b	9	9	768	160	小会议室 c	1	1	30	800	400			
			单间 c	9	9	898	170	小会议室 e	1	1	20	400	260			
			套间	3	3	2338	300	小会议室 f	5	5	15	400	200			
								小会议室 j	5	5	15	300	100			

饭店名称	发票开具单位名称	星级	客房（数量：间；价格：元/天）					会议室（数量：间；面积：平方米；价格：元/半天）						地址	前台订房电话	备注
			房型	总间数	协议间	门市价	协议价	类型	总间数	协议间数	容纳人数	门市价	协议价			
福建银河花园大饭店	福建银河花园大饭店	3	标准间 a	14	14	780	160	大会议室	1	1	300	1500	600	福州市五四路 243 号	0591－87980953	
			标准间 b	116	116	580	160	中会议室 a	2	2	100	1200	400			
			单间 a	10	10	780	170	中会议室 b	1	1	80	1000	250			
			单间 b	11	11	680	170	小会议室 a	4	4	50	800	150			
			套间 a	8	8	1380	300	小会议室 b	4	4	20	500	100			
			套间 b	1	1	1980	300									
			套间 c	1	1	4800	300									
福建天福大酒店	福建天福大酒店	3	标准间	184	184	600	157	大会议室	1	1	120	800	600	福州市五四路 138 号	0591－87812328	
			单间	10	10	240	120	中会议室	2	2	60	400	300			
			套间	10	10	1060	280	小会议室	6	6	30	150	150			
福建省工业技术展览交流中心	福建省工业技术展览交流中心	3	标准间	114	114	418	150	大会议室 a	1	1	350	2000	1300	福州市五四路 260 号	0591－87842088	
			单间	13	13	438	150	大会议室 b	1	1	90	900	700			
			套间	5	5	680	300	中会议室 a	2	2	60	800	500			
								中会议室 b	1	1	60	600	400			
								小会议室 a	2	2	30	500	400			
								小会议室 b	3	3	20	400	300			
								小会议室 c	2	2	20	100	50			
福建省闽江饭店	福建省闽江饭店	3	标准间	254	254	820	184	大会议室	2	2	450	3800	3000	福州市五四路 130 号	0591－87557895	
			单间	88	88	820	184	中会议室	2	2	200	1500	1000			
			套间	11	11	1980	300	小会议室	8	8	40	800	500			
福州梅园快捷酒店	福州梅园快捷酒店	3	标准间	144	144	329.58	153	大会议室	2	2	220	1250	500	福州市鼓楼区铜盘路 2 号	0591－87825888	
			单间	24	24	420	170	中会议室	2	2	120	900	275			
			套间	4	4	570	280	小会议室	8	8	30	275	150			
福州大饭店	福州大饭店	4	标准间	143	143	798	220	大会议室	10	10	350	3000	2000	福州市斗东路 1 号	0591－83333333－7	
			单间	39	39	838	220	中会议室	2	2	120	2000	1000			
			套间	20	20	1238	450	小会议室	1	1	35	500	350			

饭店名称	发票开具单位名称	星级	客房（数量：间；价格：元/天）					会议室（数量：间；面积：平方米；价格：元/半天）						地址	前台订房电话	备注
			房型	总间数	协议间	门市价	协议价	类型	总间数	协议间数	容纳人数	门市价	协议价			
福州温泉大饭店	福州温泉大饭店	5	标准间	217	217	1136	200	大会议室 a	1	1	300	4500	3150	福州市五四路 218 号	0591－87851818	
			单间	65	65	1136	200	大会议室 b	1	1	200	2250	1575			
			套间	18	18	2047	300	中会议室 a	1	1	150	2000	1400			
								中会议室 b	1	1	120	1750	1225			
								中会议室 c	4	4	100	1500	1050			
								小会议室 a	3	3	50	900	630			
								小会议室 b	3	3	30	400	350			
福建省西湖宾馆	福建省西湖宾馆		标准间	206	206	660	230	大会议室	1	1	360	5000	3000	福州市华林路 11 号	0591－87857008	
			单间	55	55	660	230	中会议室	1	1	180	3000	1500			
			套间	10	10	1300	600	小会议室 a	5	5	60	850	600			
								小会议室 b	13	13	35	400	300			
福建外贸中心酒店	福建外贸中心酒店	5	标准间	77	77	1100	260	大会议室	2	2	300	3800	2000	福州市五四路 73 号	0591－63388888	
			单间	84	84	1185	260	中会议室	3	3	200	1900	1000			
			套间	37	37	1967	260	小会议室	1	1	50	1190	600			
福建省国家税务局干部培训中心	福建省国家税务局干部培训中心		标准间	131	131	718	230	大会议室	5	5	300	25 元/人·天	15 元/人·天	福州市铜盘路 36 号	0591－87098888－5	
			单间	31	31	718	230	中会议室	5	5	170	25 元/人·天	15 元/人·天			
			套间	11	11	1388	300	小会议室	6	6	50	25 元/人·天	15 元/人·天			
福建省温泉宾馆	福建省温泉宾馆		标准间	101	101	560	230	大会议室 a	1	1	180	1500	1000	福州市鼓楼区温泉支路 39 号	0591－87555196	
			单间	19	19	59	260	大会议室 b	1	1	150	1000	700			
			套间 a	1	1	3800	600	大会议室 c	1	1	120	1000	700			
			套间 b	1	1	2800	600	中会议室	3	3	80	300	300			
			套间 c	14	14	980	530	小会议室 a	4	4	50	300	200			
								小会议室 b	6	6	40	200	140			
福州舒馨商务酒店	福州舒馨商务酒店		标准间	75	75	588	150	大会议室	1	1	120	1000	600	福州市五四路 226 号	0591－88011888	
			单间 a	60	60	588	150	中会议室	1	1	60	500	250			
			单间 b	99	99	578	150	小会议室	2	2	30	400	150			
			套间 a	12	12	768	180									
			套间 b	10	10	758	180									

饭店名称	发票开具单位名称	星级	客房（数量：间；价格：元/天）					会议室（数量：间；面积：平方米；价格：元/半天）						地址	前台订房电话	备注
			房型	总间数	协议间	门市价	协议价	类型	总间数	协议间数	容纳人数	门市价	协议价			
南平市																
中国人民解放军福建省南平军分区招待所	中国人民解放军福建省南平军分区招待所							大会议室	1	1	200	1500	800	福建省南平市金山路136号	0599－8646852	
			商务套房	2	2	1288	558	中会议室	1	1	80	1200	600			
			豪华单间	10	10	480	258	小会议室	1	1	30	600	300			
			普通单间	2	2	380	198	休息室	1	1	13	500	200			
			标准间	56	56	380	198	接待室	1	1		500	200			
			三人间	4	4	430	218									
福建省南平星光大厦有限公司	福建省南平星光大厦有限公司	3	三连套	2	2	1417	600	大会议室	1	1	300	1200	800	福建省南平市滨江北路177号	0599－8808666	
			豪华套房	9	9	768	280	中会议室	1	1	60	600	400			
			观景单间	5	5	394	170	小会议室	2	2	20	200	130			
			豪华单间	14	14	427	180									
			水房单间	14	14	666	290									
			标准间	78	78	350	150									
福建闽北大饭店有限公司	福建闽北大饭店有限公司	3	B类套房	1	1	1000	600	大会议室	1	1	300	1600	800	福建省南平市滨江中路31号	0599－8627666	
			C类套房	10	10	830	415									
			D类套房（11、13层）	7	7	600	228	中会议室	5	5	30	400	200			
			A类单间（19层）	1	1	618	280									
			B类单间（19层）	1	1	628	280									
			C类单间（8－18层）	28	28	398	199									
			A类标间（3－6层）	46	46	320	160									
			B类标间（7－10层）	40	40	380	188									
			C类标间（11－18层）	52	52	398	199									
			D类标间（19层）	1	1	599	199									
福建省南平市新政大大酒店有限公司	南平市新政大大酒店有限公司		套间	1	1	668	230	大会议室	1	1	130	800	400	福建省南平市八一路363号	0599－8878888	
			A类单间	5	5	268	158	中会议室	3	3	50	400	200			
			B类单间	5	5	218	128	小会议室	3	3	30	250	150			
			标准间	50	50	238	130									

饭店名称	发票开具单位名称	星级	客房（数量：间；价格：元/天）					会议室（数量：间；面积：平方米；价格：元/半天）						地址	前台订房电话	备注
			房型	总间数	协议间	门市价	协议价	类型	总间数	协议间数	容纳人数	门市价	协议价			
福建省南平闽延电力宾馆有限公司	南平闽延电力宾馆有限公司		套间	2	2	988	520	大会议室	1	1	300	1750	800	福建省南平市八一路211号	0599－8844789	
			单间	10	10	388	200	中会议室	1	1	70	1000	600			
			标准间	48	48	388	160	中会议室	1	1	60	1000	600			
								小会议室	1	1	50	500	280			
								小会议室	1	1	40	1000	700			
								小会议室	1	1	35	500	260			
								小会议室	1	1	20	200	150			
福建南平兆详延城大酒店有限公司	福建南平兆详延城大酒店有限公司		豪华超大套房	1	1	1900	480	大会议室	1	1	100	800	600	福建省南平市中山路313号	0599－8880333	
			普通套房	8	8	860	360	中会议室	1	1	45	560	420			
			标间（8－16层）	47	47	490	180									
			单间（8－16层）	25	25											
			标间（5－7层）	24	24	400	160	小会议室	1	1	25	480	360			
			单间（5－7层）	9	9											
			双拼间（5－7层）	16	16											
南平亿发大酒店有限公司	南平亿发大酒店有限公司	3	套间	2	2	738	300	大会议室	1	1	100	1200	600	福建省南平市南福路35号	0599－8871818	
			单间	23	23	398	150	小会议室	1	1	50	800	400			
			标间	29	29	398	150									
三明市																
三明饭店	三明饭店	3	套间	20	20	800	300	大会议室	1	1	300	2250	1800	福建省三明市梅列区东新一路1号	0598－8243226 8243227	
			单间	36	36	436	200	中会议室	1	1	150	1130	900			
			标准间	111	111	436	200	小会议室	4	4	50	450	360			
三明市千禧假日精品酒店有限公司	三明市千禧假日精品酒店有限公司	4	套间	7	7	398	288	大会议室	1	1	130	880	680	福建省三明市梅列区列东街107号	0598－8202888	
			单间	55	55	238	188	中会议室	1	1	30	680	480			
			标准间	49	49	238	188	小会议室								
三明阳光假日酒店	三明市阳光假日酒店有限公司	3	套间	5	5	998	300	大会议室	1	1	200	1000	600	福建省三明市梅列区东安新村62幢	0598－8278888	
			单间	50	50	266	160	中会议室	3	3	100	600	400			
			标准间	95	95	388	160	小会议室	1	1	50	300	100			

饭店名称	发票开具单位名称	星级	客房（数量：间；价格：元/天）					会议室（数量：间；面积：平方米；价格：元/半天）						地址	前台订房电话	备注
			房型	总间数	协议间	门市价	协议价	类型	总间数	协议间数	容纳人数	门市价	协议价			
三明梅园国际大酒店有限公司	三明梅园国际大酒店有限公司	5	套间	50	50	988	300	大会议室	1	1	400	5000	4000	福建省三明市梅列区徐碧新城	0598－8961166	
			单间	105	105	866	200	中会议室	5	5	200	4000	3000			
			标准间	245	245	866	200	小会议室	5	5	100	2500	2000			
三明香米拉酒店	三明香米拉酒店	3	套间	6	6	888	300	大会议室	1	1	150	1000	700	福建省三明市工商培训大楼	0598－8511888	
			单间	6	6	388	168	中会议室	2	2	100	650	450			
			标准间	51	51	388	168	小会议室	1	1	30	500	350			
				51	51	388										
金谷宾馆	三明市梅列区阳光大酒店	2	套间	2	2	988	300	大会议室	1	1	200	1800	1200	三明市江滨路 33 幢	0598－8514888 8243003 8981988	
			单间	6	6	368	150	中会议室	1	1	100	1200	600			
			标准间	60	60	368	150	小会议室	1	1	50	800	500			
三明亿龙山庄国际大酒店	福建省亿龙山庄有限责任公司	4	套间	7	7	1028	300	大会议室	1	1	100	2000	1200	三明市梅列区瑞云山风景区	0598－8369999	
			单间	6	6	568	200	中会议室	1	1	50	700	350			
			标准间	66	66	568	200	小会议室	3	3	30	300	150			
莆田市																
莆田天妃温泉大酒店	天妃饭店（莆田）有限公司	4	套间	28	28	710	418	大会议室	2	2	300	3000	2800	莆田市城厢区南门西路 999 号	0594－2695588－总台	
			单间 B	5	5	470	198	中会议室	1	1	100	1400	1200			
			单间 A	28	28	503	298	小会议室	2	2	70	1200	1200			
			标准间 B	12	12	470	198	小会议室	4	4	30	800	800			
			标准间 A	30	30	503	298									
东方国际大酒店	莆田市南门企业集团东方国际大酒店有限公司	4	商务套间	5	5	836	338	大会议室	1	1	300	5000/场	4500/场	莆田市城厢区南园东路 1 号	0594－2588999 2588888	
			公寓套间	5	5	1296	528	2 号中会议室	1	1	100	2800/场	2500/场			
			标准间	80	80	636	200	5 号中会议室	1	1	100	3000/场	2800/场			
								小会议室	3	3	30	1500/场	1200/场			
			单间	32	32	636	200	多功能厅会议室	1	1	50	12000/场	10000/场			

饭店名称	发票开具单位名称	星级	客房（数量：间；价格：元/天）					会议室（数量：间；面积：平方米；价格：元/半天）						地址	前台订房电话	备注
			房型	总间数	协议间	门市价	协议价	类型	总间数	协议间数	容纳人数	门市价	协议价			
帝宝酒店	福建帝宝花园大酒店		套间	34	34	1380	538	会议室	1	1	500	12000/场	8000/场	莆田市荔城延寿南街319号	0594－7563355	
			单间	35	35	880	300	会议室	2	2	150	6000/场	4000/场			
			标准间	80	80	880	300	小会议室	1	1	70	4000/场	2400/场			
								小会议室	1	1	30	1500/场	1000/场			
								小会议室	1	1	40	3000/场	2000/场			
台湾大酒店	莆田市台湾大酒店		套间	13	13	598	278	4F 大厅	1	1	100	1500/场	1000/场	莆田市城厢区文献路1439号	0594－2628888 2696888	
			单间	32	32	468	198	2F 大厅	1	1	100	1200/场	800/场			
			标准间	64	64	468	198	4F 小会议室	2	2	30	500/场	400/场			
								小会议室	1	1	30	400/场	300/场			
最佳西方恒丰酒店	莆田市恒丰酒店管理有限公司	4	套间 a	10	10	858	438	会议室	1	1	500	10000	5500	莆田市城厢区荔城南路1428号	0594－2858888	
			套间 b	5	5	1228	518	会议室	1	1	300	8000	4800			
			标准间 B	10	10	738	300	小会议室	1	1	60	4000	3000			
			标准间 A	50	50	698	268	小会议室	2	2	50	3000	2000			
金海湾酒店	福建省金海湾大酒店有限公司		单间	80	80	698	268	小会议室	3	3	30	2500	1500	莆田市城厢区霞林办城港大道	0594－7377777	
			套间	9	9	738	338	会议室	2	2	200	2500	1500			
			单间	48	48	538	198	会议室	3	3	60	1200	600			
			标准间	78	78	538	198									
泉州市																
泉州湖美大酒店	福建湖美集团有限公司	4	套房	13	13	865	300	大会议室	526	2	2	1500	800	泉州市丰泽区东湖街刺桐路口	0595－68531666	
			单间	50	50	480	198	中会议室	200	4	4	1000	300			
			标准间	113	113	480	198	小会议室	80	2	2	800	120			

饭店名称	发票开具单位名称	星级	客房（数量：间；价格：元/天）					会议室（数量：间；面积：平方米；价格：元/半天）						地址	前台订房电话	备注
			房型	总间数	协议间	门市价	协议价	类型	总间数	协议间数	容纳人数	门市价	协议价			
泉州太子酒店	泉州太子酒店	4	套房	11	11	500	300	大会议室	2000	1	1	7000	4000	泉州市经济技术开发区德泰路	0595－22358888	
			单间	33	33	280	168	中会议室	200	1	1	1300	1000			
			标准间	156	156	280	168	小会议室	130	3	3	850	650			
泉州酒店	泉州酒店	5	套房	3	3	1580	300	大会议室	500	1	1	6500	5200	泉州市鲤城区庄府巷22号	0595－22289958	
			单间	16	16	708	200	中会议室	80	3	3	2000	1600			
			标准间	68	68	608	200	中会议室	60	1	1	1500	1200			
泉州华侨大厦	泉州华侨大厦	4	套房	6	6	780	300	大会议室	435	1	1	5200	2610	泉州市鲤城区百源路	0595－22172000	
			单间					中会议室	295	1	1	3000	1770			
			标准间	102	102	556	200	中会议室	68	1	1	800	400			
泉州刺桐饭店	泉州刺桐饭店	3	套房	4	4	759	298	大会议室	400	1	1	1750	1500	泉州市丰泽区田安北路460号	0595－22158361	
			单间	38	38	385	200	中会议室	230	3	3	1250	1100			
			标准间	70	70	385	200	小会议室	50	2	2	500	400			
泉州金星大酒店	泉州金星大酒店	4	套房	4	4	880	300	大会议室	1000	1	1	7000	5500	泉州市鲤城区东街中段	0595－22988888	
			单间	20	20	480	200	中会议室	300	2	2	1200	1000			
			标准间	70	70	400	200	小会议室	60	2	2	600	500			
泉州湖景大酒店	泉州市湖景大酒店有限责任公司		套房	1	1	745	298	大会议室	520	1	1	1500	1200	泉州市丰泽区北清东路128号	0595－26119999	
			单间	36	36	448	198	中会议室	220	1	1	1500	1200			
			标准间	75	75	448	198	小会议室	90	1	1	350	280			
泉州大华酒店	泉州大华酒店	3	套房	3	3	788	298	大会议室	450	1	1	2250	1000	泉州泉秀路429号	0595－22551688	
			单间	25	25	468	180	中会议室	180	1	1	900	600			
			标准间	74	74	468	180	小会议室	150	1	1	750	500			
泉州八一大酒店	泉州八一大酒店	3	套房	15	15	788	258	大会议室	350	1	1	9000	400	泉州市温陵路中段	0595－22194888	
			单间	15	15	288	138	中会议室	200	1	1	5400	300			
			标准间	72	72	288	168	小会议室	70	1	1	2800	100			
厦门市																
厦门悦华酒店	厦门悦华酒店	5	套间	18	18	4103	600	大会议室	1	1	300	11730	7000	厦门市湖里区悦华路101号	0592－6023333	
			单间	200	200	1918	300	中会议室	1	1	280	8970	4000			
			标准间	209	209	1918	300	小会议室	3	3	50	3450	2100			

饭店名称	发票开具单位名称	星级	客房（数量：间；价格：元/天）					会议室（数量：间；面积：平方米；价格：元/半天）						地址	前台订房电话	备注
			房型	总间数	协议间	门市价	协议价	类型	总间数	协议间数	容纳人数	门市价	协议价			
厦门京闽中心酒店	厦门京闽中心酒店	5	商务套间	105	105	2480	600	大会议室	1	1	200	7500	3750	厦门市思明区屿后南里158号	0592－5123333	
			单间	2	2	1810	300	中会议室	2	2	120/120	6000	3000			
			标准间	238	238	1810	300	小会议室	7	7	40	1000	500			
厦门海上花园酒店	厦门海上花园酒店	4	商务套间	29	29	1580	500	大会议室	1	1	178	8000	2000	厦门市鼓浪屿田尾路27号	0592－2062688	
			单间	11	11	1080	300	中会议室	2	2	60	3000	800			
			标准间	56	56	1080	300	小会议室	4	4	15	1800	600			
								贵宾会见厅	1	1	210	4000	1200			
福建中旅实业股份有限公司厦门华侨大厦	福建中旅实业股份有限公司厦门华侨大厦	4	商务套间	6	6	3059	600	大会议室	3	3	250/350/220	8000	4000	厦门市新华路70－74号	0592－2660368	
			单间	14	14	1306	300	中会议室A	2	2	70－80	6000	3000			
			标准间	105	105	1119	300	中会议室B	3	3	50	4500	2500			
								小会议室	7	7	20－30	1200	850			
厦门新白鹭洲大酒店	厦门新白鹭洲大酒店有限公司	4	套间	17	17	1580	600	大会议室	1	1	220	8000	3500	厦门市湖滨南路95号（白鹭洲大酒店公园内）	0592－2226888	
			单间	48	48	860/960	300	中会议室	3	3	110	4400	3520			
			标准间	194	194	860/960	300	小会议室	5	5	56/48/30/36/20	1400	1120			
厦门宏都大饭店	厦门宏都大饭店	4	套间	60	60	1748	600	大会议室	6	6	（3间）150/（1间）200/（2间）350	10000	4000	厦门市白鹭洲路201号	0592－2228888	
			单间	88	88	998	300	中会议室	3	3	150	5000	2200			
			标准间	200	200	998	300	小会议室	4	4	50	2000	800			
厦门佰翔酒店集团有限公司	厦门国际航空港花园酒店有限公司	4	套间	8	8	2000	600	大会议室	1	1	100	8000	2500	厦门湖里区翔云一路50号	0592－5736688	
			单间	10	10	1500	300	中会议室	2	2	50	6000	1500			
			标准间	90	90	1200	300	小会议室	2	2	30	3000	1000			

饭店名称	发票开具单位名称	星级	客房（数量：间；价格：元/天）					会议室（数量：间；面积：平方米；价格：元/半天）						地址	前台订房电话	备注
			房型	总间数	协议间	门市价	协议价	类型	总间数	协议间数	容纳人数	门市价	协议价			
厦门佰翔酒店集团有限公司	厦门佰翔软件园酒店有限公司		套间	33	33	2880	600	大会议室	3	3	150	15000	4000	厦门市软件园二期观日路1号	0592－6307888－6302	
			单间	81	81	1080	300	中会议室	3	3	100	4000	2500			
			标准间	242	242	1080	300	小会议室	9	9	20	2800	1500			
厦门庐山大酒店	厦门庐山大酒店经营管理有限公司	4	行政套间	6	6	2088	600	VIP 室	1	1	10	800	640	厦门市嘉禾路102号	0592－5136888	
			商务套房	7	7	1318	468	春庐厅	1	1	20－30	600	480			
			单间	120	120	658	290	黄山厅	1	1	60－70	1000	800			
			标准间	128	128	758	290	锦绣厅	1	1	240	3000	2400			
								熙庐厅	1	1	80－90	1000	800			
								瑞庐厅	1	1	30	800	640			
								聚庐厅	1	1	100	1000	800			
								吉祥厅	1	1	50－60	1000	800			
厦门航空金雁酒店	厦门航空金雁酒店	4	商务套间	10	10	2180	600	4F 金鹰厅	1	1	350	13000	5500	厦门市湖滨南路99号	0592－2218888－6650/51	
			单间	88	88	1320	300	4F 云涛厅	1	1	24	3000	1500			
			标准间	150	150	1320	300	4F 观澜厅	1	1	24	2400	1200			
								4F 锦华厅	1	1	40	2400	1200			
								3F 金雁厅	1	1	300	12000	4000			
								3F 凤凰厅	1	1	100	4000	2000			
								3F 鲲鹏厅	1	1	100	4000	2000			
								3F 木棉厅	1	1	100	4000	2000			
								2F 望湖厅	1	1	120	4000	2000			
								2F 藏海厅	1	1	60	3200	1600			
								2F 行政会议厅	1	1	40	2600	1300			
								2F 万石厅	1	1	30	1600	800			
								28F 会议室	1	1	12	1200	600			
								25F 行政会议室	1	1	16	3200	1600			
								1F 商务会议室	1	1	6	1600	800			

饭店名称	发票开具单位名称	星级	客房（数量：间；价格：元/天）					会议室（数量：间；面积：平方米；价格：元/半天）						地址	前台订房电话	备注
			房型	总间数	协议间	门市价	协议价	类型	总间数	协议间数	容纳人数	门市价	协议价			
厦门云海度假村有限公司	厦门云海度假村有限公司	4	套房	2	2	3000	600	大会议室	1	1	110	3000	1700	厦门市思明区云海山庄1－3号	0592－2576686	
			单间	4	4	1000	300	中会议室	1	1	60	2500	1400			
			标准间	45	45	1000	300	小会议室	3	3	30	1500	850			
厦门国际会展酒店有限公司	厦门国际会展酒店有限公司		套间	5	5（余一间为别墅）	5119	600	大会议室	1	1	300	6900	4000	厦门市会展二路199号	0592－5959999	
			单间	3	3	2009	300	中会议室	1	1	60－120	3450	2415			
			标准间	74	74	1770	300	小会议室	4	4	20－40	1725	1200			
厦门亚洲海湾大酒店有限公司	厦门亚洲海湾大酒店有限公司		套间	152	152	2158	550	大会议室	6	6	800、260、250、350人、各一间；500人两间。	13000	7000	厦门市环岛路黄厝98号	0592－2198888	
			单间	36	36	988	300	中会议室	6	6	200、110人各一间；150、95人各两间。	6000	4000			
			标准间	24	24	988	300	小会议室	8	8	20、25人各一间；80人两间；70人四间。	1500	1000			
厦门闽南大酒店	厦门闽南大酒店有限责任公司	4	套间	14	14	2000	598	大会议室	1	1	150－200	2800	1400	厦门市湖滨南路1里36－34号闽南大厦	0592－5181188	
			单间	80	80	1080	298	中会议室	2	2	100	2400	1200			
			标准间	96	96	1100	298	小会议室	2	2	50－60	2400	1200			

饭店名称	发票开具单位名称	星级	客房（数量：间；价格：元/天）					会议室（数量：间；面积：平方米；价格：元/半天）						地址	前台订房电话	备注
			房型	总间数	协议间	门市价	协议价	类型	总间数	协议间数	容纳人数	门市价	协议价			
厦门港湾大酒店	厦门港湾大酒店有限公司	4	套间	20	20	1580	600	大会议室	2	2	220 – 300	5000	4000	厦门市鹭江道259号	0592 – 2616688	
			单间	85	85	1080	300	中会议室	4	4	80 – 150	3000	2400			
			标准间	80	80	1080	300	小会议室	5	5	15 – 40	1500	1200			
中国人民解放军福建省军区厦门招待所（鸿泉宾馆）	中国人民解放军南京军区厦门招待所		套间	5	5	1088	600	会场	1	1	500	1500	1000	厦门市石泉路7号	0592 – 2105555	
			单间	7	7	588	200	大会议室	4	4	260 – 200	1200	800			
			标准间	155	155	588	180	中会议室	6	6	100	800	500			
								小会议室	5	5	60	500	300			
								100人会议室	100	800	500					
								50人会议室	60	500	300					
厦门国贸金门湾大酒店	厦门国贸金门湾大酒店	5	海景套间	4	4	4000	600	国贸厅	1	1	250 – 300	4000	2000	厦门市翔安区大嶝街道换嶝南路168号	0592 – 7617888	
			豪华海景房	18	18	1600	300	2F 金门湾1厅	1	1	40	1200	600			
			家居房	4	4	1600	300	2F 金门湾2厅	1	1	40	1200	600			
			海景双标	19	19	1500	300	2F 金门湾3厅	1	1	50	1200	600			
			海湾房	4	4	1200	300	2F 金门湾4厅	1	1	40	1200	600			
								2F 金门湾5厅	1	1	40	1200	600			
								2F 金门湾1 – 5厅	1	1	200	6000	3000			
								2F 天域厅	1	1	30	1200	600			
								2F 蓝海厅	1	1	20	1200	600			
								2F VIP厅	1	1	40	1200	600			
厦门京华大酒店	厦门京华大酒店	3	套间	30	30	980	280	大会议室	1	1	80 – 120	1500	1000	厦门市厦禾路1130号	0592 – 5819898	
			单间	10	10	580	150	中会议室	1	1	40 – 80	1200	800			
			标准间	95	95	580	220	小会议室	8	8	小于40	500	300			
厦门华夏大酒店	厦门华夏大酒店有限公司	3	套间	7	7	1368	500	大会议室	2	2	250	4000	1800	厦门市厦禾路935号	0592 – 5888888	
			单间	27	27	768	258	中会议室	3	3	80 – 120	2000	800			
			标准间	106	106	768	258	小会议室	1	1	30	1600	600			

饭店名称	发票开具单位名称	星级	客房（数量：间；价格：元/天）					会议室（数量：间；面积：平方米；价格：元/半天）						地址	前台订房电话	备注
			房型	总间数	协议间	门市价	协议价	类型	总间数	协议间数	容纳人数	门市价	协议价			
厦门金宝大酒店	厦门金宝大酒店	3	套间	9	9	1180	460	大会议室	1	1	260	1500	1000	厦门市东渡路124－126号	0592－6013888	
			单间	11	11	760	260	中会议室	1	1	120	1000	600			
			标准间	203	203	760	260	小会议室	3	3	40－60	600	300			
								100人会议室			120	800	600			
								50人会议室			40－60	600	300			
厦门市天海花园酒店	厦门市天海花园酒店管理有限公司	3	套间	3	3	1280	480	大会议室	2	2	200/120	2000	1400	厦门市龙虎山路9号	0592－2519888	
			单间	6	6	880	300	中会议室	2	2	80	1000	700			
			标准间	75	75	780	270	小会议室	1	1	30	600	350			
厦门航空宾馆	厦门航空宾馆	3	商务套间	35	35	979	318	大会议室	1	1	150	1800	1200	厦门市莲花南路5号	0592－5134888	
			单间	8	8	673	268	中会议室	3	3	80	1200	800			
			标准间	57	57	673	268	小会议室	2	2	40	500	400			
			豪华套间	2	2	1612	600									
厦门市故宫酒店	厦门市故宫酒店	3	套间	5	5	1288	388	大会议室	1	1	150	1300	1200	厦门市故宫路120号	0592－2282888	
			单间	25	25	688	230	中会议室	3	3	30－40	700	600			
			标准间	60	60	888	230	小会议室	2	2	10－12	400	300			
鑫安宾馆	厦门鑫安宾馆	3	商务套间	12	12	1280	600	19楼会议室	1	1	220	3000	2000	厦门市厦禾路867号	0592－5178666	
			单间	40	40	760	270	四楼宴会厅	1	1	200	2000	1500			
			标准间	183	183	760	270	六楼多能厅	1	1	120－150	2000	1000			
								七楼多能厅	1	1	80	2000	1000			
								七楼洽谈厅	1	1	50	2000	1000			
								七楼梯形室	1	1	88	2000	1000			
								第一会议室	1	1	20	1000	500			
								第二会议室	1	1	20	1000	500			

饭店名称	发票开具单位名称	星级	客房（数量：间；价格：元/天）					会议室（数量：间；面积：平方米；价格：元/半天）						地址	前台订房电话	备注
			房型	总间数	协议间	门市价	协议价	类型	总间数	协议间数	容纳人数	门市价	协议价			
集美大学国际学术交流中心	厦门市集美大学国际学术交流中心	3	贵宾套间	4	4	1288	520	三楼报告厅	1	1	150	2400	1050	厦门市银江路183号	0592－6681188	
			豪华套房	4	4	1088	450	二楼中会议室	2	2	60	900	420			
			贵宾房	24	24	788	290	小会议室	3	3	15	500	280			
			单间	4	4	588	250									
			标准间	44	44	588	250									
厦门时代雅居速八酒店有限公司	厦门时代雅居速八酒店有限公司	3	商务套间	32	32	468	383	大会议室	1	1	200	2800	1800	厦门市后江埭路29号	0592－8120888	
			单间	10	10	288	236	中会议室	2	2	50/80	1800	1000			
			标准间	24	24	268	220	小会议室	1	1	30	1600	800			
厦门牡丹大酒楼有限公司万鹏宾馆	厦门牡丹大酒楼有限公司万鹏宾馆		商务套间	12	12	780	350	大会议室	1	1	100	2000	1200	厦门市虎园路17－19号	0592－2662888	
			单间	28	28	648	280	中会议室	2	2	40	800	450			
			标准间	50	50	618	270	小会议室	2	2	20	500	300			
厦门新中林大酒店	厦门新中林大酒店	4	套间	13	13	1488	588	大会议室	2	2	200	4000	2400	厦门市莲花南路18号	0592－5132828	
			单间	96	96	788	300	中会议室	1	1	120	3000	1800			
			标准间	124	124	788	300	小会议室	7	7	10－44	1500	900			
厦门市沧海苑	厦门市沧海苑	2	套间	15	15	888	348	大会议室	1	1	150	1500	800	厦门市海沧区兴港一里199号	0592－6056699	
			标准间	48	48	368	240	中会议室	4	4	50	800	400			
								小会议室	3	3	20	400	280			
厦门音乐岛酒店有限公司	厦门音乐岛酒店有限公司	2	套间	8	8	590	350	大会议室	1	1	180	1500	1200	厦门市湖滨南路19号	0592－2200469	
			单间	20	20	350	180	中会议室	1	1	50－60	1000	800			
			标准间	68	68	390	200	小会议室	3	3	25	400	300			
厦门山水宾馆有限公司	国土资源部厦门培训中心（厦门山水宾馆有限公司）		套间	5	5	1660	600	大会议室	1	1	300	4000	3000	厦门市集美嘉庚路61－69号	0592－6680888	
			单间	15	15	880	300	中会议室	1	1	100	2000	1000			
			标准间	158	158	730	300	小会议室	3	3	60	2000	800			

饭店名称	发票开具单位名称	星级	客房（数量：间；价格：元/天）					会议室（数量：间；面积：平方米；价格：元/半天）						地址	前台订房电话	备注
			房型	总间数	协议间	门市价	协议价	类型	总间数	协议间数	容纳人数	门市价	协议价			
厦门福佑大饭店	厦门福佑大饭店		商务套间	12	12	2580	600	大会议室	1	1	240	12000	4000	厦门同益路48号	0592－2658888	
			单间	115	115	1328	300	中会议室	6	6	120	6500	3500			
			标准间	151	151	1328	300	小会议室	6	6	20－25	4200	1000			
南京军区厦门招待所	南京军区厦门招待所		商务套间	6	6	1200	480	大会议室	1	1	450	5000	2500	厦门市万寿路18号	0592－3985111	
			单间	11	11	680	240	中会议室	1	1	200	2000	1000			
			标准间	173	173	680	240	小会议室	2	2	80/30	1200	600			
厦门金沙湾宾馆	中国人民解放军南京军区厦门接待处		套间	9	4	1680	560	大会议室	1	1	120	4800	1300	厦门市环岛南路3068号	0592－2096888	
			单间	21	21	1200	300	中会议室	2	2	50	3000	800			
			标准间	44	44	980	298	小会议室	2	2	25－30	2000	600			
厦门白鹭宾馆	中国人民解放军南京军区厦门白鹭宾馆		商务套间	5	5	2880	600	大会议室	1	1	450	6800	3400	厦门市虎园路6号	0592－2025201	
			单间	5	5	968	300	中会议室	1	1	80－90	4000	2000			
			标准间	152	152	968	300	小会议室	2	2	40/60	1200	600			
厦门金桥实业有限公司碧宫酒店	厦门金桥实业有限公司碧宫酒店		商务套间	2	2	1288	418	大会议室	1	1	350	4500	3000	厦门湖滨中路24号	0592－5854828	
			单间	14	14	598	208	大会议室	1	1	250	3500	2000			
			标准间A型	62	62	698	230	中会议室	1	1	100	2000	1000			
			标准间B型	41	41	568	200	小会议室	1	1	40	800	400			
厦门闽侨宾馆	厦门闽侨宾馆		标准房	130	130	698	260	一楼会议室	1	1	50－60	4000	2000	厦门市百家村路58号之二	0592－2033088	
			商务房	32	32	788	280	三楼会议室	1	1	150－200	7000	3500			
			标准套房	10	10	1288	400	三楼芙蓉厅	1	1	50	2000	1000			
			豪华套房	4	4	1580	488	十八楼会议室	1	1	20	2000	1000			
			加床			120	80	学术厅	1	1	400－500	10000	4500			

饭店名称	发票开具单位名称	星级	客房（数量：间；价格：元/天）					会议室（数量：间；面积：平方米；价格：元/半天）						地址	前台订房电话	备注
			房型	总间数	协议间	门市价	协议价	类型	总间数	协议间数	容纳人数	门市价	协议价			
厦门市五缘水乡酒店有限公司	厦门市五缘水乡酒店有限公司		豪华单间	4	4	3080	300	1 号楼会见厅	1	1	30	4000	2000	厦门湖里区五缘湾湿地公园内	0592－61135522	
			豪华标间	28	28	3080	300	2 号楼会见厅	1	1	45	2500	800			
			园景套房	4	4	4980	480	3 号楼会见厅	1	1	100	4000	1280			
			贵宾湖景套房	4	4	5880	600	6 号楼会见厅	1	1	300	4000	1280			
								6 号楼会见厅 303	1	1	30	2000	640			
								6 号楼会见厅 301	1	1	30	2000	640			
厦门夏商旅游集团有限公司酒店（怡庭快捷）	厦门夏商旅游集团有限公司		双人房	462	462	258	218	大会议室	1	1	200	2000	1500	厦门市斗西路 200 号	0592－2698888	
			单人房	175	175	258	198	中会议室	1	1	100	2000	1500			
			套房	22	22	328	298	小会议室	1	1	20	1000	800			
厦门夏商旅游集团有限公司酒店（怡翔华都）	厦门夏商旅游集团有限公司	4	标准房间	94	94	880	300	怡翔多功能厅	1	1	200	2500	2000	厦门市斗西路 200 号	0592－2698888	
			豪华套房间	5	5	1700	600	华都厅	1	1	70－80	2000	1600			
			单间	117	117	1100	300	汇翔厅	1	1	20	1500	1200			
厦门夏商旅游集团有限公司酒店（怡翔东海）	厦门夏商旅游集团有限公司	3	标准房	41	41	700	288	多功能厅	1	1	400	2000	1600	厦门市斗西路 200 号	0592－2698888	
			普通套房	12	12	980	328	第一会议室	1	1	40	800	640			
			海景套房	23	23	1200	418	第二会议室	1	1	20	600	480			
			单间	4	4	500	218									
厦门丽轩酒店	厦门丽轩酒店		商务套间	8	8	1688	580	大会议室	1	1	250	3000	1000	厦门市湖里大道 13 号	0592－6031188	
			单间	20	20	780	240	中会议室	1	1	100	1600	700			
			标准间	87	87	780	240	小会议室	1	1	40	800	400			
厦门厦宾酒店有限公司	厦门厦宾酒店有限公司		套间	35	35	1882	600	大会议室	3	3	200－500	15000	4000	厦门市虎园路 16 号	0592－2053333	
			单间	86	86	1120	300	中会议室	4	4	100	7000	2100			
			标准间	236	236	1120	300	小会议室	9	9	20－30	3000	900			

饭店名称	发票开具单位名称	星级	客房（数量：间；价格：元/天）					会议室（数量：间；面积：平方米；价格：元/半天）						地址	前台订房电话	备注
			房型	总间数	协议间	门市价	协议价	类型	总间数	协议间数	容纳人数	门市价	协议价			
漳州市																
漳州宾馆	漳州宾馆	4	套间	6	6	1080	300	大会议室	1	1	300	10000	5000	漳州市胜利西路4号	0596－2608020 2608017	
			单间	25	25	518	200	大会议室	1	1	300	9000	4500			
			标准间	29	29	518	200	中会议室	1	1	200	7000	3500			
		3	套间	6	6	428	260	中会议室	1	1	200	5000	2500			
			单间	18	18	300	168	小会议室	1	1	100	4000	2000			
			标准间	108	108	300	168	小会议室	1	1	100	2400	1200			
漳州芗江酒店	漳州芗江酒店	4	套间	3	3	1080	300	大会议室	2	2	500	10000	10000	漳州市胜利西路8号	0596－2029698	
			单间	7	7	320	150	大会议室	1	1	300	5600	2800			
			单间	6	6	518	200	中会议室	1	1	200	5600	2800			
			单间	35	35	618	200	中会议室	1	1	200	4400	2200			
			标准间	18	18	518	200	小会议室	3	3	30	2400	1200			
			标准间	74	74	618	200	小会议室	2	2	30	2000	1000			
								小会议室	1	1	30	1200	600			
片仔癀（漳州）大酒店有限公司	片仔癀（漳州）大酒店有限公司	4	套间	11	11	1268	300	大会议室	1	1	300	2800	1400	漳州市胜利西路2号	0596－2036889－6166	
			单间	39	39	468、598	200	中会议室	1	1	200	1800	900			
			标准间	105	105	468、598	200	小会议室	3	3	30	1000	500			
									1	1	30	800	400			
漳州华侨饭店	漳州华侨饭店有限公司	3	套间	7	7	568	300	大会议室	1	1	300	3000	1500	漳州市新华北路33号	0596－2072681 2072696	
			套间	7	7	698	300	中会议室	1	1	200	2600	1300			
			套间	5	5	998	300	中会议室	1	1	200	2400	1200			
			标准间	32	32	528	200	中会议室	1	1	200	2000	1000			
			标准间	18	18	298	188	小会议室	1	1	50	800	400			
			标准间	72	72	480	200									

饭店名称	发票开具单位名称	星级	客房（数量：间；价格：元/天）					会议室（数量：间；面积：平方米；价格：元/半天）						地址	前台订房电话	备注
			房型	总间数	协议间	门市价	协议价	类型	总间数	协议间数	容纳人数	门市价	协议价			
宁德市																
宏迪大酒店	宏迪大酒店	3	套间	4	4	798	400	大会议室	1	1	100	980/场	780/场	宁德市蕉城北路 25 号新佳坡步行街 B 幢	0593－2055555	
			单间	17	17	368	178	中会议室	1	1	80	480/场	380/场			
			豪华标间	79	79	368	178	小会议室	2	2	50	360/场	288/场			
			普通标间	23	23	368	158	接见厅	1	1	30	380/场	300/场			
山水大酒店	山水大酒店	4	商套	7	7	2020	538	大会议室	1	1	200	3200	1600	宁德市闽东中路 18 号	0593－2918888－311	
			豪单	5	5	1080	280									
			商单	27	27	980	260	中会议室	2	2	100	2000	1000			
			豪标	13	13	980	240	小会议室	6	6	50	800	380			
			商标	41	41	930	230									
			普标	61	61	810	200									
美伦大饭店	美伦大饭店	4	单人房	60	60	360	200	国际厅	1	1	200	3600	1800	宁德市站前路 28 号	0593－2929888	
			双人房	103	103	360	200	会见厅	1	1	50	2000	1000			
			套房	14	14	880	480	会议 1	1	1	50	1600	800			
								会议 2	1	1	50	1200	600			
								会议 3	1	1	50	1600	800			

龙岩市会议定点饭店

饭店名称	发票开具单位名称	星级	会议费（含房费及80元定额伙食补助、会议室租金）		客房（数量：间；价格：元/天）					会议室（数量：间；价格：元/天）					地址	前台订房电话	备注
			会议类别	协议价（元/天．人）	房型	总间数	协议间数	门市价	协议价	类型	总间数	协议间数	门市价	协议价			
龙岩市																	
闽西宾馆	闽西宾馆	4	二类	250	套间	5	5	1000	300	大会议室	1	1	5000	3000	闽西宾馆	0597－2320188	
			三类	210	单间	24	24	600	200	中会议室	2	2	1000	800			
					标准间	102	102	400	200	小会议室	2	2	800	640			
			六号楼7－8层		豪标与豪单	37	37	638	200								
恒宝大酒店	龙岩市恒宝大酒店有限公司	4	二类	230	套 间	3	3	1880	298	大会议室	1	1	3500	2100	龙岩市西安南路121号	0597－2263888	
			三类	190	单间	50	50	800	188	中会议室	无						
					标准间	80	80	800	188	小会议室	1	1	1200	600			
国芳宾馆	龙岩市国芳宾馆有限公司		二类	188	套间	4	4	998	288	大会议室	1	1	3000	3000	福建省龙岩市新罗区军民路2号	0597－2320388	
			三类	178	单间	14	14	588	188	中会议室	1	1	2000	2000			
					标准间	86	86	588	168	小会议室	3	3	1200	1200			
龙岩市最佳西方财富酒店	龙岩市财富酒店有限公司		二类	235	套间	14	14	1580	285	大会议室	1	1	5800	免费	福建省龙岩市龙腾中路体育公园内	0597－5399999	
			三类	200	单间	50	50	888	185	中会议室	3	3	4500 3000 2000	免费			
					标准间	90	90	888	185	小会议室	2	2	1200	免费			
金穗大酒店	龙岩市新罗区金穗大酒店（普通合伙）	3	二类	160	套间	18	18	780	231	大会议室	1	1	1600	1000	龙岩市新罗区西安南路（交警大队正对面）	0597－2262688	
			三类	130	单间	19	19	580	133	中会议室	3	3	800	500			
					标准间	61	61	580	130	小会议室	1	1	600	400			
古田山庄	古田山庄	4	二类	250元	套间	5	5	1000	300	大会议室	1	1	3000	1600	古田山庄	0597－3130333	
			三类	210元	单间	5	5	600	200	中会议室	1	1	1000	640			
					标准间	120	120	400	200	小会议室	1	1	800	400			
龙岩市长城宾馆	龙岩市长城宾馆	2	二类	130	套间	1	1	238	100	大会议室	1	1	1000	800	龙岩市新罗区溪畔路15号	0597－5388222	
			三类	130	单间	6	6	198	100	中会议室	1	1	800	600			
					标准间	51	51	198	100	小会议室	1	1	600	400			

江 西 省

- 财政部委托江西省财政厅负责在江西省地级以上城市招标采购会议定点饭店并负责日常监督管理工作。
- 通过政府采购，确定江西省会议定点饭店 146 家。
- 会议定点饭店按照与财政部门签订《协议书》的价格向中央和地方各级党政机关和事业单位提供相应的接待服务。
- 江西省部分会议定点饭店的价格是按照综合定额方式采购的，各单位在组织筹备会议时应先向会议定点饭店查询。如果对协议价格产生疑义，可以要求定点饭店出示《协议书》。
- 如有会议定点饭店变更或饭店的协议价格变化，应以“党政机关出差和会议定点饭店查询网”的信息为准。
- 本目录中的江西省会议定点饭店的详细信息，可在“党政机关出差和会议定点饭店查询网”查阅。
- 江西省各地区长途电话区号：

南昌市　0791　　九江市　0792
鹰潭市　0701　　新余市　0790
萍乡市　0799　　赣州市　0797
上饶市　0793　　抚州市　0794
宜春市　0795　　吉安市　0796
景德镇市　0798

江西省会议定点饭店

饭店名称	发票开具单位名称	星级	客房（数量：间；价格：元/天）					会议室（数量：间；价格：元/半天）						地址	前台订房电话	备注
			房型	总间数	协议间数	门市价	协议价	类型	总间数	协议间数	容纳人数	门市价	协议价			
南昌市																
江西锦峰实业有限公司锦峰大酒店	江西锦峰实业有限公司锦峰大酒店	5	套间	22	22	2800	580	大会议室	2	2	400	6800	3000	站前西路281号	0791－8867777	
			单间	67	67	1280	280	中会议室	3	3	120	3800	1200			
			标准间	111	111	1280	280	小会议室	10	10	30	3200	500			
江西嘉莱特和平国际酒店有限公司	江西嘉莱特和平国际酒店有限公司	5	套间	32	32	2180	598	大会议室	2	2	400	8000	4000	南昌市广场南路10号	0791－6111118	
			单间	109	109	1080	298	中会议室	1	1	120	4800	2800			
			标准间	40	40	1180	298	小会议室	4	4	60	2000	1000			
南昌凯莱大饭店有限公司	南昌凯莱大饭店有限公司	5	标准间	158	158	980	290	大会议室	2	2	380	6000	3500	南昌市沿江北大道39号	0791－6738855	
			单间	140	140	980	290	中会议室	6	6	150	2600	1800			
			套间	29	29	.3000	600	小会议室	3	3	40	800	600			
江西前湖迎宾馆	江西前湖迎宾馆酒店经营管理有限公司		国宾区套间	99	99	98000/栋	600	赣江厅	1	1	960	38000	28800	江西省南昌市红谷滩新区红角洲学府大道888号	0791－6758888－5238	
			商务区套间	35	35	3980	600	前湖厅	1	1	350	12000	10500			
			商务单间	176	176	1980	300	滕王阁接见厅	1	1	26	3800	780			
			商务标间	348	348	1980	300	抚河厅	1	1	150	4800	4000			
								前湖国际会议中心	1	1	1500	66000	45000			
								鄱阳湖（接见厅）	1	1	26	3800	780			
								小多功能厅	3	3	22	1600	660			
								小多功能厅	2	2	26	1600	780			
								赣州厅 A/B	2	2	42	1600	1260			
								小多功能厅	10	10	42	1600	1260			
								排练室	6	6	42	1600	1260			

饭店名称	发票开具单位名称	星级	客房（数量：间；价格：元/天）					会议室（数量：间；价格：元/半天）						地址	前台订房电话	备注
			房型	总间数	协议间数	门市价	协议价	类型	总间数	协议间数	容纳人数	门市价	协议价			
江西高技术产业发展有限责任公司南昌园中源大酒店	南昌园中源大酒店	5	温馨单房	18	18	688	280	璧丽宫	1	1	700	10000	4000	南昌市火炬大街539号	0791－8867191 8118888	
			高级双标房	75	75	1088	280	五号会议室	1	1	70	1000	800			
			家庭房	17	17	1088	280	六号会议室	1	1	20	1000	800			
			豪华单间	28	28	1288	298	四季咖啡厅	1	1	70	1000	800			
			商务双标间	10	10	1588	280	商务中心会议室	1	1	12	600	600			
			商务家庭房	11	11	1588	280	2303	1	1	40	800	500			
			商务豪华单间	11	11	1788	298	2304	1	1	40	800	500			
			豪华套房	14	14	2888	600									
江西泰耐克国际大酒店有限公司	江西泰耐克国际大酒店有限公司	5	套间	25	25	2700	600	大会议室	2	2	220	10000	4000	南昌市红谷滩新区新府路28号	0791－8828262	
			单间	48	48	1730	300	中会议室	2	2	80	3600	2000			
			标准间	88	88	1550	300	小会议室	7	7	20	1200	800			
江西宾馆	江西宾馆	5	商务大床房	62	62	1280	300	大会议室	1	1	300	8000	4800	南昌市八一大道368号	0791－6216666	
			商务双床房	102	102	1280	300	大会议室	1	1	180	8000	4000			
			商务套房	14	14	2080	600	中会议室	6	6	80	2800	1800			
								小会议室	3	3	20	1600	800			
南昌市东方豪景花园酒店有限公司	南昌市东方豪景花园酒店有限公司		豪华双床客房	193	193	1188	300	2楼多功能厅	1	1	600	15000	8000	南昌市民德路411号	0791－6288888	
			行政双床客房	11	11	1888	488	5楼东方厅	1	1	280	6800	4000			
			豪华单床客房	82	82	1188	300	1楼商务厅	1	1	320	6800	4000			
			行政单床客房	10	10	1888	488	1楼贵宾厅	1	1	100	3000	2500			
			商务套房	24	24	1488	488	3楼法式厅	1	1	100	3000	2500			
			豪华套房	6	6	2888	600	5楼旭日厅	1	1	40	2000	1500			
								5楼辉映厅	1	1	40	1200	1000			
								5楼如意厅	1	1	30	1200	1000			
								5楼杜鹃厅	1	1	20	1000	800			
								5楼丹桂厅	1	1	20	1000	800			
								5楼瑞香厅	1	1	15	1000	800			

饭店名称	发票开具单位名称	星级	客房（数量：间；价格：元/天）					会议室（数量：间；价格：元/半天）						地址	前台订房电话	备注
			房型	总间数	协议间数	门市价	协议价	类型	总间数	协议间数	容纳人数	门市价	协议价			
南昌市博维怡和酒店有限公司	南昌市博维怡和酒店有限公司		标准客房	35	35	668	248	大会议室	1	1	300	5000	3000	南昌市赣江南大道 999 号	0791－2111111	
			高级丽景房	86	86	728	258	中会议室	1	1	100	2000	1200			
			丽景标准套房	4	4	768	328	小会议室	2	2	30	1500	800			
			江景标准套房	10	10	868	368									
			行政丽景标准套房	6	6	818	358									
			行政江景标准套房	5	5	888	398									
江西省京西宾馆	江西省京西宾馆	4	豪华套房	2	2	2688	600	大会议室	1	1	360	3600	3000	省政府大院南一路 9 号	0791－8850222	
			商务套房	8	8	1088	428	中会议室	3	3	100	1200	1000			
			商务单人间	11	11	618	278	小会议室	1	1	26	800	600			
			商务双人间	14	14	618	278									
			标间	126	126	568	190									
			单人间	11	11	468	190									
			三人间	6	6	618	278									
江西七星商务酒店有限公司	江西七星商务酒店有限公司	4	套间	13	13	1880	588	1#会议室	1	1	400	3000	2250	南昌市南京西路 225 号	0791－8866666	
			普通楼层单间	49	49	780		宴会厅	1	1	280	3000	2250			
			普通楼层豪华单间	4	4	880		2#会议室	1	1	150	2000	1800			
			商务楼层单间	28	28	880	260	3#会议室	1	1	40	1000	900			
			商务楼层豪华单间	17	17	980		4#会议室	1	1	50	1500	1350			
			商务房单间	3	3	1280		1#贵宾室	1	1	30	500	450			
			普通楼层标间	45	45	780		2#贵宾室	1	1	10	400	360			
			普通楼层豪华标间	45	45	880	290	商务中心会议室	1	1	15	600	540			
			商务楼层标间	27	27	880		宴会 AB	1	1	120	1500	1350			
			商务楼层豪华标间	6	6	980		宴会 CD	1	1	120	1500	1350			
南昌皇廷大酒店有限公司	南昌皇廷大酒店有限公司	4	套间	13	13	728	280	大会议室	1	1	250	2000	1200	南昌市站前路 176 号	0791－6208675	
			单间	77	77	488	180	中会议室	1	1	60	1000	600			
			标准间	122	122	538	200	小会议室	1	1	30	800	500			

饭店名称	发票开具单位名称	星级	客房（数量：间；价格：元/天）					会议室（数量：间；价格：元/半天）						地址	前台订房电话	备注
			房型	总间数	协议间数	门市价	协议价	类型	总间数	协议间数	容纳人数	门市价	协议价			
江西洪都宾馆有限公司	江西洪都宾馆有限公司	4	普通套房	11	11	860	390	大会议室	1	1	250	2000	1500	南昌市阳明路249号	0791－8829999	
			普通标间	135	135	520	200	中会议室	2	2	100	1500	800			
			豪华标间	46	46	580	200	小会议室	3	3	50	1000	500			
			单人间	30	30	540	200	大宴会厅	1	1	350	4000	2000			
			商务单间	6	6	580	200									
			2号楼双人间	60	60	230	160									
南昌市鑫峰假日酒店有限公司	南昌市鑫峰假日酒店有限公司	4	套间	9	9	888	358	大会议室	1	1	200	2500	1800	南昌市红谷滩新区会展路29号	0791－8827456	
			标准间	31	31	598	208	中会议室	1	1	70	1000	800			
			豪华单间	20	20	598	208	小会议室	1	1	16	800	600			
			江景间	34	34	638	228									
			江景豪华单间	4	4	638	228									
			商务间	43	43	698	248									
江西锦都皇冠酒店有限公司	江西锦都皇冠酒店	4	套房	15	15	1788	500	大会议室	1	1	300	2500	1800	南昌市洪城路99号	0791－6429167	
			单间	95	95	888	220	中会议室	2	2	100	1500	800			
			标间	119	119	888	220	小会议室	1	1	20	1200	500			
江西省富豪酒店实业有限公司	江西省富豪酒店实业有限公司	4	行政单床套间	1	1	1680	520	国际会议中心	1	1	450	2500	1600	南昌市洪城路160号	0791－6408888	
			商务单床套间	17	17	1500	500	多功能宴会厅	1	1	240	1500	900			
			商务双床套间	1	1	1500	500	小会议室	1	1	50	1500	800			
			行政单床客房	3	3	1100	210		1	1	30	1200	700			
			商务单床客房	17	17	900	210		3	3	20	400	320			
			标准单床客房	54	54	800	210									
			行政双床客房	6	6	1100	210									
			商务双床客房	19	19	900	210									
			标准双床客房	110	110	800	210									
南昌百瑞四季酒店有限公司	南昌百瑞四季酒店	4	标间	184	184	780	200	大会议室	1	1	400	5000	3000	南昌市洪都北大道10号	0791－8688198	
			单间	40	40	780	200	中会议室	1	1	120	2000	1300			
			套房	10	10	1280	348	小会议室	5	5	40	1000	600			

饭店名称	发票开具单位名称	星级	客房（数量：间；价格：元/天）					会议室（数量：间；价格：元/半天）						地址	前台订房电话	备注
			房型	总间数	协议间数	门市价	协议价	类型	总间数	协议间数	容纳人数	门市价	协议价			
江西饭店	江西饭店	4	套间	12	12	1588	598	多功能厅	1	1	600	12000	6000	南昌市八一大道356号	0791－8858808	
			标准单间	42	42	788	240	多功能南厅	1	1	350	8000	4800			
			标准间	230	230	788	240	多功能北厅	1	1	200	6000	2800			
			经济标间	45	45	388	150	江西厅	1	1	120	4800	2800			
								井冈厅	1	1	150	3200	1800			
								庐山厅	1	1	80	2800	1600			
								小会议室	4	4	50	1288	780			
江西玉泉岛大酒店	江西玉泉岛大酒店	4	湖滨套房	5	5	1780	590	放映厅	1	1	150	4800	3600	江西省南昌市湖滨东路888号	0791－8111111	
			商务客房	28	28	980	290	杜鹃会议室	1	1	200	4800	3600			
			湖景商务客房	25	25	1080	290	三楼会议室	1	1	30	1200	800			
			湖景标准客房	12	12	980	290	四楼二号会议室	1	1	60	1800	1200			
			标准客房	68	68	880	290	四楼三号会议室	1	1	60	1800	1200			
								四楼四号会议室	1	1	30	1600	1000			
江西瑞都大酒店	江西省国家税务局南昌培训中心	4	标准间	89	89	800	220	大会议室	3	3	250	3600	1800	南昌市广场南路399号	0791－6210578	
			商务套间	6	6	1080	428	中会议室	1	1	60	1200	600			
			套间	14	14	1580	488	小会议室	4	4	30	800	400			
江西鄱阳湖实业有限公司鄱阳湖大酒店	江西鄱阳湖实业有限公司	4	豪华套房	1	1	1280	580	大会议室	1	1	600	8000	4800	南昌市井冈山大道1428号	0791－8856666	
			高级套房	14	14	980	380	多功能厅	1	1	300	4000	2400			
			商务单、双人房	40	40	780	240	中会议室	1	1	50	1000	600			
			豪华单、双人房	110	110	680	220	小会议室	7	7	30	500	300			
			高级双人房	56	56	580	200									
江西华悦国际大酒店有限公司	江西华悦国际大酒店有限公司	4	套间	7	7	1866	500	大会议室	1	1	150	1500	1000	南昌市丁公路117号	0791－6282222	
			单间	20	20	820	220	小会议室	1	1	40	1000	600			
			标准间	48	48	820	220									

饭店名称	发票开具单位名称	星级	客房（数量：间；价格：元/天）					会议室（数量：间；价格：元/半天）						地址	前台订房电话	备注
			房型	总间数	协议间数	门市价	协议价	类型	总间数	协议间数	容纳人数	门市价	协议价			
江西赣江宾馆	江西赣江宾馆	4	一号楼行政套房	12	12	1480	600	大会议室	1	1	500	8000	4800	南昌市八一大道138号	0791－8856888	
			三号楼行政套房	4	4	1480	600		1	1	120	4800	2600			
			一、二号楼小套房	8	8	888	480		1	1	150	5800	3000			
			一号楼高级单人房	22	22	688	260	中会议室	3	3	90	3000	1200			
			二号楼高级单人房	8	8	688	270	小会议室	4	4	40	1600	800			
			三号楼豪华单人房	82	82	888	290									
			一号楼高级双人房	4	4	688	260									
			二号楼高级双人房	60	60	688	280									
			三号楼豪华双人房	107	107	888	290									
江西洪福旅业有限公司民航花园酒店	江西洪福旅业有限公司	4	套间 商务套间	2	2	1780	458	大会议室	1	1	280	3000	1500	南昌市洪城路587号	0791－8898800	
			套间 豪华套间	14	14	1680	428	中会议室	2	2	60	2000	900			
			单间 商务单间	16	16	880	258	小会议室	1	1	30	1800	800			
			单间 豪华单间	9	9	780	228									
			标准间 商务标间	15	15	880	258									
			标准间 豪华标间	96	96	780	220									
江西天域国际大酒店	江西天域国际大酒店		温馨单人房	27	27	680	160	多功能会议厅	1	1	350	4000	2500	南昌市洪都中大道207号	0791－8318129	
			商务双人房	42	42	880	208	中型会议厅	1	1	100	2000	1000			
			豪华双人房	70	70	980	218	小会议厅	1	1	50	1500	800			
			豪华单人间	17	17	980	208	贵宾厅	1	1	30	1500	800			
			普通套房	9	9	1080	308									
			豪华套房	75	75	1380	388									
			情侣套房	11	11	1780	448									
南昌百瑞丽景酒店有限公司	南昌百瑞丽景酒店有限公司		套间	28	28	1059	380	大会议室	1	1	250	1800	1200	南昌市八一大道122号	0791－8801199	
			单间	91	91	659	200	中会议室	1	1	80	800	600			
			标准间	134	134	599	200	小会议室	1	1	30	500	400			
江西巨成实业发展有限公司（国贸酒店）	江西巨成实业发展有限公司	4	行政套房	10	10	1600	460	大会议室	1	1	300	2400	1200	南昌市洪城路2号	0791－8857777	
			商务套房	10	10	1288	420	中会议室	2	2	150	2000	1000			
			商务单间	29	29	780	220	小会议室	2	2	40	1200	500			
			商务标间	60	60	780	220									
			普通单间	17	17	730	180									
			普通标间	97	97	730	180									

饭店名称	发票开具单位名称	星级	客房（数量：间；价格：元/天）房型	总间数	协议间数	门市价	协议价	会议室（数量：间；价格：元/半天）类型	总间数	协议间数	容纳人数	门市价	协议价	地址	前台订房电话	备注
南昌市旺辉酒店有限公司	南昌市旺辉酒店有限公司	3	套间	3	3	886	388	大会议室	1	1	260	2000	1200	南昌市建设路333号	0791－2288888	
			单间	13	13	528	180	中会议室	1	1	120	1200	800			
			标准间	117	117	458	180	小会议室	1	1	30	800	500			
江西美程商务酒店有限公司	江西美程商务酒店有限公司		迷你单间	6	6	268	110	大会议室	1	1	350	3000	1500	南昌市洛阳路143号	0791－6126900	
			标准间	106	106	388	130	中会议室	1	1	60	800	600			
			单人间	7	7	388	130	小会议室	2	2	46	500	400			
			商务标间	27	27	398	150									
			商务单间	6	6	398	150									
			商务套间	4	4	880	320									
江西美嘉城市精品酒店管理有限公司阳光假日酒店	江西美嘉城市精品酒店管理有限公司阳光假日酒店	3	套间	2	2	398	220	大会议室	1	1	150	1200	600	南昌市二七北路520号	0791－2108888	
			单间	42	42	268	130	中会议室	1	1	80	1000	500			
			标准间	72	72	268	130	小会议室	1	1	30	400	300			
南昌华宇大厦实业有限公司	市工行站支南昌华宇大厦实业有限公司	3	豪华套间	4	4	408	260	大会议室	1	1	250	2000	900	南昌市井冈山大道685号	0791－8860568	
			VIP套间	5	5	338	230	小会议室	1	1	20	600	300			
			豪华商务单间	10	10	258	170									
			商务单间	27	27	268	160									
			普通单间	13	13	228	140									
			豪华标间	12	12	258	170									
			商务标间	28	28	258	160									
			普通标间	68	68	238	140									
江西赣东实业有限公司抚州大饭店	江西赣东实业有限公司抚州大饭店	3	套间 普套	6	6	398	240	大会议室	1	1	100	800	600	南昌市孺子路37号	0791－6232666	
			套间 豪套	1	1	698	380	中会议室	1	1	60	700	500			
			单间 大单	8	8	268	150	小会议室	1	1	30	500	300			
			单间 小单	10	10	198	110									
			标准间 普标	56	56	228	120									
			标准间 豪标	47	47	268	140									

饭店名称	发票开具单位名称	星级	客房（数量：间；价格：元/天）					会议室（数量：间；价格：元/半天）						地址	前台订房电话	备注
			房型	总间数	协议间数	门市价	协议价	类型	总间数	协议间数	容纳人数	门市价	协议价			
江西省青山湖宾馆	青山湖宾馆有限公司	3	套间	8	8	380	280	大会议室	1	1	300	3000	1000	南昌市福州路 169 号	0791－8863888	
			单间	22	22	268	120	中会议室	3	3	60	600	300			
			标准间	162	162	380	120	小会议室	8	8	30	480	260			
江西省新建设宾馆有限公司	江西省新建设宾馆有限公司		豪标	45	45	288	140	大会议室	1	1	150	800	400	南昌市省政府大院北二路 121 号	0791－6203127	
			普标	35	35	268	130	小会议室	2	2	40	400	200			
			单间	6	6	318	140									
			套房	3	3	688	260									
江西绿洲假日酒店管理有限公司	江西绿洲假日酒店管理有限公司		豪华套间	5	5	498	260	大会议室	1	1	180	800	500	南昌市上海北路 608 号	0791－8113388	
			商务套间	7	7	358	170	小会议室	1	1	40	400	200			
			家庭套间	7	7	388	208									
			休闲房	20	20	318	158									
			商务单间	10	10	268	148									
			商务标间	17	17	278	148									
			单人间	14	14	258	120									
			标准间	68	68	268	120									
锦绣宾馆	江西省会计培训中心	无	豪华套间	1	1	2688	600	大会议室	1	1	220	2000	1200	南昌市系马桩 318 号	0791－7287666	
			套间	8	8	448	305	7 楼中会议室	1	1	28	700	300			
			单间	8	8	328	218	6 楼中会议室	1	1	20	700	300			
			标准间	68	68	278	188	7 楼小会议室	1	1	12	700	300			
江西省税务干部培训中心(金悦宾馆)	江西省税务干部培训中心	3	豪华套间	1	1	1288	578	大会议室	1	1	150	2000	800	南昌市系马桩 326 号	0791－6233333	
			套间	6	6	488	278	中会议室	1	1	60	1000	600			
			商务标间	11	11	398	178	小会议室	4	4	30	600	300			
			标准间	66	66	288	138									
江西锦昌大酒店有限公司	江西锦昌大酒店有限公司	3	普通双标间	88	88	298	150	大会议室	1	1	240	2400	1200	南昌市站前路 107－109 号	0791－6128666	
			普通单间	22	22	298	150		1	1	120	800	700			
			豪华单间	9	9	338	200	中会议室	1	1	50	1000	500			
			豪华标间	6	6	338	200	小会议室	1	1	30	600	300			
			商务房	10	10	388	253		1	1	12	400	200			
			普通套房	8	8	488	323									

饭店名称	发票开具单位名称	星级	客房（数量：间；价格：元/天）					会议室（数量：间；价格：元/半天）						地址	前台订房电话	备注
			房型	总间数	协议间数	门市价	协议价	类型	总间数	协议间数	容纳人数	门市价	协议价			
南昌东城宾馆有限责任公司	南昌东城宾馆有限责任公司	3	标间	98	98	198	90	大会议室	1	1	180	1200	600	南昌市京东大道777号	0791－8355777	
			单间	33	33	198	90	中会议室	1	1	80	800	500			
			豪单	10	10	208	128	小会议室	1	1	20	480	260			
			套房	1	1	388	168									
南昌环湖宾馆	南昌环湖宾馆	3	普通/豪华套间	12	12	368	280	大会议室	1	1	400	2500	1500	南昌市环湖路99号	0791－8855000	
			单人间	40	40	268	140	中会议室	1	1	108	1200	800			
			豪华标准间	75	75	288	140	小会议室	3	3	40	800	400			
			普通标准间	75	75	268	120									
南昌市海昌房地产有限公司君来大酒店	南昌市海昌房地产有限公司君来大酒店	3	标准间	79	79	198	100	大会议室	1	1	260	2000	800	南昌市北京西路259号	0791－6209111	
			豪华标间	78	78	228	120	中会议室	1	1	160	1200	400			
			普单	20	20	198	100	小会议室	1	1	50	800	200			
			豪华单间	25	25	228	120									
			三人间	9	9	228	140									
			套房	5	5	488	220									
江西省核工宾馆	江西省核工宾馆	3	豪华标间	30	30	280	140	大会议室	1	1	200	1000	600	南昌市北京西路152号	0791－6216388	
			商务标间	110	110	380	180	中会议室	1	1	80	800	500			
			商务单间	12	12	380	180	小会议室	5	5	35	600	400			
			豪华套间	2	2	580	268									
			商务套间	5	5	680	328									
江西省体育宾馆	江西省体育宾馆	3	套间	6	6	320	270	大会议室	1	1	280	1600	1200	南昌市福州路26号	0791－6203288	
			标准间	83	83	188	160	中会议室	1	1	80	800	600			
			单间	11	11	168	140	小会议室	1	1	50	800	600			
			豪标	21	21	208	176									
南昌市财政局招待所（梅岭宾馆）	南昌市财政局招待所		标准间	94	94	228	180	大会议室	1	1	180	1500	1200	南昌市湾里区梅岭镇	0791－3790698	
			套间	9	9	328	280	中会议室	1	1	80	1000	800			
								小会议室	5	5	40	500	300			

饭店名称	发票开具单位名称	星级	客房（数量：间；价格：元/天）					会议室（数量：间；价格：元/半天）						地址	前台订房电话	备注
			房型	总间数	协议间数	门市价	协议价	类型	总间数	协议间数	容纳人数	门市价	协议价			
江西宝联观园楼商务酒店有限责任公司	江西宝联观园楼商务酒店有限责任公司		行政套房	1	1	2800	488	大会议室	1	1	150	2400	800	南昌市二七北路258号	0791－6376677	
			商务套房	5	5	1880	360	中会议室	1	1	40	1200	450			
			豪华单人间	8	8	880	190	小会议室	1	1	16	800	300			
			好莱坞单人间	16	16	780	180									
			精致单人间	4	4	680	180									
			商务标间	8	8	980	210									
			豪华双人间	47	47	880	190									
			标准双人间	28	28	780	180									
南昌百灵大酒店有限公司	南昌百灵大酒店有限公司		高级单人大床房	38	38	588	168	中会议室	1	1	150	2000	800	南昌市洪城路469号	0791－6562666	
			豪华单人大床房	19	19	688	208	小会议室	2	2	30	800	400			
			高级双人房	21	21	598	168									
			豪华双人房	43	43	688	208									
			东方套	6	6	788	300									
			东方居套	12	12	788	300									
			帝皇套	3	3	1088	368									
江西南昌南郊宾馆发展有限公司（翠林高尔夫球假日酒店）	江西南昌南郊宾馆发展有限公司		2、4、5、6号楼套间	7	7	1880	580	大会议室	3	3	500	5800	2600	南昌市迎宾南大道158号	0791－5838137	
			2、4、5、6号楼单间	21	21	880	190	中会议室	3	3	200	2800	1600			
			2、4、5、6号楼标间	160	160	880	190	小会议室	8	8	60	1200	600			
			7、8、9号楼套间	4	4	1280	460									
			7、8、9号楼标间	131	131	680	160									
江西省地税干部南昌培训基地（银星大厦）	江西省地税干部南昌培训基地		标准间	72	72	488	208	大会议室	1	1	200	3000	1500	南昌市站前西路159号	0791－8863666	
			单人间	12	12	488	218	中会议室	4	4	35	1500	800			
			套房	6	6	888	588	小会议室	2	2	12	1000	500			
南昌春都商务酒店有限公司	南昌春都商务酒店有限公司	3	普通标间	27	27	368	168	大会议室	1	1	300	6000	2600	南昌市红谷滩新区丽景路666号	0791－3729999	
			商务标间	37	37	398	168	中会议室	1	1	120	3800	1800			
			套房	17	17	568	268	小会议室	2	2	60	1200	800			

饭店名称	发票开具单位名称	星级	客房（数量：间；价格：元/天）					会议室（数量：间；价格：元/半天）							地址	前台订房电话	备注
			房型	总间数	协议间数	门市价	协议价	类型		总间数	协议间数	容纳人数	门市价	协议价			
南昌新地酒店有限公司	南昌新地酒店有限公司		套间	3	3	380	180	大会议室		1	1	220	1200	600	南昌市北京东路 242 号	0791 - 8339977	
			标准间	55	55	178	70	中会议室		1	1	100	1000	400			
			三人间	28	28	198	70	小会议室		1	1	60	600	300			
			单间	3	3	178	70										
中国共产党江西省委员会滨江招待所	中国共产党江西省委员会滨江招待所		2#楼小套	4	4	550	330	大会议室	综合楼 3F	1	1	600	8800	6800	南昌市爱国路 216 号	0791 - 8822168	
			2#楼单间	23	23	436	270		4#楼会场	1	1	300	6800	4800			
			5#楼中套	2	2	980	580	中会议室	1#楼会场	1	1	200	2200	1800			
			5#楼标间	84	84	400	250		11#1 会场	1	1	120	1800	1200			
			4#楼标间	86	86	400	230		11#2 会场	1	1	130	1800	1200			
			7#、8#、9#楼中套	6	6	1480	600		11#3 会场	1	1	90	1800	1200			
			7#、8#、9#楼单间	2	2	560	300		11#5 会场	1	1	50	1800	1200			
			7#、8#、9#楼标间	6	6	560	300	小会议室	4#2 -4F	3	3	40	360	300			
									5#1 -6F	6	6	40	360	300			
									12#3 -4F	2	2	40	360	300			
									11#4、6F	2	2	40	1000	600			
江西核工业投资发展有限责任公司（锦江之星艾溪湖店）	江西核工业投资发展有限责任公司		标准间	162	162	169	137	大会议室		1	1	120	1000	550	江西省南昌市高新开发区金圣路 2 号	0791 - 2085999	
			商务单人房	16	16	189	153	中会议室		2	2	40	800	350			
			精选商务单人房	16	16	219	178										
江西晶帝商务大酒店有限公司	江西晶帝商务大酒店有限公司		商务标间	137	137	368	100	大会议室		1	1	400	800	600	南昌市高新大道 2177 号	0791 - 8130018	
			商务豪华单间	9	9	398	120	中会议室		2	2	180	600	450			
			商务套间	5	5	498	220	小会议室		2	2	50	400	300			
			商务三人间	5	5	398	150										
江西省惠苑宾馆	江西省职工旅行社（江西省惠苑宾馆）	2	套间	2	2	660	300	大会议室		1	1	180	1200	600	南昌市福州路 4 号	0791 - 6211846	
			标间	88	88	199	110	中会议室		1	1	72	800	400			
			单间	27	27	198	120	小会议室		2	2	43	400	200			

饭店名称	发票开具单位名称	星级	客房（数量：间；价格：元/天）						会议室（数量：间；价格：元/半天）							地址	前台订房电话	备注
			房型		总间数	协议间数	门市价	协议价	类型		总间数	协议间数	容纳人数	门市价	协议价			
九江市																		
九江远洲国际大酒店	九江远洲置业有限公司远洲国际大酒店	5	套间	商务套间	11	11	1880	600	大会议室	远洲厅	1	1	700	7000	5000	九江市南湖路116号	0792－8888888	
				豪华套间	16	16	1080	488		议政厅	1	1	200	3000	2000			
			标准间	迎宾标间	145	145	828	300	小会议室	3号会议室	1	1	30	1800	1000			
九江宾馆	九江宾馆	3	套间	豪华套间	6	6	1588	588	大会议室	多功能厅	1	1	230	3800	2800	九江市南湖路118号	0792－8981888	
			单间	行政单间	20	20	1088	288	中会议室	五号会议室	1	1	150	2800	1800			
			标准间	行政标间	82	82	688	228	小会议室	会见厅	1	1	12	1500	1000			
										圆型会议室	1	1	44	1500	1000			
										二号会议室	1	1	36	800	600			
										三号会议室	1	1	36	700	500			
										贵宾厅	1	1	10	500	380			
										一号会议室	1	1	22	500	380			
星河大酒店	九江星河大酒店有限公司	4	套间		14	14	1490	580	大会议室		1	1	200	1000	800	九江市滨江东路45号	0792－8532222	
			单间		12	12	498	240	中会议室		1	1	50	800	600			
			标准间		60	60	538	240			1	1	30	800	600			
											1	1	30	800	600			
											1	1	30	800	600			
									小会议室		1	1	20	600	400			
九江金轩益君大酒店	九江市金轩益君大酒店管理有限公司	4	套间	豪华套间	7	7	800	320	大会议室		1	1	400	3600	2400	九江市长虹大道276号	0792－8907777 8775588	
			单间	豪华单间	26	26	628	200	中会议室	4号会议室	1	1	120	2200	1400			
			标准间	豪华标间	90	90	568	170		3号会议室	1	1	70	2000	1400			
				普通标间	42	42	520	160		2号会议室	1	1	90	1800	1200			

饭店名称	发票开具单位名称	星级	客房（数量：间；价格：元/天）						会议室（数量：间；价格：元/半天）							地址	前台订房电话	备注
			房型		总间数	协议间数	门市价	协议价	类型		总间数	协议间数	容纳人数	门市价	协议价			
九江花旗假日大酒店	九江花旗旅业有限公司	4	套间	豪华套间	5	5	888	600	大会议室	花旗厅	1	1	550	1800	1200	九江市前进东路9号	0792－2188888 2178888	
			单间		12	12	328	160		长江厅	1	1	100	1000	800			
			标准间		138	138	328	160	中会议室	庐山厅	1	1	60	800	600			
			三人间		8	8	398	240		浔阳厅	1	1	50	800	600			
										鄱阳厅	1	1	60	800	600			
									小会议室	洽谈室	1	1	22	600	500			
										贵宾接待室	1	1	14	600	500			
九江市中景实业有限公司假期酒店	九江市中景实业有限公司假期酒店	3	套间	豪华套间	1	1	888	320	大会议室		1	1	500	3688	1500	九江市长虹大道火车站广场两侧	0792－8982888 8982500	
				普通套间	4	4	688	210	中会议室		1	1	300	2000	1000			
			中间	商务客房	20	20	488	190	小会议室		8	8	60	800	600			
				豪华客房	10	10	418	160										
			标准间	行政、商务客房	52	52	488	200										
				豪华客房	58	58	418	160										
				普通客房	115	115	318	120										
九江财镇宾馆	九江财镇宾馆	3	套间		5	5	680	300	大会议室		1	1	260	800	500	九江市甘棠南路111号	0792－8989966	
			单间		8	8	280	120	中会议室		1	1	90	600	300			
			标准间		52	52	280	120	小会议室		1	1	50	600	300			
				商务标间	14	14	400	160										
江西北戴河宾馆	江西北戴河宾馆有限公司	4	套间		3	3	888	598	大会议室		1	1	210	3000	1000	九江市永修县柘林湖南岸	0792－3068889	
			单间		3	3	428	298	中会议室		3	3	40	1000	450			
			标间		57	57	428	298	小会议室		1	1	35	1000	450			
港恒旅游发展（九江）有限公司西海温泉假日酒店			套间	度假套间	10	10	1280	600	大会议室	阶梯会议室	1	1	260	3600	2600	云居山一柘林湖风景区南岸易家河村	0792－3123001	
				酒店式公寓	125	125	800	300		5号会议室	1	1	200	2000	1400			
			单间		38	38	880	300	中会议室	6号会议室	1	1	50	1500	1100			
			标准间		219	219	880	300	小会议室	3号会议室	1	1	24	1500	1100			
										2号会议室	1	1	18	1200	840			

饭店名称	发票开具单位名称	星级	客房（数量：间；价格：元/天）						会议室（数量：间；价格：元/半天）						地址	前台订房电话	备注
			房型		总间数	协议间数	门市价	协议价	类型	总间数	协议间数	容纳人数	门市价	协议价			
江西柘林湖宾馆	江西柘林湖宾馆		套间		8	8	588	360	大会议室	1	1	150	1000	600	柘林湖风景区南岸码头	0792－3068001	
			单间		7	7	368	260	中会议室	1	1	100	600	400			
			标间		36	36	288	160	小会议室	1	1	50	500	300			
景德镇市																	
浮梁陶院别墅宾馆	陶瓷学院美术交流中心		套间		4	4	388	220	大会议室	2	2	250	1000	400	高岭大道1号（陶瓷学院内）	0798－8466777	
			单间						中会议室	2	2	130	800	300			
			标准间		64	64	288	120	小会议室	2	2	20	600	200			
景德镇市良友宾馆	景德镇市良友宾馆有限公司	3	套间	豪华套间	1	1	598	328	大会议室	1	1	150	1000	500	市珠山中路42号	0798－8272288 8272236	
				普通套间	2	2	388	268	小会议室	1	1	35	400	200			
			单间	商务单间	12	12	218	128									
			标准间	商务标间A	15	15	288	168									
				商务标间B	6	6	268	148									
				标准间A	6	6	228	148									
				豪华标间	5	5	338	228									
				标准间B	28	28	198	138									
昌南半岛酒店	景德镇市昌南半岛酒店有限公司		套间		7	7	788	350							市瓷都大道597号	0798－8565633	
			单间		9	9	388	160	中会议室	1	1	100	1000	600			
			标准间		56	56	388	160	小会议室	1	1	30	800	300			
景德镇市财政宾馆	景德镇市财政宾馆	3	套间	豪华套房	5	5	980	588	大会议室	1	1	200	1600	900	市新村北路43号	0798－8292366 8292765	
				普通套房	5	5	588	358	中会议室	1	1	130	1300	700			
			单间	商务单间	11	11	308	180	小会议室	1	1	40	1000	500			
			标准间	商务标间	23	23	398	238									
				豪华标间	25	25	328	180									
				普通标间	24	24	228	138									

饭店名称	发票开具单位名称	星级	客房（数量：间；价格：元/天）房型		总间数	协议间数	门市价	协议价	会议室（数量：间；价格：元/半天）类型	总间数	协议间数	容纳人数	门市价	协议价	地址	前台订房电话	备注
景德镇宾馆	景德镇宾馆	3	套间		5	5	1200	599	大会议室	1	1	300	1600	800	市风景路60号	0798－8271188 6226416	
			单间		101	101	420	200	中会议室	1	1	40	1200	500			
			标准间		33	33	360	180	小会议室	1	1	20	900	400			
景德镇市昌江宾馆有限责任公司	景德镇市昌江宾馆有限责任公司	3	套间		2	2	1388	550	大会议室	1	1	200	2800	1300	市瓷都大道（新风路口）	0798－8576666 8568731	
			单间		21	21	688	160	中会议室	1	1	60	1200	500			
			标准间		40	40	520	160	小会议室	1	1	20	600	300			
半岛国际酒店	景德镇市半岛国际酒店有限公司		套间		7	7	788	390	大会议室	1	1	268	1900	1500	市通站路121号	0798－8293991	
			单间		24	24	400	180	中会议室	1	1	70	1000	700			
			标准间		65	65	400	180	小会议室	1	1	30	800	560			
景德镇市开门子大酒店	景德镇市开门子大酒店	4	套间		23	23	1888	588	大会议室	1	1	130	1800	1000	市瓷都大道1055号	0798－8577777 8560166	
			单间		40	40	628	298	中会议室	1	1	40	1600	800			
			标准间		90	90	888	298	小会议室	3	3	20	1000	600			
朗逸酒店	景德镇朗逸酒店有限公司	4	套间	普通套房	6	6	988	486	大会议室	1	1	250	3000	2500	市珠山西路5号	0798－8561789	
			单间	普通单间	19	19	668	298	中会议室	1	1	60	1200	600			
			标准间	普通标间	142	142	668	298	小会议室	1	1	30	800	400			
紫晶宾馆	景德镇市紫晶宾馆有限责任公司	5	套间	套间	12	12	2288	600	大会议室	1	1	600	10000	4000	市紫晶路9号	0798－8599999	三号楼
			单间	单间	4	4	1088	300	中会议室	1	1	100	3800	2200			
			标准间	标准间	117	117	988	300	小会议室	5	5	14	2600	1800			
鹰潭市																	
江西鹰潭华侨大厦有限公司	江西鹰潭华侨大厦有限公司	4	行政套房		6	6	1188	600	多功能厅	1	1	200	2500	2000	鹰潭市站江路21号	0701－6696236	
			商务标间		26	26	568	300	大堂1号会议室	1	1	80	1000	800			
			商务单间		15	15	568	300	大堂2号会议室	1	1	30	700	600			
			豪华单间		16	16	468	270	会展中心大会场	1	1	600	20000	18000			
			豪华标间		64	64	468	270	会展中心1号会议室	1	1	100	1800	1600			
			中标		36	36	388	230	会展中心2号会议室	1	1	60	1500	1300			
			普标		80	80	338	200	会展中心接待1号	1	1	20	1500	1300			
									会展中心接待21号	1	1	10	1200	1000			

饭店名称	发票开具单位名称	星级	客房（数量：间；价格：元/天）					会议室（数量：间；价格：元/半天）						地址	前台订房电话	备注
			房型	总间数	协议间数	门市价	协议价	类型	总间数	协议间数	容纳人数	门市价	协议价			
鹰潭宾馆	鹰潭市委招待所	3	套间	4	4	688	348	大会议室	1	1	200	2000	1600	鹰潭市林荫东路9号	0701－6692110	
			豪标	11	11	488	248	中会议室	1	1	50	1000	800			
			单间	6	6	428	218	小会议室	1	1	30	700	500			
			标准 A	25	25	428	218									
			标准 B	19	19	368	188									
泽方正圆度假山庄	龙虎山泽方正圆度假山庄		套间	5	5	1888	300	大会议室	1	1	150	800	600	鹰潭市龙虎山16公里	0701－	
			单间	12	12	488	160	中会议室	1	1	80	500	300			
			标间	66	66	368	130	小会议室	1	1	50	350	200			
家乐居酒店	鹰潭市家乐居酒店管理有限公司		豪华商务套	12	12	680	248	大会议室	1	1	130	1000	500	鹰潭市龙虎山16公里	0701－7170000	
			豪华复式套	9	9	580	210	中会议室	1	1	50	500	200			
			标准商务套房	7	7	620	200									
			豪标	27	27	560	160									
			普标	9	9	480	135									
			单间	7	7	380	135									
江西鹰潭饭店有限公司	江西鹰潭饭店有限公司	3	套间	8	8	888	450	大会议室	1	1	200	1600	800	鹰潭市交通路24号	0701－6685858	
			单间	12	12	310	160	中会议室	1	1	80	800	600			
			标间	130	130	378	160	小会议室	1	1	10	400	300			
江西一鼎实业发展有限公司阳光假日酒店	江西一鼎实业发展有限公司		豪标	80	80	468	220	大会议室	1	1	200	3000	1500	鹰潭市南站路24号	0701－6688888	
			普标	11	11	428	190	中会议室	1	1	60	1200	600			
								小会议室	2	2	20	900	450			
鹰潭市财苑宾馆	鹰潭市财苑宾馆		套间	3	3	380	150	大会议室	1	1	150	800	450	鹰潭市交通路32号	0701－6682588	
			单间	6	6	198	80	中会议室	1	1	30	300	200			
			标准间 A	18	18	198	80	小会议室	1	1	20	200	100			
			标准间 B	30	30	150	80									

饭店名称	发票开具单位名称	星级	客房（数量：间；价格：元/天）房型		总间数	协议间数	门市价	协议价	会议室（数量：间；价格：元/半天）类型	总间数	协议间数	容纳人数	门市价	协议价	地址	前台订房电话	备注
新余市																	
新余市北湖宾馆	新余市北湖宾馆	4	套间	天湖楼套房	15	15	758	480	大会议室	1	1	200	1800	1200	新余市北湖中路508号北湖宾馆	0790－642222	
									中会议室	1	1	80	1000	800			
			单间	天湖楼豪单	15	15	468	288	小会议室	4	4	40	800	400			
				天湖楼普单	10	10	388	240									
			标准间	天湖楼豪标	96	96	398	230									
				天湖楼普标	78	78	338	188									
悦华商务酒店	新余市悦华商务有限责任公司	3	套间	豪套	4	4	698	288	大会议室	1	1	200	1600	800	新余市长青北路一号	0790－6336010	
				豪景房	3	3	598	288	小会议室	1	1	40	800	300			
				阳标	10	10	398	168									
			单间	商单	14	14	368	148									
				普单	8	8	318	128									
			标准间	商标	43	43	368	148									
				普标	58	58	318	128									
新余市万年青商务大酒店	新余市万年青服务有限责任公司	3	套间	套间	5	5	388	200	大会议室	1	1	150	1600	800	新余市仙来中大道305号	0790－6469888	
									中会议室	1	1	50	600	300			
				商务间	35	35	298	198	小会议室	1	1	35	600	300			
			单间	单间	11	11	198	128									
			标准间	豪标	10	10	238	168									
				标间	54	54	198	128									
华瑞宾馆	新余华瑞置业有限公司华瑞宾馆	3	套间	豪华单人套房	12	12	988	280	大会议室	1	1	250	1600	800	新余市抱石大道561号	0790－6256000	
									小会议室	1	1	30	600	300			
			单间	温馨单人房	12	12	486	148									
			标准间	商务双人房	36	36	596	160									
				温馨双人房	48	48	486	148									
				普通双人房	24	24	358	128									

饭店名称	发票开具单位名称	星级	客房（数量：间；价格：元/天）						会议室（数量：间；价格：元/半天）						地址	前台订房电话	备注
			房型		总间数	协议间数	门市价	协议价	类型	总间数	协议间数	容纳人数	门市价	协议价			
望江国际酒店	望江国际酒店		套间	豪华套房	2	2	988	288	大会议室	1	1	260	1200	600	新余市新欣南大道1号	0790－6268888	
									小会议室	1	1	50	600	300			
			单间	休闲娱乐单间	8	8	248	168									
				豪华单间	5	5	248	158									
				商务单间	8	8	238	148									
				舒适单间	14	14	198	128									
			标准间	休闲娱乐标间	16	16	258	168									
				豪华标间	10	10	248	158									
				商务标间	21	21	238	148									
				舒适标间	45	45	198	128									
萍乡市																	
萍乡市七星国际商务酒店	象南实业萍乡七星国际商务酒店		套间	豪华套间	11	11	1280	568	大会议室	2	2	180	4800	3600	萍乡市建设路78号	0799－6626013	
			单间	普通单间	80	80	668	258	中会议室	1	1	45	1800	1200			
			标准间	普通标间	52	52	668	258	小会议室	5	5	10	1600	1000			
				豪华标间	64	64	768	288									
五洲花园大酒店	萍乡市五洲花园大酒店有限公司	4	套间	豪华套间	9	9	1288	298	大会议室	1	1	200	2000	1200	江西省萍乡市安源东大道16号	0799－7024228	
				行政套间	3	3	1688	568									
			单间	豪华单间	12	12	688	168	中会议室	2	2	80	1000	500			
				行政单间	14	14	888	258	小会议室	2	2	40	600	400			
			标准间	豪华标间	40	40	688	168									
				行政标间	15	15	888	258	多功能厅	1	1	400	5000	2000			
鑫海岸商务酒店	江西省萍乡市金海岸实业有限公司鑫海岸商务酒店	3	套间	商务套间	3	3	538	328	大会议室	1	1	200	1600	1200	公园南路168号	0799－6892002	
				娱乐套间	8	8	538	378									
			单间	普通单间	12	12	268	173	中会议室	1	1	130	1200	1000			
				商务单间	7	7	338	198									
			标准间	普通标间	49	49	288	178	小会议室	1	1	50	800	500			
				商务标间	24	24	388	198	小会议室	2	2	30	500	300			

饭店名称	发票开具单位名称	星级	客房（数量：间；价格：元/天）						会议室（数量：间；价格：元/半天）						地址	前台订房电话	备注
			房型		总间数	协议间数	门市价	协议价	类型	总间数	协议间数	容纳人数	门市价	协议价			
江西萍乡安源宾馆	萍乡市安源宾馆	3	套间	商务套间	11	11	558	258	大会议室	1	1	300	2000	1200	萍乡市跃进南路143号	0799－6882518	
			单间	商务单间	15	15	348	148	中会议室	2	2	100	1600	1000			
			标准间	普通标间	52	52	318	128	小会议室	3	3	45	800	300			
				商务标间	22	22	348	128									
萍乡迎宾馆	萍乡迎宾馆		套间	湖山景套房	8	8	868	448	大会议室	1	1	150	3180	1800	江西省萍乡市经济开发区玉湖路1号	0799－6771888	
			单间	3、5号楼豪华单间	6	6	438	248	中会议室	1	1	45	1200	800			
				2号楼豪华单间	10	10	528	288									
			标准间	3、5号楼豪华标间	17	17	428	238	小会议室	1	1	25	1000	600			
				2号楼豪华标间	6	6	468	248									
萍乡市昭萍宾馆	萍乡市昭萍宾馆	2	套间	普通套间	2	2	468	260	大会议室	1	1	160	1000	600	萍乡市八一西路32号	0799－6882899	
			单间	普通单间	2	2	288	140									
			标准间	普通标间	43	43	188	70	中会议室	2	2	50	500	300			
				商务标间	12	12	288	140									
				豪华标间	24	24	258	120									
萍乡市星亮山庄	萍乡市星亮山庄		套间	普通套间	3	3	980	570	多功能厅	1	1	200	900	680	江西省上栗县长平乡狮形村	0799－3624688	
				豪华套间	2	2	1680	598	一会议室	1	1	40	600	480			
			单间	娱乐单间	6	6	258	188	二会议室	1	1	30	400	280			
									三会议室	1	1	55	600	380			
			标准间	标准间	32	32	198	148	四会议室	1	1	18	300	180			
				三人间	10	10	238	178									
赣州市																	
赣南宾馆	赣南宾馆	3	套间		25	25	466	268	大会议室	1	1	400	2000	1500	赣州市厚德路76号	0797－8265166 8265168	
			单间		24	24	288	130	中会议室	1	1	180	1000	800			
			标准间		150	150	268	130	小会议室	2	2	70	800	600			

饭店名称	发票开具单位名称	星级	客房（数量：间；价格：元/天）						会议室（数量：间；价格：元/半天）						地址	前台订房电话	备注
			房型		总间数	协议间数	门市价	协议价	类型	总间数	协议间数	容纳人数	门市价	协议价			
赣州宾馆	赣州宾馆	3	套间		9	9	688	380	大会议室 A	1	1	260	2000	1000	赣州市健康路 69 号	0797－8266188	
			单间	豪华单间	5	5	468	198	大会议室 B	1	1	260	1800	800			
				商务单间	8	8	368	168	中会议室	2	2	100	800	400			
			标准间		105	105	468	168	小会议室	2	2	20	600	300			
聚德山庄	赣州市聚德山庄酒店有限公司		套间		2	2	998	280	大会议室	1	1	120	2000	800	赣州市水东镇 123 工程	0797－8161080	
			单间		4	4	798	180	中会议室	1	1	80	1500	600			
			标准间		41	41	698	140	小会议室	1	1	30	500	300			
铁龙大酒店	赣州市铁龙工程实业有限公司铁龙大酒店	3	套间		8	8	888	268	大会议室	1	1	150	800	400	赣州市八一四大道 66 号	0797－8139999	
			单间	豪华单间	11	11	518	128	中会议室	1	1	50	500	200			
				普通单间	8	8	458		小会议室	1	1	15	免费	免费			
			标准间	豪华标准间	50	50	518	128									
				普通标准间	15	15	458										
海天大酒店	赣州海天大酒店	3	套间	贵宾套间	9	9	1188	260	大会议室	1	1	150	2000	600	赣州市八一四大道 31 号	0797－8100266	
				商务套间	3	3	888	230	中会议室	1	1	40	800	300			
			单间	豪华单间	19	19	328	120	小会议室	1	1	30	700	260			
				普通单间	10	10	238	103									
			标准间	特豪华标准间	3	3	438	160									
				豪华标准间	26	26	368	120									
				普通标准间	48	48	328	120									

饭店名称	发票开具单位名称	星级	客房（数量：间；价格：元/天）						会议室（数量：间；价格：元/半天）						地址	前台订房电话	备注
			房型		总间数	协议间数	门市价	协议价	类型	总间数	协议间数	容纳人数	门市价	协议价			
赣龙大酒店	赣州赣龙大酒店有限公司	3	套间		8	8	1300	548	大会议室	1	1	100	2000	1200	赣州市红旗大道50号	0797－8269160 8269180	
			单间	普通单间	11	11	228		中会议室	1	1	80	1200	600			
				商务单间	12	12	338		小会议室	1	1	40	800	400			
				行政单间	13	13	450	180									
				行政豪华单间	12	12	540										
			标准间	商务豪华标准间	24	24	388										
				行政豪华标准间	19	19	540										
				商务标准间	24	24	338	180									
				行政标准间	22	22	450										
				普通标准间	10	10	228										
金赣大酒店	赣州市鑫赣酒店有限公司		套间	豪华套间	1	1	888	480	大会议室	1	1	230	800	400	赣州市八一四大道42号	0797－8130918 8161388	
				普通套间	3	3	398	200	中会议室	1	1	60	500	200			
			单间		3	3	238	130	小会议室	3	3	40	300	150			
			标准间		60	60	268	100									
上饶市																	
华都国际大酒店	上饶市华都旅业有限公司	4	套间	行政套间	15	15	988	500	大会议室	2	2	500	5000	3000	上饶市信州区带湖路66－68号	0793－8258888	
				商务休闲套间	18	18	868	268									
				商务套间	166	166	738	198									
			单间	商务单间（单套）	28	28	488	198	中会议室	1	1	80	2200	1500			
			标准间	豪华标间	30	30	428	298	小会议室	2	2	20	1100	800			

饭店名称	发票开具单位名称	星级	客房（数量：间；价格：元/天）房型		总间数	协议间数	门市价	协议价	会议室（数量：间；价格：元/半天）类型		总间数	协议间数	容纳人数	门市价	协议价	地址	前台订房电话	备注
中山国际饭店	上饶市中山国际饭店有限公司	3	套间		3	3	428	328	大会议室		1	1	200	2600	2000	上饶市中山西路71号	0793－8222666	
			单间		12	12	218	138	中会议室		1	1	120	800	600			
			标准间		82	82	208	138	小会议室		1	1	40	460	320			
上饶三清大酒店	上饶三清大酒店有限公司	3	套间	豪华套间	4	4	1680	500	大会议室		1	1	160	1600	1000	上饶市信州区站前路2号	0793－8336888	
				普通套间	4	4	780	350										
			单间	单人间A	5	5	380	138	中会议室	中会议室	1	1	60	800	500			
				单人间B	4	4	280	118		贵宾室	1	1	40	700	400			
				豪华单人间	16	16	580	178										
			标准间	普通标间	56	56	480	138	小会议室		1	1	35	600	300			
				豪华标间	34	34	580	168										
北星大酒店	上饶市北星大酒店有限公司	3	套间		3	3	758	350	大会议室		1	1	120	1200	500	上饶市信州区带湖路71号	0793－8257666	
			单间		23	23	238	133	中会议室		1	1	60	1000	350			
			标准间		80	80	258	133	小会议室		1	1	45	1000	350			
金钰大酒店	上饶市金钰大酒店有限公司		套间		11	11	330	230	大会议室		1	1	600	800	600	饶市赣东北大道39号	0793－6195555	
			单间		16	16	220	113	中会议室		1	1	100	400	300			
			标准间	普通标间	56	56	180	113	小会议室									
				豪华标间	20	20	260	180										
润丰大酒店	上饶市润丰大酒店		套间		4	4	516	253	大会议室							上饶市信州区五三大道48号	0793－8302999	
			普通单间		23	23	216	118	中会议室		1	1	100	1200	600			
			豪华单间		12	12	268	140	小会议室		1	1	30	600	300			
			普通标准间		62	62	216	118										
			豪华标间		12	12	268	140										
教育宾馆	上饶市教育培训中心		套间		4	4	160	120	大会议室		1	1	160	500	400	上饶市信州区中山西路53号	0793－8236024	
			单间		20	20	120	90	中会议室		1	1	70	300	200			
			标准间		76	76	130	90	小会议室		2	2	40	200	150			

饭店名称	发票开具单位名称	星级	客房（数量：间；价格：元/天）						会议室（数量：间；价格：元/半天）						地址	前台订房电话	备注
			房型		总间数	协议间数	门市价	协议价	类型	总间数	协议间数	容纳人数	门市价	协议价			
一佳酒店	上饶市一佳酒店有限公司		套间		4	4	488	253	大会议室	1	1	120	900	600	上饶市民德路2号	0793－7901688	
			单间		10	10	218	118	中会议室	1	1	100	800	500			
			标准间	普通标间	48	48	238	118	小会议室	1	1	80	600	400			
				豪华标间	51	51	268	158									
			三人间		2	2	288	188									
世纪外滩酒店	上饶市世纪外滩酒店物业管理有限公司		套间		7	7	998	253	大会议室	2	2	300	1000	600	上饶市信州区站前路12号	0793－7062888	
			单间		16	16	338	118	中会议室	1	1	60	600	400			
			标准间		120	120	338	118	小会议室	1	1	60	500	300			
抚州市																	
抚州汝水森林宾馆	抚州汝水森林宾馆		套间	3号楼商务三套	2	2	1238	540	大会议室	1	1	500	6000	3600	抚州市文昌大道1560号	0794－8358666	
				3号楼商务套房	10	10	918	448									
				2号楼商务套房	15	15	858	388									
			单间	3号楼商务单间	13	13	658	300	中会议室	1	1	150	1300	900			
				无窗单间	5	5	518	268									
				2号楼商务单间	20	20	598	268									
				2号楼高级单间	14	14	518	230									
			标准间	3号楼商务标间	22	22	658	300	小会议室	2	2	40	900	500			
				2号楼商务标间	46	46	598	268									
				2号楼高级标间	31	31	518	230									

饭店名称	发票开具单位名称	星级	客房（数量：间；价格：元/天）						会议室（数量：间；价格：元/半天）						地址	前台订房电话	备注
			房型		总间数	协议间数	门市价	协议价	类型	总间数	协议间数	容纳人数	门市价	协议价			
抚州荣誉国际酒店	江西抚州荣誉置业发展有限公司		套间		24	24	1198	498	大会议室	1	1	600	4000	2000	抚州市迎宾大道566号	0794－8200000	
			单间		119	119	508	238	中会议室	1	1	250	2000	1000			
			标准间		153	153	508	238	小会议室	5	5	30	600	300			
抚州市梦湖商务酒店有限公司	抚州市梦湖商务酒店有限公司	3	套间	豪华套间	2	2	1588	600	大会议室	1	1	150	600	500	抚州市临川大道1099号	0794－8255988	
			单间	景观单间	25	25	238	148									
				湖景单间	9	9	258	178	中会议室	1	1	88	600	500			
			标准间	湖景标间	37	37	258	178									
				景观标间	32	32	238	148	小会议室	2	2	60	500	400			
				休闲标间	7	7	258	178									
抚州市富宇宾馆有限公司	抚州市富宇宾馆有限公司		套间	豪华套间	1	1	436	120	大会议室						抚州市赣东大道449号	0794－8251688	
			单间	普通单间	15	15	198	120									
			标准间	豪华标间	6	6	288	120	中会议室	1	1	70	480	300			
				商务标间	19	19	228	120	小会议室	1	1	20	300	200			
				普通标间	36	36	198	120									
抚州罗马假日精品商务酒店	抚州罗马假日精品商务酒店		套间		19	19	338	158	大会议室						抚州市临川大道666号	0794－2186666	
			单间		33	33	228	138	中会议室	1	1	100	600	300			
			标准间		40	40	248	138	小会议室	1	1	40	300	180			
江西永生现代连锁宾馆抚州店	江西永生现代连锁宾馆抚州店		单间	特价单间	6	6	119	110	大会议室						抚州市赣东大道1098号	0794－8307777	
				时尚单间	37	37	149	110									
				舒适单间	5	5	159	110	中会议室								
				数码E房	9	9	169	110									
				休闲单间	5	5	199	110	小会议室	1	1	50	488	300			
			标准间	标准间	30	30	159	110									
宜春市																	
盛华绿茵宾馆	宜春市袁州区盛华绿茵宾馆		套间		2	2	388	238	中会议室	1	1	60	350	200	宜春市中山中路368号	0795－2186666	
			商务单间		2	2	208	136									
			普通单间		9	9	168	98									
			商务标间		26	26	208	136									
			普通标间		34	34	188	118									

饭店名称	发票开具单位名称	星级	客房（数量：间；价格：元/天）					会议室（数量：间；价格：元/半天）						地址	前台订房电话	备注
			房型	总间数	协议间数	门市价	协议价	类型	总间数	协议间数	容纳人数	门市价	协议价			
博皓商务酒店	江西博皓商务酒店投资管理有限公司		套间	9	9	306	200	大会议室	1	1	150	600	400	宜春市明月北路569号	0795－7086666	
			单间	17	17	206	130	小会议室	1	1	30	400	200			
			商务标间	20	20	236	140									
			普通标间	84	84	206	120									
			三人间	6	6	266	170									
宜春财政干部培训中心	江西宜春财政干部培训中心	2	套间	5	5	800	300	大会议室	1	1	100	800	600	宜春市温汤镇温泉路41号	0795－3518080	
			单间	13	13	218	120	中会议室	2	2	30	500	300			
			标准间	46	46	218	120	小会议室	1	1	12	200	150			
秀江宾馆	宜春市袁州区秀江宾馆		豪华套间	3	3	418	300	大会议室	1	1	250	1200	800	宜春市中山中路370号	0795－7083020	
			商务单间	5	5	188	158	中会议室	1	1	150	600	500			
			行政单间	6	6	168	138	小会议室	3	3	50	400	300			
			普通单间	3	3	138	110									
			商务标间	24	24	188	158									
			行政标间	23	23	168	138									
			普通标间	28	28	138	110									
			行政三人间	3	3	238	208									
			普通三人间	3	3	198	160									
阳光大酒店	宜春市袁州区阳光大酒店有限责任公司	3	豪华套间	1	1	2188	268	大会议室	1	1	200	1500	800	宜春市袁山中路489号	0795－2188888	
			行政单间	4	4	400	198	中会议室	1	1	60	800	400			
			单间	5	5	339	80	小会议室	1	1	30	500	200			
			标准间	95	95	390	160									
青龙酒店	江西青龙集团酒店有限公司	3						大会议室	1	1	800	8000	6000	宜春市东风路283号	0795－3912111	
			单人套间	10	10	398	210		1	1	400	2800	1500			
			行政豪华单间	6	6	438	245		1	1	120	1000	600			
			行政单间	9	9	438	245		1	1	100	1000	600			
			豪华单间	3	3	398	210	中会议室	1	1	45	800	400			
			标准单间	54	54	358	180	小会议室	1	1	25	600	300			
			行政双人间	8	8	438	245									
			行政标准双人间	17	17	438	245									
			双人套间	21	21	398	210									

饭店名称	发票开具单位名称	星级	客房（数量：间；价格：元/天）					会议室（数量：间；价格：元/半天）						地址	前台订房电话	备注
			房型	总间数	协议间数	门市价	协议价	类型	总间数	协议间数	容纳人数	门市价	协议价			
德和大酒店	宜春市德和大酒店有限责任公司	3	行政套间	10	10	980	380	大会议室	1	1	250	1200	800	宜春市朝阳路36号	0795－3299999	
			普通套间	6	6	880	330	中会议室	1	1	90	1000	600			
			行政单间	3	3	698	290	小会议室	1	1	30	600	400			
			普通单间	16	16	508	240		2	2	40	500	400			
			行政标间	36	36	698	280									
			普通标间	100	100	488	210									
锦绣山庄酒店	江西济民可信锦绣山庄酒店有限公司	4	商务套间	11	11	888	399	大会议室	1	1	300	2000	1200	宜春市秀江西路210号	0795－3558888	
			豪华单间	18	18	588	259	中会议室	1	1	60	1800	800			
			商务标间	18	18	668	288	小会议室	3	3	25	800	400			
			豪华标间	88	88	498	239									
吉安市																
吉安华拓国际大酒店	华拓企业（吉安）有限公司吉安华拓国际大酒店	4	高级家庭房	4	4	650	248	多功能厅	1	1	400	2200	1850	江西省吉安市青原区美陂西路18号	0796－8113333 传真：8112333	
			豪华双人房	43	43	620	218	宴会厅	1	1	220	1800	1500			
			高级双人房	32	32	580	198									
			豪华单人房	25	25	620	218									
			高级单人房	16	16	580	198	中型会议室	3	3	60	1200	1000			
			高级楼中楼套房	4	4	1080	468									
			豪华套房	5	5	980	418	会见厅	1	1	20	800	680			
吉安白鹭酒店集团有限公司白鹭宾馆	吉安白鹭酒店集团有限公司	4	标准间	74	74	320	160	多功能厅	1	1	360	2000	1800	江西省吉安市吉州区井冈山大道141号	0796－8287318 8287328 传真：8287528	
			豪华标间	28	28	438	220	咖啡厅	1	1	100	800	600			
			单人间	5	5	320	160	接见室	1	1	50	600	500			
			豪华单间	14	14	438	220	三号会议室	1	1	60	500	400			
			商务标间	20	20	468	230	一号会议室	1	1	40	400	300			
			商务单间	11	11	468	230	二号会议室	1	1	40	400	300			
			套房	3	3	730	490									
吉安宾馆	吉安宾馆有限公司	3	标准间 A	38	38	328	160	大会议室	1	1	100	1000	500	江西省吉安市吉州区沿江路99号	0796－8263537 传真：8263888	
			标准间 B	68	68	220	100	中会议室	2	2	50	500	300			
			单间	5	5	288	160									
			套房 A	2	2	780	390									
			套房 B	2	2	500	260	小会议室	2	2	20	300	150			

饭店名称	发票开具单位名称	星级	客房（数量：间；价格：元/天）					会议室（数量：间；价格：元/半天）						地址	前台订房电话	备注
			房型	总间数	协议间数	门市价	协议价	类型	总间数	协议间数	容纳人数	门市价	协议价			
江西米西宾馆有限公司	江西米西宾馆有限公司	3	普通标准间	30	30	228	100	大会议室（豪华）	1	1	200	1600	800	江西省吉安市吉州区鹭洲东路16号	0796－8264118 8264138 传真：8264166	
			行政标准间	20	20	278	120									
			商务标准间	40	40	328	160	中会议室（普通）	1	1	160	800	400			
			行政单间	3	3	278	120									
			商务单间	4	4	328	160	小会议室（豪华）	1	1	40	800	400			
			普通套房	3	3	328	160	小会议室（普通）	2	2	50	400	200			
			豪华套房	2	2	1288	400									
华昌大酒店	江西省煤田地质局二二七地质队华昌大酒店	2	标准间	44	44	240	120	大会议室	1	1	150	1000	700	江西省吉安市青原区青原大道255号	0796－8102584 传真：8103118	
			单间	6	6	240	120	中会议室	1	1	100	800	500			
			套房	6	6	328	160	小会议室	1	1	40	500	300			
井冈山市																
黄洋界宾馆	井冈山黄洋界宾馆	4	标准间	69	69	780	280	大会议室	1	1	130	2600	1600	井冈山茨坪镇红军北路36号	0796－6553045 传真：6554823	
			单间	6	6	980	300	中会议室	1	1	65	1600	800			
			三人间	16	16	680	250	小会议室	4	4	20	600	200			
			套间	9	9	1880	600									
映山红宾馆	江西省井冈山映山红宾馆	4	标准间	114	114	698	270	大会议室	1	1	300	6980	2800	井冈山茨坪镇长坑路5号	0796－6550888 6550666 传真：6550299	
			单间	4	4	388	180	中会议室	2	2	100	3880	1800			
			套间	11	11	1680	580	小会议室	4	4	40	1880	500			
井秀山庄	江西省电力职工井冈山培训中心	4	标准间	76	76	880	270	大会议室	1	1	200	2800	1800	井冈山茨坪镇黄竹坳路28号	0796－6555888 传真：6553068	
			商务单间	17	17	980	290	中会议室	1	1	120	1800	1000			
			套间	10	10	1980	580	小会议室	4	4	40	1200	500			
星期酒店	井冈山市星期酒店有限公司	4	标准间	90	90	760	270	大会议室	1	1	268	5000	2600	井冈山茨坪镇红军南路3号	0796－6555566 6555577 传真：6550707	
			单间	18	18	780	290	中会议室	1	1	100	4200	2200			
			商务套间	8	8	1680	580	小会议室	3	3	40	1200	800			

饭店名称	发票开具单位名称	星级	客房（数量：间；价格：元/天）					会议室（数量：间；价格：元/半天）						地址	前台订房电话	备注
			房型	总间数	协议间数	门市价	协议价	类型	总间数	协议间数	容纳人数	门市价	协议价			
井冈山宾馆	井冈山旅游发展股份有限公司	3	标准间	90	90	580	180	大会议室	1	1	339	8000	4000	井冈山市茨坪镇红军北路16号	0796－6552618 6552272 传真：6552551	
			套间	5	5	1965	500	中会议室	1	1	260	5800	2600			
								小会议室	5	5	30	600	400			
瑞峰宾馆	江西省国家税务局井冈山培训中心	3	标准间	112	112	680	180	大会议室	1	1	250	3000	1200	井冈山茨坪镇长坑路6号	0796－6552868 传真：6567299	
			单间	7	7	680	180	中会议室	1	1	80	1500	500			
			小套间	8	8	2680	400	小会议室	8	8	20	1000	200			
圣地山庄	南昌铁路局井冈山圣地山庄	3	豪华标准间	50	50	580	180	大会议室	1	1	180	2000	1000	井冈山茨坪镇红军南路28号	0796－7026288 传真：7026288	
			商务标准间	44	44	680	200	小会议室	2	2	30	1500	600			
			单间	3	3	980	200									
			套间	6	6	1988	480									
中煤宾馆	井冈山市中煤宾馆	3	标准间	93	93	480	180	大会议室	1	1	180	2600	900	井冈山茨坪镇长坑路7号	0796－6560200 传真：6560200	
			单间	3	3	480	180	中会议室	1	1	80	1500	600			
			套间	6	6	880	460	小会议室	3	3	20	600	300			
井峰宾馆	江西省邮政公司吉安市邮政局井冈山井峰宾馆	3	标准间	30	30	458	180	大会议室	1	1	100	1000	500	井冈山市茨坪镇红军北路附1号	0796－6559999 传真：6559889	
			豪华标准间	9	9	688	180	小会议室	1	1	40	600	300			
			豪华单间	3	3	668	180									
			三人间	6	6	568	175									
			套间	3	3	1488	400									
北苑宾馆	江西省井冈山市北苑宾馆	3	标准间	55	55	480	180	大会议室	1	1	160	1000	1000	井冈山市茨坪镇红军北路28号	0796－6560008 传真：6560018	
			单间	1	1	480	180	中会议室	1	1	50	600	600			
			套间	3	3	1280	500	小会议室	1	1	40	500	500			
长青宾馆	井冈山市长青宾馆有限责任公司	3	标准间	52	52	480	180	大会议室	1	1	100	1200	900	井冈山市茨坪镇红军北路12号	0796－6552663 6555699 传真：6557257	
			单间	2	2	528	180	中会议室	1	1	40	900	600			
			三人间	7	7	680	196	小会议室	1	1	20	500	300			
			套间	3	3	880	500									

饭店名称	发票开具单位名称	星级	客房（数量：间；价格：元/天）					会议室（数量：间；价格：元/半天）						地址	前台订房电话	备注
			房型	总间数	协议间数	门市价	协议价	类型	总间数	协议间数	容纳人数	门市价	协议价			
翠湖宾馆	井冈山翠湖宾馆	3	豪华标准间	81	81	480	180	大会议室	1	1	160	2600	1000	井冈山市茨坪镇红军南路2号	0796－6557888 6557666 传真：6557168	
			豪华单间	2	2	480	180	中会议室	2	2	60	800	500			
			小豪华套间	2	2	880	400	小会议室	2	2	40	800	500			
江西井冈翠林宾馆	江西省工商干部井冈山培训中心	3	标准间	49	49	580	180	大会议室	1	1	150	1800	800	井冈山市茨坪镇红军北路46号	0796－6560668 6560669 传真：6560609	
			单间	4	4	680	180	中会议室	1	1	30	800	600			
			套间	3	3	1680	510	小会议室	1	1	20	600	400			
井冈山南湖宾馆	江西省井冈山财政干部教育基地		标准间	68	68	780	300	大会议室	1	1	260	5000	2000	井冈山市茨坪镇红军南路19号	0796－6556666	
			单间	22	22	830	300	中会议室	1	1	80	2600	1000			
			套间	10	10	2666	600		1	1	50	2600	1000			
								小会议室	1	1	30	1800	600			
									1	1	25	1800	600			
									1	1	20	1800	600			
茨坪生态苑	井冈山市茨坪生态苑		标准间	81	81	560	176	大会议室	1	1	200	800	800	井冈山市茨坪镇泰井高速连接线82公里处	0796－6689266 6689288 传真：6689611	
			套间	19	19	780	380	中会议室	1	1	100	500	500			
								小会议室	2	2	50	300	300			
江轩宾馆	井冈山市江轩宾馆		标准间	69	69	480	140	大会议室	1	1	600	8000	6000	井冈山市茨坪镇红军北路1号	0796－6561288 6561330 传真：6561289	
			豪华标准间	45	45	680	180	中会议室	1	1	250	2600	2000			
									1	1	150	800	600			
			套间	7	7	1680	400	小会议室	3	3	60	500	300			
									1	1	20	400	200			
统计宾馆	国家统计局井冈山全国统计干部革命传统教育基地		标准间	80	80	320	140	大会议室	1	1	130	800	800	井冈山市茨坪镇兰花坪路4号	0796－6552904 传真：6552924	
			套间	4	4	660	280	小会议室	1	1	35	400	400			

山东省

- 财政部委托山东省财政厅负责在山东省地级以上城市招标采购会议定点饭店并负责日常监督管理工作。
- 通过政府采购，确定山东省会议定点饭店 118 家。
- 会议定点饭店按照与财政部门签订《协议书》的价格向中央和地方各级党政机关和事业单位提供相应的接待服务。
- 山东省部分会议定点饭店的价格是按照综合定额方式采购的，各单位在组织筹备会议时应先向会议定点饭店查询。如果对协议价格产生疑义，可以要求定点饭店出示《协议书》。
- 如有会议定点饭店变更或饭店的协议价格变化，应以“党政机关出差和会议定点饭店查询网”的信息为准。
- 本目录中的山东省会议定点饭店的详细信息，可在“党政机关出差和会议定点饭店查询网”查阅。
- 山东省各地区长途电话区号：

济南市	0531	聊城市	0635
德州市	0534	东营市	0546
淄博市	0533	潍坊市	0536
烟台市	0535	威海市	0631
青岛市	0532	日照市	0633
临沂市	0539	枣庄市	0632
济宁市	0537	泰安市	0538
莱芜市	0634	滨州市	0543
菏泽市	0530		

山东省会议定点饭店

饭店名称	发票开具单位名称	星级	客房（价格：元/天）					会议室（数量：间；价格：元/天）						地址	前台定房电话	备注
			房型	总间数	协议间数	门市价	协议价	类型	总间数	协议间数	容纳人数	门市价	协议价			
济南市																
山东东方大厦	山东东方大厦	4	套间	15	15	1188	三类 220	大会议室	2	2	200	6000	3000	济南市经七路 263 号	0531－86910030	
			单间	5	5	588		中会议室	1	1	50	4000	2000			
			标准间	45	45	588		小会议室	1	1	10	3000	1500			
济南玉泉森信大酒店有限公司	济南玉泉森信大酒店有限公司	4	豪华标准间	109	109	680	二类 320	大会议室	1	1	500	8000	5000	济南市经一路 66 号	0531－82688888	
			标准单人间	34	34	580		中会议室	4	4	150	2000	1300			
			标准双人间	75	75	580		小会议室	3	3	30	1200	900			
济南珍珠泉宾馆	济南珍珠泉宾馆		套间	16	16	1288	二类 320/三类 220	大会议室	1	1	180	6000	3600	济南市院前街 1 号	0531－87779096	
			单间	4	4	650		中会议室	2	2	120	6000	3000			
			标准间	263	263	650		小会议室	5	5	30	1000	600			
山东金都大酒店	山东金都大酒店	4	套间	13	13	980	二类 300/三类 220	大会议室	1	1	180－260	4000	3000	济南市英雄山路 155－1 号	0531－86139000	
			标准单间	25	25	780		中会议室	1	1	60－80	3000	2000			
			标准标准间	92	92	680		小会议室	3	3	30－40	1000	800			
山东中豪大酒店	山东中豪大酒店	4	套间	76	76	1680＋10%	二类 320/三类 220	大会议室	2	2	200	3000	2400	济南市解放路 165 号	4006186123	
			单间	21	21	1180＋10%		中会议室	2	2	50	1200	960			
			标准间	77	77	1180＋10%		小会议室	2	2	15	800	640			
山东丽天大酒店	山东丽天大酒店	4	套间	5	5	1680＋10%	二类 320/三类 220	大会议室	1	1	400	9600＋10%	6000	济南市经一路 66 号	0531－82688888	
			单间	31	31	580＋10%		中会议室	3	3	150	3600＋11%	3000			
			标准间	175	175	680＋10%		小会议室	5	5	20－40	1600＋12%	1000			
山东锦绣山庄	山东锦绣山庄		套间	23	23	1288	二类 320/三类 220	大会议室	1	1	300	6000	2500	济南市历城区仲宫镇锦绣川	0531－85120666	
			单人间	23	23	628		中会议室	5	5	130	3000	1500			
			双人间	117	117	588		小会议室	3	3	65	1600	800			
山东省华能大厦有限责任公司	山东省华能大厦有限责任公司	4	套间	3	3	1280	二类 320/三类 220	大会议室	1	1	200－300	6600	4600	济南市泉城路 17 号	0531－86096888	
			单间	36	36	760		中会议室	3	3	60－150	4200	3200			
			标准间	104	104	760		小会议室	2	2	20－50	2000	1400			

饭店名称	发票开具单位名称	星级	客房（价格：元/天）					会议室（数量：间；价格：元/天）						地址	前台定房电话	备注
			房型	总间数	协议间数	门市价	协议价	类型	总间数	协议间数	容纳人数	门市价	协议价			
聊城市																
山东省聊城市东昌宾馆	山东省聊城市东昌宾馆	3	套间 A	4	4	3600 元	600 元	大会议室	1	1	1000	6000 元	3000 元	聊城市东昌西路 117 号	0635 - 8421002	综合定额最高每人每天 400 元
			套间 B	12	12	1200 元	400 元									
			单间 A	10	10	480 元	288 元	中会议室 A	1	1	300	3000 元	1500 元			
			单间 B	10	10	168 元	100 元	中会议室 B	1	1	120	2000 元	1000 元			
			标准间 A	43	43	480 元	288 元	小会议室 A	2	2	60	1320 元	660 元			
			标准间 B	45	45	330 元	198 元	小会议室 B	5	5	40	660 元	330 元			
			标准间 C	60	60	218 元	130 元									
聊城市泉林中苑大酒店	聊城市泉林中苑大酒店	3	套间	11	11	888 元	488 元	大会议室	1	1	260	4000 元	2000 元	聊城市东昌西路 135 号	0635 - 8426868	综合定额最高每人每天 400 元
			单间	18	18	388 元	238 元	中会议室 A	1	1	150	3000 元	1500 元			
								中会议室 B	1	1	80	2000 元	1000 元			
			标准间	95	95	368 元	218 元	小会议室 A	1	1	30	1200 元	600 元			
								小会议室 B	1	1	20	1200 元	600 元			
聊城联众置业有限公司昆仑大酒店	聊城联众置业有限公司昆仑大酒店	3	套间	11	11	798 元	558 元	大会议室 A	1	1	500	6000 元	5000 元	聊城市东昌东路 109 号	0635 - 5088888	综合定额最高每人每天 400 元
			单间	34	34	598 元	300 元	大会议室 B	1	1	300	4000 元	3000 元			
			标准间	94	94	488 元	228 元	中会议室 A	1	1	60	1500 元	1200 元			
								中会议室 B	1	1	50	800 元	600 元			
								小会议室 A	1	1	30	800 元	600 元			
								小会议室 B	1	1	20	800 元	600 元			
德州市																
德州贵都大酒店	山东中茂实业集团有限公司贵都大酒店	4	商务套间	10	10	998	598	大会议室	1	1	300	4000	2800	山东省德州市解放中大道 238 号	0534 - 2659888	综合定额 400 元/人·天
			豪华单间	12	12	468	298									
			普通单间	24	24	428	278	中会议室	3	3	50	2800	1800			
			豪华标准间	34	34	468	298									
			普通标准间	97	97	428	278	小会议室	1	1	15	2200	1600			
风都国际酒店	风都国际酒店	4	套间	36	36			中会议室	2	2	70			德州市经济开发区晶华路 159 号	0534 - 2268288	综合定额 400 元/人·天
			单间	12	12											
			标准间	58	58			小会议室	1	1	40					

饭店名称	发票开具单位名称	星级	客房（价格：元/天）					会议室（数量：间；价格：元/天）						地址	前台定房电话	备注
			房型	总间数	协议间数	门市价	协议价	类型	总间数	协议间数	容纳人数	门市价	协议价			
凯元温泉度假村	德州凯元温泉度假村有限公司	4	套间	5	5	1880	590	大会议室	1	1	300	6000	4000	德州市经济开发区晶华大道	0534－2566567 2566529	综合定额 400 元/人·天
								中会议室	1	1	150	3000	2000			
			商务标准间	80	80	560	290	小会议室	2	2	50	2000	1500			
德州大酒店	德州大酒店有限责任公司	3	套间	5	5			大会议室	1	1	200			德州市东方红路 968 号	0534－2650118	综合定额 400 元/人·天
			单间	10	10			中会议室	1	1	50					
			标准间	80	80			小会议室	1	1	20					
市委招待所（州都宾馆）	市委招待所（州都宾馆）	3	套间	3	3			大会议室	2	2	300			德州市东方红西路 1536 号	0534－2694118 2694101	综合定额 400 元/人·天
			三人套间	8	8			中会议室	2	2	60					
			标准间	71	71			小会议室	2	2	20					
广川宾馆	广川宾馆		单间	7	7			大会议室	1	1	150			德州市湖滨中大道 1258 号	0534－2260888	综合定额 400 元/人·天
								中会议室	2	2	58					
			标准间	70	70			小会议室	1	1	14					
东营市																
东营宾馆	东营宾馆	4	套间	51	51	688/888	598	大会议室	1	1	300	11600	4000	东营市东城东三路 180 号	0546－8062288	1. 二类会议 496 元。2. 三类会议 396 元。3. 协议价格不分淡旺季
			单间	44	44	358/388	298	中会议室	1	1	60	5160	3100			
			标准间	122	122	368/388	298	小会议室	12	12	30	1036	620			
东城蓝海大酒店	山东蓝海股份有限公司蓝海大酒店		套间	5	5	628	565	大会议室	1	1	300	7800	4000	东营市东城府前街 158 号	0546－8085918	1. 二类会议 495 元。2. 三类会议 394 元。3. 协议价格不分淡旺季
			单间（普通）	7	7	398	298	中会议室	1	1	120	3000	2400			
			单间（经济 A）	7	7	228	228									
			单间（经济 B）	7	7	198	198	小会议室	1	1	60	2000	1200			
			标准间	32	32	398	298									
源通宾馆	东营市齐鲁人家餐饮有限责任公司	3	套间（豪华）	2	2	698	578	大会议室	1	1	280	5200	3600	东营市东城东三路 153 号	0546－8921800	1. 二类会议 460 元。2. 三类会议 380 元。3. 协议价格不分淡旺季
			套间（高级）	4	4	518	428									
			套间（普通）	3	3	480	338									
			单间（高级）	5	5	288	188	中会议室	1	1	50	1200	1080			
			单间（普通）	5	5	228	238									
			标准间（高级）	45	45	248	208	小会议室	1	1	16	600	540			
			标准间（普通）	12	12	188	158									

饭店名称	发票开具单位名称	星级	客房（价格：元/天）					会议室（数量：间；价格：元/天）						地址	前台定房电话	备注
			房型	总间数	协议间数	门市价	协议价	类型	总间数	协议间数	容纳人数	门市价	协议价			
东方俱乐部	胜利油田奥凯龙石油工程有限公司东方俱乐部	3	套间	5	5	680	480	大会议室	1	1	180	4000	3200	东营市东城府前街120号	0546－8835239	1. 三类会议320元。2. 协议价格不分淡旺季
			单间	4	4	328	180	中会议室	1	1	40	1360	1160			
			标准间	37	37	288	160	小会议室	1	1	20	960	800			
新悦大酒店	东营蓝海新悦大饭店有限责任公司	4	套间（高级）	21	21	693	519	大会议室	1	1	270	3600	3600	东营市西城西二路181号	0546－8200088	1. 二类会议490元。2. 三类会议390元。3. 协议价格不分淡旺季
			单间（高级）	45	45	327	298	中会议室	1	1	120	2400	2400			
			标准间	78	78	327	298	小会议室	1	1	40	1800	1800			
西城宾馆	东营市东营区西城宾馆	3	套间	2	2	666	476	大会议室	1	1	500	5200	3000	东营市西城淄博路200号	0546－7669816	1. 二类会议470元。2. 三类会议370元。3. 协议价格不分淡旺季
			单间（普通）	11	11	280	218	中会议室	1	1	200	3000	1800			
			标准间（高级）	34	34	380	298	小会议室	1	1	50	2200	1200			
			标准间（普通）	30	30	350	278									
淄博市																
山东齐盛国际宾馆	山东齐盛国际宾馆		套间	20	20	1080	598	大会议室	1	1	1200	28000	27000	山东省淄博市张店区北京路17号	0533－2808777	会议中心
			单间	69	69	680	299	中会议室	1	1	400	12000	11000			二类综合定额最高每人每天500元
			标准间	172	172	680	299	小会议室	11	11	100	3500	3300			
																迎宾楼（客房）
								中会议室	2	2	300	7000	4000			三类综合定额最高每人每天400元
								小会议室	1	1	70	5000	4800			
淄博宾馆	淄博宾馆	4	套间	12	12	1688	380	大会议室	1	1	120	2200	2000	山东省淄博市张店区金晶大道189号	0533－2288288	综合定额二类最高每人每天500元；三类最高400元
			单间	35	35	788	260	中会议室	2	2	60	1800	1600			
			标准间	107	107	788	260	小会议室	4	4	20	1200	1000			
山东省淄博颜山宾馆	山东省淄博颜山宾馆		套间	9	9	560	320	大会议室	2	2	100	1200	800	一号院：博山新建一路3号，二号院：博山青年路6号	0533－4180117 4180774	综合定额二类最高每人每天500元；三类最高400元
			单间	40	40	360	248	中会议室	2	2	60	880	600			
			标准间	102	102	280	180	小会议室	3	3	40	600	360			
憩苑宾馆	憩苑宾馆		套间	8	8	1800	598	大会议室	1	1	200	6000	3000	山东省淄博市淄川区商家镇	0533－5432666	综合定额二类最高每人每天500元；三类最高400元
								中会议室	1	1	80	2400	1500			
			标准间	39	39	380	298	小会议室	3	3	30	1600	800			

饭店名称	发票开具单位名称	星级	客房（价格：元/天）					会议室（数量：间；价格：元/天）						地址	前台定房电话	备注
			房型	总间数	协议间数	门市价	协议价	类型	总间数	协议间数	容纳人数	门市价	协议价			
山东理工大学国际学术交流中心	山东理工大学国际学术交流中心	3	套间	4	4	980	580	大会议室	1	1	120	1200	600	淄博市张店区新世界商业街中段2号	0533－2305077 2305111	综合定额二类最高每人每天500元；三类最高400元
			单间	10	10	360	180	中会议室	2	2	60	1200	600			
			标准间	74	74	360	180	小会议室	1	1	30	1600	800			
淄博饭店	山东淄博饭店集团股份有限公司	4	豪华套间	20	20	1080	580	大会议室	1	1	500	6000	4000	淄博市张店区金晶大道177号	0533－2180888	综合定额二类最高每人每天500元；三类最高400元
			豪华单间	131	131	980	300	中会议室	1	1	100	1600	1300			
			豪华标准间	168	168	680	300	小会议室	6	6	20	800	600			
潍坊市																
齐鲁饭店	潍坊齐鲁会计大厦有限公司	4	套间	14	14	780	520	大会议室	1	1	200	8000	6000	潍坊市东风东街343号	0536－8219988－1	综合定额400元/人·天
			单间	14	14	580	280	中会议室	1	1	150	6000	4800			
			标准间	76	76	580	180	小会议室	4	4	50	4000	3200			
富华大酒店（B座）	潍坊雅悦富华酒店管理有限公司	4	套间	11	11	1318	590	大会议室	3	3	1000	10000	8000	潍坊市福寿东街168号	0536－8881988－2166	综合定额400元/人·天
			单间	32	32	515	280	中会议室	1	1	300	1500	1200			
			标准间	280	280	515	220	小会议室	7	7	80	1000	800			
潍坊东方大酒店	潍坊东方大酒店有限公司		套间	20	20	1180	598	大会议室	1	1	300	5000	4000	潍坊市东风东街181号	0536－8881111	另有挂四星级房间：标准间42个、单间62个、套房23个。综合定额400元/人·天
			单间	9	9	580	298	中会议室	1	1	100	4000	3000			
			标准间	100	100	580	298	小会议室	5	5	50	3000	2400			
帝豪大酒店	潍坊市帝豪大酒店有限公司	3	套间	7	7	318	303	大会议室						潍坊市向阳路398号	0536－8187666	标间、单间：电脑房上浮20元；早餐15元/位。综合定额400元/人·天
			单间	25	25	158	153	中会议室	1	1	150	1200	1200			
			标准间	66	66	158	153	小会议室	1	1	50	800	800			
青州海龙大酒店	青州市海龙大酒店有限公司	3	套间	6	6	538	533	大会议室	1	1	120	1740	1600	潍坊青州市火车站西街368号	0536－3281753	综合定额400元/人·天
			单间	5	5	298	233	中会议室	1	1	60	1170	1170			
			标准间	141	141	238	165	小会议室	2	2	30	764	764			
寿光温泉大酒店	寿光阳光温泉大酒店有限公司	4	套间	14	14	1078	480	大会议室	1	1	1200	11600	5600	潍坊寿光市迎宾街99号	0536－5107888	综合定额400元/人·天
			单间	44	44	748	258	中会议室	1	1	200	5600	5600			
			标准间	151	151	748	130	小会议室	3	3	30	2400	1800			

饭店名称	发票开具单位名称	星级	客房（价格：元/天）					会议室（数量：间；价格：元/天）						地址	前台定房电话	备注
			房型	总间数	协议间数	门市价	协议价	类型	总间数	协议间数	容纳人数	门市价	协议价			
烟台市																
泓腾大酒店	烟台泓腾大酒店有限公司	3	标准间	8	8	488	200	大会议室	1	1	240	1500	1200	烟台市莱山区滨海中路143号	0535－7356099 7356088	二类会议报价240元/人·天
			套房	5	5	888	380	中会议室	1	1	60	800	600			三类会议报价240元/人·天
			单间	60	60	488	200	小会议室	1	1	30	600	500			
东方海洋大酒店	烟台东方海洋大酒店有限公司	3	标准间	50	50	480	220	大会议室	1	1	240	1800	1600	烟台市芝罘区滨海西路1号	0535－6583580 6583581	二类会议报价260元/人·天
			套房	10	10	1280	580	中会议室	1	1	80	1000	800			三类会议报价240元/人·天
			单间	17	17	480	220	小会议室	1	1	30	800	600			
烟台毓璜顶宾馆	烟台毓璜顶宾馆	4	套间	12	12	1180	480	大会议室	1	1	300	7200	4000	芝罘区毓璜顶西路17－2号	0535－6585887 6585696	二类会议报价400元/人·天
			单间	28	28	880	280	第一会议室	1	1	30	2400	1200			三类会议报价340元/人·天
			标准间	85	85	780	260	第二会议室	1	1	50	2800	1400			
								第三会议室	1	1	80	3200	1600			
烟台中心大酒店	烟台中心大酒店	4	标准间	50	50	680	300	多功能厅	1	1	240	4800	2400	烟台市南大街81号	0535－6589666	二类会议报价420元/人·天
			单人间	20	20	780	300	凯丽厅	1	1	60	3200	1600			三类会议报价350元/人·天
			套房	3	3	1580	600	凯悦厅	1	1	30	2400	1200			
烟台新闻中心	烟台新闻中心	3	套房	9	9	680	408	大会议室	1	1	260	3000	2000	烟台市环山路76号	0535－6589123	二类会议报价260元/人·天
			单间	14	14	420	189	中会议室	2	2	120	1200	1000			三类会议报价200元/人·天
			标间	148	148	360	162	小会议室	2	2	30	1000	800			
烟台虹口大酒店有限公司	烟台虹口大酒店有限公司	4	套间	14	14	2640	600	大会议室	1	1	220	3000	1300	烟台市大马路118号	0535－6585395 6585396	二类会议报价410元/人·天
			单间	19	19	800	300	中会议室	1	1	80	1500	700			三类会议报价340元/人·天
			标间	28	28	740	300	小会议室	3	3	20	1200	700			

饭店名称	发票开具单位名称	星级	客房（价格：元/天）					会议室（数量：间；价格：元/天）						地址	前台定房电话	备注
			房型	总间数	协议间数	门市价	协议价	类型	总间数	协议间数	容纳人数	门市价	协议价			
烟台亚细亚大酒店有限公司	烟台亚细亚大酒店有限公司	4	套间	36	36	980	398	二类会议室	1	1	400	560	388	烟台市南大街116号	0535－6588888	二类会议报价388元/人·天
			单间	30	30	600	268	三类会议室	1	1	200	520	328			三类会议报价328元/人·天
			标间	40	40	520	258									
烟台民航大厦有限责任公司	烟台民航大厦有限责任公司	4	标间	73	73	680	280	大会议室	1	1	200	6000	3000	烟台市芝罘区大海阳路78号	0535－6583311 6583322	二类会议报价400元/人·天
			单人间	20	20	880	280	中会议室	1	1	35	1200	1000			三类会议报价330元/人·天
			套房	7	7	880	380	小会议室	1	1	15	1000	600			
烟台华侨宾馆有限公司	烟台华侨宾馆有限公司	4	套房	11	11	1080	540	大会议室	1	1	200	1800	1200	烟台市芝罘区环山路30号	0535－6588288 6588289	二类会议报价370元/人·天
			单人间	20	20	580	280	中会议室	2	2	30－60	1200	800			三类会议报价300元/人·天
			标准间	75	75	580	290	小会议室	3	3	10－20	700	400			
烟台财会培训中心	烟台财会培训中心		标准间	229	229	980	300	大会议室	1	1	500	5800	4060	烟台莱山区海韵路12号	0535－6888199－1106	二类会议报价420元/人·天
			单间	62	62	1080	300	中会议室	2	2	200	2800	1960			三类会议报价350元/人·天
			套间	39	39	1880	600	小会议室	22	22	100	2000	1400			
烟台东海宾馆	烟台市军队转业干部培训中心	3	套房	9	9	9	390	大会议室	3	3	400－220	2000	1000	烟台市莱山区观海路38号	0535－6888460	二类会议报价200元/人·天
			单人间	6	6	6	200	中会议室	1	1	60	1000	600			三类会议报价180元/人·天
			标准间	142	142	142	170	小会议室	5	5	40	800	300			
烟台凤凰山宾馆	烟台凤凰山宾馆	4	套房	11	11	11	500	二类会议室	3	3	368、100、25	800－4000	640、1200、3200	烟台市莱山区桐林路19号	0535－6716199	二类会议报价300元/人·天
			单人间	8	8	8	300	三类会议室	3	3	30－20	600	480			三类会议报价260元/人·天
			标准间	65	65	65	300									
烟台东山宾馆	烟台东山宾馆		套间	14	14	2600	600	大会议室	2	2	468	8000	4000	烟台市芝罘区环山路207号	0535－6589566	二类会议报价420元/人·天
			单间	20	20	1080	300	中会议室	4	4	70	3200	1600			三类会议报价350元/人·天
			标准间	136	136	1080	300	小会议室	10	10	30	2000	1000			

饭店名称	发票开具单位名称	星级	客房（价格：元/天）					会议室（数量：间；价格：元/天）						地址	前台定房电话	备注
			房型	总间数	协议间数	门市价	协议价	类型	总间数	协议间数	容纳人数	门市价	协议价			
烟台市中献养马岛天马宾馆有限责任公司	烟台市中献养马岛天马宾馆有限责任公司	3	套间	6	6	1280	380	大会议室	1	1	300	4000	3000	烟台市牟平区养马岛环岛路503号	0535－4769100 4769200	二类会议报价340元/人·天
			单间	4	4	680	200	中型会议室	4	4	80	3000	2000			三类会议报价280元/人·天
			标准间	95	95	680	200									
烟台颐正苑大酒店有限公司	烟台颐正苑大酒店有限公司	4	套间	4	4	1500	560	大会议室	1	1	480	15000	9000	烟台市莱山区港城东大街1103号	0535－6719988	二类会议报价410元/人·天
			单间	12	12	800	290	中型会议室	3	3	30－300	6000	4200			三类会议报价338元/人·天
			标准间	42	42	400	240	小会议室	3	3	20－100	3000	1800			
龙口煤电有限公司海湾大酒店	龙口煤电有限公司海湾大酒店	4	套间	18	18	798	400	多功能会议室	1	1	200	1600	1000	山东省龙口市经济开发区振兴南路369号	0535－8958666	二类会议报价390元/人·天
			单间	40	40	638	260	大会议室	1	1	100	1300	800			三类会议报价340元/人·天
			标准间	50	50	598	260	小会议室	3	3	30	800	500			
蓬莱财会之家	蓬莱财会之家	3	套间	15	15	2180	580	大会议室	1	1	200	1800	二类会议：360 三类会议：300	蓬莱市海滨路3号	0535－5878888	二类会议报价360元/人·天
			标准间	108	108	680	280	中会议室	1	1	60	1000				三类会议报价300元/人·天
			单间	10	10	680	280	小会议室	1	1	30	600				
威海市																
威海蓝天宾馆	威海蓝天宾馆	4	套间	14	14			大会议室	2	2	560			威海市环海路1号	0631－5231670－2100	二类500元，三类400元
			单间	20	20			中会议室	2	2	80					
			标准间	121	121			小会议室	8	8	30					
威海市东山宾馆	威海市东山宾馆	3	套间	48	48			大会议室	2	2	600			威海市东山路26号	0631－5269888	二类300元，三类260元
			单间	18	18			中会议室	3	3	156					
			标准间	198	198			小会议室	6	6	60					

饭店名称	发票开具单位名称	星级	客房（价格：元/天）房型	总间数	协议间数	门市价	协议价	会议室（数量：间；价格：元/天）类型	总间数	协议间数	容纳人数	门市价	协议价	地址	前台定房电话	备注
威海金猴集团商务会馆有限公司	威海金猴集团商务会馆有限公司	3	套间	3	3			大会议室	1	1	1000			威海市高技区丹东路88号	0631－5666218	二类400元，三类350元
			单间	5	5			中会议室	1	1	100					
			标准间	65	65			小会议室	2	2	30					
威海电子疗养院	威海电子疗养院		套间	7	7			大会议室	2	2	1100			威海市环海路15号	0631－5261201	二类300元，三类260元
			单间	11	11			中会议室	5	5	350					
			标准间	133	133			小会议室	2	2	30					
威海新闻大厦	威海新闻大厦		套间	6	6			大会议室	1	1	220			威海市文化中路68号	0631－5817818	二类210元，三类210元
			单间	2	2			中会议室	1	1	100					
			标准间	52	52			小会议室	1	1	20					
荣成石岛宾馆有限公司	荣成石岛宾馆有限公司	4	套间	38	38			大会议室	1	1	600			石岛管理区迎宾路1号	0631－7287777	二类498元，三类398元
			单间	29	29			中会议室	4	4	300					
			标准间	293	293			小会议室	12	12	70					
文登市昆嵛酒店有限公司	文登市昆嵛酒店有限公司		套间	15	15			大会议室	1	1	450			文登市香山路8－1路	0631－8932227 8932132	二类498元，三类398元
			单间	50	50			中会议室	1	1	160					
			标准间	123	123			小会议室	5	5	80					
乳山国际大酒店	乳山国际大酒店		套间	10	10			大会议室	1	1	220			乳山市胜利街71号	0631－6878888	二类480元，三类380元
			单间	45	45			中会议室	1	1	80					
			标准间	36	36			小会议室	3	3	50					
日照市																
日照东海饭店有限公司	日照东海饭店有限公司		套间	4	4	1398	三类会议270	大会议室	1	1	400	6000	3000	日照市黄海二路59号	0633－2201888 2201999	
			单间	12	12	568		中会议室	1	1	200	3000	1600			
			标准间	63	63	528		小会议室	2	2	46	1000	600			
日照广电大酒店有限公司	日照广电大酒店有限公司	3	套间	8	8	1280	一类会议388	大会议室	1	1	400	3500	3000	日照市烟台路中段179号	0633－8803666 2295777	
			单间	12	12	668	二类会议358	中会议室	2	2	70	1200	1000			
			标准间	82	82	586	三类会议328	小会议室	1	1	15	500	400			
日照嘉豪商务酒店	日照嘉豪商务酒店	3	套间	4	4	888	一类260	大会议室	1	1	300	2800	1000	日照市北京路128号	0633－8866888 8866666	
			单间	9	9	598	二类260	中会议室	2	2	60	800	300			
			标准间	81	81	588	三类260	小会议室	1	1	60	800	300			

饭店名称	发票开具单位名称	星级	客房（价格：元/天）					会议室（数量：间；价格：元/天）						地址	前台定房电话	备注
			房型	总间数	协议间数	门市价	协议价	类型	总间数	协议间数	容纳人数	门市价	协议价			
日照市食为天餐饮服务有限公司	日照市食为天餐饮服务有限公司		套间	2	2	588	一类会议370 二类会议360 三类会议350	大会议室	1	1	400	4500	4000	日照市山东路中段491号	0633－3997555	
			单间	4	4	328		中会议室	1	1	120	1500	1200			
			标准间	40	40	298		小会议室	1	1	60	1000	800			
日照市山海天大酒店	日照市山海天大酒店		套间	4	4	988	一类会议370 二类会议270 三类会议220	大会议室	1	1	200	2600	1800	日照市碧海路9号（日照市第三海水浴场）	0633－8311788 8311798	
			单间					中会议室	1	1	70	1500	1000			
			标准间	80	80	588		小会议室	3	3	30	1000	600			
日照魏园度假山庄有限公司	日照魏园度假山庄有限公司	3	套间	9	9	980	一类380 二类350 三类320	大会议室	1	1	300	1200	800	日照市太公岛一路13号	0633－2286666	
			单间	11	11	598		中会议室	2	2	80	900	600			
			标准间	73	73	498		小会议室	1	1	30	500	300			
日照市日发人才科技服务有限公司太公宾馆	日照市日发人才科技服务有限公司太公宾馆		套间	12	12	1988	一类380 二类360 三类320	大会议室	1	1	300	3600	2600	山海天旅游度假区（碧海路65号）	0633－3711366	
			单间	12	12	698		中会议室	2	2	100	2000	1700			
			标准间	78	78	598		小会议室	6	6	60	1000	850			
临沂市																
临沂鲁班沂州宾馆	临沂市沂州宾馆鲁班店		套间	24	24	1160	586	大会议室	1	1	350	6000	3000	山东临沂市通达路307号	0539－3109266	260元/人·天
			单间	7	7	660	280	中会议室	1	1	40	3600	1800			
			标准间	50	50	660	280	小会议室	1	1	30	3200	1600			
荣华大酒店	山东临沂荣华大酒店	4	套间	6	6	1188	480	大会议室	2	2	300	5200	3120	山东临沂兰山区新华路121号	0539－8329888	260元/人·天
			单间	75	75	506	280	中会议室	2	2	120	3600	2160			
			标准间	88	88	506	280	小会议室	2	2	30	2400	1440			
临沂宾馆	临沂宾馆有限责任公司	3	套间	4	4	999	590	大会议室	1	1	500	12000	6000	山东临沂市沂蒙路322号	0539－8968088	260元/人·天
			单间	45	45	260	186	中会议室	2	2	300	7200	3000			
			标准间	64	64	360	257	小会议室	6	6	197	3000	1500			
临沂陶然居大酒店	临沂陶然居旅游有限公司	4	套间	8	8	1078	572	大会议室	6	6	300	8000	4000	山东省临沂市海关路163号	0539－8316889	260元/人·天
			单间	21	21	528	280	中会议室	1	1	40	3200	2600			
			标准间	109	109	528	280	小会议室	1	1	20	3200	1800			

饭店名称	发票开具单位名称	星级	客房（价格：元/天）					会议室（数量：间；价格：元/天）						地址	前台定房电话	备注
			房型	总间数	协议间数	门市价	协议价	类型	总间数	协议间数	容纳人数	门市价	协议价			
枣庄市																
枣庄大酒店	枣庄大酒店有限责任公司	4	豪华套间	3	3	980	588	大会议室	1	1	600	2000	1600	枣庄市市中区解放北路139号	0632-3399888	报价含餐费
			高级套间	4	4	780	468	中会议室	1	1	60	600	480			
			普通套间	5	5	580	348	小会议室	2	2	30	300	240			
			豪华标准间	70	70	460	276									
			普通标准间	20	20	280	168									
			单人普通间	6	6	420	252									
盈泰生态园	山东盈泰生态温泉度假村有限公司	4	套间	6	6	760	600	大会议室	1	1	600	3000	3000	山东省滕州市市区南三公里104国道路西	0632-5996777	报价含餐费
			单间	12	12	388	288	中会议室	1	1	80	1600	1600			
			标准间	42	42	388	288	小会议室	1	1	60	1600	1600			
滕州宾馆	滕州宾馆有限公司		套间	16	16	797	339	大会议室	1	1	1000		2000	山东省滕州市学院路东首	0632-5828888	报价含餐费
			单间	36	36	437	199	中会议室	2	2	100		900			
			标准间	96	96	437	199	小会议室	3	3	60		700			
香江信雅大饭店	滕州市至尊邮电饮食服务有限公司	3	标准套间	20	20	588	470	大会议室	1	1	800	3000	2400	滕州市荆河中路60号	0632-5659000	报价含餐费
			普通套间	3	3	380	300	中会议室	2	2	120	2500	2000			
			豪华单间	7	7	388	200	小会议室	3	3	50	800	600			
			行政单间	5	5	189	152									
			普通单间	16	16	178	142									
			豪华标准间	22	22	388	266									
			行政标准间	53	53	388	200									
			普通标准间	16	16	189	152									
			一般标准间	25	25	178	142									
济宁市																
济宁天德酒店	济宁天德酒店有限公司	3	套间	9	9	398	298	大会议室	1	1	180	3000	2000	济宁市火炬北路30号	0537-2077758	会议按照综合定额320元/人·天
			单间	8	8	298	168	中会议室	1	1	100	2600	1800			
			标准间	87	87	298	168	小会议室	3	3	15-20	2000	1600			

饭店名称	发票开具单位名称	星级	客房（价格：元/天）					会议室（数量：间；价格：元/天）						地址	前台定房电话	备注
			房型	总间数	协议间数	门市价	协议价	类型	总间数	协议间数	容纳人数	门市价	协议价			
济宁香港大厦	济宁高新区香港大厦	4	套间	11	11	2076	600	大会议室	1	1	150－200	3600	2880	济宁市高新区火炬路19号	0537－2969777	会议提前预定会议按照综合定额400元/人·天
			单间	52	52	726	300	中会议室	1	1	40－80	1800	1440			
			标准间	71	71	628	298	小会议室	2	2	15－30	800	640			
								贵宾室	1	1	15	800	640			
济宁名雅经纬大饭店有限公司	济宁名雅经纬大饭店有限公司	3	套间	7	7	888	378	大会议室	1	1	110	2200	1600	济宁市环城北路1号	0537－3160888	会议按照综合定额320元/人·天
			单间	46	46	488	258	中会议室								
			标准间	102	102	288	178	小会议室	1	1	30	1500	1000			
泰安市																
泰安市御座宾馆	泰安市御座宾馆	3	套间	17	17	1180	600	大会议室	1	1	112人/间			泰安市岱北街50号(岱庙东邻)	0538－8269999－2008	260元/人·天
			单间	19	19	580	280	中会议室	1	1	36人/间					
			标准间	58	58	580	280	小会议室	1	1	24人/间					
泰安泉盛大酒店	山东泉茂经贸有限公司泰安泉盛大酒店		套间	27	27	1260	560	大会议室	1	1	400人/间			泰安市环山路139号	0538－6225678－6666	260元/人·天
			单间	5	5	760	270	中会议室	3	3	50人－100人/间					
			标准间	108	108	760	270	小会议室	7	7	10人－40人/间					
泰安市金山度假村	泰安市金山度假村	3	套间	12	12	680	380	大会议室	1	1	200人/间			泰安市环山路137号	0538－8299791	260元/人·天
			单间	4	4	580	200	中会议室	1	1	110人/间					
			标准间	60	60	480	210	小会议室	3	3	30人－50人/间					
泰山尊皇大酒店	泰安泰山尊皇酒店管理有限公司	3	套间	5	5	1200	500	大会议室	1	1	200人/间			泰安市岱宗大街210号	0538－6056688 6056687	260元/人·天
			单间	8	8	580	220	中会议室	3	3	60人/间					
			标准间	150	150	580	200	小会议室	5	5	30人/间					
泰安东岳山庄	泰安东岳山庄有限公司		套间	21	21	1080	500	大会议室	1	1	300人/间			泰安市环山东路2号	0538－6212888	260元/人·天
			单间	6	6	560	230	中会议室	2	2	150人/间					
			标准间	126	126	560	230	小会议室	9	9	30人－60人/间					

饭店名称	发票开具单位名称	星级	客房（价格：元/天）					会议室（数量：间；价格：元/天）						地址	前台定房电话	备注
			房型	总间数	协议间数	门市价	协议价	类型	总间数	协议间数	容纳人数	门市价	协议价			
莱芜市																
莱芜宾馆	莱芜宾馆	4	套间	45	45	1080	600	大会议室	2	2	200	1980	1600	莱芜市汶阳大街1号	0634－6231188 6259999	综合定额最高每人每天400元
			单间	43	43	460	300	中会议室	4	4	50	1100	800			
			标准间	133	133	400	260	小会议室	6	6	30	800	600			
龙园宾馆	莱芜龙园宾馆有限公司	4	套间	11	11	1080	600	大会议室	1	1	200	4400	3600	高新区凤凰路18号	0634－8812888 8812999	综合定额最高每人每天400元
			单间	12	12	390	240	中会议室	1	1	180	2400	1600			
			标准间	89	89	390	240	小会议室	4	4	50	1000	800			
泰山饭店	莱芜泰山饭店有限公司	3	套间	8	8	580	380	大会议室	1	1	400	2400	2000	莱芜市文化北路19号	0634－8896888	综合定额最高每人每天400元
			单间	15	15	280	240	中会议室	1	1	160	1200	1000			
			标准间	40	40	260	170	小会议室	4	4	30	800	600			
莱芜翰林酒店	莱芜翰林酒店有限公司	3	套间	4	4	588	350	大会议室	1	1	200	1500	1200	莱芜市文化北路88号	0634－5628888	综合定额最高每人每天400元
			单间	21	21	298	180	中会议室	1	1	80	800	600			
			标准间	59	59	288	170	小会议室	3	3	20	400	300			
新兴大厦	莱芜钢铁集团金鼎实业有限公司新兴大厦	3	套间	11	11	1408	600	大会议室	1	1	300	1980	1580	莱芜市钢城区新兴路南首	0634－6820315	综合定额最高每人每天400元
			单间	37	37	360	260	中会议室	2	2	80	1980	1580			
			标准间	96	96	330	260	小会议室	14	14	18	500	400			
滨州市																
滨州贵苑大酒店	滨州贵苑大酒店有限责任公司	4	套间	8	8	1596	600	多功能厅	1	1	200	1980	1650	滨州市渤海九路522号	0543－3188888	会议室价格为不含服务费价格，服务费另收，综合定额400元/人·天
			单间	17	17	716	300	贵宾室	1	1	12	880	660			
			标准间（豪华）	44	44	716	300	小会议室	2	2	17	660	440			
			标准间（普通）	86	86	716	150									
中海酒店	滨州中海酒店有限公司		套间	12	12	1566	600	多功能厅	1	1	220	3000	2700	滨州市黄河八路西首中海西岸	0543－3281888	综合定额400元/人·天
			单间	6	6	866	300									
			标准间	18	18	766	150	贵宾厅	1	1	17	1500	1350			
								别墅会议室	6	6	14	680	400			

饭店名称	发票开具单位名称	星级	客房（价格：元/天）					会议室（数量：间；价格：元/天）						地址	前台定房电话	备注
			房型	总间数	协议间数	门市价	协议价	类型	总间数	协议间数	容纳人数	门市价	协议价			
银茂大酒店	滨州市银茂饮食服务有限公司银茂大酒店	4	套间（普通）	4	4	618	495	多功能厅	1	1	350	2000	1600	滨州市黄河五路 513 号	0543－3198888	综合定额 400 元/人·天
			标准间（豪华）	7	7	368	295	五楼会议室	1	1	16	600	480			
			标准间（普通）	55	55	328	262	四楼会议室	1	1	40	1200	960			
								三楼会议室	1	1	40	800	640			
								贵宾接待室	1	1	14	1200	960			
胜利油田华滨实业有限公司华滨大酒店	胜利油田华滨实业有限公司华滨大酒店	3	豪华套间	1	1	1188	600	大会议室	1	1	300	3000	2400	山东省滨州市黄河六路 531 号	0543－3478888	综合定额 400 元/人·天
			普通小套间	2	2	688	388									
			豪华单人间	7	7	328	262	中会议室	1	1	180	2000	1600			
			高级单人间	7	7	268	220									
			普通单人间	4	4	198	158	小会议室	1	1	60	1000	800			
			商务标准间	18	18	368	294									
			豪华标准间	37	37	328	262									
			高级标准间	28	28	268	220									
			普通标准间	12	12	198	158									
菏泽市																
菏泽南华牡丹大酒店	菏泽南华牡丹大酒店	3	套间	6	6	580	380	大会议室	2	2	400	2000	1000	菏泽市中华路 501 号	0530－5292000	餐费每人每天一类 80 元；二类 65 元；三类 55 元
			单间	7	7	260	170	中会议室	2	2	120	500	350			
			标准间	60	60	260	170	小会议室	1	1	30	500	238			
菏泽花都大厦有限公司	菏泽花都大厦有限公司	3	套间	8	8	788	440	大会议室						菏泽市中华东路 466 号	0530－5138186	餐费每人每天一类 80 元；二类 65 元；三类 55 元
			单间	23	23	260	168	中会议室	1	1	80	888	500			
			标准间	35	35	260	168	小会议室	1	1	30	666	400			
菏泽恒通置业发展有限公司天宏大酒店	菏泽恒通置业发展有限公司天宏大酒店	3	套间	8	8	888	530	大会议室	1	1	200	2000	800	菏泽市牡丹路 667 号	0530－5139723	餐费每人每天一类 80 元；二类 65 元；三类 55 元
			单间	16	16	488	200	中会议室	1	1	60	1200	380			
			标准间	84	84	388	170	小会议室	2	2	60	1000	360			

饭店名称	发票开具单位名称	星级	客房（价格：元/天）					会议室（数量：间；价格：元/天）						地址	前台定房电话	备注
			房型	总间数	协议间数	门市价	协议价	类型	总间数	协议间数	容纳人数	门市价	协议价			
菏泽南华大酒店有限公司	菏泽南华大酒店有限公司	3	套间	2	2	980	480	大会议室	1	1	100	1600	500	菏泽市人民路1388号	0530－5599888	餐费每人每天一类80元；二类65元；三类55元
			单间	6	6	380	160	中会议室	2	2	120	1200	300			
			标准间	44	44	380	160	小会议室	1	1	30	1200	300			
菏泽市牡丹区鑫利华实业有限公司水邑皇家大酒店	菏泽市牡丹区鑫利华实业有限公司水邑皇家大酒店	3	套间	2	2	988	380	大会议室	1	1	260	1280	850	菏泽市广福街202号	0530－5276668	餐费每人每天一类80元；二类65元；三类55元
			单间	13	13	358	170	中会议室	2	2	140	780	500			
			标准间	57	57	288	148	小会议室	1	1	16	680	400			
菏泽市柏青大厦有限公司	菏泽市柏青大厦有限公司		套间	3	3	1000	480	大会议室	1	1	300	2000	1000	菏泽市中华路2278号	0530－5621111	餐费每人每天一类80元；二类65元；三类55元
			单间	17	17	398	170	中会议室	2	2	200	800	400			
			标准间	64	64	280	138	小会议室	5	5	150	500	300			
菏泽月明珠大酒店有限公司	菏泽月明珠大酒店有限公司	3	套间	12	12	588	260	大会议室	1	1	200	1000	500	菏泽市中华西路239号	0530－5950111	餐费每人每天一类80元；二类65元；三类55元
			单间	12	12	298	120	中会议室	1	1	60	800	400			
			标准间	94	94	298	120	小会议室	1	1	30	600	300			
菏泽市日月百川大酒店	菏泽市日月百川大酒店		套间					大会议室	1	1	400	800	400	菏泽市广福街693号	0530－5020588	餐费每人每天一类80元；二类65元；三类55元
			单间	10	10	90	60	中会议室	1	1	80	400	300			
			标准间	50	50	168	90	小会议室	2	2	60	360	180			
菏泽市佳合花苑商务酒店	菏泽市佳合花苑商务酒店	3	套间	5	5	480	220	大会议室	1	1	110	1600	1000	菏泽市牡丹路1200号	0530－5954567	餐费每人每天一类80元；二类65元；三类55元
			单间	35	35	280	120	中会议室	1	1	80	1200	500			
			标准间	75	75	280	120	小会议室	2	2	80	1000	400			
菏泽市汇溪宾馆有限公司	菏泽市汇溪宾馆有限公司		套间	3	3	198	100	大会议室						菏泽市中华东路30号	0530－5333420	餐费每人每天一类80元；二类65元；三类55元
			单间	12	12	158	80	中会议室	1	1	100	400	200			
			标准间	35	35	158	80	小会议室	2	2	60	200	100			
菏泽市七天酒店	菏泽市七天酒店		单间	68	68	158	100	大会议室						菏泽市牡丹南路689号	0530－5297777	餐费每人每天一类80元；二类65元；三类55元
			标准间	12	12	188	110	中会议室	1	1	50	600	200			

青岛市会议定点饭店

饭店名称	发票开具单位名称	星级	客房（价格：元/天）				会议室（数量：间；价格：元/天）				会议综合包干经费（元/人·天）	地址	前台订房电话	备注
			房型	总间数	协议间数	门市价	类型	总间数	协议间数	门市价				
青岛市														
青岛致远楼宾馆（中国科学院青岛疗养院）	青岛致远楼宾馆	3	套间	6	6	2188	大会议室	1	1	3600	400	青岛市市南区珠海路1号	0532－85967888	
			单间	40	40	788	中会议室	2	2	2600				
			标准间	221	221	728	小会议室	6	6	800				
青岛花园大酒店	国务院国有资产监督管理委员会青岛培训中心	4	套间	6	6	1580	大会议室	1	1	15000	400	青岛市市南区彰化路6号	0532－83990888	
			单间	40	40	798	中会议室	1	1	6000				
			标准间	170	170	798	小会议室	4	4	2000				
青岛财政干部培训中心（樱海花园酒店）	青岛樱海花园酒店		套间	3	3	1280	大会议室				400	青岛市湛山二路3号	0532－83867188	
			单间	5	5	780	中会议室	1	1	1800				
			标准间	38	38	680	小会议室	1	1	1600				
中国气象局青岛气象职工度假村	中国气象局青岛气象职工度假村	3	套间	8	8	1980	大会议室	2	2	4000	400	青岛市东海东路87号	0532－88011231－5555/8888	
			单间	34	34	798	中会议室	2	2	2000				
			标准间	90	90	798	小会议室	4	2	1200				
青岛大学国际学术交流中心有限公司	青岛大学国际学术交流中心有限公司		套间	6	6	1280	大会议室	1	1	7200	400	青岛市宁夏路308号	0532－85952042	
			单间	3	3	560	中会议室	2	2	2000				
			标准间	111	111	560	小会议室	2	2	1000				
							同声传译会议室	1	1	15000				
青岛惠国宾馆	青岛惠国宾馆	3	套间	12	12	1888	大会议室	2	2	2000	400	青岛市巫峡路29号	0532－82660266	
			单间	19	19	688	中会议室	1	1	1000				
			标准间	82	82	688	小会议室	2	2	600				
							电教室	1	1	3000				
青岛望海轩酒店有限公司	青岛望海轩酒店有限公司		套间	16	16	1888	大会议室	1	1	5888	400	青岛市崂山区同安路189号	0532－66710888	
			单间	34	34	1088	中会议室	1	1	3888				
			标准间	10	10	1088	小会议室	1	1	2300				

饭店名称	发票开具单位名称	星级	客房（价格：元/天）				会议室（数量：间；价格：元/天）				会议综合包干经费（元/人·天）	地址	前台订房电话	备注
			房型	总间数	协议间数	门市价	类型	总间数	协议间数	门市价				
青岛黄海饭店	青岛黄海饭店	4	套间	14	14	1980	多功能厅	1	1	16000	400	青岛市延安一路75号	0532－82870215	
			单间	31	31	1080	前区会议室	1	1	12000				
			标准间	264	264	880	二楼会议室	1	1	2500				
青岛建银物业管理有限公司建银大酒店	青岛建银物业管理有限公司建银大酒店	3	套间	10	10	1180	大会议室	1	1	4000	360	青岛市市南区贵州路71号	0532－82651777	
			单间	10	10	860	中会议室	1	1	2000				
			标准间	95	95	860	小会议室	2	2	1000				
青岛八大关宾馆	青岛八大关宾馆		套间	13	13	2200	大会议室	2	2	12000	400	青岛市山海关路19号	0532－82039666	
			单间	15	15	1320	中会议室	4	4	8000				
			标准间	102	102	720/1320	小会议室	2	2	4000				
							同声传译会议室	1	1	40000				
青岛府新大厦	青岛府新大厦	4	套间	5	5	2880	大会议室	1	1	20000	400	青岛市闽江路5号	0532－85915868	
			单间	10	10	1280	中会议室	4	4	2400				
			标准间	190	190	1280	小会议室	3	3	1600				
青岛东方航空大厦有限责任公司	青岛东方航空大厦有限责任公司	3	套间	15	15	1280/5880	大会议室	1	1	2800	400	青岛市燕儿岛路16号	0532－85737888－8266	
			单间	32	32	660	中会议室	1	1	1800				
			标准间	63	63	780/880	小会议室	1	1	1200				
海关总署青岛教育培训基地	海关总署青岛教育培训基地		套间	8	8	1288	大会议室	1	1	8000	330	青岛市市南区宁夏路319号	0532－85870016－6666	
			单间	20	20	688	中会议室	2	2	4000				
			标准间	65	65	888	小会议室	7	7	2000				
青岛邮电疗养院（青岛海滨花园大酒店有限公司）	青岛邮电疗养院	3	套间	6	6	1680	大会议室	1	1	8400	380	青岛市市南区彰化路4号	0532－85939577	
			单间	15	15	780	中会议室	2	2	3600				
			标准间	181	181	680	小会议室	7	7	1760				
青岛东海国际大厦有限公司	青岛东海国际大厦有限公司		套间	60	60	2088	大会议室	1	1	4000	390	青岛市汇泉路17号	0532－83887070	
			单间	15	15	880	中会议室	1	1	3000				
			标准间	50	50	780	小会议室	2	2	2000				
							16楼小会议厅	2	2	2000				

河 南 省

- 财政部委托河南省财政厅负责在河南省地级以上城市招标采购会议定点饭店并负责日常监督管理工作。
- 通过政府采购，确定河南省会议定点饭店 91 家。
- 会议定点饭店按照与财政部门签订《协议书》的价格向中央和地方各级党政机关和事业单位提供相应的接待服务。
- 河南省部分会议定点饭店的价格是按照综合定额方式采购的，各单位在组织筹备会议时应先向会议定点饭店查询。如果对协议价格产生疑义，可以要求定点饭店出示《协议书》。
- 如有会议定点饭店变更或饭店的协议价格变化，应以“党政机关出差和会议定点饭店查询网”的信息为准。
- 本目录中的河南省会议定点饭店的详细信息，可在“党政机关出差和会议定点饭店查询网”查阅。
- 河南省各地区电话长途区号：

郑州市　0371
洛阳市　0379
新乡市　0373
安阳市　0372
开封市　0378
许昌市　0374
平顶山市　0375
信阳市　0376
驻马店市　0396
三门峡市　0398
焦作市　0391
鹤壁市　0392
濮阳市　0393
商丘市　0370
漯河市　0395
南阳市　0377
周口市　0394
济源市　0391

河南省会议定点饭店

饭店名称	发票开具单位名称	星级	客房（价格：元/天）					会议室（数量：间；价格：元/天）						地址	前台订房电话	备注
			房型	总间数	协议间数	门市价	协议价	类型	总间数	协议间数	容纳人数	门市价	协议价			
郑州市																
郑州御花园酒店	郑州御花园酒店	4	套间	30	30	1688－918	560－320	大会议室	1	1	220	2000	1000	郑州市黄河北街9号	0371－63872222	
			单间	9	9	588	220	中会议室	1	1	150	1600	800			
			标准间	97	97	758－588	280－220	小会议室	1	1	40	1500	750			
								小会议室	1	1	20	800	400			
物华大酒店	河南环球之旅酒店管理有限公司	3	套间	8	8	986	300	大会议室	1	1	160	2000	500	郑州市纬五路38号	0371－69516196	
			单间	4	4	556	220	中会议室	1	1	100	1200	400			
			标准间	112	112	570－398	238－180	小会议室	2	2	50	800	300			
								小会议室	1	1	30	800	200			
河南金审宾馆	河南金审宾馆	3	套间	6	6	1280－568	600－398	大会议室	1	1	230	1500	1000	郑州市政七街27号	0371－65510247	
								中会议室	1	1	100	800	600			
			标准间	103	103	398－368	236－218	小会议室	1	1	22	400	300			
								小会议室	3	3	50	600	400			
河南豫财宾馆	河南豫财宾馆	3	套间	7	7	698	419	大会议室	1	1	260	1600	1000	郑州市政七街10号	0371－65717270	
			单间	20	20	398	259	中会议室	1	1	120	1000	600			
			标准间	109	109	398	239－219	小会议室	2	2	32	400	300			
天中大酒店	河南天中大酒店有限公司	3	套间	4	4	1080－888	500－450	大会议室	1	1	260	1800	1200	郑州市顺河路31号	0371－66346888－681/682	
								大会议室	1	1	85	1500	1000			
			单间	27	27	418	200	中会议室	1	1	60	1000	600			
			标准间	38	38	518	238	中会议室	1	1	30	800	400			
			标准间	123	123	418	170	小会议室	1	1	18	400	200			
黄河饭店	黄河饭店	3	套间	15	15	1080	498	大会议室	1	1	450	6000	3500	郑州市中原路106号	0371－67809991	
								中会议室	1	1	150	3500	2000			
			单间	42	42	423	258	中会议室	1	1	100	1950	1000			
								中会议室	1	1	50	4000	2800			
								中会议室	1	1	50	3500	1200			
			标准间	152	152	336	276	小会议室	4	4	25	800	500			

饭店名称	发票开具单位名称	星级	客房（价格：元/天）					会议室（数量：间；价格：元/天）						地址	前台订房电话	备注
			房型	总间数	协议间数	门市价	协议价	类型	总间数	协议间数	容纳人数	门市价	协议价			
嵩山饭店	嵩山饭店	3	套间	45	45	730	560－480	大会议室	1	1	350	5500	4500	郑州市伊河路156号	0371－67176699	
								大会议室	1	1	550	5000	4000			
			单间	6	6	730	280	小会议室	1	1	200	2800	2500			
								小会议室	1	1	22	1800	1500			
			标准间	424	424	520－410	260－230	小会议室	1	1	12	1500	1200			
								小会议室	7	7	47－100	960	860			
								小会议室	2	2	47	680	650			
山河宾馆	河南省山河宾馆有限责任公司	3	套间	4	4	980	468－399	大会议室	1	1	240	3000	1200	郑州市纬五路中段11号	0371－65956647	
			单间	30	30	468	235	大会议室	1	1	70	1500	600			
			标准间	182	182	468－368	236－160	小会议室	2	2	30	600	240			
								小会议室	4	4	50	600	300			
天河大酒店	郑州天河服务有限公司天河大酒店	3	套间	42	42	688－368	340－180	大会议室	1	1	300	2000	1500	郑州市二七路110号	0371－66269005	
			单间	11	11	498－368	249－180	中会议室	2	2	100	1200	800			
			标准间	121	121	598－398	299－199	中会议室	1	1	100	1000	500			
								小会议室	1	1	50	1500	1000			
金质大厦	河南金质酒店服务有限公司	4	套间	10	10	1088－658	480－360	大会议室	1	1	350	4000	2500	郑州市花园路21号	0371－65655999	
			单间	8	8	518	280	中会议室	2	2	70	1500	800			
			标准间	110	110	488－438	270－260	小会议室	1	1	30	1000	500			
河南新世纪大厦	河南新世纪大厦	3	套间	5	5	990	594	大会议室	1	1	400	2800	2000	郑州市花园路50号	0371－65516100	
			单间	16	16	460	238	中会议室	4	4	50	800	600			
			标准间	131	131	480－280	238	中会议室	2	2	100	600	400			
河南龙门大酒店	河南龙门大酒店	3	套间	14	14	1188－688	594－413	大会议室	1	1	280	1400	700	郑州市郑花路20号	0371－66770062	
			单间	12	12	358	215	中会议室	1	1	80	800	500			
			标准间	146	146	338	186－170	小会议室	5	5	50	400	300			
河南友谊旅业股份有限公司郑州市华联广州大酒店	河南友谊旅业股份有限公司郑州市华联广州大酒店	3	套间	5	5	598－498	388－325	大会议室	1	1	200	1500	1000	郑州市北二七路95号	0371－66232608 66223317	
			单间	14	14	368	240	中会议室	1	1	80	1000	600			
			标准间	131	131	368－308	240－200	小会议室	1	1	30	800	400			
								小会议室	1	1	30	600	400			

饭店名称	发票开具单位名称	星级	客房（价格：元/天）房型	总间数	协议间数	门市价	协议价	会议室（数量：间；价格：元/天）类型	总间数	协议间数	容纳人数	门市价	协议价	地址	前台订房电话	备注
河南民航大酒店	河南民航大酒店	3	商务套间	6	6	1288	500	大会议室	1	1	300	1500	1000	郑州市金水路3号	0371－65781022 65781111	
			单间	23	23	598	200	小会议室	1	1	80	800	500			
			标准间	174	174	598	200	小会议室	1	1	40	500	300			
华龙宾馆	河南省华龙宾馆有限公司	2	套间	5	5	298	240	大会议室	1	1	180	900	500	郑州市经五路23号	0371－65782555	
			单间	12	12	238	168	中会议室	1	1	60	350	200			
			标准间	125	125	238	128－168	小会议室	2	2	40	300	180			
河南省祥源宾馆	河南省祥源宾馆	2	套间	4	4	488	380	大会议室	1	1	200	800	500	郑州市经五路20号	0371－65867333	
			单间	4	4	188	120	中会议室	1	1	80	500	300			
			标准间	88	88	198	130	小会议室	1	1	50	350	200			
郑州欧亚大酒店	郑州欧亚大酒店	2	套间	17	17	368	220	大会议室	1	1	200	1000	800	郑州市大学路3号	0371－66776688	
			单间	4	4	268	160	中会议室	1	1	60	360	280			
			标准间	65	65	476－238	280－140	小会议室	2	2	22	200	160			
河南饭店	河南省河南饭店	3	套间	2	2	1000－460	600－410	大会议室	1	1	220	1000	800	郑州市花园路88号	0371－66763388	
			单间	32	32	280	230	中会议室	1	1	100	600	500			
			标准间	266	266	280－140	230－140	小会议室	1	1	12	500	400			
								小会议室	4	4	40	400	300			
河南省黄河迎宾馆	河南省黄河迎宾馆		套间	18	18	1380－1680	600	大会议室	1	1	850－1200	29800	29800	郑州市迎宾路1号	0371－（9号楼）66778988（10号楼）66778088	
								大会议室	1	1	416	19800	16800			
			单间	40	40	780	300	大会议室	1	1	408	19800	4000			
								大会议室	3	3	120	12800	9800			
								大会议室	1	1	120	9800	8800			
			标准间	370	370	780－580	300	小会议室	1	1	144	4800	3800			
								小会议室	1	1	12	3800	2800			
								小会议室	2	2	70	3800	1600			
								小会议室	1	1	50	2600	1980			
								小会议室	4	4	70	2600	1380			
								小会议室	3	3	12	1800	680			
								小会议室	9	9	44	1200	680			
								小会议室	2	2	10	800	680			

饭店名称	发票开具单位名称	星级	客房（价格：元/天）					会议室（数量：间；价格：元/天）						地址	前台订房电话	备注
			房型	总间数	协议间数	门市价	协议价	类型	总间数	协议间数	容纳人数	门市价	协议价			
河南省军区第一招待所	中国人民解放军河南省军区第一招待所		套间	15	15	800－680	510－480	大会议室	1	1	400	3000	2000	金水路8号	0371－63074388	
								大会议室	1	1	200	5000	3000			
			单间	4	4	480	280	大会议室	1	1	45	2000	1500			
			标准间	254	254	560	290	中会议室	1	1	50	1500	1000			
								小会议室	4	4	20	600	400			
								小会议室	4	4	30	800	500			
郑州市地税宾馆	郑州市地税宾馆		套间	4	4	580	380	大会议室	1	1	160	1080	680	郑州市兴华南街15号	0371－68987766	
			单间	5	5	198	130	中会议室	1	1	80	880	580			
			标准间	70	70	368－236	180－60	小会议室	2	2	20	480	200			
								小会议室	2	2	20	380	180			
河南纪检监察宣教基地	河南纪检监察宣教基地	4	套间	4	4	1000	480	大会议室	1	1	200	1800	1200	郑州新郑龙湖	0371－69951111	
			标准间	200	200	700	200	中会议室	2	2	100	1200	800			
								小会议室	10	10	30	600	400			
河南宾馆酒店管理有限公司	河南宾馆酒店管理有限公司	3	豪华套房	4	4	2280	600	多功能厅	1	1	500	4800	3000	郑州市金水区金水路26号	0371－63529816	
			普通套房	13	13	640	340	第一会议室	1	1	100	1200	100			
			单间	10	10	360	240	第二会议室	1	1	40	800	600			
			单间	10	10	320	160	第三会议室	1	1	40	800	600			
			三人间	13	13	198	160	第四会议室	1	1	35	800	600			
			标准间	5	5	480	280	第五会议室	1	1	35	800	600			
			标准间	46	46	360	240	第六会议室	1	1	35	800	600			
			标准间	134	134	320	160	/	/	/	/	/	/			
河南省江河宾馆管理有限责任公司	河南省江河宾馆管理有限责任公司	3	套间	2	2	980	468	大会议室	1	1	240	2000	1200	郑州市金水区郑花路20号	0371－65702345	
			单间	12	12	388	140	中会议室	1	1	70	1500	600			
			标准间	46	46	388	140	小会议室	1	1	30	600	280			
			标准间	41	41	368	130	商务会议室	1	1	20	600	200			
郑州丰乐园置业有限公司丰乐园大酒店	郑州丰乐园置业有限公司丰乐园大酒店	4	套间	8	8	2080	580	大会议室	1	1	350	5000	3000	郑州市金水区南阳路北段宋砦	0371－66771066	
			单间	22	22	1060	140	大会议室	1	1	220	3000	1500			
								小会议室	1	1	100	1000	600			
			标准间	202	202	960	280	小会议室	1	1	80	1200	600			

饭店名称	发票开具单位名称	星级	客房（价格：元/天）房型	总间数	协议间数	门市价	协议价	会议室（数量：间；价格：元/天）类型	总间数	协议间数	容纳人数	门市价	协议价	地址	前台订房电话	备注
河南新华建国饭店有限责任公司	河南新华建国饭店有限责任公司	4	行政套间	8	8	1780	600	第一会议室	1	1	14	1300	800	郑州市金水区人民路22号	0371－66287788－358	
			总统套房	1	1	9999	600	第二会议室	1	1	14	1300	800			
			套房	3	3	1980	600	第三会议室	1	1	16	1800	1300			
			普通单间	18	18	818	160	第五会议室	1	1	28	1900	1500			
			商务单间	57	57	858	170	第六会议室	1	1	60－100	2300	1800			
			商务标准间	88	88	898	300	新闻发布厅	1	1	50－100	2500	2000			
			豪华标准间	18	18	980	300	多功能厅	1	1	150－300	4000	3400			
			/	/	/	/	/	宴会厅	1	1	150－200	2500	2000			
郑州杜康大酒店有限责任公司	郑州杜康大酒店有限责任公司	3	套间	2	2	898	400	嵩岳厅	1	1	200	1500	750	桐柏路178号	0371－67676233	
			标准间	78	78	398	140	锦绣厅	1	1	120	2000	1000			
			标准间	88	88	498	200	会议室	4	4	40	400	200			
郑州光华大酒店有限公司	郑州光华大酒店有限公司	3	套间	7	7	966	528	宇宙厅	1	1	300	3800	3000	郑州高新开发区瑞达路68号	0371－67995607	
			套间	8	8	996	528	金星厅	1	1	16	600	500			
			单间	25	25	656	165	木星厅	1	1	20	600	500			
			单间	20	20	576	165	水星厅	1	1	36	600	500			
			标准间	60	60	1472	300	火星厅	1	1	80	1500	1000			
			标准间	60	60	1192	300	土星厅	1	1	80	1500	1000			
			/	/	/	/	/	月亮厅	1	1	40	1500	1000			
河南省龙祥宾馆	河南省龙祥宾馆	3	套间	2	2	1118	518	报告厅	1	1	500	25000	8000	郑州市金水路16号	0371－65920395	
			套间	11	11	780	380	会议厅	1	1	150	15000	5000			
			单间	14	14	380	170	贵宾休息厅	2	2	20	4500	2000			
			单间	10	10	380	170	会议室	3	3	40	2500	1000			
			单间	19	19	428	170	多功能厅	1	1	150	5000	1500			
			标准间	45	45	380	180	多功能厅	1	1	150	2500	800			
			标准间	25	25	428	180	VIP	1	1	20	1500	500			
			标准间	9	9	428	200	/	/	/	/	/	/			
桃李园大酒店	河南农大桃李园大酒店有限公司	3	套间	3	3	888	528	多功能厅	1	1	220	1800	1000	郑州市东三街与丰产路交叉口	0371－63555700	
			单间	9	9	358	198	大会议室	1	1	80	500	400			
			标准间	79	79	328	180	中会议室	1	1	40	400	300			
			豪华标准间	7	7	368	208	小会议室	1	1	15	300	200			

饭店名称	发票开具单位名称	星级	客房（价格：元/天）					会议室（数量：间；价格：元/天）						地址	前台订房电话	备注
			房型	总间数	协议间数	门市价	协议价	类型	总间数	协议间数	容纳人数	门市价	协议价			
郑州丰乐农庄有限公司	郑州丰乐农庄有限公司		套间	10	10	1600	580	大会议室	2	2	1000	7500	4000	郑州市江山路北段	0371－63773863	
			单间	30	30	660	300	中会议室	5	5	300	2500	1750			
			标准间	396	396	560	260	小会议室	6	6	50	1000	600			
三门峡市																
金泉大酒店	三门峡金泉大酒店	3	小套间	2	2	888	328	大会议室	1	1	300	3000	2000	三门峡西温塘	0398－3803333	
			大套间	6	6	1999	600									
			单间	20	20	688	300	中会议室	1	1	160	2000	1000			
			标准间	80	80	488	198	小会议室	2	2	30	1000	600			
三门峡大鹏酒店	三门峡大鹏酒店有限公司	4	套间					大会议室	1	1	200	3000	2000	三门峡市陕州公园内	0398－2966007	
			单间	12	12	480	288									
			标准间	26	26	430	228	中会议室	1	1	70	1000	600			
			豪华标准间	52	52	480	288									
三门峡大鹏酒店	三门峡大鹏酒店有限公司	4	经济单间	13	13	228	138	小会议室	1	1	20	1600	800	三门峡市陕州公园内	0398－2966007	
			经济标准间	20	20	228	138									
洛阳市																
洛阳东山宾馆	洛阳东山宾馆	5	套间	17	17	1580	600	大会议室	1	1	350	16000	4000	河南省洛阳市洛龙区龙门东山	0379－64686000 64686007	
			单间	30	30	880	300	中会议室	5	5	100	8000	3000			
			标准间	106	106	880	300	小会议室	1	1	20	2000	1000			
洛阳润峰友谊宾馆有限公司	洛阳润峰友谊宾馆有限公司	4	套间	19	19	1600	550	大会议室	1	1	300	14000	5000	河南省洛阳涧西区西苑路6号	0379－64685678	
			单间	109	109	900	260	中会议室	1	1	150	6000	3000			
								中会议室	1	1	80	4000	2000			
			标准间	219	219	900	260	小会议室	1	1	40	3000	1600			
河南京安牡丹城酒店有限公司	河南京安牡丹城酒店有限公司	4	套间	14	14	2162	500	大会议室	1	1	300	6000	2000	河南省洛阳涧西区南昌路2号	0379－64681365	
								大会议室	1	1	100	3600	1600			
								中会议室	2	2	40	2400	1000			
			单间	60	60	680	180	小会议室	4	4	20	1200	400			
			标准间	120	120	680	180									

饭店名称	发票开具单位名称	星级	客房（价格：元/天）					会议室（数量：间；价格：元/天）						地址	前台订房电话	备注
			房型	总间数	协议间数	门市价	协议价	类型	总间数	协议间数	容纳人数	门市价	协议价			
洛阳大酒店	洛阳大酒店	4	套间	28	28	1180	580	大会议室	1	1	300	5600	5000	河南省洛阳涧西区周山路1号	0379－64363888	
			单间	19	19	760	300	大会议室	1	1	200	6000	4000			
								中会议室	2	2	100	3600	3200			
			标准间	164	164	660	300	小会议室	1	1	30	1200	600			
洛阳雅香金陵大饭店有限公司	洛阳雅香金陵大饭店有限公司	4	套间					大会议室	1	1	350	24000	4000	河南省洛阳洛南新区王城大道与太康路交叉口	0379－65922222	
								大会议室	1	1	80	4800	2400			
			单间	76	76	720	298	中会议室	1	1	80	2000	1600			
			标准间	259	259	710	298	小会议室	2	2	15	2000	1200			
洛阳航空城商务酒店	洛阳航空城旅游集团有限公司	3	套间											河南省洛阳西工区体育场路1号	0379－63399666	
			单间	24	24	553	200	大会议室	1	1	680	16000	13000			
			标准间	144	144	553	200									
			套间													
			单间	24	24	553	180	中会议室	1	1	300	3000	1800			
			标准间	144	144	553	180									
			套间					小会议室	1	1	200	1600	960			
			单间	24	24	553	160	小会议室	1	1	50	1200	720			
			标准间	144	144	553	160	小会议室	1	1	20	1200	400			
洛阳拙耕园宾馆	洛阳师范学院劳动服务公司拙耕园宾馆	3	套间					大会议室	1	1	500	12000	2400	河南省洛阳洛龙区龙门大道71号	0379－65526688	
			单间	11	11	378	180	大会议室	1	1	180	10000	2000			
			标准间	111	111	368	180	中会议室	1	1	80	5600	1000			
			套间					小会议室	2	2	50	2400	600			
			单间	11	11	378	160									
			标准间	111	111	368	160									
			套间													
			单间	11	11	378	140									
			标准间	111	111	368	140									
洛阳迎宾馆	洛阳市洛阳迎宾馆	3	套间					大会议室	1	1	240	6000	2000	河南省洛阳市西工区人民西路6号	0379－63308788	
			单间	3	3	300	130	中会议室								
			标准间	139	139	300	130	小会议室	4	4	40	2000	600			

饭店名称	发票开具单位名称	星级	客房（价格：元/天）					会议室（数量：间；价格：元/天）						地址	前台订房电话	备注
			房型	总间数	协议间数	门市价	协议价	类型	总间数	协议间数	容纳人数	门市价	协议价			
洛阳航空大厦有限公司	洛阳航空大厦有限公司	2	套间	9	9	1180	320	大会议室	1	1	200	1600	960	河南省洛阳市凯旋西路25号	0379－63325128	
			单间	11	11	320	160	中会议室								
			标准间	77	77	320	160	小会议室	5	5	40	600	360			
洛阳市九州宾馆	洛阳市九州宾馆		套间					大会议室	1	1	300	3000	2600	河南省洛阳市西工区凯旋东路53号	0379－63227745	
			单间	4	4	246	140	中会议室	1	1	80	1800	1400			
			标准间	108	108	246	140	小会议室	2	2	30	1000	800			
焦作市																
焦作迎宾馆	焦作迎宾馆有限责任公司		套间	12	12	1108	430	大会议室	1	1	200	16000	4000	焦作市民主南路899号	0391－8861912	
			单间	42	42	560	188	中会议室	1	1	120	11200	4000			
			标准间	132	132	660	188	小会议室	2	2	50	8000	3000			
									4	4	20－40	4800	2200			
凯莱大酒店	焦作凯莱大酒店有限公司	4	套间	16	16	888	400	大会议室	1	1	200－300	5200	2600	焦作市建设中路19号	0391－2039333 2039444	
			单间	49	49	420	180	中会议室	1	1	80	3200	1600			
									1	1	50	2400	1200			
			标准间	110	110	420	180	小会议室	1	1	40	2000	1000			
									1	1	30	1600	800			
万方金莎	焦作万方金莎酒店有限公司	4	套间	30	30	880	396	大会议室	1	1	300	5600	3000	焦作市塔南路160号	0391－2285555	
			单间	50	50	518	180	中会议室	1	1	200	3600	2000			
			标准间	70	70	518	180	小会议室	3	3	20	1600	800			
碧海云天大酒店	焦作市碧海云天大酒店有限公司	3	套间	14	14	890	268	大会议室	1	1	200	4960	2000	焦作市解放中路1838号	0391－3286666 3286688	
			单间	21	21	439	168	中会议室	0	0		0	0			
			标准间	89	89	398	168	小会议室	0	0		0	0			
建港大酒店	焦作市建港大酒店有限公司	3	套间	10	10	888	338	大会议室	1	1	260－300	3000	2000	焦作市果园路19号	0391－2682288	
			单间	12	12	338	148	中会议室	1	1	60	2000	1200			
			标准间	127	127	298	138	小会议室	1	1	40	1600	1000			

饭店名称	发票开具单位名称	星级	客房（价格：元/天）					会议室（数量：间；价格：元/天）						地址	前台订房电话	备注
			房型	总间数	协议间数	门市价	协议价	类型	总间数	协议间数	容纳人数	门市价	协议价			
新乡市																
新乡宾馆	河南省新乡宾馆	4	套间 A	1	1	3180	600	大会议室	1	1	300	4000/次	4000/天（2 次）	新乡市平原路 33 号	0373－2088588	
			套间 B	8	8	980	400	中会议室	2	2	100	2000/次	2000/天（2 次）			
			套间 C	12	12	1380	540	中会议室	1	1	80	3000/次	3000/天（2 次）			
			单间 A	34	34	580	300	中会议室	1	1	70	2000/次	2000/天（2 次）			
			单间 B	14	14	520	260	小会议室	2	2	60	1000/次	1000/天（2 次）			
			标准间 A	85	85	520	280	小会议室	2	2	40	1600/次	1600/天（2 次）			
			标准间 B	100	100	420	240									
国际饭店	新乡国际饭店有限公司	4	套间	10	10	1200	600	会议室（150 人）	2	2	150	4000 元/次	3000/天（2 次）	新乡市金穗大道中段 461 号	0373－5077288	
			单间 A	21	21	880	300									
			单间 B	9	9	780	260									
			标准间 A	60	60	780	300									
			标准间 B	65	65	680	260									
温泉会议中心	新乡市温泉会议中心		套间	4	4	1088	360	大会议室（90～150 人）	1	1	150	1800/次	1300/天（2 次）	新乡市新长北线京珠高速下口东 5KM 路北	0373－3678999	
			单间	10	10	868	200	中会议室（60～90 人）	1	1	90	1600/次	1200/天（2 次）			
			标准间 A	105	105	888	200	小会议室（40 人）	3	3	40	1200/次	1100/天（2 次）			
			标准间 B	40	40	468	130									

饭店名称	发票开具单位名称	星级	客房（价格：元/天）					会议室（数量：间；价格：元/天）						地址	前台订房电话	备注
			房型	总间数	协议间数	门市价	协议价	类型	总间数	协议间数	容纳人数	门市价	协议价			
鹤壁市																
鹤壁市福田国际俱乐部有限公司鹤壁迎宾馆	鹤壁市福田国际俱乐部有限公司鹤壁迎宾馆	5	套间	14	14	1788	600	大会议室			500	5000	2900	鹤壁市淇滨区鹤煤大道中段	0392 – 3371288	
			单间	41	41	868	300	中会议室			100	1600	1120			
			标准间	130	130	768	300	小会议室			30	600	420			
鹤壁市淇河宾馆	鹤壁市淇河宾馆	3	套间	20	20	1200	540	大会议室			180	2000	1000	鹤壁市淇滨区兴鹤大街237 号	0392 – 3307888	
			单间	16	16	500	220	中会议室								
			标准间	93	93	398	200	小会议室			45	800	500			
安阳市																
安阳宾馆	安阳宾馆	4	套间	7	7	1128	478	大会议室						河南省安阳市友谊路 1 号	0372 – 5922219	
			单间	23	23	528	278	中会议室	1	1	200	2000	1600			
			标准间	117	117	528	278	小会议室	1	1	40	800	640			
中原宾馆	中原宾馆	4	套间	6	6	1128	478	大会议室	1	1	370	3000	2400	河南省安阳市北门东街20 号	0372 – 5923235	
			单间					中会议室	1	1	110	1000	800			
			标准间	100	100	488	278	小会议室	3	3	40	1000	800			
濮阳市																
濮阳宾馆	濮阳宾馆		套间	12	12	980	600	大会议室	1	1	500	5000	5000	濮阳市华龙区建设路14 号	0393 – 6666988 – 82666	
			单间	15	15	280	260	中会议室	1	1	150	980	980			
			标准间	120	120	280	260	小会议室	7	7	50	680	680			
泽世源大酒店	濮阳市泽世源大酒店服务有限公司	3	套间	9	9	380	300	大会议室	1	1	150 – 200	2800	2800	濮阳市京开道 304 号	0393 – 4886788	
			单间	4	4	260	160	中会议室	1	1	120	2400	2400			
			标准间	88	88	260	160	小会议室	1	1	50 – 80	1200	1200			
开封市																
开封开来大酒店	开封开来大酒店	3	套间	5	5	588	294	大会议室	1	1	260	1500	1000	开封市金明大道中段	0378 – 3856666	
			单间	5	5	398	180	中会议室	1	1	120	800	600			
			标准间	79	79	398	180	小会议室								
开封宾馆	开封宾馆	3	高档标间	7	7	438	260	会议中心	1	1	400	3000	1200	开封市自由路中段 66 号	0378 – 5666266	
			中档标间	9	9	398	200	3 – 1	1	1	30	960	560			
			低档标间	67	67	260	140	3 – 2	1	1	40	920	560			
								5#会议室	1	1	40	1600	960			

饭店名称	发票开具单位名称	星级	客房（价格：元/天）					会议室（数量：间；价格：元/天）						地址	前台订房电话	备注
			房型	总间数	协议间数	门市价	协议价	类型	总间数	协议间数	容纳人数	门市价	协议价			
玉祥大酒店	开封市国有资产管理有限公司玉祥大酒店	3	套间	20	20	418	260	大会议室	1	1	480	3600	2000	开封市鼓楼街 68 号	0378－5995588	
			单间	7	7	458	300	中会议室	2	2	80	2400	1200			
			标准间	94	94	318	140	小会议室	4	4	30	2000	1000			
开封阳光酒店	阳光酒店管理集团有限公司开封阳光酒店	3	套间	3	3	1888	400	大会议室	1	1	230	5000	2000	河南开封鼓楼街 41 号	0378－5958888－109	
			大床间	6	6	338	180	中会议室	1	1	180	5000	2000			
			标准间	67	67	368	200	小会议室	1	1	50	3000	1600			
					37	428	230									
汴京饭店	开封市汴京饭店	3	套间高档	9	9	888	380	大会议室 2#	1	1	400	3000	2000	开封市东大街 109 号	0378－2882222	
			套间中档	8	8	688	320	大会议室 5#	1	1	200	3200	2000			
			高档标间	53	53	468	200	中会议室	1	1	100	1200	800			
			中档标间	100	100	360	150	小会议室	1	1	60	1200	800			
			三人间	2	2	690	300	中会议室								
商丘市																
商丘天宇大酒店	商丘天宇大酒店有限公司	4	1－4 号楼标准间	258	258	138	120	大会议室	1	1	280	9000	6000	商丘市神火大道 111 号	0370－2206188－185	
			1－4 号楼套间	5	5	238	200	中会议室	2	2	100－120	4000	2400			
			8 号套间	17	17	888	298	小会议室	5	5	18－90	1800	1000			
			8 号标准间	80	80	488	198									
			9 号套间	17	17	888	558									
			9 号豪华标准间	58	58	488	258									
			5－6 号楼套间	6	6	888	178									
			5－6 号楼单间	8	8	488	128									
			5－6 号楼标准间	130	130	488	128									

饭店名称	发票开具单位名称	星级	客房（价格：元/天）					会议室（数量：间；价格：元/天）						地址	前台订房电话	备注
			房型	总间数	协议间数	门市价	协议价	类型	总间数	协议间数	容纳人数	门市价	协议价			
商丘市翔宇大酒店有限公司	商丘市翔宇大酒店有限公司	3	套间	6	6	568	280	大会议室	1	1	300	6000	3000	商丘市神火大道 65 号	0370－3280888	
			单间	20	20	288	138	中会议室	1	1	100	2000	1000			
			标准间	80	80	288	138	小会议室	1	1	50	1600	600			
商丘市王朝国际大酒店有限公司	商丘市王朝国际大酒店有限公司	3	套间	6	6	718	298	大会议室	1	1	200	6000	2400	商丘市神火大道 51 号	0370－2395555	
			单间	7	7	458	228	中会议室	2	2	80	3600	1200			
			标准间	86	86	438	180	小会议室	1	1	30	2400	800			
许昌市																
许昌瑞贝卡大酒店	许昌瑞贝卡大酒店有限公司	4	套间 A	9	9	798	400	大会议室	1	1	200	2000	1000	许昌市建设路 1202 号	0374－2991888	
			套间 B	10	10	998	500	中会议室	3	3	60	1500	500			
			单间 A	30	30	468	230	小会议室	2	2	20	800	300			
			单间 B	20	20	598	300									
			标准间 A	52	52	358	190									
			标准间 B	21	21	468	230									
			标准间 C	28	28	598	300									
许昌迎宾馆	许昌迎宾馆有限责任公司	4	套间 A	3	3	1260	400	大会议室	1	1	160	3000	1200	许昌市八一东路 6666 号	0374－5077288	
			单间 A	18	18	316	220	中会议室	2	2	40	2600	800			
			单间 B	17	17	459	240	小会议室	2	2	30	2000	600			
			标准间 A	40	40	316	170									
			标准间 B	47	47	459	200									
			标准间 C	4	4	599	280									
福港大酒店	许昌中原福港大酒店有限公司	4	套间 A	9	9	700	350	大会议室	1	1	100	1600	1000	许昌市八一路东段	0374－2677666	
			套间 B	9	9	600	300	中会议室	1	1	40	800	500			
			单间 A	39	39	368	190	小会议室	2	2	30	800	400			
			标准间 A	25	25	368	190									
			标准间 B	77	77	338	160									

饭店名称	发票开具单位名称	星级	客房（价格：元/天）					会议室（数量：间；价格：元/天）						地址	前台订房电话	备注
			房型	总间数	协议间数	门市价	协议价	类型	总间数	协议间数	容纳人数	门市价	协议价			
许昌大酒店	许昌大酒店有限责任公司	3	套间 A	13	13	388	180	大会议室	1	1	220	2400	1000	许昌市七一路 888 号	0374－2216199	
			套间 B	13	13	698	290	中会议室 A	1	1	60	1380	700			
			套间 C	9	9	2180	600	中会议室 B	1	1	50	900	500			
			单间 A	40	40	368	160	小会议室	3	3	30	800	400			
			标准间 A	37	37	268	130									
			标准间 B	127	127	368	160									
漯河市																
漯河市长城花园酒店	漯河市长城花园酒店有限公司		套间	2	2	688	480	大会议室	1	1	120	1000	800	漯河市嵩山路 500 号	0395－3178366	
			豪华单间	7	7	328	190	中会议室								
			单间	5	5	268	170	小会议室	1	1	40	800	600			
			标准间	38	38	288	170									
漯河金都大酒店	漯河市金都大酒店有限公司	4	套间	8	8	1196	360	大会议室	1	1	300	7600	1500	漯河市长江路 49 号	0395－3399908 3399909	
			单间	20	20	536	180	中会议室	1	1	200	5600	1200			
			标准间	120	120	536	180	小会议室（VIP1）	1	1	15	2400	500			
								小会议室（VIP2）	1	1	40	2400	600			
漯河双汇商务酒店	漯河市双汇地产有限公司商务酒店		行政套房	1	1	1280	460	大会议室	1	1	180	2000	1500	漯河市火车站对面	0395－2117555	
			商务套房	2	2	1080	360	中会议室	1	1	100	1500	1200			
			普通套房	9	9	580	260	小会议室	2	2	30	800	500			
			豪华单间	11	11	480	210	VIP 小会议室	1	1	10	800	500			
			豪华标间	11	11	440	220									
			标准间	50	50	360	180									
平顶山市																
佳田国际大酒店	河南佳田国际大酒店有限公司		套间	25	25	1580	498	大会议室	1	1	150	3000	2700	平顶山市建设路与中兴路交汇处	0375－2698100、2698200、2698300	
			单间	50	50	628	280	中会议室	1	1	50	600	540			
			标准间	126	126	628	280	小会议室	1	1	40	600	540			

饭店名称	发票开具单位名称	星级	客房（价格：元/天）					会议室（数量：间；价格：元/天）						地址	前台订房电话	备注
			房型	总间数	协议间数	门市价	协议价	类型	总间数	协议间数	容纳人数	门市价	协议价			
龙源大酒店	平顶山市龙源大酒店有限公司	3	豪套	5	5	888	568	大会议室	1	1	150	2400	2000	新华路南段6号	0375－3963999 3963889	
			普套	6	6	560	368	中会议室	2	2	60	800	600			
			标准间	70	70	360	216	小会议室	2	2	40	800	600			
南阳市																
南阳市金凯悦东方酒店	南阳市金凯悦东方酒店	4	套间	30	30	1280	600	大会议室	1	1	450	7800	5000	南阳市张衡路6号	0377－63591666	
			单间	45	45	480	260	中会议室	3	3	50	3600	2400			
			标准间	56	56	480	260	小会议室	2	2	20	2400	1600			
南阳宾馆	河南省南阳宾馆	3	A套间	3	3	880	600	大会议室	1	1	500	5600	3600	南阳市七一路183号	0377－63322288	
			A单间	10	10	380	230	大会议室	1	1	200	1800	1200			
			A标准间	40	40	380	220	小会议室	1	1	40	1000	600			
			B套间	2	2	880	600	中会议室	1	1	80	1200	800			
			B单间	6	6	280	180									
			B标准间	80	80	280	180									
梅溪宾馆	南阳梅溪宾馆有限责任公司	3	套间	12	12	1180	600	大会议室	1	1	300	5800	4800	南阳市中州路109号	0377－63171290 63137925	
			单间	20	20	380	220	中会议室	1	1	80	4800	3800			
			标准间	68	68	298	180	小会议室	3	3	30	1800	1600			
			三连套	2	2	1680	880									
			豪华单间	20	20	480	300									
			豪华标准间	24	24	480	300									
豫宛宾馆	南阳市豫宛宾馆	3	二联套	4	4	868	600	大会议室	1	1	250	6000	4000	南阳市中州路25号	0377－60155777	
			单间	5	5	258	160	中会议室	2	2	200	2000	1600			
			标准间	30	30	258	160	小会议室	2	2	30	1600	1200			
			三连套													
			豪华单间	13	13	328	220									
			豪华标准间	100	100	328	220									

饭店名称	发票开具单位名称	星级	客房（价格：元/天）					会议室（数量：间；价格：元/天）						地址	前台订房电话	备注
			房型	总间数	协议间数	门市价	协议价	类型	总间数	协议间数	容纳人数	门市价	协议价			
信阳市																
豫花园大酒店	信阳豫花园大酒店有限公司		套间	10	10	688	488	大会议室	1	1	400	8000	4000	市京深路271号	0376－6188888－1001/1002	
			单间	10	10	298	268	中会议室	3	3	120	4000	2000			
			标准间	100	100	288	258	小会议室	4	4	20	2000	1000			
浉河宾馆	河南信阳浉河宾馆	3	套间	12	12	980	598	大会议室	1	1	200	2680	2000	信阳市解放路137号	0376－6221171－3666	
			单间	6	6	363	300	中会议室	2	2	100	1000	800			
			标准间	77	77	286	186	小会议室	3	3	40	800	500			
信阳阳光宾馆	信阳阳光宾馆	4	套间	10	10	688	468	大会议室	3	3	300	3000	2000	信阳市新华东路60号	0376－6208666－6168	
			单间	30	30	498	258	中会议室	3	3	200	1600	1200			
			标准间	55	55	488	248	小会议室	2	2	50	1000	800			
信阳宾馆	信阳宾馆		套间	14	14	888	550	大会议室	1	1	300	3000	2000	信阳市礼节路16号	0376－6216802	
			单间	13	13	326	290	中会议室	2	2	100	1000	600			
			标准间	83	83	268	210	小会议室	5	5	30	500	300			
龙潭大酒店	信阳龙潭大酒店	3	套间	10	10	588	366	大会议室	1	1	300	3600	1800	信阳市北京大街245号	0376－6298199	
			单间	8	8	268	150	中会议室	2	2	160	2000	800			
			标准间	114	114	268	150	小会议室	2	2	40	800	400			
周口市																
周口饭店	周口饭店	4	套间	21	21	800	360	大会议室	1	1	260	5800	4600	周口市五一路12号	0394－8223766	
			单间	25	25	530	260	中会议室	3	3	50	1000	800			
			标准间	105	105	530	260	小会议室	1	1	30	500	400			
周口迎宾馆	周口迎宾馆	3	套间					大会议室	1	1	400	4000	2600	周口市六一路北段8号	0394－8922222 8922001	
			单间	4	4	390	260	中会议室	1	1	200	2600	1600			
			标准间	60	60	390	260	小会议室	1	1	100	1200	600			
驻马店市																
建苑大厦	驻马店市建苑大厦有限公司	3	套间	2	2	660	280	大会议室	1	1	600	2000	500	驻马店市解放路中段	0396－2956666	
			单间	10	10	360	150	中会议室	1	1	400	1600	400			
			标准间	80	80	320	130	小会议室	1	1	200	1200	200			

饭店名称	发票开具单位名称	星级	客房（价格：元/天）					会议室（数量：间；价格：元/天）						地址	前台订房电话	备注
			房型	总间数	协议间数	门市价	协议价	类型	总间数	协议间数	容纳人数	门市价	协议价			
西园宾馆	驻马店西园宾馆有限公司	3	套间	3	3	896	300	大会议室	1	1	800	3000	1200	驻马店市解放路中段	0396－2912800	
			单间	2	2	318	160	中会议室	2	2	600	1000	500			
			标准间	30	30	318	160	小会议室	2	2	400	600	300			
天龙大酒店	河南省天龙酒店管理有限公司	4	套间	16	16	800	498	大会议室	1	1	1000	3000	2000	驻马店市文明路中段	0396－2859999	
			单间	16	16	600	298	中会议室	2	2	600	2800	1500			
			标准间	110	110	600	208	小会议室	4	4	400	1200	400			
济源市																
王屋山大酒店	济源王屋山大酒店有限公司	3	套间	6	6	598	400	大会议室	1	1	70	2500	2000	济源市天坛中路1118号	0391－6915555	
			单间	20	20	468	260	中会议室	1	1	40	1500	1200			
			其中：普通单间	11	11	360	150									
			标准间	132	132	360	160	小会议室	1	1	20	1000	800			
			其中：普通标准间	65	65	360	130									
济源宾馆	济源宾馆有限公司	3	套间	10	10	398	288	大会议室	1	1	200	3200	2800	济源市宣化中街38号	0391－6631318	
			单间	16	16	268	188	中会议室	1	1	150	2400	2200			
			标准间	90	90	238	188	小会议室	1	1	60	1000	1000			
雅士达酒店	济源市雅士达酒店有限公司	4	套间	6	6	1000－1200	500－600	大会议室	2	2	200－300	5000	3400	济源市沁园中路555号	0391－6635166	
			单间	20	20	516－576	220－240	中会议室	2	2	40	3000	1500			
			标准间	66	66	516－576	220－240	小会议室	1	1	25	1200	800			

湖 北 省

- 财政部委托湖北省财政厅负责在湖北省地级以上城市招标采购会议定点饭店并负责日常监督管理工作。通过政府采购，确定湖北省会议定点饭店 208 家。
- 会议定点饭店按照与财政部门签订《协议书》的价格向中央和地方各级党政机关和事业单位提供相应的接待服务。
- 湖北省部分会议定点饭店的价格是按照综合定额方式采购的，各单位在组织筹备会议时应先向会议定点饭店查询。如果对协议价格产生疑义，可以要求定点饭店出示《协议书》。
- 如有会议定点饭店变更或饭店的协议价格变化，应以“党政机关出差和会议定点饭店查询网”的信息为准。本目录中的湖北省会议定点饭店的详细信息，可在“党政机关出差和会议定点饭店查询网”查阅。
- 湖北省各地区长途电话区号：

武汉市　027　　十堰市　0719
襄樊市　0710　　荆门市　0724
孝感市　0712　　黄冈市　0713
鄂州市　0711　　黄石市　0714
咸宁市　0715　　荆州市　0716
宜昌市　0717　　随州市　0722
恩施州　0718

省直辖县级行政单位：

仙桃市　天门市　潜江市　0728

神农架林区　0719

湖北省会议定点饭店

饭店名称	发票开具单位名称	星级	客房（价格：元/天）					会议室（数量：间；价格：元/天）						地址	前台订房电话	备注
			房型	总间数	协议间数	门市价	协议价	类型	总间数	协议间数	可容纳人数	门市价	协议价/半天			
武汉市																
帅府饭店	帅府饭店	4	套间	5	5	880	400	大会议室	1	1	220	5000	1500	武汉市武昌八一路98号	027－87169872	协议价送免费早餐
			单间	24	24	660	300	中会议室	1	1	60	3000	750			
			标准间	63	63	660	300	小会议室	1	1	16	2400	750			
湖北洪山宾馆	湖北洪山宾馆	5	套间	5	5	1596	600	大会议室	3	3	260	36000	4000	武汉市武昌中北路1号	027－87311888－8107	协议价送免费早餐
			单间	58	58	1021	300	中会议室								
			标准间	72	72	1021	300	小会议室	8	8	30	2800	800			
斯博兰酒店	武汉斯博兰花园酒店管理有限公司		套间	8	8	1188	458	大会议室	1	1	200	4000	1500	幸福大道8－1号（全民健身中心旁）	027－5578000	协议价送免费早餐
			单间	10	10	788	288	中会议室	1	1	40	2000	750			
			标准间	20	20	668	260	小会议室	1	1	30	1600	600			
海怡锦江大酒店	海怡锦江大酒店	4	套间	16	16	2388	600	大会议室	1	1	300	15000	4000	武汉市武昌洪山路特1号	027－87126666－8166	协议价送免费早餐
			单间	16	16	1468	300	中会议室	1	1	45	5800	1750			
			标准间	39	39	1418	300	小会议室	3	3	30	5800	1000			
武汉弘毅大酒店	武汉弘毅酒店管理有限公司	4	套间	13	13	1357	600	大会议室	1	1	250	10800	2750	武昌东湖路136号	027－67819888－8140	协议价送免费早餐
			单间					中会议室	1	1	60	5200	1300			
			标准间	97	97	1035	300	小会议室	1	1	24	3000	750			
绣林小镇酒店	武汉市洪山区绣林小镇酒店		套间	5	5	308	200	大会议室	1	1	200	2800	800	洪山区珞狮南路320号	027－2787228791	协议价送免费早餐
			单间	10	10	208	140	中会议室	1	1	100	2000	500			
			标准间	51	51	208	140	小会议室	1	1	40	1200	400			
梦天湖山庄	武汉市梦天湖娱乐有限公司	3	套间	5	5	528	360	大会议室	1	1	800	8000	2800	江夏区庙山开发区向阳村	027－81800199	协议价送免费早餐
			单间	4	4	238	178	中会议室	1	1	200	4000	1400			
			标准间	108	108	238	178	小会议室	3	3	30	1500	500			
财苑大厦	湖北省财政厅招待所	3	套间	5	5	868	388	大会议室	1	1	260	2800	900	武汉市武昌民主路406号	027－68886889	协议价送免费早餐
			单间	13	13	318	190	中会议室	1	1	80	1280	440			
			标准间	86	86	398	198	小会议室	1	1	50	1080	390			

饭店名称	发票开具单位名称	星级	客房（价格：元/天）					会议室（数量：间；价格：元/天）						地址	前台订房电话	备注
			房型	总间数	协议间数	门市价	协议价	类型	总间数	协议间数	可容纳人数	门市价	协议价/半天			
湖北饭店	湖北饭店	3	套间	6	6	588	470	大会议室	1	1	450	10000	4500	武汉市洪山路10号	027－87811311－20945	协议价送免费早餐
			单间	12	12	168	148	中会议室	1	1	130	3800	1000			
			标准间	241	241	380	220	小会议室	1	1	20	900	400			
湖北新大地酒店	新大地酒店	4	套间	5	5	1388	598	大会议室	1	1	188	10000	3000	武汉市武珞路330号	027－87812788－8188	协议价送免费早餐
			单间	24	24	780	300	中会议室	1	1	70	4800	1250			
			标准间	140	140	598	288	小会议室	2	2	55	4000	750			
湖北丽江饭店	湖北丽江饭店有限公司	3	套间	2	2	1280	500	大会议室	1	1	260	5800	1900	武昌体育馆路5号	027－87136866	协议价送免费早餐
			单间	21	21	398	200	中会议室	1	1	100	3600	1200			
			标准间	43	43	468	220	小会议室	1	1	60	1800	600			
惠苑酒店	武汉惠苑大厦酒店管理有限公司	3	套间	4	4	618	360	大会议室	1	1	200	3000	1200	武昌紫阳路207号	027－50708332	协议价送免费早餐
			单间	37	37	258	180	中会议室	1	1	60	2000	750			
			标准间	98	98	258	180	小会议室	1	1	30	1600	500			
湖北卓刀泉大厦	湖北省三峡工程及部管水库移民工作培训中心	3	套间	16	16	888	398	大会议室	1	1	150	3000	1000	武汉卓刀泉北路东湖桥1号	027－87881888	协议价送免费早餐
			单间					中会议室	1	1	30	2200	750			
			标准间	54	54	588	258	小会议室	1	1	20	1500	500			
楚园饭店	中国建筑材料中南公司楚园饭店		套间	1	1	698	350	大会议室	1	1	210	3600	800	武昌中南二路10号	027－87821672	协议价送免费早餐
			单间	5	5	368	160	中会议室	1	1	180	2800	800			
			标准间	82	82	368	160	小会议室	1	1	15	800	200			
省委党校接待中心	湖北省委党校接待中心		套间	15	15	398	280	大会议室	1	1	520	6000	2000	汉口万松园路18号	027－85269099	协议价送免费早餐
			单间	48	48	258	160	中会议室	1	1	120	3000	1000			
			标准间	156	156	318	180	小会议室	11	11	30	800	200			
省纺织行业投资促进中心招待所	湖北省纺织行业投资促进中心招待所		套间	3	3	358	220	大会议室	1	1	150	1600	400	武昌区东亭路23号	027－86774652	协议价送免费早餐
			单间	5	5	198	110	中会议室	1	1	30	800	200			
			标准间	55	55	208	120	小会议室	3	3	30	400	150			

饭店名称	发票开具单位名称	星级	客房（价格：元/天）					会议室（数量：间；价格：元/天）						地址	前台订房电话	备注
			房型	总间数	协议间数	门市价	协议价	类型	总间数	协议间数	可容纳人数	门市价	协议价/半天			
省军区小洪山花园	省军区小洪山花园		套间	10	10	380	280	大会议室	1	1	250	5800	1990	武昌八一路	027－87863721	协议价送免费早餐
			单间	5	5	280	180	中会议室	4	4	40	1200	490			
			标准间	110	110	198	138	小会议室	1	1	20	880	290			
中南花园饭店	广州军区中南花园招待所		套间	8	8	1680	600	大会议室	1	1	500	16000	4000	武珞路558号	027－67817698	协议价送免费早餐
			单间	54	54	880	240	中会议室	1	1	40	2600	750			
			标准间	162	162	880	240	小会议室	1	1	50	1800	500			
丰颐大酒店	湖北吉丰实业有限责任公司丰颐大酒店		套间	6	6	948	568	大会议室	1	1	400	10000	3000	武昌八一路	027－67811440	协议价送免费早餐
			单间	4	4	328	216	中会议室	1	1	70	3000	1000			
			标准间	101	101	498	268	小会议室	5	5	40	1000	400			
亚洲大酒店	武汉国际会议中心有限公司亚洲大酒店		套间	14	14	1080	600	大会议室	2	2	200	12000	4000	武汉市解放大道616号	027－83807777	协议价送免费早餐
		4	单间	98	98	638	300	中会议室	1	1	60	6000	2400			
			标准间	98	98	638	300	小会议室	1	1	35	4000	1600			
九龙大酒店(武泰闸)店	武汉东海九龙大酒店管理有限公司		套间	28	28	688	338	大会议室	1	1	550	9800	3040	武昌武泰闸38－40号	027－59808688	协议价送免费早餐
			单间	16	16	318	158	中会议室	1	1	200	3580	1104			
			标准间	60	60	318	158	小会议室	1	1	80	2680	830			
珞珈山国际酒店	武汉珞珈山酒店管理有限公司		套间	12	12	1999	600	大会议室	1	1	200	14000	2400	武昌武珞路723号	027－87166666－预定部	协议价送免费早餐
			单间	149	149	1199	300	中会议室	1	1	80	10000	1400			
			标准间	57	57	1199	300	小会议室	1	1	16	2000	500			
浦项皇冠大酒店	武汉浦项皇冠大酒店有限公司		套间	6	6	1888	428	大会议室	1	1	300	6000	1500	武昌紫阳路28号	027－68883888	协议价送免费早餐
			单间	19	19	888	238	中会议室	1	1	80	3000	750			
			标准间	154	154	888	238	小会议室	1	1	25	1200	300			
南湖大厦	湖北省检察官培训中心		套间	6	6	1880	580	大会议室	1	1	200	8000	1500	武汉市雄楚大街365号附1号	027－67887888	协议价送免费早餐
			单间	3	3	680	260	中会议室	1	1	45	1200	400			
			标准间	95	95	480	200	小会议室	1	1	20	800	250			
银湖宾馆	武汉亚洲划船培训中心银湖宾馆		套间	2	2	688	580	大会议室	1	1	306	5000	2000	武汉市洪山区珞瑜路459号银湖宾馆	027－87495288	协议价送免费早餐
			单间	13	13	298	200	中会议室	2	2	180	3000	1200			
			标准间	74	74	258	180	小会议室	2	2	80	2000	600			

饭店名称	发票开具单位名称	星级	客房（价格：元/天）					会议室（数量：间；价格：元/天）						地址	前台订房电话	备注
			房型	总间数	协议间数	门市价	协议价	类型	总间数	协议间数	可容纳人数	门市价	协议价/半天			
楚民大酒店	湖北省楚民福得彩票福彩中心		套间					大会议室	1	1	200	6000	2000	武昌首义路115号	027－88069368	协议价送免费早餐
			单间					中会议室	1	1	40	4000	1500			
			标准间	77	77	588	280	小会议室	1	1	35	3600	1500			
圣宝龙大酒店	湖北圣宝龙酒店管理有限公司		套间	5	5	628	300	大会议室	1	1	260	3800	1600	武昌洪山雄楚大街297号	027－87229001	协议价送免费早餐
			单间	20	20	438	200	中会议室	1	1	40	1200	400			
			标准间	146	146	458	220	小会议室	1	1	20	1000	300			
省发改委培训大厦	国家经济信息系统武汉培训中心		套间	6	6	668	468	大会议室	1	1	300	6400	2240	武昌水果湖东一路21号	027－87137888	协议价送免费早餐
			单间	8	8	308	216	中会议室	1	1	60	1600	560			
			标准间	135	135	328	230	小会议室	1	1	40	1200	420			
湖北紫阳湖宾馆	湖北省军区紫阳湖招待所		套间	13	13	1288	488	大会议室	1	1	300	8000	2400	武昌紫阳湖204号	027－68885958	协议价送免费早餐
			单间	18	18	688	238	中会议室	1	1	80	6000	2000			
			标准间	112	112	588	238	小会议室	5	5	40	2400	500			
金轮宾馆	湖北省道路运输管理局金轮宾馆		套间	2	2	400	300	大会议室	1	1	200	1600	600	武汉市新华路36号	027－85807060	协议价送免费早餐
			单间	7	7	200	150	中会议室	1	1	38	1080	400			
			标准间	69	69	210	158	小会议室	1	1	20	800	300			
省卫生厅外语培训基地	湖北省卫生厅外语培训基地接待室		套间	2	2	588	308	大会议室	1	1	120	4000	750	武昌东湖路141号	027－86798009	协议价送免费早餐
			单间	3	3	288	168	中会议室	1	1	40	1500	500			
			标准间	70	70	288	150	小会议室	1	1	12	600	200			
就业大厦	湖北同力酒店管理有限责任公司就业大厦酒店		套间	4	4	458	238	大会议室	1	1	240	5500	1500	武昌水果湖东一路38号	027－87230688	协议价送免费早餐
			单间	6	6	298	168	中会议室	1	1	80	1200	400			
			标准间	42	42	298	168	小会议室	1	1	40	750	200			
梅园招待所	空军后勤部驻武汉办事处梅园招待所		套间	14	14	588	468	大会议室	1	1	200	8800	3400	武汉市汉口解放大道1091号	027－83639699	协议价送免费早餐
			单间	40	40	328	268	中会议室	1	1	60	1800	650			
			标准间	136	136	328	268	小会议室	1	1	20	800	300			
瑞丰大酒店	武汉市瑞丰大酒店有限责任公司		套间	4	4	480	380	大会议室	1	1	350	6000	1500	武昌区武珞路519号	027－87667726	协议价送免费早餐
			单间	12	12	308	208	中会议室	1	1	150	3000	1000			
			标准间	125	125	298	180	小会议室	1	1	10	1500	500			

饭店名称	发票开具单位名称	星级	客房（价格：元/天）					会议室（数量：间；价格：元/天）						地址	前台订房电话	备注
			房型	总间数	协议间数	门市价	协议价	类型	总间数	协议间数	可容纳人数	门市价	协议价/半天			
武汉洪广大酒店	武汉洪广大酒店有限公司		套间	16	16	1711	600	大会议室	1	1	200	12000	4000	武昌民主路782号	027－87131519	协议价送免费早餐
			单间	75	75	1021	300	中会议室	1	1	120	8000	3000			
			标准间	68	68	1021	300	小会议室	1	1	40	6800	2550			
纽宾凯新时代国际酒店	武汉纽宾凯国际酒店管理有限公司新时代国际酒店		套间	19	19	1788	598	大会议室	1	1	400	12800	2560	武昌武珞路456号	027－59606006	协议价送免费早餐
			单间	166	166	998	298	中会议室	1	1	250	10800	2160			
			标准间	112	112	998	298	小会议室	1	1	100	7800	1560			
湖北东湖大厦	湖北东湖大厦	5	套间	20	20	1600	600	大会议室	1	1	400	15000	4000	武汉市武昌姚家岭231号	027－67813999－1030	协议价送免费早餐
			单间	25	25	980	300	中会议室	3	3	100	6000	1800			
			标准间	123	123	880	300	小会议室	6	6	25	3000	900			
梨园大酒店	武汉梨园大酒店		套间	5	5	1518	600	大会议室	1	1	262	10000	3000	武汉市武昌洪山区徐东大街199号	027－86772021	协议价送免费早餐
			单间	7	7	968	300	中会议室	1	1	65	6000	1500			
			标准间	115	115	704	300	小会议室	1	1	22	6000	1000			
武汉中油酒店	武汉中油酒店有限公司		套间	2	2	1008	488	大会议室	1	1	200	6800	2400	武汉市武昌区中北路219	027－51878888	协议价送免费早餐
			单间	14	14	588	268	中会议室	1	1	110	4800	1400			
			标准间	25	25	558	248	小会议室	1	1	12	2600	600			
白玫瑰大酒店	湖北保利白玫瑰大酒店	5	套间	29	29	2000	600	大会议室	1	1	350	16800	4000	武汉武昌区民主路788号	027－68876888	协议价送免费早餐
			单间	80	80	1200	300	中会议室	2	2	120	9800	2450			
			标准间	178	178	1200	300	小会议室	6	6	80	6000	1500			
武汉诺威香卡酒店管理有限公司	武汉诺威香卡酒店管理有限公司		套间	6	6	1788	538	大会议室	1	1	800	10000	3000	东湖新技术开发区关山大道华师园北路1号	027－87520788	协议价送免费早餐
			单间	50	50	988	260	中会议室	1	1	220	5000	1750			
			标准间	80	80	988	260	小会议室	1	1	40	2000	700			
武汉从文酒店管理有限公司	武汉从文酒店管理有限公司		套间	9	9	698	348	大会议室	1	1	200	3500	1000	武汉市洪山区雄楚大街268号	027－87399188	协议价送免费早餐
			单间	35	35	398	198	中会议室	1	1	120	2200	600			
			标准间	70	70	418	208	小会议室	1	1	70	1200	300			
润丰大酒店	湖北当代实业发展有限公司润丰大酒店		套间	6	6	1688	598	大会议室	1	1	150	6000	2000	洪山区民族大道118号	027－87746858	协议价送免费早餐
			单间	60	60	788	300	中会议室	1	1	50	1600	400			
			标准间	12	12	688	288	小会议室								

饭店名称	发票开具单位名称	星级	客房（价格：元/天）					会议室（数量：间；价格：元/天）						地址	前台订房电话	备注
			房型	总间数	协议间数	门市价	协议价	类型	总间数	协议间数	可容纳人数	门市价	协议价/半天			
华天大酒店	湖北华天大酒店有限责任公司		套间	34	34	1950	598	大会议室	1	1	400	24000	4000	湖北省武汉市洪山区徐东路7号	027－8672888	协议价送免费早餐
			单间	65	65	1200	298	中会议室	1	1	260	16000	3000			
			标准间	144	144	1200	298	小会议室	1	1	60	8000	1000			
雄楚国际酒店	武汉雄楚国际酒店管理有限公司		套间	20	20	1888	598	大会议室	1	1	300	13000	4000	武汉市洪山区雄楚大道335号	027－87388888－6619	协议价送免费早餐
			单间	61	61	1188	298	中会议室	1	1	180	10000	3750			
			标准间	54	54	1288	298	小会议室	1	1	10	1800	675			
湖北质量技术监督培训中心客房部	湖北质量技术监督培训中心客房部		套间	4	4	398	238	大会议室	1	1	200	1600	600	武汉市武昌区中北路20号	027－87136599	协议价送免费早餐
			单间	4	4	178	130	中会议室	1	1	100	1000	400			
			标准间	26	26	178	130	小会议室	1	1	15	400	150			
武汉市阳光壹贰捌大酒店	武汉市阳光壹贰捌大酒店		套间	10	10	568	398	大会议室	1	1	260	5000	1250	洪山区雄楚大街232号	027－88417588	协议价送免费早餐
			单间	159	159	198	168	中会议室	1	1	120	4000	1000			
			标准间	96	96	198	158	小会议室	1	1	30	2000	500			
武汉瑞安之星酒店有限公司	武汉瑞安之星酒店有限公司		套间	2	2	488	218	大会议室	1	1	200	2000	650	武汉市洪山区雄楚大道特1号	027－87671818	协议价送免费早餐
			单间	16	16	321	148	中会议室	1	1	100	1800	600			
			标准间	75	75	328	148	小会议室	1	1	25	800	250			
蓝天花园酒店	空军东湖疗养院（蓝天花园酒店）		套间	2	2	888	498	大会议室	1	1	200	6800	1400	洪山区广路19号	027－87860888	协议价送免费早餐
			单间	8	8	588	298	中会议室	1	1	72	3800	900			
			标准间	110	110	388	198	小会议室	1	1	16	2000	400			
瑞安城市酒店	湖北瑞安酒店管理有限公司瑞安城市酒店		套间	10	10	498	268	大会议室	1	1	200	4000	1000	洪山区珞南街小洪山东区34号	027－87889977	协议价送免费早餐
			单间	18	18	368	168	中会议室	1	1	80	2000	500			
			标准间	90	90	398	180	小会议室	1	1	30	1600	400			
华中电网有限公司培训中心	华中电网有限公司培训中心		套间	6	6	388	228	大会议室	1	1	200	4000	1600	武昌徐东大街355号	027－86762801	协议价送免费早餐
			单间	25	25	298	178	中会议室	1	1	80	1500	600			
			标准间	83	83	298	178	小会议室	1	1	70	800	240			
木兰清凉寨宾馆	武汉市木兰清凉寨旅游发展有限公司		套间	4	4	988	550	大会议室	1	1	300	3000	800	黄陂区蔡店乡	027－61539008	协议价送免费早餐
			单间	4	4	398	160	中会议室	1	1	120	2000	600			
			标准间	64	64	398	160	小会议室	1	1	80	1000	400			

饭店名称	发票开具单位名称	星级	客房（价格：元/天）					会议室（数量：间；价格：元/天）						地址	前台订房电话	备注
			房型	总间数	协议间数	门市价	协议价	类型	总间数	协议间数	可容纳人数	门市价	协议价/半天			
清江饭店	湖北清江饭店有限公司	3	套间	10	10	1588	428	大会议室	1	1	240	8000	2500	武昌区中华路57号	027－88726700	协议价送免费早餐
			单间	8	8	688	218	中会议室	1	1	45	4000	1400			
			标准间	55	55	588	208	小会议室	1	1	50	2000	600			
银丰宾馆	湖北银丰宾馆有限责任公司	3	套间	6	6	576	328	大会议室	1	1	260	4000	1500	汉口中心大道400号	027－85330188	协议价送免费早餐
			单间	16	16	396	228	中会议室	1	1	100	2400	1000			
			标准间	92	92	326	180	小会议室	1	1	24	1200	500			
光明万丽	武汉光明万丽酒店	5	套间	18	18	3427	600	大会议室	1	1	84	12000	4000	武汉市徐东大街160号	027－86621388	协议价送免费早餐
			单间	186	186	1357	300	中会议室	1	1	84	12000	4800			
			标准间	92	92	1357	300	小会议室	1	1	48	7000	2800			
安华大厦	湖北安华大厦有限公司	4	套间	12	12	2888	600	大会议室	1	1	300	8800	2300	武汉市武昌紫阳路281号	027－88308888－3000	协议价送免费早餐
			单间	43	43	988	280	中会议室	2	2	150	2800	900			
			标准间	147	147	830	260	小会议室	1	1	30	2000	600			
金盾大酒店	武汉光谷金盾大酒店有限公司		套间	24	24	1940	600	大会议室	2	2	500	26000	4000	武汉市洪山区吴家湾特1号	027－87887788	协议价送免费早餐
			单间	94	94	1350	300	中会议室								
			标准间	220	220	1350	300	小会议室								
巴山夜雨	湖北巴山夜雨大酒店有限公司		套间	4	4	1688	590	大会议室	1	1	600	35000	4000	武昌民主路786号	027－87735709	协议价送免费早餐
			单间	30	30	1088	300	中会议室	1	1	300	19000	2400			
			标准间	24	24	1088	300	小会议室	7	7	130	7600	1000			
卓悦假日酒店	武汉卓悦假日酒店		套间	42	42	715	460	大会议室	1	1	200	8000	1500	武汉市洪山区卓刀泉南路45号	027－87051890	协议价送免费早餐
			单间	109	109	398	280	中会议室	1	1	150	5000	1500			
			标准间	120	120	398	280	小会议室	2	2	30	3000	1000			
三环大酒店	湖北三环大酒店有限公司		套间	3	3	498	249	大会议室	1	1	200	2000	500	武昌区武珞路356号	027－87833333	协议价送免费早餐
			单间	21	21	276	138	中会议室	1	1	40	1200	300			
			标准间	88	88	276	138	小会议室	1	1	10	600	150			
武汉云都大酒店	95028部队招待所		套间	3	3	580	388	大会议室	1	1	160	4800	1200	建设大道宝丰路105号	027－83669567	协议价送免费早餐
			单间	4	4	288	188	中会议室	1	1	80	1600	500			
			标准间	91	91	268	158	小会议室	4	4	30	1200	400			

饭店名称	发票开具单位名称	星级	客房（价格：元/天）					会议室（数量：间；价格：元/天）						地址	前台订房电话	备注
			房型	总间数	协议间数	门市价	协议价	类型	总间数	协议间数	可容纳人数	门市价	协议价/半天			
军区后勤部队招待所	湖北省军区后勤部机关招待所		套间	2	2	588	320	大会议室	1	1	260	2600	850	武汉市武昌区武珞路711号	027－67882400	协议价送免费早餐
			单间	21	21	288	148	中会议室	1	1	80	1500	400			
			标准间	118	118	268	148	小会议室	1	1	20	800	200			
瑞安王朝酒店	湖北瑞安酒店管理有限公司瑞安王朝酒店		套间	9	9	688	268	大会议室	1	1	285	4000	1400	武汉市洪山区书城路18号	027－50160555	协议价送免费早餐
			单间	16	16	388	178	中会议室	1	1	78	2000	750			
			标准间	110	110	388	178	小会议室	1	1	98	2000	750			
楚源大厦	中共湖北省纪委检查委员会培训中心（楚源大厦）		套间	5	5	918	588	大会议室	1	1	300	10000	4000	武汉市卓刀泉北路	027－6788666	协议价送免费早餐
			单间	8	8	718	300	中会议室	1	1	80	4000	1600			
			标准间	52	52	488	268	小会议室	5	5	30	2000	800			
武汉中原国际大酒店	武汉市中原国际大酒店有限公司	4	套间	15	15	1513	598	大会议室	2	2	200	8000	2000	汉口黄浦大街27号	027－68829999	房间含早
			单间	24	24	984	298	中会议室	3	3	120	3000	800			
			标准间	75	75	984	298	小会议室	1	1	50	1500	400			
瑞雅莲花湖酒店	武汉市新大陆莲花湖酒店有限公司	4	套间	13	13	1798－2398	388－480	大会议室	3	3	500	12000	2200	蔡甸区文正街172号	027－84780666	房间含早
			单间	21	21	818－1138	210－300	中会议室	1	1	120	6000	1500			
			标准间	106	106	818－1138	210－300	小会议室	4	4	50	2400	600			
武汉葛洲坝大酒店	湖北武汉葛洲坝实业有限公司武汉葛洲坝大酒店	4	套间	19	19	1980	508	大会议室	1	1	250	6800	2500	汉口解放大道558号	027－68835991	房间含早
			单间	35	35	980	298	中会议室	1	1	120	2800	1000			
			标准间	130	130	980	298	小会议室	2	2	50	2600	900			
武汉圣淘沙酒店公寓	武汉圣淘沙酒店公寓有限公司	4	套间	71	71	1300	460	大会议室	2	2	300	7000	2500	江汉区万松园路199号	027－85265800	房间含早
			单间	76	76	938	288	中会议室	2	2	120	4000	1500			
			标准间	189	189	1000	300	小会议室	2	2	50	2500	1000			
武汉铁路九州饭店	武汉铁路九州饭店		套间	18	18	568	388	大会议室	1	1	250	4000	1000	武昌区中山路439号	027－51167172	房间含早
			单间	33	33	228	178	中会议室	2	2	120	2000	500			
			标准间	120	120	248	190	小会议室	4	4	50	600	150			

饭店名称	发票开具单位名称	星级	客房（价格：元/天）					会议室（数量：间；价格：元/天）						地址	前台订房电话	备注
			房型	总间数	协议间数	门市价	协议价	类型	总间数	协议间数	可容纳人数	门市价	协议价/半天			
空军武汉蓝天招待所（蓝天宾馆）	空军武汉蓝天招待所		套间	12	12	688	580	大会议室	1	1	200	5800	2300	解放大道1049号	027－83697000	房间含早
			单间	22	22	338	275	中会议室	1	1	120	2800	1100			
			标准间	216	216	338	290	小会议室	5	5	50	800	300			
武汉三角湖度假村	武汉三角湖度假康乐有限公司		套间	5	5	628	380	大会议室	1	1	380	4000	1200	武汉经济技术开发区东风大道82号	027－84891888	房间含早
			单间	12	12	428	160	中会议室	1	1	120	2000	600			
			标准间	184	184	428	160	小会议室	6	6	50	1200	360			
武汉市东湖碧波宾馆	武汉市东湖碧波宾馆		套间	8	8	688－1088	348－548	大会议室	3	3	400	3200－16000	800－4000	东湖磨山特1号	027－87510720	房间含早
			单间	9	9	488	298	中会议室	2	2	120	2400	600			
			标准间	103	103	388－488	218－298	小会议室	4	4	50	2000	500			
凤翔岛会展中心	武汉市凤翔岛园林绿化工程有限公司会展中心		套间	42	42	488	380	大会议室	2	2	1200	12800	4400	蔡甸区大集凤凰村	027－69543491	房间含早
			单间	33	33	228	158	中会议室	6	6	120	3160	1100			
			标准间	207	207	288	198	小会议室	4	4	50	2400	840			
惠苑酒店	武汉惠苑大厦酒店管理有限公司		套间	5	5	618	360	大会议室	1	1	200	3000	1200	武昌区紫阳路207号	027－50708332	房间含早
			单间	37	37	258	180	中会议室	2	2	120	2000	750			
			标准间	98	98	258	180	小会议室	3	3	50	1600	500			
武汉军安宾馆	武汉军安宾馆		套间	6	6	588	388	大会议室	1	1	200	3000	1250	汉口火车站金家墩54号（现为4号）	027－50539088	房间含早
			单间	11	11	288	218	中会议室	1	1	120	2000	750			
			标准间	68	68	288	218	小会议室	1	1	50	1500	500			
湖北民航酒店	湖北（金海）酒店有限公司		套间	6	6	1148	480	大会议室	1	1	240	4000	1000	江汉北路109号	027－68852002	房间含早
			单间	21	21	830	248	中会议室	1	1	120	3000	750			
			标准间	90	90	830	228	小会议室	2	2	50	2000	500			
武汉临江饭店	广州军区空军第四招待所分所武汉临江饭店		套间	4	4	588	350	大会议室	1	1	280	4800	1200	汉口天津路1号	027－68826188	房间含早
			单间	25	25	286	150	中会议室	1	1	120	2400	600			
			标准间	84	84	286	150	小会议室	1	1	50	2000	500			

饭店名称	发票开具单位名称	星级	客房（价格：元/天）					会议室（数量：间；价格：元/天）						地址	前台订房电话	备注
			房型	总间数	协议间数	门市价	协议价	类型	总间数	协议间数	可容纳人数	门市价	协议价/半天			
银湖宾馆	武汉亚洲划船培训中心银湖宾馆		套间	2	2	688	580	大会议室	1	1	306	5000	2000	武汉市洪山区珞瑜路459号	027－87495288－999	房间含早
			单间	13	13	298	200	中会议室	2	2	120	3000	1200			
			标准间	86	86	258－328	180－240	小会议室	2	2	50	2000	600			
解放军通信指挥学院招待所	解放军通信指挥学院		套间	11	11	998	598	大会议室	1	1	300	7800	2400	解放公园路43号	027－82968588	房间含早
			单间	15	15	598	238	中会议室	1	1	120	2800	750			
			标准间	84	84	598	238	小会议室	1	1	50	1800	600			
十堰市																
车城宾馆	十堰市车城宾馆有限责任公司	4	套间	23	23	888	420	大会议室	1	1	240	3280	1960	十堰市青年广场巷4号	0719－8224939	均含早餐
			单间	27	27	488	220	中会议室	1	1	60	1280	760			
			标准间	69	69	488	220	小会议室	5	5	30	880	520			
太和饭庄	十堰市太和饭庄	3	套间	2	2	798	358	大会议室	1	1	220	2600	1800	十堰市人民北路17号	0719－8663116	均含早餐
			单间	20	20	318	168	中会议室	2	2	80	1800	1200			
			标准间	114	114	328	178	小会议室	1	1	50	1200	800			
燕良大酒店	十堰市燕良大酒店	3	套间	16	16	660	366	大会议室	3	3	300	2800	1800	十堰市人民北路43号	0719－8113759	均含早餐
			标准间	60	60	396	198	小会议室	3	3	60	1500	500			
宏正大酒店	十堰市紫荆花美食有限公司宏正大酒店		套间	4	4	588	398	大会议室	1	1	120	1200	800	十堰市江苏路18号	0719－8117766	均含早餐
			豪华标间	14	14	258	168	中会议室	1	1	30	800	600			
			普通标间	44	44	198	128	小会议室	4	4	20	600	500			
茅箭宾馆	十堰市茅箭宾馆	2	套间	10	10	368	200	大会议室	1	1	100	1200	600	十堰市人民南路83号	0719－8881808	均含早餐
			单间	36	36	158	100	中会议室	1	1	50	1000	500			
			标准间	76	76	218	80	小会议室	1	1	20	1000	400			
神龙宾馆	十堰东风神龙宾馆有限公司	3	套间	6	6	258	200	大会议室	1	1	200	1000	600	十堰市公园路91号	0719－8221156	均含早餐
			单间	50	50	138	110	中会议室								
			标准间	67	67	158	130	小会议室	4	4	50	400	260			
汉江国际大酒店	十堰市堰丰酒店管理有限公司汉江分店	3	套间	25	25	388	148	大会议室						十堰市北京北路15号	0719－8618666	均含早餐
			单间	2	2	138	110	中会议室	1	1	120	1200	300			
			标准间	22	22	138	130	小会议室	1	1	40	800	300			

饭店名称	发票开具单位名称	星级	客房（价格：元/天）					会议室（数量：间；价格：元/天）						地址	前台订房电话	备注
			房型	总间数	协议间数	门市价	协议价	类型	总间数	协议间数	可容纳人数	门市价	协议价/半天			
堰丰宾馆	十堰市堰丰酒店管理有限公司	3	套间	2	2	698	300	大会议室	1	1	150	1200	600	十堰市人民北路42号	0719－8100008	均含早餐
			单间	4	4	238	130	中会议室	1	1	60	800	400			
			标准间	40	40	238	130	小会议室	1	1	30	600	300			
惠泽宾馆	十堰市惠泽宾馆	3	套间	2	2	398	268	大会议室	1	1	120	2000	750	十堰市公园路8号	0719－8671841	均含早餐
			单间	7	7	238	138	中会议室	1	1	60	1500	500			
			标准间	43	43	228	128	小会议室	1	1	60	1500	500			
美乐大酒店	十堰市美乐宾馆股份有限公司	3	套间	5	5	888	380	大会议室	1	1	120	1600	1000	十堰市人民北路53号	0719－8662116－8000	均含早餐
			单间	9	9	328	170	中会议室	1	1	100	1200	800			
			商前标	12	12	298	170	小会议室	1	1	30	1000	600			
			商后标	18	18	328	170	多功能厅	1	1	450	3999	3000			
			豪前标	30	30	218	150									
			豪后标	18	18	228	150									
龙安酒店	十堰市龙安酒店	3	套间	3	3	548	428	大会议室						十堰市山西路1号	0719－8692288	均含早餐
			单间	14	14	308	228	中会议室	1	1	100	1800	1300			
			标准间	81	81	258	188	小会议室	1	1	30	1000	800			
消防宾馆	十堰市消防培训中心		套间	6	6	588	278	大会议室	1	1	150	1600	800	十堰市人民南路81号	0719－8875555	均含早餐
			单间	2	2	228	128	中会议室	1	1	100	1200	600			
			标准间	54	54	198	138	小会议室								
雅阁大酒店	十堰市世纪百强雅阁大酒店	5	套间	6	6	3398	600	大会议室						十堰市北京北路78号	0719－8608888－总台	均含早餐
			单间	75	75	1258	300	中会议室	2	2	300	17250	4000			
			标准间	220	220	1058	300	小会议室	4	4	40	5175	3500			
君悦大酒店	十堰市紫荆花君悦大酒店		套间	2	2	698	398	大会议室	1	1	130	1600	800	十堰市人民南路116号	0719－8876555	均含早餐
			单间	11	11	398	178	中会议室	1	1	45	1000	500			
			标准间	71	71	398	178	小会议室								
襄樊市																
南湖宾馆	襄樊市南湖宾馆		套间	8	8	988	498	大会议室	1	1	500	4800	1900	襄城区胜利街2号	0710－3600088	龚燕萍
			单间	15	15	428	248	中会议室	1	1	130	3800	1400			
			标准间	85	85	428	248	小会议室	3	3	50	2500	750			

饭店名称	发票开具单位名称	星级	客房（价格：元/天）					会议室（数量：间；价格：元/天）						地址	前台订房电话	备注
			房型	总间数	协议间数	门市价	协议价	类型	总间数	协议间数	可容纳人数	门市价	协议价/半天			
南山宾馆	襄樊市南山宾馆	3	套间	9	9	580	280	大会议室	1	1	400	4400	1500	襄城区檀溪路152号	0710－3552089 3552554	协议价送免费早餐
			单间	4	4	280	120	中会议室	3	3	120	1600	600			
			标准间	158	158	218	120	小会议室	6	6	40	1200	300			
汉江国际大酒店	襄樊汉江国际大酒店	4	套间	8	8	1307	498	大会议室	1	1	250	5000	2000	襄樊市建华路9号	0710－3276666－3	如有接待需提前联系
			单间	24	24	680	248	中会议室	1	1	90	3000	1200			
			标准间	93	93	680	248	小会议室	1	1	38	2000	500			
襄樊城市名人酒店	城市名人酒店管理（中国）有限公司襄樊第一分公司		套间	24	24	2388	498	大会议室	1	1	200	6600	1800	襄樊市解放路炮铺街特一号	0710－3488888	协议价送免费早餐
			单间	36	36	1388	248	中会议室	2	2	50	2600	800			
			标准间	89	89	1388	248	小会议室	2	2	20	1600	400			
荣华国际大酒店	襄樊市襄阳区荣华国际大酒店有限公司	4	套间	6	6	1398	498	大会议室	1	1	800	6500	2500	襄樊荣华路2号	0710－2839867	协议价送免费早餐
			单间	45	45	628	248	中会议室	1	1	400	4000	1500			
			标准间	82	82	528	248	小会议室	2	2	120	3500	1250			
川惠大酒店	襄樊市川惠大酒店有限公司	4	套间	10	10	1480	288	大会议室	1	1	350	6800	2400	襄城宜宾路15号	0710－3528888－6688/6699	协议价送免费早餐
			单间	44	44	960	220	中会议室	3	3	100	1800	590			
			标准间	199	199	980	225	小会议室	2	2	50	1000	340			
襄樊名人酒店	城市名人酒店管理有限公司襄樊分公司	3	套间	5	5	1880	488	大会议室	/	/	/	/		襄城区檀溪路111号	0710－3518862	协议价送免费早餐
			单间	58	58	680	240	中会议室	2	2	200	1600	400			
			标准间	83	83	680	240	小会议室	2	2	80	1200	300			
襄阳名人酒店	城市名人酒店管理（中心）有限公司襄樊第二分公司	3	套间	14	14	1288	498	大会议室	1	1	500	6000	2000	襄阳区航空路98号	0710－2869250	协议价送免费早餐
			单间	62	62	880	248	中会议室	1	1	300	2800	1100			
			标准间	49	49	588	248	小会议室	1	1	40	4000	900			
金城大酒店	襄樊市金城大酒店	3	套间	11	11	1588	498	大会议室	1	1	400	7000	1750	樊城区前进路19号	0710－3220031－888	协议价送免费早餐
			单间	29	29	888	248	中会议室	1	1	120	5000	1000			
			标准间	104	104	528	248	小会议室	3	3	40	1200	300			
襄城真武大酒店	襄樊市襄城真武大酒店	2	套间	6	6	1200	480	大会议室	1	1	200	2400	600	襄城东街27号	0710－3518977	协议价送免费早餐
			单间	11	11	420	188	中会议室	3	3	70	1600	400			
			标准间	71	71	360	188	小会议室	1	1	40	1600	400			

饭店名称	发票开具单位名称	星级	客房（价格：元/天）					会议室（数量：间；价格：元/天）						地址	前台订房电话	备注
			房型	总间数	协议间数	门市价	协议价	类型	总间数	协议间数	可容纳人数	门市价	协议价/半天			
铁路大酒店	襄樊铁路大酒店有限公司	涉外三	套间	5	5	1188	499	大会议室	1	1	300	2500	800	襄樊市前进路46号	0710－3220043－9	协议价送免费早餐
			单间	8	8	398	240	中会议室	1	1	200	2000	600			
			标准间	41	41	398	240	小会议室	4	4	60	600	250			
耀阳大酒店	襄樊市耀阳酒店管理有限公司	3	套间	8	8	480	240	大会议室	1	1	250	2400	500	市虎头山路9号	0710－3089999	协议价送免费早餐
			单间	29	29	200	70	中会议室	3	3	100	1200	250			
			标准间	67	67	240	120	小会议室	1	1	30	1000	200			
维多666大酒店	襄樊维多酒店管理有限公司	2	套间	5	5	716	320	大会议室	1	1	200	3200	800	襄城运动路17号	0710－3537776	协议价送免费早餐
			单间	9	9	396	180	中会议室	1	1	150	2800	700			
			标准间	36	36	316	140	小会议室	1	1	80	2400	600			
万达皇冠假日酒店	万达广场皇冠假日酒店		套间	15	15	2171	598	大会议室	1	1	1000	10000	3500	长虹北路	0710－3288666	协议价送免费早餐
			单间	80	80	1688	298	中会议室	5	5	200	5000	1000			
			标准间	90	90	1688	298	小会议室	6	6	50	2000	750			
美格丽芬大酒店	美格丽芬酒店管理有限公司	3	套间	5	5	788	350	大会议室	1	1	280	1500	600	襄城区檀溪路61号	0710－3613333	协议价送免费早餐
			单间	30	30	300	145	中会议室	/	/	/	/				
			标准间	45	45	360	160	小会议室	1	1	60－120	1000	400			
荆门市																
帝豪酒店	荆门市帝豪酒店	4	套间	5	5	1600	500	大会议室	1	1	200－300	12000	4000	长宁大道21号	0724－2222999	协议价送免费早餐
			单间	133	133	720	299	中会议室	2	2	80－100	8000	3200			
			标准间	136	136	720	299	小会议室	6	6	20－30	5800	2300			
荆门避暑山庄国宾酒店	荆门避暑山庄国宾酒店	4	套间	11	11	1498	488	大会议室	1	1	290－320	6000	1100	漳河镇迎接村5组	0724－2383910	协议价送免费早餐
			单间	48	48	798	248	中会议室	1	1	130－160	5600	1000			
			标准间	100	100	798	248	小会议室	4	4	20－40	5200	900			
碧桂园凤凰酒店	荆门市碧桂园凤凰酒店	4	套间	4	4	1160	488	大会议室	1	1	300	4800	1490	掇刀区凤袁路8号	0724－2499999	协议价送免费早餐
			单间	21	21	798	210	中会议室	3	3	50－80	1300	400			
			标准间	81	81	698	200	小会议室	3	3	20－40	1000	300			

饭店名称	发票开具单位名称	星级	客房（价格：元/天）					会议室（数量：间；价格：元/天）						地址	前台订房电话	备注
			房型	总间数	协议间数	门市价	协议价	类型	总间数	协议间数	可容纳人数	门市价	协议价/半天			
荆门宾馆	荆门宾馆	3	套间	5	5	980	500	大会议室	1	1	200	2500	750	海慧路9号	0724－2364558	协议价送免费早餐
			单间	9	9	358	250	中会议室	3	3	50－80	500	250			
			标准间	73	73	240	192	小会议室	4	4	20－30	190	95			
东方宾馆	荆门市东方大酒店	3	套间	5	5	668	500	大会议室	1	1	200－300	6000	2000	长宁大道28号	0724－2382800	协议价送免费早餐
			单间	47	47	268	248	中会议室	1	1	100－150	2000	600			
			标准间	71	71	258	238	小会议室	4	4	30－40	1000	300			
漳河半岛酒店	荆门漳河半岛酒店	3	套间	1	1	588	350	大会议室	1	1	100－160	1200	500	漳河镇文口路24号	0724－6042768	协议价送免费早餐
			单间	3	3	388	230	中会议室	2	2	50－60	1000	400			
			标准间	19	19	258	150	小会议室	1	1	20－30	800	300			
城市海逸	荆门市海逸大酒店有限公司	3	套间	4	4	288	258	大会议室	1	1	200	2400	800	象山一路22号	0724－2300000	协议价送免费早餐
			单间	18	18	188	150	中会议室	1	1	50－60					
			标准间	68	68	258	160	小会议室	3	3	30－50	2000	500			
新南方	荆门新南方酒店有限责任公司	3	套间	4	4	480	268	大会议室	1	1	200	2400	800	虎牙关大道15号	0724－2486888	协议价送免费早餐
			单间	4	4	228	138	中会议室	1	1	120	1800	600			
			标准间	33	33	208	128	小会议室	1	1	50	900	300			
东泰酒店	东泰酒店管理有限公司	3	套间	2	2	688	448	大会议室	1	1	400	2000	650	泉口路丁香园	0724－26368888	协议价送免费早餐
			单间	6	6	128	128	中会议室	3	3	80－140	1500	500			
			标准间	91	91	180	150	小会议室	2	2	30－50	1200	400			
孝感市																
乾坤商务酒店	乾坤商务酒店		套间	10	10	1080－1580	680－980	大会议室	1	1	100	2100	900	乾坤大道8号	0712－2464288	套房为4－6人；住宿房卡含早餐（特价房除外）；会议室含横副一条、POP牌两块、主席台座次牌、照明、空调、音响、提供主席台茶水服务，走道备开水桶客人自倒
			单间	107	107	138－230	90－178	中会议室	2	2	50	700－1800	300－750			
			标准间	144	144	180－278	128－180	小会议室	4	4	30	800－1100	350－450			
锦怡大酒店	锦怡大酒店	4	套间	16	16	608－788	280－298	大会议室	1	1	100	1800	700	城站路227号	0712－2885548	住宿房卡含早餐；会议室含鲜花、横副、投影仪费用
			单间	54	54	358－448	160－178	中会议室	2	2	50	1200	450			
			标准间	81	81	358－448	160－178	小会议室	2	2	15	600	195			

饭店名称	发票开具单位名称	星级	客房（价格：元/天）					会议室（数量：间；价格：元/天）						地址	前台订房电话	备注
			房型	总间数	协议间数	门市价	协议价	类型	总间数	协议间数	可容纳人数	门市价	协议价/半天			
孝感宾馆	孝感宾馆	3	套间	16	16	588	300	大会议室	1	1	200	4800	1500	城站路93号	0712－2333000	住宿房卡含早餐；日间房或午休房为协议价的半价；会议室含会标、席位牌、鲜花、欢迎牌，含贵宾室费用
			单间	10	10	488	180	中会议室	2	2	100	3800	1000			
			标准间	115	115	358	180	小会议室	6	6	20	2000	400			
天紫湖大酒店	天紫湖大酒店	3	套间	5	5	768	480	大会议室	2	2	200	4800	1500	孝南区孝岗镇	0712－269999	套房为多人套；住宿房卡含早餐；日间房或午间房按协议价的半价；会议室含会标、横副、绿色植物、欢迎牌
			单间	16	16	680	180	中会议室	2	2	100	2800	1000			
			标准间	56	56	338	180	小会议室	5	5	20	1800	400			
			三人间	10	10	448	270									
黄冈市																
黄冈宾馆	黄冈宾馆有限公司		普套	6	6	598	418	多功能会议室	1	1	500	23000	8000	黄冈市东坡大道68号	0713－8673000	协议价送免费早餐
			豪套	20	20	698	488	大会议室	1	1	230	5800	2000			
			单间	30	30	398	278	中会议室	1	1	150	3500	1200			
			普标	89	89	368	258	小会议室	4	4	60	2900	1000			
			高标	26	26	398	278	小会议室	2	2	16	900	300			
黄冈军分区招待所	黄冈军分区招待所		普套	2	2	360	260	大会议室	1	1	130	1200	400	黄冈市阮家凉亭9号	0713－8352034 8366977	协议价送免费早餐
			豪套	3	3	500	350	中会议室	1	1	80	1000	350			
			单间	3	3	280	200	中会议室	1	1	60	1000	350			
			普标	50	50	160	100	小会议室	1	1	20	580	200			
			高标	24	24	206	130									
			三人间	13	13	160	120									
鄂州市																
湖北凤凰山庄旅游度假有限公司	湖北凤凰山庄旅游度假有限公司	4	套间	3	3	1580	600	大会议室	1	1	260	8000	2000	凤凰路56号	0711－3850988	协议价送免费早餐
			单间	4	4	569	200	中会议室	3	3	200	6000	1500			
			标准间	66	66	360	190	小会议室	4	4	150	1600	400			
鄂州银山生态园有限公司	鄂州银山生态园有限公司	3	套间	8	8	980	580	大会议室	1	1	130	3000	900	泽林镇银山3号	0711－2338888	协议价送免费早餐
			单间	38	38	180	108	中会议室	1	1	60	2000	600			
			标准间	46	46	180	120	小会议室	1	1	18	1200	360			

饭店名称	发票开具单位名称	星级	客房（价格：元/天）					会议室（数量：间；价格：元/天）						地址	前台订房电话	备注
			房型	总间数	协议间数	门市价	协议价	类型	总间数	协议间数	可容纳人数	门市价	协议价/半天			
湖北红莲湖旅游度假开发有限公司高尔夫乡村俱乐部	湖北红莲湖旅游度假开发有限公司高尔夫乡村俱乐部	4	套间	9	9	1680	600	大会议室	1	1	270	5000	2000	华容区庙岭镇	0711－3625888	协议价送免费早餐
			单间	68	68	680	250	中会议室	1	1	80	2600	1000			
			标准间	68	68	680	250	小会议室	1	1	20	1000	400			
鄂州市星都商务大酒店	鄂州市星都商务大酒店	2	套间	1	1	488	260	大会议室	1	1	180	5000	1500	古城南路82号	0711－3226829	协议价送免费早餐
			单间	8	8	209	130	中会议室	1	1	90	3000	1000			
			标准间	95	95	168	120	小会议室	5	5	40	800	300			
黄石市																
金花大酒店	黄石金花酒店管理有限公司	3	豪套	5	5	798	559	大会议室	1	1	300	6000	1500	黄石市颐阳路248号	0714－6320016	房间协议价均含双早
			套间	8	8	598	419	中会议室	1	1	100	6000	1500			
			标间A	73	73	508	300	小会议室	3	3	30	2000	500			
			标间B	40	40	398	220									
			标间C	46	46	298	200									
			单间A	21	21	508	300									
			单间B	15	15	398	220									
			单间C	9	9	298	200									
聚宾大酒店	电能集团有限公司聚宾大酒店	3	套间	5	5	680	340	大会议室	2	2	300	3000	525	黄石大道106号	0714－6220051	含早
			单间	3	3	238	150	中会议室	1	1	100	800	300			
			标间A	16	16	218	150	小会议室	2	2	30	800	200			
			标间B	45	45	288	180									
国乒基地	中国乒乓球队黄石训练基地	2	套间	2	2	360	280	大会议室	1	1	300	3600	1400	广场路56号	0714－6207766	含早
			单间	3	3	160	120	中会议室	2	2	100	1500	600			
			标间	35	35	180	120	小会议室	1	1	30	1000	400			
正圆大酒店	黄石市电力集团正圆大酒店有限公司	3	套间	3	3	318	256	大会议室	1	1	300	4000	1500	黄石市黄石大道159号	0714－6298313	含早
			单间	12	12	218	168	中会议室	1	1	100	1400	600			
			标准间	34	34	218	168	小会议室	1	1	30	400	200			
			电脑标间	19	19	238	188									
			娱乐标间	3	3	238	188									

饭店名称	发票开具单位名称	星级	客房（价格：元/天）					会议室（数量：间；价格：元/天）						地址	前台订房电话	备注
			房型	总间数	协议间数	门市价	协议价	类型	总间数	协议间数	可容纳人数	门市价	协议价/半天			
锦轮大酒店	武汉瑞嘉酒店管理有限公司黄石锦轮大酒店	3	套间	4	4	888	450	大会议室	1	1	300	3000	1000	黄石市颐阳路239号	0714－6320288	含早
			单间	10	10	488	244	中会议室	1	1	100	1000	400			
			标间	55	55	348	180	小会议室	1	1	30	500	200			
石榴园宾馆	黄石市石榴园宾馆有限公司	3	豪华套房	1	1	888	388	大会议室	1	1	100	2600	800	黄石市杭州西路163号	0714－6392222	含早
			套间	6	6	360	208	小会议室	1	1	50	1800	500			
			商务单间	19	19	338	188									
			商务标间	20	20	338	188									
			标准间	30	30	288	168									
磁湖山庄	黄石市磁湖山庄酒店管理有限公司	4	套间	15	15	2266	600	大会议室	1	1	300	20000	1500	黄石市湖锦路1号	0714－6353333－2108	含早
			单间					中会议室	1	1	100	10000	1050			
			标间	127	127	1099	300	小会议室	1	1	40	6000	700			
咸宁市																
咸宁碧桂园凤凰温泉酒店	咸宁碧桂园凤凰温泉酒店有限公司		套间	6	6	1880	599	大会议室	3	3	380－800	14000	4000	湖北咸宁市咸安区龙潭大道一号	0175－8819999	含早餐
			单间	10	10	980	299	中会议室	6	6	80－150	5000	2000			
			标准间	57	57	980	299	小会议室	6	6	12－25人	3000	1200			
万豪温泉谷度假区	咸宁温泉谷酒店经营管理有限公司		套间	10	10	1688	518	大会议室	2	2	260	5000	1900	咸宁市温泉月亮湾路一号	0715－8199999	含早餐
			单间	36	36	888	298	中会议室	4	4	120	2800	1000			
			标准间	136	136	818	288	小会议室	4	4	40	2000	750			
湖北咸宁楚天瑶池温泉度假酒店	湖北咸宁楚天瑶池温泉景区开发有限公司		套间	11	11	1080	520	大会议室	1	1	200	5000	1900	咸宁市温泉路3号	0715－8900666 8900999	含早餐
			单间	24	24	580	270	中会议室	1	1	60	3000	1200			
			标准间	73	73	560	260	小会议室	1	1	25	2000	600			
咸宁温泉国际酒店	咸宁市温泉国际酒店有限责任公司		套间	23	23	788	420	大会议室	1	1	300	4800	2000	咸宁市温泉南昌路1号	0715－8218888	含早餐
			单间	34	34	658	298	中会议室	2	2	100	3800	1500			
			标准间	112	112	618	288	小会议室	2	2	30	2800	1000			

饭店名称	发票开具单位名称	星级	客房（价格：元/天）					会议室（数量：间；价格：元/天）						地址	前台订房电话	备注
			房型	总间数	协议间数	门市价	协议价	类型	总间数	协议间数	可容纳人数	门市价	协议价/半天			
咸宁市凯悦大酒店	咸宁市凯悦大酒店有限公司	4	套间	12	12	1116	498	大会议室	1	1	200	3600	1500	咸宁大道86号	0715－8266888	含早餐
			单间	18	18	636	298	中会议室	1	1	40	2000	900			
			标准间	80	80	516	218	小会议室	1	1	20	1800	700			
捷臣汇东酒店	湖北捷臣汇东酒店管理有限责任公司		套间	11	11	838	488	大会议室	1	1	200	5800	1300	咸宁温泉银泉大道交通路口	0715－8138888	含早餐
			单间	21	21	478	248	中会议室	1	1	150	4400	1200			
			标准间	83	83	438	248	小会议室	1	1	60	3600	1000			
咸宁市阳光酒店	咸宁市阳光酒店有限责任公司	3	套间	5	5	988	498	大会议室	1	1	150－180	3800	1500	咸宁市淦河大道25号	0715－8156988	含早餐
			单间	24	24	438	248	中会议室	1	1	40－50	2800	1000			
			标准间	45	45	438	248	小会议室	1	1	30	2800	1000			
咸宁市禄神大酒店	咸宁市禄神大酒店有限责任公司	3	套间	13	13	888	498	大会议室	1	1	400	6800	2800	咸宁温泉长安大道298号	0715－8131580	含早餐
			单间	12	12	399	238	中会议室								
			标准间	40	40	399	238	小会议室	1	1	30－40	1500	500			
长印温泉酒店	咸宁市长印温泉酒店有限公司	2	套间	8	8	268	260	大会议室	1	1	150－180	1600	500	咸宁市温泉月亮湾路一号	0715－8259319	含早餐
			单间	14	14	180	180	中会议室	1	1	60	1200	400			
			标准间	45	45	180	180	小会议室								
荆州市																
荆州饭店	荆州市荆州饭店有限责任公司	3	套间	8	8	568	258	大会议室	2	2	200	1800	750	荆州市荆南路32号	0716－8422666	含早餐
			单间	17	17	328	158	中会议室								
			标准间	78	78	328	158	小会议室	15	15	15	1000	400			
金九龙大酒店	荆州市金九龙酒店管理有限公司	4	套间	6	6	1999	498	大会议室	1	1	300	7600	2900	荆州市南环路18号	0716－8478888	含早餐
			单间	30	30	699	248	中会议室	2	2	50	3000	1000			
			标准间	90	90	699	248	小会议室	3	3	20	2000	500			

饭店名称	发票开具单位名称	星级	客房（价格：元/天）					会议室（数量：间；价格：元/天）						地址	前台订房电话	备注
			房型	总间数	协议间数	门市价	协议价	类型	总间数	协议间数	可容纳人数	门市价	协议价/半天			
山水酒店	荆州市山水酒店管理有限公司	3	普通单间	9	9	488	220	大会议室	1	1	200	7000	1500	荆州市塔桥北路66号	0716－4109999	含早餐
			普通标间A	11	11	488	220	中会议室	1	1	100	5000	1000			
			普通标间B	10	10	528	238	小会议室	1	1	50	3000	500			
			商务单间	5	5	528	238									
			商务标间A	8	8	528	238									
			商务标间B	18	18	598	248									
			商务套房	7	7	598	248									
晶葳国际大酒店	荆州晶葳国际大酒店投资有限公司	5	套间	4	4	1888	600	大会议室	2	2	300	13000	4000	荆州市公园路12号	0716－8222222	含早餐
			单间	118	118	798	300	中会议室	2	2	100	4400	1300			
			标准间	161	161	798	300	小会议室	6	6	20	2400	750			
景泰怡商务酒店	荆州鸿驿交通实业有限公司景泰怡商务酒店	3	套间	2	2	680	320	大会议室	1	1	100	2800	1000	荆州市太岳路23号	0716－8258777	含早餐
			商务单间	5	5	480	220	中会议室	1	1	50	1500	400			
			普通单间	11	11	380	150	小会议室	1	1	15	1000	300			
			标准间	31	31	380	150									
华瑞丰大酒店	荆州市华瑞丰大酒店有限公司		套间	3	3	528	352	大会议室	1	1	200	2400	900	荆州市东环路68号	0716－8191888	含早餐
			单间	14	14	288	192	中会议室	1	1	100	2000	800			
			标准间	22	22	252	168	小会议室	1	1	50	1200	400			
			公务套间	9	9	408	272	小会议室	1	1	20	800	200			
			公务标准间	36	36	203	135									
荆州宾馆	荆州宾馆有限公司	4	套间	24	24	880	200	大会议室	1	1	200	3000	750	荆州市迎宾路8号	0716－8430302	含早餐
			单间	49	49	580	200	中会议室	1	1	100	1000	300			
			标准间	107	107	580	200	小会议室	9	9	20	400	150			
鑫泰国际大酒店	荆州市鑫泰国际大酒店有限公司		豪华套间	2	2	2388	500	大会议室	1	1	200	3000	1250	荆州市金龙路49号	0716－8185555	含早餐
			豪华单间	15	15	798	220	小会议室	1	1	80	1500	500			
			豪华标间	21	21	798	220									
			普通套间	2	2	698	300									
			普通单间	15	15	518	200									
			普通标间	20	20	518	200									

饭店名称	发票开具单位名称	星级	客房（价格：元/天）					会议室（数量：间；价格：元/天）						地址	前台订房电话	备注
			房型	总间数	协议间数	门市价	协议价	类型	总间数	协议间数	可容纳人数	门市价	协议价/半天			
荆东大酒店	荆东大酒店有限公司	3	套间	5	5	1098	298	大会议室	1	1	200	3000	1000	荆州市荆沙路106号	0716－8468888	含早餐
			单间	18	18	558	208	中会议室	1	1	100	2000	600			
			标准间	34	34	558	208	小会议室	1	1	20	1000	300			
宜昌市																
宜昌大桥宾馆	宜昌大桥工程建设有限责任公司	3	套间	8	8	889	320	大会议室	1	1	150	1800	500	宜昌市虢亭大道12号	0717－6530099	均含免费早餐
			单间	2	2	328	150	中会议室								
			标准间	61	61	398	170	小会议室	3	3	60	1000	300			
传家商旅金利源酒店	宜昌利源大厦有限责任公司	3	公务套间	12	12	428	188	大会议室	1	1	150－200	2000	800	宜昌市东山大道11号	0717－8867799	均含免费早餐
			公务单间	19	19	258	110	中会议室	2	2	50－80	1500	500			
			公务标准间	68	68	358	130	小会议室								
			商务套间	12	12	528	218	大会议室								
			商务单间	21	21	388	158	中会议室								
			商务标准间	57	57	488	188	小会议室								
宜昌市检察官培训中心	宜昌市检察官培训中心	3	豪华套房	1	1	900	400	大会议室	1	1	150	4000	600	宜昌市胜利四路42号	0717－6470918	均含免费早餐
			单间	35	35	300	110	中会议室	1	1	50	1600	400			
			标准间	64	64	360	140	小会议室	3	3	20－30	1600	300			
			三人间	5	5	450	180									
三峡东山酒店	长江三峡旅游发展有限责任公司三峡东山酒店	3	套间	3	3	968	500	大会议室	1	1	260	6000	2000	宜昌市东山开发区城东大道26号	0717－6956999	均含免费早餐
			单间	35	35	438	248	中会议室	1	1	70	5000	1500			
			标准间	112	112	438	248	小会议室	2	2	40－50	2000	750			
三峡西坝酒店	长江三峡旅游发展有限责任公司宜昌三峡西坝酒店	3	套间	10	10	702	498	大会议室	1	1	300	4000	1200	宜昌市西坝建设路一号	0717－6276688－68801	均含免费早餐
			单间	9	9	480	248	中会议室	1	1	100	2000	600			
			标准间	56	56	394	220	小会议室	2	2	30	1500	450			
平湖大酒店	宜昌平湖大酒店有限责任公司财务专用章	3	套间	4	4	760	480	大会议室	1	1	260	3200	1200	宜昌市东山大道53号	0717－8867788	均含免费早餐
			贵宾标间	12	12	618	240									
			贵宾单间	12	12	618	240									
			普通单间	20	20	328	180	中会议室	1	1	80	2600	900			
			普通标间	50	50	328	180									
			豪华标间	70	70	418	220	小会议室	2	2	40	1600	500			

饭店名称	发票开具单位名称	星级	客房（价格：元/天）					会议室（数量：间；价格：元/天）						地址	前台订房电话	备注
			房型	总间数	协议间数	门市价	协议价	类型	总间数	协议间数	可容纳人数	门市价	协议价/半天			
宜昌楚江大酒店有限公司	宜昌楚江大酒店有限公司	3	套间	5	5	588	300	大会议室	1	1	200	2960	600	宜昌市陶珠路31号	0717－6743686	均含免费早餐
			单间	7	7	388	170	中会议室	1	1	100	2000	450			
			标准间	118	118	388	170	小会议室	2	2	80	1200	400			
宜昌康福山庄	宜昌国际大酒店有限公司康福山庄	3	套间	6	6	1088	500	大会议室	1	1	150	2400	1000	宜昌市南津关路38号	0717－8861566	均含免费早餐
			单间	0	0	0	0	中会议室	1	1	60	1200	500			
			标准间	66	66	388	210	小会议室	1	1	36	960	380			
骏王大酒店	宜昌骏王大酒店有限责任公司	3	豪华套房	8	8	999	460	大会议室	1	1	300	4000	1200	宜昌市城东大道15号	0717－6342588	均含免费早餐
			温馨家间	8	8	419	210	中会议室	1	1	60	1800	540			
			豪华标间	119	119	369	180	小会议室	1	1	30	1400	420			
			公务标间	11	11	309	160									
			公务单间	23	23	309	160									
南湖宾馆	峡州酒店集团南湖宾馆分公司	3	套间	8	8	818	500	大会议室	1	1	300	8000	2000	宜昌市福绥路45号	0717－8866381	均含免费早餐
			单间	14	14	398	230	中会议室	1	1	100－150	6000	1500			
			标准间	49	49	318	180	小会议室	4	4	50	2000	500			
				46	46	368	220	大会议室								
				34	34	418	250	中会议室								
宜昌金狮宾馆有限责任公司	宜昌金狮宾馆有限责任公司	4	套间	14	14	1680	598	大会议室	1	1	250	6000	1500	宜昌市夷陵区夷兴大道71号	0717－8855678	均含免费早餐
			单间	42	42	598	288	中会议室	2	2	100	4000	1000			
			标准间	186	186	568	248	小会议室	2	2	40	2000	500			
武汉大学三峡学术交流中心	宜昌武大科技园有限公司	4	套间	18	18	1580	598	大会议室	1	1	150－350	16000	4000	宜昌开发区发展大道56号	0717－6269999	均含免费早餐
			单间	82	82	890	299	中会议室	9	9	60－120	7600	1600			
			标准间	100	100	820	299	小会议室	3	3	20－60	2000	600			
半岛酒店	宜昌半岛酒店	4	豪华家庭套间	5	5	1880	598	大会议室	1	1	120	4000	1300	宜昌城东大道25－1号	0717－6345666	均含免费早餐
			豪华单人间	30	30	688	298	中会议室	1	1	60	2400	750			
			贵族标准间	58	58	688	298	小会议室	1	1	20	1600	450			
			豪华标准间	43	43	588	298									

饭店名称	发票开具单位名称	星级	客房（价格：元/天）房型	总间数	协议间数	门市价	协议价	会议室（数量：间；价格：元/天）类型	总间数	协议间数	可容纳人数	门市价	协议价/半天	地址	前台订房电话	备注
三峡工程大酒店	长江三峡旅游发展有限责任公司宜昌三峡工程大酒店	4	套间	20	20	988	598	报告厅	1	1	260－350	6000	2000	宜昌市三峡坝区八河口	0717－6765500	均含免费早餐
								大会议室	1	1	160	3000	1000			
			单间	30	30	538	298	中会议室	2	2	60	2000	600			
			标准间	200	200	518	298	小会议室	2	2	30	1600	500			
湖北省交通职工教育培训中心（龙泉山庄）	湖北省交通职工教育培训中心	4	套间	8	8	988	580	大会议室	1	1	300	3600	1400	宜昌市峡口风景区南津关路1号	0717－8861818	均含免费早餐
			单间	15	15	628	280	中会议室	2	2	100－120	2400	900			
			标准间	131	131	588	280	小会议室	6	6	50－80	1400	500			
宜昌国际大酒店	宜昌国际大酒店有限公司	4	套间	24	24	1198	600	大会议室	3	3	150－200	3760	1500	宜昌市沿江大道121号	0717－8867089	均含免费早餐
			单间	76	76	598	300	中会议室								
			标准间	232	232	490	300	小会议室	6	6	35	700	300			
葛洲坝宾馆	宜昌葛洲坝宾馆	4	高级标间	54	54	688	300	多功能厅	1	1	150	8000	2000	宜昌市夷陵路3号	0717－6852810	均含免费早餐
			商务套房	3	3	3888	600	天地馆	1	1	400	15000	5000			
			商级标准间（嘉宾楼）	43	43	298	100	金色大厅	1	1	200	10000	3000			
			豪华标准间（嘉宾楼）	74	74	358	120									
峡州宾馆	峡州酒店集团峡州宾馆分公司	4	套间	2	2	999	530	大会议室	1	1	300	8000	2000	宜昌市夷陵大道78号	0717－8861332	均含免费早餐
				4	4	888	510				120	2000	750			
			准间	29	29	588	290	中会议室	3	3	150	3000	1000			
			套间	12	12	600	490				100	2000	800			
			单间	15	15	418	210	小会议室	2	2	40	1200	500			
			豪华标间	66	66	418	210									
			商务标间	45	45	468	240									
			套间	2	2	698	510									
			单间	16	16	398	230									
			标准间	98	98	298	190									

饭店名称	发票开具单位名称	星级	客房（价格：元/天）					会议室（数量：间；价格：元/天）						地址	前台订房电话	备注
			房型	总间数	协议间数	门市价	协议价	类型	总间数	协议间数	可容纳人数	门市价	协议价/半天			
彝陵饭店	峡州酒店集团彝陵饭店分公司	4	套间	6	6	1080	590	大会议室	1	1	300	8000	3000	宜昌市云集路41号	0717－6223611	均含免费早餐
			单间	28	28	568	290	中会议室	1	1	120	4000	1200			
			标准间	10	10	528	260	小会议室	3	3	60	1600	600			
				77	77	548	290	大会议室								
				6	6	548	298	中会议室								
盈嘉酒店	盈嘉酒店有限公司	4	套间	21	21	1299	599	大会议室	1	1	200	7200	1800	宜昌市珍珠路69号	0717－6736666－8888，6758888	均含免费早餐
			单间	65	65	599	299	中会议室	2	2	80	3600	900			
			标准间	87	87	579	299	小会议室	1	1	24	1200	400			
桃花岭饭店	宜昌桃花岭饭店股份有限公司	4	普通标间	9	9	480	299	大会议室一	1	1	500	60000	15000	宜昌市云集路29号	0717－6236666－7	均含免费早餐
			普通单间	12	12	480	299									
			标准间	60	60	680	299	大会议室二	1	1	300	20000	4000			
			单人间	4	4	680	299									
			豪华标间	46	46	880	299	中会议室一	3	3	80	16000	4000			
			豪华单间	60	60	880	299									
			普通套间	11	11	2280	599	中会议室二	1	1	80	8000	2000			
								小会议室	13	13	30	5000	1250			
宜昌电力宾馆	国宾花园酒店		套间	4	4	666	460	大会议室	1	1	200	4000	1300	宜昌市东山大道132号	0717－6268000	均含免费早餐酒店按三星级标准建造、装饰
			单间	30	30	256	220	小会议室	2	2	30	1600	500			
			标准间A	24	24	326	230									
			标准间B	30	30	256	220									
			标准间C	74	74	206	200									
宜昌国宾花园酒店	湖北省电力公司宜昌供电公司东山管理培训中心		套间	3	3	1280	590	大会议室	1	1	250	5600	2200	城东大道40号	0717－6331111－8024	
			单间	3	3	558	290	小会议室	1	1	70	1200	500			
			标准间	28	28	558	290									
长城宾馆	湖北省宜昌军分区招待所		套间	2	2	888	590	大会议室	1	1	120－150	4000	1800	宜昌市珍珠路91号	0717－6745000	均含免费早餐酒店按四星级标准建造、装饰
			单间	19	19	368	290	中会议室	3	3	40－60	2400	1100			
			标准间	87	87	418	290	小会议室	1	1	10－15	800	350			

饭店名称	发票开具单位名称	星级	客房（价格：元/天）					会议室（数量：间；价格：元/天）						地址	前台订房电话	备注
			房型	总间数	协议间数	门市价	协议价	类型	总间数	协议间数	可容纳人数	门市价	协议价/半天			
长城北山大酒店	宜昌长城北山大酒店有限责任公司		套间	6	6	1666	500	大会议室	1	1	250	8000	2400	宜昌市东山大道151号	0717－8869266	均含免费早餐酒店按四星级标准建造、装饰
			单间	30	30	516	248	中会议室	1	1	80	4000	1200			
			标准间	70	70	466	240	小会议室	3	3	40	2400	600			
随州市																
随州宾馆	随州宾馆	4	豪华套间	20	20	660	280	大会议室	1	1	200	3600	1150	随州市沿河大道	0722－3330888	协议价送免费早餐
			豪华单间	40	40	560	200	中会议室	1	1	50	1200	400			
			豪华标准间	50	50	570	220	小会议室	1	1	20	1000	250			
随州炎帝大酒店	随州炎帝大酒店	4	豪华标间	35	35	468	190	大会议室	1	1	100	3000	1000	随州市烈山大道217号	0722－3310777	协议价送免费早餐
			行政套房	2	2	2688	598	中会议室	1	1	30	800	300			
								小会议室	1	1	15	600	200			
随州凤凰酒店	随州凤凰酒店	5	豪华套房	118	118	880	338	大会议室	1	1	200	12000	3750	随州市曾都区白云大道28号	0722－3829888	协议价送免费早餐
			高级客房	99	99	780	298	中会议室	1	1	100	2500	1000			
			豪华套房	19	19	1380	598	小会议室	1	1	50	1500	450			
湖北玉龙温泉欢乐谷	湖北玉龙大洪山生态旅游开发有限公司	4	云中阁标准单间	12	12	318	150	大会议室	1	1	150	4600	1750	湖北随州市洪山镇温泉村	0722－4828888	协议价送免费早餐
			云中阁普通标间	148	148	318	150	中会议室	1	1	50	1500	500			
			神农居普通单间	12	12	488	300	小会议室	1	1	20	1000	350			
			神农居普通标间	56	56	488	300									
			神农居豪华套房	57	57	888	598									
恩施土家族苗族自治州																
恩施富源国宾酒店有限责任公司	恩施富源国宾酒店有限责任公司	4	套间	5	5	888	498	大会议室	1	1	350	12000	3800	恩施市航空大道96号	0718－8224483 8439999	协议价送免费早餐
			单间	25	25	588	246	中会议室	1	1	181	5200	2000			
			标准间	89	89	588	246	小会议室	1	1	70	4000	1200			
恩施亚洲大酒店	恩施亚洲大酒店	4	套间	4	4	988	480	大会议室	1	1	300	6400	2500	恩施市舞阳大街一巷122号	0718－8279888	协议价送免费早餐
			单间	20	20	680	248	中会议室	4	4	90	1600	650			
			标准间	52	52	596	248	小会议室	1	1	14	1200	500			

饭店名称	发票开具单位名称	星级	客房（价格：元/天）					会议室（数量：间；价格：元/天）						地址	前台订房电话	备注
			房型	总间数	协议间数	门市价	协议价	类型	总间数	协议间数	可容纳人数	门市价	协议价/半天			
恩施州怡和国际大酒店管理有限责任公司	恩施州怡和国际大酒店管理有限责任公司	4	套间	5、	5	1588	498	大会议室	1	1	250	6000	2000	恩施市施州大道30号	0718－8246666	协议价送免费早餐
			单间	23	23	568	238	中会议室	1	1	70	2800	900			
			标准间	102	102	568	238	小会议室	2	2	25	1800	500			
恩施民航大酒店	恩施民航大酒店	3	套间	1	1	860	380	大会议室						恩施市航空大道61号	0718－8307088 8307066	协议价送免费早餐
			单间	17	17	280	160	中会议室	1	1	100	500	200			
			标准间	52	52	180	160	小会议室	1	1	50	400	150			
恩施市华龙村大酒店	恩施市华龙村大酒店		套间	24	24	688	468	大会议室	1	1	200	3680	1440	恩施市东风大道351号	0718－8236999	协议价送免费早餐
			单间	40	40	268	198	中会议室	1	1	80	2680	990			
			标准间	86	86	268	218	小会议室	3	3	30	1280	440			
恩施市龙家公园有限公司	恩施市龙家公园有限公司		套间	12	12	888	498	大会议室	1	1	200	3680	1440	恩施市东风大道351号	0718－8308000	协议价送免费早餐
			单间	48	48	398	208	中会议室	1	1	80	2680	990			
			标准间	112	112	398	228	小会议室	3	3	30	1280	440			
恩施国际大酒店有限公司	恩施国际大酒店有限公司		套间	6	6	999	458	大会议室	1	1	220	8000	2250	恩施市东风大道264号	0718－8229999	协议价送免费早餐
			单间	30	30	689	248	中会议室	1	1	40	3000	1000			
			标准间	100	100	669	248	小会议室	2	2	30	2500	900			
恩施武陵都宾馆	恩施武陵都宾馆		套间	10	10	1180	498	大会议室	1	1	120	5000	1500	恩施市土司路138号	0718－8459666 8459111	协议价送免费早餐
			单间	13	13	498	238	中会议室	1	1	50	3000	680			
			标准间	25	25	398	238	小会议室	5	5	12	600	200			
恩施市朗曼国际大酒店	恩施市朗曼国际大酒店		套间	11	11	1988	458	大会议室	1	1	240	6000	2200	恩施市土桥大道10号	0718－8266666 8277777	协议价送免费早餐
			单间	51	51	538	208	中会议室	2	2	160	3600	1200			
			标准间	68	68	538	208	小会议室	1	1	20	2200	800			
恩施州上官酒店有限公司	恩施州上官酒店有限公司		套间	4	4	688	296	大会议室	1	1	260	1800	600	恩施市施州大道314号	0718－8026666 8029298	协议价送免费早餐
			单间	23	23	328	146	中会议室								
			标准间	45	45	368	176	小会议室	1	1	20	免费				

饭店名称	发票开具单位名称	星级	客房（价格：元/天）					会议室（数量：间；价格：元/天）						地址	前台订房电话	备注
			房型	总间数	协议间数	门市价	协议价	类型	总间数	协议间数	可容纳人数	门市价	协议价/半天			
仙桃市																
仙桃天成国际大酒店	仙桃天成国际大酒店有限公司	5	高级套间	9	9	1398	500	大会议室	1	1	450	5000	1500	仙桃市黄金大道中段88号	0728－3329888－总台	协议价送免费早餐
			商务套间	2	2	1118	500	中会议室	2	2	160	3800	900			
			高级单间	9	9	428	218	小会议室	4	4	100	1000	400			
			豪华单间	21	21	558	238									
			商务单间	15	15	718	248									
			普通标间	62	62	428	218									
仙桃天成国际大酒店	仙桃天成国际大酒店有限公司	5	高级标间	64	64	558	228							仙桃市黄金大道中段88号	0728－3329888－总台	协议价送免费早餐
			豪华标间	40	40	798	238									
			商务标间	39	39	718	248									
仙桃市天怡大酒店	仙桃市天怡大酒店有限公司	4	高级单间	20	20	248	228	二楼多功厅	1	1	200	7000	2000	仙桃市沔阳大道37号	0728－3266888－2	协议价送免费早餐
									1	1	100	4000	1000			
			豪华单间	18	18	280	248	999会议室	1	1	70	4800	1200			
			普通标间	20	20	260	238	贵宾会议室	1	1	35	2400	800			
			高级标间	30	30	280	248	行政会议室	1	1	15	2000	600			
			高级套间	6	6	869	500	贵宾接待室	1	1	10	1200	400			
仙桃市金港湾大酒店	仙桃市金港湾大酒店有限公司	3	套间	6	6	408	238	大会议室	1	1	200	2000	500	仙桃市杜柳收费站口	0728－3333888	协议价送免费早餐
			单间	24	24	248	138	中会议室	1	1	80	1500	350			
			标准间	70	70	338	148	小会议室	1	1	25	1000	250			
仙桃市兰馨酒店	仙桃市兰馨酒店	3	套间	8	8	488	320	大会议室	1	1	200	980	400	仙桃市汉江路18号	0728－3266999－8888	协议价送免费早餐
			普通单间	11	11	258	180	中会议室	1	1	100	680	250			
			豪华单间	9	9	298	200	小会议室	1	1	30	480	190			
			普通标间	51	51	258	180									
			豪华标间	33	33	298	200									
仙桃市纽芬兰酒店	仙桃纽芬兰酒店管理有限公司	4	套间	15	15	888	400	大会议室	2	2	200	6000	1500	仙桃市复州坝16号	0728－3319694	协议价送免费早餐
			单间	48	48	498	200	中会议室	1	1	100	1600	600			
			标准间	152	152	478	180	小会议室	2	2	30	1000	400			

饭店名称	发票开具单位名称	星级	客房（价格：元/天）					会议室（数量：间；价格：元/天）						地址	前台订房电话	备注
			房型	总间数	协议间数	门市价	协议价	类型	总间数	协议间数	可容纳人数	门市价	协议价/半天			
湖北天马实业有限责任公司	湖北天马实业有限责任公司	2	套间	3	3	298	158	大会议室						仙桃市仙桃大道15号	0728－3601888	协议价送免费早餐
			单间	9	9	198	120	中会议室	1	1	150	1000	300			
			标准间	40	40	158	120	小会议室	1	1	40	600	200			
仙桃市仙桃宾馆	仙桃市仙桃宾馆有限公司	2	豪华套间	3	3	380	260	大会议室	1	1	200	1600	500	仙桃市大新路46号	0728－3266184	协议价送免费早餐
			豪华单间	9	9	280	160	中会议室	1	1	60	1200	400			
			豪华标间	29	29	280	160	小会议室	9	9	20	600	200			
			高级单间	8	8	230	150									
			高级标间	20	20	230	150									
			普通标间	22	22	200	130									
天门市																
天门市帝苑酒店	天门市帝苑酒店有限公司	3	套间	8	8	338	260	大会议室	1	1	100	2150	1000	天门市竟陵镇陆羽大道36号	0728－5228268	协议价送免费早餐
			单间	14	14	218	168	中会议室	1	1	40	900	400			
			标准间	48	48	308	230	小会议室	1	1	15	300	125			
潜江市																
潜江宾馆	潜江吉鹏实业有限公司潜江宾馆	2	套间	5	5	338	168	大会议室	1	1	120	1600	400	湖滨路11号	0728－6293801	协议价送免费早餐
			单间	15	15	338	168	中会议室	1	1	50	1000	250			
			标准间	20	20	298	150	小会议室	1	1	14	600	150			
			商务套间	3	3	558	280	多功能会议室	1	1	300	2600	650			
			商务单间	7	7	558	280									
			商务标准间	48	48	398	200									
华康大酒店	潜江市华康国际大酒店有限责任公司	3	套间A	4	4	1036	498	大会议室	1	1	300	3000	1200	潜阳中路3号	0728－6296888	协议价送免费早餐
			单间A	19	19	496	228	中会议室	3	3	60	1200	400			
			标准间A	66	66	496	228	小会议室	1	1	10	600	175			
			商务单间A	20	20	496	298									
			商务标准间A	24	24	596	298									
			套间B	1	1	500	280									
			单间B	28	28	300	160									
			标准间B	6	6	300	160									
			商务套间B	1	1	800	500									
			商务单间B	6	6	450	220									
			商务标准间B	18	18	450	220									

饭店名称	发票开具单位名称	星级	客房（价格：元/天）					会议室（数量：间；价格：元/天）						地址	前台订房电话	备注
			房型	总间数	协议间数	门市价	协议价	类型	总间数	协议间数	可容纳人数	门市价	协议价/半天			
章华酒店	潜江市章华花苑酒店有限责任公司		标准间	61	61	258	130	大会议室	1	1	350	1800	630	红梅路18号	0728－6291371	协议价送免费早餐
			商务套间	8	8	428	260	1号会议室	1	1	80	900	315			
			商务单间	2	2	488	260	2号会议室	1	1	60	1000	315			
			商务标准间	20	20	298	160	3号会议室	1	1	40	600	210			
财政宾馆	潜江市财政局机关后勤服务中心		套间	1	1	698	329	大会议室	1	1	100	1000	350	章华南路34号	0728－6493719	协议价送免费早餐
			标准间	6	6	398	180	小会议室	2	2	15	600	175			
			商务套间	3	3	998	460									
			商务标准间	18	18	498	229									
嘉裕酒店	潜江市嘉裕酒店有限责任公司		套间	1	1	518	200	大会议室						章华南路37号	0728－6955910	协议价送免费早餐
			单间	7	7	268	120	中会议室	1	1	150	600	200			
			标准间	23	23	288	120	小会议室	1	1	30	600	150			
纽宾凯大酒店	潜江市纽宾凯大酒店		套间	1	1	438	298	大会议室						章华南路33号	0728－6955566	协议价送免费早餐
			标准间	8	8	138	100	中会议室	1	1	300	800	250			
			商务套间	1	1	688	400	小会议室	1	1	30	400	100			
			商务单间	18	18	188	138									
			商务标准间	18	18	208	148									
神农架林区																
神农大酒店	神农架林区神农大酒店	3	套间	1	1	380	280	大会议室	1	1	150	800	300	松柏中心街5号	0719－3333974	协议价送免费早餐
			单间	2	2	320	200	中会议室	2	2	50	600	150			
			标准间	24	24	240	140	小会议室	2	2	10	300	75			
电力培训中心	鸿远电力开发有限公司木鱼分公司	3	套间	4	4	880	480	大会议室	1	1	130	2400	750	木鱼镇木鱼路83号	0719－3452222	协议价送免费早餐
			单间					中会议室								
			标准间	42	42	280	180	小会议室	1	1	30	1200	400			
神农架宾馆	神农架宾馆有限责任公司	4	套间	10	10	588	280	大会议室	1	1	200	4000	1000	松柏沿河路	0719－3339777	协议价送免费早餐
			标准间（普）	64	64	488	160	中会议室	1	1	150	2500	600			
			标准间（经）	26	26	388	120	小会议室	1	1	50	800	300			

湖 南 省

- 财政部委托湖南省财政厅负责在湖南省地级以上城市招标采购会议定点饭店并负责日常监督管理工作。通过政府采购，确定湖南省会议定点饭店 391 家。
- 会议定点饭店按照与财政部门签订《协议书》的价格向中央和地方各级党政机关和事业单位提供相应的接待服务。
- 湖南省部分会议定点饭店的价格是按照综合定额方式采购的，各单位在组织筹备会议时应先向会议定点饭店查询。如果对协议价格产生疑义，可以要求定点饭店出示《协议书》。
- 如有会议定点饭店变更或饭店的协议价格变化，应以“党政机关出差和会议定点饭店查询网”的信息为准。
- 本目录中的湖南省会议定点饭店的详细信息，可在“党政机关出差和会议定点饭店查询网”查阅。
- 湖南省各地区长途电话区号：

长沙市　0731　　张家界市　0744
常德市　0736　　益阳市　0737
岳阳市　0730　　株洲市　0731
湘潭市　0731　　衡阳市　0734
郴州市　0735　　永州市　0746
邵阳市　0739　　怀化市　0745
娄底市　0738　　湘西土家族苗族自治州　0743

湖南省会议定点饭店

宾馆名称	发票开具单位名称	星级	客房（数量：间；价格：元/天）							会议室（数量：间；价格：元/半天）						地址	前台订房电话	备注
			房型	总间数	协议间数	门市价	会议协议价			类型	总间数	协议间数	容纳人数	门市价	协议价			
							一类	二类	三类									
长沙市																		
湖南海联贵宾楼大酒店	湖南海联贵宾楼大酒店		豪华套间	6	6	1280	418	408	398	中会议室	1	1	300	3500	1500	长沙市迎宾路183号	0731－82689888 82689889 82689890	
			标准套间	5	5	1080	408	398	388		1	1	150	2500	1200			
			标准单人间	6	6	428	208	198	188		1	1	80	1200	600			
			标准双人间	55	55	398	208	198	188	小会议室	7	7	30	850	400			
潇湘华天大酒店	湖南国际金融大厦有限公司潇湘华天大酒店	5	豪华套间	48	48	2788	600	600	600	大会议室	1	1	600	10000	5000	湖南省长沙市芙蓉中路593号潇湘华天大酒店	0731－84660888－20	
											1	1	450	10000	5000			
			标准套间	16	16	1798	500	460	400	中会议室	6	6	300	8000	4000			
											4	4	200	7000	3500			
			标准单人间	282	282	1088	280	240	200		4	4	100	4000	2000			
			标准双人间	217	217	1088	280	240	200	小会议室	5	5	40	1500	750			
湖南省大华宾馆	湖南省大华宾馆	4	豪华套间	1	1	2289	600	600	600	大会议室	1	1	500	12800	7500	长沙市劳动西路528号	0731－85509888	
			标准套间	7	7	1589	500	460	400									
			标准单人间	110	110	689	280	240	200	小会议室	1	1	60	3280	1960			
			标准双人间	141	141	709	280	240	200		3	3	30	1800	1080			
喜迎宾大酒店	湖南省政协委员活动中心招待所		豪华套间	2	2	1688	600	560	500	大会议室	1	1	320	2500	1500	长沙市迎宾路189号	0731－82831888	
			标准套间	6	6	1288	500	460	400									
			标准单人间	23	23	368	260	220	190	中会议室	4	4	80	1200	720			
			标准双人间	110	110	368	260	220	190									
			标准三人间	4	4	368	260	220	190	小会议室	4	4	35	600	360			
湖南金源大酒店	湖南湘投金源大酒店	4	豪华套间	25	25	1488	598	598	—	大会议室	4	4	500	12000	7200	长沙市芙蓉中路二段279号	0731－85558888－4234	
											2	2	400	12000	7200			
			标准套间	10	10	1388	458	458	—	中会议室	3	3	300	9000	5400			
											3	3	200	9000	5400			
			标准单人间	147	147	780	280	240	—		4	4	100	5000	3000			
			标准双人间	172	172	780	280	240	—	小会议室	10	10	50	3200	1920			

宾馆名称	发票开具单位名称	星级	客房（数量：间；价格：元/天）							会议室（数量：间；价格：元/半天）						地址	前台订房电话	备注
			房型	总间数	协议间数	门市价	会议协议价			类型	总间数	协议间数	容纳人数	门市价	协议价			
							一类	二类	三类									
湖南宾馆	湖南宾馆	4	豪华套间	20	20	1388	600	600	600	大会议室	1	1	500	14000	8000	长沙市营盘东路193号	0731－84404250	
			标准套间	8	8	1088	500	460	400		1	1	300	12000	7200			
			标准单人间	32	32	328	280	240	200	中会议室	1	1	200	4280	2480			
			标准双人间	295	295	568	280	240	200		3	3	100	2500	1480			
										小会议室	24	24	40	1000	600			
枫林宾馆	枫林宾馆	4	豪华套间	6	6	1438	598	598	598	大会议室	1	1	500	6000	3500	长沙市枫林一路43号	0731－88798888	
											1	1	400	7800	4680			
			标准单人间	16	16	598	280	240	200	中会议室	1	1	300	3800	2200			
											1	1	150	2500	1500			
			标准双人间	252	252	598	280	240	200	小会议室	2	2	50	1800	800			
											17	17	30	800	480			
湖南芙蓉华天大酒店	湖南芙蓉华天大酒店	4	豪华套房	21	21	1288	488	458	458	大会议室	1	1	600	10000	5000	长沙市五一大道176号	0731－84401888－20	
			标准套房	75	75	988	398	358	358	中会议室	2	2	220	5000	2500			
			标准单人间	86	86	518	238	210	190		3	3	120	4000	2000			
			标准双人间	127	127	518	238	210	190		1	1	100	2000	1200			
										小会议室	4	4	30	1500	800			
中共湖南省委招待所	中共湖南省委接待工作办公室		标准套间	4	4	600	400	380	338	中会议室	1	1	300	3800	2000	长沙市韶山北路20号	0731－82263998	
			标准单人间	14	14	298	228	198	168		1	1	100	1200	800			
			标准双人间	133	133	268	228	198	168		2	2	60	1000	600			
			标准三人间	6	6	268	228	198	168	小会议室	3	3	30	680	400			
长沙神农大酒店	长沙神农大酒店有限公司长沙神农大酒店	5	豪华套间	5	5	1980	600	600	—	大会议室	1	1	500	24000	6000	芙蓉中路三段269号	0731－85218888	
											1	1	480	24000	5000			
			标准套间	22	22	1680	500	460	—		1	1	380	16000	4000			
										中会议室	1	1	280	16000	3200			
			标准单人间	80	80	880	280	240	—		1	1	180	8000	1900			
			标准双人间	120	120	880	280	240	—		1	1	80	5000	1200			
										小会议室	5	5	45	4000	800			

宾馆名称	发票开具单位名称	星级	客房（数量：间；价格：元/天）							会议室（数量：间；价格：元/半天）						地址	前台订房电话	备注
			房型	总间数	协议间数	门市价	会议协议价			类型	总间数	协议间数	容纳人数	门市价	协议价			
							一类	二类	三类									
湖南省纪检监察干部培训中心（荷花园大厦）	湖南省纪检监察干部培训中心		豪华套间	10	10	888	588	588	588	大会议室	1	1	360	4600	2060	湖南长沙市芙蓉区东二环一段1050号	0731－84740783	
			标准单人间	45	45	598	248	208	188	中会议室	1	1	300	4600	2060			
											1	1	150	2600	1460			
			标准双人间	181	181	588	248	208	188	小会议室	9	9	50	880	500			
湖南中天大酒店	湖南省军区中天招待所		豪华套间	4	4	1980	598	598	598	中会议室	1	1	200	3800	2280	长沙市迎宾路82号	0731－84570777－101/102	
			标准单人间	30	30	488	260	238	198		2	2	100	2800	1368			
			标准双人间	179	179	488	260	238	198	小会议室	6	6	50	880	528			
			标准三人间	10	10	558	260	238	198									
蓉园宾馆	中共湖南省委接待工作办公室		豪华套间	16	16	1780	600	600	—	大会议室	1	1	350	6800	4080	长沙市车站北路225号	0731－82270188 82270181	
			标准单人间	12	12	598	280	240	—	中会议室	1	1	210	5800	3480			
											1	1	100	3800	2280			
			标准双人间	182	182	598	280	240	—	小会议室	12	12	51	1280	768			
											12	12	40	1280	768			
九所宾馆	长沙九所宾馆		标准套间	4	4	1280	600	600	—	大会议室	1	1	300	6800	4080	长沙韶山北路16号	0731－82263988 82263288	
			标准单人间	20	20	598	280	240	—	中会议室	1	1	128	4800	2880			
											2	2	60	1880	1128			
			标准双人间	135	135	598	280	240	—	小会议室	7	7	30	1280	768			
华雅国际大酒店	湖南华雅国际大酒店有限公司	5	豪华套间	28	28	1960	600	600	—	大会议室	1	1	300	6800	4080	长沙市万家丽中路二段81号	0731－85322222	
			标准套间	30	30	1680	500	460	—	中会议室	1	1	128	4800	2880			
			标准单人间	249	249	880	280	240	—		2	2	60	1880	1128			
			标准双人间	559	559	880	280	240	—	小会议室	7	7	30	1280	768			
湖南天龙大酒店	湖南天龙大酒店	3	豪华套间	3	3	1488	—	600	600	中会议室	2	2	160	4800	2400	湖南长沙韶山北路299号	0731－84188818 84188808	
			标准套间	5	5	1018	—	400	400		2	2	80	3000	1000			
			标准单人间	7	7	458	—	178	178	小会议室	5	5	45	2000	700			
			标准双人间	101	101	428	—	178	178									

宾馆名称	发票开具单位名称	星级	客房（数量：间；价格：元/天）							会议室（数量：间；价格：元/半天）						地址	前台订房电话	备注
			房型	总间数	协议间数	门市价	会议协议价			类型	总间数	协议间数	容纳人数	门市价	协议价			
							一类	二类	三类									
今朝大酒店	今朝实业有限责任公司今朝大酒店	3	豪华套间	6	6	880	—	528	508	大会议室	1	1	400	3980	2000	车站北路138号	0731－82289999－3 82995660 82995602 82995600	
			标准套间	14	14	680	—	408	388	中会议室	1	1	300	3680	1800			
			标准单人间	8	8	528	—	200	180		1	1	150	3280	1600			
			标准双人间	142	142	428	—	200	180	小会议室	3	3	80	1200	600			
			标准三人间	20	20	488	—	200	180		8	8	25	600	300			
五华酒店	湖南五华酒店有限公司	4	豪华套间	7	7	1588	—	568	500	大会议室	1	1	400	10000	4000	长沙市芙蓉中路三段255号	0731－85388358	
			标准套间	17	17	1488	—	458	400	中会议室	1	1	280	10000	4000			
			标准单人间	24	24	788	—	238	180		1	1	200	6000	3000			
											1	1	100	3000	1500			
			标准双人间	126	126	728	—	238	180	小会议室	6	6	45	2000	900			
和一国际大酒店	湖南和一国际大酒店有限公司	4	豪华套间	13	13	1188	—	458	428	大会议室	1	1	350	4000	1900	湖南长沙市劳动西路256号	0731－82828111	
			标准套间	7	7	718	—	368	328	中会议室	1	1	170	3000	1400			
			标准单人间	91	91	498	—	208	198		2	2	70	2000	900			
			标准双人间	217	217	368	—	198	178	小会议室	2	2	35	1500	600			
长沙新东方酒店	长沙新东方大酒店有限责任公司		豪华套间	2	2	1280	—	600	600	大会议室	1	1	500	2750	1650	长沙市韶山中路87号	0731－85391688	
			标准套间	12	12	598	—	400	400									
			标准单人间	15	15	248	—	188	188									
			标准双人间	200	200	248	—	188	188	中会议室	3	3	200	2000	1000			
			标准三人间	30	30	288	—	188	188		7	7	100	1000	500			
湖南神禹大酒店	湖南神禹大酒店	3	豪华套间	6	6	1380	—	548	528	大会议室	1	1	320	4000	2400	长沙市劳动西路529号	0731－82776888 82915678 82915759	
			标准套间	9	9	988	—	398	368									
			标准单人间	39	39	328	—	228	198	中会议室	2	2	60	1500	900			
			标准双人间	147	147	328	—	228	198									
			标准三人间	4	4	738	—	228	198	小会议室	5	5	30	1000	500			

宾馆名称	发票开具单位名称	星级	客房（数量：间；价格：元/天）							会议室（数量：间；价格：元/半天）						地址	前台订房电话	备注
			房型	总间数	协议间数	门市价	会议协议价			类型	总间数	协议间数	容纳人数	门市价	协议价			
							一类	二类	三类									
湖南留芳宾馆	湖南留芳酒店管理有限公司	3	豪华套间	5	5	1688	—	580	550	大会议室	1	1	480	2600	1500	长沙市开福区留芳岭14号	0731－85775018	
			标准套间	3	3	1288	—	450	380	中会议室	2	2	180	2000	1200			
			标准单人间	54	54	298	—	188	180		5	5	70	1000	500			
			标准双人间	154	154	298	—	188	180	小会议室	1	1	30	400	240			
			标准三人间	45	45	328	—	188	180									
三和大酒店	湖南三和大酒店有限公司		豪华套间	6	6	1888	—	568	528	大会议室	1	1	300	2400	1400	长沙市营盘东路19号	0731－82862222－8888/8889/9999/9998	
			标准单人间	30	30	588	—	208	188	中会议室	1	1	240	2200	1300			
			标准双人间	192	192	588	—	208	188		1	1	100	1500	900			
			标准三人间	10	10	628	—	208	188	小会议室	2	2	60	1000	600			
											1	1	30	900	500			
通程国际大酒店	长沙通程国际广场置业发展有限公司通程国际大酒店	5	豪华套间	92	92	1688	—	600	600	大会议室	1	1	740	24000	14000	长沙市韶山北路159号	0731－84168888－20308	
			标准套间	78	78	1380	—	460	400		3	3	480	22000	13200			
			标准单人间	58	58	918	—	240	200	中会议室	6	6	280	8000	4800			
											1	1	100	6000	3600			
			标准双人间	220	220	918	—	240	200	小会议室	3	3	55	2000	1000			
长沙通程山庄酒店	长沙通程控股股份有限公司通程山庄酒店	5	豪华套间	8	8	1680	—	600	600	大会议室	1	1	700	10000	6000	长沙市雨花区同升湖	0731－85168888	
				11	11	1480	—	600	600		2	2	280	8000	4800			
			标准单人间	20	20	898	—	240	200	中会议室	2	2	150	5000	3000			
			标准双人间	182	182	758	—	240	200		2	2	80	3000	1800			
										小会议室	6	6	40	2500	1500			
长沙世纪金源大饭店	长沙世纪金源大饭店有限公司	5	豪华套间	69	69	3080	—	600	600	大会议室	2	2	1500	40000	24000	长沙市开福区金泰路199号	0731－85958888	
											2	2	1000	30000	18000			
			标准套间	67	67	2580	—	460	400	中会议室	5	5	300	10000	6000			
											4	4	200	7000	4200			
			标准单人间	171	171	1680	—	240	200		4	4	180	4500	2700			
											6	6	90	1900	1140			
			标准双人间	232	232	1680	—	240	200	小会议室	2	2	20	1200	720			

宾馆名称	发票开具单位名称	星级	客房（数量：间；价格：元/天）房型	总间数	协议间数	门市价	会议协议价 一类	二类	三类
湖南富丽华大酒店	湖南富丽华大酒店	4	豪华套间	19	19	2300	—	600	600
			标准单人间	108	108	688	—	220	200
			标准双人间	111	111	688	—	220	200
东海楼宾馆	湖南省老干部活动中心		豪华套间	2	2	680	—	400	380
			标准套间	5	5	480	—	280	248
			标准单人间	7	7	288	—	180	170
			标准双人间	57	57	260	—	150	138
			标准三人间	29	29	268	—	160	150
湖南天怡大酒店有限公司	湖南天怡大酒店有限公司		豪华套间	1	1	2888	—	598	588
			标准套间	6	6	518	—	218	208
			标准单人间	24	24	388	—	178	168
			标准双人间	61	61	388	—	178	168
湖南佳程酒店	湖南佳程酒店有限公司	5	豪华套间	14	14	1709	—	460	400
			标准套间	12	12	1359	—	460	400
			标准单人间	107	107	849	—	240	200
			标准双人间	102	102	849	—	240	200
金赋大酒店	湖南金赋大酒店	3	豪华套间	2	2	898	—	528	480
			标准套间	4	4	498	—	368	328
			标准单人间	12	12	428	—	200	180
			标准双人间	62	62	428	—	200	180
长沙长信大酒店	长沙长信大酒店	3	豪华套间	6	6	688	—	428	368
			标准套间	11	11	528	—	368	318
			标准单人间	38	38	398	—	210	188
			标准双人间	66	66	388	—	210	188

宾馆名称	会议室（数量：间；价格：元/半天）类型	总间数	协议间数	容纳人数	门市价	协议价	地址	前台订房电话	备注
湖南富丽华大酒店	中会议室	1	1	80	4500	1800	湖南省长沙市八一路88号	0731－82298888	
	小会议室	2	2	25	1600	800			
东海楼宾馆	大会议室	1	1	380	4800	2200	长沙市蓉园路6号	0731－82296888 82209889	
	中会议室	1	1	200	3800	1800			
		1	1	150	3400	1500			
		2	2	80	1800	800			
	小会议室	3	3	50	1600	600			
湖南天怡大酒店有限公司	中会议室	1	1	280	3500	2000	长沙市天心区湘府中路298号	0731－85090888	
	小会议室	2	2	60	1500	700			
湖南佳程酒店	大会议室	2	2	300	8000	4800	长沙市劳动西路215号	0731－85118888	
	中会议室	2	2	200	8000	4800			
		2	2	150	6000	3600			
		2	2	120	6000	3600			
		4	4	100	4000	2400			
	小会议室	7	7	35	3500	2100			
金赋大酒店	中会议室	1	1	280	3600	1500	长沙市芙蓉中路3段5号	0731－85545888	
	小会议室	5	5	50	360	400			
长沙长信大酒店	中会议室	1	1	200	2300	1300	长沙市芙蓉中路二段193号	0731－85166800	
		3	3	70	1300	600			
	小会议室	2	2	40	700	420			

宾馆名称	发票开具单位名称	星级	客房（数量：间；价格：元/天）							会议室（数量：间；价格：元/半天）						地址	前台订房电话	备注
			房型	总间数	协议间数	门市价	会议协议价			类型	总间数	协议间数	容纳人数	门市价	协议价			
							一类	二类	三类									
长沙金汇国际大酒店	长沙金汇国际大酒店有限公司		豪华套间	14	14	1180	—	428	408	中会议室	1	1	150	2600	1000	长沙市三一大道332号	0731－84528888 84528851 84528857	
			标准套间	5	5	1080	—	368	358									
			标准单人间	30	30	838	—	200	180	中会议室	1	1	70	1800	600			
			标准双人间	73	73	838	—	200	180									
			标准三人间	3	3	888	—	200	180	小会议室	3	3	25	800	400			
新闻大酒店	湖南日报新闻培训中心新闻大酒店	3	豪华套间	8	8	1188	—	528	508	中会议室	1	1	200	3000	1600	长沙市芙蓉中路一段469号	0731－82321888－9888	
			标准套间	8	8	876	—	375	358	中会议室	1	1	100	2000	800			
			标准单人间	20	20	408	—	180	170	小会议室	2	2	50	1000	600			
			标准双人间	108	108	458	—	180	170									
湖南天玺大酒店	湖南天玺大酒店有限公司	4	豪华套间	22	22	1738	—	528	—	中会议室	1	1	200	4800	2600	长沙市芙蓉中路二段168号	0731－85169918	
			标准套间	40	40	1616	—	458	—	中会议室	1	1	80	3000	1500			
			标准单人间	22	22	936	—	240	—	小会议室	4	4	45	1500	900			
			标准双人间	132	132	876	—	240	—									
湖南华悦大酒店	湖南华悦酒店有限公司	4	豪华套间	6	6	2688	—	580	580	大会议室	1	1	300	4800	2800	长沙市芙蓉中路一段2号	0731－84815888	
			标准套间	10	10	1188	—	448	388	中会议室	1	1	150	3000	1780			
			标准单人间	21	21	618	—	228	200	中会议室	2	2	70	1200	700			
			标准双人间	165	165	538	—	228	200	小会议室	3	3	30	600	340			
紫东阁华天大酒店	紫东阁华天大酒店（湖南）有限公司	4	豪华套间	35	35	1760	—	600	600	大会议室	2	2	500	5300	3150	长沙市芙蓉区远大一路88号	0731－82288888－80789	
										大会议室	1	1	400	5300	3150			
			标准套间	17	17	1516	—	458	400	中会议室	1	1	300	5300	3150			
			标准单人间	111	111	716	—	240	200	中会议室	1	1	200	3600	2100			
			标准双人间	222	222	760	—	240	200	中会议室	3	3	80	1800	1000			
			标准三人间	6	6	960	—	240	200	小会议室	8	8	40	1500	840			
湖南金辉大酒店	湖南金辉大酒店	4	豪华套间	19	19	1880	—	588	588	中会议室	1	1	250	5800	3200	长沙市雨花路181号	0731－85608008	
										中会议室	1	1	100	3800	2000			
			标准单人间	72	72	780	—	228	200	小会议室	3	3	50	2000	1200			
			标准双人间	122	122	780	—	228	200	小会议室	8	8	20	1600	600			

宾馆名称	发票开具单位名称	星级	客房（数量：间；价格：元/天）							会议室（数量：间；价格：元/半天）						地址	前台订房电话	备注
			房型	总间数	协议间数	门市价	会议协议价			类型	总间数	协议间数	容纳人数	门市价	协议价			
							一类	二类	三类									
湖南湘泉大酒店有限公司	湖南湘泉大酒店有限公司		豪华套间	22	22	1688	—	528	508	大会议室	1	1	400	14000	6000	长沙市韶山北路168号	0731－84439999－11/12	
			标准套间	22	22	1288	—	408	398	中会议室	1	1	280	8000	4000			
			标准单人间	56	56	718	—	220	200		1	1	140	5000	3000			
											1	1	55	4000	1600			
			标准双人间	180	180	718	—	220	200	小会议室	3	2	30	3000	1400			
同发大酒店	湖南同发大酒店有限公司		豪华套间	4	4	998	—	418	398	中会议室	1	1	160	3000	1500	长沙市芙蓉中路二段116号（识字岭）	0731－82805188	
			标准套间	10	10	898	—	298	278									
			标准单人间	75	75	468	—	188	170	小会议室	2	2	40	1000	500			
			标准双人间	88	88	468	—	188	170									
湖南茉莉花国际酒店	湖南茉莉花国际酒店投资管理有限公司		豪华套间	4	4	898	—	528	528	中会议室	1	1	200	4500	2250	长沙市岳麓区金星中路528号	0731－88229999	
			标准套间	4	4	858	—	408	388		3	3	100	3000	1500			
			标准单人间	171	171	398	—	228	200	小会议室	6	6	45	1500	750			
			标准双人间	123	123	398	—	228	200									
长沙皇冠假日酒店	长沙新世界国际大饭店有限公司长沙皇冠假日酒店		豪华套间	21	21	2200	—	600	—	大会议室	1	1	588	19000	11000	长沙市五一大道868号	0731－82888888－6610	
											1	1	500	18000	9800			
			标准套间	54	54	1800	—	460	—		1	1	400	15000	8500			
											1	1	300	12000	7200			
			标准单人间	44	44	1300	—	240	—	中会议室	2	2	200	10000	6000			
											3	3	100	8000	4800			
			标准双人间	85	85	1400	—	240	—	小会议室	7	7	50	5000	3000			
湖南南方明珠国际大酒店	湖南南方明珠国际大酒店	4	豪华套间	29	29	1688	—	308	308	大会议室	1	1	800	10000	5000	长沙芙蓉中路一段489号	0731－84449998	
											1	1	450	6000	3000			
			标准套间	19	19	1188	—	288	288		1	1	350	5000	2500			
										中会议室	1	1	250	4000	2000			
			标准单人间	72	72	688	—	170	170		2	2	200	3000	1500			
			标准双人间	100	100	688	—	170	170		1	1	80	1600	800			
										小会议室	3	3	40	1000	500			

宾馆名称	发票开具单位名称	星级	客房（数量：间；价格：元/天）							会议室（数量：间；价格：元/半天）						地址	前台订房电话	备注
			房型	总间数	协议间数	门市价	会议协议价 一类	二类	三类	类型	总间数	协议间数	容纳人数	门市价	协议价			
国龙大酒店	长沙国龙大酒店有限公司		豪华套间	9	9	1088	—	300	288	大会议室	1	1	400	2000	1000	长沙市雨花区树木岭路57号	0731－85091888 85091880 85091881	
			标准套间	1	1	988	—	290	280	中会议室	1	1	300	1750	850			
			标准单人间	21	21	588	—	170	160		1	1	200	1250	600			
			标准双人间	119	119	588	—	170	160		1	1	100	750	400			
										小会议室	7	7	50	600	300			
泰天大酒店	湖南省军区士兵招待所	3	豪华套间	4	4	1288	—	—	588	大会议室	1	1	340	3800	1600	长沙市八一西路376号	0731－84570999－80101/80102、84570967	
			标准套间	11	11	888	—	—	388	中会议室	3	3	70	1800	800			
			标准单人间	31	31	388	—	—	198	小会议室	1	1	45	1400	700			
			标准双人间	189	189	378	—	—	188									
湖南陋园宾馆	湖南陋园宾馆	3	豪华套间	4	4	1288	—	—	600	中会议室	2	2	200	2000	1000	长沙市湘春路111号	0731－84841888 84840888	
			标准单人间	6	6	580	—	—	200		4	4	100	1500	800			
			标准双人间	154	154	308	—	—	160	小会议室	4	4	50	1000	500			
军转大酒店	湖南省复员退伍军人接待转运站	3	豪华套间	4	4	588	—	—	328	中会议室	1	1	150	1200	700	长沙市又一村巷42号	0731－84444188	
			标准套间	6	6	528	—	—	298		1	1	80	800	450			
			标准单人间	55	55	328	—	—	178	小会议室	2	2	35	500	300			
			标准双人间	68	68	328	—	—	178									
新天宾馆	长沙新天宾馆	3	豪华套间	8	8	978	—	—	478	大会议室	1	1	440	5900	4500	长沙市远大一路11号	0731－82299661－2112	
			标准套间	6	6	818	—	—	328		1	1	320	4400	2500			
			标准单人间	42	42	476	—	—	188	中会议室	1	1	156	3200	1500			
											3	3	64	2000	1200			
			标准双人间	146	146	468	—	—	178	小会议室	2	2	36	1000	600			
福润三湘酒店	湖南泽通实业有限公司福润三湘酒店		标准套间	9	9	788	—	—	350	中会议室	1	1	240	3000	1800	长沙市香樟路518号	0731－82817888	
			标准单人间	1	1	348	—	—	180	小会议室	2	2	35	1000	600			
			标准双人间	60	60	348	—	—	180									
华达宾馆	湖南华达宾馆		豪华套间	2	2	880	—	—	368	大会议室	1	1	400	1250	750	长沙市车站北路116号	0731－82275188	
			标准套间	4	4	460	—	—	188		1	1	300	1100	600			
			标准单人间	18	18	280	—	—	138	中会议室	1	1	200	900	500			
			标准双人间	56	56	280	—	—	138		1	1	100	600	350			
			标准三人间	8	8	460	—	—	188	小会议室	1	1	50	500	300			

宾馆名称	发票开具单位名称	星级	客房（数量：间；价格：元/天）							会议室（数量：间；价格：元/半天）						地址	前台订房电话	备注
			房型	总间数	协议间数	门市价	会议协议价			类型	总间数	协议间数	容纳人数	门市价	协议价			
							一类	二类	三类									
亚华大酒店	湖南亚华大酒店有限责任公司		豪华套间	14	14	888	—	—	308	大会议室	1	1	500	5000	2000	长沙市八一路539号	0731－84411888	
			标准套间	18	18	828	—	—	288	中会议室	1	1	300	5000	2000			
			标准单人间	30	30	718	—	—	160	中会议室	1	1	200	2000	1000			
			标准双人间	132	132	718	—	—	160	中会议室	1	1	120	2000	1000			
			标准三人间	6	6	728	—	—	160	中会议室	2	2	80	1200	600			
										小会议室	1	1	50	1000	500			
金枫大酒店	长沙市岳麓区金枫大酒店	3	豪华套间	1	1	880	—	—	528	大会议室	1	1	300	2700	1600	长沙市枫林二路139号	0731－88811888	
			标准套间	2	2	680	—	—	400	中会议室	1	1	100	1800	1100			
			标准单人间	53	53	298	—	—	188	中会议室	3	3	70	1500	900			
			标准双人间	89	89	298	—	—	188	小会议室	1	1	30	1200	700			
湖南水电宾馆	湖南水电宾馆		标准单人间	12	12	256	—	—	150	中会议室	1	1	100	1400	700	长沙市韶山北路495号	0731－82817266 82817288	
			标准双人间	88	88	258	—	—	160									
			标准三人间	3	3	240	—	—	160	小会议室	4	4	30	700	400			
新农大酒店	长沙新农大酒店管理有限公司	3	豪华套间	2	2	438	—	—	358	大会议室	1	1	300	1200	600	湖南农业大学内	0731－82909988	
			标准套间	2	2	438	—	—	358	中会议室	1	1	238	800	500			
			标准单人间	5	5	288	—	—	120	中会议室	1	1	80	600	400			
			标准双人间	24	24	298	—	—	150	小会议室	1	1	35	400	300			
			标准三人间	30	30	348	—	—	168									
日晟酒店有限公司	长沙市日晟酒店有限公司		豪华套间	2	2	1288	—	—	388	中会议室	1	1	200	3000	1800	长沙市芙蓉中路一段459号	0731－84903568	
			标准套间	5	5	1088	—	—	328									
			标准单人间	32	32	268	—	—	168									
			标准双人间	79	79	468	—	—	188	小会议室	1	1	35	800	480			
			标准三人间	10	10	528	—	—	188									
雅凯四季商务酒店	长沙高新开发区雅凯四季酒店管理有限公司		豪华套间	8	8	868	—	—	418	大会议室	1	1	300	3000	1500	长沙市韶山北路178号	0731－85301333 85301288	
			标准套间	50	50	688	—	—	328	中会议室	1	1	110	1750	900			
			标准单人间	16	16	328	—	—	160	中会议室	1	1	70	900	600			
			标准双人间	64	64	368	—	—	160	小会议室	2	2	30	700	500			

宾馆名称	发票开具单位名称	星级	客房（数量：间；价格：元/天）							会议室（数量：间；价格：元/半天）						地址	前台订房电话	备注
			房型	总间数	协议间数	门市价	会议协议价 一类	二类	三类	类型	总间数	协议间数	容纳人数	门市价	协议价			
迎宾楼大酒店	中南大学科技服务中心迎宾楼大酒店	3	豪华套间	2	2	868	—	—	348	大会议室	1	1	360	3500	1500	长沙市韶山南路58号	0731－82655070	
			标准套间	20	20	328	—	—	268	中会议室	2	2	150	1750	900			
			标准单人间	40	40	268	—	—	160		2	2	80	1000	600			
			标准双人间	80	80	268	—	—	160	小会议室	1	1	40	1000	500			
西野酒店青园分店	湖南西野酒店管理有限公司青园分店	3	豪华套间	3	3	827	—	—	496	中会议室	1	1	120	2500	1500	长沙市天心区五凌路168号（新省政府往东300米）	0731－85893099 85893077	
			标准套间	2	2	539	—	—	323									
			标准单人间	42	42	398	—	—	180	小会议室	3	3	45	880	500			
			标准双人间	45	45	398	—	—	180									
长沙铁路明月酒店	长沙铁路明月酒店	2	豪华套间	1	1	368	—	—	258	中会议室	1	1	150	1400	750	长沙市芙蓉区解放东路向韶街34号	0731－84138899	
			标准套间	4	4	368	—	—	238		2	2	60	800	450			
			标准双人间	22	22	268	—	—	130	小会议室	3	3	40	800	400			
			标准三人间	42	42	288	—	—	135									
金卫大酒店	长沙金卫大酒店		豪华套间	1	1	888	—	—	488	中会议室	1	1	200	1600	800	长沙市湘雅路30号	0731－84822188	
			标准套间	8	8	328	—	—	228		1	1	50	800	300			
			标准单人间	7	7	208	—	—	150	小会议室	3	3	40	800	300			
			标准双人间	77	77	228	—	—	160									
金叶大酒店	湖南金叶大酒店		豪华套间	18	18	718	—	—	408	中会议室	1	1	238	3000	1800	曙光中路249号	0731－85488288	
			标准套间	2	2	458	—	—	248		1	1	148	2400	1200			
			标准单人间	20	20	288	—	—	178		1	1	68	2400	1200			
			标准双人间	64	64	328	—	—	188	小会议室	5	5	35	800	400			
			标准三人间	11	11	398	—	—	188									
鑫都大酒店	湖南鑫都大酒店有限公司		豪华套间	16	16	988	—	—	448	中会议室	2	2	300	2400	1200	长沙市东二环一段684号	0731－84788888	
			标准套间	6	6	618	—	—	328									
			标准单人间	40	40	368	—	—	168	小会议室	1	1	50	1600	600			
			标准双人间	156	156	368	—	—	168		7	7	40	800	300			

宾馆名称	发票开具单位名称	星级	客房（数量：间；价格：元/天）房型	总间数	协议间数	门市价	会议协议价 一类	二类	三类	地址	前台订房电话	备注
高原红大酒店	长沙市高原红管理责任有限公司		豪华套间	4	4	1218	—	—	598	长沙芙蓉区八一中路383号	0731－82766513	
			标准套间	32	32	1060	—	—	398			
			标准单人间	60	60	680	—	—	198			
			标准双人间	89	89	680	—	—	198			
怡海酒店	湖南怡海酒店有限公司		豪华套间	1	1	1288	—	—	588	长沙市八一路90号	0731－84469848	
			标准套间	7	7	588	—	—	268			
			标准单人间	12	12	238	—	—	158			
			标准双人间	23	23	258	—	—	178			
			标准三人间	8	8	328	—	—	200			
万代大酒店	长沙万代广场物业公司长沙万代大酒店		豪华套间	5	5	1888	—	—	300	长沙黄兴中路87号（五一广场）	0731－84882333－89	
			标准套间	8	8	988	—	—	280			
			标准单人间	132	132	478	—	—	160			
			标准双人间	135	135	498	—	—	160			
			标准三人间	8	8	588	—	—	200			
长沙翔天酒店（翔天林子酒店）	长沙翔天酒店有限公司		豪华套间	6	6	398	—	—	298	长沙市远大二路1069号司法警官学院东门	0731－88217188	
			标准套间	6	6	338	—	—	188			
			标准单人间	2	2	268	—	—	168			
			标准双人间	166	166	288	—	—	120			
			标准三人间	76	76	318	—	—	150			
海程大酒店	长沙海程大酒店有限公司	4	豪华套间	12	12	1198	—	—	468	长沙市八一路58号	0731－82296789	
			标准套间	10	10	978	—	—	348			
			标准单人间	13	13	688	—	—	198			
			标准双人间	95	95	538	—	—	198			
			标准三人间	3	3	738	—	—	198			

宾馆名称	会议室（数量：间；价格：元/半天）类型	总间数	协议间数	容纳人数	门市价	协议价
高原红大酒店	中会议室	1	1	200	3000	1800
		1	1	100	2800	1500
	小会议室	2	2	40	1800	800
怡海酒店	中会议室	1	1	80	2000	1200
	小会议室	1	1	32	1000	500
万代大酒店	大会议室	1	1	600	6680	1680
	中会议室	1	1	150	1888	498
		1	1	70	1288	358
	小会议室	1	1	30	888	298
长沙翔天酒店（翔天林子酒店）	大会议室	1	1	660	7000	2000
		1	1	400	3600	1000
	中会议室	1	1	260	2600	800
		3	3	150	1500	600
		1	1	80	1000	300
	小会议室	2	2	50	600	200
海程大酒店	大会议室	1	1	400	4800	2280
		1	1	320	4800	2280
	中会议室	2	2	260	^4800	2280
		2	2	180	4200	2400
		2	2	80	3400	1900
	小会议室	4	4	50	2000	850

宾馆名称	发票开具单位名称	星级	客房（数量：间；价格：元/天）							会议室（数量：间；价格：元/半天）						地址	前台订房电话	备注
			房型	总间数	协议间数	门市价	会议协议价			类型	总间数	协议间数	容纳人数	门市价	协议价			
							一类	二类	三类									
宇庭商务酒店	长沙市宇庭酒店管理有限公司		豪华套间	4	4	688	—	—	298	中会议室	1	1	120	1000	600	长沙市麓山南路999号	0731－82123288	
			标准单人间	35	35	388	—	—	138		1	1	80	800	400			
			标准双人间	96	96	388	—	—	138	小会议室	1	1	40	600	300			
			标准三人间	9	9	388	—	—	150									
长沙新时空康年大酒店	长沙新时空康年大酒店有限公司		豪华套间	29	29	1680	—	—	500	中会议室	1	1	130	2000	1200	长沙市芙蓉中路三段398号	0731－85012100 85012022 85012108	
			标准套间	6	6	1380	—	—	388									
			标准单人间	84	84	880	—	—	200	小会议室	1	1	40	1000	600			
			标准双人间	61	61	980	—	—	200									
大成国际大酒店	湖南大成国际大酒店有限公司		豪华套间	17	17	1488	—	—	550	大会议室	1	1	360	5000	2500	长沙市五一大道838号	0731－84779988	
										中会议室	1	1	220	4000	2000			
			标准单人间	203	203	788	—	—	200		1	1	150	4000	2000			
											1	1	100	3000	1500			
			标准双人间	144	144	788	—	—	200	小会议室	1	1	36	1200	600			
景天大酒店	长沙景天大酒店有限公司		豪华套间	3	3	428	—	—	348	大会议室	1	1	280	1500	900	长沙市芙蓉区荷花路416号	0731－84725777	
			标准套间	2	2	328	—	—	248	中会议室	1	1	180	1200	700			
			标准单人间	5	5	228	—	—	148		3	3	100	1000	600			
			标准双人间	90	90	228	—	—	148	小会议室	2	2	50	1000	500			
			标准三人间	5	5	208	—	—	138									
湖南华信宾馆	湖南华信宾馆	3	豪华套间	3	3	558	—	—	328	中会议室	1	1	120	880	528	长沙市车站北路126号	0731－82276000	
			标准单人间	40	40	358	—	—	170									
			标准双人间	50	50	358	—	—	170	小会议室	3	3	50	680	380			
			标准三人间	5	5	378	—	—	190									
顺天黄金海岸大酒店	湖南顺天黄金海岸大酒店有限公司	4	豪华套间	4	4	1288	—	—	488	大会议室	1	1	400	6000	2900	芙蓉北路福城路98号	0731－82968101	
			豪华单间	11	11	888	—	—	200	中会议室	1	1	260	5000	2400			
			标准单人间	26	26	698	—	—	195		1	1	160	3000	1500			
			标准双人间	104	104	688	—	—	195	小会议室	2	2	90	2000	1100			
											3	3	50	1500	700			

宾馆名称	发票开具单位名称	星级	客房（数量：间；价格：元/天）				会议协议价			会议室（数量：间；价格：元/半天）						地址	前台订房电话	备注
			房型	总间数	协议间数	门市价	一类	二类	三类	类型	总间数	协议间数	容纳人数	门市价	协议价			
湖南大学集贤宾馆	湖南湖大集贤宾馆有限公司		豪华套房	3	3	788	—	—	478	大会议室	1	1	700	5000	3000	长沙市岳麓区岳麓书院旁	0731－8821888－8000	
											1	1	400	4250	2500			
			标准套间	8	8	688	—	—	378	中会议室	1	1	240	2500	1500			
			标准单人间	17	17	198	—	—	140		1	1	180	900	500			
			标准双人间	96	96	368	—	—	198		1	1	75	550	330			
			标准三人间	4	4	258	—	—	210	小会议室	3	3	30	350	210			
同天大酒店	湖南同天大酒店有限公司		豪华套间	2	2	988	—	—	500	中会议室	1	1	150	2000	1200	长沙市八一路166号	0731－82912888 82730597 84598888	
			标准套间	18	18	598	—	—	388									
			标准双人间	38	38	368	—	—	200	小会议室	1	1	60	1200	600			
				59	59	358	—	—	200									
凯瑞大酒店	湖南瑞地投资置业有限责任公司凯瑞大酒店	3	豪华套间	4	4	588	—	—	288	中会议室	1	1	300	2000	1200	长沙市解放东路227号	0731－84191688	
			标准套间	9	9	338	—	—	228									
			标准单人间	66	66	238	—	—	160	小会议室	3	3	40	500	300			
			标准双人间	68	68	268	—	—	160									
安华宾馆	长沙安华宾馆		标准单人间	9	9	198	—	—	100	中会议室	1	1	160	500	300	长沙市天心区友谊路22号	0731－85583479－8000	
			标准双人间	78	78	188	—	—	100	小会议室	3	3	45	400	200			
			标准三人间	25	25	168	—	—	105									
芭堤雅大酒店	湖南芭堤雅大酒店有限公司	4	豪华套间	2	2	668	—	—	308	中会议室	1	1	160	2000	1000	长沙市岳麓区枫林一路9号	0731－88866222	
			标准单人间	30	30	368	—	—	188		1	1	100	1500	750			
			标准双人间	52	52	328	—	—	178	小会议室	1	1	50	800	400			
西野酒店	湖南西野酒店管理有限公司	3	豪华套间	4	4	698	—	—	398	大会议室	1	1	1300	10000	5000	长沙市岳麓区高新开发区麓天路2号	0731－88991688 88991689	
			标准套间	2	2	548	—	—	298	中会议室	1	1	300	5000	2800			
			标准双人间	87	87	288	—	—	168		1	1	150	2800	1500			
				42	42	368	—	—	198	小会议室	1	1	50	2800	1500			
			标准三人间	21	21	318	—	—	198		9	9	20	2800	800			

宾馆名称	发票开具单位名称	星级	客房（数量：间；价格：元/天）							会议室（数量：间；价格：元/半天）						地址	前台订房电话	备注
			房型	总间数	协议间数	门市价	会议协议价			类型	总间数	协议间数	容纳人数	门市价	协议价			
							一类	二类	三类									
社院和一宾馆	湖南社院和一宾馆有限公司		豪华套间	6	6	1888	—	—	368	大会议室	1	1	350	3000	1250	湖南长沙市马王堆嘉雨路187号	0731－88222111	
			标准单人间	5	5	718	—	—	160	中会议室	2	2	140	2000	900			
			标准双人间	166	166	688	—	—	140		1	1	60	750	400			
			标准三人间	5	5	458	—	—	120	小会议室	1	1	35	750	400			
通程麓山酒店	长沙通程麓山大酒店有限公司	3	豪华套间	8	8	818	398	348	348	大会议室	1	1	500	5000	3000	长沙市岳麓区枫林一路19号	0731－85863888－1188、88883321	
			标准套间	9	9	618	298	258	258	中会议室	1	1	180	3000	1800			
			标准单人间	49	49	418	218	180	180									
			标准双人间	258	258	398	218	180	180	小会议室	3	3	50	800	480			
			标准三人间	5	5	518	258	200	200		5	5	30	700	400			
长沙三九楚云大酒店	长沙三九楚云大酒店有限公司	3	标准套间	2	2	998	—	—	320	中会议室	1	1	150	1800	1000	长沙市车站中路239号	0731－84391588	
			标准单人间	30	30	428	—	—	160		1	1	70	1400	800			
			标准双人间	235	235	428	—	—	160	小会议室	4	4	30	700	400			
			标准三人间	9	9	328	—	—	160									
和一大酒店	长沙和一大酒店有限公司	4	豪华套间	8	8	1588	358	338	328	中会议室	1	1	270	4000	1500	长沙市韶山南路133号（铁道学院对面）	0731－82811111－2	
			标准套间	50	50	988	270	250	230									
			标准单人间	39	39	628	198	188	178		1	1	80	2500	1300			
			标准双人间	138	138	628	198	188	178									
			标准三人间	23	23	1888	198	188	178	小会议室	4	4	30	1000	500			
景江东方大酒店	景江东方大酒店		豪华套间	2	2	468	—	—	328	中会议室	1	1	70	1380	680	长沙市五一大道701号	0731－82685888	
			标准套间	10	10	348	—	—	228									
			标准单人间	21	21	198	—	—	160	小会议室	1	1	30	880	420			
			标准双人间	57	57	228	—	—	160									
新时空华程大酒店	新时空华程大酒店有限公司		豪华套间	3	3	1880	—	488	438	中会议室	1	1	200	3000	1800	长沙市韶山北路258号	0731－84182522	
			标准套间	4	4	1680	—	438	398									
			标准单人间	85	85	880	—	220	200	小会议室	1	1	90	3000	1800			
			标准双人间	82	82	880	—	220	200		2	2	40	2500	1000			
湖南国际影视会展中心酒店	湖南国际影视会展中心有限公司	5	豪华套间	29	29	1888	588	588	588	大会议室	6	6	600	20000	12000	长沙市开福区浏阳河大桥东金鹰影视文化城	0731－84252333－57	
			标准套间	39	39	1288	500	460	400		4	4	450	15000	8000			
			标准单人间	38	38	888	280	240	200	中会议室	5	5	300	10000	6000			
			标准双人间	180	180	888	280	240	200		6	6	200	8000	4800			
											5	5	80	3500	2000			

湖南省会议定点饭店

宾馆名称	发票开具单位名称	星级	客房（数量：间；价格：元/天）					会议室（数量：间；价格：元/半天）						地址	前台订房电话	备注
			房型	总间数	协议间数	门市价	协议价	类型	总间数	协议间数	容纳人数	门市价	协议价			
长沙市																
石燕湖金茂大酒店	石燕湖金茂大酒店	4	豪华套间	12	12	1480	468	大会议室	1	1	380	3000	1200	长沙县跳马乡石燕湖公园旁	0731－86962888	
			标准套间	10	10	980	278									
			豪华单间	20	20	468	238	中会议室	5	5	120	2400	900			
			标准单人间	30	30	428	180									
			标准双人间	129	129	428	180	小会议室	8	8	60	900	450			
石燕湖融景宾馆	湖南省广通石燕湖生态旅游公园开发有限公司		豪华套间	12	12	1480	570	大会议室	1	1	230	3000	800	长沙县跳马乡石燕湖公园	15973158466	
			标准套间	10	10	980	248									
			豪华单间	20	20	468	248	中会议室	5	5	150	2400	600			
			标准单人间	30	30	428	160									
			标准双人间	129	129	428	160	小会议室	8	8	50	900	380			
			标准三人间	15	15	428	160									
开元大酒店	湖南开源鑫城酒店管理有限公司开元大酒店	3	豪华套间	6	6	1280	368	大会议室	1	1	300	3000	1000	长沙经济技术开发区开元路17号	0731－84650004	
			豪华单间	9	9	328	228	中会议室	5	5	120	2400	500			
			标准双人间	45	45	218	180	小会议室	8	8	30	900	300			
紫鑫大酒店	长沙紫鑫大酒店有限公司	4	豪华套间	4	4	1088	528	大会议室	1	1	300	3000	1800	长沙经济技术开发区板仓中路1号	0731－82797008	
			标准套间	15	10	678	280									
			豪华单间	99	40	548	268	中会议室	2	2	80	2400	1400			
			标准单人间	5	5	500	190									
			标准双人间	5	5	500	190	小会议室	2	2	50	900	540			
开源九道湾生态农庄	湖南浏阳河生态农业科技开发有限公司		豪华套间	10	10	228	182	大会议室	1	1	300	1000	540	长沙县黄兴镇蓝田新村	0731－86865788	
			标准套间	5	5	100	80									
			豪华单间	10	10	100	80	中会议室	1	1	50	800	360			
			标准单人间	5	5	100	80									
			标准双人间	30	30	100	80	小会议室	1	1	20	720	342			

宾馆名称	发票开具单位名称	星级	客房（数量：间；价格：元/天）					会议室（数量：间；价格：元/半天）						地址	前台订房电话	备注
			房型	总间数	协议间数	门市价	协议价	类型	总间数	协议间数	容纳人数	门市价	协议价			
开源鑫城大酒店	湖南开源鑫城酒店管理有限公司	5	豪华套间	17	17	1480	428	大会议室	1	1	400	5000	2980	长沙经济技术开发区开元路17号	0731－84650009	
			豪华单间	72	72	768	280	中会议室	5	5	100	2400	1000			
			标准单人间	11	11	658	188									
			标准双人间	293	293	868	190	小会议室	8	8	45	1200	680			
长沙广圣大酒店	长沙市广圣酒店有限公司	4	豪华套间	6	6	1288	518	大会议室	1	1	180	3000	1680	长沙经开区开元路	0731－84939888	
			标准套间	4	4	988	280									
			豪华单间	70	70	558	218	中会议室	5	5	70	2400	960			
			标准单人间	5	5	538	190									
			标准双人间	10	10	538	190	小会议室	8	8	20	900	360			
			标准三人间	6	6	688	190									
湖南新江生态农业产业园有限公司	新江美渡酒店		豪华套间	5	5	1028	600	大会议室	1	1	120	3000	1080	长沙县黄花镇新江村	0731－86368886	
			标准套间	17	17	488	280									
			豪华单间	5	5	488	280	中会议室	5	5	50	2400	848			
			标准单人间	12	12	368	190									
			标准双人间	17	17	368	190	小会议室	8	8	20	900	540			
			标准三人间	10	10	388	190									
锦臻大酒店	长沙县星沙锦臻大酒店	4	豪华套间	4	4	988	508	中会议室	3	3	100	2400	1200	长沙经济技术开发区开元东路旁	0731－84931888	
			标准套间	7	7	688	280									
			豪华单间	13	13	568	248									
			标准单人间	17	17	468	190	小会议室	8	8	20	900	450			
			标准双人间	21	21	468	190									
长沙明城国际大酒店有限责任公司	长沙明城国际大酒店有限责任公司	5	豪华套间	10	10	1988	598	大会议室	2	2	1000	30000	9000	长沙经济技术开发区（星沙）漓湘西路19号	0731－84651188	
			标准套间	35	35	2288	280									
			豪华单间	100	100	1138	278	中会议室	4	4	500	12000	3000			
			标准单人间	19	19	988	188									
			标准双人间	190	190	988	188	小会议室	8	8	50	8000	2000			

宾馆名称	发票开具单位名称	星级	客房（数量：间；价格：元/天）					会议室（数量：间；价格：元/半天）						地址	前台订房电话	备注
			房型	总间数	协议间数	门市价	协议价	类型	总间数	协议间数	容纳人数	门市价	协议价			
碧桂园凤凰酒店	长沙经济技术开发区威尼斯酒店有限公司	5	豪华套间	20	20	1980	600	大会议室	1	1	1000	12000	7800	长沙经济技术开发区星沙大道325号	0731－88288888	
			标准套间	24	24	1680	280									
			豪华单间	28	28	1480	280	中会议室	5	5	200	7200	4200			
			标准单人间	11	11	1080	190									
			标准双人间	74	74	1080	190	小会议室	8	8	50	2000	900			
樱花温泉山庄	湖南樱花温泉山庄有限公司	4	豪华套间	8	8	688	550	大会议室	2	2	120	1200	660	长沙县黄花镇机场大道旁	0731－86398880	
			豪华单间	3	3	288	230	中会议室	2	2	70	1000	550			
			标准单人间	2	2	238	190									
			标准双人间	50	50	248	186	小会议室	2	2	35	900	440			
			标准三人间	3	3	348	190									
鑫元大酒店	长沙县星沙鑫元大酒店		豪华套间	6	6	500	268	大会议室	1	1	100	3000	1200	长沙开元西路	0731－83928888	
			标准套间	4	4	488	258									
			豪华单间	6	6	368	178	中会议室	5	5	50	2400	1000			
			标准单人间	15	15	328	168									
			标准双人间	45	45	368	168	小会议室	8	8	20	400	80			
			标准三人间	5	5	388	188									
天成大酒店	长沙天成大酒店有限公司	4	豪华套间	4	4	1088	488	大会议室	2	2	400	7888	4500	长沙经济技术开发区星沙镇板仓路123号	0731－84939888	
			标准套间	18	18	888	280									
			豪华单间	6	6	698	228	中会议室	2	2	150	5888	2000			
			标准单人间	6	6	598	188									
			标准双人间	46	46	598	188	小会议室	3	3	40	2000	800			
			标准三人间	6	6	698	190									
普瑞温泉酒店有限责任公司	普瑞温泉酒店有限责任公司	5	豪华套间	10	10	1688	600	大会议室	1	1	1200	12000	7200	望城普瑞大道8号	0731－88388888－8858	
			豪华单间	49	49	1288	280	中会议室	5	5	510	6800	4080			
			标准双人间	160	160	1288	190									
				70	70	588	190	小会议室	6	6	180	3600	2160			

宾馆名称	发票开具单位名称	星级	客房（数量：间；价格：元/天）					会议室（数量：间；价格：元/半天）						地址	前台订房电话	备注
			房型	总间数	协议间数	门市价	协议价	类型	总间数	协议间数	容纳人数	门市价	协议价			
长沙千龙湖生态旅游度假村	长沙千龙湖生态旅游度假有限公司		豪华套间	20	20	588	450	大会议室	2	2	700	2988	1780	望城县格塘乡	0731－88341888	
			标准套间	25	25	468	280									
			豪华单间	15	15	288	220	中会议室	4	4	210	1188	712			
			标准双人间	120	120	318	180	小会议室	3	3	60	488	290			
湖南省锦绣生态农庄	湖南省锦绣生态农庄		豪华套间	8	8	688	568	大会议室	2	2	300	2680	1080	长沙市西郊雷锋大道9.9公里处	0731－88380008	
			标准套间	2	2	388	280									
			标准双人间	72	72	268	190	中会议室	3	3	240	1380	550			
			标准三人间	8	8	298	190									
百果园	长沙百果园生态农业有限公司		豪华套间	4	4	980	490	大会议室	1	1	80	2880	1728	望城县雷锋大道七公里处	0731－88385888	
			标准套间	3	3	388	198									
			标准单人间	4	4	258	158	中会议室	1	1	50	1880	1128			
			标准双人间	18	18	268	158									
			标准三人间	4	4	368	190	小会议室	1	1	30	780	468			
银花宾馆	浏阳市银花宾馆	3	豪华套间	2	2	528	498	大会议室	1	1	280	1100	660	新文路13号	0731－83682688	
			标准套间	3	3	398	280									
			豪华单间	3	3	298	268	中会议室	1	1	45	600	360			
			标准单人间	16	16	228	168									
			标准双人间	76	76	228	168	小会议室	1	1	32	500	300			
			标准三人间	5	5	248	190									
华尔宫宾馆	浏阳市华尔宫大酒店	3	豪华套间	3	3	618	318	大会议室	1	1	180	1800	1000	金沙北路	0731－83682888	
			标准套间	12	12	518	218									
			标准单人间	9	9	218	138	中会议室	1	1	80	1600	800			
			标准双人间	25	25	298	138	小会议室	1	1	40	1400	600			
玉泉山庄	浏阳市玉泉山庄有限公司	4	豪华套间	10	10	568	300	大会议室	1	1	150	5600	2400	大围山森林公园	0731－83488888	
			豪华单间	46	46	568	280	小会议室	2	2	60	3600	1200			
华天大酒店	浏阳市华天酒店	5	豪华套间	14	14	2388	600	大会议室	1	1	420	6000	3600	人民路18号	0731－83699999	
			豪华单间	43	43	1488	280	中会议室	2	2	240	1800	1080			
			标准双人间	143	143	1288	190	小会议室	1	1	50	1000	600			

宾馆名称	发票开具单位名称	星级	客房（数量：间；价格：元/天）					会议室（数量：间；价格：元/半天）						地址	前台订房电话	备注
			房型	总间数	协议间数	门市价	协议价	类型	总间数	协议间数	容纳人数	门市价	协议价			
神农山庄	神农山庄酒店管理有限公司	4	豪华套间	10	10	998	448	大会议室	1	1	350	7600	2280	天马路8号	0731－83610888	
			豪华单间	19	19	558	218	中会议室	1	1	60	4000	1200			
			豪华双人间	43	43	538	188									
			标准双人间	27	27	468	158	小会议室	3	3	30	3200	950			
银天大酒店	浏阳市银天大酒店有限公司	5	豪华套间	5	5	2188	600	大会议室	1	1	400	7000	3600	将军路1号	0731－83688888	
			豪华单间	63	63	1288	280	中会议室	1	1	120	3200	1080			
									1	1	90	2600	900			
			标准双人间	116	116	1208	190	小会议室	1	1	40	2000	480			
									1	1	40	2000	480			
丰竹园山庄（七三一）	湖南省丰竹园山庄		豪华套间	4	4	1888	598	大会议室	2	2	220	5000	2600	湖南省永安镇	0731－83261818	
			标准套间	18	18	1280	280									
			豪华单间	16	16	680	280	中会议室	2	2	80	3000	1400			
			标准单人间	30	30	480	190									
			标准双人间	48	48	288	190	小会议室	8	8	40	1000	600			
			标准三人间	20	20	880	190									
长沙通程温泉大酒店	长沙龙腾投资发展有限公司通程温泉大酒店		豪华套间	12	12	1998	600	大会议室	1	1	900	13800	8280	长沙宁乡县城宁乡大道路与金洲大道交叉处	0731－87108888	
			豪华单间	60	60	1158	280	中会议室	1	1	200	6500	3900			
			标准单人间	14	14	998	190									
			标准双人间	161	161	998	190	小会议室	5	5	40	2000	1200			
宁乡县金都海鲜城	宁乡县金都海鲜城		豪华套间	6	6	388	298	大会议室	1	1	100	780	468	宁乡县玉潭镇二环路59号	0731－87851222	
			标准单人间	4	4	168	128	中会议室	1	1	40	380	228			
			标准双人间	35	35	168	128									
天元大酒店	湖南天元酒店投资管理中心	3	豪华套间	4	4	688	388	大会议室	1	1	1000	3800	1800	宁乡县玉潭镇花明北路行政中心后勤服务大楼	0731－87809779 87809778	
			豪华单间	12	12	328	188	中会议室	1	1	300	2400	1200			
			标准单人间	15	15	288	168									
			标准双人间	31	31	288	168	小会议室	1	1	50	1500	800			

宾馆名称	发票开具单位名称	星级	客房（数量：间；价格：元/天）					会议室（数量：间；价格：元/半天）						地址	前台订房电话	备注
			房型	总间数	协议间数	门市价	协议价	类型	总间数	协议间数	容纳人数	门市价	协议价			
张家界市																
张家界万泰国际酒店	湖南张家界万泰国际酒店	4	豪华套间	7	7	2680	600	大会议室	1	1	250	8000	4800	张家界市南庄坪	0744－8386666	
			标准套间	7	7	1980	280									
			豪华单间	7	7	1180	280	中会议室	1	1	200	4000	2400			
			标准双人间	116	116	1080	190	小会议室	4	4	50	2000	1200			
金都大酒店	中国人民银行长沙中心支行张家界干部培训中心	3	豪华套间	2	2	3888	400	中会议室	1	1	200	2000	1200	张家界市紫舞东路	0744－8236688	
			标准套间	6	6	888	240									
			豪华单间	20	20	288	140	小会议室	3	3	50	1000	600			
			标准双人间	60	60	388	160									
海天大酒店	张家界市消防培训中心	3	豪华套间	2	2	1588	300	中会议室	1	1	200	2500	1200	张家界市大庸西路	0744－8279888	
			标准套间	1	1	1088	280									
			标准双人间	16	16	588	180	小会议室	2	2	50	1200	600			
				16	16	528	160									
景豪大酒店	张家界景豪大酒店有限公司	3	豪华套间	2	2	1588	500	中会议室	2	2	200	2500	1000	张家界市南庄坪	0744－8273388	
			豪华单间	10	10	480	260									
			标准单人间	11	11	380	190									
			标准双人间	60	60	480	260	小会议室	1	1	50	1000	600			
				190	20	20	380									
晶悦大酒店	张家界晶悦大酒店管理有限责任公司	3	豪华套间	2	2	1688	588	中会议室	1	1	200	2000	1200	张家界市子午路392号	0744－2816188	
			标准套间	7	7	788	268									
			标准单人间	13	13	488	148									
			标准双人间	56	56	588	168	小会议室	1	1	50	1500	800			
				65	65	488	148									
南航富利来大酒店	南航富利来大酒店有限公司	3	豪华套间	1	1	1888	400	大会议室	1	1	250	2800	1400	张家界市子午路382号	0744－2128888	
			标准套间	2	2	1688	280									
			豪华单间	9	9	588	180	中会议室	1	1	200	2500	1200			
			标准双人间	92	92	588	180	小会议室	1	1	50	2500	1200			

宾馆名称	发票开具单位名称	星级	客房（数量：间；价格：元/天）					会议室（数量：间；价格：元/半天）						地址	前台订房电话	备注
			房型	总间数	协议间数	门市价	协议价	类型	总间数	协议间数	容纳人数	门市价	协议价			
锦江之星	湖南鑫成酒店有限责任公司	3	标准套间	5	5	489	196	中会议室	1	1	200	3000	1600	张家界市子午西路51号	0744－8398777	
			标准单人间	10	10	359	155									
			标准双人间	175	175	359	155	小会议室	1	1	50	1500	800			
			标准三人间	2	2	359	190									
北斗星大酒店	张家界北斗星酒店有限责任公司	3	豪华套间	3	3	1688	480	大会议室	1	1	250	2000	1200	张家界市永定区教场路142号	0744－2118118	
			豪华单间	3	3	458	120	中会议室	1	1	200	1580	800			
			标准单人间	7	7	338	100									
			标准双人间	92	92	458	120	小会议室	1	1	50	1080	600			
				8	8	388	100									
纬地酒店	张家界纬地酒店有限公司	3	豪华套间	6	6	1680	480	中会议室	1	1	200	3000	1500	张家界市永定区大庸中路	0744－8868888	
			豪华单间	8	8	958	220									
			标准单人间	12	12	658	188									
			标准双人间	134	134	658	188	小会议室	2	2	50	2000	1000			
			标准三人间	2	2	658	188									
张家界京溪国际酒店	张家界京溪国际酒店	4	标准套间	5	5	2888	280	大会议室	1	1	300	5000	2880	张家界市武陵源区武陵大道91号	0744－5625818	
			豪华单间	8	8	1288	280									
			标准双人间	340	340	988	190	小会议室	1	1	40	2500	1200			
			标准三人间	8	8	1288	190									
古都大酒店	桑植县徐氏发展有限公司古都大酒店		豪华套间	4	4	488	200	大会议室	1	1	150	900	500	桑植县澧源镇和平西路北三巷	0744－6245088 6245038	
			标准双人间	32	32	200	150	中会议室	1	1	100	600	300			
				31	31	180	130	小会议室	1	1	50	600	300			
新天大酒店	张家界新天大酒店有限公司	2	豪华套间	7	7	400	200	中会议室	1	1	150	700	400	湖南省张家界市桑植县和平西路	0744－6246778 6237888	
			豪华单间	16	16	188	150									
			标准双人间	62	62	188	130									
江垭温泉渡假村	张家界江垭温泉渡假村有限公司	3	豪华套间	9	9	880	358	中会议室	1	1	100	2000	1200	慈利县江垭镇	0744－3355888	
			豪华单间	4	4	438	200									
			标准双人间	58	58	388	160	小会议室	1	1	50	700	400			

宾馆名称	发票开具单位名称	星级	客房（数量：间；价格：元/天）					会议室（数量：间；价格：元/半天）						地址	前台订房电话	备注
			房型	总间数	协议间数	门市价	协议价	类型	总间数	协议间数	容纳人数	门市价	协议价			
建新宾馆	慈利县建新宾馆	2	豪华套间	4	4	428	260	大会议室	1	1	250	4200	2400	慈利县零阳中路43号	0744－3265999	
			标准套间	7	7	388	220									
			标准单人间	11	11	268	180	中会议室	1	1	200	2160	1200			
			标准双人间	39	39	268	180	小会议室	1	1	50	920	540			
常德市																
常德市华天大酒店	常德市华天大酒店	4	豪华套间	7	6	1280	600	大会议室	1	1	360	4000	2000	常德市武陵大道南段	0736－7258888	
			标准套间	3	3	798	280									
			豪华单间	29	28	588	280	中会议室	2	2	110	2000	1000			
			标准单人间	25	20	388	190									
			标准双人间	98	95	388	190	小会议室	4	4	30	600	300			
常德市芷园宾馆	常德市芷园宾馆	3	豪华套间	5	5	1200	600	大会议室	4	4	450	1500	900	常德市人民东路芷园路92号	0736－7955188 7955288	
			标准套间	3	3	800	280									
			豪华单间	3	3	330	280	中会议室	2	2	80	1000	600			
			标准单人间	15	15	320	190									
			标准双人间	80	80	300	190	小会议室	8	8	30	500	300			
			标准三人间	14	14	320	190									
德华宾馆	常德德华宾馆	3	豪华套间	3	3	598	498	大会议室	1	1	120	2200	1320	常德市洞庭大道中段117号	0736－7766588	
			标准套间	6	6	328	218									
			豪华单间	24	24	298	218	中会议室	2	2	30	1450	870			
			标准单人间	20	20	258	178									
			标准双人间	52	52	248	178	小会议室	1	1	20	1000	600			
金悦国际大酒店有限公司	常德金悦国际大酒店有限公司	4	豪华套间	7	7	1398	528	大会议室	1	1	300	9000	5400	常德市沅安东路433号	0736－2911881	
			标准套间	9	9	1108	280									
			豪华单间	5	5	888	280	中会议室	2	2	150	6000	3600			
			标准单人间	95	75	638	190									
			标准双人间	90	80	638	190	小会议室	4	4	30	1500	900			

宾馆名称	发票开具单位名称	星级	客房（数量：间；价格：元/天）					会议室（数量：间；价格：元/半天）						地址	前台订房电话	备注
			房型	总间数	协议间数	门市价	协议价	类型	总间数	协议间数	容纳人数	门市价	协议价			
长鹰国际大酒店	长鹰国际大酒店	3	豪华套间	1	1	800	568	大会议室	1	1	180	2500	1400	安乡县香港路商业步行街29号	0736－4338888	
			标准套间	6	6	360	278									
			豪华单间	1	1	500	278	中会议室	1	1	50	750	450			
			标准单人间	42	42	200	168									
			标准双人间	70	70	200	168	小会议室	1	1	30	750	450			
兰苑宾馆	津市市兰苑宾馆实业有限公司	3	豪华套间	2	2	680	480	大会议室	1	1	400	4500	2560	车胤大道402号	0736－4248888	
			标准套间	27	27	388	270									
			豪华单间	19	19	388	270	中会议室	1	1	256	2500	1500			
			标准单人间	7	7	198	140									
			标准双人间	29	29	198	140	小会议室	2	2	30	650	380			
			标准三人间	2	2	248	180									
澧县桃花滩宾馆	澧县桃花滩宾馆有限公司	3	豪华套间	9	5	1088	600	大会议室	1	1	300	2180	1280	湖南省澧县澧阳镇澧洲大道中段	0736－3220099	
			标准套间	4	4	588	280									
			豪华单间	68	50	498	280	中会议室	2	2	120	680	380			
			标准单人间	16	10	328	190									
			标准双人间	40	30	328	190	小会议室	1	1	18	380	200			
			标准三人间	1	1	398	190									
澧县星香源国际大酒店有限公司	澧县星香源国际大酒店有限责任公司	3	豪华套间	5	5	588	388	大会议室	1	1	410	3150	1880	湖南省澧县澧阳镇	0736－3266999 3578999	
			标准套间	22	22	268	228									
			豪华单间	2	2	288	268	中会议室	3	3	200	1300	780			
			标准单人间	3	3	188	168									
			标准双人间	38	38	188	168	小会议室	3	3	100	800	480			
			标准三人间	3	3	188	168									
临澧县金穗宾馆有限责任公司	临澧县金穗宾馆	3	豪华套间	3	3	1088	500	大会议室	1	1	210	1200	720	临澧县朝阳西街	0736－5828588	
			豪华单间	6	6	388	200	中会议室	1	1	90	850	500			
			标准单人间	2	2	328	180									
			标准双人间	58	58	298	160	小会议室	1	1	30	600	200			
			标准三人间	6	6	298	160									

宾馆名称	发票开具单位名称	星级	客房（数量：间；价格：元/天）					会议室（数量：间；价格：元/半天）						地址	前台订房电话	备注
			房型	总间数	协议间数	门市价	协议价	类型	总间数	协议间数	容纳人数	门市价	协议价			
青山宾馆	青山宾馆		豪华套间	2	2	588	298	大会议室	1	1	100	1000	600	临澧县朝阳东街007号	0736－5829288 5829298	
			标准套间	3	3	388	200									
			豪华单间	4	3	388	150	中会议室	1	1	60	500	300			
			标准单人间	2	2	188	130									
			标准双人间	34	32	188	130	小会议室	1	1	12	220	125			
			标准三人间	3	3	188	130									
临澧县金帝国际大酒店	临澧县金帝国际大酒店	3	豪华套间	9	9	388	350	大会议室	1	1	300	1350	800	临澧县安福镇迎宾路	0736－5777779	
			标准套间	27	27	328	280									
			标准单人间	8	8	228	190									
			标准双人间	57	57	228	190	中会议室	1	1	60	1000	600			
			标准三人间	4	4	238	190									
天鹅湖国际大酒店	天鹅湖国际大酒店	3	豪华套间	3	3	888	418	大会议室	1	1	260	1000	600	安福镇临烽路	0736－5809999 5807877	
			标准套间	3	3	398	280									
			豪华单间	4	4	398	280	中会议室	1	1	100	850	500			
			标准单人间	2	2	298	190									
			标准双人间	53	53	298	190	小会议室	1	1	30	350	200			
兰园宾馆	石门县兰园宾馆	2	豪华套间	2	2	880	500	大会议室	1	1	110	750	450	石门县楚江镇文庙路009号	0736－5339888	
			标准套间	8	8	398	240	中会议室	1	1	30	400	240			
			标准单人间	13	13	268	150									
			标准双人间	65	65	288	160	小会议室	1	1	20	200	120			
			标准三人间	18	18	298	160									
金源大酒店	金源大酒店	3	豪华套间	21	21	218	158	中会议室	1	1	120	500	300	澧江中路48号	0736－6629888	
			豪华单间	6	6	218	158									
			标准单人间	9	9	168	118									
			标准双人间	82	82	168	118									

宾馆名称	发票开具单位名称	星级	客房（数量：间；价格：元/天）					会议室（数量：间；价格：元/半天）						地址	前台订房电话	备注
			房型	总间数	协议间数	门市价	协议价	类型	总间数	协议间数	容纳人数	门市价	协议价			
花源大酒店	花源大酒店	3	豪华套间	4	4	988	578	大会议室	1	1	500	2500	1500	潼江中路31号	0736－6634352	
			标准套间	28	28	428	268									
			豪华单间	2	2	468	268	中会议室	1	1	120	1000	600			
			标准单人间	11	11	368	190									
			标准双人间	134	134	358	190	小会议室	1	1	50	700	400			
清水湖国际会议中心	湖南猎鹰教育投资公司清水湖国际会议中心		豪华套间	14	14	1498	600	大会议室	1	1	400	8000	4000	湖南省常德市汉寿县太子庙	0736－2098188	
			标准套间	9	9	1498	600	中会议室	1	1	150	2500	1200			
			豪华单间	5	5	828	280		4	4	60	1800	800			
			标准单人间	3	3	828	280	小会议室	1	1	40	1000	500			
			标准双人间	33	33	668	190		1	1	16	680	400			
			标准三人间	121	121	628	190									
益阳市																
益阳华天大酒店	益阳华天置业有限公司华天大酒店	4	豪华套间	6	6	688	488	大会议室	1	1	450	2980	1788	湖南省益阳市康富北路2号	0737－4228888－80105	
			标准套间	11	11	498	248	中会议室	2	2	200	1980	1188			
			豪华单间	21	21	498	248	小会议室	1	1	60	1280	768			
			标准单人间	30	30	368	190		1	1	20	450	270			
			标准双人间	80	80	368	190		1	1	16	380	228			
益阳市朝阳羽星大酒店	益阳市朝阳羽星大酒店		豪华套间	6	6	538	308	大会议室	1	1	100	1000	500	益阳市康富南路30号（奥林匹克公园内）	0737－4168888	
			豪华单间	4	4	358	238									
			标准单人间	11	11	268	168									
				4	4	268	148									
			标准双人间	19	19	268	168									
				31	31	268	148									
桃花宾馆	益阳桃花宾馆	2	豪华套间	1	1	628	400	大会议室	1	1	400	1500	900	益阳市赫山区长坡路126号	0737－4204298	
			标准套间	2	2	268	128									
			豪华单间	4	4	248	138									
			标准单人间	10	10	168	110	小会议室	4	4	45	500	300			
			标准双人间	86	86	168	110									
			标准三人间	6	6	148	100									

宾馆名称	发票开具单位名称	星级	客房（数量：间；价格：元/天）					会议室（数量：间；价格：元/半天）						地址	前台订房电话	备注
			房型	总间数	协议间数	门市价	协议价	类型	总间数	协议间数	容纳人数	门市价	协议价			
旺府商务酒店	长沙旺府酒店策划管理有限公司		豪华套间	2	2	888	418	大会议室	3	3	110	1730	1038	益阳市益阳大道号	0737－2268888	
			标准套间	5	5	688	280									
旺府商务酒店	长沙旺府酒店策划管理有限公司		豪华单间	7	7	418	208	中会议室	5	5	80	1180	708	益阳市益阳大道号	0737－2268888	
			标准单人间	47	47	368	168									
			标准双人间	77	77	368	168	小会议室	1	1	50	880	528			
加州酒店	益阳市加州酒店		豪华套间	4	4	318	198	大会议室	1	1	150	1880	1128	资阳区马良北路	0737－3331888	
			标准套间	20	20	268	148									
			豪华单间	11	11	198	148	中会议室	2	2	40	680	408			
			标准单人间	16	16	148	128									
			标准双人间	10	10	148	128	小会议室	1	1	20	480	288			
康年华银莲大酒店	康年华银莲大酒店	4	豪华套间	11	11	1288	448	大会议室	1	1	400	4000	2000	安化县南区莲城路	0737－2791566	
			豪华单间	31	31	688	208	中会议室	1	1	100	2000	1000			
			标准单人间	23	23	588	160									
			标准双人间	46	46	588	160	小会议室	1	1	30	1000	500			
凯旋安化大酒店	凯旋安化大酒店	3	豪华套间	2	2	688	320	中会议室	1	1	40	680	408	安化县东坪镇沿江路15号	0737－7298888	
			豪华单间	2	2	258	128									
			标准单人间	38	38	198	108									
			标准双人间	26	26	198	148									
安化总督大酒店	安化总督大酒店	3	豪华套间	2	2	268	180	中会议室	1	1	80	400	238	安化县东坪镇望江路8号	0737－7236888	
			豪华单间	3	3	168	120									
			标准单人间	13	13	138	100									
			标准双人间	10	10	148	120									
			标准三人间	7	7	158	120									
燕山宾馆	南县燕山宾馆		豪华套间	1	1	888	600	大会议室	1	1	220	500	300	益阳南县南洲镇	0737－5248000 5248001	
			标准套间	2	2	288	168									
			豪华单间	3	3	168	128	中会议室	1	1	84	400	240			
			标准单人间	4	4	148	118									
			标准双人间	36	36	138	108	小会议室	2	2	45	240	140			

宾馆名称	发票开具单位名称	星级	客房（数量：间；价格：元/天）					会议室（数量：间；价格：元/半天）						地址	前台订房电话	备注
			房型	总间数	协议间数	门市价	协议价	类型	总间数	协议间数	容纳人数	门市价	协议价			
南县大世界宾馆	南县南洲大世界宾馆	2	豪华套间	5	5	368	180	小会议室	1	1	60	400	200	南县南洲镇南洲东路	0737－5232110 3290888	
			标准套间	7	7	328	150									
			豪华单间	7	7	228	120									
			标准单人间	7	7	168	100									
			标准双人间	17	17	188	100									
鑫泰酒店	鑫泰酒店	3	豪华套间	2	2	888	598	中会议室	1	1	60	800	480	南县南洲路	0737－5226888	
			标准单人间	4	4	298	178									
			标准双人间	16	16	288	168									
中海城大酒店	桃江县中海城大酒店有限公司		豪华套间	2	2	1888	600	大会议室	1	1	130	2180	1280		0737－8222222－2222	
			标准套间	16	16	888	280									
			豪华单间	14	14	538	198	中会议室	1	1	50	1000	580			
			标准单人间	21	21	388	168									
			标准双人间	46	46	398	178	小会议室	1	1	15	500	300			
锦龙大酒店	桃江县锦龙大酒店	2	豪华套间	3	3	368	288	大会议室	1	1	120	1200	700	芙蓉路2号	0737－8881888	
			标准套间	3	3	268	228									
锦龙大酒店	桃江县锦龙大酒店	2	豪华单间	10	10	198	158	小会议室	3	3	30	600	300	芙蓉路2号	0737－8881888	
			标准单人间	17	17	198	148									
			标准双人间	25	25	198	148									
广通大酒店	广通大酒店有限责任公司	3	豪华套间	4	4	528	328	大会议室	1	1	180	2180	1280	芙蓉路（电力局）旁	0737－8820188 8820198	
			标准套间	13	13	268	178									
			豪华单间	8	8	268	178	中会议室	1	1	45	1000	580			
			标准单人间	6	6	228	158									
			标准双人间	13	13	228	158	小会议室	1	1	20	480	280			
锦大渔村	湖南大通湖锦大特种水产有限公司		豪华套间	6	6	888	388	中会议室	1	1	50	1000	500	益阳市大通湖区沙堡洲沙原路263号	0737－5668688	
			标准单人间	17	17	198	128									
			标准双人间	12	12	238	128									
			标准三人间	2	2	288	168									

宾馆名称	发票开具单位名称	星级	客房（数量：间；价格：元/天）					会议室（数量：间；价格：元/半天）						地址	前台订房电话	备注
			房型	总间数	协议间数	门市价	协议价	类型	总间数	协议间数	容纳人数	门市价	协议价			
通盛花园酒店	湖南通盛花园酒店有限公司	3	豪华套间	8	8	888	328	大会议室	1	1	230	2000	1000		0737－5660888	
			标准套间	1	1	688	280									
			豪华单间	9	9	488	188									
			标准单人间	4	4	268	128	小会议室	1	1	40	1000	500			
			标准双人间	16	16	288	108									
岳阳市																
南湖宾馆	岳阳市南湖宾馆	4	豪华套间	23	23	1280	600	大会议室	1	1	320	5000	3000	湖南省岳阳市南湖宾馆	0730－8841808	
			标准单人间	23	23	368	188	中会议室	1	1	120	3800	2200			
			标准双人间	74	74	368	188	小会议室	8	8	50	1100	660			
晓朝宾馆	岳阳市晓朝宾馆	3	豪华套间	1	1	1000	408	大会议室	1	1	846	6800	2380	岳阳市炮台山路88号	0730－8211788	
			标准套间	2	2	800	238									
			豪华单间	6	6	298	158	中会议室	1	1	200	1800	960			
			标准单人间	6	6	298	158									
			标准双人间	81	81	298	158	小会议室	2	2	80	800	300			
			标准三人间	6	6	298	158									
中银大酒店	岳阳市中银大酒店有限公司	3	豪华套间	3	3	328	218	大会议室	1	1	200	1600	800	岳阳市站前西路1号	0730－8280805	
			标准套间	1	1	328	218									
			豪华单间	8	8	228	160	中会议室	1	1	100	1200	500			
			标准单人间	6	6	185	140									
			标准双人间	105	105	178	128	小会议室	1	1	70	1200	500			
泰和大酒店	岳阳泰和大酒店有限公司		豪华套间	63	63	480	350	大会议室	1	1	420	5800	3000	岳阳市巴陵中路	0730－8278888	
			标准套间	22	22	320	260									
			豪华单间	61	61	280	240	中会议室	2	2	240	3000	1180			
			标准单人间	140	140	248	190									
			标准双人间	292	292	248	190	小会议室	6	6	50	1680	680			

宾馆名称	发票开具单位名称	星级	客房（数量：间；价格：元/天）					会议室（数量：间；价格：元/半天）						地址	前台订房电话	备注
			房型	总间数	协议间数	门市价	协议价	类型	总间数	协议间数	容纳人数	门市价	协议价			
岳阳云梦宾馆	岳阳云梦宾馆有限公司	3	豪华套间	14	14	488	378	大会议室	1	1	500	1960	1000	岳阳市云梦路121号	0730－8330888	
			标准套间	4	4	298	168									
			豪华单间	28	28	368	130									
			标准单人间	21	21	188	100	中会议室	3	3	120	1200	600			
			标准双人间	59	59	188	100									
			标准三人间	6	6	238	130									
华容宾馆有限责任公司	华容宾馆有限责任公司	3	豪华套间	3	3	888	600	大会议室	1	1	180	1400	800	华容县迎宾中路1号	0730－4252888 4222277	
			标准套间	8	8	388	280									
			豪华单间	24	24	388	280	中会议室	1	1	50	1050	600			
			标准单人间	26	26	188	128									
			标准双人间	61	61	248	160	小会议室	1	1	25	700	400			
			标准三人间	5	5	288	190									
华容县银河大酒店有限责任公司	华容县银河大酒店有限责任公司	3	豪华套间	2	2	888	488	中会议室	1	1	130	1400	800	华容县城关镇东正街	0730－4285888	
			标准套间	22	22	278	208									
			豪华单间	25	25	278	208									
			标准单人间	10	10	208	158	小会议室	1	1	20	1050	600			
			标准双人间	16	16	228	168									
华容县神禹宾馆	华容县神禹宾馆		豪华套间	3	3	468	368	大会议室	1	1	150	700	400	华容县马鞍山新区杏花桥	0730－3207588 3207688	
			豪华单间	21	21	138	110	中会议室	1	1	60	550	300			
			标准双人间	23	23	158	120	小会议室	1	1	20	300	150			
岳阳县锦绣阳光大酒店	岳阳县锦绣阳光大酒店有限公司	2	豪华套间	2	2	680	368	中会议室	1	1	60	1280	680	岳阳县东方路52号	0730－7659888	
			豪华单间	6	6	228	168									
			标准双人间	18	18	228	158									
			标准三人间	1	1	238	168									
万福来宾馆	岳阳县万福来实业有限公司	3	豪华套间	2	2	518	368	中会议室	1	1	55	1300	780	岳阳县城关镇天鹅中路51号	0730－7623333	
			标准套间	2	2	368	258									
			豪华单间	6	6	228	168									
			标准单人间	6	6	218	158	小会议室	1	1	30	700	400			
			标准双人间	38	38	238	168									
			标准三人间	2	2	238	168									

宾馆名称	发票开具单位名称	星级	客房（数量：间；价格：元/天）房型	总间数	协议间数	门市价	协议价	会议室（数量：间；价格：元/半天）类型	总间数	协议间数	容纳人数	门市价	协议价	地址	前台订房电话	备注
君山宾馆	岳阳市君山宾馆有限责任公司	2	豪华套间	2	2	380	260	中会议室	1	1	60	600	360	君山大道38号	0730－8173566	
			标准套间	4	4	320	200									
			标准单人间	17	17	148	120	小会议室	1	1	25	300	180			
			标准双人间	20	20	138	120	大会议室	1	1	130	1200	720			
汨罗江大酒店	汨罗江大酒店	3	标准套间	12	12	438	280	大会议室	1	1	230	3800	1800	汨罗市迎宾路9号	0730－5222256	
			标准单人间	5	5	228	178	中会议室	1	1	100	2600	1500			
			标准双人间	53	53	228	178	小会议室	1	1	30	700	400			
新世源宾馆	汨罗市新世源宾馆有限公司	3	豪华套间	4	4	268	188	大会议室	1	1	35	1000	500	汨新路24号	0730－5232688	
			标准套间	1	1	238	168									
			豪华单间	4	4	238	168									
			标准单人间	8	8	218	148	小会议室	2	2	15	800	400			
			标准双人间	36	36	218	148									
			标准三人间	6	6	218	148									
临湘大酒店	临湘大酒店	3	豪华套间	1	1	738	348	大会议室	1	1	150	1380	700	临湘大酒店清水塘转盘	0730－3753888	
			标准套间	5	5	518	280									
			豪华单间	5	5	298	200	中会议室	1	1	50	1180	580			
			标准单人间	5	5	188	138									
			标准双人间	53	53	238	165	小会议室	1	1	18	1080	500			
			标准三人间	16	16	278	178									
富临大酒店	富临大酒店	3	豪华套间	3	3	688	368	大会议室	1	1	145	600	300	临湘市城西中路9号	0730－3730555	
			豪华单间	7	7	188	140	中会议室	1	1	40	400	175			
			标准单人间	9	9	178	120									
			标准双人间	35	35	178	120	小会议室	1	1	15	200	100			
			标准三人间	2	2	240	160									
华天宾馆	华天宾馆	3	豪华套间	12	12	228	168	大会议室	1	1	80	540	300	临湘市南正街	0730－3729933－3720917	
			标准套间	13	13	168	138									
			豪华单间	7	7	168	138									
			标准单人间	5	5	128	110	小会议室	1	1	30	340	200			
			标准双人间	20	20	128	110									
			标准三人间	3	3	228	150									

宾馆名称	发票开具单位名称	星级	客房（数量：间；价格：元/天）					会议室（数量：间；价格：元/半天）						地址	前台订房电话	备注
			房型	总间数	协议间数	门市价	协议价	类型	总间数	协议间数	容纳人数	门市价	协议价			
中共平江县委党校招待所	中共平江县委党校		标准三人间	51	51	150	120	中会议室	6	6	100	700	400	天岳经济开发区道子岭	0730－6292669	
								小会议室	2	2	30	400	200			
								大会议室	1	1	400	2000	1100			
湖南天一启明宾馆有限责任公司	平江县政府招待所		豪华套间	6	6	980	580	大会议室	1	1	200	2400	1400	平江县城关镇西街328号	0730－6223885	
			标准套间	4	4	480	280									
			标准单人间	3	3	240	158	中会议室	1	1	80	1500	880			
			标准双人间	12	12	258	168	小会议室	1	1	50	850	480			
			标准三人间	13	13	298	188		1	1	50	700	380			
湘阴县湘阴宾馆	中共湘阴县委湘阴县人民政府招待所	4	标准套间	5	5	598	278	大会议室	1	1	220	3000	1800	湘阴新世纪大道	0730－2668888	
			豪华单间	22	22	298	238									
			标准单人间	15	15	218	178	中会议室	1	1	80	1000	600			
			标准双人间	95	95	218	178	小会议室	2	2	20	600	360			
岳阳市屈原管理区小招待所	岳阳市屈原管理区小招待所		豪华套间	2	2	350	208	大会议室	1	1	100	1000	500	区办公楼西侧	0730－5720568	
			标准套间	8	8	250	148									
			标准单人间	7	7	240	128	中会议室	1	1	50	670	400			
			标准双人间	8	8	200	118	小会议室	1	1	15	340	200			
			标准三人间	4	4	260	148									
中朝宾馆	湖南省朝辉建设开发有限公司岳阳云溪中朝宾馆	3	豪华套间	6	6	428	318	大会议室	1	1	120	2400	1400	湖南省岳阳市云溪区新埠西路108号	0730－8418188	
			标准套间	6	6	298	218									
			豪华单间	6	6	298	218	中会议室	1	1	40	1000	580			
			标准单人间	10	10	258	160									
			标准双人间	51	51	218	148	小会议室	2	1	12	650	380			
株洲市																
株洲天台山庄	株洲天台山庄	4	豪华套间	10	10	758	600	大会议室	2	2	400	8413	4988	株洲市天元区天台路68号	0731－22733589 22733888	
			标准套间	8	8	608	280									
			豪华单间	23	23	428	280	中会议室	5	5	150	1933	1100			
			标准单人间	32	32	278	190									
			标准双人间	179	179	278	190	小会议室	3	3	40	1380	800			

宾馆名称	发票开具单位名称	星级	客房（数量：间；价格：元/天）					会议室（数量：间；价格：元/半天）						地址	前台订房电话	备注
			房型	总间数	协议间数	门市价	协议价	类型	总间数	协议间数	容纳人数	门市价	协议价			
九方大酒店	株洲九方大酒店有限责任公司	4	豪华套间	1	1	1588	600	大会议室	1	1	100	1900	1140	株洲石峰区小东门1号	0731－28441111	
			标准套间	13	13	1180	280									
			豪华单间	40	40	498	280	中会议室	1	1	35	1170	700			
			标准双人间	63	63	418	190	小会议室	1	1	20	800	480			
株洲银城大酒店	株洲银城大酒店有限责任公司	3	豪华套间	1	1	668	418	大会议室	1	1	180	3500	2000	株洲市天元区泰山路80号	0731－28896261	
			标准套间	6	6	448	280									
			豪华单间	5	5	318	208	中会议室	1	1	45	1500	800			
			标准单人间	12	12	268	178									
			标准双人间	34	34	238	168	小会议室	1	1	28	960	600			
				39	39	268	190									
新天大酒店	株洲市新天大酒店有限公司	3	豪华套间	2	2	758	568	大会议室	1	1	260	2500	1500	株洲市天元区长江广场	0731－22872999	
			豪华单间	15	15	358	246	中会议室	1	1	100	2000	1200			
			标准双人间	80	80	268	180	小会议室	3	3	50	1200	720			
西苑宾馆	株洲新西苑发展有限公司	3	豪华套间	25	25	688	528	大会议室	1	1	300	4500	2700	株洲市西苑路39号	0731－28890616	
			豪华单间	18	18	428	280	中会议室	1	1	50	1500	900			
			标准双人间	42	42	338	190									
金龙大酒店	金龙大酒店	3	豪华套间	1	1	885	600	大会议室	1	1	240	2800	1680	株洲市芦淞区建设南路255号	0731－28271001 28271002	
			标准套间	1	1	385	280									
			豪华单间	24	24	295	236	中会议室	3	3	100	1800	1080			
			标准单人间	9	9	225	180									
			标准双人间	37	37	195	156	小会议室	1	1	40	800	480			
金德酒店	株洲金德酒店有限公司	3	标准套间	6	6	680	300	大会议室	1	1	300	2000	1200	株洲市车站路1号	0731－28222222－23/26	
			豪华单间	16	16	380	170									
			标准单人间	57	57	280	150	中会议室	1	1	60	1000	500			
			标准双人间	106	106	280	130	小会议室	2	2	20	350	200			
株洲县接待中心	株洲县接待中心	2	标准套间	3	3	300	180	大会议室	1	1	600	1700	1000	湖南省株洲县学堂路6号	0731－27611534	
			标准单人间	2	2	200	120	中会议室	1	1	200	700	420			
			标准双人间	65	65	168	100	小会议室	1	1	40	600	360			

宾馆名称	发票开具单位名称	星级	客房（数量：间；价格：元/天）					会议室（数量：间；价格：元/半天）						地址	前台订房电话	备注
			房型	总间数	协议间数	门市价	协议价	类型	总间数	协议间数	容纳人数	门市价	协议价			
株洲县金丰商厦有限责任公司	株洲县金丰商厦有限责任公司	2	豪华套间	4	4	300	180	大会议室	1	1	80	960	380	株洲县向阳北路1号	0731－27688299 27688250	
			豪华单间	6	6	220	128	中会议室	1	1	30	680	400			
			标准单人间	5	5	180	108									
			标准双人间	26	26	180	108	小会议室	1	1	15	480	280			
			标准三人间	5	5	220	128									
株洲县思源大酒店有限责任公司	株洲县思源大酒店有限责任公司		豪华套间	2	2	1260	600	中会议室	1	1	100	2000	1200	株洲县渌口镇漉浦东路	0731－27299999	
			标准套间	12	12	396	228									
			豪华单间	18	18	376	208									
			标准单人间	27	27	356	168									
			标准双人间	18	18	376	188									
东风大酒店	醴陵东风大酒店		豪华套间	12	12	1459	600	大会议室	1	1	350	7000	4000	湖南省醴陵市滨河路新街口55号	0731－23211111	
			豪华单间	12	12	909	280	中会议室	2	2	80	3000	1600			
			标准单人间	21	21	509	190									
			标准双人间	42	42	509	190	小会议室	1	1	30	2000	1000			
攸县东风大酒店	攸县东风投资有限公司东风大酒店	3	豪华套间	3	3	999	529	大会议室	1	1	300	2500	1500	攸县城关镇中心大道中心汽车站旁	0731－24319168	
			标准套间	8	8	529	280									
			豪华单间	20	20	359	229	中会议室	1	1	90	1000	600			
			标准单人间	20	20	259	160									
			标准双人间	115	115	259	160	小会议室	1	1	15	500	300			
海悦国际大酒店	攸县海悦国际有限责任公司	3	豪华套间	3	3	628	502	大会议室	2	2	300	5680	3400	攸县城关镇文化路35号	0731－24216888	
			标准套间	6	6	388	280									
			豪华单间	10	10	328	260	中会议室	1	1	100	1400	800			
			标准单人间	6	6	228	180									
			标准双人间	86	86	258	190	小会议室	2	2	30	1000	500			
攸县坤龙大酒店	攸县坤龙大酒店	3	豪华套间	27	27	558	328	大会议室	1	1	500	2500	1500	攸县中心大道	0731－24326666	
			标准套间	9	9	458	268									
			豪华单间	6	6	518	258	中会议室	1	1	110	1700	1000			
			标准单人间	25	25	368	188									
			标准双人间	90	90	388	190	小会议室	1	1	40	1000	600			

宾馆名称	发票开具单位名称	星级	客房（数量：间；价格：元/天）房型	总间数	协议间数	门市价	协议价	会议室（数量：间；价格：元/半天）类型	总间数	协议间数	容纳人数	门市价	协议价	地址	前台订房电话	备注
攸县西苑宾馆	攸县攸洲西苑宾馆	2	标准套间	5	5	388	268	大会议室	1	1	150	850	500	攸县城关镇攸衡北路2号	0731－24229399	
			标准单人间	6	6	228	148									
			标准双人间	37	37	228	148	小会议室	2	2	50	500	300			
攸县接待中心	攸县县委机关招待所		豪华套间	1	1	888	600	大会议室	1	1	260	3000	1800	攸县县委机关大院	0731－24215618	
			标准套间	2	2	388	280									
			豪华单间	4	4	288	188	中会议室	1	1	55	850	500			
			标准单人间	5	5	198	148									
			标准双人间	22	22	188	138	小会议室	1	1	30	350	200			
			标准三人间	2	2	218	168									
龙井大酒店	炎陵县龙井大酒店	3	标准套间	3	3	880	280	小会议室	1	1	50	1600	900	炎陵县解放路4号	0731－26239990	
			豪华单间	5	5	388	258									
			标准双人间	30	30	288	188									
			标准三人间	3	3	238	190									
鄗峰宾馆	炎陵县鄗峰宾馆	2	标准套间	5	5	728	280	大会议室	1	1	170	1700	1000	霞阳镇县府路3号	0731－26222494	
			豪华单间	3	3	480	280									
			标准单人间	9	9	288	190	中会议室	1	1	66	1350	800			
			标准双人间	77	77	238	190									
			标准三人间	10	10	198	168	小会议室	2	2	40	400	200			
大华宾馆	炎陵县大华宾馆	2	豪华套间	1	1	368	268	中会议室	1	1	60	900	500	霞阳镇坎坪路2号	0731－26228888	
			豪华单间	1	1	218	168									
			标准单人间	3	3	238	128									
			标准双人间	4	4	368	168									
				16	16	208	100									
				4	4	248	138									
			标准三人间	3	3	248	128									
湘潭市																
湖南华宇国际大酒店	湖南华宇国际大酒店股份有限公司	4	豪华套间	16	16	1988	600	大会议室	1	1	800	20000	12000	湘潭市建设南路68号	0731－52888888	
			标准套间	40	40	898	280									
			豪华单间	52	52	808	280	中会议室	2	2	150	3000	1800			
			标准双人间	80	80	778	190	小会议室	5	5	30	2000	1200			
				28	28	668	190									

宾馆名称	发票开具单位名称	星级	客房（数量：间；价格：元/天）					会议室（数量：间；价格：元/半天）						地址	前台订房电话	备注
			房型	总间数	协议间数	门市价	协议价	类型	总间数	协议间数	容纳人数	门市价	协议价			
湘潭华都国际大酒店	湘潭华都国际大酒店有限公司	4	豪华套间	1	1	1388	600	大会议室	1	1	300	6000	3600	湖南省湘潭市建设南路328号	0731－58558888	
			标准套间	1	1	688	278									
			豪华单间	78	78	568	238	中会议室	1	1	180	2000	1200			
			标准单人间	25	25	458	190									
			标准双人间	40	40	458	190	小会议室	5	5	50	1000	600			
湘潭市龙腾大酒店	湘潭市龙腾大酒店有限公司	3	豪华套间	3	3	1888	600	大会议室	1	1	280	1500	900	湘潭市建设北路260号	0731－58259999	
			标准套间	3	3	300	280									
			豪华单间	6	6	288	238	中会议室	1	1	70	800	480			
			标准单人间	5	5	258	168									
			标准双人间	43	43	268	168	小会议室	1	1	30	300	180			
			标准三人间	8	8	288	178									
湘潭市金鑫大酒店	湘潭市金鑫大酒店有限公司	2	豪华套间	19	19	148	110	大会议室	1	1	150	1000	600	湘潭市解放北路20号	0731－58287308	
			标准套间	21	21	108	88									
			豪华单间	10	10	138	110									
			标准单人间	20	20	108	88	小会议室	1	1	45	500	300			
			标准双人间	20	20	98	80									
			标准三人间	3	3	148	120									
湘潭大润华酒店	湘潭大润华酒店投资管理有限公司	2	豪华套间	6	6	238	168	大会议室	1	1	120	1200	720	湘潭市汽车站	0731－52865988	
			豪华单间	14	14	178	138									
			标准单人间	8	8	168	128									
			标准双人间	34	34	168	128	小会议室	1	1	30	600	360			
			标准三人间	4	4	188	148									
湘潭鑫田国际大酒店	湘潭鑫田国际大酒店		豪华套间	2	2	1380	538	大会议室	3	3	800	8800	4200	湘潭县天易大道1号	0731－55559999	
			标准套间	2	2	1580	280									
			豪华单间	40	40	688	258	中会议室	8	8	300	4800	2200			
			标准单人间	12	12	488	190									
			标准双人间	72	72	488	190	小会议室	2	2	30	3000	1500			

宾馆名称	发票开具单位名称	星级	客房（数量：间；价格：元/天）					会议室（数量：间；价格：元/半天）						地址	前台订房电话	备注
			房型	总间数	协议间数	门市价	协议价	类型	总间数	协议间数	容纳人数	门市价	协议价			
裕丰大酒店	裕丰大酒店		豪华套间	5	5	468	388	大会议室	1	1	500	4000	2400	湘潭县凤凰路88号	0731－57799999	
			标准套间	17	17	368	268									
			豪华单间	18	18	318	268	中会议室	2	2	300	600	360			
			标准单人间	25	25	218	168									
			标准双人间	69	69	198	168									
湘乡宾馆	湖南东方天隆投资置业有限公司湘乡宾馆	4	豪华套间	13	13	898	588	大会议室	1	1	400	1980	1188	湖南省湘乡市东风路20号	0731－56901888	
			标准套间	12	12	588	280									
			豪华单间	18	18	588	280	中会议室	1	1	65	1080	648			
			标准单人间	19	19	488	190									
			标准双人间	38	38	488	190	小会议室	1	1	30	780	468			
湘乡市华泰大酒店	湘乡华泰大酒店	3	豪华套间	15	15	688	398	大会议室	1	1	350	2680	1580	湖南省湘乡市汽车站广场	0731－56792583	
			豪华单间	27	27	378	190	中会议室	1	1	60	1480	880			
			标准单人间	21	21	368	190									
			标准双人间	81	81	368	190	小会议室	1	1	30	680	400			
			标准三人间	1	1	368	190									
汇晨韶湖度假酒店	湖南省汇晨投资有限公司	5	豪华套间	8	8	1498	600	大会议室	2	2	240	4000	1888	湖南省湘乡市棋梓桥镇	0731－56908888	
			标准套间	40	40	968	280									
			豪华单间	14	14	968	280	中会议室	6	6	180	3000	1188			
			标准单人间	160	160	618	190									
			标准双人间	160	160	618	190	小会议室	4	4	90	1200	540			
			标准三人间	1	1	618	190									
韶山宾馆	韶山宾馆		豪华套间	10	10	1280	600	大会议室	1	1	200	1800	1000	韶山冲故园路16号	0731－55685127	
			豪华单间	16	16	498	280	小会议室	1	1	60	2800	1500			
			标准单人间	6	6	368	190		2	2	20	1400	800			
			标准双人间	100	100	380	190		3	3	20	800	480			
									1	1	40	1200	700			

宾馆名称	发票开具单位名称	星级	客房（数量：间；价格：元/天）					会议室（数量：间；价格：元/半天）						地址	前台订房电话	备注
			房型	总间数	协议间数	门市价	协议价	类型	总间数	协议间数	容纳人数	门市价	协议价			
华龙山庄	韶山华龙山庄酒店有限公司	5	豪华套间	12	12	1588	598	大会议室	1	1	490	5000	1600	韶山市南环路青狮塘	0731－55651111	
			豪华单间	29	29	658	280	中会议室	3	3	120	2400	1380			
			标准单人间	6	6	598	190									
			标准双人间	94	94	598	190	小会议室	1	1	30	1200	300			
韶山德盛宾馆有限责任公司	韶山德盛宾馆有限责任公司	4	豪华套间	2	2	1288	600	大会议室	1	1	320	5000	3000	韶山市车站路1号	0731－55680088	
				3	3	988	480		1	1	180	4000	2400			
			豪华单间	116	116	698	260	中会议室	1	1	45	2800	1680			
									1	1	40	1800	1000			
				36	36	588	280		1	1	30	1800	1000			
			标准双人间	52	52	588	190	小会议室	1	1	30	800	400			
									3	3	18	800	480			
衡阳市																
衡阳市雁城宾馆	衡阳市雁城宾馆	4	豪华套间	15	15	1200	600	大会议室	1	1	340	5000	2600	衡阳市解放大道91号	0734－8211288－1808	
			标准套间	3	3	698	280									
			豪华单间	120	120	598	280	中会议室	1	1	110	2680	1400			
			标准单人间	6	6	378	185									
			标准双人间	66	66	378	185	小会议室	8	8	40	1340	800			
湖南四海神龙实业集团有限公司神龙大酒店	湖南四海神龙实业集团有限公司神龙大酒店	4	豪华套间	10	10	1048	398	大会议室	1	1	450	4800	2800	衡阳市蒸湘北路3号	0734－8988888	
			豪华单间	27	27	648	238	中会议室	2	2	200	1800	1000			
			标准双人间	35	35	588	190	小会议室	2	2	20	900	500			
衡阳市华天大酒店	衡阳市御都华天国际大酒店	4	豪华套间	30	30	1288	588	大会议室	1	1	300	7000	4200	衡阳市解放路55号	0734－8188888	
			标准套间	45	45	688	280									
			豪华单间	35	35	588	280	中会议室	2	2	150	1500	900			
			标准单人间	32	32	388	188									
			标准双人间	32	32	388	188	小会议室	1	1	100	1200	720			
			标准三人间	8	8	428	188		1	1	30	500	300			

宾馆名称	发票开具单位名称	星级	客房（数量：间；价格：元/天）					会议室（数量：间；价格：元/半天）						地址	前台订房电话	备注
			房型	总间数	协议间数	门市价	协议价	类型	总间数	协议间数	容纳人数	门市价	协议价			
衡阳市枫树林宾馆有限公司	衡阳市枫树林宾馆有限公司	2	豪华套间	3	3	588	238	大会议室	1	1	300	2800	1500	衡阳市莲湖路12号	0734－2883666	
			标准套间	27	27	398	198									
			豪华单间	3	3	388	168	中会议室	1	1	150	1500	800			
			标准单人间	4	4	328	158									
			标准双人间	24	24	368	158	小会议室	1	1	50	1000	500			
			标准三人间	5	5	328	188									
衡阳市南岳电信宾馆	衡阳市南岳电信宾馆	3	豪华套间	7	7	1188	488	大会议室	1	1	300	3000	1500	衡阳市南岳祝融路173号	0734－5678126	
			豪华单间	7	7	438	168									
			标准双人间	12	12	498	188	中会议室	1	1	100	1500	800			
				24	24	478	188									
				55	55	438	168	小会议室	4	4	30	800	400			
			标准三人间	12	12	488	188									
佳旺大酒店	衡南县佳旺大酒店		标准双人间	45	45	158	108	小会议室	1	1	100	400	240	衡南县云集镇新塘路	0734－8554999	
壹龍大酒店	衡南县壹龍大酒店		豪华套间	6	6	488	398	大会议室	1	1	200	900	500	衡南县云集镇新塘路	0734－8551188 8551419	
			豪华单间	4	4	218	150	中会议室	1	1	100	1000	600			
			标准双人间	56	56	170	118	小会议室	1	1	30	450	250			
神龙·蒸阳大酒店	神龙·蒸阳大酒店		豪华套间	5	5	668	388	大会议室	1	1	300	2000	1200	衡阳县西渡镇新正街61号	0734－6888888	
			标准套间	4	4	488	218									
			豪华单间	6	6	458	218	中会议室	1	1	100	1400	800			
			标准单人间	15	15	398	190									
			标准双人间	72	72	398	190	小会议室	1	1	30	700	400			
东方宾馆	东方旅游实业有限公司		豪华套间	1	1	1188	500	大会议室	1	1	400	1700	1000	衡阳县西渡镇蒸阳大道	0734－6816969	
			标准套间	4	4	628	228									
			标准单人间	5	5	368	128	小会议室	1	1	100	580	300			
			标准双人间	60	60	298	128									

宾馆名称	发票开具单位名称	星级	客房（数量：间；价格：元/天）					会议室（数量：间；价格：元/半天）						地址	前台订房电话	备注
			房型	总间数	协议间数	门市价	协议价	类型	总间数	协议间数	容纳人数	门市价	协议价			
供大宾馆	供大宾馆		豪华套间	3	3	380	288	大会议室	1	1	100	1500	780	衡阳县西渡镇新正街22号	0734－6813389	
			标准套间	3	3	268	168									
			豪华单间	4	4	268	168	中会议室	1	1	40	1200	650			
			标准双人间	65	65	180	138	小会议室	1	1	20	760	450			
衡山宾馆	湖南衡山宾馆有限责任公司	2	豪华套间	2	2	1908	580	中会议室	3	3	40	600	360	开云镇人民东路60号	0734－5889888	
			标准套间	2	2	1208	280									
			豪华单间	22	22	388	280									
			标准单人间	6	6	248	188									
			标准双人间	59	59	298	188									
			标准三人间	2	2	298	188									
衡东宾馆	衡东宾馆	2	豪华套间	6	6	698	360	大会议室	1	1	300	1680	1000	东正街路16号	0734－5231079	
				4	4	698	350									
			豪华单间	3	3	498	260	中会议室	1	1	160	1480	600			
			标准双人间	64	64	198	130	小会议室	1	1	40	1380	300			
				32	32	160	110		1	1	70	1280	200			
				20	20	248	150									
恒瑞国际大酒店	恒瑞国际大酒店		豪华套间	2	2	818	346	大会议室	1	1	280	2500	1200	创大西路	0734－2862888	
				16	16	788										
			标准套间	6	6	718	310	中会议室	1	1	120	2000	800			
				8	8	618	260									
			标准单人间	8	8	518	190	小会议室	1	1	20	800	300			
				19	19	488										
				23	23	458			1	1	20	800	300			
			标准双人间	13	13	518	190									
				24	24	488			1	1	12	800	300			
				48	48	458										
衡东县苗圃武家山休闲农庄	衡东县武家山森林公园综合开发有限公司		豪华套间	8	8	778	350	大会议室	1	1	900	15000	3000	武家山	0734－5214999	
				4	4	738	330	中会议室	1	1	280	10000	600			
			标准双人间	67	67	698	190	小会议室	1	1	25	2800	400			
				49	49	338	160		1	1	20	1500	300			

宾馆名称	发票开具单位名称	星级	客房（数量：间；价格：元/天）					会议室（数量：间；价格：元/半天）						地址	前台订房电话	备注
			房型	总间数	协议间数	门市价	协议价	类型	总间数	协议间数	容纳人数	门市价	协议价			
民鑫大酒店	国民大酒店有限公司民鑫大酒店	2	豪华套间	8	8	418	300	大会议室	1	1	300	1000	600	祁东县洪桥镇迎宾路73号	0734－6318666 6319999	
			标准套间	8	8	368	280									
			豪华单间	8	8	318	158	中会议室	1	1	60	500	300			
			标准单人间	2	2	268	138									
			标准双人间	61	61	268	128	小会议室	2	2	30	500	300			
			标准三人间	9	9	188	88									
玉合大酒店	玉合大酒店	3	豪华套间	8	8	628	328	大会议室	1	1	300	1500	800	祁东县祁丰开发区县政府广场前	0734－6268888 6277999	
			豪华单间	31	31	288	128									
			标准双人间	4	4	298	158	小会议室	1	1	30	800	400			
				33	33	298	138									
湘江大酒店	衡阳市祁东湘江大酒店有限公司	3	豪华套间	8	8	888	358	中会议室	1	1	100	1500	688	祁东县祁丰新区永安路	0734－6386588 6386688	
			标准套间	9	9	588	258									
			豪华单间	8	8	428	238									
			标准单人间	24	24	328	188									
			标准双人间	46	46	288	188	小会议室	1	1	30	700	288			
				21	21	288	168									
神洲明珠大酒店	神洲明珠大酒店	4	豪华套间	5	5	1689	600	大会议室	1	1	100	1800	1000	耒阳市神农路499号	0734－4399999	
			标准套间	4	4	589	280									
			豪华单间	6	6	589	280	中会议室	1	1	80	1000	600			
			标准单人间	15	15	369	190									
			标准双人间	73	73	369	190	小会议室	1	1	16	600	200			
			标准三人间	16	16	369	190									
新都康年大酒店	新都康年大酒店	4	豪华套间	7	7	758	378	大会议室	1	1	300	4000	2400	耒阳市蔡伦中路299号	0734－2871889	
			标准套间	4	4	668	280									
			豪华单间	4	4	668	280									
			标准单人间	67	67	448	188									
			标准双人间	78	78	448	188	中会议室	1	1	100	800	480			
			标准三人间	3	3	448	190									

宾馆名称	发票开具单位名称	星级	客房（数量：间；价格：元/天）					会议室（数量：间；价格：元/半天）						地址	前台订房电话	备注
			房型	总间数	协议间数	门市价	协议价	类型	总间数	协议间数	容纳人数	门市价	协议价			
新华大酒店	新华大酒店	3	豪华套间	3	3	438	300	大会议室	1	1	150	1800	1000	耒阳市五一东路88号	0734－4349999	
			标准套间	4	4	368	168									
			豪华单间	4	4	268	168	中会议室	1	1	45	1200	700			
			标准单人间	15	15	258	168									
			标准双人间	78	78	238	168	小会议室	1	1	20	800	260			
			标准三人间	5	5	288	190									
蔡伦国际大酒店	蔡伦国际大酒店	3	豪华套间	5	5	698	300	大会议室	1	1	300	2000	1000	耒阳市金华北路	0734－4354888	
			标准套间	22	22	366	258									
			豪华单间	7	7	328	168	中会议室	1	1	100	1400	700			
			标准单人间	10	10	268	168									
			标准双人间	80	80	268	168	小会议室	1	1	50	500	260			
			标准三人间	12	12	268	178									
常宁市印山国际大酒店	常宁市印山国际大酒店有限公司		豪华套间	4	4	888	398	大会议室	1	1	300	1800	1000	常宁市青阳南路一号	0734－7265888	
			标准单人间	7	7	228	138									
			标准双人间	75	75	268	148	小会议室	1	1	150	800	500			
青阳大酒店	常宁市青阳大酒店有限责任公司		豪华套间	14	14	468	280	大会议室	1	1	300	1200	600	常宁市青阳大酒店东正	0734－7653333 7682222 7727777	
			标准单人间	27	27	238	148	中会议室	1	1	150	1000	300			
			标准双人间	90	90	268	148									
常宁和一宾馆	常宁市和一宾馆有限公司		豪华套间	3	3	398	258	大会议室	1	1	300	1200	600	常宁市解放南路63号	0734－2866111	
			豪华单间	2	2	198	148	中会议室	1	1	200	1000	300			
			标准单人间	8	8	168	138									
			标准双人间	4	4	368	148	小会议室	1	1	180	600	200			
				51	51	188	138									
郴州市																
竹园宾馆	郴州竹园华天酒店管理有限公司		豪华套间	10	10	1188	580	大会议室	1	1	300	3680	2000	郴州苏仙北路18号	0735－2876199	
			标准套间	6	6	698	280									
			豪华单间	3	3	888	280	中会议室	1	1	150	2100	1200			
			标准单人间	4	4	468	190									
			标准双人间	114	114	468	190	小会议室	2	2	25	800	400			

宾馆名称	发票开具单位名称	星级	客房（数量：间；价格：元/天）					会议室（数量：间；价格：元/半天）						地址	前台订房电话	备注
			房型	总间数	协议间数	门市价	协议价	类型	总间数	协议间数	容纳人数	门市价	协议价			
五连冠酒店	郴州五连冠酒店有限公司	3	豪华套间	3	3	998	390	大会议室	1	1	200	3200	1600	郴州市人民西路12号	0735－2230226	
			标准套间	7	7	698	230									
			豪华单间	48	48	368	160	小会议室	3	3	30	800	400			
			标准单人间	9	9	308	160									
			标准双人间	107	107	338	160									
郴州国际大酒店	湖南郴州建设工程集团有限公司国际大酒店	4	豪华套间	8	8	1680	590	大会议室	2	2	300	6800	2600	湖南省郴州市人民西路17号	0735－2320042	
			豪华单间	15	15	768	280	中会议室	2	2	150	3000	1200			
			标准单人间	16	16	518	190									
			标准双人间	113	113	518	190	小会议室	7	7	30	900	500			
苏仙宾馆	郴州得月酒店管理有限公司苏仙宾馆	3	豪华套间	1	1	999	450	大会议室	1	1	200	3000	1500	郴州市苏仙南路38号	0735－2852886 2852668	
			标准套间	2	2	888	280									
			豪华单间	13	13	398	200	中会议室	1	1	100	1600	800			
			标准双人间	59	59	328	168	小会议室	2	2	30	1000	500			
			标准三人间	2	2	398	190									
郴州宾馆有限公司	郴州宾馆有限公司	3	豪华套间	1	1	1178	568	大会议室	1	1	300	1500	900	郴州市人民东路7号	0735－2361388	
			标准套间	1	1	718	280									
			豪华单间	7	7	378	180	中会议室	2	2	150	700	400			
			标准单人间	4	4	338	170									
			标准双人间	117	117	420	180									
璟江花园大酒店	璟江花园大酒店		豪华套间	1	1	668	368	中会议室	1	1	100	1200	600	资兴市阳安中路	0735－3229158	
			标准套间	8	8	448	248									
			豪华单间	12	12	448	168									
			标准单人间	20	20	288	120									
			标准双人间	35	35	288	120									
			标准三人间	2	2	328	148									

宾馆名称	发票开具单位名称	星级	客房（数量：间；价格：元/天）					会议室（数量：间；价格：元/半天）						地址	前台订房电话	备注
			房型	总间数	协议间数	门市价	协议价	类型	总间数	协议间数	容纳人数	门市价	协议价			
资兴宾馆	资兴宾馆	3	豪华套间	5	5	1000	500	大会议室	1	1	270	1200	600	资兴市晋宁路87号	0735－3322591 3330102	
			标准套间	6	6	880	280									
			豪华单间	10	10	580	280	中会议室	4	4	50	500	300			
			标准双人间	93	93	380	160	小会议室	2	2	30	400	200			
			标准三人间	109	109	380	180									
桂阳县新东方大酒店有限公司	桂阳县新东方大酒店有限公司	3	豪华套间	4	4	1268	570	中会议室	1	1	60	1400	800	桂阳县迎宾路83号	0735－4498918 4498888	
			豪华单间	11	11	508	280									
			标准双人间	45	45	368	190	小会议室	2	2	20	700	400			
金都大酒店	桂阳县金都大酒店有限责任公司	3	豪华套间	3	3	428	280	大会议室	1	1	150	800	400	桂阳县城关镇向阳路30号	0735－4498788 4498789 4499038	
			标准套间	7	7	408	260									
			豪华单间	6	6	248	140									
			标准单人间	8	8	238	120	中会议室	1	1	50	700	400			
			标准双人间	18	18	238	120									
			标准三人间	12	12	238	120									
宜章大酒店	宜章大酒店	4	豪华套间	1	1	1088	428	大会议室	1	1	150	1600	900	宜章城关南京洞开发区南京路5号	0735－3760888	
			标准套间	6	6	1080	280									
			豪华单间	6	6	640	260	中会议室	1	1	60	1000	600			
			标准单人间	6	6	480	168									
			标准双人间	70	70	440	168	小会议室	2	2	20	800	480			
君泰大酒店	君泰大酒店		豪华套间	4	4	888	446	大会议室	1	1	150	2200	1250	宜章城关镇宜兴路	0735－3760999	
			标准套间	13	13	568	280									
			豪华单间	16	16	418	210	中会议室	2	2	60	1200	600			
			标准双人间	40	40	418	190	小会议室	2	2	20	900	400			
山水银都度假村	永兴山水银都度假村有限公司	3	豪华套间	6	6	1580	598	大会议室	1	1	150	2880	980	永兴县城关镇水南村塞上组	0735－5569999 5569987	
			豪华单间	6	6	568	228	中会议室	1	1	60	1680	680			
			标准单人间	2	2	528	188									
			标准双人间	12	12	628	190	小会议室	1	1	20	1280	480			
				33	33	508	188									

宾馆名称	发票开具单位名称	星级	客房（数量：间；价格：元/天）房型	总间数	协议间数	门市价	协议价	会议室（数量：间；价格：元/半天）类型	总间数	协议间数	容纳人数	门市价	协议价	地址	前台订房电话	备注
银都大酒店	郴州永兴银都大酒店有限公司	3	豪华套间	2	2	1228	482	大会议室	1	1	150	1800	800	永兴县三胞经济技术开发区	0735－5535888	
			标准套间	3	3	436	198									
			豪华单间	5	5	336	150	中会议室	1	1	60	1000	600			
			标准单人间	8	8	300	135									
			标准双人间	26	26	300	135	小会议室	1	1	20	800	400			
			标准三人间	3	3	256	118									
永兴宾馆	永兴宾馆		豪华套间	2	2	1088	480	大会议室	2	2	150	1280	680	永兴县城关镇沿江北路127号	0735－5566661	
			豪华单间	6	6	288	140	中会议室	1	1	60	1280	680			
			标准双人间	74	74	238	100	小会议室	1	1	20	600	300			
天禧大酒店	嘉禾县天禧大酒店	3	豪华套间	4	4	498	288	大会议室	1	1	500	1800	1000	嘉禾县城晋屏北路98号	0735－6893822	
			豪华单间	59	59	288	178									
			标准单人间	13	13	238	150	小会议室	1	1	50	500	300			
			标准双人间	23	23	238	150									
嘉禾宾馆	嘉禾宾馆客服部、餐厅部		豪华套间	2	2	888	298	中会议室	1	1	250	600	300	嘉禾县金田路县委大院内	0735－6622416 6632898	
			标准套间	1	1	688	248									
			豪华单间	9	9	298	136									
			标准单人间	1	1	298	136	小会议室	1	1	50	600	350			
			标准双人间	23	23	298	136									
			标准三人间	3	3	298	136									
临武县招待所（迎宾馆）	临武县招待所		豪华套间	2	2	688	200	大会议室	1	1	280	688	400	临武县韩山路39号	0735－6336998 6338708 6338990	
			标准套间	3	3	488	150									
			豪华单间	30	30	268	148									
			标准单人间	3	3	248	128	中会议室	1	1	100	588	300			
			标准双人间	40	40	208	80									
			标准三人间	18	18	288	120									
郴州市福泉度假有限公司	郴州市福泉度假有限公司		豪华套间	2	2	880	380	大会议室	1	1	200	2800	1200	汝城县热水镇	0735－8471070	
			豪华单间	4	4	480	200	中会议室	1	1	60	1500	800			
			标准双人间	44	44	480	190									
				32	32	360	140	小会议室	1	1	25	680	400			

宾馆名称	发票开具单位名称	星级	客房（数量：间；价格：元/天）					会议室（数量：间；价格：元/半天）						地址	前台订房电话	备注
			房型	总间数	协议间数	门市价	协议价	类型	总间数	协议间数	容纳人数	门市价	协议价			
汝城县庐阳宾馆	汝城县庐阳宾馆		标准套间	4	4	468	150	大会议室	1	1	100	500	200	汝城县东正街9号	0735－8231148	
			标准单人间	4	4	228	100	中会议室	1	1	50	400	200			
			标准双人间	26	26	228	100									
			标准三人间	3	3	198	80	小会议室	1	1	25	300	200			
联达大酒店	桂东县联达实业有限公司	3	豪华套间	2	2	1026	445	大会议室	1	1	200	2000	1000	桂东县维夏路15号	0735－8666666	
			标准套间	29	29	326	140									
			豪华单间	24	24	468	240									
			标准单人间	11	11	326	140	小会议室	1	1	30	500	300			
			标准双人间	12	12	288	128									
			标准三人间	3	3	286	188									
桂东宾馆	桂东县人民政府招待所	3	豪华套间	2	2	688	488	大会议室	1	1	200	688	400	桂东县城关镇维夏路10号	0735－8625038	
			标准套间	3	3	428	278									
			豪华单间	2	2	388	198	中会议室	1	1	60	470	280			
			标准双人间	35	35	288	158	小会议室	1	1	30	288	150			
			标准三人间	3	3	368	188									
桂东天湖大酒店	桂东天湖大酒店		标准套间	4	4	268	200	中会议室	1	1	100	400	224	桂东县城关镇迎宾路一号	0735－8627698	
			标准单人间	4	4	148	80									
			标准双人间	30	30	148	80	小会议室	1	1	30	200	100			
			标准三人间	3	3	188	108									
永乐大酒店	安仁县永乐大酒店	3	豪华套间	2	2	368	300	中会议室	1	1	60	900	400	安仁县五一南路	0735－5228788	
			标准套间	4	4	268	200									
			标准单人间	3	3	158	130									
			标准双人间	40	40	168	130									
			标准三人间	4	4	178	140									
和美国际酒店	和美国际酒店	3	豪华套间	4	2	588	488	大会议室	1	1	100	800	400	安仁县五一南路	0735－5218888	
			标准套间	6	4	388	280									
			豪华单间	9	9	308	268									
			标准单人间	6	4	288	190									
			标准双人间	40	40	288	190									

宾馆名称	发票开具单位名称	星级	客房（数量：间；价格：元/天）					会议室（数量：间；价格：元/半天）						地址	前台订房电话	备注
			房型	总间数	协议间数	门市价	协议价	类型	总间数	协议间数	容纳人数	门市价	协议价			
永州市																
永州市华丰华天大酒店	永州市金源国际大酒店有限公司		标准单人间	20	20	498	160	大会议室	1	1	280	4000	2000	永州市翠竹路139号民政局	0746－8378888	
								中会议室	1	1	150	1800	900			
			标准双人间	50	50	468	160	小会议室	2	2	50	1200	600			
永州万喜登酒店	永州市万喜登酒店有限公司		标准单人间	38	38	398	160	大会议室	1	1	210	6000	2600	永州市冷水滩区零陵中路399号	0746－8688111	
								中会议室	1	1	120	5000	2300			
			标准双人间	54	54	398	160	小会议室	2	2	45	1500	500			
永州国际酒店有限责任公司	永州国际酒店有限责任公司		标准套间	24	24	559	140	大会议室	1	1	240	2800	880	永州市冷水滩区凤凰园中心花坛	0746－8222222 8222062	
			豪华单间	6	6	379	140									
			标准单人间	13	13	359	120	中会议室	1	1	134	1680	500			
			标准双人间	30	30	379	120	小会议室	1	1	30	1680	400			
永州市潇湘威尼斯国际大酒店	永州市云湖实业有限公司潇湘威尼斯国际大酒店		标准单人间	3	3	468	160	大会议室	1	1	215	2000	1000	永州市冷水滩区湘永路32号	0746－8336666	
			标准双人间	31	31	468	160	小会议室	1	1	45	1000	500			
永州市海天大酒店有限公司	永州市海天大酒店有限公司		标准单人间	6	6	188	110	大会议室	1	1	256	1500	600	永州市冷水滩区育才路	0746－8356888	
			标准双人间	66	66	288	110	中会议室	2	2	110	800	360			
				29	29	188	110	小会议室	2	2	55	600	260			
长城酒店有限公司	长城酒店有限公司		豪华套间	3	3	936	388	大会议室	1	1	205	1380	660	永州市冷水滩区湘永路156号	0746－8357000	
			标准双人间	32	32	396	130	中会议室	1	1	135	760	360			
				30	30	396	130									
				23	23	336	130									
			标准单人间	11	11	336	150	小会议室	1	1	40	560	260			
永州柳子大酒店有限责任公司	永州柳子大酒店有限责任公司		标准单人间	5	5	218	110	大会议室	1	1	295	3000	1500	永州市零陵区潇水中路113号	0746－6245988	
			标准双人间	110	110	145	140	中会议室	1	1	155	1000	500			
			标准三人间	20	20	160	150	小会议室	1	1	55	600	300			

宾馆名称	发票开具单位名称	星级	客房（数量：间；价格：元/天）					会议室（数量：间；价格：元/半天）						地址	前台订房电话	备注
			房型	总间数	协议间数	门市价	协议价	类型	总间数	协议间数	容纳人数	门市价	协议价			
永州市红太阳大酒店有限公司	永州市红太阳大酒店有限公司	4	豪华单间	50	50	688	268	大会议室	1	1	300	6000	1250	永州市零陵区南津中路一号	0746－6688888－8081/8088	
								中会议室	1	1	150	3000	600			
			标准双人间	60	60	498	170	中会议室	1	1	125	2000	400			
								小会议室	1	1	50	1500	260			
绿都大酒店	双牌县绿都娱乐有限公司		豪华套间	2	2	158	95	中会议室	1	1	135	180	100	双牌县阳明路58号	0746－7721370	
			标准套间	6	6	138	90									
			豪华单间	6	6	138	90									
			标准单人间	7	7	158	95									
			标准双人间	1	1	138	90									
天龙宾馆	双牌天龙旅游实业投资有限公司		豪华套间	2	2	668	480	大会议室	2	2	270	300	180	紫金北路1号	0746－7792999	
			标准套间	1	1	338	120									
			豪华单间	4	4	268	120									
			标准双人间	21	21	248	100									
			标准三人间	16	16	268	120									
阳光大酒店	双牌县阳光大酒店		豪华套间	2	2	268	120	中会议室	1	1	130	200	110	双牌县紫金中路26号	0746－7728111	
			标准套间	7	7	168	100									
			标准单人间	2	2	168	95									
			标准双人间	10	10	158	95									
			标准三人间	3	3	188	95									
祁阳县华信国际大酒店	祁阳县华信国际大酒店		豪华套间	3	3	1118	480	大会议室	1	1	260	2800	1400	祁阳县浯溪镇金盆路	0746－3258888	
			豪华单间	23	23	458	198									
			标准单人间	11	11	388	160									
			标准双人间	18	18	458	190	小会议室	1	1	45	1400	700			
				16	16	388	160									
湖南鑫利大酒店	湖南鑫利大酒店有限公司	3	豪华套间	20	20	818	468	大会议室	1	1	270	9800	4800	祁阳县浯溪镇中兴路8号	0746－3222222	
			豪华单间	33	33	448	218									
			标准双人间	100	100	448	190	中会议室	2	2	100	1200	800			
				6	6	278	168									
				8	8	278	168	小会议室	6	6	65	1000	600			

宾馆名称	发票开具单位名称	星级	客房（数量：间；价格：元/天）					会议室（数量：间；价格：元/半天）						地址	前台订房电话	备注
			房型	总间数	协议间数	门市价	协议价	类型	总间数	协议间数	容纳人数	门市价	协议价			
故乡缘贵宾楼	故乡缘贵宾楼		豪华套间	1	1	1080	488	小会议室	1	1	45	800	400	祁阳县复兴路（县行政中心机关食堂）	0746－3259099	
			标准套间	1	1	488	258									
			标准单人间	8	8	288	128									
			标准双人间	7	7	318	148									
道县广业大酒店	广业大酒店	3	豪华套间	4	4	588	300	大会议室	1	1	290	3600	2000	湖南省永州市道县潇水中路	0746－5223189	
								中会议室	1	1	135	1800	1000			
			标准双人间	85	85	268	140	小会议室	1	1	40	600	300			
琅东大酒店	道县琅东大酒店	3	豪华单间	38	38	468	230	大会议室	1	1	285	2200	1200	湖南省永州市道县道州北路中段	0746－5238888	
			标准双人间	36	36	268	160	小会议室	1	1	48	1000	600			
爱塞丽雅大酒店	永州爱塞丽雅大酒店有限公司	3	豪华套间	6	6	688	329	大会议室	1	1	275	2000	1200	江华县中心花园	0746－2331998 2339011	
			豪华单间	35	35	458	218	中会议室	1	1	132	1400	800			
			标准双人间	41	41	458	190	小会议室	1	1	43	1000	600			
				56	56	298	159									
江华维多利亚大酒店	永州维多利亚大酒店有限公司		豪华套间	4	4	298	258	中会议室	1	1	135	1500	900	江华县沱江镇萌渚路43号	0746－2333999 2333933	
			标准套间	17	17	278	230									
			豪华单间	5	5	278	230									
			标准单人间	4	4	218	158									
			标准双人间	40	40	198	148									
鼎丰大酒店	新田鼎丰置业开发有限公司		豪华套间	4	4	688	480	大会议室	1	1	285	900	500	湖南省新田县龙泉镇商业路18号	0746－4726888	
			豪华单间	43	43	398	230									
			标准单人间	9	9	268	150									
			标准双人间	14	14	268	150	小会议室	1	1	48	500	300			
			标准三人间	2	2	288	150									
鸿旺大酒店	新田县鸿旺大酒店		豪华套间	5	5	110	90	小会议室	1	1	50	300	170	新田县新华东路县武装部内	0746－4977111	
			豪华单间	7	7	80	68									
			标准单人间	5	5	70	58									
			标准双人间	4	4	80	68									
			标准三人间	1	1	80	68									

宾馆名称	发票开具单位名称	星级	客房（数量：间；价格：元/天）					会议室（数量：间；价格：元/半天）						地址	前台订房电话	备注
			房型	总间数	协议间数	门市价	协议价	类型	总间数	协议间数	容纳人数	门市价	协议价			
富煌大酒店	富煌大酒店		豪华套间	4	7	268	230	中会议室	1	1	135	440	240	蓝山县塔峰镇湘粤路165号	0746－2218888	
			标准套间	7	7	258	220									
			豪华单间	6	6	188	158									
			标准双人间	33	33	178	138	小会议室	1	1	45	300	150			
南海国际大酒店	蓝山县南海国际大酒店有限责任公司		豪华套间	9	9	788	448	大会议室	1	1	256	1500	900	蓝山县市政广场旁	0746－8808100 8808001 8808002	
			豪华单间	33	33	388	208	中会议室	2	2	135	400	240			
			标准单人间	17	17	298	158									
			标准双人间	65	65	328	160									
宁远县永舜假日酒店	永舜假日酒店	3	豪华套间	1	1	288	220	大会议室	1	1	275	800	460	宁远县舜陵镇泠江中路39号	0746－7233333	
			标准套间	15	15	198	168									
			豪华单间	15	15	168	150									
			标准单人间	4	4	158	138									
			标准双人间	52	52	158	138									
			标准三人间	3	3	198	168									
莲花大酒店	湖南宁远巍山实业有限责任公司	3	豪华套间	6	6	588	368	大会议室	1	1	278	2800	1600	宁远县泠江路88号	0746－7236666	
			豪华单间	14	14	238	158	中会议室	1	1	130	1600	940			
			标准单人间	10	10	198	138									
			标准双人间	46	46	198	138	小会议室	1	1	35	800	460			
宁远国际大酒店	宁远国际大酒店	3	豪华套间	5	5	618	360	大会议室	1	1	285	1200	700	宁远县舜陵镇泠江路138号	0746－7237333 7237666	
			标准单人间	2	2	398	150	中会议室	1	1	130	1000	600			
			标准双人间	72	72	328	150	小会议室	1	1	45	700	400			
			标准三人间	4	4	386	150									
香穗大酒店	江永县香穗大酒店	2	豪华套间	4	4	698	400	大会议室	1	1	275	600	350	江永永明中路212	0746－5751212	
			标准套间	8	8	308	168									
			豪华单间	6	6	258	148	中会议室	1	1	125	400	220			
			标准双人间	27	27	268	148	小会议室	1	1	40	400	220			
金龙湾宾馆	金龙湾宾馆		豪华套间	3	3	488	290	小会议室	1	1	50	200	110	永明中路103号	0746－5752333	
			标准套间	4	4	388	220									
			标准单人间	12	12	188	128									
			标准双人间	28	28	188	128									
			标准三人间	4	4	188	138									

宾馆名称	发票开具单位名称	星级	客房（数量：间；价格：元/天）					会议室（数量：间；价格：元/半天）						地址	前台订房电话	备注
			房型	总间数	协议间数	门市价	协议价	类型	总间数	协议间数	容纳人数	门市价	协议价			
江永县瑶家饭店	江永县瑶家饭店	2	豪华套间	1	1	688	358	中会议室	1	1	130	800	400	江永县永明东路386号	0746－5811777	
			标准套间	11	11	318	158									
			豪华单间	3	3	288	158									
			标准双人间	14	14	288	138									
江永大酒店	江永大酒店		豪华套间	2	2	240	200	中会议室	1	1	140	200	110	江永县永明北路	0746－5755999	
			标准套间	2	2	220	180									
			豪华单间	6	6	140	100									
			标准单人间	4	4	120	90									
			标准双人间	36	36	120	90									
			标准三人间	2	2	120	90									
紫苑和一生态酒店	东安县紫苑和一生态酒店有限公司	3	豪华套间	2	2	999	480	大会议室	1	1	260	1500	880	东安县经济开发区缤江路1号	0746－4211111－8881	
			豪华单间	7	7	259	228	中会议室	1	1	125	1000	600			
			标准单人间	14	14	199	160									
			标准双人间	42	42	199	160	小会议室	1	1	35	800	400			
东安县景源大酒店有限公司	景源大酒店有限公司		豪华单间	4	4	218	128	中会议室	1	1	140	600	300	白牙市镇舜皇路八角街88号	0746－4226968	
			标准单人间	4	4	168	118									
			标准双人间	20	20	138	98	小会议室	1	1	50	280	120			
邵阳市																
和一宝庆山庄	湖南和一宝庆山庄有限公司	4	豪华套间	1	1	1329	600	大会议室	1	1	160	5999	2500	邵阳市宝庆中路437号	13874258077	
			标准套间	6	6	1119	280									
			豪华单间	17	17	669	280	中会议室	2	2	80	4999	2480			
			标准单人间	7	7	489	190									
			标准双人间	100	100	489	190	小会议室	5	5	30	1000	600			
邵阳市魏源国际大酒店	邵阳市魏源国际大酒店有限公司		豪华套间	11	11	698	380	大会议室	1	1	150	3000	1800	邵阳市火车站魏源广场西侧	0739－5366666 5377777	
			豪华单间	29	29	568	249	中会议室	2	2	70	2000	1200			
			标准单人间	32	32	418	190									
			标准双人间	32	32	418	190	小会议室	2	2	30	1200	600			

宾馆名称	发票开具单位名称	星级	客房（数量：间；价格：元/天）					会议室（数量：间；价格：元/半天）						地址	前台订房电话	备注
			房型	总间数	协议间数	门市价	协议价	类型	总间数	协议间数	容纳人数	门市价	协议价			
城步大酒店	城步大酒店	3	豪华套间	3	3	368	280	大会议室	1	1	70	300	180	城步县人武部院内	0739－7362222 7363333	
			标准套间	38	38	168	140									
			标准单人间	3	3	168	140	小会议室	1	1	20	200	100			
凌云大饭店	武冈市凌云宾馆有限公司		豪华套间	5	5	428	280	大会议室	1	1	130	1880	1128	湖南武冈迎春亭（武冈师范旁）	0739－4288888	
			标准套间	8	8	368	200									
			豪华单间	9	9	228	190	中会议室	1	1	60	980	588			
			标准单人间	16	16	188	148									
			标准双人间	76	76	188	148	小会议室	1	1	40	680	408			
武冈市鑫源大酒店有限公司	武冈市鑫源大酒店有限公司	2	豪华套间	2	2	458	280	大会议室	1	1	100	680	402	乐洋西路	0739－4228888	
			标准套间	3	3	358	200									
			标准单人间	5	5	158	120	小会议室	1	1	30	380	228			
			标准双人间	71	71	198	120									
武冈正一大酒店	湖南省武冈市正一商贸有限责任公司		豪华套间	6	6	668	280	大会议室	1	1	150	1200	720	湖南武冈市武强路1号	0739－4256888	
			标准套间	4	4	598	200									
			豪华单间	7	7	568	190	中会议室	1	1	70	1000	600			
			标准单人间	22	22	398	148									
			标准双人间	68	68	398	148	小会议室	1	1	30	800	480			
新宁县新丹霞宾馆	新宁县新丹霞宾馆	3	豪华套间	2	2	588	289	大会议室	1	1	130	700	400	新宁县大兴路汽车西站	0739－4922888 4922666	
			标准套间	2	2	428	209									
			豪华单间	4	4	388	179	中会议室	1	1	60	400	200			
			标准单人间	9	9	188	109									
			标准双人间	68	68	188	109									
新宁大酒店	新宁大酒店		豪华单间	6	6	248	138	小会议室	1	1	40	300	120	新宁县金石镇解放路108号	0739－4836111	
			标准单人间	6	6	238	128									
			标准双人间	18	18	238	128									
新宁县崀泉宾馆	新宁县崀泉宾馆	3	豪华套间	5	5	888	388	大会议室	1	1	120	800	240	新宁县崀山镇	0739－4705888	
			标准套间	6	6	298	168									
			豪华单间	6	6	298	168									
			标准单人间	6	6	268	128	中会议室	2	2	50	400	120			
			标准双人间	40	40	268	128									
			标准三人间	10	10	308	138									

宾馆名称	发票开具单位名称	星级	客房（数量：间；价格：元/天）					会议室（数量：间；价格：元/半天）						地址	前台订房电话	备注
			房型	总间数	协议间数	门市价	协议价	类型	总间数	协议间数	容纳人数	门市价	协议价			
崀山宏基大酒店	湖南崀山宏基旅游发展有限公司	4	豪华单间	10	10	588	239	大会议室	1	1	180	8000	3600	新宁县春风路98号	0739－4928888－21	
			标准单人间	11	11	468	169	中会议室	1	1	80	3000	1800			
			标准双人间	75	75	468	169	小会议室	1	1	40	2200	1300			
新华宾馆	新华宾馆		豪华套间	4	4	488	260	大会议室	1	1	120	900	500	洞口县城	0739－7235888	
			豪华单间	6	6	188	138									
			标准双人间	72	72	168	118	小会议室	3	3	40	300	180			
洞口宾馆	洞口县洞口宾馆		豪华套间	3	3	658	478	大会议室	1	1	130	1000	600	洞口县城	0739－7238888	
			豪华单间	16	16	288	148	中会议室	1	1	50	588	348			
			标准双人间	108	108	288	148	小会议室	1	1	30	388	228			
邵阳县和怡源大酒店	邵阳县和怡源大酒店		豪华套间	5	5	428	328	中会议室	1	1	80	1400	800	邵阳县塘渡口镇振羽大道	0739－6816888 6816889	
			标准单人间	9	9	168	138									
				6	6	138	100									
			标准双人间	25	25	198	168									
				30	30	168	138									
邵阳县资汇宾馆	邵阳县资汇宾馆		豪华套间	2	2	888	400	中会议室	1	1	60	1080	500	邵阳县塘渡口镇油铺桥	0739－6834666	
			标准套间	2	2	558	250									
			豪华单间	3	3	288	180									
			标准双人间	12	12	180	120	小会议室	1	1	30	500	300			
				34	34	160	105									
			标准三人间	18	18	160	105									
天宏宾馆	天宏宾馆	3	豪华套间	8	8	428	328	大会议室	1	1	120	3000	1200	邵东县城荷花路1号	0739－2208888 2209888	
			标准套间	8	8	288	160									
			豪华单间	10	10	288	160	中会议室	1	1	60	2200	800			
			标准单人间	6	6	208	140									
			标准双人间	66	66	228	140									
金利华大酒店	金利华实业有限公司	4	豪华套间	5	5	688	368	大会议室	1	1	130	3000	1800	金龙大道	0739－2866666	
			标准套间	48	48	528	280									
			豪华单间	3	3	408	228	中会议室	1	1	60	2200	1300			
			标准单人间	7	7	388	188									
			标准双人间	84	84	388	188	小会议室	5	5	40	1000	600			

宾馆名称	发票开具单位名称	星级	客房（数量：间；价格：元/天）					会议室（数量：间；价格：元/半天）						地址	前台订房电话	备注
			房型	总间数	协议间数	门市价	协议价	类型	总间数	协议间数	容纳人数	门市价	协议价			
武兴宾馆	武兴宾馆	3	豪华套间	2	2	388	260	大会议室	1	1	100	900	480	新邵县酿溪镇	0739－3661258	
			标准套间	3	3	228	208									
			豪华单间	2	2	188	158	中会议室	1	1	60	380	180			
			标准单人间	3	3	198	158									
			标准双人间	16	16	188	130	小会议室	1	1	20	280	128			
			标准三人间	8	8	188	100									
宏天宾馆	宏天宾馆	3	豪华套间	2	2	388	298	大会议室	1	1	80	600	320	新邵县酿溪镇	0739－3600288	
			标准套间	2	2	258	208									
			豪华单间	6	6	188	158	中会议室	1	1	40	300	150			
			标准单人间	8	8	188	158									
			标准双人间	20	20	188	158	小会议室	1	1	30	200	100			
			标准三人间	6	6	198	168									
新邵宾馆	新邵宾馆	3	豪华套间	2	2	388	308	大会议室	1	1	120	700	380	新邵县酿溪镇	0739－3608487	
			标准套间	3	3	228	208									
			豪华单间	8	8	188	168	中会议室	1	1	60	400	200			
			标准单人间	8	8	188	168									
			标准双人间	24	24	188	168	小会议室	1	1	30	200	100			
			标准三人间	8	8	188	168									
恒丰假日酒店	隆回县恒丰实业有限公司	4	豪华套间	21	21	1288	528	大会议室	2	1	120	1800	1000	隆回县城桃花路	0739－8188888 8188005 8188777	
			标准单人间	29	29	338	190	中会议室	2	1	60	1600	960			
			标准双人间	116	116	338	190	小会议室	1	1	30	1000	600			
隆回县花瑶·印象概念休闲山庄	隆回县花瑶·印象概念休闲山庄	3	豪华套间	3	3	536	188	大会议室	1	1	100	1000	500	隆回县城西猫头岩	0739－8160888 8163008	
			标准套间	7	7	456	168									
			豪华单间	12	12	296	128	小会议室	1	1	30	500	260			
			标准单人间	21	21	216	100									
			标准双人间	23	23	256	108									

宾馆名称	发票开具单位名称	星级	客房（数量：间；价格：元/天）					会议室（数量：间；价格：元/半天）						地址	前台订房电话	备注
			房型	总间数	协议间数	门市价	协议价	类型	总间数	协议间数	容纳人数	门市价	协议价			
隆回县友谊宾馆	隆回县友谊宾馆	2	豪华单间	1	1	209	160	大会议室	1	1	100	1000	600	隆回县桃洪西路23号	0739－8240888 8241318 8240118	
			标准单人间	3	3	199	140									
			标准双人间	16	16	199	140	小会议室	2	2	30	350	200			
			标准三人间	3	3	219	155									
阳光大酒店	阳光酒店	3	豪华套间	2	2	498	288	大会议室	1	1	120	1680	1000	桃洪中路	0739－8185559 8185888	
			豪华单间	12	12	198	140	中会议室	1	1	50	600	360			
			标准双人间	8	8	228	158									
				32	32	198	140	小会议室	1	1	30	500	300			
				61	61	168	120									
林海大酒店	林海大酒店		豪华套间	1	1	300	228	小会议室	1	1	50	400	200	绥宁县东正街8号	0739－7612050 7612153	
			标准套间	4	4	180	128									
			豪华单间	4	4	180	128									
			标准单人间	20	20	80	68									
			标准双人间	42	42	160	118									
			标准三人间	6	6	160	128									
绥宁县锦绣长城大酒店	绥宁县锦绣长城大酒店		豪华套间	2	2	888	518	大会议室	1	1	140	2800	1680	绥宁县人民武装部内	0739－7628888 7628666	
			标准套间	2	2	588	280									
			豪华单间	1	1	328	188									
			标准单人间	16	16	288	148	小会议室	1	1	30	1000	600			
			标准双人间	50	50	368	188									
			标准三人间	22	22	388	188									
东兴大酒店	东兴大酒店		豪华套间	1	1	598	298	小会议室	1	1	30	500	260	绥宁县城沿河街7号	0739－760888	
			标准套间	1	1	518	248									
			豪华单间	8	8	198	108									
			标准双人间	33	33	198	118									
			标准三人间	3	3	288	148									

宾馆名称	发票开具单位名称	星级	客房（数量：间；价格：元/天）					会议室（数量：间；价格：元/半天）						地址	前台订房电话	备注
			房型	总间数	协议间数	门市价	协议价	类型	总间数	协议间数	容纳人数	门市价	协议价			
怀化市																
怀化迎宾馆	怀化迎宾馆	3	豪华套间	1	1	6888	540	大会议室	1	1	450	4680	2400	怀化市迎丰中路665号	0745－2718888 2730001	
				7	7	3888	540									
			豪华单间	17	17	488	252	中会议室	2	2	210	980	500			
			标准单人间	4	4	288	135									
			标准双人间	43	43	488	171	小会议室	2	2	50	1680	600			
				17	17	288	135		1	1	50	980	500			
				27	27	388	160									
			标准三人间	3	3	488	171		4	4	100	980	500			
				10	10	288	135									
怀化武陵城大酒店	湖南武陵城（集团）房地产开发有限公司怀化武陵城大酒店	3	豪华套间	6	6	779	308	大会议室	1	1	300	1800	800	湖天开发区世纪花园	0745－2397888 2397802 2397807	
			标准套间	10	10	699	252									
			豪华单间	8	8	409	179									
			标准单人间	12	12	329	139	中会议室	1	1	60	2400	500			
				13	13	329	125									
			标准双人间	39	39	329	139									
				65	65	329	116									
			标准三人间	3	3	469	171	小会议室	5	5	200	1200	300			
				2	2	229	148									
怀化市鹤城区园中园大酒店	怀化市鹤城区园中园大酒店	3	豪华套间	4	4	918	458	大会议室	1	1	240	1200	600	怀化顺天南路教师新苑内	0745－2731222 2731250	
			标准套间	9	9	298	168									
			豪华单间	12	12	298	168	小会议室	1	1	60	1000	400			
			标准单人间	15	15	288	158									
			标准双人间	106	106	258	138									
湖南怀化金苑宾馆	湖南怀化金苑宾馆	3	豪华套间	2	2	1888	500	大会议室	1	1	150	1500	600	怀化市迎丰中路99号	0745－2290888 2292168 2292019	
			标准套间	2	2	688	248									
			豪华单间	44	44	338	188	中会议室	1	1	120	1000	400			
			标准单人间	7	7	238	128									
			标准双人间	39	39	218	120	小会议室	2	2	80	750	300			
			标准三人间	8	8	238	128									

宾馆名称	发票开具单位名称	星级	客房（数量：间；价格：元/天）					会议室（数量：间；价格：元/半天）						地址	前台订房电话	备注
			房型	总间数	协议间数	门市价	协议价	类型	总间数	协议间数	容纳人数	门市价	协议价			
明珠大酒店	湖南怀化明珠大酒店	3	豪华套间	1	1	1028	426	大会议室	1	1	260	1800	800	怀化市河西新区舞阳大道	0745－2318888	
				1	1	588	298									
			标准套间	4	4	800	248									
				2	2	418	198									
			豪华单间	6	6	568	242	中会议室	1	1	120	1200	600			
				2	2	338	158									
			标准单人间	9	9	328	148		1	1	100	1200	600			
				5	5	298	148									
			标准双人间	80	80	328	148	小会议室	1	1	30	800	400			
				70	70	298	148									
西南宾馆	怀化西南宾馆	3	豪华套间	4	4	980	460	大会议室	1	1	200	2000	800	怀化市迎丰中路328号	0745－2730888	
			豪华单间	5	5	468	220	中会议室	1	1	80	1600	600			
			标准双人间	92	92	310	140	小会议室	3	3	120	1200	400			
			标准三人间	10	10	310	140									
沅陵宾馆	沅陵县长青矿业有限责任公司沅陵宾馆	3	豪华套间	14	14	588	400	大会议室	1	1	1200	3500	2000	沅陵县迎宾北路71号	0745－4210858	
			标准单人间	16	16	218	158	中会议室	3	3	450	1680	1000			
			标准双人间	100	100	208	158	小会议室	2	2	120	1400	800			
沅陵县汇源大酒店	沅陵县汇源大酒店		标准套间	6	6	228	188	大会议室	1	1	300	1380	800	沅陵县迎宾北路26号	0745－2518989	
			豪华单间	1	1	168	128									
			标准双人间	30	30	168	128	中会议室	1	1	100	500	300			
辰溪武陵城酒店	辰溪武陵城酒店有限公司	3	豪华套间	1	1	888	588	大会议室	1	1	120	920	540	辰溪县东风路	0745－5221888	
			标准套间	2	2	388	278									
			豪华单间	1	1	268	218	中会议室	1	1	70	820	450			
			标准单人间	7	7	208	168									
			标准双人间	56	56	228	168	小会议室	1	1	40	800	350			

宾馆名称	发票开具单位名称	星级	客房（数量：间；价格：元/天）					会议室（数量：间；价格：元/半天）						地址	前台订房电话	备注
			房型	总间数	协议间数	门市价	协议价	类型	总间数	协议间数	容纳人数	门市价	协议价			
辰溪县八一宾馆	辰溪县八一宾馆	2	豪华套间	3	3	328	200	小会议室	2	2	100	350	200	辰阳镇先锋路	0745－5258118	
			标准套间	3	3	188	100									
			豪华单间	1	1	128	50									
			标准单人间	1	1	108	50									
			标准双人间	12	12	138	100									
			标准三人间	1	1	168	150									
湖南省溆浦县维多利亚大酒店	湖南省溆浦县维多利亚大酒店		豪华套间	4	4	268	200	中会议室	1	1	150	680	400	溆浦县汽车站	0745－3326888	
			豪华单间	8	8	168	118									
			标准单人间	12	12	158	108									
			标准双人间	49	49	168	128	小会议室	1	1	40	350	200			
			标准三人间	3	3	178	148									
贵宾楼	溆浦县人民武装部贵宾楼		豪华套间	4	4	268	200	小会议室	1	1	28	340	200	溆浦县人民武装部院内	0745－3328088	
			标准单人间	12	12	158	108									
			标准双人间	49	49	158	128									
			标准三人间	3	3	188	148									
溆浦县人民政府招待所	溆浦县人民政府招待所		豪华套间	3	3	988	580	大会议室	1	1	230	1180	700	溆浦县卢峰镇东风街608号	0745－3324061	
			标准套间	3	3	380	280									
			豪华单间	30	30	278	238	中会议室	1	1	130	750	450			
			标准单人间	30	30	248	150									
			标准双人间	100	100	248	160	小会议室	1	1	40	500	300			
			标准三人间	20	20	268	160									
祥楼	麻阳苗族自治县人民政府招待所	3	豪华套间	1	1	888	550	大会议室	1	1	200	880	500	麻阳苗族自治县富州路上街23号	0745－5850518	
			标准单人间	12	12	188	158									
			标准双人间	40	40	168	128	中会议室	1	1	50	680	400			
			标准三人间	2	2	158	118									
毛家大酒店	毛家大酒店		标准套间	2	2	288	158	中会议室	1	1	80	500	300	新晃县新晃镇人民路26号	0745－6268588	
			标准单人间	11	11	128	60									
			标准双人间	17	17	168	80									
			标准三人间	4	4	188	100									

宾馆名称	发票开具单位名称	星级	客房（数量：间；价格：元/天）					会议室（数量：间；价格：元/半天）						地址	前台订房电话	备注
			房型	总间数	协议间数	门市价	协议价	类型	总间数	协议间数	容纳人数	门市价	协议价			
新晃宾馆	新晃县饮食服务公司		豪华套间	1	1	158	110	小会议室	1	1	20	250	150	新晃县新晃镇解放路28号	0745－6223888	
			豪华单间	4	4	118	80									
			标准单人间	5	5	88	60									
			标准双人间	10	10	128	80									
			标准三人间	2	2	138	90									
丰园路大酒店	丰园路大酒店		标准套间	1	1	198	158	大会议室	1	1	140	500	300	新晃镇晃山路	0745－6232188	
			豪华单间	4	4	188	148									
			标准单人间	12	12	168	90	小会议室	1	1	60	400	240			
			标准双人间	28	28	158	80									
			标准三人间	3	3	198	130									
芷江宾馆	芷江宾馆	3	豪华套间	4	4	888	538	大会议室	1	1	220	2000	1200	芷江北街209号	0745－6829452	
				8	8	688	418									
			标准套间	7	7	468	280									
			豪华单间	5	5	468	280	中会议室	1	1	70	800	480			
				19	19	428	258									
			标准单人间	6	6	278	168									
			标准双人间	24	24	248	148	小会议室	1	1	40	680	380			
				41	41	298	178									
			标准三人间	1	1	318	188									
芷江侗族自治县汇丰宾馆	芷江侗族自治县汇丰宾馆	3	豪华套房	2	2	528	268	中会议室	1	1	60	1100	650	芷江西街29号	0745－6826556 6828530	
				4	4	618	308									
			标准单人间	4	4	308	158									
				11	11	278	138	小会议室	1	1	20	800	480			
			标准双人间	31	31	278	138									
			豪华双人间	19	19	308	158									
芷江侗族自治善水大酒店	芷江侗族自治县善水大酒店		豪华套间	6	6	888	528	大会议室	1	1	160	3000	1600	芷江镇沿河路	0745－6778888	
				9	9	688	358									
			标准套间	24	24	498	238									
			豪华单间	20	20	518	270									
			标准双人间	18	18	488	168									

宾馆名称	发票开具单位名称	星级	客房（数量：间；价格：元/天）					会议室（数量：间；价格：元/半天）						地址	前台订房电话	备注
			房型	总间数	协议间数	门市价	协议价	类型	总间数	协议间数	容纳人数	门市价	协议价			
会同县长城宾馆	会同武装部民兵训练基地		标准单人间	9	9	168	120	大会议室	1	1	80	800	480	会同武装部院内	0745－8853140	
			标准双人间	26	26	148	100									
会同武陵城酒店	湖南武陵城（集团）房地产开发有限公司会同武陵城酒店		豪华单间	3	3	558	198	中会议室	1	1	150	1500	750	会同县武陵城商业广场	0745－8856988	
			标准单人间	10	10	238	148									
			标准双人间	70	70	158	110	小会议室	1	1	50	1000	480			
鸿运梅林宾馆	靖州县鸿运梅林宾馆	2	豪华套间	2	2	518	410	大会议室	1	1	400	2600	1500	靖州县新建中路123号	0745－8259918	
			标准单人间	20	20	158	120									
			标准双人间	30	30	168	130	中会议室	1	1	200	1380	800			
			标准三人间	6	6	198	160									
怀荣名楼宾馆	怀荣名楼宾馆	2	豪华套间	1	1	208	160	小会议室	1	1	30	660	390	靖州县梅林路移动公司对面	0745－2573218 2573333	
			标准套间	7	7	168	140									
			豪华单间	11	11	148	120									
			标准单人间	2	2	128	100									
			标准双人间	25	25	128	100									
			标准三人间	1	1	168	140									
凯程大酒店	凯程大酒店		标准套间	2	2	288	230	中会议室	1	1	300	630	350	梅林路	0745－8258298	
			标准单人间	4	4	138	100									
			标准双人间	18	18	148	110	小会议室	1	1	120	360	200			
通道宾馆	通道侗族自治县通道宾馆	2	豪华套间	2	2	398	358	大会议室	1	1	120	1680	1008	通道侗族自治县长征中路	0745－8623002	
			豪华单间	20	20	228	168	中会议室	1	1	60	1180	688			
			标准双人间	80	80	198	148	小会议室	1	1	20	488	298			
人武宾馆	通道侗族自治县人武宾馆		豪华套间	1	1	428	358	大会议室	1	1	300	1680	980	通道侗族自治县双江镇平安路20号	0745－8622446	
			标准套间	2	2	368	278									
			豪华单间	4	4	298	218	小会议室	1	1	30	980	580			
			标准双人间	20	20	288	190									
			标准双人间	25	25	258	180									

宾馆名称	发票开具单位名称	星级	客房（数量：间；价格：元/天）					会议室（数量：间；价格：元/半天）						地址	前台订房电话	备注
			房型	总间数	协议间数	门市价	协议价	类型	总间数	协议间数	容纳人数	门市价	协议价			
东鑫大酒店	通道县东鑫大酒店		豪华套间	3	3	268	198	大会议室	1	1	100	1680	800	通道侗族自治县休闲大市场对面	0745－8647168	
			标准单人间	3	3	158	128									
			标准双人间	18	18	178	148									
				18	18	158	128									
铜锣湾大酒店	铜锣湾大酒店		豪华套间	6	6	328	208	大会议室	1	1	800	3600	1200	中方县生态城怀黔路旁	0745－2813888	
			标准套间	4	4	308	188									
			豪华单间	8	8	228	138	小会议室	1	1	300	1600	400			
			标准双人间	42	42	208	130									
			标准三人间	3	3	278	130									
洪江大酒店	洪江大酒店		豪华套间	4	4	318	100	中会议室	1	1	60	900	500	黔城镇开元大道	0745－2583777	
			豪华单间	5	5	218	100									
			标准双人间	67	67	148	100									
金洲大酒店	金洲大酒店		豪华套间	12	12	328	100	中会议室	1	1	100	900	500	黔城镇雪峰大道	0745－7738888	
			标准套间	28	28	248	100									
			豪华单间	3	3	148	100									
			标准双人间	61	61	148	100									
洪江梅生酒店	洪江区梅生酒店有限公司	3	豪华套间	1	1	1288	600	大会议室	1	1	120	1500	800	怀化市洪江区新民路4号	0745－7666666	
			豪华单间	6	6	688	278									
			标准单人间	6	6	428	188	小会议室	1	1	30	750	400			
			标准双人间	93	93	388	188									
古商城洪江大酒店	洪江区古商城洪江大酒店有限公司	2	豪华套间	4	4	328	238	小会议室	1	1	28	700	400	怀化市洪江区新民路50号	0745－7632888	
			标准套间	1	1	298	188									
			豪华单间	2	2	218	158									
			标准单人间	9	9	188	128									
			标准双人间	19	19	218	128									

宾馆名称	发票开具单位名称	星级	客房（数量：间；价格：元/天）					会议室（数量：间；价格：元/半天）						地址	前台订房电话	备注
			房型	总间数	协议间数	门市价	协议价	类型	总间数	协议间数	容纳人数	门市价	协议价			
洪江宾馆	怀化市洪江宾馆有限公司	2	豪华套间	2	2	980	488	大会议室	1	1	450	2000	1200	怀化市洪江区幸福西路17号	0745－7661999	
			标准套间	2	2	288	188									
			豪华单间	7	7	468	280									
			标准单人间	13	13	198	120	中会议室	1	1	50	1380	800			
			标准双人间	76	76	198	128									
			标准三人间	2	2	208	168									
娄底市																
华洋大酒店	华洋大酒店		豪华套间	1	1	888	580	大会议室	1	1	150	1500	800	娄底市娄星区扶青南路	0738－6680888	
			标准套间	7	7	328	260	中会议室	1	1	60	900	500			
			标准单人间	45	45	188	158									
			标准双人间	46	46	188	158	小会议室	1	1	35	500	300			
湖南娄底宾馆	湖南娄底宾馆	3	豪华套间	1	1	888	532	大会议室	1	1	300	3500	2100	娄底市娄星区乐坪东街9号	0738－8312189 8259888	
				1	1	688	412									
			标准单人间	23	23	248	190	中会议室	1	1	180	1000	600			
			标准双人间	69	69	248	190	小会议室	1	1	80	500	300			
			标准三人间	6	6	258	190									
娄底迎宾馆（娄星区委接待处）	娄底迎宾馆	3	豪华套间	3	3	480	368	大会议室	1	1	600	1500	800	娄底市娄星区长青中街12号	0738－8271898 8312119 8271899	
			标准套间	3	3	368	280									
			标准单人间	6	6	248	178	中会议室	1	1	200	900	500			
			标准双人间	38	38	248	178	小会议室	1	1	60	800	480			
			标准三人间	6	6	248	188									
金香大酒店	娄底金香大酒店有限公司	3	豪华套间	1	1	980	600	大会议室	1	1	200	2180	1288	娄底市娄星区乐坪东街3号	0738－8211688	
			标准套间	2	2	488	278									
			豪华单间	9	9	488	280	中会议室	1	1	60	880	528			
			标准单人间	18	18	248	188									
			标准双人间	69	69	248	188	小会议室	1	1	40	680	408			

宾馆名称	发票开具单位名称	星级	客房（数量：间；价格：元/天）					会议室（数量：间；价格：元/半天）						地址	前台订房电话	备注
			房型	总间数	协议间数	门市价	协议价	类型	总间数	协议间数	容纳人数	门市价	协议价			
恒丰大酒店	恒丰大酒店	3	豪华套间	2	2	688	580	大会议室	1	1	90	900	540	娄底市娄星区乐坪东街22号	0738－8316188	
			标准套间	6	6	378	280									
			豪华单间	10	10	278	220	中会议室	1	1	30	700	420			
			标准单人间	32	32	218	188									
			标准双人间	28	28	218	188	小会议室	1	1	20	500	300			
清泉大酒店	湖南省清泉商贸实业集团清泉大酒店有限公司	3	豪华套间	4	4	1988	600	大会议室	1	1	200	3300	1980	娄底市娄星区氐星路22号	0738－8312888－8061/8062	
			豪华单间	17	17	598	280	中会议室	1	1	60	1380	800			
			标准单人间	19	19	538	190									
			标准双人间	49	49	538	190	小会议室	2	2	40	1000	600			
双峰宾馆	双峰宾馆	2	豪华套间	1	1	1680	600	大会议室	1	1	270	1680	980	双峰县永丰镇书院路218号	0738－6837168	
			标准套间	1	1	588	280									
			豪华单间	21	21	278	170	中会议室	1	1	90	880	500			
			标准单人间	3	3	248	160									
			标准双人间	40	40	248	160	小会议室	2	2	40	580	300			
			标准三人间	4	4	268	160									
双峰富厚大酒店	双峰富厚大酒店	2	豪华套间	1	1	688	458	大会议室	1	1	200	1100	500	双峰县复兴西路168号	0738－6884888	
			标准套间	14	14	488	188									
			豪华单间	34	34	288	158	中会议室	1	1	80	700	300			
			标准单人间	12	12	228	128									
			标准双人间	20	20	228	128	小会议室	1	1	40	600	200			
新化宾馆	中共新化县委县人民政府接待处	3	豪华套间	1	1	888	538	大会议室	1	1	340	1880	1080	新化县上梅镇迎宾路39号	0738－3548888 3548000 3548555 3548333	
			标准套间	4	4	588	280									
			豪华单间	5	5	468	268	中会议室	1	1	100	1680	888			
			标准双人间	165	165	278	178	小会议室	6	6	50	688	418			
新化海天大酒店	新化县海天餐饮娱乐有限公司		豪华套间	6	6	868	438	大会议室	1	1	180	3280	1800	新化县上梅镇天华中路10号	0738－3330999	
			标准套间	6	6	688	280									
			豪华单间	9	9	558	258	中会议室	1	1	20	1180	680			
			标准单人间	18	18	428	190									
			标准双人间	68	68	418	180	小会议室	15	15	15	1000	600			

宾馆名称	发票开具单位名称	星级	客房（数量：间；价格：元/天）					会议室（数量：间；价格：元/半天）						地址	前台订房电话	备注
			房型	总间数	协议间数	门市价	协议价	类型	总间数	协议间数	容纳人数	门市价	协议价			
新化鸿宇大酒店	新化县鸿宇旅业有限公司	3	标准套间	2	2	588	280	大会议室	1	1	100	1888	1132	新化县梅苑开发区上梅东路36号	0738－3228666 3228222	
			豪华单间	8	8	298	178									
			标准单人间	7	7	268	168	中会议室	1	1	50	888	532			
			标准双人间	76	76	288	178									
			标准三人间	4	4	298	178	小会议室	1	1	20	688	412			
新化和一大酒店	新化和一大酒店		豪华套间	1	1	899	499	大会议室	1	1	220	1200	700	新化县梅苑开发区梅苑北路	0738－3561111	
			标准套间	4	4	699	260									
			豪华单间	30	30	499	179	中会议室	2	2	80	1000	500			
			标准单人间	13	13	399	159									
			标准双人间	80	80	399	159	小会议室	1	1	20	800	400			
涟源宾馆	涟源市委接待处和涟源宾馆	3	豪华套间	4	4	798	588	大会议室	1	1	2000	3867	2320	涟源市人民中路67号	0738－6548888 4459999	
			标准套间	16	16	366	280		1	1	2000	2550	1530			
			豪华单人间	28	28	318	280		1	1	2000	1600	960			
			标准单人间	12	12	228	170	中会议室	4	4	400	540	324			
			标准双人间	72	72	308	190	小会议室	3	3	50	1334	800			
				12	12	248	180									
				14	14	188	140									
				16	16	151	113									
				19	19	116	87									
				33	33	72	54									
			标准三人间	12	12	198	140									
				149	2	2	193									
湘中宾馆	湘中宾馆		标准单人间	10	10	108	90	中会议室	1	1	80	1000	600	涟源市人民中路	0738－4452111	
			标准双人间	28	28	128	110									
			标准三人间	4	4	148	113									

宾馆名称	发票开具单位名称	星级	客房（数量：间；价格：元/天）					会议室（数量：间；价格：元/半天）						地址	前台订房电话	备注
			房型	总间数	协议间数	门市价	协议价	类型	总间数	协议间数	容纳人数	门市价	协议价			
冷江宾馆	冷江宾馆	2	豪华套间	2	2	1280	598	大会议室	1	1	400	2300	1360	冷水江市锑都中路29号	0738－5212316 5213316	
				1	1	378	253									
			标准套间	4	4	338	228									
			豪华单间	3	3	368	254	中会议室	1	1	50	1350	800			
				8	8	208	143									
			标准单人间	5	5	268	184		1	1	30	900	520			
				41	41	208	143									
				11	11	188	128	小会议室	2	2	30	350	200			
				6	6	128	88									
			标准双人间	15	15	268	184									
				37	37	188	128		1	1	20	250	140			
			标准三人间	9	9	188	128									
博尼尔国际大酒店	冷水江市博尼尔国际大酒店有限公司		豪华套间	10	10	988	446	大会议室	1	1	400	5000	2000	冷水江市江北路1号	0738－5258888 5251688	
				13	13	788	280									
			标准套间	12	12	688	266		1	1	80	3800	1000			
			豪华单间	6	6	668	256									
			标准单人间	56	56	488	216	中会议室	1	1	50	3000	800			
				10	10	468	190									
			标准双人间	47	47	488	190	小会议室	1	1	30	1800	600			
				47	47	468	190									
湘西土家族苗族自治州																
湘西金土地宾馆	湘西自治州金土地宾馆有限公司	2	豪华套间	1	1	888	358	大会议室	1	1	200	880	400	吉首市乾州新区世纪大道	0743－8515988 8516888	
			标准套间	4	4	688	280									
			标准单人间	7	7	388	120	小会议室	1	1	80	588	300			
			标准双人间	51	51	388	120									
影视文化中心酒店	湘西州民族影视文化有限责任公司	3	豪华套间	16	16	1980	300	大会议室	1	1	270	2000	1200	吉首市人民中路12号	0743－2121999 2121377	
			豪华单间	7	7	638	280	中会议室	2	2	60	1000	600			
			标准双人间	99	99	588	180									

宾馆名称	发票开具单位名称	星级	客房（数量：间；价格：元/天）					会议室（数量：间；价格：元/半天）						地址	前台订房电话	备注
			房型	总间数	协议间数	门市价	协议价	类型	总间数	协议间数	容纳人数	门市价	协议价			
湘西民族宾馆	湘西自治州民族宾馆有限公司	4	豪华套间	7	7	1288	590	大会议室	1	1	400	6000	3000	湖南省吉首市人民中路7号	0743－8558885 8562188	
			标准套间	6	6	988	280									
			豪华单间	41	41	698	280	中会议室	1	1	150	4000	2000			
			标准双人间	125	125	548	190	小会议室	3	3	30	1000	500			
			标准三人间	110	110	368	180									
锦绣湘西国际酒店有限公司	锦绣湘西国际酒店有限公司		豪华套间	3	3	528	258	大会议室	1	1	150	1200	600	吉首市乾州新区世纪大道1号	0743－2819888	
			标准套间	3	3	428	268									
			豪华单间	20	20	258	158	中会议室	1	1	100	800	400			
			标准双人间	57	57	218	138	小会议室	1	1	30	500	200			
汇丰宾馆	汇丰宾馆	2	豪华套间	4	4	400	218	大会议室	1	1	100	488	208	吉首市团结西路14号	0743－8711105	
			标准套间	4	4	320	138									
			豪华单间	8	8	288	128	中会议室	1	1	40	468	158			
			标准单人间	16	16	248	118									
			标准双人间	28	28	208	128	小会议室	1	1	15	308	108			
			标准三人间	8	8	198	108									
州政协接待处金利宾馆	州政协接待处金利宾馆		豪华套间	3	3	318	210	大会议室	1	1	80	400	240	吉首市人民北路58号	0743－8721818	
			标准双人间	2	2	198	110	中会议室	1	1	40	300	180			
			标准三人间	32	32	198	110	小会议室	1	1	20	200	120			
辛女大酒店	湘西自治州泸溪县影视文化有限责任公司辛女大酒店	2	豪华套间	2	2	478	268	小会议室	1	1	40	300	150	泸溪县白沙镇朝阳路	0743－4260088	
			标准套间	4	4	458	248									
			标准单人间	6	6	228	138									
			标准双人间	42	42	248	148									
邮政大酒店	邮政大酒店	2	豪华套间	2	2	388	228	中会议室	1	1	90	500	300	泸溪县白沙镇建设中路	0743－4262088	
			豪华单间	3	3	188	128									
			标准单人间	4	4	168	118									
			标准双人间	22	22	158	110	小会议室	1	1	40	388	200			
			标准三人间	2	2	228	160									

宾馆名称	发票开具单位名称	星级	客房（数量：间；价格：元/天）					会议室（数量：间；价格：元/半天）						地址	前台订房电话	备注
			房型	总间数	协议间数	门市价	协议价	类型	总间数	协议间数	容纳人数	门市价	协议价			
泸溪县天桥山旅游开发有限责任公司晨庄宾馆	泸溪县天桥山旅游开发有限责任公司晨庄宾馆		豪华套间	2	2	280	210	中会议室	1	1	120	338	200	泸溪县白沙镇建设路	0743－4266718	
			标准套间	2	2	180	140									
			豪华单间	8	8	120	80									
			标准单人间	8	8	100	70									
			标准双人间	10	10	120	80									
			标准三人间	10	10	150	115									
政府宾馆	凤凰县龙志明旅游服务有限责任公司		豪华套间	4	4	1888	300	小会议室	1	1	30	600	300	凤凰县沱江镇	0743－3221690	
			豪华单间	4	4	680	200									
			标准双人间	88	88	680	190	大会议室	1	1	110	900	400			
				120	58	58	480									
			标准三人间	4	4	480	180									
花垣县四方宾馆	花垣县四方宾馆	3	豪华套间	1	1	480	358	中会议室	1	1	60	600	360	花垣县四方井大桥旁	0743－7212888	
			标准套间	4	4	180	150									
			豪华单间	8	8	320	260									
			标准单人间	20	20	110	100									
			标准双人间	41	41	110	100									
			标准三人间	4	4	130	120									
吉龙缘国际大酒店	花垣吉龙缘国际大酒店有限责任公司	4	豪华套间	3	3	688	280	中会议室	1	1	80	1200	720	湖南省花垣城南路88号	0743－7219888	
			标准套间	7	7	688	280									
			标准单人间	15	15	288	158									
			标准双人间	34	34	288	168									
花垣县名都大酒店	花垣县名都大酒店	3	豪华套间	4	4	358	268	大会议室	1	1	280	960	480	花垣县边贸市场中心	0743－7228899 7228018 7228068	
			标准单人间	7	7	138	138									
			标准双人间	48	48	198	158									
香茗泉大酒店	陈光敦	3	豪华套间	2	2	688	390	大会议室	1	1	70	700	395	保靖县迁陵镇建新路26号	0743－7718999	
			标准套间	40	40	198	150									
			豪华单间	8	8	328	230	中会议室	1	1	35	400	240			
			标准单人间	8	8	198	150									
			标准双人间	12	12	198	150									

宾馆名称	发票开具单位名称	星级	客房（数量：间；价格：元/天）					会议室（数量：间；价格：元/半天）						地址	前台订房电话	备注
			房型	总间数	协议间数	门市价	协议价	类型	总间数	协议间数	容纳人数	门市价	协议价			
清晖苑酒店	保靖县清晖苑酒店有限公司	3	豪华套间	4	4	508	150	中会议室	1	1	120	700	400	保靖县西水南路238号	0743－7720808	
			标准套间	4	4	618	150									
			豪华单间	2	2	618	150									
			标准单人间	32	32	208	100									
			标准双人间	44	44	208	100									
			标准三人间	1	1	318	140									
保靖宾馆	保靖宾馆石正军	3	豪华套间	17	17	338	180	大会议室	1	1	200	700	400	保靖县迁陵镇建新路	0743－7720999	
			标准套间	3	3	268	180									
			豪华单间	8	8	180	140									
			标准单人间	22	22	168	110	小会议室	1	1	80	500	300			
			标准双人间	53	53	168	110									
			标准三人间	1	1	150	110									
古丈县功顺家园大酒店	古丈县功顺家园大酒店		豪华套间	8	8	558	438	大会议室	1	1	80	600	340	古丈县古阳镇栖凤路19号	0743－4729555	
			标准套间	20	20	288	228									
			豪华单间	8	8	288	228	小会议室	1	1	18	300	180			
			标准单人间	4	4	258	188									
			标准双人间	50	50	258	188									
永顺县水电宾馆	永顺县水电宾馆	2	标准套间	5	5	318	280	大会议室	1	1	80	700	400	永顺县灵溪镇湘潭路	0743－5237818	
			豪华单间	2	2	318	280									
			标准单人间	8	8	198	163									
			标准双人间	45	45	208	173									
猛洞河宾馆	猛洞河宾馆	2	豪华套间	2	2	680	580	大会议室	1	1	100	1000	600	永顺县灵溪镇	0743－5225503	
			标准套间	6	6	380	280									
			豪华单间	6	6	288	180									
			标准单人间	6	6	288	180									
			标准双人间	57	57	268	180									
			标准三人间	4	4	278	180									

宾馆名称	发票开具单位名称	星级	客房（数量：间；价格：元/天）					会议室（数量：间；价格：元/半天）						地址	前台订房电话	备注
			房型	总间数	协议间数	门市价	协议价	类型	总间数	协议间数	容纳人数	门市价	协议价			
公安宾馆	公安宾馆	2	豪华套间	7	7	260	238	大会议室	1	1	80	800	450	永顺县府正街	0743－5229666	
			豪华单间	7	7	260	238	中会议室	1	1	50	500	300			
			标准双人间	38	38	188	158									
龙山县长城宾馆	龙山县长城宾馆		豪华套间	6	6	288	172	大会议室	1	1	60	300	180	龙山县武装部院内	0743－6224903	
			标准套间	10	10	188	112									
			豪华单间	10	10	158	94									
			标准单人间	16	16	128	76	中会议室	1	1	40	200	120			
			标准双人间	41	41	128	76									
			标准三人间	10	10	80	48									
民族宾馆	龙山民族宾馆	2	标准套间	2	2	380	280	大会议室	1	1	117	1500	900	龙山县民安镇新建路71号	0743 6224831	
			豪华单间	10	10	240	180	中会议室	2	2	70	1000	600			
			标准单人间	10	10	200	120	小会议室	4	4	40	800	480			
			标准双人间	100	100	200	120									
时代大酒店	龙山县时代大酒店	3	豪华套间	12	10	448	350	大会议室	3	3	100	900	500	龙山县民安镇长沙路中段28号	0743－6251448	
			标准套间	86	80	228	180									
			豪华单间	30	30	248	200	中会议室	2	2	50	600	350			
			标准单人间	35	30	158	110									
			标准双人间	90	90	158	100	小会议室	2	2	18	500	300			
			标准三人间	2	1	178	138									

广 东 省

- 财政部委托广东省财政厅负责在广东省地级以上城市采购会议定点饭店并负责日常监督管理工作。
- 通过政府采购，确定广东省会议定点饭店 199 家。
- 会议定点饭店按照与财政部门签订《协议书》的价格向中央和地方各级党政机关和事业单位提供相应的接待服务。
- 广东省部分会议定点饭店的价格是按照综合定额方式采购的，各单位在组织筹备会议时应先向会议定点饭店查询。如果对协议价格产生疑义，可以要求定点饭店出示《协议书》。
- 如有会议定点饭店变更或饭店的协议价格变化，应以“党政机关出差和会议定点饭店查询网”的信息为准。
- 本目录中的广东省会议定点饭店的详细信息，可在“党政机关出差和会议定点饭店查询网”查阅。
- 广东省各地区长途电话区号：

广州市	020	清远市	0763
韶关市	0751	河源市	0762
梅州市	0753	潮州市	0768
湛江市	0759	揭阳市	0663
汕尾市	0660	惠州市	0752
东莞市	0769	深圳市	0755
珠海市	0756	中山市	0760
江门市	0750	佛山市	0757
肇庆市	0758	云浮市	0766
阳江市	0662	茂名市	0668
汕头市	0754	（潮阳区 0661 潮南区 0661）	

广东省会议定点饭店

饭店名称	发票开具单位名称	星级	客房（数量：间）			会议室（数量：间）				会议费综合定额（元/人·天）	地址	前台订房电话	备注
			房型	总间数	协议间数	房型	总间数	协议间数	容纳人数				
广州市													
广州市南国会国际会议中心	广州市南国会国际会议中心		套间	11	11	大会议室	1	1	248	280	广州市番禺区小谷围街大学城外环东路280号学术交流中心	020－39338888	
			单间	23	23	中会议室	3	3	100				
			标准间	38	38	小会议室	1	1	20－50				
广东华师粤海酒店有限公司	广东华师粤海酒店有限公司	4	套间	10	10	大会议室	1	1	300	280	广州市天河区中山大道西69号	020－85217223	
			单间	21	21	中会议室	1	1	70				
			标准间	113	113	小会议室	2	2	30				
中共广东省委组织部招待所（广东东园宾馆）	中共广东省委组织部招待所		套间	7	7	大会议室	2	2	180－280	280	广州市越秀区东湖北30号	020－37876000	
			单间	3	3	中会议室	1	1	100				
			标准间	123	123	小会议室	4	4	50				
中国人民解放军广州军区珠江宾馆	广州军区珠江宾馆		套间	60	60	大会议室	2	2	400－650	280	越秀区寺右一马路2号	020－87379988－10165/10168/10188	
			单间	30	30	中会议室	6	6	120				
			标准间	370	370	小会议室	3	3	30				
帅府酒店	广州军区司令部服务中心	3	套间	3	3	大会议室	1	1	350	260	广州市越秀区达道路5号	020－87667718 87161993	三人间（13间）
			单间	5	5	中会议室	2	2	80				
			标准间	115	115	小会议室	2	2	30				
广州大厦有限公司	广州大厦有限公司	4	套间	37	37	大会议室	3	3	500－700	280	广州市北京路374号	020－83189888－6623/6632	
			单间	92	92	中会议室	1	1	150				
			标准间	335	335	小会议室	7	7	50				
广州军区东山招待所（东山宾馆）	广州军区东山招待所		套间	8	8	大会议室	2	2	450－500	270	广州市越秀区三育路44号	020－87773722－3	
			单间	20	20	中会议室	3	3	120				
			标准间	149	149	小会议室	3	3	40				
中国人民解放军海军南海舰队第一招待所	中国人民解放军海军南海舰队第一招待所		套间	28	28	大会议室	2	2	500	260	广州市海珠区江南大道中232号A座	020－84414213	
			单间	100	100	中会议室	3	3	280				
			标准间	128	128	小会议室	2	2	100				

饭店名称	发票开具单位名称	星级	客房（数量：间）			会议室（数量：间）				会议费综合定额（元/人·天）	地址	前台订房电话	备注
			房型	总间数	协议间数	房型	总间数	协议间数	容纳人数				
广州湖天宾馆	广州湖天宾馆	3	套间	15	15	大会议室	1	1	150	268	广州市东风西路156号	020－81006818 81006616	
			单间	42	42	中会议室	1	1	80				
			标准间	155	155	小会议室	3	3	10－80				
广东悦华法官（培训）中心	广东悦华法官（培训）中心		套间	45	45	大会议室	3	3	270	280	广州市天河区龙口东路19号	020－85135100	
			单间	13	13	中会议室	4	4	120				
			标准间	96	96	小会议室	9	9	20－35				
广州三寓宾馆	广州三寓宾馆	3	套间	73	73	大会议室	2	2	300/700	280	越秀区三育路23号	020－37196088	
			单间	49	49	中会议室	6	6	200				
			标准间	523	523	小会议室	10	10	30－50				
红帆酒店	广州市红帆酒店有限公司	3	套间	3	3	大会议室	1	1	500	260	广州市海珠区革新路126号之一	020－89607887	
			单间	25	25	中会议室	2	2	200				
			标准间	77	77	小会议室	2	2	70				
浙江大厦富春宾馆	浙江大厦富春宾馆		套间	2	2	大会议室	1	1	200	280	广州市先烈中路85号	020－87317166	
			单间	21	21	中会议室	1	1	50				
			标准间	94	94	小会议室	无						
广州华泰宾馆	广州军区华泰招待所		套间	12	12	大会议室	2	2	300－1000	280	广州市先烈南路23号	020－87789888－88881	
			单间	无		中会议室	3	3	100－130				
			标准间	500	500	小会议室	5	5	25－50				
东方丝绸大酒店	东方丝绸大酒店	3	套间	12	12	大会议室	1	1	200	268	广州市东风东路752号	020－87762888－5128	
			单间	52	52	中会议室	3	3	80－130				
			标准间	144	144	小会议室	1	1	30－50				
华海大酒店	广东华海大酒店有限公司	3	套间	2	2	大会议室	1	1	100	280	广州市海珠区江南大道中232号B座	020－84058888	
			单间	20	20	中会议室	1	1	40				
			标准间	100	100	小会议室	无						
广东奥体大酒店有限公司	广东奥体大酒店有限公司	3	套间	7	7	大会议室	3	3	300	260	广州市天河区东圃奥林匹克体育中心北A4门	020－82169999－8101	
			单间	5	5	中会议室	3	3	80－120				
			标准间	138	138	小会议室	3	3	30－50				

饭店名称	发票开具单位名称	星级	客房（数量：间）			会议室（数量：间）				会议费综合定额（元/人·天）	地址	前台订房电话	备注
			房型	总间数	协议间数	房型	总间数	协议间数	容纳人数				
百花山庄度假村	增城市百花山庄度假村有限公司	4	套间	13	13	大会议室	1	1	330	260	增城市荔城街百花林水库内	020－82658088	
			单间	14	14	中会议室	2	2	100				
			标准间	140	140	小会议室	3	3	25				
裕通大酒店	广东裕通大酒店有限公司		套间	8	8	大会议室	1	1	250	280	广州市天河区中山大道136号	020－61361888	
			单间	30	30	中会议室	2	2	70				
			标准间	150	150	小会议室	1	1	20				
广州金桥酒店	广州金桥酒店有限公司	4	套间	14	14	大会议室	1	1	200	280	广州市寺右新马路93号	020－83918868－5	
			单间	60	60	中会议室	1	1	120				
			标准间	113	113	小会议室	1	1	15				
广东省军区招待所	广东省军区招待所		套间	46	46	大会议室	4	4	100－700	280	广州市沙太南路163号	020－87729252	
			单间	无		中会议室	6	6	30－100				
			标准间	290	290	小会议室	1	1	20				
广州天河远洋大厦有限公司	广州天河远洋大厦有限公司	3	套间	20	20	大会议室	1	1	300	260	广州市天河区龙口东6号	020－62811063 62811066 62811060	
			单间	38	38	中会议室	3	3	60－100				
			标准间	169	169	小会议室	1	1	20				
广州军区房地产管理局华山招待所（广州华山宾馆）	广州军区房地产管理局华山招待所（广州华山宾馆）	3	套间	4	4	大会议室	1	1	260	258	广州市环市东路420号	020－87763868－6100	
			单间	无		中会议室	1	1	130				
			标准间	103	103	小会议室	3	3	30－80				
广州翠岛水电度假村有限责任公司	广州翠岛水电度假村有限责任公司		套间	51	51	大会议室	1	1	120－280	280	广州市从化温泉镇温泉西路20号	020－87836638－6638	
			单间	12	12	中会议室	2	2	45				
			标准间	110	110	小会议室	10	10	20－25				
从化市碧泉大酒店有限责任公司	从化市碧泉大酒店有限责任公司		套间	6	6	大会议室	1	1	180	275	广州市从化温泉镇温泉东路73号	020－87838938	
			单间	15	15	中会议室	无						
			标准间	77	77	小会议室	1	1	35				
广东农垦燕岭大厦有限公司	广东农垦燕岭大厦有限公司	4	套间	13	13	大会议室	2	2	250－300	280	广州市天河区燕岭路29号	020－37282218	
			单间	20	20	中会议室	1	1	60				
			标准间	226	226	小会议室	4	4	40				

饭店名称	发票开具单位名称	星级	客房（数量：间）			会议室（数量：间）				会议费综合定额（元/人·天）	地址	前台订房电话	备注
			房型	总间数	协议间数	房型	总间数	协议间数	容纳人数				
广东大厦	广东大厦	4	套间	40	40	大会议室	2	2	400	280	广州市越秀区东风中路309号	020－83339933－2119	
			单间	15	15	中会议室	2	2	280				
			标准间	438	438	小会议室	9	9	20－60				
广州番禺龙泉大酒店	广州市番禺龙泉大酒店有限公司	3	套间	14	14	大会议室	1	1	100	260	广州市番禺区市桥镇大北路99号	020－84826288	
			单间	37	37	中会议室	1	无					
			标准间	86	86	小会议室	1	1	25				
中国人民解放军广州军区政治部健力招待所（健力百合酒店）	中国人民解放军广州军区政治部健力招待所		套间	3	3	大会议室	1	1	250	270	广州市天河区林和西路169号	020－87021031	
			单间	27	27	中会议室	1	1	50				
			标准间	110	110	小会议室	1	1	20				
广东东方国际饭店	广东东方国际饭店有限公司	4	套间	20	20	大会议室	2	2	250	280	广州市广州大道中1418号	020－37233668	
			单间	90	90	中会议室	3	3	100				
			标准间	130	130	小会议室	2	2	30				
广东省国营龙眼洞林场凤凰山宾馆	广东省国营龙眼洞林场	3	套间	12	12	大会议室	1	1	168	248	广州市天河区广汕一路332号	020－87028998	
			单间	4	4	中会议室	1	1	60				
			标准间	90	90	小会议室	2	2	45				
山西大厦	山西大厦	3	套间	12	12	大会议室	2	2	110－160	280	广州市三元里大道山西大厦	020－22293788	
			单间	44	44	中会议室	1	1	100				
			标准间	138	138	小会议室	1	1	35				
广东南洋冠盛酒店	广东南洋冠盛酒店有限公司	3	套间	5	5	大会议室	1	1	600	278	广州市天河区天府路11号	020－61398888－6122	
			单间	57	57	中会议室	2	2	150－180				
			标准间	149	149	小会议室	3	3	50－90				
广东南洋长胜酒店	广东南洋长胜酒店有限公司	3	套间	22	22	大会议室	1	1	400	278	广州市天河区兴华路38号	020－61368888－6122	
			单间	99	99	中会议室	2	2	150－180				
			标准间	208	208	小会议室	2	2	50－110				
广州市番禺疗养院	广州市番禺疗养院		套间	21	21	大会议室	4	4	100－600	278	广州市番禺区禺山西路688号	020－23889288	
			单间	4	4	中会议室	4	4	70				
			标准间	206	206	小会议室	12	12	25				

饭店名称	发票开具单位名称	星级	客房（数量：间）			会议室（数量：间）				会议费综合定额（元/人·天）	地址	前台订房电话	备注
			房型	总间数	协议间数	房型	总间数	协议间数	容纳人数				
广州逸泉国际大酒店有限公司	广州逸泉国际大酒店有限公司		套间	18	18	大会议室	1	1	300	280	广州从化街口街逸泉山庄亲泉路1号	020－87808888－5	
			单间	24	24	中会议室	2	2	80				
			标准间	160	160	小会议室	7	7	45				
广州鸣泉居度假村有限公司	广州鸣泉居度假村有限公司		套间	8	8	大会议室	3	3	100－300	280	广州白云大道南1068号	020－86380118 86632888－19	
			单间	28	28	中会议室	2	2	50－100				
			标准间	129	129	小会议室	4	4	20－50				
金城宾馆	广州军区金城招待所	3	套间	9	9	大会议室	2	2	320	280	广州越秀区东华北路168号	020－87754888－11186/11187/11188	
			单间	36	36	中会议室	2	2	80				
			标准间	280	280	小会议室	1	1	20				
天一酒店	广州市天壹实业有限公司天一酒店		套间	16	16	大会议室	1	1	250－420	250	广州市海珠区同福东路644号	020－34351716	另有2间贵宾室
			单间	14	14	中会议室	2	2	60－100				
			标准间	122	122	小会议室	2	2	25－40				
广州经济技术开发区（从化）华辉度假村	广州经济技术开发区（从化）华辉度假村	3	套间	1	1	大会议室	1	1	500	280	从化市温泉镇云星村	020－87832508 87832009	
			单间	无		中会议室	3	3	100				
			标准间	140	140	小会议室	6	6	30				
广东迎宾馆	广东迎宾馆	4	套间	12	12	大会议室	2	2	120－220	280	广州市解放北路603号	020－83332950－3118/3498	
			单间	65	65	中会议室	2	2	50				
			标准间	186	186	小会议室	3	3	30				
新天河宾馆	广东新天河宾馆有限公司	3	套间	17	17	大会议室	2	2	260	248	广州市天河路188号	020－85595888－10111	
			单间	56	56	中会议室	1	1	180				
			标准间	153	153	小会议室	4	4	35				
广东温泉宾馆	广东温泉宾馆	3	套间	7	7	大会议室	2	2	100－600	280	广州市从化温泉镇温泉东路80号	020－87830888	
			单间	2	2	中会议室	3	3	80				
			标准间	211	211	小会议室	9	9	30－50				
广州市江悦酒店有限公司	广州市江悦酒店有限公司	3	套间	11	11	大会议室	1	1	300	280	广州市海珠区滨江西路20号	020－61259931 61259933 61259888	
			单间	29	29	中会议室	无						
			标准间	135	135	小会议室	4	4	8－37				

饭店名称	发票开具单位名称	星级	客房（数量：间）			会议室（数量：间）				会议费综合定额（元/人·天）	地址	前台订房电话	备注
			房型	总间数	协议间数	房型	总间数	协议间数	容纳人数				
华威达酒店	广州华威达商务大酒店有限公司	4	套间	12	12	大会议室	1	1	120	280	广州市黄埔大道西499号	020－38908888	
			单间	80	80	中会议室	1	1	40				
			标准间	150	150	小会议室	1	1	35				
广东省经贸委招待所	广东省经济贸易委员会招待所		套间	4	4	大会议室	1	1	140	250	广州市越秀区麓苑路36号	020－83595020	
			单间	17	17	中会议室	2	2	78				
			标准间	95	95	小会议室	2	2	25				
广州军区从化接待处荔圃温泉度假区	广州军区从化接待处		套间	9	9	大会议室	1	1	250	260	广州从化温泉河西路108号	020－87839016	
			单间	45	45	中会议室	4	4	100				
			标准间	44	44	小会议室	7	7	25				
广州嘉鸿华美达广场酒店	广东嘉鸿酒店有限公司		套间	12	12	大会议室	2	2	200－400	268	广州市天河区广园东瘦狗岭313号	020－87206888－3016/3019	
			单间	75	75	中会议室	3	3	70				
			标准间	75	75	小会议室	2	2	20				
广州市长隆酒店有限公司	广州市长隆酒店有限公司		套间	88	88	大会议室	5	5	600－4500	280	广州市番禺区迎宾路	020－84786838	
			单间	366	366	中会议室	9	9	70				
			标准间	941	941	小会议室	25	25	60				
广州市流溪河国家森林公园	广州市流溪河国家森林公园		套间	4	4	大会议室	1	1	250	280	广州市从化流溪河国家森林公园	020－87843288	价格含公园门票
			单间	11	11	中会议室	2	2	120				
			标准间	67	67	小会议室	3	3	40				
东方国际会议酒店	广州白云国国际会议中心有限公司	5	套间	22	22	大会议室	6	6	168－2500	280	广州白云大道南1039－1045号	020－88800888－营销部	
			单间	514	514	中会议室	25	25	50－200				
			标准间	409	409	小会议室	30	30	24－60				
广州市哈尔滨冰花酒店	广州市哈尔滨冰花酒店	3	套间	5	5	大会议室	1	1	100	268	广州市天河区天河北路2号	020－38862888	
			单间	20	20	中会议室	1	1	50				
			标准间	84	84	小会议室	4	4	20				
白云宾馆	广东新白云宾馆有限公司	5	套间	19	19	大会议室	3	3	200－350	280	广州市环市东路367号	020－83333998－3837	
			单间	170	170	中会议室	4	4	100				
			标准间	399	399	小会议室	7	7	20－50				

饭店名称	发票开具单位名称	星级	客房（数量：间）			会议室（数量：间）				会议费综合定额（元/人·天）	地址	前台订房电话	备注
			房型	总间数	协议间数	房型	总间数	协议间数	容纳人数				
中国电信集团广东省电信公司邮电大厦	中国电信集团广东省电信公司邮电大厦	3	套间	16	16	大会议室	1	1	100	278	广州市中山二路18号	020－87618888	
			单间	13	13	中会议室	1	1	70				
			标准间	49	49	小会议室	1	1	30				
增城市碧桂园凤凰城酒店有限公司	增城市碧桂园凤凰城酒店有限公司	5	套间	35	35	大会议室	8	8	150－1200	280	广州广园东路新塘路段凤凰城内	020－82808888	
			单间	109	109	中会议室	10	10	50－100				
			标准间	394	394	小会议室	5	5	8－40				
云山大酒店	广州云山大酒店有限公司	4	套间	36	36	大会议室	1	1	200	270	广州市越秀区先烈中路云鹤北8号	020－38377188	
			单间	无		中会议室	1	1	30－50				
			标准间	85	85	小会议室	2	2	8－16				
广商酒店	广州市广商酒店管理有限公司		套间	3	3	大会议室	1	1	100－150	240	广州市海珠区赤沙路21号	020－84099168	
			单间	24	24	中会议室	1	1	40				
			标准间	77	77	小会议室	2	2	20				
广东亚洲国际大酒店	广东亚洲国际大酒店	5	套间	52	52	大会议室	2	2	500	280	广州环市东路326号之一	020－61288888－8138	
			单间	146	146	中会议室	10	10	163				
			标准间	181	181	小会议室	6	6	40				
广州南方毅源大酒店有限公司	广州南方毅源大酒店有限公司	3	套间	10	10	大会议室	2	2	220－450	260	广州番禺区迎宾大道兴南路30号	020－34764888－6688	
			单间	45	45	中会议室	1	1	150				
			标准间	127	127	小会议室	2	2	60				
广州市华金盾大酒店	广州市华金盾大酒店有限公司	3	套间	4	4	大会议室	2	2	500－600	278	广州市天河区中山大道中368号	020－82308838－3005	
			单间	65	65	中会议室	2	2	100－200				
			标准间	154	154	小会议室	4	4	50－80				
广州从化凯旋宫饮食娱乐有限公司	广州从化凯旋宫饮食娱乐有限公司		套间	16	16	大会议室	1	1	180－400	260	广州从化江埔街河东环市东路168号	020－87989883	
			单间	62	62	中会议室	1	1	30				
			标准间	189	189	小会议室	3	3	20				

饭店名称	发票开具单位名称	星级	客房（数量：间）房型	总间数	协议间数	会议室（数量：间）房型	总间数	协议间数	容纳人数	会议费综合定额（元/人·天）	地址	前台订房电话	备注
广东南湖旅游中心（白云湖畔酒店）	广东南湖旅游中心		套间	5	5	大会议室	2	2	220－300	280	广州市白云区同和路783号	020－83918889	
			单间	43	43	中会议室	2	2	120				
			标准间	68	68	小会议室	1	1	12				
广州流花宾馆	广州流花宾馆集团股份有限公司	4	套间	18	18	大会议室	2	2	300	280	广州市环市西路194号	020－86668800－6188	
			单间	40	40	中会议室	1	1	80				
			标准间	182	182	小会议室	2	2	30				
广州望谷温泉度假村	广州望谷温泉度假村有限公司		套间	3	3	大会议室	1	1	150－250	268	广州从化市温泉镇温泉西路9号	020－87833333	
			单间	34	34	中会议室	1	1	100				
			标准间	70	70	小会议室	1	1	50				
广州市东悦酒店有限公司	广州市东悦酒店有限公司	3	套间	3	3	大会议室	1	1	100	260	广州市越秀区麓景路8号	020－61221888	
			单间	45	45	中会议室	1	1	40				
			标准间	53	53	小会议室	1	1	20				
广东胜利宾馆	广东胜利宾馆	4	套间	18	18	大会议室	1	1	150－200	280	广州市沙面北街53号	020－81216688	
			单间	无		中会议室	1	1	40－50				
			标准间	250	250	小会议室	1	1	10－25				
广东松园宾馆	广东松园宾馆		套间	30	30	大会议室	2	2	320	280	广州市广州大道北同泰路720号	020－87156666	
			单间	26	26	中会议室	2	2	160				
			标准间	185	185	小会议室	5	5	50				
广州市永成酒店有限公司	广州市永成酒店有限公司		套间	11	11	大会议室	1	1	200	280	广州市番禺区南村镇塘西村迎宾路东侧	020－39955888－8186	
			单间	78	78	中会议室	1	1	7				
			标准间	204	204	小会议室	4	4	8－50				
广东珠岛宾馆	广东珠岛宾馆		套间	39	39	大会议室	1	1	220－250	280	广州市沿江东路463号	020－87190810	
			单间	19	19	中会议室	2	2	120－150				
			标准间	102	102	小会议室	6	6	20－50				
广州市鼎龙国际大酒店	广州市鼎龙国际大酒店有限公司	4	套间	74	74	大会议室	1	1	70－250	280	广州市天河区广州大道北63号	020－87748999－8183	
			单间	87	87	中会议室	4	4	50				
			标准间	87	87	小会议室	3	3	15				

饭店名称	发票开具单位名称	星级	客房（数量：间）			会议室（数量：间）				会议费综合定额（元/人·天）	地址	前台订房电话	备注
			房型	总间数	协议间数	房型	总间数	协议间数	容纳人数				
广州市东方宾馆股份有限公司	广州市东方宾馆股份有限公司	5	套间	62	62	大会议室	3	3	400－600	280	广州市流花路120号	020－86669900－7905	
			单间	178	178	中会议室	4	4	200－300				
			标准间	400	400	小会议室	20	20	50－70				
广州市桃花江大酒店	广州市桃花江大酒店有限公司		套间	2	2	大会议室	1	1	70	220	广州市海珠区新港东路84号	020－62368888	
			单间	32	32	中会议室	无						
			标准间	76	76	小会议室	1	1	25				
广东湖滨宾馆	广东湖滨宾馆	3	套间	9	9	大会议室	1	1	70	270	广州市沿江东路451号	020－87190923	
			单间	无		中会议室	2	2	400				
			标准间	181	181	小会议室	5	5	120				
广东嘉福国际大酒店	广东嘉福国际大酒店有限公司		套间	61	61	大会议室	1	1	50	245	广州市越秀区环市东路418号	020－37806086	
			单间	107	107	中会议室	2	2	50－100				
			标准间	172	172	小会议室	1	1	15－20				
五龙体育休闲山庄	广州市白云区钟落潭五龙体育休闲山庄		套间	4	4	大会议室	1	1	120－400	245	广州市白云区钟落潭镇五龙岗康杜岭自编8号	020－87404173	
			单间	5	5	中会议室	2	2	100				
			标准间	56	56	小会议室	5	5	40				
维景大酒店	广州市维景大酒店有限公司		套间	7	7	大会议室	1	1	300	230	广州市番禺区南村镇兴南大道32号	020－34822888	
			单间	15	15	中会议室	2	2	150				
			标准间	108	108	小会议室	1	1	100				
国德国际大酒店	广州国德大酒店有限公司	5	套间	16	16	大会议室	3	3	400－600	280	广州市天河区天河东路153号	020－38861111	
			单间	90	90	中会议室	2	2	250				
			标准间	100	100	小会议室	4	4	40				
广东宣传教育服务中心（广轩大厦）	广东宣传教育服务中心	3	套间	8	8	大会议室	1	1	400	260	广州市海珠区振兴大街9号	020－84174688	
			单间	35	35	中会议室	2	2	100－150				
			标准间	227	227	小会议室	13	13	26－39				
广东广天大厦	广东广天大厦	3	套间	13	13	大会议室	1	1	400	268	广州市天河区黄埔大道西243号	020－28389889 28389890	
			单间	37	37	中会议室	2	2	150－200				
			标准间	77	77	小会议室	7	7	30－50				

饭店名称	发票开具单位名称	星级	客房（数量：间）			会议室（数量：间）				会议费综合定额（元/人·天）	地址	前台订房电话	备注
			房型	总间数	协议间数	房型	总间数	协议间数	容纳人数				
武警广东总队天鹿湖会议中心	武警广东总队天鹿湖会议中心		套间	16	16	大会议室	3	3	300－400	280	广州市萝岗区黄陂北社路3号	020－87219388	
			单间	70	70	中会议室	6	6	100				
			标准间	70	70	小会议室	15	15	40				
清远市													
清远聚龙湾天然温泉度假村	东新（佛冈）温泉开发有限公司		套间	4	4	大会议室	2	2	70－238	280	广东省清远市佛冈县汤塘镇	0763－4632888	
			单间	32	32	中会议室	9	9	34－50				
			标准间	150	150	小会议室	4	4	10－28				
广东省机场管理集团公司佛冈培训中心	广东省机场管理集团公司佛冈培训中心		套间	16	16	大会议室	1	1	70－238	278	广东省佛冈县汤塘镇白云机培训中心	0763－6830968 6830969	另：有40间标准间别墅
			单间	5	5	中会议室	2	2	34－50				
			标准间	41	41	小会议室	5	5	10－28				
清远格豪假日酒店	清远格豪假日酒店有限公司	5	套间	20	20	大会议室	1	1	100－250	268	广东省清远市先锋中路18号	0763－3333228	
			单间	50	50	中会议室	2	2	80－150				
			标准间	150	150	小会议室	2	2	20－30				
清远市碧桂园假日半岛酒店有限公司	清远市碧桂园假日半岛酒店有限公司	5	套间	64	64	大会议室	4	4	140－350	280	清远市清城区石角镇花兜开发区碧桂园假日半岛	0763－3836688－2	另：有24间别墅
			单间	13	13	中会议室	2	2	100				
			标准间	142	142	小会议室	4	4	10－40				
玉泉山庄	清远清新温矿泉旅游渡假区有限公司		套间	8	8	大会议室	1	1	200	245	清远市清新县三坑镇	0763－5862622	
			单间	6	6	中会议室	2	2	50－80				
			标准间	81	81	小会议室	1	1	30				
嘉华大酒店	清远嘉华大酒店有限公司	4	套间	5	5	大会议室	1	1	112	200	广东省清远新城桥墩南路8号	0763－3850038	
			单间	10	10	中会议室	无						
			标准间	88	88	小会议室	1	1	22				
英德溶洞温泉	英德溶洞温泉度假村有限公司		套间	20	20	大会议室	1	1	200	280	广东省英德市望埠镇李屋村	0763－2581888	
			单间	30	30	中会议室	1	1	80				
			标准间	150	150	小会议室	1	1	40				

饭店名称	发票开具单位名称	星级	客房（数量：间）			会议室（数量：间）				会议费综合定额（元/人·天）	地址	前台订房电话	备注
			房型	总间数	协议间数	房型	总间数	协议间数	容纳人数				
韶关市													
韶关市曲江曹溪温泉假日度假村有限公司	韶关市曲江曹溪温泉假日度假村有限公司	4	套间	28	28	大会议室	1	1	500	240	韶关市曲江区马坝转溪桥头	0751－6666666	
			单间	20	20	中会议室	3	3	50－200				
			标准间	426	426	小会议室	1	1	30				
方圆民族温矿泉酒店	乳源瑶族自治县方圆民族温矿泉酒店	4	套间	8	8	大会议室	1	1	120	240	乳源县鹰峰西路50号	0751－5222222	
			单间	13	13	中会议室		无					
			标准间	83	83	小会议室	1	1	60				
韶关市湖心宾馆	韶关市湖心宾馆	3	套间	2	2	大会议室	2	2	150－350	220	韶关市工业东路17号	0751－8176182 8176183 8761365	
			单间	8	8	中会议室	1	1	50－90				
			标准间	90	90	小会议室	1	1	20－45				
河源市													
河源迎宾馆	河源迎宾馆		套间	8	8	大会议室	1	1	80－123	280	沿江中路20号	0762－3386999	
			单间	7	7	中会议室	1	1	25				
			标准间	14	14	小会议室	1	1	18				
河源市迈豪国际酒店	河源市迈豪国际酒店有限公司		套间	20	20	大会议室	1	1	350	280	广东省河源市沿江东路8号	0762－3389888 3293666	
			单间	20	20	中会议室	1	1	200				
			标准间	181	181	小会议室	8	8	25－45				
梅州市													
梅州市深海友谊大厦有限公司友谊宾馆	梅州市深海友谊大厦有限公司友谊宾馆	3	套间	19	19	大会议室	2	2	280－350	238	梅州市江南彬芳大道52号	0753－2193105	另有一间多功能大会议室
			单间	30	30	中会议室	2	2	40－100				
			标准间	119	119	小会议室	1	1	10				
梅州市华美达酒店	梅州市华美达酒店		套间	4	4	大会议室	1	1	200	280	梅州市梅江区彬芳大道南梅园路口	0753－2112002 2112003	
			单间	61	61	中会议室	1	1	60				
			标准间	64	64	小会议室	3	3	30				

饭店名称	发票开具单位名称	星级	客房（数量：间）			会议室（数量：间）				会议费综合定额（元/人·天）	地址	前台订房电话	备注
			房型	总间数	协议间数	房型	总间数	协议间数	容纳人数				
梅州迎宾馆（梅州太平洋酒店有限公司）	梅州迎宾馆（梅州太平洋酒店有限公司）		套间	26	26	大会议室	1	1	500	269	梅州市机关路9号	0753－2190888	
			单间	4	4	中会议室	1	1	300				
			标准间	80	80	小会议室	7	7	25				
田园大酒店	梅州市梅江区田园大酒店有限公司	3	套间	10	10	大会议室	1	1	250	238	梅州长江南路35号	0753－2163288	
			单间	11	11	中会议室	1	1	80				
			标准间	70	70	小会议室	1	1	25				
梅县雁南飞茶田有限公司	梅县雁南飞茶田有限公司		套间	10	10	大会议室	2	2	430	268	梅州市梅县雁洋镇长教管理区	0753－2828888	含会场、住宿、三餐餐费
			单间	16	16	中会议室	2	2	110				
			标准间	120	120	小会议室	2	2	60				
潮州市													
潮州宾馆	潮州宾馆有限公司	4	套间	9	9	大会议室	1	1	120	280	潮州潮枫路一号	0768－2137954 2137803	
			单间	25	25	中会议室	2	2	70				
			标准间	115	115	小会议室	1	1	30				
东山湖温泉度假村	潮安东山湖温泉度假村有限公司		套间	8	8	大会议室	1	1	50－100	280	潮安县东山湖温泉度假村	0768－5215888	
			单间	32	32	中会议室	2	2	30				
			标准间	27	27	小会议室	1	1	15				
汕头市													
汕头市莲花山温泉度假村有限公司	汕头市莲花山温泉度假村有限公司		套间	1	1	大会议室	1	1	180－300	210	汕头市澄海区莲华镇碧砂村	0754－85319888	
			单间	8	8	中会议室	1	1	120				
			标准间	58	58	小会议室	1	1	50				
龙湖宾馆	汕头市龙湖宾馆有限公司	4	套间	28	28	大会议室	1	1	250	248	广东省汕头市大北山路2号	0754－88260706－5	
			单间	50	50	中会议室	2	2	190				
			标准间	173	173	小会议室	1	1	50				
汕头市中旅华侨大厦有限公司	汕头市中旅华侨大厦有限公司	3	套间	10	10	大会议室	1	1	120	180	汕头市汕樟路41号	0754－88911222 88911208	
			单间	18	18	中会议室	1	1	50				
			标准间	196	196	小会议室	1	1	20				

饭店名称	发票开具单位名称	星级	客房（数量：间）			会议室（数量：间）				会议费综合定额（元/人·天）	地址	前台订房电话	备注
			房型	总间数	协议间数	房型	总间数	协议间数	容纳人数				
揭阳市													
揭西县京明温泉度假村有限公司	揭西县京明温泉度假村有限公司		套间	49	49	大会议室	2	2	500－2100	280	广东省揭阳市揭西县京溪园镇	0663－5851001	
			单间	53	53	中会议室	2	2	120				
			标准间	226	226	小会议室	5	5	50				
榕江大酒店	揭阳市榕江大酒店有限公司	5	套间	18	18	大会议室	1	1	80－500	278	揭阳市东山区岐山大道（市政府西侧）	0663－8222888－8228/1000	
			单间	无		中会议室	1	1	50－60				
			标准间	190	190	小会议室	1	1	20－30				
揭阳市特美思大酒店有限公司	揭阳市特美思大酒店有限公司	4	套间	7	7	大会议室	1	1	300－400	280	揭阳市东山马牙路以东建阳路以南	0663－8223888－8168/8188	
			单间	64	64	中会议室	1	1	50				
			标准间	128	128	小会议室	2	2	35				
汕尾市													
海丰莲花山度假村有限公司	海丰莲花山度假村有限公司	4	套间	28	28	大会议室	1	1	300－500	268	广东省海丰县莲花山深林公园喷须	0660－6728888	
			单间	15	15	中会议室	无						
			标准间	230	230	小会议室	3	3	30－150				
惠州市													
龙门县南昆山云天海原始森林度假村	龙门县南昆山云天海原始森林度假村有限公司		套间	28	28	大会议室	1	1	200－300	248	惠州市龙门县南昆山	0752－5940088	另：有23间山景房
			单间	13	13	中会议室	2	2	60－80				
			标准间	92	92	小会议室	1	1	20－25				
中信惠州汤泉旅游度假村	中信惠州汤泉旅游度假村有限公司		套间	16	16	大会议室	1	1	120	260	惠州市小金口汤泉风景区	0752－2820838	
			单间	无		中会议室	2	2	50				
			标准间	33	33	小会议室	3	3	30				
惠州市金世纪假日酒店	惠州市鑫泉实业有限公司	4	套间	8	8	大会议室	1	1	380－600	280	广东省惠州市惠城区沥林镇惠樟路	0752－3868888	
			单间	40	40	中会议室	1	1	100				
			标准间	123	123	小会议室	4	4	25				
惠州市罗浮山宝田国际度假会议酒店	惠州市罗浮山嘉宝田乡村俱乐部有限公司	5	套间	25	25	大会议室	2	2	240－350	280	惠州市罗浮山风景区	0752－6891296	
			单间	40	40	中会议室	1	1	80				
			标准间	146	146	小会议室	4	4	78				

饭店名称	发票开具单位名称	星级	客房（数量：间）			会议室（数量：间）				会议费综合定额（元/人·天）	地址	前台订房电话	备注
			房型	总间数	协议间数	房型	总间数	协议间数	容纳人数				
惠州金华悦商务酒店	惠州金华悦商务酒店有限公司	4	套间	118	118	大会议室	3	3	200－800	280	惠州市下埔大道28号	0752－2086806 2087198 2087199 2087228 2088888	
			单间	110	110	中会议室	5	5	100－200				
			标准间	208	208	小会议室	2	2	23－35				
惠州宾馆	惠州宾馆	4	套间	8	8	大会议室	1	1	280	280	惠州市环城西二路17号	0752－2181333	
			单间	无		中会议室	2	2	45－70				
			标准间	101	101	小会议室	2	2	15－20				
东莞市													
富盈酒店	东莞市富盈酒店有限公司	5	套间	10	10	大会议室	1	1	680	280	东莞市广深高速东莞出口东莞大道交汇处	0769－85888866	
			单间	147	147	中会议室	2	2	360				
			标准间	140	140	小会议室	7	7	56				
汇景酒店	东莞市汇景酒店有限公司		套间	12	12	大会议室	2	2	210－680	280	广东省东莞市洪梅镇洪梅大道1号	0769－88848888－8601	另：有44间单双二用房
			单间	63	63	中会议室	1	1	150				
			标准间	96	96	小会议室	8	8	12－50				
宏远酒店	东莞市宏远酒店有限公司	4	套间	23	23	大会议室	1	1	300－1600	280	广东省东莞市南城区宏远路一号	0769－22418888	
			单间	无		中会议室	3	3	189－230				
			标准间	150	150	小会议室	4	4	10－70				
东莞尼罗河酒店	东莞市尼罗河酒店有限公司		套间	28	28	大会议室	3	3	460－1000	280	东莞市万江区万道路南10号新华南摩尔生活城F3区	0769－22706666	
			单间	139	139	中会议室	2	2	90				
			标准间	112	112	小会议室	2	2	60				
东莞宾馆	东莞宾馆有限公司	4	套间	10	10	大会议室	1	1	300	280	东莞市莞城东正路十一号	0769－22222222－28	含早餐
			单间	70	70	中会议室	1	1	100				
			标准间	100	100	小会议室	2	2	8－100				
珠海市													
港中旅（珠海）海泉湾度假区	港中旅（珠海）海洋温泉有限公司		套间	36	36	大会议室	10	10	100－1800	280	珠海平沙海泉湾度假区	0756－7728688	
			单间	无		中会议室	12	12	50				
			标准间	88	88	小会议室	10	10	30				

饭店名称	发票开具单位名称	星级	客房（数量：间）			会议室（数量：间）				会议费综合定额（元/人·天）	地址	前台订房电话	备注
			房型	总间数	协议间数	房型	总间数	协议间数	容纳人数				
珠海市旅游大酒店有限公司	珠海市旅游大酒店有限公司	3	套间	15	15	大会议室	1	1	300	200	珠海市吉大海滨南路56号	0756－3366908	
			单间	36	36	中会议室	1	1	80				
			标准间	84	84	小会议室	1	1	40				
珠海南洋海景酒店	珠海市南洋海景酒店有限公司		套间	18	18	大会议室	1	1	100－250	260	珠海市拱北高沙中街108号	0756－8132185	
			单间	126	126	中会议室	1	1	40				
			标准间	81	81	小会议室	1	1	20				
珠海市委党校学苑宾馆	珠海市委党校学苑宾馆	3	套间	17	17	大会议室	7	7	110－400	260	珠海市梅华东路276号	0756－2152788	
			单间	6	6	中会议室	6	6	60－70				
			标准间	65	65	小会议室	15	15	30－50				
珠海市天鹅大酒店	珠海市天鹅大酒店有限公司		套间	26	26	大会议室	1	1	300	260	珠海市香洲区银桦路98号（888商业街北侧）	0756－2653699	
			单间	66	66	中会议室	1	1	40－50				
			标准间	142	142	小会议室	4	4	20－30				
珠海度假村酒店有限公司	珠海度假村酒店有限公司	5	套间	8	8	大会议室	1	1	500－1000	280	珠海市吉大石花东路9号	0756－3215666	
			单间	无		中会议室	2	2	200				
			标准间	200	200	小会议室	5	5	40				
珠海石景山旅游中心	珠海石景山旅游中心	3	套间	58	58	大会议室	1	1	280	280	珠海市吉大景山路193号	0756－3337388－前台/3282	
			单间	26	26	中会议室	2	2	100				
			标准间	120	120	小会议室	5	5	50				
珠海粤海酒店	珠海粤海酒店	4	套间	133	133	大会议室	2	2	290－600	278	珠海市拱北粤海东路1145号	0756－8888128－3528	
			单间	215	215	中会议室	4	4	30－90				
			标准间	126	126	小会议室	4	4	8－15				
珠海华侨宾馆有限责任公司	珠海华侨宾馆有限责任公司	3	套间	4	4	大会议室	1	1	50－360	218	广东省珠海拱北迎宾南路2106号	0756－8136633	
			单间	77	77	中会议室	1	1	40				
			标准间	111	111	小会议室	3	3	30				
珠海2000年大酒店	珠海市二千年大酒店有限公司	4	套间	15	15	大会议室	3	3	300－500	267	珠海香洲人民东路121号	0756－2122998	
			单间	60	60	中会议室	9	9	60－200				
			标准间	218	218	小会议室	5	5	20				

饭店名称	发票开具单位名称	星级	客房（数量：间）			会议室（数量：间）				会议费综合定额（元/人·天）	地址	前台订房电话	备注
			房型	总间数	协议间数	房型	总间数	协议间数	容纳人数				
华骏大酒店	华骏大酒店	4	套间	22	22	大会议室	1	1	200	268	珠海拱北侨光西路328号	0756－8118999	
			单间	55	55	中会议室	1	1	60				
			标准间	130	130	小会议室	2	2	15－40				
珠海德翰大酒店	珠海德翰大酒店有限公司	5	套间	39	39	大会议室	3	3	200－1500	280	珠海吉大路2号国际会议中心（酒店）	0756－3329988	
			单间	226	226	中会议室	6	6	30－60				
			标准间	269	269	小会议室	6	6	10－35				
中山市													
中山富华酒店	中山富华酒店	4	套间	13	13	大会议室	1	1	400	260	中山市石岐西区富华道一号	0760－88638888－8238/8568	
			单间	50	50	中会议室	1	1	200				
			标准间	155	155	小会议室	5	5	15－40				
中山市古镇国贸大酒店有限公司	中山市古镇国贸大酒店有限公司	5	套间	31	31	大会议室	1	1	400－450	270	中山市古镇镇中兴大道中路	0760－22348888	
			单间	126	126	中会议室	1	1	70				
			标准间	121	121	小会议室	1	1	20				
怡景假日酒店	怡景酒店经营管理有限公司		套间	15	15	大会议室	1	1	220	280	中山市长江南路（景观南路）长江水库风景区	0760－88311668－8223	
			单间	45	45	中会议室	1	1	90				
			标准间	61	61	小会议室	2	2	20－40				
中山国际酒店	中山国际酒店	5	套间	11	11	大会议室	1	1	500	280	广东省中山市中山一路142号	0760－88633388－206	
			单间	60	60	中会议室	2	2	200				
			标准间	207	207	小会议室	3	3	70				
中山温泉有限公司	中山温泉有限公司	4	套间	5	5	大会议室	1	1	350	278	广东省中山市三乡镇中山温泉有限公司	0760－86683888－88889	含会场、住宿、三餐餐费
			单间	72	72	中会议室	1	1	100				
			标准间	171	171	小会议室	1	1	45				
中山市阳光商务酒店有限公司	中山市阳光商务酒店有限公司		套间	8	8	大会议室	1	1	300	260	中山市西区升华路2号	0760－88636888－1101/1102	
			单间	88	88	中会议室	1	1	150－200				
			标准间	72	72	小会议室	4	4	10－50				

饭店名称	发票开具单位名称	星级	客房（数量：间）			会议室（数量：间）				会议费综合定额（元/人·天）	地址	前台订房电话	备注
			房型	总间数	协议间数	房型	总间数	协议间数	容纳人数				
江门市													
江门丽宫国际酒店	江门丽宫国际酒店	5	套间	30	30	大会议室	3	3	250－1000	280	广东省江门市东华二路18－28号	0750－8233388	
			单间	140	140	中会议室	1	1	150				
			标准间	160	160	小会议室	1	1	80				
江门市逸豪酒店有限公司	江门市逸豪酒店有限公司	5	套间	31	31	大会议室	4	4	600－1000	280	江门市迎宾大道中118号	0750－3928888－2371	
			单间	289	289	中会议室	2	2	300－400				
			标准间	367	367	小会议室	7	7	20－70				
恩平市帝都温泉旅游区	恩平市帝都温泉旅游区发展有限公司		套间	29	29	大会议室	3	3	250－700	268	江门市恩平市良西镇	0750－7396188	
			单间	40	40	中会议室	3	3	50－150				
			标准间	221	221	小会议室	6	6	10－50				
广东银业雁山酒店有限公司	广东银业雁山酒店有限公司		套间	27	27	大会议室	3	3	300－800	280	广东鹤山大雁山风景区	0750－8933333	
			单间	28	28	中会议室	5	5	150				
			标准间	154	154	小会议室	10	10	30				
鹤山市碧桂园凤凰酒店	鹤山市碧桂园凤凰酒店有限公司	5	套间	12	12	大会议室	2	2	600	280	广东江门鹤山市沙坪镇鹤山大道623号	0750－8866388－17	
			单间	37	37	中会议室	3	3	80－300				
			标准间	232	232	小会议室	5	5	10－70				
江门市五邑碧桂园凤凰酒店有限公司	江门市五邑碧桂园凤凰酒店有限公司		套间	3	3	大会议室	1	1	100－200	280	江门市蓬江区西环路大西坑自然保护区旁五邑碧桂园内	0750－3289988	
			单间	10	10	中会议室	1	1	50				
			标准间	77	77	小会议室	4	4	15				
佛山市													
佛山市高明区碧桂园凤凰酒店有限公司	佛山市高明区碧桂园凤凰酒店有限公司		套间	21	21	大会议室	1	1	100－1000	280	佛山市高明区三洲碧桂路高明碧桂园凤凰酒店	0757－88611111	
			单间	270	270	中会议室	6	6	60				
			标准间	46	46	小会议室	9	9	15－20				
蝴蝶谷酒店	佛山市南海蝴蝶谷酒店有限公司		套间	44	44	大会议室	2	2	200－1000	280	佛山市南海区南国桃园香格里拉花园内	0757－85230113	
			单间	50	50	中会议室	3	3	60－100				
			标准间	162	162	小会议室	7	7	20－40				

饭店名称	发票开具单位名称	星级	客房（数量：间）			会议室（数量：间）				会议费综合定额（元/人·天）	地址	前台订房电话	备注
			房型	总间数	协议间数	房型	总间数	协议间数	容纳人数				
西樵山大酒店	佛山市南海西樵通酒店物业管理有限公司	3	套间	29	29	大会议室	1	1	320	175	广东省佛山市南海区西樵山白云洞景区内	0757－81221988	
			单间	16	16	中会议室	3	3	80－120				
			标准间	103	103	小会议室	3	3	16－30				
金湖酒店	佛山市金湖酒店有限公司	3	套间	12	12	大会议室	1	1	300	275	佛山市禅城区普澜二路23号	0757－83399338	
			单间	74	74	中会议室	1	1	100				
			标准间	81	81	小会议室	4	4	30				
佛山市禅城酒店银座有限公司	佛山市禅城酒店银座有限公司	3	套间	12	12	大会议室	1	1	100	275	广东省佛山市禅城区汾江中路76号	0757－83022016 82966888	
			单间	48	48	中会议室	1	1	70				
			标准间	77	77	小会议室	1	1	40				
佛山市金银酒店有限公司	佛山市金银酒店有限公司	3	套间	8	8	大会议室	1	1	180	268	佛山市禅城区汾江西路4号	0757－83638323 83350239	
			单间	35	35	中会议室	1	1	110				
			标准间	35	35	小会议室	1	1	30				
佛山市三水中旅集团有限公司华厦酒店	佛山市三水中旅集团有限公司	3	套间	4	4	大会议室	1	1	600	280	佛山市三水区西南街道新华路42号	0757－87802361	
			单间	30	30	中会议室	2	2	180				
			标准间	66	66	小会议室	3	3	35				
祈福（仙湖）酒店	佛山市南海祈福仙湖酒店有限公司	4	套间	8	8	大会议室	1	1	350－1000	280	佛山市南海区丹灶镇仙湖度假区祈福（仙湖）酒店	0757－85449988	
			单间	13	13	中会议室	11	11	60				
			标准间	137	137	小会议室	8	8	20				
佛山市南海桃源楼餐饮服务部	佛山市南海桃源楼餐饮服务部		套间	19	19	大会议室	1	1	100－284	280	佛山市南海区狮山镇松岗南国桃园桃红路16号	0757－85538999	
			单间	34	34	中会议室	3	3	70				
			标准间	147	147	小会议室	6	6	20				
佛山市顺德区碧桂园物业发展有限公司度假村	佛山市顺德区碧桂园物业发展有限公司度假村	4	套间	5	5	大会议室	1	1	400	280	佛山市顺德区北滘镇碧江大桥边	0757－26330505	
			单间	无		中会议室	3	3	40－80				
			标准间	108	108	小会议室	3	3	15－30				

饭店名称	发票开具单位名称	星级	客房（数量：间）			会议室（数量：间）				会议费综合定额（元/人·天）	地址	前台订房电话	备注
			房型	总间数	协议间数	房型	总间数	协议间数	容纳人数				
肇庆市													
肇庆市委招待所（肇庆市湖滨大酒店）	肇庆市委招待所	3	套间	10	10	大会议室	2	2	150－600	260	肇庆市天宁北路82号	0758－2316688	
			单间	5	5	中会议室	4	4	80				
			标准间	117	117	小会议室	4	4	30				
肇庆华侨大厦	肇庆华侨大厦	3	套间	5	5	大会议室	1	1	300	200	肇庆市天宁北路90号	0758－2232650	
			单间	11	11	中会议室	1	1	80				
			标准间	129	129	小会议室	1	1	30				
肇庆市波海楼	肇庆市波海楼	3	套间	7	7	大会议室	2	2	68－160	278	肇庆市星湖西路	0758－2233191	另：有13间一房一厅的套间
			单间	无		中会议室	2	2	50				
			标准间	70	70	小会议室	2	2	30				
肇庆皇朝酒店	肇庆星湖俱乐部	4	套间	6	6	大会议室	1	1	280－1200	280	广东省肇庆市端州五路九号	0758－2238238－13	
			单间	13	13	中会议室	4	4	100				
			标准间	275	275	小会议室	4	4	40－60				
肇庆市碧桂园凤凰酒店	肇庆市高要碧桂园凤凰酒店有限公司		套间	5	5	大会议室	1	1	400	280	广东省肇庆市高要南岸湖西一路18号	0758－8383888	
			单间	35	35	中会议室	3	3	100				
			标准间	180	180	小会议室	7	7	30－50				
云浮市													
新兴县金水台温泉有限公司	新兴县金水台温泉有限公司		套间	6	6	大会议室	1	1	750	280	广东省云浮市新兴县水台镇金水台温泉	0766－2513111	
			单间	6	6	中会议室	2	2	180				
			标准间	129	129	小会议室	3	3	20				
云浮市迎宾馆	云浮市迎宾馆有限公司		套间	27	27	大会议室	1	1	500	280	云浮市行政中心侧	0766－8988688 8988558	
			单间	90	90	中会议室	1	1	300				
			标准间	51	51	小会议室	1	1	15－120				
阳江市													
阳江市碧桂园凤凰酒店有限公司	阳江市碧桂园凤凰酒店有限公司	5	套间	33	33	大会议室	1	1	650	280	广东省阳江市阳东湖滨西路	0662－6666638	
			单间	44	44	中会议室	3	3	50－130				
			标准间	265	265	小会议室	2	2	12－30				

饭店名称	发票开具单位名称	星级	客房（数量：间）			会议室（数量：间）				会议费综合定额（元/人·天）	地址	前台订房电话	备注
			房型	总间数	协议间数	房型	总间数	协议间数	容纳人数				
茂名市													
荔晶大酒店	茂名荔晶大酒店有限公司		套间	15	15	大会议室	3	3	400－800	278	茂名市为民路一号	0668－2981888 2288228	
			单间	48	48	中会议室	3	3	240				
			标准间	118	118	小会议室	2	2	41				
茂名国际大酒店	茂名市国际大酒店有限公司	5	套间	11	11	大会议室	2	2	200－400	280	茂名市双山三路99号	0668－2986888	
			单间	15	15	中会议室	2	2	100－160				
			标准间	139	139	小会议室	3	3	30－50				
茂名市东园大酒店	茂名市东园大酒店	4	套间	25	25	大会议室	1	1	260－500	280	茂名市茂南区官山四路33号	0668－2737888	
			单间	30	30	中会议室	2	2	60				
			标准间	60	60	小会议室	4	4	12				
茂名花园酒店	茂名花园酒店有限公司	4	套间	20	20	大会议室	2	2	300－350	280	广东省茂名市光华南路163号	0668－2171308 2171309	
			单间	40	40	中会议室	2	2	150				
			标准间	121	121	小会议室	1	1	40				
茂名市委招待所	茂名市委招待所		套间	12	12	大会议室	1	1	200	268	广东省茂名市迎宾路42号	0668－2287636－80016/80017/80018	
			单间	无		中会议室	2	2	30－36				
			标准间	185	185	小会议室	2	2	18－22				
湛江市													
湛江海滨宾馆有限责任公司	湛江海滨宾馆有限责任公司	4	套间	22	22	大会议室	1	1	800	280	湛江市海滨大道中2号	0759－2286888－55	另：有21间别墅
			单间	无		中会议室	3	3	80－130				
			标准间	290	290	小会议室	3	3	30				
金辉煌酒店	湛江市霞山区金辉煌酒店	4	套间	31	31	大会议室	1	1	120－800	279	湛江市人民大道中15号	0759－2368881	
			单间	89	89	中会议室	3	3	80				
			标准间	88	88	小会议室	2	2	40				
中国城酒店	湛江开发区中国城酒店有限公司	4	套间	11	11	大会议室	2	2	200－500	260	湛江开发区乐山路48号	0759－3199991	
			单间	47	47	中会议室	4	4	90				
			标准间	63	63	小会议室	1	1	50				

饭店名称	发票开具单位名称	星级	客房（数量：间）			会议室（数量：间）				会议费综合定额（元/人·天）	地址	前台订房电话	备注
			房型	总间数	协议间数	房型	总间数	协议间数	容纳人数				
湛江丽波度假村	湛江丽波酒店	4	套间	23	23	大会议室	4	4	250－600	280	广东省廉江市塘山岭生态公园旁	0759－6618888	
			单间	25	25	中会议室	6	6	80				
			标准间	250	250	小会议室	3	3	40				
杏磊湾温泉度假村	徐闻县海安旅游渡假中心有限公司		套间	11	11	大会议室	1	1	260	280	徐闻县徐海大道杏磊段	0759－4683888	
			单间	28	28	中会议室	1	1	40				
			标准间	75	75	小会议室	1	1	40				

深圳市会议定点饭店

饭店名称	发票开具单位名称	星级	客房（价格：元/天）					会议室（数量：间；价格：元/半天）						地址	前台订房电话	备注
			房型	总间数	协议间数	门市价	协议价	类型	总间数	协议间数	可容纳人数	门市价	协议价/半天			
麒麟山疗养院	深圳市麒麟山疗养院		套间	12	12	880	440	大会议室	2	2	320	5000	4000	南山区沁园路	0755－26626028－8169	
								中会议室	2	2	150	2000	1600			
			标准间	228	228	680	300	小会议室	4	4	50	1000	800			
中共深圳市委党校学苑宾馆	中共深圳市委党校学苑宾馆		套间	32	32	1280	588	大会议室	3	3	700	5800	2900	福田区香蜜湖路3008号	0755－82768008	
			标准间	412	412	680	298	中会议室	39	39	300	1300－4000	650－2000			
								小会议室	11	11	200	500－900	250－450			
景田酒店	深圳市景田酒店有限公司		套间	20	18	3198	600	大会议室	1	1	600	18750	4000	福田区莲花路78号妇儿大厦	0755－83140888－6398	
			单间	104	75	1012	300	中会议室	3	3	200	4000	1600			
			标准间	90	65	1128	300	小会议室	4	4	90	3000	1200			
红桂大酒店	深圳市红桂大酒店有限责任公司		标准大床房	51	51	458	298	多功能厅	1	1	350	9600	4000	罗湖区红桂路2068号	0755－25865688	
			标准双人房	16	16	458	298	长廊会议厅	1	1	60	3200	2000			
			商务套房	10	10	688	498	总统会议厅	1	1	40	2400	1500			
			豪华行政套房	10	10	638	488	小会议厅	4	4	12	1200	1000			
深圳实华酒店有限公司	深圳实华酒店有限公司	3	套间	13	13	1998	480	大会议室	1	1	450	6500	2925	福田区北环大道7001号	0755－33338536	
			单间	57	57	1088	260	中会议室	1	1	150	4000	1800			
			标准间	90	90	1088	260	小会议室	1	1	100	3000	1350			
新乐滨海明珠大酒店	深圳市新乐小汽车出租公司新乐滨海明珠大酒店	3	单间	12	12	460	198	大会议室	1	1	120	1400	1000	盐田区大梅沙金沙路2号	0755－25254666	
			标准间	76	76	460	198	中会议室	2	2	80	1150	800			
								小会议室	2	2	30	850	600			
观澜山水田园旅游文化园	深圳市山水田园实业有限公司观澜山水田园旅游文化园	4	套间	46	46	968	298	大会议室	2	2	280	3500	2000	宝安区观澜君子布环	0755－29679888	
			单间	57	57	646	268	中会议室	3	3	80	2000	1200			
			标准间	88	88	646	268	小会议室	1	1	35	1500	800			

饭店名称	发票开具单位名称	星级	客房（价格：元/天）					会议室（数量：间；价格：元/半天）						地址	前台订房电话	备注
			房型	总间数	协议间数	门市价	协议价	类型	总间数	协议间数	可容纳人数	门市价	协议价/半天			
深圳东湖宾馆	深圳东湖宾馆	3	标准间	157	157	596	238	大会议室	2(538平米)	2(538平米)	350	10000	4000	罗湖区爱国路4006号	0755－25400088	
								中会议室	3(318平米)	3(318平米)	250	6250	2500			
								小会议室	3(100平米)	3(100平米)	50	2000	800			
中国人民武装警察边防部队深圳生产基地	中国人民武装警察边防部队深圳生产基地		单人套间	3	3	588	470	大会议室	1	1	400	3800	2000	龙岗区五联村	0755－89903083	
			标准间	27	27	368	290	中会议室	1	1	200	1800	1000			
			三人间	25	25	438	350	小会议室	2	2	30	500	300			
深圳人才酒店	深圳国际人才培训中心深圳人才酒店		标准双人房	70	70	680	290	大会议室	1	1	300	5000	4000	福田区福中路17号国际人才大厦	0755－88323688 83233523	
								中会议室	4	4	120	1200	960			
								小会议室	12	12	60	1000	800			
								电脑室	2	2	60	1000	800			
山水时尚酒店	中青旅山水酒店投资管理有限公司		套间	56	56	1180	320	大会议室	1	1	150	1600	500	罗湖区沿河南路1098号昌湖大厦	0755－61621111	
			单间	256	256	880	250	中会议室	6	6	60	1500	400			
			标准间	342	342	880	250	小会议室	2	2	20	1000	250			
芭提雅酒店	深圳市港城海湾实业发展有限公司芭提雅酒店	4	单间	111	111	788	268	大会议室	2	2	500	4000	2000	盐田区大梅沙环梅路20号	0755－25252888	
			标准间	307	307	788	268	中会议室	3	3	150	2000	1000			
								小会议室	7	7	15	1300	650			
楚天酒店	深圳市湖北大厦有限公司楚天酒店		套间	21	21	980	468	大会议室	1	1	300	4000	2000	福田区滨河大道9003号楚天大酒店	0755－83571695	
			单间	28	28	580	258	中会议室	1	1	110	2600	1300			
			标准间	20	20	580	258	小会议室	2	2	60	1800	900			
深圳四川宾馆	深圳四川大厦企业有限公司四川宾馆	3	单间	40	40	620	280	大会议室	1	1	200	5500	2800	福田区红荔路2001号	0755－83673333	
			标准间	90	90	620	280	中会议室	2	2	160	3500	1800			
								小会议室	1	1	60	1200	600			
国汇大酒店	深圳市国汇大酒店有限公司		套间	20	20	688	433	大会议室	1	1	300	3400	2040	福田区深南大道6002号人民大厦	0755－83928888	
			单间	6	6	468	295	中会议室	2	2	100	1900	1140			
			标准间	82	82	468	295	小会议室	3	3	30	1400	840			
								小会议室	2	2	20	500	300			

饭店名称	发票开具单位名称	星级	客房（价格：元/天）					会议室（数量：间；价格：元/半天）						地址	前台订房电话	备注
			房型	总间数	协议间数	门市价	协议价	类型	总间数	协议间数	可容纳人数	门市价	协议价/半天			
大梅沙海景酒店	秀峰渡假俱乐部（深圳）有限公司大梅沙海景酒店	4	行政套间	12	12	1500	600	大会议室	2	2	500	10000	4000	盐田区大梅沙盐葵路128号	0755－25061688	
			单间	59	59	750	300	中会议室	4	4	100	3000	1200			
			标准间	266	266	750	300	小会议室	14	14	40	1400	560			
景明达酒店	深圳特基实业有限公司景明达酒店		套间	9	9	1698	550	大会议室	1	1	300	7500	5000	福田区景田商报东路85号	0755－83548000	
			单间	49	49	898	298	中会议室	2	2	100	2900	1800			
			标准间	100	100	998	298	小会议室	1	1	20	1700	1200			
鸿波酒店	深圳市鸿波酒店投资有限公司	3	标准单间	12	12	880	299	大会议室	1	1	150	3400	1700	南山区华侨城侨城西街10号	0755－26949448	
								中会议室	1	1	100	2400	1200			
			标准间	30	30	880	299	小会议室	1	1	60	1900	950			
								小会议室	1	1	20	1400	700			
深圳市法官培训中心	深圳市法官培训中心		单间	4	4	288	150	大会议室	2	2	180	1900	1300	深圳市龙岗区葵涌镇溪冲法官培训中心	0755－84235888	
			标准间	44	44	488	300	中会议室	1	1	80	1400	900			
								小会议室	1	1	40	900	600			
世纪华源酒店	深圳市世纪华源酒店有限公司	3	单间	28	28	688＋15%	298	大会议室	1	1	120	2880	1600	福田区八卦路3号	0755－61621888	
			标准间	41	41	638＋15%	258	中会议室	1	1	50	2080	1200			
深圳寰宇大酒店	深圳寰宇大酒店	3	套间	5	5	856	408	大会议室	1	1	150	2500	2000	罗湖区红岭中路1002号	0755－82476805	
			标准间	55	55	438	298	中会议室	1	1	80	1562	1250			
								小会议室	2	2	30	1300	1050			
深圳市新乐小汽车出租公司泓湖会所	深圳市新乐小汽车出租公司泓湖会所		套间	12	12	888	480	大会议室	1	1	100	1400	1000	罗湖区湖贝路1009号	0755－82319666	
			单间	9	9	388	198	中会议室								
			标准间	54	54	388	198	小会议室	1	1	30	700	500			

饭店名称	发票开具单位名称	星级	客房（价格：元/天）房型	总间数	协议间数	门市价	协议价	会议室（数量：间；价格：元/半天）类型	总间数	协议间数	可容纳人数	门市价	协议价/半天	地址	前台订房电话	备注
深圳维景京华酒店有限公司	深圳维景京华酒店有限公司		套间	19	19	830	504	大会议室	2	2	200	5000	3000	深圳市罗湖区东门中路2088号	0755－82318388	
											150	4000	2400			
								中会议室	1	1	100	3000	1800			
			标准间	46	46	468	280	小会议室	2	2	50	1500	1800			
											50	1000	1200			
深圳市新乐小汽车出租公司涵林苑文化会馆	深圳市新乐小汽车出租公司涵林苑文化会馆	3	单间	22	22	228	168	大会议室	1	1	130	1400	1000	南山区前海路中段新乐数码大厦	0755－26087772	
			标准间	6	6	228	168	小会议室	1	1	35	700	500			

饭店名称	发票开具单位名称	星级	综合定额报价（元/人）	客房（数量：间；价格：元/天）房型	总间数	协议间数	门市价	会议室（数量：间；价格：元/半天）类型	总间数	协议间数	最大可容纳人数	门市价	地址	订房电话	备注
都之都大酒店	深圳市都之都大酒店	4	350	标准间	88	70	1012	大会议室	1	1	250	12880	深圳市宝安区新安街道宝民一路70号	0755－27783888－6112 27788188	
								中会议室	1	1	80	3640			
								中会议室	1	1	40	2520			
								小会议室	2	2	25	1260			
深圳市银湖旅游中心	深圳市银湖旅游中心	3	340	标准间	170	170	698	会堂	1	1	500	12000	深圳市银湖路38号	0755－82431111－2231	
								多功能	5	5	200	8000			
								小会议室	8	8	60	5000			
深圳市南澳大酒店	深圳市南澳大酒店有限公司	3	300	标准间	128	128	1055	中会议室	2	2	120	2100	深圳市龙岗区南澳水头沙海滨	0755－84428666 84428570	使用大中会议室需提供最低参会人数
								大会议室	1	1	500	3800			
								小会议室	2	2	60	1550			
深圳上海宾馆	深圳上海宾馆	3	338	标双	52	52	770	大会议室	1	1	200	5000	深圳市深南中路3032号	0755－83365288－预定部	
								中会议室	2	2	100	4000			
								小会议室	5	5	40	3000			
深圳市检察官训练基地	深圳市检察官训练基地		350	双人房	70	33	980	阶梯教室	10	1	226	7800	深圳龙岗大鹏下沙	0755－84310222	
				双人房	70	17	1280	教室	10	1	100	4600			
								A会议室	10	1	50	3600			
								B会议室	10	1	20	2600			
京基晶都酒店	深圳市京基晶都酒店管理有限公司	4	350	标准房	180	120	1012	大会议室	1	1	700	21000	深圳市深南中路金融中心大厦	0755－88832488	
								中会议室	3	2	250	8000			
								小会议室	6	5	80	2500			

广西壮族自治区

- 财政部委托广西壮族自治区财政厅负责在广西壮族自治区地级以上城市招标采购会议定点饭店并负责日常监督管理工作。通过政府采购，确定广西壮族自治区会议定点饭店 99 家。
- 会议定点饭店按照与财政部门签订《协议书》的价格向中央和地方各级党政机关和事业单位提供相应的接待服务。
- 广西壮族自治区部分会议定点饭店的价格是按照综合定额方式采购的，各单位在组织筹备会议时应先向会议定点饭店查询。如果对协议价格产生疑义，可以要求定点饭店出示《协议书》。
- 如有会议定点饭店变更或饭店的协议价格变化，应以“党政机关出差和会议定点饭店查询网”的信息为准。
- 本目录中的广西壮族自治区会议定点饭店的详细信息，可在“党政机关出差和会议定点饭店查询网”查阅。
- 广西壮族自治区各地区长途电话区号：

南宁市	0771	桂林市	0773
柳州市	0772	梧州市	0774
贵港市	0775	玉林市	0775
钦州市	0777	北海市	0779
崇左市	0771	百色市	0776
河池市	0778	来宾市	0772
贺州市	0774	防城港市	0770

广西壮族自治区会议续签饭店

饭店名称	发票开具单位名称	星级	客房（价格：元/天）					会议室（数量：间；价格：元/半天）						地址	前台订房电话	备注
			房型	总间数	协议间数	门市价	协议价	类型	总间数	协议间数	容纳人数	门市价	协议价			
南宁市																
广西军区桃源招待所	广西军区桃源招待所	4	主楼商务套房	9	9	1388	580	迎宾楼 1 号厅	1	1	500	5000	2800	南宁市桃源路 74 号	0771－2096188 2096189 2802775	可提供 80 元/人·天的围桌和自助餐
			主楼单/双人房	157	157	598	238	迎宾楼 2 号厅	1	1	138	2000	1200			
			六号楼标准单/双人房	165	165	288	168	迎宾楼 3 号厅	1	1	150	2600	1500			
			桃花园标准双人房	58	58	250	120	会议厅	1	1	400	3000	1500			
								多功能厅	1	1	150	2000	1000			
								二号楼会议室	2	2	40	500	300			
								三号楼会议室	1	1	60	800	400			
								六号楼会议室	5	5	30	460	250			
								主楼会议室	4	4	30	500	300			
西园饭店	南宁西园饭店		标准间 1	110	110	618	180	大礼堂	1	1	500	3800	2660	广西南宁市星光大道 38 号	0771－4822075	
			标准间 2	120	120	818	250	大会议厅	1	1	450	2800	1960			
			套房	34	34	2880	500	会议楼	1	1	200	1800	1260			
								11 号楼 3 楼 1 号会议室	1	1	80	1800	1260			
								12 号楼 2、3 楼会议室	2	2	80	3800	2660			
								小会议室	6	6	30	500	350			
荔园山庄			标准间	56	56	780	300	小会议厅	1	1	200	4800	3360	南宁市青山路 22 号	0771－5333399	
								新闻发布厅	1	1	300	4800	3360			
恒升大酒店	广西恒升酒店管理集团有限责任公司	4	套间	9	9	1088	560	大会议室	1	1	400	6000	4800	南宁市中华路 17 号	0771－2108418	能够提供标准为 80 元/天（中、晚）/人的会议餐
			单间	44	44	588	260	中会议室	4	4	200	4000	3000			
			标准间	175	175	528	260	小会议室	6	6	60	2000	1500			

饭店名称	发票开具单位名称	星级	客房（价格：元/天）					会议室（数量：间；价格：元/半天）						地址	前台订房电话	备注
			房型	总间数	协议间数	门市价	协议价	类型	总间数	协议间数	容纳人数	门市价	协议价			
湄公河国际大酒店	南宁市湄公河国际大酒店	3	套间	3	3	760	305	大会议室	1	1	250	4800	3000	南宁市竹溪大道98号	0771－2022998	会议用餐80元/天·人
			单间	4	4	636	255	中会议室	1	1	80	2500	1400			
			标准间	120	120	436	160	小会议室	4	4	30	1600	800			
满江红大酒店	广西满江红大酒店管理有限公司	3	套间	4	4	1400	388	大会议室	1	1	300	8000	4000	祥宾路63号	0771－5752668	
			单间	7	7	538	288	中会议室	4	4	150	4000	3000			
			标准间	127	127	438	178	小会议室	2	2	75	1600	800			
红林大酒店	广西红林大酒店有限公司	5	套间	48	48	1988	600	大会议室	1	1	200	12000	4000	南宁市民族大道129号	0771－2021688－6588、6880	
			单间	50	50	1480	300	中会议室	2	2	60	6800	5500			
			标准间	120	120	1366	300	小会议室	2	2	30	3500	2800			
广西南宁凤凰宾馆	广西南宁凤凰宾馆	4	标准双人间	35	35	528	218	凤凰大厦凤凰多功能厅	1	1	500	13600	10000	广西壮族自治区南宁市朝阳路63号	0771－2119999	可提供80元/人·天的围桌、自助餐
			豪华双人间	107	107	618	236	凤凰大厦朝阳厅	1	1	200	5000	4000			
			豪华单人间	12	12	618	248	金凤楼2楼多功能会议室	1	1	130	3000	2400			
			绿色双人间	68	68	618	248	凤凰大厦兴宁厅	1	1	120	3000	2400			
			绿色单人间	12	12	618	248	凤凰大厦小会议室	3	3	40	2000	1600			
			标准套间	7	7	1280	600	金凤小会议室	4	4	30	1200	1000			
明园新都酒店	广西南宁明园新都酒店	5	套间	13	13	1858	600	大会议室	2	2	300	6000	3000	南宁市新民路38号	0771－2119083	餐标：80元/人·天
			单间	18	18	858	300	中会议室	4	4	150	2000	1000			
			标准间	212	212	858	300	小会议室	4	4	50	1000	500			
南宁明园饭店	南宁明园饭店	4	套间	8	8	1280	600	大会议室	4	4	500	5000	3000	南宁市新民路38号	0771－2119083	餐标：80元/人·天
			单间	15	15	680	300	中会议室	4	4	200	1400	1200			
			标准间	199	199	520	230	小会议室	7	7	50	800	400			
广西科学活动中心	广西科学活动中心	2	套间	5	5	438	250	大会议室	1	1	350	3800	2600	广西南宁市新竹路20号	0771－2093888	
			单间	14	14	268	160	中会议室	3	3	120	2000	1200			
			标准间	87	87	248	160	小会议室	6	6	40	1500	800			

饭店名称	发票开具单位名称	星级	客房（价格：元/天）					会议室（数量：间；价格：元/半天）						地址	前台订房电话	备注
			房型	总间数	协议间数	门市价	协议价	类型	总间数	协议间数	容纳人数	门市价	协议价			
广西南宁饭店	广西南宁饭店	5	豪华单间	32	32	880	300	大会议室	2	2	500	10000	4000	广西南宁市民生路38号	0771－2103399	1. 客房协议价包含早餐和会议室费用。 2. 区分淡旺季：中国—东盟博览会期间按照酒店制定价格执行。 3. 会议室协议价为上午、下午共2节的费用。
			豪华标准间	166	166	880	300	中会议室	5	5	70	6600	2000			
			豪华套间	11	11	1680	600	小会议室	11	11	35	2400	800			
锦华大酒店	广西锦华大酒店	4	套间	17	17	1388	520	大会议室	2	1	500	12000	3000	广西南宁市东葛路1号	0771－2088893 2088895	
			单间	66	66	688	270	中会议室	3	2	180	3200	800			
			标准间	180	180	668	280	小会议室	3	3	40	1600	400			
金满地国际大酒店	南宁市金满地国际大酒店有限公司	3	套间	5	5	1080	398	大会议室	1	1	300	4000	3200	南宁市琅西桂春路12号	0771－5819888 5819868	
			单间	23	23	580	180	中会议室	2	2	100	3000	2400			
			标准间	152	152	580	180	小会议室	6	6	30	1500	1200			
东盟国际大酒店	南宁市现代东盟国际大酒店有限公司	4	套间	3	3	1688	580	大会议室	1	1	500	5000	4000	南宁市邕武路1号	0771－5803958 5803968	
			单间	20	20	688	240	中会议室	1	1	300	3000	2500			
			标准间	183	183	688	240	小会议室	8	8	50	1000	800			
富满地大酒店	南宁市富满地酒店管理服务有限责任公司	3	套间	10	10	1282	300	大会议室	1	1	300	4000	2000	南宁市桃源路43号	0771－2195888 2195768	免收长话市话上网费含早餐
			单间	11	11	248	180	中会议室	2	2	60	3000	1500			
			标准间	203	203	248	180	小会议室	2	2	30	1500	1000			
广西凯宾皇冠大酒店	广西凯宾皇冠大酒店	4	商务套房（不含总统套房）	12	12	1958	380	20楼大会议室	1	1	350	10000	3000	南宁市民族大道98－1号	0771－5813888 5813889	
			标准双人间	150	150	598	128	5楼多功能厅	1	1	160	8000	2400			
			豪华单间（标准单间）	85	85	598	128	20楼小会议室	1	1	50	4000	1200			
			行政单人间	13	13	1458	228	9楼中会议室	1	1	60	6000	1400			
								9楼918会议室	1	1	30	4000	800			
								9楼小会议室	1	1	30	4000	800			

饭店名称	发票开具单位名称	星级	客房（价格：元/天）					会议室（数量：间；价格：元/半天）						地址	前台订房电话	备注
			房型	总间数	协议间数	门市价	协议价	类型	总间数	协议间数	容纳人数	门市价	协议价			
乡村大世界	南宁威宁生态园有限责任公司	2	套间	3	3	680	500	大会议室	1	1	260	4300	2800	广西南宁市兴宁三塘镇	0771－2025359	
			单间	23	23	238	130	中会议室	2	2	80	2200	1800			
			标准间	99	99	238	130	小会议室	4	4	50	1200	1000			
广西南宁银林山庄有限责任公司	广西南宁银林山庄有限责任公司	2	套间	18	18	380	240	大会议室	1	1	500	2400	1920	广西南宁市邕武路23号	0771－3332223 2022288	
									1	1	300	2400	1920			
			单间	3	3	328	160	中会议室	1	1	130	1000	800			
									1	1	120	800	640			
									1	1	80	1000	800			
									3	3	100	2000	1600			
			标准间	153	153	238	135	小会议室	1	1	50	1200	960			
									6	6	40	600	480			
									1	1	30	400	320			
									4	4	20	300	240			
广西夏威夷国际大酒店	广西夏威夷国际大酒店有限公司	4	套间	20	16	1880	500	大会议室	1	1	300	4800	3000	广西南宁市民族大道81号	0771－5885538	
			单间	26	26	660	240	中会议室	2	2	130	3000	1500			
			标准间	152	152	580	200	小会议室	4	4	120	2000	1000			
东春大酒店	广西东春大酒店有限公司	4	套间	5	5	998	480	大会议室	1	1	300	6000	4000	厢竹大道11号	0771－5818088 5818199	
			单间	9	9	568	200	中会议室	1	1	120	4000	2500			
			标准间	109	109	568	200	小会议室	1	1	80	3000	1800			
广西福彩宾馆	广西福彩宾馆	3	套间	5	5	428	338	大会议室	1	1	250	6000	2000	南宁市葛村路23号	0771－219088	
			单间	4	4	278	218	中会议室	2	2	60	2000	800			
			标准间	100	100	188	120	小会议室	2	2	30	1200	600			
桂林市																
名城大酒店	桂林市就业服务中心名城大酒店	3	套间	2	2	881	300	大会议室	1	1	100	500	400	桂林市秀峰区正阳步行街4号	0773－2882008	含早餐
			单间	1	1	498	200	中会议室	1	1	40	400	300			
			标准间	84	84	416	132	小会议室	1	1	30	300	200			
桂林凯斯顿大酒店	桂林凯斯顿大酒店		套间	3	3	888	488	大会议室	1	1	300	1200	600	桂林市骖鸾路9号	0773－5816816	含早餐
			单间	5	5	528	240	中会议室	2	2	80	1000	500			
			标准间	77	77	528	240	小会议室	4	4	30	400	200			

饭店名称	发票开具单位名称	星级	客房（价格：元/天）					会议室（数量：间；价格：元/半天）						地址	前台订房电话	备注
			房型	总间数	协议间数	门市价	协议价	类型	总间数	协议间数	容纳人数	门市价	协议价			
桂林粮贸大酒店	桂林粮贸大酒店	2	套间	3	3	800	480	大会议室	1	1	200	1200	800	桂林市象山区中山中路	0773－2251666	含早餐
			商务房	28	28	328	178	中会议室	1	1	80	800	600			
			单间	8	8	298	148									
			标间	113	113	288	140	小会议室	1	1	60	600	400			
杉湖大酒店	桂林杉湖大酒店有限责任公司	3	套间	3	3	800	388	大会议室	1	1	200	1000	500	秀峰区中山中路24号	0773－2890087	含早餐
			单间	14	14	480	198	中会议室	1	1	70	600	260			
			标准间	126	126	480	198	小会议室	1	1	35	500	200			
丹桂大酒店	桂林丹桂大酒店	3	套间	4	4	1300	550	大会议室	1	1	400	1000	800	桂林市中山南路77号	3834300－8109	含早餐
			单间	20	20	730	228	中会议室	1	1	150	750	700			
			标准间	188	188	560	218	小会议室	4	4	50	500	450			
山水大酒店	桂林山水大酒店	3	套间	8	8	960	460	大会议室	1	1	450	6000	3000	桂林市七星路48号	0773－5851633	含早餐
			单间	14	14	660	168	中会议室	1	1	110	2000	1000			
			标准间	162	162	660	180	小会议室	2	2	120	1000	800			
桃江宾馆	桂林桃江宾馆	4	套间	7	7	1288	480	大会议室	2	2	250	1800	1300	桂林市桃花江路9号	0773－2558008	含早餐
			单间	2	2	888	286	中会议室	3	3	150	1600	1100			
			标准间	102	102	788	286	小会议室	3	3	60	1300	900			
国际饭店	桂林国际饭店		套间	4	4	1980	600	大会议室	1	1	250	2000	1200	桂林市骖鸾路1－1号	0773－5817666	含早餐
									1	1	150	1800	1000			
			单间	41	41	880	256	中会议室	1	1	80	1500	900			
			标准间	70	70	788	256									
			商务间	2	2	780	256	小会议室	2	2	20	1000	600			
			三人间	3	3	1080	384									
台联酒店	桂林台联酒店有限责任公司	3	套间	4	4	1090	580	大会议室	1	1	150	2200	800	桂林市中山中路12号	0773－2892888	含早餐
			单间	37	37	880	280	中会议室	1	1	100	2000	700			
			标准间	129	129	880	280	小会议室	1	1	30	1200	400			
榕湖饭店	桂林市榕湖饭店	4	6#楼套间	4	4	1688	600	大会议室	1	1	400	8000	2600	桂林市榕湖北路16号	0773－2895176	含早餐
			6#楼单间	25	25	888	286	中会议室	2	2	80	1800	1200			
			6#楼标准间	139	139	868	286									
			6#楼1层、8#楼标准间	44	44	668	216	小会议室	3	3	40	1200	700			
			5#楼标、单间	40	40	1288	296									

饭店名称	发票开具单位名称	星级	客房（价格：元/天）					会议室（数量：间；价格：元/半天）						地址	前台订房电话	备注
			房型	总间数	协议间数	门市价	协议价	类型	总间数	协议间数	容纳人数	门市价	协议价			
桂林桂星酒店	广西供销合作社桂星旅游贸易公司桂林桂星酒店	3	豪华套间	1	1	800	560	大会议室	1	1	400	2500	2000	桂林市七星区七星路18号	0773－5618166 5618199	含早餐
			普通套间	2	2	800	380	大会议室	1	1	220	2000	1500			
			单间	9	9	520	180	中会议室	1	1	130	1000	800			
			标准间	219	219	560	180	小会议室	2	2	70	600	500			
东江高尔夫休闲度假有限公司	桂林市东江高尔夫休闲度假有限公司		套间	3	3	1088	550	大会议室	1	1	200	1000	750	七星区普陀路43号	0773－5630888	含早餐
			单间	17	17	688	220	中会议室	2	2	80	600	500			
			标准间	88	88	688	220	小会议室	2	2	45	500	450			
翠园宾馆	桂林翠园宾馆	3	套间	6	6	1380	450	大会议室	1	1	150	900	800	桂林市安新北路2号	0773－3850288	含早餐
			单间	4	4	680	220	中会议室	1	1	70	800	400			
			标准间	82	82	480	180	小会议室	2	2	28	400	200			
			三人间	4	4	580	220									
桂林临桂大酒店	桂林临桂大酒店	2	套间	4	4	1280	400	大会议室	1	1	400	1500	750	桂林市中山南路78号	0773－3835662	含早餐
			单间	9	9	320	150	中会议室	1	1	100	600	300			
			标准间A房	65	65	320	150	小会议室	4	4	35	400	200			
			标准间B房	73	73	280	110									
兴安泽霖宾馆有限责任公司	兴安泽霖宾馆有限责任公司		套间	4	4	1280	568	大会议室	1	1	250	1000	500	兴安县兴安镇双灵路	0773－6218888 6211999	含早餐
			单间	8	8	588	158	中会议室	1	1	100	700	350			
			标准间	83	83	488	138	小会议室	1	1	50	500	250			
阳朔县新西街国际大酒店	阳朔县新西街国际大酒店		套间	7	7	3688	588	大会议室	1	1	300	4800	2400	阳朔县荆风路	0773－8888888 8888805	含早餐
			单间	43	43	1280	288	中会议室	1	1	150	2800	1400			
			标准间	188	188	1280	288	小会议室	2	2	50	1800	900			
柳州市																
丽晶大酒店	柳州工贸大厦股份有限公司	4	套间	6	6	1188	538	大会议室	1	1	250	2400	2000	柳州市龙城路2号	0772－2308800	客房报价均不含早餐；房间数达10间以上可享受此会议优惠价格
			标A单间	42	42	568	200	中会议室	1	1	60	1500	1000			
			标A双间	54	54	568	200	小会议室	1	1	20	900	800			
			标B单间	14	14	418	180									
			标B双间	34	34	418	180									

饭店名称	发票开具单位名称	星级	客房（价格：元/天）					会议室（数量：间；价格：元/半天）						地址	前台订房电话	备注
			房型	总间数	协议间数	门市价	协议价	类型	总间数	协议间数	容纳人数	门市价	协议价			
京都宾馆	柳州京都宾馆有限公司	4	标准双人间 A	15	15	420	215	大会议室	1	1	400	3500	2480	跃进路 41 号	0772－2300508	客房报价均含早餐
			标准双人间 B	29	29	480	245	中会议室	2	2	200	2000	1480			
			尊雅客房	45	45	680	298	小会议室	5	5	30	800	480			
			商务标准间 A	41	41	550	265									
			商务单间	26	26	650	298									
			静音套间 A	4	4	680	350									
			静音套间 B	3	3	780	398									
			商务套间	8	8	880	560									
华锡大厦	广西华锡集团股份有限公司华锡大厦物业服务分公司	3	套间	2	2	768	410	大会议室	1	1	260	1600	1280	柳州市桂中大道 9 号	0772－2622118	
			单间	5	5	320	190	中会议室	1	1	80	1000	800			
			标准间	20	20	320	190	小会议室	1	1	30	780	560			
延安大酒店	柳州桂飘香酒店有限责任公司	3	商务行政套间	3	3	1586	520	多功能厅	1	1	240	3500	1800	柳州市飞鹅路 79 号	0772－3309998	
			商务行政单人间	28	28	618	220	1 号会议室	1	1	135	2000	1000			
			商务行政标准间	44	44	618	220	2 号会议室	1	1	55	1500	800			
			商务单间	22	22	438	170	3 号会议室	1	1	30	1200	600			
			商务标准间	70	70	438	170	5 号会议室	1	1	27	1500	900			
			单间	12	12	368	138	喜临门厅	1	1	230	1500	1300			
			标准间	32	32	368	138									
南疆宾馆	柳州南疆宾馆有限公司	4	豪华套间	4	4	788	418	大会议室	1	1	300	2000	1600	柳州市飞鹅路 304 号	0772－3608822	客房报价均含早餐
			行政套间	14	14	668	288	中会议室	1	1	100	1600	1400			
			豪华单间	5	5	528	220	小会议室	1	1	60	1200	800			
			豪华标间	50	50	528	220									
			欧式单间	5	5	428	170									
			欧式标间	50	50	428	170									

饭店名称	发票开具单位名称	星级	客房（价格：元/天）					会议室（数量：间；价格：元/半天）						地址	前台订房电话	备注
			房型	总间数	协议间数	门市价	协议价	类型	总间数	协议间数	容纳人数	门市价	协议价			
柳钢宾馆	广西柳州钢铁集团公司	4	豪华套间	8	8	1260	378	大会议室	1	1	400	2000	1600	广西柳州市北雀路117号	0772－2560030	
			景观商务单间	12	12	960	288	中会议室	1	1	90	1200	960			
			标准间	64	64	560	178	小会议室	2	2	25	900	720			
			豪华景观套间	4	4	1860	558									
			商务单间	14	14	760	248									
			高级标准间	60	60	660	208									
			景观套间	2	2	960	288									
			行政标准间	13	13	760	228									
			景观商务套间	6	6	1260	378									
梧州市																
新世纪大酒店	梧州新世纪大酒店	3	套间	11	11	688	220	大会议室	1	1	150	1200	1000	梧州市中山路8号	0774－2812388	
			单间	35	35	368	120	中会议室								
			标准间	59	59	368	160	小会议室	2	2	50	800	400			
梧州大酒店	梧州大酒店	3	套间	5	5	880	350	大会议室	1	1	200	2400	1600	梧州市西江三路2号	0774－2048828	
			单间	12	12	430	128	中会议室	2	2	40	1000	640			
			豪华标准间	87	87	430	128	小会议室	4	4	20	600	480			
			标准间	92	92	330	100									
丽港皇冠酒店	梧州市丽港皇冠酒店	4	单人房	24	24	628	168	大会议室	1	1	180	3800	3000	梧州市西江三路鸳江丽港8号楼	0774－6038888 6038880	
			双人房	76	76	628	168	中会议室	1	1	60	2000	1600			
			江景单人房	4	4	688	198	小会议室	1	1	30	1000	800			
			江景双人房	60	60	728	188									
			商务套房	12	12	1088	238									
			江景商务套房	12	12	1388	268									
			行政套房	4	4	2088	308									
			江景行政套房	3	3	2688	368									
			豪华行政套房	1	1	3288	408									
			江景豪华行政套房	1	1	3888	468									

饭店名称	发票开具单位名称	星级	客房（价格：元/天）					会议室（数量：间；价格：元/半天）						地址	前台订房电话	备注
			房型	总间数	协议间数	门市价	协议价	类型	总间数	协议间数	容纳人数	门市价	协议价			
贵港市																
福来登酒店	贵港市万家居餐旅管理有限公司福来登酒店		套间	8	8	688	288	大会议室	1	1	260	5800	3800	广西贵港市金港大道935号	0775－4268067	
			单间	8	8	528	168	中会议室	1	1	70	3000	2000			
			标准间	24	24	528	168	小会议室	1	1	40	1500	1200			
桂平功德山庄	中国工商银行广西区分行桂平西山培训中心功行山庄	3	豪华套间	1	1	1398	498	大会议室	1	1	200	1500	1200	广西桂平市西山风景区	0775－3393399	
			标准单间	12	12	398	148	中会议室	1	1	80	800	600			
			双人房	62	62	398	148	小会议室	1	1	70	800	600			
桂平市乳泉井酒店	桂平市乳泉井酒店	4	套间	8	8	688	308	大会议室	1	1	300	4000	2000	广西桂平市人民西路	0775－3369991	
			单间	14	14	398	198	中会议室	1	1	100	2500	1500			
			标准间	60	60	398	198	小会议室	1	1	50	2000	2000			
玉林市																
得利宾馆	玉林市得利宾馆有限公司	3	套间	2	2	880	320	大会议室	1	1	300	1500	1000	玉林市一环东路323号	0775－2691436	
			单间	15	15	398	180	中会议室	1	1	200	1200	900			
			标准间	67	67	320	130	小会议室	3	3	60	800	500			
锦源大酒店	玉林市锦源大酒店有限责任公司	3	套间	3	3	1888	488	大会议室	1	1	500	2500	2300	玉林市一环北路848号	0775－2888889	
			单间	17	17	318	178	小会议室	1	1	40	600	500			
			标准间	65	65	298	168									
花园国际大酒店	玉林市花园国际大酒店有限公司	4	行政套间	8	8	1388	498	大会议室	1	1	250	7000	3500	玉林市一环东路48号	0775－2333333	
			标准间	52	52	588	220	中会议室	1	1	60	3000	1500			
								小会议室	1	1	35	2000	1200			
意景宾馆	玉林市意景宾馆		套间	6	6	498	270	大会议室	1	1	250	1300	900	玉林市人民东路727号	0775－2880101	
			单间	37	37	300	160	中会议室	1	1	80	700	400			
			标准间	81	81	320	170	小会议室	3	3	50	600	300			
君苑大酒店	玉林市君苑大酒店		套间	4	4	168	150	大会议室	1	1	200	500	400	玉林市一环东路172号	0775－2827188	
			单间	6	6	128	100	中会议室	1	1	140	400	320			
			豪华标准间	22	22	128	100	小会议室	2	2	50	100	80			

饭店名称	发票开具单位名称	星级	客房（价格：元/天）					会议室（数量：间；价格：元/半天）						地址	前台订房电话	备注
			房型	总间数	协议间数	门市价	协议价	类型	总间数	协议间数	容纳人数	门市价	协议价			
嘉和国际大酒店	玉林市嘉和投资有限公司嘉和国际大酒店		标准套间	6	6	1188	260	大会议室	1	1	150	1800	980	玉林市一环北路884号	0775－2868866	
			豪华单间	18	18	888	180	中会议室	2	2	60	1200	500			
			标准双人间	114	114	688	159	小会议室	4	4	30	500	300			
玉林市东方世纪大酒店	玉林市东方世纪大酒店有限责任公司	3	豪华标间	80	80	358	148	大会议室	1	1	300	2000	1500	玉林市江岸路98号	0775－2885588	
			豪华单间	12	12	360	165	小会议室	1	1	40	1000	600			
			行政套间	6	6	658	298									
福满地宾馆	玉林市福满地宾馆		套间	1	1	568	180	大会议室	1	1	250	800	500	玉林市人民东路108号	0775－2886633	
			单间	28	28	258	118	小会议室	1	1	30	600	300			
			标准间	56	56	278	118									
振林宾馆	广西玉林振林宾馆有限责任公司	3	套间	8	8	515	235	大会议室	1	1	150	1000	800	玉林市玉州路137号	0775－2832388	
			标准单间	17	17	328	150	中会议室	1	1	80	600	400			
			标准双人间	54	54	361	165	小会议室	2	2	15	300	150			
钦州市																
白海豚国际酒店	钦州市赛格置业有限公司白海豚国际酒店	5	单人套	15	15	1368	438	大会议室	1	1	200	4800	4800	钦州市永福西大街58号	0777－2881888	
								中会议室	6	6	100	1500	1500			
			6楼标准间	10	10	868	220	小会议室	2	2	35	800	800			
钦州港正元大酒店	钦州港正元大酒店	3	标准单人套	3	3	588	280	大会议室	1	1	200	900	600	钦州港开发区勒沟作业区	0777－3888000	
			单间	8	8	368	180	中会议室	1	1	100	800	380			
			标准间	17	17	368	180	小会议室	2	2	35	300	200			
海豚大酒店	钦州市海豚大酒店	3	套间	13	13	588	218	大会议室	1	1	200	900	600	钦州市沙井大道91号	0777－2872888	
			单间	30	30	388	110	中会议室	1	1	100	600	400			
			标准间	106	106	368	110	小会议室								
高岭商务酒店	钦州市高岭商务酒店	3	套间	5	5	380	328	大会议室	1	1	250	1000	800	钦州湾大道71号	0777－2381500	
			单间	105	105	198	170	中会议室	1	1	100	800	600			
			标准间	34	34	198	158	小会议室	1	1	30	700	500			
景泰大酒店	钦州市景泰大酒店	3	套间	7	7	888	318	大会议室	1	1	200	1200	1000	钦州市北部湾北大道66号	0777－2896888	
			单间	15	15	588	168	中会议室								
			标准间	77	77	488	168	小会议室	1	1	30	600	500			

饭店名称	发票开具单位名称	星级	客房（价格：元/天）					会议室（数量：间；价格：元/半天）						地址	前台订房电话	备注
			房型	总间数	协议间数	门市价	协议价	类型	总间数	协议间数	容纳人数	门市价	协议价			
幸福大酒店	钦州市幸福大酒店	3	套间	2	2	268	158	大会议室	1	1	200	450	350	钦州市永福西大街29号	0777－2861093	
			单间	4	4	168	95	中会议室	1	1	100	350	250			
			标准间	56	56	168	95	小会议室	1	1	35	250	150			
嘉园酒店	钦州市嘉园酒店	3	套间	8	8	288	228	大会议室	1	1	200	1250	1000	钦州市南珠西大街108号	0777－2848128	
			单间	44	44	168	128	中会议室	1	1	100	750	600			
			标准间	56	56	148	108	小会议室	1	1	35	350	300			
金花茶饭店	广西农垦钦州金花茶饭店	2	套间	3	3	268	178	大会议室	1	1	200	880	680	钦州市钦州湾大道13号	0777－2835408	
			单间	8	8	168	100	中会议室	1	1	100	480	380			
			标准间	75	75	188	110	小会议室	1	1	35	280	200			
钦南泉城大酒店	钦州市钦南泉城大酒店	3	套间	5	5	180	180	大会议室	1	1	200	600	600	钦州市南珠西大街7号	0777－2870198	
			单间	10	10	100	100	中会议室	1	1	100	300	300			
			标准间	45	45	100	100	小会议室	4	4	35	150	150			
红树林大酒店	钦州市红树林大酒店	3	套间	9	9	258	180	大会议室	1	1	200	1300	680	钦州湾大道60号	0777－2828888	
			单间	10	10	178	110	中会议室	1	1	100	580	380			
			标准间	45	45	158	88	小会议室	1	1	35	480	280			
北海市																
广西干部学院	广西干部学院		套间	15	15	788	268	大会议室	1	1	200	1500	1200	北海市银滩大道6号	0779－3896288	
			单间	84	84	488	138	中会议室	1	1	40	1000	800			
			标准间	50	50	588	158	小会议室	1	1	20	500	400			
嘉莱度假酒店	北海嘉莱度假酒店有限公司	4	套间	125	125	780	350	大会议室	1	1	300	6000	3000	北海市云南路89号	0779－6806666	
			单间	40	40	680	220	中会议室	1	1	60	1800	1200			
			标准间	72	72	680	220	小会议室	1	1	30	1200	600			
银滩度假村	北海银滩度假村有限责任公司	3	套间	6	6	1180	360	大会议室	1	1	180	2400	1200	北海市银滩大道8号路	0779－3899388	
			单间	12	12	428	160	中会议室	1	1	60	2200	1000			
			标准间	103	103	428	160	小会议室	1	1	24	800	400			
珍珠湾酒店	北海珍珠湾酒店管理有限公司		套间	34	34	988	408	大会议室	1	1	300	3200	1800	北海市外沙海鲜岛	0779－6813111	
			单间	52	52	598	160	中会议室	2	2	120	2000	1200			
			标准间	166	166	518	160	小会议室	2	2	30	1600	1000			

饭店名称	发票开具单位名称	星级	客房（价格：元/天）					会议室（数量：间；价格：元/半天）						地址	前台订房电话	备注
			房型	总间数	协议间数	门市价	协议价	类型	总间数	协议间数	容纳人数	门市价	协议价			
合浦红林大酒店	合浦红林大酒店有限公司	3	套间	30	30	688	359	大会议室	1	1	600	12000	5400	合浦县廉州大道168号	0779－7220000	
			单间	6	6	598	220	中会议室	1	1	105	6000	2400			
			标准间	83	83	538	220	小会议室	1	1	18	1600	1600			
海滩大酒店	北海海滩大酒店有限公司	4	套间	26	26	1480	598	大会议室	1	1	250	7000	4000	北海市银滩大道	0779－3898101－102	
			单间	4	4	868	298	中会议室	2	2	120	2800	2000			
			标准间	106	106	868	298	小会议室	3	3	120	1400	1000			
利源国际大酒店	北海利源国际大酒店	3	套间	4	4	678	380	大会议室	2	2	200	3000	1600	北海市重庆路3号	0779－3220688	
			单间	11	11	478	218	中会议室	3	3	100	2000	1200			
			标准间	173	173	398	188	小会议室	4	4	50	1600	1000			
北海金港酒店	北海金港酒店	3	套间	6	6	880	320	大会议室	1	1	200	1600	1200	北海市银滩大道8号	0779－3897200	
			单间	23	23	360	180	中会议室	1	1	90	1000	800			
			标准间	77	77	380	180	小会议室	1	1	30	600	400			
北海路海大酒店	北海路海大酒店	3	套间	4	4	880	500	大会议室	1	1	380	5800	2600	北海市侨港镇港口路	0779－2212000	
			单间	96	96	368	128	中会议室	2	2	120	2000	1000			
			标准间	108	108	598	220	小会议室	3	3	60	1200	600			
良港大酒店	北海市良港大酒店有限公司	3	套间	7	7	980	200	大会议室	1	1	200	2000	1000	北海市北部湾东路10号	0779－2086666	
			单间	10	10	468	148	中会议室	1	1	160	3200	1600			
			标准间	78	78	328	120	小会议室	1	1	40	1000	500			
广西财会培训考试中心北海基地海景彩云宾馆	广西财会培训考试中心北海基地海景彩云宾馆	3	普通套间	6	6	600	380	大会议室	1	1	180	2000	1200	北海市侨港镇侨港海滩	0779－3899500 3899598	
			单间	3	3	300	160	中会议室	3	3	40	1200	800			
			海景标准间	66	66	480	238									
			城景标准间	39	39	480	218									
			四人间	1	1	600	436									
中玉酒店	北海中玉酒店	3	套间	22	22	688	338	大会议室	1	1	300	2200	1800	北海市北部湾西路33号	0779－3922888	
			单间	16	16	528	168	中会议室	1	1	150	1500	1200			
			标准间	100	100	528	158	小会议室	1	1	40	1000	800			
北海真龙国际大酒店	北海真龙国际大酒店有限责任公司	4	套间	22	22	1320	358	大会议室	1	1	250	7000	6000	北海市北海大道186号	0779－3065666	
			单间					中会议室	1	1	60	2800	2400			
			标准间	124	124	600	208	小会议室	6	6	30	1400	1200			

饭店名称	发票开具单位名称	星级	客房（价格：元/天）					会议室（数量：间；价格：元/半天）						地址	前台订房电话	备注
			房型	总间数	协议间数	门市价	协议价	类型	总间数	协议间数	容纳人数	门市价	协议价			
佳家大酒店	北海佳家大酒店有限责任公司	3	豪华套间	2	2	1180	388	多功能厅	1	1	150	2000	1600	北海市北海大道和北京路交汇处	0779－3087500	
			商务套间	4	4	688	218	一号会议室	1	1	50	1200	800			
			豪华单间	20	20	588	178	二号会议室	1	1	70	800	400			
			豪华标间	20	20	588	178	三号会议室	1	1	50	1000	500			
			高级单间	20	20	438	158	四号会议室	1	1	70	800	400			
			高级标间	23	23	438	158	五号会议室	1	1	40	600	300			
			标准间	85	85	368	110	六号会议室	1	1	30	400	200			
			普通间	10	10	238	100									
防城港市																
金海岸宾馆	防城港市金海岸宾馆		套间	5	5	480	280	大会议室	1	1	50	1600	800	港口区友谊大道20号	0770－2823411 2822448	
			单间	8	8	198	138	中会议室	1	1	50	1600	800			
			标准间	130	130	168	120	小会议室	1	1	30	600	360			
崇左市																
左江宾馆	崇左市左江宾馆有限公司	3	套间	12	12	688	288	大会议室	1	1	90	1500	650	崇左市新民路43号	0771－5967728	
			单间	39	39	398	168	中会议室	1	1	50	1000	500			
			标准间	110	110	338	128	小会议室	1	1	30	800	400			
百色市																
鑫鑫大酒店	百色市鑫鑫大酒店		1号楼豪华套间	5	5	888	428	餐饮楼1楼大会议室	1	1	300	8000	5500	百色市城北二路18－1号	0776－2858888	
			1号、2号楼普通套间	16	16	588	288	中会议室	1	1	60	600	480			
			1号楼单间	14	14	498	238	小会议室	1	1	20	400	280			
			1号楼标准间	46	46	458	180									
			2号楼单间	4	4	498	178									
			2号楼标准间	38	38	398	158									
			2号楼双人间	8	8	398	128									
瑞丰大酒店	百色市瑞丰大酒店	3	标准单人房	8	8	268	160	大会议室	1	1	150	1750	1500	百色市城北二路5号	0776－2881688	
			豪华单人房	16	16	328	198	中会议室	1	1	130	1000	800			
			标准双人房	59	59	268	150	小会议室	1	1	45	400	350			
			豪华双人房	15	15	288	180									
			豪华套房	1	1	680	380									
			豪华商务套	2	2	1200	560									

饭店名称	发票开具单位名称	星级	客房（价格：元/天）					会议室（数量：间；价格：元/半天）						地址	前台订房电话	备注
			房型	总间数	协议间数	门市价	协议价	类型	总间数	协议间数	容纳人数	门市价	协议价			
金都大酒店	广西驰程汽车运输有限责任公司金都大酒店百色饭店	3	主楼豪华套间	2	2	688	340	大会议室	1	1	350	644	440	百色市城北一路29号	0776－2881180	
			主楼豪华单间	28	28	298	200	中会议室	1	1	150	340	240			
			主楼豪华双间	74	74	288	180	小会议室	1	1	50	214	150			
			贵宾楼豪华套间	1	1	688	320									
			贵宾楼标准单间	10	10	238	130									
			标准双间	132	132	228	110									
			商务楼豪华套间	4	4	688	320									
			商务楼标准单间	12	12	238	120									
真龙大酒店	广西百色真龙大酒店有限公司	4	套间	14	14	438	188	大会议室	1	1	200	800	500	百色市城东开发区拉域村	0776－2939189 2939286	
			豪华标间	42	42	338	138	中会议室	1	1	50	500	380			
			豪华单间	14	14	338	138	小会议室	1	1	25	350	200			
供销大厦	百色市供销大厦	2	套间	1	1	198	120	大会议室	1	1	150	600	400	百色市城北一路36号	0776－2824292	
			单间	33	33	198	120	中会议室	1	1	65	340	250			
			标准间	39	39	198	120	小会议室	1	1	45	290	200			
恒升大酒店	百色市恒升大酒店有限责任公司	4	豪华单间	23	23	498	248	大会议室	1	1	200	3800	2200	百色市新兴路体育广场	0776－2865288	
			豪华标间	137	137	458	228	中会议室	1	1	150	3000	1800			
			豪华套间	9	9	898	388	小会议室	1	1	30	1500	650			
河池市																
河池大酒店	河池大酒店	4	套间	12	12	688	500	大会议室	1	1	200	3000	1500	河池市新建路102号	0778－2283566	
			单间	37	37	338	223	中会议室	2	2	60	900	400			
			标准间	97	97	318	223	小会议室	2	2	30	800	400			
来宾市																
锦江大酒店	来宾市锦江大酒店	3	套间	8	8	666	298	大会议室	1	1	150	2000	1800	来宾市滨江北路与祥和路交叉口	0772－4293999	
			单间	27	27	480	178	中会议室								
			标准间	56	56	398	168	小会议室	1	1	35	800	500			

饭店名称	发票开具单位名称	星级	客房（价格：元/天）					会议室（数量：间；价格：元/半天）						地址	前台订房电话	备注
			房型	总间数	协议间数	门市价	协议价	类型	总间数	协议间数	容纳人数	门市价	协议价			
裕达国际大酒店	广西裕达集团国际酒店有限公司	5	套间	16	16	1088	530	大会议室	1	1	250	6800	5500	来宾市人民路西288号	0772－6688999	
			单间	58	58	538	258	中会议室	1	1	80	1500	1200			
			标准间	81	81	538	230	小会议室	3	3	20	1200	800			
来宾市国际大酒店	来宾市国际大酒店	4	套间	2	2	880	528	大会议室	1	1	250	1500	1000	来宾市维林大道68号	0772－4273888	
			单间	19	19	218	130	中会议室	1	1	70	1200	800			
			标准间	79	79	328	188	小会议室	2	2	25	450	350			
贺州市																
金港酒店	贺州金港酒店	3	套间	3	3	688	280	大会议室	1	1	100	1000	700	贺州市太白西路48号	0774－5103618	
			单间	9	9	268	130	中会议室	1	1	50	900	600			
			标准间	64	64	338	150	小会议室	1	1	20	500	350			
永丰宾馆	贺州市永丰宾馆	3	套间	2	2	536	218	大会议室	1	1	300	1200	800	贺州市贺州大道南段73号	0774－5101998	
			单间	4	4	336	120	中会议室	1	1	100	800	600			
			标准间	52	52	336	120	小会议室	1	1	50	500	300			
国际酒店	贺州国际酒店	4	套间	25	25	888	418	大会议室	2	2	100	2800	1600	贺州市建设东路183号	0774－5101191	
			单间	54	54	528	198	中会议室	4	4	40	1800	1200			
			标准间	156	156	528	198	小会议室								
八步粤港假日酒店	贺州市八步粤港假日酒店	3	套间	1	1	988	376	大会议室	1	1	110	2000	800	贺州市建设中路31号	0774－5108888	
			单间	25	25	338	116	中会议室								
			标准间	40	40	338	116	小会议室	1	1	60	1500	600			

海南省

- 财政部委托海南省财政厅负责在海南省地级以上城市招标采购会议定点饭店并负责日常监督管理工作。根据中共中央办公厅国务院办公厅《关于严禁党政机关到风景名胜区开会的通知》（厅字［1998］23 号）的规定，在海南省三亚市没有采购会议定点饭店。
- 通过政府采购，确定海南省会议定点饭店 105 家。会议定点饭店按照与财政部门签订《协议书》的价格向中央和地方各级党政机关和事业单位提供相应的接待服务。
- 海南省部分会议定点饭店的价格是按照综合定额方式采购的，各单位在组织筹备会议时应先向会议定点饭店查询。如果对协议价格产生疑义，可以要求定点饭店出示《协议书》。
- 如有会议定点饭店变更或饭店的协议价咯变化，应以“党政机关出差和会议定点饭店查询网”的信息为准。本目录中的海南省会议定点饭店的详细信息，可在“党政机关出差和会议定点饭店查询网”查阅。
- 海南省各地区长途电话区号：

海口市　0898　　　　三亚市　0898

海南省会议定点饭店

饭店名称	发票开具单位名称	星级	客房（价格：元/天）					会议室（数量：间；价格：元/半天）						地址	前台订房电话	备注
			房型	总间数	协议间数	门市价	协议价	类型	总间数	协议间数	容纳人数	门市价	协议价			
海口市																
金海岸罗顿大酒店	海南金海岸罗顿大酒店有限公司	5	套间	27	27	2200	500	大会议室	1	1	400	4500	1500	人民大道68号	0898－66259888－前台	
			单间	67	67	1280	260	中会议室	2	2	200	3500	1200			
			标准间	204	204	1280	260	小会议室	8	8	30	2000	600			
海南新国宾馆	海南新国宾馆有限公司	5	套间	4	4	3088	600	大会议室	1	1	500	6000	3600	海口市滨海西路111号	0898－966988	
			单间	58	58	1980	300	中会议室	2	2	70	3000	1800			
			标准间	72	72	1980	300	小会议室	2	2	40	2000	1200			
海南寰岛泰得大酒店	海南寰岛大酒店有限公司	5	套间	19	19	2596	600	大会议室	1	1	300	8000	2400	海口市和平大道18号	0898－66265226	
			单间	108	108	1336	260	中会议室	5	5	160	6000	2000			
			标准间	197	197	1176	260	小会议室	3	3	20	1500	400			
海口天佑大酒店	北京瑞元酒店管理有限公司海口天佑大酒店	5	商务套房	16	16	2600	580	大会议室	2	2	300	9000	2000	海口市秀英区滨海大道239号	0898－31688866 31688860 31688891	
			海景房（大床）	44	44	1600	280	中会议室	3	3	50	4000	1500			
			海景房（双标）	133	133	1600	280	小会议室	3	3	25	2400	1000			
海口喜来登温泉度假酒店	华能海南实业有限公司海口喜来登温泉度假酒店	5	花园客房	197	197	1800	300	大会议室	1	1	600	25000	12500	海口市滨海大道199号	0898－68708888	
			普通套房	4	4	2650	600	中会议室	1	1	300	13000	4000			
			小会议室	5	5	60	4000	2000								
海南皇冠滨海温泉酒店	海南皇冠滨海温泉酒店	5	标准双间	227	227	580	260	大宴会厅	1	1	1000	28000	5000	海口市琼山大道1号	0898－6596888－8828	
			标准单间	108	108	580	260	皇冠A厅	1	1	350	11000	3000			
			套间	15	15	1660	500	皇冠B、C厅	2	2	250	8500	2500			
								皇冠D厅	1	1	150	7000	2000			
								多功能厅	1	1	800	20000	4000			
								日霞6厅	1	1	40	3500	600			
								日霞7厅	1	1	50	2800	600			
								日霞1厅	4	4	25	1400	600			
								日霞4厅	2	2	20	1000	600			
								收益会议室	1	1	20	600	300			
								椰风阁	1	1	70	5000	800			
								海韵阁	1	1	70	5000	800			
								罗马1厅	1	1	50	5000	720			
								罗马2厅	1	1	70	5000	800			

饭店名称	发票开具单位名称	星级	客房（价格：元/天）					会议室（数量：间；价格：元/半天）						地址	前台订房电话	备注
			房型	总间数	协议间数	门市价	协议价	类型	总间数	协议间数	容纳人数	门市价	协议价			
海南鑫源温泉大酒店	海南鑫源置业发展有限公司鑫源温泉大酒店	4	套间	8	8	1318	460	大会议室	1	1	260	2800	1000	海口市海秀东路18－8号	0898－66735111－前台	
			单间	97	97	578	200	中会议室	1	1	50	1500	800			
			标准间	175	175	678	220	小会议室	4	4	30	1500	800			
新奥斯罗克酒店	海南丽都假日酒店管理有限公司	4	标间	120	120	780	200	多功能厅	1	1	260	1200	800	海秀东路12号	0898－66530666	
			高级间	32	32	880	220	1号会场	1	1	160	800	600			
			套房	6	6	1280	600	2号会场	1	1	130	800	600			
								3号会场	1	1	15	800	600			
海南太阳城大酒店有限公司	海南太阳城大酒店有限公司	4	标准双人间	80	80	780	200	大会议室	1	1	200	4500	800	海口市龙华路16甲号	0898－66205380 53815382	
			标准单人间	28	28	780	200	中会议室	1	1	80	3500	700			
			套间	6	6	1880	580	小会议室	1	1	20	2800	600			
海南燕泰国际大酒店	海南燕泰国际大酒店	4	套间	18	18	1280－1880	500	大会议室	1	1	800	4900	1800	海口市美兰区海甸五东路18号	0898－66250888－52	
			单间	27	27	980－1080	260	中会议室	3	3	120	1000－1200	700			
			标准间	335	335	880－930	200	小会议室	5	5	40	500－200	500			
海口国际金融大厦有限公司(海口国际金融嘉柏大酒店)	海口国际金融大厦有限公司	4	套间	9	9	1900	380	大会议室	1	1	360	2000	1500	海口市大同路29号	0898－66536647	
			单间	61	61	928	200	中会议室	1	1	120	1300	800			
			标准间	164	164	928	200	小会议室	1	1	25	900	400			
万利隆商务酒店	海口万利隆商务酒店有限公司	4	单间	54	54	980	298	大会议室	1	1	150	1000	1000	国贸金龙路51号	0898－68569666	
			标准间	107	107	880	288	中会议室	1	1	50	900	900			
			套间	9	9	1688	588	小会议室	1	1	20	800	800			
海南椰海大酒店	海南椰海大酒店	4	标准间	98	98	658/688	200	大会议室	1	1	200	1900	800	金融贸易区玉沙路46号	0898－68598888－8666/8866	
			单间	18	18	658/688	220	中会议室	1	1	40	1800	600			
			套间	7	7	1388/1888	600	小会议室	1	1	20	1600	500			

<table>
<tr><th rowspan="2">饭店名称</th><th rowspan="2">发票开具单位名称</th><th rowspan="2">星级</th><th colspan="5">客房（价格：元/天）</th><th colspan="6">会议室（数量：间；价格：元/半天）</th><th rowspan="2">地址</th><th rowspan="2">前台订房电话</th><th rowspan="2">备注</th></tr>
<tr><th>房型</th><th>总间数</th><th>协议间数</th><th>门市价</th><th>协议价</th><th>类型</th><th>总间数</th><th>协议间数</th><th>容纳人数</th><th>门市价</th><th>协议价</th></tr>
<tr><td rowspan="3">海口湘天源温泉大酒店（原海南华天大酒店）</td><td rowspan="3">海口湘天源温泉大酒店有限公司</td><td rowspan="3">4</td><td>套间</td><td>4</td><td>4</td><td>1388</td><td>380</td><td>大会议室</td><td>1</td><td>1</td><td>180</td><td>1800</td><td>1000</td><td rowspan="3">海口市龙昆北路9－1号</td><td rowspan="3">0898－66799988</td><td rowspan="3"></td></tr>
<tr><td>单间</td><td>26</td><td>26</td><td>888</td><td>200</td><td>中会议室</td><td>1</td><td>1</td><td>45</td><td>1200</td><td>600</td></tr>
<tr><td>标准间</td><td>98</td><td>98</td><td>788</td><td>200</td><td>小会议室</td><td>1</td><td>1</td><td>20</td><td>600</td><td>300</td></tr>
<tr><td rowspan="6">海口国商海航商务酒店</td><td rowspan="6">海南国商酒店管理有限公司</td><td rowspan="6">4</td><td>套间</td><td>73</td><td>73</td><td>1999</td><td>380</td><td>大会议室1000</td><td>1</td><td>1</td><td>1000</td><td>7000</td><td>6300</td><td rowspan="6">海口市大同路38号</td><td rowspan="6">0898－66561368</td><td rowspan="6"></td></tr>
<tr><td>套间</td><td>73</td><td>73</td><td>1999</td><td>380</td><td>1号多功能厅</td><td>1</td><td>1</td><td>1000</td><td>7000</td><td>6300</td></tr>
<tr><td>单间</td><td>51</td><td>51</td><td>1099</td><td>280</td><td>2号多功能厅</td><td>1</td><td>1</td><td>450</td><td>4500</td><td>4050</td></tr>
<tr><td>标准间</td><td>82</td><td>82</td><td>899</td><td>240</td><td>3号会议厅</td><td>1</td><td>1</td><td>300</td><td>3500</td><td>3150</td></tr>
<tr><td></td><td></td><td></td><td></td><td></td><td>4号会议厅</td><td>1</td><td>1</td><td>120</td><td>1600</td><td>1440</td></tr>
<tr><td></td><td></td><td></td><td></td><td></td><td>5号会议厅</td><td>1</td><td>1</td><td>120</td><td>1600</td><td>1440</td></tr>
<tr><td rowspan="3">黄金海景大酒店</td><td rowspan="3">中国石化集团海南经济开发有限公司黄金海景大酒店</td><td rowspan="3">4</td><td>双标</td><td>86</td><td>86</td><td>738</td><td>200</td><td>大会议室</td><td>1</td><td>1</td><td>250</td><td>6000</td><td>5000</td><td rowspan="3">海口市滨海大道67号</td><td rowspan="3">0898－68519988</td><td rowspan="3"></td></tr>
<tr><td>单标</td><td>24</td><td>24</td><td>780</td><td>270</td><td>中会议室</td><td>1</td><td>1</td><td>70</td><td>3000</td><td>2000</td></tr>
<tr><td>套房</td><td>20</td><td>20</td><td>1000</td><td>450</td><td>小会议室</td><td>2</td><td>2</td><td>25</td><td>1500</td><td>1200</td></tr>
<tr><td rowspan="5">海口泰华酒店</td><td rowspan="5">海口泰华酒店</td><td rowspan="5">4</td><td>单间</td><td>38</td><td>38</td><td>726</td><td>200</td><td>海瑞厅</td><td>1</td><td>1</td><td>300</td><td>5000</td><td>2000</td><td rowspan="5">海口市滨海大道泰华路2号</td><td rowspan="5">0898－66772990</td><td rowspan="5"></td></tr>
<tr><td>标准间</td><td>163</td><td>163</td><td>726</td><td>200</td><td>岳崧园</td><td>1</td><td>1</td><td>150</td><td>3000</td><td>1000</td></tr>
<tr><td>套房</td><td>6</td><td>6</td><td>2880</td><td>500</td><td>云逸厅</td><td>1</td><td>1</td><td>40</td><td>2000</td><td>800</td></tr>
<tr><td></td><td></td><td></td><td></td><td></td><td>邱浚堂</td><td>1</td><td>1</td><td>25</td><td>1200</td><td>600</td></tr>
<tr><td></td><td></td><td></td><td></td><td></td><td>多功能厅</td><td>1</td><td>1</td><td>80</td><td>1800</td><td>1500</td></tr>
<tr><td rowspan="3">凯威大酒店</td><td rowspan="3">海南凯威大酒店有限公司</td><td rowspan="3">4</td><td>套间</td><td>7</td><td>7</td><td>1688</td><td>488</td><td>大会议室</td><td>1</td><td>1</td><td>260</td><td>1300</td><td>800</td><td rowspan="3">海口市海港路20号</td><td rowspan="3">0898－68628106
68628107</td><td rowspan="3"></td></tr>
<tr><td>单间</td><td>23</td><td>23</td><td>588</td><td>220</td><td>中会议室</td><td>1</td><td>1</td><td>200</td><td>900</td><td>600</td></tr>
<tr><td>标准间</td><td>178</td><td>178</td><td>588</td><td>220</td><td>小会议室</td><td>3</td><td>3</td><td>80</td><td>700</td><td>300</td></tr>
<tr><td rowspan="4">海南宝华海景大酒店管理有限公司</td><td rowspan="4">海南宝华海景大酒店管理有限公司</td><td rowspan="4"></td><td>套间</td><td>42</td><td>42</td><td>1580</td><td>550</td><td>大会议室</td><td>2</td><td>2</td><td>200</td><td>2000</td><td>1500</td><td rowspan="4">海口市滨海大道69号</td><td rowspan="4">0898－68536699－1362/1329</td><td rowspan="4"></td></tr>
<tr><td>单间</td><td>41</td><td>41</td><td>920</td><td>240</td><td>中会议室</td><td>1</td><td>1</td><td>60</td><td>1500</td><td>1200</td></tr>
<tr><td>标准间</td><td>168</td><td>168</td><td>920</td><td>220</td><td>小会议室</td><td>3</td><td>3</td><td>35</td><td>1000</td><td>800</td></tr>
<tr><td></td><td></td><td></td><td></td><td></td><td>宝华厅</td><td>1</td><td>1</td><td>600</td><td>18000</td><td>15000</td></tr>
<tr><td rowspan="3">美华荷泰</td><td rowspan="3">海南美华荷泰旅业有限公司</td><td rowspan="3"></td><td>套间</td><td>2</td><td>2</td><td>3888</td><td>388</td><td>大会议室</td><td>1</td><td>1</td><td>250</td><td>2800</td><td>1000</td><td rowspan="3">海口市白龙南路83号</td><td rowspan="3">0898－65235306</td><td rowspan="3"></td></tr>
<tr><td>单间</td><td>51</td><td>51</td><td>800</td><td>208</td><td>中会议室</td><td>2</td><td>2</td><td>60</td><td>1800</td><td>800</td></tr>
<tr><td>标准间</td><td>91</td><td>91</td><td>800</td><td>208</td><td>小会议室</td><td>2</td><td>2</td><td>15</td><td>900</td><td>500</td></tr>
</table>

饭店名称	发票开具单位名称	星级	客房（价格：元/天）					会议室（数量：间；价格：元/半天）						地址	前台订房电话	备注
			房型	总间数	协议间数	门市价	协议价	类型	总间数	协议间数	容纳人数	门市价	协议价			
阳光大酒店	海南阳光大酒店管理有限公司	3	套房	2	2	688	260	大会议室	2	2	150	800	400	海口市白龙南路59号	0898－36388888	
			普通双标	79	79	388	120	中会议室	1	1	120	700	300			
								小会议室	1	1	30	400	200			
海口五指山国际大酒店	海口五指山国际酒店有限公司		套间	15	15	1480	388	大会议室	1	1	100	1600	1000	海口市五指山路8号	0898－65386666	
			单间	58	58	880	200	中会议室	1	1	20	1000	600			
			标准间	42	42	980	200	小会议室	1	1	供贵宾休息用	1000	500			
南沙温泉酒店	南沙温泉酒店		套间	2	2	588	288	大会议室	1	1	200	2100	1100	海口市南沙路60号	0898－66708888	
			单间	6	6	488	238	中会议室	1	1	78	1400	700			
			标准间	79	79	288	138	小会议室	2	2	40	1000	500			
丽华大酒店	海南琼山丽华旅业有限公司丽华大酒店		套间	39	39	1680	380	大会议室	1	1	400	1600	1000	海口市凤翔路158号	0898－65929888	
			单间	3	3	680	130	中会议室	1	1	110	1000	600			
			标准间	322	322	680	130	小会议室	2	2	80	900	500			
海南金泰大酒店	海南金泰酒店管理有限公司		套间	1	1	488	388	大会议室	1	1	300	3500	1000	海口市文联路6号	0898－36309100 36309300	
			单间	5	5	200	130	中会议室	1	1	130	1800	600			
			标准间	96	96	180	130	小会议室	1	1	80	1000	300			
海口文华大酒店	海南文华大酒店有限公司	5	高级房	70	70	1600	300	宴会大厅	1	1	800	30000	9000	海口市文华路18号	0898－68548888－6103/6106	
			豪华房	118	118	1800	300	宴会大厅	3	3	250	5000	3000			
			高级套房	14	14	4000	600	小会议厅	4	4	40	3000	1500			
海南迎宾馆	海南国宾馆有限公司	5	豪华商务房	119	119	1988	300	国宾一厅	1	1	260	15000	4000	海口市美兰区大英山西四路9号	0898－65206666－88	
			豪华行政房	79	79	1988	300	国宾二厅	1	1	100	8000	4000			
			豪华套间	17	17	3088	600	国宾三厅	1	1	70	6500	3500			
								国宾会见厅	1	1	14	6000	3000			
海口明光海航大酒店	海口明光酒店管理有限公司	5	套间	36	36	1688＋15%	550	明光厅	1	1	300	6000	3000	海口市南海大道9号	0898－36638888	
			双标	192	192	1288＋15%	300	牡丹厅	1	1	100	4500	2000			
			单标	52	52		300	百合厅	1	1	80	4000	1500			
								兰花厅	1	1	50	2500	1000			
								水仙厅	1	1	50	2500	1000			
								莲花厅	1	1	50	2500	1000			
								紫荆厅	1	1	50	2500	1000			

饭店名称	发票开具单位名称	星级	客房（价格：元/天）					会议室（数量：间；价格：元/半天）						地址	前台订房电话	备注
			房型	总间数	协议间数	门市价	协议价	类型	总间数	协议间数	容纳人数	门市价	协议价			
康年皇冠花园酒店	海南凯都实业有限公司康年皇冠花园酒店		双标	90	90	800	300	康年殿	1	1	50	2000	1000	海口市金垦路6号	0898－68955636 68955611 68955888	
			单标	30	30	800	300	监江厅	1	1	80	10000	4000			
			套间	4	4	1580	600	玉湖厅	1	1	35	6000	3000			
								凯都厅	1	1	300	15000	4000			
海南金银岛大酒店	海南金银岛大酒店	4	标准间（含双人、单人间）	104	104	780	208	多功能厅	1	1	180	6800	1250	海口市蓝天路16号	0898－66763388－666/8166	
			豪华双人间	16	16	880	228	第一会议室	1	1	90	4800	900			
			商务房（含双人、单人间）	54	54	1080	268	第二会议室	1	1	15	2800	400			
			行政房（含双人、单人间）	49	49	1280	298	第三会议室	1	1	25	2800	400			
			行政高级套间	7	7	1800	588									
			行政豪华套间	4	4	2080	598									
海口宾馆	海南五洲旅游股份有限公司	4	行政套房	8	8	1388	438	多功能厅	1	1	300	2000	1000	海南省海口市海府路4号	0898－65351234	
			浪漫及商务房	37	37	898	328	商务会议厅	1	1	35	1600	800			
			豪华单人房	35	35	788	268	商务会客厅	1	1	25	1600	800			
			豪华双人间	44	44	788	248									
			标准双人间	72	72	688	208									
海南鸿运大酒店	海南鸿运大酒店	4	双标	87	87	988	200	3F 多功能厅	1	1	370	1500	1300	海秀路15号	0898－36665668	
			单标	45	45	988	200	6F 大会议室	1	1	250	1000	900			
			套间	9	9	2180	200	6F 小会议室	1	1	35	500	400			
海南大酒店	海南千江月酒店管理有限公司	待评4	商务双标	94	94	780	244	海星厅（大）	1	1	180	2400	1800	海口市海府路51号	0898－36609990	
			商务大床	26	26	780	244	海晟厅（小）	1	1	80	1400	900			
			套房	4	4	1880	550	商务洽谈室	1	1	14	690	300			
嘉正海外国际大酒店	海南嘉正海外国际大酒店有限公司	3	普通标准间	64	64	186	110	大会议室	1	1	200	1000	800	海南省海口市美兰区五指山路11号	0898－65235999－3900/6	
			豪华标准间	106	106	218	120	中会议室	1	1	100	800	600			
			普通套间	3	3	216	166	小会议室	1	1	40	600	400			

饭店名称	发票开具单位名称	星级	客房（价格：元/天）					会议室（数量：间；价格：元/半天）						地址	前台订房电话	备注
			房型	总间数	协议间数	门市价	协议价	类型	总间数	协议间数	容纳人数	门市价	协议价			
海南琼苑宾馆（一号楼）	海南琼苑宾馆	3	单间	5	5	140	110	大会议室	1	1	300	900	800	海口市白龙南路38号	0898－65385293 65385280	
			标准间	80	80	140	110	中小会议室	5	5	70	500	400			
			套间	2	2	280	250									
海南琼苑宾馆（二号楼）			单间	6	6	160	130									
			标准间	74	74	160	130									
			套间	4	4	350	300									
龙泉之星	海口龙泉人之星白龙酒店有限公司	3	套间	5	5	578	232	大会议室	1	1	200	2500	1000	海口市白龙南路58号	0898－65201668	
			单间	48	48	398	172	中会议室	1	1	70	2000	800			
			标准间	24	24	298	136	小会议室	1	1	15	750	300			
美京海景大酒店有限公司	海口美京海景大酒店有限公司	3	豪华房	100	100	168	120	大会议室	1	1	220	1200	1000	海口市滨海大道16号	0898－66206888	
			豪华电脑房	42	42	198	138	中会议室	1	1	80	600	500			
			套房	3	3	358	300	小会议室	1	1	30	400	300			
金宝莱商务酒店	海南金宝莱商务酒店管理有限公司		单双标	47	47	888	194	大会议室	1	1	300	4500	3500	海口市城西路18号	0898－36680111 36681111	
			普通房	10	10	1388	294	中会议室	2	2	60	2000	1600			
			豪华套房	2	2	1988	414	小会议室	1	1	30	1800	1200			
			商务房	13	13	888	224									
			情侣单	14	14	888	214									
			三人间	3	3	988	294									
金色阳光泰得温泉度假酒店	海南金色阳光泰得温泉度假酒店有限公司		双标房	190	190	1580	260	金泰堂	1	1	350	4000	2800	海口市滨海大道278号	0898－68727260	
			单人房	160	160	2680	260	海岸多功能厅	1	1	220	1500	450			
			普通套间	30	30	3000	600	宝景多功能厅	1	1	350	3000	1500			
			豪华套间	5	5	3280	600	嘉美多功能厅	1	1	230	1000	500			
								海悦厅	1	1	80	1200	600			
								升月轩	1	1	35	1000	500			
								复浪轩	1	1	24	800	400			
								听雨轩	1	1	24	800	400			
海南新南国酒店	海南新南国酒店有限公司		双标	44	44	198	120	宴会厅	1	1	300	2000	1000	海口市蓝天路3－3号	0898－66580333	
			单标	19	19	208	120	十楼会议室	1	1	150	600	400			
			商务房	13	13	298	120	一楼贵宾厅	1	1	22	300	200			

饭店名称	发票开具单位名称	星级	客房（价格：元/天）					会议室（数量：间；价格：元/半天）						地址	前台订房电话	备注
			房型	总间数	协议间数	门市价	协议价	类型	总间数	协议间数	容纳人数	门市价	协议价			
文昌市																
文昌维嘉国际大酒店	文昌维嘉国际大酒店	待证5	高级套房	6	6	550	350	大会议室	1	1	300	3888	1200	文城镇文建路166号	0898－63288105	
			豪华套房	8	8	680	450	中会议室	3	3	90	1888	800			
			商务套房	8	8	780	500	小会议室	8	8	20	888	400			
			高级客房双标	89	89	420	220									
			高级客房单标	60	60	420	180									
			豪华客房双标	50	50	480	260									
			豪华客房单标	22	22	480	200									
凤凰城大酒店	来龙旅业有限公司文昌凤凰城大酒店	4	普通套间	7	7	588	208	大会议室	1	1	300	1200	1000	文城镇文新路	0898－63338888	
			主楼单间	50	50	368	138	中会议室	2	2	90	700	500			
			副楼单间	29	29	520	160	小会议室	1	1	30	500	400			
			主楼标准间	72	72	368	138									
			副楼标准间	23	23	520	160									
文昌龙园酒店	文昌龙园酒店	3	普通套间	6	6	588	280	大会议室	1	1	200	1000	600	文城镇文新路68号	0898－63236666	
			豪华套间	1	1	688	380	中会议室	1	1	80	800	500			
			单间	7	7	488	120	小会议室	2	2	40	600	350			
			标准间	73	73	488	120									
文昌经纬花园	文昌经纬花园	3	普通套间	3	3	388	282	大会议室	1	1	200	1500	500	清澜经济开发区旅游大道	0898－63322794	
			豪华套间	1	1	688	380	中会议室	1	1	60	500	300			
			单间	4	4	288	200	小会议室	1	1	15	400	200			
			标准间	68	68	228	130									
海南文昌高隆湾金融度假村	海南文昌高隆湾金融度假村	3	套间	17	17	680	180	大会议室	1	1	250	900	600	文昌市清澜高隆湾旅游大道	0898－63322068	
			单间	6	6	380	180	中会议室	1	1	70	600	400			
			标准间	80	80	360	120	第一会议室	1	1	35	300	200			
								小会议室	3	3	30	250	150			
海南百莱玛度假村	海南百莱玛度假村有限公司	3	别墅双人间	28	28	488	148	大会议室	1	1	100	700	500	海南百莱玛度假村有限公司	0898－63538222	
			豪华木屋	41	41	888	258									
								小会议室	1	1	20	500	300			

饭店名称	发票开具单位名称	星级	客房（价格：元/天）					会议室（数量：间；价格：元/半天）						地址	前台订房电话	备注
			房型	总间数	协议间数	门市价	协议价	类型	总间数	协议间数	容纳人数	门市价	协议价			
天福云龙湾度假村	海南铜鼓岭天福云龙湾度假村有限公司	待证4	普通套间	8	8	680	598	大会议室	2	2	160	3000	1500	文昌市龙楼镇天福云龙湾度假村	0898－63561266	
			豪华套间	2	2	1800	598	中会议室	1	1	80	2000	1000			
			单间	9	9	480	298	小会议室	4	4	30	1600	800			
			标准间	100	100	480	298									
文昌白金海岸度假酒店	文昌白金海岸度假酒店有限公司		行政商务房（单间）	100	100	868	180	大会议室	1	1	200	2000	1500	高龙湾白金路	0898－63339999	
			行政商务房（标准间）	160	160	868	180	中会议室	1	1	60	1500	1000			
			海景家庭套房	32	32	1008	220	小会议室	6	6	30	800	600			
			海景沙龙房	40	40	1388	298									
琼海市																
琼海维嘉国际大酒店	琼海维嘉国际大酒店有限公司		套间	5	5	1288	300	大会议室	1	1	500	600	500	嘉积镇银海路	0898－62923333	
			单间	15	15	480	128	中会议室	1	1	200	500	400			
			标准间	49	49	480	110	小会议室	1	1	100	300	250			
琼海昌隆酒店	琼海昌隆酒店		套间	4	4	526	416	大会议室	1	1	200	2000	900	嘉积镇金海路111号	0898－62933666	
			单间	13	13	288	186	中会议室	1	1	50	1000	500			
			标准间	17	17	266	146									
			商务客房	39	39	288	186									
			水晶宫房	5	5	366	276									
博鳌玉带湾大酒店	海南福川投资有限公司博鳌玉带湾大酒店		海景套房	11	11	1880	518	大会议室	1	1	400	6000	3000	博鳌镇滨海二路	0898－62777777	
			豪华海景大床房	30	30	1280	248	中会议室	2	2	100	3500	1000			
			豪华海景家庭房	50	50	1380	268	小会议室	2	2	30	2000	500			
			高级双床房	60	60	880	218									
			豪华海景双床房	45	45	1080	248									
锦江温泉大酒店	上海（海南）旅游联合发展有限公司锦江温泉大酒店	4	豪华套间	6	6	2400	498	大会议室	1	1	200	4000	958	博鳌镇金海岸大道1号	0898－62778588	
			普通套间	8	8	1600	438	中会议室	2	2	50	3000	778			
			单间	12	12	880	240	小会议室	1	1	25	2000	598			
			标准间	130	130	860	220									

饭店名称	发票开具单位名称	星级	客房（价格：元/天）					会议室（数量：间；价格：元/半天）						地址	前台订房电话	备注
			房型	总间数	协议间数	门市价	协议价	类型	总间数	协议间数	容纳人数	门市价	协议价			
博鳌蓝色海岸	海南利腾物业管理有限公司		套间	18	18	3100	500	大会议室	1	1	250	10000	4000	琼海市博鳌镇南群路18号	0898－36838888	
			单间	180	180	1033	280	中会议室	3	3	150	5000	2500			
			标准间	19	19	1033	280	小会议室	2	2	50	3000	1000			
官塘官泉谷温泉度假村	琼海官塘源生态温泉开发有限公司官泉谷温泉度假村	3	贵宾套房	4	4	1388	458	大会议室	1	1	180	1600	1200	琼海市官塘温泉旅游开发区	0898－62802088	
			豪华套房	2	2	1088	318	中会议室	1	1	60	1000	800			
			普通套房	10	10	788	278	小会议室	1	1	30	800	600			
			椰韵别墅房	8	8	888	308									
			豪华标间	59	59	588	218									
			普通双标	30	30	463	198									
琼海天福源温泉大酒店	琼海天福源温泉大酒店有限公司		套间	10	10	5388	580	大会议室	1	1	400	6000	1900	琼海市官塘旅游开发区	0898－31698553	
			单间	24	24	1888	290	中会议室	1	1	60	5000	1400			
			标准间	185	185	1888	240	小会议室	6	6	40	1500	500			
琼海宾馆	琼海宾馆	3	套间	6	6	480	380							嘉积镇南门二路8号	0898－62819988	
			单间	9	9	198	100	中会议室	1	1	100	800	500			
			标准间	32	32	198	100	小会议室	6	6	25	500	200			
海南银海开发建设总公司银海度假中心	海南银海开发建设总公司银海度假中心	4	套间	4	4	888	380	大会议室	1	1	220	1800	800	嘉积镇金海路	0898－62930918	
			别墅单间	15	15	468	150	中会议室	1	1	120	1500	600			
			商务单间	8	8	398	100									
			别墅标准间	23	23	468	150									
			商务标准间	128	128	398	100									
官塘温泉休闲中心	海南万泉河温泉旅游开发股份有限公司官塘温泉休闲中心	4	套间	9	9	2688	600	大会议室	1	1	300	3500	2000	琼海官塘温泉旅游开发区	0898－62803111	
			单间	30	30	1188	280	中会议室	1	1	80	2300	1500			
			标准间	113	113	888	280	小会议室	4	4	30	1500	800			
龙湾国际大酒店	海南龙湾国际酒店集团有限公司龙湾国际大酒店		套间	21	21	1280	380	大会议室	1	1	550	2500	2000	嘉积镇金海路218号	0898－62928888－3806 13876168802	
			单间	80	80	1180	180	中会议室	5	5	70	1800	1500			
			标准间	120	120	1180	180	小会议室	1	1	40	1300	1000			

饭店名称	发票开具单位名称	星级	客房（价格：元/天）					会议室（数量：间；价格：元/半天）						地址	前台订房电话	备注
			房型	总间数	协议间数	门市价	协议价	类型	总间数	协议间数	容纳人数	门市价	协议价			
金芙蓉度假村	湖南中烟工业有限责任公司琼海博鳌金芙蓉度假村	4	套间	7	7	1680	488	大会议室	1	1	500	2500	1500	琼海市博鳌镇	0898－62777816	
			单间	6	6	1280	258	中会议室	1	1	320	2000	1000			
			标准间	167	167	680	240	小会议室	1	1	25	1500	500			
琼海泰和大酒店	琼海泰和工贸有限公司	3	套间	3	3	428	388	中会议室	1	1	120	600	500	琼海市富海路50号	0898－66695555	
			单间	52	52	118	100									
			标准间	39	39	100	90									
琼海金银岛大酒店	琼海金银岛大酒店	待4	行政套房	3	3	1288	468	大会议室	1	1	150	2200	800	琼海市银海路高速路口	0898－36831222	
			豪华套间	3	3	1188	388	中会议室	2	2	35	1500	500			
			普通套房	4	4	1088	308									
			单间	14	14	688	140									
			标准间	77	77	588	120									
博鳌华美达大酒店	琼海宝莲城酒店公寓管理有限公司		套间	135	135	1688	600	大会议室	1	1	200	2000	1200	琼海市博鳌镇龙博大道9号	0898－62770000	
			单间	180	180	1288	300									
			标准间					小会议室	1	1	30	2000	1200			
海南博鳌金海岸温泉大酒店	海南博鳌太阳城温泉大酒店有限公司博鳌金海岸温泉大酒店	5	高级套房	9	9	2880	600	大会议室	1	1	600	50000	22000	海南省琼海市博鳌金海岸大道8号	0898－62778888	
			小套房	7	7	1980	600	中会议室	3	3	600	6000－20000	12000			
			标准客房	235	235	1380	300	小会议室	3	3	200	3000－6000	3500			
万宁市																
兴隆金银岛大酒店	兴隆金银岛大酒店	4	豪华套间	6	6	1880	423	大会议室	1	1	500	2100	800	兴隆温泉大道1号	0898－62561690	
			普通套间	2	2	1880	423									
			单间	9	9	880	168	中会议室	1	1	70	1000	500			
			标准间	140	140	880	168	小会议室	2	2	30	750	400			
兴隆金叶桃源温泉度假村	兴隆金叶桃源温泉度假村	4	豪华套间	8	8	3688	600	大会议室	1	1	80	1500	1000	兴隆桃源大道	0898－62565999	
			普通套间	9	9	1688	400									
			单间	12	12	888	150	中会议室	1	1	50	1500	1000			
			标准间	170	170	888	150	小会议室	2	2	20	800	300			

饭店名称	发票开具单位名称	星级	客房（价格：元/天）					会议室（数量：间；价格：元/半天）						地址	前台订房电话	备注
			房型	总间数	协议间数	门市价	协议价	类型	总间数	协议间数	容纳人数	门市价	协议价			
海南兴隆明珠酒店	海南兴隆明珠酒店	4	豪华套间	6	6	1860	389	大会议室	1	1	120	600	400	兴隆明珠大道3号	0898－62555999	
			普通套间	18	18	880	240									
			单间	17	17	730	128	中会议室	1	1	30	450	300			
康乐园海航度假酒店	康乐园海航度假酒店	5	豪华套间					大会议室	1	1	1000	12000	4800	海南万宁兴隆旅游城	0898－62577166	
			普通套间	10	10	3650	600									
			单间	149	149	1950	300	中会议室	3	3	70	4000	1680			
			标准间	399	399	1950	300	小会议室	2	2	20	3500	1480			
兴隆温泉宾馆	兴隆温泉宾馆	4	豪华套间	6	6	1680	600	大会议室	1	1	300	1500	1300	海南万宁兴隆旅游城	0898－62566488	
			普通套间	2	2	980	480	中会议室	1	1	60	1300	1000			
			单间	12	12	680	250	小会议室	2	2	30	750	500			
			标准间	514	514	680	250									
兴隆港隆酒店	兴隆港隆酒店	4	豪华套间	1	1	1888	580	大会议室	1	1	250	4500	2000	海南万宁兴隆旅游城	0898－62573333	
			普通套间	1	1	1088	580	中会议室	1	1	50	1800	1200			
			单间	7	7	688	238	小会议室	1	1	30	1000	800			
			标准间	119	119	688	238									
兴隆银湖温泉假日酒店	兴隆银湖温泉假日酒店	4	豪华套间	1	1	2980	278	大会议室	1	1	400	1650	800	海南万宁兴隆旅游城	0898－62573888	
			普通套间	2	2	1880	258	中会议室	1	1	60	1350	500			
			单间	7	7	980	148	小会议室	1	1	20	1000	300			
			标准间	116	116	980	148									
兴隆老榕树酒店	兴隆老榕树酒店	5	豪华套间	30	30	2680	600	大会议室	1	1	300	2500	1700	海南万宁兴隆旅游区温泉大道	0898－62398111	
			普通套间	30	30	1980	480	中会议室	1	1	80	1500	1000			
			单间	40	40	1280	250	小会议室	2	2	30	750	500			
			标准间	300	300	1280	250									
五指山市																
五指山宾馆	五指山宾馆	3	套间	10	10	418	318	大会议室	1	1	130	600	500	五指山市奥雅路	0898－86622981	
			单间	6	6	158	120									
			标准间	74	74	138	120	小会议室	1	1	10	400	300			
翡翠山城假日酒店	翡翠山城假日酒店	3	套间	10	10	888	288	大会议室	1	1	170	1000	800	五指山市山庄路1号	0898－86630888	
			单间	8	8	198	128	中会议室	1	1	40	400	200			
			标准间	52	52	368	138	小会议室	1	1	30	300	150			

饭店名称	发票开具单位名称	星级	客房（价格：元/天）					会议室（数量：间；价格：元/半天）						地址	前台订房电话	备注
			房型	总间数	协议间数	门市价	协议价	类型	总间数	协议间数	容纳人数	门市价	协议价			
五指山旅游山庄	五指山旅游山庄	3	套间	3	3	880	480	大会议室	1	1	100	750	600	五指山市山庄路	0898－86623188	
			单间	17	17	580	230									
			标准间	30	30	380	180	小会议室	1	1	30	400	300			
			标准间	58	58	580	230									
五指山国际度假寨	五指山国际度假寨	3	套间	3	3	580	380	大会议室	1	1	100	600	500	五指山市雅宾旅游区	0898－86550001	
			单间	5	5	280	180									
			标准间	35	35	280	180									
东方市																
东方绿宝大酒店	东方绿宝大酒店	3	行政套房	1	1	888	468	大会议室	1	1	150	1500	1000	东方市东海路7号	0898－25521538	
			豪华套房	2	2	688	263									
			普通套房	3	3	588	200									
			豪华双标房	23	23	388	128									
			豪华单标房	5	5	388	128									
			普通标准房	13	13	288	118									
			标准间	10	10	388	148									
			标准间	5	5	488	188									
东方云天大酒店	东方市云天实业贸易有限公司东方云天大酒店	3	豪华套间	2	2	668	488	大会议室	1	1	100	800	700	东方市东海路4号	0898－25538666	
			普通套间	4	4	308	268	中会议室	2	2	40	600	500			
			标准单人间	8	8	168	138	小会议室	1	1	30	400	300			
			标准双人间	31	31	158	128									
东方富岛海湾大酒店	东方富岛海湾大酒店有限公司	4	行政套间	3	3	880	400	中会议室	1	1	35	800	360	东方市银海大道北	0898－25588988	
			标准套房	6	6	780	320	小会议室	1	1	20	700	300			
			豪标单人间	10	10	660	220	多功能厅	1	1	200	1600	1200			
			豪标双人间	41	41	560	200									
			标准双人间	15	15	480	160									
东方升达楼	东方东海升达楼	3	豪华套间	1	1	688	388	大会议室	1	1	100	1500	1000	东方市东方大道	0898－25581888	
			标准双人间	53	53	198	138									
			标准单人间	25	25	198	138									
			其他	11	11	198	138									

饭店名称	发票开具单位名称	星级	客房（价格：元/天）					会议室（数量：间；价格：元/半天）						地址	前台订房电话	备注
			房型	总间数	协议间数	门市价	协议价	类型	总间数	协议间数	容纳人数	门市价	协议价			
东方良智海景大酒店	东方良智海景大酒店有限公司		豪华房	89	89	580	168	多功能会议厅	1	1	150	1200	900	东方市东港路	0898－38968888	
			海景房	47	47	620	188									
			商务房	6	6	680	208									
			豪华海景房	6	6	720	218									
儋州市																
海南蓝洋温泉度假村	海南蓝洋温泉度假村	3	普通标	8	8	280	100	大会议室	1	1	180	400	300	儋州蓝洋农场	0898－23355988	
			高级标	26	26	300	120	小会议室	3	3	50	300	200			
			新标	34	34	320	130									
			初级套	7	7	450	220									
			三人间	6	6	330	150									
			高级套	6	6	500	300									
			高级别墅（栋）	4	4	900	500									
豪威凯立商务酒店	海南豪威旅业有限公司儋州豪威凯立商务酒店		标准客房（双人间）	73	73	188	148	大会议室	1	1	450	1000	750	儋州市解放北路69号C座	0898－23386666	
			标准客房（单人间）	9	9	198	158	中会议室	2	2	300	750	400			
			豪华套间	7	7	338	268									
荣兴大酒店	荣兴大酒店	3	普通标间	22	22	178	148	大会议室	1	1	130	800	700	儋州市中兴大道大转盘旁	0898－23331188	
			豪华标间	69	69	188	158									
			商务标间	3	3	198	168									
			豪华套间	2	2	338	308									
儋州市中旅宾馆	儋州市中旅宾馆	2	标准双人房	54	54	88	70	大会议室	1	1	100	300	200	儋州市人民大道173号	0898－23325888	
			标准单人房	20	20	88	65									
			套房	5	5	188	120									
新天地花园酒店	儋州市地税局	5	普通标间	30	30	538	228	行政小会议室	1	1	15	1900	900	儋州市中兴大道168号	0898－36780033 36780888	
			普通单间	17	17	538	228	国际大会议室	1	1	400	3400	2400			
			高级双标	81	81	688	288									
			高级单间	15	15	688	288									
			行政双标	39	39	818	300									
			行政单标	19	19	818	300									

饭店名称	发票开具单位名称	星级	客房（价格：元/天）					会议室（数量：间；价格：元/半天）						地址	前台订房电话	备注
			房型	总间数	协议间数	门市价	协议价	类型	总间数	协议间数	容纳人数	门市价	协议价			
海南豪威旅业有限公司儋州豪威麒麟大酒店	海南豪威旅业有限公司儋州豪威麒麟大酒店		标准间	30	30	198	148	大会议室	1	1	400	1250	1000	儋州市那大镇中心大道西段	0898－23388888	
			豪华标准间	59	59	218	168	中会议室	1	1	90	600	400			
			豪华商务间（单间）	22	22	218	168	小会议室	1	1	60	500	350			
			豪华娱乐客房	15	15	258	208									
			豪华娱乐套房	7	7	388	328									
			豪华商务套房	7	7	358	288									
			豪华贵宾套房	1	1	408	358									
澄迈县																
金大拉乡村酒店	金大拉乡村酒店		套间	9	9	488	188	大会议室	1	1	150	500	350		0898－36966666	
			单间													
			标准间	96	96	388	148	小会议室	2	2	40	400	175			
长升花园酒店	长升花园酒店		套间												0898－67630111	
			单间	21	21	138	100	中会议室	1	1	150	300	150			
			标准间	35	35	168	120	小会议室	1	1	60	200	100			
海南慧谷骏轩酒店	海南慧谷骏轩酒店		套间					大会议室	1	1	300	6000	1750		0898－67498888	
			单间	57	57	1480	300	中会议室	1	1	200	3000	1250			
			标准间	174	174	1480	300	小会议室	4	4	65	2250	750			
信昌园酒店	信昌园酒店		套间												0898－67632666	
			单间	15	15	138	118	中会议室	2	2	120	300	150			
			标准间	29	29	128	108									
定安县																
丽湖银湾大酒店	华田（南丽湖）旅业有限公司	4	套间	6	6	1080	410	第一会议室	1	1	1000	6000	3000	定安县南丽湖开发区	0898－63988888	
			陆上 标准间	180	180	680	170	第二会议室	1	1	276	3000	1300			
			水上 标准间	174	174	980	210	第三会议室	1	1	276	3000	1300			
								第五会议室	1	1	100	1800	1100			
								第六会议室	1	1	80	1800	1000			
								第七会议室	1	1	50	1600	900			
								第八会议室	1	1	50	1600	900			
								第九会议室	1	1	30	800	600			
								梅花包厢	1	1	30	800	600			
								玫瑰包厢	1	1	30	1000	800			
								牡丹包厢	7	7	30	1200	900			

饭店名称	发票开具单位名称	星级	客房（价格：元/天）					会议室（数量：间；价格：元/半天）						地址	前台订房电话	备注
			房型	总间数	协议间数	门市价	协议价	类型	总间数	协议间数	容纳人数	门市价	协议价			
丽湖水庄	海南丽湖水庄有限公司		套间	4	4	488	288	大会议室	1	1	500	2000	1500	定安县南丽湖开发区	0898－63982688	
			单间	8	8	398	168	中会议室	2	2	150	1000	750			
			标准间	150	150	398	168	小会议室	2	2	60	750	500			
昌江黎族自治县																
雅加会议中心	北京清韵堂文化艺术有限公司海南霸王岭雅加会议中心	3	套间	15	15	868	434	大会议室	1	1	200	1500	1500	昌江县霸王岭林业局雅加山庄	0898－26883111	
			单间（别墅）	12	12	1148	574								0898－26881888	
			标准间	65	65	468	234	小会议室	1	1	40	500	500			
昌江迎宾有限公司	昌江迎宾有限公司		套间	2	2	498	498	大会议室	1	1	150	600	500	昌江县石碌镇东风路25号	0898－26637777	
			单间													
			标准间	108	108	188	168	小会议室	1	1	30	400	300			
鸿俊宾馆	海南昌江鸿发实业有限公司		套间	5	5	280	140	大会议室	1	1	70	800	500	昌江县石碌镇人民北路108号	0898－26633888	
			单间	5	5	280	140									
			标准间	64	64	236	110	小会议室	1	1	40	400	300			
海南矿业联合有限公司迎宾馆	海南矿业联合有限公司迎宾馆		套间	6	6	380	230	大会议室	1	1	40	800	800	昌江迎宾路	0898－26609677	
			单间	8	8	158	130									
			标准间	28	28	158	130	小会议室	1	1	15	400	400			
琼中黎族自治县																
乐园酒店	乐园置业有限公司	4	豪华套间	4	4	1180	568	中会议室	1	1	80	1800	1300	琼中县营根镇新二区海榆中线路	0898－86238441	
			豪华双人套间	6	6	748	388	小会议室	1	1	30	1500	1100			
			豪华双人间	10	10	498	238									
			单间	4	4	468	168									
			豪华标准间	22	22	468	168									
			标准间	56	56	468	148									

饭店名称	发票开具单位名称	星级	客房（价格：元/天）					会议室（数量：间；价格：元/半天）						地址	前台订房电话	备注
			房型	总间数	协议间数	门市价	协议价	类型	总间数	协议间数	容纳人数	门市价	协议价			
琼中宾馆	琼中宾馆	3	套间	7	7	380	198	大会议室	1	1	120	450	400	营根街95号	0898－86222840	
			单间	9	9	128	70									
			标准间	26	26	148	90	小会议室	2	2	30	200	175			
			标准三人间	7	7	148	108									
			豪华套间	7	7	380	328									
			豪华双人间	22	22	220	118									
陵水黎族自治县																
世知度假酒店	海南世知旅游有限公司		套间	10	10	1288	350	大会议室	1	1	400	2000	1700	陵水县英州镇	0898－83366666	
			单间	10	10	880	240	中会议室	1	1	100	1500	1100			
			标准间	550	550	880	240	小会议室	1	1	60	1000	750			
天朗酒店	天朗酒店	4	套间	4	4	2680	280	大会议室	1	1	160	900	250	陵水县新村镇	0898－83368288	
			单间	10	10	1280	140									
			标准间	121	121	980	120	小会议室	1	1	30	500	150			
庆隆达酒店	陵水庆隆达实业有限公司	挂牌3	套间	79	79	168	128							陵水县中心大道	0898－83311889	
			单间	8	8	188	148	中会议室	1	1	100	1300	750			
			标准间	4	4	588	288	小会议室	1	1	40	850	400			
			套间	2	2	888	588									
海南陵水香水湾度假酒店	海南铭泰香水湾旅游发展有限公司陵水香水湾度假酒店		套间	54	54	2380	600	大会议室	1	1	450	7500	4000	陵水县香水湾度假区	0898－83348888	
			单间	30	30	1380	300	中会议室	1	1	240	3000	1500			
			主楼标准间	176	176	1280	280	小会议室	4	4	60	1500	750			
			二期标准间	400	400	880	200									
海南香水湾金缔度假酒店	海南香水湾金缔度假酒店管理有限公司		豪华海景套房	31	31	1180	188	大会议室	1	1	200	3400	2250	陵水县香水湾B区	0898－83301666	
			豪华园景套房	12	12	1388	208	中会议室	1	1	70	1900	1600			
			豪华海景套房	180	180	1688	228	小会议室	1	1	70	1400	1100			
			高级海景套房	110	110	2188	438									
			高级园景套房	110	110	2688	568									
洋浦管理区																
洋浦湾海景花园酒店	洋浦湾海景花园酒店		套间	18	18	1680	588	大会议室	1	1	70	1944	1400	洋浦经济技术开发区洋浦湾	0898－36989999	
			单间	91	91	588	298	中会议室	1	1	20	800	400			
			标准间	28	28	388	298									

重 庆 市

- 财政部委托重庆市财政局负责在重庆市招标采购会议定点饭店并负责日常监督管理工作。
- 通过政府采购，确定重庆市会议定点饭店 10 家。
- 会议定点饭店按照与财政部门签订《协议书》的价格向中央和地方各级党政机关和事业单位提供相应的接待服务。
- 重庆市部分会议定点饭店的价格是按照综合定额方式采购的，各单位在组织筹备会议时应先向会议定点饭店查询。如果对协议价格产生疑义，可以要求定点饭店出示《协议书》。
- 如有会议定点饭店变更或饭店的协议价格变化，应以“党政机关出差和会议定点饭店查询网”的信息为准。
- 本目录中的重庆市会议定点饭店的详细信息，可在“党政机关出差和会议定点饭店查询网”查阅。
- 重庆市长途电话区号　023

重庆市会议定点饭店

饭店名称	发票开具单位名称	星级	客房（价格：元/天）房型	总间数	协议间数	门市价	协议价	会议室（数量：间；价格：元/半天）类型	总间数	协议间数	容纳人数	门市价	协议价	地址	前台订房电话	备注
重庆市																
重庆市渝州宾馆	重庆市渝州宾馆	国宾馆	一类会	160	160	560	328	大会议室	1	1	320	6000	3000	重庆市渝中区渝州路168号	63551999	
			二类会	160	160	350	228	中会议室	2	2	180	3000	2000			
			三类会	160	160	260	160	小会议室	7	7	40	980	550			
重庆市创世纪宾馆	重庆市创世纪宾馆	4	一类会	177	177	480	330	大会议室	2	2	360	10000	6000	渝北区新牌坊一路1号	67621313	
			二类会	177	177	400	250	中会议室	2	2	100	4000	2500			
			三类会	177	177	380	180	小会议室	5	5	32	1500	800			
重庆雾都宾馆太阳城酒店	重庆雾都宾馆太阳城酒店	3	一类会	152	152	300	280	大会议室	1	1	400	5000	3000	重庆市渝北区龙溪街道红叶路1号	67621335	
			二类会	152	152	260	200	中会议室	3	3	120	1200	800			
			三类会	152	152	220	160	小会议室	4	4	35	500	300			
重庆万友康年大酒店	重庆万友康年大酒店	4	一类会	230	230	480	330	大会议室	2	2	300	12000	6000	重庆市渝中区大坪长江二路77号	68718888－70107/70109	
			二类会	230	230	400	250	中会议室	5	5	100	2000	1500			
			三类会	230	230	330	180	小会议室	3	3	50	1200	800			
重庆雾都宾馆	重庆雾都宾馆	4	一类会	168	168	520	320	大会议室	1	1	380	5000	2400	重庆市渝中区上曾家岩24号	63862135	
			二类会	168	168	400	250	中会议室	3	3	150	4000	2000			
			三类会	74	74	300	180	小会议室	10	10	30	600	300			
重庆市北碚区海旭花园酒店	重庆市北碚区海旭花园酒店	3	一类会	6	6	688	330	大会议室	1	1	160	3000	1500	重庆市北碚区双柏路	68359898	
			二类会	18	18	298	240	中会议室	2	2	100	1500	1000			
			三类会	47	47	288	180	小会议室	4	4	40	1000	800			
重庆赛格尔酒店有限责任公司	重庆赛格尔酒店有限责任公司	3	一类会	288	288	688	330	大会议室	1	1	110	1800	1000	重庆市渝中区五四路28号	63733333	
			二类会	288	288	508	250	中会议室	1	1	60	1500	800			
			三类会	288	288	368	180	小会议室	2	2	30	900	500			
重庆海宇温泉大酒店	重庆海宇温泉度假酒店有限公司		一类会	279	279		330	大会议室	1	1	280	6000	3600	重庆市北碚区双元大道198号	63179955	正在申报五星级
			二类会	279	279		250	中会议室	2	2	80	3000	1800			
			三类会	279	279		180	小会议室	3	3	50	2000	1200			

饭店名称	发票开具单位名称	星级	客房（价格：元/天）					会议室（数量：间；价格：元/半天）						地址	前台订房电话	备注
			房型	总间数	协议间数	门市价	协议价	类型	总间数	协议间数	容纳人数	门市价	协议价			
涪陵金三峡宏声度假村有限责任公司	涪陵金三峡宏声度假村有限责任公司	3	一类会	130	130		300	大会议室	1	1	300	1800	1200	涪陵区望州路100号	72892939	
			二类会	130	130		240	中会议室	2	2	110	1200	800			
			三类会	130	130		180	小会议室	2	2	50	800	400			
重庆东和花园酒店	重庆东和花园酒店有限责任公司	4	一类会	109	109		330	大会议室	1	1	260	3000	1600	重庆市渝北区龙塔街道天和路16号	67532946 67533406	
			二类会	109	109		250	中会议室	2	2	120	1500	1000			
			三类会	109	109		180	小会议室	2	2	30	900	600			

四 川 省

- 财政部委托四川省财政厅负责在四川省地级以上城市招标采购会议定点饭店并负责日常监督管理工作。
- 通过政府采购，确定四川省会议定点饭店 168 家。
- 会议定点饭店按照与财政部门签订《协议书》的价格向中央和地方各级党政机关和事业单位提供相应的接待服务。
- 四川省部分会议定点饭店的价格是按照综合定额方式采购的，各单位在组织筹备会议时应先向会议定点饭店查询。如果对协议价格产生疑义，可以要求定点饭店出示《协议书》。
- 如有会议定点饭店变更或饭店的协议价格变化，应以“党政机关出差和会议定点饭店查询网”的信息为准。
- 本目录中的四川省会议定点饭店的详细信息，可在“党政机关出差和会议定点饭店查询网”查阅。
- 四川省各地区长途电话区号：

成都市　028
绵阳市　0816
南充市　0817
遂宁市　0825
乐山市　0833
泸州市　0830
巴中市　0827
资阳市　028
雅安市　0835
甘孜藏族自治州　0836
阿坝藏族羌族自治州　0837
广元市　0839
德阳市　0838
广安市　0826
内江市　0832
自贡市　0813
宜宾市　0831
达州市　0818
眉山市　028
攀枝花市　0812
凉山彝族自治州　0834

四川省会议定点饭店

饭店名称	发票开具单位名称	星级	客房（价格：元/天）					会议室（数量：间；价格：元/天；人数：人）						地址	前台订房电话	备注
			房型	总间数	协议间数	门市价	协议价	类型	总间数	协议间数	容纳人数	门市价	协议价			
成都市																
成都金河宾馆	中国人民解放军成都军区第三招待所	3	标准间	118	118	460	260	多功能会议室	1	1	180	5800	3800	成都市金河路18号	028－86164022 86164023	
			豪华标间	70	70	520	280	2号会议室	1	1	200	5800	3800			
			豪华单间	27	27	520	280	1号会议室	1	1	70	2800	1500			
	成都金河宾馆	3	商务标间	17	17	600	290	楼层会议室	10	10	30	680	500			
			商务单间	7	7	600	290									
			豪华套房	9	9	1180	590									
成都泸天化酒店	四川化工天鹏资产经营有限责任公司成都泸天化酒店	3	单间	21	21	466	180	大会议室	1	1	200	1000	400	成都市上同仁路一号	028－86242030	会议室协议价为半天净价
								中会议室	1	1	120	800	300			
			标准间	115	115	466	180	小会议室	5	5	50	600	200			
成都军区新华宾馆	成都军区第一招待所		标准间	82	82	380	180	贵宾楼会议室	1	1	20	1000	600	成都新华大道江汉路29号	028－86697571 /86687120	
								多功能厅	1	1	200	3000	2000			
								3号楼宴会厅	1	1	100	2000	1600			
								3号楼会议室	1	1	40	2500	2000			
总府四川宾馆	主楼：总府四川宾馆；南楼：总府酒店四川宾馆（南楼）分公司；西楼：总府酒店四川宾馆（西楼）分公司	4						大会议室	3	3	180	17000	9600	主楼：成都市总府街31号；南楼：成都市北新街47号；西楼：成都市暑袜街89号	主楼：028－86755555－5888；南楼：028－86755555－6888；西楼：028－86755555－7888	
			标准间（南楼）	44	44	660	280					7000	4900			
												5000	2500			
			标准单间（西楼）	60	60	660	240	中会议室	4	4	40	6000	4200			
			标准间（西楼）	64	64	660	240					3000	1900			
												2300	1400			
			经济单间（西楼）	16	16	440	130					2200	1300			
								小会议室	5	5	20	2000	1200			
			标准B（主楼）	6	6	880	298					1800	1100			
												1000	500			

饭店名称	发票开具单位名称	星级	客房（价格：元/天）					会议室（数量：间；价格：元/天；人数：人）						地址	前台订房电话	备注
			房型	总间数	协议间数	门市价	协议价	类型	总间数	协议间数	容纳人数	门市价	协议价			
四川岷山拉萨大酒店	四川岷山饭店有限公司拉萨大酒店管理分公司	4	单间	38	38	990	240	大会议室	1	1	200	4000	2500	成都市肖家河北街88号	028－85198998	自助午晚餐需60人以上提供
								中会议室	1	1	40	1000	750			
			标间	92	92	880	280	小会议室	1	1	13	900	600			
克拉玛依酒店	新疆石油管理局驻成都办事处克拉玛依酒店	3	商务单间	7	7	1288	220	大会议室	1	1	110	3200	1800	新华大道三槐树路66号	028－86621235 86531118	
			豪华单间	8	8	888	200	中会议室	1	1	80	2600	1400			
			豪华标间	75	75	688	220	小会议室	1	1	30	1200	900			
			标准间	15	15	468	200	小会议室	2	2	30	1000	600			
四川天府河畔菲尔蒙特酒店管理有限公司	四川天府河畔菲尔蒙特酒店管理有限公司		豪华单间	8	8	638	240	大会议室	2	2	200	5000	2800	四川省成都市望平街滨河路8号	028－84431888－11/12	
			水景单间	9	9	768	240	中会议室	3	3	100	3000	1500			
			豪华标间	41	41	638	240	小会议室	4	4	20	2000	1000			
			水景标间	43	43	768	240									
成都雷剑宾馆	中国人民解放军成都军区空军后勤部雷剑招待所	2	套间	10	10	1180	600	大会议室	1	1	260	1800	1000	成都市倒桑街105号	028－66878100 66878200	
			单间	22	22	390	280	中会议室	1	1	60	1000	600			
			标准间	76	76	380	260	小会议室	4	4	20	800	400			
省工商局机关招待所	四川省工商局机关招待所		套间	2	2	480	200	中会议室	1	1	100	2000	1600	玉沙路118号	028－86783847	
			标准间	50	50	220	80	小会议室	2	2	20	800	600			
成都西御大厦有限公司皇城西御饭店	成都西御大厦有限公司皇城西御饭店		豪华套房	2	2	1500	498	1号会议室	1	1	120	3600	3000	西御街8号	028－86441999	
			豪华标准间	79	79	800	300	2号会议室	1	1	60	2800	2000			
			豪华大床间	31	31	800	300	3号会议室	1	1	30	1500	1000			
			行政标准间	30	30	680	240									
			行政大床间	27	27	580	2200									

饭店名称	发票开具单位名称	星级	客房（价格：元/天）					会议室（数量：间；价格：元/天；人数：人）						地址	前台订房电话	备注
			房型	总间数	协议间数	门市价	协议价	类型	总间数	协议间数	容纳人数	门市价	协议价			
安迅酒店	四川安迅酒店有限责任公司	3	套间	2	2	980	450	大会议室1#	1	1	140	1500	1000	成都市青华北一街六号（杜甫草堂对面）	028－96441999	
			标准间	43	43	380	180	中会议室2#	1	1	52	1200	800			
								小会议室3#	1	1	26	1000	600			
								多功能会议室4#	1	1	45	1200	800			
								电教室	1	1	70	2000	1500			
军转大厦	四川省转业军官中转接待站		豪华单间	7	7	288	220	多功会议能厅	1	1	306	6000	3000	成都市新华大道三槐树路2号	028－86741638	
			商务套间	4	4	588	380	618 会议室	3	3	98	1600	1000			
			豪华标间	81	81	220	120	520 会议室	3	3	60	1200	800			
								420 会议室	3	3	98	1800	1200			
									3	3	98					
								615 会议室	3	3	15	800	300			
								515 会议室	3	3	35	800	400			
								415 会议室	3	3	28	1000	600			
成都喜玛拉雅大酒店	成都喜玛拉雅大酒店	4	豪华单间	53	53	880	290	国际会议厅	1	1	200	6800	2800	成都市二环路北一段八号	028－86319988	
			豪华标间	36	36	880	290	多功能厅	1	1	50	3800	1600			
			商务标间	68	68	680	240	商务会议室	1	1	20	1800	1000			
			商务单间	10	10	680	240	行政会议室	1	1	20	1800	1000			
成都写庭阁圣马罗酒店	成都市写庭阁圣马罗酒店有限公司		单间	38	38	480	180	大会议室	1	1	100	2000	1000	成都市蜀汉路189号	028－87546363	
			标准间	110	110	580	200	小会议室	1	1	40	1500	800			
沃特酒店	成都市自来水有限公司沃特酒店	4	套间	6	6	1680	598	大会议室	1	1	260	4800	2600	太升南路53－57号	028－82988888－2688	
			单间	45	45	880	298	中会议室	1	1	150	2200	1300			
			标准间	83	83	880	298	小会议室	1	1	60	1000	800			
成都天辰楼宾馆	成都天辰楼宾馆	3	套间	3	3	1080	560	大会议室	1	1	100	2000	1200	成都市青羊区青华路38号	028－87326636	
			单间	4	4	480	240	中会议室	1	1	40	1600	1000			
			标准间	30	30	420	200	小会议室	1	1	30	1000	600			

饭店名称	发票开具单位名称	星级	客房（价格：元/天）					会议室（数量：间；价格：元/天；人数：人）						地址	前台订房电话	备注
			房型	总间数	协议间数	门市价	协议价	类型	总间数	协议间数	容纳人数	门市价	协议价			
成都白芙蓉宾馆	成都白芙蓉宾馆	3	高级套房	16	16	1200	600	多功能厅	1	1	400	4000	3000	成都市营门口路107号	028－87658044	
			单间	8	8	580	300	芙蓉厅	1	1	50	3000	1500			
			商务标间	23	23	480	240	牡丹厅	1	1	100	3000	1500			
			标间	140	140	480	200	月桂厅	1	1	20	1000	600			
								紫薇厅	1	1	30	1000	600			
新华国际酒店	四川新华国际酒店有限责任公司	4	套间	4	4	3800	600	21 楼	1	1	60	5500	2800	成都市顺城大道古中市街8号	028－86615858－8988/8955	
								17 楼 4 号	1	1	30	2500	1200			
			单间	34	34	880	240	16 楼 1 号	1	1	15	1800	800			
								16 楼 2 号	1	1	15	1200	600			
			高标	105	105	880	280	16 楼 3 号	2	2		1000	600			
			商标	10	10	980	290	17 楼 5 号								
成都市鼎欣酒店管理有限公司	成都市鼎欣酒店管理有限公司	3	单间	4	4	480	180	大会议室	1	1	260	1000	600	成都市一环路西三段文华路23号	028－87750088 87774410	
								中会议室	1	1	160	900	400			
			标准间	128	128	480	130	小会议室	6	6	30	500	200			
四川锦弘广林酒店	四川省林业厅招待所		套间	6	6	288	200	大会议室	1	1	200	1500	1000	金牛区成华西街5号	028－83178000	
			单间	15	15	168	110	中会议室	1	1	30	800	500			
			标准间	155	155	168	110	小会议室	2	2	15	600	300			
芙蓉丽庭酒店	芙蓉丽庭酒店有限公司	4	套房	9	9	1280	420	大会议室	1	1	200	2000	1200	成都市一环路白马寺西二路17号	028－83172222－33	
			单间	12	12	980	240	中会议室	3	3	60	1200	600			
			标准间	144	144	880	240	小会议室	1	1	20	1200	600			
成都喀萩莎大饭店	成都喀萩莎实业有限公司	3	豪华标准间	20	20	580	200	大会议室	1	1	160	3000	1800	成都市解放路二段237号	028－83380714	
			豪华单间	14	14	580	200									
			单间	21	21	480	150	小会议室	1	1	40	1200	800			
			标准间	92	92	480	150									
成都心族宾馆	成都心族宾馆	3	普通单间	36	36	336	240	大会议室	1	1	150	4800	4200	成都市人民南路四段34号	028－85571660 85520825	
			普通标间	31	31	384	240	中会议室	2	2	70	2000	1800			
			商务单间	30	30	398	240									
			商务标间	71	71	424	280	小会议室	1	1	30	1200	1000			

饭店名称	发票开具单位名称	星级	客房（价格：元/天）					会议室（数量：间；价格：元/天；人数：人）						地址	前台订房电话	备注
			房型	总间数	协议间数	门市价	协议价	类型	总间数	协议间数	容纳人数	门市价	协议价			
成都新华饭店	成都新华饭店	3	豪华单房	30	30	428	158	大会议室	1	1	220	2200	1200	成都市新华大道玉沙路157号	028－66105555	
			豪华标间	159	159	428	158									
			商务单间	9	9	698	188	中会议室	1	1	120	1600	900			
			商务标间	20	20	698	188		1	1	120	1400	700			
			豪华套房	5	5	898	238	小会议室	1	1	30	900	400			
			行政套房	2	2	1180	238		1	1	30	800	350			
四川岷山饭店有限公司	四川岷山集团有限公司	4	套间	2	2	1760	600	中会议室	1	1	200	6900	4000	成都市人民南路二段55号	028－85583333－3105	岷山饭店商务楼
			标准间	30	30	1380	298	小会议室	1	1	40	2200	1200			
成都华西天使宾馆	成都华西天使宾馆有限责任公司	3	套间	4	4	1280	600	大会议室	1	1	280	3500	2800	成都电信南街10号	028－85422050	
			单间	18	18	680	300	中会议室	2	2	100	1500	1200			
			标准间	98	98	680	290	小会议室	4	4	30	800	600			
四川省云龙酒店	四川省云龙酒店	3	商套	2	2	980	480	大会议室	1	1	150	2800	1600	成都市锣锅巷122号	028－86780888－80129	
			普套	9	9	680	320	中会议室	1	1	60	2400	1200			
			单间	8	8	398	150	小会议室	4	4	10	1800	800			
			标准间	114	114	398	150									
			商务标间	34	34	480	220									
			商务单间	4	4	480	220									
四川金地饭店	四川金地饭店	3	套间	4	4	888	400	大会议室	1	1	200	1800	1200	四川省成都市新华大道德盛路89号	028－86921388	
			单间	35	35	380	180	中会议室	1	1	80	1200	800			
			标准间	145	145	562	200	小会议室	4	4	30	600	400			
			商务间	9	9	596	238	多功能会议室	1	1	120	1600	850			
四川金沙世纪酒店	四川金沙世纪酒店有限责任公司		标准间	64	64	680	240	大会议室	1	1	300	3000	1200	成都市二环西二段18号	028－87338531 87336485	
			单人间	30	30	780	260	中会议室	1	1	70	1800	800			
			豪华套房	4	4	1580	580	小会议室	4	4	30	800	600			

饭店名称	发票开具单位名称	星级	客房（价格：元/天）					会议室（数量：间；价格：元/天；人数：人）						地址	前台订房电话	备注
			房型	总间数	协议间数	门市价	协议价	类型	总间数	协议间数	容纳人数	门市价	协议价			
四川民航大厦宾馆	四川民航大厦宾馆有限公司	3	商务套房	1	1	1600	560	九寨厅	1	1	110	3000	1600	成都市北新街31号	028－86716688	
			豪华套房	6	6	1280	520	青城厅	1	1	80	2400	1400			
			普通套房	3	3	880	240	峨眉厅	1	1	40	1800	1000			
			豪华商务单间	4	4	880	240	银杏厅	1	1	25	1800	1000			
			商务单间	42	42	680	220									
			商务标间	92	92	680	220	芙蓉厅	1	1	15	1200	600			
			普通单间	9	9	438	160									
			普通标间	31	31	438	160									
西藏饭店（成都）	西藏饭店（成都）	5	单间	147	147	598	240	大会议室	1	1	280	12000	4000	成都市人民北路一段10号	028－83183388 8008865333 4008803332	
								中会议室	1	1	90	6000	3000			
			标间	112	112	1180	240	小会议室	3	3	20	2500	2000			
四川省交通厅招待所	四川省交通厅招待所、四川省交通厅援外职工服务接待站		套间（1号楼）	5	5	460	240	大会议室	1	1	200	1200	800	成都市武侯祠大街180号附3号	028－85527660 85527916 85527918	
			单间（1号楼）	38	38	260	180	中会议室	1	1	70	1000	600			
			标准间(1号楼)	105	105	260	140	小会议室	2	2	20	400	300			
			套间（2号楼）	5	5	1288	560	大会议室								
			单间（2号楼）	3	3	888	290	中会议室	1	1	70	1000	600			
			标准间(2号楼)	40	40	488	260	小会议室								
四川花园宾馆	四川花园宾馆	3	豪华大套房	4	4	1080	580	大会议室（多功能厅）	1	1	300	6800	3000	四川省成都市走马街47号	028－86653888	传真：86666544
			中小套套房	8	8	888	480	中大会议室	2	2	160	3800	2500			
			豪华商务单间	42	42	720	300	中会议室	3	3	160	1500	1000			
			豪华商务标间	115	115	680	268									
			商务标间	8	8	680	288	小会议室	2	2	50	1000	600			
四川福德酒店	四川福德酒店有限公司	3	豪华套房	5	5	1080	480	大会议室（多功能厅）	1	1	300	2000	1500	四川省成都市新华大道玉沙路155号	028－86961818 86961660	
			休闲套房	2	2	788	400	中会议室	4	4	60	800	600			
			豪华商务单间	16	16	658	290	小会议室	3	3	20	600	400			
			豪华商务标间	20	20	598	210	贵宾厅	1	1	15	800	400			
			豪华标间	91	91	498	170									

饭店名称	发票开具单位名称	星级	客房（价格：元/天）					会议室（数量：间；价格：元/天；人数：人）						地址	前台订房电话	备注
			房型	总间数	协议间数	门市价	协议价	类型	总间数	协议间数	容纳人数	门市价	协议价			
四川省人民政府滨江饭店	四川省人民政府滨江饭店	3	标准间	64	64	230	130	大会议室	1	1	100	3600	600	成都市锦江区滨江中路16号	028－86670451	会议室提供投影屏、音响、茶水服务
			小会议室	1	1	30	1400	100								
成都九龙宾馆	成都九龙宾馆有限责任公司	3	单间	8	8	580	290	大会议室	1	1	200	3200	2600	成都市八宝街90号	028－86399999－3	
								中会议室	1	1	60	2000	1500			
			标准间	115	115	460	160	小会议室	2	2	30	1500	1000			
金领宾馆	成都金领宾馆有限责任公司	2	套间	2	2	568	200	小会议室	1	1	30	300	300	成都市玉沙路80号	028－86745588	
			单间	12	12	448	130									
			标间	54	54	380	130									
四川锦江宾馆锦苑楼	锦宾国际酒店股份有限公司		套间	50	50	968	450	小会议室	1	1	40	5000	1500	成都市人民南路二段80号	028－85506666－4000	
中国人民解放军成都军区空军太成招待所（太成宾馆）	中国人民解放军成都军区空军太成招待所		套间	8	8	1980	600	大会议室	1	1	280	8000	4000	四川省成都市武侯祠大街83号	028－85553677	
			单间	30	30	520	240	中会议室	1	1	100	4000	2000			
			标准间	150	150	520	240	小会议室	5	5	30	1200	600			
成都望江宾馆	成都军区第四招待所	5	宏达楼套房	12	12	2180	600	大会议室	1	1	400	20000	6000	成都市下沙河铺42号	028－84090199	
			宏达楼单间	11	11	880	290	中会议室	3	3	200	12000	3000			
			宏达楼标准间	108	108	880	290	小会议室	20	20	40－100	4000	1000			
金牛宾馆	四川省人民政府金牛宾馆		标间（东苑）	148	148	868	300	大会议室	1	1	390	29000	18000	成都市金泉路2号	028－87306000 87306001	礼堂
			标间（西苑）	59	59	868	300									娇子厅
			单间（东苑、西苑）	13	13	868	300	中会议室	1	1	260	18000	9000			俱乐部礼堂 西苑厅
								小会议室	5	5	50－150	2000	1000			东苑2－6A
省人大会议中心大成宾馆	四川新大成宾馆有限责任公司		套间	6	6	898	480	大会议室	1	1	128	4200	1000	成都市人民南路二段34号	028－86111239	
			单间	5	5	598	260	中会议室								
			标准间	123	123	498	240	小会议室	5	5	45	1600	500			

饭店名称	发票开具单位名称	星级	客房（价格：元/天）					会议室（数量：间；价格：元/天；人数：人）						地址	前台订房电话	备注
			房型	总间数	协议间数	门市价	协议价	类型	总间数	协议间数	容纳人数	门市价	协议价			
正熙酒店	四川正熙投资实业有限公司		单间	30	30	880	240	大会议室	1	1	150	5000	2400	成都市红星路三段16号	028－80639999	
			标准间	66	66	880	240	中会议室	1	1	90	3000	2000			
								小会议室	1	1	50	2400	1600			
成都博力假日酒店	成都埃丽特博力假日酒店		套房	1	1	1680	600	大会议室	1	1	120	3000	900	成都市金牛区迎宾大道438号	028－87501888	
			单间	16	16	660	240	中会议室	1	1	80	2600	700			
			标准间	58	58	680	240	小会议室	1	1	30	2000	500			
新良大酒店	四川新良大厦有限责任公司	4	高级标间	153	153	980	280	1号会议室	1	1	120	9000	3200	成都市东大街上东大街段246号	028－86739888	
			高级单间	86	86	980	240	2号会议室	1	1	120	6800	2600			
			普通单间	14	14	598	240	2号A会议室	1	1	40	4000	1800			
								2号B会议室	1	1	30	3800	1600			
								3号会议室	1	1	30	3800	1600			
								4号会议室	1	1	20	3800	1600			
								5号会议室	1	1	20	3800	1600			
								6号会议室	1	1	320	9800	4800			
百花园乡村酒店	成都百花园乡村酒店管理有限公司	乡村酒店4	标间	127	127	768	260	大会议室	2	2	280	11600	5600	成都市锦江区三圣乡驸江路735号	028－84679500 84679501	餐费80元/人·天起
											240	9600	5000			
			套房	18	18	1380	600	中会议室	2	2	120	5600	3600			
											80	1800	1200			
								小会议室	2	2	20	2000	1600			
								别墅会议室	15	15	15	1200	800			
西御园乡村酒店	成都西御园酒店管理有限公司	4	豪华标间	62	62	688	240	大会议室	1	1	400	6000	4000	成都市郫县郫筒镇洪石村	028－67517888 67517889	80元/人·天起
		3	普通标间	110	110	388	160	中会议室	4	4	150	2800	1800			
		4	套房	5	5	1380	600	小会议室	3	3	60	2000	1000			
蓉城饭店	成都老蓉城饭店有限责任公司	2	标间	118	118	380	170	大会议室	2	2	180	3600	1300	成都市陕西街130号	028－86110732	
			单间	18	18	448	190	中会议室	1	1	60	2400	1000			
			套房	3	3	680	280	小会议室	4	4	20	1800	800			
成都合江亭翰文大酒店	成都市合江亭翰文大酒店有限责任公司	4	套间	8	8	2699	600	大会议室	1	1	150	25000	4000	成都市滨江东路138号	028－88822222－8888	
			单间（高级间）	62	62	988	300	中会议室	1	1	50	15000	5000			
			标间（高级间）	50	50	988	300	小会议室	1	1	20－30	8000	3000			

饭店名称	发票开具单位名称	星级	客房（价格：元/天）房型	总间数	协议间数	门市价	协议价	会议室（数量：间；价格：元/天；人数：人）类型	总间数	协议间数	容纳人数	门市价	协议价	地址	前台订房电话	备注
成都文翰宾馆	成都文翰餐饮文化有限公司		标准间	86	86	498	240	大会议室	1	1	120	4000	2400	一环路南四段20号	028－85528888	大会议室在建中
								中会议室	1	1	60	2000	1200			
								小会议室	1	1	60	2000	1200			
成都花园城大酒店有限公司	成都花园城大酒店有限公司		普通套房	7	7	1088	340	大会议室	1	1	280	6000	2400	成都市大业路8号	028－86663388	
			普通单间	48	48	680	240									
			普通标准间	88	88	780	230	会议室	4	4	40	3000	1200			
			商务套间	7	7	1288	430									
			商务单间	38	38	780	280	小会议室	2	2	20	2000	500			
			商务标准间	57	57	880	280									
成鑫苑	军区三招一分所	4	标准间1	11	11	460	300	大会议室	1	1	110	3600	2800	浣花南路306号	028－87328866	
			单间	3	3	400	300	中会议室	1	1	40	3000	2500			
			标准间2	43	43	380	280	小会议室	3	3	20	2000	1500			
成都商报新闻培训中心（博瑞花园酒店）	成都商报新闻培训中心	4	标准间	140	140	880	300	大会议室	1	1	330	10000	4000	龙泉同安镇	028－84839600 84839508 84839636	
								中会议室	6	6	50－80	1800	1500			
								大会议室	1	1	100	2500	2000			
								小会议室	3	3	30	1000	800			
								大会议室	1	1	120	3500	2800			
								小会议室	1	1	30	4000	3200			
浦园酒店	郫县格林实业发展有限公司		套间	4	4	1088	560	大会议室	1	1	200	4000	2400	成都市西郊犀浦犀安路666号	028－87848000	
			单间					中会议室	3	3	70	2000	1000			
			标准间	52	52	458	230	小会议室	3	3	10	1800	800			
京川宾馆	成都市京川宾馆	4	豪标	65	65	1080	300	大会议室	1	1	234	8000	4000	成都市一环路西一段144号	028－87019017	
			普通单间	10	10	698	240	中会议室	1	1	150	4000	3000			
			普通标间	25	25	698	240	小会议室	3	3	30－60	3000	2000			
			套间	3	3	1800	600									
金强华亨酒店	成都温江华亨酒店资产管理有限责任公司	3	套间	6	6	818	240	大会议室	1	1	400	4800	2000	成都温江南熏大道四段356号	028－82733777	
			单间	44	44	628	240	中会议室	1	1	100	2600	1600			
			标准间	83	83	580	220	小会议室	3	3	30	1600	1000			

饭店名称	发票开具单位名称	星级	客房（价格：元/天）					会议室（数量：间；价格：元/天；人数：人）						地址	前台订房电话	备注
			房型	总间数	协议间数	门市价	协议价	类型	总间数	协议间数	容纳人数	门市价	协议价			
琴台森林大酒店	成都巨龙投资有限责任公司邛崃白鹤山琴台森林大酒店分公司		单间	39	39	680	300	大会议室	2	2	100－300	6000	3000	邛崃市临邛镇白鹤街1号	028－88736612 88736661	
			套间	9	9	780	600	中会议室	3	3	80	4000	2000			
			标准间	66	66	460	240	小会议室	3	3	10－40	2000	1000			
广元市																
天豪酒店	天豪酒店有限责任公司	3	套间	10	10	688	400	大会议室	1	1	160	800	600	广元市南河敬国路	0839－35118888	
			单间	30	30	360	198	中会议室	1	1	60	600	500			
			标准间	52	52	360	198	小会议室								
皇朝酒店	广元市皇朝酒店有限公司		行政套房	4	4	668	268	大会议室	1	1	120	1600	1200	广元市利州区蜀门北路二段	0839－3366666	
			行政单间	2	2	488	198									
			豪华套房	8	8	488	198									
			豪华单间	7	7	328	120	中会议室	1	1	20	1200	800			
			豪华标间	45	45	328	120									
			商务单间	3	3	388	150									
			商务标间	14	14	388	150									
			高级单间	9	9	258	108									
			高级标间	21	21	258	108									
丽晶商务酒店	广元市丽晶商务酒店	2	套间	1	1	488	288	大会议室	1	1	120	800	600	广元市南河蜀门南路55号	0839－8999999	
			豪华单间	5	5	276	138									
			豪华标间	15	15	276	138									
			商务标间	30	30	236	118	小会议室	1	1	60	600	400			
			普通单间	25	25	196	98									
			普通标间	32	32	196	98									
喜来登大酒店	广元市喜来登商务休闲中心		单间	7	7	118	100	大会议室	1	1	100	800	600	广元市上西则天路228号	0839－3600000	
			普通标间	21	21	148	128									
			豪华标间	21	21	168	148	小会议室	1	1	20	400	300			
			三人间	8	8	188	168									
			套房	2	2	880	580									

饭店名称	发票开具单位名称	星级	客房（价格：元/天）					会议室（数量：间；价格：元/天；人数：人）						地址	前台订房电话	备注
			房型	总间数	协议间数	门市价	协议价	类型	总间数	协议间数	容纳人数	门市价	协议价			
广元宾馆	广元市广元宾馆有限公司	3	高级单间	8	8	400	200	多功能厅	1	1	200	2000	1000	广元市蜀门北路466号	0839－3330999	
			豪华单间	32	32	500	240	剑门厅	1	1	50	1500	800			
			高级标间	8	8	400	200	明月厅	1	1	70	1500	800			
			豪华标间	47	47	500	240	鸿宾厅	1	1	18	1500	800			
			行政标间	50	50	600	270									
			豪华套房	4	4	800	520									
广元中源宾馆	广元中源宾馆有限公司	2	套间	1	1	488	300	大会议室	1	1	150	800	500	广元市利州区利州西路32号	0839－3217084	
			单间	34	34	368	128									
			标准间	81	81	368	128									
			套三间	10	10	438	198	小会议室	1	1	50	600	300			
			套四间	4	4	468	228									
名将·天赐	广元市名将·天赐有限责任公司		套间	2	2	480	240	大会议室	1	1	130	800	600	利州区电子路73号	0839－3360888	
			单间	9	9	380	180	小会议室	1	1	45	600	400			
			标准间	53	53	300	160									
凤凰大酒店(北街店)	四川凤凰酒店投资有限公司		套间	12	12	560	280	大会议室	1	1	200	3000	2600	广元市利州区北街53号	0839－3357666	
			单间	60	60	480	240	中会议室	1	1	40	1000	800			
			标准间	90	90	520	260	小会议室	1	1	15	800	600			
广元市迎宾馆	广元市迎宾馆		套间	2	2	560	280	小会议室	1	1	35	200	200	利州东路630号	0839－3218099	
			单间	5	5	360	180									
			标准间	65	65	100	100									
广元市利州大酒店	广元市利州大酒店	3	套间	4	4	460	398	大会议室	1	1	130	2500	2000	广元市政府街109号	0839－3286666	
			单间	16	16	210	180	中会议室	1	1	50	1800	1600			
			标准间	100	100	210	180	小会议室	1	1	20	1200	1200			
广元市凤台国际酒店有限公司	广元市凤台国际酒店有限公司		普通单间	22	22	588	200	大会议室	1	1	350	15000	5000	广元市滨河南路41号	0839－3333733	
			豪华标间	60	60	780	260	中会议室	2	2	60	3600	500			
			贵宾标间	29	29	1188	260	小会议室	2	2	20	2200	400			
			高级套房	11	11	1688	550	贵宾接待室	1	1	15	2488	300			

饭店名称	发票开具单位名称	星级	客房（价格：元/天）					会议室（数量：间；价格：元/天；人数：人）						地址	前台订房电话	备注
			房型	总间数	协议间数	门市价	协议价	类型	总间数	协议间数	容纳人数	门市价	协议价			
绵阳市																
阳光新华绵阳酒店	四川新华发行集团有限公司阳光新华绵阳酒店	2	套房	1	1	538	380	大会议室	1	1	150	1400	800	警钟街7号	0816－2222398 2246789	
			单间	6	6	358	200	中会议室	1	1	60	1000	600			
			商务单间	6	6	318	220	小会议室	1	1	30	800	400			
			标间A	55	55	238	158									
			标间B	18	18	258	178									
			公寓单间	10	10	118	80									
			公寓标间	20	20	118	70									
德阳市																
德阳大酒店	德阳大酒店有限责任公司	3	豪华套房	1	1	2200	600	多功能厅	1	1	300	4000	3000	四川省德阳市长江西路320号	0838－2278555	
			商务标间	10	10	638	300	白桦厅	1	1	50	1000	800			
			标准间1	46	46	429	280	云松厅	1	1	80	1000	800			
			标准间2	20	20	308	200	雅楠厅	1	1	20	800	600			
			商务单间	30	30	638	300	红棉厅	1	1	20	800	600			
			单间	21	21	352	230	银杏厅	1	1	20	800	600			
								古榕厅	1	1	30	800	600			
晶熙大酒店	德阳市晶熙大酒店有限责任公司	3	商务套间	2	2	980	600	大会议室	1	1	200	1888	1600	德阳高新技术产业园区沂河街	0838－2517333	
			行政标间	25	25	660	300	中会议室	1	1	130	1480	1200			
			商务标间	25	25	460	230	小会议室	1	1	60	1280	1000			
			行政单间	44	44	660	300									
			商务单间	4	4	460	230									
旌湖宾馆	德阳旌湖宾馆有限责任公司	4	套间	3	3	1280	600	大型会议室	1	1	200	4000	2000	四川德阳长江西路一段一号	0838－2278100	
			单间	20	20	756	300	中型会议室	1	1	100	2000	1000			
			标间	50	50	396	300	小型会议室	2	2	30	1000	500			
金领饭店	德阳金领商贸实业有限公司	2	套间	4	4	498	348	大会议室	1	1	150	2500	2200	四川德阳庐山南路二段236号	0838－2905222 2902970	
			单间	20	20	278	160	中会议室	2	2	70	1600	1400			
			标间	28	28	278	160	小会议室	1	1	40	1200	1000			

饭店名称	发票开具单位名称	星级	客房（价格：元/天）					会议室（数量：间；价格：元/天；人数：人）						地址	前台订房电话	备注
			房型	总间数	协议间数	门市价	协议价	类型	总间数	协议间数	容纳人数	门市价	协议价			
东电宾馆	德阳东电宾馆有限公司	2	套间	5	5	368	300	大会议室	1	1	200	1000	800	德阳市黄河西路189号	0838－2411421	
			单间	36	36	238	140	中会议室	1	1	80	1000	800			
			标间	70	70	238	140	小会议室	1	1	30	800	500			
华西宾馆	德阳市华西宾馆	2	套间	6	6	468	358	大会议室	1	1	150	1200	1000	德阳市岷山路76号	0838－2342775	
			单间	10	10	398	288	小会议室	3	3	80	800	600			
			标间	33	33	188	140	商务洽谈室	2	2	20	400	300			
天韵酒店	德阳市天韵阳光休闲会所有限责任公司		豪华套房	7	7	760	360	会议中心	1	1	200	2200	1800	四川德阳市翠湖街286号	0838－2905941 2904374	
			豪华单间	10	10	380	180	阳光一会	1	1	150	2000	1500			
			豪华标间	66	66	380	180	阳光二会	1	1	70	1200	800			
			普通标间	32	32	380	160	阳光四会	1	1	20	1200	800			
福康百思特酒店	福康百思特商务酒店		行政套房	1	1	1880	600	宴会大厅	1	1	120	5000	2800	德阳市旌阳区黄河广场兴河街9号	0838－2557799	
			标准单间	20	20	480	190	多功能厅	1	1	30	3500	1800			
			商务标间	12	12	580	190									
			标准间	37	37	480	190									
			数码E房	6	6	680	270									
德阳旌东美华大酒店	德阳旌东美华大酒店		豪华套房	3	3	580	298	大会议室	1	1	150	1500	800	德阳市龙泉山路22号	0838－3010666	
			时尚单间	7	7	268	138	中会议室	1	1	100	800	400			
			时尚标间	60	60	268	138	小会议室	1	1	20	400	200			
南充市																
北湖宾馆	四川省南充市北湖宾馆有限公司	4	套房	5	5	650	588	大型会议室	2	2	280	2800	1600	南充市顺庆区文化路301号	0817－2260107 2229999	
			标间	86	86	396	298	小型会议室	5	5	50	1000	800			
			单间	55	55	396	298	高级会议厅	1	1	15	1200	1000			
万泰大酒店	南充万泰大酒店有限公司	4	套房	9	9	1588	588	大型会议室	1	1	260	2500	1600	南充市铁荥路2号	4006161616	
			标间	80	80	498	298	中型会议室	1	1	60	1200	800			
			单间	40	40	498	298	小型会议厅	2	2	35	800	700			
广安市																
广安岷山世纪大饭店	广安岷山世纪大饭店有限责任公司	4	套间	9	9	3200	600	大会议室	1	1	150	6000	2000	广安市思源大道88号	0826－2336666 2337207	
			单间	28	28	880	300	中会议室	1	1	45	1600	600			
			标准间	56	56	880	288	小会议室	1	1	15	600	300			

饭店名称	发票开具单位名称	星级	客房（价格：元/天）					会议室（数量：间；价格：元/天；人数：人）						地址	前台订房电话	备注
			房型	总间数	协议间数	门市价	协议价	类型	总间数	协议间数	容纳人数	门市价	协议价			
天府饭店	广安天府饭店有限公司	3	豪套	1	1	788	350	大会议室	1	1	160－200	1200	700	广安市劳动街1号	0826－2330188 2330199	
			普套	2	2	658	300									
			豪华单间	14	14	408	160	小会议室	1	1	40－45	1000	500			
			商务标准间	3	3	458	180									
			豪华标准间	49	49	408	160									
			普通标准间	28	28	358	140									
遂宁市																
遂宁市天友国际酒店	遂宁市天友国际酒店	4	套间	4	4	980	498	大会议室	1	1	250	2200	2200	遂宁市经济技术开发区明月路100号	0825－2396505	
			单间1	7	7	468	238	中会议室	3	3	60	1200	1200			
			标准间1	77	77	468	238	小会议室	3	3	20	700	700			
			单间2	24	24	588	288									
			标准间2	49	49	588	288									
遂宁市明星康年大酒店	遂宁市明星康年大酒店	4	套间	16	16	998	448	大会议室	1	1	300	2500	2500	遂宁市开发区明月路88号	0825－2210998－3	
			单间	32	32	638	298	中会议室	1	1	80	1200	1200			
			标准间	88	88	638	298	小会议室	2	2	40	1000	1000			
信合大酒店	信合大酒店	3	套间	3	3	888	298	大会议室						遂宁市嘉禾西路1号	0825－2311208	
			单间	13	13	388	188	中会议室	1	1	100	800	800			
			标准间	29	29	388	188	小会议室	1	1	30	500	500			
好时年大酒店	好时年大酒店	普通	套间	2	2	618	198	大会议室	1	1	38	300	300	燕西街	0825－2311633	
			单间	6	6	328	128	中会议室								
			标准间	16	16	328	128	小会议室								
		豪华	套间	2	2	688	388	大会议室								
			单间	3	3	428	158	中会议室								
			标准间	10	10	428	158	小会议室								
内江市																
内江运亨酒店	内江运亨大酒店有限公司	4	套间	4	4	690	480	大会议室	1	1	200	5800	4600	内江市双苏路123号	0832－2203118	因物价变动的原因，自助餐未纳入招投标
			单间	48	48	320	220	大会议室	1	1	300	9800	7800			
			标准间	44	44	320	220	中会议室	1	1	100	2200	1760			
			套间	8	8	480	430	小会议室	2	2	30	1280	1020			
			单间	32	32	234	200									
			标准间	24	24	249	220									

饭店名称	发票开具单位名称	星级	客房（价格：元/天）					会议室（数量：间；价格：元/天；人数：人）						地址	前台订房电话	备注
			房型	总间数	协议间数	门市价	协议价	类型	总间数	协议间数	容纳人数	门市价	协议价			
内江市安泰实业开发有限责任公司安泰山庄酒店	内江市安泰实业开发有限责任公司安泰山庄酒店	3	套间	10	10	480	280	A 型会议室	1	1	150	1000	600	内江市市中区永安镇七里冲村（市中区黄河湖开发区	0832－2966666 2960000	因物价变动的原因，自助餐未纳入招投标
			单间	7	7	320	160	B 型会议室	1	1	50	600	300			
			观景标准间	29	29	320	160	C 型会议室	1	1	50	600	300			
			普通标准间	31	31	280	140	D 型会议室	1	1	20	600	300			
								E 型会议室	1	1	40	600	300			
								F 型会议室	1	1	80	800	400			
内江诚翔商贸有限公司－长江长大酒店	内江诚翔商贸有限公司	4	商务单间	7	7	580	210	大会议室	1	1	200	1600	800	内江市西林大道338号	0832－2277188	因物价变动的原因，自助餐未纳入招投标
			商务标准间	32	32	580	210	大会议室	1	1	120	1160	580			
			普通单间	10	10	480	178	中会议室	1	1	40	780	390			
			普通标间	54	54	480	178	小会议室	1	1	20	468	230			
内江市飘香餐饮娱乐有限公司	内江市飘香餐饮娱乐有限公司		套间	6	6	796	398	大会议室	1	1	250	1	3000	内江市市中区双苏路159号	0832－5353288	因物价变动的原因，自助餐未纳入招投标
			单间	13	13	560	280	中会议室	2	2	120	2	1125			
			标间	51	51	380	190	小会议室	2	2	50	2	750			
乐山市																
金叶大酒店	乐山金叶大酒店有限公司	3	套间1	1	1	1380	580	大会议室	1	1	150	1200	800	四川省乐山市嘉定北路199号	0833－2444222 2440050	
			套间2	3	3	780	380	中会议室	1	1	70	1000	700			
			单间1	6	6	830	330	小会议室	2	2	45	800	600			
			单间2	28	28	780	280									
			标间1	23	23	600	230									
			标间2	42	42	480	180									
峨眉山饭店	峨眉山旅游发展有限公司	4	套间	4	4	2000	600	大会议室	1	1	700	15000	12000	峨眉山市报国寺景区	0833－5590524	
			单间	15	15	1400	300	中会议室	3	3	280	7900	4000			
			标准间	140	140	1100	300	小会议室	10	10	70	1600	1400			
凤凰湖宾馆	峨眉山成商凤凰有限公司	3	套间	5	5	1880	600	大会议室	1	1	150	2000	1000	峨眉山市报国寺景区	0833－5527888	
			单间	6	6	880	300	中会议室	1	1	40	1200	600			
			标准间	140	140	580	200	小会议室	1	1	30	1200	600			
华生酒店	华生实业有限公司华生酒店	4	标准间	152	152	1080	260	大会议室	1	1	300	4400	4000	峨眉山市佛光南路	0833－5557777	
								中会议室	1	1	70	3000	2400			
								小会议室	2	2	15	1600	1200			

饭店名称	发票开具单位名称	星级	客房（价格：元/天）					会议室（数量：间；价格：元/天；人数：人）						地址	前台订房电话	备注
			房型	总间数	协议间数	门市价	协议价	类型	总间数	协议间数	容纳人数	门市价	协议价			
峨眉山大酒店	峨眉山大酒店	4	套间	3	3	1480	600	大会议室	2	2	500	12000	4500	峨眉山市报国寺景区	0833－5591688 5526888	
			单间	11	11	980	300	中会议室	2	2	340	4800	2400			
			标准间	197	197	980	280	小会议室	2	2	50	2400	1200			
嘉州宾馆	乐山电力股份有限公司嘉州宾馆分公司发票专用章	3	套间	6	6	1800	600	大会议室	1	1	200	2400	2000	四川省乐山市白塔街85号	0833－2156000 2156001 2156111	
			单间1	15	15	480	180	中会议室	3	3	70	1600	800			
			单间2	11	11	580	220	小会议室	3	3	30	1000	520			
			标准间1	120	120	480	180									
			标准间2	45	45	580	220									
金海棠大酒店	金海棠大酒店有限责任公司	4	标准间1	56	56	680	300	大会议室	1	1	200	6000	2000	四川省乐山市海棠路512号	0833－2279222	
								中会议室	1	1	30	4000	1500			
			标准间2	44	44	460	230	小会议室	1	1	20	3000	1000			
自贡市																
汇东大酒店	四川自贡汇东大酒店有限公司	4	套间	13	13	1380	598	大会议室	2	2	500	5000	3000	四川省自贡市汇东路东段16号	0813－8288618	
			豪单	24	24	680	298				250	2800	1680			
			商单	62	62	880	298	中小会议室	3	3	70	2000	1200			
			豪标	70	70	680	298				50	1400	840			
			商标	50	50	880	298				30	1000	600			
翠湖大酒店	自贡市双溪翠湖大酒店有限公司	3	豪华套间	1	1	1800	600	大会议室	1	1	200	800	500	四川省自贡市荣县双溪水库大坝东侧	0813－6288888	
			套间	6	6	800	350	中会议室	3	3	300	600	350			
			单间	8	8	380	150	小会议室	1	1	40	600	300			
			标准间	48	48	288	150									
雄飞假日酒店	自贡市雄飞假日酒店有限公司	4	普通套间	12	12	800	318	大会议室	1	1	250	2000	1400	四川省自贡市自流井区解放路193号	0813－2118888	
			高级套间	2	2	1000	418	中会议室	4	4	80	1500	1050			
			行政套间	2	2	1200	548				45	800	560			
			商务单间	32	32	600	258				40	400	280			
			豪华单间	6	6	720	298				40	400	280			
			公务标间	76	76	600	248	小会议室	2	2	20	400	280			
			豪华标间	6	6	720	298				10	600	420			

饭店名称	发票开具单位名称	星级	客房（价格：元/天）					会议室（数量：间；价格：元/天；人数：人）						地址	前台订房电话	备注
			房型	总间数	协议间数	门市价	协议价	类型	总间数	协议间数	容纳人数	门市价	协议价			
世代加州酒店	自贡军分区民兵训练中心		豪华套间	3	3	888	418	大会议室	1	1	120	600	400	四川省自贡市汇川路1569号	0813－5526888	
			普通套间	1	1	398	300	中会议室	1	1	60	500	300			
			单间	12	12	388	160	小会议室	1	1	30	400	200			
			标准间	58	58	328	140									
自贡市春熙宾馆	自贡市春熙宾馆	2	套间	2	2	780	460	大会议室	1	1	100	1200	650	四川省自贡市自流井区五星街81号	0813－2110111 2117711	
			单间	10	10	398	180	中会议室	1	1	50	800				
			标准间	56	56	368	150	小会议室	1	1	25	600				
自贡市檀木林城市名人酒店	城市名人酒店管理（中国）有限公司自贡分公司		套间	7	7	5888	600	大会议室	1	1	350	8800	4000	四川省自贡市自流井区塘坎上路2号	0813－5333333	
			单间	70	70	1008	300	中会议室	1	1	280	6800	3000			
			标准间	70	70	1008	300	小会议室	1	1	50	2800	1400			
雄飞锦绣花园酒店	自贡市雄飞假日酒店有限公司锦绣花园酒店分公司		高级套间	2	2	688	378	大会议室	1	1	120	1800	1100	四川省自贡市自流井区解放路200号	0813－2112222	
			家庭套间	7	7	628	288	中会议室	1	1	40	1000	700			
			行政单间	15	15	268	208	小会议室	1	1	30	800	500			
			观景单间	12	12	258	198									
			静雅单间	20	20	238	178									
			观景标间	26	26	288	238									
			标准间	23	23	258	218									
泸州市																
泸州大酒店	四川省泸州市巨洋酒店集团泸州大酒店有限公司	3	套间	12	12	668	318	大会议室	2	2	200	600	480	泸州市江阳区江阳北路69号	0830－2288888	
			单间	60	60	256	148	中会议室	3	3	100	500	400			
			标准间	77	77	256	148	小会议室	7	7	40	100	80			
			商务单间	27	27	356	178	圆桌会议室	1	1	40	150	120			
			商务标准间	13	13	356	178									
			三人间	7	7	296	158									
泸州南苑宾馆	泸州南苑宾馆有限公司	3	套间	3	3	998	588	大会议室	1	1	500	2600	1300	泸州市江阳区大山坪	0830－3158888	
			单间A	11	11	458	178	中会议室A	1	1	180	2600	2600			
			单间B			598	300	中会议室B	1	1	120	1200	700			
			标准间A	81	81	398	168	小会议室A	9	9	30	700	350			
			标准间B			458	178	小会议室B			50	1100	550			

饭店名称	发票开具单位名称	星级	客房（价格：元/天）					会议室（数量：间；价格：元/天；人数：人）						地址	前台订房电话	备注
			房型	总间数	协议间数	门市价	协议价	类型	总间数	协议间数	容纳人数	门市价	协议价			
泸州老窖大酒店	泸州老窖大酒店有限公司	3	套间	5	5	888	390	大会议室	3	3	120	2000	1000	泸州市江阳区桂花街46号	0830－2398188	
			单间	14	14	320	148	中会议室	2	2	30	1000	600			
			标准间	75	75	320	148	小会议室	7	7	15	800	500			
			商务套间	10	10	758	348									
			商务标间	31	31	518	238									
泸州酒城宾馆	四川泸州酒城宾馆有限公司	5	单间	87	87	458	165	大会议室	1	1	200	3000	2000	泸州市江阳区上平远路71号	0830－3159999－7888	客房为三星级、会议室为五星级
			标准间	26	26	498	165	中会议室A	1	1	40	900	700			
			商务套房	4	4	698	195	中会议室B	2	2	40	800	600			
			高级套房	1	1	1288	439	中会议室C	2	2	70	600	400			
			高级商务套房	1	1	1888	599	小会议室	3	3	10	400	260			
宜宾市																
宜宾翠屏山庄	翠屏山庄		套间	7	7	1288	580	大会议室	1	1	130	1680	840	翠屏公园内	0831－8187777 8187766	
			单间	10	10	880	280	中会议室	2	2	40	1280	640			
			标准间	45	45	688	280	小会议室	3	3	20	1440	440			
宜宾市政府招待所	宜宾市政府招待所		套间	1	1	428	200	大会议室	1	1	200	1800	1600	宜宾市南岸酒都路市政府旁	0831－2339101	
			单间	1	1	328	160	中会议室	1	1	100	1500	1300			
			标准间	20	20	228	100	小会议室	1	1	70	800	600			
叙府宾馆	四川宜宾叙府旅游开发有限公司叙府宾馆	3	套间	3	3	888	500	大会议室	1	1	110	780	550	宜宾市人民路14号	0831－8189809 8189808	
			单间	38	38	509	233	中会议室	1	1	45	580	400			
			标准间	64	64	338	188	小会议室	1	1	14	400	280			
兴文县银峰宾馆	四川省锦巍实业集团奇馨旅游开发有限公司	2	套间	8	8	598	368	大会议室	1	1	300	800	400	兴文县古宋镇香山路44号	0831－8828888 8828288 8828188	
			单间	4	4	368	218	中会议室	1	1	130	300	200			
			标准间	78	78	328	120	小会议室	1	1	50	200	150			
			豪华标准间	22	22	368	168	小会议室	1	1	20	150	100			
宜宾市远能大饭店	宜宾市远能大饭店	3	套间	2	2	758	400	大会议室	1	1	200	800	600	宜宾市长江道中段17号电业局旁	0831－2185003 2185005	
			商务标（单）	28	28	428	190		1	1	200	800	600			
			豪华标（单）	60	60	328	155	小会议室	1	1	45	600	400			
			普通标（单）	32	32	280	135		1	1	45	600	400			

饭店名称	发票开具单位名称	星级	客房（价格：元/天）					会议室（数量：间；价格：元/天；人数：人）						地址	前台订房电话	备注
			房型	总间数	协议间数	门市价	协议价	类型	总间数	协议间数	容纳人数	门市价	协议价			
成中蓝天宾馆	宜宾成中蓝天宾馆有限公司	2	套间	12	12	688	560	第一会议室	1	1	45	1500	450	四川宜宾二二四翠柏商贸城	0831－6666688	
			商务单间	8	8	228	180	第二会议室	1	1	53	1600	500			
			商务标间	13	13	228	180	第三会议室	1	1	61	1200	400			
			单间	36	36	138	110	第四会议室	1	1	50	1600	500			
								第五会议室	1	1	22	1000	350			
								第六会议室	1	1	46	1200	400			
			标准间	76	76	138	110	第七会议室	1	1	35	1000	350			
								新闻发布厅	1	1	56	1600	500			
								学术交流厅	1	1	26	4800	1900			
								贵宾接待厅	1	1		2000	600			
								大会堂	1	1	576	10000	4000			
宜宾建中实业有限公司建中宾馆	宜宾建中实业有限公司建中宾馆	2	普通套间	2	2	588	280	大会议室	1	1	200	800	640	宜宾市马鸣溪八一二厂金江苑	0831－8282077	
			豪华套间	8	8	1080	500									
			标准间	39	39	168	80	中会议室	3	3	50	450	360			
			豪华标间	20	20	268	180	小会议室	2	2	20	350	280			
三江宾馆	宜宾市三江宾馆		豪华套间	1	1	888	260	大会议室	2	2	150	800	400	都长街62号	0831－8201555	
			豪华单间	2	2	288	160									
			豪华标间	29	29	288	140									
			普单间	4	4	188	90	中会议室	2	2	50	600	300			
			普标间	24	24	188	90									
			商务标间	4	4	248	100	小会议室	1	1	30	400	200			
			一套二	4	4	248	120									
翡翠度假村	长宁县地税局	3	豪华套间	1	1	2088	600	大会议室	1	1	120	1200	600	宜宾市长宁县竹海镇农林村二组	0831－4970111	
			观景套间	5	5	1280	480									
			单间	5	5	380	150	中会议室	1	1	60	800	400			
			豪华标间	24	24	680	200	小会议室	1	1	20	400	200			
			普通标准间	36	36	380	150									

饭店名称	发票开具单位名称	星级	客房（价格：元/天）					会议室（数量：间；价格：元/天；人数：人）						地址	前台订房电话	备注
			房型	总间数	协议间数	门市价	协议价	类型	总间数	协议间数	容纳人数	门市价	协议价			
攀枝花市																
攀枝花宾馆	攀枝花宾馆	4	豪华套间	13	13	1880	580	大会议室	1	1	666	5500	4000	攀枝花市人民街68号	0812－3332869	东楼四星级
			普通套间	3	3	1680	570	大会议室	1	1	256	3000	2000			
			商务单间	30	30	688	290	大会议室	1	1	200	2700	2000			
			商务标准间	108	108	648	280	中会议室	1	1	120	1700	800			
		3	套间	19	19	280	220	中会议室	2	2	70	900	600			南楼三星级
			单间	30	30	150	100	中会议室	1	1	52	1260	700			
			标准间	60	60	190	110	小会议室	1	1	25	1000	800			
			三人间	2	2	280	190	小会议室	1	1	16	800	600			
学府酒店	攀枝花市学府酒店有限责任公司	4	套间	5	5	880	523	小会议室	4	4	40	700	400	攀枝花市机场路10号	0812－3370666	
			单间	62	62	480	283	大会议室	1	1	1000	8000	5000			
			标准间	96	96	380	223	大会议室	1	1	240	2000	1500			
欧方营地酒店	攀枝花市欧方营地有限责任公司欧方营地酒店	4	单间	15	15	1880	150	铂金中会议室	1	1	80	800	560	攀枝花市欧方营地酒店	0812－8726001 8726009 8726090	
			标准间	5	5	1880	150	铂金大会议室	1	1	120	2000	800			
		4	单间	15	15	1880	120	铂金小会议室	3	3	60	600	420			
			标准间	10	10	1880	120									
		3	单间	15	15	1880	120									
			标准间	10	10	1880	120									
		3	单间	8	8	1280	115	五星中会议室	1	1	60	1300	520			
			标准间	16	16	1280	115									
		3	单间	16	16	1280	144									
			标准间	16	16	1280	144									
		3	单间	8	8	960	144	五星小会议室	1	1	20	600	240			
			标准间	8	8	960	144									
		3	单间	15	15	480	60									
			标准间	35	35	480	60									
巴中市																
贡院酒店	贡院酒店		套间	3	3	320	220	大会议室	1	1	300	3600	3600	江北大道望王路	0827－7767888	
			单间	2	2	280	160	中会议室	1	1	200	2000	1500			
			标准间	30	30	180	120									

饭店名称	发票开具单位名称	星级	客房（价格：元/天）					会议室（数量：间；价格：元/天；人数：人）						地址	前台订房电话	备注
			房型	总间数	协议间数	门市价	协议价	类型	总间数	协议间数	容纳人数	门市价	协议价			
恒丰饭店	巴中市恒丰饭店股份有限公司	3	套间1	1	1	600	500	大会议室	1	1	50	1200	1000	巴中江北大道中段88号	0827－5269898－3333	
			单间1	16	16	320	260									
			标准间1	29	29	320	260									
			套间2	2	2	600	500									
			单间2	8	8	280	230									
			标准间2	69	69	280	230									
			单间3	9	9	180	180									
			标准间3	43	43	180	180									
明珠饭店	明珠饭店	2	套间	2	2	388	358	大会议室	1	1	80	1600	1200	巴中江北大道57号	0827－770000	
			单间	15	15	228	198									
			标准间	41	41	228	198									
江北宾馆	江北宾馆	3	套间	11	11	550	460	大会议室	1	1	150	4000	3000	巴中市江北大道中段86号	0827－5269918－1088/1087	
			单间1	23	23	350	260									
			标准间1	36	36	350	260	中会议室	1	1	80	3000	2000			
			单间2	24	24	240	180	小会议室	4	4	40	400	300			
			标准间2	56	56	240	180									
高望都宾馆	高望都宾馆		单间1	8	8	358	168	大会议室	1	1	80	1000	800	巴中江北大道中段1号	0827－7770033	
			标准间1	2	2	358	168									
			单间2	8	8	348	158									
			标准间2	30	30	258	138									
			单间3	8	8	258	138									
东华宾馆	巴中市东华宾馆	3	套间	4	4	518	468	大会议室	1	1	300	4000	3000	东城街90号	0827－5237777	
			单间	28	28	268	218	中会议室								
			标准间	67	67	298	238	小会议室	2	2	40	2000	1500			
达州市																
达州宾馆	中共达州市委招待所	4	套间	6	6	1680	600	大会议室	1	1	400	5000	3000	四川省达州市荷叶街318号	0818－2122348－8119 2153898	
			单间	20	20	588	268	中会议室	1	1	150	2500	1500			
			标准间	90	90	488	218	小会议室	6	6	50	500	400			

饭店名称	发票开具单位名称	星级	客房（价格：元/天）					会议室（数量：间；价格：元/天；人数：人）						地址	前台订房电话	备注
			房型	总间数	协议间数	门市价	协议价	类型	总间数	协议间数	容纳人数	门市价	协议价			
达州莲花湖宾馆	达州莲花湖宾馆	3	单间	8	8	568	300	大会议室	1	1	300	3000	1800	通川区莲花湖	0818－2630398	
								中会议室	1	1	100	2000	1200			
			标准间	33	33	268	200	小会议室	1	1	80	1200	800			
凯悦酒店	达州长江实业有限公司凯悦酒店	3	商务套间	3	3	288	258	大会议室	1	1	200	2400	2000	通川南路5号	0818－2399999 2684956	
			豪华标间	42	42	238/268	218/238									
			单间	30	30	168/188	138/158	小会议室	1	1	80	1200	1000			
长城饭店	达州军分区	4	套间	2	2	1388	588	大会议室	1	1	300	2380	2180	达州市通川北路2号	0818－5551111 5552222	
			单间	34	34	588	218/258	中会议室	1	1	150	1680	1580			
			标间	48	48	588	208/258	小会议室	1	1	80	1480	1280			
中恒君豪大酒店	达州市中恒君豪大酒店	4	套间	5	5	588	488	大会议室	1	1	200	2800	2000	达州市通川区朝阳西路178号	0818－8096666	
			单间	24	24	298	268	中会议室	1	1	150	1800	1200			
			标准间	73	73	278	228	小会议室	1	1	80	1000	800			
资阳市																
资阳市锦江蜀亨大酒店	资阳市锦江蜀亨大酒店责任有限公司	4	豪华套间	5	5	880	528	大会议室	1	1	300	1600	1280	资阳市娇子大道西段	028－26120300	
			商务套间	8	8	680	458	中会议室	1	1	150	800	640			
			豪华标准间	16	16	480	268	小会议室	3	3	10－20	400	300			
			数码标准间	30	30	480	288									
			普通标准间	47	47	480	208									
			豪华单间	5	5	480	288	小会议室	1	1	20	500	400			
			大单间	16	16	328	188									
			小单间	8	8	328	168									
阳光假日酒店	资阳市阳光假日文化有限公司	2	套间	3	3	530	318	大会议室	1	1	100	1200	960	雁城路3段001号	028－26762108	
			单间	9	9	248	148									
			标准间	34	34	230	138	小会议室	1	1	32	300	210			

饭店名称	发票开具单位名称	星级	客房（价格：元/天）					会议室（数量：间；价格：元/天；人数：人）						地址	前台订房电话	备注
			房型	总间数	协议间数	门市价	协议价	类型	总间数	协议间数	容纳人数	门市价	协议价			
金迪大酒店	资阳市金迪实业有限责任公司	3	套间	4	4	1288	598	大会议室	1	1	120	2480	1200	体育路 32 号	028 - 23011111	
			单间	35	35	336	168	中会议室	1	1	60	2000	1000			
			标准间（豪华）	19	19	396	198	小会议室	1	1	30	1800	900			
			标准间（普通）	24	24	260	120									
			标准间（经济）	106	106	208	100									
格林博雅饭店资阳迎宾馆	资阳市格林博雅饭店	4	普通单间	19	19	468	238	大会议室	1	1	350	16000	4000	四川省资阳市外环路一段	028 - 26123888	
			普通标间	60	60	468	238									
			豪华标间	8	8	668	268	中会议室	1	1	120	4000	2000			
			套房	8	8	1188	588	小会议室	1	1	90	3200	1600			
眉山市																
眉山宾馆	眉山宾馆有限公司	3	套房	2	2	880	440	大会议室	1	1	300	1200	600	眉山市东坡区下西街 45 号迎宾巷 17 号	028 - 38226666	大会议室如举行晚会收费为 2400 元/次/3 小时
			豪华单间	3	3	400	200									
			豪华标间	10	10	400	200									
			商务单间	8	8	360	180									
			商务标间	47	47	360	180	中会议室	2	2	80	800	400			
			经济单间	59	59	200	88	小会议室								
			单间	24	24	320	128（特价）	小会议室	2	2	50	600	300			
			标间	44	44	320	128（特价）	小会议室	1	1	30	400	200			
润丰酒店	眉山市润丰酒店	2	套间	2	2	580	280	中会议室	1	1	200	800	600	眉山市东坡区凤翔路 55 号	028 - 38290168	
			单间	16	16	380	150	小会议室	1	1	120	600	500			
			标准间	50	50	280	100	小会议室	1	1	40	400	300			
眉山东坡国际大酒店	眉山东坡大酒店有限责任公司	4	套间	16	16	1380	526	大会议室	1	1	200	8000	4000	中国四川省眉山市湖滨路与南北干道交叉口	028 - 38805000 38805001	
			单间	32	32	780	298	中会议室	2	2	100	1800	900			
			标准间	78	78	780	298	小会议室	4	4	30	1500	700			
雅安市																
倍特星月宾馆	四川雅安倍特星月宾馆有限公司	4	套间	11	11	590	490	大会议室	1	1	260	2000	1500	雅安市雨城区张家山路 10 号	0835 - 2225888	
			单间	17	17	438	260	中会议室	1	1	80	1000	800			
			标准间	63	63	398	260	小会议室	2	2	30	500	400			

饭店名称	发票开具单位名称	星级	客房（价格：元/天）					会议室（数量：间；价格：元/天；人数：人）						地址	前台订房电话	备注
			房型	总间数	协议间数	门市价	协议价	类型	总间数	协议间数	容纳人数	门市价	协议价			
雅安红珠宾馆	雅安红珠宾馆	4	套间	3	3	1288－8888	588	大会议室	1	1	200	1500	1200	雅安市雨城区陇西路88号	0835－8555999	
			单间	8	8	398	288	中会议室	2	2	100	800	600			
			标准间	140	140	298－398	220	小会议室	1	1	30	800	400			
西康大酒店	西康大酒店有限公司	3	套间	2	2	898	450	大会议室	1	1	120	500	400	雅安市雨城区滨江路	0835－2239333	
			单间	5	5	498	240									
			标准间	46	46	538	260	小会议室	1	1	30	300	200			
雨都饭店	雅安雨都饭店有限责任公司	3	套间	4	4	680	400	大会议室	1	1	200	1800	1400	雅安市雨城区挺进路157号	0835－2601998	
			单间	14	14	418	230	中会议室								
			标准间	57	57	418	230	小会议室	1	1	50	500	400			
雅安宾馆（新楼）	雅安市嘉祥旅游发展有限责任公司雅安宾馆	2	套间	21	21	680－980	400	大会议室	2	2	200	1000	700	雅安市雨城区东大街2号	0835－2222826 2222610	
			单间	5	5	380	200	中会议室	3	3	130	500	300			
			标准间	20	20	380	200	小会议室	1	1	50	200	100			
阿坝藏族羌族自治州																
嘉绒大酒店	马尔康嘉绒大酒店有限责任公司		套间	10	10	1688	300	大会议室	1	1	260	2800	1800	马尔康县达萨街430号	0837－2827777 6666668	
			单间	12	12	1288	220	中会议室	1	1	90	2200	1600			
			标准间	63	63	988	220	小会议室	2	2	60	1800	1200			
澜峰大酒店	马尔康县澜峰大酒店		套间	3	3	660	460	大会议室	1	1	100	1200	600	马尔康县团结街177号	0837－2828268	
			单间	12	12	580	260	小会议室	1	1	30	600	300			
			标准间	50	50	338	160									
			豪华标准间	43	43	368	160									
			豪华套间	1	1	770	560									
马尔康饭店	马尔康县马尔康饭店		套间（大）	3	3	880	480	大会议室	1	1	160	800	400	金珠街48号	0837－2823001	一小会议室容纳30人、二小会议室容纳22人、三小会议室容纳10人
			套间（小）	5	5	500	300									
			单间	24	24	320	120	小会议室	3	3	62	400	200			
			标准间	126	126	260	120									

饭店名称	发票开具单位名称	星级	客房（价格：元/天）					会议室（数量：间；价格：元/天；人数：人）						地址	前台订房电话	备注
			房型	总间数	协议间数	门市价	协议价	类型	总间数	协议间数	容纳人数	门市价	协议价			
甘孜藏族自治州																
康定宾馆	甘孜州康定宾馆有限公司		套间	4	4	480	480	大会议室	1	1	100	1400	1000	康定县光明路25号	0836－2832777 2833444	
			单间	28	28	260	260	小会议室	1	1	40	800	600			
格萨尔酒店	康定县华兴有限责任公司格萨尔酒店		标准间	96	96	200	200	大会议室	1	1	180	1800	1200	康定县西大街60号	0836－2825777	
			套间	2	2	298	298	中会议室	1	1	100	1000	800			
			单间	12	12	180	180	小会议室	1	1	30－40	800	600			
拉姆则林卡酒店	康定拉姆则林卡酒店管理有限公司	4	标准间	98	98	180	180	小会议室	1	1	30－40	1000	免费	康定东关新城	0836－2816888	
			单间	3	3	220	220									
卡拉卡尔饭店	康定卡拉卡尔温泉旅游发展总公司卡拉卡尔饭店		标准间	65	65	150	150	中会议室	1	1	90－120	1000	300	康定县沿河东路5号	0836－2828888	
			套间	10	10	380	380									
			单间	9	9	300	300									
丹巴丽村大酒店	丹巴丽村大酒店		标准间	90	90	160	160	中会议室	1	1	60－70	500	免费	丹巴县章谷镇光明路43号	0836－3522999	
			套间	6	6	480	480									
			单间	3	3	300	300									
泸定桥宾馆	四川海螺沟旅行社泸定桥宾馆		标准间	120	120	140	140	大会议室	1	1	200	1800		泸定县泸桥镇赤水路56号	0836－3123666 3123888	
								小会议室	1	1	30	800				
贡嘎宾馆	甘孜州贡嘎宾馆有限责任公司		标准间	128	128	180	180	大会议室	1	1	120	1200	免费	泸定县磨西镇咱地一组	0836－3266677 3266688	
			套间	1	1	220	220	中会议室	1	1	40	800	免费			
			单间	3	3	160	160	小会议室	1	1	15	600	免费			
海螺沟长征大酒店	四川省海螺沟长征大酒店有限责任公司	4	标准间	32	32	150	150	大会议室	1	1	220	2800	免费	甘孜州海螺沟景区	0836－3266608	
								小会议室	1	1	50	2000	免费			

饭店名称	发票开具单位名称	星级	客房（价格：元/天）					会议室（数量：间；价格：元/天；人数：人）						地址	前台订房电话	备注
			房型	总间数	协议间数	门市价	协议价	类型	总间数	协议间数	容纳人数	门市价	协议价			
凉山彝族自治州																
凉山州政府办培训中心	凉山州政府机关服务中心		套间	3	3	150	130	大会议室	1	1	150	1500	1200	三岔口南路55号	0834－3866900	
			单间	9	9	150	130	中会议室	1	1	70	800	600			
			标间	23	23	120	100	小会议室	3	3	40	600	400			
西昌明珠大酒店	西昌明珠大酒店		套间	4	4	588	388	大会议室	1	1	180	1800	1200	西昌市城南大道一段	0834－2503333	
			单间	53	53	218	188									
			标间	70	70	168	128	小会议室	1	1	40	1200	800			
凯旋酒店	西昌市凯旋酒店		普通套间	4	4	880	540	大会议室	1	1	110	4000	2400	西昌市新村	0834－3868400 3951245	
			豪华标间	6	6	488	180	中会议室	1	1	50	1600	800			
			靠海标间	16	16	488	180	小会议室	1	1	30	1200	600			
			靠山标间	38	38	468	180									
天喜花月酒店	天喜园艺有限责任公司		单间	54	54	280	150	中会议室	1	1	60	800	600	西昌市三岔口南路天喜花博园	0834－8886699 2187125 2187126	
			标准间	50	50	280	150									
金桥酒店	金桥酒店	3	单间	14	14	490	219	小会议室	1	1	100	1688	1000	西昌市胜利路123号	0834－3220088 3220172	
			豪标	6	6	690	300	小会议室	1	1	20	880	680			
			标间	35	35	490	219	小会议室	1	1	12	680	480			
泸山大酒店	西昌泸山酒店管理有限责任公司		套间	2	2	888	328	大会议室	1	1	120	1500	800	西昌市胜利南路下段临海河旁	0834－2186666 2187777	
			单间	16	16	538	153	中会议室	1	1	40	1000	600			
			标准间	72	72	528	143									
名仁大酒店	西昌航展有限责任公司名仁大酒店	4	双套房	3	3	980	468	大会议室	1	1	300	2500	2000	航天大道二段一号	0834－2890808	
								中会议室	1	1	72	1500	1200			
			双套房	8	8	880	398	小会议室	2	2	40	1000	800			
								小会议室	1	1	16	800	640			
			标准间	36	36	680	288	小会议室	1	1	14	700	560			
			高级单间	12	12	680	288									
			普通单间	3	3	590	230	小会议室	1	1	12	600	480			
			普通单间	3	3	680	288									

饭店名称	发票开具单位名称	星级	客房（价格：元/天）					会议室（数量：间；价格：元/天；人数：人）						地址	前台订房电话	备注
			房型	总间数	协议间数	门市价	协议价	类型	总间数	协议间数	容纳人数	门市价	协议价			
西昌华忠大酒店	西昌华忠大酒店有限责任公司	3	商务套间	3	3	1888	380	大会议室	1	1	90	1200	600	西昌市风情园北路76号	0834－8886888 8886999	
			套间	3	3	1666	280									
			单间	17	17	399	128									
			商务单间	17	17	499	158	中会议室	3	3	30	800	300			
			标间	53	53	399	128									
			商务标间	53	53	499	158									
星光宾馆	四川省星光电子开发有限责任公司星光宾馆		套间	7	7	328	318	大会议室	1	1	130	800	600	西昌市长安东路25号	0834－3833888 3288666	
			单间	79	79	138	118	中会议室	1	1	40	700	600			
			标间	119	119	138	118	小会议室	1	1	20	500	400			
顺华大酒店	西昌市顺华大酒店	4	套间	10	10	880	380	大会议室	1	1	160	1600	800	西昌市长安南路139号	0834－2501999 2507695	
			单间	19	19	588	158	中会议室	1	1	60	1000	500			
			标间	76	76	488	138	小会议室	2	2	20	400	200			
元源酒店	元源实业有限公司	3	套间	22	22	596	180	大会议室	1	1	200	800	400	西昌市胜利路南路一环路南一段	0834－3208999	
			单间	25	25	396	120	中会议室	1	1	40	700	350			
			标间	60	60	386	120	小会议室	2	2	20	600	300			
岷山饭店	西昌岷山饭店有限公司	4	高级套间	6	6	1280	498	大会议室	1	1	400	6000	3500	西昌市胜利南路88号	0834－3200888	
			豪华套间	1	1	1580	598	中会议室	1	1	100	2400	1600			
			高级单间	5	5	680	268	小会议室	1	1	40	1000	600			
			高级标间	30	30	680	268	小会议室	1	1	20	800	480			
玫瑰园精品酒店	西昌玫瑰园精品酒店管理有限责任公司	4	豪华套间	1	1	1188	538	中会议室	1	1	70	1500	1200	西昌市春城路6号	0834－2180000 2198999	
			豪华标间	18	18	598	268									
			豪华单间	7	7	598	268									
			商务标间	21	21	438	198									
			商务单间	9	9	458	208									
			经济单间	9	9	388	188									

饭店名称	发票开具单位名称	星级	客房（价格：元/天）					会议室（数量：间；价格：元/天；人数：人）						地址	前台订房电话	备注
			房型	总间数	协议间数	门市价	协议价	类型	总间数	协议间数	容纳人数	门市价	协议价			
永宏酒店	四川三友食品有限公司永宏酒店		情侣套间	4	4	780	328	大会议室	1	1	130	2000	1600	西昌市健康路438号	0834－2166666	
			豪华套间	6	6	1288	528	中会议室	1	1	80	1600	1200			
			普通单间	18	18	518	238	小会议室	1	1	20	1200	800			
			豪华单间	21	21	638	268									
			普通标间	41	41	518	238									
			豪华标间	36	36	638	268									
醉太平大酒店	西昌醉太平大酒店	3	套间	2	2	688	380	大会议室	1	1	150	1880	1280	西昌市海滨路月色风情小镇	0834－3952488 3951800	
			单间	3	3	498	200	中会议室	1	1	60	1280	680			
			标准间	56	56	488	180	小会议室	2	2	30	880	380			

贵州省

- 财政部委托贵州省财政厅负责在贵州省地级以上城市招标采购会议定点饭店并负责日常监督管理工作。
- 通过政府采购，确定贵州省会议定点饭店 39 家。
- 会议定点饭店按照与财政部门签订《协议书》的价格向中央和地方各级党政机关和事业单位提供相应的接待服务。
- 贵州省部分会议定点饭店的价格是按照综合定额方式采购的，各单位在组织筹备会议时应先向会议定点饭店查询。如果对协议价格产生疑义，可以要求定点饭店出示《协议书》。
- 如有会议定点饭店变更或饭店的协议价格变化，应以“党政机关出差和会议定点饭店查询网”的信息为准。
- 本目录中的贵州省会议定点饭店的详细信息，可在“党政机关出差和会议定点饭店查询网”查阅。
- 贵州省各地区长途电话区号：

贵阳市　0851
遵义市　0852
安顺市　0853
黔东南苗族侗族自治州　0855
黔西南布依族苗族自治州　0859
六盘水市　0858
铜仁地区　0856
毕节地区　0857
黔南布依族苗族自治州　0854

贵州省会议定点饭店

饭店名称	发票开具单位名称	星级	客房（数量：间；价格：元/天）					会议室（数量：间；价格：元/天）						地址	前台订房电话	备注
			房型	总间数	协议间数	门市价	协议价	类型	总间数	协议间数	容纳人数	门市价	协议价			
贵阳市																
贵阳神奇星岛酒店	贵阳神奇星岛酒店有限公司	3	套间	22	22	880	298	大会议室	2	2	300－500	6000	2800	贵阳市新添大道南段78号	0851－6751888	
			行政单间	13	13	680	240	中会议室	1	1	100	5000	2200			
			行政标间	36	36	680	240	小会议室	1	1	45	3000	1500			
			高级单间	11	11	580	210									
			高级标间	66	66	580	210									
贵州武岳酒店	贵州武岳酒店	4	套间	19	19	1228	458	大会议室	1	1	300	4800	3600	贵阳市南厂路1号	0851－8651777－6613	
			单间	59	59	628	248	中会议室	1	1	60	2200	1800			
			标准间	114	114	708	258	小会议室	3	3	25	1800	1500			
贵州省发展和改革委员会干部培训中心	贵州省发展和改革委员会干部培训中心	3	套间	14	14	688	340	大会议室	1	1	300	4800	3200	贵州省贵阳市延安中路110号	0851－5287100	提供会议所需的会场话筒、音响系统、投影系统等设备；中会议室包含2种语言同声传译系统、卫星远程系统；提供茶水、会标等服务房价均含早餐，100人以上享受会议定点报价
			单间	27	27	568	210	中会议室	1	1	120	7000	4600			
			标准间	125	125	498	210	小会议室	2	2	60－70	2400	1600			
									5	5	30	2000	1400			
									6	6	40	1600	1200			
									1	1	80	1500	1100			
贵州华联大酒店	贵州华联旅业有限责任公司	3	普通单间	8	8	428	220	大会议室	1	1	110	4000	2000	贵州省贵阳市中华中路137号	0851－5200000	
			普通标间	23	23	428	220	中会议室A	1	1	70	3000	1600			
			商务单间	33	33	468	280	中会议室B	1	1	55	2400	1200			
			商务标间	67	67	468	280									
			普通套房	11	11	568	340	小会议室	2	2	20－30	2000	1000			
			商务套房	7	7	688	440									

饭店名称	发票开具单位名称	星级	客房（数量：间；价格：元/天）					会议室（数量：间；价格：元/天）						地址	前台订房电话	备注
			房型	总间数	协议间数	门市价	协议价	类型	总间数	协议间数	容纳人数	门市价	协议价			
贵州饭店	贵州饭店有限责任公司	4	套间	12	12	2070	600	大会议室	2	2	250	16000	4000	贵州省贵阳市北京路66号	0851－6680116	
			单间	23	23	782	300	中会议室	3	3	120	8000	2400			
			标准间	141	141	782	300	小会议室	10	10	20－35	3000	1600			
贵州花溪迎宾馆	中共贵州省委贵州省人民政府接待中心（花溪迎宾馆）		单间	58	58	748	256	中会议室	2	2	100	16000	4000	贵阳市花溪区林荫路	0851－5368002 5368004	
			标准间	80	80	748	256	小会议室	11	11	40－60	2000－3000	1000－1500			
贵阳华美达神奇大酒店	贵阳神奇大酒店有限公司	4	套间	37	37	1880	548	大会议室	1	1	400	8000	4000	贵阳市北京路1号	0851－6771888－8600	会议室为全天价格
			单间	76	76	980	298	中会议室	2	2	120	3200	1600			
			标准间	112	112	980	298	小会议室	5	5	50	2800	1400			
贵州久远物业有限公司久远饭店	贵州久远物业有限公司久远饭店	3	套间	12	12	699	339	大会议室	1	1	170	3000	2200	贵阳市瑞金南路36号	0851－5849999	
			三人间	8	8	539	299	中会议室	2	2	60	2400	1800			
			单间	29	29	399	219	小会议室	1	1	30	1800	1000			
			标准间	146	146	439	239	小会议室	3	3	20	1200	800			
贵阳神奇金筑大酒店	贵阳神奇金筑大酒店有限公司	4	高级单间	28	28	759	260	大会议室	1	1	400	8000	3000	贵阳市宝山北路219号	0851－6825888－41/42/39/46	此报价房价均含双早，会议室为全天价位
			高级标间	80	80	759	260	中会议室	4	4	200	3000	1500			
			商务单间	8	8	874	300	小会议室	2	2	20	1600	800			
			商务标间	7	7	874	300									
			精致套房	36	36	989	360									
			商务套房	4	4	1104	420									
			商务豪华套	3	3	1794	560									
新联酒店	贵州久联集团新联酒店有限责任公司		套间	5	5	688	300	大会议室	1	1	150	3200	1600	贵阳市宝山北路213号	0851－6760056	所有房间含双早
			电脑房（大床房）	10	10	488	200	中会议室	1	1	70	2400	1200			
			电脑房（双床房）	10	10	488	200									
			高级房（大床房）	12	12	448	200	小会议室	2	2	30	1600	800			
			高级房（双床房）	72	72	448	200									
			普通房（大床房）	7	7	418	200									
			普通房（双床房）	24	24	418	200									

饭店名称	发票开具单位名称	星级	客房（数量：间；价格：元/天）					会议室（数量：间；价格：元/天）						地址	前台订房电话	备注
			房型	总间数	协议间数	门市价	协议价	类型	总间数	协议间数	容纳人数	门市价	协议价			
南翔酒店	贵阳南翔酒店有限公司	3	套间	16	16	1080	326	大会议室	/	/	/	/	/	贵阳市延安西路185号（老客车站旁）	0851－6501888	
			单间	13	13	452	215	中会议室	1	1	80	1600	1000			
			标准间	53	53	452	215	小会议室	1	1	20	1200	800			
贵州聚鑫山林大酒店	贵州聚鑫山林大酒店有限公司	3	套间	12	12	688	300	大会议室	1	1	150	1800	1400	贵阳市山林路118号	0851－6523000 6512332 6511360	
			单间	22	22	288	180	中会议室	1	1	50	1400	1000			
			标准间	120	120	388	180	小会议室	1	1	30	1000	700			
荣和酒店	贵州盐业集团荣和酒店管理有限公司		套间	16	16	438	388	大会议室	1	1	120	2800	2240	贵阳市云岩区延安东路8号	0851－5620888	
			单间	8	8	238	188	中会议室	1	1	60	2000	1600			
			标准间	70	70	268	218	中小会议室	1	1	40	1600	1280			
			豪华标准间	16	16	328	248	小会议室	1	1	20	1200	960			
			豪华单间	8	8	338	298									
金芦笙小镇精品特色酒店	贵州故乡情投资置业有限责任公司	4	套间	4	4	1588	568	大会议室	1	1	260	4980	2900	贵阳市宝山南路88号	0851－5274616 5274639	房价含双早
			单间	26	26	688	248	中会议室	1	1	70	3000	1800			
			标准间	128	128	788	268	小会议室	1	1	30	2500	1200			
贵州煤矿安全监察局京瑞宾馆	贵州煤矿安全监察局京瑞宾馆	3	豪华套房	2	2	628	428	大会议室	1	1	200	4000	2400	贵州省贵阳市北京路194号	0851－6891600 6891601	所有房间报价均含早餐
			套房	3	3	628	350									
			单间	6	6	368	198	豪华会议室	1	1	120	3000	2000			
			商务标间	12	12	358	260	中会议室	3	3	70	2600	1400			
			普通标间	68	68	328	198	小会议室	2	2	50	1200	800			
			三人套间	12	12	428	298									
贵阳林城大酒店	贵阳林城大酒店有限责任公司	4	套间	23	23	1088	340	大会议室	1	1	150	5000	2000	贵阳市云岩区八鸽岩路7号	0851－6788888	
			单人间	28	28	988	240	中会议室	2	2	60	4000	1800			
			双人间	66	66	888	240	小会议室	2	2	30	3000	1200			
聚鑫酒店	贵州广厦房地产开发有限公司聚鑫酒店	2	套间	10	10	688	300	大会议室	1	1	150	6000	4500	环城北路258号	0851－6851999－1100	拼装式会议室面积：210平方米
			单间	35	35	368	200	中会议室	1	1	100	4000	3000			
			标准间	68	68	368	200	小会议室	1	1	50	2000	1500			

饭店名称	发票开具单位名称	星级	客房（数量：间；价格：元/天）					会议室（数量：间；价格：元/天）						地址	前台订房电话	备注
			房型	总间数	协议间数	门市价	协议价	类型	总间数	协议间数	容纳人数	门市价	协议价			
冠洲宾馆	中共贵州省委机关招待所		套间	6	6	998	598	大会议室	1	1	160	2000	1600	贵阳市西湖路108号	0851－5892918	
			单间	8	8	498	300	中会议室	/	/		/	/			
			标准间	70	70	398	288	小会议室	2	2	40	1000	800			
贵州铝厂宾馆	贵州铝厂宾馆	2	套间	15	15	698	400	大会议室	1	1	350	10000	5000	贵阳市白云区刚玉街2号	0851－4896111 4895555	含早餐
			单间	19	19	398	220	中会议室	1	1	150	6000	4000			
			标准间	102	102	398	220	小会议室	9	9	20－50	3000	2000			
六盘水市																
六盘水市明湖宾馆有限公司	六盘水市明湖宾馆有限公司		套间	4	4	888	360	大会议室	1	1	200	3000	1800	明湖路窑上水库	0858－8604701	
			单间					中会议室	3	3	50	1000	800			
			标准间	46	46	388	150	小会议室	1	1	20	500	350			
遵义市																
弗克斯酒店	遵义嘉鑫房地产开发有限公司弗克斯酒店	3	普通套间	6	6	1388	388	大会议室	1	1	120	2000	1800	遵义市汇川区广州路弗克斯酒店	0852－7919608 7919699	
			商务套间	5	5	1588	438									
			豪华套间	6	6	1888	528									
			普通单间	21	21	568	238	中会议室	1	1	30	1400	1200			
			商务单间	20	20	588	248									
			商务标准间	88	88	588	248	小会议室	1	1	30	1200	1000			
			豪华标准间	11	11	888	298									
京腾丽湾酒店	遵义市京腾丽湾酒店	3	套间	4	4	888	360	大会议室	1	1	150	3600	1800	遵义市北京路与大连路交汇处	0852－8654286	
			单间	21	21	488	190	中会议室	1	1	80	2000	1000			
			标准间	104	104	588	190	小会议室	1	1	40	1800	800			
遵义宾馆	遵义宾馆	3	套间	6	6	888	445	大会议室	1	1	200	3000	2800	遵义市石龙路3号	0852－8224903	
			单间	40	40	488	245	中会议室	2	2	80	1800	1800			
			标准间	119	119	488	245	小会议室	4	4	30	800	800			
黔南布依族苗族自治州																
金鹏国际酒店	都匀市金鹏酒店管理有限公司	4	豪华套房	2	2	1226	368	大会议室	1	1	70	1200	1000	贵州省都匀市剑江中路金海岸大厦67号	0854－7127777	
			行政豪华单间	8	8	890	238	中会议室								
			行政豪华标间	8	8	890	238	小会议室	1	1	30	1000	800			
			豪华标间	20	20	660	218									
			豪华标间	12	12	660	218									
			精致单间	27	27	560	168									

饭店名称	发票开具单位名称	星级	客房（数量：间；价格：元/天）					会议室（数量：间；价格：元/天）						地址	前台订房电话	备注
			房型	总间数	协议间数	门市价	协议价	类型	总间数	协议间数	容纳人数	门市价	协议价			
伯爵花园酒店	伯爵花园酒店	4	套间	8	8	1249	479	大会议室	1	1	100	3500	2800	贵州省都匀市开发区龙山大道	0854－8199999	
			单间	40	40	739	279	中会议室	1	1	60	3000	2300			
			标准间	30	30	739	279	小会议室	1	1	30	2500	1800			
贵候苑商务大酒店	黔南州贵候苑商务大酒店有限责任公司	4	套间	14	14	1138	398	大会议室	1	1	120	6000	3000	贵州省都匀市开发区龙山大道	0854－7121111	
			单间	34	34	628	198	中会议室	1	1	40	3000	1800			
			标准间	33	33	628	198	小会议室	1	1	15	3000	1500			
港龙大酒店	贵州省都匀市港龙大酒店	3	套间1	2	2	1280	560	大会议室	1	1	150	2500	1000	都匀市河滨路134号	0854－8736888－2100	
			套间2	4	4	768	380									
			标间1	7	7	768	280	中会议室	1	1	100	2000	800			
			标间2	26	26	368	180									
			标间3	45	45	368	160									
			单间1	15	15	768	280	小会议室	2	2	25	800	400			
			单间2	9	9	368	180									
			单间3	8	8	368	160									
侨城宾馆	都匀市人民政府桥城宾馆	3	套间	7	7	368	180	大会议室	1	1	90	880	600	贵州省都匀市文明路50号	0854－8222189	
			单间	13	13	268	120	中会议室								
			标准间	70	70	268	120	小会议室	1	1	40	600	400			
毕节地区																
腾龙凯悦酒店	毕节腾龙凯悦酒店管理有限公司	4	套间	6	6	1338	428	大会议室	1	1	220	4000	3600	毕节市桂花路2号	0857－8290008	
			单间	20	20	838	268	中会议室	1	1	100	2000	1800			
			标准间	85	85	838	268	小会议室	1	1	30	1200	1000			
毕节洪山酒店	毕节洪山酒店有限公司	4	套间	4	4	618	339	大会议室	1	1	110	4500	3000	毕节市洪山路1号	0857－8297777	
			单间	16	16	478	218	中会议室	1	1	60	3000	2000			
			标准间	72	72	338	186	小会议室	2	2	40	2000	1600			
毕节市天工大酒店	毕节市天工大酒店	3	套间	2	2	732	316	大会议室	1	1	150	1800	1000	毕节市洪山路60号	0857－8292188	
			单间	10	10	356	178	中会议室	1	1	120	1800	1000			
			标准间	50	50	346	168	小会议室	1	1	40	1200	800			

饭店名称	发票开具单位名称	星级	客房（数量：间；价格：元/天）					会议室（数量：间；价格：元/天）						地址	前台订房电话	备注
			房型	总间数	协议间数	门市价	协议价	类型	总间数	协议间数	容纳人数	门市价	协议价			
毕节红都假日酒店	毕节红都假日酒店	4	套间	6	6	1298	388	大会议室	1	1	250	4000	3800	毕节市拥军路110号	0857－8275111	
			单间	36	36	828	258	中会议室	1	1	80	3000	3000			
			标准间	72	72	828	258	小会议室	1	1	30	1800	1600			
铜仁地区																
宝鑫大酒店	铜仁宝鑫投资有限公司宝鑫大酒店	4	套间	5	5	699	358	大会议室	1	1	150	5200	3200	贵州省铜仁市东太大道888号	0856－5937666	房费含早餐
			单间	21	21	499	248	中会议室	1	1	40	2400	1600			
源丰商务酒店	铜仁源丰商务酒店有限公司	3	套间	10	10	388	198	大会议室	1	1	150	2000	1200	贵州省铜仁市锦江南路1号	0856－5222222	
			单间	12	12	298	148	中会议室								
			标准间	20	20	298	148	小会议室	1	1	60	1000	800			
君逸凯悦大酒店	铜仁市君逸凯悦大酒店		套间	4	4	898	418	大会议室	1	1	170	1700	1200	贵州省铜仁市共青路41号	0856－5251111	
			单间	3	3	398	208	中会议室								
			标准间	53	53	398	208	小会议室	1	1	30	600	500			
黔东南苗族侗族自治州																
天华宾馆	黔东南州苗族侗族自治州天华宾馆	3	套间	1	1	588	300	大会议室	1	1	180	1200	600	贵州省凯里市营盘东路6号	0855－8276411 8276410	含早餐
			普通单间	5	5	268	130	中会议室	1	1	90	800	400			
			普通标准间	53	53	268	130	小会议室								
营盘坡民族宾馆	贵州省黔东南苗族侗族自治州营盘坡民族宾馆	3	套间	4	4	688	318	大会议室	1	1	180	1000	720	贵州省凯里市营盘东路53号	0855－3837779 3837776	含早餐
			单间	9	9	288	148	中会议室	1	1	100	1000	700			
			标准间	71	71	288	148	小会议室	1	1	20	800	500			
黔西南布依族苗族自治州																
黔山度假酒店	黔山度假酒店	4	套间	5	5	480	280	大会议室	2	2	300	4800	2800	兴义市瑞金大道	0859－3111009	
			单间	18	18	380	260	中会议室	3	3	160	1080	680			
			标准间	143	143	280	220	小会议室	6	6	70	980	880			
盘江宾馆	盘江宾馆	3	套间	4	4	400	220	大会议室	1	1	260	2800	1200	兴义市盘江西路4号	0859－3223456	
			单间	37	37	280	160	中会议室	3	3	140	600	540			
			标准间	77	77	380	140	小会议室	1	1	20	400	380			

云南省

- 财政部委托云南省财政厅负责在云南省地级以上城市采购会议定点饭店并负责日常监督管理工作。
- 通过政府采购，确定云南省会议定点饭店 248 家。
- 根据中共中央办公厅、国务院办公厅《关于严禁党政机关到风景名胜区开会的通知》（厅字［1998］23 号）的规定，在云南省西双版纳自治州地区没有采购会议定点饭店。
- 会议定点饭店按照与财政部门签订《协议书》的价格向中央和地方各级党政机关和事业单位提供相应的接待服务。
- 云南省部分会议定点饭店的价格是按照综合定额方式采购的，各单位在组织筹备会议时应先向会议定点饭店查询。如果对协议价格产生疑义，可以要求定点饭店出示《协议书》。
- 如有会议定点饭店变更或饭店的协议价格变化，应以“党政机关出差和会议定点饭店查询网”的信息为准。
- 本目录中的云南省会议定点饭店的详细信息，可在“党政机关出差和会议定点饭店查询网”查阅。
- 云南省各地区长途电话区号：

昆明市　0871
玉溪市　0877
昭通市　0870
普洱市　0879
德宏傣族景颇族自治州　0692
迪庆藏族自治州　0887
楚雄彝族自治州　0878
文山壮族苗族自治州　0876
曲靖市　0874
保山市　0875
丽江市　0888
临沧市　0883
怒江傈僳族自治州　0886
大理白族自治州　0872
红河哈尼族彝族自治州　0873
西双版纳傣族自治州　0691

云南省会议定点饭店

饭店名称	发票开具单位名称	星级	客房（价格：元/天）					会议室（数量：间；价格：元/半天）						地址	前台订房电话	备注
			房型	总间数	协议间数	门市价	协议价	类型	总间数	协议间数	容纳人数	门市价	协议价			
昆明市																
核工业二〇九大队昆明海鸥宾馆	核工业二零九大队昆明海鸥宾馆	2	套间	8	8	688	240	大会议室	1	1	350	4000	2000	昆明市翠湖南路112号	0871－5315388	
			单间	8	8	400	140	中会议室	2	2	100	2000	1000			
			标准间	137	137	400	140	小会议室	4	4	60	1200	600			
云南省政府办公厅招待所(云南华兴酒店)	云南华兴酒店	3	套间	5	5	980	420	大会议室	1	1	200	4000	3000	昆明市西昌路858号	0871－5322589	
			单间	10	10	580	240	中会议室	1	1	100	2400	1600			
			标准间	68	68	518	170	小会议室	2	2	30	1000	600			
昆明莲花宾馆	昆明莲花宾馆	3	套间	2	2	888	300	大会议室	1	1	350	4000	2500	昆明市学府路145号	0871－5134084 5100998	
			单间	7	7	518	230	中会议室	1	1	100	3200	2000			
			标准间	138	138	498	130	小会议室	7	7	60	1600	1000			
云南省科技管理干部培训中心	云南省科技管理干部培训中心		套间	10	10	880	380	大会议室	1	1	200	2800	2240	昆明市滇池路488号	0871－8090470	
			单间	10	10	480	200	中会议室	3	3	100	2000	1600			
			标准间	90	90	480	200	小会议室	9	9	40	1000	800			
昆明云安会都	昆明云安会都有限责任公司	4	标准间	223	223	560	230	大会议室	3	3	300	5000	4000	西山区昆安公路（碧鸡路）马街路口	0871－8175666 8175777 8173473	清莲池
			单间	10	10	560	230									
			普通套房	4	4	800	400									
			豪华套房	4	4	1200	600									
		3	标准间	205	205	398	170	中会议室	4	4	150	3500	2800			清华池
			标准间	68	68	398	170									华清池
		2	标准间	81	81	350	150	小会议室	8	8	30	1800	1440			碧云楼
			单间	22	22	350	150									
昆明华怡商务酒店	昆明华怡商务酒店有限公司		套间	4	4	680	320	中会议室	1	1	150	1200	1920	昆明市呈贡县兴呈路	0871－7466666	
			单间	31	31	480	228									
			标准间	45	45	480	228	小会议室	1	1	45	480	760			

饭店名称	发票开具单位名称	星级	客房（价格：元/天）					会议室（数量：间；价格：元/半天）						地址	前台订房电话	备注
			房型	总间数	协议间数	门市价	协议价	类型	总间数	协议间数	容纳人数	门市价	协议价			
昆明市官渡区上对龙金山生态园	昆明市官渡区上对龙金山生态园		套间	7	7	560	380	大会议室	1	1	500	3800	2600	昆明市昆曲高速40公里军马场收费站口右转800米	0871－7974999 7974666	
								中会议室	1	1	120	1200	900			
			标准间	113	113	286	138	小会议室	5	5	60	500	450			
云南绿洲大酒店	云南绿洲大酒店有限公司	5	套间	26	26	2500	550	大会议室	1	1	500	12000	8000	昆明市拓东路80号	0871－3183855	
			单间	30	30	1000	300	中会议室	1	1	300	8000	4000			
			标准间	206	206	1000	300	小会议室	8	8	80	6000	2000			
昆明金龙饭店	昆明金龙饭店有限公司	4	套间	15	15	1660	550	大会议室	2	2	260	10000	3500	昆明市北京路165号	0871－3133015－销售部	
			单间	30	30	820	300	中会议室	2	2	100	8000	3000			
			标准间	180	180	820	300	小会议室	5	5	50	4000	2500			
昆明兴华国际度假酒店有限责任公司	昆明兴华国际度假酒店有限责任公司	3	套间	6	6	1888	600	大会议室	1	1	300	5000	3600	滇池国家旅游度假区怡景路3号	0871－4311690	另有10间20人左右小会议室
			单间	56	56	680	200	中会议室	2	2	200	4000	3200			
			标准间	140	140	680	200	小会议室	4	4	100	2400	1800			
佳华广场酒店	昆明佳华广场酒店	5	套间	106	106	1700	500	大会议室	1	1	600	30000	2000	昆明市北京路157号	0871－3562828－88205	
			单间	118	118	1200	220	中会议室	2	2	250	16000	800			
			标准间	225	225	1200	220	小会议室	3	3	20	7000	400			
昆明世纪金源大饭店	昆明世纪金源大饭店有限公司	5	套间	34	34	2476	600	大会议室	1	1	1000	60000	54000	昆明市官渡区迎宾路一号	0871－7388888－2995	
			单间	41	41	1104	300	中会议室	1	1	300	18000	4000			
			标准间	126	126	1104	300	小会议室	13	13	60	6000	3600			
昆明怡景园度假酒店	昆明怡景园度假酒店有限责任公司	4	套间	21	21	1888	600	大会议室	2	2	400	25000	8000	昆明市滇池路1288号	0871－4313338	
			单间	12	12	888	280	中会议室	5	5	150	12000	5000			
			标准间	87	87	788	260	小会议室	7	7	40	3500	1200			
昆明饭店	昆明饭店	4	套间	15	15	1169	500	大会议室	2	2	200	8000	1000	昆明市东风东路52号	0871－3162063－6343	
			单间	35	35	780	180	中会议室	2	2	80	6000	800			
			标准间	220	220	780	180	小会议室	4	4	40	4000	300			
云南海昆大酒店	云南海昆大酒店	3	套间	5	5	986	580	大会议室	1	1	600	6000	1000	昆明市北京路北段620号	0871－3016666	
			单间	8	8	568	220	中会议室	3	3	150	3000	500			
			标准间	53	53	488	220	小会议室	5	5	60	2600	300			

饭店名称	发票开具单位名称	星级	客房（价格：元/天）					会议室（数量：间；价格：元/半天）						地址	前台订房电话	备注
			房型	总间数	协议间数	门市价	协议价	类型	总间数	协议间数	容纳人数	门市价	协议价			
云南省工人疗养院	云南省工人疗养院		套间	12	12	1580	560	大会议室	1	1	300	4000	3200	昆明市西山区白鱼口省工人疗养院	0871－8583666	
			单间	23	23	568	220	中会议室	6	6	200	2500	2000			
			标准间	185	185	468	180	小会议室	5	5	20	1000	800			
昆明理工大学专家楼宾馆	昆明理工大学专家楼宾馆	2	套间	3	3	880	440	大会议室	1	1	200	6000	3900	昆明市白龙路98号昆明理工大新迎校区	0871－3317508	
			单间	8	8	480	228	中会议室	1	1	150	6000	3900			
			标准间	129	129	360	120	小会议室	4	4	50	2400	1960			
云南邦克饭店	云南邦克饭店有限责任公司	5	套间	50	50	2400	600	大会议室	1	1	600	15000	13500	昆明市青年路399号	0871－3158888－6	
			单间	70	70	1200	300	中会议室	2	2	300	8000	4000			
			标准间	160	160	1200	300	小会议室	2	2	100	4800	4320			
云南连云宾馆	云南连云宾馆		套间	26	26	1280	580	大会议室	2	2	800	10000	8000	昆明市圆通街58号	0871－5156661－3189	
			单间	44	44	580	240	中会议室	4	4	100	2500	2000			
			标准间	232	232	580	240	小会议室	19	19	20	1000	800			
金泉大酒店	云南金泉大酒店有限公司	4	套间	11	11	158	600	大会议室	1	1	150	7000	4000	昆明市人民东路93号	0871－3196888	
			单间	73	73	980	300	中会议室	1	1	60	5600	3000			
			标准间	114	114	980	300	小会议室	1	1	40	3200	1600			
云南安宁温泉宾馆	云南安宁温泉宾馆		单间	12	12	208	198	大会议室	1	1	200	1600	1200	昆明市安宁温泉镇	0871－6252188	
								中会议室	1	1	100	800	400			
			标准间	78	78	188	178	小会议室	1	1	50	600	400			
云南祥瑞宾馆	云南祥瑞宾馆		套间	9	9	680	480	大会议室	1	1	300	3000	2600	昆明市春城路196号	0871－3548666	
			单间	42	42	498	240	中会议室	5	5	100	1600	1400			
			标准间	117	117	498	240	小会议室	4	4	20	1000	800			
云南锦华国际酒店	云南锦华实业股份有限公司锦华国际酒店管理中心	3	套间	7	7	798	438	大会议室	1	1	1000	20000	10000	昆明市北京路96号	0871－3526666－5908	
			单间	48	48	488	220	中会议室	3	3	200	6000	3000			
			标准间	122	122	488	220	小会议室	2	2	50	3000	1500			
云南嘉丝特酒店	云南嘉丝特酒店	3	套间	2	2	1088	450	大会议室	1	1	360	4000	2400	昆明市滇池路一公里处	0871－4099999	
			单间	8	8	588	180	中会议室	2	2	100	2800	1600			
			标准间	84	84	488	160	小会议室	2	2	50	1400	800			

饭店名称	发票开具单位名称	星级	客房（价格：元/天）					会议室（数量：间；价格：元/半天）						地址	前台订房电话	备注
			房型	总间数	协议间数	门市价	协议价	类型	总间数	协议间数	容纳人数	门市价	协议价			
兵器工业昆明疗养院世纪王朝大酒店	兵器工业昆明疗养院		套间	3	3	1800	600	大会议室	1	1	400	5600	3000	昆明市滇池国家旅游度假区怡兴路2号	0871－4332066	
			单间	19	19	680	200	中会议室	2	2	180	5600	3000			
			标准间	175	175	680	220	小会议室	3	3	50	3500	2500			
云南海梗宾馆	云南海梗会议服务中心		套间	36	36	1200	600	大会议室	1	1	500	6000	6000	昆明市滇池国家旅游度假区怡景路2号	0871－4333185 4333186	
			单间	100	100	360	180	中会议室	1	1	200	2000	2000			
			标准间	90	90	360	180	小会议室	10	10	60	600	600			
天逸温泉酒店	云南省高级人民法院机关服务中心天逸温泉酒店		套间	6	6	860	300	大会议室	1	1	500	6000	4000	昆明市南三环云南省高级人民法院内	0871－8059999	
			单间	17	17	580	190	中会议室	1	1	200	1500	900			
			标准间	122	122	560	180	小会议室	5	5	100	1000	600			
云南海埂会堂	云南海埂会堂		单间	8	8	360	180	大会议室	40	40	2200	220000	110000	昆明市滇池国家旅游度假区观景路6号	0871－3905034 3905020	
								中会议室	8	8	40	4000	1200			
			标准间	90	90	360	180	小会议室	2	2	20	2000	200			
云南经贸宾馆	云南经贸宾馆有限公司	4	套间	6	6	2800	600	大会议室	2	2	400	20000	3000	昆明市青年路298号	0871－3190888－6600	
			单间	70	70	1280	300	中会议室	3	3	60	1800	1500			
			标准间	130	130	1280	300	小会议室	6	6	40	1200	800			
云南佳路达酒店	云南佳路达酒店有限公司	3	套间	7	7	888	580	大会议室	1	1	300	4000	3800	昆明市环城南路266号	0871－3516666	
			单间	31	31	498	238	中会议室	1	1	150	3600	3200			
			标准间	141	141	498	238	小会议室	2	2	50	2000	1800			
云南省小龙潭矿务局昆明翠怡酒店	云南省小龙潭矿务局昆明翠怡酒店		套间	24	24	1288	460	大会议室	1	1	300	5000	2000	昆明市人民中路222号	0871－6116622	
			单间	71	71	588	200	中会议室	2	2	150	4000	1500			
			标准间	218	218	588	200	小会议室	7	7	60	2000	1000			
云南金审大酒店	云南金审大酒店		套间	12	12	880	420	大会议室	1	1	200	4800	3600	昆明市庆云街166号	0871－3116588	
			单间	10	10	588	220	中会议室	1	1	120	1800	1600			
			标准间	58	58	588	220	小会议室	3	3	50	1600	1200			

饭店名称	发票开具单位名称	星级	客房（价格：元/天）					会议室（数量：间；价格：元/半天）						地址	前台订房电话	备注
			房型	总间数	协议间数	门市价	协议价	类型	总间数	协议间数	容纳人数	门市价	协议价			
昆明天和大酒店	昆明天和大酒店	3	套间	6	6	938	400	大会议室	1	1	300	4000	2200	昆明市环城北路33号	0871-5138865	
			单间	4	4	698	220	中会议室	2	2	150	2000	1600			
			标准间	104	104	488	200	小会议室	3	3	80	1500	1000			
云南金孔雀大酒店	云南金孔雀大酒店有限公司	3	套间	2	2	988	500	中会议室	1	1	120	3000	2000	昆明市滇池路312号	0871-8022618	
			单间	4	4	586	220									
			标准间	86	86	486	220	小会议室	1	1	25	1400	1000			
云南省政协委员活动中心	云南省政协委员活动中心	3	套间	6	6	688	288	中会议室	1	1	60	3500	2800	昆明市滇池路849号	0871-4604999	
			标准间	48	48	488	180	小会议室	1	1	40	2800	1680			
昆明官渡大酒店	昆明官渡大酒店	4	套间	20	20	1380	588	大会议室	3	3	500	8000	4000	昆明市官渡区日新路282号	0871-7169988-1	
			单间	6	6	916	300	中会议室	5	5	80	5000	2000			
			标准间	195	195	888	260	小会议室	11	11	40	3000	600			
曲靖市																
安厦大酒店	安厦大酒店有限责任公司		套间	5	5	1280	512	大会议室	1	1	240	3600	2880	曲靖市翠峰西路西苑小区	0874-3411111	
			单间	4	4	498	199	中会议室	2	2	50	1600	1280			
			标准间	101	101	398	160	小会议室	1	1	40	1500	1000			
石林国际大酒店	曲靖福牌实业有限公司石林国际大酒店	4	套间	7	7	960	480	大会议室	1	1	300	8500	6500	曲靖市麒麟区园林路126号	0874-3310803	
			单间	8	8	468	234	中会议室	3	3	50	4500	3000			
			标准间	141	141	398	199	小会议室	7	7	30	1500	1200			
曲靖市银利大酒店有限公司	曲靖市银利大酒店有限公司	3	套间	6	6	426	256	大会议室	1	1	220	1600	1200	曲靖市麒麟北路2号	0874-3292888-6666	
			单间	20	20	330	198	中会议室	1	1	56	1200	900			
			标准间	50	50	280	168	小会议室	2	2	20	800	600			
曲靖市保安服务公司靖安宾馆	曲靖市保安服务公司靖安宾馆		套间	5	5	280	210	大会议室	1	1	500	4000	3000	曲靖市西苑小区市公安局	0874-3392715	
			标准间	137	137	180	110	中会议室	2	2	100	1600	800			

饭店名称	发票开具单位名称	星级	客房（价格：元/天）					会议室（数量：间；价格：元/半天）						地址	前台订房电话	备注
			房型	总间数	协议间数	门市价	协议价	类型	总间数	协议间数	容纳人数	门市价	协议价			
曲靖翠峰大酒店有限公司	翠峰大酒店	3	套间	4	4	1380	358	中会议室	1	1	150	2500	2000	曲靖市翠峰路5号	0874－3367888－6666	
			单间	4	4	360	198									
			标准间	46	46	320	176	小会议室	1	1	50	1500	1200			
曲靖宾馆	曲靖宾馆	2	套间	9	9	688	350	大会议室	1	1	200	4000	4000	曲靖市文昌街67号	0874－3120666	
			单间	20	20	288	160	中会议室	1	1	100	2000	1600			
			标准间	43	43	288	150	小会议室	4	4	50	1000	600			
曲靖市人大培训中心	曲靖市人大培训中心		套间	3	3	880	572	大会议室	2	2	300	6000	4800	曲靖市麒麟区文昌街新道巷13号	0874－6178188	
			单间	12	12	380	190	中会议室	1	1	120	2400	1920			
			标准间	62	62	318	159	小会议室	4	4	100	2000	1600			
麒麟区凤成金有限责任公司	麒麟区凤成金有限责任公司		套间	9	9	1108	554	大会议室	1	1	240	1800	900	曲靖市麒麟区三宝镇温泉度假村	0874－3982888	
			单间	4	4	308	154	中会议室	2	2	100	1000	500			
			标准间	100	100	268	134	小会议室	2	2	80	800	400			
麒麟区丽景大酒店	曲靖市麒麟区丽景大酒店有限公司	4	套间	6	6	1000	500	大会议室	1	1	250	3600	3000	曲靖市麒麟区子午路	1598741000	
			单间	5	5	400	200	中会议室	1	1	50	2000	1800			
			标准间	53	53	400	200	小会议室	1	1	40	1000	900			
云南子午会馆温泉酒店有限公司	云南子午会馆温泉酒店有限公司		套间	2	2	798	318	大会议室	1	1	60	1000	600	师宗县丹凤镇小河口	0874－5767777	
			单间	26	26	398	158	小会议室	1	1	20	800	400			
师宗大酒店	师宗大酒店	2	套间	3	3	588	310	大会议室	1	1	80	800	600	师宗县丹凤镇丹凤西路5号	0874－5751188	
			单间	6	6	298	110									
			标准间	42	42	298	110	小会议室	1	1	25	300	200			
师宗县能源宾馆	师宗县能源宾馆	1	套间	6	6	380	210	大会议室	1	1	180	400	300	师宗县丹凤镇丹凤西路	0874－5760058	
			单间	12	12	250	140	中会议室	1	1	50	200	150			
			标准间	31	31	180	110									
罗平县鑫源宾馆	罗平县鑫源有限公司	3	套间	9	9	818	580	大会议室	1	1	240	1200	800	罗平县文笔路西段	0874－8227888	
			单间	19	19	368	200	中会议室	2	2	50	600	400			
			标准间	123	123	398	180	小会议室	4	4	30	400	200			

饭店名称	发票开具单位名称	星级	客房（价格：元/天）					会议室（数量：间；价格：元/半天）						地址	前台订房电话	备注
			房型	总间数	协议间数	门市价	协议价	类型	总间数	协议间数	容纳人数	门市价	协议价			
美奂酒店	宣威市美奂酒店	3	套间	12	12	1680	338	中会议室	1	1	150	1800	800	宣威市振兴路北段	0874－7208888	
			单间	43	43	518	138									
			标准间	75	75	518	138	小会议室	1	1	35	1000	600			
雄业大酒店	宣威市雄业大酒店有限公司		套间	14	14	1388	466	大会议室	1	1	400	4800	2400	宣威市向阳街东段750号	0874－7201888	
			单间	21	21	388	138	中会议室	1	1	150	3600	1800			
			标准间	81	81	388	138	小会议室	1	1	50	1600	800			
凯程大酒店	宣威市凯程大酒店		套间	20	20	280	238	大会议室	1	1	250	1000	800	宣威市建设东街280号	0874－7165888	
			单间	30	30	138	118	中会议室	1	1	120	800	700			
			标准间	129	129	138	118	小会议室	2	2	50	600	500			
武星大酒店	宣威市武星大酒店		套间	5	5	288	188	大会议室	1	1	200	2000	1200	宣威市建设东街358号	0874－7162888	
			单间	9	9	158	138									
			标准间	56	56	128	108	小会议室	1	1	70	1000	800			
星海大酒店	宣威市星海皇楼大酒店		套间	10	10	368	198	大会议室	1	1	250	1800	900	宣威市振兴街北段118号	0874－7206888	
			单间	14	14	138	90	中会议室	1	1	100	900	400			
			标准间	186	186	138	90	小会议室	1	1	50	500	240			
市委招待室	中国共产党宣威市委员会招待室		套间	2	2	288	200	小会议室	1	1	60	600	440	宣威市建设东街213号	0874－7162154	
			单间	2	2	108	80									
			标准间	14	14	108	80									
政府招待所	宣威市人民政府招待所		套间	5	5	98	60	大会议室	1	1	280	3000	2400	宣威市建设街68－70号	0874－7165032	
			单间	1	1	88	40									
			标准间	14	14	68	40	小会议室	1	1	60	900	720			
圣邦大酒店	陆良县圣邦大酒店有限公司		套间	4	4	600	360	大会议室	1	1	320	2000	1800	陆良县西华公园旁	0874－6266888	
			单间	32	32	300	150	中会议室	1	1	65	1000	800			
			标准间	97	97	258	150	小会议室	2	2	25	700	500			
同乐大酒店	曲靖云岭四季酒店管理有限公司		套间	2	2	516	360	大会议室	1	1	504	5000	4000	陆良县同乐大道270号	0874－6328888	
			单间	23	23	266	150	中会议室	2	2	120	2500	2000			
			标准间	31	31	226	150	小会议室	1	1	40	1000	960			

饭店名称	发票开具单位名称	星级	客房（价格：元/天）					会议室（数量：间；价格：元/半天）						地址	前台订房电话	备注
			房型	总间数	协议间数	门市价	协议价	类型	总间数	协议间数	容纳人数	门市价	协议价			
聚宝大酒店	聚宝大酒店	3	套间	6	6	640	250	大会议室	1	1	260	3800	1600	会泽县通宝路619号	0874－5628888	
			单间	16	16	480	160									
			标准间	50	50	280	140	小会议室	2	2	40	1600	800			
会泽县招待所	会泽县招待所	2	套间	9	9	488	250	大会议室	1	1	200	2000	1600	会泽县钟屏东路214号	0874－5129888	
			单间	37	37	280	160	中会议室	1	1	50	1600	1000			
			标准间	14	14	220	140	小会议室	1	1	20	800	800			
齐航大酒店	齐航大酒店		套间	3	3	388	338	大会议室	1	1	200	1600	1500	会泽县通宝路以西	0874－5684088	
			单间	18	18	268	140									
			标准间	60	60	188	110									
富源县人民政府招待所	富源县人民政府招待所	2	套间	6	6	860	360	小会议室	1	1	60	560	200	富源县中安镇中安街254号	0874－4618888	
			单间	40	40	280	100									
			标准间	36	36	360	120									
富源县中安镇新恒邦酒店	富源县中安镇新恒邦酒店		套间	6	6	888	360	大会议室	1	1	200	800	600	富源县中安镇文化路69号	0874－4046666	
			单间	34	34	468	160									
			标准间	62	62	328	120	小会议室	1	1	40	400	200			
富源县福鑫酒店	富源县福鑫酒店		套间	7	7	480	280	中会议室	1	1	90	800	400	富源县中安镇河东路317号	0874－6101666	
			单间	3	3	198	130									
			标准间	40	40	148	100									
富煤大厦	富源县富煤大厦		套间	3	3	280	180	大会议室	1	1	160	600	360	富源县金城路165号	0874－4619999	
			单间	8	8	120	80	中会议室	1	1	80	380	200			
			标准间	66	66	146	75	小会议室	1	1	36	260	180			
玉溪市																
玉溪市汇聚工贸有限公司红荷酒店	玉溪市汇聚工贸有限公司红荷酒店		套间	4	4	480	200	大会议室	1	1	150	600	400	玉溪市红塔区龙马路13号	0877－2616066	
			单间	32	32	298	90	中会议室	1	1	70	600	400			
			标准间	64	64	298	90	小会议室	1	1	40	600	400			
玉溪汇龙商贸有限公司汇龙生态园	玉溪汇龙商贸有限公司汇龙生态园	3	套间	17	17	500	425	大会议室	2	2	600	16000	12800	玉溪市红塔区大营街镇玉泉路1号	0877－2773666 2773648	
			单间	87	87	220	187	中会议室	1	1	246	2000	1600			
			标准间	85	85	140	119	小会议室	11	11	80	800	640			

饭店名称	发票开具单位名称	星级	客房（价格：元/天）					会议室（数量：间；价格：元/半天）						地址	前台订房电话	备注
			房型	总间数	协议间数	门市价	协议价	类型	总间数	协议间数	容纳人数	门市价	协议价			
玉溪市宏盛建筑有限公司宏盛酒店	玉溪市宏盛建筑有限公司宏盛酒店	2	套间	38	38	298	188	大会议室	1	1	100	2000	1800	玉溪市红塔区凤凰路77号	0877－2016666	
			单间	38	38	208	108									
			标准间	155	155	208	98	小会议室	1	1	50	1000	800			
云南玉溪三乡酒店有限公司	云南玉溪三乡酒店有限公司		套间	5	5	238	168	大会议室	1	1	120	2000	1300	玉溪市红塔区东风北路9号	0877－2037999	
			单间	2	2	198	138	中会议室	1	1	80	1600	1000			
			标准间	55	55	128	78	小会议室	1	1		600	400			
玉溪云溪宾馆	玉溪云溪宾馆	2	套间	5	5	150	120	大会议室	1	1	170	1000	600	玉溪市红塔区凤凰路8号	0877－2026178	
			单间	8	8	120	90	中会议室	1	1	40	1000	600			
			标准间	80	80	90	70	小会议室	1	1	20	500	300			
云南玉溪映月潭温泉娱乐有限公司	云南玉溪映月潭温泉客栈		套间	4	4	260	180	大会议室	1	1	360	4000	2400	玉溪市红塔区大营街镇公园路99号	0877－2771828	
			单间	4	4	180	120	中会议室	1	1	110	1200	800			
			标准间	72	72	180	120	小会议室	2	2	50	600	400			
维和公寓	玉溪市维和维生堂保健食品有限公司维和公寓		套间	3	3	280	180	大会议室	1	1	100	360	260	玉溪市创新路5号	0877－2073737－3101/3102	
			单间	13	13	110	80	中会议室	2	2	20	280	180			
			标准间	34	34	110	80	小会议室	3	3	12	240	120			
玉溪龙马大酒店有限公司	玉溪龙马大酒店有限公司	3	套间	20	20	328	210	大会议室	1	1	200	2600	2360	玉溪市红塔大道48号	0877－2067102 2067103	
			单间	28	28	258	170	中会议室	2	2	150	1600	1400			
			标准间	180	180	258	170	小会议室	2	2	50	800	650			
江川瑞文酒店	江川瑞文酒店	3	套间	21	21	1200	580	大会议室	1	1	180	1600	1120	江川县孤山风景区	0877－8551667	
			单间	2	2	366	180	中会议室	1	1	100	800	560			
			标准间	75	75	366	180	小会议室	4	4	50	600	420			
熙苑宾馆	熙苑宾馆	3	套间	4	4	408	200	大会议室	1	1	130	1000	800	通海县秀山沟接缘小坝	0877－3021123	
			单间	13	13	198	120	中会议室	1	1	30	600	500			
			标准间	46	46	168	120	小会议室	1	1	15	400	200			
云南通海通印大酒店有限责任公司	云南通海通印大酒店有限责任公司	3	套间	11	11	380	190	中会议室	1	1	100	1000	1000	通海县礼乐东路2号	0877－3021777	
			单间	14	14	300	150									
			标准间	101	101	288	144	小会议室	3	3	10	600	600			

饭店名称	发票开具单位名称	星级	客房（价格：元/天）					会议室（数量：间；价格：元/半天）						地址	前台订房电话	备注
			房型	总间数	协议间数	门市价	协议价	类型	总间数	协议间数	容纳人数	门市价	协议价			
通海昊万酒店	通海昊万酒店		单间	7	7	248	120	中会议室	1	1	120	2000	1600	通海县挹秀路21号	0877－3010098	
			标准间	54	54	248	120									
易门大酒店	易门大酒店	3	套间	8	8	680	420	大会议室	1	1	200	1200	800	易门县履和路268号	0877－4864666	
			单间	16	16	280	200	中会议室	2	2	150	600	500			
			标准间	100	100	200	180	小会议室	1	1	30	400	300			
玉溪天运温泉度假村	玉溪天运温泉度假村	2	套间	2	2	660	450	小会议室	1	1	88	1400	980	峨山县小街镇年景村	0877－4061099 4061492	
			商务房	3	3	200	120									
			单间	1	1	160	90									
			标准间	38	38	160	90									
新平宾馆	新平县招待所	2	套间	4	4	360	300	大会议室	1	1	568	1800	1200	新平县桂山镇桂山路101号	0877－7016118	
			单间	5	5	220	120	中会议室	2	2	300	1000	800			
			标准间	61	61	220	120	小会议室	15	15	120	600	400			
新平汇滨源酒店	新平汇滨源酒店有限责任公司		套间	11	11	360	150	大会议室	1	1	200	2000	1600	新平县桂山镇西园路27号	0877－7019211	
			单间	1	1	200	120	中会议室	1	1	46	1000	600			
			标准间	76	76	200	120	小会议室	1	1	18	1000	600			
元江大酒店	元江大酒店有限公司		套间	16	16	280	220	大会议室	1	1	200	1000	1000	元江县澧江镇红旗路2号	0877－6012888	
			单间	24	24	238	110	中会议室	1	1	100	600	600			
			标准间	164	164	238	110	小会议室	1	1	20	400	400			
元江凯迪宾馆	元江县联有建安有限公司凯迪宾馆	3	套间	16	16	300	150	大会议室	1	1	110	1000	500	元江县文化路口	0877－6018999	
			单间	11	11	250	120									
			标准间	53	53	200	100	小会议室	1	1	30	800	400			
华宁县象鼻温泉度假村	华宁县象鼻温泉度假村	2	套间	15	15	650	190	大会议室	1	1	150	1600	1300	华宁县宁州镇象鼻山	0877－5611088 5611028	
			单间	9	9	250	90	中会议室	1	1	50	1200	900			
			标准间	38	38	200	80	小会议室	1	1	30	800	500			
云南省抚仙湖交通培训中心	云南省抚仙湖交通培训中心	2	套间	12	12	480	380	大会议室	1	1	250	2500	1900	澄江县右所镇新河口抚仙湖畔	0877－6769441 6769221	
			单间	40	40	220	100	中会议室	2	2	50	1000	800			
			标准间	60	60	180	90	小会议室	4	4	20	400	300			

饭店名称	发票开具单位名称	星级	客房（价格：元/天）					会议室（数量：间；价格：元/半天）						地址	前台订房电话	备注
			房型	总间数	协议间数	门市价	协议价	类型	总间数	协议间数	容纳人数	门市价	协议价			
昆明铁路国际旅行社(集团)象山宾馆	昆明铁路国际旅行社（集团）象山宾馆	3	套间	9	9	800	580	大会议室	1	1	110	1000	600	澄江县右所镇矣旧象鼻子抚仙湖畔	0877－6715202 6710025	
			单间	2	2	280	196	中会议室	1	1	50	800	500			
			标准间	91	91	240	168	小会议室	2	2	20	600	360			
澄江县华业笔架山庄	澄江县华业笔架山庄	2	套间	13	13	1600	480	大会议室	1	1	300	2080	1248	澄江县禄充风景区	0877－6610075 6610001	
			单间	9	9	388	150	中会议室	3	3	60	1500	900			
			标准间	72	72	398	150	小会议室	2	2	20	1200	600			
保山市																
保山明和大酒店	保山明和大酒店	3	套间	12	12	660	320	大会议室	1	1	160	2000	1600	保山市人民路东段	0875－2218888	
			单间	14	14	460	190	中会议室	1	1	100	1600	1400			
			标准间	83	83	420	170	小会议室	1	1	30	1000	800			
保山金马中运大酒店	保山金马中运大酒店		单间	4	4	308	168	大会议室	1	1	80	800	600	保山市永昌路240号	0875－2235888	
								中会议室	1	1	30	800	500			
			标准间	37	37	298	148	小会议室	1	1	20	500	300			
保山市交通安全技术服务公司嘉顺大酒店	保山市交通安全技术服务公司嘉顺大酒店		套间	3	3	500	360	中会议室	1	1	120	600	400	保山市永昌路237号	0875－2218777	
			单间	6	6	300	200									
			标准间	34	34	240	140	小会议室	1	1	50	400	300			
隆阳区八一花园酒店	隆阳区八一花园酒店		套间	2	2	680	340	中会议室	1	1	100	1500	750	保山市八一路	0875－2208555	
			单间	5	5	360	180									
			标准间	38	38	300	150									
昭通市																
昭通宾馆	昭通宾馆	3	套间	18	18	568	288	大会议室	1	1	600	18000	8000	昭通市昭阳区崇义街24号	0870－2856888	
			单间	33	33	388	158	中会议室	2	2	200	2200	1600			
			标准间	148	148	288	148	小会议室	12	12	100	1200	800			

饭店名称	发票开具单位名称	星级	客房（价格：元/天）					会议室（数量：间；价格：元/半天）						地址	前台订房电话	备注
			房型	总间数	协议间数	门市价	协议价	类型	总间数	协议间数	容纳人数	门市价	协议价			
云南省烟草公司昭通市公司画苑宾馆	云南省烟草公司昭通市公司画苑宾馆	3	套间	12	12	958	420	大会议室	1	1	500	3600	3100	昭通市昭阳区凤霞路50号	0870－2238888	
			单间	20	20	698	280	中会议室	1	1	200	2500	2000			
			标准间	112	112	488	198									
古道大客栈	盐津万泰豆沙关旅游开发有限责任公司	4	套间	1	1	2680	598	大会议室	1	1	500	2800	2800	盐津县豆沙镇	0870－6931733	
			单间	26	26	580	298	中会议室	1	1	200	1400	1400			
			标准间	24	24	480	198	小会议室	1	1	100	1000	1000			
天河星座宾馆	云南水富天河星座宾馆	3	套间	3	3	888	268	大会议室	1	1	400	1980	1200	水富县人民东路金沙明珠五楼	0870－8633766	
			单间	13	13	276	128	中会议室	1	1	150	1280	800			
			标准间	44	44	276	128	小会议室	2	2	100	1200	600			
白云酒店	云南水富成中白云酒店有限公司	3	套间	5	5	1280	528	大会议室	1	1	300	3600	1600	水富县城明月路78号	0870－8632866 8632966	
			单间	17	17	380	180	中会议室	2	2	200	2200	1200			
			标准间	97	97	368	180	小会议室	4	4	100	1800	1000			
港务大酒店	水富威鑫港务大酒店有限公司	待评3	套间	6	6	1080	538	大会议室	1	1	300	1980	1600	水富县城十字街1号	0870－8633988	
			单间	41	41	308	158	中会议室	2	2	150	1280	1100			
			标准间	48	48	328	158									
丽江市																
云南丽江民族贸易有限公司金穗宾馆	云南丽江民族贸易有限公司金穗宾馆	3	套间	1	1	1280	500	中会议室	1	1	100	2000	1400	丽江市古城区福慧路648号	0888－5188995	
			单间	1	1	480	200									
			标准间	85	85	480	180	小会议室	1	1	45	1000	800			
丽江市丽江宾馆	丽江市丽江宾馆	3	套间	6	6	880	450	大会议室	1	1	140	1600	800	丽江市古城区福慧路521号	0888－5175008	
			单间	3	3	480	200	中会议室	3	3	70	1200	600			
			标准间	97	97	480	200	小会议室	1	1	30	1200	600			
云南航空丽江市观光酒店	云南航空丽江市观光酒店	4	套间	5	5	1380	600	大会议室	1	1	150	3200	1600	丽江市香格里大道910号	0888－5160007	
			单间	16	16	980	260	中会议室	1	1	50	2400	1200			
			标准间	188	188	880	260	小会议室	2	2	30	1600	800			

饭店名称	发票开具单位名称	星级	客房（价格：元/天）					会议室（数量：间；价格：元/半天）						地址	前台订房电话	备注
			房型	总间数	协议间数	门市价	协议价	类型	总间数	协议间数	容纳人数	门市价	协议价			
丽江阿丹阁大酒店有限责任公司	丽江阿丹阁大酒店有限责任公司	4	套间	13	13	1280	600	大会议室	1	1	200	2000	1000	丽江市香格里大道	0888－5305668	
			单间	27	27	688	220	中会议室	1	1	100	1600	800			
			标准间	241	241	688	220	小会议室	2	2	20	1200	600			
丽江金泉大酒店有限公司	丽江金泉大酒店有限公司	4	套间	3	3	1580	600	大会议室	1	1	220	6800	4800	丽江市香格里大道中段	0888－5152888	
			单间	8	8	680	260	中会议室	1	1	50	2300	1600			
			标准间	128	128	680	260	小会议室	1	1	25	2300	1600			
丽江凯天大酒店有限公司	丽江凯天大酒店有限公司	3	套间	10	10	1298	580	大会议室	1	1	150	2000	1500	丽江市香格里大道中段	0888－5165704	
			单间	4	4	580	200									
			标准间	160	160	580	200	小会议室	1	1	15	1000	750			
华坪大华煤炭有限责任公司华玺宾馆	华坪大华煤炭有限责任公司华玺宾馆		豪华套房	2	2	680	480	大会议室	1	1	500	1600	1600	华坪县中心镇	0888－6126016	
			标准套房	2	2	580	380	中会议室	1	1	220	800	800			
			商务标准间	18	18	400	140	小会议室	15	15	80	600	600			
			豪华标准间	53	53	368	130									
华坪县容大商务酒店有限责任公司	华坪县容大商务酒店有限责任公司		商务套房	4	4	888	500	大会议室	1	1	150	1500	1500	华坪县中心镇	0888－6126222	
			单间	22	22	428	200	小会议室	1	1	30	640	640			
			标准间	83	83	398	180									
永胜县锦天大酒店	永胜县锦天大酒店		标准套间	1	1	866	480	中会议室	1	1	200	800	600	永胜县城风鸣南路	0888－6529999	
			普通套间	2	2	688	380									
			单间	21	21	288	130	小会议室	1	1	50	600	400			
			标准间	89	89	288	130									
永胜雷特大酒店有限责任公司	永胜雷特大酒店有限责任公司		豪华套间	1	1	888	588	中会议室	1	1	100	2400	1800	永胜县永北镇灵源路南路北排26号	0888－6527777 6528888	
			标准套间	2	2	548	488									
			普通套间	2	2	528	438									
			单间	6	6	365	288									
			标准间	66	66	268	168									

饭店名称	发票开具单位名称	星级	客房（价格：元/天）					会议室（数量：间；价格：元/半天）						地址	前台订房电话	备注
			房型	总间数	协议间数	门市价	协议价	类型	总间数	协议间数	容纳人数	门市价	协议价			
泸沽湖大酒店	泸沽湖大酒店	2	套间	2	2	600	300	中会议室	1	1	60	800	600	宁蒗县大兴镇万格路858号	0888－5522862	
			单间	5	5	280	140									
			标准间	45	45	260	120									
云南省宁蒗林业局森工天保大酒店	云南省宁蒗林业局森工天保大酒店	3	套间	2	2	660	600	中会议室	1	1	60	800	600	宁蒗县大兴镇北街	0888－5528892	
			单间	3	3	200	160									
			标准间	52	52	160	120									
小凉山大酒店有限责任公司	小凉山大酒店有限责任公司	2	套间	3	3	928	400	中会议室	1	1	60	800	600	宁蒗县大兴镇赤格阿龙路110号	0888－5520555	
			单间	3	3	596	268									
			标准间	37	37	418	160									
普洱市																
云南锦伦酒店投资管理有限公司普洱分公司（圣安迪大酒店）	云南锦伦酒店投资管理有限公司普洱分公司	4	贵宾套间	12	12	2500	568	大会议室	1	1	120	4800	1800	普洱市思茅区茶苑路	0879－2309666	
			家庭套间	9	9	2100	458									
			温馨套间	12	12	1160	288									
			行政套间	5	5	1160	288	小会议室	6	6	30	2400	1000			
			行政单间	20	20	1066	240									
			行政标间	100	100	1066	200									
			茶苑标间	87	87	606	100									
普洱金凤旅游服务有限公司（金凤大酒店）	普洱金凤旅游服务有限公司	3	套间	15	15	888	580	大会议室	1	1	200	4000	2000	普洱市思茅区人民东路8号	0879－2138868	
			单间	30	30	788	300	中会议室	1	1	100	2500	1500			
			标准间	92	92	688	180	小会议室	1	1	50	1500	1000			
云南省普洱市滇西南财政干部培训中心	云南省普洱市滇西南财政干部培训中心	2	套间	4	4	588	350	大会议室	1	1	120	1000	800	普洱市思茅区鱼水路18号	0879－2305858	
			标准间	68	68	168	100	小会议室	3	3	40	800	400			
普洱看今朝民族茶文化饭店有限公司	普洱看今朝民族茶文化饭店有限公司		套间	4	4	380	380	大会议室	1	1	160		3000	普洱市茶苑路	0879－2319777	
			单间	15	15	380	180	中会议室	1	1	100	2000	2000			
			标准间	130	130	380	180	小会议室	1	1	30	2000	1600			

饭店名称	发票开具单位名称	星级	客房（价格：元/天）房型	总间数	协议间数	门市价	协议价	会议室（数量：间；价格：元/半天）类型	总间数	协议间数	容纳人数	门市价	协议价	地址	前台订房电话	备注
普洱永信酒店有限公司	普洱永信酒店有限公司	待评三星	套间	4	4	880	480	大会议室	1	1	200	1600	1200	普洱市茶城大道	0879－2208888	
			单间	9	9	380	220									
			标准间	60	60	360	150	小会议室	1	1	30	1200	600			
思茅建华工程有限公司建华酒店	思茅建华工程有限公司建华酒店	待评三星	套间	2	2	360	280	大会议室	1	1	120	2200	1500	普洱市思茅区人民东路11号	0879－2146588	
			单间	5	5	280	200									
			标准间	24	24	220	180									
普洱市思茅区龙生茶叶大酒店	普洱市思茅区龙生茶叶大酒店		套间	6	6	988	350	大会议室	1	1	150	4000	2000	普洱市思茅区环城南路38号	0879－2889998	
			豪华单间	6	6		250	中会议室	1	1	90	2500	1200			
			单间	20	20	488	160									
			标准间	24	24	588	160	小会议室	1	1	30	1500	800			
普洱市思茅区金禾酒店	普洱市思茅区金禾酒店		套间	5	5	400	228							普洱市思茅区人民西路6号	0879－8882722 2148999	
			单间	21	21	180	110	小会议室	1	1	80	1200	400			
			标准间	27	27	168	120									
普洱洲祥酒店	普洱洲祥酒店	待评三星	套间	2	2	1188	410	大会议室	1	1	200	3000	1500	普洱市思茅区园丁路9号	0879－2887888	
			单间	9	9	396	138	中会议室	1	1	70	2000	1500			
			标准间	48	48	396	138		1	1	70	1500	1000			
			标准间	50	50	316	120	小会议室	1	1	25	1000	500			
普洱市法官培训中心	普洱市法官培训中心		套间	2	2	150	100	中会议室	1	1	80	1000	500	普洱市思茅区茶苑路6号	0879－8883777	
			单间	4	4	100	80									
			标准间	18	18	80	80	小会议室	8	8	30	500	300			
普洱金盾培训中心	普洱金盾培训中心		套间	1	1	185	185	大会议室	1	1	400	1000	1000	普洱市思茅区长青巷（倒生根旁）	0879－2159737 2132081	
			单间	2	2	125	125	中会议室	2	2	100	800	800			
			标准间	52	52	85	85		1	1	100	600	600			
								小会议室	3	3	30	450	450			
普洱市恒邦酒店	普洱市恒邦酒店		套间	2	2	260	260	中会议室	1	1	83	1500	1500	普洱市思茅区茶城大道64号	0879－2130128	
			套间	5	5	140	140									
			单间	6	6	90	90									
			标准间	37	37	90	90									
普洱牧培宾馆	普洱牧培宾馆	2	单间	2	2	90	90	小会议室	2	2	70	200	200	普洱市思茅区民航路24号	0879－8889918	
			标准间	48	48	90	90									

饭店名称	发票开具单位名称	星级	客房（价格：元/天）					会议室（数量：间；价格：元/半天）						地址	前台订房电话	备注
			房型	总间数	协议间数	门市价	协议价	类型	总间数	协议间数	容纳人数	门市价	协议价			
天溪宾馆	墨江县天溪有限公司	2	套间	4	4	788	400	小会议室	1	1	60	600	600	墨江县新建路76号	0879－4236818	
			单间	2	2	200	120									
			单间	6	6	238	140									
			标准间	26	26	268	160									
			标准间	31	31	238	140									
紫金宾馆	紫金宾馆	3	套间	2	2	388	300	小会议室	1	1	80	500	300	墨江县新建路16号	0879－4232940	
			单间	4	4	280	200									
			标准间	37	37	180	120									
			标准间	17	17	100	80									
雁林酒店	雁林酒店		套间	3	3	888	320	大会议室	1	1	200	3500	3200	景谷县永安路1号	0879－5225668	
			单间	3	3	488	170	中会议室	1	1	150	3200	2500			
			标准间	72	72	366	120	小会议室	1	1	100	1280	1280			
威江园酒店	威江园酒店		套间	3	3	600	360	大会议室	1	1	160	2500	2500	景谷县芒乡路	0879－5111757	
			单间	10	10	200	120	中会议室	1	1	60	2000	2000			
			标准间	29	29	200	120	小会议室	1	1	30	1000	1000			
海天酒店	海天酒店	2	套间	6	6	300	150	中会议室	1	1	100	2000	1000	景谷县文明路23号	0879－5111666	
			单间	14	14	200	100									
			标准间	20	20	160	80	小会议室	1	1	40	1000	500			
景东县金丰大酒店	景东县金丰大酒店		套间	2	2	400	210	大会议室	1	1	130	1800	900	景东县凌云路74号	0879－6222266	
			单间	30	30	140	75									
			标准间	90	90	140	80	小会议室	1	1	30	600	450			
景东银生大酒店	景东银生大酒店		套间	3	3	400	200	大会议室	1	1	300	800	800	景东县凌云路83号	0879－6226877	
			单间	16	16	200	100	中会议室	2	2	30	800	600			
			标准间	62	62	200	100	小会议室	1	1	12	600	600			
镇沅大酒店	镇沅大酒店	2	豪华套间	3	3	498	298	中会议室	1	1	100	1000	1000	镇沅县迎宾路	0879－5815555	
			套间	3	3	498	230									
			豪华单间	4	4	200	150									
			单间	5	5	198	80									
			标准间	126	126	148	80									

饭店名称	发票开具单位名称	星级	客房（价格：元/天）					会议室（数量：间；价格：元/半天）						地址	前台订房电话	备注
			房型	总间数	协议间数	门市价	协议价	类型	总间数	协议间数	容纳人数	门市价	协议价			
凤凰大酒店	凤凰大酒店		套间	3	3	588	280	中会议室	1	1	100	1960	940	镇沅县人民路5号	0879－5815866	
			单间	10	10	288	110									
			标准间	39	39	288	110	小会议室	1	1	20	1360	470			
新茂酒店	新茂酒店	2	套间	3	3	480	240	中会议室	1	1	80	1600	1600	镇沅县绿海路	0879－5816646	
			单间	7	7	170	85									
			标准间	51	51	180	90	小会议室	1	1	20	600	600			
茶源酒店	茶源酒店		套间	6	6	450	280	小会议室	1	1	70	1200	470	镇沅县绿海路	0879－5817988	
			单间	18	18	180	110									
			标准间	18	18	180	110									
普洱茶乡大酒店	普洱茶乡大酒店	2	套间	8	8	358	180	中会议室	1	1	100	800	800	宁洱县东山路76号	0879－8895090	
			单间	16	16	158	120									
			标准间	49	49	158	120	小会议室	1	1	60	500	400			
澜沧扎娜惬阁	澜沧扎娜惬阁	2	豪华套间	1	1	480	480	大会议室	1	1	438	1000	1000	澜沧县建设路362号	0879－7234697	
			套间	4	4	330	260	中会议室	1	1	120	600	600			
			单间	20	20	200	160									
			豪华标间	15	15	150	120	小会议室	4	4	30	200	200			
			标准间	24	24	150	60									
小康温泉宾馆	澜沧县小康温泉宾馆	2	套间	2	2	360	280	大会议室	1	1	150	1000	800	澜沧县勐朗镇	0879－7227008	
			单间	4	4	120	90	中会议室	1	1	80	500	500			
			标准间	49	49	120	90	小会议室	1	1	50	500	500			
德宝宾馆	孟连县德宝宾馆		套间	4	4	250	240	中会议室	2	2	80	200	200	孟连县边城东路	0879－8728888 8720788	
			单间	12	12	130	120									
			标准间	31	31	100	120	小会议室	1	1	20	200	200			
金一水酒店	金一水酒店	3	套间	8	8	420	210	中会议室	1	1	70	900	400	江城县绿茵路	0879－3728888	
			单间	5	5	180	80									
			标准间	38	38	190	90									
金马假日酒店	江城县金马假日酒店		套间	9	9	190	148	中会议室	1	1	80	600	600	江城县三江大道	0879－3729999	
			单间	5	5	140	90									
			标准间	38	38	140	90									

饭店名称	发票开具单位名称	星级	客房（价格：元/天）					会议室（数量：间；价格：元/半天）						地址	前台订房电话	备注
			房型	总间数	协议间数	门市价	协议价	类型	总间数	协议间数	容纳人数	门市价	协议价			
司岗里大酒店	西盟司岗里大酒店	3	套间	3	3	1180	588	大会议室	1	1	150	3000	2800	西盟县龙潭路 388 号	0879－8345888	
			单间	12	12	380	158	中会议室	1	1	50	1680	1680			
			标准间	36	36	280	138	小会议室	1	1	30	680	680			
龙潭大酒店	龙潭大酒店		套间	7	7	1298	480	大会议室	1	1	150	1000	500	西盟县勐卡路	0879－8346666	
			单间	37	37	298	120									
			标准间	31	31	298	120	小会议室	1	1	60	600	300			
云胶大酒店	云胶大酒店		套间	1	1	280	200	大会议室	1	1	120	400	300	西盟县勐卡路	0879－8343888	
			单间	6	6	120	80	小会议室	1	1	25	400	250			
			标准间	29	29	120	80	小会议室	1	1	25	250	200			
临沧市																
临通大酒店	临沧临通有限责任公司	4	套间	8	8	688	590	大会议室	1	1	220	3500	2000	临沧市临翔区凤翔路 206 号	0883－2156888	
			单间	16	16	468	290	中会议室	1	1	100	2500	1500			
			标准间	133	133	418	180	小会议室	3	3	50	2000	500			
临沧市宾馆	临沧市宾馆		套间	2	2	268	200	大会议室	1	1	270	3200	2400	临沧市临翔区南屏南路 8 号	0883－2144088	
			单间	6	6	168	120	中会议室	2	2	80	1200	1000			
			标准间	56	56	128	100	小会议室	3	3	50	800	500			
临沧佤赛酒店有限责任公司	临沧佤赛酒店有限责任公司	3	套间	2	2	688	400	中会议室	1	1	80	2000	1000	临沧市临翔区世纪路 394 号	0883－2141888	
			单间	11	11	338	198									
			标准间	71	71	308	150	小会议室	3	3	40	1200	500			
临沧温泉花园大酒店有限公司	临沧温泉花园大酒店有限公司		套间（豪）	3	3	698	480	大会议室	1	1	150	1500	1000	临沧市临翔区晚翠路 290 号	0883－2143069	
			单间	8	8	228	180	中会议室	1	1	80	1200	800			
			标准间	102	102	258	160	小会议室	1	1	50	700	500			
临沧市临翔区绿水大酒店	临沧市临翔区绿水大酒店		套间	2	2	300	150	中会议室	1	1	80	500	300	临沧市临翔区旗山路 516 号	0883－2153366	
			单间	8	8	180	90									
			标准间	31	31	160	80	小会议室	1	1	50	300	200			
临翔区云宝酒店	临翔区云宝酒店		套间	2	2	300	160	大会议室	1	1	150	500	400	临沧市临翔区南天路 222 号	0883－21500002	
			单间	8	8	180	100	中会议室	1	1	100	400	300			
			标准间	37	37	180	120	小会议室	1	1	50	300	200			

饭店名称	发票开具单位名称	星级	客房（价格：元/天）					会议室（数量：间；价格：元/半天）						地址	前台订房电话	备注
			房型	总间数	协议间数	门市价	协议价	类型	总间数	协议间数	容纳人数	门市价	协议价			
临翔区东阁公寓	临翔区东阁公寓		单间	8	8	120	100	大会议室	1	1	120	500	400	临沧市临翔区东阁公寓	0883－2153488	
								中会议室	1	1	80	400	300			
			标准间	50	50	120	100	小会议室	1	1	50	300	200			
临沧强力酒店	临沧强力酒店		单间	3	3	120	70	大会议室	1	1	150	1000	500	临沧市临翔区南塘街119号	0883－2124800	
								中会议室	1	1	100	600	300			
			标准间	6	6	120	70	小会议室	1	1	50	300	200			
佤山王朝酒店	佤山王朝酒店	3	套间	4	4	500	290	大会议室	1	1	150	1500	1000	沧源县广场路	0883－7124888	
			单间	4	4	360	180	中会议室	2	2	80	1200	800			
			标准间	10	10	320	160	小会议室	2	2	50	1000	600			
德宏傣族景颇族自治州																
新凯通酒店有限责任公司	新凯通酒店有限责任公司	3	套间	11	11	660	330	大会议室	1	1	200	1400	1200	瑞丽市边城街150号	0692－4157777	
			单间	6	6	380	140	中会议室	1	1	100	1200	1000			
			标准间	124	124	360	140	小会议室	4	4	50	1000	900			
景成大酒店	瑞丽市景成集团有限公司景成大酒店	4	套间	14	14	968	580	大会议室	1	1	524	20000	4500	瑞丽市卯喊路95号	0692－4159577	
			单间	144	144	600	280	中会议室	1	1	200	12000	2200			
			标准间	193	193	588	200	小会议室	1	1	50	4000	1500			
德安酒店	德宏州德安酒店有限责任公司		套间	4	4	488	220	大会议室	1	1	230	2400	2000	潞西市阔时路62号	0692－2211288	
			单间	12	12	250	120	中会议室	1	1	70	2400	1800			
			标准间	81	81	250	120	小会议室	1	1	20	1600	1200			
怒江傈僳族自治州																
盛宝路大酒店	盛宝路大酒店	3	套间	3	3	680	250	中会议室	1	1	120	1500	800	怒江州六库镇向阳东路46号	0886－3637888	
			单间	3	3	380	150									
			标准间	49	49	280	120	小会议室	1	1	40	1000	600			
			行政标间	10	10	380	150									
永乐大酒店	永乐大酒店	2	套间	2	2	680	480	大会议室	1	1	180	1600	1200	怒江州六库镇江西向阳南路103号	0886－3628241	
			单间	17	17	390	160	中会议室	1	1	35	800	600			
			标准间	57	57	186	120	小会议室	4	4	25	600	400			
			行政标间	6	6	380	160									

饭店名称	发票开具单位名称	星级	客房（价格：元/天）					会议室（数量：间；价格：元/半天）						地址	前台订房电话	备注
			房型	总间数	协议间数	门市价	协议价	类型	总间数	协议间数	容纳人数	门市价	协议价			
国美宾馆	国美酒店	3	豪华套间	3	3	980	600	会议室	1	1	200	2000	1800	怒江州六库镇新闻路1号	0886－3630071	
			普通套间	6	6	460	320									
			豪华标间	6	6	300	200	小会议室	3	3	30	900	700			
			标准间	45	45	190	130									
迪庆藏族自治州																
亚太世纪酒店	亚太世纪酒店（维西）酒店有限公司	待评3	套间	6	6	688	300	大会议室	1	1	250	4400	3000	维西县保和镇南箭道1号	0887－8627777	
			商务标间	24	24	388	178	中会议室	1	1	35	2000	1200			
			标准间	30	30	288	148	小会议室	1	1	15	1600	800			
观光大酒店	云南航空迪庆观光大酒店有限公司	4	单间	10	10	792	300	大会议室	1	1	120	1500	1000	香格里拉县池慈卡街60号	0887－8229847	
			标准间	114	114	768	280	小会议室	1	1	45	800	600			
迪庆州顺源酒店	香格里拉县顺源酒店	待评3	套间	4	4	880	600	大会议室	1	1	180	1200	800	香格里拉县长征大道167号	0887－8230206	
			三人标间	3	3	380	240	小会议室	1	1	60	800	600			
			标准间	67	67	260	180									
卡瓦格博宾馆	卡瓦格博宾馆	4	单间	4	4	880	300	中会议室	1	1	80	1200	1000	德钦县升平镇取和社区61号	0887－8414168	
			标准间	80	80	780	250									
彩虹大酒店	彩虹大酒店	2	单间	2	2	568	300	中会议室	1	1	100	1200	600	德钦县升平镇南坪街40号	0887－8414248	
			标准间	52	52	468	250									
大理白族自治州																
苍山饭店	大理白族自治州苍山饭店	4	套间	16	16	980	380	大会议室	1	1	630	6000	3000	大理市苍山路19号	0872－2125681	
			单间	24	24	560	180	中会议室	1	1	280	6000	3000			
			标准间	114	114	480	150	小会议室	10	10	80	800	400			
祥和大酒店	大理祥和大酒店	4	套间	7	7	880	400	大会议室	1	1	200	2000	1600	大理市经济开发区云岭大道15号	0872－2322855	
			单间	16	16	680	160	中会议室	2	2	80	1200	1000			
			标准间	67	67	680	160	小会议室	1	1	40	900	800			

饭店名称	发票开具单位名称*	星级	客房（价格：元/天）					会议室（数量：间；价格：元/半天）						地址	前台订房电话	备注
			房型	总间数	协议间数	门市价	协议价	类型	总间数	协议间数	容纳人数	门市价	协议价			
兰林阁	大理古城兰林阁酒店	4	套间	3	3	1280	600	大会议室	1	1	200	3200	1600	大理市古城玉洱路96号	0872－2666188	
			单间	20	20	620	200	中会议室	1	1	60	2000	1000			
			标准间	40	40（豪）	580	180	小会议室	1	1	20	1600	800			
				150	150（普）	620	200									
洱海宾馆	大理供电有限公司洱海宾馆	3	套间	6	6	1180	480	大会议室	1	1	200	2200	1200	大理市人民北路212号	0872－2166777	
			单间	23	23	520	190	中会议室	2	2	70	1200	800			
			标准间	98	98	560	190	小会议室	2	2	60	1000	600			
大禹酒店	大理州水利水电勘测设计研究院大禹酒店	3	套间	3	3	980	380	大会议室	2	2	110	1800	1000	大理市双鸳路20号	0872－3140588	
			单间	6	6	480	160	中会议室	1	1	45	1200	800			
			标准间	70	70	480	160	小会议室	2	2	30	1000	600			
金达酒店	大理金达酒店	3	套间	3	3	760	370	大会议室	1	1	250	3000	1600	大理市苍浪北路	0872－2191888	
			单间	6	6	480	170	中会议室	1	1	40	1600	1000			
			标准间	72	72	560	170	小会议室	5	5	25	800	800			
山水大酒店	大理山水实业有限公司山水大酒店	3	套间	1	1	1980	460	大会议室	1	1	180	2800	1600	大理市经济开发区宾川路73号	0872－2328388	
			单间	5	5	460	140	中会议室	1	1	100	1800	1200			
			标准间	79	79	560	160	小会议室	1	1	40	1000	800			
逸龙滨海酒店	大理逸龙滨海酒店	3	套间	4	4	880	340	大会议室	1	1	150	1600	1000	大理市经济开发区洱海公园内	0872－2429888	
			单间	25	25	480	150	中会议室	1	1	60	800	600			
			标准间	40	40	580	160	小会议室	1	1	35	600	400			
明珠宾馆	大理明珠宾馆	3	套间	4	4	860	380	大会议室	1	1	200	4000	1200	大理市经济开发区云岭大道3号	0872－2323898	
			单间	25	25	660	140	中会议室	1	1	150	3000	1000			
			标准间	40	40	460	120	小会议室	1	1	70	2000	600			
茂元大酒店	祥云县茂元大酒店	3	套间	2	2	880	400	中会议室	1	1	40	350	300	祥云县祥城镇龙翔路9号	0872－3129299	
			单间	14	14	360	160	小会议室	1	1	15	200	200			
			标准间	79	79	320	140									

饭店名称	发票开具单位名称	星级	客房（价格：元/天）					会议室（数量：间；价格：元/半天）						地址	前台订房电话	备注
			房型	总间数	协议间数	门市价	协议价	类型	总间数	协议间数	容纳人数	门市价	协议价			
祥云宾馆	祥云宾馆有限责任公司	2	套间	2	2	300	180	大会议室	1	1	300	1000	1000	祥云县祥城镇红星街16号	0872－3121161	
			单间	3	3	130	80	中会议室	1	1	170	480	480			
			标准间	57	57	130	70	小会议室	1	1	30	300	300			
宏强酒店	宾川县宏强旅游服务有限公司	3	套间	9	9	400	380	大会议室	1	1	130	1700	1600	宾川县金牛镇佛都路198号	0872－7153088	
			单间	10	10	150	120									
			标准间	61	61	120	100	小会议室	1	1	40	1400	1200			
鑫亚酒店	宾川县鑫亚酒店服务有限责任公司	3	套间	4	4	380	320	大会议室	1	1	100	800	700	宾川县金牛镇金牛路146号	0872－7311676	
			标准间	49	49	120	100	小会议室	1	1	40	600	500			
庆远楼	宾川县庆远古建园林工程有限责任公司庆远楼	3	套间	5	5	280	200	大会议室	1	1	90	800	800	宾川县金牛镇金牛路238号	0872－7311886	
			单间	12	12	120	100									
			标准间	56	56	120	100	小会议室	1	1	30	500	500			
南涧宾馆	南涧彝族自治县恒华商贸有限公司	2	套间	6	6	260	140	大会议室	1	1	220	800	500	南涧县城振兴北路2号	0872－8521461	
			单间	15	15	200	120									
			标准间	54	54	160	100	小会议室	1	1	40	300	210			
小湾宾馆	南涧县小湾经贸有限责任公司	2	套间	8	8	880	160	大会议室	1	1	300	500	400	南涧县城安定街2号	0872－8790037	
			单间	10	10	120	60	中会议室	1	1	100	250	200			
			标准间	60	60	120	60	小会议室	2	2	30	160	100			
霁虹宾馆	永平县霁虹宾馆		套间	3	3	480	400	大会议室	1	1	120	1400	1000	永平县博南镇博南东路	0872－6522223	
			单间	19	19	180	150	中会议室	1	1	40	400	300			
			标准间	18	18	150	120	小会议室								
云龙宾馆	云龙县云龙宾馆	3	套间	2	2	488	380	大会议室	1	1	240	2800	1500	云龙县诺邓镇虎山路198号	0872－5524928	
				4	4	388	280									
			单间	4	4	180	100									
			标准间	39（里院）	39	260	140	小会议室	1	1	25	300	200			
				28（外院）	28	180	100									

饭店名称	发票开具单位名称	星级	客房（价格：元/天）					会议室（数量：间；价格：元/半天）						地址	前台订房电话	备注
			房型	总间数	协议间数	门市价	协议价	类型	总间数	协议间数	容纳人数	门市价	协议价			
洱源县九气台温泉宾馆	洱源县九气台温泉宾馆	2	套间	4	4	360	260	大会议室	1	1	200	800	500	洱源县城腾飞路	0872－5125298	
								中会议室	1	1	60	500	300			
			标准间	45	45	160	120	小会议室	1	1	20	300	200			
大理地热国	云南洱源九气台旅游开发有限责任公司	3A景区	白族民居标间	252	252	488	228	中会议室	2	2	70	2400	800	洱源县茈碧湖镇滨河路	0872－5125888	
								小会议室	1	1	20	1200	400			
								大会议室	1	1	150	2800	1000			
剑川县佳利大酒店	剑川县佳利大酒店	待评3	豪华套房	1	1	580	560	大会议室	1	1	200	600	500	剑川县金华镇文献街12号	0872－4777177	
			行政套房	2	2	280	260									
			单间	9	9	160	120	小会议室	1	1	40	400	300			
			标准间	25	25	160	120									
剑川宾馆	大理茶马古道房地产开发有限公司剑川宾馆	待评4	主楼套间	3	3	688	220	大会议室	1	1	250	900	450	剑川县金华镇景德路1号	0872－4523928	
			主楼标准间	42	42	388	120									
			豪华套房	12	12	788	220									
			商务套房	2	2	888	280									
			行政套房	1	1	1880	580	小会议室	1	1	45	500	300			
			贵宾楼单间	5	5	588	160									
			贵宾楼高标	6	6	788	220									
			贵宾楼豪标	12	12	688	180									
四通宾馆	鹤庆县四通宾馆		套间	1	1	668	200	大会议室	1	1	120	1200	600	鹤庆县云鹤镇东环路	0872－4124188	
			单间	2	2	556	130									
			标准间	25	25	398	130	小会议室	1	1	40	400	300			
楚雄彝族自治州																
云南省楚雄州宾馆	云南省楚雄州宾馆	3	套间	15	15	688	480	大会议室	1	1	250	3200	2400	楚雄市龙泉路102号	0878－6129999 6129888	
			单间	14	14	298	208	中会议室	1	1	80	1600	1200			
			标准间	121	121	268	188	小会议室	1	1	20	1200	800			

饭店名称	发票开具单位名称	星级	客房（价格：元/天）					会议室（数量：间；价格：元/半天）						地址	前台订房电话	备注
			房型	总间数	协议间数	门市价	协议价	类型	总间数	协议间数	容纳人数	门市价	协议价			
云南红塔集团有限公司楚雄雄宝酒店	云南红塔集团有限公司楚雄雄宝酒店	4	套间	27	27	637	368	大会议室	1	1	250	5000	3600	楚雄市鹿城东路193号	0878－6161888	
			单间	54	54	390	238	中会议室	1	1	120	4000	3000			
									1	1	80	3000	1600			
			标准间	211	211	358	180	小会议室	2	2	20	2400	1200			
楚雄州锦星酒店有限公司	楚雄州锦星酒店有限公司	3	套间	3	3	888	438	中会议室	1	1	25	2800	2400	楚雄市开发区丰胜路25号	0878－3392888	
			单间	8	8	328	238									
			标准间	78	78	288	178	小会议室	1	1	15	1120	920			
楚雄汇通房地产开发有限公司彝人古镇大酒店	楚雄汇通房地产开发有限公司彝人古镇大酒店	4	套间	4	4	988	400	中会议室	1	1	100	5600	4800	楚雄市开发区彝人古镇内	0878－3379999	
			单间	16	16	458	180									
			标准间	136	136	458	180	小会议室	2	2	30	5200	4400			
云南欧西尼亚商务酒店	云南欧西尼亚商务酒店	待评四星	套间	9	9	988	598	中会议室	2	2	200	1200	600	楚雄市开发区紫溪大道	0878－3122222 3379388	
			单间	58	58	568	168									
			标准间	226	226	488	108	小会议室	1	1	30	400	200			
楚雄永兴大酒店有限责任公司	楚雄永兴大酒店有限责任公司	3	套间	14	14	406	280	大会议室	1	1	250	2400	2000	楚雄市开发区鹿城北路131号	0878－3396716	
			单间	40	40	260	120	中会议室	3	3	100	1600	1400			
			标准间	137	137	260	120	小会议室	1	1	30	1200	1000			
新泰酒店	双柏县新泰酒店	2	套间	3	3	368	260	中会议室	1	1	60	900	800	双柏县妥甸镇东兴路19号	0878－7720888	
			单间	2	2	208	120									
			标准间	36	36	208	120									
鑫圣大酒店	云南牟定圣鑫发展有限总公司	2	套间	4	4	228	160	大会议室	1	1	100	1100	1000	牟定县新南路	0878－5216966	
			单间	9	9	88	80	中会议室	1	1	50	550	500			
			标准间	44	44	88	60	小会议室	1	1	20	330	300			
南华县华鑫购物中心有限责任公司华鑫酒店	南华县华鑫购物中心有限责任公司华鑫酒店		套间	4	4	598	300	中会议室	1	1	160	2000	1500	南华县龙川镇龙泉东路30号	0878－7211888 7211599	
			单间	31	31	128	80									
			标准间	42	42	158	100	小会议室	1	1	50	600	400			

饭店名称	发票开具单位名称	星级	客房（价格：元/天）					会议室（数量：间；价格：元/半天）						地址	前台订房电话	备注
			房型	总间数	协议间数	门市价	协议价	类型	总间数	协议间数	容纳人数	门市价	协议价			
华泰龙综合服务部	华泰龙综合服务部	2	套间	2	2	150	120	中会议室	1	1	120	580	500	南华县龙川镇龙泉东路	0878－7211960	
			单间	4	4	100	80									
			标准间	44	44	80	70	小会议室	1	1	30	200	150			
大姚县蛉烟酒店	大姚县蛉烟酒店	1	套间	4	4	158	140	大会议室	1	1	120	1200	1000	大姚县金碧路58号	0878－6226099	
			单间	3	3	158	140									
			标准间	26	26	128	100									
永仁大酒店	永仁大酒店	待评四星	套间	8	8	780	350	大会议室	1	1	400	3000	2000	永仁县城新大街	0878－6718888	
			单间	26	26	460	160	中会议室	1	1	40	800	600			
			标准间	96	96	420	160	小会议室	5	5	20	500	300			
元谋宾馆	元谋宾馆有限公司	3	套间	7	7	880	368	大会议室	1	1	100	1500	700	元谋县元马镇胜利街1号	0878－8212929	
			单间	14	14	398	158	中会议室	1	1	80	800	500			
			标准间	25	25	380	148	小会议室	2	2	40	600	300			
元谋佳和大酒店	云南佳和经贸有限公司	3	套间	8	8	980	406	大会议室	1	1	120	2200	2000	元谋县元马镇发祥南路	0878－8214476	
			单间	26	26	380	208	中会议室	1	1	80	1500	1000			
			标准间	36	36	280	178	小会议室	2	2	40	1200	800			
狮子山牡丹饭店	武定县狮子山牡丹饭店	2	套间	1	1	468	400	大会议室	1	1	100	580	500	武定县狮子山风景区	0878－8711222	
			单间	3	3	268	200									
			标准间	22	22	168	150	小会议室	2	2	20	260	200			
鸿霈大酒店	武定县鸿霈大酒店	待评4	套间	9	9	630	260	大会议室	1	1	300	3000	2100	武定县狮山路南段	0878－8997666	
			单间	30	30	450	160									
			标准间	85	85	450	160	小会议室	1	1	50	1500	1000			
禄丰县宾馆	禄丰县人民政府招待所	2	套间	3	3	350	250	大会议室	1	1	100	500	400	禄丰县金山镇文瑞街29号	0878－4126023 4126013	
			单间	8	8	120	100									
			标准间	38	38	80	60	小会议室	1	1	40	250	200			
天意商务酒店	禄丰天意商务酒店有限公司		套间	5	5	568	288	中会议室	1	1	50	480	328	禄丰县侏罗纪大街	0878－4868888	
			单间	16	16	228	128									
			标准间	52	52	188	128	小会议室	1	1	20	320	240			
禄丰县金德大酒店	禄丰县金山镇金德大酒店	待评四星	套间	8	8	580	480	大会议室	1	1	100	600	600	禄丰县侏罗纪大道	0878－4141058	
			单间	49	49	188	168									
			标准间	60	60	188	168	小会议室	1	1	20	300	300			

饭店名称	发票开具单位名称	星级	客房（价格：元/天）					会议室（数量：间；价格：元/半天）						地址	前台订房电话	备注
			房型	总间数	协议间数	门市价	协议价	类型	总间数	协议间数	容纳人数	门市价	协议价			
红河哈尼族彝族自治州																
蒙自凯悦酒店	蒙自凯悦酒店	4	套间	8	8	760	470	大会议室	1	1	150	900	400	蒙自县文萃路104号	0873－3737088	
			单间	18	18	460	230									
			标间	60	60	260	150	小会议室	1	1	30	300	150			
红河官房大酒店	红河官房大酒店有限公司	5	套间	4	4	1388	600	大会议室	1	1	300	2000	1400	蒙自县南湖南路8号	0873－3660999	
			单间	30	30	360	300	中会议室	1	1	80	1250	900			
			标间	56	56	360	200	小会议室	1	1	15	950	700			
红河奔牛酒店	红河奔牛篮球俱乐部有限公司奔牛酒店	3	套间	4	4	660	360	大会议室	1	1	180	800	300	蒙自县锦华路中段红河体育馆旁	0873－3739997	
			单间	1	1	360	180									
			标间	82	82	190	100	小会议室	1	1	30	400	150			
红河警官培训中心	红河警官培训中心		套间	4	4	588	320	大会议室	1	1	226	900	400	蒙自县凤凰路中段红河州公安局后	0873－3742667	
			单间	12	12	280	140									
			标间	46	46	268	130	小会议室	1	1	16	400	150			
天源大酒店	红河天源酒店管理有限公司天源大酒店	4	套间	3	3	880	528	大会议室	1	1	200	650	450	蒙自县天马路42号	0873－3728366	
			单间	7	7	580	300	中会议室	2	2	20	400	250			
			标间	101	101	380	200	小会议室	2	2	20	350	200			
红大酒店	红河州永和村镇建设开发有限公司红大酒店	待评四星	行政豪套	1	1	888	488	大会议室	1	1	350	950	500	蒙自县天竺路41号	0873－3735588	
			豪华套间	2	2	688	398									
			普通套间	8	8	488	298	中会议室	1	1	150	500	400			
			豪华单间	18	18	418	180									
			普通单间	20	20	268	120	小会议室	1	1	50	350	250			
			豪华标间	30	30	398	160									
			普通标间	90	90	268	120	小会议室	7	7	25	200	150			
云锡宾馆	云南锡业集团宾馆有限公司	3	观景套间	5	5	388	252	大会议室	1	1	264	1000	750	个旧市金湖东路121号	0873－3119656	
			商务套间	4	4	388	252									
			家庭套间	4	4	308	200									
			豪华标间	8	8	388	252	中会议室	4	4	30	400	300			
			标准间A	25	25	248	160									
			标准间B	30	30	218	140									

饭店名称	发票开具单位名称	星级	客房（价格：元/天）					会议室（数量：间；价格：元/半天）						地址	前台订房电话	备注
			房型	总间数	协议间数	门市价	协议价	类型	总间数	协议间数	容纳人数	门市价	协议价			
个旧宾馆	个旧宾馆	2	套间	4	4	480	250							个旧市金湖南路5号	0873－2122668	
			单间	1	1	240	170	大会议室	1	1	100	600	300			
			标准间	63	63	180	100									
红河大酒店	红河大酒店	2	A标间	32	32	280	160							个旧市人民路55号	0873－2155598	
			A单间	2	2	300	180	大会议室	1	1	130	600	250			
			A四人间	4	4	320	260									
			B豪华套间	1	1	430	260									
			B标间	15	15	230	100	中会议室	1	1	70	300	150			
			B四人间	2	2	330	160									
			C套间	3	3	430	180									
			C标间	36	36	200	80									
			C单间	9	9	240	100	小会议室	1	1	30	300	80			
			C四人间	6	6	330	160									
东启宾馆	云南省开远市东启经贸有限责任公司	待评三星	套间	1	1	688	488	大会议室	1	1	200	1000	750	开远市灵泉东路1号（东联村）	0873－7220816	
			套间	1	1	488	388									
			单间	14	14	180	150	中会议室	1	1	60	750	600			
			标间	66	66	160	120	小会议室	1	1	20	650	500			
红电文化城宾馆	云南天星实业有限公司文化城	4	套间	2	2	1052	526	大会议室	1	1	314	1200	600	开远市西南路天星文化城	0873－7194818	
			豪标	4	4	432	216									
			单间	16	16	400	200	中会议室	3	3	116	1100	550			
			标间	80	80	280	120	小会议室	2	2	50	900	450			
建水酒店	建水酒店	3	套间	5	5	3680	200	大会议室	1	1	150	1500	800	建水县北正街75号	0873－3186888	
			单间	9	9	398	200	中会议室	1	1	30	800	500			
			标准间	92	92	338	180									
昌源大酒店	建水县昌源大酒店	3	套间	8	8	998	200	大会议室	1	1	260	2800	1000	建水县建水大道645号	0873－7621888	
			单间	5	5	398	200	中会议室	1	1	45	1500	800			
			标准间	120	120	328	160	小会议室	1	1	10	800	500			

饭店名称	发票开具单位名称	星级	客房（价格：元/天）					会议室（数量：间；价格：元/半天）						地址	前台订房电话	备注
			房型	总间数	协议间数	门市价	协议价	类型	总间数	协议间数	容纳人数	门市价	协议价			
石屏天源酒店	红河天源酒店管理有限公司石屏天源酒店	3	套间	3	3	860	390	大会议室	1	1	474	3600	1800	石屏县异龙镇西山路31号	0873－4853456 4851666	
			商务单间	7	7	560	230									
			豪华单间	11	11	460	170	小会议室	1	1	60	800	400			
			豪华标间	41	41	360	140									
石屏县良黎大酒店	石屏县良黎大酒店	2	套间	9	9	360	288	大会议室	1	1	200	2000	1000	石屏县异龙镇龙泉路9号	0873－4851688 4859416	
			大豪标	52	52	320	160									
			单间	5	5	240	160	小会议室	1	1	50	1000	500			
			标准间	30	30	160	80									
金鼎大酒店	弥勒供电有限公司金鼎大酒店	3	商务套间	7	7	829	415	大会议室	1	1	300	1250	850	弥勒县温泉路中段	0873－6224888	
			行政套间	6	6	699	350	中会议室	1	1	100	750	550			
			家居套间	3	3	699	350									
			单间	9	9	369	180	小会议室	1	1	30	500	350			
			标准间	99	99	269	160									
湖泉花园A座	云南红河投资有限公司	2	普套	6	6	388	180	小会议室	1	1	60	300	250	弥勒县髯翁西路68号	0873－6128555	
			豪单	13	13	288	150									
			豪标	84	84	258	120									
			普标（大）	42	42	188	80									
			普标（小）	16	16	168	70									
泸西县烟草宾馆	泸西县烟草宾馆	2	套间	10	10	388	250	大会议室	1	1	400	1500	900	泸西县阿庐大街东段	0873－6623191	
			单间	35	35	198	140	中会议室	1	1	200	1000	500			
			标准间	109	109	188	140	小会议室	2	2	50	500	250			
河口国际公寓	昆明铁路局河口国际公寓	2	套间	2	2	468	280	中会议室	1	1	80	800	540	河口县人民路2号	0873－3422222	
			单间	21	21	188	138									
			标间	33	33	188	138	小会议室	1	1	30	350	260			
河口东方大酒店	河口东方大酒店	2	套间	2	2	760	320	中会议室	1	1	50	400	200	河口县人民路139号	0873－3424608	
			单间	8	8	360	130	小会议室	1	1	20	300	150			
			标间	50	50	240	110									

饭店名称	发票开具单位名称	星级	客房（价格：元/天）					会议室（数量：间；价格：元/半天）						地址	前台订房电话	备注
			房型	总间数	协议间数	门市价	协议价	类型	总间数	协议间数	容纳人数	门市价	协议价			
河口宾馆	河口阳光商贸有限公司河口宾馆	2	套间	2	2	968	480	大会议室	1	1	200	400	250	河口县迎宾路23号	0873－3423333	
			单间	11	11	168	98	中会议室	1	1	30	250	150			
			标间	60	60	168	96	小会议室	1	1	30	250	150			
绿春县东仰酒店	绿春县东仰酒店		套间	3	3	800	400	大会议室	1	1	352	1600	700	绿春县城东段	0873－4225988	
								中会议室	1	1	50	1100	490			
			标间	72	72	180	100	小会议室	1	1	30	900	340			
云梯大酒店	元阳县云梯大酒店有限责任公司	3	套间	3	3	868	600	中会议室	1	1	50	450	270	元阳县新新镇原县政府驻地	0873－5624858	
			单间	4	4	318	220									
			标准间	94	94	258	180									
经贸大酒店	元阳县经贸大酒店	2	套间（主楼）	2	2	688	300	中会议室	1	1	90	430	350	元阳县南沙常青路22号	0873－5642598	
			套间（附楼）	3	3	880	500									
			单间（主楼）	2	2	280	80									
			单间（附楼）	12	12	480	180	小会议室	1	1	50	280	150			
			标间（主楼）	40	40	260	80									
			标间（附楼）	72	72	480	180									
同心大酒店	红河县同心房地产开发经营有限公司	3	豪华套间	2	2	428	320	大会议室	1	1	150	500	400	红河县莲花大道	0873－4620388	
			普通套间	3	3	368	280									
			单间	10	10	258	190	中会议室	1	1	70	400	250			
			标准间	65	65	228	170	小会议室	1	1	15	250	150			
文山壮族苗族自治州																
锦盟酒店	锦盟酒店	待评四星	套间	8	8	880	180	大会议室	1	1	200	1200	800	文山县外滩路2号	0876－2144299	
			单间	25	25	580	140	中会议室	2	2	100	800	600			
			标准间	60	60	580	140	小会议室	3	3	50	400	300			
文山军供站	文山军供站	3	套间	1	1	580	350	大会议室	1	1	200	2500	2500	文山县开化镇卧龙路军供大厦	0876－2616066	
			单间	13	13	240	120	中会议室	1	1	100	1500	1500			
			标准间	36	36	200	100	小会议室	3	3	50	1000	1000			
文山交通宾馆	文山交通宾馆	2	套间	4	4	480	360	大会议室	1	1	200	4000	2000	文山县环城北路1号	0876－2195518	
			单间	46	46	160	80	中会议室	1	1	100	800	400			
			标准间	55	55	180	100	小会议室	2	2	50	400	200			

饭店名称	发票开具单位名称	星级	客房（价格：元/天）					会议室（数量：间；价格：元/半天）						地址	前台订房电话	备注
			房型	总间数	协议间数	门市价	协议价	类型	总间数	协议间数	容纳人数	门市价	协议价			
天怡酒店	天怡酒店	3	套间	2	2	880	480	大会议室	1	1	200	2400	1600	文山县卧龙路6号	0876－2193666	
			单间	12	12	380	160									
			标准间	51	51	380	140	小会议室	1	1	50	2000	1200			
文山九龙宾馆	文山九龙宾馆	3	套间	6	6	1999	600	大会议室	1	1	200	1600	1200	文山县东风路44号	0876－2133888	
			单间	40	40	279	220	中会议室	1	1	100	1200	800			
			标准间	69	69	189	150	小会议室	5	5	50	700	500			
文山州龙成商务酒店	文山州龙成商务酒店有限公司	待评四星	套间	12	12	660	400	大会议室	1	1	400	4800	3600	文山县东风路龙成商务酒店	0876－2125777	
			单间	88	88	460	230	中会议室	1	1	120	3960	2970			
			标准间	68	68	360	180	小会议室	1	1	50	2800	1960			
壮华酒店	文山壮华经贸有限责任公司壮华酒店	待评四星	套间	18	18	360	180	中会议室	1	1	100	1600	800	文山县开化镇螺峰路56号	0876－2829999	
			单间	39	39	280	140									
			标准间	60	60	280	140	小会议室	1	1	50	1200	600			
砚山县烟草大酒店	砚山县烟草大酒店	3	套间	4	4	668	415	大会议室	1	1	260	5000	3000	砚山县砚华东路99号	0876－3130888	
			单间	9	9	268	165									
			标准间	51	51	208	135	小会议室	1	1	60	2000	1000			
麻栗坡县靖达酒店	麻栗坡县靖达酒店		套间	6	6	600	360	大会议室	1	1	200	1800	1000	麻栗坡县城莱溪开发区	0876－6622888	
			单间	53	53	200	100	中会议室	1	1	100	1200	800			
			标准间	41	41	200	100	小会议室	1	1	50	800	600			
麻栗坡县国豪大酒店	麻栗坡县国豪大酒店	3	套间	3	3	888	360	大会议室	1	1	200	2800	1200	麻栗坡县城玉尔贝路190号	0876－6629888	
			单间	23	23	288	130	中会议室	1	1	100	1800	1000			
			标准间	19	19	266	120	小会议室	1	1	50	1200	600			
马关县华联酒店有限责任公司	马关县华联酒店有限责任公司		套间	4	4	320	260	大会议室	1	1	200	1500	1200	马关县安平广场旁	0876－8892000	
			单间	20	20	180	160	中会议室	1	1	100	1200	900			
			标准间	50	50	140	120	小会议室	1	1	50	800	500			

饭店名称	发票开具单位名称	星级	客房（价格：元/天）					会议室（数量：间；价格：元/半天）						地址	前台订房电话	备注
			房型	总间数	协议间数	门市价	协议价	类型	总间数	协议间数	容纳人数	门市价	协议价			
云南华联马关电力有限责任公司润源大酒店	云南华联马关电力有限责任公司		套间	6	6	470	260	大会议室	1	1	200	1500	1200	马关县马白镇文化路194号	0876－7134777	
			单间	20	20	300	140	中会议室	1	1	100	1200	900			
			标准间	48	48	280	120	小会议室	1	1	50	800	500			
天成太和酒店	丘北天成太和酒店管理有限公司	4	套间	9	9	1688	600	大会议室	2	2	280	2000	1200	丘北县新城区椒莲广场旁	0876－4615888	
			单间	71	71	988	300	中会议室	1	1	160	1600	1000			
			标准间	122	122	880	200	小会议室	1	1	50	1200	800			
瑞和大酒店	瑞和大酒店	3	套间	2	2	600	480	大会议室	1	1	200	750	600	丘北县人民路	0876－4125666	
			单间	17	17	280	196	中会议室	1	1	160	600	480			
			标准间	64	64	220	154	小会议室	2	2	50	400	200			
特安呐会所有限公司	广南特安呐会所有限公司		单间	14	14	398	200	大会议室	1	1	200	2000	1200	广南县北宁路255号	0876－5151799	
								中会议室	1	1	100	1400	1000			
			标准间	38	38	318	160	小会议室	2	2	50	800	500			
广南县珂祥大酒店有限责任公司	广南县珂祥大酒店		套房	3	3	988	488	中会议室	1	1	100	2000	1600	广南县宾田西路176号	0876－5157999	
			单间	16	16	268	130									
			标准间	40	40	258	130									
莲城凯鑫商务酒店	广南县莲城凯鑫商务酒店		套间	10	10	480	316	中会议室	1	1	100	900	720	广南县北宁社区西路151号	0876－5619888	
			单间	5	5	160	120									
			标准间	21	21	186	140									
普厅大酒店	文山州煤业有限责任公司普厅大酒店	2	套间	6	6	600	300	中会议室	1	1	100	1600	800	富宁县迎宾路67号	0876－6126999	
			单间	40	40	268	150									
			标准间	62	62	268	150	小会议室	1	1	50	1000	500			
碧海蓝天大酒店	碧海蓝天大酒店		套间	7	7	538	300	小会议室	1	1	70	1000	500	富宁县新华镇东风路百越公园旁	0876－6132599	
			单间	12	12	180	110									
			标准间	77	77	180	110									
丽水俊园服务公司	富宁县丽水俊园服务有限责任公司		套间	3	3	280	260	大会议室	1	1	280	1000	500	富宁县新华镇那平村	0876－6136999	
			单间	6	6	150	138	会议室	1	1	100	800	200			
			标准间	36	36	150	138									

西藏自治区

- 财政部委托西藏自治区财政厅负责在西藏地级以上城市招标采购会议定点饭店并负责日常监督管理工作。
- 本次政府采购，确定西藏自治区会议定点饭店 38 家。
- 会议定点饭店按照与财政部门签订《协议书》的价格向中央和地方各级党政机关和事业单位提供相应的接待服务。
- 西藏自治区部分会议定点饭店的价格是按照综合定额方式采购的，各单位在组织筹备会议时应先向会议定点饭店查询。如果对协议价格产生疑义，可以要求定点饭店出示《协议书》。
- 如有会议定点饭店变更或协议价格变化，应以“党政机关出差会议定点饭店查询网”的信息为准。
- 本目录中的西藏自治区会议定点饭店的详细信息，可在“党政机关出差会议定点饭店查询网”查阅。
- 西藏自治区各地区长途电话区号：

拉萨市　0891	那曲地区　0896
昌都地区　0895	林芝地区　0894
山南地区　0893	阿里地区　0897
日喀则地区　0892	

西藏自治区会议定点饭店

饭店名称	发票开具单位名称	星级	客房（价格：元/天）					会议室（数量：间；价格：元/半天）						地址	前台订房电话	备注
			房型	总间数	协议间数	门市价	协议价	类型	总间数	协议间数	容纳人数	门市价	协议价			
拉萨市																
新世纪宾馆	新世纪宾馆	3	套间	4	4	988	400							拉萨市北京中路23号	0891－6334895	
			单间	10	10	500	170	小会议室	35	1	1	400	350			
			标准间	66	66	500	170	小会议室	30	1	1	400	300			
拉萨社院饭店	拉萨社院饭店	3	套间	5	5	1080	450	大会议室	200	1	1	1500	1500	拉萨市色拉路40号	0891－6389905	
			标间	51	51	688	230	中会议室	70	3	3	800	800			
			单间	6	6	688	230	小会议室	30	3	3	600	600			
西藏拉萨泽当饭店	西藏拉萨泽当饭店	3	套间	13	13	1180	450	大会议室	190	1	1	3000	1500	拉萨市北京中路54号	0891－6820999	
			标间	168	168	580	230	中会议室								
			单间	30	30	380	230	小会议室	40	1	1	1600	800			
西藏宾馆	西藏宾馆	4	套间	16	16	1800	600	大会议室	220	1	1	4000	3000	拉萨市北京中路64号	0891－6805926	
			标间	291	291	1280	260	中会议室	120	2	2	3000	2000			
			单间	30	30	1280	260	小会议室	30	12	12	1600	600			
西藏邮政酒店	西藏邮政酒店	3	套间	6	6	1880	450	大会议室	200	1	1	1200	1000	拉萨市北京中路33号	0891－6821999	
			标间	60	60	980	230	中会议室								
			单间	20	20	980	230	小会议室	50	5	5	700	500			
西藏迎宾馆	西藏迎宾馆	4	套间	21	21	2888	600	大会议室	200	1	1	1800	1500	拉萨市宇拓路3号	0891－6355555	
			标间	120	120	999	260	中会议室	50	1	1	1000	800			
			单间	16	16	999	260	小会议室	25	4	4	800	500			
西藏赛康大酒店	西藏赛康大酒店	4	套间	6	6	1288	600	大会议室	200	1	1	2000	1500	拉萨市北京东路25号	0891－6362888	
			标间	70	70	788	260	中会议室								
			单间	11	11	880	260	小会议室	20	1	1	1000	800			
西藏天海宾馆	西藏天海宾馆	3	套间	5	5	2680	400	大会议室	150	1	1	1200	1000	拉萨市天海路6号	0891－6802274	
			标间	170	170	580	170	中会议室	70	1	1	900	800			
			单间	15	15	580	170	小会议室	40	1	1	600	500			

饭店名称	发票开具单位名称	星级	客房（价格：元/天）					会议室（数量：间；价格：元/半天）						地址	前台订房电话	备注
			房型	总间数	协议间数	门市价	协议价	类型	总间数	协议间数	容纳人数	门市价	协议价			
西藏大厦	西藏大厦	4	套间	7	7	2800	450	大会议室	250	1	1	3000	1500	拉萨市北京中路67号	0891－6816666	
			标间	315	315	800	230	中会议室								
			单间	13	13	800	230	小会议室	50	2	2	800	600			
生态园大酒店	生态园大酒店	3	套间	5	5	2388	450	大会议室	300	1	1	3000	3000	拉萨市生态园开发区	0891－6321555	
			标间	110	110	1088	200	中会议室	80	1	1	1200	1200			
			单间	14	14	1288	200	小会议室	30	7	7	800	800			
那曲地区																
西藏那曲仲青塘拉大酒店	西藏仲青塘拉商贸有限公司那曲分公司	3	套间	5	5	980	500	大会议室	300	1	1		1000	那曲浙江路超丹路交接口	0896－3828888	
			普通标准间	25	25	380	230	中会议室								
			藏式标准间	11	11	580	260	小会议室	100	1	1		1000			
			豪华标准间	12	12	480	260									
中信那曲大酒店	中信那曲大酒店	5	豪华套间	4	4	4180	600	大会议室	120	1	1	3000	2200	那曲拉萨北路	0896－3827999	
			藏式单间	5	5	1180	260	中会议室	60	1	1	2200	1800			
			藏式标准间	5	5	1080	260	小会议室	35	1	1	1800	1500			
			豪华单间	25	25	980	260									
			豪华标准间	65	65	880	260									
那曲饭店	那曲饭店	3	豪华单人套间	6	6	880	500	大会议室	300	1	1		1000	那曲浙江中路23号	0896－3822424	
			豪华双人套间	13	13	488	450	中会议室								
			豪华标准间	51	51	388	260	小会议室	100	1	1		1000			
			普通标准间	29	29	248	200									
尼玛宾馆	尼玛驻那曲办事处		套间	4	4	580	260	大会议室						那曲拉萨北路9号	13638961664	
			单间					中会议室	60	1	1	3000	1000			
			标准间	41	41	280	150	小会议室								
达园宾馆	发达客运公司		套间					大会议室						那曲辽宁路17号	0896－3828555	
			单间					中会议室	70	2	2	1000	800			
			标准间	23	23	180	150	小会议室								
昌都地区																
昌都饭店	昌都饭店	3	套间	6	6	480	400	大会议室	80	1	1	1200	1000	嘎东街社区375号	0895－4825998	
			单间	33	33	350	200	中会议室	60	2	2	1000	800			
			标准间	48	48	300	170	小会议室	30	1	1	900	600			

饭店名称	发票开具单位名称	星级	客房（价格：元/天）					会议室（数量：间；价格：元/半天）						地址	前台订房电话	备注
			房型	总间数	协议间数	门市价	协议价	类型	总间数	协议间数	容纳人数	门市价	协议价			
友谊酒店	友谊酒店	3	商务套间	6	6	680	500	大会议室	70	1	1	1200	1000	西藏昌都地区西路嘎通街社区377－7号	0895－4831888	
			单间	15	15	420	260	中会议室	50	2	2	1000	800			
			标准间	48	48	380	230	小会议室	20	1	1	800	500			
昌都大酒店	昌都大酒店	2	套间	2	2	580	370	大会议室	80	1	1	2000	1500	昌都西路19号	0895－4844888	
			单间	8	8	260	200	中会议室	60	1	1	1500	1000			
			标准间	42	42	198	150	小会议室	30	1	1	1000	900			
金川宾馆	西藏昌都金川商贸有限责任公司	3	套间	4	4	1188	500	大会议室	80	1	1	1000	800	聚盛路8号	0895－4844998 4844999	
			单间	14	14	320	170	中会议室	50	2	2	800	500			
			标准间	34	34	320	160	小会议室	20	1	1	800	500			
康盛宾馆	昌都地区康盛宾馆	2	套间	4	4	488	260	大会议室	50	2	2	1000	800	昌都地区邦达社区319号	0895－4824710	
			单间	12	12	300	150	中会议室	30	1	1	800	500			
			标准间	39	39	300	150	小会议室	20	1	1	800	500			
民政宾馆	民政宾馆	2	套间	3	3	488	280	大会议室	60	1	1	1000	800	昌都县昌都镇昌庆街	0895－4828999	
			单间	3	3	300	200	中会议室	40	1	1	800	500			
			标准间	33	33	180	130	小会议室	20	1	1	800	500			
林芝地区																
林芝明旺大酒店有限公司	林芝明旺大酒店有限公司	3	套间	2	2	1680	400	大会议室	190	1	1	2000	960	林芝县八一新村福建路2号	0894－5888899	
			单间	6	6	888	150	中会议室	80	1	1	1300	600			
			标准间	42	42	888	150	小会议室	50	1	1	1200	600			
西藏林芝山水宾馆	西藏林芝山水宾馆	3	套间	6	6	800	230	大会议室						林芝县八一新村平安路47号	0894－5831855	
			单间	6	6	600	180	中会议室	50	1	1	800	300			
			标准间	58	58	580	170	小会议室								
林芝大酒店	林芝大酒店	4	套间	7	7	1688	400	大会议室	180	1	1	1800	1200	八一镇广州大道14号	0894－5833333	
			单间	12	12	1288	260	中会议室	70	1	1	1600	1000			
			标准间	83	83	888	200	小会议室	30	1	1	1200	800			
西藏林芝宾馆	西藏林芝宾馆	4	套间	5	5	988	400	大会议室	130	1	1	6000	1200	西藏林芝地区八一镇双拥北路335号	0894－5888668	
			单间	5	5	688	260	中会议室								
			标准间	184	184	688	200	小会议室	60	1	1	4000	800			

饭店名称	发票开具单位名称	星级	客房（价格：元/天）					会议室（数量：间；价格：元/半天）						地址	前台订房电话	备注
			房型	总间数	协议间数	门市价	协议价	类型	总间数	协议间数	容纳人数	门市价	协议价			
山南地区																
泽当饭店	泽当饭店	4	套间	10	10	2880	600	大会议室	150	1	1	3000	1500	乃东路 21 号	0893－7821899	
			单间	47	47	800	260	中会议室	80	2	2	2400	1200			
			标准间	162	162	800	260	小会议室	60	1	1	1800	900			
雅砻河大酒店	雅砻河大酒店	4						豪华会议室	75	1	1	6800	5600	湖北大道 18 号	0893－7800333	
			套间	8	8	1580	600	豪华会议室	45	1	1	5800	4200			
			单间	31	31	980	260	大会议室	240	1	1	5000	3600			
			标准间	99	99	980	260	中会议室	80	1	1	5600	3800			
								小会议室	35	2	2	4800	3200			
裕砻假日酒店	裕砻假日酒店		套间	6	6	1880	400	大会议室	100	1	1	1000	800	乃东路 30 号	0893－7832888	
			单间	12	12	580	260	中会议室								
			标准间	56	56	580	260	小会议室								
日喀则地区																
山东大厦	山东大厦	3	套房	4	4	660	400	大会议室						日喀则市山东路 102 号	0892－8826135	
			单间	8	8	320	200	中会议室								
			标准间	94	94	320	200	小会议室	50	1	1	500	480			
乌孜饭店	乌孜饭店	3	套房	2	2	800	400	大会议室						日喀则市黑龙江路 21 号	0892－8838996	
			单间	2	2	360	200	中会议室	80	1	1	500	500			
			标准间	52	52	360	200	小会议室								
圣康饭店	圣康饭店	3	套房	1	1	550	270	大会议室						日喀则市山东路 106 号	0892－8822922	
			单间	5	5	280	150	中会议室	80	1	1	500	500			
			标准间	83	83	280	150	小会议室								
日喀则饭店	日喀则饭店	4	套房	7	7	2680	600	大会议室	150	1	1	2400	800	日喀则市上海路 13 号	0892－8800336	
			单间	20	20	560	260	中会议室								
			标准间	96	96	560	260	小会议室	50	1	1	240	240			
上海广场	上海广场	3	套房	2	2	2800	450	大会议室						日喀则市珠峰路 22 号	0892－8824120	
			单间	6	6	580	200	中会议室								
			标准间	63	63	580	200	小会议室	50	1	1	400	400			

饭店名称	发票开具单位名称	星级	客房（价格：元/天）					会议室（数量：间；价格：元/半天）						地址	前台订房电话	备注
			房型	总间数	协议间数	门市价	协议价	类型	总间数	协议间数	容纳人数	门市价	协议价			
矿业宾馆	矿业宾馆	3	套房	3	3	2800	270	大会议室						日喀则市珠峰路67号	0892－8822999	
			单间	11	11	180	150	中会议室								
			标准间	101	101	180	150	小会议室	50	1	1	500	500			
久木亚美国际大酒店	久木亚美国际大酒店	4	套房	4	4	2580	600	大会议室						日喀则市吉林北路3号	0892－8837000	
			单间					中会议室								
			标准间	92	92	1580	230	小会议室	50	1	1	500				
阿里地区																
狮泉河饭店	狮泉河饭店		套间	3	3	280	300	大会议室		1	1	200	120	狮泉东路17号	0897－2800045	
			单间					中会议室								
			标准间	33	33	260	160	小会议室	60	1	1	100	60			
象雄大酒店	象雄大酒店		普通套间	6	6	1980	500	大会议室	120	1	1	2000	1500	宾河南路（中段）象雄大酒店	0897－2830888	光钎宽带、国内长途免费
			单间	2	2	480	260	中会议室								
			标准间	42	42	480	260	小会议室								
神湖宾馆	神湖宾馆		套间					大会议室						陕西路1号	13638973575	
			单间	8	8	200	160	中会议室	60	1	1	200	110			
			标准间	18	18	200	150	小会议室								

陕西省

- 财政部委托陕西省财政厅负责在陕西省地级以上城市招标采购会议定点饭店并负责日常监督管理工作。
- 通过政府采购，确定陕西省会议定点饭店 142 家。
- 会议定点饭店按照与财政部门签订《协议书》的价格向中央和地方各级党政机关和事业单位提供相应的接待服务。
- 陕西省部分会议定点饭店的价格是按照综合定额方式采购的，各单位在组织筹备会议时应先向会议定点饭店查询。如果对协议价格产生疑义，可以要求定点饭店出示《协议书》。
- 如有会议定点饭店变更或饭店的协议价格变化，应以“党政机关出差和会议定点饭店查询网”的信息为准。
- 本目录中的陕西省会议定点饭店的详细信息，可在“党政机关出差和会议定点饭店查询网”查阅。
- 陕西省各地区长途电话区号：

西安市　029	延安市　0911
铜川市　0919	渭南市　0913
咸阳市　029	宝鸡市　0917
汉中市　0916	榆林市　0912
安康市　0915	商洛市　0914
杨凌示范区　029	

陕西省会议定点饭店

饭店名称	发票开具单位名称	星级	客房（价格：元/天）					会议室（数量：间；价格：元/半天）						地址	前台订房电话	备注
			房型	总间数	协议间数	门市价	协议价	类型	总间数	协议间数	容纳人数	门市价	协议价			
西安市																
西安建国饭店	西安建国饭店有限公司	5	套间					大会议室	2	2	500	35000	3500	西安市互助路2号	029 - 83038888 82598888	
			单间	190	190	1500	260	中会议室	2	2	200	3000	2000			
			标准间	300	300	1500	260	小会议室	6	6	50	2000	1000			
西安唐城宾馆	西安唐城宾馆	4	套间	10	10	1980	594	大会议室	2	2	300	9580	2390	含光路南段229号	029 - 85209966	
			标准间	150	150	780	234	中会议室	3	3	160	6720	1680			
								小会议室	5	5	30	2520	630			
西安唐华宾馆	西安唐华宾馆有限公司	4	单间	36	36	900	180	大会议室	1	1	350	7500	3000	西安市雁引路40号	029 - 87601111	
			标准间			900	180	中会议室	3	3	100	5000	2000			
			标准间	222	222	1300	260	小会议室	1	1	40	1500	600			
								小会议室	1	1	30	1250	500			
西安宾馆	西安宾馆	4	套间	18	18	2000 + 10%	600	大会议室	2	2	270	8000	2200	西安市长安北路58号	029 - 87601111	
			单间					中会议室	1	1	160	6000	1650			
			标准间	355	355	1050 + 10%	230	小会议室	10	10	50	2800	750			
西北饭店	西北饭店	4	套间	32	32	880	600	大会议室	1	1	600	10000	6000	西安市长安区西长安街52号	029 - 85678888 85678886	
			单间	28	28	588	260	中会议室	2	2	400	5000	3000			
			标准间	180	180	580	260	中会议室	2	2	170	3300	2000			
			标准间	180	180	300	180	小会议室	14	14	60	1000	600			
东方大酒店	西安东方大酒店	4	套间	6	6	928	464	大会议室	1	1	600	6000	2250	西安市朱雀大街393号	029 - 87654307	
			单间	27	27	716	251	中会议室	1	1	180	2200	825			
			标准间	148	148	616	216	小会议室	2	2	50	1600	600			
								小会议室	5	5	40	800	600			
西安市紫金山凯思特大酒店	紫金山大酒店	4	套间	60	60	1128	338	大会议室	1	1	180	1900	1300	西安市环城西路328号	029 - 87668888	
			单间	13	13	828	248	中会议室								
			标准间	99	99	828	248	小会议室	4	4	60	1200	800			

饭店名称	发票开具单位名称	星级	客房（价格：元/天）					会议室（数量：间；价格：元/半天）						地址	前台订房电话	备注
			房型	总间数	协议间数	门市价	协议价	类型	总间数	协议间数	容纳人数	门市价	协议价			
西京国际饭店	西安饮食股份有限公司西京国际饭店	4	套间	9	9	1680	470	小会议室	1	1	60	3200	1000	西安市西大街135号	029－62678000	
			单间					小会议室	2	2	50	2200	700			
			标准间	76	76	960	270	小会议室	1	1	30	1600	500			
西安阳光国际大酒店	陕西西安阳光国际大酒店有限公司	4	套间	59	59	1280	373	大会议室	2	2	300	7000	3500	西安市解放路177号	029－87358869	
			单间	62	62	680	198	中会议室	1	1	106	3000	1500			
			标准间	287	287	680	198	小会议室	2	2	50	2000	1000			
陕西高速神州酒店有限责任公司	陕西高速神州酒店有限责任公司	4	套间	5	5	1500	600	中会议室	2	2	100	2700	1600	西安市环城东路南段9号	029－83381530	
			标准间	185	185	780	300	小会议室	2	2	20	850	500			
			单间	20	20	780	300	小会议室	6	6	40	1350	800			
西安天翼新商务酒店有限公司	西安天翼新商务酒店有限公司	4	套间	41	41	1500	372	大会议室	1	1	300	4000	3000	西安市西二环南段281号	029－84680000	
			标准间	115	115	880	218	中会议室	1	1	100	2000	1500			
			单间	32	32	880	218	小会议室	3	3	30	800	600			
中江之旅时代酒店	陕西中江之旅时代酒店有限公司	4	套间	9	9	1680	550	大会议室	1	1	260	4000	3000	西安市文景路南段18号	029－86281111	
			单间	46	46	728	220	中会议室	1	1	110	3000	2500			
			标准间	121	121	728	220	小会议室	3	3	40	2000	1500			
富凯酒店	西安富凯酒店有限公司	4	套间	8	8	1328	599	大会议室	1	1	200	6000	3000	西安市南新街27号	029－87483674	
			单间	11	11	816	249	中会议室	1	1	100	3000	1500			
			标准间	96	96	816	249	中会议室								
			标准间	43	43	968	260	小会议室	2	2	60	1500	800			
西安骊苑大酒店	骊苑大酒店	4	套间	10	10	1800	399	大会议室	1	1	200	4000	2000	西安市劳动南路8号	029－84263388	
			单间	62	62	900	240	中会议室	3	3	120	2000	1000			
			标准间	226	226	900	240	小会议室	2	2	80	1500	750			
陕西佳恒富都酒店有限公司	陕西佳恒富都酒店有限公司	4	套间	6	6	888	380	大会议室	1	1	200	2000	1000	西安市丈八东路5号	029－85566888	
			套间	3	3	1380	580	中会议室	2	2	100	1600	800			
			单间	18	18	518	210	小会议室	1	1	50	1000	500			
			标准间	42	42	528	220									
			标准间	48	48	498	200									

饭店名称	发票开具单位名称	星级	客房（价格：元/天）房型	总间数	协议间数	门市价	协议价	会议室（数量：间；价格：元/半天）类型	总间数	协议间数	容纳人数	门市价	协议价	地址	前台订房电话	备注
陕西奥罗国际大酒店	陕西奥罗国际大酒店	4	套间	41	41	1909	586	大会议室	1	1	210	5000	3000	西安市南新街42号	029－87672888	
			单间	28	28	915	280	中会议室	2	2	105	3000	1800			
			标准间	107	107	915	280	小会议室	2	2	30	1500	900			
西安陇海大酒店	西安陇海大酒店		套间	10	10	960	480	大会议室	1	1	300	2000	1400	西安市解放路306号	029－87416090	
			单间	39	39	480	170	中会议室	2	2	150	1500	1000			
			标准间	238	238	480	170	小会议室	7	7	35	500	350			
西安国际会议中心曲江宾馆	西安鑫正实业有限公司曲江宾馆		套间	4	4	2047	600	大会议室	1	1	1023	35000	28000	西安雁塔南路6号	029－85223333	
			标准间	180	180	1127	300	小会议室	7	7	40	4900	3920			
陕西宾馆	陕西宾馆		套间	22	22	2800	600	大会议室	1	1	1000	20000	8000	西安市丈八北路1号	029－68899999	
								大会议室	1	1	200	4800	1800			
			单间	22	22	1200	300	中会议室	2	2	100	2500	1000			
			标准间	146	146	760	300	小会议室	19	19	40	1500	600			
西安鑫源大厦	西安鑫源大厦		套间					大会议室						西安尚勤路231号	029－87457610	
			单间	2	2	370	150	中会议室	1	1	60	1000	500			
			标准间	56	56	370	150	小会议室	2	2	40	800	400			
陕西中祥大厦	陕西中祥大厦有限责任公司		套间	3	3	860	260	大会议室						西安市北大街444号	029－87268115	
			套间	3	3	660	200	中会议室	1	1	60	1600	500			
			单间	12	12	400	120	中会议室	2	2	50	1300	400			
			标准间	53	53	400	120									
			标准间	76	76	330	100	小会议室	1	1	30	750	240			
中江之旅一体育宾馆	西安市中江科技实业有限责任公司		套间	3	3	680	240	大会议室	1	1	260	1600	800	西安市长安路	029－85261341	
			套间	3	3	1280	500	中会议室	1	1	60	1200	600			
			标准间	75	75	380	130	小会议室	2	2	45	800	400			
西安鸿业大店	西安鸿业通讯有限公司	3	套间	6	6	680	340	大会议室	1	1	380	3600	1800	西安市含光路137号	029－88108800	
			单间	28	28	260	130	中会议室	1	1	120	1600	800			
			标准间	126	126	420	150	小会议室	3	3	50	800	400			
			标准间	41	41	300	130									
			标准间	34	34	480	200									

饭店名称	发票开具单位名称	星级	客房（价格：元/天）					会议室（数量：间；价格：元/半天）						地址	前台订房电话	备注
			房型	总间数	协议间数	门市价	协议价	类型	总间数	协议间数	容纳人数	门市价	协议价			
陕西雍村饭店	陕西雍村饭店	3	套间	13	13	888	280	大会议室	1	1	500	4000	2200	西安市建国路65号	029－87432222	
			单间	9	9	398	180	中会议室	1	1	200	1500	1000			
			标准间	155	155	398	180	小会议室	5	5	30	600	450			
新疆军区疗养院	中国解放军兰州军区临潼疗养院第二疗养区		套间	52	52	480	288	大会议室	1	1	280	800	480	西安市临潼区康复路8号	029－84657386 84657387	
			单间	7	7	150	90	中会议室	3	3	120	500	300			
			标准间	170	170	180	108	小会议室	6	6	30	300	180			
军展大厦	国营西京汽车军展大厦	3	套间	4	4	680	280	大会议室	1	1	200	1600	500	西安市西一路53号	029－87693100	
			单间	10	10	388	130	中会议室	1	1	80	1900	600			
			标准间	165	165	388	130	小会议室	2	2	60	1200	400			
			标准间			360	100	小会议室	2	2	40	1100	350			
陕西建苑大厦	陕西建苑大厦	3	套间	5	5	880	290	中会议室	1	1	230	2000	800	西安市南广济街38号	029－87606868	
			单间	12	12	450	150	小会议室	4	4	50	1500	600			
			标准间	160	160	450	150	小会议室	8	8	20	750	300			
西安卫星测控中心招待所	西安卫星测控中心招待所		套间	4	4	880	380	大会议室	1	1	200	1600	500	西安市咸宁东路460号	029－84763888 84763878	
			单间	9	9	420	180	中会议室	2	2	110	1000	300			
			标准间	96	96	280	120	小会议室	6	6	45	600	180			
陕西统计大厦	陕西统计大厦		套间	6	6	400	160	大会议室	1	1	300	4000	1800	西安市安东街45号	029－82265000	
			单间	1	1	360	140	中会议室	1	1	120	1800	800			
			标准间	36	36	288	110	小会议室	4	4	50	900	400			
陕西省临潼疗养院	陕西省临潼疗养院		套间	14	14	360	230	大会议室	1	1	200	1300	800	西安市临潼区康复路26号	029－83850000	
			单间	26	26	180	90	中会议室	4	4	80	500	200			
			标准间	195	195	220	110	小会议室	5	5	45	200－300	100			
陕西省工人疗养院	陕西省工人疗养院		套间	15	15	450	260	大会议室	1	1	500	2400	1200	西安市临潼区康复路28号	029－83851027	
			单间	18	18	220	110	中会议室	5	5	130	1000	600			
			标准间	180	180	280	130	小会议室	11	11	50	400	200			

饭店名称	发票开具单位名称	星级	客房（价格：元/天）					会议室（数量：间；价格：元/半天）						地址	前台订房电话	备注
			房型	总间数	协议间数	门市价	协议价	类型	总间数	协议间数	容纳人数	门市价	协议价			
华浮宫酒店	陕西华浮宫酒店管理有限公司	3	套间	8	8	760	289	大会议室	2	2	270	1500	750	西安市未央湖旅游开发区阳光大道1号	029－86677777	
			标准间	103	103	330	125	中会议室	2	2	80	1000	500			
			标准间	44	44	420	160	小会议室	2	2	60	1000	500			
								小会议室	3	3	30	500	250			
省军区招待所	陕西省军区招待所		套间	2	2	360	260	大会议室	1	1	400	3600	2600	西安市小寨西路18号	029－84727888 84727886	
			单间	5	5	210	150	中会议室	4	4	180	1000	720			
			标准间	90	90	180	130	小会议室	6	6	80	560	400			
省妇女儿童活动中心	陕西省妇女儿童活动中心		套间	10	10	678	305	大会议室	2	2	858	18000	12600	西安市丈八东路8号	029－88586888	
			单间	4	4	338	152	中会议室	3	3	260	3000	2100			
			标准间	80	80	338	152	中会议室	3	3	160	1800	1260			
								小会议室	5	5	50	1200	840			
西安西北民航大厦	西安西北民航大厦	3	套间	10	10	1300	350	大会议室	1	1	300	3000	1500	西安市劳动南路296号	029－82123299	
			单间	39	39	460	130	中会议室	1	1	170	2500	1250			
			标准间	163	163	480	130	小会议室	7	7	70	1800	900			
西安解放饭店	西安旅游集团股份有限公司解放饭店	3	套间	8	8	480	198	大会议室	1	1	300	2000	1000	西安市解放路181号	029－87698888	
			单间	18	18	360	130	中会议室								
			标准间	276	276	380	130	小会议室	1	1	60	800	500			
西安尚德大厦	西安尚德大厦	3	套间	35	35	958	330	大会议室	1	1	250	1600	750	西安市北大街444号	029－87445566	
			单间	16	16	428	160	中会议室	2	2	100	1000	500			
			标准间	99	99	558	160	小会议室	5	5	50	900	400			
陕西省止园饭店	陕西省止园饭店	3	套间	13	13	800	400	大会议室	1	1	900	12000	6000	西安市青年路111号	029－87688338 87688335	
			标准间	268	268	320	160	大会议室	1	1	500	4800	2400			
								中会议室	2	2	300	1800	900			
								中会议室	3	3	300	2000	1000			
								小会议室	1	1	60	2000	1000			
								小会议室	10	10	50	800	400			

饭店名称	发票开具单位名称	星级	客房（价格：元/天）					会议室（数量：间；价格：元/半天）						地址	前台订房电话	备注
			房型	总间数	协议间数	门市价	协议价	类型	总间数	协议间数	容纳人数	门市价	协议价			
西部机场集团温泉酒店	西部机场集团有限公司温泉酒店分公司	3	套间	4	4	488	288	大会议室	1	1	200	1400	680	西安市长安区东大街办北大村	029－86858300 85868366	
			标准间	16	16	280	168	中会议室	1	1	100	900	530			
			标准间	32	32	358	198	小会议室	3	3	30	600	350			
延炼商务酒店	陕西延炼商务酒店有限公司	3	套间	4	4	1180	600	大会议室	1	1	350	3000	2000	西安市南二环东段3号	029－85235000	
			单间	15	15	420	180	中会议室	1	1	120	2000	1600			
			大床间	13	13	480	260	小会议室	1	1	50	1000	600			
			标准间	175	175	420	180	小会议室	1	1	60	1200	800			
西安博泰大酒店	西安博泰大酒店有限公司	3	套间	5	5	1288	550	大会议室	1	1	250	2500	1000	西安市南广济街6号	029－87612222	
			大床房	14	14	588	260									
			标准间	54	54	518	235									
			单间	6	6	458	180	中会议室	2	2	90	1800	900			
			标准间	75	75	488	200	小会议室	2	2	30	1500	700			
陕西汇元酒店	陕西汇元酒店	3	套间	5	5	980	490	大会议室	1	1	300	4000	2000	西安市南二环光大巷1号	029－87695500 87695101	
			套间	5	5	680	340									
			单间	10	10	380	190	中会议室	2	2	150	2600	1300			
			标准间	38	38	380	190	小会议室	5	5	25	800	400			
			豪华间	5	5	580	290									
陕西省军区机关招待所	陕西省军区机关招待所		套间	20	20	1980	600	大会议室	1	1	300	2000	1500	西安市小寨西路4号	029－84727000	
			单间	19	19	380	138	中会议室	2	2	180	1500	1000			
			标准间	95	95	360	120	小会议室	5	5	50	1000	600			
沐浴阳光大酒店	陕西沐浴阳光酒店有限公司		套间	6	6	918	310	大会议室	1	1	200	1600	800	西安市朱宏路53号	029－86252288	
			三人间	2	2	658	220	中会议室								
			标准间	82	82	428	140	小会议室	3	3	30	800	400			
金融宾馆	陕西金融宾馆有限公司		套间	3	3	988	378	大会议室	1	1	200	1500	1100	西安市尚德路87号	029－87602000	
			单间	10	10	388	148	中会议室								
			标准间	75	75	388	148	小会议室	3	3	60	700	500			
西安德桂园大酒店有限公司	西安德桂园大酒店有限公司		套间	7	7	688	299	大会议室						西安市环城南路90号	029－88403333 85413748	
			单间	10	10	368	150	中会议室	1	1	120	800	600			
			标准间	36	36	388	150	小会议室	1	1	60	600	500			

饭店名称	发票开具单位名称	星级	客房（价格：元/天）					会议室（数量：间；价格：元/半天）						地址	前台订房电话	备注
			房型	总间数	协议间数	门市价	协议价	类型	总间数	协议间数	容纳人数	门市价	协议价			
兰州军区西安长城大厦	中国人民解放军兰州军区西安招待所	3	套间	2	2	858	280	大会议室	1	1	260	2000	1000	西安市友谊东路288号	029－87821411	
			单间	18	18	368	120	中会议室	1	1	100	1600	800			
			标准间	86	86	368	120	小会议室	1	1	40	1200	600			
常宁宫	西安常宁宫休闲山庄有限公司	3	套间A	11	11	780	390	大会议室	1	1	500	4000	2000	西安市长安区鱼鲍头村甲子1号	029－85679188	
			套间B	8	8	1150	575									
			标准间	40	40	520	260	中会议室	2	2	120	1400	700			
			标准间	109	109	320	160									
			标准间	40	40	498	249	小会议室	3	3	30	900	450			
			单间	7	7	540	270	小会议室								
飞鹿商务酒店	陕西飞鹿商务酒店投资管理有限公司	3	套间	9	9	788	315	大会议室	1	1	450	6000	3800	西安市莲湖路323号	029－87510999	
			单间	28	28	458	180	中会议室	1	1	270	4500	2600			
			标准间	129	129	398	160	小会议室	1	1	40	2000	1000			
西安蕾德曼酒店	西安蕾德曼酒店有限公司	3	套间	4	4	888	360	大会议室						西安市朱雀门南广济街36号	029－87618383	
			单间	11	11	438	139	中会议室	1	1	150	3500	1000			
			标准间	78	78	438	139	小会议室	2	2	50	2500	500			
延安市																
延安宾馆	延安宾馆	4	套间	15	15	1160	580	大会议室	2	2	110	3000	2000	北大街	0911－2886688	
			单间	4	4	480	290	中会议室	5	5	70	1000	800			
			标准间	172	172	580	290	小会议室	4	4	40	500	300			
延安旅游大厦	延安旅游（集团）有限公司旅游大厦	4	套间	22	22	880	500	大会议室	1	1	200	2000	1500	中心街	0911－2138999	
			单间	8	8	560	280	中会议室	3	3	50	1500	1000			
			标准间	170	170	560	280	小会议室	1	1	20	800	500			
延安交际宾馆	延安交际宾馆	3	套间	10	10	568	260	大会议室	1	1	380	2000	1720	南关街67号	0911－2137800	
			北标准间	45	45	388	150	中会议室	2	2	120	800	500			
			南标准间	100	100	258	130	小会议室	5	5	50	500	300			
延安君悦凯莱商务酒店	延安市宝塔区君悦凯莱酒店有限责任公司	3	套间	2	2	888	380	大会议室	1	1	110	2000	600	北关街	0911－8228688	
			单间	6	6	580	180	中会议室	/	/	/	/	/			
			标准间	79	79	380	150	小会议室	1	1	40	800	300			

饭店名称	发票开具单位名称	星级	客房（价格：元/天）					会议室（数量：间；价格：元/半天）						地址	前台订房电话	备注
			房型	总间数	协议间数	门市价	协议价	类型	总间数	协议间数	容纳人数	门市价	协议价			
延安窑洞宾馆	延安市宝塔区窑洞宾馆	3	套间	5	5	688	300	大会议室	1	1	200	2000	1400	迎宾大道	0911－2219555	
			单间	/	/	/	/	中会议室	1	1	60	600	300			
			标准间	68	68	288	160	小会议室	1	1	20	300	120			
延安家和大酒店	延安家和商贸有限公司家和大酒店	3	套间	6	6	360	240	大会议室	1	1	76	600	500	圣地路	0911－2859999	
			单间	6	6	178	160	中会议室	/	/	/	/	/			
			标准间	61	61	188	160	小会议室	2	2	30	300	120			
延安正大宾馆	延安正大宾馆有限责任公司	3	套间	3	3	988	256	大会议室	1	1	120	1000	500	二道街	0911－2889996	
			单间	7	7	498	160	中会议室	1	1	60	800	300			
			标准间	96	96	488	160	小会议室	1	1	30	500	100			
延安圣通大酒店	延安圣通实业有限责任公司圣通大酒店	3	套间	11	11	660	330	大会议室	1	1	180	4000	3000	东滨路103号	0911－2880006	
			单间	14	14	368	190	中会议室	3	3	80	1600	1200			
			标准间	139	139	360	180	小会议室	1	1	40	1200	1000			
延安万花山庄	延安万花山庄	3	套间	10	10	880	360	大会议室	1	1	260	1800	1600	万花路	0911－8250000	
			单间	/	/	/	/	中会议室	1	1	80	1000	800			
			标准间	95	95	380	180	小会议室	6	6	50	500	350			
延安国胜宾馆	延安市宝塔区国胜物业管理有限公司国胜宾馆		套间	8	8	880	580	大会议室	1	1	300	3000	2600	尹家沟	0911－2215691	
			单间	15	15	580	280	中会议室	1	1	100	1500	1200			
			标准间	131	131	480	280	小会议室	1	1	50	1200	800			
延安金融宾馆	延安金融宾馆	2	套间	5	5	488	190	大会议室	1	1	90	1000	600	二道街	0911－2885001	
			单间	2	2	288	130	中会议室	/	/	/	/	/			
			标准间	48	48	288	130	小会议室	1	1	30	400	300			
延安凤凰宾馆	延安凤凰宾馆	2	套间	7	7	480	380	大会议室	1	1	150	1600	1000	北大街39号	0911－2113691	
			单间	/	/	/	/	中会议室	1	1	50	1000	500			
			标准间	80	80	180	140	小会议室	3	3	35	500	300			
延安市延河宾馆	延安市延河宾馆	2	套间	2	2	560	270	大会议室	1	1	80	1200	1000	北关街师范路	0911－2569998	
			单间	4	4	400	190	中会议室	/	/	/	/	/			
			标准间	60	60	360	170	小会议室	1	1	20	800	600			

饭店名称	发票开具单位名称	星级	客房（价格：元/天）					会议室（数量：间；价格：元/半天）						地址	前台订房电话	备注
			房型	总间数	协议间数	门市价	协议价	类型	总间数	协议间数	容纳人数	门市价	协议价			
延安宏泰假日酒店	延安翔泰实业发展有限公司宏泰假日酒店		套间	1	1	1288	600	大会议室	1	1	200	2288	1600	百米大道	0911－8212888	
			单间	17	17	488	220	中会议室	1	1	60	1888	688			
			标准间	111	111	388	160	小会议室	2	2	30	588	488			
延安圣都大酒店	延安圣都大酒店		套间	12	12	1288	450	大会议室	1	1	280	2300	1600	百米大道	0911－8220006	
			单间	9	9	588	180	中会议室	2	2	60	1600	750			
			标准间	94	94	548	170	小会议室	1	1	22	850	300			
延安泰德大酒店	延安泰德大酒店有限公司		套间	13	13	888	300							圣地路西沟桥头	0911－2338111	
			单间	13	13	498	220	中会议室	1	1	60	1200	400			
			标准间	156	156	488	180	小会议室	1	1	30	400	200			
								大会议室	1	1	120	1500	600			
延安窑苑假日酒店	延安仕林苑酒店投资有限公司窑苑假日酒店		套间	37	37	488	350	大会议室	/	/	/	/	/	延安大学校园内	0911－8068888	
			单间	5	5	298	240	中会议室	1	1	140	1800	1200			
			标准间	114	114	288	180	小会议室	1	1	40	600	400			
铜川市																
花园饭店	花园饭店	3	套间	12	12	388	240	大会议室	1	1	400	1400	1000	耀州区药王路88号	0919－6285688	
			单间	10	10	198	120	中会议室	1	1	100	480	400			
			标准间	95	95	198	120	小会议室	1	1	40	300	300			
正阳酒店	正阳酒店	4	套间	18	18	960	258	大会议室	1	1	300	300	1500	正阳路16号	0919－3196666	
			单间	20	20	560	120	中会议室	1	1	150	2600	1000			
			标准间	126	126	560	120	小会议室	1	1	30	2000	500			
铜川饭店	铜川饭店	4	套间	9	9	488	280	大会议室	1	1	350	1600	800	红旗街25号	0919－2183777	
			单间	/	/	/	/	中会议室	1	1	80	1400	600			
			标准间	74	74	180	120	小会议室	1	1	30	800	400			
交通大厦	交通大厦	3	套间	6	6	480	360	大会议室	1	1	150	1600	500	新区长虹南路1号	0919－3588888	
			单间	12	12	218	120	中会议室	3	3	35	1000	400			
			标准间	80	80	180	120	小会议室	/	/	/	/	/			
新懋酒店	新懋酒店	3	套间	4	4	328	200	大会议室	/	/	/	/	/	新区长虹北路6号	0919－3181888	
			单间	/	/	/	/	中会议室	1	1	100	1200	300			
			标准间	38	38	168	130	小会议室	1	1	25	600	200			

饭店名称	发票开具单位名称	星级	客房（价格：元/天）					会议室（数量：间；价格：元/半天）						地址	前台订房电话	备注
			房型	总间数	协议间数	门市价	协议价	类型	总间数	协议间数	容纳人数	门市价	协议价			
新凯悦酒店	新凯悦酒店	3	套间	3	3	380	100	大会议室	1	1	100	1000	300	新区铁诺南路	0919－3183001	
			单间	1	1	280	100	中会议室	1	1	50	300	200			
			标准间	38	38	160	100	小会议室	/	/	/	/	/			
渭南市																
渭南市人民政府招待所	渭南市人民政府招待所		套间	5	5	300	180	大会议室	1	1	230	900	600	东风街72号	0913－2158400	
			豪华标准间	7	7	280	160	中会议室								
			甲级标准间	67	67	130	110	小会议室	3	3	40	300	200			
渭南饭店	渭南饭店		套间	30	30	160	138	大会议室	1	1	300	800	750	朝阳路23号	0913－2072632	
								中会议室	3	3	70	400	350			
			标准间	152	152	130	110	小会议室	3	3	30	300	260			
祥龙宾馆	祥龙宾馆	3	套间	5	5	688	400	大会议室	1	1	200	900	650	朝阳路中段	0913－2131801	
			单间	9	9	188－318	130－280	中会议室	2	2	50	700	550			
			豪华标准间	24	24	288	190	小会议室	2	2	30	400	300			
			普通标准间	25	25	188	130									
渭河花园酒店	渭河花园酒店	3	套间	6	6	588	320	大会议室	1	1	200	1500	600	东风街西段56号	0913－2108888	
			商务标准间	44	44	298	150	中会议室	2	2	40	1000	400			
			普通标准间	38	38	238	120	小会议室	2	2	20	1000	400			
国贸大酒店	国贸大酒店		套间	8	8	308	260	大会议室	1	1	300	1000	900	东风街中段1号	0913－2062345	
			商务标准间	48	48	298	238	中会议室	3	3	80	900	800			
			豪华标准间	135	135	198	160	小会议室	2	2	20	600	500			
恒昌大酒店	恒昌大酒店		套间	16	16	238	190	大会议室	1	1	400	1900	1500	东风街中段6号	0913－8195666	
			商务标准间	36	36	188	160	中会议室	1	1	80	900	800			
			标准间	76	76	168	130	小会议室	3	3	40	500	400			
咸阳市																
时代王朝大酒店	陕西时代王朝大酒店有限责任公司		普标	55	55	258	218	大会议室	1	1	120	2000	1500	咸阳市秦都区体育场什字西南角	029－38160000	
			普单	23	23	258	218	小会议室	2	2	20	1200	800			
			豪标	16	16	298	258									
			商标	3	3	298	258									
			商单	7	7	298	258									
			商务套房	4	4	488	408									
			豪华套房	7	7	558	488									

饭店名称	发票开具单位名称	星级	客房（价格：元/天）					会议室（数量：间；价格：元/半天）						地址	前台订房电话	备注
			房型	总间数	协议间数	门市价	协议价	类型	总间数	协议间数	容纳人数	门市价	协议价			
锦绣中华大酒店	西北水利科技干部培训中心		套间	4	4	600	280	大会议室	1	1	65	1200	800	咸阳市中华路3号	029－33376666	
			单间	13	13	300	120	小会议室	1	1	35	1000	600			
			标准间	46	46	300	120									
燕原宾馆	二○二所饮食服务公司燕原宾馆	2	套间	3	3	380	350	大会议室	1	1	260	2600	1600	咸阳市毕塬东路5号	029－33787884	
			单间	11	11	180	138	中会议室	2	2	60	700	600			
			标准间	32	32	180	138	小会议室	1	1	20	500	400			
东方宾馆	新东方餐饮娱乐有限公司	3	豪华套房	7	7	368	280	大会议室	1	1	120	1200	800	咸阳市渭阳西路18号	029－33578888	
			豪华标间	49	49	238	148	小会议室	3	3	50	1000	600			
			商务标间	10	10	288	168									
彩虹宾馆	咸阳彩虹宾馆管理有限公司	3	豪华商务套房	1	1	688	488	银座	1	1	400	1200	1000	咸阳彩虹路1号	029－33334800	
			套房	13	13	458	300	西餐厅会议室	1	1	80	500	400			
			商务标间	16	16	348	160	贵宾会见室	1	1	20	400	300			
			豪华标间	58	58	318	130	楼层会议室	7	7	60	300	200			
			普通标间	48	48	288	130									
咸阳国贸大酒店	咸阳国贸大酒店有限公司		豪华标准间	126	126	458	238	国莱厅	1	1	30	1500	1000	陕西咸阳渭阳中路1号	029－33178890	
			豪华单人间	22	22	458	218	国昌厅	2	2	60	2000	1500			
			豪华套房	11	11	908	360	国宾厅	2	2	70	2200	1600			
								国会厅	1	1	400	5000	4000			
金桥国际商务酒店	陕西金桥餐饮娱乐有限公司	4	金桥标准间	12	12	398	160	大会议室	1	1	200	1600	1000	咸阳市玉泉西路1号	029－33569100	
			商务标准间	90	90	458	178	小会议室	1	1	60	1100	500			
			豪华标准间	16	16	520	228									
			标准套间	2	2	996	428									
			豪华套间	1	1	1299	549									
咸阳圣都大酒店	咸阳圣都大酒店有限公司		标准间	80	80	278	120	大会议室	1	1	200	1200	1000	咸阳市咸通北路2号	029－33633666	
			单人间	8	8	278	120	中会议室	1	1	50	1000	800			
			豪华标间	8	8	439	189	小会议室	1	1	30	800	500			
			豪华单间	3	3	539	219									
			豪华套间	3	3	1080	499									

饭店名称	发票开具单位名称	星级	客房（价格：元/天）					会议室（数量：间；价格：元/半天）						地址	前台订房电话	备注
			房型	总间数	协议间数	门市价	协议价	类型	总间数	协议间数	容纳人数	门市价	协议价			
宝鸡市																
西府宾馆	宝鸡西府宾馆有限责任公司	2	套间	8	8	218	140	大会议室	1	1	500	800	600	中山西路56号	0917－3650705	
			单间	10	10	150	80	中会议室	1	1	50	500	400			
			标准间	90	90	150	80	小会议室	2	2	30	300	250			
天外天大酒店	宝鸡天外天大酒店	3	套间	10	10	680	360	大会议室	1	1	300	1500	900	陈仓区虢镇人民街7号	0917－6215940	
			单间	8	8	360	160	中会议室	2	2	150	800	500			
			标准间	105	105	360	120	小会议室	2	2	40	700	350			
			三人间	15	15	360	120									
嘉信宾馆	宝鸡嘉信商务有限公司	3	套间	5	5	480	338	大会议室	1	1	150	1400	1200	广元路10号	0917－3247788	
			单间	8	8	268	200	中会议室	1	1	80	1200	1000			
			标准间	82	82	218	146	小会议室	2	2	40	1000	800			
			三人间	5	5	298	200									
华康宾馆	宝鸡华康宾馆有限责任公司	2	套间	2	2	588	240	大会议室	1	1	100	800	400	经二路93号付1号	0917－3270080	
			单间	12	12	388	180	中会议室								
			标准间	32	32	308	130	小会议室	1	1	40	300	150			
			三人间	12	12	368	180									
万全宾馆	宝鸡万全商贸（集团)有限公司	3	套间	26	26	368	180	大会议室						经二路56号	0917－3270700	
			单间	10	10	218	120	中会议室	1	1	100	900	500			
			标准间	300	300	218	120	小会议室	1	1	50	750	400			
			三人间	12	12	268	160									
宝鸡宾馆	宝鸡宾馆		套间					大会议室						公园路212号	0917－3675895	
			单间					中会议室	1	1	50	400	250			
			标准间	45	45	398	190	小会议室	1	1	30	300	200			
			三人间	10	10	498	200									
96401部队接待站	中国人民解放军96401部队接待站		套间	10	10	388	220	大会议室	1	1	120	1000	800	鱼水路与滨河路交界处	0917－8967777	
			单间	4	4	288	100	中会议室	2	2	30	300	200			
			标准间	47	47	288	120	小会议室								

饭店名称	发票开具单位名称	星级	客房（价格：元/天）					会议室（数量：间；价格：元/半天）						地址	前台订房电话	备注
			房型	总间数	协议间数	门市价	协议价	类型	总间数	协议间数	容纳人数	门市价	协议价			
怡和酒店	宝鸡怡和酒店	4	套间	12	12	668	360	大会议室	1	1	450	1800	1600	火炬路中段10号	0917－3315959	
			单间	6	6	368	190	中会议室	1	1	90	1000	800			
			标准间	128	128	388	168	小会议室	3	3	40	800	600			
			三人间	10	10	398	190									
万利酒店	宝鸡万利商贸有限责任公司	3	套间	27	27	688	400	大会议室	1	1	600	3000	2500	火炬路中段12号	0917－3602266	
			单间	18	18	568	180	中会议室	2	2	360	2300	1300			
			标准间	289	289	398	180	小会议室	6	6	50	1000	650			
美伦大酒店	宝鸡市华盛商贸有限公司聚丰美伦大酒店	3	套间	3	3	688	350	大会议室	1	1	120	1000	800	开发区火炬路2号	0917－3605196	
			单间	13	13	198	130	中会议室	1	1	40	600	500			
			标准间	58	58	258	150	小会议室	1	1	30	600	400			
好世界酒店	宝鸡市好世界酒店有限公司		套间	2	2	388	200	大会议室	1	1	120	600	500	文化路2号	0917－3246690	
			单间	20	20	268	120	中会议室	2	2	60	400	300			
			标准间	66	66	268	120	小会议室	3	3	40	300	200			
锦江之星旅馆	宝鸡三迪酒店有限公司		套间	7	7	239	210	大会议室	1	1	100	1000	800	宝鸡市金台区宝虢路8号	0917－2701222	
			单间	31	31	199	175	中会议室	1	1	50	750	600			
			标准间	63	63	179	160	小会议室	3	3	30	500	400			
陈仓君悦酒店	宝鸡市育才陈仓君悦酒店有限公司		套间	8	8	688	260	大会议室	1	1	500	3000	1500	宝鸡市陈仓区虢镇南环路东段	0917－6266111	
			单间	12	12	398	160	中会议室	2	2	120	2000	1000			
			标准间	218	218	398	160	小会议室	2	2	25	1500	800			
高新君悦酒店	宝鸡高新君悦酒店有限责任公司		套间	16	16	1366	488	大会议室	2	2	260	4000	3000	高新大道69号	0917－3908666	
			单间	40	40	418	200	中会议室	2	2	110	1000	750			
			标准间	90	90	418	200	小会议室	2	2	40	650	600			
汉中市																
汉中红叶大酒店	汉中红叶大酒店有限公司	4	套间	16	16	980	470	大会议室	1	1	200	2000	1500	汉中市汉台区劳动东路33号	0916－2383998	
			单间	52	52	460	245	中会议室	2	2	100	600	400			
			标准间	92	92	460	260	小会议室	4	4	50	400	300			
邮政大酒店	邮政大酒店	4	套间	6	6	880	460	大会议室	1	1	200	1500	1000	汉中市汉台区天汉大道中段	0916－2118888	
			单间	6	6	360	220	中会议室	1	1	100	750	500			
			标准间	130	130	480	240	小会议室	4	4	50	500	300			

饭店名称	发票开具单位名称	星级	客房（价格：元/天）					会议室（数量：间；价格：元/半天）						地址	前台订房电话	备注
			房型	总间数	协议间数	门市价	协议价	类型	总间数	协议间数	容纳人数	门市价	协议价			
汉中金江大酒店	汉中金江大酒店有限公司	3	套间	2	2	880	400	大会议室	1	1	200	1000	600	汉中市汉台区人民路北段	0916－2238588	
			单间	25	25	398	180	中会议室	1	1	100	800	400			
			标准间	160	160	498	160	小会议室	2	2	50	600	300			
汉中国贸大酒店	汉中国际贸易中心有限公司	3	套间	12	12	688	360	大会议室	1	1	200	1300	1100	汉中市汉台区中心广场西南侧	0916－2522888	
			单间	11	11	460	160	中会议室	1	1	100	400	400			
			标准间	130	130	460	160	小会议室	2	2	50	400	400			
榆林市																
榆林人民大厦	榆林人民大厦有限责任公司		套间	46	46	2180	568	大会议室	2	2	472－650	12500	4000	榆林市经济开发区明珠大道	0912－8173999 8173888－6103	
			单间	99	99	1380	298	中会议室	1	1	40－50	6000	3000			
			标准间	190	190	1098	298	小会议室	13	13	20	4000	2000			
银河大酒店	榆林银河大酒店有限公司	3	套间	9	9	788	500	大会议室	1	1	200	1600	1400	榆林市长城南路199号	0912－3239000 3680333	
			单间	18	18	488	200	中会议室	2	2	28	1000	800			
			标准间	118	118	388	180	小会议室	3	3	18	800	600			
榆林市精华王子大饭店	榆林市精华王子大饭店有限公司		套间	6	6	888	460	大会议室	1	1	200－300	1900	1400	榆林市柳营西路1号	0912－3528888	
			单间	71	71	480	238	中会议室	2	2	40－50	1400	1000			
			标准间	63	63	380	220	小会议室								
榆阳国际大酒店	榆林榆阳国际大酒店有限公司	4	套间	4	4	898	490	大会议室	1	1	300	2400	1900	榆林市榆阳区政府兴榆路6号	0912－3592222 3592111	
			单间	25	25	288	180	中会议室	2	2	130	1200	900			
			标准间	157	157	478	190	小会议室	1	1	50	1000	500			
榆林市四海明珠大酒店	榆林市四海明珠大酒店有限公司	2	套间	3	3	388	190	大会议室	1	1	200	1200	800	榆林市长城南路47号	0912－8125555 8123333	
			单间	14	14	268	140	中会议室	1	1	50－60	1000	600			
			标准间	82	82	328	160	小会议室	1	1	40－50	900	500			
榆林市四海大酒店	榆林市四海大酒店有限责任公司	3	套间					大会议室						榆林市新建南路149号	0912－3821999 3823333	
			单间	17	17	368	180	中会议室	1	1	60	1000	800			
			标准间	60	60	298	160	小会议室	1	1	30	800	600			

饭店名称	发票开具单位名称	星级	客房（价格：元/天）					会议室（数量：间；价格：元/半天）						地址	前台订房电话	备注
			房型	总间数	协议间数	门市价	协议价	类型	总间数	协议间数	容纳人数	门市价	协议价			
榆林市中承商务会所有限公司	榆林市中承商务会所有限公司	2	套间	6	6	1375	200	大会议室						榆林市西沙保宁中路	0912－3368000 3368111	
			单间	5	5	680	180	中会议室	1	1	30－50	1000	800			
			标准间	6	6	680	180	小会议室	1	1	15－30	800	600			
广济大厦	榆林市榆阳区广济大厦	2	套间	4	4	888	580	大会议室	1	1	160－300	1500	1000	榆林市西人民路十字	0912－3895158 3895185	
			单间	2	2	258	150	中会议室								
			普通标准间	70	70	218	130	小会议室	2	2	35	900	500			
			豪华标准间	80	80	268	160									
安康市																
安康宾馆	陕西省安康宾馆	3	标准间	31	31	260	120	大	1	1	180	600	500	汉滨区育才路100号	0915－3183888 3183868	
			豪标间	70	70	300	120									
			单间	6	6	300	150	中	2	2	100	500	400			
			双套间	7	7	580	348									
			三套间	2	2	780	468	小	6	6	30	200	150			
			四套间	1	1	980	588									
金苑大厦	安康市莲花实业有限公司金苑大厦	3	标准间	41	41	388	140	大	1	1	100	800	600	汉滨区大桥路2号	0915－3188888 3265806 3265807	
			单间	10	10	388	140									
			双套间	6	6	688	350	中	1	1	50	600	450			
			三套间	1	1	1288	500									
			单元套房	15	15	1369	360	小	4	4	25	400	300			
民航大酒店	安康巨丰民航大酒店	3	商务标准间	57	57	368	140	大	1	1	80	800	400	汉滨区兴安西路94号	0915－3181888 3181715	
								中	1	1	40	600	300			
			套间	4	4	658	320	小	1	1	20	400	200			
大禹酒店	安康大禹酒店有限公司	3	标准间	63	63	318	120	大	2	2	100	500	250	汉滨区大桥南路85号	0915－3196666	
			三人间	5	5	418	180	中	2	2	40	400	150			
			套间	5	5	618	300	小	1	1	20	250	100			

饭店名称	发票开具单位名称	星级	客房（价格：元/天）					会议室（数量：间；价格：元/半天）						地址	前台订房电话	备注
			房型	总间数	协议间数	门市价	协议价	类型	总间数	协议间数	容纳人数	门市价	协议价			
翠屏山庄	陕西安康瀛湖旅游有限责任公司	3	标准间	59	59	268	138	大	1	1	120	600	400	汉滨区瀛湖镇	0915－3020114 3020116	
			豪华套间	5	5	298	158	中	1	1	60	400	300			
			套间	4	4	688	368	小	2	2	32	300	250			
税务宾馆	安康市伟业工贸有限责任公司	2	普通标准间	65	65	298	120	大	1	1	130	500	450	汉滨区大桥南路15号	0915－3330111 3330222	会议室报价含投影仪会标费用
			豪华标准间	6	6	328	160									
			单间	4	4	268	120	小	1	1	60	400	300			
			套间	6	6	688	380									
三星宾馆	安康市三星旅游有限公司		普通标准间	27	27	428	100	大						汉滨区巴山中路78号	0915－3226500	停车50辆
			商务标准间	40	40	468	120									
			商务单间	4	4	468	140	中	1	1	50	250	150			
			套间	12	12	488	140	小	1	1	30	150	100			
晶海大酒店	安康晶海商务有限公司		标准间	62	62	398	150	大	1	1	160	2000	500	汉滨区滨江大道2号	0915－3336001 3336002	有宽带不含早餐每位25元
			标间（无窗）	19	19	298	135									
			单间	5	5	498	240	中	1	1	60	1000	250			
			套间	10	10	898	240									
			豪华套间	3	3	1198	498	小								
金扬宾馆	安康市宏达房地产开发有限责任公司金扬宾馆		标准间	56	56	368	110	大	1	1	150	1400	400	汉滨区江北黄沟路1号	0915－3438666 3436111	含早餐免费停车100辆
			豪华标间	9	9	428	130									
			单间	23	23	398	130	中	1	1	100	1100	250			
			套间	5	5	688	300	小	1	1	40	800	150			
金州大酒店	安康市汉滨区金州康源实业有限公司		标准间	21	21	288	120	大						汉滨区大桥南路38号	0915－3167866 3167888	
			商务标准间	25	25	358	160									
			单间	10	10	328	160	中	1	1	40	400	300			
			套间	4	4	1580	350	小								
尚元大酒店	安康市双堤商贸有限责任公司尚元大酒店	3	普通标准间	15	15	298	140	大						汉滨区解放路11号	0915－3168181 3168118	停车免费
			豪华普标间	21	21	328	140	中								
			套间	6	6	698	280	小	1	1	30	250	100			

饭店名称	发票开具单位名称	星级	客房（价格：元/天）					会议室（数量：间；价格：元/半天）						地址	前台订房电话	备注
			房型	总间数	协议间数	门市价	协议价	类型	总间数	协议间数	容纳人数	门市价	协议价			
亿佳豪森大酒店	陕西亿佳酒店有限责任公司安康分公司		普通标准间	43	43	388	178	大	1	1	130	1800	1000	汉滨区兴安中路61号	0915－3333666	
			商务标准间	43	43	488	198									
			行政标准间	49	49	528	218	中	1	1	70	1700	800			
			豪华单间	6	6	668	260									
			豪华套间	3	3	1288	520	小	1	1	30	1600	600			
金豪国际酒店	安康市金豪大酒店有限公司		普通标准间	106	106	328	158	大	1	1	200	1500	900	汉滨区金州南路79号	0915－3333399 3333388 3333366	
			豪华标准间			368	178									
			商务标准间			418	208									
			商务单间	16	16	418	218	中								
			水床单间			666	238									
			小套间	3	3	666	369									
			大套间	3	3	888	399	小	1	1	30	650	250			
			总统套间	1	1	1288	588									
商洛市																
商洛国际会议中心	陕西金源酒店投资管理有限公司商洛分公司	1	单间	8	8	720	300	大会议室	1	1	200－300	3000	2000	商洛市东环路商洛国际会议中心	0914－2956000 2956600	不送早餐
			标准间	41	41	680	280	中会议室	1	1	100	2000	1500			
								小会议室	4	4	20－30	900	750			
锦都国际酒店	陕西锦都国际酒店有限公司	1	套间	8	8	888	458	大会议室	1	1	180	2000	1000	商洛市通江西路中段	0914－2258111 2258000	房价含双早餐
			单间	16	16	558	228	中会议室	1	1	100	1200	600			
			数码标准间	102	102	518	208	小会议室	1	1	20	800	400			
华伦商务酒店	商洛市长江实业有限责任公司华伦商务酒店	1	套间	4	4	518	350	大会议室	1	1	120	1200	1000	陕西省商洛市工农路南段	0914－2988888 2986668	房价含双早餐
			单间	18	18	318	168	中会议室	1	1	70	800	700			
			标准间	116	116	258	168	小会议室	1	1	40	900	800			
乾元宾馆	商洛市乾元宾馆	2	套间	2	2	388	310	大会议室	1	1	160	660	500	商洛市名人街金源路口	0914－2323480 13891420631	协议价不送早餐
			单间	5	5	168	135	中会议室	1	1	50	450	300			
			普通标准间	50	50	168	135	小会议室	1	1	25	230	200			
			数码标准间	38	38	188	145	—				—	—			

饭店名称	发票开具单位名称	星级	客房（价格：元/天）					会议室（数量：间；价格：元/半天）						地址	前台订房电话	备注
			房型	总间数	协议间数	门市价	协议价	类型	总间数	协议间数	容纳人数	门市价	协议价			
天地仁和	商洛市天地仁和餐饮娱乐有限责任公司	1	数码套间	2	2	818	400	中会议室	1	1	60	400	300	商洛市商州区工农路南段	0914－2331118 2331128	不送早餐
			标准套间	2	2	688	300	小会议室	1	1	20	250	150			
			单间	9	9	268	148									
			标准间	52	52	268	148									
			数码标准间	9	9	288	168									
君诚商务酒店	商洛市商州区君诚商务酒店	1	套间	2	2	568	258	大会议室	1	1	150	800	500	商洛市商州区州城路和通江路交接处	0914－3038800	不送早餐
			豪华单间	6	6	408	178	中会议室				—	—			
			数码标准间（带电脑）	45	45	380	168	小会议室	1	1	30	500	300			
			数码标准间（有网口，无电脑）	52	52	328	158									
香菊大酒店	陕西香菊集团餐饮娱乐有限公司	3	套间	4	4	480	350	大会议室	1	1	200	900	500	商洛市商州区北新街138号	0914－2316666 2386000	房价含双早餐。普通间不带卫生间
			单间	6	6	218	138	中会议室	1	1	60	600	400			
			数码标准间	47	47	258	148	小会议室				—	—			
			普通间	2	2	120	90									
丹鹤大酒店	商洛丹鹤大酒店	3	套间	6	6	380	230	大会议室	1	1	200	1300	1300	商洛市北新街139号	0914－2108108 2108118	不送早餐
			单间	32	32	118	100	中会议室								
			标准间	40	40	158	120	小会议室	2	2	30	300	300			
天元皇家宾馆	商洛市长江实业有限责任公司天元皇家宾馆	1	豪套	1	1	428	350	大会议室	1	1	120	500	400	商洛市北新街中心广场东侧	0914－2333333	不送早餐
			豪单	2	2	160	150	小会议室	2	2	40	400	300			
			普单	3	3	120	110									
			豪标	3	3	160	150									
			数码标准间	6	6	130	130									
			A标	56	56	120	110									
			B标	26	26	110	100									
			普间	21	21	50	50									
嘉里商务酒店	商洛嘉里商务有限责任公司	1	单间	2	2	218	178							商洛市北新街156号	0914－2310666	不送早餐
			标准间	24	24	218	128	小会议室	1	1	20	200	150			
								大会议室	1	1	60	400	350			

饭店名称	发票开具单位名称	星级	客房（价格：元/天）					会议室（数量：间；价格：元/半天）						地址	前台订房电话	备注
			房型	总间数	协议间数	门市价	协议价	类型	总间数	协议间数	容纳人数	门市价	协议价			
杨凌示范区																
杨凌国际会展中心酒店	杨凌国际会议展览有限公司会展中心酒店	4	套间	17	17	1198	488	大会议室	2	2	200	3000	1650	陕西·杨凌·新桥北路1号	029－87036888	不含早餐
			单间	28	28	788	256	中会议室	3	3	100	2000	1350			
			标准间	207	207	688	228	小会议室	1	1	30	1000	550			
杨凌鑫诚田园山庄酒店	杨凌鑫诚田园酒店管理公司杨凌田园山庄	3	套间	26	26	568	300	大会议室	1	1	400	1800	1000	杨凌部城路1号	029－87072666	套间含单早，标间含双早
			单间	无	无	无	无	中会议室	2	2	80	800	600			
			标准间	192	192	380	200	小会议室	6	6	20	500	400			
杨凌中欣酒店	杨凌中欣酒店	2	套间	7	7	488	240	大会议室	1	1	200	400	200	杨凌西农路6号	029－87011313	不含早餐
			单间	26	26	220	110	中会议室	1	1	80	300	150			
			标准间	47	47	220	110	小会议室	1	1	50	200	100			
杨凌玉皇宫大酒店	玉皇宫大酒店	3	套间	无	无	无	无	大会议室	1	1	120	600	300	杨凌区高干渠路中段	029－87093888	不含早餐
			单间	3	3	388	188	中会议室	1	1	50	400	200			
			标准间	26	26	288	128	小会议室	1	1	20	300	150			
杨凌西北农林科技大学新天地酒店	西北农林科技大学新天地设施农业有限公司新天地酒店	3	套间	4	4	698	300	大会议室	1	1	120	1680	1000	杨凌部城南路中段	029－87071666	不含早餐
			单间	2	2	498	200	中会议室	1	1	100	680	400			
			标准间	97	97	328	120	小会议室	3	3	50	480	300			
杨凌神农娱乐餐饮有限公司	杨凌神农娱乐餐饮有限公司	3	套间	3	3	468	360	大会议室	1	1	150	600	400	杨凌示范区神农路1号	029－87032000	不含早餐
			单间	3	3	200	100	中会议室	1	1	120	400	300			
			标准间	44	44	280	130	小会议室	2	2	40	300	200			

甘肃省

- 财政部委托甘肃省财政厅负责在甘肃省地级以上城市招标采购会议定点饭店并负责日常监督管理工作。
- 通过政府采购，确定甘肃省会议定点饭店 75 家。
- 会议定点饭店按照与财政部门签订《协议书》的价格向中央和地方各级党政机关和事业单位提供相应的接待服务。
- 甘肃省部分会议定点饭店的价格是按照综合定额方式采购的，各单位在组织筹备会议时应先向会议定点饭店查询。如果对协议价格产生疑义，可以要求定点饭店出示《协议书》。
- 如有会议定点饭店变更或饭店的协议价格变化，应以“党政机关出差和会议定点饭店查询网”的信息为准。
- 本目录中的甘肃省会议定点饭店的详细信息，可在“党政机关出差和会议定点饭店查询网”查阅。
- 甘肃省各地区长途电话区号：

兰州市	0931	金昌市	0935
白银市	0943	天水市	0938
武威市	0935	酒泉市	0937
张掖市	0936	庆阳市	0934
平凉市	0933	定西市	0932
陇南市	0939	嘉峪关市	0937
临夏回族自治州	0930	甘南藏族自治州	0941

甘肃省会议定点饭店

饭店名称	发票开具单位名称	星级	客房（价格：元/天）					会议室（数量：间；价格：元/天）						地址	前台订房电话	备注
			房型	总间数	协议间数	门市价	协议价	类型	总间数	协议间数	容纳人数	门市价	协议价			
兰州市																
宁卧庄宾馆	甘肃宁卧庄宾馆		套间1	10	10	1280	600	大礼堂	1	1	600	25600	8800	兰州市天水路20号	0931－8265888	
			标准间1	44	44	680	300	多功能厅	1	1	150	7600	3000			
			套间2	11	11	1280	600	中会议室	1	1	150	7600	3000			
			标准间2	78	78	880	300	小会议室	1	1	100	3600	1760			
金轮宾馆	甘肃金轮宾馆	4	套间	9	9	958	458	大会议室	1	1	200	4800	4000	兰州市和政路72号	0931－4638888	客房价格含早餐
			标准间2	84	84	838	300	多功能厅	1	1	150	4600	3600			
			标准间3	123	123	688	260	中会议室	1	1	80	2800	2600			
								小会议室	8	8	45	1800	1600			
西北宾馆	兰州军区第一招待所	3	套间1	14	14	800	400	礼堂1	1	1	250	3600	3600	兰州市南昌路649号	0931－4815000	客房价格含早餐
			套间2	16	16	460	300	礼堂2	1	1	120	3200	3200			
			套间3	21	21	1280	600	多功能厅	1	1	150	3600	3600			
			套间4	40	40	880	400	小会议室	9	9	45	1200	1200			
			标准间1	235	235	460	240	中会议室	8	8	60	1600	1600			
			标准间2	48	48	360	180	大会议室	1	1	100	2400	2400			
			标准间3	24	24	680	300									
八一宾馆	兰州军区第三招待所	2	套间	14	14	600	350	大会议室	2	2	200	5000	3600	兰州市定西路103号	0931－4819000	客房价格含早餐
			标准间1	11	11	280	200	中会议室	1	1	100	1600	1200			
			标准间2	151	151	260	180	小会议室	7	7	30	800	600			
长城宾馆	兰州军区第四招待所	2	大套间	8	8	980	580	大会议室	1	1	180	4000	3200	兰州市定西路268号	0931－4819999	客房价格含早餐
			小套间	10	10	680	380	大会议室	1	1	100	2400	2000			
			单间	7	7	298	180	中会议室	1	1	80	1600	1400			
			标准间	137	137	268	150	小会议室	6	6	30	800	600			

饭店名称	发票开具单位名称	星级	客房（价格：元/天）					会议室（数量：间；价格：元/天）						地　址	前台订房电话	备　注
			房　型	总间数	协议间数	门市价	协议价	类　型	总间数	协议间数	容纳人数	门市价	协议价			
农垦宾馆	甘肃农垦宾馆	3	套间1	41	41	420	258	大会议室	1	1	100	1600	1000	兰州市平凉路8号	0931－8417878	客房价格含早餐
			套间2	15	15	300	200	中会议室	2	2	35	800	600			
			单间1	33	33	290	150	小会议室	5	5	20	400	400			
			单间2	20	20	190	140									
			标准间1	109	109	290	160									
			标准间2	30	30	190	150									
西湖大厦	甘肃西湖培训服务大厦	2	套间	4	4	488	298	大会议室	1	1	120	3200	1800	兰州市西津东路458号	0931－2661499	客房价格含早餐
			标准间	70	70	288	158	小会议室	5	5	30	1600	800			
兰州饭店	兰州饭店	4	套间1	20	20	1080	600	大会议室1	1	1	200	6000	4000	兰州市东岗西路486号	0931－8416321	客房价格含早餐
			套间2	8	8	680	360	大会议室2	1	1	100	4000	2000			
			标准间	210	210	360	180	中会议室1	2	2	50	2000	1600			
			单间	20	20	380	180	中会议室2	1	1	40	1600	1000			
兰州友谊饭店	兰州友谊饭店	3	套间1	30	30	880	480	大会议室	4	4	230	4888	4000	兰州市西津西路16号	0931－2689291	客房价格含早餐
			套间2	9	9	480	300	中会议室	4	4	60	1200	1000			
			标准间1	249	249	480	260	小会议室	16	16	30	1000	600			
			标准间2	162	162	280	180									
美居飞天酒店	甘肃美居飞天之星酒店投资管理有限公司	3	套间	3	3	688	380	大会议室	1	1	200	5000	4000	兰州市张掖路29号	0931－2126669	客房价格含早餐
			单间	51	51	398	220	小会议室	1	1	85	1600	1000			
			标准间1	34	34	388	200									
			标准间2	7	7	398	200									
金城宾馆	兰州金城旅游宾馆有限公司	3	套间1	16	16	880	370	会议室2	1	1	100	4000	2000	兰州市天水中路3号	0931－8885827	客房价格含早餐
			套间2	15	15	860	350	会议室3	1	1	80	2000	1600			
			标准间1	116	116	428	170	会议室4	5	5	30	1200	1000			
			标准间2	104	104	380	150	会议室5	1	1	20	800	600			
飞天大酒店	飞天大酒店有限公司	4	套房	14	14	2185	600	中会议室	1	1	100	3600	2880	兰州市天水南路226号	0931－8915556	客房价格含早餐
			标准间	264	264	920	300	中会议室	1	1	50	2600	2080			
								小会议室	1	1	35	1800	1440			
财会培训中心	甘肃省财政厅财会培训中心	4	套间	17	17	2180	500	会议室	3	3	100	3000	2500	兰州市东岗西路696号	0931－8899666	客房价格含早餐
			单间	15	15	1180	300									
			标准间	85	85	1080	300									

饭店名称	发票开具单位名称	星级	客房（价格：元/天）					会议室（数量：间；价格：元/天）						地址	前台订房电话	备注
			房型	总间数	协议间数	门市价	协议价	类型	总间数	协议间数	容纳人数	门市价	协议价			
金鹏大厦	甘肃省纪检监察干部培训中心	2	套间	6	6	1088	488	多功能厅	2	2	100	3600	2400	兰州市雁滩路4188号	0931－2196907	客房价格含早餐
			小套	9	9	688	288	小会议室	16	16	30	1800	800			
			标准间	106	106	388	180	电教室	1	1	60	2400	1600			
兰空一所	兰州军区空军司令部第一招待所		套间	5	5	1280	600	大会议室	1	1	250	6000	4000	兰州市焦家湾路375号	0931－8950069	客房价格含早餐
			单间	15	15	1080	300	中会议室	3	3	100	3200	1600			
			标准间	150	150	228	120	小会议室	11	11	60	2000	1200			
胜利宾馆	兰州新胜利宾馆有限公司	3	套间1	4	4	868	500	大会议室	1	1	150	4000	2400	兰州市庆阳路285号	0931－8466259	客房价格含早餐
			套间2	22	22	668	380	小会议室	12	12	30	1200	700			
			标准间1	102	102	318	180									
			标准间2	128	128	258	150									
国际大酒店	甘肃国际大酒店有限公司	3	套间1	24	24	888	390	大会议室	1	1	250	3500	3000	兰州市庆阳路423号	0931－8457188	客房价格含早餐
			套间2	36	36	588	290	中会议室	1	1	150	2500	2000			
			单间	38	38	488	190	小会议室	4	4	50	1500	1000			
			标准间	190	190	488	190									
海天大酒店	甘肃明珠旅游集团有限公司兰州海天大酒店	3	套间	21	21	680	500	多功能厅	1	1	180	4800	3200	兰州市西津东路678号	0931－2602222	客房价格含早餐
			单间	75	75	386	220	小会议室	8	8	60	1600	800			
			标准间	60	60	376	220									
庆阳大厦	兰州庆阳大厦	3	套间	8	8	680	480	大会议室	1	1	150	3600	2600	兰州市科技街1号	0931－8265702	客房价格含早餐
			单间	68	68	300	200	小会议室	2	2	60	2000	1600			
			标准间	62	62	320	220									
锦江阳光酒店	甘肃锦江阳光大酒店	4	套间	6	6	800	600	中会议室1	2	2	70	4800	4000	兰州市东岗西路589号	0931－8805511	客房价格含早餐
			单间	15	15	548	400	中会议室2	1	1	45	2400	2000			
			标准间	144	144	518	300	小会议室	1	1	25	1000	600			
								小会议室	1	1	35	1600	1200			
华联宾馆	华联宾馆有限责任公司		套间	6	6	599	260	大会议室	1	1	200	2800	1800	兰州市天水路7－9号	0931－4992118	
			单间	28	28	439	180	中会议室	1	1	80	1600	1000			
			标准间1	56	56	439	180	小会议室	4	4	50	1200	700			
			标准间2	126	126	339	160									

饭店名称	发票开具单位名称	星级	客房（价格：元/天）					会议室（数量：间；价格：元/天）						地址	前台订房电话	备注
			房型	总间数	协议间数	门市价	协议价	类型	总间数	协议间数	容纳人数	门市价	协议价			
嘉峪关市																
国际大酒店	嘉峪关国际大酒店		套间					大会议室	1	1	200	4800	3800	嘉峪关市和诚东路	0937－6303888 6303777	
			单间					中会议室	1	1	25	1800	900			
			标准间	92	92	720	300	小会议室	1	1	15	1500	750			
武威铁路嘉峪关铁道宾馆	嘉峪关铁道宾馆	2	套间	6	6	680	220	大会议室						嘉峪关市迎宾路1号	0937－6311234	
			单间	6	6	200	110	中会议室	1	1	300	1000	500			
			标准间	70	70	280	120	小会议室	1	1	50	500	200			
嘉峪关市长城宾馆	嘉峪关市长城宾馆	4	套间	6	6	980	500	大会议室	1	1	160	2400	1200	嘉峪关市建设西路6号	0937－6226306 6225266	
			单间	8	8	760	240	中会议室	1	1	100	2000	1000			
			标准间	98	98	560	200	小会议室	5	5	40	800	600			
			豪华标准间	34	34	760	280									
东方宾馆	嘉峪关市三合春糖酒食品经贸有限公司东方宾馆	3	套间	2	2	780	380	大会议室	1	1	100	1200	1000	嘉峪关市迎宾西路东方宾馆	0937－6301866	
			单间	6	6	420	180	中会议室	1	1	30	1000	800			
			标准间	70	70	420	160	小会议室								
			三人标准间	2	2	600	210	小会议室								
国泰大酒店	嘉峪关国泰大酒店有限公司	3	商务套间	4	4	1860	600	大会议室	1	1	150	3000	2000	嘉峪关市雄关广场南侧	0937－6326699	
			单间	2	2	486	280	中会议室	1	1	50	1800	1200			
			商务标准间	4	4	798	280	小会议室	2	2	20	1000	800			
			豪华套间	4	4	798	480									
			豪华标准间	70	70	368	220									
嘉峪关宾馆1号楼	酒钢（集团）嘉峪关宾馆有限责任公司	4	单间	20	20	780	280	大会议室	1	1	300	4880	1800	嘉峪关市新华北路1号	0937－6226983 6201441	
			标准间	61	61	768	240	中会议室	2	2	70	2680	1200			
								小会议室	5	5	20	1880	800			
嘉峪关宾馆2号楼			单间	6	6	668	200	大会议室								
			标准间	48	48	668	200	中会议室								
酒钢宾馆	酒钢宾馆	4	套间	9	9	1788	600	大会议室	1	1	250	5000	4000	嘉峪关市雄关西路2号	0937－6714425 6201777 6201888	
			单间	29	29	682	300	中会议室	4	4	45	3000	2500			
			标准间	146	146	682	300	小会议室	3	3	40	1200	1000			

饭店名称	发票开具单位名称	星级	客房（价格：元/天）					会议室（数量：间；价格：元/天）						地址	前台订房电话	备注
			房型	总间数	协议间数	门市价	协议价	类型	总间数	协议间数	容纳人数	门市价	协议价			
白银市																
白银万盛大酒店	中泰万盛集团白银万盛大酒店有限公司	4	套间	10	10	688	398	大会议室	1	1	400	3200	3000	白银西区万盛8号	0943－8660111	
			单间	9	9	448	248	中会议室	1	1	110	1400	1200			
			标准间	86	86	318	168	小会议室	4	4	25	1200	1000			
白银饭店	白银市白银饭店有限公司	4	套间	8	8	698	288	大会议室	1	1	400	3800	2000	白银区红星街269号	0943－8261111	
			单间	19	19	398	168	中会议室	1	1		2800	1800			
			标准间	41	41	398	168	小会议室	5	5		1000	600			
白银凯悦商贸有限责任公司凯圆宾馆	白银凯悦商贸有限责任公司		套间	16	16	140	120	大会议室	1	1	160	800	600	白银区四龙路501号	0943－8221003	
			单间					中会议室								
			标准间	28	28	120	100	小会议室								
红鹭宾馆	白银有色集团股份有限公司红鹭宾馆		套间	28	28	488	228	大会议室	1	1	450	1600	800	白银区友好路68号	0943－8627002	
			单间					中会议室	2	2	70	800	600			
			标准间	55	55	140	108	小会议室	4	4	47	400	200			
白银绿色农业示范园	白银绿色农业示范园	4	套间	16	16	328	280	大会议室	1	1	200	800	600	白银区四龙镇	0943－8823199	
			单间	20	20	208	160	中会议室	2	2	90	600	500			
			标准间	80	80	228	180	小会议室	1	1	40	500	400			
华谊大酒店	华谊大酒店	3	套间	2	2	450	360	大会议室	1	1	100	600	500	白银区北京路488号	0943－8262269	
			单间	6	6	236	130	中会议室	1	1		600	500			
			标准间	31	31	236	130	小会议室								
电鑫宾馆	白银市电鑫宾馆餐饮有限责任公司	3	套间	8	8	680	598	大会议室	1	1	320	1200	800	白银区人民路99号	0943－8251999	
			单间	10	10	218	191	中会议室	2	2	200	800	600			
			标准间	60	60	138	121	小会议室	2	2	60	800	600			
金源大酒店	白银金源大酒店有限公司	4	套间	8	8	880	356	大会议室	1	1	100	1200	600	白银区北京路299号	0943－8265777	
			单间	16	16	480	186	中会议室	1	1	60	1000	500			
			标准间	24	24	428	170	小会议室								
天水市																
天河大酒店	天水天河大酒店有限公司	3	套间	7	7	588	352	大会议室	1	1	200	3000	1800	秦州区藉河北路5号	0938－8287666	
				10	10	330	198									
			单间	16	16	328	196	中会议室	1	1	60	2200	1300			
			标准间	80	80	298	178	小会议室								

饭店名称	发票开具单位名称	星级	客房（价格：元/天）					会议室（数量：间；价格：元/天）						地址	前台订房电话	备注
			房型	总间数	协议间数	门市价	协议价	类型	总间数	协议间数	容纳人数	门市价	协议价			
天水迎宾馆	天水市人民政府招待所	3	套间	1	1	1888	600	大会议室	1	1	300	2400	1500	秦州区建设路158号	0938－8212921	
				3	3	888	480									
				6	6	568	280									
			单间	10	10	380	170	中会议室	1	1	150	1800	1000			
			标准间	71	71	380	170	小会议室	6	6	40	600	300			
				68	68	258	130									
天水宾馆	天水宾馆有限公司		套间	25	25	1280	600	多功能厅	1	1	240	2500	2000	秦州区迎宾路5号	0938－8615555	
			单间	21	21	688	300	中会议室	1	1	70	2000	1500			
			标准间	79	79	588	300	小会议室	4	4	30	1500	1200			
华辰大酒店	天水华辰大酒店	4	套间	12	12	980	500	大会议室	1	1	300	3600	3600	秦州区岷山路	0938－8611111	
			单间	10	10	600	260	中会议室	1	1	70	2400	2400			
			标准间	140	140	580	260	小会议室	1	1	20	1800	1800			
天辰大酒店	天水天辰大酒店有限公司	3	套间	16	16	1580	580	大会议室	1	1	200	2000	1200	秦州区重新街1号	0938－8391888	
						1280	480	多功能厅								
			单间	28	28	458	160	中会议室	1	1	60	1500	800			
			标准间	94	94	458	160	小会议室	1	1	30	1200	600			
武威市																
武威市天马宾馆有限责任公司	武威市天马宾馆有限责任公司	3	单间	8	8	380	280	大会议室	1	1	200	6000	3000	武威市西大街41号	0935－2212356	
			标准间	82	82	580	280	中会议室	4	4	60	2400	1600			
酒泉市																
世纪大酒店	酒泉市世纪大酒店	4	套间	10	10	980	538	大会议室	1	1	120	2400	2000	酒泉市世纪大道53号	0937－2666186	
			单间	5	5	498	298	中会议室	1	1	80	2000	1800			
			标准间	54	54	468	258	小会议室	1	1	40	1600	1400			
龙腾宾馆	酒泉龙腾宾馆	3	套间	2	2	1280	480	大会议室	1	1	140	2800	1800	酒泉市东环南路31号	0937－2612491	
			单间	15	15	380	180	中会议室	1	1	60	1800	1000			
			标准间	60	60	380	160	小会议室	1	1	30	1600	800			

饭店名称	发票开具单位名称	星级	客房（价格：元/天）					会议室（数量：间；价格：元/天）						地址	前台订房电话	备注
			房型	总间数	协议间数	门市价	协议价	类型	总间数	协议间数	容纳人数	门市价	协议价			
航天饭店	酒泉航天饭店有限责任公司	3	套间	16	16	1088	488	大会议室	1	1	150	3600	2400	肃州区仓门街42号	0937－2671221	
			单间	8	8	538	180	中会议室	4	4	60	1600	1000			
			标准间	70	70	488	150	小会议室	1	1	40	600	400			
阿克塞宾馆	阿克塞县政府招待所	3	套间	9	9	888	580	大会议室	1	1	170	3800	3000	阿克塞县金山路9号	0937－8322063	
			单间	31	31	488	280	中会议室	1	1	80	1800	980			
			标准间	48	48	488	280	小会议室	1	1	40	680	480			
瓜州宾馆	瓜州县瓜州宾馆有限责任公司	3	套间	9	9	988	488	大会议室	1	1	300	2000	1600	瓜州县县府街77号	0937－5515180	
			单间	14	14	498	298	中会议室								
			标准间	66	66	388	198	小会议室	2	2	60	1200	1000			
玉门宾馆	玉门宾馆甘来金业有限公司	3	套间	4	4	688	588	大会议室	1	1	600	1600	1500	玉门市新城区	0937－3339300	
			单间	10	10	398	298	中会议室	2	2	100	1400	1400			
			标准间	60	60	238	198	小会议室	1	1	60	500	500			
敦煌大厦	敦煌大厦	3	套间	9	9	1180	220	大会议室	1	1	300	2600	1200	敦煌市沙洲南路15号	0937－8825006	
			单间	2	2	480	150	中会议室	1	1	200	1000	800			
			标准间	110	110	480	150	小会议室	1	1	30	800	600			
太阳大酒店	敦煌太阳大酒店	4	套间	12	12	1588	580	中会议室	1	1	100	5200	2600	敦煌市沙洲北路5号	0937－8855268	
			单间	12	12	888	298	小会议室	2	2	25	3600	1800			
			标准间	111	111	888	298									
金龙大酒店	敦煌市金龙大酒店	2	套间	4	4	498	280	大会议室	1	1	200	1500	1000	敦煌市阳关中路30号	0937－8850344 8850268	
			单间					中会议室								
			标准间	56	56	388	160	小会议室	2	2	30	800	500			
敦煌大酒店	敦煌大酒店	3	套间	5	5	500	300	大会议室	1	1	200	2000	1500	敦煌阳关中路16号	0937－8825818	
			单间	2	2	500	298	中会议室								
			标准间	70	70	380	200	小会议室								
张掖市																
张掖华辰国际大酒店	甘肃张掖华辰国际大酒店有限公司	4	普标	80	80	660	290	大会议室	1	1	180	2400	2000	张掖市甘州区东大街20号	0936－8277655	
			普单	18	18	660	290	中会议室	2	2	50	1200	800			

饭店名称	发票开具单位名称	星级	客房（价格：元/天）					会议室（数量：间；价格：元/天）						地址	前台订房电话	备注
			房型	总间数	协议间数	门市价	协议价	类型	总间数	协议间数	容纳人数	门市价	协议价			
甘州宾馆	张掖市金利豪商贸有限公司	3	普标	60	60	398	208	大会议室	1	1	260	2880	1280	张掖市甘州区南大街 373 号	0936－8888822	
			普单	10	10	398	208	中会议室	2	2	70	1080	880			
			普套	11	11	598	388	小会议室	4	4	30	680	480			
甘肃张掖电力大厦	张掖市金源电力实业有限责任公司		普标	22	22	360	180	大会议室	1	1	200	1250	1000	张掖市甘州区西大街 61 号	0936－8268028	
			普单	16	16	320	160	中会议室	3	3	60	600	400			
			豪华标间	56	56	580	290	小会议室	1	1	20	200	150			
			豪华套间	8	8	1280	600									
金鼎宾馆	张掖市金鼎宾馆	3	普标	40	40	258	118	中会议室	1	1	120	1200	800	张掖市甘州区青年东路 94 号	0936－8252500 8252501	
			豪华标间	6	6	398	178	小会议室	1	1	30	1000	600			
			豪华商务房	5	5	518	228									
			豪华套房	7	7	398	178									
			豪华三人间	3	3	398	178									
张掖市水利宾馆	张掖市甘州区黑河水利培训中心		普标	30	30	188	100	大会议室	1	1	400	1000	800	张掖市甘州区南街 65 号	0936－8258668	
			普单	2	2	188	100	中会议室	1	1	100	700	500			
			普套	2	2	208	148	小会议室	1	1	60	500	300			
			豪华套房	2	2	268	168									
庆阳市																
庆阳宾馆	庆阳宾馆	4	套间	13	13	580	520	大会议室	1	1	300	5000	4000	庆阳市长庆南路 62 号	0934－8273333	
			单间	16	16	380	290	中会议室	1	1	100	2800	2000			
			标准间	80	80	380	290	小会议室	5	5	30	800	600			
平凉市																
平凉华辰大酒店	平凉华辰大酒店有限责任公司	4	单间套	7	7	398	360	大会议室	1	1	120	1600	1400	甘肃省平凉市崆峒区崆峒东路 9 号	0933－8611618	
			单间	15	15	298	268	中会议室								
			标准间	67	67	298	268	小会议室	2	2	15	1000	800			
广成大酒店	甘肃广成山庄有限责任公司	5	标准间	119	119	560	288	中会议室	2	2	100	3000	2800	甘肃省平凉市崆峒镇寨子街	0933－8518888	
								小会议室	2	2	30	1400	1200			

饭店名称	发票开具单位名称	星级	客房（价格：元/天）					会议室（数量：间；价格：元/天）						地址	前台订房电话	备注
			房型	总间数	协议间数	门市价	协议价	类型	总间数	协议间数	容纳人数	门市价	协议价			
定西市																
定西宾馆	定西宾馆	3	豪华套间	11	11	400	300	大会议室	1	1	300	1800	1600	定西市安定区中华路43号	0932－8284166	
			双人套间	4	4	300	200									
			单间	15	15	138	118	中会议室	1	1	120	600	500			
			标准间	64	64	138	118									
			双人普通间	16	16	68	68	小会议室	3	3	40	360	360			
欣大宾馆	定西市欣大经销有限公司		大套间	1	1	868	545	大会议室	1	1	260	800	800	定西市安定区中华路54号	0932－8284888	
			中套间	4	4	388	23									
			小套间	2	2	298	158									
			单间	4	4	168	110									
			标准间	30	30	168	110									
海天宾馆	海天宾馆	3	套间	10	10	388	288	大会议室	1	1	150	2000	2000	定西市安定区交通路423号	0932－8288898	
			单间	26	26	198	138	中会议室	2	2	60	1200	1200			
			标准间	63	63	198	138	小会议室	1	1	30	600	600			
凤城大酒店	定西市凤城大酒店有限责任公司		套间	6	6	418	288	中会议室	1	1	100	1200	1000	定西市安定区交通路279号	0932－8221111	
			单间	20	20	168	118									
			标准间	49	49	168	118	小会议室	1	1	50	1000	800			
双星凯悦商务大酒店	定西双星凯悦商务大酒店有限公司		套间	4	4	688	258	大会议室	1	1	230	1800	1200	定西市安定区中华路64号	0932－8283666	
			单间	8	8	238	118									
			标准间	52	52	238	118	小会议室	1	1	40	800	600			
陇南市																
陇南饭店	陇南饭店	4	套间	10	10	888	598	大会议室	1	1	200	1480	1200	陇南市武都区下教场	0939－8215321	
			单间	10	10	488	298	中会议室	2	2	100	880	680			
			标准间	140	140	488	298	小会议室	1	1	30	680	480			
宕昌绍兴宾馆（银河国际大酒店）	宕昌银河置业有限公司	3	套间	10	10	1188	360	大会议室	1	1	150	3600	2600	陇南市宕昌县新城区	0939－6122804	
			单间	36	36	498	160	中会议室	2	2	100	2800	1800			
			标准间	128	128	498	160	小会议室	1	1	30	2000	1200			

饭店名称	发票开具单位名称	星级	客房（价格：元/天）房型	总间数	协议间数	门市价	协议价	会议室（数量：间；价格：元/天）类型	总间数	协议间数	容纳人数	门市价	协议价	地址	前台订房电话	备注
金成大厦	成州矿业公司	3	套间	4	4	398	279	大会议室	1	1	150	2400	1680	陇南市成县幸福路	0939－3202999	
			单间	2	2	178	125	中会议室	1	1	80	1200	840			
			标准间	48	48	198	139	小会议室	1	1	40	800	560			
临夏回族自治州																
河海大厦	临夏河海大厦有限责任公司	2	豪华套间	4	4	570	514	大会议室	1	1	200	1000	600	临夏市红园路50号	0930－6235100 6235118 6235154	
			甲级套间	3	3	370	334									
			豪华标准间	9	9	188	170	中会议室	1	1	100	800	500			
			甲级标准间	76	76	168	150	多功能厅	1	1	60	800	500			
鸿瑞假日大酒店	甘肃金发鸿瑞假日大酒店集体有限公司	4	豪华商套	6	6	998	600							永靖县刘家峡镇黄河路58号	0930－8837666 8837555 8836836	
			商务套房	4	4	918	550	大会议室	1	1	350	1600	1000			
			欧式套房	12	12	658	395									
			中式套房	10	10	658	395	中会议室	1	1	100	800	600			
			观光标准间	46	46	398	240									
			观光单人间	12	12	388	235	小会议室	5	5	30	800	500			
			标准间	56	56	368	220									
甘南藏族自治州																
甘南饭店	甘南饭店有限责任公司	3	套间（贵宾楼）	4	4	580	530	大会议室	1	1	500	4000	4000	原合作市人民街83号	0941－8212611 8214733	
			套间（东楼）	8	8	200	200									
			单间					中会议室	2	2	300	2400	2400			
			标准间（贵宾楼）	42	42	240	240	小会议室	1	1	200	1000	1000			
			标准间（东楼）	57	57	150	150									
人大培训中心（金盛大酒店）	奇仓土特产有限责任公司		套间	3	3	260	240	大会议室	1	1	200	1200	1000		0941－8210756 8210758	
			单间					中会议室	1	1	50	800	600			
			标准间	40	40	180	150	小会议室	1	1	30	800	600			
卓尼县大峪沟兴隆旅游开发有限责任公司宾馆	卓尼县大峪沟兴隆旅游开发有限责任公司	2	套间	30	30	380	358	大会议室	4	4	120	1200	1080	卓尼县大峪沟藏族风情苑内	0941－3692086	
			单间					中会议室	3	3	70	900	800			
			标准间	69	69	260	180	小会议室								
野林关大酒店	野林关大酒店		套间	20	20	560	320	大会议室	1	1	1000	3000	1500	临潭县冶力关镇	0941－3271888	
			单间	18	18	298	180	中会议室	1	1	200	1500	800			
			标准间	166	166	298	180	小会议室	1	1	100	1000	500			

青海省

- 财政部委托青海省财政厅负责在青海省地级以上城市招标采购会议定点饭店并负责日常监督管理工作。
- 通过政府采购，确定青海省会议定点饭店 27 家。
- 会议定点饭店按照与财政部门签订《协议书》的价格向中央和地方各级党政机关和事业单位提供相应的接待服务。
- 青海省部分会议定点饭店的价格是按照综合定额方式采购的，各单位在组织筹备会议时应先向会议定点饭店查询。如果对协议价格产生疑义，可以要求定点饭店出示《协议书》。
- 如有会议定点饭店变更或饭店的协议价格变化，应以“党政机关出差和会议定点饭店查询网”的信息为准。
- 本目录中的青海省会议定点饭店的详细信息，可在“党政机关出差和会议定点饭店查询网”查阅。
- 青海省各地区长途电话区号：

西宁市　0971　　海东地区　0972
海北藏族自治州　0970　　海南藏族自治州　0974
黄南藏族自治州　0973　　果洛藏族自治州　0975
玉树藏族自治州　0976
海西蒙古族藏族自治州　0977　　（格尔木市　0979）

青海省会议定点饭店

饭店名称	发票开具单位名称	星级	客房（价格：元/天）房型	总间数	协议间数	门市价	协议价	会议室（数量：间；价格：元/半天）类型	总间数	协议间数	容纳人数	门市价	协议价	地址	前台订房电话	备注
西宁市																
青海营苑旅游开发有限公司	青海营苑旅游开发有限公司	3	套间	4	4	680	360	大会议室	1	1	300	3800	3800	互助北山林场国家树林地质公园	0971－8395266	
			单间	8	8	380	180	中会议室	1	1	120	2400	2400			
			标准间	84	84	380	180	小会议室	2	2	60	600	400			
西宁市伊尔顿国际饭店有限公司	西宁市伊尔顿国际饭店有限公司	4	套间	20	20	968	500	大会议室	1	1	300	10000	4800	西宁市东关大街59号	0971－8161174	
			标准间	98	98	688	200	中会议室	1	1	120	7000	3000			
								小会议室	2	2	30	3000	500			
青海东湖旅业有限责任公司	青海东湖旅业有限责任公司		套间	10	10	1880	500	大会议室	1	1	350	6600	4800	西宁市同仁路付2号	0971－6121988	
			单间	20	20	1088	200	中会议室	1	1	150	3800	3000			
			标准间	50	50	1088	200	小会议室	3	3	60	1800	500			
青海华辰大酒店有限公司	青海华辰大酒店有限公司	4	套间	4	4	998	480							西宁市八一中路45号	0971－8800999	
			单间	12	12	568	200	中会议室	1	1	160	3800	2800			
			标准间	73	73	628	200	小会议室	1	1	60	2000	500			
青海浩海房地产开发有限公司西宁大厦	青海浩海房地产开发有限公司西宁大厦	4	套间	29	29	998	320	大会议室	1	1	320	5000	4500	西宁市建国路61号	0971－8164799	
			单间	5	5	488	180	中会议室	1	1	100	3000	2800			
			标准间	114	114	568	180	小会议室	7	7	30	500	450			
青海省西宁宾馆	青海省西宁宾馆	3	套间	39	39	1340	500	大会议室	1	1	300	4800	4800	西宁市七一路348号	0971－8463333	
			单间	78	78	360	180	中会议室	2	2	200	4000	3000			
			标准间	70	70	450	200	小会议室	18	18	40	800	500			
青海省小岛文化教育发展基地小岛宾馆	青海省小岛文化教育发展基地小岛宾馆	3	套间	10	10	580	300	中会议室	1	1	200	3200	800	西宁市五四西路35号	0971－6300193	
			标准间	70	70	320	150	小会议室	7	7	50	1200	400			

饭店名称	发票开具单位名称	星级	客房（价格：元/天）					会议室（数量：间；价格：元/半天）						地址	前台订房电话	备注
			房型	总间数	协议间数	门市价	协议价	类型	总间数	协议间数	容纳人数	门市价	协议价			
青海中发源餐饮有限公司	青海中发源餐饮有限公司	4	套间	14	14	728	500	中会议室	1	1	200	4400	2800	西宁市大众街树林巷1号	0971－7111116	
			标准间	93	93	528	200	小会议室	1	1	30	3000	500			
青海省胜利宾馆	青海省胜利宾馆	4	套间	8	8	1280	356	大会议室	1	1	1000	20000	12000	西宁市黄河路160号	0971－6180666	
			单间	19	19	1080	198	中会议室	1	1	220	10000	4800			
			标准间	32	32	880	198	小会议室	14	14	45	2000	500			
青海青藏大厦有限责任公司	青海青藏大厦有限责任公司	3	套间	10	10	688	320							西宁市西川南路43号	0971－6331427	
			单间	12	12	428	140	中会议室	1	1	230	2800	1400			
			标准间	130	130	468	180	小会议室	2	2	35	1800	500			
青海假日王朝大酒店有限公司	青海假日王朝大酒店有限公司	4						大会议室	1	1	260	4800	2000	西宁市五四西路48号	0971－6365323	
			单间	35	35	688	198	中会议室	1	1	90	2400	1000			
			标准间	135	135	688	198	小会议室	2	2	50	1200	500			
青海穆斯林大厦	青海穆斯林大厦	3	套间	3	3	580	420	大会议室	1	1	260	3500	2700	西宁市七一路9号	0971－8138900	
			单间	11	11	380	180	中会议室	1	1	63	1800	400			
			标准间	117	117	380	180	小会议室	2	2	40	800	300			
西宁市夏都实业有限公司	西宁市夏都实业有限公司	3	套间	2	2	788	288	中会议室	1	1	320	3200	2600	西宁市黄河路154号	0971－6246594	
			标准间	84	84	488	180	小会议室	5	5	100	1400	500			
青海北浮大酒店经营管理有限公司	青海北浮大酒店经营管理有限公司	3	套间	3	3	488	240	中会议室	1	1	120	1600	1200	西宁市五四大街40号	0971－6167262	
			标准间	114	114	368	180	小会议室	1	1	30	600	380			
青海华德宾馆有限责任公司	青海华德宾馆有限责任公司	3	标准间	72	72	518	160	中会议室	1	1	300	3200	1400	西宁市祁连路97号	0971－8064117	
								小会议室	1	1	50	2000	500			

饭店名称	发票开具单位名称	星级	客房（价格：元/天）					会议室（数量：间；价格：元/半天）						地址	前台订房电话	备注
			房型	总间数	协议间数	门市价	协议价	类型	总间数	协议间数	容纳人数	门市价	协议价			
青海兴业房地产开发公司雅荷花园酒店	青海兴业房地产开发公司雅荷花园酒店		标准间	86	86	368	180	中会议室	1	1	150	3200	2600	西宁市七一路334－8号	0971－8211188	
								小会议室	1	1	100	1800	500			
青海天年阁饭店	青海天年阁饭店	4	套间	5	5	1688	500	大会议室	1	1	280	5988	4000	西宁市新宁路16号	0971－6076677	
			单间	20	20	688	200	中会议室	1	1	100	4188	3000			
			标准间	94	94	688	200	小会议室	2	2	40	1200	500			
西宁西湖宾馆	西宁西湖宾馆	3	套间	6	6	988	450	大会议室	1	1	300	4800	2500	西宁市城东经济开发区开元路15号	0971－8817666	
			单间	5	5	468	180	中会议室	1	1	80	3600	1800			
			标准间	112	112	488	180	小会议室	2	2	30	1200	500			
西宁青藏假日酒店	西宁青藏假日酒店	3	套间	5	5	668	234							西宁市大众街33号	0971－7117766	
			单间	14	14	498	199	中会议室	1	1	120	3200	1600			
			标准间	65	65	498	199	小会议室	1	1	40	1000	400			
西宁金座大酒店有限公司	西宁金座大酒店有限公司		套间	13	13	680	380							西宁市西川南路48号	0971－6301888	
			单间	4	4	480	200	中会议室	1	1	200	4800	1500			
			标准间	116	116	480	200	小会议室	1	1	60	2000	400			
黄南藏族自治州																
热贡宾馆	热贡宾馆		套间	3	3	880	580	大会议室						同仁县隆务镇东格尔路1号	0973－8727088	
			单间	2	2	580	280	中会议室								
			标准间	64	64	288	120	小会议室	3	3	40	800	400			
海西蒙古族藏族自治州																
海西宾馆	海西宾馆	3	套间	10	10	688	498	大会议室	1	1	500	5800	4800	德令哈市乌兰路15号	0977－8222781	
			单间	5	5	498	300	中会议室	2	2	300	4000	3000			
			标准间	30	30	398	200	小会议室	1	1	50	800	500			
蓝天宾馆	德令哈市蓝天实业有限公司	2	套间	6	6	428	220	大会议室						德令哈市乌兰路15号	0977－8211222	
			单间	4	4	368	200	中会议室								
			标准间	72	72	348	160	小会议室	1	1	60	800	500			

饭店名称	发票开具单位名称	星级	客房（价格：元/天）					会议室（数量：间；价格：元/半天）						地址	前台订房电话	备注
			房型	总间数	协议间数	门市价	协议价	类型	总间数	协议间数	容纳人数	门市价	协议价			
金世界宾馆	德令哈市金世界实业有限公司	3	套间	2		468	360	大会议室						德令哈市格尔木西路18号	0977－8216110	含早餐
			单间	2	2	228	200	中会议室	1	1	200	2500	2000			
			标准间	20	20	228	200	小会议室								
华星饭店	格尔木华星商贸有限公司	3	套间	1	1	888	500	大会议室						格尔木市黄河中路49号	0979－8455555	
			单间	3	3	288	198	中会议室								
			标准间	20	20	238	168	小会议室	1	1	30	500	400			
水电宾馆	格尔木水电宾馆有限公司	3	套间	6	6	560	360	大会议室	1	1	300	2000	1400	格尔木市昆仑南路18号	0979－8431788	
			单间	5	5	258	198	中会议室	2	2	40	600	400			
			标准间	68	68	228	168	小会议室								
格尔木宾馆	格尔木宾馆	4	套间	11	11	798	500	大会议室						格尔木市昆仑中路43号	0979－8424288	
			单间	5	5	528	200	中会议室	7	7	50	1500	1500			
			标准间	59	59	498	200	小会议室	2	2	20	500	500			

宁夏回族自治区

- 财政部委托宁夏回族自治区财政厅负责在宁夏回族自治区地级以上城市招标采购会议定点饭店并负责日常监督管理工作。
- 通过政府采购，确定宁夏回族自治区会议定点饭店 67 家。
- 会议定点饭店按照与财政部门签订《协议书》的价格向中央和地方各级党政机关和事业单位提供相应的接待服务。
- 宁夏回族自治区部分会议定点饭店的价格是按照综合定额方式采购的，各单位在组织筹备会议时应先向会议定点饭店查询。如果对协议价格产生疑义，可以要求定点饭店出示《协议书》。
- 如有会议定点饭店变更或饭店的协议价格变化，应以“党政机关出差和会议定点饭店查询网”的信息为准。
- 本目录中的宁夏回族自治区会议定点饭店的详细信息，可在“党政机关出差和会议定点饭店查询网”查阅。
- 宁夏回族自治区各地区长途电话区号：

银川市　0951　　吴忠市　0953

固原市　0954　　中卫市　0955

石嘴山市　0952

宁夏回族自治区会议定点饭店

饭店名称	发票开具单位名称	星级	客房（数量：间；价格：元/天）					会议室（数量：间；价格：元/半天）						地址	前台订房电话	备注
			房型	总间数	协议间数	门市价	协议价	类型	总间数	协议间数	容纳人数	门市价	协议价			
银川市																
太阳神大酒店	宁夏太阳神大酒店（有限公司）	4	套间	9	9	1688	600	大会议室	1	1	100–400	8600	3880	银川市北京东路123号	0951－7868888	
			单间	32	32	598	300	中会议室	2	2	50–100	4800	1600			
			标准间	74	74	598	300	小会议室	5	5	30	1200	400			
虹桥大酒店	宁夏虹桥大酒店有限责任公司	4	套间	16	16	980	600	大会议室	1	1	350	5800	4000	银川市解放西街38号	0951－6918578	
			单间	50	50	580	300	中会议室	1	1	100	3800	3000			
			标准间	66	66	580	300	小会议室	9	9	50	1800	1530			
新崎特公寓酒店	银川市兴庆区新崎特公寓酒店	4	套间	4	4	1388	600	大会议室	1	1	200	5800	3000	银川市利群东街91号	0951－5665888	
			单间	10	10	698	300	中会议室	1	1	100	3800	2200			
			标准间（豪华）	56	56	698	300	小会议室	1	1	50	1800	1300			
			标准间	56	56	598	298									
锦湖饭店	宁夏锦湖饭店有限公司	4	套间	9	9	2988	600	大会议室	1	1	200	4500	2100	银川市民族北街369号	0951－5686666	
			标准间（豪华）	22	22	1288	300	中会议室	1	1	100	2500	1300			
			标准间	25	25	988	300	小会议室	1	1	50	1500	750			
宁丰宾馆	宁夏宁丰宾馆有限公司		套间	15	15	988	598	大会议室	1	1	200	5000	2500	银川市解放东街6号	0951－6090002	
			单间	15	15	588	298	中会议室	2	2	100	2000	1000			
			标准间	80	80	588	298	小会议室	2	2	50	1600	800			
满春大酒店	银川满春大酒店（有限公司）	3	套间	7	7	488	300	大会议室	1	1	200	2400	1200	银川市丽景北街418号	0951－6158666 3990999	
			标准间	129	129	348	180	小会议室	4	4	50	1200	800			
同福宾馆	银川同福餐饮服务有限公司同福宾馆	3	套间	15	15	489	466	中会议室	1	1	200	2000	1500	银川市新华东街93号	0951－6036524	
			标准间	29	29	428	298	小会议室	1	1	100	1000	600			
工会大厦	宁夏工会大厦	3	套间	8	8	1288	600	大会议室	2	2	200	4000	2500	银川市解放东街1号	0951－6039024	
			单间	32	32	558	300	中会议室	2	2	100–150	2500	1500			
			标准间	63	63	598	300	小会议室	2	2	80	2000	1000			

饭店名称	发票开具单位名称	星级	客房（数量：间；价格：元/天）					会议室（数量：间；价格：元/半天）						地址	前台订房电话	备注
			房型	总间数	协议间数	门市价	协议价	类型	总间数	协议间数	容纳人数	门市价	协议价			
绿洲饭店	银川绿洲饭店有限责任公司	3	套间	13	13	788	569	大会议室	2	2	200	1400	900	银川市解放西街33号	0951-5029799	
			标准间（豪华）	60	60	488	299	中会议室	1	1	100	800	600			
			标准间	30	30	328	218	小会议室	2	2	50	600	400			
天豹大酒店	宁夏天豹汽车运输有限责任公司天豹大酒店	3	套间	15	15	688	298	大会议室	1	1	300	2600	1800	银川市清和南街1352号	0951-7899555	
			单间	7	7	338	170	中会议室	2	2	100	880	680			
			标准间	63	63	328	170	小会议室	3	3	30-50	680	400			
盛世花园酒店	宁夏盛世花园大酒店有限公司	3	套间	5	5	636	420	中会议室	1	1	80-120	900	700	银川市玉皇阁北街46号	0951-6037188	
			单间（豪华）	24	24	356	240									
			单间	29	29	318	230	小会议室	1	1	30	500	400			
			标准间	85	85	356	240									
银座酒店	宁夏银座酒店有限公司	4	套间	2	2	1888	600	大会议室	1	1	100-180	4300	4000	银川市长城东路553号	0951-6020777	
			单间	40	40	688	300									
			标准间	66	66	728	300	小会议室	2	2	30-50	600	500			
荣源大酒店	银川荣源大酒店（有限公司）	3	套间	9	9	988	420	大会议室	1	1	100-200	3980	1600	银川市清和北街199号	0951-6045555	
			标准间（豪华）	60	60	388	158	中会议室	2	2	40-60	2980	1200			
			标准间	120	120	348	148	小会议室	2	2	20-40	1400	700			
宁夏税务干部学校	宁夏税务干部学校		套间	8	8	580	480	大会议室	2	2	100-200	1000	800	银川市凤凰北街312号	0951-5054441	
			标准间（豪华）	30	30	280	228	中会议室	2	2	60-80	800	600			
			标准间	40	40	248	210	小会议室	1	1	30-40	400	300			
首府假日饭店	宁夏业兴建设开发有限公司首府假日饭店		套间	5	5	588	385	大会议室	1	1	200	2000	1600	银川市中山北街536号	0951-3989888	
			单间	48	48	288	180									
			标准间	35	35	388	200	小会议室	2	2	30-50	1000	600			
黄河明珠大酒店	宁夏黄河明珠餐饮有限公司黄河明珠大酒店		套间	5	5	1380	600	大会议室	1	1	320	4000	3000	银川市丽景街106号	0951-6036666	
			单间	40	40	880	300	中会议室	1	1	100-250	6000	3500			
			标准间	120	120	880	300	小会议室	1	1	80	1500	1100			
天奇宾馆	宁夏天奇集团宾馆有限公司	3	套间	6	6	568	270	大会议室	1	1	100-200	2000	1250	银川市丽景北街满春家园1号	0951-6158788	
			单间	47	47	368	220	中会议室	2	2	40-60	1000	500			
			标准间	14	14	348	200	小会议室	1	1	30	750	400			

饭店名称	发票开具单位名称	星级	客房（数量：间；价格：元/天）房型	总间数	协议间数	门市价	协议价	会议室（数量：间；价格：元/半天）类型	总间数	协议间数	容纳人数	门市价	协议价	地址	前台订房电话	备注
大地乐驰宾馆	宁夏大地乐驰宾馆有限公司（锦江之星银川新月广场店）	全国连锁店	单间（豪华）	26	26	279	279	小会议室	2	2	30 – 50	500	300	银川市丽景北街144号	0951 – 6031199	
			单间	9	9	209	209									
			标准间（豪华）	23	23	239	239									
			标准间	29	29	229	229									
工人疗养院	宁夏回族自治区工人疗养院		标准间（豪华）	3	3	398	180	中会议室	2	2	100 – 120	600	400	银川市正源南街581号	0951 – 5032212	
			标准间	59	59	298	150									
悦海宾馆	宁夏悦海宾馆	5	套间	28	28	2188	600	大会议室	1	1	500 – 700	18000	10000	银川市贺兰山路甲1号	0951 – 5696888 5696698 5696699	
			单间	87	87	788	300	中会议室	8	8	50 – 100	2800	2200			
			标准间	133	133	688	300	小会议室	10	10	30 – 50	1800	1500			
香渔王子饭店	宁夏香渔王子饭店有限责任公司	4	套间	7	7	1288	598	大会议室	1	1	300	4800	3800	银川市北京东路355号	0951 – 6737666	
			单间	15	15	568	298	中会议室	1	1	80	2000	1800			
			标准间	60	60	528	298	小会议室	1	1	50	1800	1500			
凯达酒店	宁夏凯达酒店管理有限公司	4	套间	19	19	688	450	大会议室	1	1	300	2500	2500	银川市清和南街256号	0951 – 6098456 6098457	
			单间（豪华）	8	8	558	280	中会议室	1	1	200	1800	1800			
			单间	10	10	456	230									
			标准间（豪华）	42	42	558	280	小会议室	8	8	30 – 60	400	400			
			标准间	131	131	456	230									
戴斯商务酒店	宁夏地德人和酒店有限公司戴斯商务酒店	4	套间	10	10	1288	598	大会议室	1	1	200	6800	3800	银川市金凤区泰康街9号	0951 – 5678888	
			单间	91	91	898	300	中会议室	1	1	80	1000	750			
			标准间	81	81	898	300	小会议室	1	1	30	400	300			
人大会议中心	宁夏区人大会议中心		套间	20	20	988	580	大会议室	1	1	200	10000	4000	银川市金凤区贺兰山中路266号	0951 – 5188498 5188499	
								中会议室	5	5	100	2200	1800			
			标准间	63	63	398	270	小会议室	3	3	50	1500	1200			
宝塔宾馆	宁夏宝塔宾馆有限公司	3	套间	5	5	888	488	大会议室	1	1	400	4000	3000	银川市宁安大街88号	0951 – 5699299	
			单间	19	19	568	270	中会议室	2	2	150	2000	1600			
			标准间	92	92	528	258	小会议室	8	8	50	1500	750			

饭店名称	发票开具单位名称	星级	客房（数量：间；价格：元/天）					会议室（数量：间；价格：元/半天）						地址	前台订房电话	备注
			房型	总间数	协议间数	门市价	协议价	类型	总间数	协议间数	容纳人数	门市价	协议价			
大坤速捌酒店	银川市兴庆区大坤速捌酒店	3	套间	3	3	368	298	大会议室	1	1	180	1800	1500	银川市兴庆区富宁街96号	0951－5034888 7806666	
			单间	33	33	228	188	中会议室	1	1	50	1200	800			
			标准间	65	65	238	198									
大自然酒店	银川大自然酒店管理有限责任公司	3	套间（豪华）	5	5	880	600	大会议室	1	1	500	2800	1800	银川市清和南街242号	0951－6016666 6037771 6037773	
			套间	10	10	488	300									
			标准间（豪华）	40	40	328	200	中会议室	1	1	120	880	600			
			标准间	80	80	288	180	小会议室	10	10	50	480	300			
金桥大酒店	宁夏金桥大酒店有限公司	3	套间	4	4	658	328	大会议室	1	1	180	1800	900	银川市解放东街81号	0951－4013666	
			单间	12	12	318	168	中会议室	1	1	120	800	400			
			标准间	70	70	438	202	小会议室	1	1	50	600	300			
长相忆宾馆	宁夏长相忆娱乐有限公司	3	套间	4	4	688	482	会议中心	1	1	400	6800	4000	银川市玉皇阁北街120号	0951－6710668	
								大会议室	1	1	200	3800	2600			
			单间	8	8	398	220	中会议室	1	1	100	2800	1600			
			标准间	102	102	458	240	小会议室	1	1	50	1200	800			
世纪大厦	宁夏华兴实业有限公司银川世纪大厦	3	套间	12	12	888	600	大会议室	1	1	200	3600	1500	银川市玉皇阁北街24号	0951－6080688	
			标准间（豪华）	50	50	498	258	中会议室	2	2	100	2000	800			
			标准间	51	51	468	230	小会议室	2	2	30	1600	500			
林苑宾馆	宁夏林苑宾馆	3	套间	3	3	860	590	大会议室	1	1	200	750	600	银川市兴庆区南熏西街88号	0951－4100870	
			单间	8	8	310	200									
			标准间	72	72	330	220	小会议室	4	4	50	250	200			
怡江花园酒店	宁夏怡江花园酒店有限公司	3	套间	6	6	588	388	大会议室	1	1	400	2800	1400	银川市北京东路41号（检察院附楼）	0951－5170333 5170388	
			单间	6	6	318	120	中会议室	2	2	260	1800	900			
			标准间	50	50	318	188	小会议室	6	6	50	1000	500			
隆湖宾馆	宁夏隆湖餐饮娱乐有限公司隆湖宾馆	3	套间（豪华）	2	2	888	500	大会议室	2	2	300	3000	2000	银川市兴庆区民族北街162号	0951－6718888	
			套间	3	3	568	400									
			单间	50	50	298	240	中会议室	1	1	100	750	600			
			标准间	20	20	368	240	小会议室	4	4	50	400	300			

饭店名称	发票开具单位名称	星级	客房（数量：间；价格：元/天）					会议室（数量：间；价格：元/半天）						地址	前台订房电话	备注
			房型	总间数	协议间数	门市价	协议价	类型	总间数	协议间数	容纳人数	门市价	协议价			
玉皇阁酒店	宁夏玉皇阁酒店有限公司	3	套间	4	4	298	198	大会议室	1	1	150	800	600	银川市玉皇阁北街8号	0951－6090628 6090638	
			单间	27	27	258	168									
			标准间（豪华）	44	44	258	168	小会议室	2	2	50	500	300			
			标准间	29	29	228	158									
沙湖宾馆	宁夏沙湖旅游股份有限公司沙湖宾馆	3	套间	23	23	888	600	大会议室	2	2	200	1900	1300	银川市文化西街58号	0951－5069189	
			单间	8	8	328	220									
			标准间（豪华）	50	50	368	260	小会议室	7	7	50	700	600			
			标准间	50	50	328	220									
瀛海花园酒店	宁夏瀛海花园酒店（有限公司）		套间	8	8	688	420	大会议室	1	1	200	1500	800	银川市文化东街127号	0951－6037888	
			单间	8	8	328	180	中会议室	1	1	100	1000	500			
			标准间	61	61	328	180	小会议室	2	2	50	500	300			
长城宾馆	银川市长城宾馆有限公司	2	套间	16	16	468	270	大会议室	1	1	150	1000	700	银川市解放西街388号	0951－5065128	
			标准间（豪华）	38	38	298	190	中会议室	4	4	50	400	300			
			标准间	37	37	268	160									
宁夏大学国际交流中心	宁夏大学国际交流中心（有限公司）		套间	7	7	888	438	大会议室	3	3	100	2500	1800	西夏区贺兰山西路489号	0951－2064777	
			标准间	81	81	498	220	小会议室	3	3	50	250	180			
								中会议室	3	3	100	750	450			
清源大厦（原凯逸大酒店）	宁夏区党校劳动服务公司		套间	3	3	388	318	大会议室	3	3	500	2500	1600	银川市西夏区怀远西路155号	0951－3871088	
			标准间	137	137	260	138	小会议室	5	5	100	1200	800			
八一宾馆	中国人民解放军宁夏军区招待所		套间	66	66	240	178	大会议室	1	1	200	1200	840	宁夏银川市西夏区学院西路257号	0951－2983888 2133676	
								中会议室	2	2	100	1000	700			
			标准间	103	103	200	150	小会议室	10	10	50	800	280			
凯元宾馆	宁夏凯元宾馆（有限公司）		套间（豪华）	8	8	588	388	大会议室	1	1	400	2500	2000	银川市北京中路106号	0951－5672177	
			套间	8	8	388	298									
			单间	4	4	318	258	中会议室	2	2	50	1500	1000			
			标准间	25	25	288	190									

饭店名称	发票开具单位名称	星级	客房（数量：间；价格：元/天）					会议室（数量：间；价格：元/半天）						地址	前台订房电话	备注
			房型	总间数	协议间数	门市价	协议价	类型	总间数	协议间数	容纳人数	门市价	协议价			
功达宾馆	宁夏贺兰功达建业有限责任公司银川功达宾馆		套间	2	2	580	400	中会议室	1	1	100	600	300	银川市兴庆区上海东路841号	0951－6728888	
			标准间（豪华）	40	40	268	150									
			标准间	19	19	198	120	小会议室	1	1	50	400	200			
黄河宾馆	宁夏黄河宾馆（有限责任公司）		套间	3	3	388	268	大会议室	1	1	120	1000	900	银川市凤凰北街46号	0951－5043197	
			单间	4	4	288	178	中会议室	2	2	60	500	400			
			标准间	46	46	218	138	小会议室	1	1	30	400	300			
富康饭店	银川富康饭店有限公司		套间	2	2	600	530	大会议室	1	1	200	1500	500	银川市上海东路808号	0951－6712079	
			单间	12	12	300	130									
			标准间	53	53	268	150	小会议室	1	1	50	1000	300			
塞上明珠饭店	银川塞上明珠饭店有限公司	3	套间	14	14	328	260	大会议室	1	1	100	400	350	银川市兴庆区文化西街109号	0951－3918188	
			单间	16	16	208	150									
			标准间	78	78	188	138	小会议室	1	1	60	350	300			
昊源宾馆	银川昊源商贸有限公司	3	套间	7	7	668	508	大会议室	1	1	300	1500	1000	银川市中山南街裕民巷1－11号	0951－6021286 6072328	
			单间	15	15	328	188	中会议室	1	1	100	1000	500			
			标准间	96	96	328	188	小会议室	1	1	30	400	380			
颐恒宾馆	银川颐恒发展有限公司	3	套间（豪华）	3	3	628	518	大会议室	1	1	300	1800	1200	银川市火车站兴洲路中段138号	0951－3965366	
			套间	7	7	398	280									
			单间	10	10	278	238									
			标准间（豪华）	22	22	278	238	小会议室	1	1	30	800	500			
			标准间	56	56	278	180									
九洲国际饭店	宁夏九洲国际饭店有限公司	5	套间	15	15	1599	600	大会议室	1	1	250	18000	4000	银川市解放西街369号	0951－5029999	
			单间	20	20	1099	300	小会议室	2	2	50	6000	1900			
			标准间	32	32	1099	300									
石嘴山市																
星海湖宾馆	石嘴山市润泽供排水有限公司星海湖宾馆	4	套间	6	6	1188	598	大会议室	1	1	100－300	3000	2550	石嘴山市大武口区大平路（东方广场东侧）	0952－2057057	
			单间	16	16	588	298	中会议室	3	3	50	1500	1250			
			标准间（豪华）	76	76	588	298	小会议室	3	3	30	1250	1000			

饭店名称	发票开具单位名称	星级	客房（数量：间；价格：元/天）					会议室（数量：间；价格：元/半天）						地址	前台订房电话	备注
			房型	总间数	协议间数	门市价	协议价	类型	总间数	协议间数	容纳人数	门市价	协议价			
沙湖假日酒店	宁夏沙湖假日酒店	4	套间	7	7	1688	600	大会议室	1	1	500	18000	4000	宁夏石嘴山市平罗县沙湖旅游区	0952－6684868	
			单间	105	105	688	300	中会议室	1	1	200	8000	2000			
			标准间	138	138	588	300	小会议室	6	6	50－80	4000	1500			
青山宾馆	宁夏石嘴山市青山宾馆有限责任公司	3	套间（豪华）	8	8	568	420	大会议室	2	2	220	2088	800	石嘴山市大武口区朝阳西街81号	0952－2012926	
			8套间	4	4	438	360									
			单间（豪华）	14	14	258	180	中会议室	2	2	100	1688	360			
			单间	12	12	258	170									
			标准间（豪华）	36	36	368	220	小会议室	3	3	50	438	280			
			标准间	51	51	258	170									
圆梦园宾馆	国电宁夏石嘴山发电有限责任公司圆梦园宾馆	3	套间	5	5	348	288	大会议室	1	1	200	1000	600	惠农区河滨工业园区电广路口	0952－3675888	
			单间	10	10	268	178	中会议室	1	1	50	400	290			
			标准间	34	34	218	148									
吴忠市																
天能怡园酒店	宁夏天能怡园大酒店有限公司	3	套间	8	8	488	320	大会议室	1	1	100－200	1900	1300	吴忠市利通南街90号	0953－2042850	
			标准间	51	51	268	140	小会议室	1	1	30－50	800	400			
红宝宾馆	吴忠市红宝宾馆有限公司	4	普套间	6	6	1288	600	大会议室	4	4	300	5000	2000	吴忠市盛元广场西侧	0953－2035299 2035266	
			普单间	20	20	488	230	中会议室	2	2	100	2000	600			
			普标间	140	140	488	230	小会议室	3	3	80	800	400			
吴忠宾馆	宁夏吴忠宾馆有限公司	4	套间	4	4	598	328	大会议室	1	1	240	2800	1900	吴忠市裕民西街5号	0953－6522555	
			单间	10	10	388	194	中会议室	1	1	60	1500	800			
			标准间（豪华）	33	33	428	214	小会议室	1	1	30	1000	500			
			标准间	45	45	368	184									
众禾宾馆	宁夏众禾科贸有限公司		套间	3	3	468	220	大会议室	1	1	200	1000	800	吴忠市利通区迎宾大街南1号	0953－2067777 2069999	
			单间	25	25	400	200	中会议室	1	1	60	600	500			
			标准间	160	160	300	160	小会议室	1	1	30	500	400			

饭店名称	发票开具单位名称	星级	客房（数量：间；价格：元/天）					会议室（数量：间；价格：元/半天）						地址	前台订房电话	备注
			房型	总间数	协议间数	门市价	协议价	类型	总间数	协议间数	容纳人数	门市价	协议价			
固原市																
六盘山宾馆	固原市原州区六盘山宾馆	3	套间	11	11	520	320	大会议室	1	1	100－300	1400	900	固原市原州区中山街77号	0954－2021599	
			标准间（豪华）	16	16	198	160	中会议室	1	1	50	250	150			
			标准间	89	89	178	140									
永祥宾馆	固原市原州区永祥宾馆	4	套间	16	16	688	488	大会议室	1	1	250	300	200	固原市原州区文化街20号	0954－2066666	
								中会议室	1	1	100	250	150			
			标准间	144	144	208	148	小会议室	1	1	30	200	100			
天净龙源电力宾馆	宁夏天净龙源电力有限公司宾馆	3	套间	5	5	588	400	大会议室	1	1	300	1800	1500	固原市原州区人民街219号	0954－2902499 2902478	
			标准间（豪华）	23	23	198	140	中会议室	4	4	100	1000	600			
			标准间	17	17	188	120	小会议室	1	1	50	400	300			
红宝宾馆	固原红宝实业有限公司红宝宾馆	3	套间	5	5	658	428	大会议室	1	1	300	1000	800	固原市中山北街	0954－2066899	
			单间	5	5	258	178	中会议室	1	1	100	800	600			
			标准间	70	70	248	170	小会议室	2	2	30	400	200			
固原宾馆	固原红宝实业有限公司	2	套间	9	9	298	268	大会议室	1	1	200	500	400	固原市政府街	0954－2023750	
			单间	4	4	168	138	中会议室	1	1	60	400	250			
			标准间	70	70	158	128	小会议室	2	2	30	250	150			
中卫市																
逸兴大酒店	中卫市逸兴大酒店有限责任公司	4	套间	5	5	888	480	大会议室	1	1	100	900	400	中卫市鼓楼北街2号	0955－7017666	
			单间	11	11	628	288									
			标准间（豪华）	55	55	628	268	小会议室	1	1	40	400	250			
			标准间	40	40	628	198									
世和中卫宾馆	宁夏世和中卫宾馆有限公司	3	套间	4	4	688	328	大会议室	1	1	200－400	1000	800	中卫市沙坡区头区鼓楼西街33号	0955－7012609	
			标准间（豪华）	42	42	318	148	中会议室	1	1	100	880	680			
			标准间	46	46	288	138	小会议室	1	1	40	580	480			
万瑞大酒店	中卫市万瑞大酒店	3	套间	4	4	888	328							中卫市沙坡区头区鼓楼东街3号	0955－7076888	
			单间	4	4	488	148	小会议室	1	1	30	344	244			
			标准间（豪华）	28	28	488	148									
			标准间	16	16	428	138									

饭店名称	发票开具单位名称	星级	客房（数量：间；价格：元/天）					会议室（数量：间；价格：元/半天）						地址	前台订房电话	备注
			房型	总间数	协议间数	门市价	协议价	类型	总间数	协议间数	容纳人数	门市价	协议价			
红宝宾馆	宁夏红宝实业有限公司中卫红宝宾馆	4	套房	7	7	1380	600	大会议室	3	3	500	7000	3000	中卫市鼓楼南街	0955－7069878	
			单间	24	24	516	200	中会议室	4	4	100	2000	1000			
			标准间（豪华）	98	98	468	200	小会议室	4	4	50	600	400			
			标准间	62	62	368	180									
卓越酒店	中卫市卓越餐饮服务有限公司	3	套间	6	6	468	234	大会议室	1	1	200	600	300	中卫市鼓楼东街	0955－7028888	
			单间	2	2	188	110									
			标准间（豪华）	28	28	268	130	小会议室	2	2	50	300	200			
			标准间	16	16	228	120									
君悦大酒店	中卫市君悦大酒店有限公司	3	套间	4	4	588	388	小会议室	1	1	50	388	200	中卫市汽车总站西侧无环广场	0955－7025888	
			单间	2	2	258	128									
			标准间	48	48	268	138									

新疆维吾尔自治区

- 财政部委托新疆维吾尔自治区财政厅负责在新疆维吾尔自治区地级以上城市招标采购会议定点饭店并负责日常监督管理工作。
- 通过政府采购，确定新疆维吾尔自治区会议定点饭店 62 家。
- 会议定点饭店按照与财政部门签订《协议书》的价格向中央和地方各级党政机关和事业单位提供相应的接待服务。
- 新疆维吾尔自治区部分会议定点饭店的价格是按照综合定额方式采购的，各单位在组织筹备会议时应先向会议定点饭店查询。如果对协议价格产生疑义，可以要求定点饭店出示《协议书》。
- 如有会议定点饭店变更或饭店的协议价格变化，应以“党政机关出差和会议定点饭店查询网”的信息为准。
- 本目录中的新疆维吾尔自治区会议定点饭店的详细信息，可在“党政机关出差和会议定点饭店查询网”查阅。
- 新疆维吾尔自治区各地区长途电话区号：

乌鲁木齐市　0991
克拉玛依市　0990
阿克苏地区　0997
吐鲁番地区　0995
阿勒泰地区　0906
巴音郭楞蒙古自治州　0996
克孜勒苏柯尔克孜自治州　0908
伊犁哈萨克自治州　0999
塔城地区　0901
石河子市　0993

喀什地区　0998
和田地区　0903
哈密地区　0902
昌吉回族自治州　0994
博尔塔拉蒙古自治州　0909

（阿合奇县　0997）
（奎屯市　0992）
（乌苏市　0992　沙湾县　0993　和布克赛尔蒙古自治县　0990）

新疆维吾尔自治区会议定点饭店

饭店名称	发票开具单位名称	星级	客房（数量：间；价格：元/天） 房型	总间数	协议间数	门市价	协议价	会议室（数量：间；价格：元/天） 类型	总间数	协议间数	容纳人数	门市价	协议价	地址	前台订房电话	备注
乌鲁木齐市																
新疆昆仑宾馆	新疆昆仑宾馆	3	套间	53	53	1200	600	大会议室	1	1	500	10000	5000	乌鲁木齐市友好北路146号	0991－4811403 5191115	淡季下浮20%
			单间	27	27	800	300	中会议室	3	3	200	5000	3000			
			标准间	338	338	800	300	小会议室	21	21	40	1000	600			
新疆建设大厦	新疆建设大厦	2	套间	13	13	668	380	大会议室	2	2	280	2600	1800	乌鲁木齐市红山西路106号	0991－8834888 8884889	
			单间	13	13	458	268	中会议室	2	2	100	2000	1600			
			标准间	119	119	268	198	小会议室	4	4	60	1200	800			
新疆维斯特温泉假日酒店	新疆维斯特温泉假日酒店	5	套间	10	10	1080	480	大会议室	1	1	500	6000	3600	乌鲁木齐市水磨沟区温泉东路287号	0991－4160888－销售部	
			单间	12	12	250	260	中会议室	2	2	130	4500	2000			
			标准间	190	190	880	260	小会议室	5	5	50	3000	800			
新疆煤炭宾馆	新疆煤炭宾馆	3	套间	6	6	698	498	大会议室	1	1	180	1800	1500	乌鲁木齐市友好南路458号	0991－4511933 4514204	
			单间	8	8	528	298	中会议室	1	1	160	1500	1200			
			标准间	106	106	468	298	小会议室	2	2	50	1000	800			
党委办公厅干部培训中心	党委办公厅干部培训中心		套间	5	5	488	380	大会议室	1	1	250	1500	1200	乌鲁木齐市东风路288号		
			单间	63	63	218	150	中会议室	1	1	80	1000	800			
			标准间	68	68	288	140	小会议室	4	4	30	600	500			
军区第四招待所	军区第四招待所		套间	9	9	680	480	大会议室	1	1	260	3000	2000	乌鲁木齐市东环路68号	0991－4986028 4986100	
			单间	8	8	280	180	中会议室	1	1	150	2800	1800			
			标准间	60	60	280	280	小会议室	3	3	60	600	400			
新疆迎宾馆	新疆迎宾馆	4	套间	59	59	880	600	大会议室	2	2	400	5000	4000	乌鲁木齐市延安路1192号	0991－2509158	
			单间					中会议室	6	6	80	3000	1500			
			标准间	265	265	580	300	小会议室	15	15	40	2000	1000			
联强宾馆	联强宾馆	3	套间	4	4	588	380	大会议室	1	1	170	1600	1000	乌鲁木齐市建国路228号	0991－2611000 2611222	
			单间	5	5	288	200	中会议室	1	1	50	800	600			
			标准间	62	62	268	180	小会议室	1	1	20	500	300			

饭店名称	发票开具单位名称	星级	客房（数量：间；价格：元/天）					会议室（数量：间；价格：元/天）						地址	前台订房电话	备注
			房型	总间数	协议间数	门市价	协议价	类型	总间数	协议间数	容纳人数	门市价	协议价			
玛丽艳宾馆	玛丽艳宾馆	3	套间	4	4	680	380	大会议室	1	1	350	4000	3000	乌鲁木齐市中山路402号	0991－2814935	
			单间	4	4	360	240	中会议室	1	1	130	3000	2000			
			标准间	84	84	560	260	小会议室	4	4	50	1000	800			
鑫金新宾馆	鑫金新宾馆	3	套间	9	9	1680	600	大会议室	1	1	450	4800	3600	乌鲁木齐市人民路255号	0991－5980666 5980856	
			单间	15	15	586	300	中会议室	3	3	200	3200	2600			
			标准间	113	113	488	300	小会议室	5	5	40	680	500			
新疆军区西虹宾馆	新疆军区西虹宾馆	4	套间	11	11	1080	600	大会议室	1	1	350	6000	4000	乌鲁木齐市西虹东路816号	0991－4673222	
			单间	24	24	680	300	中会议室	2	2	100	1600	1200			
			标准间	93	93	680	300	小会议室	5	5	50	1200	1000			
徕远宾馆	徕远宾馆		套间	6	6	1888	600	大会议室	1	1	170	3000	3000	乌鲁木齐市开山区建设路225号	0991－2933888	
			单间	10	10	688	300	中会议室	1	1	60	2000	2000			
			标准间	93	93	498	298	小会议室	1	1	30	1000	1000			
新疆华瑞大厦	新疆华瑞大厦	3	套间	8	8	1080	588	大会议室	1	1	150	2800	2200/1500	乌鲁木齐市五星南路198号	0991－2659999	
			单间	7	7	606	280	中会议室	2	2	50	1800	1400/980			
			标准间	74	74	428	180	小会议室	3	3	25	1000	600/400			
新疆新融大厦	新疆新融大厦有限责任公司	3	套间	6	6	880	600	大会议室	2	2	120	2000	1600	乌鲁木齐市人民路393号	0991－2835070	
			单间	10	10	580	300	中会议室	2	2	40	800	600			
			标准间	120	120	480	300	小会议室	2	2	20	600	400			
巴州大酒店	新疆巴州大酒店有限公司	3	套间	5	5	898	398	大会议室	1	1	100	1600	1000	乌鲁木齐市友好北路352号	0991－4862066 4862099	
			单间	12	12	498	200	中会议室	1	1	40	1000	600			
			标准间	50	50	468	200	小会议室	1	1	30	900	500			
新疆教育大厦雪莲精品酒店	新疆教育大厦	3	套间	45	45	960	278	大会议室	2	2	200	3800	2200	乌鲁木齐市钱塘江路216号	0991－5581838	
			单间					中会议室	1	1	100	2800	1200			
			标准间	154	154	568	140	小会议室	3	3	40	2000	800			

饭店名称	发票开具单位名称	星级	客房（数量：间；价格：元/天）					会议室（数量：间；价格：元/天）						地址	前台订房电话	备注
			房型	总间数	协议间数	门市价	协议价	类型	总间数	协议间数	容纳人数	门市价	协议价			
克拉玛依市																
克拉玛依迎宾馆	克拉玛依迎宾馆	3	套间	10	10	688	480	大会议室	3	3	120	2200	1800	克拉玛依市西环路39号	0990－6989666	
			单间	9	9	258	180	中会议室	1	1	96	1300	1000			
			标准间	61	61	288	180	小会议室	3	3	30	800	600			
独山子桃李园大酒店	独山子桃李园大酒店	3	套间	3	3	588	400	大会议室	1	1	180	2000	1400	独山子大庆东路28号	0990－3871973	
			单间	16	16	268	210	中会议室	1	1	100	1500	1000			
			标准间	89	89	288	210	小会议室	1	1	30	1000	600			
玛依塔柯酒店	新疆天虹实业有限公司	5	套间	7	7	1188	588	大会议室	2	2	300	10000	4500	独山子大庆东路11号	0990－3886899	
			单间	140	140	898	280	中会议室	2	2	100	5000	4000			
			标准间	39	39	898	280	小会议室	3	3	60	2500	1800			
克拉玛依市国家税务局培训中心	克拉玛依市国家税务局培训中心		套间	3	3	480	380	大会议室	1	1	150	1200	1000	克拉玛依市迎宾路62号	0990－6666585	
			单间	6	6	180	160	中会议室	1	1	40	600	400			
			标准间	30	30	180	160	小会议室	1	1	20	500	300			
喀什地区																
新疆喀什噶尔宾馆	新疆喀什噶尔宾馆		套间	17	17	880	580	大会议室	1	1	1000	5000	2200	新疆喀什市塔吾古孜路57号	0998－2652363 2652367 2652368	淡季12月至次年3月；旺季4月至11月
			单间	20	20	680	280	中会议室	2	2	130	1500	1000			
			标准间	112	112	580	280	小会议室	5	5	50	500	500			
喀什地委宾馆	喀什地委宾馆		套间	8	8	288	240	大会议室	无					解放南路264号	0998－2524638 2522581 2522754	淡季10、11、12、1四个月；旺季6、7、8、9四个月
			单间	4	4	188	140	中会议室	无							
			标准间	64	64	188	140	小会议室	3	3	50	800	600			
其尼瓦克宾馆	新疆喀什噶尔旅游股份有限公司	3	套间	4	4	888	480	大会议室	1	1	180	1800	1200	色满路144号	0998－2982103 2983234 2983235	淡季10月1日至6月9日；旺季6月10日至9月30日
			单间	12	12	380	180	中会议室	1	1	90	1200	800			
			标准间	238	238	380	180	小会议室	3	3	50	1000	600			
色满宾馆	喀什色满宾馆有限公司	3	套间	2	2	888	400	大会议室	1	1	260		1200	色满路337号	0998－2582129	淡季10、11、12、1四个月；旺季6、7、8、9四个月
			单间	10	10	380	200	中会议室	无							
			标准间	34	34	180	120	小会议室	无							

饭店名称	发票开具单位名称	星级	客房（数量：间；价格：元/天）					会议室（数量：间；价格：元/天）						地址	前台订房电话	备注
			房型	总间数	协议间数	门市价	协议价	类型	总间数	协议间数	容纳人数	门市价	协议价			
阿克苏地区																
银海大酒店	阿克苏银海酒店有限责任公司	3	套间	4	4	568	280	大会议室	1	1	150	1000	1000	阿克苏市东大街1－8号	0997－2131822 2131811	
			单间	14	14	298	150	中会议室	无	无		无	无			
			标准间	73	73	268	130	小会议室	1	1	30	600	400			
鸿福金兰大饭店	阿克苏市鸿福金兰大饭店	4	套间	6	6	1280	600	大会议室	1	1	150	4000	3600	阿克苏市东大街32号	0997－2283085	
			单间	8	8	480	240	中会议室	2	2	80	2400	2000			
			标准间	54	54	580	260	小会议室	1	1	45	2000	1600			
地区宾馆	新疆阿克苏地区宾馆	3	套间	4	4	680	300	大会议室	1	1	200	3800	3000	阿克苏市王三街9号	0997－2122000 2123369	
			单间	3	3	328	200	中会议室	1	1	80	2600	1800			
			标准间	141	141	298	160	小会议室	6	6	25－50	1000	800			
天福大酒店	阿克苏市天福大酒店	3	套间	2	2	688	480	大会议室	1	1	150	1600	1200	阿克苏市解放中路16号	0997－2525555 2518288	
			单间	14	14	488	168	中会议室	无	无		无	无			
			标准间	76	76	488	158	小会议室	1	1	30	1200	800			
和田地区																
和田迎宾馆	和田迎宾馆	3	套间	9	9	880	580	大会议室	1	1	120	800	640	和田市塔乃依北路44号	0903－2022824	
			单间	13	13	480	280	中会议室	1	1	40	640	400			
			标准间	45	45	386	260	小会议室	1	1	30	300	240			
和田宾馆	和田宾馆	3	套间	6	6	880	580	大会议室	1	1	150	800	640	和田市乌鲁木齐市南路57号	0903－2513570	
			单间	2	2	480	220	中会议室	1	1	40	640	400			
			标准间	63	63	386	260	小会议室	1	1	30	300	240			
吐鲁番地区																
西州大酒店	吐鲁番市西州大酒店	3	套间	7	7	888	380	大会议室	1	1	350	2000	800	吐鲁番市青年路8号	0995－8554000	
			单间	4	4	388	120	中会议室	2	2	60	1000	400			
			标准间	40	40	388	120	小会议室	1	1	30	1000	400			
哈密地区																
哈密鸿德酒店	哈密鸿德商贸有限公司	3	商务套间	17	17	688	238	大会议室	1	1	100	1800	1600	新疆哈密市建国北路107号	0902－2267666 2263555	
			豪华套间	2	2	988	588									
			标准间	75	75	488	258									

<table>
<tr><th rowspan="2">饭店名称</th><th rowspan="2">发票开具单位名称</th><th rowspan="2">星级</th><th colspan="5">客房（数量：间；价格：元/天）</th><th colspan="6">会议室（数量：间；价格：元/天）</th><th rowspan="2">地　址</th><th rowspan="2">前台订房电　话</th><th rowspan="2">备　注</th></tr>
<tr><th>房　型</th><th>总间数</th><th>协议间数</th><th>门市价</th><th>协议价</th><th>类　型</th><th>总间数</th><th>协议间数</th><th>容纳人数</th><th>门市价</th><th>协议价</th></tr>
<tr><td rowspan="4">新·哈加格达宾馆</td><td rowspan="4">哈密市加格达宾馆有限责任公司</td><td rowspan="4">4</td><td>套间（a 楼）</td><td>6</td><td>6</td><td>680</td><td>388</td><td>大会议室</td><td>2</td><td>2</td><td>300</td><td>3200</td><td>2800</td><td rowspan="4">新疆哈密市爱国北路 8 号</td><td rowspan="4">0902－2264816</td><td rowspan="4"></td></tr>
<tr><td>单间（a 楼）</td><td>4</td><td>4</td><td>588</td><td>268</td><td>中会议室</td><td>1</td><td>1</td><td>180</td><td>1800</td><td>1600</td></tr>
<tr><td>标准间（a 楼）</td><td>79</td><td>79</td><td>568</td><td>248</td><td>小会议室</td><td>2</td><td>2</td><td>100</td><td>800</td><td>700</td></tr>
<tr><td>标准间（b 楼）</td><td>54</td><td>54</td><td>608</td><td>280</td><td></td><td></td><td></td><td></td><td></td><td></td></tr>
<tr><td rowspan="6">哈密宾馆</td><td rowspan="6">哈密宾馆</td><td rowspan="6">4</td><td>标准间（3 号楼）</td><td>20</td><td>20</td><td>628</td><td>290</td><td>圆桌会议室</td><td>4</td><td>4</td><td>84</td><td>580＋60/h</td><td>580＋60/h</td><td rowspan="6">新疆哈密市迎宾路 4 号</td><td rowspan="6">0902－2233140－1188</td><td rowspan="6"></td></tr>
<tr><td>二间套（3 号楼）</td><td>4</td><td>4</td><td>628</td><td>588</td><td>沙发会议室</td><td>3</td><td>3</td><td>48</td><td>580＋60/h</td><td>580＋60/h</td></tr>
<tr><td>标准间（5 号楼）</td><td>52</td><td>52</td><td>518</td><td>230</td><td>多功能厅</td><td>1</td><td>1</td><td>80</td><td>800＋120/h</td><td>800＋120/h</td></tr>
<tr><td>套间（5 号楼）</td><td>3</td><td>3</td><td>988</td><td>458</td><td>会展中心</td><td>1</td><td>1</td><td>130</td><td>1800＋220/h</td><td>1800＋220/h</td></tr>
<tr><td>标准间（6 号楼）</td><td>127</td><td>127</td><td>988</td><td>300</td><td>商务洽谈室</td><td>1</td><td>1</td><td>40</td><td>1000＋160/h</td><td>1000＋160/h</td></tr>
<tr><td>B 套间（6 号楼）</td><td>8</td><td>8</td><td>1688</td><td>588</td><td>贵宾接见室（伊吾厅）</td><td>1</td><td>1</td><td>16</td><td>2000＋160/h</td><td>2000＋160/h</td></tr>
<tr><td colspan="17">克孜勒苏柯尔克孜自治州</td></tr>
<tr><td rowspan="3">克州宾馆</td><td rowspan="3">克州宾馆（三号楼）</td><td rowspan="3">3</td><td>套间</td><td>3</td><td>3</td><td>1980</td><td>600</td><td>大会议室</td><td>1</td><td>1</td><td>150</td><td>2000</td><td>960</td><td rowspan="3">阿图什市帕米尔路西 3 院</td><td rowspan="3">0908－4221151</td><td rowspan="3"></td></tr>
<tr><td>单间</td><td>4</td><td>4</td><td>680</td><td>300</td><td>中会议室</td><td>1</td><td>1</td><td>80</td><td>960</td><td>640</td></tr>
<tr><td>标准间</td><td>28</td><td>28</td><td>580</td><td>280</td><td>小会议室</td><td>5</td><td>5</td><td>30</td><td>800</td><td>480</td></tr>
<tr><td rowspan="3">克州宾馆</td><td rowspan="3">克州宾馆（老楼）</td><td rowspan="3">3</td><td>套间</td><td>16</td><td>16</td><td>580</td><td>280</td><td>大会议室</td><td></td><td></td><td></td><td></td><td></td><td rowspan="3">阿图什市帕米尔路西 3 院</td><td rowspan="3">0908－4221151</td><td rowspan="3"></td></tr>
<tr><td>单间</td><td></td><td></td><td></td><td></td><td>中会议室</td><td></td><td></td><td></td><td></td><td></td></tr>
<tr><td>标准间</td><td>60</td><td>60</td><td>280</td><td>180</td><td>小会议室</td><td></td><td></td><td></td><td></td><td></td></tr>
<tr><td rowspan="3">克州亚星大酒店</td><td rowspan="3">克州亚星大酒店</td><td rowspan="3"></td><td>套间</td><td>17</td><td>17</td><td>888</td><td>408</td><td>大会议室</td><td>1</td><td>1</td><td>80</td><td>2000</td><td>1200</td><td rowspan="3">阿图什市松他克路南 7 院</td><td rowspan="3">0908－4236888</td><td rowspan="3"></td></tr>
<tr><td>单间</td><td>10</td><td>10</td><td>488</td><td>178</td><td>中会议室</td><td></td><td></td><td></td><td></td><td></td></tr>
<tr><td>标准间</td><td>67</td><td>67</td><td>488</td><td>158</td><td>小会议室</td><td>1</td><td>1</td><td>40</td><td>1500</td><td>800</td></tr>
</table>

饭店名称	发票开具单位名称	星级	客房（数量：间；价格：元/天）					会议室（数量：间；价格：元/天）						地址	前台订房电话	备注
			房型	总间数	协议间数	门市价	协议价	类型	总间数	协议间数	容纳人数	门市价	协议价			
博尔塔拉蒙古自治州																
博尔塔拉宾馆	博尔塔拉宾馆	4	套间	17	17	998	518	大会议室	2	2	220	4000	2500	新疆博州南城区	0909－2313288	
			单间	25	25	318	238	中会议室	1	1	160	3000	1500			
			标准间	131	131	288	218	小会议室	4	4	50	2000	1000			
艾比湖大酒店	艾比湖大酒店	3	套间	3	3	398	180	大会议室	1	1	120		800	新疆博乐市北京路295号	0909－2266066	
			单间	4	4	318	140	中会议室	1	1	30		600			
			标准间	45	45	298	130	小会议室	1	1	20		400			
			套间	2	2	498	260	大会议室								
			单间					中会议室								
			标准间	34	34	298	100	小会议室								
艾比湖大酒店（新楼）	艾比湖大酒店（新楼）	4	套间	7	7	1288	388	大会议室						新疆博乐市北京路296号	0909－2266111	
			单间	33	33	588	228	中会议室								
			标准间	113	113	588	180	小会议室	1	1	16		1000			
			豪华单间	7	7	688	248	小会议室	1	1	20		1000			
昌吉回族自治州																
园林宾馆	昌吉回族自治州园林宾馆	4	套间	11	11	1128	580	大会议室	1	1	400	5000	4000	昌吉市宁边东路272号	0994－2368666	
			单间	25	25	680	200	中会议室	2	2	150	3000	2500			
			标准间	76	76	580	190	小会议室	1	1	40	1500	1000			
天润酒店	昌吉市天润商贸有限责任公司	3	套间	12	12	498	400	大会议室	1	1	200	2000	1500	昌吉市延安南路37号	0994－2882555	
			单间	4	4	268	160	中会议室	2	2	100	800	600			
			标准间	60	60	268	160	小会议室								
东方酒店	昌吉市东方酒店管理有限公司	3	套间	6	6	328	150	大会议室	1	1	120	1200	800	昌吉市北京北路122号	0994－2369966	
			单间	14	14	128	90	中会议室								
			标准间	58	58	168	90	小会议室								
教育培训中心培训宾馆	中国石油天然气运输公司教育培训中心		套间	10	10	580	480	大会议室	1	1	500	4500	3000	南公园西路	0994－6581355	
			单间	156	156	160	160	中会议室	4	4	120	2500	2000			
			标准间	96	96	280	120	小会议室	7	7	80	800	800			

饭店名称	发票开具单位名称	星级	客房（数量：间；价格：元/天）					会议室（数量：间；价格：元/天）						地址	前台订房电话	备注
			房型	总间数	协议间数	门市价	协议价	类型	总间数	协议间数	容纳人数	门市价	协议价			
泉州楼	昌吉市泉州楼宾馆		套间	4	4	180	150	大会议室	1	1	408	1700	1700	昌吉市北京北路7号	0994－2328233	
			单间					中会议室	2	2	180	1000	800			
			标准间	46	46	120	100	小会议室	5	5	60	500	400			
昌吉市政府招待所	昌吉市政府招待所		套间	3	3	280	280	大会议室	1	1	200	800	800	昌吉市宁边西路64号	0994－2347272	
			单间	5	5	150	150	中会议室								
			标准间	32	32	100	100	小会议室	2	2	25	400	400			
巴音郭楞蒙古自治州																
巴音郭楞宾馆	巴州宾馆	4	1#套间	10	10	680	280	中会议室	1	1	100	2400	2000	库尔勒市人民东路10号	0996－2215111	
			1#单间	20	20	238	160	小会议室	3	3	50	1400	1200			
			1#标准间	109	109	238	160									
			2#套间	6	6	1080	600									
			2#单间	10	10	468	260									
			2#标准间	45	45	438	260									
楼兰宾馆	新疆巴州楼兰宾馆	4	套间	14	14	1680	560	大会议室	1	1	200	1800	1500	库尔勒市广场路2号	0996－2031156	
			单间	30	30	688	260	中会议室	2	2	100	1000	800			
			标准间	150	150	688	260	小会议室	3	3	50	800	600			
塔里木石油酒店	中国石油天然气股份有限公司塔里木油田分公司	4	套间	20	20	1488	480	大会议室	1	1	120	2000	2000	库尔勒石化大道塔指院内	0996－2173170	
			单间	51	51	868	280	中会议室	2	2	70	1200	1200			
			标准间	81	81	818	240	小会议室	1	1	20	1200	1200			
康城建国国际酒店	新疆康城国际大酒店有限公司	5	套间	19	19	1350	550	大会议室	1	1	500	6800	5400	库尔勒市交通东路618号	0996－2275221	
			单间	101	101	980	280	中会议室	1	1	200	3000	2400			
			标准间	146	146	980	280	小会议室	3	3	60	2000	1600			
库尔勒银星大酒店	库尔勒银星大酒店有限责任公司	4	套间	7	7	1880	580	大会议室	1	1	300	3800	3200	库尔勒市人民东路36号	0996－2028888	
			单间	26	26	880	268	中会议室	1	1	120	2400	2000			
			标准间	76	76	780	238	小会议室	1	1	50	1000	1000			

饭店名称	发票开具单位名称	星级	客房（数量：间；价格：元/天）					会议室（数量：间；价格：元/天）						地　址	前台订房电　话	备　注
			房　型	总间数	协议间数	门市价	协议价	类　型	总间数	协议间数	容纳人数	门市价	协议价			
伊犁哈萨克自治州																
伊犁宾馆	伊犁宾馆	4	套间	35	35	1288	600	大会议室	2	2	650	2888	2000	伊宁市迎宾路8号	0999－8023799 8022794	含早餐
			单间	14	14	488	300	中会议室	2	2	300	1200	500			
			标准间	202	202	588	300	小会议室	8	8	50	400	200			
伊犁大酒店	伊犁大酒店	4	套间	16	16	1088	600	大会议室	1	1	350	2400	2000	伊宁市斯大林街23号	0999－8026666	不含早餐
			单间	13	13	680	300	中会议室	2	2	80	1200	1000			
			标准间	184	184	680	300	小会议室	1	1	30	600	300			
伊犁亚细亚酒店有限责任公司	伊犁亚细亚酒店有限责任公司	3	套间	3	3	688	300	大会议室	1	1	280	1000	600	伊宁市解放路119号	0999－8097289	含早餐
			单间	20	20	338	160	中会议室	1	1	50	500	300			
			标准间	110	110	338	160	小会议室	4	4	30	500	300			
塔城地区																
塔城地区职业培训中心酒店	塔城地区职业培训中心酒店	3	套间	10	10	580	380	大会议室	1	1	150	720	660	塔城市光明路3号	0901－6223088	
			单间	8	8	280	220	中会议室	1	1	30	660	500			
			标准间	42	42	180	120	小会议室								
塔城地区宾馆有限责任公司	塔城地区宾馆有限责任公司	1	套间	8	8	588	380	中会议室	1	1	40	600	300	塔城市友好街16号	0901－6226001	
			单间	3	3	180	140	小会议室	1	1	20	300	200			
			标准间	100	100	160	120									
塔城地区旅游宾馆有限责任公司	塔城地区旅游宾馆有限责任公司	1	套间	3	3	368	200	大会议室	1	1	100	1000	500	塔城市光明路986号	0901－6262666	
			单间					中会议室								
			标准间	45	45	168	80	小会议室	1	1	50	500	200			
阿勒泰地区																
阿勒泰地区旅游宾馆	阿勒泰地区旅游宾馆	3	行政套间	2	2	1580	500	大会议室	1	1	300	1400	700	公园路205号	0906－2123804	
			商务套间	5	5	1580	480	中会议室	1	1	60	600	400			
			单间	16	16	588	260	小会议室	1	1	40	500	300			
			豪华标间	32	32	588	260									
			标准间	73	73	480	220									

饭店名称	发票开具单位名称	星级	客房（数量：间；价格：元/天）					会议室（数量：间；价格：元/天）						地址	前台订房电话	备注
			房型	总间数	协议间数	门市价	协议价	类型	总间数	协议间数	容纳人数	门市价	协议价			
金桥大酒店	金桥大酒店	3	豪华套间	6	6	888	500	大会议室	1	1	180	1000	800	解放路1号	0906－2127566	
			普通套间	9	9	688	408	中会议室	1	1	90	900	700			
			普通单间	5	5	528	300	小会议室	2	2	30	400	200			
			豪华标间	21	21	588	300									
			普通标间	161	161	488	200									
石河子市																
石河子天富饭店	新疆天瑞恩基投资有限公司石河子天富饭店	4	标准间	88	88	480	298	大会议室	1	1	180	2000	2000	新疆石河子市北二路28号	0993－2822111	持房卡可到游泳馆免费游泳
								中会议室								
								小会议室	2	2	30	1000	1000			
石河子宾馆	石河子宾馆	3	套间（中档）	3	3	680	580	大会议室（500人）	1	1	500	7000	5000	新疆石河子市东环路4号	0993－2012587 2088790	
			套间（普通）	4	4	580	480	中会议室（120人）	1	1	120	1800	1500			
			标准间（中档）	27	27	318	238	中会议室（80人）	1	1	80	1500	1200			
			标准间（普通）	132	132	198	140	小会议室	1	1	40	1200	800			
			三人间	5	5	218	180									
石河子凯瑞酒店	新疆西部新丝路旅游（集团）有限责任公司凯瑞酒店	3	套间	7	7	888	560	大会议室	1	1	180	2000	1800	新疆石河子市西环路109号	0993－2017624 2052088	
			单间	16	16	328	210	中会议室								
			标准间	109	109	388	210	小会议室	2	2	40	1000	800			